에듀윌과 함께 시작하면,
당신도 합격할 수 있습니다!

에듀윌 IT자격증은 학문을 연구하지 않습니다.
가장 효율적이고 빠른 합격의 길을 연구합니다.

IT자격증은 '사회에 내딛을 첫발'을 준비하는 사회 초년생을 포함하여
새로운 준비를 하는 모든 분들의
'시작'을 위한 도구일 것입니다.

에듀윌은
IT자격증이 여러분의 최종 목표를 앞당기는 도구가 될 수 있도록
빠른 합격을 지원하겠습니다.

누구나 합격할 수 있습니다.
시작하겠다는 '다짐', 이루겠다는 '목표'면 충분합니다.

마지막 페이지를 덮으면,

에듀윌과 함께
IT자격증 합격이 시작됩니다.

2024

에듀윌 EXIT
정보처리기사
필기 기본서

핵심만 눌러 담은

빈출족보 Best 82

☑ **무료강의 제공**

EXIT 합격 서비스 ▶ 무료강의 게시판 ▶ 정보처리기사 ▶ 필기 기본서

☑ **빈출족보 빈칸 채우기 PDF 제공**

EXIT 합격 서비스 ▶ 자료실 게시판 ▶ 정보처리기사 ▶ 필기 기본서

eduwill

2024

에듀윌 EXIT
정보처리기사
필기 기본서

핵심만 눌러 담은

빈출족보 Best 82

Part

I 소프트웨어 설계

강의 바로 보기

[기출] 2020년 1, 2회

빈출족보 001 플랫폼 성능 특성

(1) 플랫폼 성능 특성의 측정 항목

구분	내용
반환 시간 (Turnaround Time)	작업을 요청한 시간부터 처리가 완료될 때까지 걸린 시간을 의미한다.
사용률 (Utilization)	작업을 처리하는 동안 CPU(중앙처리장치), 메모리 등의 자원 사용률을 의미한다.
응답 시간 (Response Time)	요청을 전달한 시간부터 응답이 도착할 때까지 걸린 시간을 의미한다.
가용성 (Availability)	시스템에서 제공되는 서비스가 다운되지 않고 정상적으로 유지되는 시간을 의미한다.

대표 기출문제

소프트웨어 설계 시 구축된 플랫폼의 성능 특성 분석에 사용되는 측정 항목이 아닌 것은?

① 응답 시간(Response Time)
② 가용성(Availability)
③ 사용률(Utilization)
④ 서버 튜닝(Server Tuning)

정답 ④

해설 플랫폼 성능 특성 측정 항목은 경과 시간(Turnaround time), 사용률(Utilization), 응답 시간(Response time), 가용성(Availability)이 있다.

[기출] 2020년 4회, 2021년 1, 2, 3회, 2022년 2회

빈출족보 002 요구사항

(1) 요구사항의 정의

① 요구사항은 시스템에 대한 고객의 요청을 확정한 것으로 이해 당사자와의 의사소통과 이해가 필요하다.
② 요구사항은 어떤 문제를 해결하기 위한 조건이나 제약조건으로 소프트웨어 개발 전 과정에 필요한 기준과 근거를 제공한다.

(2) 요구사항의 분류

요구사항은 기능적 요구사항과 비기능적 요구사항으로 나눌 수 있다.

기능 요구사항	• 시스템이 외형적으로 보여주는 기능과 동작 • 사용자와 외부 요소들 간의 상호작용 • 업무 절차나 입출력에 대한 요구 • 쉽게 파악되고 사용 사례로 정리	예 ATM 기기의 입출금 작업
비기능 요구사항	• 시스템이 제공하는 기능에 직접 관련되지 않는 요구 • 시스템에 대한 다양한 제약 조건 • 성능, 품질, 보안, 안전, 인터페이스 등의 요구사항 • 파악하기가 어렵고 품질 속성 시나리오로 정리	예 ATM 기기의 응답 속도, 가동률

(3) 요구 도출

① 개발 관련자들이 모여 사용자의 요구사항이 무엇인지 기능적/비기능적 요구사항을 추출하는 과정이다.
② 다양한 요구사항을 도출하기 위해서 이해 당사자와 의사소통과 이해를 필요로 한다.

인터뷰	개발 관련 이해 당사자와 일대일 직접 대화를 통해 요구사항을 수집
설문조사	사용자가 다수이고, 지역이 분산되어 있을 때 간접적으로 요구사항을 수집
워크숍	여러 사람들이 한 장소에 모여 의견을 교환하여 단기간에 요구사항을 수집
프로토타이핑	프로토타입(견본)을 만들고 평가를 받으며 사용자의 요구사항을 수집
브레인스토밍	회의 참석자들이 자유롭게 아이디어를 제시하여 요구사항을 수집
유스케이스	사용 사례 분석으로 사용자 요구사항을 기능별로 구분하여 수집
JAD	개발자와 사용자가 만나서 요구사항 도출을 위한 공동 작업을 수행

(4) 요구 분석

① 소프트웨어 개발의 실질적인 첫 단계로 사용자 요구에 대해 이해하는 단계이다.
② 도출한 요구의 타당성을 조사하고 비용, 일정 등의 제약을 설정한다.

③ 요구 분석의 결과는 소프트웨어 설계의 기본 자료로 사용된다.

④ 요구 분석 기법은 구조적 분석, 객체지향 분석으로 구분된다.

⑤ 요구 분석 시 필요한 기술

- 청취와 인터뷰 질문 기술: 요구사항 도출 단계의 면담, 설문, 브레인스토밍 등에서 필요하다.
- 분석과 중재 기술: 요구사항 분석 기법의 개념 모델링에서 필요하다.
- 관찰 및 모델 작성 기술: 요구사항 분석 기법의 정형 분석과 요구사항 협상에서 필요하다.

(5) 요구 명세

① 요구분석의 결과를 바탕으로 요구 모델을 작성하고 문서화하는 활동이다.

② 기능 요구사항은 빠짐없이, 비기능 요구사항은 필요한 것만 기술한다.

③ 소단위 명세서를 이용해 사용자가 이해하기 쉽게 작성한다.

④ 요구 명세 기법은 정형 명세와 비정형 명세로 구분된다.

- 요구사항 명세 속성

구분	내용
정확성 (Correctness)	요구사항은 정확해야 한다.
명확성 (Clarity)	단 한 가지로 해석되어야 한다.
완전성 (Completeness)	모든 요구사항(기능, 비기능)이 표현되어야 한다.
일관성 (Consistency)	요구사항 간 충돌이 없어야 한다.
수정 용이성 (Modification)	요구사항의 변경이 가능해야 한다.
추적성 (Traceability)	제안서 등을 통해 추적이 가능해야 한다.

- 요구사항 명세 기법

구분	정형 명세	비정형 명세
기법	수학적 기반/모델링 기반	상태/기능/객체 중심 명세 기법, 자연어 기반
종류	Z, VDM, Petri-Net, CSP, LOTOS	FSM, Decision Table, ER 모델링, SADT, UseCase
장점	시스템 요구 특성의 정확, 명세 간결	명세 작성 이해 용이, 의사 전달 방법 다양성
단점	낮은 이해도, 이해 관계자의 부담 가중	불충분한 명세 기능, 모호성

(6) 요구 검증

① 요구사항이 고객이 원하는 시스템을 제대로 정의하고 있는지 확인하는 과정이다.

② 요구사항에 자원이 배정되기 전에 문제 파악을 위한 검증을 수행해야 한다.

③ 요구사항이 실제 요구를 반영하는지, 문서상의 요구 사항은 서로 상충되지 않는지 등을 점검한다.

④ 일반적으로 요구사항 관리 도구를 이용해 산출물에 대한 형상관리를 수행한다.

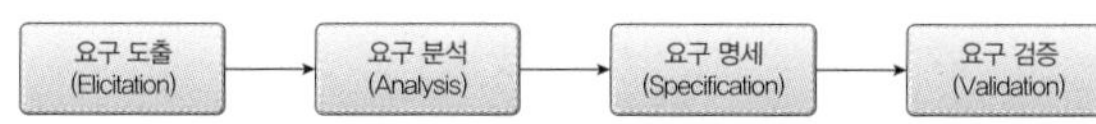

대표 기출문제

요구사항 개발 프로세스의 순서로 옳은 것은?

> ㉠ 도출(Elicitation)
> ㉡ 분석(Analysis)
> ㉢ 명세(Specification)
> ㉣ 확인(Validation)

① ㉠ - ㉡ - ㉢ - ㉣
② ㉠ - ㉢ - ㉡ - ㉣
③ ㉠ - ㉣ - ㉡ - ㉢
④ ㉠ - ㉡ - ㉣ - ㉢

정답 ①

해설 요구사항 개발 프로세스의 순서
㉠ 도출(Elicitation) → ㉡ 분석(Analysis) → ㉢ 명세(Specification) → ㉣ 확인(Validation)

대표 기출문제

요구사항 분석 시에 필요한 기술로 가장 거리가 먼 것은?

① 청취과 인터뷰 질문 기술
② 분석과 중재기술
③ 설계 및 코딩 기술
④ 관찰 및 모델 작성 기술

정답 ③

해설 ③ 설계 및 코딩 기술은 요구사항 분석에 필요한 것이 아니라 설계나 구현에 필요한 기술이다.

[기출] 2020년 1, 2, 3, 4회, 2021년 1, 2, 3회, 2022년 1회

빈출족보 003 객체지향 분석

(1) 객체지향 분석(OOA: Object Oriented Analysis)의 개념

동적 모델링 기법이 사용될 수 있으며, 데이터와 행위를 하나로 묶어 객체를 정의 내리고, 추상화시키는 작업이라 할 수 있다.

(2) 럼바우(Rumbaugh)의 OMT(Object Modeling Technique) 기법

① 소프트웨어 구성 요소들을 그래픽 표기법을 이용하여 객체들을 모델링하는 기법이다.

② 객체들의 연관성을 강조하며, 조직적인 모델링 방법론을 이용하여 실세계의 문제들을 다른 방법보다 상세하게 나타낸다.

③ 시스템의 분석, 설계, 구현 단계 전 과정에 객체지향 개념을 적용했다.

④ 객체 모델링 → 동적 모델링 → 기능 모델링 순서로 진행된다.

■ OMT 3단계

객체 모델링 (Object Modelling)	• 객체 다이어그램으로 표시하며, 정보 모델링이라고도 한다. • 일대다의 객체 의존 관계를 정의한 것이다. • 시스템에서 요구되는 객체를 찾아내어 속성과 연산 식별 및 객체들 간의 관계를 규정하여 다이어그램으로 표시하는 모델링이다.
동적 모델링 (Dynamic Modelling)	시스템이 시간 흐름에 따라 변화하는 것을 보여주는 상태 다이어그램(State Diagram)을 작성한다.
기능 모델링 (Function Modelling)	시스템 내에서 데이터가 변하는 과정을 나타내며, 자료 흐름도를 이용한다.

(3) Booch의 OOAD(Object Oriented Analysis and Design)

① 여러 가지 다른 방법론을 통합하여 하나의 방법론으로 만들었는데 분석보다는 설계에 더 많은 중점을 두고 있다.

② 전체 시스템의 가시화와 실시간 처리에 유용하며, 설계를 위한 문서화 기법이 강조된다.

③ 규모가 큰 프로젝트 수행 시 과정이 매우 복잡해지며, 구현 언어(Ada)에 제한된다.

(4) Coad/Yourdon 방법

E-R 다이어그램을 사용하여 객체의 행위를 모델링 하는데 초점을 둔 방법이다. 객체 식별, 구조 식별, 주체 정의, 속성 및 관계 정의, 서비스 정의 등의 과정으로 구성된다.

대표 기출문제

럼바우(Rumbaugh)의 객체지향 분석 기법 중 자료 흐름도(DFD)를 주로 이용하는 것은?

① 기능 모델링 ② 동적 모델링
③ 객체 모델링 ④ 정적 모델링

정답 ①

해설 ① 기능 모델링(Function Modeling): 시스템 내에서 데이터가 변하는 과정을 나타내며, 자료 흐름도(DFD)를 이용한다.

[기출] 2020년 1, 2, 3, 4회, 2021년 1, 2회, 2022년 1회

빈출족보 004 UML

(1) UML의 정의

① 객체지향 분석/설계용의 모델링 언어이며, 종래의 객체지향 방법론과 함께 제안되어 모델링 언어 표기법의 표준화를 목적으로 한 것이다.

② 시스템의 여러 다양한 특성을 표현하는 방법이 있으며, 객체지향 분석 및 설계 표현 방법에 대한 표준으로 받아들여지고 있다.

③ UML은 객체지향 소프트웨어를 모델링하는 표준 그래픽 언어로, 심벌과 그림을 사용해 객체지향 개념을 나타낼 수 있다.

④ UML은 소프트웨어 개발의 중요한 작업인 분석, 설계, 구현의 정확하고 완벽한 모델을 제공한다.

(2) UML의 특성

① **시스템의 정적인 측면**: 클래스 다이어그램(Class Diagram)

② **시스템의 동적인 측면**: 시퀀스 다이어그램(Sequence Diagram), 상태 다이어그램(State Diagram)

③ **시스템의 기능적 측면**: 유스케이스 다이어그램(UseCase Diagram)

(3) UML 다이어그램의 종류

구조적 다이어그램	Class Diagram, Object Diagram, Component Diagram, Deployment Diagram, Composite Diagram, Package Diagram
행위 다이어그램	Use Case Diagram, Sequence Diagram, State Diagram, Activity Diagram, Timing Diagram, Communication Diagram

(4) UML의 기본 구성 요소

구분	내용
사물 (Things)	모델을 구성하는 가장 중요한 요소로 다이어그램 안에서 관계가 형성될 수 있는 대상들을 말한다.
관계 (Relationships)	사물과 사물 사이의 연관성을 표현하는 것이다. (연관 관계, 집합 관계, 포함 관계, 일반화 관계, 의존 관계, 실체화 관계)
다이어그램 (Diagram)	사물과 관계를 도형으로 표현한 것이다.

(5) UML 스테레오 타입

① UML에서 표현하는 기본 기능 외에 추가적인 기능을 표현하기 위해 사용된다.

② 기호 ≪ ≫ 사이에 표현할 형태를 기술하며 길러멧(Guilmet)이라고 부른다.

예 ≪INCLUDES≫, ≪EXTENDS≫

대표 기출문제

UML 다이어그램이 아닌 것은?

① 액티비티 다이어그램(Activity diagram)
② 절차 다이어그램(Procedural diagram)
③ 클래스 다이어그램(Class diagram)
④ 시퀀스 다이어그램(Sequence diagram)

정답 ②

해설 • UML 다이어그램의 종류

구조적 다이어그램	클래스 다이어그램(Class Diagram), 객체 다이어그램(Object Diagram), 컴포넌트 다이어그램(Component Diagram), 컴포지트 다이어그램(Composite Diagram), 패키지 다이어그램(Package Diagram)
행위 다이어그램	유스케이스 다이어그램(Use Case Diagram), 순차 다이어그램(Sequence Diagram), 상태 다이어그램(State Diagram), 활동 다이어그램(Activity Diagram), 타이밍 다이어그램(Timing diagram), 커뮤니케이션 다이어그램(Communication Diagram)

[기출] 2021년 1, 2회, 2022년 2회

빈출족보 005 유스케이스 다이어그램

(1) 유스케이스 다이어그램(UseCase Diagram)

① 시스템이 어떤 기능을 수행하고, 주위에 어떤 것이 관련되어 있는지를 나타낸 모형이다.

② 각 기능을 정의함으로써 시스템에 대한 전반적인 이해를 높이고, 문제 영역에 대해 개발자와 사용자 간의 의사소통을 원활하게 하는데 도움을 줄 수 있다.

③ 시스템의 기능을 나타내기 위해 사용자의 요구를 추출하고 분석하는 데 사용한다.

④ 외부에서 보는 시스템의 동작으로, 외부 객체들이 어떻게 시스템과 상호작용하는지(시스템이 외부 자극에 어떻게 반응하는지) 모델링한 것이다.

⑤ 액터는 시스템 범위 바깥쪽에 있고 유스케이스는 액터에게 보이는 시스템의 기능이다.

⑥ 유스케이스 다이어그램의 구성 요소

액터 (Actor)	시스템과 상호작용하는 시스템 외부의 사람이나 다른 시스템 혹은 시스템 환경, 하드웨어
유스케이스 (UseCase)	액터의 요청에 의해서 수행하게 되는 시스템의 기능으로 완전하고 의미있는 이벤트의 흐름을 나타내며, 유스케이스의 집합은 시스템을 사용하는 모든 방법을 이룬다.
시나리오 (Scenario)	유스케이스는 시스템의 기능을 나타내는 모든 가능한 시나리오를 추상화한 것이며, 시나리오는 실제 일어나는 일들을 기술한 유스케이스의 인스턴스이다.

⑦ 유스케이스의 관계

통신 (Communication) 관계	액터와 유스케이스 사이의 관계를 선으로 표시하며, 시스템의 기능에 접근하여 사용할 수 있음을 의미한다.
포함(Inclusion) 관계	복잡한 시스템에서 중복된 것을 줄이기 위한 방법으로, 함수의 호출처럼 포함된 유스케이스를 호출하는 의미를 갖는다.
확장(Extention) 관계	예외 사항을 나타내는 관계로 이벤트를 추가하여 다른 사례로 확장한다.
일반화 (Generalization)	유스케이스의 상속을 의미하며 유사한 유스케이스를 모아 일반적인 유스케이스를 정의한다.

대표 기출문제

유스케이스(Usecase)에 대한 설명 중 옳은 것은?

① 유스케이스 다이어그램은 개발자의 요구를 추출하고 분석하기 위해 주로 사용한다.
② 액터는 대상 시스템과 상호작용하는 사람이나 다른 시스템에 의한 역할이다.
③ 사용자 액터는 본 시스템과 데이터를 주고받는 연동 시스템을 의미한다.
④ 연동의 개념은 일방적으로 데이터를 파일이나 정해진 형식으로 넘겨주는 것을 의미한다.

정답 ②

해설 ② 액터는 시스템을 사용하거나 시스템과 상호작용하는 사람이나 외부 시스템을 의미한다.

대표 기출문제

순차 다이어그램(Sequence Diagram)과 관련한 설명으로 틀린 것은?

① 객체들의 상호작용을 나타내기 위해 사용한다.
② 시간의 흐름에 따라 객체들이 주고받는 메시지의 전달 과정을 강조한다.
③ 동적 다이어그램보다는 정적 다이어그램에 가깝다.
④ 교류 다이어그램(Interaction Diagram)의 한 종류로 볼 수 있다.

정답 ③

해설 ③ 순차 다이어그램은 시간의 흐름에 따라 객체 간의 의사소통을 분석하는 동적 다이어그램이다.

[기출] 2021년 1, 3회, 2022년 2회

빈출족보 006 시퀀스(순차) 다이어그램(Sequence Diagram)

(1) 시퀀스(순차) 다이어그램(Sequence Diagram)

① 시퀀스 다이어그램은 객체 간의 메시지 통신을 분석하기 위한 것이다. 이는 시스템의 동적인 모델을 아주 보기 쉽게 표현하고 있기 때문에 의사소통에 매우 유용하다.

② 시퀀스(순차) 다이어그램의 구성 요소

구성 요소	설명
액터(Actor)	시스템과 상호작용하는 시스템 외부의 사람이나 다른 시스템을 의미한다.
객체(Object)	메시지를 주고받는 주체이다.
생명선(Lifeline)	객체가 메모리에 존재하는 시간을 의미한다.
실행(Activation)	객체가 메시지를 주고받으며 실행되고 있음을 표현한다.
메시지(Message)	객체가 상호작용을 위하여 주고받는 것이다.

③ 시스템의 동작을 정형화하고 객체들의 메시지 교환을 시각화하여 나타낸다.

④ 객체 사이에 일어나는 상호작용을 나타낸다.

[기출] 2020년 1, 2, 3, 4회, 2021년 1, 3회, 2022년 1, 2회

빈출족보 007 애자일(Agile)

(1) 애자일의 정의

① 애자일 소프트웨어 개발 모형 혹은 애자일 개발 프로세스는 소프트웨어 엔지니어링에 대한 개념적인 얼개로, 프로젝트의 생명주기 동안 반복적인 개발을 촉진한다.

② 애자일 개발 프로세스란 어느 특정 개발 방법론을 가리키는 말은 아니고, 애자일 개발을 가능하게 해주는 다양한 방법론 전체를 일컫는 말이다.

③ e-비즈니스 시장 및 SW 개발 환경 등 주위 변화를 수용하고, 이에 능동적으로 대응하는 여러 방법론을 통칭한다.

(2) 애자일의 특성(5가지 가치)

① 프로세스 중심이 아닌 사람 중심(책임감이 있는 개발자와 전향적인 고객)이다.

② 전반적인 문서화보다는 제대로 작동하는 소프트웨어를 만들어야 한다.

③ 계약 협상보다는 고객 협력이 중요하다.

④ 계획을 따르기보다는 변화에 대응한다.

⑤ 모든 경우에 적용되는 것이 아니고 중소형, 아키텍처 설계, 프로토타이핑에 적합하다.

(3) 애자일의 종류

구분	내용
익스트림 프로그래밍 (XP: eXtreme Programming)	• 애자일 개발 프로세스의 대표자로 애자일 개발 프로세스의 보급에 큰 역할을 하였다. • 이 방법은 고객과 함께 2주 정도의 반복 개발을 하고, 테스트와 우선 개발을 특징으로 하는 명시적인 기술과 방법을 가지고 있다.
스크럼 (Scrum)	• 30일마다 동작 가능한 제품을 제공하는 스플린트를 중심으로 하고 있다. • 매일 정해진 시간과 정해진 장소에서 짧은 시간의 개발을 하는 팀을 위한 프로젝트 관리 중심의 방법론이다.
크리스털 패밀리 (Crystal Family)	• 프로젝트의 규모와 영향의 크기에 따라서 여러 종류의 방법론을 제공한다. • 그중에서 가장 소규모 팀에 적용하는 크리스털 클리어는 익스트림 프로그래밍만큼 엄격하지도 않고 효율도 높지 않지만, 프로젝트에 적용하기 쉬운 방법론이다.
기능 주도 개발 (FDD: Feature-Driven Development)	Feature마다 2주 정도의 반복 개발을 실시한다. Peter Coad가 제창하는 방법론으로써, UML을 이용한 설계 기법과도 밀접한 관련을 가진다.
ASD (Adaptive Software Development)	• 소프트웨어 개발을 혼란 자체로 규정하고, 혼란을 대전제로 그에 적응할 수 있는 소프트웨어 방법을 제시하기 위해 만들어진 방법론이다. • 내용적으로는 다른 방법론들과 유사하지만, 합동 애플리케이션 개발(Joint Application Development, 사용자나 고객이 설계에 참가하는 개발 방법론)을 사용하고 있는 것이 조금 다르다.

(4) 익스트림 프로그래밍(XP: eXtreme Programming)

① 개요

- 켄트 벡(Kent Beck) 등이 제안한 소프트웨어 개발 방법이다.
- 애자일 프로세스의 대표적 개발 기법이며, 비즈니스상의 요구가 시시각각 변동이 심한 경우에 적합한 개발 방법이다.
- 개발자, 관리자, 고객이 조화를 극대화하여 개발 생산성을 높이고자 하는 접근법이다.

② XP의 5가지 핵심 가치

구분	내용
존중 (Respect)	팀 기반의 활동 중 팀원 간의 상호 존중을 강조
단순성 (Simplicity)	사용되지 않는 구조와 알고리즘 배제
의사소통 (Communication)	개발자, 관리자, 고객 간의 원활한 의사소통
피드백 (Feedback)	지속적인 테스트와 통합, 반복적 결함 수정, 빠른 피드백
용기 (Courage)	고객의 요구사항 변화에 능동적인 대처

③ XP의 12가지 실천 사항

구분	내용
계획 세우기 (Planning Process)	User Story를 이용해서 Next Release의 범위를 빠르게 결정하고, 비즈니스 우선순위와 기술적 평가가 결합한다.
소규모 릴리즈 (Small/Short Releases)	필요한 기능들만 갖춘 간단한 시스템을 빠르게 프러덕션화하고, 아주 짧은(2주) 사이클로 자주 새로운 버전을 배포한다.
메타포어 (Metaphor)	공통의 이름 체계(개발 및 커뮤니케이션 과정에서 공통된 개념을 공유 가능하게 함)
단순한 디자인 (Simple Design)	현재의 요구사항을 만족시키도록 가능한 한 단순하게 설계한다.
테스트 기반 개발 (TDD: Test Driven Develop)	작성해야 하는 프로그램에 대한 테스트를 먼저 수행한 다음 코드를 작성하고 테스트를 통과할 수 있도록 실제 프로그램의 코드를 작성한다.
리팩토링 (Refactoring)	프로그램의 기능을 바꾸지 않으면서, 중복 제거, 커뮤니케이션 향상, 단순화, 유연성 추가 등을 위해 시스템을 재구성한다.
짝 프로그래밍 (Pair Programming)	두 사람이 같이 프로그램한다. (Driver/Partner)
공동 코드 소유 (Collective Ownership)	시스템에 있는 코드는 누구든지 언제라도 수정 가능하다.
지속적인 통합(Continuous Integration)	하루에 몇 번이라도 시스템을 통합하여 빌드할 수 있다.
40시간 작업 (40-hour Week)	일주일에 40시간 이상을 일하지 말도록 규칙으로 정하고, 2주를 연속으로 오버타임 하지 않도록 한다.
고객 상주(On-site Customer)	개발자들의 질문에 즉각 대답해 줄 수 있는 고객을 프로젝트에 풀타임으로 상주시킨다.
코드 표준(Coding Standards)	팀원들 간 커뮤니케이션 향상을 위해서는 코드가 표준화된 관례에 따라 작성되어야 한다.

대표 기출문제

애자일 개발 방법론과 관련한 설명으로 틀린 것은?

① 빠른 릴리즈를 통해 문제점을 빠르게 파악할 수 있다.
② 정확한 결과 도출을 위해 계획 수립과 문서화에 중점을 둔다.
③ 고객과의 의사소통을 중요하게 생각한다.
④ 진화하는 요구사항을 수용하는데 적합하다.

정답 ②

해설 애자일 개발 방법론은 계획 수립과 문서화보다는 동작하는 소프트웨어에 더 큰 비중을 둔다.

대표 기출문제

익스트림 프로그래밍(XP)에 대한 설명으로 틀린 것은?

① 빠른 개발을 위해 테스트를 수행하지 않는다.
② 사용자의 요구사항은 언제든지 변할 수 있다.
③ 고객과 직접 대면하며 요구사항을 이야기하기 위해 사용자 스토리(User Story)를 활용할 수 있다.
④ 기존의 방법론에 비해 실용성(Pragmatism)을 강조한 것이라고 볼 수 있다.

정답 ①

해설 익스트림 프로그래밍(XP, eXtreme Programing): 요구사항 변동에 빠르게 대응하기 위해 릴리즈 기간을 짧게 반복하고, 테스트가 지속적으로 진행될 수 있도록 자동화된 테스팅 도구를 사용한다.

[기출] 2020년 1, 2, 3, 4회, 2021년 3회, 2022년 1, 2회

빈출족보 008

사용자 인터페이스(UI: User Interface)

(1) 사용자 인터페이스의 종류

구분	내용
CLI (Command Line Interface)	• 대표적으로 DOS 및 UNIX 등의 운영체제에서 조작을 위해 사용하던 것이다. • 문자 방식의 명령어 입력 사용자 인터페이스이다.
GUI (Graphic User Interface)	그래픽 환경 기반의 마우스 입력 사용자 인터페이스이다.
NUI (Natural User Interface)	사용자의 말과 행동 기반의 제스처 입력 인터페이스이며, 멀티 터치(Multi-touch), 동작 인식(Gesture Recognition) 등 사용자의 자연스러운 움직임을 인식하여 서로 주고받는 정보를 제공한다.
OUI (Organic User Interface)	모든 사물과 사용자 간에 상호작용을 위한 인터페이스이다. 즉, 실세계에 존재하는 모든 사물이 입출력장치로 변화할 수 있는 사용자 인터페이스라고 할 수 있다.

(2) 사용자 인터페이스의 기본 원칙

구분	내용
직관성 (Intuitiveness)	누구나 쉽게 이해하고 사용할 수 있도록 제작한다.
유효성 (Efficiency)	정확하고 완벽하게 사용자의 목표가 달성될 수 있도록 제작한다.
학습성 (Learnability)	초보와 숙련자 모두가 쉽게 배우고, 사용할 수 있게 제작한다.
유연성 (Flexibility)	사용자의 인터랙션을 최대한 포용하고, 실수를 방지할 수 있도록 제작한다.

(3) 사용자 인터페이스 개발 시스템의 기능

① 사용자 입력의 검증이 가능해야 한다.
② 에러 처리와 그에 맞는 에러 메시지 처리를 표시할 수 있어야 한다.
③ 도움과 프롬프트(Prompt)를 적절하게 제공해야 한다.

대표 기출문제

UI 설계 원칙에서 누구나 쉽게 이해하고 사용할 수 있어야 한다는 것은?

① 유효성 ② 직관성
③ 무결성 ④ 유연성

정답 ②

해설 ② 직관성(Intuitiveness)은 UI 설계 원칙에서 누구나 쉽게 이해하고 사용할 수 있도록 제작하는 것을 의미한다.

[기출] 2020년 1, 2, 3, 4회, 2021년 1, 2회

빈출족보 009 CASE

(1) CASE(Computer Aided Software Engineering)

① 소프트웨어 공학의 자동화를 의미하며, 소프트웨어 공학 작업 중 하나의 작업을 자동화한 소프트웨어 패키지를 CASE 도구라 한다.

② 자동화된 소프트웨어 공학은 개발과 유지보수를 표준화하는 데 기여한다.

③ 소프트웨어 공학 자동화로 개발 비용 절감 및 생산성을 향상시킬 수 있다.

④ CASE 도구들은 소프트웨어 관리자들과 실무자들이 소프트웨어 프로세스와 관련된 활동을 지원한다. 즉, 프로젝트 관리 활동을 자동화하고, 프로세스에서 생산된 결과물을 관리하며, 엔지니어들의 분석, 설계 및 코딩과 테스트 작업을 도와준다.

⑤ **CASE의 주요 기능**: 다양한 소프트웨어 개발 모형 지원, 그래픽 지원, 소프트웨어 생명주기 전 단계와의 연결

⑥ **CASE의 분류**

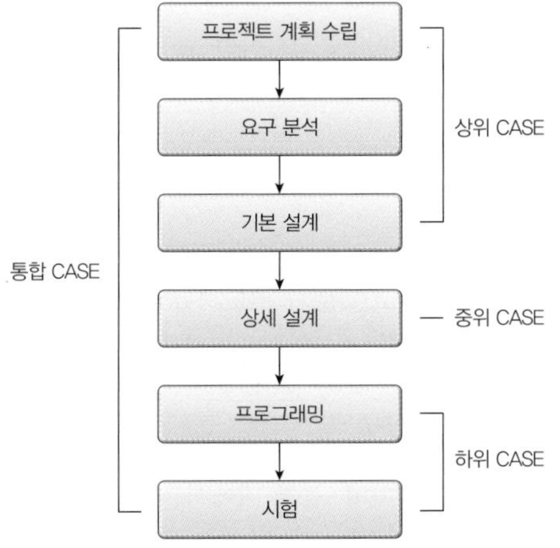

대표 기출문제

CASE(Computer Aided Software Engineering)에 대한 설명으로 틀린 것은?

① 소프트웨어 모듈의 재사용성이 향상된다.
② 자동화된 기법을 통해 소프트웨어 품질이 향상된다.
③ 소프트웨어 사용자들에게 사용 방법을 신속히 숙지시키기 위해 사용된다.
④ 소프트웨어 유지보수를 간편하게 수행할 수 있다.

정답 ③

해설 CASE는 소프트웨어 사용자들에게 사용 방법을 신속히 숙지시키기 위해 사용되는 것이 아니라, 소프트웨어 공학의 자동화를 의미한다.

[기출] 2020년 3, 4회, 2022년 1회

빈출족보 010 객체지향 설계 원칙

(1) SRP(Single Responsibility Principle, 단일 책임의 원칙)

① '무엇을'과 '어떻게'를 분리하여 변경을 제한시킨다.

② 객체는 하나의 책임(변경의 축)만을 가져야 한다.

(2) DIP(Dependency Inversion Principle, 의존 관계 역전의 원칙)

① 클라이언트는 구체 클래스가 아닌 인터페이스에 의존하여 변화에 대처한다.

② 클라이언트는 구체 클래스의 변화에 대해 알지 못해도 된다.

(3) ISP(Interface Segregation Principle, 인터페이스 분리의 원칙)

① 클라이언트가 분리되어 있으면, 인터페이스도 분리된 상태여야 한다.

② 클라이언트에 특화된 여러 개의 인터페이스가 하나의 범용 인터페이스보다 낫다.

(4) OCP(Open-Closed Principle, 개방 폐쇄의 원칙)

기존 코드를 변경하지 않으면서 기능을 추가할 수 있도록 설계되어야 한다.

(5) LSP(Liskov Substitution Principle, 리스코프 대체 원칙)

기반 클래스는 파생 클래스로 대체 가능해야 한다.

대표 기출문제

객체지향 설계 원칙 중, 서브타입(상속받은 하위 클래스)은 어디에서나 자신의 기반 타입(상위 클래스)으로 교체할 수 있어야 함을 의미하는 원칙은?

① ISP(Interface Segregation Principle)
② DIP(Dependency Inversion Principle)
③ LSP(Liskov Substitution Principle)
④ SRP(Single Responsibility Principle)

정답 ③

해설 ③ LSP(Liskov Substitution Principle): 기반 클래스는 파생 클래스로 대체 가능해야 한다.

[기출] 2020년 4회, 2021년 2, 3회

빈출족보 011 아키텍처 스타일 패턴

(1) 아키텍처 스타일 패턴

① 클라이언트-서버 패턴(Client-Server Pattern)

클라이언트	• 사용자로부터 입력을 받아 범위를 체크한다. • 데이터베이스 트랜잭션을 구동하여 필요한 모든 데이터를 수집한다
서버	• 트랜잭션을 수행한다. • 데이터의 일관성을 보장한다. • 클라이언트에게 서비스를 제공한다.
서비스의 요구	• 원격 호출 메커니즘이다. • CORBA나 JAVA RMI의 공통 객체 브로커가 있다.

② 파이프 필터 패턴(Pipe-Filter Pattern)

- 서브시스템이 입력 데이터를 받아 처리하고, 결과를 다음 서브시스템에 보내는 작업이 반복된다.
- 서브시스템을 필터라고 하고, 서브시스템 사이의 관계를 파이프라 한다.

■ 파이트 필터 패턴 예시

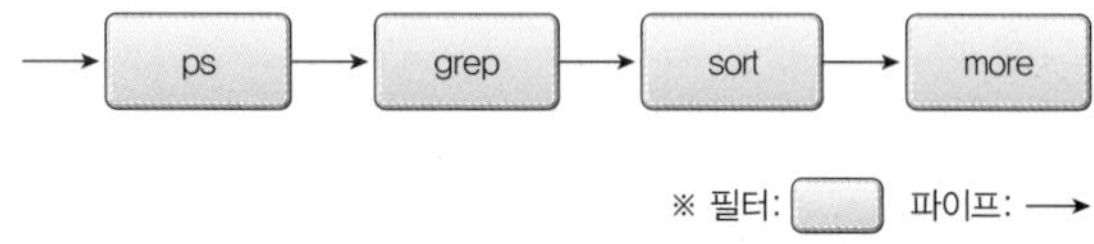

※ 필터: ▭ 파이프: ⟶

③ 마스터-슬레이브 패턴(Master-Slave Pattern)

- 마스터와 슬레이브라는 두 부분으로 구성된다. 마스터 컴포넌트는 동등한 구조를 지닌 슬레이브 컴포넌트들로 작업을 분산하고, 슬레이브가 반환한 결과값으로부터 최종 결과값을 계산한다.
- 데이터를 동시에 수집하는 동안 사용자 인터페이스 제어에 응답할 때 가장 일반적으로 사용한다.
- 일반적으로 실시간 시스템에서 사용되며, 마스터 프로세스는 일반적으로 연산, 통신, 조정을 책임지고 슬레이브 프로세스들을 제어할 수 있다.

대표 기출문제

파이프 필터 형태의 소프트웨어 아키텍처에 대한 설명으로 옳은 것은?

① 노드와 간선으로 구성된다.
② 서브시스템이 입력 데이터를 받아 처리하고 결과를 다음 서브시스템으로 넘겨주는 과정을 반복한다.
③ 계층 모델이라고도 한다.
④ 3개의 서브시스템(모델, 뷰, 제어)으로 구성되어 있다.

정답 ②

해설 파이프 필터 구조
- 서브시스템이 입력 데이터를 받아 처리하고 결과를 다른 시스템에 보내는 작업이 반복된다.
- 서브시스템을 필터라고 하고 서브시스템 사이의 관계를 파이프라 한다.

[기출] 2020년 1, 2, 4회

빈출족보 012 코드

(1) 코드의 종류

① **일련번호식 코드(순차 코드, Sequential Code)**: 발생순, 크기순, 가나다순 등에 따라 순차적으로 부여한다.
예 지명 코드

② **블록 코드(Block Code)**: 공통성 있는 것끼리 블록으로 묶어서 구분하며, 블록 내에서는 순차적으로 부여한다.
예 부서코드

③ **그룹 분류 코드(Group Classification Code)**: 코드화 대상 항목을 대분류, 중분류, 소분류로 구분하고, 각 그룹별 내에서 순차적으로 코드를 부여한다.
예 학번 코드, 사원번호 코드

④ **10진 코드(Decimal Code)**: 10진법의 원리에 맞추어 대분류, 중분류, 소분류하여 부여한 코드이다.
예 도서 분류 코드

⑤ **유효 숫자식 코드(표의 숫자 코드, Significant Digit Code)**: 대상 항목의 크기, 중량, 거리 등을 그대로 사용하는 코드이다.

⑥ **연상기호 코드(Mnemonic Code)**: 대상과 관계있는 문자나 숫자를 조합하여 만든 코드로, 상품 명이나 거래처 명에 많이 이용한다.

⑦ **약자식 코드(Letter Type Code)**: 관습상 또는 제도적으로 널리 사용되는 문자를 그대로 사용하는 코드이다.

대표 기출문제

코드화 대상 항목의 중량, 면적, 용량 등의 물리적 수치를 이용하여 만든 코드는?

① 순차 코드 ② 10진 코드
③ 표의 숫자 코드 ④ 블록 코드

정답 ③

해설 ③ 표의 숫자 코드(유효 숫자식 코드): 대상 항목의 크기, 중량, 거리 등을 그대로 사용하는 코드이다.

[기출] 2020년 1, 2회, 2022년 1회

빈출족보 013 구조적 설계 도구

(1) HIPO(Hierarchical Plus Input Process Output)

① 프로그램 논리의 문서화와 설계를 위해 도식적인 방법을 제공하며, 기능 표현 중심이다.

② 시스템의 분석 및 설계나 문서화에 사용되는 기법으로 계층을 구성하는 각 모듈별 실행과정인 입력, 처리, 출력 기능을 나타낸다.

③ 관람자에 따라 다른 도표 제공이 가능하고, 프로그램의 전체적인 흐름 파악이 가능하다.

④ 하향식(Top-Down) 개발 기법(계층적 구조)이며, 문서의 체계화가 가능하다.

⑤ 프로그램의 변경 및 유지보수가 용이하다.

⑥ 논리적인 기술보다는 기능 중심의 문서화 기법으로 신뢰성은 조금 떨어진다.

⑦ HIPO 차트의 종류에는 가시적 도표, 총체적 도표, 세부적 도표가 있다.
- 가시적 도표(계층 도표): 시스템의 전체적인 흐름을 계층적으로 표현한 도표이다.
- 총체적 도표: 입력, 처리, 출력에 대한 기능을 개략적으로 표현한 도표이다.
- 세부적 도표: 총체적 도표 내용을 구체적 모듈별 입력–처리–출력 도표로 표현한다.

(2) N–S Chart(Nassi & Schneiderman)

① Box Diagram, Chapin Chart라고도 불린다.

② 논리 기술에 중점을 둔 도형식 표현 도구이다.

③ 순차, 선택, 반복의 3가지 제어 구조를 표현한다

④ 화살표나 GOTO문은 사용하지 않는다.

⑤ 단일 출입구가 있는 프로그램 구조를 나타내기 편리하다.

⑥ 도표로 그려야 하는 불편함이 있고, 수정이 쉽지 않다. 프로그램의 전체 구조 표현에는 부적합하다.

대표 기출문제

HIPO(Hierarchy Input Process Output)에 대한 설명으로 거리가 먼 것은?

① 상향식 소프트웨어 개발을 위한 문서화 도구이다.
② HIPO 차트 종류에는 가시적 도표, 총체적 도표, 세부적 도표가 있다.
③ 기능과 자료의 의존 관계를 동시에 표현할 수 있다.
④ 보기 쉽고 이해하기 쉽다.

정답 ①

해설 HIPO는 하향식 개발 기법(계층적 구조)이며, 문서의 체계화가 가능하다.

[기출] 2020년 1, 2, 3, 4회, 2021년 1, 2, 3회, 2022년 1, 2회

빈출족보 014 객체지향 기법

(1) 객체지향의 기본 개념

① 객체(Object)
- 현실세계에 존재할 수 있는 유형·무형의 모든 대상을 말한다.
- 실제로 객체지향 프로그램 작성 시 기본 단위이다.
- 속성과 메소드로 정의된다.

(데이터(속성) + 연산(메소드) → 객체

- 객체는 인터페이스인 공유 부분을 가지며, 상태(State)를 가지고 있다.

② 속성(Attribute)
- 객체가 가지고 있는 특성으로, 객체의 현재 상태를 의미한다.
- 속성은 객체의 상태, 성질, 분류, 식별, 수량 등을 표현한다.

③ 클래스(Class)
- 데이터를 추상화하는 단위이며, 공통된 행위와 특성을 갖는 객체의 집합이다.
- 클래스라는 개념은 객체 타입으로 구현된 소프트웨어를 의미한다. 클래스는 동일한 타입의 객체들의 메소드와 변수들을 정의하는 템플릿(Templete)이다.

④ 메시지(Message)
- 한 객체가 다른 객체의 메소드를 부르는 과정으로, 외부에서 하나의 객체에 보내지는 메소드의 요구이다.
- 일반 프로그래밍 과정에서 함수 호출에 해당된다.

⑤ 메소드(Method)

- 메소드는 객체가 어떻게 동작하는지를 규정하고, 속성의 값을 변경시킨다.
- 객체가 메시지를 받아 실행해야 할 객체의 구체적인 연산을 정의한 것이다.

⑥ 인스턴스(Instance)

- 클래스로부터 만들어진 객체를 그 클래스의 인스턴스라고 한다.
- 클래스로부터 객체를 만드는 과정을 인스턴스화(Instantiation)라고 한다.

⑦ 다형성(Polymorphism)

- 같은 메시지에 대해 각 클래스가 가지고 있는 고유한 방법으로 응답할 수 있는 능력을 의미한다.
- 두 개 이상의 클래스에서 똑같은 메시지에 대해 객체가 서로 다르게 반응하는 것이다.
- 다형성은 주로 동적 바인딩에 의해 실현된다.

⑧ 상속성(Inheritance)

- 새로운 클래스를 정의할 때 기존의 클래스들의 속성을 상속받고, 필요한 부분을 추가하는 방법이다.
- 높은 수준의 개념은 낮은 수준의 개념으로 특정화된다.
- 하위 계층은 상위 계층의 특수화(Specialization) 계층이 되며, 상위 계층은 하위 계층의 일반화(Generalization) 계층이 된다.

⑨ 캡슐화(Encapsulation)

- 객체를 정의할 때 서로 연관된 데이터와 함수를 함께 묶어 외부와 경계를 만들고, 필요한 인터페이스만을 밖으로 드러내는 과정이다.
- 인터페이스가 단순화되고, 변경 발생 시 오류의 파급효과가 적다.
- 소프트웨어 재사용성이 높아진다.

⑩ 정보은닉(Information Hiding)

- 객체의 상세한 내용을 객체 외부에 철저히 숨기고, 단순히 메시지만으로 객체와의 상호작용을 하게 하는 것이다.
- 외부에서 알아야 하는 부분만 공개하고 그렇지 않은 부분은 숨김으로써 대상을 단순화시키는 효과가 있다.
- 유지보수와 소프트웨어 확장 시 오류를 최소화할 수 있다.

(2) 객체지향의 연관성

① 연관화(Association): 관계성의 종류는 is-member-of이며, 링크 개념과 유사하다. 공통의 의미를 서로 연관된 집단으로 표현하는 방법이다.

② 분류화(Classification): 관계성의 종류는 is-instance-of이며, 동일한 형의 특성을 갖는 객체들이 모여 클래스를 구성하는 것이다.

③ 집단화(Aggregation): 관계성의 종류는 is-part-of이며, 서로 관련 있는 여러 개의 객체를 묶어 한 개의 상위 객체를 생성한다.

④ 일반화(Generalization): 관계성의 종류는 is-a이며, 객체들에 있어 공통적인 성질들을 상위 객체로 정의한다.

대표 기출문제

객체지향 개념에서 연관된 데이터와 함수를 함께 묶어 외부와 경계를 만들고 필요한 인터페이스만을 밖으로 드러내는 과정은?

① 메시지(Message)
② 캡슐화(Encapsulation)
③ 다형성(Polymorphism)
④ 상속(Inheritance)

정답 ②

해설 ② 캡슐화는 객체를 정의할 때 서로 관련성이 많은 데이터들과 이와 연관된 함수들을 정보처리에 필요한 기능으로 하나로 묶는 것을 말한다. 즉, 데이터, 연산, 다른 객체, 상수 등의 관련된 정보와 그 정보를 처리하는 방법을 하나의 단위로 묶는 것이다.

빈출족보 015 디자인 패턴

(1) 디자인 패턴의 장점

① 많은 전문가의 경험과 노하우를 별다른 시행착오 없이 얻을 수 있다.
② 실질적 설계에 도움이 된다.
③ 쉽고 정확하게 설계 내용을 다른 사람과 공유할 수 있다.
④ 기존 시스템이 어떤 디자인 패턴을 사용하고 있는지를 기술함으로써, 쉽고 간단하게 시스템을 이해할 수 있다.
⑤ 소프트웨어 구조 파악이 용이하다.
⑥ 객체지향 설계 및 구현의 생산성을 높이는데 적합하다.
⑦ 재사용을 위한 개발 시간이 단축된다.

(2) 디자인 패턴 분류

분류	패턴	특징
생성 패턴	Abstract Factory	클라이언트에서 구상 클래스를 지정하지 않으면서도 일군의 객체를 생성할 수 있게 해줌(제품군(product family)별 객체 생성)
	Builder	부분 생성을 통한 전체 객체 생성
	Factory Method	• 상위 클래스에서 객체를 생성하는 인터페이스를 정의하고, 하위 클래스에서 인스턴스를 생성하도록 하는 방식 • 객체를 생성하기 위한 인터페이스를 정의하여 어떤 클래스가 인스턴스화될 것인지는 서브 클래스가 결정하도록 하는 것 • Virtual-Constructor 패턴이라고도 함
	Prototype	prototype을 먼저 생성하고, 인스턴스를 복제하여 사용하는 구조
	Singleton	특정 클래스의 인스턴스가 오직 하나임을 보장하고, 이 인스턴스에 대한 접근 방법을 제공
구조 패턴	Adapter	객체를 감싸서 다른 인터페이스를 제공(기존 모듈 재사용을 위한 인터페이스 변경)
	Bridge	인터페이스와 구현의 명확한 분리
	Composite	클라이언트에서 객체 컬렉션과 개별 객체를 똑같이 다룰 수 있도록 해줌(객체 간의 부분-전체 관계 형성 및 관리)
	Decorator	객체를 감싸서 새로운 행동을 제공(객체의 기능을 동적으로 추가/삭제)
	Facade	일련의 클래스에 대해 간단한 인터페이스 제공(서브시스템의 명확한 구분 정의)
	Flyweight	작은 객체들의 공유
	Proxy	객체를 감싸서 그 객체에 대한 접근성을 제어(대체 객체를 통한 작업 수행)
행위 패턴	Chain of Responsibility	수행 가능 객체군까지 요청 전파
	Command	요청을 객체로 감쌈(수행할 작업의 일반화를 통한 조작)
	Interpreter	간단한 문법에 기반한 검증 작업 및 작업 처리
	Iterator	컬렉션이 어떤 식으로 구현되었는지 드러내지 않으면서도 컬렉션 내에 있는 모든 객체에 대해 반복 작업을 처리할 수 있게 해줌(동일 자료형의 여러 객체 순차 접근)
	Mediator	객체 간의 통제와 지시의 역할을 하는 중재자를 두어 객체지향의 목표를 달성하게 함
	Memento	객체의 이전 상태 복원 또는 보관
	Observer	상태가 변경되면 다른 객체들한테 연락을 돌릴 수 있게 해줌(1:다의 객체 의존관계를 정의)
	State	상태를 기반으로 한 행동을 캡슐화한 다음 위임을 통해서 필요한 행동을 선택(객체 상태 추가 시 행위 수행의 원활한 변경)
	Strategy	교환 가능한 행동을 캡슐화하고 위임을 통해서 어떤 행동을 사용할지 결정(동일 목적의 여러 알고리즘 중 선택해서 적용)
	Template Method	알고리즘의 개별 단계를 구현하는 방법을 서브 클래스에서 결정(알고리즘의 기본 골격 재사용 및 상세 구현 변경)
	Visitor	작업 종류의 효율적 추가/변경

대표 기출문제

GoF(Gang of Four) 디자인 패턴과 관련한 설명으로 틀린 것은?

① 디자인 패턴을 목적(Purpose)으로 분류할 때 생성, 구조, 행위로 분류할 수 있다.
② Strategy 패턴은 대표적인 구조 패턴으로 인스턴스를 복제하여 사용하는 구조를 말한다.
③ 행위 패턴은 클래스나 객체들이 상호작용하는 방법과 책임을 분산하는 방법을 정의한다.
④ Singleton 패턴은 특정 클래스의 인스턴스가 오직 하나임을 보장하고, 이 인스턴스에 대한 접근 방법을 제공한다.

정답 ②

해설 ② Strategy 패턴은 행위 개선을 위한 패턴으로 교환 가능한 행동을 캡슐화하고, 위임을 통해서 어떤 행동을 사용할지 결정한다.

[기출] 2021년 2, 3회

빈출족보 016 외부 인터페이스 요구사항

(1) 외부 인터페이스 요구사항

① 사용자 인터페이스(User Interface)

- 시스템이 요구하는 각각의 사용자 인터페이스의 논리적인 특징을 설명한다.
- 폰트, 아이콘, 버튼 레이블, 이미지, 색상 체계, 필드탭 순서, 공통으로 사용되는 컨트롤 등에 대한 표준이다.
- 화면 레이아웃 또는 해상도 제약 조건이다.
- 도움말 버튼과 같이 모든 화면에 나타나는 표준 버튼, 기능 또는 탐색 링크이다.

② 사용자 인터페이스의 특징

- 구현하고자 하는 결과의 오류를 최소화한다.
- 사용자의 편의성을 높임으로써 작업시간을 단축시킨다.
- 막연한 작업 기능에 대해 구체적인 방법을 제시한다.
- 사용자 중심의 상호작용이 되도록 한다.
- 사용자 요구사항이 잘 반영될 수 있도록 구성되어야 하며, 사용자 중심으로 설계되어야 한다.

대표 기출문제

사용자 인터페이스(UI)의 특징으로 틀린 것은?

① 구현하고자 하는 결과의 오류를 최소화한다.
② 사용자의 편의성을 높임으로써 작업 시간을 증가시킨다.
③ 막연한 작업 기능에 대해 구체적인 방법을 제시하여 준다.
④ 사용자 중심의 상호작용이 되도록 한다.

정답 ②

해설 ② 사용 편의성을 높이려면 사전에 사용자와 협의하면서 화면을 구성해야 하고, 기술적으로 작업 시간이 단축되도록 개발해야 한다.

[기출] 2020년 1, 2, 3, 4회, 2021년 1회, 2022년 2회

빈출족보 017 미들웨어 솔루션

(1) 미들웨어(Middle ware)의 정의

미들웨어는 클라이언트와 서버를 연결하여 데이터를 주고받을 수 있도록 중간에서 매개 역할을 하거나, 네트워크를 통해서 연결된 여러 개의 컴퓨터에 있는 많은 프로세스들이 어떤 서비스를 사용할 수 있도록 연결해주는 시스템 소프트웨어를 말한다.

(2) 미들웨어의 분류

① DB 미들웨어

- DB 미들웨어는 애플리케이션과 데이터베이스 간 통신을 원활하게 하는 것을 목적으로 하는 미들웨어이다.
- 다양한 형태로 구축된 데이터베이스 간의 통신이 가능하도록 해주는 제품을 말한다.
- DB 미들웨어를 도입함으로써 하드웨어, 데이터베이스, 네트워크 프로토콜로 이루어진 복합 시스템 환경에서 생성된 다양한 데이터베이스를 클라이언트에서 보다 쉽게 조작 및 운영할 수 있다.

② 원격 프로시저 호출(RPC: Remote Procedure Call)

- RPC는 네트워크 상에서 애플리케이션과 애플리케이션 간의 연동을 하기 위한 미들웨어이다.
- 다른 컴퓨터에 있는 원격 애플리케이션을 연동시키는 경우 많이 이용된다.
- 근래에는 일반적으로 RPC 기능이 OS에 포함돼 제공되는 경우가 많아서 RPC 기반 미들웨어 제품군은 OS에서 제공되는 RPC 기능을 보다 편하게 사용할 수 있도록 도와주는 역할을 하는 경우도 많다.

③ 메시지 지향 미들웨어(MOM: Message-Oriented Middleware)

- MOM은 애플리케이션과 미들웨어 간의 상호 연동을 위한 미들웨어이다.
- 애플리케이션에서 미들웨어로의 작업 요청이 바로 이루어질 수 있도록 한다.

④ 트랜잭션 처리(TP: Transaction Processing) 모니터

- TP 모니터는 통신량이 많은 클라이언트와 서버 사이에 위치하여 서버 애플리케이션 및 자원을 효율적으로 관리한다.
- 통신 부하를 효과적으로 분배(Load Balancing)함으로써 클라이언트와 서버 사이의 통신이 원활하게 이루어질 수 있도록 해주는 역할을 하며, 분산 환경의 핵심 기술인 분산 트랜잭션을 처리하기 위해서 필요한 미들웨어이다.

⑤ WAS(Web Application Server): 클라이언트(웹브라우저)로부터 웹 서버가 요청을 받으면 애플리케이션에 대한

로직을 수행하여 웹 서버로 다시 반환해 주는 서버이다.

⑥ ORB(Object Request Broker): 객체지향 미들웨어로 분산 컴퓨팅 환경에서 프로그래머에게 다른 컴퓨터의 프로그램을 네트워크를 통해 호출할 수 있다.

대표 기출문제

응용 프로그램의 프로시저를 사용하여 원격 프로시저를 로컬 프로시저처럼 호출하는 방식의 미들웨어는?

① WAS(Web Application Server)
② MOM(Message Oriented Middleware)
③ RPC(Remote Procedure Call)
④ ORB(Object Request Broker)

정답 ③

해설 ③ RPC(Remote Procedure Call, 원격 프로시저 호출)는 네트워크상에서 애플리케이션과 애플리케이션 간의 연동을 하기 위한 미들웨어이다.

Part

Ⅱ 소프트웨어 개발

강의 바로 보기

[기출] 2021년 3회, 2022년 1회

빈출족보 018 자료구조

(1) 자료구조의 정의

① 자료를 효율적으로 사용하기 위해 컴퓨터로 자료의 특성에 따라 분류하여 구성하고, 저장 및 처리하는 모든 작업을 말한다.

② 문제 해결을 위해 데이터 값들을 연산자들이 효율적으로 접근하여 처리할 수 있도록 체계적으로 조직하여 표현하는 것을 말한다.

③ 컴퓨터에서 자료를 정리하고 효율적으로 사용할 수 있도록 다양한 구조를 갖는 것이 자료구조이다.

(2) 자료구조의 구성

① 선형구조

- 개념: 데이터의 전후 항목 사이 관계가 1:1이며, 선후 관계가 명확하게 한 개의 선의 형태를 갖는 리스트 구조이다.
- 선형구조의 종류: 배열, 연결 리스트, 스택, 큐, 데크

② 비선형구조

- 개념: 데이터 항목 사이의 관계가 1:n(혹은 n:m)인 그래프적 특성을 갖는 형태이다.
- 비선형구조의 종류: 트리, 그래프

대표 기출문제

다음 중 선형구조로만 묶인 것은?

① 스택, 트리　② 큐, 데크
③ 큐, 그래프　④ 리스트, 그래프

정답 ②

해설 선형구조: 데이터 항목 사이의 관계가 1:1이며, 선후 관계가 명확하게 한 개의 선의 형태를 갖는 리스트 구조이다. 배열, 연결, 리스트, 스택, 큐, 데크가 있다.

[기출] 2020년 4회, 2021년 1, 2, 3회, 2022년 1회

빈출족보 019 스택

(1) 스택(Stack)

① 제한된 구조로 원소의 삽입과 삭제가 한 쪽(top)에서만 이루어지는 유한 순서 리스트이다.

② LIFO(Last In First Out) 구조로, 마지막에 삽입한 원소를 제일 먼저 삭제하는 후입선출 구조이다.

③ 배열로 구현하는 방법은 간단하지만, 크기가 고정된다.

④ 연결 리스트로 구현하면 상대적으로 복잡하지만, 크기를 가변적으로 할 수 있다.

⑤ 더 이상 삭제할 데이터가 없는 상태에서 데이터를 삭제하면 언더플로우(underflow)가 발생한다.

⑥ **스택의 응용:** 수식 계산, 복귀 주소 관리, 순환식, 퀵 정렬, 깊이 우선 탐색, 이진 트리 운행

⑦ **수식의 표기법**

구분	내용	예
중위 표기법 (Infix Notation)	연산자가 피연산자 가운데 위치한다.	A+B
전위 표기법 (Prefix Notation)	연산자가 피연산자 앞(왼쪽)에 위치한다.	+AB
후위 표기법 (Postfix Notation)	연산자가 피연산자 뒤(오른쪽)에 위치한다.	AB+

⑧ **스택의 삽입과 삭제의 구현**

■ 삽입(push) 연산

```
push(stack, item)
        // stack의 top에 item을 삽입
        if (top ≥ n-1) then stackFull( );
        // stack이 오버플로우(overflow)인 상태를 처리
        else {
             top ← top +1;
             // top을 1 증가
             stack[top] ← item; }
             // stack의 top에 자료 삽입
end push( )
```

■ 삭제(pop)의 연산

```
pop(stack)
        // stack의 top 원소를 삭제하고 반환
        if (top < 0) then stackEmpty( )
        // stack이 언더플로우인 상태를 처리
        else {
            item ← stack[top];
            // stack의 top이 가리키는 곳의 자료 item으로 이동
            top ← top-1;
            // top을 1 감소
            return item; }
            // item 리턴
end pop( )
```

대표 기출문제

다음은 스택의 자료 삭제 알고리즘이다. ⓐ에 들어 갈 내용으로 옳은 것은? (단, Top: 스택 포인터, S: 스택의 이름)

```
If Top=0 Then
    ( ⓐ )
Else {
    remove S(Top)
    Top=Top-1
}
```

① Overflow
② Top=Top+1
③ Underflow
④ Top=Top

정답 ③

해설 • 언더플로우는 결과가 취급할 수 있는 수의 범위 보다 작아지는 상태를 말한다. 제시한 코드의 조건이 만족한다면 언더플로우 상태가 된다.
• 스택 언더플로우(Stack Underflow): 스택이 비어있는 상태로 데이터를 꺼낼 수 없는 상태를 말한다.
• 스택 오버플로우(Stack Overflow): 스택이 가득 차있는 상태로 데이터를 삽입할 수 없는 상태를 말한다.

[기출] 2021년 1회

빈출족보 020 큐

(1) 큐(Queue)

① FIFO(First In First Out) 구조로, 제일 먼저 삽입된 원소가 제일 먼저 삭제되는 선입선출 구조이다.
② 한쪽 끝(rear)에서는 원소의 삽입만, 다른 쪽 끝(front)에서는 원소의 삭제만 허용하는 자료구조이다. 양 끝을 제외한 나머지 모든 위치에서의 삽입과 삭제를 허용하지 않는다.
③ 구현은 배열이나 연결 리스트로 가능하며, 원형 연결 리스트를 활용하여 rear 포인터만으로도 충분히 큐를 구현할 수 있다.
④ **큐의 응용**: 작업 스케줄링, 너비 우선 탐색, 트리의 레벨 순회
⑤ **큐의 작동 구조**

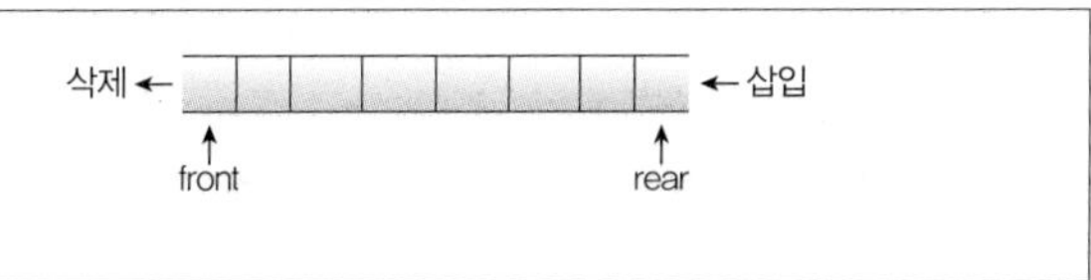

⑥ **큐의 순차 표현**: 큐를 표현하는 가장 간단한 방법이며, Q[n]을 이용한 순차 표현이다.

front	맨 앞 원소 바로 앞을 나타낸다.
rear	맨 뒤 원소를 나타낸다.
초기화	front = rear = −1 (공백 큐)
공백 큐	front = rear
오버플로우(overflow)	rear = n−1
삽입(push)	rear를 1 증가시키고 원소를 저장한다.
삭제(pop)	front를 1 증가시키고 원소를 반환한다.

대표 기출문제

자료구조에 대한 설명으로 틀린 것은?

① 큐는 비선형구조에 해당한다.
② 큐는 First In-First Out 처리를 수행한다.
③ 스택은 Last In-Frist Out 처리를 수행한다.
④ 스택은 서브루틴 호출, 인터럽트 처리, 수식 계산 및 수식 표기법에 응용된다.

정답 ①

해설 선형구조: 데이터의 전후 항목 사이 관계가 1:1이며, 선후 관계가 명확하게 한 개의 선의 형태를 갖는 리스트 구조이다. 종류에는 배열, 연결 리스트, 스택, 큐, 데크 등이 있다.

빈출족보 021

트리

(1) 트리(Tree)

① 계층형 자료구조(Hierarchical Data Structure) 노드와 노드를 간선으로 연결한다.

② 실제 나무를 뒤집어 놓은 것과 같은 형태이며, 여러 개의 노드가 계층적으로 구성된다. 가장 위쪽의 노드가 루트(근)노드이며, 가장 아래쪽에 자식이 없는 노드를 리프(단말)노드라고 한다.

③ 그래프(Graph)의 한 종류로 데이터들의 상호 관계를 가지(Branch)로 연결하여 계층적 관계(Hierarchical Relationship)로 구성한다.

④ 사이클이 존재하지 않는 트리이다.

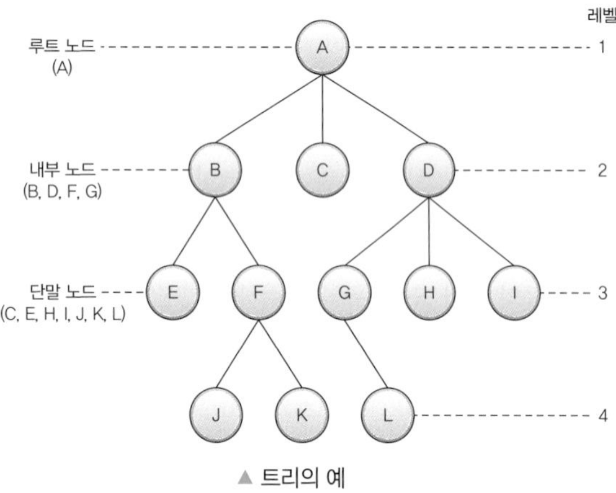

▲ 트리의 예

⑤ 트리의 용어

노드(Node)	데이터와 링크를 통합적으로 표현한다.
루트(근) 노드	최상위 노드를 말한다.
단말 노드	자식 노드를 가지지 않는 노드이다.
비단말 노드	자식 노드를 갖는 노드이다.
노드의 차수(Degree)	한 노드가 가지고 있는 서브 트리의 수이다. (A의 차수: 3, B의 차수: 2, C의 차수: 0)
형제(Siblings)	한 부모의 자식들이다. (노드 G, H, I는 형제들)
트리의 차수(Degree)	그 트리에 있는 노드의 최대 차수이다. (트리 T의 차수: 3)
노드의 레벨(Level)	한 노드가 레벨 I에 속하면, 그 자식들은 레벨 I+1에 속한다.
트리의 높이(Height) 또는 깊이(Depth)	그 트리의 최대 레벨이다. (트리 T의 높이: 4)
노드의 레벨 순서 (Level Order)	트리의 노드들에 레벨별로 위에서 아래로, 같은 레벨 안에서는 왼편에서 오른편으로 차례로 순서를 매긴 것이다.

(2) 트리의 순회

① **전위 순회(Preorder Traversal)**: 전위 순회 방법의 순환식 기술

루트 노드 방문 → 왼편 서브 트리 전위 순회 → 오른편 서브 트리 전위 순회

② **중위 순회(Inorder Traversal)**: 중위 순회 방법의 순환식 기술

왼편 서브 트리 중위 순회 → 루트 노드 방문 → 오른편 서브 트리 중위 순회

③ **후위 순회(postorder traversal)**: 후위 순회 방법의 순환식 기술

왼편 서브 트리 후위 순회 → 오른편 서브 트리 후위 순회 → 루트 노드 방문

(3) 트리의 순회 예

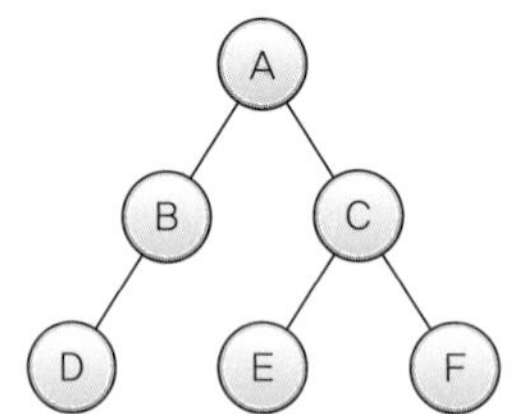

① **전위 순회**: A → B → D → C → E → F
- 전위 순회이므로 중 – 좌 – 우 순서로 순회한다.
- 가장 중간에 있는 노드는 루트 노드이므로 A이고, 루트 노드를 중심으로 좌측 서브 트리(B, D)와 우측 서브 트리(C, E, F)로 나눌 수 있다.
- 전체 구성은 A(좌측 서브 트리)(우측 서브 트리)가 된다.
- 좌측 서브 트리를 전위 순회 하면 B → D가 되며, 우측 서브 트리를 전위 순회하면 C → E → F가 된다.
- 이를 종합하면 A(B → D)(C → E → F)가 되며, 전체 순서는 A → B → D → C → E → F가 된다.

② **중위 순회**: D → B → A → E → C → F
- 중위 순회이므로 좌 – 중 – 우 순서로 순회한다.
- 가장 중간에 있는 노드는 루트 노드이므로 A이고, 루트 노드를 중심으로 좌측 서브 트리(B, D)와 우측 서브 트리(C, E, F)로 나눌 수 있다.
- 전체 구성은 (좌측 서브 트리)A(우측 서브 트리)가 된다.
- 좌측 서브 트리를 중위 순회 하면 D → B가 되며, 우측 서브 트리를 중위 순회하면 E → C → F가 된다.
- 이를 종합하면 (D → B)A(E → C → F)가 되며, 전체 순서는 D → B → A → E → C → F가 된다.

③ **후위 순회**: D → B → E → F → C → A
- 후위 순회이므로 좌 – 우 – 중 순서로 순회한다.
- 가장 중간에 있는 노드는 루트 노드이므로 A이고, 루트 노드를 중심으로 좌측 서브 트리(B, D)와 우측 서브 트리(C, E, F)로 나눌수 있다.
- 전체 구성은 (좌측 서브 트리)(우측 서브 트리)A가 된다.

- 좌측 서브 트리를 후위 순회하면 D → B가 되며, 우측 서브 트리를 후위 순회하면 E → F → C가 된다.
- 이를 종합하면 (D → B)(E → F → C)A가 되며, 전체 순서는 D → B → E → F → C → A가 된다.

대표 기출문제

다음 트리를 전위 순회(Preorder Traversal)한 결과는?

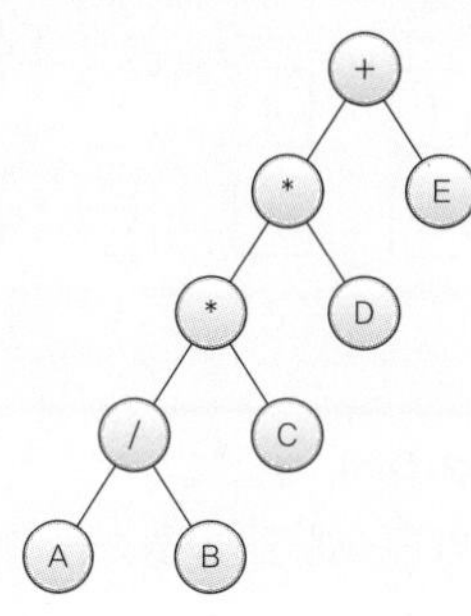

① +*AB/*CDE ② AB/C*D*E+
③ A/B*C*D+E ④ +**/ABCDE

정답 ④

해설 전위 순회는 root → left → right 순서로, 문제의 트리는 + → * → * → / → A → B → C → D → E와 같이 방문한다.

대표 기출문제

다음 트리의 차수(Degree)와 단말 노드(Terminal Node)의 수는?

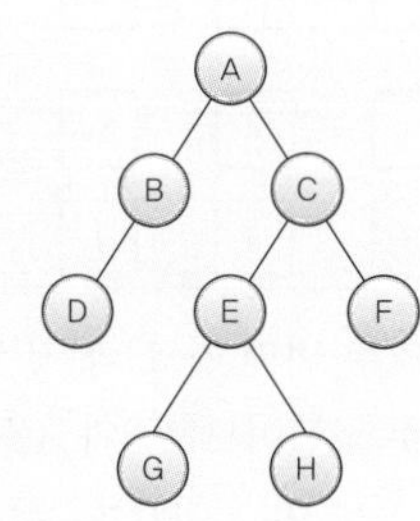

① 차수: 4, 단말 노드: 4
② 차수: 2, 단말 노드: 4
③ 차수: 4, 단말 노드: 8
④ 차수: 2, 단말 노드: 8

정답 ②

해설 • 트리의 노드 중에서 가장 큰 차수가 트리의 차수(Degree of Tree)가 된다. 문제의 트리에서 노드 A, C, E의 차수가 2이고, 차수가 가장 크므로 트리의 차수는 2이다.
• 단말 노드는 자식 노드가 없는 노드를 말한다. 문제의 트리에서 단말 노드는 D, G, H, F로 모두 4개이다.

[기출] 2020년 4회

빈출족보 022 그래프

(1) 무방향 그래프(Undirected Graph)

① 간선을 표현하는 두 정점의 쌍에 순서가 없는 그래프이다. 화살표가 아닌 선으로 각 정점이 연결된다.

(2) 방향 그래프(Directed Graph)

① 유방향 그래프 또는 다이그래프(Digraph)라 하며, 간선을 표현하는 두 정점의 쌍에 순서가 있는 그래프이다. 정점의 연결은 화살표로 된다.

(3) 완전 그래프(Complete Graph)

① 최대 수의 간선을 가진 그래프로 정점이 n개일 때 무방향 그래프는 n(n−1)/2개, 방향 그래프는 n(n−1)개의 간선의 수를 갖는다.

(4) 신장 트리(Spanning Tree)

① 그래프 G에서 E(G)에 있는 간선과 V(G)에 있는 모든 정점들로 구성된 트리이다.
② 주어진 그래프 G에 대한 신장 트리는 유일하지 않다.
③ 사이클이 없다.

대표 기출문제

n개의 노드로 구성된 무방향 그래프의 최대 간선 수는?

① n−1 ② n/2
③ n(n−1)/2 ④ n(n+1)

정답 ③

해설 • 무방향 그래프 최대 간선 수: n(n−1)/2
• 방향 그래프 최대 간선 수: n(n−1)

빈출족보 023

정렬

(1) 정렬 알고리즘의 복잡도

정렬종류	평균	최악
버블 정렬(Bubble Sort)	$O(n^2)$	$O(n^2)$
선택 정렬(Selection Sort)	$O(n^2)$	$O(n^2)$
삽입 정렬(Insertion Sort)	$O(n^2)$	$O(n^2)$
퀵 정렬(Quick Sort)	$O(nLog_2n)$	$O(n^2)$
합병 정렬(Merge Sort)	$O(nLog_2n)$	$O(nLog_2n)$
힙 정렬(Heap Sort)	$O(nLog_2n)$	$O(nLog_2n)$

(2) 선택 정렬(Selection Sort)

① 제자리 정렬 알고리즘의 하나로 수행 시간의 차수는 $O(n^2)$이다.

② 오름차순으로 정렬할 경우에 최소값을 찾아 앞쪽으로 이동하기를 배열 크기만큼 반복하면서 정렬하는 방법이다. 배열에서 제일 작은 값을 찾아 가장 왼쪽(처음)으로 이동한다. 그리고 정렬된 첫 번째 요소는 제외하고, 남은 요소들 중 제일 작은 값을 다시 찾아 앞으로 보내기를 배열 끝까지 반복한다. 작은 순서대로 계속 앞쪽으로 이동하므로 반복 작업이 모두 끝나면 모든 요소는 순서대로 정렬된다.

③ 8, 3, 4, 9, 7을 오름차순으로 선택 정렬하는 과정은 아래와 같다.

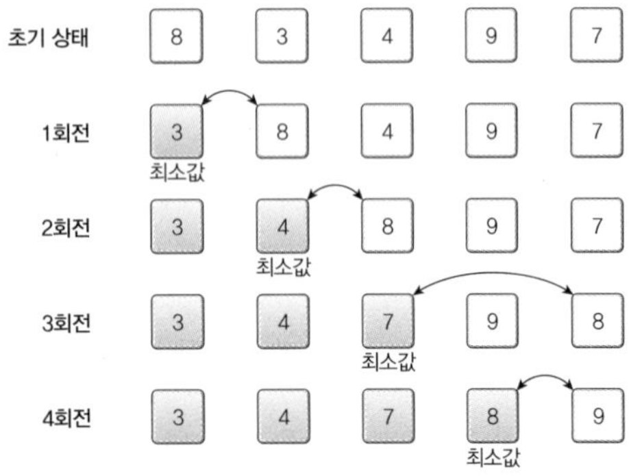

(3) 버블 정렬(Bubble Sort)

① 두 인접한 요소끼리 비교하여 정렬하는 방법으로 수행 시간의 차수는 $O(n^2)$이다.

② 만약 오름차순으로 정렬할 경우 이웃하는 두 개의 값을 비교하여 앞쪽의 값이 더 크면 두 요소의 값을 교환하는 방식으로 정렬한다.

③ 8, 3, 4, 9, 7을 오름차순으로 버블 정렬하는 과정은 다음과 같다.

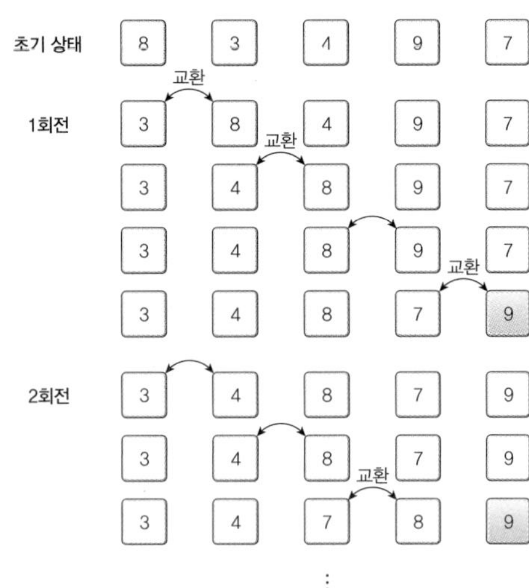

(4) 삽입 정렬(Insertion Sort)

① 주어진 데이터 중 맨 앞의 원소를 정렬된 구간으로 설정하고, 나머지를 그렇지 않은 구간으로 정한다.

② **삽입 데이터 정하기**: 정렬되지 않은 구간의 맨 앞 데이터를 삽입 데이터(Key 값)로 정한다.

③ **삽입 위치 파악**: 정렬 구간을 역순으로 탐색하며 Key 값이 삽입될 위치를 파악한다.

④ 모든 데이터가 정렬될 때까지 ②~③ 과정을 반복한다.

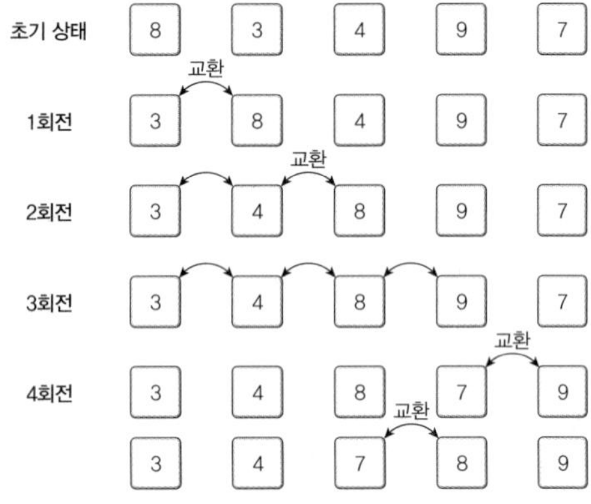

- 1회전: Key 3(두 번째 자료)과 첫 번째 자료 8을 비교하여 오름차순 정렬이므로 8과 3을 교환한다.
- 2회전: Key 4(세 번째 자료)와 두 번째 자료 비교 후 교환 여부 결정, 첫 번째 자리와 비교 후 교환 여부를 결정한다.
- 3, 4회전: 1, 2회전과 같이 비교하여 교환 여부를 결정하면서 정렬한다.

(5) 퀵 정렬(Quick Sort)

① n개의 데이터를 정렬할 때, 최악의 경우에는 $O(n^2)$번의 비교를 수행하고, 평균적으로 $O(nLog_2n)$번의 비교를 수행한다.

② 퀵 정렬은 분할 정복(Divide and Conquer) 방법을 통해 배열 요소를 정렬한다.

ⓐ 배열 요소 중 중간 위치의 요소를 고른다. 이렇게 고른 요소를 피벗이라고 한다.
ⓑ 오름차순으로 정렬한다고 가정할 경우 피벗보다 작은 값은 왼쪽에 위치시키고, 큰 값은 오른쪽에 위치시킨 후 그 사이에 피벗이 위치한다. 피벗을 기준으로 둘로 나누는 것을 분할이라고 한다. 분할을 마친 뒤에 피벗은 더 이상 움직이지 않는다.
ⓒ 분할된 데이터를 기준으로 ⓐ와 ⓑ의 작업을 반복 수행한다. 반복 작업은 분할되는 데이터의 개수가 0이나 1이 될 때까지 반복된다.

(6) 힙 정렬(Heap Sort)

① 수행 시간의 차수는 $O(nLog_2n)$이다.
② 최소 힙을 구성하여 차례로 삭제하면 오름차순으로 정렬 가능하다. 이때 관건은 최소 힙을 만드는 방법이다. 최소 힙이란 임의의 노드는 자신의 모든 자식 노드보다 작거나 같은 완전 이진 트리이다.

(7) 합병 정렬(Merge Sort)

① 수행 시간의 차수는 $O(nLog_2n)$이다.
② 전체 배열을 요소의 수가 1인 부분 배열로 가정하여 두 개씩 짝을 지어 정렬한다.
③ 정렬된 각각의 배열들을 다시 짝을 지어 정렬한다.
④ 최종적으로 하나의 배열로 병합될 때까지 반복한다.

대표 기출문제

다음 자료를 버블 정렬을 이용하여 오름차순으로 정렬할 경우 Pass 2의 결과는?

9, 6, 7, 3, 5

① 3, 5, 6, 7, 9　　② 6, 7, 3, 5, 9
③ 3, 5, 9, 6, 7　　④ 6, 3, 5, 7, 9

정답 ④

해설 버블 정렬(Bubble Sort): 인접한 데이터를 비교하면서 그 크기에 따라 데이터의 위치를 바꾸면서 정렬하는 방식이다.
- PASS 1: 6, 7, 3, 5, 9
- PASS 2: 6, 3, 5, 7, 9

대표 기출문제

다음 자료에 대하여 선택(Selection) 정렬을 이용하여 오름차순으로 정렬하고자 한다. 3회전 후의 결과로 옳은 것은?

37, 14, 17, 40, 35

① 14, 17, 37, 40, 35　　② 14, 37, 17, 40, 35
③ 17, 14, 37, 35, 40　　④ 14, 17, 35, 40, 37

정답 ④

해설 선택(Selection) 정렬: 자료 범위 안에서 가장 작은 키 값을 찾아 첫 번째 값과 비교하여 찾는다(오름차순 정렬일 경우). 최소값이 더 작으면, 서로 교환한다.

37, 14, 17, 40, 35

- 1회전: 14, 37, 17, 40, 35
- 2회전: 14, 17, 37, 40, 35
- 3회전: 14, 17, 35, 40, 37
- 4회전: 14, 17, 35, 37, 40

[기출] 2020년 4회, 2021년 1회

빈출족보 024 해싱

(1) 해싱(Hashing)

① 해싱의 개요
- 파일을 구성하거나 검색할 때 키를 비교하는 것이 아니라 계산에 의해서 주소를 기억공간에 보관하거나 검색한다.
- 해싱은 다른 레코드의 키 값과 비교할 필요가 없는 탐색 방법이다.
- 탐색 시간의 복잡도는 $O(1)$이지만, 충돌이 발생하면 $O(n)$이 된다.
- 해싱 함수: 제곱법, 제산법, 폴딩법, 자리수 분석법

(2) 해싱 함수

① 입력된 키 값을 해시 테이블의 주소로 변환시켜 주는 함수이다.
② 해시 함수의 선택에 따라 레코드가 특정 버킷에 편중되지 않고 주소 공간에 균등하게 사상될 수 있도록 한다.
③ 해싱 함수의 종류: 중간 제곱법, 제산법, 폴딩법, 자리수 분석법

중간 제곱법 (Mid-Square)	• 키 값을 제곱한 후 중간에 정해진 자리 수만큼을 취해서 해시 테이블의 버킷 주소로 만드는 방법이다. • 키 값을 제곱한 결과값의 중간의 수들은 키 값의 모든 자리들로부터 영향을 받으므로 버킷 주소가 고르게 분산될 가능성이 높다.
제산법 (Division-Remainder)	• 키 값을 테이블 크기로 나누어서 그 나머지를 버킷 주소로 변환하는 방법이다. H(k) = k mod m H(k): 홈 주소, k: 키 값, m: 소수, mod: modulo 연산자 • 키 값을 테이블 크기로 나누어서 그 나머지를 버킷 주소로 변환하는 방법이다. • 키의 특성이나 분포가 미리 알려져 있지 않을 때 널리 사용된다.
폴딩법 (Folding)	• 키 값을 버킷 주소 크기만큼의 부분으로 분할한 후, 분할한 것을 더하거나 연산하여 그 결과 주소의 크기를 벗어나는 수는 버리고, 벗어나지 않는 수를 택하여 버킷의 주소를 만드는 방법이다. • 이동 폴딩법(Shift Folding): 주어진 키를 몇 개의 동일한 부분으로 나누고, 각 부분의 오른쪽 끝을 맞추어 더한 값을 홈 주소로 하는 방법이다. • 경계 중첩법(Boundary Folding): 나누어진 부분들 간에 접촉될 때 하나 건너 부분의 값을 역으로 하여 더한 값을 홈 주소로 하는 방식이다.
자리수 분석법 (Digit-analysis)	• 모든 키를 분석해서 불필요한 부분이나 중복되는 부분을 제거하여 홈 주소를 결정하는 방식이다. • 이 방법은 키 특성이나 분포가 미리 알려져 있을 때 유용하다. • 새로운 레코드가 삽입되어 키의 분포 상태가 변하면 재분석해야 하며, 삽입과 제거가 빈번히 요구되는 경우에는 비경제적이고 비효율적이다.
난수 방법 (Random Method)	난수를 발생시킨 후 더해서 주소를 결정한다.

(3) 오버플로우를 해결하는 방법

선형 조사법 (Linear Method)	오버플로가 발생한 버킷의 바로 다음 주소에 저장하며, 개방 주소법(Open Addressing)이다.
2차 조사법 (Quadratic Probing)	• 색인의 증가를 1로 하지 않고 이차함수를 이용하여 빈 버킷을 조사한다. • 2개의 데이터가 충돌했을 때, 1, 4, 9, 16, … 거리만큼 떨어진 곳을 차례로 찾아 넣는 방법이다.
2차 계수 조사법 (Quadratic Quotient Probing)	• 제2밀집 현상을 제거하기 위한 방법이다. • 키 k로부터 산출되는 몫을 i^2에 곱하여 후속 주소로 이용한다.
연결 체인법 (Linked Chaining)	해싱 테이블 자체를 포인터의 배열로 만들고, 같은 버킷에 배당되는 데이터들을 체인(마지막 레코드의 링크 필드가 Null인 연결 리스트)으로 만들어서 연결한다.
이중 해싱 (Double Hashing)	첫 번째 해싱 함수는 홈주소, 두 번째 해싱 함수는 조사 간격으로 이용한다.
재해싱 (Rehashing)	여러 개의 해싱 함수를 준비하였다가 충돌 발생 시 새로운 해싱 함수를 적용한다.

대표 기출문제

해싱 함수(Hashing Function)의 종류가 아닌 것은?

① 제곱법(Mid-Square)
② 숫자분석법(Digit Analysis)
③ 개방주소법(Open Addressing)
④ 제산법(Division)

정답 ③

해설 ③ 개방주소법(open addressing): 해싱 함수를 이용한 주소 계산시에 충돌을 해결하는 방법이다.

[기출] 2020년 1, 2, 3, 4회, 2021년 1, 2회, 2022년 1, 2회

빈출족보 025 단위 모듈 테스트

(1) 테스트 단계에 의한 분류

① **모듈 테스트**: 독립적인 환경에서 하나의 모듈만을 테스트한다.

② **통합 테스트**: 시스템 모듈 간의 상호 인터페이스에 관한 테스트이다. 즉, 모듈 간의 데이터 이동이 원하는 대로 이루어지고 있는가를 확인하는 작업이다.

③ **인수 테스트**: 사용자의 요구사항을 만족하는지를 확인하는 테스트이다.

④ **시스템 테스트**: 시스템이 초기의 목적에 부합하는지에 대한 테스트이다.

(2) 테스트 방법에 의한 분류

① **블랙박스 테스트(Black Box Testing)**: 소프트웨어의 외부 명세서를 기준으로 그 기능, 성능을 테스트한다.

② **화이트박스 테스트(White Box Testing)**: 소프트웨어 내부의 논리적 구조를 테스트한다.

(3) 블랙박스 테스트

① 프로그램의 논리(알고리즘)를 고려하지 않고, 프로그램의 기능이나 인터페이스에 관한 외부 명세로부터 직접 테스트하여 데이터를 선정하는 방법이다.

② 기능 테스트, 데이터 위주(Data-Driven) 테스트, 입출력 위주(IO-Driven)의 테스트이다.

③ 블랙박스 테스트 방법은 소프트웨어의 기능적 요구 사항에 초점을 맞추고 있다.

④ 프로그램의 논리나 알고리즘과는 상관 없이 기초적 시스템 모델의 관점이다.

■ 동등(동치) 분할(Equivalence Partitioning, 균등 분할)

- 프로그램의 입력 도메인을 테스트 사례가 산출될 수 있는 데이터의 클래스로 분류해서 테스트 사례를 만들어 검사하는 방법이다.
- 프로그램의 입력 조건을 중심으로 입력 조건에 타당한 값과 그렇지 못한 값을 설정하여 각 동등 클래스 내의 임의의 값을 테스트 사례로 선정한다.
  - 유효 동등 클래스 집합: 프로그램에 유효한 입력을 가진 테스트 사례
  - 무효 동등 클래스 집합: 프로그램에 타당치 못한 입력을 가진 테스트 사례
- 각 클래스에 최소화 테스트 사례를 만드는 것이 중요하다.

■ 경계값 분석(Boundary Value Analysis)

- 입력 조건의 중간값보다는 경계값에서 오류가 발생될 확률이 높다는 점을 이용해서 입력 조건의 경계값에서 테스트 사례를 선정한다.
- 입력 자료에만 치중한 동등 분할 기법을 보완하기 위한 기법이다.
- 입력 조건과 출력 조건을 테스트 사례로 선정한다.
- 입력 조건이 [a, b]와 같이 값의 범위를 명시할 때, a, b값뿐만 아니라 [a, b]의 범위를 약간씩 벗어나는 값들을 테스트 사례로 선정한다. 즉, 입력 조건이 특정한 수를 나타낼 경우, 최대값, 최소값, 최대값보다 약간 큰 값, 최소값보다 약간 작은 값들을 선정한다.

■ 원인-결과 그래프 기법

- 입력 데이터 간의 관계가 출력에 미치는 상황을 체계적으로 분석하여 효용성 높은 테스트 사례를 추출하여 테스트하는 기법이다.
- 프로그램의 외부 명세에 의한 입력 조건(원인)과 그 입력으로 발생되는 출력(결과)을 논리적으로 연결시킨 그래프로 표현하여 테스트 사례를 유도해 낸다.

■ 오류 추측(Error-Guessing) 기법

- 다른 블랙박스 테스트 기법들이 놓칠 수 있을 만한 오류를 감각과 경험으로 찾아내는 일련의 보충적 테스트 기법이다.
- 세부화된 알고리즘이 존재하지 않는다.

■ 비교 테스트(Comparison Testing) 기법

- 블랙박스 테스트 기법의 기초로 Back-to-Back 테스트라고 한다.
- 소프트웨어의 신뢰성이 절대적으로 중요한 경우, 똑같은 기능의 소프트웨어를 개발하여 비교한다.
- 테스트는 일관성을 보장하기 위해 두 시스템의 결과를 동시에 실시간 비교하면서 진행한다.

■ 조합 테스트(Combinatorial Test)

- **each choice 조합과 all combinations 조합**: each choice 조합 테스트는 각 입력 인자의 분할된 클래스로부터 최소한 하나의 입력값이 테스트 케이스에 포함되도록 하는 조합이고, all combinations 조합 테스트는 모든 가능한 클래스의 조합이 테스트 케이스에 포함되도록 하는 것이다.
- **페어와이즈 테스트(Pairwise Test)**: 페어와이즈 테스트는 입력들의 모든 가능한 조합들을 테스트하는 대신 각 인자의 값을 다른 인자의 값과 최소한 한 번은 짝을 지어 테스트를 하는 방법이다. 페어와이즈 테스트가 all combinations 조합 테스트에 비해 테스트 케이스의 수는 획기적으로 줄이면서 오류를 검출하는 능력면에서는 거의 같은 결과를 내는 것으로 밝혀졌다.
- **직교 배열(Orthogonal Array) 테스트**: 모든 원소의 서로소 집합인 직교 배열(Orthogonal Array)의 원리를 소프트웨어 테스트 설계에 적용하여 조합의 수를 줄이고도 결함 검출 비율이 동일한 테스트 기법이다. 행뿐만 아니라 열까지 Pairwise하게 테스트 케이스를 구성하여 수행하는 테스트 기법이다.

(4) 화이트박스 테스트

① 프로그램 내의 모든 논리적 구조를 파악하거나, 경로들의 복잡도를 계산하여 테스트 사례를 만든다.

② 절차, 즉 순서에 대한 제어 구조를 이용하여 테스트 사례들을 유도하는 테스트 사례 설계 방법이다.

③ 테스트 사례들을 만들기 위해 소프트웨어 형상(SW Configuration)의 구조를 이용한다.

④ 프로그램 내의 허용되는 모든 논리적 경로(**기본 경로**)를 파악하거나, 경로들의 복잡도를 계산하여 테스트 사례를 만든다.

⑤ 기초 경로 테스트(구조 테스트, 복잡도 테스트)

- McCabe에 의해 제안된 가장 대표적인 화이트박스 기법으로 테스트 영역을 현실적으로 최대화시켜 준다.
- 상세 설계 및 원시 코드를 기초로 논리 흐름도를 작성하며, 프로그램의 논리적 복잡도를 측정한다.
- 테스트 사례 설계자가 절차적 설계의 논리적 복잡도를 측정하고, 이 측정을 실행 경로의 기초를 정의하는 데 사용할 수 있게 한다.
- 제어 흐름을 표현하기 위해 논리 흐름도를 이용한다.

■ 논리 흐름도(흐름 그래프: Flow Graph)

- 원(Node(N)): 프로그램의 한 Line(명령문) 또는 순서적으로 수행되는 여러 라인의 집합(일련의 절차적 명령문)
- 화살표(Edge E): 실행 순서, 제어의 흐름
- 영역: 노드와 간선에 의해 한정된 부분

■ 복잡도

- 프로그램의 논리적 복잡도를 수량(Quentative)적으로 측정하는 소프트웨어 측정법(SW Metrics)
- V(G) = E − N + 2 (E: 간선의 수, N: 노드의 수)
- V(G) = P + 1 (P: 분기 Node 수)

⑧ 루프 테스트(Loop Testing)

- 프로그램 반복(Loop) 구조에 국한해서 실시하는 화이트박스 테스트 기법이다.

- 구조 테스트와 병행 사용이 가능하다.
- 발견 가능 오류: 초기화 결함, 인덱싱(Indexing) 및 증가 결함, 루프의 경계선에서 나타나는 경계(Bounding) 결함 등

⑨ 조건 테스트

- 모듈 내에 포함된 논리적 조건을 검사하여 테스트 사례를 설계하는 방법이다.
- 프로그램에 있는 각 조건을 테스트하는 데 초점을 맞춘다.

⑩ 데이터 흐름 테스트(Data Flow Testing)

- 변수 정의의 위치와 변수들의 사용에 따라 검사 경로를 선택하는 조건 구조 검사 방법이다.

대표 기출문제

블랙박스 테스트를 이용하여 발견할 수 있는 오류가 아닌 것은?

① 비정상적인 자료를 입력해도 오류 처리를 수행하지 않는 경우
② 정상적인 자료를 입력해도 요구된 기능이 제대로 수행되지 않는 경우
③ 반복 조건을 만족하는데도 루프 내의 문장이 수행되지 않는 경우
④ 경계값을 입력할 경우 요구된 출력 결과가 나오지 않는 경우

정답 ③

해설 ③ 블랙박스 테스트는 외부 명세서에 근거를 두고 있는 데이터/입출력 위주의 테스트이므로 반복 조건과 같은 논리 구조를 고려하지 않는다.

대표 기출문제

소프트웨어 테스트와 관련한 설명으로 틀린 것은?

① 화이트박스 테스트는 모듈의 논리적인 구조를 체계적으로 점검할 수 있다.
② 블랙박스 테스트는 프로그램의 구조를 고려하지 않는다.
③ 테스트 케이스에는 일반적으로 시험 조건, 테스트 데이터, 예상 결과가 포함되어야 한다.
④ 화이트박스 테스트에서 기본 경로(Basis Path)란 흐름 그래프의 시작 노드에서 종료 노드까지의 서로 독립된 경로로 싸이클을 허용하지 않는 경로를 말한다.

정답 ④

해설 ④ 화이트박스 테스트에서 기본 경로란 흐름 그래프의 시작 노드에서 종료 노드까지의 서로 독립된 경로로 싸이클을 허용하는 경로를 말한다.

[기출] 2020년 1, 2, 3, 4회, 2021년 1, 2, 3회, 2022년 2회

빈출족보 026 소프트웨어 형상 관리

(1) 형상 관리의 개요

① 소프트웨어 형상 관리(SCM: Software Configuration Management)

- 소프트웨어에 대한 변경을 철저히 관리하기 위해 개발된 일련의 활동이다.
- 소프트웨어를 이루는 부품의 Baseline(변경 통제 시점)을 정하고 변경을 철저히 통제하는 것이다.
- 전체 소프트웨어 프로세스에 적용되는 '보호 활동'이다.

② 소프트웨어 형상 관리 항목(SCI: Software Configuration Item)

- 프로젝트 요구 분석서
- 설계서
- 프로그램(소스 코드, 목적 코드, 명령어 파일, 자료 파일, 테스트 파일)
- 사용자 지침서
- 운영 및 설치 지침서

③ 베이스라인(Baseline)

- 정식으로 검토되고 합의된 명세서나 제품으로서, 이것으로부터 앞으로의 개발을 위한 바탕 역할을 하며, 정식 변경 통제 절차들을 통해서만 변경될 수 있는 것이다. (IEEE)
- 정당화될 수 있는 변경에 심하게 저항하지 않으면서 변경을 통제하게 도와주는 하나의 소프트웨어 형상 관리 개념이다.

(2) 형상 관리 도구의 개요

① 프로그램 소스를 특정 저장소에 저장해둔 것을 내려 받아 수정 후 업로드시키고, 다른 개발자가 개발한 최신 소스를 내려 받아 분석 및 빌드하도록 도와주는 도구이다.
② 형상 관리는 일반적으로 버전 관리(Version Control, Revision Control), 소스 관리(Source Control), 소스 코드 관리(SCM: Source Code Management)와 동일한 의미로 사용한다.
③ 소스 코드 버전 관리 툴의 종류로는 CVS, SVN, Git 등이 있다.

(3) 형상 관리 도구의 주요 기능

① 소프트웨어 프로젝트를 빌드하기 위한 소스 코드, 이미지, 스크립트 등의 저장소이다.
② 이러한 파일들의 변경을 체계적으로 관리, 제어(변경 기록 추적, 특정 시점 파일 상태 조회)한다.
③ 팀 내 다수의 개발자와 협업(작성된 소스 코드와 변경 사항을 확인 및 수정)을 위한 도구와 메커니즘이다.

④ 장애 혹은 기능상 필요할 때 이전 버전으로 소프트웨어를 원상복구할 수 있다.

⑤ 동일한 소프트웨어를 여러 개의 버전으로 분기해서 개발할 필요가 있는 경우에 유용하다.

(4) 형상 관리 도구의 구성 요소

구분	내용
저장소	• 프로젝트의 프로그램 소스를 포함한 형상 항목이 저장되는 장소이다. • 소스뿐만 아니라 소스의 변경 사항도 모두 저장할 수 있다. • 네트워크를 통해서 여러 사람이 접근 가능하다.
체크아웃	저장소에서 소스 및 버전 관리 파일들을 받아 온다.
커밋	소스를 수정 및 삭제, 새 파일 추가 등의 변경 사항을 저장소에 갱신할 수 있다.
체크인	저장소에 해당 파일을 반영한다.
업데이트	• 체크아웃을 통해서 소스를 가져왔다 하더라도 다른 사람이 커밋을 하면 로컬 소스 코드가 달라지는데, 이때 업데이트 명령어를 통해서 저장소에 있는 최신 버전의 소스를 가져올 수 있다. • 로컬 소스 코드와 저장소에 있는 소스 코드를 비교하여 차이가 발생하는 부분만 바꿔준다.

대표 기출문제

제품 소프트웨어의 형상 관리 역할로 틀린 것은?

① 형상 관리를 통해 이전 리비전이나 버전에 대한 정보에 접근 가능하여 배포본 관리에 유용
② 불필요한 사용자의 소스 수정 제한
③ 프로젝트 개발 비용을 효율적으로 관리
④ 동일한 프로젝트에 대해 여러 개발자 동시 개발 가능

정답 ③

해설 ③ 제품 소프트웨어의 형상 관리는 프로젝트 개발 비용을 효율적으로 관리하기 위한 활동이 아니라 소프트웨어의 전체 변경을 관리하는 것이다.

[기출] 2020년 1, 2회, 2022년 1, 2회

빈출족보 027 리팩토링

(1) 리팩토링(Refactorying)의 정의

① 소프트웨어를 보다 쉽게 이해하고 적은 비용으로 수정할 수 있도록 겉으로 보이는 동작의 변화 없이 내부 구조를 변경하는 것으로, 프로그램의 가치가 상승할 수 있다.

② 코드 스멜(Code smell)을 고치고 다듬는 과정이다.

(2) 리팩토링의 목적

① 소프트웨어의 디자인을 개선시킨다.
② 소프트웨어를 이해하기 쉽게 만든다.
③ 버그를 찾는 데 도움을 준다.
④ 프로그램을 빨리 작성할 수 있게 도와준다.

(3) 리팩토링 시기

① 기능을 추가할 때
② 버그를 수정할 때
③ 코드를 검토할 때

(4) 코드 스멜과 리팩토링 대상

① 코드 스멜
- 읽기 어려운 프로그램
- 중복된 로직을 가진 프로그램
- 실행 중인 코드를 변경해야 하는 특별 동작을 요구하는 프로그램
- 복잡한 조건이 포함된 프로그램

② 리팩토링 대상
- 중복 코드
- 긴 메소드명
- 큰 클래스
- 긴 파라미터 리스트
- Switch Parameter
- 병렬 상속 구조
  - Lazy Class
  - Temporary Field
  - Data Class
  - 불충분한 Library Class
  - Comment 등
- 외계인 코드(Alien Code)
  - 아주 오래되거나 참고문서 또는 개발자가 없어 유지보수 작업이 어려운 프로그램을 의미한다.
  - 프로그램 문서화(Documentation)를 통해 외계인 코드가 생성되는 것을 방지할 수 있다.

대표 기출문제

외계인 코드(Alien Code)에 대한 설명으로 옳은 것은?

① 프로그램의 로직이 복잡하여 이해하기 어려운 프로그램을 의미한다.
② 아주 오래되거나 참고문서 또는 개발자가 없어 유지보수 작업이 어려운 프로그램을 의미한다.
③ 오류가 없어 디버깅 과정이 필요 없는 프로그램을 의미한다.
④ 사용자가 직접 작성한 프로그램을 의미한다.

정답 ②

해설 외계인 코드(Alien Code): 아주 오래되거나 참고문서 또는 개발에 참여했던 개발자를 찾을 수 없어 유지보수 작업이 어려운 프로그램을 의미한다.

[기출] 2020년 1, 2, 3, 4회

빈출족보 028

애플리케이션 패키징

(1) 패키징

개발이 완료된 제품 소프트웨어를 고객에게 전달하기 위한 형태로 패키징하고, 설치와 사용에 필요한 제반 절차 및 환경 등 전체 내용을 포함하는 매뉴얼을 작성하며, 제품 소프트웨어에 대한 패치 개발과 업그레이드를 위해 버전 관리를 수행할 수 있다.

(2) 릴리즈 노트

① 소프트웨어 제품과 함께 배포되는데, 이 문서들에는 제품의 주요 변경 사항이 담겨 있다.
② 릴리즈 노트의 구성 핵심은 다음과 같으며, 예외 케이스(베타 버전 출시, 긴급 버그 수정 출시, 업그레이드 등)가 발생할 때에는 이에 해당하는 개선 항목들이 추가된다.

(3) 애플리케이션 배포 도구

① 배포를 위한 패키징 시에 디지털 콘텐츠의 지적 재산권을 보호하고 관리하는 기능을 제공하며, 안전한 유통과 배포를 보장하는 도구이자 솔루션이다.
② 애플리케이션 배포 도구 활용 시에는 암호화/보안, 이기종 간의 연동, 지속적 배포, 사용자 편의성을 고려한다.
③ 애플리케이션 배포 도구의 구성 요소

구성 요소	설명
암호화 (Encryption)	콘텐츠/라이선스 암호화, 전자 서명(Symmetric/Asymmetric Encryption, Digital Signature, PKI)
인증 (Authentication)	라이선스 발급 및 사용의 기준이 되는 사용자 인증 기술
키 관리 (Key Management)	콘텐츠를 암호화한 키에 대한 저장 및 배포 기술(Centralized, Enveloping)
저작권 표현 (Right Expression)	라이선스의 내용 표현 기술(XrML/MPEG-21 REL, ODRL)
크랙 방지 (Tamper Resistance)	크랙에 의한 콘텐츠 사용 방지 기술(Secure DB, Secure Time Management, Encryption)

대표 기출문제

소프트웨어 패키징에 대한 설명으로 틀린 것은?

① 패키징은 개발자 중심으로 진행한다.
② 신규 및 변경 개발소스를 식별하고, 이를 모듈화하여 상용제품으로 패키징 한다.
③ 고객의 편의성을 위해 매뉴얼 및 버전관리를 지속적으로 한다.
④ 범용 환경에서 사용이 가능하도록 일반적인 배포 형태로 패키징이 진행된다.

정답 ①

해설 ① 패키징은 사용자 중심으로 진행되어야 한다. 보안을 고려해야 하지만, 단일 기종에서만 사용할 수 있도록 할 수는 없고 이기종 연동을 고려해야 한다.

[기출] 2020년 1, 2, 3, 4회, 2021년 1, 2, 3회, 2022년 2회

빈출족보 029 DRM

(1) DRM(Digital Rights Management)의 개요

① 디지털 저작권 관리의 약자로, 디지털 콘텐츠 제공자의 권리와 이익을 안전하게 보호하며 불법복제를 막고 사용료 부과와 결제 대행 등 콘텐츠의 생성에서 유통·관리까지를 일괄적으로 지원하는 기술이다.

② 디지털 콘텐츠의 생성과 이용까지 유통 전 과정에 걸쳐 디지털 콘텐츠를 안전하게 관리 및 보호하고, 부여된 권한 정보에 따라 디지털 콘텐츠의 이용을 통제하는 기술이다.

(2) DRM 시스템 구성 요소

콘텐츠 제공자 (Contents Provider)	콘텐츠를 제공하는 저작권자
콘텐츠 분배자 (Contents Distributor)	암호화된 콘텐츠 제공 예 쇼핑몰
패키저(Packager)	콘텐츠를 메타 데이터와 함께 배포 가능한 단위로 묶는 기능
보안 컨테이너	원본을 안전하게 유통하기 위한 전자적 보안장치
DRM 컨트롤러	배포된 콘텐츠의 이용 권한을 통제
클리어링 하우스 (Clearing House)	키 관리 및 라이선스 발급 관리

(3) DRM의 핵심적 기술 요소

구분	내용
암호화 (Encryption)	콘텐츠 및 라이선스를 암호화하고, 전자서명을 할 수 있는 기술
키 관리 (Key Management)	콘텐츠를 암호화한 키에 대한 저장 및 배포 기술
암호화 파일 생성 (Packager)	콘텐츠를 암호화된 콘텐츠로 생성하기 위한 기술
식별 기술 (Identification)	콘텐츠에 대한 식별 체계 표현 기술
저작권 표현 (Right Expression)	라이선스의 내용 표현 기술
정책 관리 (Policy management)	라이선스 발급 및 사용에 대한 정책 표현 및 관리 기술
크랙 방지 (Tamper Resistance)	크랙(데이터 변조 방지)에 의한 콘텐츠 사용방지 기술
인증 (Authentication)	라이선스 발급 및 사용의 기준이 되는 사용자 인증 기술
인터페이스 (Interface)	상이한 DRM 플랫폼 간의 상호 호환성 인터페이스 및 인증 기술
이벤트 보고 (Event Reporting)	콘텐츠의 사용이 적절하게 이루어지고 있는지 모니터링하는 기술. 불법 유통이 탐지되었을 때 이동 경로 추적에 활용
사용 권한 (Permission)	콘텐츠의 사용에 대한 권한을 관리하는 기술 요소

대표 기출문제

디지털 저작권 관리(DRM)에 사용되는 기술요소가 아닌 것은?

① 키관리 ② 방화벽
③ 암호화 ④ 크랙방지

정답 ②

해설 ② 방화벽은 DRM에 사용되는 기술 요소가 아니라 네트워크 보안 장비인 침입 차단 시스템이다.

[기출] 2020년 1, 2, 3회

빈출족보 030 국제 표준 제품 품질 특성

(1) ISO(International Organization for Standardization)

상품과 서비스의 국제 교류를 용이하게 하고, 지식·과학·기술·경제 분야의 국제 간 협력을 증진하기 위해 표준화와 이에 관련된 여러 가지 활동을 국제 규모로 발전, 촉진시키기 위한 목적으로 발족되었다.

(2) ISO 9000

국제표준화기구기술위원회에서 제정한 품질 경영과 품질 보증에 관한 국제 규격이다.

(3) ISO/IEC

① ISO/IEC 9126

- 품질의 특성 및 척도에 대한 표준화를 말한다.
- 품질 보증을 위한 구체적 정의가 필요하고, 1980년대 후반 ISO에서 사용자 관점에서의 SW 품질 특성의 표준화 작업을 수행한다.

② ISO/IEC 9126 구성 항목

주특성	내용	부특성
기능성 (Functionality)	• 요구되는 기능을 제공할 수 있는 능력 • 사용자가 요구하는 기능을 충족시키는 정도	적합성, 정확성, 상호 호완성, 유연성, 보안성
신뢰성 (Reliability)	• 지정된 수준의 성능을 유지할 수 있는 능력 • 명시된 기간/조건에서 정해진 성능(기능)을 유지하는 능력	성숙성, 오류 허용성, 회복성
사용성 (Usability)	사용자로 하여금 쉽게 이해하고 사용할 수 있도록 하는 능력	이해성, 운용성, 습득성
효율성 (Efficiency)	• 투입된 자원에 대하여 제공되는 성능의 정도 • 요구되는 기능을 수행하기 위해 필요한 자원의 소요 정도	실행 효율성, 자원 효율성
유지보수성 (Maintainability)	• 요구사항 및 환경 변화에 따라 소프트웨어를 개선, 수정하고자 하는 경우 소프트웨어가 변경될 수 있는 능력 • 변경 및 오류 사항의 교정에 노력의 정도	해석성, 안전성, 변경 용이성, 시험성
이식성 (Portability)	• 소프트웨어가 다른 하드웨어, 소프트웨어 등의 환경으로 옮겨질 수 있는 능력 • 다른 환경으로 이전되는 소프트웨어의 능력의 정도, 적응성, 일치성, 이식 작업성, 치환성	적응성, 일치성, 이식 작업성, 치환성

대표 기출문제

ISO/IEC 9126의 소프트웨어 품질 특성 중 기능성(Functionality)의 하위 특성으로 옳지 않은 것은?

① 학습성 ② 적합성
③ 정확성 ④ 보안성

정답 ①

해설 기능성(Functionality)의 하위 특성: 정확성, 적합성, 상호호환성, 보안성, 유연성이 있다.

[기출] 2020년 1, 2, 3, 4회, 2021년 1, 2, 3회, 2022년 2회

빈출족보 031 테스트 레벨

(1) 모듈 테스트(단위 테스트, Unit Test)

① 단위 테스트에는 정형화되지 않은 기술이 많이 사용된다.
② 코딩이 끝난 후 설계의 최소 단위인 모듈에 초점을 두고 검사하는 단계이다.
③ 화이트박스 테스트 기법이 적용된다.
④ 테스트 내용

- 모듈 인터페이스 테스트
- 자료구조 테스트
- 실행 경로 테스트
- 오류 처리 테스트
- 경계 처리 테스트

(2) 통합 테스트(Integration Test)

① 단위 테스트가 끝난 모듈들을 하나로 결합하여 시스템으로 완성하는 과정에서의 테스트이다.
② 모듈 간의 인터페이스와 연관된 오류를 밝히기 위한 검사와 함께 프로그램 구조를 구축하는 체계적인 기법이다.
③ 시스템을 구성하는 모듈 사이의 인터페이스와 결합을 테스트하며, 시스템 전체의 기능과 성능을 테스트한다.
④ 통합 테스트는 시스템을 구성하는 여러 모듈을 어떤 순서로 결합하여 테스트할 것이냐에 따라 동시식(Big-Bang), 하향식(Top-down), 상향식(Bottom-up), 연쇄식(Threads) 등이 있다.

(3) 시스템 테스트(System Test)

모든 모듈들은 하나의 시스템으로 작동하게 된다. 사용자의 모든 요구를 하나의 시스템으로서 완벽하게 수행하기 위해서는 아래와 같은 다양한 테스트들이 필요하다.

① **외부 기능 테스트(Function Test)**: 소프트웨어에 대한 외부로부터의 시각에서 요구 분석 단계에서 정의된 외부 명세(external specification)의 충족성을 테스트한다.

② **내부 기능 테스트(Facility Test)**: 사용자의 상세 기능 요구를 요구명세서의 문장 하나하나를 짚어가며 테스트한다.

③ **부피 테스트(Volume Test)**: 소프트웨어로 하여금 상당량의 데이터를 처리해 보도록 여건을 조성하는 것이다.

④ **스트레스 테스트(Stress Test)**: 소프트웨어에게 다양한 스트레스를 가해 보는 것으로 민감성 테스트(Sensitivity Test)라고 불리기도 한다.

⑤ **성능 테스트(Performance Test)**: 소프트웨어의 효율성을 진단하는 것으로서 응답 속도, 처리량, 처리 속도 등을 테스트한다.

⑥ **호환성 테스트(Compatibility Test)**: 많은 소프트웨어들은 이미 사용 중인 소프트웨어의 대체용일 가능성이 높기 때문에 기존 소프트웨어와 호환성을 따져본다.

⑦ **신뢰성 테스트(Reliability Test)**: 소프트웨어가 오류를 발생시키고 고장(Failure)을 내는 정도를 테스트한다.

⑧ **복구 테스트(Recovery Test)**: 소프트웨어가 자체 결함이나 하드웨어 고장, 데이터의 오류로부터 어떻게 회복하느냐를 평가하는 것이다.

⑨ **보수 용이성 테스트(Serviceability Test)**: 고장 진단, 보수 절차 및 문서 유지보수 단계에서의 작용을 얼마나 용이하도록 하고 있는가를 테스트한다.

(4) 인수 테스트(Validation Testing, 검증 테스트)

① 사용자측 관점에서 소프트웨어가 요구를 충족시키는가를 평가한다.

② 하나의 소프트웨어 단위로 통합된 후 요구사항 명세서를 토대로 진행한다. 명세서에는 유효성 기준(Validation Criteria) 절을 포함하고 있다.

③ 개발 집단이 사용자 집단을 대신하여 검토회의(Review, Inspection, Walkthrough) 등 일정한 방법을 사용하면서 품질 보증에 임하는 것이다.

④ **알파 테스트**
- 개발자의 장소에서 사용자가 개발자 앞에서 행하는 기법이다.
- 일반적으로 통제된 환경에서 사용자와 개발자가 함께 확인하면서 수행하는 검사이다.

⑤ **베타 테스트**
- 최종 사용자가 사용자 환경에서 검사를 수행하고, 일반적으로 개발자는 참석하지 않는다.
- 발견된 오류와 사용상의 문제점을 기록하여 추후에 반영될 수 있도록 개발 조직에게 보고해 주는 형식을 취한다.

대표 기출문제

검증 검사 기법 중 개발자의 장소에서 사용자가 개발자 앞에서 행하는 기법이며, 일반적으로 통제된 환경에서 사용자와 개발자가 함께 확인하면서 수행되는 검사는?

① 동치 분할 검사 ② 형상 검사
③ 알파 검사 ④ 베타 검사

정답 ③

해설 ③ 알파 검사: 특정 사용자들에 의해 개발자 위치에서 테스트를 실행한다. 즉, 관리된 환경에서 수행된다.

[기출] 2020년 1, 2, 3회, 2021년 1, 3회, 2022년 1, 2회

빈출족보 032 통합 테스트

(1) 통합 테스트의 개요

① 단위 검사가 끝난 모듈들을 하나로 결합하여 시스템으로 완성하는 과정에서의 테스트이다.

② 모듈 간의 인터페이스와 연관된 오류를 밝히기 위한 테스트와 함께 프로그램 구조를 구축하는 체계적인 기법이다.

③ 시스템을 구성하는 모듈 사이의 인터페이스와 결합을 테스트하며, 시스템 전체의 기능과 성능을 테스트한다.

④ 통합 테스트는 시스템을 구성하는 여러 모듈을 어떤 순서로 결합하여 테스트할 것이냐에 따라 동시식(Big-Bang), 하향식(Top-down), 상향식(Bottom-up), 연쇄식(Threads) 등으로 나뉜다.

(2) 동시식(Big-Bang Approach, 비점진적 통합, 차분 통합 검사)

① 단계적으로 통합하는 절차 없이 모든 모듈이 한꺼번에 결합되어 하나로 테스트한다.

② 혼란스럽고, 결함의 원인 발견이 어려우며 통합기간이 훨씬 많이 소요되므로 바람직하지 않다.

(3) 하향식 통합

① **하향식 통합의 특징**
- 주 프로그램으로부터 그 모듈이 호출하는 다음 레벨의 모듈을 테스트하고, 점차적으로 하위 모듈로 이동하는 방법이다.
- 검사 제어 소프트웨어: 스텁(Stub) – 모듈 간의 통합 테스트를 위해 일시적으로 필요한 조건만을 가지고 임시로 제공되는 시험용 모듈이다.

- 드라이버는 필요치 않고 통합이 시도되지 않은 곳에 스텁이 필요하다. 통합이 진행되면서 스텁은 실제 모듈로 교체된다.
- 통합 방식: 깊이 우선 통합, 너비 우선 통합

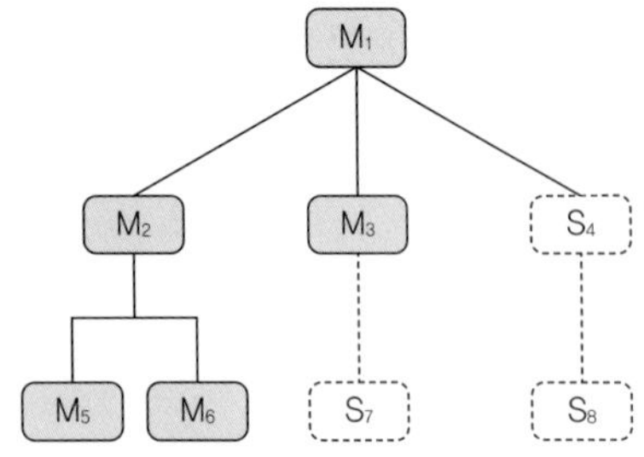

▲ (A) 깊이 우선(Depth-First) 통합

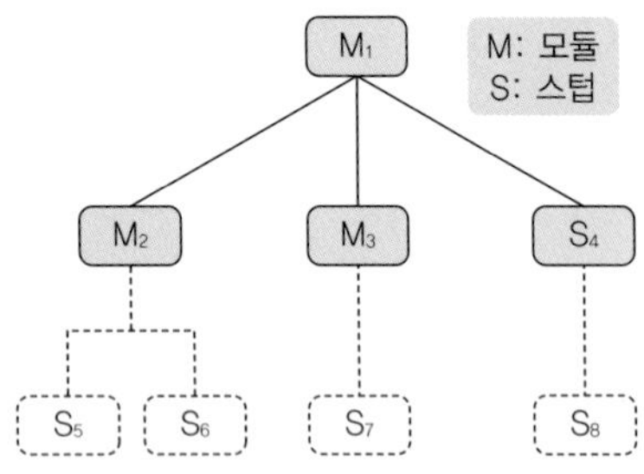

▲ (B) 너비 우선(Breadth-First) 통합

② 하향식 통합의 순서
- 주 모듈을 드라이버로 사용하고, 주 모듈의 하위 모듈들을 스텁으로 대신한다.
- 깊이 우선 또는 너비 우선 등의 통합 방식에 따라 하위 스텁들을 실제 모듈과 대체한다.
- 각 모듈이 통합될 때마다 테스트를 실시한다.
- 테스트를 통과할 때마다 또 다른 스텁이 실제 모듈로 대체된다.
- 새로운 오류가 발생하지 않음을 보장하기 위해 회귀 테스트 실시한다.

③ 하향식 통합의 장단점

장점	• 하위 모듈 시험이 끝난 상위 모듈을 이용하므로 테스트 환경이 실제 가동 환경과 유사하다. • 주요 기능을 조기에 시험할 수 있다. • 처음부터 독립된 소프트웨어 구조이다.
단점	병행 작업이 어렵고, 스텁이 필요하다.

(4) 상향식 통합

① 상향식 통합의 특징
- 시스템 하위 레벨의 모듈로부터 점진적으로 상위 모듈로 통합하면서 테스트하는 기법이다.
- 검사 제어 소프트웨어: 드라이버(Driver) – 테스트 사례를 입력받고, 테스트를 위해 받은 자료를 모듈로 넘기고, 관련된 결과를 출력하는 메인 프로그램이다.
- 스텁은 필요치 않고 드라이버가 필요하다.

② 상향식 통합의 순서
- 하위 모듈은 소프트웨어의 부수적 기능을 수행하는 클러스터(Cluster)로 조합한다.
- 각 클러스터의 테스트를 위한 시험 사례 입출력을 조정하도록 드라이버를 개발한다.
- 각 클러스터를 테스트한다.
- 드라이버를 제거하고 클러스터는 위로 이동하며, 소프트웨어 구조를 상향식으로 만들어간다.
- 최종 드라이버 대신 주프로그램을 대체시키고, 전체적인 소프트웨어 구조를 완성한다.

③ 상향식 통합의 장단점

장점	• 초기 단계부터 병행 작업이 가능하고, 불필요한 개발(스텁)을 피할 수 있다. • 철저한 모듈 단위의 시험이 가능하다.
단점	인터페이스의 시험이 가정에 의해 이루어지며, 마지막 단계까지 독립된 소프트웨어 형태를 갖지 못한다.

대표 기출문제

다음이 설명하는 애플리케이션 통합 테스트 유형은?

> • 깊이 우선 방식 또는 너비 우선 방식이 있다.
> • 상위 컴포넌트를 테스트 하고 점증적으로 하위 컴포넌트를 테스트 한다.
> • 하위 컴포넌트 개발이 완료되지 않은 경우 스텁(Stub)을 사용하기도 한다.

① 하향식 통합 테스트　② 상향식 통합 테스트
③ 회귀 테스트　④ 빅뱅 테스트

정답 ①

해설 ① 하향식 통합 테스트: 주프로그램으로부터 그 모듈이 호출하는 다음 레벨의 모듈을 테스트하고, 점차적으로 하위 모듈로 이동하는 방법이다. 드라이버는 필요치 않고 통합이 시도되지 않은 곳에 스텁(Stub)이 필요하며, 통합이 진행되면서 스텁은 실제 모듈로 교체된다.

[기출] 2020년 1, 2, 4회, 2021년 2회

빈출족보 033 데이터 표준 확인

(1) EAI(Enterprise Application Integration, 기업 내·외부 정보 시스템 통합)

① 개념: 기업의 내부 및 외부 애플리케이션 사이의 통합을 위해 제공되는 프로세스로, 기술 및 툴의 집합이다.

(2) EAI 구축 유형

구분	내용
Point- to-Point	1:1 방식으로 애플리케이션 통합 수행
Hub & Spoke	• 모든 데이터가 허브를 통해 전송 • 데이터 전송이 보장되며, 유지보수 비용 절감
메시지 버스 (Message Bus)	• 데이터를 전송하는 데 버스를 이용하므로 병목 현상 발생 가능 • 대량의 데이터 교환에 적합 • 애플리케이션 사이에 미들웨어를 두어 처리
하이브리드 (Hybrid)	• Hub & Spoke 방식과 메시지 버스 방식의 통합 • 유연한 통합 작업 가능 • 필요한 경우 한 가지 방식으로 EAI 구현 가능 • 데이터 병목 현상, 최소화 가능

대표 기출문제

EAI(Enterprise Application Integration) 구축 유형에서 애플리케이션 사이에 미들웨어를 두어 처리하는 것은?

① Message Bus　② Point-to-Point
③ Hub & Spoke　④ Hybrid

정답 ①

해설 • EAI 유형

구분	설명
Point-to-Point	1:1 방식으로 애플리케이션 통합 수행
Hub & Spoke	• 모든 데이터가 허브를 통해 전송 • 데이터 전송이 보장되며, 유지보수 비용 절감
메시지 버스 (Message Bus)	• 데이터를 전송하는데 버스를 이용함으로 병목 현상 발생가능 • 대량의 데이터 교환에 적합 • 애플리케이션 사이에 미들웨어를 두어 처리
하이브리드 (Hybrid)	• Hub & spoke 방식과 메시지 버스 방식의 통합 • 유연한 통합 작업 가능

[기출] 2020년 1, 2, 3, 4회

빈출족보 034 인터페이스 보안

(1) 인터페이스 보안의 개요

① 인터페이스는 대표적으로 스니핑, 데이터의 무결성을 낮추는 변조에 대한 취약성이 있다.

② 인터페이스 보안은 위와 같은 취약성이나 위협으로부터 보호하는 것이다.

(2) 인터페이스 보안 기능

① 인증 보안(보안토큰) 수행

② 암호화

③ 민감 정보의 가상화를 통한 비식별화 조치

④ 이상 거래 탐지

(3) 인터페이스 데이터의 보안

① IPSec(IP Security)

- IPSec은 안전하지 않은 네트워크 상의 두 컴퓨터 사이에 암호화된 안전한 통신을 제공하는 프로토콜이다.
- IPSec은 네트워크 계층의 보안에 대해서 안정적인 기초를 제공하며, 주로 방화벽이나 게이트웨이 등에서 구현된다.
- IP 스푸핑이나 스니핑 공격에 대한 대응 방안이 될 수 있다.
- AH(Authentication Header)
  - 데이터가 전송 도중에 변조되었는지를 확인할 수 있도록 데이터의 무결성에 대해 검사한다.
  - 데이터를 스니핑한 뒤 해당 데이터를 다시 보내는 재생 공격(Replay Attack)을 막을 수 있다.
- ESP(Encapsulating Security Payload)
  - 메시지의 암호화를 제공한다.
  - 사용하는 암호화 알고리즘으로는 DES-CBC, 3DES, RC5, IDEA, 3IDEA, CAST, blowfish가 있다.
- IKE(Internet Key Exchange)
  - ISAKMP(Internet Security Association and Key Management Protocol), SKEME, Oakley 알고리즘의 조합으로, 두 컴퓨터 간의 보안 연결(SA: Security Association)을 설정한다.
  - IPSec에서는 IKE를 이용하여 연결이 성공하면 8시간 동안 유지하므로, 8시간이 넘으면 SA를 다시 설정해야 한다.

② SSL(Secure Socket Layer)

- 인터넷을 통해 전달되는 정보 보안의 안전한 거래를 허용하기 위해 Netscape사에서 개발한 인터넷 통신 규약 프로토콜이다.

- SSL은 WWW뿐만 아니라 텔넷, FTP 등 다양한 인터넷 서비스 분야에도 활용이 가능하다. SSL의 암호화 표준은 미국 보안전문업체인 RSA사의 방식을 따르고 있다.
- SSL 규약은 크게 3가지 기능이 있는데 암호화(Encryption), 인증(Authentication), 메시지 확인 규칙(Message Authentication Code)이다.
- SSL은 S-HTTP와는 다르게 HTTP뿐만 아니라 telnet, ftp 등 다른 응용 프로그램에서도 사용할 수 있다.
- SSL은 여러 암호화 알고리즘을 지원하고 있다. HandShake Protocol에서는 RSA 공개키 암호 체제를 사용하고 있으며, HandShake가 끝난 후에는 여러 해독 체계가 사용된다. 해독 체계 중에는 RC2, RC4, IDEA, DES, TDES, MD5 등의 알고리즘이 있다.
- 공개키 증명은 X.509의 구문을 따르고 있다.

③ TLS(Transport Layer Security)

- 마이크로소프트사는 IETF와 넷스케이프사에 인터넷 상거래를 위한 호환성 있는 솔루션을 보장하기 위해 SSL V3/PCT 조합의 구현을 제안하게 되고, IETF에서는 이를 수용하여 TLS라는 이름으로 표준을 만들게 되었다. 1997년 SSL 3.0을 기반으로 하여 프로토콜 초안이 발표되었다.
- 기존의 SSL과 몇 가지 차이점은 무결성 검사에 MD5 대신 HMAC을 사용하고, 지원되는 암호 알고리즘이 약간 다르다는 것이다.

④ S-HTTP(Secure HyperText Transfer Protocol)

- Rescorla와 Schiffman에 의해 개발된 HTTP 프로토콜의 확장판이다.
- HTTP 프로토콜에 송신자 인증, 메시지 기밀성과 무결성, 부인 방지 기능을 확장한 프로토콜이다.

대표 기출문제

인터페이스 보안을 위해 네트워크 영역에 적용될 수 있는 솔루션과 거리가 먼 것은?

① IPSec　　② SMTP
③ SSL　　④ S-HTTP

정답 ②

해설 ② SMTP(Simple Mail Transfer Protocol): 보안에 관련된 프로토콜이 아니라, 메일 전송 프로토콜이다.

[기출] 2020년 1, 2, 4회, 2021년 2회

빈출족보 035 인터페이스 명세

(1) 인터페이스 명세

① 인터페이스 정의서에는 송신 시스템과 수신 시스템 간의 인터페이스 현황을 작성한다.

② 인터페이스 명세서는 인터페이스 정의서에 작성한 인터페이스 ID 별로 송수신하는 데이터 타입, 길이 등 인터페이스 항목을 상세히 작성한다. (인터페이스 번호, 송신 시스템(시스템명, 데이터 저장소명, 속성명, 데이터 타입, 길이), 송신 프로그램 ID, 수신 시스템(데이터 저장소명, 속성명, 데이터 타입, 길이, 시스템명), 수신 프로그램 ID)

③ 인터페이스 구현 검증 도구

제품명	내용
xUnit	Java(Junit), C++(Cppunit), .Net(Nunit) 등 다양한 언어를 지원하는 단위 테스트 프레임워크
STAF	• 서비스 호출, 컴포넌트 재사용 등 다양한 환경을 지원하는 테스트 프레임워크 • 각 테스트 대상 분산 환경에 데몬을 사용하여 테스트 대상 프로그램을 통해 테스트를 수행하고, 통합하여 자동화하는 검증 도구
FitNesse	웹 기반 테스트 케이스 설계/실행/결과 확인 등을 지원하는 테스트 프레임워크
NTAF	NHN 테스트 자동화 프레임워크이며, STAF와 FitNesse를 통합
Selenium	다양한 브라우저 지원 및 개발 언어를 지원하는 웹 애플리케이션 테스트 프레임워크
watir	Ruby 기반 웹 애플리케이션 테스트 프레임워크

④ 인터페이스 오류 발생 시 대처

- 즉시 보고서를 작성하여 조직 보고 체계에 따라 보고한다.
- 자동으로 사용자와 관리자에게 오류 메시지 창을 띄워 알리고, SMS 발송, 이메일을 자동으로 발송하도록 설정한다.

대표 기출문제

인터페이스 구현 검증 도구가 아닌 것은?

① Foxbase ② STAF
③ watir ④ xUnit

정답 ①

해설 • 인터페이스 구현 검증 도구

제품명	세부정보
xUnit	JAVA(Junit), C++(Cppunit), .Net(Nunit) 등 다양한 언어를 지원하는 단위 테스트 프레임워크
STAF	서비스 호출, 컴포넌트 재사용 등 다양한 환경을 지원하는 테스트 프레임워크
FitNesse	웹 기반 테스트 케이스 설계/실행/결과 확인 등을 지원하는 테스트 프레임워크
NTAF	NHN 테스트 자동화 프레임워크이며, STAF와 FitNesse를 통합
Selenium	다양한 브라우저 지원 및 개발 언어를 지원하는 웹 애플리케이션 테스트 프레임워크
watir	Ruby 기반 웹 애플리케이션 테스트 프레임워크

P a r t

Ⅲ 데이터베이스 구축

강의 바로 보기

빈출족보 036 데이터베이스

(1) 데이터베이스(Database)의 정의

① **통합 데이터(Integrated Data)**: 데이터베이스에 동일한 내용의 데이터가 중복되어 있지 않다는 것을 의미한다. (최소한의 중복은 허용, 통제된 중복)

② **저장 데이터(Stored Data)**: 컴퓨터가 접근할 수 있는 저장 매체에 저장되는 것을 의미한다.

③ **운영 데이터(Operational Data)** : 조직의 고유한 업무를 수행하기 위해 필요한 데이터를 의미한다.

④ **공용 데이터(Shared Data)**: 여러 사용자가 서로 다른 목적으로 데이터베이스의 데이터를 공동으로 이용할 수 있는 것을 의미한다.

(2) 데이터베이스의 특징

① **실시간 접근성(Real Time Accessibility)**: 원하는 결과를 수초 내에 실시간으로 서비스할 수 있어야 한다.

② **계속적인 변화(Continuous Change)**: 데이터베이스는 시간에 따라 항상 변경되며, 삽입/삭제/수정 등의 작업을 통하여 변경된 데이터 값을 저장해야 한다.

③ **동시 공유(Concurrent Sharing)**: 데이터베이스를 서로 다른 업무 혹은 여러 사용자에게 동시 공유할 수 있어야 한다.

④ **내용에 따른 참조(Reference by Content)**: 데이터의 물리적 위치가 아니라 데이터의 내용에 따라 참조할 수 있어야 한다.

(3) 데이터베이스 구성

① **속성(Attribute)**: 개체의 특성이나 상태를 의미한다. (단독으로 존재 불가능)

② **개체(Entity)**

- 표현하려는 유형, 무형의 정보를 대상으로 존재하면서 서로 구별되는 것을 의미한다.
- 하나 이상의 속성으로 구성한다.

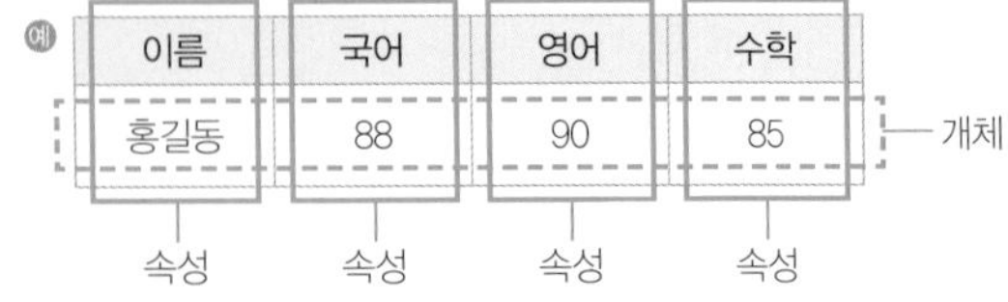

③ **관계(Relationship)**: 개체 간 또는 속성 간의 상호작용(두 개체 간의 연관성)을 의미한다.

(4) 데이터베이스의 구조

① **논리적 구조**: 일반 사용자 관점에서 본 구조

② **물리적 구조**: 저장 장치 관점에서 본 구조

(5) 데이터베이스의 장점

① **데이터의 논리적 독립성**: 응용 프로그램에 영향을 주지 않고, 데이터베이스의 논리적 구조를 변경시킬 수 있다.

② **데이터의 물리적 독립성**: 응용 프로그램이나 데이터베이스의 논리적 구조에 영향을 주지 않고, 데이터의 물리적 구조를 변경시킬 수 있다.

③ **데이터의 무결성 유지**: 데이터가 항상 안정적이며 결함 없이 존재한다.

④ **데이터 중복성 최소화**: 중복이 많은 데이터베이스는 데이터의 불일치가 발생할 확률이 높기 때문에 중복을 최소화해야 한다.

⑤ **데이터의 불일치 제거(일관성 유지)**

- 특정 시점에 같은 값을 가져야 하는 항목들이 서로 다른 값을 갖지 않도록 불일치를 제거해야 한다.
- 데이터의 중복성은 불일치를 발생시킬 수 있다.

⑥ **데이터 공유의 편리**

- 데이터가 어떤 위치에 있든지 제약 없이 여러 사용자가 동시에 사용할 수 있다.
- 데이터의 물리적 독립성과 연관이 있다.

⑦ **데이터 표준화의 용이**: 데이터에 대한 제약이나 규칙을 설정하여 모든 저장 데이터에 편리하게 적용한다.

⑧ **데이터 보안성 유지의 편리**

- 데이터 사용 허가에 대한 권한 관리가 편리하다.
- 사용자별 권한 관리가 쉽다.

[기출] 2020년 1, 2, 3회, 2021년 2회, 2022년 2회

빈출족보 037 DBMS의 개요

(1) DBMS(데이터베이스 관리 시스템)의 정의

① 파일 시스템의 데이터 종속성과 중복성의 문제를 해결하기 위해 제안된 시스템이다.

② 데이베이스의 구성과 저장, 접근 방법, 유지 및 관리를 위한 소프트웨어이다.

③ 물리적으로 저장된 데이터를 관리하고 접근하도록 지원하는 소프트웨어이다.

④ 사용자와 데이터베이스의 중재자로서 모든 사용자나 응용 프로그램들이 데이터베이스를 공유할 수 있도록 관리해 주는 소프트웨어 시스템이다.

(2) DBMS의 필수 기능

정의 기능	데이터의 형태, 구조, 데이터베이스의 저장에 관한 내용 정의
조작 기능	사용자의 요구에 따라 검색, 갱신, 삽입, 삭제 등을 지원하는 기능
제어 기능	정확성과 안정성을 유지하는 기능(무결성 유지, 보안(권한) 검사, 병행 수행 제어)

(3) DBMS의 장단점

장점	단점
• 데이터 중복을 최소화하여 데이터의 일관성 유지 • 데이터 독립성의 최대화 • 데이터 공유 • 무결성 유지 • 데이터 보안 보장 • 표준화 가능 • 지속성 제공 • 백업과 회복 제공	• 고속/고용량의 메모리나 CPU 등이 요구되어 많은 운영비 발생 • 데이터 처리의 복잡 • 파일의 백업(Backup)과 회복(Recovery)의 어려움 • 시스템의 취약성

(4) SQL 명령어

① DDL(데이터 정의어): CREATE, ALTER, DROP, RENAME

② DML(데이터 조작어): SELECT, INSERT, UPDATE, DELETE

③ DCL(데이터 제어어): GRANT, REVOKE

대표 기출문제

SQL의 분류 중 DDL에 해당하지 않는 것은?

① UPDATE　　② ALTER
③ DROP　　④ CREATE

정답 ①

해설 • 정의어(DDL): CREATE, ALTER, DROP
• 조작어(DML): SELECT, INSERT, DELETE, UPDATE
• 제어어(DCL): GRANT, REVOKE

[기출] 2021년 1회

빈출족보 038 3단계 데이터베이스(스키마, Schema)

(1) 스키마의 정의

스키마란 데이터베이스의 구조(개체, 속성, 관계)에 대한 정의와 이에 대한 제약 조건 등을 기술한 것으로 컴파일되어 데이터 사전에 저장된다.

(2) 스키마의 종류

① 외부 스키마
- 가장 바깥쪽 스키마로, 전체 데이터 중 사용자가 사용하는 한 부분에서 본 구조이다. (사용자가 무엇을 사용하느냐에 따라 다름)
- 서브 스키마 또는 뷰라고도 한다.
- 여러 개가 존재한다.

② 개념 스키마
- 논리적 관점에서 본 구조로 전체적인 데이터 구조이다.
- 데이터베이스 전체를 정의한 것으로 데이터 개체, 관계, 제약 조건, 접근 권한, 무결성 규칙 등을 명세한 것이다.
- 모든 응용 프로그램이나 사용자들이 필요로 하는 데이터를 통합한 조직 전체의 데이터베이스 구조를 논리적으로 정의한다. (기관 전체의 견해)
- 모든 데이터 개체, 관계, 제약 조건, 접근 권한, 무결성 규칙, 보안 정책 등을 명세한다.

③ 내부 스키마
- 물리적 저장 장치 관점에서 본 구조로서 실제로 데이터베이스에 저장되는 내부 레코드로 형식을 정의하고, 저장 데이터 항목의 표현 방법, 인덱스 유무, 내부 레코드의 물리적 순서를 나타낸다. (하지만 블록이나 실린더를 이용한 물리적 저장 장치를 기술하는 의미는 아니다.)

대표 기출문제

다음 설명에 해당하는 것은?

> 물리적 저장 장치의 입장에서 본 데이터베이스 구조로서 실제로 데이터베이스에 저장될 레코드의 형식을 정의하고 저장 데이터 항목의 표현 방법, 내부 레코드의 물리적 순서 등을 나타낸다.

① 외부 스키마　② 내부 스키마
③ 개념 스키마　④ 슈퍼 스키마

정답 ②

해설 ② 내부 스키마(Internal Schema): 물리적 저장 장치의 입장에서 본 데이터베이스 구조로서 실제로 데이터베이스에 저장될 레코드의 형식을 정의하고 저장 데이터 항목의 표현 방법, 내부 레코드의 물리적 순서 등을 나타낸다.

[기출] 2020년 1, 2, 4회, 2021년 1, 2회, 2022년 1, 2회

빈출족보 039 개체–관계 모델

(1) 개체–관계 모델(E–R Model)의 개념

① E–R 모델은 개체 타입과 관계 타입을 기본 개념으로 현실 세계를 개념적으로 표현하는 방법으로, 1976년 피터 첸(Peter Chen)이 제안했다.

② E–R 모델의 그래픽 표현으로서 개체 타입(Entity Type)을 표현하는 사각형, 관계 타입(Relationship Type)을 표현하는 마름모, 속성(Attribute)을 표현하는 타원, 그리고 이들을 연결하는 링크로 구성된다.

③ **사상 방법:** 일대일(1:1), 일대다(1:n), 다대다(n:m) 등으로 제한 없이 나타낼 수 있다.

④ E–R 다이어그램 표기법

기호	의미
	개체 타입
	약한 개체 타입
	속성
	다중 속성: 여러 개의 값을 가질 수 있는 속성
	유도 속성

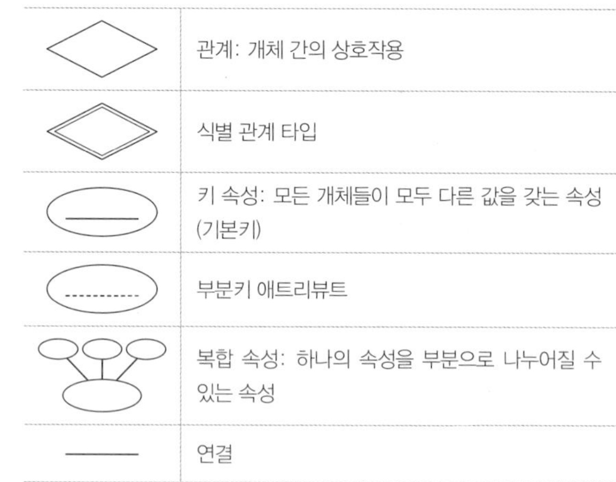

기호	의미
	관계: 개체 간의 상호작용
	식별 관계 타입
	키 속성: 모든 개체들이 모두 다른 값을 갖는 속성(기본키)
	부분키 애트리뷰트
	복합 속성: 하나의 속성을 부분으로 나누어질 수 있는 속성
	연결

대표 기출문제

개체–관계 모델의 E–R 다이어그램에서 사용되는 기호와 그 의미의 연결이 <u>틀린</u> 것은?

① 사각형 – 개체 타입
② 삼각형 – 속성
③ 선 – 개체 타입과 속성을 연결
④ 마름모 – 관계 타입

정답 ②

해설 • E–R 다이어그램 표기법

구분	설명
	개체 타입
	속성
	관계: 개체 간의 상호작용
	연결

빈출족보 040

관계 데이터 모델의 구조

(1) 관계 데이터 모델의 구성

① 릴레이션(Relation)

② 정보 저장의 기본 형태가 2차원 구조의 표 또는 테이블로 표현되는 모델이다.

③ n개의 도메인 D_1, D_2, …, D_n에서 정의된 릴레이션 R은 릴레이션 스킴과 릴레이션 인스턴스로 구성된다.

릴레이션 스킴 (Relation Scheme)	릴레이션의 내포로 정적인 논리적 구조이다.
릴레이션 인스턴스 (Relation Instance)	어느 한 시점에 릴레이션이 포함하고 있는 튜플의 집합이다. 동적이고 외연의 지식이다.

(2) 릴레이션 관련 용어

■ 릴레이션 구성 예

[학생 테이블]

학번	이름	학년	학과
100	김유신	4	컴퓨터
200	강감찬	3	전기
300	이순신	1	컴퓨터
400	임꺽정	4	캄퓨터
500	장길산	2	기계

속성명 / 튜플 / 애트리뷰트(속성)

- 릴레이션(테이블): 학생
- 애트리뷰트: 학번, 이름, 학년, 학과
- 튜플: (100 김유신 4 컴퓨터) 등
- 차수: 4(속성의 개수)
- 카디널리티: 5(튜플의 개수)

① **애트리뷰트(Attribute)**: 테이블의 각 열을 의미하고, 속성 또는 필드와 같은 개념이다.

② **도메인(Domain)**: 하나의 애트리뷰트가 가질 수 있는 원자값들의 집합이다.

③ **튜플(Tuple)**: 테이블이 한 행을 구성하는 속성들의 집합으로 레코드의 개념이다.

④ **차수(Degree)**: 애트리뷰트의 개수이다.

⑤ **기수(Cardinality, 대응수)**: 튜플의 개수이다.

(3) 릴레이션의 특성

① **튜플의 유일성**: 릴레이션의 튜플들은 중복되지 않고 모두 상이하다.

② **튜플의 무순서성**: 한 릴레이션에 포함된 튜플 사이에는 순서가 없다.

③ **애트리뷰트의 무순서성**: 릴레이션에서 애트리뷰트들 간의 순서는 의미가 없다.

④ **애트리뷰트의 원자성**: 모든 애트리뷰트는 원자값을 가지며, 애트리뷰트의 값은 논리적으로 분해가 불가능하다.

(4) 키의 종류

구분	설명
슈퍼키 (Super Key)	한 릴레이션 내의 속성들로 집합된 키로서, 릴레이션을 구성하는 모든 튜플에 대한 유일성은 만족시키지만 최소성은 만족시키지 못하는 키이다.
후보키 (Candidate Key)	• 속성 집합으로 구성된 테이블의 각 튜플을 유일하게 식별할 수 있는 속성이나 속성의 조합들을 후보키라 한다. (유일성, 최소성) • 후보키의 슈퍼 집합은 슈퍼키이다. • 후보키의 논리적 개념은 '유일한 인덱스'의 물리적 개념과는 다르다.
기본키 (Primary Key)	• 개체 식별자로 후보키 중 하나를 선택한 키이다. • 튜플을 유일하게 식별할 수 있는 애트리뷰트 집합이다. (보통 Key라고 하면 기본키를 말하지만 때에 따라서 후보키를 뜻하는 경우도 있다.) • 기본키는 그 키 값으로 그 튜플을 대표하기 때문에 기본키가 널(Null) 값을 포함하면 유일성이 깨진다.
대체키 (Alternate Key)	• 기본키를 제외한 후보키들이다.
외래키 (Foreign Key)	• 다른 테이블을 참조하는 데 사용되는 속성이다. • 두개의 릴레이션 R1, R2에서 R1에 속한 애트리뷰트인 외래키가 참조 릴레이션 R2의 기본키가 되며, 릴레이션 R1을 참조하는 릴레이션(Referencing Relation), 릴레이션 R2를 참조되는 릴레이션(Referenced Relation)이라 한다.

대표 기출문제

관계 데이터 모델에서 릴레이션(Relation)에 관한 설명으로 옳은 것은?

① 릴레이션의 각 행을 스키마(Schema)라 하며, 예로 도서 릴레이션을 구성하는 스키마에는 도서번호, 도서명, 저자, 가격 등이 있다.

② 릴레이션의 각 열을 튜플(Tuple)이라 하며, 하나의 튜플은 각 속성에서 정의된 값을 이용하여 구성된다.

③ 도메인(Domain)은 하나의 속성이 가질 수 있는 같은 타입의 모든 값의 집합으로 각 속성의 도메인은 원자값을 갖는다.

④ 속성(Attribute)은 한 개의 릴레이션의 논리적인 구조를 정의한 것으로 릴레이션의 이름과 릴레이션에 포함된 속성들의 집합을 의미한다.

정답 ③

해설 ③ 도메인(Domain)은 하나의 속성이 가질 수 있는 같은 타입의 모든 값의 집합이다.

대표 기출문제

관계형 데이터베이스에서 다음 설명에 해당하는 키(Key)는?

> 한 릴레이션 내의 속성들의 집합으로 구성된 키로서, 릴레이션을 구성하는 모든 튜플에 대한 유일성은 만족시키지만 최소성은 만족시키지 못한다.

① 후보키 ② 대체키
③ 슈퍼키 ④ 외래키

정답 ③

해설 ③ 슈퍼키는 유일성만 만족시키지만, 후보키는 유일성과 최소성을 만족시킨다.

[기출] 2020년 1, 2, 3회, 2021년 3회, 2022년 2회

빈출족보 041 데이터 무결성 제약 조건

(1) 데이터 무결성 제약 조건의 정의

① 데이터의 정확성 또는 유효성을 의미한다.

② 무결성이란 데이터베이스에 저장된 데이터 값과 그것이 표현하는 현실 세계의 실제값이 일치하는 정확성을 의미한다.

③ 데이터베이스 내에 저장되는 데이터 값들이 항상 일관성을 가지고 유효한 데이터가 존재하도록 하는 제약 조건들을 두어 안정적이며 결함 없이 존재시키는 데이터베이스의 특성이다.

- 개체 무결성: 릴레이션의 기본키를 구성하는 어떤 속성도 널(Null)일 수 없고, 반복 입력을 허용하지 않는다는 규정이다.
- 참조 무결성: 외래키 값은 널(Null)이거나 참조 릴레이션의 기본키 값과 동일해야 한다는 규정이다.
- 도메인 무결성: 특정 속성값이 그 속성이 정의된 도메인에 속한 값이어야 한다는 규정이다.
- 키 무결성: 한 릴레이션에 같은 키값을 가진 튜플(Tuple)들이 허용 안 되는 규정이다.

대표 기출문제

다음 중 기본키는 NULL 값을 가져서는 안 되며, 릴레이션 내에 오직 하나의 값만 존재해야 한다는 조건을 무엇이라 하는가?

① 개체 무결성 제약 조건
② 참조 무결성 제약 조건
③ 도메인 무결성 제약 조건
④ 속성 무결성 제약 조건

정답 ①

해설 ① 개체 무결성 제약 조건: 릴레이션에서 기본키를 구성하는 속성은 널(Null) 값이나 중복값을 가질 수 없다.

[기출] 2020년 1, 2, 3, 4회, 2021년 1, 2, 3회, 2022년 1회

빈출족보 042 관계대수

(1) 관계대수의 개념

① 주어진 릴레이션 조작을 위한 연산의 집합으로, 연산자를 이용하여 표현되는 절차적(Procedural) 언어이다.

② 질의에 대한 해를 구하기 위해 수행해야 할 연산의 순서를 명시한다.

③ 관계대수는 원래 E.F.Codd가 관계 데이터 모델을 처음 제안할 때 정의하였으나 그 뒤 많은 변형들이 나왔다.

④ 일반 집합 연산과 순수 관계 연산으로 구분된다.

(2) 일반 집합 연산자

① **합집합(Union, ∪)**: $R \cup S = \{t \mid t \in R \vee t \in S\}$

② **교집합(Intersect, ∩)**: $R \cap S = \{t \mid t \in R \wedge t \in S\}$

③ **차집합(Difference, −)**: $R - S = \{t \mid t \in R \wedge t \notin S\}$

④ **카티션 프로덕트(Cartesian Product, ×)**: $R \times S = \{r \cdot s \mid r \in R \wedge s \in S\}$

- 결과 릴레이션의 차수는 두 릴레이션의 차수의 합이고, 카디널리티는 두 릴레이션의 카디널리티를 곱한 것이다.

⑤ 카티션 프로덕트를 제외한 합집합, 교집합, 차집합은 연산자들이 요구하는 피연산자로 두 릴레이션은 합병 가능(Union−Compatible)해야 된다.

(3) 순수 관계 연산자

셀렉트(SELECT), 프로젝트(PROJECT), 조인(JOIN), 디비전(DIVISION)

예 〈학생〉 테이블

학번	이름	학년	전공	점수
01	김유신	3	컴퓨터	80
02	강감찬	2	화학	85
03	이순신	1	화학	70
04	이대현	1	화학	79

① 셀렉트(SELECT, σ)

- 릴레이션에서 조건에 맞는 튜플을 추출하는 연산이다.
- 릴레이션의 행이 추출되는 수평적 연산이다.
- 표기 형식: σ〈조건식〉(테이블 이름)

σ점수≥80 (학생) → '학생' 테이블에서 점수 속성값이 80점 이상인 튜플 선택

학번	이름	학년	전공	점수
01	김유신	3	컴퓨터	80
02	강감찬	12	화학	85

② 프로젝트(PROJECT, π)

- 릴레이션에서 기술된 속성 리스트의 속성값을 추출하는 연산이다.
- 릴레이션의 열이 추출되는 수직적 연산이다.
- 표기 형식: π〈속성 리스트〉(테이블 이름)

π전공 (학생) → '학생' 테이블에서 전공 속성 선택, 중복 제거

전공
컴퓨터
화학

③ 조인(JOIN, ⋈)

- 두 관계로부터 관련된 튜플들을 하나의 튜플로 결합하는 연산이다.
- 카티션 프로덕트와 셀렉트를 하나로 결합한 이항 연산자로, 일반적으로 조인이라 하면 자연 조인을 말한다.
- 두 개 이상의 릴레이션으로부터 상호 연관성을 구하기 위한 연산자이다.
- 릴레이션의 차수는 릴레이션 R의 차수와 S의 차수를 합한 것과 같다.

예 조인 연산을 위한 릴레이션

학번 (STNO)	성명 (NAME)	학과 코드 (DN00)	학년 (YEAR)
9801	김유신	100	2
9802	홍길동	200	3
9803	강감찬	300	1
9804	이순신	100	3
9805	장길산	400	4

(R)

학번 (STNO)	과목 (COURSE)	점수 (SCO)
9801	자료구조	90
9801	데이터베이스	80
9802	컴퓨터 구조	90
9803	자료구조	80
9803	운영체제	90
9803	데이터베이스	90
9804	데이터베이스	90

(S)

- 세타 조인(θ–join, Theta–join)
  - R(X), S(Y), A∈X, B∈Y에 대하여 비교 연산자를 θ로 표현할 수 있는 조인을 말한다.
  - 세타 조인 연산은 선택 연산과 카티션 프로덕트를 하나의 연산으로 결합할 수 있도록 확장된 자연 조인이다.

  $R \bowtie_{\theta} S = \sigma_{\theta}(R \times S)$ 으로 정의된다.

- 동일 조인(Equi–join)
  - 세타 조인에서 θ가 "="인 경우로 동일 애트리뷰트가 존재한다.

  $R \bowtie_{A=B} S = \{ r \cdot s \mid r \in R \wedge s \in S \wedge r[A] = s[B] \}$

■ 동일 조인 결과

학번 (STNO)	성명 (NAME)	학과 코드 (DN00)	학년 (YEAR)
9801	김유신	100	2
9801	김유신	100	2
9802	홍길동	200	3
9803	강감찬	300	1
9803	강감찬	300	1
9803	강감찬	300	1
9804	이순신	100	3

학번 (STNO)	과목 (COURSE)	점수 (SCO)
9801	자료구조	90
9801	데이터베이스	80
9802	컴퓨터 구조	90
9803	자료구조	80
9803	운영체제	90
9803	데이터베이스	90
9804	데이터베이스	90

- 자연 조인(Natural-join, ⋈)
  - 동일 조인 결과에서 중복되는 속성을 하나만 남기고 모두 제거한다.
  - R(X), S(Y)의 조인 애트리뷰트, Z=X∩Y라 하면,

$$R \bowtie_N S = \{ r \cdot s[X \cup Y] \mid r \in R \land s \in S \land r[Z] = s[Z] \} = \pi_{X \cup Y}(R \bowtie_{Z=Z} S) = \pi_{X \cup Y}(\sigma_{Z=Z}(R \times S))$$

■ 자연 조인 결과

학번 (STNO)	성명 (NAME)	학과 코드 (DN00)	학년 (YEAR)	과목 (COURSE)	점수 (SCO)
9801	김유신	100	2	자료구조	90
9801	김유신	100	2	데이터베이스	80
9802	홍길동	200	3	컴퓨터 구조	90
9803	강감찬	300	1	자료구조	80
9803	강감찬	300	1	운영체제	90
9803	강감찬	300	1	데이터베이스	90
9804	이순신	100	3	데이터베이스	90

④ 디비전(DIVISION, ÷)

- 릴레이션 R(X), S(Y)에 대하여 Y⊆X이고, X−Y=X'이면 R(X)=(X', Y)

$$R \div S = \{ r' \mid r' \in \pi x'(R) \land \langle r' \cdot s \rangle \in R, \forall s \in S \}$$

- 나누어지는 R의 차수는 (m+n)이고 나누는 릴레이션 S의 차수가 n일 때 이 디비전의 결과 릴레이션의 차수는 m이 된다.
- S의 속성값을 모두 포함하는 R의 속성값이 추출된다.

■ 디비전의 예

R

D1	D2	D3
a	1	A
b	1	A
a	2	A
c	2	B

S

D2	D3
1	A

R÷S의 결과

D1
a
b

- S 릴레이션 D2와 D3의 내용 (1, A)이 동시에 갖는 R 릴레이션의 D1을 찾는 것이 디비전 연산이다.

대표 기출문제

다음 두 릴레이션 R1과 R2의 카티션 프로덕트(cartesian product) 수행 결과는?

[R1 테이블]

학년
1
2
3

[R2 테이블]

학과
컴퓨터
국문
수학

①

학년	학과
1	컴퓨터
2	국문
3	수학

②

학년	학과
2	컴퓨터
2	국문
2	수학

③

학년	학과
3	컴퓨터
3	국문
3	수학

④

학년	학과
1	컴퓨터
1	국문
1	수학
2	컴퓨터
2	국문
2	수학
3	컴퓨터
3	국문
3	수학

정답 ④

해설 두 릴레이션 R1과 R2의 카티션 프로덕트는 R1×R2로 표현한다. R1×R2의 결과 릴레이션의 차수는 릴레이션 R1의 차수 1과 릴레이션 R2의 차수 1을 더한 2가 되고, 카디널리티는 릴레이션 R1의 카디널리티 3과 릴레이션 R2의 카디널리티 3을 곱한 9가 된다.

[기출] 2020년 1, 2, 4회, 2021년 1회, 2022년 1회

빈출족보 043 DDL

(1) DDL(Data Definition Lanuage, 데이터 정의어)의 특징

① 스키마(Schema), 도메인(Domain), 테이블(Table), 뷰(View), 인덱스(Index)를 정의하거나 제거하는 데 사용한다.

② 데이터를 담을 수 있는 객체를 생성하는 언어이며 스키마, 도메인, 테이블, 뷰, 인덱스가 하나의 객체가 될 수 있다.

③ 정의된 내용은 메타데이터(Meta Data)가 되며, 시스템 카탈로그(System Catalog)에 저장된다.

(2) DDL의 유형

① CREATE문: 스키마, 도메인, 테이블, 뷰, 인덱스의 정의에 사용한다.

■ 스키마 정의

```
CREATE SCHEMA 스키마_이름 AUTHORIZATION 사용자_id;
```

- SQL 스키마는 스키마의 이름과 소유자나 허가권자를 나타내는 식별자와 스키마에 속하는 모든 요소에 대한 기술자까지 포함한다. 스키마 요소에는 테이블, 뷰, 도메인, 스키마를 기술하는 내용(허가권, 무결성) 등이 있다.

■ 도메인 정의

```
CREATE DOMAIN 도메인_이름 데이터_타입;
```

- SQL에서의 도메인은 일반 관계 데이터 모델과 달리 SQL이 지원하는 데이터 타입만으로 정의할 수 있다.

■ 인덱스 정의 형식

```
CREATE [UNIQUE] INDEX 인덱스_이름
        ON 테이블_이름 ( {열_이름 [ASC | DESC]} )
        [CLUSTER] ;
```

- CREATE INDEX문에 의해 생성, 시스템이 자동적으로 관리된다.

② ALTER문: 기존 테이블에 대해 새로운 열의 첨가, 값의 변경, 기존 열의 삭제 등에 사용한다.

■ 기본 형식

```
ALTER TABLE 테이블_이름 ADD 열_이름 데이터_타입;
ALTER TABLE 테이블_이름 ALTER 열_이름 SET DEFAULT 값;
ALTER TABLE 테이블_이름 DROP 열_이름 CASCADE;
```

- ADD: 열 추가, ALTER: 값 변경, DROP: 열 삭제

③ DROP문: 스키마, 도메인, 테이블, 뷰, 인덱스 제거 시 사용한다. (전체 삭제)

■ 기본 형식

```
DROP SCHEMA 스키마_이름 [CASCADE or RESTRICTED];
DROP DOMAIN 도메인_이름 [CASCADE or RESTRICTED];
DROP TABLE 테이블_이름 [CASCADE or RESTRICTED];
DROP INDEX 인덱스_이름;
```

- RESTRICTED: 삭제할 요소가 참조 중이면 삭제되지 않는다.
- CASCADE: 삭제할 요소가 참조 중이더라도 삭제된다.

대표 기출문제

SQL에서 VIEW를 삭제할 때 사용하는 명령은?

① ERASE ② KILL
③ DROP ④ DELETE

정답 ③

해설 ③ DROP: 스키마, 도메인, 테이블, 뷰, 인덱스 제거 시 사용한다. (전체 삭제)

[기출] 2020년 1, 2, 3, 4회, 2021년 1, 2, 3회, 2022년 1, 2회

빈출족보 044 DML

(1) DML(Data Manipulation Language, 데이터 조작어)의 특징

① 데이터베이스 내의 원하는 데이터를 검색, 수정, 삽입, 삭제할 수 있다.

② 사용자가 데이터를 처리할 수 있게 하며, 사용자와 DBMS 간의 인터페이스를 제공한다.

(2) DML의 유형

① 검색문(SELECT): 테이블의 튜플 중에서 전체 또는 조건에 만족하는 튜플을 검색하는 명령어이다.

■ 기본 형식

```
SELECT 열_이름(검색 대상)
FROM 테이블_이름
[WHERE 조건]
[GROUP BY 열_이름 [HAVING 조건]]
[ORDER BY 열_이름 [ASC or DESC]];
```

- GROUP BY: 그룹으로 나누어 준다.
- HAVING: 그룹에 대한 조건이다. (GROUP BY 사용 시)
- ORDER BY: 정렬을 수행한다. ASC는 오름차순, DESC는 내림차순으로 정렬한다.

• 부분 매치 질의문: '%'는 하나 이상의 문자, '_'는 단일 문자를 나타낸다.

※ 부분 매치 질의문에서는 '=' 대신 LIKE를 사용한다.

• 널(NULL) 값 비교 시는 '=' (또는 <>) 대신 IS (또는 IS NOT)을 사용한다.

② **삽입문(INSERT)**: 기존 테이블에 행을 삽입할 때 사용한다.

■ 기본 형식

```
INSERT
INTO 테이블[(열_이름...)]
VALUES (열값_리스트);
```

• 하나의 테이블만을 대상으로 한다.
• NULL값을 입력할 수 있고, 부속 질의어를 포함할 수 있다.
• 모든 열의 값을 입력할 때는 테이블명 다음의 열 이름을 생략할 수 있다.

③ **갱신문(UPDATE)**: 기존 레코드 열값을 갱신할 경우 사용한다.

■ 구문

```
UPDATE 테이블
SET 열_이름=변경_내용
[WHERE 조건]
```

• 새로 변경되는 값은 산술식이나 NULL값이 될 수 있다.
• 하나의 테이블에 여러 개의 열을 갱신할 수 있다.

④ **삭제문(DELETE)**: 기존 테이블 행을 삭제할 때 사용한다.

■ 기본 사용 형식

```
DELETE FROM 테이블 [WHERE 조건];
```

• 하나의 테이블만을 대상으로 한다.
• 만일 외래키를 가지고 있는 테이블이 있다면 그 테이블에서도 같은 삭제 연산이 이루어져야 한다. 그렇지 않으면 참조 무결성을 유지할 수 없기 때문이다.

대표 기출문제

다음 SQL문의 실행 결과는?

```
SELECT 가격 FROM 도서가격
WHERE 책번호 = (SELECT 책번호
FROM 도서 WHERE 책명='자료구조');
```

[도서]

책번호	책명
111	운영체제
222	자료구조
333	컴퓨터구조

[도서가격]

책번호	가격
111	20,000
222	25,000
333	10,000
444	15,000

① 10,000 ② 15,000
③ 20,000 ④ 25,000

정답 ④

해설 서브쿼리의 WHERE절이 먼저 실행되어 서브쿼리의 리턴값이 222가 된다. 도서가격 테이블에서 책번호가 222인 것의 가격을 검색하므로 최종 결과값은 25,000이 된다.

대표 기출문제

다음 SQL문에서 ( ) 안에 들어갈 내용으로 옳은 것은?

```
UPDATE 인사급여 (  ) 호봉 = 15
WHERE 성명 = '홍길동';
```

① SET ② FROM
③ INTO ④ IN

정답 ①

해설 • 갱신문(UPDATE): 기존 레코드 열값을 갱신할 경우 사용한다.
• 기본 형식

```
UPDATE 테이블
SET 열_이름=변경_내용
[WHERE 조건]
```

문제의 SQL문은 인사급여 테이블에서 홍길동이라는 이름을 가진 사람을 찾아 그 사람의 호봉을 15로 갱신시킨다는 의미이다.

[기출] 2020년 1, 2, 3, 4회, 2022년 1, 2회

빈출족보 045 뷰의 개요

(1) 뷰(View)의 개념

① 하나 이상의 테이블로부터 유도되어 만들어진 가상 테이블이다.

② 실행 시간에만 구체화되는 특수한 테이블이다.

(2) 뷰의 특징

① 뷰가 정의된 기본 테이블이 제거(변경)되면, 뷰도 자동적으로 제거(변경)된다.

② 외부 스키마는 뷰와 기본 테이블의 정의로 구성된다.

③ 뷰에 대한 검색은 기본 테이블과 거의 동일하다. (삽입, 삭제, 갱신은 제약)

④ DBA는 보안 측면에서 뷰를 활용할 수 있다.

⑤ 뷰는 CREATE문에 의해 정의되며, SYSVIEWS에 저장된다.

⑥ 한 번 정의된 뷰는 변경할 수 없으며, 삭제한 후 다시 생성해야 한다.

⑦ 뷰의 정의는 ALTER문을 이용하여 변경할 수 없다.

⑧ 뷰를 제거할 때는 DROP문을 사용한다.

⑨ 뷰의 수정에는 제약이 있지만, 수정하는 뷰가 기본키를 가지고 있다면 수정이 가능하다.

(3) 뷰의 장단점

장점	• 논리적 독립성을 제공한다. • 데이터 접근 제어로 보안 가능하다. • 사용자의 데이터 관리를 간단하게 한다. • 하나의 테이블로 여러 개의 상이한 뷰를 정의할 수 있다.
단점	• 독자적인 인덱스를 가질 수 없다. • 정의를 변경할 수 없다. • 삽입, 삭제, 갱신 연산에 많은 제약이 따른다.

대표 기출문제

뷰(VIEW)에 대한 설명으로 틀린 것은?

① 뷰 위에 또 다른 뷰를 정의할 수 있다.

② 뷰에 대한 조작에서 삽입, 갱신, 삭제 연산은 제약이 따른다.

③ 뷰의 정의는 기본 테이블과 같이 ALTER문을 이용하여 변경한다.

④ 뷰가 정의된 기본 테이블이 제거되면 뷰도 자동적으로 제거된다.

정답 ③

해설 • 뷰의 정의는 ALTER문을 이용하여 변경할 수 없고, 제거 후 다시 생성해야 한다. 뷰는 삽입, 삭제, 갱신에 제약사항이 있다.
• 뷰를 제거할 때는 DROP문을 사용한다.

[기출] 2020년 1, 2, 4회, 2022년 2회

빈출족보 046 데이터베이스 설계

(1) 개념적 설계(Conceptual Design)

① 사용자들의 요구사항을 이해하기 쉬운 형식으로 간단히 기술하는 단계이다.

② 현실 세계를 정보 모델링을 통해 개념적으로 표현한다.

③ 속성들로 기술된 개체 타입과 이 개체 타입들 간의 관계를 이용하여 현실 세계를 표현하는 방법이다.

- 트랜잭션 모델링이 포함된다.
- DBMS와 하드웨어(Hardware)에 독립적이다.

(2) 논리적 설계(Logical Design)

① 개념적 설계에서 만들어진 구조를 구현 가능한 데이터 모델로 변환하는 단계이다. (관계형 데이터베이스에서는 테이블을 설계하는 단계이다.)

② 개념 세계를 데이터 모델링을 통해 논리적으로 표현한다.

③ 데이터 필드로 기술된 데이터 타입과 이 데이터 타입들 간의 관계를 이용하여 현실 세계를 표현하는 방법이다.

④ 트랜잭션 인터페이스를 설계한다.

⑤ DBMS에 종속적이고, 하드웨어(Hardware)는 독립적이다.

⑥ 논리적 데이터베이스 구조로 매핑(Mapping)한다.

⑦ 스키마를 평가 및 정제한다.

(3) 물리적 설계(Physical Design)

① 논리적 설계 단계에서 논리적 데이터베이스 구조로 표현된 데이터를 물리적 저장장치에 저장할 수 있는 물리적 구조의 데이터로 변환하는 과정이다.

② 저장 레코드 양식 설계, 접근 경로 설계, 레코드 집중의 분석 및 설계를 한다.

③ 트랜잭션 세부 설계가 포함된다.

④ DBMS와 하드웨어(Hardware)에 종속적이다.

대표 기출문제

데이터베이스의 논리적 설계(Logical Design) 단계에서 수행하는 작업이 아닌 것은?

① 레코드 집중의 분석 및 설계

② 논리적 데이터베이스 구조로 매핑(mapping)

③ 트랜잭션 인터페이스 설계

④ 스키마의 평가 및 정제

정답 ①

해설 레코드 집중의 분석 및 설계는 물리적 설계(데이터 구조화)이다.

[기출] 2020년 1, 2, 3, 4회, 2021년 2, 3회

빈출족보 047

정규화

(1) 정규화의 개요

① 이상 현상을 해결하기 위해 애트리뷰트 간의 종속 관계를 분석하여 여러 개의 릴레이션으로 분해하는 과정이다.

② 릴레이션의 애트리뷰트, 엔티티, 관계성을 파악하여 데이터의 중복성을 최소화하는 과정이다.

③ 논리적 설계 단계에서 수행된다.

④ 정규화를 통해 릴레이션을 분해하면 일반적으로 연산 시간이 증가한다.

⑤ 정규화 과정은 주어진 릴레이션 변수들의 모임을 더 바람직한 어떤 형태로 점차 유도해 가는 과정으로 특징지을 수 있다. 이 과정은 가역적(Reversible)이다.

(2) 정규화의 목적

① 데이터베이스 수정, 삭제 시 이상 현상을 최소화시키기 위함이다.

② 데이터베이스의 물리적 구조나 물리적 처리에 영향을 주는 것이 아니라, 논리적 처리 및 품질에 큰 영향을 미친다.

③ 데이터 구조의 안전성을 최대화시킨다.

④ 테이블 불일치 위험을 최소화한다.

(3) 이상 현상(Anomaly)

① 릴레이션 조작 시 데이터들이 불필요하게 중복되어 예기치 않게 발생하는 곤란한 현상이다.

② 종류: 삽입 이상, 삭제 이상, 갱신 이상

■ 수강 릴레이션(기본키 {학번, 과목번호})

학번	과목번호	성적	학년
100	C413	A	4
100	E412	A	4
200	C123	B	3
300	C312	A	1
300	C324	C	1
300	C413	A	1
400	C312	A	4
400	C324	A	4
400	C413	B	4
400	E412	C	4
500	C312	B	2

- 삽입 이상: 릴레이션에서 데이터를 삽입할 때 의도와는 상관 없이 원하지 않는 값들도 함께 삽입되는 현상이다.
  - 예 위의 [수강 릴레이션]에 학번이 600인 학생이 2학년이라는 정보를 삽입하려고 할 때 교과목을 등록하지 않으면 삽입이 불가능하다.
- 삭제 이상: 릴레이션에서 한 튜플을 삭제할 때 의도와는 상관없는 값들도 함께 삭제되는 연쇄 삭제 현상이다.
  - 예 위의 [수강 릴레이션]에서 학번이 200인 학생이 과목 C123을 취소하여 이 튜플을 삭제할 경우 학년 3이라는 정보까지 함께 삭제된다.
- 갱신 이상: 릴레이션에서 튜플에 있는 속성값을 갱신할 때 일부 튜플의 정보만 갱신되어 정보에 모순이 생기는 현상이다.
  - 예 위의 [수강 릴레이션]에서 학번이 400인 학생의 학년을 4에서 3으로 변경하고자 할 때 모두 4번의 갱신이 필요하다.

(4) 스키마 변환의 원리

① 정보의 무손실 표현

② 데이터 중복성 감소

③ 분리의 원칙

④ 종속성 보존

(5) 함수적 종속(FD: Functional Dependency)

① 어떤 릴레이션에서 속성들의 부분 집합을 X, Y라 할 때, 임의의 튜플에서 X의 값이 Y의 값을 함수적으로 결정한다면, Y가 X에 함수적으로 종속되었다고 하고, 기호로는 X → Y 로 표기한다.

② 함수 종속 다이어그램(FD Diagram)

▲ 수강 릴레이션의 함수 종속 다이어그램 예

대표 기출문제

데이터의 중복으로 인하여 관계연산을 처리할 때 예기치 못한 곤란한 현상이 발생하는 것을 무엇이라 하는가?

① 이상(Anomaly)
② 제한(Restriction)
③ 종속성(Dependency)
④ 변환(Translation)

정답 ①

해설 ① 이상(Anomaly): 데이터들이 불필요하게 중복되어 예기치 않게 발생하는 곤란한 현상이다.

대표 기출문제

어떤 릴레이션 R에서 X와 Y를 각각 R의 애트리뷰트 집합의 부분 집합이라고 할 경우 애트리뷰트 X의 값 각각에 대해 시간에 관계 없이 항상 애트리뷰트 Y의 값이 오직 하나만 연관되어 있을 때 Y는 X에 함수 종속이라고 한다. 이 함수 종속의 표기로 옳은 것은?

① Y → X ② Y ⊂ X
③ X → Y ④ X ⊂ Y

정답 ③

해설 ③ 어떤 릴레이션에서 속성들의 부분 집합을 X, Y라 할 때, 임의의 튜플에서 X의 값이 Y의 값을 함수적으로 결정한다면, Y가 X에 함수적으로 종속되었다고 하고, 기호로는 X → Y로 표기한다.

[기출] 2020년 1, 2, 3, 4회, 2021년 1, 3회, 2022년 1, 2회

빈출족보 048 정규화 과정

(1) 제1정규형(1NF)

어떤 릴레이션 R에 속한 모든 도메인이 원자값(Atomic Value)만으로 되어 있다면, 제1정규형(1NF)에 속한다.

(2) 제2정규형(2NF)

① 1NF에 속하면서 기본키가 아닌 모든 속성이 기본키에 대하여 완전 함수 종속 관계를 만족할 때 2NF에 속한다.
② 1NF이면서 2NF가 아닌 릴레이션은 프로젝션을 하여 의미상으로 동등한 두 개의 2NF로 분해할 수 있고, 자연 조인(Natural Join)을 통해 아무런 정보 손실 없이 원래의 릴레이션으로 복귀가 가능하다.
③ 2NF에서는 함수 종속 관계 A→B, B→C이면 A→C가 성립하는 이행적 함수 종속(Transitive FD)이 존재한다. 이는 이상 현상의 원인이 된다.

(3) 제3정규형(3NF)

2NF에 속하면서, 기본키가 아닌 모든 속성이 기본키에 이행적 함수 종속이 되지 않을 때 3NF에 속한다.

(4) 보이스/코드 정규형(BCNF)

릴레이션 R의 모든 결정자(Determinant)가 후보키(Candidate Key)이면 릴레이션 R은 보이스/코드 정규형(BCNF)에 속한다.

(5) 제4정규형(4NF)

릴레이션에서 다치 종속 관계가 성립하는 경우에 다치 종속을 제거한다.

(6) 제5정규형(5NF)

후보키를 통하지 않은 조인 종속을 제거한다.

대표 기출문제

정규화 과정 중 1NF에서 2NF가 되기 위한 조건은?

① 1NF를 만족하는 모든 도메인이 원자 값이어야 한다.
② 1NF를 만족하고 키가 아닌 모든 애트리뷰트들이 기본키에 이행적으로 함수 종속되지 않아야 한다.
③ 1NF를 만족하고 다치 종속이 제거되어야 한다.
④ 1NF를 만족하고 키가 아닌 모든 속성이 기본키에 대하여 완전 함수적 종속 관계를 만족해야 한다.

정답 ④

해설 ④ 제2정규형(2NF)은 어떤 릴레이션 R이 1NF이고 키(기본)에 속하지 않은 애트리뷰트는 모두 기본키의 완전 함수 종속 관계를 만족해야 한다.

[기출] 2020년 1, 2, 3, 4회, 2021년 1, 3회, 2022년 2회

빈출족보 049 트랜잭션의 특징

(1) 트랜잭션의 개념

① 데이터베이스에서 하나의 논리적 기능을 수행하기 위한 작업의 단위 또는 한꺼번에 모두 수행되어야 할 일련의 연산들을 의미한다.
② 한꺼번에 모두 수행되어야 할 일련의 데이터베이스 연산들이다.
- [응용 프로그램 = 하나 이상의 트랜잭션]
- [트랜잭션 = 하나 이상의 데이터베이스 연산(SQL 명령)]

③ 일반적으로 일련의 연산 집합이란 의미로 사용하며, 논리적 기능을 수행하는 작업의 단위이다.
④ 원자성, 일관성, 격리성, 영속성을 가진다.

(2) 트랜잭션의 성질(ACID)

① **원자성(Atomicity)**
- 트랜잭션의 연산은 데이터베이스에 모두 반영되든지 아니면 전혀 반영되지 않아야 한다.
- COMMIT과 ROLLBACK 명령어에 의해 보장 받는다.

② **일관성(Consistency)**: 데이터베이스 상태는 트랜잭션 수행 전과 트랜잭션 수행 후와 같아야 한다.
③ **격리성(Isolation)**: 둘 이상의 트랜잭션이 동시에 병행 실행되는 경우 어느 하나의 트랜잭션 실행 중에는 다른 트랜잭션의 연산이 끼어들 수 없다.
④ **영속성(Durability)**: 트랜잭션의 실행을 성공적으로 끝내면 그 결과를 어떠한 경우에라도 보장받는다.

대표 기출문제

다음과 같은 트랜잭션의 특성은?

> 시스템이 가지고 있는 고정 요소는 트랜잭션 수행 전과 트랜잭션 수행 완료 후의 상태가 같아야 한다.

① 원자성(Atomicity)　② 일관성(Consistency)
③ 격리성(Isolation)　④ 영속성(Durability)

정답 ②

해설 ② 일관성(Consistency): 시스템이 가지고 있는 고정 요소는 트랜잭션 수행 전과 트랜잭션 수행 후에 같아야 한다.

[기출] 2020년 1, 2, 4회, 2021년 1, 2, 3회

빈출족보 050 병행 제어

(1) 로킹(Locking) 기법

① 데이터베이스, 파일, 레코드 등은 로킹 단위가 될 수 있다.
② 로킹 단위가 작아지면 로킹 오버헤드가 증가한다.
③ 한꺼번에 로킹할 수 있는 단위를 로킹 단위라고 한다.
④ Lock과 Unlock 연산을 통해 트랜잭션의 데이터 아이템을 제어한다.
⑤ 하나의 트랜잭션만이 Lock을 걸고 Unlock할 수 있다.
⑥ Lock된 데이터는 다른 트랜잭션이 접근할 수 없으며, Unlock될 때까지 대기하여야 한다.
⑦ 이러한 방법은 실제 유용하게 사용되지만 서로 다른 트랜잭션이 변경이 없이 참조만 하는 경우 시간 낭비를 초래한다.
⑧ 로킹 규약을 따른다고 할지라도 직렬 가능성을 보장할 수 없다.

대표 기출문제

병행 제어 기법 중 로킹에 대한 설명으로 옳지 않은 것은?

① 로킹의 대상이 되는 객체의 크기를 로킹 단위라고 한다.
② 데이터베이스, 파일, 레코드 등은 로킹 단위가 될 수 있다.
③ 로킹의 단위가 작아지면 로킹 오버헤드가 증가한다.
④ 로킹의 단위가 커지면 데이터베이스 공유도가 증가한다.

정답 ④

해설 ④ 로킹의 단위가 커지면 데이터베이스 공유도가 감소하며, 로킹 오버헤드도 감소한다.

[기출] 2020년 1, 2, 3회, 2022년 1, 2회

빈출족보 051 분산 데이터베이스

(1) 분산 데이터베이스 시스템의 목표

① **위치 투명성(Location Transparency)**
- 사용하려는 데이터가 저장된 사이트를 사용자는 알 필요가 없는 것이다.
- 위치 정보는 시스템 카탈로그에 유지된다.

② **중복 투명성(Replication Transparency)**
- 한 논리적 데이터 객체가 여러 상이한 사이트에 중복될 수 있다.
- 중복 데이터의 일관성 유지는 사용자와 무관하게 시스템이 수행한다.
- 중복의 이점은 성능 향상과 가용성(Availability) 증진이다.

③ **장애 투명성**: 데이터베이스의 분산된 물리적 환경에서 특정 지역의 컴퓨터 시스템이나 네트워크에 장애가 발생해도 데이터 무결성이 보장된다.

④ **병행 투명성**: 분산 데이터베이스에 관련된 다수의 트랜잭션이 동시에 수행되어도 트랜잭션의 결과는 영향을 받지 않는다.

(2) 분산 데이터베이스 시스템의 장단점

장점	단점
• 지역 자치성 • 신뢰성, 확장성 향상 • 연산 속도 향상	• 관리비 증가 • 보안의 취약점 • 소프트웨어 개발이 복잡

대표 기출문제

분산 데이터베이스의 투명성(Transparency)에 해당하지 않는 것은?

① Location Transparency
② Replication Transparency
③ Failure Transparency
④ Media Access Transparency

정답 ④

해설 • 분산 데이터베이스 투명성(Transparency)
- 위치 투명성(Location Transparency): 액세스하려는 데이터베이스의 실제 위치를 알 필요 없이 단지 데이터베이스의 논리적인 명칭만으로 액세스할 수 있다.
- 중복 투명성(Replication Transparency): 동일 데이터가 여러 곳에 중복되어 있더라도 사용자는 마치 하나의 데이터만 존재하는 것처럼 사용하고, 시스템은 자동으로 여러 자료에 대한 작업을 수행한다.
- 병행 투명성(Concurrency Transparency): 분산 데이터베이스와 관련된 다수의 트랜잭션들이 동시에 실현되더라도 그 트랜잭션의 결과는 영향을 받지 않는다.
- 장애 투명성(Failure Transparency): 트랜잭션, DBMS, 네트워크, 컴퓨터 장애에도 불구하고 트랜잭션을 정확하게 처리한다.

Part

Ⅳ 프로그래밍 언어 활용

강의 바로 보기

[기출] 2020년 1, 2, 3, 4회, 2021년 1, 2, 3회, 2022년 1, 2회

빈출족보 052 모듈화

(1) 모듈화(Modularity)의 개요

① 소프트웨어를 기능 단위로 분해한 것으로, 모듈화된 시스템은 시스템을 모듈들의 집합으로 추상화한 것이다.

② 모듈의 개수가 증가하면 전체 개발비용이 감소하지만, 오히려 인터페이스에 대한 비용이 증가하므로 비용면에서 최적인 모듈의 개수를 찾는 것이 중요하다.

③ **모듈(Module)**: 서브루틴(Subroutine), 하부 시스템, 소프트웨어 내 프로그램 혹은 작업 단위를 의미한다.

④ 모듈 간의 결합도는 최소화, 응집력은 최대화한다.

(2) 모듈이 유용한 이유

① 시스템을 기능 단위로 분해 가능하게 한다.

② 기능 활용에 따르는 계층적 순서를 제시해 준다.

③ 자료 추상화를 구현시켜 준다.

④ 기계 종속적인 기능을 분리시켜 준다.

⑤ 소프트웨어의 성능을 향상시킨다.

⑥ 시스템의 시험과 수정을 용이하게 한다.

⑦ 상위 모듈에서 하위 모듈로 내려갈수록 자세히 기술한다.

(3) 결합도(Coupling)의 개요

① 결합도는 두 모듈 간의 상호작용, 또는 의존도 정도를 나타낸다.

② 모듈 간의 결합도를 약하게 하면 모듈 독립성이 향상된다.

(4) 결합도의 종류

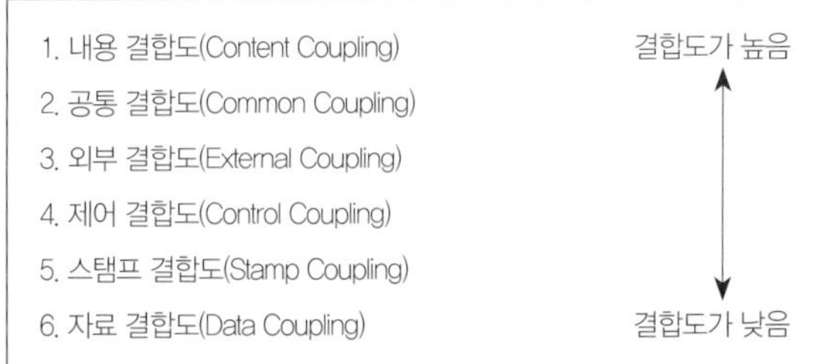
1. 내용 결합도(Content Coupling) — 결합도가 높음
2. 공통 결합도(Common Coupling)
3. 외부 결합도(External Coupling)
4. 제어 결합도(Control Coupling)
5. 스탬프 결합도(Stamp Coupling)
6. 자료 결합도(Data Coupling) — 결합도가 낮음

① **내용 결합도**: 어떤 모듈을 호출하여 사용하고자 할 경우에 그 모듈의 내용을 미리 조사하여 알고 있지 않으면 사용할 수 없는 경우에는 이들 모듈이 내용적으로 결합되어 있기 때문이며, 이를 내용 결합도라고 한다.

② **공통 결합도**: 공통 결합도는 하나의 기억 장소에 공동의 자료 영역을 설정한 후, 한 모듈이 그 기억 장소에 자료를 전송하면 다른 모듈은 기억 장소를 조회함으로써 정보를 전달받는 방식을 취할 때 발생된다.

③ **외부 결합도**: 일련의 모듈들이 동일한 광역 데이터 아이템(단일 필드 변수)을 사용하면 외부 결합도가 된다.

④ **제어 결합도**: 어떤 모듈이 다른 모듈의 내부 논리 조직을 제어하기 위한 목적으로 제어 신호를 이용하여 통신하는 경우이고, 하위 모듈에서 상위 모듈로 제어 신호가 이동하여 상위 모듈에게 처리 명령을 부여하는 권리 전도 현상이 발생하는 결합도이다.

⑤ **스탬프 결합도**: 한 그룹의 모듈들이 동일한 비광역 데이터 구조를 사용한다면 스탬프 결합도가 될 수 있다. 예로서, 모듈 A가 모듈 B를 호출하여 종업원 개인 레코드를 전송하고 A와 B가 둘 다 그 레코드의 형태나 구조에 영향을 받기 쉽다면, A와 B는 스탬프 결합도를 가진 것이다. 스탬프 결합도는 모듈 간의 불필요한 연관 관계를 형성하므로 가능한 한 회피하는 것이 좋다.

⑥ **자료 결합도**: 모듈 간의 결합도 중 가장 바람직한 결합도에 해당한다.

(5) 응집도(Cohesion)의 개요

① 한 모듈 내에 있는 처리 요소들 사이의 기능적인 연관 정도를 나타내며, 응집도가 높아야 좋은 모듈이 된다.

② 한 모듈 내에 필요한 함수와 데이터들의 친화력을 측정하는 데 사용된다.

(6) 응집도의 종류

1. 우연적 응집도(Coincidental Cohesion) — 응집도가 낮음
2. 논리적 응집도(Logical Cohesion)
3. 시간적 응집도(Temporal Cohesion)
4. 절차적 응집도(Procedural Cohesion)
5. 통신적 응집도(Communicational Cohesion)
6. 순차적 응집도(Sequential Cohesion)
7. 기능적 응집도(Functional Cohesion) — 응집도가 높음

① **우연적 응집도**: 모듈 내부의 서로 관계없는 각 요소들이 모인 경우로, 응집력이 가장 낮다.

② **논리적 응집도**: 유사한 성격을 갖거나 특정 형태로 분류되는 처리 요소들로 하나의 모듈이 형성되는 경우이다.

③ **시간적 응집도**: 모듈 내 구성 요소들이 서로 다른 기능을 같은 시간대에 함께 실행하는 경우이다.

④ **절차적 응집도**

- 어떤 모듈이 다음 조건을 충족시킬 때 절차적 응집도

를 가진다.

– 조건 1: 다수의 관련 기능을 수행한다.

– 조건 2: 기능들을 순차적으로 수행한다.

⑤ **통신적 응집도:** 단말기로부터 데이터를 읽고 검사하여 데이터베이스에 입력하는 모듈은 그 안의 기능들이 그 레코드의 사용과 연관되므로 통신적 응집도를 가진다. 동일한 입력과 출력을 사용하는 소작업들이 모인 모듈에서 볼 수 있다.

⑥ **순차적 응집도:** 실행되는 순서가 서로 밀접한 관계를 갖는 기능을 모아 한 모듈로 구성한 것이다. 흔히 어떤 프로그램을 작성할 때 순서도를 작성하는데, 이 경우에는 순차적 응집도를 갖는 모듈이 되기 쉽다.

⑦ **기능적 응집도:** 모듈 내의 모든 요소가 한 가지 기능을 수행하기 위해 구성될 때, 이들 요소는 기능적 응집도를 가진다. 응집도 중 가장 바람직한 응집도에 해당한다.

대표 기출문제

좋은 소프트웨어 설계를 위한 소프트웨어의 모듈 간의 결합도(Coupling)와 모듈 내 요소 간 응집도(Cohesion)에 대한 설명으로 옳은 것은?

① 응집도는 낮게 결합도는 높게 설계한다.
② 응집도는 높게 결합도는 낮게 설계한다.
③ 양쪽 모두 낮게 설계한다.
④ 양쪽 모두 높게 설계한다.

정답 ②

해설 ② 모듈 간의 결합도는 최소화, 응집도는 최대화되어야 독립성이 높아진다.

대표 기출문제

모듈화(Modularity)와 관련한 설명으로 틀린 것은?

① 소프트웨어의 모듈은 프로그래밍 언어에서 subroutine, function 등으로 표현될 수 있다.
② 모듈의 수가 증가하면 상대적으로 각 모듈의 크기가 커지며, 모듈 사이의 상호교류가 감소하여 과부하(Overload) 현상이 나타난다.
③ 모듈화는 시스템을 지능적으로 관리할 수 있도록 해주며, 복잡도 문제를 해결하는 데 도움을 준다.
④ 모듈화는 시스템의 유지보수와 수정을 용이하게 한다.

정답 ②

해설 ② 모듈의 수가 증가하면 상대적으로 각 모듈의 크기가 작아지며, 모듈 사이의 상호교류가 증가하여 과부하(Overload) 현상이 나타난다.

[기출] 2020년 1, 2회, 2021년 3회, 2022년 2회

빈출족보 053 프로세스와 스레드

(1) 프로세스(Process)의 정의

① 컴파일된 프로그램이 메모리에 적재(Load)되어 실행되는 일련의 명령어들의 집합이다.
② 현재 실행 중이거나 곧 실행이 가능한 프로세스 제어 블록(PCB)을 가진 프로그램이다.
③ 시스템의 작업 단위로 프로그램에 입출력 상태를 결합한 형태이며, 중앙처리장치에 의해 수행되는 시스템 및 사용자 프로그램을 프로세스라고 한다.
④ 프로그램은 수동적 개체(Passive Entity)이고, 프로세스는 순차적으로 실행되어야 하는 능동적 개체(Active Entity)이다.
⑤ 프로세서가 할당되는 실체이다.
⑥ 비동기적 행위를 일으키는 주체이다.

(2) 프로세스 제어 블록(PCB: Process Control Block)

① 운영체제 내에서 프로세스 제어 블록이라 표현하며, 작업 제어 블록이라고도 한다.
② 프로세스를 관리하기 위해 유지되는 데이터 블록 또는 레코드의 데이터 구조이다.
③ 프로세스 식별자, 프로세스 상태, 프로그램 카운터 등의 정보로 구성된다.
④ 프로세스 생성 시 만들어지고 메인 메모리에 유지, 운영체제에서 한 프로세스의 존재를 정의한다.
⑤ 프로세스 제어 블록의 정보는 운영체제의 모든 모듈이 읽고 수정이 가능하다.

(3) 프로세스의 상태 전이도

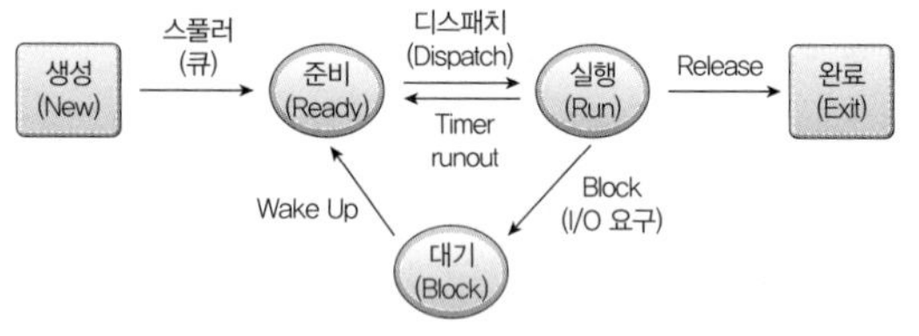

▲ 프로세스 상태 전이도

① **프로세스의 상태**

- 생성(New) 상태: 작업이 제출되어 스풀 공간에 수록한다.
- 준비(Ready) 상태: 중앙처리장치가 사용 가능한(할당할 수 있는) 상태이다.
- 실행(Run) 상태: 프로세스가 중앙처리장치를 차지(프로세스를 실행)하고 있는 상태이다.
- 대기(Block) 상태: 입출력(I/O)과 같은 사건으로 인해 중앙처리장치를 양도하고 I/O 완료 시까지 대기 큐에서 대기하고 있는 상태이다.

- 완료(Exit) 상태: 중앙처리장치를 할당받아 주어진 시간 내에 수행을 종료한 상태이다.

② 프로세스의 상태 전환

- Dispatch(준비 상태 → 실행 상태): 준비 상태의 프로세스들 중에서 우선순위가 가장 높은 프로세스는 선정하여 중앙처리장치를 할당함으로써 실행 상태로 전환된다.
- Timer Runout(실행 상태 → 준비 상태): 중앙처리장치의 지정된 할당 시간을 모두 사용한 프로세스는 다른 프로세스를 위해 다시 준비 상태로 전환된다.
- Block(실행 상태 → 대기 상태): 실행 중인 프로세스가 입출력 명령을 만나면 입출력 전용 프로세서에게 중앙처리장치를 스스로 양도하고 자신은 대기 상태로 전환된다.
- Wake Up(대기 상태 → 준비 상태): 입출력 완료를 기다리다가 입출력 완료 신호가 들어오면 대기 중인 프로세스는 준비 상태로 전환된다.

(4) 스레드(Thread)의 특징

① 프로세스의 구성은 제어 흐름 부분(실행 부분)과 실행 환경 부분으로 분리할 수 있으며, 스레드는 프로세스의 실행 부분을 담당하여 실행의 기본 단위가 된다.

② 입출력 자원의 할당에는 관계하지 않고, 중앙처리장치 스케줄링의 단위로만 사용되는 경량 프로세스이다.

③ 프로세서를 사용하는 기본 단위이며, 명령어를 독립적으로 실행할 수 있는 하나의 제어 흐름이다.

④ 스레드는 프로세스 자원을 공유하지만, 상태 정보(레지스터)와 스택은 독자적으로 갖는다.

⑤ 프로세스 스케줄링에 따른 프로세스 문맥 교환(Context Switching)의 부담을 줄여서 성능을 향상시키기 위한 프로세스의 다른 표현 방식이라 할 수 있다.

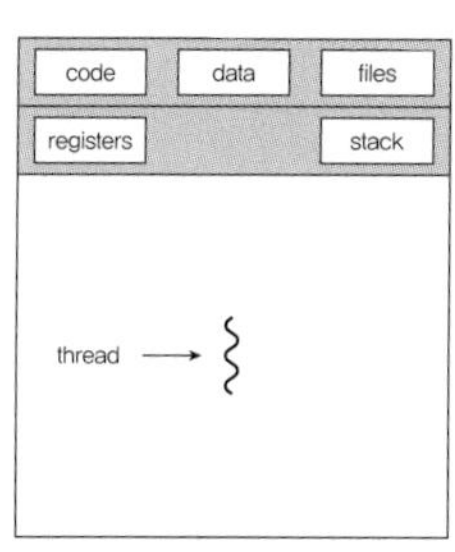

▲ 단일 스레드

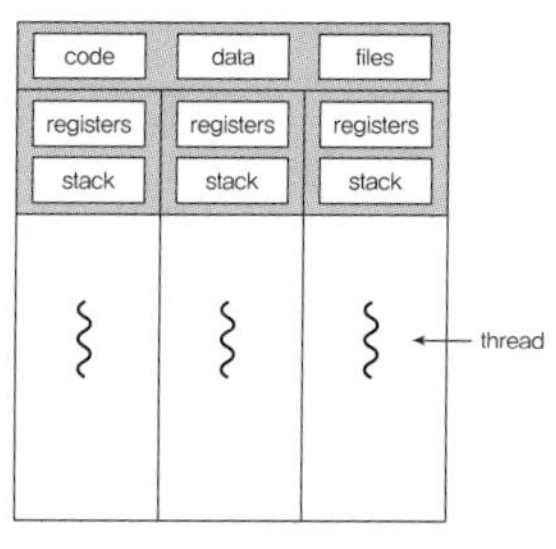

▲ 다중 스레드

대표 기출문제

프로세스와 관련한 설명으로 틀린 것은?

① 프로세스가 준비 상태에서 프로세서가 배당되어 실행 상태로 변화하는 것을 디스패치(Dispatch)라고 한다.

② 프로세스 제어 블록(PCB: Process Control Block)은 프로세스 식별자, 프로세스 상태 등의 정보로 구성된다.

③ 이전 프로세스의 상태 레지스터 내용을 보관하고 다른 프로세스의 레지스터를 적재하는 과정을 문맥 교환(Context Switching)이라고 한다.

④ 프로세스는 스레드(Thread) 내에서 실행되는 흐름의 단위이며, 스레드와 달리 주소 공간에 실행 스택(Stack)이 없다.

정답 ④

해설 ④ 스레드(Thread)는 프로세스 내에서 실행되는 흐름의 단위이며, 다중 스레드 프로세스 모델은 하나의 프로세스 내부에 여러 개의 스레드가 존재하게 된다.

대표 기출문제

스레드(Thread)에 대한 설명으로 옳지 않은 것은?

① 한 개의 프로세스는 여러 개의 스레드를 가질 수 없다.

② 커널 스레드의 경우 운영체제에 의해 스레드를 운용한다.

③ 사용자 스레드의 경우 사용자가 만든 라이브러리를 사용하여 스레드를 운용한다.

④ 스레드를 사용함으로써 하드웨어, 운영체제의 성능과 응용 프로그램의 처리율을 향상시킬 수 있다.

정답 ①

해설 ① 한 개의 프로세스는 여러 개의 스레드를 가질 수 있으며, 하나의 프로세스를 여러 개의 스레드로 생성하여 병행성을 증진시킬 수 있다.

[기출] 2020년 1, 2, 3, 4회

빈출족보 054

프로세스 스케줄링

구분	비선점 스케줄링 (Non-Preemptive Scheduling)	선점 스케줄링 (Preemptive Scheduling)
개념	한 프로세스가 CPU를 점유하면, 다른 프로세스는 현재 프로세스를 중단시킬 수 없는 기법이다.	한 프로세스가 CPU를 점유하면, 다른 프로세스는 현재 프로세스를 중단시킬 수 있는 기법이다.
특징	• 프로세스가 CPU를 할당받으면, 프로세스가 완료될 때까지 CPU를 사용한다. • 모든 프로세스에 대한 공정한 처리가 가능하며, 일괄 처리에 적합하다.	• 우선순위가 높은 프로세스들을 처리할 때 유용하며, 대화식 시분할처리에 적합하다. • 선점으로 인해 많은 오버헤드(Overhead)를 발생시킨다.
종류	FCFS(First Come First Service), SJF(Shortest Job First), HRN(Highest Response Next), 기한부(Deadline)	RR(Round Robin, 라운드 로빈), SRT(Shortest Remaining Time), MLQ(Multi-Level Queue, 다단계 큐), MFQ(Multi-Level Feedback Queue, 다단계 피드백 큐)

(1) FCFS(First Come First Service)

① 가장 대표적인 비선점형 스케줄링 기법이다.

② 대기 리스트에 가장 먼저 도착한 프로세스 순서대로 CPU를 할당하므로, 알고리즘이 간단하고 구현하기 쉽다.

(2) SJF(Shortest Job First) 스케줄링

① FCFS를 개선한 기법으로, 대기 리스트의 프로세스들 중 작업이 끝나기까지의 실행 시간 추정치가 가장 짧은 프로세스에 CPU를 할당한다.

② FCFS보다 평균 대기 시간이 짧지만, 실행 시간이 긴 작업의 경우 FCFS보다 대기 시간이 더 길어진다.

③ FCFS보다 평균 대기 시간이 감소된다.

(3) HRN(Highest Response Next)

① SJF의 단점인 실행 시간이 긴 프로세스와 짧은 프로세스의 지나친 불평등을 보완한 기법이다.

② 대기 시간을 고려하여 실행 시간이 짧은 프로세스와 대기 시간이 긴 프로세스에게 우선순위를 높여준다

③ 우선순위 계산식에서 가장 큰 값을 가진 프로세스를 먼저 스케줄링한다.

> 우선순위 = (대기 시간 + 서비스 받을 시간) / 서비스 받을 시간

(4) RR(Round Robin, 라운드 로빈)

① FCFS를 선점형 스케줄링으로 변형한 기법으로 각각의 프로세스에게 동일한 시간 할당량을 부과하여 수행하는 기법이다.

② 대화형 시스템에서 사용되며, 빠른 응답 시간을 보장한다.

③ RR은 각 프로세스가 CPU를 공평하게 사용할 수 있다는 장점이 있지만, 시간 할당량의 크기는 시스템의 성능을 결정하므로 세심한 주의가 필요하다.

(5) SRT(Shortest Remaining Time)

① SJF를 선점형 스케줄링으로 변형한 기법이다.

② 대기 리스트의 모든 프로세스의 잔여 실행 시간을 실시간으로 알아야 하므로, 오버헤드가 증가한다.

(6) MLQ(Multi-Level Queue, 다단계 큐)

① MLQ는 여러 종류의 대기 리스트를 준비하고, 작업 유형별로 프로세스를 분류하여 대기 리스트에 입력한다.

② 우선순위에 따라 시스템, 대화형, 편집, 시스템 배치, 사용자 배치 프로세스로 구분하고, 대기 리스트를 상위, 중위, 하위 단계로 배치한다.

③ MFQ와 달리 대기 리스트 간 프로세스 이동은 불가능하다.

(7) MFQ(Multi-Level Feedback Queue, 다단계 피드백 큐)

① MFQ는 우선순위를 갖는 여러 대기 리스트를 준비하고 수행 시간이 긴 프로세스일수록 낮은 우선순위를 갖도록 조정하여 낮은 우선순위 대기 리스트로 이동시키는 스케줄링 기법이다.

② MLQ와 MFQ는 여러 대기 리스트를 사용한다는 점에서 유사하지만 여러 대기 리스트를 분류하는 기준이 다르다. MLQ는 프로세스 특성에 따라 대기 리스트를 분류하지만 MFQ는 프로세스 처리 시간을 기준으로 대기 리스트를 분류한다.

대표 기출문제

다음과 같은 프로세스가 차례로 큐에 도착하였을 때, SJF(Shortest Job First) 정책을 사용할 경우 가장 먼저 처리되는 작업은?

프로세스 번호	실행시간
P1	6
P2	8
P3	4
P4	3

① P1　② P2
③ P3　④ P4

정답 ④

해설 • SJF(Shortest Job First): FCFS를 개선한 기법으로, 대기 리스트의 프로세스들 중 작업이 끝나기까지의 실행시간 추정치가 가장 작은 프로세스에 CPU를 할당한다. 따라서 실행시간이 가장 짧은 P4를 제일 먼저 처리해 준다.
• P4 → P3 → P1 → P2의 순서로 처리된다.

대표 기출문제

HRN(Highest Response-ratio Next) 스케줄링 방식에 대한 설명으로 옳지 않은 것은?

① 대기 시간이 긴 프로세스의 경우 우선 순위가 높아진다.
② SJF 기법을 보완하기 위한 방식이다.
③ 긴 작업과 짧은 작업 간의 지나친 불평등을 해소할 수 있다.
④ 우선 순위를 계산하여 그 수치가 가장 낮은 것부터 높은 순으로 우선 순위가 부여된다.

정답 ④

해설 HRN은 우선 순위를 계산하여 그 수치가 가장 높은 것부터 낮은 순으로 우선 순위가 부여된다.

빈출족보 055 교착상태

(1) 교착상태(Deadlock)의 개요

① 다중 프로그래밍 환경에서는 프로세스가 필요한 모든 자원을 점유해야 작업을 수행할 수 있으며, 모든 프로세스는 공유자원을 점유하기 위해 경쟁 상태에 있다.
② 둘 이상의 프로세스가 자원을 공유한 상태에서 서로 상대방의 작업이 끝나기만을 무한정 기다리는 현상이다.

(2) 교착상태 4대 발생조건

① 상호배제(Mutual Exclusion)
- 다중 프로그래밍 시스템에서는 제한된 공유자원의 효율적 사용을 위해 상호배제를 유지해야 한다.
- 상호배제는 여러 프로세스를 동시에 처리하기 위해 공유자원을 순차적으로 할당하면서 동시에 접근하지 못하므로, 한 번에 하나의 프로세스만이 자원을 사용할 수 있다.

② 점유와 대기(Hold & Wait)
- 하나의 프로세스만 실행된다면, 모든 자원을 점유한 상태에서 실행하여 교착상태가 발생되지 않지만, 시스템 성능이 떨어지게 된다.
- 다중 프로그래밍 시스템에서는 시스템 성능을 향상시키기 위해 여러 프로세스를 동시에 운영하면서 공유자원을 순차적으로 할당해야 하므로, 어느 하나의 프로세스가 자원을 점유하면서 다른 프로세스에게 할당된 자원을 차지하기 위해 대기해야 한다.

③ 비선점(Non Preemption)
- 비선점은 프로세스가 사용 중인 공유자원을 강제로 빼앗을 수 없다는 의미로, 어느 하나의 프로세스에게 할당된 공유자원의 사용이 끝날 때까지 다른 하나의 프로세스가 강제로 중단시킬 수 없다.
- 이렇듯 자원을 빼앗을 수 없다면, 공유자원을 사용하기 위해 대기하던 프로세스는 자원을 사용하지 못할 수도 있기 때문에 교착상태 발생 조건 중 하나가 된다.

④ 환형대기(순환대기, Circular Wait)
- 공유자원들을 여러 프로세스에게 순차적으로 분배한다면, 시간은 오래 걸리지만 교착상태는 발생하지 않는다. 그러나 프로세스들에게 우선순위를 부여하여 공유자원 할당의 사용 시기와 순서를 융통성 있게 조절한다면, 공유자원의 점유와 대기는 환형대기 상태가 될 수 있다.
- 여러 프로세스들이 공유자원을 사용하기 위해 원형으로 대기하는 구성으로, 앞이나 뒤에 있는 프로세스의 자원을 요구한다.

(3) 교착상태 회피(Avoidance)

① 교착상태가 발생할 가능성은 배제하지 않으며, 교착상태 발생시 적절히 피해가는 기법이다.

② 시스템이 안전상태가 되도록 프로세스의 자원 요구만을 할당하는 기법으로 은행원 알고리즘이 대표적이다.

(4) 교착상태 발견(탐지, Detection)

컴퓨터 시스템에 교착상태가 발생했는지 여부와 교착상태에 있는 프로세스와 자원을 발견하는 것으로, 교착상태 발견 알고리즘과 자원할당 그래프를 사용한다.

(5) 교착상태 회복(복구, Recovery)

교착상태가 발생한 프로세스를 제거하거나 프로세스에 할당된 자원을 선점하여 교착상태를 회복한다.

대표 기출문제

교착상태 발생의 필요 충분 조건이 아닌 것은?

① 상호배제(Mutual Exclusion)
② 점유와 대기(Hold and Wait)
③ 환형 대기(Circular Wait)
④ 선점(Preemption)

정답 ④

해설 • 교착상태 발생 필요 조건
❶ 상호배제(Mutual Exclusion)
❷ 점유와 대기(Hold & Wait)
❸ 비선점(Non Preemption)
❹ 환형대기(Circular Wait, 순환대기)

[기출] 2020년 1, 2, 3, 4회, 2021년 1, 2, 3회, 2022년 1, 2회

빈출족보 056 메모리 관리

(1) 배치(Placement) 전략

최초 적합 (First Fit)	• 주기억장치의 가용공간들 중에서 프로그램과 데이터를 가능한 한 첫 번째 가용공간에 배치한다. • 배치 전략 중 작업 배치 결정이 가장 빠르며, 후속 적합(Next Fit)의 변형이다.
최적 적합 (Best Fit)	• 기억장치의 가용공간들 중 프로그램과 데이터를 가능한 한 가장 알맞은 가용공간에 배치한다. • 배치 전략 중 작업의 배치 결정이 가장 느리다.
최악 적합 (Worst Fit)	• 주기억장치의 가용공간들 중 프로그램이나 데이터를 가능한 한 가장 큰 가용공간에 배치한다. • 프로그램이나 데이터를 적재하고 남는 공간은 다른 프로그램과 데이터를 배치할 수 있어서 주기억장치 공간을 효율적으로 사용한다.

(2) 교체(대치, Replacement) 전략

① FIFO(First In First Out)

• 주기억장치에서 가장 먼저 입력되었던 페이지를 교체한다.

• 다른 페이지 교체 알고리즘에 비하여 페이지 교체가 가장 많다.

예 페이지 프레임 크기가 3인 경우의 FIFO 교체 전략

순번	1	2	3	4	5	6	7	8	9
요구 페이지	1	1	2	3	4	1	5	4	2
페이지 프레임	①	1	1	1	④	4	4	4	②
			②	2	2	①	1	1	1
				③	3	3	⑤	5	5
페이지 부재	○		○	○	○	○	○		○

② LRU(Least Recently Used)

• 주기억장치에서 가장 오랫동안 사용되지 않은 페이지를 교체한다.

• 계수기 또는 스택과 같은 별도의 하드웨어가 필요하며, 시간적 오버헤드(Overhead)가 발생한다.

• 최적화 기법에 근사하는 방법으로, 효과적인 페이지 교체 알고리즘으로 사용된다.

예 페이지 프레임 크기가 3인 경우의 LRU 교체 전략

순번	1	2	3	4	5	6	7	8	9
요구 페이지	1	1	2	3	4	1	5	4	2
페이지 프레임	①	1	1	1	④	4	4	4	4
			②	2	2	①	1	1	②
				③	3	3	⑤	5	5
페이지 부재	○		○	○	○	○	○		○

③ OPT(최적화 교체, OPTimal replacement)

- 앞으로 가장 오랫동안 사용하지 않을 페이지를 교체한다.
- 벨레이디(Belady)가 제안한 방식으로, 페이지 부재가 가장 적게 발생하는 가장 효율적인 알고리즘이다.

예 페이지 프레임 크기가 3인 경우의 OPT 교체 전략

순번	1	2	3	4	5	6	7	8	9
요구 페이지	1	1	2	3	4	1	5	4	2
페이지 프레임	①	1	1	1	1	1	⑤	5	5
			②	2	2	2	2	2	2
				③	④	4	4	4	4
페이지 부재	○		○	○	○		○		

④ LFU(Least Frequently Used)

- 주기억장치에서 참조 횟수가 가장 적은 페이지를 교체한다.
- 자주 사용된 페이지는 사용 횟수가 많아 교체되지 않고, 계속 사용된다.
- 프로그램의 실행 초기에 집중적으로 발생하는 페이지가 있을 경우, 프로그램이 종료될 때까지 페이지 프레임을 차지하고 있다는 단점이 있다.

예 페이지 프레임 크기가 3인 경우의 LFU 교체 전략

순번	1	2	3	4	5	6	7	8	9
요구 페이지	1	1	2	3	4	1	5	4	2
페이지 프레임	①	1	1	1	1	1	1	1	1
			②	2	④	4	4	4	4
				③	3	3	⑤	5	②
페이지 부재	○		○	○	○		○		○

⑤ NUR(Not Used Recently)

- 주기억장치에서 최근에 사용되지 않은 페이지를 교체한다.
- 최근에 사용되지 않은 페이지는 이후에도 사용되지 않을 가능성이 높다는 것을 전제로, LRU의 오버헤드를 줄일 수 있다.
- 최근 사용 여부를 판단하기 위하여 각 페이지에 참조 비트와 변형 비트를 사용한다.

(3) 가상기억장치

① 주기억장치보다 큰 용량의 프로그램을 실행할 수 있는 기억장치로, 주기억장치 공간의 확대가 주 목적이다. 주기억장치의 비연속(분산) 할당 방식으로, 연속 할당 방식의 단편화를 적극적으로 해결한다.

② 페이징(Paging) 기법

- 분할된 프로그램 일부를 페이지(Page)라 하고, 고정된 크기로 분할하여 페이지를 저장할 수 있는 주기억장치의 영역을 페이지 프레임(Frame)이라고 한다.
- 페이지 크기가 작으면, 상대적으로 페이지 크기가 큰 것보다 페이지 개수가 많아진다.
- 페이지 크기가 크면, 상대적으로 페이지 크기가 작은 것보다 페이지 개수가 적어진다.

③ 세그먼테이션(Segmentation) 기법

- 프로그램 크기를 다양한 크기로 분할하며, 분할된 프로그램 일부를 세그먼트(Segment)라고 한다.

④ 페이지 부재(PF: Page Fault)

- 프로세서 실행 시 주기억장치에 참조할 페이지가 없는 현상이다.
- 페이지 프레임(Page Frame)이 많으면 페이지 부재가 감소되고, 페이지 프레임이 적으면 페이지 부재가 증가된다.

⑤ 스래싱(Thrashing)

- 페이지 부재가 지나치게 발생하여 프로세스가 수행되는 시간보다 페이지 이동에 시간이 더 많아지는 현상이다.
- 다중프로그래밍 정도를 높이면, 어느 정도까지는 CPU의 이용률이 증가되지만, 스래싱에 의해 CPU의 이용률은 급격히 감소된다.

대표 기출문제

4개의 페이지를 수용할 수 있는 주기억장치가 있으며, 초기에는 모두 비어 있다고 가정한다. 다음의 순서로 페이지 참조가 발생할 때, FIFO 페이지 교체 알고리즘을 사용 할 경우 페이지 결함의 발생 횟수는?

페이지 참조 순서 : 1, 2, 3, 1, 2, 4, 5, 1

① 6회　　② 7회
③ 8회　　④ 9회

정답 ①

해설 FIFO(First In First Out) 페이지 교체 알고리즘: 주기억장치에서 가장 먼저 입력되었던 페이지를 교체한다.

[기출] 2020년 1, 2, 3, 4회, 2021년 2, 3회, 2022년 1회

빈출족보 057

유닉스 시스템 핵심 구조

(1) 커널(Kernel)

① 사용자 프로그램들은 경우에 따라 시스템의 하드웨어나 소프트웨어의 자원을 액세스하게 되는데 커널은 이러한 사용자 프로그램을 관리하는 부분을 말한다.

② 커널은 크게 프로세스, 메모리, 입출력(I/O) 그리고 파일 관리의 네 부분으로 나누어 생각할 수 있다. 이러한 서브시스템은 각기 독립적으로 사용자 프로그램에 의해서 의도되는 서비스를 올바르게 제공하기 위해서 상호 협동적으로 작동한다.

③ 커널은 쉘과 상호 연관되어 있어서 쉘에서 지시한 작업을 수행하고 결과물을 돌려 보낸다.

(2) 쉘(Shell)

① 쉘은 유닉스 시스템과 사용자 사이의 인터페이스를 제공하는 것을 말한다. 즉, 사용자가 문자열들을 입력하면 그것을 해석하여 그에 따르는 명령어를 찾아서 커널에 알맞은 작업을 요청하게 된다.

② 쉘은 종류에 따라 Bourne 쉘, C 쉘, Korn 쉘 등으로 구분된다.

③ 쉘의 종류

구분	내용
Bourne 쉘 (/bin/sh)	AT&T의 유닉스 환경을 위해 개발되었으며, 대부분의 유닉스에서 제공하는 기본 쉘이다. 빠른 수행과 최소한의 자원만을 요구하는 것이 특징임
C 쉘 (/bin/csh)	사용법이 C 언어와 유사하며, Korn 쉘, Bourne 쉘과 기본적으로 유사한 특성을 가지고 있으나 대형 시스템을 목표로 설계되었기 때문에 명령어의 용어와 문법적 구조는 다름
Korn 쉘 (/bin/ksh)	벨 연구소의 David Korn에 의해 제작되었으며, Bourne 쉘을 포함하며, aliasing, history, command line editing과 같은 특성이 추가됨
Tee-see 쉘 (/bin/tcsh)	카네기 멜론 대학교에서 개발되었으며, C 쉘에서 명령 행 완성과 명령 행 편집 기능을 추가한 것
Z 쉘 (/bin/zsh)	Paul Falstad에 의해 개발되었으며, 확장형 Bourne Shell이라 할 수 있음
Bourne-again 쉘 (/bin/bash)	일반적으로 많이 사용되는 쉘이며, GNU 프로젝트를 위해 Brian Fox가 작성한 쉘이다. C Shell과 Bourne Shell의 기능들이 많이 포함되어 있음

(3) 파일 시스템(File System)

구조	설명
부트 블록 (Boot Block)	파일 시스템으로부터 유닉스 커널을 적재시키기 위한 프로그램 포함
슈퍼 블록 (Super Block)	• 파일 시스템마다 하나씩 존재 • 슈퍼 블록의 자료 구조: 파일 시스템의 크기, 파일 시스템에 있는 블록의 수와 이용 가능한 빈 블록 목록, i-node(index node) 목록의 크기, 파일 시스템에 있는 빈 i-node의 수와 목록, 파일 시스템 이름과 파일 시스템 디스크의 이름
아이노드 (i-node)	파일이나 디렉터리에 대한 모든 정보를 가지고 있는 구조체
데이터 블록 (Data Block)	실제 데이터가 파일의 형태로 저장되어 있음

(4) 파일 디스크립터(File Descriptor)

① 리눅스 혹은 유닉스 계열의 시스템에서 프로세스(Process)가 파일(File)을 다룰 때 사용하는 개념으로, 프로세스에서 특정 파일에 접근할 때 사용하는 추상적인 값이다.

② 파일 관리를 위해 시스템이 필요로 하는 정보를 가지고 있다.

③ 파일 디스크립터는 일반적으로 0이 아닌 정수값을 갖는다.

④ 보조기억장치에 저장되어 있다가 파일이 개방(Open)되면 주기억장치로 이동된다.

⑤ 파일 제어 블록(File Control Block)이라고도 한다.

대표 기출문제

UNIX 시스템의 쉘(shell)의 주요 기능에 대한 설명이 아닌 것은?

① 사용자 명령을 해석하고 커널로 전달하는 기능을 제공한다.
② 반복적인 명령을 프로그램으로 만드는 프로그래밍 기능을 제공한다.
③ 쉘 프로그램 실행을 위해 프로세스와 메모리를 관리한다.
④ 초기화 파일을 이용해 사용자 환경을 설정하는 기능을 제공한다.

정답 ③

해설 ③ 메모리와 프로세스 관리는 쉘 프로그램에서 실행하는 것이 아니고, 커널에서 담당한다.

• 유닉스 시스템 핵심 구조

커널(Kernel)	• 유닉스 운영체제의 핵심 • 메인 메모리에 상주하여 컴퓨터 자원 관리 • 디바이스(I/O), 메모리, 프로세스 관리 및 시스템 프로그램과 하드웨어 사이의 함수 관리 및 Swap space, Deamon 관리 등을 담당
쉘(Shell)	• 커널과 사용자 간의 인터페이스를 담당하며, 사용자 명령의 입출력을 수행하며 프로그램을 실행 • 명령어 해석기/번역기라고도 불린다.
파일시스템(File System)	디렉터리, 서브 디렉터리, 파일 등의 계층적인 트리 구조를 의미하며, 시스템 관리를 위한 기본 환경을 제공한다. 슈퍼블록, inode list, 데이터의 3부분으로 구성된다.

대표 기출문제

파일 디스크립터(File Descriptor)에 대한 설명으로 틀린 것은?

① 파일 관리를 위해 시스템이 필요로 하는 정보를 가지고 있다.
② 보조기억장치에 저장되어 있다가 파일이 개방(open)되면 주기억장치로 이동된다.
③ 사용자가 파일 디스크립터를 직접 참조할 수 있다.
④ 파일 제어 블록(File Control Block)이라고도 한다.

정답 ③

해설 파일 디스크립터(File Descriptor): 리눅스 혹은 유닉스 계열의 시스템에서 프로세스(Process)가 파일(File)을 다룰 때 사용하는 개념으로, 프로세스에서 특정 파일에 접근할 때 사용하는 추상적인 값이다. 사용자가 파일 디스크립터를 직접 참조할 수는 없다.

[기출] 2020년 1, 2, 4회, 2021년 1, 3회

빈출족보 058

C 언어의 연산자

(1) 연산자

① 산술연산자(Arithmetic Operator)

구분	연산자	기능
이항 연산자	+, -, *, /	사칙연산을 수행
	%	정수연산으로 나눗셈의 나머지를 구함
단항 연산자	-	대상 자료의 부호를 바꿈
	++	1 증가
	--	1 감소
대입 연산자	=	오른쪽의 결과를 왼쪽 변수에 대입
	+= -= *= /=	오른쪽의 결과를 왼쪽 변수에 가, 감, 승, 제를 한 뒤 대입
	%=	오른쪽 값으로 왼쪽 값을 나눈 나머지를 구한 뒤 대입

② 관계 및 논리연산자

<table>
<tr><th>구분</th><th>연산자</th><th>기능</th><th>예</th></tr>
<tr><td rowspan="3">관계 연산자</td><td>==</td><td>좌우가 서로 같은가를 비교한다.</td><td>3==3 ← 1 (참)</td></tr>
<tr><td>!=</td><td>좌우가 서로 다른가를 비교한다.</td><td>3! = 3 ← 0 (거짓)</td></tr>
<tr><td>>, >=, <, <=</td><td>좌우의 대소 관계를 비교한다.</td><td>3 > 3 ← 0 (거짓)</td></tr>
<tr><td rowspan="3">논리 연산자</td><td>!</td><td>NOT 연산을 수행(부정)</td><td>!2 ← 0 (반대의 값)</td></tr>
<tr><td>&&</td><td>AND 연산을 수행(논리곱)</td><td>3&&3 ← 1 (참)</td></tr>
<tr><td>||</td><td>OR 연산을 수행(논리합)</td><td>||0 ← 0 (둘 중 하나가 참이면 전체값은 참)</td></tr>
</table>

③ 비트연산자(Bitwise Operator): 자료 표현의 최소 단위인 비트를 직접 처리하는 연산자이다.

<table>
<tr><th>구분</th><th>연산자</th><th>기능</th><th>예</th></tr>
<tr><td rowspan="2">이동 연산자</td><td>>></td><td>비트 값을 우측으로 지정값만큼 이동</td><td>r = a >> 3; ← 우측으로 3배 이동</td></tr>
<tr><td><<</td><td>비트 값을 좌측으로 지정값만큼 이동</td><td>r = a << 3; ← 좌측으로 3배 이동</td></tr>
<tr><td rowspan="4">비트 연산자</td><td>&</td><td>비트 논리곱(AND)</td><td>r = a & b;</td></tr>
<tr><td>|</td><td>비트 논리합(OR)</td><td>r = a¦b;</td></tr>
<tr><td>∧</td><td>비트 배타적 논리합(XOR)</td><td>r = a∧b;</td></tr>
<tr><td>~</td><td>반전(NOT, 1의 보수)</td><td>r = ~a;</td></tr>
</table>

④ **조건연산자(Conditional Operator)**: 피연산자가 3개의 항으로 구성되어 있으며, 일명 삼항연산이라고 한다.

[형식]

> 조건 ? 표현1 : 표현2 ;
> → 조건이 참이면 표현1을 수행, 거짓이면 표현2가 수행된다.

⑤ **나열연산자(,)**: 일명 콤마연산자라고 한다. 수식을 콤마(,)로 구분하여 나열하고 연산은 왼쪽부터 오른쪽으로 차례대로 진행된다. 나열연산자를 사용한 결과를 변수에 배정하게 되면 가장 오른쪽의 결과가 배정된다.

⑥ **형변환연산자((자료형))**: 자료의 값은 그대로 두고, 자료형을 강제적으로 바꿀 때 사용한다. 예를 들면 정수형을 실수형으로, 자료형을 명시적(Explicit)으로 바꿀 때 쓰인다.

⑦ **sizeof 연산자**: 자료형, 변수, 수식의 결과 등이 차지하는 기억공간의 바이트 수를 구한다.

- sizeof(size) → 자료형『size』가 차지하는 기억공간의 바이트 수를 구한다.

⑧ **주소연산자(&)**: 어떤 변수에 해당하는 기억장소의 주소값을 구한다. 즉, &a는 변수 a가 메모리상에 위치하는 기억장소의 시작 주소이다.

⑨ **연산자의 결합 방향과 우선순위**

<table>
<tr><th colspan="2">구분</th><th>연산자</th><th>결합방향</th><th>우선순위</th></tr>
<tr><td colspan="2">일차연산자</td><td>( ), [ ], . , -></td><td>→</td><td rowspan="16">높다
↑
↓
낮다</td></tr>
<tr><td colspan="2">단항연산자</td><td>-, ++, --, ~, !, *, &, sizeof</td><td>←</td></tr>
<tr><td rowspan="10">이항연산자</td><td>산술연산자</td><td>*, /, %</td><td rowspan="10">→</td></tr>
<tr><td>산술연산자</td><td>+, -</td></tr>
<tr><td>비트이동</td><td>>>, <<</td></tr>
<tr><td>대소비교</td><td>>, >=, <, <=</td></tr>
<tr><td>등가비교</td><td>==, !=</td></tr>
<tr><td>비트 AND</td><td>&</td></tr>
<tr><td>비트 XOR</td><td>∧</td></tr>
<tr><td>비트 OR</td><td>|</td></tr>
<tr><td>논리 AND</td><td>&&</td></tr>
<tr><td>논리 OR</td><td>||</td></tr>
<tr><td colspan="2">조건연산자</td><td>? :</td><td></td></tr>
<tr><td colspan="2">대입연산자</td><td>=, +=, -=, *=, /=, %=, >>=, <<=, &=, ∧=, |=</td><td>←</td></tr>
<tr><td colspan="2">나열연산자</td><td>,</td><td>→</td></tr>
</table>

[기출] 2020년 1, 2, 4회, 2021년 1, 2, 3회

빈출족보 059 C 언어 제어어

(1) if ~ else: 선택문 (if문 다음의 조건이 만족(참)이면 처리 1을 수행하고, 만족하지 않으면(거짓) 처리 2를 수행한다.)

[형식]

```
if (조건)
  {
    처리 1
  }
    else
  {
    처리 2
  }
```

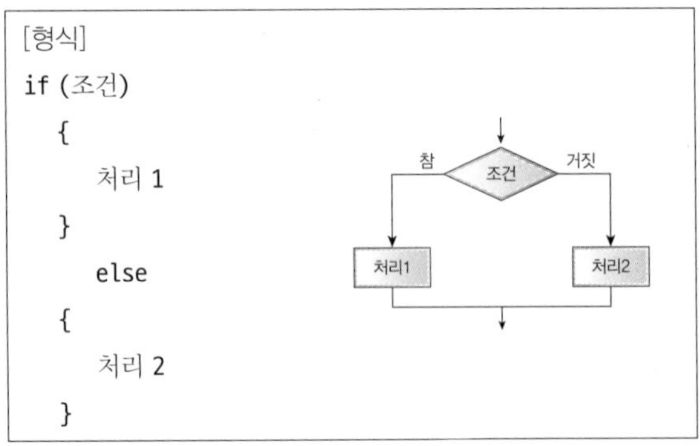

① **중첩된 if문**

- if문 안에 또 다른 if문을 여러 개 사용할 수 있다.

[형식]

```
if (조건1)
      처리 1
      if (조건2)
            처리 2
      else
            처리 3
else
      처리 4
```

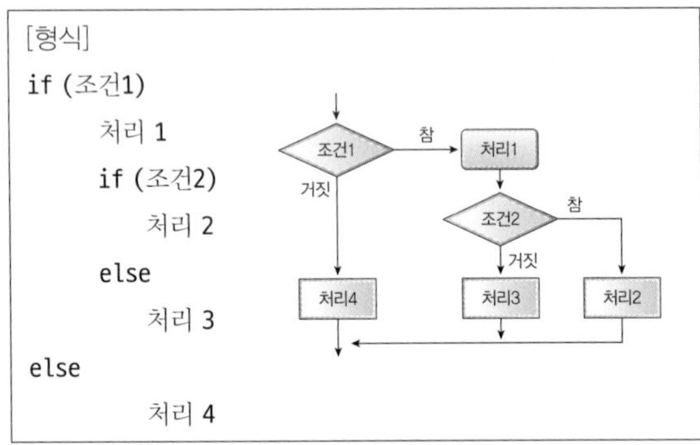

- if와 else의 짝은 나중에 기술되는 if와 먼저 기술되는 else끼리 순차적으로 결합된다.
- if와 else 수는 반드시 같지 않아도 된다. 즉, else와 짝을 이루지 않는 if가 있을 수 있다.

② **if~else if~else문**

- 여러 개의 조건을 이용해서 특정 부분을 처리할 때 사용할 수 있다.

[형식]

```
if (조건1)
        처리 1
else if (조건2)
        처리 2
else if (조건3)
        처리 3
else
        처리 4
```

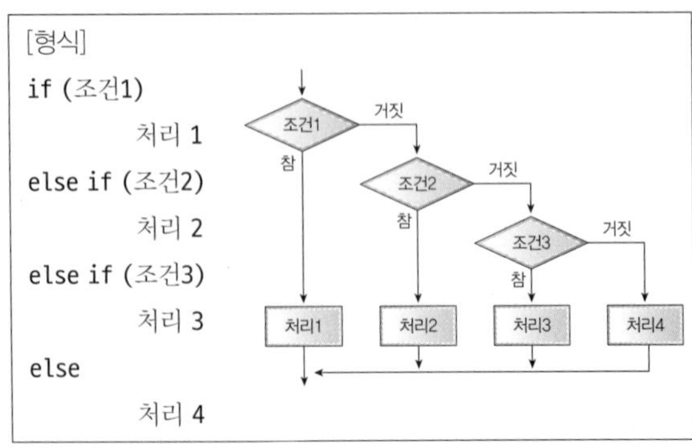

(2) switch ~ case

■ 기본 형식

```
switch(수식)
{
    case 값1 : 처리 1
               break ;
    case 값2 : 처리 2
               break ;
        ⋮
    default  : 처리 n
    }
```

① 수식의 값과 일치하는 경우의 값이 있는 『처리』를 수행하고, 수식의 값과 일치하는 값이 없으면 default의 『처리 n』을 수행한다.

② break를 만나면 switch 블록을 탈출한다.

(3) for문

■ 기본 형식

```
for (초기식; 조건식; 증감식)
{
    처리
}
```

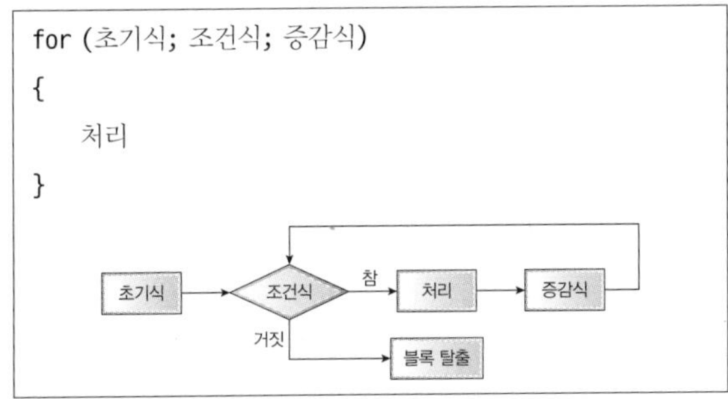

① 조건식이 거짓이면 블록을 탈출한다.

(4) while문

■ 기본 형식

```
while (조건식)
{
    처리
}
```

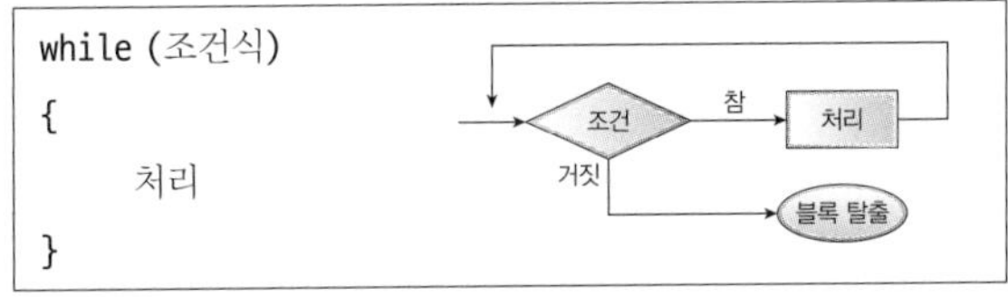

① 조건식의 값이 참인 경우만 { } 안의 명령을 반복 수행한다.

② 조건식의 값에 따라 while문이 한 번도 실행되지 않을 수 있다.

(5) do~while문

■ 기본 형식

```
do {
      처리
}while(조건식);
```

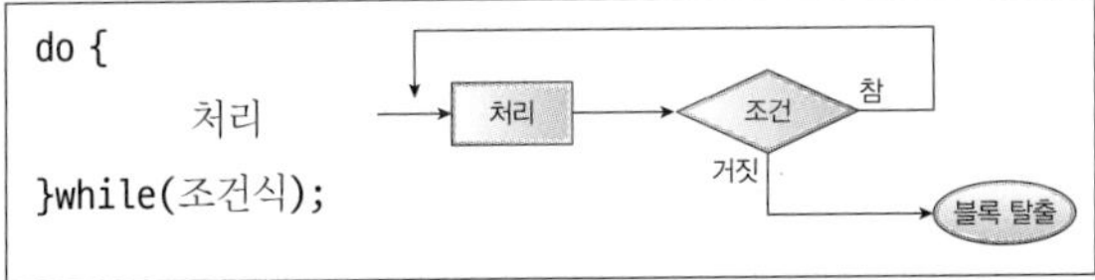

① do문은 { } 안의 명령을 적어도 한 번은 반복 실행한다.

(6) break / continue문

■ 기본 형식

```
while(조건식)
{
        ⋮
      continue ;
        ⋮
      break ;
        ⋮
}
```

① continue문: for, while, do~while문에서 블록의 조건식으로 복귀하고자 할 때 사용한다.

② break문: for, while, do while, switch문의 블록을 중간에 강제적으로 벗어나고자 할 때 사용한다.

[기출] 2020년 1, 2, 3, 4회, 2021년 3회

빈출족보 060 C 언어 배열과 포인터

(1) 배열(Array)

① 변수의 확장에 해당하는 것으로 유사한 성격, 즉 동일한 자료형으로 이루어진 여러 개의 자료를 처리할 때 사용한다.

② 변수명을 모두 기억해야 하는 번거로움을 피할 수 있으며 매우 효율적인 자료 처리가 가능하다.

③ 동일한 자료형을 갖는 자료들의 리스트(List)를 배열이라 하며, 순서에 해당하는 배열의 각각의 요소들은 하나의 변수로 취급된다.

④ 배열이란 같은 자료형의 값들이 순서적으로 하나의 이름(배열명)에 모여 있는 것으로서 각각의 자료들은 원소라 하며, 이들은 배열명과 첨자로 구분된다.

⑤ 선언 형태, 즉 첨자의 개수에 따라 1차원 배열, 2차원 배열, 3차원 배열 등이 있다.

⑥ 1차원 배열
- 배열의 첨자가 하나만 있는 것으로 첨자 안에 표현된 개수는 배열의 크기를 나타내는 것으로서 배열 전체 구성 요소의 개수를 나타낸다.
- 배열의 각 요소는 배열명과 첨자로 구분되며 첨자는 0부터 시작된다.

■ 배열 선언

```
[형식]  자료형 배열명[개수];
```

■ 배열의 초기화 예

int a[5] = { 1, 2, 3, 4, 5 } ;

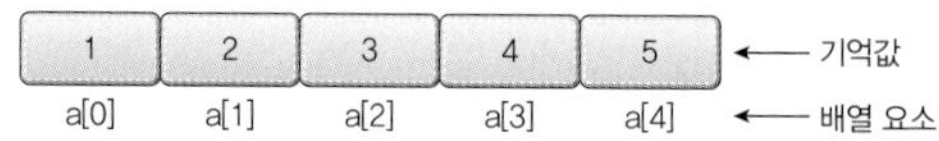

■ 배열 선언과 기억공간

short a[5] ← 2byte 크기의 기억공간 5개를 배열명 a로 선언

기억공간	a[0]	a[1]	a[2]	a[3]	a[4]
주소:	100	102	104	106	108

• 배열명은 기억공간 중에 배열이 위치하게 되는 시작 주소를 갖게 된다(a의 시작 주소값=100).

• 각 배열 요소는 기억공간을 2byte씩 차지한다(short 형으로 선언한 경우).

• 배열의 크기는 총 10byte이다(2byte×5개 = 10).

⑦ **2차원 배열**

• 형식: 자료형 배열명[행의 수][열의 수] 예 int a[3][4]

• 기능: 배열명이 a이고 3행 4열로 된 12개의 요소를 가진 정수형 배열을 선언한다.

■ 배열 선언과 초기화 방법

```
❶ int array[3][3]={1,2,3,4,5,6,7,8,9};
❷ int array[3][3]={{1,2,3},{4,5,6},{7,8,9}};
❸ int array[3][3]={{1,2,3},
                   {4,5,6},
                   {7,8,9}};
```
모두 같은 의미

• 2차원 배열이 선언되어도 실제 기억공간에는 순차적인 1차원 개념으로 데이터가 저장된다.

• 2차원 배열은 행과 열로 나타낸다.

(2) 포인터(Pointer)

① 포인터는 한마디로 주소(번지; Address)를 일컫는다. 기억공간의 주소값을 갖는 변수를 포인터 변수 또는 포인터라고 하며 *를 사용하여 포인터를 선언한다.

② **포인터 변수**: 기억공간에 주소(포인터값)를 사용하기 위해 가지는 주소값을 저장할 변수이다.

③ **포인터**: 변수의 주소값을 갖는 특별한 변수로 프로그래머가 포인터를 사용하여 직접 기억공간에 접근할 수 있는 방법을 제공함으로써, 기억공간에 저장된 변수와 함수의 주소에 직접 접근하여 기억공간을 효율적으로 이용할 수 있다.

```
char * ptr;
  ptr: 기억공간의 주소값을 갖는다.(char형 포인터 값)
  *ptr: 포인터 ptr이 가리키는 주소에 수록된 자료. 즉, 주소
        ptr의 내용이다.
        (포인터 앞에 *를 붙이면 내용물이 된다)
```

④ **포인터와 주소 연산자(&)**: 일반 변수가 위치하는 기억공간의 주소를 구하기 위해서는 주소 연산자 &를 사용한다. 즉 a라는 변수의 시작 주소는 &a이다.

예 포인터와 주소 연산자 사용

```
a = 15;
p = &a;
b = *p;
```

→ b의 값은 15가 되며, 이때 p는 변수 a의 주소를 보관하게 되므로 반드시 포인터로 선언되어야 한다.

⑤ 변수 x가 있다고 가정하면 변수 x가 차지하고 있는 기억공간의 영역이 존재하고, 그 영역에는 반드시 주소가 부여된다. 이때 주소값으로 가지는 변수가 포인터 변수이며, 이때 변수 x 주소(포인터값)를 표현하기 위해 주소 연산자(&)를 사용한다.

(3) 포인터와 문자열

• char *p = "SEOUL" ;이라고 정의하면 기억공간에 다음과 같이 배치된다.

10	11	12	13	14	15 → 가상적인 기억공간의 주소
'S'	'E'	'O'	'U'	'L'	'\0'

위의 그림을 기준으로 하면, p = 10이 된다.

*p = 'S'

*(p+1) = 'E'

*(p+2) = 'O'

*(p+3) = 'U'

*(p+4) = 'L'

(4) 포인터 연산

① 포인터는 주소 연산을 할 수 있다. 포인터를 1 증가시키면 포인터가 가리키는 주소값이 증가하는데, 실제 주소의 증가량은 포인터가 가리키는 자료형의 크기만큼 증가된다.

② 포인터형에 따른 실제 주소의 증가량

선언	포인터를 1 증가시켰을 때(p++) 실제 주소의 증가분
char *p	1 바이트
short *p	2 바이트
long *p	4 바이트
float *f	4 바이트

③ *p++와 *++p의 차이점

y = *p++ ;	y = *p; → 먼저 p번지의 내용이 y에 대입 p++; → 포인터 p의 값을 1 증가
y = *++p ;	++p; → 먼저 p를 1 증가시킨다. y = *p; → 1 증가된 p번지의 내용이 y에 대입

빈출족보 061 C 언어 구조체와 공용체

(1) 구조체(Struct)

① 여러 개의 변수를 하나의 자료형으로 묶어서 취급한다. (Record 구조)

② 서로 다른 자료형을 갖는 자료들의 모임을 하나의 자료형으로 정의하여 사용하는 자료형이다.

■ 기본 형식

```
struct 태그명 {
        구조체 멤버 나열;
} 구조체 변수;
```

③ 구조체는 구조체를 구성하는 멤버 단위로 취급할 수도 있고, 구조체 변수를 이용하여 구조체를 하나의 자료형으로 취급할 수 있다.

④ 구조체 멤버를 개별적으로 다룰 때는 『Dot 연산자(.)』를 이용한다. 특히, 구조체 변수가 포인터이면 『Arrow 연산자(->)』를 이용하여 각 멤버를 취급할 수 있다.

⑤ 구조체 변수는 배열이나 포인터가 함께 기존의 변수처럼 사용될 수 있다. 따라서 다양한 형식의 자료를 간결한 형식으로 표현할 수 있을 뿐만 아니라 사용자가 새로운 형식으로 정의하여 사용할 수 있다.

(2) 공용체(Union)

① 하나의 자료를 여러 개의 변수(공용체 멤버)가 공동으로 필요한 크기만큼 사용하는 자료형이다.

② 공용체는 선언이 이루어지면 멤버 중에서 자료 크기(byte 수)가 가장 큰 멤버에 대해서만 기억공간이 할당되고, 기억공간의 시작 위치부터 각 부분을 다른 멤버가 공용으로 사용한다.

■ 기본 형식

```
union 태그명 {
        공용체 멤버 나열
} 공용체 변수;
```

③ 공용체는 멤버 중 가장 긴 자료형의 바이트 수 크기로 기억공간이 확보되고, 이를 여러 변수(공용체 멤버)가 공동으로 이용한다.

④ 각 멤버가 사용하는 기억공간의 크기는 각 멤버의 자료형에 의한다.

⑤ 공용체 멤버를 개별적으로 다룰 때는 『Dot 연산자(.)』를 이용한다. 공용체 변수가 포인터이면 『Arrow 연산자(->)』 연산자를 사용할 수 있다.

빈출족보 062 C 언어 함수

(1) 함수(Function)의 개념

① C 언어의 함수는 특정 작업을 수행하는 독립적인 단위 프로그램이다.

② 일반적으로 다른 언어에 있는 함수, 서브루틴, 프로시저(Procedure) 등과 비슷하며 C 언어에서는 함수로서 이들의 기능을 모두 처리한다.

(2) 함수의 특징

① 모든 함수(표준 함수 및 사용자 정의 함수)는 동등하다(병렬적 구조).

② 매개 변수 전달은 Call by value와 Call by reference 방식이 가능하다.

③ 되부름(Recursive Call)이 가능하다.

④ 함수값은 return문에 의해 되돌린다. 단, 함수값을 return할 필요가 없는 함수는 void형 함수로 처리한다.

⑤ 리턴값의 자료형은 함수형과 일치한다. 함수형은 함수 정의할 때 함수명 앞에 기술한다.

(3) 표준함수

① C 컴파일러에 구비되어 있는 함수로 사용자가 정의하지 않고 사용할 수 있다.

② 단일 문자 입출력 함수(getchar( ) / putchar( ))
- getchar( ): 표준 입력 장치(키보드)로부터 한 문자를 읽어들인다.
- putchar( ): 표준 출력 장치(모니터, 프린터)로 한 문자를 출력한다.

③ 문자열 입출력 함수(gets( ) / puts( ))
- gets( ): 표준 입력장치로부터 문자열을 입력받아 『배열』에 수록한다. [형식] gets(변수)
- puts( ): 표준출력장치에 문자열을 출력한다. [형식] puts(자료)

④ 형식 지정 입출력함수(scanf( )/printf( ))
- 형식 지정은 % 기호 다음에 여러 가지 『변환 문자』를 사용하여 지정한다. 즉, % 다음에 있는 변환 문자에 따라 해당하는 인수의 입출력 기능이 달라진다.

변환 기호	기능
%c	인수를 단일 문자로 변환시킨다.
%d	인수를 부호 있는 10진수로 변환시킨다.
%u	인수를 부호 없는 10진수로 변환시킨다.
%o	인수를 8진수로 변환시킨다.
%x	인수를 16진수로 변환시킨다.
%s	인수를 포인터형으로 변환시킨다(문자열 입출력).
%f	인수를 실수형으로 변환시킨다.

• scanf( ): 표준 입출력장치로부터 지정된 형식에 맞게 자료를 읽어 들인다.

■ 기본 형식

```
scanf("형식", 인수리스트);
```

• printf( ): 표준 출력장치에 지정된 형식에 맞추어 자료를 출력한다.

■ 기본 형식

```
printf("형식", 인수리스트);
```

(4) 사용자 정의 함수

① 사용자가 프로그램에서 직접 정의하여 사용하는 함수로 앞에서 설명한 표준 함수와 동등하게 취급된다.

② 함수의 정의

```
int sum (int a, int b)      → 결과값을 되돌려 줄 자료형 (int), 함수명 (sum)
                            → 매개 변수의 자료형 (int), 매개 변수 (a, b)
{
    int d;                  → 함수 내에서 새로 사용되는 변수 선언
    d = a + b;
    return (d);             → 값을 되돌려 줄 때 사용
}
```

③ 값 호출(Call by value)에 의한 함수 정의

예 값 호출

```
#include <stdio.h>

int sss(int n){
    // main 함수로부터 전달받은 인수 k를 n에 복사함
    int i, h = 0;

    for(i=1; i<=n; i++)
        h += i;

    return h;
}

int main( ){
    int h = 0, k = 5;

    h = sss(k);
    // sss( ) 함수를 호출할 때 인수 k를 전달
    printf("결과 : %d\n", h);
    // sss( ) 함수에서 값을 복사하여 처리하였으므로
      main( ) 함수의 h 값에는 변화가 없음
        return 0;
}
```

〈실행 결과〉

결과 : 15

④ 주소 참조(Call by reference)에 의한 함수 정의

• 두 변수의 값을 교환하는 기능을 갖는 함수 『swap( )』를 주소 참조에 의한 방법으로 정의해 본다. 주소 전달을 위해서는 『*와 &』 연산자가 필요하다.

예 주소 참조

```
#include <stdio.h>

void swap(int *x, int *y){
    // main 함수로 전달받은 &a와 인수 &b를 포인터 x, y
      에 복사함
    int im;
    im = *x;
    *x = *y;
    *y = im;
}
int main( ){
    int a, b;

    a = 5, b = 6;
    swap(&a, &b);
    printf("결과 : %d, %d\n", a, b);
    // swap( ) 함수에서 a, b의 주소를 사용하여 처리하였
      으므로 변경된 a, b의 값이 출력됨
    return 0;
}
```

〈실행 결과〉

결과 : 6 5

⑤ **순환(Recursive) 함수**: 함수 내에서 자기 자신을 다시 호출하는 경우이다.

예 순환 함수

```
#include <stdio.h>

int rec(int n){
    int h;

    if (n == 1)
        h = 1;
    else
        h = n + rec(n - 1);

    return h;
}

int main(void){
```

```
    int d, k = 5;

    d = rec(k);

    printf("결과 : %d\n", d);

    return 0;
}
```

〈실행 결과〉
결과 : 15

[기출] 2020년 3, 4회, 2021년 1, 2회

빈출족보 063 C 언어 기억 부류

(1) auto(자동 변수)

① 자동 변수는 함수 내부에서 선언하는 것으로 변수 앞에 기억 부류 지정자를 생략하면 자동변수로 간주된다. 기억장소는 Stack 영역이다.

② 함수가 실행될 때 생성되고, 함수가 종료되면 자동 소멸된다. 따라서 선언된 함수 내부에서만 사용할 수 있고, 메모리 절약 효과를 가져 온다(지역 변수).

(2) register(레지스터 변수)

① 사용하지 않는 CPU의 레지스터를 변수의 기억장소로 사용하며, 고속 처리에 이용된다. 특징은 자동 변수와 같으나 주소 참조 등은 불가능하다.

② 레지스터 변수를 사용하는 이유는 프로그램의 실행 속도를 조금이나마 늘리기 위함으로, 기억장치로의 자료 입출력보다 레지스터의 자료 입출력이 속도가 빠르기 때문에 반복문에서의 카운터 변수로 많이 사용되며 레지스터 변수로 선언된다.

(3) static(정적 변수)

① 변수 앞에 『static』을 기술하면 정의된 변수는 메모리상의 『정적 영역』에 위치하여 프로그램 종료 시까지 변수의 값이 유지된다.

② **내부 정적 변수**: 함수 내부에서 정의한 변수로 통용 범위는 정의한 함수 내부이다.

③ **외부 정적 변수** : 함수 외부에서 정의한 변수로 통용 범위는 자신을 정의한 모듈이다. 여기서 모듈이란 파일 단위의 원시 프로그램을 뜻한다.

(4) extern(외부 변수)

① 다른 모듈에 정의된 외부 변수를 참조하려면 변수 앞에 『extern』을 기술해야 한다.

② 이유는 외부 변수는 정의된 모듈에만 일단 통용되기 때문이다.

대표 기출문제

C 언어에서 두 개의 논리값 중 하나라도 참이면 1을, 모두 거짓이면 0을 반환하는 연산자는?

① ||
② &&
③ **
④ !=

정답 ①

해설 ① 논리 ||(or) 연산자는 두 개의 논리값 중 하나만 참이라도 결과가 참(1)이 되고, 두 개 모두 거짓이면 거짓(0)이 된다. C 언어에서 0이 아닌 모든 값은 참(1)으로 해석한다.

대표 기출문제

다음 C 언어 프로그램이 실행되었을 때, 실행 결과는?

```
#include <stdio.h>
#include <stdlib.h>
int main(int argc, char *argv[ ]) {
    int arr[2][3]={1,2,3,4,5,6};
    int (*p)[3]=NULL;
    p=arr;
    printf("%d, ", *(p[0]+1) + *(p[1]+2));
    printf("%d, *(*p+1)+0 + *(*(p+1)+1));
    return 0;
}
```

① 7, 5
② 8, 5
③ 8, 9
④ 7, 9

정답 ③

해설 제시문 C 언어 소스 코드의 실행 결과는 ③ 8, 9이다.

```
int arr[2][3]={1,2,3,4,5,6};   // 2차원 배열 선언
int (*p)[3] = NULL;            // 배열 포인터 변수의 선언부
p=arr;                         // 포인터 변수의 초기화
printf("%d", *(p[0]+1) + *(p[1]+2));
                    // *(p[0]+1) = 2, *(p[1]+2) = 6
                      ∴ 8
printf("%d", *(*(p+1)+0) + *(*(p+1)+1));
                    // *(*(p+1)+0) = 4, *(*(p+1)+1) = 5
                      ∴ 9
```

대표 기출문제

다음 C 언어 프로그램이 실행되었을 때의 결과는?

```
#include <stdio.h>
int main(int argc, char *argv[ ]) {
    int a[2][2] = {{11, 22},{44, 55}};
    int i, sum = 0;
    int *p;
    p= a[0];
    for(i=1;i<4;i++)
        sum += *(p + i);
    printf("%d", sum);
    return 0;
}
```

① 55
② 77
③ 121
④ 132

정답 ③

해설

```
❶ #include <stdio.h>
❷ int main(int argc, char *argv[ ]) {
❸     int a[2][2] = {{11, 22},{44, 55}};
❹     int i, sum = 0;
❺     int *p;
❻     p= a[0];
❼     for(i=1;i<4;i++)
❽         sum += *(p + i);
❾     printf("%d", sum);
❿     return 0;
⓫ }
```

- ❸: 2차원 배열 선언 및 초기화
- ❹: 변수 선언과 초기화
- ❺: 포인터 변수 선언
- ❻: 포인터 변수 p가 a[0]을 가리킴
- ❼: 반복문 for문은 i 값을 1부터 1씩 증가하면서 3이 될 때까지 반복 수행
- ❽: for문에 의해 sum = sum + *(p + i); 문을 3번 반복 수행
  이때 sum = sum + *(p + i);이 수행되는 순서
  – 반복문에서 변수 i가 1일 때, sum = 0 + 22= 22
  – 반복문에서 변수 i가 2일 때, sum = 22 + 44= 66
  – 반복문에서 변수 i가 3일 때, sum = 66 + 55= 121

❽ printf("%d", sum);에 의해 sum의 값 121이 출력된다.

대표 기출문제

C 언어에서 변수로 사용할 수 <u>없는</u> 것은?

① data02
② int01
③ _sub
④ short

정답 ④

해설 short는 C 언어의 자료형으로 C 언어에 기본적으로 들어있는 예약어이므로 변수명으로 사용할 수 없다.

대표 기출문제

C 언어에서 배열 b[5]의 값은?

```
static int b[9]={1, 2, 3};
```

① 0
② 1
③ 2
④ 3

정답 ①

해설 static int b[9]={1, 2, 3};으로 선언되었으므로 b[0]=1, b[1]=2, b[2]=3이 삽입되고, 나머지에는 0이 삽입된다.

[기출] 2020년 1, 2, 3, 4회, 2021년 1, 2회

빈출족보 064 JAVA 클래스와 메소드

(1) 접근자(Access Modifiers)와 옵션(Option)

default(공백) 또는 package	패키지 내부에서만 상속과 참조 가능
public	패키지 내부 및 외부에서 상속과 참조 가능
protected	패키지 내부에서는 상속과 참조 가능, 외부에서는 상속만 가능
private	같은 클래스 내에서 상속과 참조 가능
abstract	객체를 생성할 수 없는 클래스
final	서브 클래스를 가질 수 없는 클래스
static	멤버 클래스 선언에 사용

(2) 객체의 선언과 생성

```
클래스 이름 객체 이름 = new 생성자 메소드;
```

① 작성한 클래스의 멤버 변수를 할당받고, 메소드를 실행하기 위해서는 클래스로부터 객체를 생성해야 한다.
② **속성의 접근**: 객체명.속성변수명
③ **메소드 호출**: 객체명.메소드명(매개 변수)

(3) 메소드(Method)의 분류

① 객체 메소드
- static 선택 항목을 갖지 않는 메소드로 객체를 통하여 접근한다.
- 객체 변수는 클래스로부터 생성된 객체에 별도로 할당되나, 객체 메소드는 프로그램 코드로서 다수의 객체가 접근하여 사용할 수 있다.

■ 구문

```
[public|private|protected][static|final|abstract|
synchronized] 반환값 유형 메소드 이름(매개 변수) {
    정의할 메소드 내용을 기술 }
```

■ 접근 방법

```
객체 이름.메소드 이름(매개 변수)
```

② 클래스 메소드
- static으로 선언한다.
- 클래스 변수와 같이 클래스 이름을 통하여 접근한다.
- 클래스 메소드 내에서는 클래스 변수만을 사용할 수 있다.

■ 구문

```
[public|private|protected] static [static|final|
abstract|synchronized] 반환값 유형 메소드 이름(매개 변수) {
    정의할 메소드 내용을 기술}
```

■ 접근 방법

```
클래스 이름.클래스메소드 이름(매개 변수)
```

③ 종단 메소드
- final로 선언한다.
- 종단 메소드를 포함하는 클래스로부터 하위 클래스를 생성할 때, 하위 클래스에서 종단 메소드를 재정의(Overriding)하여 사용할 수 없다.

④ 추상 메소드
- abstract로 선언하며, public만을 사용할 수 있다.
- 하나 이상의 추상 메소드를 포함한 클래스를 추상클래스라 한다.
- 추상 메소드는 메소드의 실행문을 갖지 않으므로, 반드시 하위 클래스에서 재정의 후 사용해야 한다.

(4) 인수 전달 방식

① 호출된 형식 매개 변수의 자료형 및 변수가 반드시 선언되어야 하며, 초기값은 호출한 메소드로부터 전달받는다.
② 호출하는 메소드의 실매개 변수는 반드시 형식매개 변수의 자료형 및 개수와 일치하는 상수값을 전달해야 한다.
③ **값 호출(Call by value)**: 메소드를 호출할 때 기본 자료형의 값을 인자로 전달하는 방식을 의미한다.
④ **참조 호출(Call by reference)**: 참조 자료형을 메소드 호출할 때 '실인자'로 사용할 경우를 의미한다.

(5) 메소드 오버로딩(Overloading, 중복)

① 하나의 클래스에 이름은 같으나 매개 변수의 자료형과 개수가 서로 다른 다수의 메소드를 사용하는 것이다.
② 중복된 메소드가 호출되면 매개 변수의 형과 개수를 비교하여 적합한 메소드가 실행된다.

예 메소드 오버로딩

```
class Over {
    int foo( ){
        return 100;
    }
    int foo(int a) {
        return a * a;
    }
    int foo(int a, int b) {
        return a * b;
    }
    int foo(int a, int b, int c) {
        return a * b * c;
    }
}
class Overlo {
    public static void main(String args[ ]) {
    Over g = new Over( );
        System.out.println(g.foo( ));
        System.out.println(g.foo(5));
        System.out.println(g.foo(4, 5));
        System.out.println(g.foo(2, 3, 4));
    }
}
```

〈실행 결과〉
100
25
20
24

빈출족보 065 JAVA 상속

(1) 확장 클래스

① 클래스의 계층과 상속

- 상위 클래스나 하위 클래스가 공통으로 가지는 멤버 변수와 메소드들을 상위 클래스에 선언하고, 하위 클래스에서는 상속받아 재사용할 수 있도록 설계한다.
- 자바의 최상위 클래스는 java.lang.Object 클래스로써 상속되는 상위 클래스가 지정되지 않은 경우, 묵시적으로 Object 클래스로부터 상속받는다.
- 자바에서는 모든 클래스는 하나의 상위 클래스만을 가질 수 있다.

■ 기본 형식

```
class sub 클래스 extends super 클래스 {
  .....
   }
```

(2) 메소드 오버라이딩(Overriding, 재정의)

① 상위 클래스에서 정의한 메소드와 이름, 매개 변수의 자료형 및 개수가 같으나 수행문이 다른 메소드를 하위 클래스에서 정의하는 것이다.

예 메소드 오버라이딩

```
class A{
    int compute(int a, int b){
        return a + b;
    }
    public A( ) {
        System.out.println("최상위클래스");
    }
}
class B extends A {
    int compute(int a, int b) {
        return a * b;
    }
}
class C extends B {
    int compute(int a, int b) {
        return a - b;
    }
}
class OverrideDemo {
    public static void main(String args[ ]) {
        A ride1 = new A( );
        B ride2 = new B( );
        C ride3 = new C( );
        System.out.println(ride1.compute(2, 3));
        System.out.println(ride2.compute(2, 3));
        System.out.println(ride3.compute(2, 3));
    }
}
```

〈실행 결과〉
최상위 클래스
최상위 클래스
최상위 클래스
5
6
-1

(3) super 예약어

① 상위 클래스의 객체를 가리킨다.

② 하위 클래스에서 상위 클래스의 메소드를 호출해서 이용하고자 할 때 주로 사용하며, 상위 클래스의 생성자를 호출할 때도 사용 가능하다.

③ super의 형식

■ 상위 클래스 참조 형식 – 상위 클래스의 멤버 변수나 메소드를 호출할 때

```
super.변수명;
super.메소드명(매개 변수);
```

■ 생성자 호출 형식 – 상위 클래스의 생성자를 호출할 때

```
super( );
super(매개 변수);
```

(4) 추상 클래스와 추상 메소드

① 추상 메소드와 추상 클래스는 반드시 키워드 abstract로 선언해야 한다.

② 실행문 없이 정의된 메소드를 추상 메소드라 하며, 하나 이상의 추상 메소드를 포함한 클래스를 추상 클래스라 한다.

③ **추상 메소드:** 메소드의 추상적인 기능만 선언하고 그 내용은 기술하지 않은 메소드이다.

④ **추상 클래스:** 클래스 내에 추상 메소드가 하나라도 있으면 추상 클래스이다.

⑤ 추상 클래스는 구현되지 않은 추상 메소드를 포함하므로 객체를 생성할 수 없다. 따라서 하위 클래스에서 추상 메소드를 재정의한 후 객체로 생성해야 한다.

대표 기출문제

다음 JAVA 프로그램이 실행되었을 때, 실행 결과는?

```
public class Ape {
    static void rs{char a[ ]} {
        for(int i = 0; i < a.length; i++)
            if(a[i] =='B')
                a[i] = 'C';
            else if(i == a.length - 1)
                a[i] = a[i-1];
            else a[i] = a[i+1];
    }

static void pca(char a[ ]) {
    for(int i = 0; i < a.length; i++)
        System.out.print(a[i]);
    System.out.println( );
}

public static void main(Stirng[ ] args) {
    char c[ ] = {'A','B','D','D','A','B','C'};
    rs(c);
    pca(c);
    }
}
```

① BCDABCA

② BCDABCC

③ CDDACCC

④ CDDACCA

정답 ②

해설 • char c[ ] = {'A','B','D','D','A','B','C'};로 배열 객체 c를 생성하고, rs(c);에 의해 rs 메소드에 c를 전달하여 수행한다.

• for(int i = 0; i < a.length; i++)은 i를 인덱스로 하여 배열 객체 c를 순회하기 위한 반복문이다.

• if(a[i] == 'B') a[i] = 'C';는 a[i]가 'B'인 경우 'C'로 변경하라는 의미이다.

• else if(i == a.length - 1) a[i] = a[i-1];은 i가 a.length - 1과 같다면 a[i]에 a[i-1]을 배정한다는 의미이다. a.length-1(7-1)은 6이므로 i가 6이면 a[6]에 a[5]를 배정한다는 의미이다.

• else a[i] = a[i+1]; 위의 if문과 else if의 조건에서 모두 거짓일 경우 a[i]에 a[i+1]을 배정한다.

• 요약하면 a[i]가 'B'라면 'C'로 변경하고, B가 아니라면 a[i]에 a[i+1]을 배정한다. i가 배열의 마지막 인덱스에 도달하면 a[6]에 a[5]를 배정하게 되는 프로그램이다.

대표 기출문제

다음 중 JAVA에서 우선 순위가 가장 낮은 연산자는?

① --　　② %

③ &　　④ =

정답 ④

해설 • JAVA 연산자의 우선 순위

우선 순위	명칭	연산자	연산 방향
1	일차 연산자	. [ ] ( )	→
2	단항 연산자	++ -- ! ~	←
3	승법 연산자	* / %	
4	가법 연산자	+ -	
5	Shift 연산자	<< >>	
6	관계 연산자	< > <= >=	
7	등가 연산자	== !=	
8	bit곱 연산자	&	→
9	bit차 연산자	^	
10	bit합 연산자			
11	논리곱 연산자	&&	
12	논리합 연산자	||	
13	조건 연산자	? :	
14	대입 연산자	= += -= *= /= %= &= ^= |= >>= <<=	←

대표 기출문제

다음 JAVA 프로그램이 실행되었을 때의 결과는?

```
public class Operator {
    public static void main(String[ ] args) {
        int x=5, y=0, z=0;
        y = x++;
        z = --x;
        System.out.print(x + "," + y + "," + z);
    }
}
```

① 5, 5, 5 ② 5, 6, 5
③ 6, 5, 5 ④ 5, 6, 4

정답 ①

해설

```
❶ public class Operator{
❷     public static void main(String[ ] args){
❸         int x=5, y=0, z=0;
❹         y = x++;
❺         z = --x;
❻         System.out.print(x + "," + y + "," + z);
❼     }
❽ }
```

- ❸: 초기값은 x=5, y=0, z=0이다.
- ❹: y의 후위 방식(x++;) 실행 시, x의 초기값 5가 y에 대입되고, 그 후 x 값이 1 증가하여 6이 된다. 이때 x=6, y=5, z=0이 된다.
- ❺: z의 전위 방식(—x;) 실행 시, x=6인 값에서 먼저 1 감소시켜 y에 대입하고 x 값은 5가 된다.

∴ x=5, y=5, z=5

대표 기출문제

JAVA에서 변수와 자료형에 대한 설명으로 <u>틀린</u> 것은?

① 변수는 어떤 값을 주기억장치에 기억하기 위해서 사용하는 공간이다.
② 변수의 자료형에 따라 저장할 수 있는 값의 종류와 범위가 달라진다.
③ char 자료형은 나열된 여러 개의 문자를 저장하고자 할 때 사용한다.
④ boolean 자료형은 조건이 참인지 거짓인지 판단하고자 할 때 사용한다.

정답 ③

해설 JAVA에서 char 자료형은 하나의 문자를 저장하고자 할 때 사용한다. 나열된 여러 개의 문자는 문자열이고 이는 객체로 취급되며, string 자료형을 사용한다.

대표 기출문제

다음 자바 프로그램 조건문에 대해 삼항 조건 연산자를 사용하여 옳게 나타낸 것은?

```
int i = 7, j = 9;
int k;
if (i > j)
    k = i - j;
else
    k = i + j;
```

① int i = 7, j = 9;
int k;
k = (i > j)?(i − j):(i + j);

② int i = 7, j = 9;
int k;
k = (i < j)?(i − j):(i + j);

③ int i = 7, j = 9;
int k;
k = (i > j)?(i + j):(i − j);

④ int i = 7, j = 9;
int k;
k = (i < j)?(i + j):(i − j);

정답 ①

해설 삼항 연산자: 조건식의 결과가 참이면 '값1'을 할당하고, 거짓이면 '값2'를 할당한다. (조건)?값1:값2

```
❶ int i = 7, j = 9;
❷ int k;
❸ if (i > j)
❹     k = i - j;
❺ else
❻     k = i + j;
```

- ❸: 조건식 i > j가 참이면, ❹ k에 i − j를 할당하고, ❺ i > j가 거짓이면 k에 i + j를 할당한다. 따라서 k = (i > j)?(i − j):(i + j);가 정답이 된다.

빈출족보 066 웹 저작 언어

(1) JavaScript

① 네스케이프사에서 개발한 라이브 스크립트(Live Script)와 썬마이크로 시스템사가 만든 자바 언어의 기능을 결합하여 만든 언어이며, 자바 언어에서 사용하는 문법을 따르고 있다.

② HTML의 텍스트 위주의 문제점을 해결하고, 동적인 데이터를 처리할 수 있다.

③ HTML 문서 내에 자바 스크립트 코드를 그대로 삽입하며, 클래스와 상속의 개념은 지원하지 않는다.

(2) ASP(Active Server Page)

① 서버 사이드 스크립트라는 특징이 있다.

② 웹 브라우저에서 요청하면 웹 서버에서 해석하여 응답한다.

③ 별도의 실행 파일을 만들 필요없이 HTML 문서 안에 직접 포함시켜 사용한다.

④ 클라이언트에서 부가적인 작업이 존재하지 않고, 단지 HTML 문서를 받아 화면에 보여주는 작업만으로 클라이언트의 역할이 끝난다.

⑤ ASP는 Windows 2000 Server, IIS, MS-SQL과 결합되어 이용하는 것이 가장 일반적이다.

⑥ 서버 입장에서는 ASP 코드를 수행한 결과 HTML 문서만 클라이언트로 전송하기 때문에 ASP 코드 및 ASP 코드로 작성된 다양한 정보가 클라이언트로 전달되지 않아서 보안성이 증대되는 효과도 있다.

(3) JSP(Java Server Page)

① 서블릿(Servlet) 기술을 확장시켜 웹 환경에서 사용할 수 있도록 만든 스크립트 언어이다.

② 웹 브라우저에서 요청하면 웹 서버에서 해석하여 응답해 주며, 자바의 대부분의 기능을 모두 사용할 수 있다.

③ 별도의 실행 파일을 만들 필요 없이 HTML 문서 안에 직접 포함시켜 사용하며, 동적인 웹 문서를 빠르고 쉽게 작성할 수 있다.

(4) PHP(Hypertext Preprocessor)

① 하이퍼텍스트 생성 언어(HTML)에 포함되어 동작하는 스크립팅 언어이며, 웹 브라우저에서 요청하면 웹 서버에서 해석하여 응답한다.

② 별도의 실행 파일을 만들 필요 없이 HTML 문서 안에 직접 포함시켜 사용하며, C, 자바, 펄 언어 등에서 많은 문장 형식을 준용하고 있어 동적인 웹 문서를 빠르고 쉽게 작성할 수 있다.

③ ASP와 같이 스크립트에 따라 내용이 다양해서 동적 HTML 처리 속도가 빠르며, PHP 스크립트가 포함된 HTML 페이지에는 확장자가 .php, .php3, .phtml이 붙는 파일명이 부여된다.

④ PHP 주요 연산자

@	오류 메시지 무시
< >	값이 다름을 표현
= = =	값과 타입이 같은지 확인

(5) Ajax(Asynchronous JavaScript and XML)

① 브라우저와 서버 간의 비동기 통신 채널로 자바스크립트, XML의 집합과 같은 기술들이 포함된다.

② 대화식 웹 애플리케이션을 개발하기 위해 사용되며, 실행을 위한 플랫폼으로 사용되는 기술들을 지원하는 웹 브라우저를 이용한다.

③ 서버 처리를 기다리지 않고 비동기 요청이 가능하다.

④ 대표적인 Ajax 프레임워크로는 Prototype, JQuery, Google Web Toolkit이 있다.

⑤ Ajax 방식

- 웹 브라우저 ASP, PHP, JSP를 포함한 HTML 문서를 요청하면 웹 브라우저는 Javascript를 호출한다.
- Ajax 엔진은 이를 감지하여 웹 서버에 HTTP 응답 요청을 보내고, 서버는 결과를 XML 형태로 만들어 Ajax 엔진에게 보낸다.
- Ajax 엔진은 이 데이터에 HTML 형태로 사용자 화면에 출력해 준다.

대표 기출문제

PHP에서 사용 가능한 연산자가 아닌 것은?

① @

② #

③ <>

④ ===

정답 ②

해설 PHP에서 #는 연산자가 아니라 한 줄 주석을 의미한다.

대표 기출문제

자바스크립트(JavaScript)와 관련한 설명으로 틀린 것은?

① 프로토타입(Prototype)의 개념이 존재한다.
② 클래스 기반으로 객체 상속을 지원한다.
③ Prototype Link와 Prototype Object를 활용할 수 있다.
④ 객체지향 언어이다.

정답 ②

해설 문제 오류로 모두 정답 처리 된 문제이다. 출제 기관에서 가답안을 ②로 발표했으나, 모두 정답으로 정정되었다. JavaScript는 객체기반 언어이다.

[기출] 2020년 3회, 2021년 1회, 2022년 1회

빈출족보 067 OSI 7계층 참조 모델(ISO Standard 7498)

(1) Physical Layer(물리 계층)

① 물리 계층은 네트워크 케이블과 신호에 관한 규칙을 다루고 있는 계층으로 상위 계층에서 보내는 데이터를 케이블에 맞게 변환하여 전송하고, 수신된 정보에 대해서는 반대의 일을 수행한다.
② 물리 계층은 케이블의 종류와 그 케이블에 흐르는 신호의 규격 및 신호를 송수신하는 DTE/DCE 인터페이스 회로와 제어 순서, 커넥터 형태 등의 규격을 정하고 있다.
③ 물리 계층은 정보의 최소 단위인 비트 정보를 전송 매체를 통하여 효율적으로 전송하는 기능을 담당한다.
④ 전송 매체는 송신자와 수신자 간의 데이터 흐름의 물리적 경로를 의미하며, 트위스트 페어케이블, 동축케이블, 광섬유케이블, 마이크로파 등을 사용할 수 있다.

(2) Data Link Layer(데이터 링크 계층)

① 물리적 연결을 이용해 신뢰성 있는 정보를 전송하려고 동기화, 오류제어, 흐름제어 등의 전송 오류를 제어한다.
② 데이터 링크층은 통신 경로상의 지점 간(Link-to-Link)의 오류 없는 데이터 전송에 관한 프로토콜이다.
③ 전송되는 비트의 열을 일정 크기 단위의 프레임으로 잘라 전송하고, 전송 도중 잡음으로 인한 오류 여부를 검사하며, 수신 측 버퍼의 용량 및 양측의 속도 차이로 인한 데이터 손실이 발생하지 않도록 하는 흐름 제어 등을 한다.
④ 인접한 두 시스템을 연결하는 전송 링크 상에서 패킷을 안전하게 전송하는 것이다.
⑤ **프로토콜**: HDLC, PPP, LLC

(3) Network Layer(네트워크 계층)

① 네트워크 계층은 패킷이 송신측으로부터 수신 측에 이르기까지의 경로를 설정해 주는 기능을 수행한다.
② 두 개의 통신 시스템 간에 신뢰할 수 있는 데이터를 전송할 수 있도록 경로 선택과 중계기능을 수행하고, 이 계층에서 동작하는 경로 배정(routing) 프로토콜은 데이터 전송을 위한 최적의 경로를 결정한다.
③ IP 프로토콜이 동작하면서 IP 헤더를 삽입하여 패킷을 생성하며 송신자와 수신자 간 연결을 수행하고, 수신자까지 전달되기 위해서는 IP 헤더 정보를 이용하여 라우터에서 라우팅이 된다.
④ **프로토콜**: IP · ARP, RARP, ICMP

(4) Transport Layer(전송 계층)

① 전송 계층은 수신 측에 전달되는 데이터에 오류가 없고 데이터의 순서가 수신 측에 그대로 보존되도록 보장하는 연결 서비스의 역할을 하는 종단 간(end-to-end) 서비스 계층이다.
② 종단 간의 데이터 전송에서 무결성을 제공하는 계층으로 응용 계층에서 생성된 긴 메시지가 여러 개의 패킷으로 나누어지고, 각 패킷은 오류 없이 순서에 맞게 중복되거나 유실되는 일 없이 전송되도록 한다.
③ **프로토콜**: TCP, UDP

(5) Session Layer(세션 계층)

① 세션 계층은 두 응용 프로그램 간의 연결 설정, 이용 및 연결 해제 등 대화를 유지하기 위한 구조를 제공한다.
② 분실 데이터의 복원을 위한 동기화 지점(Sync Point)을 두어 상위 계층의 오류로 인한 데이터 손실을 회복할 수 있도록 한다.
③ 시스템 간의 통신을 원활히 할 수 있도록 세션의 설정과 관리, 세션 해제 등의 서비스를 제공하고 필요 시 세션을 재시작하고 복구하기도 한다.
④ **프로토콜**: RPC, Netbios

(6) Presentation Layer(표현 계층)

① 표현 계층은 전송되는 정보의 구문(Syntax) 및 의미(Semantics)에 관여하는 계층으로, 부호화(Encoding), 데이터 압축(Compression), 암호화(Cryptography) 등 3가지 주요 동작을 수행한다.
② **프로토콜**: JPEG, MPEG

(7) Application Layer(응용 계층)

① 응용 계층은 네트워크 이용자의 상위 레벨 영역으로, 화면 배치, Escape Sequence 등을 정의하는 네트워크 가상 터미널(Network Virtual Terminal), 파일전송, 전자우편, 디렉터리 서비스 등 하나의 유용한 작업을 할 수 있도록 한다.

② **프로토콜**: HTTP, SMTP, FTP, DNS, Telnet

대표 기출문제

OSI 7계층 중 데이터링크 계층에 해당되는 프로토콜이 아닌 것은?

① HTTP
② HDLC
③ PPP
④ LLC

정답 ①

해설 ① HTTP는 응용(Application) 계층의 프로토콜이며, 클라이언트와 서버 사이에 이루어지는 요청/응답(Request/Response) 프로토콜이다.

대표 기출문제

OSI 7계층에서 종단 간 신뢰성 있고 효율적인 데이터를 전송하기 위해 오류 검출과 복구, 흐름 제어를 수행하는 계층은?

① 전송 계층
② 세션 계층
③ 표현 계층
④ 응용 계층

정답 ①

해설 ① 전송 계층은 수신측에 전달되는 데이터에 오류가 없고 데이터의 순서가 수신 측에 그대로 보존되도록 보장하는 연결 서비스의 역할을 하는 종단 간(End-to-End) 서비스 계층이다. 각 패킷은 오류없이 순서에 맞게 중복되거나 유실되는 일 없이 전송되도록 하는데 이러한 전송 계층에는 TCP, UDP 프로토콜 서비스가 있다.

[기출] 2020년 1, 2, 3, 4회, 2021년 1, 3회, 2022년 1, 2회

빈출족보 068 TCP/IP 프로토콜

(1) TCP/IP 프로토콜 개요

① TCP/IP 프로토콜은 1960년대 후반 이 기종 컴퓨터간의 원활한 데이터 통신을 위해 미 국방성에서 개발한 통신 프로토콜이다. TCP/IP는 취약한 보안 기능 및 IP 주소 부족이라는 제한성에도 불구하고 전 세계적으로 가장 널리 사용하는 업계 표준 프로토콜이다. 현재는 대부분의 모든 컴퓨터가 이 프로토콜을 기본으로 제공하는 인터넷 표준 프로토콜이다.

② TCP/IP 프로토콜은 OSI 7계층 모델을 조금 간소화하여 네트워크 인터페이스(Network Interface), 인터넷(Internet), 전송(Transport), 응용(Application) 4개의 계층 구조로 되어 있다.

(2) 네트워크 인터페이스(Network Interface) 계층

① 네트워크 인터페이스 계층은 상위 계층(IP)에서 패킷이 도착하면 그 패킷의 헤더 부분에 프리앰블(Preamble)과 CRC(Cyclic Redundancy Check)를 추가한다.

② 운영체제의 네트워크 카드와 디바이스 드라이버 등과 같이 하드웨어적인 요소와 관련된 모든 것을 지원하는 계층이다.

③ 송신 측 단말기는 인터넷 계층으로부터 전달받은 패킷에 물리적 주소인 MAC 주소 정보를 갖는 헤더를 추가하여 프레임을 만들어 전달한다.

④ 이더넷(Ethernet), 802.11x, MAC/LLC, SLIP, PPP 등이 있다.

(3) 인터넷(Internet) 계층

인터넷 계층은 패킷의 인터넷 주소(Internet Address)를 결정하고, 경로 배정(Routing) 역할을 담당한다.

① IP(Internet Protocol): IP는 연결 없이 이루어지는 전송 서비스(Connectionless delivery service)를 제공하는데, 이는 패킷을 전달하기 전에 대상 호스트와 아무런 연결도 필요하지 않다는 것을 의미한다.

② ARP(Address Resolution Protocol): IP는 MAC 주소를 알아내야만 통신을 할 수 있으며, 이러한 IP의 요구에 해답을 제공해주는 프로토콜이 주소 변환 프로토콜(ARP)이다.

③ ICMP(Internet Control Message Protocol): ICMP는 IP가 패킷을 전달하는 동안에 발생할 수 있는 오류 등의 문제점을 원본 호스트에 보고하는 일을 한다.

(4) 전송(Transport) 계층

① 네트워크 양단의 송수신 호스트 사이의 신뢰성 있는 전송 기능을 제공한다.

② 시스템의 논리 주소와 포트를 가지므로 각 상위 계층의 프로세스를 연결하며, TCP와 UDP가 사용된다.

- UDP(User Datagram Protocol)
  - 비연결 지향(Connectionless) 프로토콜이며, TCP와는 달리 패킷이나 흐름 제어, 단편화 및 전송 보장 등의 기능을 제공하지 않는다.
  - UDP 헤더는 TCP 헤더에 비해 간단하므로 상대적으로 통신 과부하가 적다.
- TCP(Transport Control Protocol)
  - 연결형(connection oriented) 프로토콜이며, 이는 실제로 데이터를 전송하기 전에 먼저 TCP 세션을 맺는 과정이 필요함을 의미한다. (TCP3-way handshaking)
- TCP 패킷의 구조
  - 송신지 포트: 세그먼트를 전송하는 호스트에 있는 응용 프로그램의 포트 번호
  - 수신지 포트: 수신지 호스트 상에서 수행되는 프로세스에 의해 사용되는 포트 번호
  - 순서 번호: 신뢰성 있는 연결을 보장하기 위해 전송되는 각 바이트마다 부여한 번호
  - 확인 응답 번호: 세그먼트를 수신하는 노드가 상대편 노드로부터 수신하고자 하는 바이트의 번호
  - 윈도우 크기: 상대방에서 유지되어야 하는 바이트 단위의 윈도우 크기
  - 검사합: 헤더의 오류를 검출하기 위한 검사합 계산값

대표 기출문제

TCP/IP 네트워크에서 IP 주소를 MAC 주소로 변환하는 프로토콜은?

① UDP ② ARP
③ TCP ④ ICMP

정답 ②

해설 ② IP는 MAC 주소를 알아내야만 통신을 할 수 있으며, ARP(Address Resolution Protocol)는 IP 주소를 MAC 주소로 변환하는 프로토콜이다.

[기출] 2020년 1, 2, 3회, 2021년 1, 3회

빈출족보 069 IP 주소 체계

(1) IP 주소

① IP 주소는 인터넷에 연결된 컴퓨터가 실제로 인식하는 고유의 숫자로 표현된 주소이다.

② 0에서 255 사이의 10진수로 표시하며, 세 개의 점으로 구분한다. 예 192.168.12.31

③ IPv4로 32비트 체계이며, IPv6는 32비트에서 128비트로 확장하여 사용한다.

④ IPv4의 최대 패킷 사이즈는 65,535바이트이다.

(2) IP 주소 클래스

① IP 주소는 네트워크·호스트 부분으로 구성된다.

② IP 주소는 5개의 클래스로 나누어지며 주로 A, B, C 클래스가 사용된다.

③ D 클래스는 멀티캐스트용이며, E 클래스는 실험용이다.

④ 클래스별 연결 가능한 호스트 개수

구분	주소 범위	연결 가능한 호스트 개수
A 클래스	0.0.0.0 ~ 127.255.255.255	16,777,214개
B 클래스	128.0.0.0 ~ 191.255.255.255	65,534개
C 클래스	192.0.0.0 ~ 223.255.255.255	254개

(3) 서브 네트워크

① TCP/IP에서는 IP 주소를 효과적으로 사용하기 위하여 서브 네트워크 방식을 사용한다.

② 서브 네트워크 주소는 호스트 식별자 부분을 서브 네트워크 식별자와 호스트 식별자를 두어 하나의 네트워크 식별자에 여러 개의 호스트 식별자를 갖는다.

③ 서브 네트워크를 사용하기 위해서는 서브 네트워크 마스크 비트(Mask bit)를 사용한다.

④ 서브 네트워크 마스크 비트는 호스트 식별자 중에서 서브 네트워크로 사용하려는 비트 수만큼을 네트워크 식별자로 구분해 준다.

⑤ 아래의 경우는 클래스 B에 대해서 서브 네트워크 마스크를 사용한 경우이다.

■ 서브 네트워크 마스크 사용 예

16비트	16비트		
네트워크 식별자	호스트 식별자		클래스 B

16비트	8비트	8비트	
네트워크 식별자	서브 네트워크 식별자	호스트 식별자	클래스 B
11111111 11111111	11111111	00000000	서브넷 마스크 (255.255.255.0)

⑥ 실질적으로 클래스 B를 내부적으로 서브 네트워크로 나누어서 사용하고 있지만 외부적으로는 서브 네트워크를 알 수 없으며, 라우팅 테이블을 줄일 수 있다.

(4) IPv4의 문제점

① IP 주소 부족 문제
- 클래스별 주소 분류 방식으로 인한 문제가 가속화되었다.
- 국가별로 보유한 IP 주소 개수의 불균형이 초래되었다.
- 주소 부족 문제 해결을 위해 한정된 IP 주소를 다수의 호스트가 사용하는 NAT 또는 DHCP 방법을 사용하였지만, IPv4의 근본적인 한계와 성능 저하 문제를 극복하지는 못하였다.

② 유무선 인터넷을 이용한 다양한 단말기 및 서비스 등장
- 효율적이고 안정적인 서비스 지원을 위해 네트워크 계층에서의 추가적인 기능이 요구되었다.

③ 인터넷 보안이 취약

(5) IPv6의 등장: RFC 2460

① 차세대 IP(IPng: Internet Protocol Next Generation)에 대한 연구가 IETF(Internet Engineering Task Force)에서 진행되었다.

② IPv6(IP version 6, RFC 2460)이 탄생했다.
- IPv6은 128 비트 주소 길이를 사용한다.
- 보안 문제, 라우팅 효율성 문제를 제공한다.
- QoS(Quality of Service) 보장, 무선 인터넷 지원과 같은 다양한 기능을 제공한다.

(6) IPv6 특징

① 확장된 주소 공간
- IP 주소 공간의 크기를 32 비트에서 128 비트로 확장
- 128 비트의 공간은 대략 3.4×10^{32}만큼의 주소가 사용 가능
- 주소 부족 문제를 근본적으로 해결

② 헤더 포맷의 단순화
- IPv4에서 자주 사용하지 않는 헤더 필드를 제거
- 추가적으로 필요한 기능은 확장 헤더를 사용하여 수행

③ 향상된 서비스의 지원

④ 보안과 개인 보호에 대한 기능

⑤ Unicast, Anycast, Multicast를 지원
- IPv4 지원: 유니캐스트, 브로드캐스트, 멀티캐스트
- IPv6 지원: 유니캐스트, 멀티캐스트, 애니캐스트

(7) IPv6 주소 표기법

① **기본 표기법**: IPv6 주소는 128비트로 구성되는데, 긴 주소를 읽기 쉽게 하기 위해서 16비트씩 콜론(:)으로 나누고, 각 필드를 16진수로 표현하는 방법을 사용한다.

② **주소 생략법**: 0 값이 자주 있는 IPv6 주소를 쉽게 표현하기 위해서 몇 가지 생략 방법이 제안되었다. 0으로만 구성된 필드가 연속될 경우 필드 안의 0을 모두 삭제하고 2개의 콜론만으로 표현하며, 생략은 한 번만 가능하다.

대표 기출문제

IP 주소체계와 관련한 설명으로 틀린 것은?

① IPv6의 패킷 헤더는 32 octet의 고정된 길이를 가진다.
② IPv6는 주소 자동 설정(Auto Configuration) 기능을 통해 손쉽게 이용자의 단말을 네트워크에 접속시킬 수 있다.
③ IPv4는 호스트 주소를 자동으로 설정하며 유니캐스트(Unicast)를 지원한다.
④ IPv4는 클래스별로 네트워크와 호스트 주소의 길이가 다르다.

정답 ①

해설 ① IPv6 기본 헤더는 확장 헤더를 포함하지 않은 경우의 기본 40바이트로 고정이다.
- IPv6의 특징
  - IPv6의 헤더는 기본 헤더와 확장 헤더로 구성되어 기본 헤더만 사용하는 IPv4와는 차이가 있다. IPv6의 기본 헤더의 크기는 40bytes이다.
  - IPv6 주소의 비트 수는 128비트이고, IPv4 주소 비트 수는 32비트이므로 IPv6 주소의 비트 수는 IPv4 주소 비트 수의 4배이다.

대표 기출문제

IPv6에 대한 설명으로 틀린 것은?

① 32비트의 주소체계를 사용한다.
② 멀티미디어의 실시간 처리가 가능하다.
③ IPv4보다 보안성이 강화되었다.
④ 자동으로 네트워크 환경구성이 가능하다.

정답 ①

해설 ① IPv4는 32비트 체계이며, IPv6는 128비트 주소체계이다.

Part

V 정보시스템 구축관리

강의 바로 보기

[기출] 2020년 1, 2, 3회, 2021년 1회, 2022년 2회

빈출족보 070 정보보호의 목표

(1) 기밀성(Confidentiality)

① 시스템 내의 정보와 자원은 인가된(Authorized) 사용자에게만 접근할 수 있도록 보장하고, 정보가 전송 중에 노출되더라도 데이터를 읽을 수 없도록 한다.

② 기밀성의 유지 방법으로 접근 통제(Access Control), 암호화(Encryption) 등이 있다.

> ※ 접근 통제 방법은 인가된 사용자, 파일, 장치 등에 대해 접근을 통제함으로써 내·외부로의 기밀 유출을 방지할 수 있다.
> ※ 접근 통제에 실패하였다 하더라도 암호화를 통해 인가되지 않은 자로부터 정보와 데이터를 보호할 수 있다.

(2) 무결성(Integrity)

① 접근 권한이 없는 사용자에 의해 정보가 변경되지 않도록 정보와 정보처리 방법의 완전성과 정확성을 보호하는 것이다.

② 시스템 내의 정보는 오직 인가된 사용자만 수정할 수 있다.

② 무결성이 결여되면 정확한 의사결정을 못하게 되고, 비즈니스 기능이 마비 내지는 중단 될 수 있다. 또한 기업의 이미지 실추, 신뢰도 하락 등의 손실과 함께 재정적인 피해를 가져온다.

(3) 가용성(Availability)

① 정보와 정보시스템의 사용을 인가받은 사람이 그것을 사용하고자 할 때 언제든지 사용할 수 있도록 보장한다.

② 정보시스템에 장애가 발생하거나 과부하가 걸려 사용하려고 할 때 사용할 수 없게 되거나 장시간 기다리게 해서는 안 된다.

(4) 부인 방지(Non-repudiation)

① 이전의 통신 내용을 보낸 적이 없다고 속일 수 없도록 한다.

② 데이터를 받은 사람은 나중에라도 보낸 사람이 실제로 데이터를 보냈다는 것을 증명할 수 있도록 한다.

③ 송신자와 수신자 간에 전송된 메시지를 놓고, 전송 부인 또는 발송되지 않는 메시지를 수신자가 받았다고 주장할 수 없도록 발신 부인과 수신 부인 방지를 가능케 한다.

대표 기출문제

시스템 내의 정보는 오직 인가된 사용자만 수정할 수 있는 보안 요소는?

① 기밀성 ② 부인 방지
③ 가용성 ④ 무결성

정답 ④

해설 ④ 무결성: 접근 권한이 없는 사용자에 의해 정보가 변경되지 않도록 보호하여 정보의 정확성과 완전성을 확보한다.

[기출] 2021년 2회, 2022년 1회

빈출족보 071 대칭키(공통키) 암호 방식

(1) 대칭키 암호 방식의 개요

① 암호화와 복호화에 동일한 키를 사용하는 비밀키 암호(Secret Key Cipher) 방식은 공통키 암호(Common Key Cipher) 또는 암호화와 복호화 과정이 대칭적이어서 대칭키 암호(Symmetric Key Cipher)라고도 불린다.

② **대표적인 알고리즘의 종류:** DES, 3DES, AES

(2) DES(Data Encryption Standard)

① 1977년에 미국의 연방정보처리표준규격(FIPS)으로 채택된 대칭 암호였지만 1998년 56시간 만에 해독되어 표준으로 사용되지 않았다.

② DES는 64비트 평문을 64비트 암호문으로 암호화하는 대칭 암호 알고리즘이다. (키의 비트 길이는 56비트이다.)

③ 그것보다 긴 비트 길이의 평문을 암호화하기 위해서는 평문을 블록 단위로 잘라낸 다음 DES를 이용해서 암호화를 반복할 필요가 있다. 이렇게 반복하는 방법을 모드(Mode)라고 한다.

④ DES의 기본 구조는 페이스텔(Feistel)이 만든 것으로 페이스텔 네트워크(Feistel Network), 페이스텔 구조(Feistel Structure), 혹은 페이스텔 암호(Feistel Cipher)라 불리고 있다. (이 구조는 DES뿐만 아니라 많은 블록 암호에서 채용되고 있다.)

(3) AES(Advanced Encryption Standard)

① 미국 연방표준 알고리즘으로 DES를 대신하는 차세대 표준 암호화 알고리즘으로 미국 상무성 산하 NIST 표준 알고리즘이다.

② 키 길이는 128, 192, 256bit의 3종류로 구성된다.

③ 암호화 및 복호화가 빠르고 공격에 대해서는 안전하며, 간단한 하드웨어 및 소프트웨어 구성의 편의성이 있다.

④ 2000년 10월 2일 Rijndeal이 NIST에 의해 AES로서 선정되었다. (Rijndeal에서는 페이스텔 네트워크가 아니라 SPN(Substitution-Permutation Network) 구조를 사용하고 있다.)

[기출] 2021년 1회, 2022년 1회

빈출족보 072 비대칭키(공개키) 암호 방식

(1) 비대칭키 암호 방식의 개요

① 암호화에 사용되는 키와 복호화에 사용되는 키가 서로 다른 방식이다. 키 쌍을 이루며 암호화용 키는 공개키(Public Key), 복호화용 키는 비밀키(Private Key)로 불려진다.

② **장점**: 무결성과 부인 방지 기능을 가짐, 전자 서명에 활용 가능, 다양한 암호 프로토콜에 이용 가능, 키 분배 및 관리가 쉬움

③ 대수학과 계산량 이론을 교묘히 응용한 방식으로 그 안전성은 수학적 문제를 풀기 위한 복잡성을 근거로 하고 있다.

(2) 비대칭키 암호에서 근거로 하는 수학적 문제로 대표적인 3가지

① 정수의 소인수분해의 복잡성을 이용하는 것(RSA 암호 등)

② 정수의 이산대수 문제의 복잡성을 이용하는 것(Elgamal 암호 등)

③ 타원 곡선상에 이산대수 문제의 복잡성을 이용하는 것(타원 곡선 암호 등)

대표 기출문제

DES는 몇 비트의 암호화 알고리즘인가?

① 8 ② 24 ③ 64 ④ 132

정답 ③

해설 ③ DES는 대칭키를 사용하며 64비트 블록 암호 알고리즘이다.

- DES(Data Encryption Standard)
  - DES는 64비트 평문을 64비트 암호문으로 암호화하는 대칭 암호 알고리즘이다. (키의 비트 길이는 56비트이다.)
  - 1976년에 Horst Feistel이 이끄는 IBM의 연구팀에서 개발된 암호 시스템을 미국의 데이터 암호화 표준(DES: Data Encryption Standard)으로 승인되었다.
  - DES는 미국뿐만 아니라 전 세계의 정부나 은행 등에서 널리 이용되어 왔다.
  - 컴퓨터의 발전으로 현재는 전사 공격으로도 해독될 수 있다.
  - 56비트의 키를 이용하는 대칭키 암호 시스템이다.

대표 기출문제

공개키 암호에 대한 설명으로 틀린 것은?

① 10명이 공개키 암호를 사용할 경우 5개의 키가 필요하다.
② 복호화키는 비공개 되어 있다.
③ 송신자는 수신자의 공개키로 문서를 암호화한다.
④ 공개키 암호로 널리 알려진 알고리즘은 RSA가 있다.

정답 ①

해설 ① 10명이 공개키 암호를 사용할 경우 20개의 키가 필요하다. N명의 암호 통신을 위해 요구되는 암호키의 개수는 2×N이므로, 2×10=20(개)의 키가 필요하게 된다.

[기출] 2020년 1, 2회, 2021년 2회, 2022년 1회

빈출족보 073 버퍼 오버플로우 대응 방안

(1) 버퍼 오버플로우 대응 방안

① **스택 가드(Stack Guard)**: 메모리상에서 프로그램의 복귀 주소와 변수 사이에 Canary Word를 저장해 두었다가 그 값이 변경되었을 경우 오버플로우 상태로 가정하여 프로그램 실행을 중단하는 방법이다.

② **스택 쉴드(Stack Shield)**: 함수를 시작할 때 복귀 주소를 Global RET라는 특수 스택에 저장해 두고, 함수 종료 시 저장된 값과 스택의 RET값을 비교해 다를 경우 오버플로우로 간주하고 프로그램 실행을 중단한다.

③ **ASLR(Address Space Layout Randomization)**: 메모리 공격을 방어하기 위해 주소 공간 배치를 난수화하는 방법이다. 실행 시마다 매번 메모리 주소를 변경시켜 버퍼 오버플로우 공격을 통한 특정 주소 호출을 못하도록 차단한다.

대표 기출문제

메모리상에서 프로그램의 복귀 주소와 변수 사이에 특정 값을 저장해 두었다가 그 값이 변경되었을 경우 오버플로우 상태로 가정하여 프로그램 실행을 중단하는 기술은?

① 모드체크 ② 리커버리 통제
③ 시스로그 ④ 스택가드

정답 ④

해설 스택 버퍼 오버플로우 대응 방안: 스택가드(Stack Guard), 스택쉴드(Stack Shield), ASLR(Address Space Layout Randomization), NX-bit(Non-executable stack)

[기출] 2020년 4회, 2021년 1, 3회, 2022년 2회

빈출족보 074

접근 통제 정책

(1) 임의적 접근 통제(DAC: Discretionary Access Control)

① 주체나 주체가 속해 있는 그룹의 식별자에 근거하여 객체에 대한 접근을 제한하는 방법이다.

② 접근하고자 하는 주체의 신분에 따라 접근 권한을 부여한다.

③ 구현이 쉽고 권한 변경이 유연한 것이 장점이다. 하지만, 하나의 주체마다 객체에 대한 접근 권한을 부여해야 하는 불편한 점이 있다.

(2) 강제적 접근 통제(MAC: Mandatory Access Control)

① 주체가 객체에 접근할 때 관리자에 의해 사전에 규정된 규칙을 비교하여 접근 권한을 부여한다.

② 정보시스템 내에서 어떤 주체가 특정 개체에 접근하려 할 때 양쪽의 보안 레이블에 기초하여 높은 보안 수준을 요구하는 정보(객체)가 낮은 보안 수준의 주체에게 노출되지 않도록 하는 접근 통제이다.

③ 모든 객체는 비밀성을 지니고 있다고 보고, 객체에 보안 레벨을 부여한다.

④ 주체의 보안 레벨(사용자)과 객체의 보안 레벨(데이터)을 비교하여 접근 권한을 부여한다.

⑤ 시스템 성능 문제와 구현의 어려움 때문에 주로 군사용으로 사용된다.

⑥ 강제적 접근 통제 정책을 구현하기 위한 매커니즘으로는 보안 레이블이나 MLP와 같은 것들이 있다.

⑦ 강제적 접근 통제의 보안 레이블은 군사 환경과 상업 환경에 의해 분류될 수 있다.

(3) 역할 기반 접근 통제(RBAC: Role Based Access Control)

① 주체와 객체 사이에 역할을 부여하여 임의적·강제적 접근 통제 약점을 보완한 방식이다.

② 임의적 접근 통제와 강제적 접근 통제 방식의 단점을 보완한 접근 통제 기법이다.

③ 주체의 인사이동이 잦을 때 적합하다.

④ 사용자가 적절한 역할에 할당되고 역할에 적합한 접근 권한(허가)이 할당된 경우만 사용자가 특정한 모드로 정보에 접근할 수 있는 방법이다.

대표 기출문제

정보 시스템 내에서 어떤 주체가 특정 개체에 접근하려 할 때 양쪽의 보안 레이블(Security Label)에 기초하여 높은 보안 수준을 요구하는 정보(객체)가 낮은 보안 수준의 주체에게 노출되지 않도록 하는 접근 제어 방법은?

① Mandatory Access Control
② User Access Control
③ Discretionary Access Control
④ Data-Label Access Control

정답 ①

해설 ① Mandatory Access Control(MAC, 강제적 접근 통제): 주체와 객체의 등급을 비교하여 접근 권한을 부여하는 접근 통제이며, 모든 객체는 비밀성을 지니고 있다고 보고 객체에 보안 레벨을 부여한다.

[기출] 2020년 1, 2, 3, 4회, 2021년 1, 3회, 2022년 1회, 2022년 1회

빈출족보 075

소프트웨어 개발 방법론

(1) 폭포수 모형(Waterfall Model)

① 폭포수 모형의 특징

- 1979년 Boehm이 제시한 전형적인 생명주기 모형이다.
- 소프트웨어의 개발 시 프로세스에 체계적인 원리를 도입할 수 있는 첫 방법론이다.
- 적용 사례가 많고, 널리 사용된 방법이다.
- 단계별 산출물이 명확하다.
- 각 단계의 결과가 확인된 후에 다음 단계로 진행하는 선형 순차적, 고전적 생명주기 모형이다.
- 기존 시스템 보완에 좋다.
- 응용 분야가 단순하거나 내용을 잘 알고 있는 경우에 적용한다.
- 비전문가가 사용할 시스템을 개발하는 데 적합하다.

② 폭포수 모형의 문제점

- 단계별로 구현되지만, 병행되어 진행되거나 다시 거슬러 올라갈 수 없으며, 반복을 허용하지 않는다.
- 실제 프로젝트가 순차적이라기보다는 반복적인 성향을 가지므로 개발 모델로 적합하지 않은 경우가 많다. 따라서 실제 프로젝트 수행 시 이 모델의 연속적 단계를 따르는 경우가 드물다.
- 시초에 사용자들의 모든 요구사항들을 명확히 설명하는 것이 어렵다.

- 모든 분석은 프로젝트가 시작되기 전에 완성되어야 한다. 즉, 프로그램의 모든 요구사항을 초기에 완전히 파악하도록 요구하므로 개발 프로젝트의 불명확성을 미연에 방지할 수 없다.
- 개발 과정 중에 발생하는 새로운 요구사항이나 경험을 설계에 반영하기 힘들다.

(2) 나선형 모형(Spiral Model)

① 나선형 모형의 특징

- 폭포수 모델과 프로토타이핑 모델의 장점을 수용하고, 새로운 요소인 위험 분석을 추가한 진화적 개발 모델로 비교적 대규모 시스템에 적합하다.
- 프로젝트 수행 시 발생하는 위험을 관리하고, 최소화하려는 것을 목적으로 한다.
- 계획 수립, 위험 분석, 개발, 사용자 평가의 과정을 반복적으로 수행한다.
- 개발 단계를 반복적으로 수행함으로써 점차적으로 완벽한 소프트웨어를 개발하는 진화적 모델이다.

② 개발 단계

- 계획 수립(Planning): 요구사항 수집, 시스템의 목표 규명, 제약 조건 등을 파악한다.
- 위험 분석(Risk Analysis): 요구사항을 토대로 위험을 규명하며, 기능 선택의 우선순위, 위험 요소의 분석/프로젝트 타당성 평가 및 프로젝트를 계속 진행할 것인지 중단할 것인지를 결정한다.
- 공학적 개발(Engineering): 선택된 기능의 개발/개선된 한 단계 높은 수준의 제품을 개발한다.
- 고객 평가(Evaluation): 구현된 시스템을 사용자가 평가하여 다음 계획을 세우기 위한 피드백을 받는다.

(3) V-모형

① V-모형의 특징

- 폭포수 모델에 시스템 검증과 테스트 작업을 강조한 것이다.
- 높은 신뢰성이 요구되는 분야에 적합하다.
- 장점: 모든 단계에 검증과 확인 과정이 있어 오류를 줄일 수 있다.
- 단점: 생명주기의 반복을 허용하지 않아 변경을 다루기가 쉽지 않다.

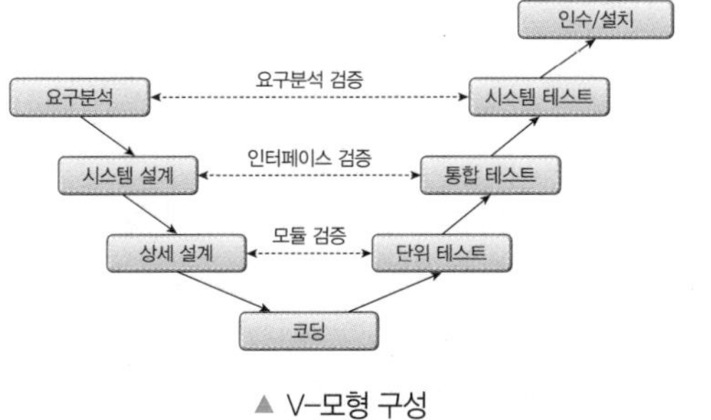

▲ V-모형 구성

(4) 소프트웨어 개발 프레임워크(Framework)

① 소프트웨어 개발 프레임워크의 특징

- 애플리케이션의 개발을 조금 더 쉽게 하기 위해 소프트웨어의 구체적 기능들에 해당하는 부분의 설계와 구현을 재사용할 수 있도록 협업화된 형태로 제공하는 소프트웨어 환경이다.
- 프레임워크를 사용하면 이미 만들어진 코드를 사용하게 되므로 시간과 비용이 절약되어 생산성이 증가된다.
- 고정된 부분을 재사용할 수 있다. 코드 라이브러리, 지원 프로그램, 컴파일러, 도구 세트, API 등과 같이 솔루션 개발을 가능하게 하는 컴포넌트가 포함된다.
- 기반 구조 그대로 재사용하며, 비즈니스 로직과 관련된 부분은 추가적으로 구현이 가능하므로 신속한 개발이 가능하다.

② 프레임워크의 특성

모듈화 (Modularity)	캡슐화를 통해 모듈화를 강화하고, 설계 및 구현의 변경에 따른 영향을 최소화함으로써 소프트웨어의 품질을 향상시킨다.
재사용성 (Reusability)	재사용 가능한 모듈들을 제공함으로써 예산 절감, 생산성 향상, 품질 보증이 가능하다.
확장성 (Extensibility)	다형성을 통한 인터페이스 확장이 가능하여 다양한 형태와 기능을 가진 애플리케이션 개발이 필요하다.
제어의 역흐름 (Inversion of Control)	개발자가 관리하고 통제해야 하는 객체들의 제어를 프레임워크에 넘김으로써 생산성을 향상시킨다.

③ 프레임워크의 종류

스프링 프레임워크, 전자정부 프레임워크, 닷넷 프레임워크가 있다.

④ 소프트웨어 개발 프레임워크의 적용 효과

- 공통 컴포넌트 재사용으로 중복 예산 절감
- 표준화된 연계모듈 활용으로 상호 운용성 향상
- 개발표준에 의한 모듈화로 유지보수 용이

대표 기출문제

다음 설명에 해당하는 생명주기 모형으로 가장 옳은 것은?

> 가장 오래된 모형으로 많은 적용 사례가 있지만 요구사항의 변경이 어려우며, 각 단계의 결과가 확인되어야지만 다음 단계로 넘어간다. 선형 순차적 모형으로 고전적 생명주기 모형이라고도 한다.

① 패키지 모형 ② 코코모 모형
③ 폭포수 모형 ④ 관계형 모델

정답 ③

해설 ③ 폭포수 모형: 가장 오래된 모형으로 많은 적용 사례가 있지만 요구사항의 변경이 어려우며, 각 단계의 결과가 확인되어야지만 다음 단계로 넘어간다. 선형 순차적 모형으로 고전적 생명주기 모형이라고도 한다.

대표 기출문제

소프트웨어 생명주기 모델 중 나선형 모델(Spiral Model)과 관련한 설명으로 틀린 것은?

① 소프트웨어 개발 프로세스를 위험 관리(Risk Management) 측면에서 본 모델이다.
② 위험 분석(Risk Analysis)은 반복적인 개발 진행 후 주기의 마지막 단계에서 최종적으로 한 번 수행해야 한다.
③ 시스템을 여러 부분으로 나누어 여러 번의 개발 주기를 거치면서 시스템이 완성된다.
④ 요구사항이나 아키텍처를 이해하기 어렵다거나 중심이 되는 기술에 문제가 있는 경우 적합한 모델이다.

정답 ②

해설 ② 나선형 모델에서 위험 분석은 마지막 단계에서 한 번 수행되는 것이 아니고, 계획 단계 이후에 반복적으로 수행된다.

대표 기출문제

소프트웨어 생명주기 모델 중 V 모델과 관련한 설명으로 틀린 것은?

① 요구 분석 및 설계 단계를 거치지 않으며 항상 통합 테스트를 중심으로 V 형태를 이룬다.
② Perry에 의해 제안되었으며 세부적인 테스트 과정으로 구성되어 신뢰도 높은 시스템을 개발하는데 효과적이다.
③ 개발 작업과 검증 작업 사이의 관계를 명확히 들어내 놓은 폭포수 모델의 변형이라고 볼 수 있다.
④ 폭포수 모델이 산출물 중심이라면 V 모델은 작업과 결과의 검증에 초점을 둔다.

정답 ①

해설 ① V 모델도 분석과 설계 단계를 거치며, 소프트웨어를 개발 시에 전체적으로 검증을 강조한 모델이다.

- V 모델
  - 폭포수 모델에 시스템 검증과 테스트 작업을 강조한 것이다.
  - 높은 신뢰성이 요구되는 분야에 적합하다.
  - 장점: 모든 단계에 검증과 확인 과정이 있어 오류를 줄일 수 있다.
  - 단점: 생명주기의 반복을 허용하지 않아 변경을 다루기가 쉽지 않다.

[기출] 2020년 1, 2, 3, 4회, 2021년 1, 2, 3회, 2022년 1, 2회

빈출족보 076 개발비용 산정

(1) 인간, 기술, 환경, 정치 등과 같은 많은 변수들이 소프트웨어 최종 비용과 소프트웨어를 개발하는 데 적용되는 노력에 영향을 줄 수 있으므로, 소프트웨어 비용 측정은 결코 정확한 과학은 되지 못한다.

(2) 개발비용 산정 시 고려 요소

① 시스템 정의 및 개발 전략 수립 단계에서는 개발비용 산정이 개괄적으로 이루어진다.
② 프로젝트의 정확한 측정을 위해 충분한 시간을 갖고 측정한다.
③ 프로젝트 개발 비용 결정 요소에는 프로젝트 요소, 자원 요소, 생산성 요소 등이 있다.
④ 프로젝트 비용과 노력 측정을 위해 상대적으로 간단한 분해 기술을 이용한다.
⑤ 하나 이상의 자동화 측정 도구를 이용한다.
⑥ 소프트웨어 비용과 노력에 대한 실험적 모델을 형성한다.

(3) LOC 기법

① WBS(업무 분류 구조)상에서 분해된 각각의 시스템 기능들에 필요한 원시 코드 라인 수를 산정함에 있어 PERT의 예측 공식을 이용한다.

② 이 공식은 확률론에서의 베타 분포도(Beta Distribution)에 근거한 낙관치(Optimistic Estimate), 기대치(Most Likely Estimate) 및 비관치(Pessimistic Estimate)의 확률적 집합으로, 예측치(Expected Value)와 이의 작업편방편차(Variance)가 산출되도록 유도한다.

- Pert의 예측 공식

$$예측치 = \frac{낙관치+[4\times 기대치]+비관치}{6}$$

$$작업편방편차 = (\frac{비관치-낙관치}{6})^2$$

(4) 개발 단계별 인월수(M/M: Man Month) 기법

① 각 기능을 구현시키는 데 필요한 노력을 생명주기 각 단계별로 산정하여 LOC보다 정확성을 기하기 위한 기법이다.

② 각 단계별 인월수의 산정 시 PERT의 예측 공식을 적용할 수 있다.

(5) COCOMO(Constructive Cost Model)

① 특징

- Boehm(1981)이 제안한 산정 기법으로 원시 코드 라인 수에 의한 비용 예측 모형이다.
- 산정 결과는 프로젝트를 완성하는 데 필요한 Man-Month로 나타난다.
- 과거 수많은 프로젝트의 실적을 통계 분석한 공식을 이용하며 지금 진행 예정인 프로젝트의 여러 특성을 고려할 수 있다.
- 미리 준비된 식과 표를 이용하여 비용을 산정할 수 있는 알고리즘 방식(Algorithmic) 기법이다.
- 진행 예정인 프로젝트의 여러 특성을 고려할 때 4가지 특성에 15개의 노력 조정 수치를 두어 융통성을 부여할 수 있다.
- 비용 견적의 유연성이 높아 소프트웨어 개발비 견적에 널리 통용되고 있다.
- 프로젝트 개발 유형에 따라 유기적(Organic Model), 중간형(Semi-detached Model), 내장형(Embedded Model) 3가지 모드로 구분한다.

② COCOMO의 계층(비용 추정 단계 및 적용 변수에 따른 분류)

Basic(기본) COCOMO	단순히 소프트웨어의 크기와 개발 모드에 의하여 구한다.
Intermediate(중간) COCOMO	Basic의 확장으로 15개의 비용 요소를 가미하여 곱한 가중치 이용하여 구한다.
Detail(고급) COCOMO	시스템을 모듈, 서브시스템으로 세분화 한 후 Intermediate COCOMO 방법으로 구한다.

③ COCOMO의 프로젝트 모드(제품의 복잡도에 따른 프로젝트 개발 유형)

개발 유형	내용	예측 공식
유기적 모델 (Organic Model)	5만 라인 이하로 소규모 팀이 수행할 수 있는 아주 작고 간단한 소프트웨어 프로젝트	$MM = 2.4 \times (KDSI)^{1.05}$ $TDEV = 2.5 \times (MM)^{0.38}$
준분리형 (Semi-Detached Model)	30만 라인 이하의 프로젝트	$MM = 3.0 \times (KDSI)^{1.12}$ $TDEV = 2.5 \times (MM)^{0.35}$
내장형 모델 (Embedded Model)	30만 라인 이상의 프로젝트	$MM = 3.6 \times (KDSI)^{1.20}$ $TDEV = 2.5 \times (MM)^{0.32}$

(6) Putnam의 생명 주기 예측 모형

① Rayleigh-Norden 곡선에 기초하며 소프트웨어 개발 비용을 산정하는 공식을 유도한다.

② 동적 모형으로 각 개발기간마다 소요 인력을 독립적으로 산정할 수 있다.

③ 시간에 대한 함수로 대형 프로젝트의 노력 분포 산정에 이용된다.

④ SLIM 비용 추정 자동화 모형의 기반이 된다.

(7) FP(Function-Point, 기능 점수) 모형

① 특징

- IBM의 알란 알브레히트(Alan Albrecht)가 제안했다.
- 소프트웨어의 각 기능에 대하여 가중치를 부여하여 요인별 가중치를 합산해서 소프트웨어의 규모나 복잡도, 난이도를 산출하는 모형이다.
- 소프트웨어의 생산성 측정을 위해 개발됐으며, 자료의 입력·출력, 알고리즘을 이용한 정보의 가공·저장을 중시한다.
- 최근 유용성과 간편성 때문에 관심이 집중되고 있으며, 라인 수에 기반을 두지 않는다는 것이 장점이 될 수 있는 방법이다.

② 기능 증대 요인과 가중치

기능 점수의 각 항목에 처리 복잡도를 고려하여 단순, 보통, 복잡으로 나누어지는 가중치를 곱하여 누적된 점수를 기능 점수로 산출한다.

소프트웨어 기능 증대 요인	수	가중치			기능 점수
		단순	보통	복잡	
자료 입력(입력 양식)		3	4	6	
정보 출력(출력 보고서)		4	5	7	
명령어		3	4	5	
데이터 파일		7	10	15	
필요한 외부 루틴과의 인터페이스		5	7	10	
				계	

대표 기출문제

상향식 비용 산정 기법 중 LOC(원시 코드 라인 수) 기법에서 예측치를 구하기 위해 사용하는 항목이 아닌 것은?

① 낙관치
② 기대치
③ 비관치
④ 모형치

정답 ④

해설 ④ LOC에서 사용되는 예측치 공식에는 낙관치, 기대치, 비관치 항목이 있다.

대표 기출문제

Cocomo Model 중 기관 내부에서 개발된 중소규모의 소프트웨어로 일괄 자료 처리나 과학기술계산용, 비즈니스 자료 처리용으로 5만 라인 이하의 소프트웨어를 개발하는 유형은?

① Embeded
② Organic
③ Semi-detached
④ Semi-embeded

정답 ②

해설 ② 유기적(Organic Model): 5만 라인 이하로 소규모 팀이 수행할 수 있는 아주 작고 간단한 소프트웨어 프로젝트이다.

[기출] 2020년 1, 2, 3, 4회, 2021년 2회

빈출족보 077 CMM과 SPICE

(1) CMM의 특징

① 1차원적 구조를 가지고 있는 평가모형이다.
② 개발 경험의 성숙도에 따라 5개의 수준으로 나누고, 각 수준별로 기본적으로 해야 할 관리활동과 프로세스를 정의한다.
③ 소프트웨어를 개발하는 조직이 프로세스 성숙도에 따라 나타나는 활동을 정리하여 품질 향상을 위하여 프로세스를 개선하도록 한다.
④ 한정된 작업에 초점을 두어 공격적으로 활동함으로써 개발 조직의 지속적인 프로세스 향상을 도모한다.
⑤ 소프트웨어 엔지니어링 및 관리를 조직에 정착하도록 이끈다.

(2) CMM 성숙도 5단계(Maturity 5 Level)

① **수준 1(Initial, 초보 단계)**: 소프트웨어 프로세스가 임기응변적이고 혼란스러운 단계이며 프로세스가 거의 정의되어 있지 않고 프로젝트의 성공은 개인적 능력에 달려 있다.
② **수준 2(Repeatable, 반복 단계) – 프로젝트 관리**: 비용 산출, 스케줄, 기능성을 지닌 기초적인 프로젝트 프로세스가 확립되어 있는 단계이며, 필요한 프로세스 훈련은 비슷한 애플리케이션을 만든 계승자로부터 반복된다.
③ **수준 3(Definition, 정의 단계) – 엔지니어링 프로세스**: 관리와 공학 프로세스에 관한 소프트웨어 프로세스가 문서화, 규격화, 통합되어 있는 단계이다. 소프트웨어 개발과 유지에 문서화와 공인된 조직의 프로세스를 사용하며, 2단계의 모든 사항을 포함한다.
④ **수준 4(Management, 관리 단계) – 프로덕트 및 프로세스 품질**: 소프트웨어 프로세스의 평가와 제품의 품질의 세부사항들이 평가되는 단계이다. 소프트웨어 프로세스와 제품이 정량적으로 이해되고 세부적으로 평가된다. 3단계의 모든 사항을 포함한다.
⑤ **수준 5(Optimizing, 최적 단계) – 지속적인 개선**: 프로세스와 혁신적 생각, 기술로부터 정량적인 피드백을 통해 지속적인 프로세스 향상이 이루어지는 단계이다. 4단계의 모든 사항을 포함한다.

(3) SPICE의 특징

① 소프트웨어 프로세스 평가를 위한 국제 표준을 제정하는 국제적인 표준화 프로젝트이다.
② CMM과 유사한 프로세스 평가를 위한 모델 제시 및 심사 과정을 제안한다.
③ SPICE를 기준으로 한 심사와 평가가 양성된 심사원에 의해 이루어지고 있다.

④ 조직에 대한 평가이다.

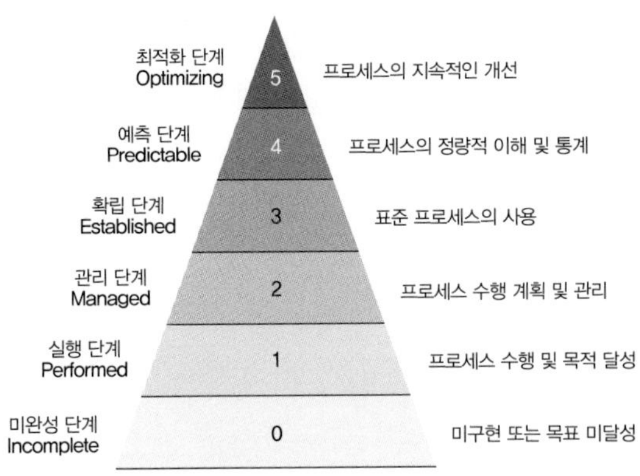

▲ 프로세스 수행 능력 수준

대표 기출문제

SPICE 모델의 프로세스 수행 능력 수준의 단계별 설명이 틀린 것은?

① 수준 7 – 미완성 단계
② 수준 5 – 최적화 단계
③ 수준 4 – 예측 단계
④ 수준 3 – 확립 단계

정답 ①

해설 • SPICE 모델
- 0단계: 불안정 단계(미완성 단계, 프로젝트 대부분 실패)
- 1단계: 수행 단계(목적이 전반적으로 이루어진다.)
- 2단계: 관리 단계(작업 산출물 인도)
- 3단계: 확립 단계(정형화된 프로세스 존재)
- 4단계: 예측 단계(산출물의 양적 측정이 가능해져, 일관된 수행 가능)
- 5단계: 최적화 단계(프로세스의 지속적인 개선)

대표 기출문제

CMM(Capability Maturity Model) 모델의 레벨로 옳지 않은 것은?

① 최적 단계 ② 관리 단계
③ 계획 단계 ④ 정의 단계

정답 ③

해설 • CMM 성숙도 5단계(Maturity 5 Level)
- 수준 1(Initial, 초보 단계): 소프트웨어 프로세스가 임기응변적이고 혼란스러운 단계이며 프로세스가 거의 정의되어 있지 않고 프로젝트의 성공은 개인적 능력에 달려 있다.
- 수준 2(Repeatable, 반복 단계) 프로젝트 관리 비용 산출, 스케줄, 기능성을 지닌 기초적인 프로젝트 프로세스가 확립되어 있는 단계이며, 필요한 프로세스 훈련은 비슷한 애플리케이션을 만든 계승자로부터 반복된다.
- 수준 3(Definition, 정의 단계) 엔지니어링 프로세스: 관리와 공학 프로세스에 관한 소프트웨어 프로세스가 문서화되고, 규격화되고, 통합되어 있는 단계이다. 소프트웨어 개발과 유지에 문서화와 공인된 조직의 프로세스를 사용하며, 2단계의 모든 사항을 포함한다.
- 수준 4(Management, 관리 단계) 프로덕트 및 프로세스 품질: 소프트웨어 프로세스의 평가와 제품의 품질의 세부사항들이 평가되는 단계이다. 소프트웨어 프로세스와 제품이 정량적으로 이해되고 세부적으로 평가된다. 3단계의 모든 사항을 포함한다.
- 수준 5(Optimizing, 최적 단계) 지속적인 개선: 프로세스와 혁신적 생각, 기술로부터 정량적인 피드백을 통해 지속적인 프로세스 향상이 이루어지는 단계이다. 4단계의 모든 사항을 포함한다.

[기출] 2021년 2회

빈출족보 078 네트워크 장비

(1) 라우터(Router)

① 컴퓨터 네트워크 간에 데이터 패킷을 전송하는 네트워크 장치로 패킷의 위치를 추출하여 그 위치에 대한 최적의 경로를 지정하며, 이 경로에 따라 데이터 패킷을 다음 장치로 전달한다.
② 라우터를 이용해서 복잡한 인터넷상에서 원하는 목적지로 데이터를 보낼 수 있으며, 원하는 곳의 데이터를 가져올 수도 있다.
③ 네트워크 계층에서 망을 연결하고, 라우팅 알고리즘을 이용하여 최적의 경로를 선택하여 패킷을 전송한다.

(2) 스위치(Switch)

① 처리 가능한 패킷의 숫자가 큰 것으로, 네트워크 단위들을 연결하는 통신 장비로서 소규모 통신을 위한 허브보다 전송 속도가 개선된 것이다.
② 스위치는 일반적으로 스위칭 허브를 말하며, 더미 허브의 가장 큰 문제점인 LAN을 하나의 세그먼트로 묶어버린다는 점을 해결하기 위해서 세그먼트를 여러 개로 나누어 준다.
③ A 호스트에서 B 호스트로 패킷을 보내려고 할 때, 더미 허브는 허브에 연결된 모든 호스트에 패킷을 복사해서 보내지만 스위칭 허브는 B 호스트에게만 패킷을 보낸다.
④ 스위칭 허브는 MAC 주소를 이용해서 어느 세그먼트로 패킷을 보내야할지를 결정할 수 있으며, 이를 위해서 맥 테이블(MAC table)을 메모리에 저장하여 기능을 수행한다.

(3) 멀티 레이어 스위치

① 멀티 레이어 스위치는 스위치 자체가 레이어2 장비였는데 비하여 상위 계층으로 점점 올라가면서 TCP, UDP 등의 프로토콜에 대한 컨트롤 역할을 수행하게 되면서 트래픽 제어 등의 기능이 추가되었다.

② L2(Layer 2) 스위치를 그냥 스위치라고 부르며, L3 스위치는 허브와 라우터의 역할, 즉 스위칭 허브에 라우팅 기능을 추가한 장비이고, L4 스위치는 서버나 네트워크의 트래픽을 로드밸런싱하는 기능을 포함한 장비이다.

(4) 브리지(Bridge)

① 브리지는 하나의 네트워크 세그먼트를 2개 이상으로 나누어서 관리하기 위해서 만든 장비이다.

② 하나로 통합해서 관리하기 위한 허브와 비교될 수 있다.

③ 데이터링크 계층에서 망을 연결하며 패킷을 적절히 중계하고 필터링하는 장치이다.

(5) 허브(Hub)

① 허브는 일반적으로 더미 허브를 말하며, 허브 본래의 목적에 충실한 허브이다.

② A 호스트가 B 호스트에게 메시지를 보내고자 할 때, 메시지는 허브로 전달되고, 허브는 허브에 연결된 모든 호스트에게 메시지를 전달한다. 만일 수신자가 아닌 호스트가 메시지를 받은 경우 자신에게 보내어진 패킷이 아니라면 이 패킷은 버려지고, 그렇지 않을 경우, 최종적으로 애플리케이션 계층까지 전달될 것이다.

(6) 리피터(Repeater)

① LAN 영역에서 다른 LAN 영역을 서로 연결하기 위한 목적으로 사용된다.

② 2개의 LAN 영역을 하나의 LAN 영역으로 통합하고자 할 때 발생하는 문제는 데이터가 전달되어야 하는 망이 길어진다는 문제가 있는데, 이에 따라서 데이터 전송 매체인 전기적 신호가 감쇠되거나 잡음이 생길 수 있으므로 신호 감쇠와 잡음을 처리하기 위한 장치를 필요로 하게 된다. 이러한 일을 해주는 네트워크 세그먼트 간 연결 장치가 리피터이다.

(7) 게이트웨이(Gateway)

① 컴퓨터 네트워크에서 서로 다른 통신망, 프로토콜을 사용하는 네트워크 간의 통신을 가능하게 하는 컴퓨터나 소프트웨어를 두루 일컫는 용어이다. 즉, 다른 네트워크로 들어가는 입구 역할을 하는 네트워크 포인트이다.

② 게이트웨이는 서로 다른 네트워크(이기종 네트워크)를 연결해 준다. 서로 다른 네트워크의 프로토콜이 다를 경우에 중재 역할을 할 수 있다.

대표 기출문제

서로 다른 네트워크 대역에 있는 호스트들 상호 간에 통신할 수 있도록 해주는 네트워크 장비는?

① L2 스위치　② HIPO
③ 라우터　④ RAD

정답 ③

해설 ③ 라우터: 3계층(네트워크) 계층의 장비이며, 서로 다른 네트워크 대역에 있는 호스트들 상호 간에 통신할 수 있도록 해주는 역할을 한다.

[기출] 2020년 1, 2, 3회, 2021년 2회, 2022년 2회

빈출족보 079 라우팅 프로토콜

(1) 라우팅 목표

모든 목적지로의 가장 좋은 전송 경로를 찾기 위함이다.

(2) 가장 좋은 경로

경로상의 데이터 통신망 링크를 통과하는 비용의 합이 가장 작은 경로이다.

(3) 라우팅 프로토콜

① 라우팅 테이블의 효율적인 설정과 갱신을 위해 라우터 상호 간에 교환하는 메시지의 종류, 교환 절차, 메시지 수신 시의 행위 규정이라 할 수 있다.

② 자치 시스템(AS: Autonomous System) 내에 운영되는 라우팅 프로토콜을 IGP라고 하며, AS 간에 라우팅 정보를 교환하기 위한 프로토콜을 EGP라고 한다.

③ **자치 시스템**: 인터넷상의 개별적인 라우팅 단위(ISP, 대형 기관 등)이며, 전체 인터넷을 여러 개의 AS로 나누고, 각 라우터는 자신의 AS 내의 라우팅 정보만 유지한다. (AS 간 라우팅은 각 AS의 대표 라우터들 간에 이루어진다.)

(4) 내부 라우팅과 외부 라우팅으로의 분류

① **내부 라우팅(Interior Routing)**: AS 내의 라우팅
- RIP(Routing Information Protocol)
- OSPF(Open Shortest Path First)
- IGRP(Interior Gateway Routing Protocol)
- EIGRP(Enhanced Interior Gateway Routing Protocol)
- IS-IS(Intermediate System-to-Intermediate System)

② 외부 라우팅(Exterior Routing): AS 간 라우팅
- BGP(Border Gateway Protocol)

(5) RIP(Routing Information Protocol)

① 대표적인 내부 라우팅 프로토콜이며, 가장 단순한 라우팅 프로토콜이다.

② Distance-vector 라우팅을 사용하며, hop count를 메트릭으로 사용한다.

- Distance vector Routing: 두 노드 사이의 최소 비용 경로의 최소 거리를 갖는 경로이며, 경로를 계산하기 위해 Bellman-Ford 알고리즘을 사용한다.

③ RIP의 경우 자신의 라우터에서 15개 이상의 라우터를 거치는 목적지의 경우 unreachable(갈 수 없음)로 정의하고, 데이터를 보내지 못하기 때문에 커다란 네트워크에서 사용하기는 무리가 있다.

(6) OSPF(Open Shortest Path First)

① Link State Routing 기법을 사용하며, 전달 정보는 인접 네트워크 정보를 이용한다.

② 모든 라우터로부터 전달받은 정보로 네트워크 구성도를 생성한다.

③ Link State Routing: 모든 노드가 전체 네트워크에 대한 구성도를 만들어서 경로를 구한다. 최적 경로 계산을 위해서 Dijkstra's 알고리즘을 이용한다.

(7) BGP(Border Gateway Protocol)

① 대표적인 외부 라우팅 프로토콜이며, Path Vecter Routing을 사용한다.

② Path Vecter Routing: 네트워크에 해당하는 next router와 path가 매트릭에 들어 있으며, path에 거쳐 가는 AS 번호를 명시한다.

대표 기출문제

라우팅 프로토콜인 OSPF(Open Shortest Path First)에 대한 설명으로 옳지 않은 것은?

① 네트워크 변화에 신속하게 대처할 수 있다.
② 거리 벡터 라우팅 프로토콜이라고 한다.
③ 멀티캐스팅을 지원한다.
④ 최단 경로 탐색에 Dijkstra 알고리즘을 사용한다.

정답 ②

해설 • 거리 벡터 라우팅 프로토콜은 RIP이다.
• RIP(Routing Information Protocol): 거리 벡터 라우팅 프로토콜이라고도 하며, 최대 홉 카운트는 15로 한정되므로 소규모 네트워크 환경에 적합하다.

대표 기출문제

RIP(Routing Information Protocol)에 대한 설명으로 틀린 것은?

① 거리 벡터 라우팅 프로토콜이라고도 한다.
② 소규모 네트워크 환경에 적합하다.
③ 최대 홉 카운트를 115홉 이하로 한정하고 있다.
④ 최단경로탐색에는 Bellman-Ford 알고리즘을 사용한다.

정답 ③

해설 ③ RIP는 거리 벡터 라우팅 프로토콜이며, 홉(Hop)을 기준으로 하고 최대 15홉까지 지원하므로 큰 망에선 사용할 수 없다.

[기출] 2020년 4회, 2021년 1회, 2022년 2회

빈출족보 080 네트워크의 구성 형태

(1) 성형 네트워크

① 중앙에 서버 컴퓨터가 모든 클라이언트를 관리하는 방식이며, 중앙 컴퓨터와 터미널의 연결은 각각 개별로 하기 때문에 통신 회선 비용이 많이 소요된다.

② 중앙 컴퓨터가 고장나면 모든 터미널이 마비되는 단점이 있으며, 업무 집중 시에는 반응 시간이 느리고 중앙 컴퓨터의 변경 및 확장이 어렵다.

(2) 버스형 네트워크

① 한 개의 통신 회선에 여러 대의 터미널 장치가 연결되고, 각 터미널간의 통신은 공동의 통신 회선을 통해 이루어진다.

② 터미널 장치가 고장 나더라도 통신망 전체에 영향을 주지 않으므로 신뢰성이 높으며, 데이터가 통신 회선에 보내지면 모든 장치에서 수신 가능하기 때문에 목적지를 알 수 있는 정보가 포함되어야 한다.

③ 전송 회선이 단절되면 전체 네트워크가 중단되는 단점이 있지만, 회선비용이 최소이다.

(3) 링형(루프형) 네트워크

① 링과 같은 원형의 형태로 이웃하는 노드와 연결한 형태의 네트워크이다.

② 설치와 재구성이 쉬우며 장애가 발생하는 호스트를 쉽게 찾을 수 있다.

③ 기본적인 링형 네트워크는 단방향 전송이기 때문에 링에 결함이 발생하면 전체 네트워크를 사용할 수 없다. 이를 해결하기 위해 이중 링(FDDI: Fiber Distributed Data Interface)을 사용한다.

(4) 트리형(계층형 네트워크)

① 처리 능력을 가지고 있는 여러 개의 처리 센터가 존재하며, 신속한 처리를 위한 프로세서의 공유 정보의 공유 목적하에 구성된 구조이다.

② 변경 및 확장에 융통성이 있으며, 허브 장비를 필요로 한다.

(5) Mesh형(망형) 네트워크

① 보통 공중 데이터 통신 네트워크에서 주로 사용되며, 통신 회선의 총 경로가 다른 네트워크에 비해 가장 길다.

② 노드(Node)의 연결성이 높고, 많은 단말기로부터 많은 양의 통신을 필요로 하는 경우에 유리하지만, 비용이 많이 든다.

■ 네트워크의 구성 형태

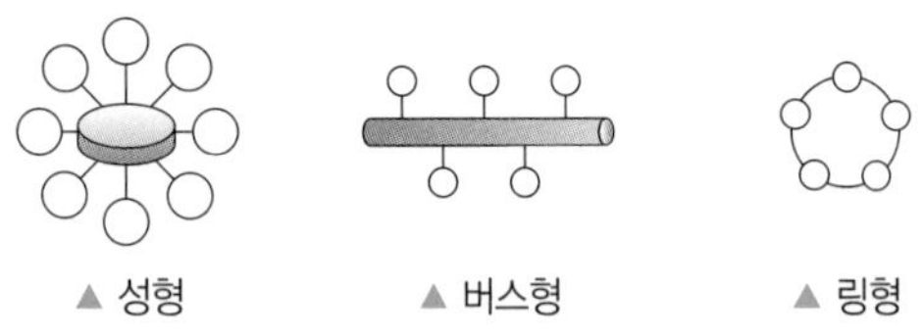

▲ 성형　▲ 버스형　▲ 링형

대표 기출문제

다음 LAN의 네트워크 토폴로지는?

데이터 전송 방향

스테이션1　스테이션2　스테이션3　스테이션4　스테이션5

① 버스형　② 성형
③ 링형　④ 그물형

정답 ①

해설 ① 문제의 네트워크 토폴로지는 버스형으로 컴퓨터 또는 주변 장치를 연결하기 위한 가장 쉬운 네트워크 토폴로지이다.

[기출] 2021년 3회

빈출족보 081 유비쿼터스 컴퓨팅과 클라우드 컴퓨팅

(1) 유비쿼터스 컴퓨팅(Ubiquitous computing)

① 유비쿼터스란 '언제 어디서나 존재한다' 또는 '편재한다'라는 의미를 가진 라틴어이다.

② 유비쿼터스 컴퓨팅은 전자공간과 물리공간을 연결해 주는 차세대 기반 컴퓨팅 기술 이동성, 인간성, 기능성 등에 따라 여러 가지 컴퓨팅 기술들로 구분될 수 있다.

③ 유비쿼터스를 응용한 컴퓨팅 기술

- 웨어러블 컴퓨팅(Wearable Computing): 유비쿼터스 컴퓨팅 기술의 출발점으로서, 컴퓨터를 옷이나 안경처럼 착용할 수 있게 해줌으로써 컴퓨터를 인간의 몸의 일부로 여길 수 있도록 기여하는 기술이다.
- 임베디드 컴퓨팅(Embedded Computing): 사물에 마이크로칩(Microchip) 등을 심어 사물을 지능화하는 컴퓨팅 기술이다. 예를 들면 다리, 빌딩 등과 같은 건축물에다 컴퓨터 칩을 장착하여 안정성 진단이나 조치를 가능하게 한다.
- 감지 컴퓨팅(Sentient Computing): 컴퓨터가 센서 등을 통해 사용자의 상황을 인식하여 사용자가 필요로 하는 정보를 제공해 주는 컴퓨팅 기술이다.
- 노매딕 컴퓨팅(Nomadic Computing)
  - 노매딕 컴퓨팅 환경은 어떠한 장소에서건 이미 다양한 정보기기가 편재되어 있어, 사용자가 정보기기를 굳이 휴대할 필요가 없는 환경을 말한다.
  - 사용자는 장소와 상관없이 일정한 사용자 인증을 거쳐 다양한 정보기기를 이용하여 동일한 데이터에 접근하여 사용할 수 있다.
- 퍼베이시브 컴퓨팅(Pervasive Computing): 1998년 IBM을 중심으로 착안되었으며, 유비쿼터스 컴퓨팅과 비슷한 개념이다. 언제 어디서나 어떤 사물이든지 도처에 컴퓨터가 편재되도록 하여 현재의 전기나 가전제품처럼 일상화된다는 비전을 담고 있다.
- 1회용 컴퓨팅(Disposable Computing): 1회용 종이처럼 한 번 쓰고 버릴 수 있는 수준의 싼값으로 만들 수 있는 컴퓨터 기술인데, 1회용 컴퓨터의 실현은 어떤 물건에라도 컴퓨터 기술의 활용을 지향한다.
- 엑조틱 컴퓨팅(Exotic Computing): 스스로 생각하여 현실 세계와 가상 세계를 연계해 주는 컴퓨팅을 실현하는 기술이다.

(2) 클라우드 컴퓨팅(Cloud Computing)

① 클라우드 컴퓨팅이란 인터넷 기술을 활용하여 '가상화된 IT 자원을 서비스'로 제공하는 컴퓨팅으로, 사용자는

IT 자원(소프트웨어, 스토리지, 서버, 네트워크)을 필요한 만큼 빌려서 사용하고, 서비스 부하에 따라서 실시간 확장성을 지원받으며, 사용한 만큼 비용을 지불하는 컴퓨팅이다.

② 서비스 유형

- SaaS(Software as a Service)
  - 애플리케이션을 서비스 대상으로 하는 SaaS는 클라우드 컴퓨팅 서비스 사업자가 인터넷을 통해 소프트웨어를 제공하고, 사용자가 인터넷상에서 이에 원격 접속해 해당 소프트웨어를 활용하는 모델이다.
  - 클라우드 컴퓨팅 최상위 계층에 해당하는 것으로 다양한 애플리케이션을 다중 임대 방식을 통해 온디맨드 서비스 형태로 제공한다.
- PaaS(Platform as a Service)
  - 사용자가 소프트웨어를 개발할 수 있는 토대를 제공해 주는 서비스이다.
  - 운영체제나 하드웨어에 대한 제어는 서비스 제공자에 의해 제어된다.
  - 클라우드 서비스 사업자는 PaaS를 통해 서비스 구성 컴포넌트 및 호환성 제공 서비스를 지원한다.
- IaaS(Infrastructure as a Service)
  - 서버 인프라를 서비스로 제공하는 것으로 클라우드를 통하여 저장장치 또는 컴퓨팅 능력을 인터넷을 통한 서비스 형태로 제공하는 서비스이다.
- PaaS-TA

  국내 IT 서비스 경쟁력 강화를 목표로 개발되었으며 인프라 제어 및 관리 환경, 실행 환경, 개발 환경, 서비스 환경, 운영 환경으로 구성되어 있는 개방형 클라우드 컴퓨팅 플랫폼이다.

대표 기출문제

국내 IT 서비스 경쟁력 강화를 목표로 개발되었으며 인프라 제어 및 관리 환경, 실행 환경, 개발 환경, 서비스 환경, 운영 환경으로 구성되어 있는 개방형 클라우드 컴퓨팅 플랫폼은?

① N20S ② PaaS-TA
③ KAWS ④ Metaverse

정답 ②

해설 ② PaaS-TA: 국내 IT 서비스 경쟁력 강화를 목표로 개발되었으며 인프라 제어 및 관리 환경, 실행 환경, 개발 환경, 서비스 환경, 운영환경으로 구성되어 있는 개방형 클라우드 컴퓨팅 플랫폼이다.

[기출] 2020년 1, 2, 3, 4회, 2022년 1, 2회

빈출족보 082 IT 용어 정리

① **Mashup**: 웹에서 제공하는 정보 및 서비스를 이용하여 새로운 소프트웨어나 서비스, 데이터베이스 등을 만드는 기술이다. 즉, 각종 콘텐츠와 서비스를 융합하여 새로운 웹 서비스를 만들어 내는 것이다.

② **Grayware**: 악성 소프트웨어의 일종으로 정상 소프트웨어와 바이러스 소프트웨어의 중간에 속한다. 스파이웨어, 애드웨어, 트랙웨어, 기타 이상 악성코드나 공유웨어 등이 이에 해당된다.

③ **Quantum Key Distribution(QKD, 양자 암호 키 분배)**: 양자 통신을 위해 비밀키를 분배·관리하는 기술이며, 광 링크를 통해 광자(빛의 양자 입자)를 전송하여 작동한다.

④ **디지털 트윈(Digital Twin)**: 물리적인 사물과 컴퓨터에 동일하게 표현되는 가상 모델로 실제 물리적인 자산 대신 소프트웨어로 가상화함으로써 실제 자산의 특성에 대한 정확한 정보를 얻을 수 있고, 자산 최적화, 돌발사고 최소화, 생산성 증가 등 설계부터 제조, 서비스에 이르는 모든 과정의 효율성을 향상시킬 수 있는 모델이다.

⑤ **Mesh Network(메시 네트워크)**: 네트워크를 이루고 있는 구조 중 하나로 그물 형태를 띠고 있는 네트워크 구조이다. 기존 무선 랜의 한계 극복을 위해 등장하였으며, 대규모 디바이스의 네트워크 생성에 최적화되어 차세대 이동 통신, 홈네트워킹, 공공 안전 등의 특수목적을 위한 새로운 방식의 네트워크 기술을 의미한다.

⑥ **PICONET(피코넷)**: 여러 개의 독립된 통신장치가 UWB(Ultra Wideband) 통신 기술 또는 블루투스 기술을 사용하여 통신망을 형성하는 무선 네트워크 기술이다.

⑦ **Data Mining(데이터 마이닝)**: 빅데이터 분석 기술 중 대량의 데이터를 분석하여 데이터 속에 내재되어 있는 변수 사이의 상호관계를 규명하여 일정한 패턴을 찾아내는 기법이다. 대용량 데이터에서 의미 있는 통계적 패턴이나 규칙, 관계를 찾아내 분석하여 유용하고 활용할 수 있는 정보를 추출하는 활동이다.

⑧ **서비스 지향 아키텍처(SOA: Service Oriented Architecture) 기반 계층**

- 비즈니스 계층(Business Layer)
- 표현 계층(Presentation Layer)
- 프로세스 계층(Process Layer)
- 서비스 계층(Service Layer)
- 영속 계층(Persistency Layer)

⑨ **MapReduce**: 대용량 데이터를 분산 처리하기 위한 목적으로 개발된 프로그래밍 모델이다. 방대한 입력 데이터를 분할하여 여러 개의 머신들이 분산 처리하는 맵(Map) 함수 단계와 이를 다시 하나의 결과로 합치는 리

듀스(Reduce) 함수 단계로 나뉜다.

⑩ **Cyberbullying**: 가상공간을 뜻하는 사이버(Cyber)와 집단 따돌림을 뜻하는 불링(Bullying)에서 생겨난 신조어로 사이버 공간에서 다른 사람을 괴롭히는 행위를 말한다.

⑪ **MQTT(Message Queuing Telemetry Transpor)**: 사물통신, 사물인터넷과 같이 대역폭이 제한된 통신 환경에 최적화하여 개발된 푸시 기술 기반의 경량 메시지 전송 프로토콜이다.

⑫ **Baas(Blockchain as a Service)**: 블록체인(Blockchain) 개발 환경을 클라우드로 서비스하는 개념이다. 블록체인 네트워크에 노드의 추가 및 제거가 용이하며, 블록체인의 기본 인프라를 추상화하여 블록체인 응용 프로그램을 만들 수 있는 클라우드 컴퓨팅 플랫폼이다.

⑬ **OTT(Over The Top)**: 인터넷을 통하여 TV, 영화 등 미디어 콘텐츠를 제공하는 서비스이다.

⑭ **SDDC(Software-Defined Data Center)**: 모든 컴퓨팅 인프라를 가상화하여 서비스하는 데이터센터이다.

⑮ **Wi-SUN**: 스마트 그리드 서비스를 제공하기 위한 와이파이 기반의 저전력 장거리 통신기술이다.

⑯ **스마트 그리드**: 전기 및 정보통신기술을 활용하여 전력망을 지능화, 고도화함으로써 고품질의 전력 서비스를 제공하고 에너지 이용 효율을 극대화하는 전력망이다.

⑰ **사물인터넷**: 인터넷을 기반으로 사물을 연결하여 정보를 상호 소통할 수 있도록 하는 지능형 기술 및 서비스이다.

⑱ **디지털 아카이빙**: 지속적으로 보존할 가치를 가진 디지털 객체를 장기간 관리하여 이후의 이용을 보장하는 활동이다.

⑲ **미디어 빅뱅**: 신문과 방송의 겸영, 방송과 통신의 융합은 물론 기술 진보에 따른 IPTV · 스마트 TV 등 뉴미디어가 계속 등장하여 전체 미디어 산업이 재편되는 현상을 말한다.

⑳ **Zigbee**: IEEE 802.15.4을 기반으로 하며, 저속/저전력의 무선망을 위한 기술이다.

㉑ **Namp(Network Mapper)**: 포트 스캐닝 툴이다.

㉒ **텐서플로(Tensor Flow)**: 구글 브레인팀이 제작하여 공개한 기계학습을 위한 오픈 소스 소프트웨어 라이브러리로 다양한 작업을 위한 데이터 흐름 프로그래밍 오픈 소스 라이브러리이다.

㉓ **Docker**: 컨테이너 응용 프로그램의 배포를 자동화하는 오픈 소스 엔진이다.

㉔ **Scrapy**: Python 기반의 웹 크롤링 프레임워크이다.

㉕ **고가용성 솔루션(HACMP)**: 각 시스템 간 공유디스크를 중심으로 클러스터링으로 엮어 다수의 시스템을 동시에 연결할 수 있다.

대표 기출문제

TCP/IP 기반 네트워크에서 동작하는 발행-구독 기반의 메시징 프로토콜로 최근 IoT 환경에서 자주 사용되고 있는 프로토콜은?

① MLFQ
② MQTT
③ Zigbee
④ MTSP

정답 ②

해설 ② MQTT(Message Queuing Telemetry Transport): TCP/IP 기반 네트워크에서 동작하는 발행-구독 기반의 메시징 프로토콜로 최근 IoT 환경에서 자주 사용되고 있는 프로토콜이다.

대표 기출문제

다음 내용이 설명하는 것은?

> • 사물통신, 사물인터넷과 같이 대역폭이 제한된 통신 환경에 최적화하여 개발된 푸시 기술 기반의 경량 메시지 전송 프로토콜
> • 메시지 매개자(Brocker)를 통해 송신자가 특정 메시지를 발행하고 수신자가 메시지를 구독하는 방식
> • IBM이 주도하여 개발

① GRID ② TELNET
③ GPN ④ MQTT

정답 ④

해설 ④ MQTT(Message Queuing Telemetry Transport): 사물통신, 사물인터넷과 같이 대역폭이 제한된 통신 환경에 최적화하여 개발된 푸시기술 기반의 경량 메시지 전송 프로토콜이다.

핵심만 눌러 담은

빈출족보 Best 82

2024

에듀윌 EXIT 정보처리기사 필기 기본서

고객의 꿈, 직원의 꿈, 지역사회의 꿈을 실현한다

EXIT 합격 서비스
exit.eduwill.net

- 부가학습자료 및 정오표: EXIT 합격 서비스 > 자료실/정오표 게시판
- 교재문의: EXIT 합격 서비스 > 실시간 질문답변 게시판(내용)/Q&A 게시판(내용 외)

매달 선물이 팡팡!
독자참여 이벤트

교재 후기 이벤트

나만 알고 있기 아까운!
에듀윌 교재의 장단점, 더 필요한 서비스 등을 자유롭게 제안해주세요.

오타 제보 이벤트

더 나은 콘텐츠 제작을 돕는 일등 공신!
사소한 오타, 오류도 제보만 하면 매월 사은품이 팡팡 터집니다.

IT자격증 A~Z 이벤트

모르고 지나치기엔 아쉬운!
에듀윌 IT자격증에서 제공 중인 무료 이벤트를 확인해보세요.

참여 방법 | 각 이벤트의 QR 코드 스캔
당첨자 발표 | 매월 5일, EXIT 합격 서비스(exit.eduwill.net) 공지사항
사은품 | 매월 상이하며, 당첨자 발표 후 순차 발송

※ 이벤트는 공지 없이 변경되거나 종료될 수 있습니다.

가장 빠른 합격출구 EXIT

합격보장! 4주완성 스터디 플래너

4주완성 스터디 플래너 사용법

- 안정적이고 체계적인 합격을 노린다면 활용하세요!
- 공부를 완료하면 동그라미 표시를 하세요!

Part	Chapter	1주~2주 1회독	3주 2회독	4주 3회독
Ⅰ 소프트웨어 설계	01. 요구사항 확인	1일	15일	22일
	02. 화면 설계			
	03. 애플리케이션 설계			
	04. 인터페이스 설계	2일		
	실전적용 문제			
Ⅱ 소프트웨어 개발	01. 데이터 입출력 구현	3일	16일	23일
	02. 통합 구현			
	03. 제품 소프트웨어 패키징	4일		
	04. 애플리케이션 테스트 관리			
	05. 인터페이스 구현	5일		
	실전적용 문제			
Ⅲ 데이터베이스 구축	01. 데이터베이스 개요	6일	17일	24일
	02. 데이터 모델링			
	03. 관계 데이터 모델	7일		
	04. 관계 데이터베이스 언어			
	05. 데이터베이스 설계와 정규화	8일		
	06. 고급 데이터베이스			
	실전적용 문제			
Ⅳ 프로그래밍 언어 활용	01. 공통 모듈 구현	9일	18일	25일
	02. 프로그래밍 언어 활용	10일		
	03. 네트워크 기초 활용	11일		
	실전적용 문제			
Ⅴ 정보시스템 구축관리	01. 정보보호	12일	19일	26일
	02. 소프트웨어 개발 방법론 활용	13일		
	03. IT 프로젝트 정보시스템 구축관리	14일		
	실전적용 문제			
Ⅵ 기출& 모의고사	제1회 기출문제 (2022.04. 시행)	–	20일	
	제2회 기출문제 (2022.03. 시행)			
	제3회 기출문제 (2021.08. 시행)			
	제4회 기출문제 (2021.05. 시행)	–	21일	
	제5회 기출문제 (2021.03. 시행)			
	제6회 기출문제 (2020.09. 시행)	–	–	27일
	제7회 기출문제 (2020.08. 시행)			
	제8회 기출문제 (2020.06. 시행)	–	–	28일
	제1회 모의고사			
	제2회 모의고사	–	–	29일
	제3회 모의고사			

가위로 잘라서 책갈피로 사용하세요.

가장 빠른 합격출구 EXIT

도전! ___주완성
셀프 스터디 플래너

Part	Chapter	___주	___주	___주
Ⅰ 소프트웨어 설계	01. 요구사항 확인			
	02. 화면 설계			
	03. 애플리케이션 설계			
	04. 인터페이스 설계			
	실전적용 문제			
Ⅱ 소프트웨어 개발	01. 데이터 입출력 구현			
	02. 통합 구현			
	03. 제품 소프트웨어 패키징			
	04. 애플리케이션 테스트 관리			
	05. 인터페이스 구현			
	실전적용 문제			
Ⅲ 데이터베이스 구축	01. 데이터베이스 개요			
	02. 데이터 모델링			
	03. 관계 데이터 모델			
	04. 관계 데이터베이스 언어			
	05. 데이터베이스 설계와 정규화			
	06. 고급 데이터베이스			
	실전적용 문제			
Ⅳ 프로그래밍 언어 활용	01. 공통 모듈 구현			
	02. 프로그래밍 언어 활용			
	03. 네트워크 기초 활용			
	실전적용 문제			
Ⅴ 정보시스템 구축관리	01. 정보보호			
	02. 소프트웨어 개발 방법론 활용			
	03. IT 프로젝트 정보시스템 구축관리			
	실전적용 문제			
Ⅵ 기출& 모의고사	제1회 기출문제 (2022.04. 시행)			
	제2회 기출문제 (2022.03. 시행)			
	제3회 기출문제 (2021.08. 시행)			
	제4회 기출문제 (2021.05. 시행)			
	제5회 기출문제 (2021.03. 시행)			
	제6회 기출문제 (2020.09. 시행)			
	제7회 기출문제 (2020.08. 시행)			
	제8회 기출문제 (2020.06. 시행)			
	제1회 모의고사			
	제2회 모의고사			
	제3회 모의고사			

셀프 스터디 플래너 사용법

- 개인별 맞춤 속도로 공부하고 싶다면 활용하세요!
- 공부를 완료하면 날짜를 기재하세요!

세상을 움직이려면
먼저 나 자신을 움직여야 한다.

– 소크라테스(Socrates)

에듀윌 정보처리기사

필기 기본서

Vol. 1 개념완성

비전공자
맞춤 눈높이로
완벽하게
준비할 수 있습니다

정보처리기사 시험은 국가직무능력표준(NCS)를 기반으로 시험과목이 개편되어 시행되고 있습니다. 개정 이후 시험에서 NCS 기반의 문제와 개정 이전 시험의 문제들도 다수 포함되어 출제되고 있으며, 과목의 경계를 넘어 출제되는 문제도 다소 있습니다. 따라서 전체적인 학습을 통한 준비가 필요합니다. 에듀윌이 합격의 길을 열어드리겠습니다.

1 NCS & 기출분석 기반의 **합격 최적화 이론**

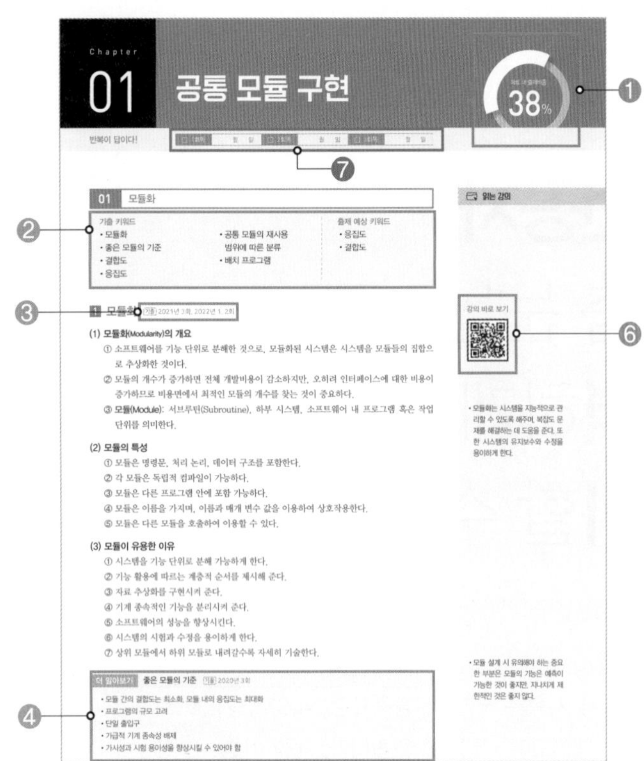

Chapter 01 공통 모듈 구현

반복이 답이다!

01 모듈화

기출 키워드
- 모듈화
- 좋은 모듈의 기준
- 결합도
- 응집도
- 공통 모듈의 재사용 범위에 따른 분류
- 배치 프로그램

출제 예상 키워드
- 응집도
- 결합도

1 모듈화 기출 2021년 1회, 2022년 1, 2회

(1) 모듈화(Modularity)의 개요

① 소프트웨어를 기능 단위로 분해한 것으로, 모듈화된 시스템은 시스템을 모듈들의 집합으로 추상화한 것이다.

② 모듈의 개수가 증가하면 전체 개발비용이 감소하지만, 오히려 인터페이스에 대한 비용이 증가하므로 비용면에서 최적인 모듈의 개수를 찾는 것이 중요하다.

③ 모듈(Module): 서브루틴(Subroutine), 하부 시스템, 소프트웨어 내 프로그램 혹은 작업 단위를 의미한다.

(2) 모듈의 특성

① 모듈은 명령문, 처리 논리, 데이터 구조를 포함한다.

② 각 모듈은 독립적 컴파일이 가능하다.

③ 모듈은 다른 프로그램 안에 포함 가능하다.

④ 모듈은 이름을 가지며, 이름과 매개 변수 값을 이용하여 상호작용한다.

⑤ 모듈은 다른 모듈을 호출하여 이용할 수 있다.

(3) 모듈이 유용한 이유

① 시스템을 기능 단위로 분해 가능하게 한다.

② 기능 활용에 따르는 계층적 순서를 제시해 준다.

③ 자료 추상화를 구현시켜 준다.

④ 기계 종속적인 기능을 분리시켜 준다.

⑤ 소프트웨어의 성능을 향상시킨다.

⑥ 시스템의 시험과 수정을 용이하게 한다.

⑦ 상위 모듈에서 하위 모듈로 내려갈수록 자세히 기술한다.

더 알아보기 좋은 모듈의 기준 기출 2020년 3회
- 모듈 간의 결합도는 최소화, 모듈 내의 응집도는 최대화
- 프로그램의 규모 고려
- 단일 출입구
- 가급적 기계 종속성 배제
- 가시성과 시험 용이성을 향상시킬 수 있어야 함

읽는 강의

강의 바로 보기

- 모듈화는 시스템을 지능적으로 관리할 수 있도록 해주며, 복잡도 문제를 해결하는 데 도움을 준다. 또한 시스템의 유지보수와 수정을 용이하게 한다.
- 모듈 설계 시 유의해야 하는 중요한 부분은 모듈의 기능은 예측이 가능한 것이 좋지만, 지나치게 제한적인 것은 좋지 않다.

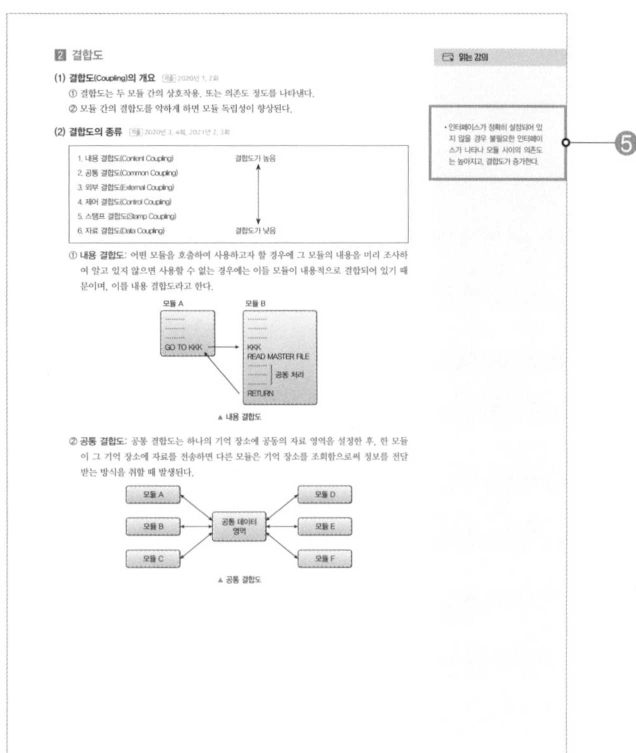

2 결합도

(1) 결합도(Coupling)의 개요 기출 2020년 1, 2회

① 결합도는 두 모듈 간의 상호작용, 또는 의존도 정도를 나타낸다.

② 모듈 간의 결합도를 약하게 하면 모듈 독립성이 향상된다.

(2) 결합도의 종류 기출 2020년 3, 4회, 2021년 2, 3회

1. 내용 결합도(Content Coupling) — 결합도가 높음
2. 공통 결합도(Common Coupling)
3. 외부 결합도(External Coupling)
4. 제어 결합도(Control Coupling)
5. 스탬프 결합도(Stamp Coupling)
6. 자료 결합도(Data Coupling) — 결합도가 낮음

① 내용 결합도: 어떤 모듈을 호출하여 사용하고자 할 경우에 그 모듈의 내용을 미리 조사하여 알고 있지 않으면 사용할 수 없는 경우에는 이들 모듈이 내용적으로 결합되어 있기 때문이며, 이를 내용 결합도라고 한다.

▲ 내용 결합도

② 공통 결합도: 공통 결합도는 하나의 기억 장소에 공동의 자료 영역을 설정한 후, 한 모듈이 그 기억 장소에 자료를 전송하면 다른 모듈은 기억 장소를 조회함으로써 정보를 전달받는 방식을 취할 때 발생된다.

▲ 공통 결합도

읽는 강의
- 인터페이스가 정확히 설정되어 있지 않을 경우 불필요한 인터페이스가 나타나 모듈 사이의 의존도는 높아지고, 결합도가 증가한다.

시간을 전략적으로 활용하는 우선순위 학습!

❶ **Part 내 출제비중** Part 내 Chapter별 출제비중을 제시하여 직관적으로 중요도를 파악할 수 있다.

❷ **기출 & 출제 예상 키워드** 공부 시작 시점과 복습 시점에 학습 가이드로 삼을 수 있다.

❸ **기출 회차 태그** 출제기준 개정 후에 기출된 키워드에 표시를 하였다.

❹ **더 알아보기** 고득점을 위해 참고로 더 알아두면 좋을 개념들을 모았다.

❺ **읽는 강의** 출제경향과 중요 용어를 설명한다.

❻ **강의 바로 보기** 비전공자 눈높이의 고난도 & 핵심 개념을 선별해 학습시간을 효율적으로 활용하고, 고난도 & 핵심 개념을 완벽히 끝낼 수 있다.

합격의 핵심은 반복학습!

❼ **3회독 체크표** 습관적 반복학습을 할 수 있다.

2 개념을 꽉 잡는 **단계별 문제풀이**

1단계 개념확인 문제

소제목별로 짧은 호흡의 개념확인 문제를 배치하여 개념이 어떻게 문제화되는지 확인할 수 있도록 하였다.

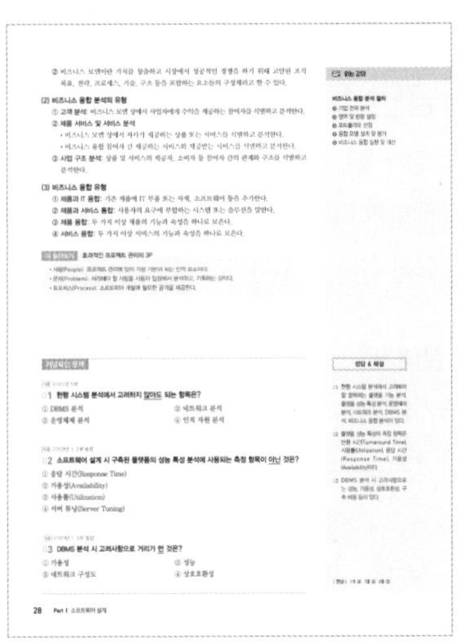

2단계 개념적용 문제

Chapter별로 문제를 배치하여 개념을 문제에 적용시키고, Chapter를 마무리할 수 있도록 하였다.

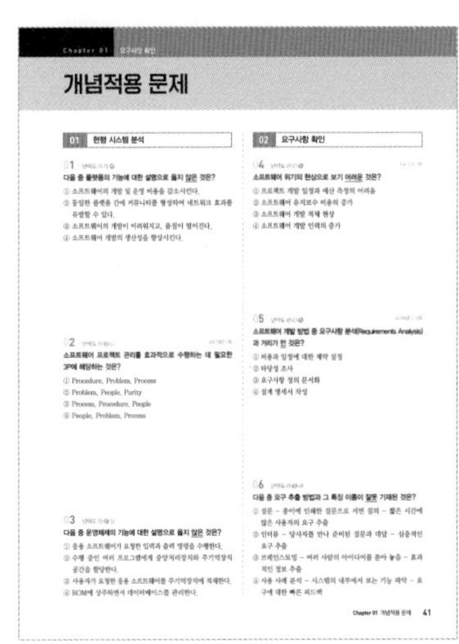

3단계 실전적용 문제

Part별로 문제를 배치하여 실전적용력을 높이고, Part를 마무리할 수 있도록 하였다.

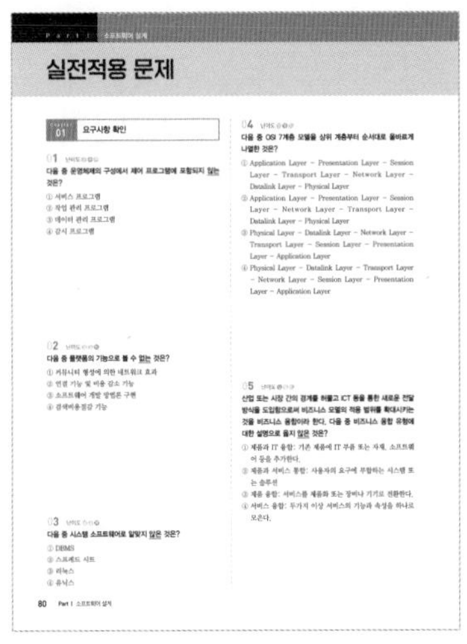

4단계 기출&모의고사

기출문제 총 8회분, 모의고사 3회분을 수록하여 최종 실력 점검과 마무리를 할 수 있도록 하였다.

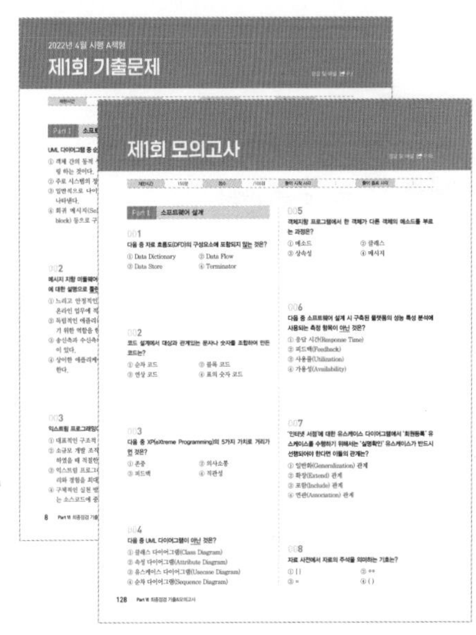

교재에서 드려요!

부록 핵심만 눌러 담은 빈출족보 Best 82

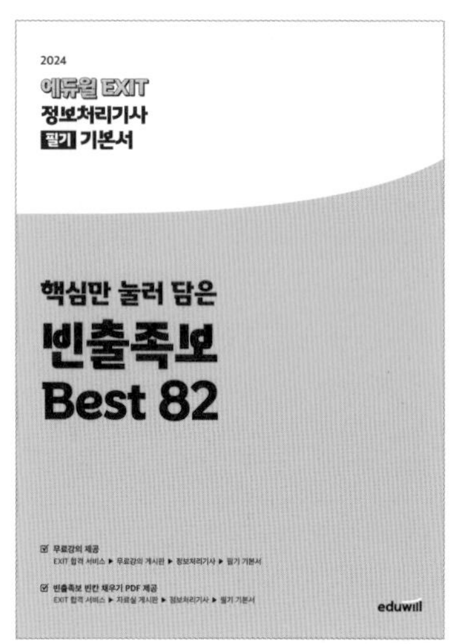

개정 출제기준이 반영된 전 8회 기출문제를 분석하여 나온 빈출개념만 모았다!

[PDF] 빈출족보 빈칸 채우기

[부록] 빈출족보에 빈칸을 뚫어 문제화한 PDF 자료를 제공한다.
빈칸 채우기를 통해 빈출개념을 확실히 잡을 수 있다.

[무료강의] 빈출족보 5시간 만에 끝내기

[부록] 빈출족보와 함께 보면 빈출개념을 완전히 끝낼 수 있는 무료강의를 제공한다.

※ PDF 다운로드
EXIT 합격 서비스(exit.eduwill.net) → 로그인 → 자료실 게시판 → 정보처리기사 → 필기 기본서 → 다운로드

※ 무료강의
EXIT 합격 서비스(exit.eduwill.net) → 로그인 → 무료강의 게시판 → 정보처리기사 → 필기 기본서 → 수강하기

플래너 4주완성 & 셀프 스터디 플래너

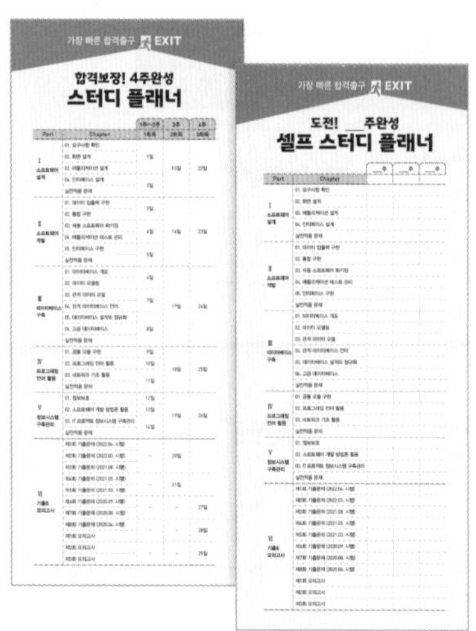

책을 끝까지 보고 시험장에 들어갈 수 있도록 플래너를 제공한다!

합격보장! 4주완성 스터디 플래너

4주 만에 개념부터 문제풀이까지 가능한 플래너이다.
안정적이고 체계적인 합격을 노리는 수험생이라면 사용하는 것을 권장한다.

도전! 셀프 스터디 플래너

개인별 맞춤 속도로 공부할 수 있는 셀프 플래너이다.
공부를 완료한 날짜를 표시하며 스스로 학습 관리를 하고싶은 수험생이 사용하는 것을 권장한다.

EXIT 합격 서비스에서 드려요!

저자에게 묻는
실시간 질문답변

① 로그인
② 교재 구매 인증
③ 실시간 질문답변 게시판
④ 질문하기

핵심만 모아
공부시간을 줄이는
무료강의

① 로그인
② 무료강의 게시판
③ 수강하기

빈출족보
빈칸 채우기
PDF 학습자료

① 로그인
② 자료실 게시판
③ 다운로드

회차별로
기출을 풀어보는
필기CBT

① 로그인
② 교재 구매 인증
③ 필기CBT 게시판
④ 응시하기

바로 확인하는
정오표

EXIT 합격 서비스 바로 가기
(exit.eduwill.net)

교재 구매 인증 방법

EXIT 합격 서비스의 [실시간 질문답변 게시판]과 [필기CBT 게시판]을 이용하기 위해서는 교재 구매 인증이 필요합니다.
❶ EXIT 합격 서비스(exit.eduwill.net) 접속 → ❷ 로그인 → ❸ 우측 구매도서 인증 아이콘 클릭 → ❹ 정답은 교재 내에서 확인

시험 안내

개요

· 우수한 프로그램을 개발하여 업무의 효율성을 높이고, 궁극적으로 국가 발전에 이바지하기 위해 컴퓨터에 관한 전문적인 지식과 기술을 보유한 자를 양성할 목적으로 제정된 국가기술자격시험

· 2020년 1월 1일부터 국가기술자격의 현장성과 활용성 제고를 위해 국가직무능력표준(NCS)을 기반으로 자격의 내용(시험과목, 출제기준 등)을 직무 중심으로 개편하여 시행함

시험 과목

필기 1. 소프트웨어 설계
2. 소프트웨어 개발
3. 데이터베이스 구축
4. 프로그래밍 언어 활용
5. 정보시스템 구축관리

실기 정보처리 실무

시험 방법

필기 객관식 4지 택일형, 과목당 20문항(과목당 30분)
※ 2022년 1~2회: PBT(시험지로 치르는 시험)
※ 2022년 3회: CBT(컴퓨터 기반 시험) 도입

실기 필답형(2시간 30분)

합격 결정 기준

필기 100점을 만점으로 하여 과목당 40점 이상, 전 과목 평균 60점 이상
실기 100점을 만점으로 하여 60점 이상

응시료

필기 19,400원
실기 22,600원

응시 자격

· 관련 학과 4년제 이상 정규 대학교 졸업자 및 졸업 예정자
· 관련 학과 3년제 전문 대학교 졸업자 + 경력 1년 이상인 자
· 관련 학과 2년제 전문 대학교 졸업자 + 경력 2년 이상인 자
· 산업기사 등급의 자격증 취득자 + 경력 1년 이상인 자
· 기능사 등급의 자격증 취득자 + 경력 3년 이상인 자
· 고등학교 이하 학력 + 경력 4년 이상인 자
· 학점은행제 106학점 이상 취득한 자

최근 5개년 합격률

연도	필기	실기
2022	56.7%	20.8%
2021	63.6%	30.8%
2020	57.3%	17.7%
2019	58.2%	51.4%
2018	51.4%	50.5%

국가직무능력표준(NCS)이란?

산업현장에서 직무를 수행하기 위해 요구되는 지식 · 기술 · 태도 등의 내용을 국가가 산업부문별 · 수준별로 체계화한 것

정보처리기사 NCS 접목

정보처리기사 시험은 국가직무능력표준(NCS)을 기반으로 시험과목이 개편되어 시행되고 있으며, 개정 이후 시험에서 NCS 기반의 문제와 개정 이전 시험의 문제들도 다수 포함되어 출제되고 있음

NCS 세분류

과목명	활용 NCS 능력단위	NCS 세분류	직무 정의
Ⅰ. 소프트웨어 설계	01. 요구사항 확인 02. 화면 설계 03. 애플리케이션 설계 04. 인터페이스 설계	응용SW엔지니어링	응용SW엔지니어링 컴퓨터 프로그래밍 언어로 각 업무에 맞는 소프트웨어의 기능에 관한 설계, 구현 및 테스트를 수행하고, 사용자에게 배포하며, 버전관리를 통해 소프트웨어의 성능을 향상시키고, 서비스를 개선하는 일
Ⅱ. 소프트웨어 개발	01. 데이터 입출력 구현 02. 통합 구현 03. 제품 소프트웨어 패키징 04. 애플리케이션 테스트 관리 05. 인터페이스 구현	응용SW엔지니어링	–
Ⅲ. 데이터베이스 구축	01. SQL 응용 02. SQL 활용 03. 논리 데이터베이스 설계 04. 물리 데이터베이스 설계 05. 데이터 전환	DB엔지니어링	DB엔지니어링 업무 요구사항을 달성하기 위하여 전사 데이터아키텍처 정책과 원칙을 기반으로 데이터베이스를 설계 · 구축하고 성능을 관리하는 일
Ⅳ. 프로그래밍 언어 활용	01. 서버 프로그램 구현 02. 프로그래밍 언어 활용 03. 응용 SW 기초기술 활용	응용SW엔지니어링	–
Ⅴ. 정보시스템 구축관리	01. 소프트웨어 개발 방법론 활용	응용SW엔지니어링	IT프로젝트관리 IT프로젝트 인도물의 납기 준수를 위하여 IT프로젝트를 기획하고, 범위, 일정, 원가, 인적자원, 품질, 위험, 의사소통, 조달, 변경, 보안, 정보시스템, 성과 등을 통합 관리하는 일 보안엔지니어링 정보 서비스의 보안 요구사항에 따라 정보보안시스템 도입을 위한 설계, 구축, 유지보수를 수행하는 일
	02. IT 프로젝트 정보시스템 구축관리	IT프로젝트관리	
	03. 소프트웨어 개발보안 구축 04. 시스템 보안 구축	보안엔지니어링	

기출패턴분석 (전 8회분 기출분석)

Part Ⅰ. 소프트웨어 설계

출제비중

- Chapter 01. 요구사항 확인 46%
- Chapter 02. 화면 설계 12%
- Chapter 03. 애플리케이션 설계 34%
- Chapter 04. 인터페이스 설계 8%

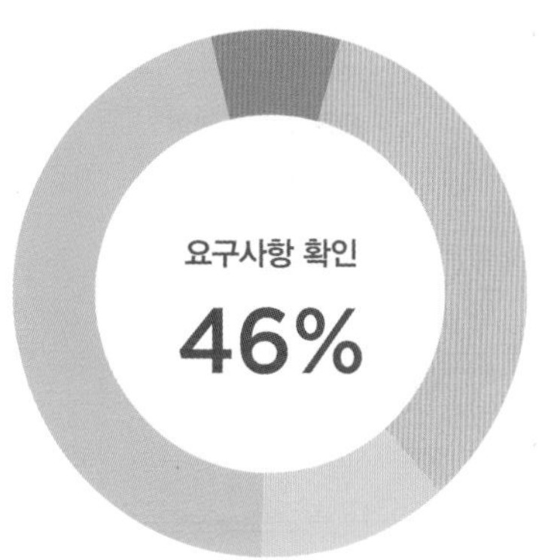

기출분석

전반적으로 소프트웨어 공학의 출제비중이 높은 편입니다. 그중에 요구사항 확인과 애플리케이션 설계에서 많은 문제가 출제되었으며, Part Ⅱ의 소프트웨어 개발 과목과 상호보완적으로 출제되는 경향을 보입니다.

학습전략

소프트웨어 공학은 전반적인 이해가 필요하고, 출제가 가장 많이 되고 있는 요구사항 확인과 애플리케이션 설계 부분을 중점적으로 학습해야 합니다. 정보처리기사 필기 전체 과목 중 평균 점수를 올릴 수 있는 과목입니다.

Part Ⅱ. 소프트웨어 개발

출제비중

- Chapter 01. 데이터 입출력 구현 32%
- Chapter 02. 통합 구현 24%
- Chapter 03. 제품 소프트웨어 패키징 19%
- Chapter 04. 애플리케이션 테스트 관리 18%
- Chapter 05. 인터페이스 구현 7%

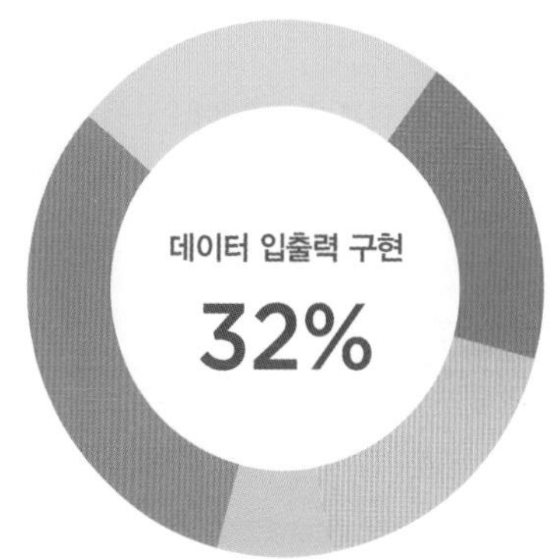

기출분석

Part Ⅰ의 소프트웨어 설계 과목과 같이 소프트웨어 공학의 전반적인 부분들이 다소 출제되고 있습니다. 다소 지엽적인 문제가 출제되는 경향이 있으며, 데이터 입출력 구현과 애플리케이션 테스트 관리 부분에서 많은 문제가 출제되고 있습니다.

학습전략

Part Ⅰ의 소프트웨어 설계 과목과 상호보완적으로 출제되는 경향을 보이므로 소프트웨어 공학에 대한 전반적인 이해가 필요하며, 데이터 입출력 구현과 애플리케이션 테스트 관리 부분에 중점을 두어 학습하는 것이 필요합니다. 특히 앞으로 시험에서 테스트에 관련된 문제가 많이 출제될 것으로 예상되므로 조금 더 확실한 학습이 필요합니다.

Part Ⅲ. 데이터베이스 구축

출제비중

- Chapter 01. 데이터베이스 개요 5%
- Chapter 02. 데이터 모델링 5%
- Chapter 03. 관계 데이터 모델 24%
- Chapter 04. 관계 데이터베이스 언어 27%
- Chapter 05. 데이터베이스 설계와 정규화 19%
- Chapter 06. 고급 데이터베이스 20%

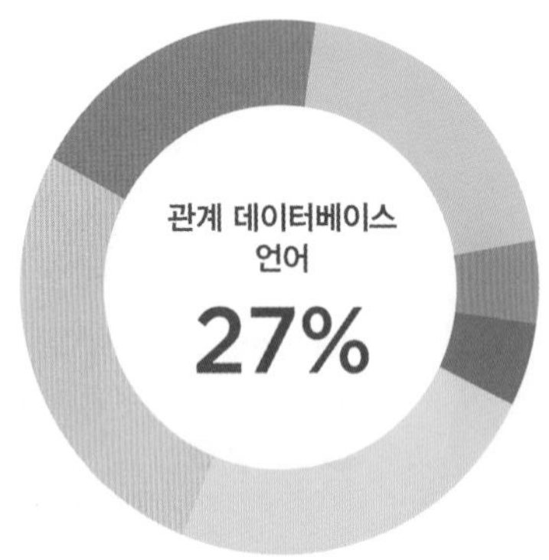

기출분석

정보처리기사 필기 시험에서 다른 과목에 비해 개정 이전의 출제기준에서 출제되는 문제 비중이 높은 과목입니다. 관계 데이터 모델과 관계 데이터베이스 언어, 정규화에서 높은 비중을 보이며 출제되었고, 다른 과목에 비해 난도는 낮게 출제되는 경향을 보입니다.

학습전략

PartⅢ의 데이터베이스 구축 과목은 90% 이상의 문제가 개정 이전의 기출문제가 출제되었으므로, 개정 이전 문제도 학습하는 것이 필요합니다. 또한, 관계 데이터 모델에서 나오는 기본 개념과 용어를 확실하게 학습하여야 다른 부분의 학습을 원활하게 할 수 있고, 관계 데이터베이스 언어와 정규화에 대한 이해가 필요합니다.

Part Ⅳ. 프로그래밍 언어 활용

출제비중

- Chapter 01. 공통 모듈 구현 38%
- Chapter 02. 프로그래밍 언어 활용 42%
- Chapter 03. 네트워크 기초 활용 20%

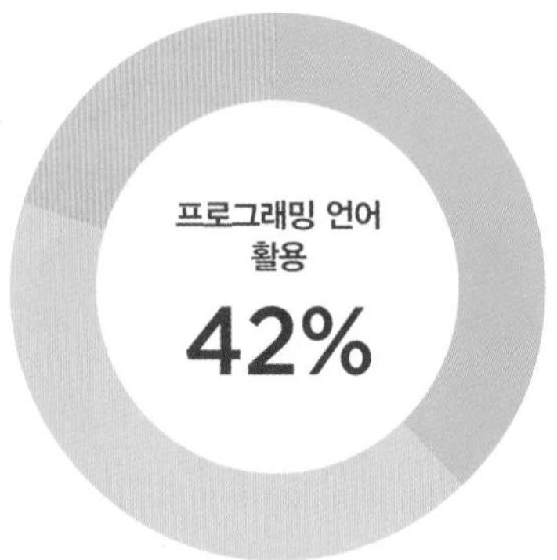

기출분석

2020년 개정 출제기준이 발표된 이후, 시험 회차가 거듭될수록 프로그래밍 언어 활용에 대한 문제가 많이 출제되고 있고, 프로그램 코드의 내용도 점차 복잡해지며 체감 난도가 상당히 높게 출제되었습니다. 또한 공통 모듈 구현과 네트워크 용어에 대해서도 꾸준히 출제되고 있습니다.

학습전략

프로그램 코드 문제의 난도가 점점 올라가고 있으며, 특히 2022년 1회 시험에서는 높은 난도로 출제되었으므로, 코드를 반복적으로 확인하여 코드 문제에 대한 거부감을 줄이는 것이 중요합니다. 프로그래밍 언어도 실제 언어와 마찬가지로 자주 접하여 익숙하게 만들고 문제를 반복적으로 학습할 필요가 있습니다.

Part Ⅴ. 정보시스템 구축관리

출제비중

- Chapter 01. 정보보호 40%
- Chapter 02. 소프트웨어 개발 방법론 활용 37%
- Chapter 03. IT 프로젝트 정보시스템 구축관리 23%

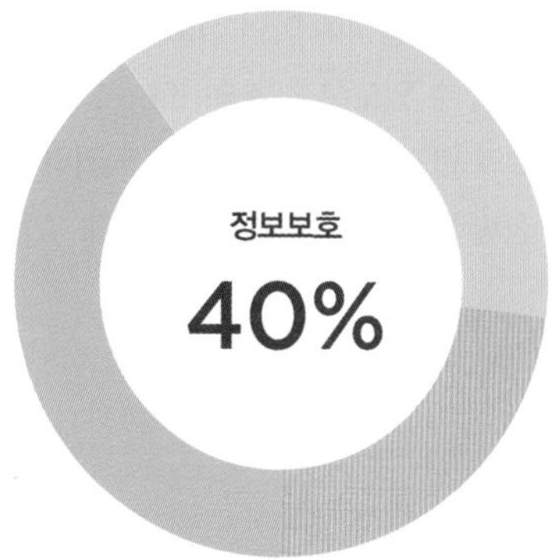

기출분석

정보보호와 소프트웨어 개발 방법론 활용, IT 프로젝트 정보시스템 구축관리가 비교적 비슷한 비중으로 출제되었습니다. 신기술 용어가 다소 출제되므로 체감 난도는 Part Ⅳ의 프로그래밍 언어 활용 과목과 같이 상당히 높습니다.

학습전략

신기술 용어가 출제될 가능성이 높으므로 기존 기출문제에서 출제되었던 용어들을 확실히 학습해야 합니다. 또, 정보보호와 IT 프로젝트 정보시스템 구축 관리 부분에 대해 이해와 암기를 바탕으로 학습하는 것이 필요합니다.

2024 시험 대비 전략

정보처리기사 필기시험은 2022년 3회부터 방식이 PBT에서 CBT로 변경되었습니다. 시험이 CBT 방식으로 변경되면서 앞으로의 시험은 공단 문제은행에서 랜덤한 문제 출제가 예상됩니다. 또한 시험이 하루에 진행되는 것이 아니기 때문에 응시날짜에 따라 문제유형과 난이도가 달라질 수 있으므로 이론 중심의 전체적인 학습을 통하여 필기를 준비하면서 실기까지 대비해야 합니다.

2020년 시험부터 2022년 3회까지의 기출문제를 확인해보면 1, 2, 3과목보다는 4,5과목의 난도가 높게 출제되기 때문에 1, 2, 3과목에서 전체 평균점수를 올리고, 4, 5과목은 과락이 나오지 않도록 대비해야 합니다.

특히 기출문제를 꼼꼼히, 그리고 반복적으로 풀이하여 출제되었던 부분의 확실한 학습이 필요하고, 좀 더 이론적인 내용에 중점을 두고 학습할 필요가 있습니다.

또한 개정 이전의 문제에서도 소프트웨어공학과 데이터베이스, 그리고 데이터통신과 운영체제 과목은 문제를 많이 풀어보는 것도 2024년 시험을 확실히 대비하는데 많은 도움이 될 것입니다.

실전 감각을 익히는 합격 안내서입니다

99

정보처리기사 시험은 국가직무능력표준(NCS)을 기반으로 시험과목이 개편되어 시행되고 있는 대표적인 IT자격증입니다.
최근에 NCS 기반의 문제와 더불어 개정 출제기준 이전의 문제들도 출제되고 있으며, 출제 범위 또한 조금 더 넓어지고 있는 경향을 보입니다.
따라서 본서에서는 이런 점들을 충분히 고려하여 실제 시험에서 가장 중요한 부분들에 중점을 두어 기술하였습니다. 오랜 기간 정보처리기사 수업을 진행하면서 수험생들이 느끼는 어려움들을 파악하여 정보처리기사 시험에 보다 쉽게 접근할 수 있도록 교재를 구성하였습니다.
또한 방대한 양의 내용을 정리하였지만, 대학교재 형식이 아닌 정보처리기사 시험 답안 형태로 만들어 실전에 대한 감각을 충분히 익힐 수 있도록 하였습니다. 이러한 구성의 특징을 잘 파악하고 학습한다면 분명히 여러분의 합격에 좋은 안내서가 되리라 믿습니다. 마지막으로 이 책이 나오기까지 고생하고 힘써주신 여러 고마운 분들에게 깊은 감사를 드립니다.

에듀윌 정보처리기사 필기 저자

손경희(손승호)

숭실대학교 정보과학대학원 석사
(소프트웨어공학과)
現) 에듀윌 전산직/정보처리 전임 강사
現) 박문각남부고시학원 전산직 전임 강사
前) 한국통신연수원 특강 강사
前) 한성기술고시학원 전임 강사
前) 서울고시학원 전산직 전임 강사
前) 서울시교육청 승진시험 출제/선제위원
前) 서울시 승진시험 출제/선제위원

차례

Part Ⅱ. 소프트웨어 개발

Part Ⅲ. 데이터베이스 구축

Part Ⅳ. 프로그래밍 언어 활용

Chapter 01 공통 모듈 구현

Chapter 02 프로그래밍 언어 활용

Chapter 03 네트워크 기초 활용

Part Ⅴ. 정보시스템 구축관리

Chapter 01 정보보호

Chapter 02 소프트웨어 개발 방법론 활용

Chapter 03 IT 프로젝트 정보시스템 구축관리

Part Ⅵ. 최종 실력점검 기출&모의고사

Part I

소프트웨어 설계

NCS 분류 | 응용SW엔지니어링

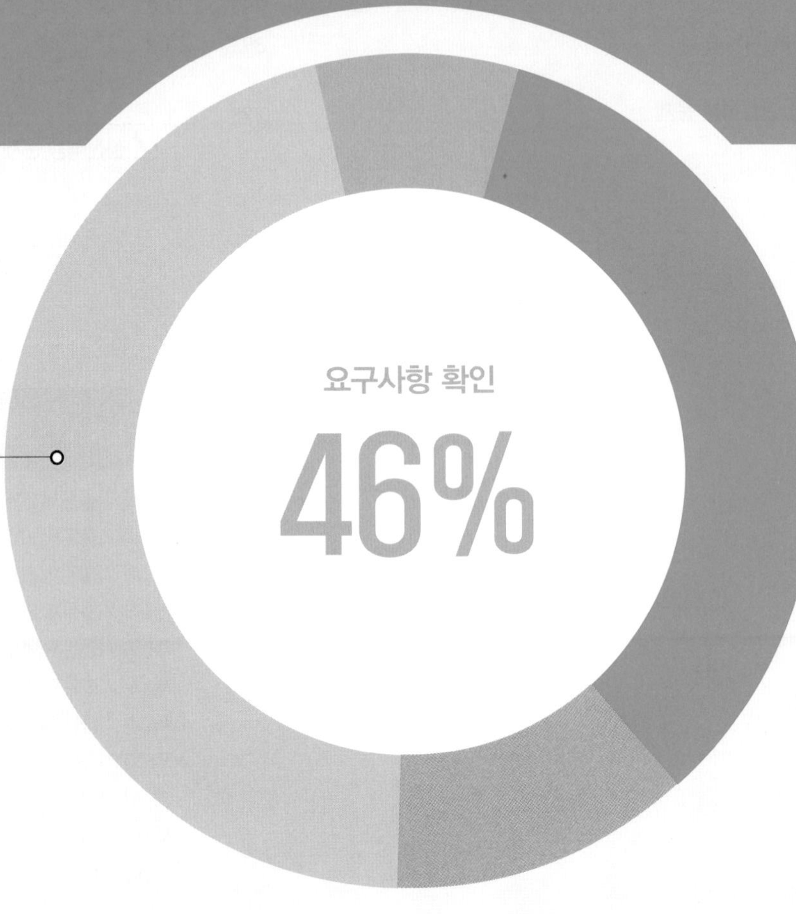

출제 비중

- 요구사항 확인
- 화면 설계
- 애플리케이션 설계
- 인터페이스 설계

요구사항 확인

46%

기출 키워드

Chapter	기출 키워드	난이도
요구사항 확인	현행 시스템 파악, 플랫폼 성능 특성의 측정 항목, DBMS 분석의 특성, 요구사항의 분류, 요구사항 확인 단계, 구조적 분석, 객체지향 분석, UML, 애자일	중상
화면 설계	사용자 인터페이스, 사용자 인터페이스의 종류, 사용자 인터페이스의 기본 원칙, 사용자 인터페이스 개발 시스템의 기능, UI 기본 원칙, 목업, CASE	중
애플리케이션 설계	객체지향(클래스) 설계 원칙, 소프트웨어 아키텍처, 코드 설계, 구조적 설계 도구, 객체지향 기법, 객체지향의 기본 개념, 객체지향의 연관성, 디자인 패턴	중상
인터페이스 설계	인터페이스 요구사항 검토 방법, 사용자 인터페이스, 요구공학 프로세스, 인터페이스 요구사항 검토 방법, 사용자 인터페이스, 요구공학 프로세스, 연계 기술, 미들웨어의 정의, 미들웨어의 특성, 미들웨어의 분류	중

학습전략

Chapter	학습전략
요구사항 확인	① 현행 시스템 파악과 현행 시스템 분석 시 고려사항을 파악한다. ② 요구사항 확인과 분석 기법에 대해 이해한다. ③ UML의 특성과 종류를 파악한다. ④ 애자일 기법의 개념을 이해한다.
화면 설계	① 사용자 인터페이스의 전반적인 개념을 이해한다. ② CASE의 개념과 특성을 파악한다.
애플리케이션 설계	① 설계 모델링을 이해하고 설계 방법을 파악한다. ② 객체지향 기법의 기본 개념을 파악한다. ③ 디자인 패턴의 개념을 이해한다.
인터페이스 설계	① 인터페이스 요구사항을 확인한다. ② 요구공학 프로세스를 이해한다. ③ 미들웨어 솔루션의 정의와 분류를 파악한다.

Chapter

01 요구사항 확인

반복이 답이다! ☐ 1회독 월 일 ☐ 2회독 월 일 ☐ 3회독 월 일

01 현행 시스템 분석

기출 키워드
- 현행 시스템 파악
- 플랫폼 성능 특성의 측정 항목
- DBMS 분석의 특성

출제 예상 키워드
- 현행 시스템 파악 절차

1 현행 시스템 파악

(1) 현행 시스템 파악의 개념 기출 2021년 1회

① 개발하고자 하는 응용 소프트웨어에 대한 이해를 높이기 위해 현행 시스템의 적용 현황을 파악함으로써 개발 범위와 향후 개발될 **시스템**으로의 이행 방향성을 분석할 수 있다.

② 현행 시스템이 어떤 하위 시스템으로 구성되어 있는지, 제공하는 기능이 무엇인지, 다른 시스템들과 어떤 정보를 주고받는지, 어떤 기술 요소를 사용하고 있는지, 사용하고 있는 소프트웨어 및 하드웨어는 무엇인지, 네트워크는 어떻게 구성되어 있는지 등을 파악하는 활동이다.

(2) 현행 시스템 파악 절차

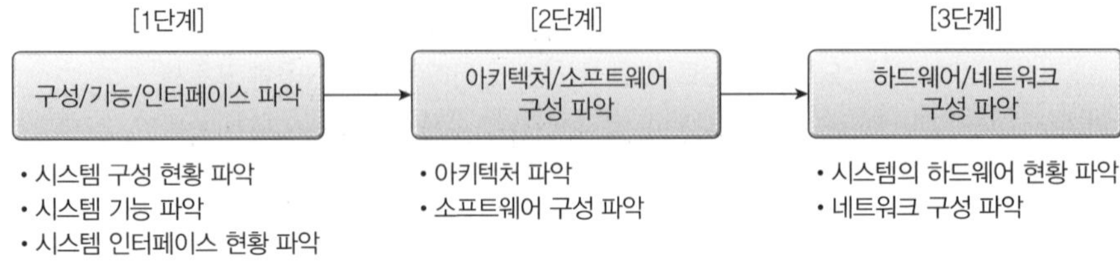

- 시스템 구성 현황 파악
- 시스템 기능 파악
- 시스템 인터페이스 현황 파악

- 아키텍처 파악
- 소프트웨어 구성 파악

- 시스템의 하드웨어 현황 파악
- 네트워크 구성 파악

2 플랫폼 기능 분석

(1) 플랫폼(Platform)의 개념

① 다양한 종류의 시스템이나 서비스를 제공하기 위해 공통적이고 반복적으로 사용하는 기반 모듈이다. 즉, 어떤 서비스를 가능하게 하는 일종의 '토대'라고 할 수 있다. 제품·서비스·자산·기술·노하우 등 모든 형태가 가능하다.

② 일반적으로 응용 프로그램을 구동시키는 데 사용되는 하드웨어와 소프트웨어의 결합이라 할 수 있다.

(2) 플랫폼의 기능

① 소프트웨어의 개발 및 운영 비용을 감소시킨다.

② 소프트웨어 개발의 생산성을 향상시킨다.

③ 동일한 플랫폼 간 커뮤니티를 형성하여 **네트워크 효과**를 유발할 수 있다.

읽는 강의

시스템
목적을 달성하기 위하여 구성 요소들이 상호 유기적으로 구성된 집합체를 의미한다.

현행 시스템 파악의 규칙
❶ 일관성을 유지할 것
❷ 시작, 중간, 종료가 분명하도록 설계할 것
❸ 오류 처리 기능을 간단히 할 것
❹ 단순화시켜 기억의 필요성을 줄일 것
❺ 단축키를 제공할 것

컴퓨터 시스템의 구성 요소
입력, 처리, 출력, 피드백, 제어

현행 시스템 분석 종류
플랫폼 기능 분석, 플랫폼 성능 특성 분석, 운영체제 분석, 네트워크 분석, DBMS 분석, 비즈니스 융합 분석

네트워크 효과
플랫폼 간의 상호작용이 늘어나면서 제품의 사용가치가 높아지는 것으로, 가치상승효과이다.

(3) 플랫폼의 종류

구분	내용
하드웨어 플랫폼 (Hardware Platform)	표준 기술을 통하여 다양한 제품을 만들 수 있는 기술 도구이다. 예 데스크톱, 메인프레임 등
소프트웨어 플랫폼 (Software Platform)	소프트웨어를 쉽게 개발 및 구동하기 위한 기술 도구이다. 예 윈도우, 리눅스, 안드로이드 등
서비스 플랫폼 (Service Platform)	다양한 서비스를 제공할 수 있는 기술 환경이다. 예 트위터, 페이스북 등

(4) 플랫폼 기능 분석 절차

순서	구분	내용
1단계	현행 플랫폼 자료 수집	현행 시스템 담당자의 제시 자료와 인터뷰를 통해 필요한 자료를 수집 및 파악하여 인터뷰 결과서와 현행 플랫폼 구성도를 도출한다.
2단계	수집 자료 분석	수집된 자료에 존재하는 정보들을 취합하여 정제 작업을 실시한다.
3단계	결과 산출물 작성	수집 자료 분석 단계에서 수집된 자료를 기반으로 플랫폼의 기능 분석도를 작성한다.

3 플랫폼 성능 특성 분석

(1) 플랫폼 성능 특성 분석의 개념

① 현재 사용하는 플랫폼의 성능을 분석해야 객관적인 성능 평가를 제시할 수 있고, 사용자에게 안정적 서비스를 제공할 수 있다.

② 플랫폼 성능 특성 분석을 통하여 사용자가 서비스를 이용할 때 처리 속도의 적정성을 알 수 있다.

③ 일반적으로 성능 평가는 초기 조건과 종료 조건을 설정하고, 여러 개의 **파라미터**를 측정하여 수행한다. 성능 평가에 사용되는 파라미터는 서비스 응답 속도, 응답 결과 정확도 등이 있다.

읽는 강의

파라미터(Parameter)
사용자가 원하는 방식으로 자료가 처리되도록 하기 위하여 명령어를 입력할 때 추가하거나 변경하는 수치 정보를 의미한다.

(2) 플랫폼 성능 특성의 분석 기법

구분	내용
사용자 인터뷰	현행 플랫폼 사용자 인터뷰를 통해 응답 속도의 적정성을 확인하여 인터뷰 결과서를 도출한다.
성능 테스트	현행 플랫폼을 대상으로 성능·부하 테스트를 수행하여 성능·부하 테스트 결과서를 도출한다.
산출물 점검	현행 플랫폼과 유사한 타 제품의 성능 자료를 분석하여 벤치마킹 테스트 결과서를 도출한다.

(3) 플랫폼 성능 특성의 측정 항목 기출 2020년 1, 2회

구분	내용
반환 시간 (Turnaround Time)	작업을 요청한 시간부터 처리가 완료될 때까지 걸린 시간을 의미한다.
사용률 (Utilization)	작업을 처리하는 동안 CPU(중앙처리장치), 메모리 등의 자원 사용률을 의미한다.

응답 시간 (Response Time)	요청을 전달한 시간부터 응답이 도착할 때까지 걸린 시간을 의미한다.
가용성 (Availability)	시스템에서 제공되는 서비스가 다운되지 않고 정상적으로 유지되는 시간을 의미한다.

4 운영체제 분석

(1) 운영체제(OS: Operating System)의 개념

① 컴퓨터의 제한된 각종 리소스(자원)를 효율적으로 관리·운영함으로써 사용자에게 편리성을 제공하고자 하는 인간과 컴퓨터 사이의 **인터페이스**(소통)를 위한 시스템 소프트웨어이다.

② 컴퓨터 시스템의 모든 부분(소프트웨어, 하드웨어)을 제어하는 프로그램으로, 그 시스템에서 제공하는 기능을 원활하게 사용할 수 있게 하는 소프트웨어이다.

③ 하드웨어와 소프트웨어 리소스를 관리하고, 컴퓨터 프로그램을 위한 공통 서비스를 제공하는 소프트웨어를 의미한다.

(2) 운영체제의 구성

① 제어 프로그램(Control Program): 컴퓨터 전체의 동작 상태를 감시·제어하는 기능을 수행하는 프로그램이다.

■ 제어 프로그램의 종류

감시 프로그램	제어 프로그램의 중추적 기능을 담당하는 프로그램으로서, 처리 프로그램의 실행 과정과 시스템 전체의 동작 상태를 감독하고 지원하는 프로그램이다.
데이터 관리 프로그램	컴퓨터에서 취급하는 각종 파일과 데이터를 표준적인 방법으로 처리할 수 있도록 관리하는 프로그램 그룹을 의미하고, 주기억장치와 보조기억장치 사이의 데이터 전송, 파일의 조직 및 활용, 입출력 데이터와 프로그램 논리의 연결 등을 담당한다.
작업 관리 프로그램	어떤 업무를 처리하고 다른 업무를 자동적으로 이동하기 위한 준비 및 그 완료 처리를 담당하는 기능을 수행한다.
통신 제어 프로그램	통신 회선을 경유하는 터미널과 중앙의 컴퓨터 사이에서 데이터를 주고받는 경우 또는 컴퓨터에서의 데이터를 송수신하는 경우에 사용되는 프로그램이다.

② 처리 프로그램(Processing Program): 제어 프로그램의 감시 하에 특정 문제를 해결하기 위한 데이터 처리를 담당하는 프로그램이다.

■ 처리 프로그램의 종류

언어 번역 프로그램	컴퓨터 언어로 작성된 프로그램을 시스템이 이해할 수 있는 기계어로 바꾸어 주는 프로그램으로, 컴퓨터 언어의 종류에 따라 각각의 언어 번역 프로그램을 갖고 있다.
서비스 프로그램	컴퓨터 사용에 있어 공통으로 사용 빈도가 높은 기능을 미리 프로그램으로 작성하여 사용자에게 제공함으로써 사용자의 시간 및 노력을 경감시키고 업무 처리 능력을 향상시킬 수 있다.
사용자 정의 프로그램	사용자가 업무상의 문제를 컴퓨터로 처리하기 위해 작성한 프로그램이다.

(3) 운영체제의 종류

① 유닉스(Unix): AT&T사에서 개발하여 멀티 태스킹이 가능하고 다중 사용자 환경을 지원하는 운영체제이다. 유닉스 운영체제는 컴퓨터 서버, 워크스테이션, 휴대용 기기 등에서 사용 된다.

읽는 강의

기출 2022년 2회

인터페이스(Interface)

서로 다른 두 개의 시스템, 장치 사이에서 정보나 신호를 주고받는 경우의 접점이나 경계면이라 할 수 있다. 즉, 사용자가 기기를 쉽게 동작시키는 데 도움을 주는 시스템을 말한다.

FEP(Front End Processor)

입력되는 데이터를 컴퓨터 프로세스가 처리하기 전에 미리 처리하여 프로세서가 처리하는 시간을 줄여주는 프로그램이나 하드웨어를 의미한다.

② **리눅스(Linux)**: 1991년 리누스 토발즈(Linus Torvals)에 의해 유닉스를 기반으로 만들어졌으며, 소스 공개를 원칙으로 하기 때문에 무료 사용이 가능하다.

③ **윈도우(Windows)**: 안정적이고 표준화된 GUI(그래픽 사용자 인터페이스)를 갖추고 있는 운영체제로 PC, 중소 규모 서버, 태블릿 PC 등에서 사용된다.

④ **모바일 운영체제의 종류**: Android, iOS

더 알아보기 모바일 운영체제의 특징

구분	내용
Android	휴대폰용 운영체제·미들웨어·응용 프로그램을 한데 묶은 소프트웨어 플랫폼으로 구글(Google)이 공개한 리눅스 기반의 개방형 모바일 운영체제이다.
iOS	애플(Apple)이 개발하여 제공하는 **임베디드** 운영체제이다. 아이폰, 아이팟 터치, 아이패드 등에 탑재된다.

(4) 운영체제 분석의 특성

① 현재 사용하는 시스템의 운영체제를 분석한다.

② 현재 시스템의 운영체제의 종류를 파악하고, 버전, **패치**, **백업** 주기 등을 분석한다.

(5) 운영체제 현행 시스템 분석 시 고려사항

① 품질 측면

구분	내용
신뢰도	장기간 시스템 운영 시 운영체제의 장애 발생 가능성 예 운영체제의 버그(오류)로 인한 재기동 여부
성능	대규모 및 대량 파일 작업(배치 작업) 처리 예 지원 가능한 메모리 크기(32bit 또는 64bit 주소체계 지원)

② 지원 측면

구분	내용
기술 지원	• 공급사들의 안정적인 기술 지원 • 오픈 소스 여부
주변 기기	• 설치 가능한 하드웨어 • 다수의 주변 기기 지원 여부
구축 비용	• 지원 가능한 하드웨어 비용 • 설치할 응용 프로그램의 라이선스 정책 및 비용 • 유지 및 관리 비용

더 알아보기 운영체제의 기능

- 응용 소프트웨어가 요청한 입력과 출력 명령을 수행한다.
- 수행 중인 여러 프로그램에게 중앙처리장치와 주기억장치의 사용 가능한 공간을 할당한다.
- 사용자가 요청한 응용 소프트웨어를 주기억장치에 적재한다.

읽는 강의

GUI(Graphical User Interface)
사용자가 컴퓨터와 정보를 교환할 때, 그래픽을 통해 조금 더 용이하게 작업할 수 있는 환경을 말한다. 마우스 등을 사용하여 화면에 있는 메뉴를 선택하여 작업할 수 있다.

임베디드 시스템(Embedded System)
특정한 제품이나 솔루션에서 주어진 작업을 수행할 수 있도록 추가로 탑재되는 솔루션이나 시스템을 의미한다.

패치(Patch)
프로그램에서 수정이 필요할 때, 일부 파일이나 소스 코드 등을 변경해 수정하는 것을 의미한다.

백업(Backup)
데이터의 보전이나 사고에 대비하여 미리 자료를 복사하는 것을 의미한다.

5 네트워크 분석

(1) 네트워크의 개념

① 컴퓨터와 같은 통신 기능을 갖춘 두 개 이상의 통신 장치 사이에서 동선이나 광섬유, 혹은 무선 링크를 포함하는 전송 미디어를 사용하여 정해진 규칙으로 통신 **프로토콜**에 따라 데이터로 표현되는 정보를 교환하는 통신망이다.

② 컴퓨터 장치들이 통신 회선으로 연결되어 서로 데이터를 교환하는 기술이다.

(2) OSI 7계층 참조 모델(ISO Standard 7498)

① 같은 종류의 시스템만이 통신을 하는 것이 아니라 서로 다른 기종이 시스템의 종류, 구현 방법 등에 제약을 받지 않고 통신이 가능하도록 통신에서 요구되는 사항을 정리하여 표준 모델로 정립한 것을 말한다.

② 개방형 시스템과 상호 접속을 위한 참조 모델이다.

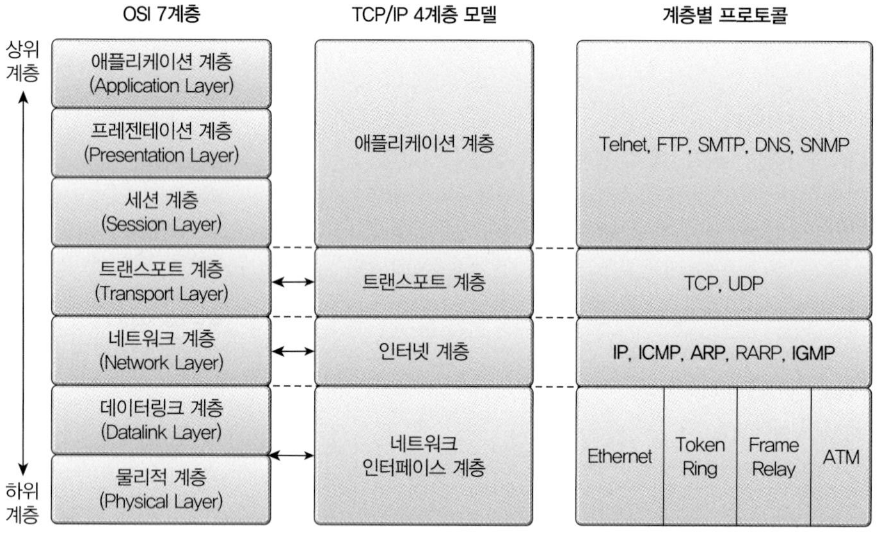

▲ OSI 7계층과 TCP/IP 프로토콜

(3) 네트워크 분석의 특성

① 현재 사용하는 시스템의 네트워크를 분석한다.

② 현재 시스템의 네트워크 구조를 분석하여 전체 시스템의 네트워크 구성도를 작성한다.

③ 현재 시스템의 구조를 분석하기 위하여 스위치, 라우터, IDC, 백본망, 방화벽, IDS 등을 분석한다.

④ 네트워크 장애 발생의 추적 및 대응 등 다양한 용도로 활용이 가능하다.

더 알아보기 네트워크 장비 및 시설

구분	내용
스위치	• 일반적으로 스위칭 허브를 말함 • **MAC 주소**를 이용하여 어느 세그먼트로 패킷을 보내야 할지를 결정할 수 있으며, 이를 위해서 맥 테이블(MAC Table)을 메모리에 저장하여 스위칭 기능을 수행
라우터	• 원거리에서 네트워크 간 통합을 위해 사용되는 장비 • 라우터를 이용해서 복잡한 인터넷상에서 원하는 목적지로 데이터를 보낼 수 있으며, 원하는 곳의 데이터를 가져올 수도 있음
IDC (Internet Data Center)	인터넷 연결의 핵심이 되는 서버(Server)를 한데 모아 집중시킬 필요가 있을 때 설립하는 시설

읽는 강의

프로토콜(Protocol)

- IP(Internet Protocol) 주소: 통신을 할 때, 송신자와 수신자를 구별하기 위한 고유의 주소를 말한다.
- ICMP(Internet Control Message Protocol): IP가 패킷을 전달하는 동안에 발생할 수 있는 오류 등의 문제점을 원본 호스트에 보고하는 일을 한다.
- ARP(Address Resolution Protocol): 네트워크 계층 주소와 링크 계층 주소 사이의 변환을 담당하는 프로토콜이다.
- IGMP(Internet Group Message Protocol): 네트워크의 멀티캐스트 트래픽을 자동으로 조절·제한하고, 수신자 그룹에 메시지를 동시에 전송한다. 멀티캐스팅 기능을 수행하는 프로토콜이다.

MAC 주소(MAC address)

일종의 고유번호로서 이더넷의 물리적인 주소를 말하며, 보통 랜카드 번호 등이 있다.

백본망	• 다양한 네트워크를 상호 연결하는 컴퓨터 네트워크의 일부 • 각기 다른 LAN이나 서브 네트워크 간에 정보를 교환하기 위한 경로를 제공하는 망
방화벽 (침입 차단 시스템, Firewall)	• 외부로부터 내부망을 보호하기 위한 네트워크 구성 요소 중 하나 • 외부의 불법 침입으로부터 내부의 정보 자산을 보호하고, 외부로부터 유해 정보 유입을 차단하기 위한 정책과 이를 지원하는 하드웨어 및 소프트웨어
IDS (Intrusion Detection System)	대상 시스템(네트워크 세그먼트 탐지 영역)에 대한 인가되지 않은 행위와 비정상적인 행동을 탐지하고, 탐지된 불법 행위를 구별하여 실시간으로 침입을 차단하는 기능을 가진 보안 시스템

6 DBMS 분석

(1) DBMS(DataBase Management System)의 개념

① 응용 프로그램과 데이터베이스의 중재자로서, 모든 응용 프로그램들이 데이터베이스를 공유할 수 있도록 관리해 주는 시스템 소프트웨어이다.

② 데이터베이스를 효과적으로 이용할 수 있도록 하기 위해 필요한 제어, 접근 방법, 관리 등의 기능을 수행하는 소프트웨어이다.

(2) DBMS 분석의 특성 기출 2020년 1, 2회

① 현재 사용하는 시스템의 DBMS를 분석한다.

② 현재 시스템의 DBMS 종류, 버전, 구성 방식, 백업 주기 등을 분석한다.

③ DBMS 분석 시 고려사항: 가용성, 성능, 기술 지원, 상호호환성, 구축 비용 등

구분	내용
가용성	• 장기간 시스템을 운영할 때 발생할 수 있는 장애 발생 가능성 • DBMS의 결함 등으로 인한 패치 설치를 위한 재기동, 백업 및 복구 편의성, DBMS 이중화 및 복제 지원
성능	대규모 데이터 처리 성능, 대량 트랜잭션 처리 성능, 다양한 튜닝 옵션 지원, 비용 기반 최적화 지원 및 설정의 최소화
기술 지원	• 공급 벤더들의 안정적인 기술 지원 • 많은 사용자들 간의 정보 공유
상호호환성	설치 가능한 운영체제 종류, 다양한 운영체제에서 지원되는 **JDBC**, **ODBC**와 같은 인터페이스 호환
구축 비용	라이선스 정책 및 비용, 유지 및 관리 비용

JDBC
(Java Database Connectivity)
자바와 데이터베이스를 연결해 주는 응용 프로그램 인터페이스이다.

ODBC
(Open Database Connectivity)
마이크로소프트사가 개발한 데이터베이스 접근을 위한 응용 프로그램 인터페이스이다.

(3) DBMS의 필수 기능

① 정의 기능(Definition Facility): 데이터베이스 구조를 정의한다.

② 조작 기능(Manipulation Facility): 데이터 조작어로 데이터베이스를 조작한다.

③ 제어 기능(Control Facility): 데이터베이스 내용의 정확성과 안정성을 유지한다.

7 비즈니스 융합 분석

(1) 비즈니스 융합의 개념

① 산업 또는 시장 간의 경계를 허물고 ICT(Information & Communication Technology, 정보 통신 기술) 등을 통한 새로운 전달 방식을 도입함으로써 비즈니스 모델의 적용 범위를 확대시키는 것을 의미한다.

② 비즈니스 모델이란 가치를 창출하고 시장에서 성공적인 경쟁을 하기 위해 고안된 조직 목표, 전략, 프로세스, 기술, 구조 등을 포함하는 요소들의 구성체라고 할 수 있다.

(2) 비즈니스 융합 분석의 유형

① **고객 분석**: 비즈니스 모델 상에서 사업자에게 수익을 제공하는 참여자를 식별하고 분석한다.

② **제품 서비스 및 서비스 분석**

- 비즈니스 모델 상에서 자사가 제공하는 상품 또는 서비스를 식별하고 분석한다.
- 비즈니스 융합 참여자 간 제공하는 서비스와 제공받는 서비스를 식별하고 분석한다.

③ **사업 구조 분석**: 상품 및 서비스의 제공자, 소비자 등 참여자 간의 관계와 구조를 식별하고 분석한다.

(3) 비즈니스 융합 유형

① **제품과 IT 융합**: 기존 제품에 IT 부품 또는 자재, 소프트웨어 등을 추가한다.

② **제품과 서비스 통합**: 사용자의 요구에 부합하는 시스템 또는 솔루션을 말한다.

③ **제품 융합**: 두 가지 이상 제품의 기능과 속성을 하나로 모은다.

④ **서비스 융합**: 두 가지 이상 서비스의 기능과 속성을 하나로 모은다.

더 알아보기 효과적인 프로젝트 관리의 3P

- 사람(People): 프로젝트 관리에 있어 가장 기본이 되는 인적 요소이다.
- 문제(Problem): 처리해야 할 사항을 사용자 입장에서 분석하고, 기획하는 것이다.
- 프로세스(Process): 소프트웨어 개발에 필요한 골격을 제공한다.

읽는 강의

비즈니스 융합 분석 절차

❶ 기업 전략 분석
❷ 영역 및 방향 설정
❸ 포트폴리오 선정
❹ 융합 모델 설계 및 평가
❺ 비즈니스 융합 실행 및 개선

개념확인 문제

기출 2021년 1회

01 현행 시스템 분석에서 고려하지 않아도 되는 항목은?

① DBMS 분석　② 네트워크 분석
③ 운영체제 분석　④ 인적 자원 분석

기출 2020년 1, 2회 통합

02 소프트웨어 설계 시 구축된 플랫폼의 성능 특성 분석에 사용되는 측정 항목이 아닌 것은?

① 응답 시간(Response Time)
② 가용성(Availability)
③ 사용률(Utilization)
④ 서버 튜닝(Server Tuning)

기출 2020년 1, 2회 통합

03 DBMS 분석 시 고려사항으로 거리가 먼 것은?

① 가용성　② 성능
③ 네트워크 구성도　④ 상호호환성

정답 & 해설

01 현행 시스템 분석에서 고려해야 할 항목에는 플랫폼 기능 분석, 플랫폼 성능 특성 분석, 운영체제 분석, 네트워크 분석, DBMS 분석, 비즈니스 융합 분석이 있다.

02 플랫폼 성능 특성의 측정 항목은 반환 시간(Turnaround Time), 사용률(Utilization), 응답 시간(Response Time), 가용성(Availability)이다.

03 DBMS 분석 시 고려사항으로는 성능, 가용성, 상호호환성, 구축 비용 등이 있다.

| 정답 | 01 ④ 02 ④ 03 ③

02 요구사항 확인

읽는 강의

기출 키워드
- 요구사항의 분류
- 요구사항 확인 단계
- 구조적 분석
- 객체지향 분석
- UML
- 애자일

출제 예상 키워드
- 요구 분석 기법의 종류
- XP

1 요구사항의 개념

(1) 요구사항의 정의

① 요구사항은 시스템에 대한 고객의 요청을 확정한 것으로 이해 당사자와의 의사소통과 이해가 필요하다.

② 요구사항은 어떤 문제를 해결하기 위한 조건이나 제약 조건으로 소프트웨어 개발 전 과정에 필요한 기준과 근거를 제공한다.

(2) 요구사항의 분류 기출 2021년 3회, 2022년 2회

요구사항은 기능적 요구사항과 비기능적 요구사항으로 나눌 수 있다.

구분	내용	예
기능 요구사항	• 시스템이 외형적으로 보여주는 기능과 동작 • 사용자와 외부 요소들 간의 상호작용 • 업무 절차나 입출력에 대한 요구 • 쉽게 파악되고 사용 사례로 정리	ATM 기기의 입출금 작업
비기능 요구사항	• 시스템이 제공하는 기능에 직접 관련되지 않는 요구 • 시스템에 대한 다양한 제약 조건 • 성능, 품질, 보안, 안전, 인터페이스 등의 요구사항 • 파악하기가 어렵고 품질 속성 시나리오로 정리	ATM 기기의 응답 속도, 가동률

더 알아보기 요구 분석 기법의 문제점 및 해결 방안

문제점	해결 방안
이해 부족	경험 있는 인력 투입, 유스케이스 모델링
의사소통 부족	Work-through, Inspection, 워크숍, 의사소통 채널 단일화
표현의 어려움	모델링 기법(구조적 분석 기법, 객체지향 분석 기법)으로 가시화
요구사항 변경	변경 관리 계획, 유형별 분리

워크스루(Walk-through)
워크스루는 검토회의 전에 요구사항 명세서를 미리 배포하여 사전 검토한 후 짧은 검토회의를 통해 오류를 조기에 검출하는 데 목적을 두는 요구사항 검토 방법이다.

2 요구사항 확인 단계

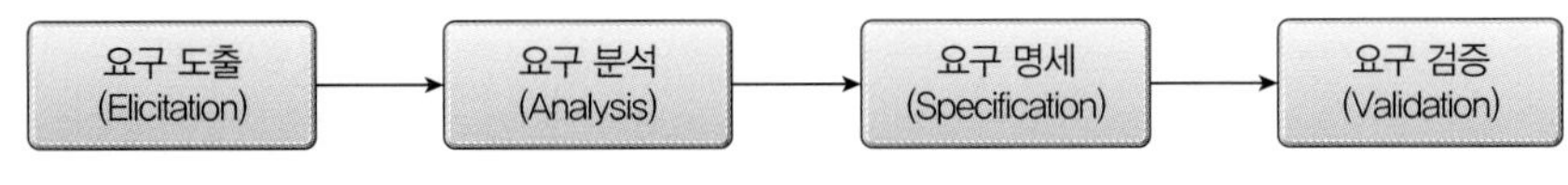

▲ 요구사항 확인 단계

(1) 요구 도출

① 개발 관련자들이 모여 사용자의 요구사항이 무엇인지 기능적/비기능적 요구사항을 추출하는 과정이다.

② 다양한 요구사항을 도출하기 위해서 이해 당사자와의 의사소통과 이해를 필요로 한다.

더 알아보기 요구 도출 방법 기출 2021년 1, 2회

인터뷰	개발 관련 이해 당사자와 일대일 직접 대화를 통해 요구사항을 수집
설문조사	사용자가 다수이고, 지역이 분산되어 있을 때 간접적으로 요구사항을 수집
워크숍	여러 사람들이 한 장소에 모여 의견을 교환하여 단기간에 요구사항을 수집
프로토타이핑	프로토타입(견본)을 만들고 평가를 받으며 사용자의 요구사항을 수집
브레인스토밍	회의 참석자들이 자유롭게 아이디어를 제시하여 요구사항을 수집
유스케이스	사용 사례 분석으로 사용자 요구사항을 기능별로 구분하여 수집
JAD	개발자와 사용자가 만나서 요구사항 도출을 위한 공동 작업을 수행

읽는 강의

(2) 요구 분석

① 소프트웨어 개발의 실질적인 첫 단계로 사용자 요구에 대해 이해하는 단계이다.
② 도출한 요구의 타당성을 조사하고 비용, 일정 등의 제약을 설정한다.
③ 요구 분석의 결과는 소프트웨어 설계의 기본 자료로 사용된다.
④ 요구 분석 기법은 구조적 분석, 객체지향 분석으로 구분된다.
⑤ 요구 분석 시 필요한 기술 기출 2021년 3회

청취와 인터뷰 질문 기술	요구사항 도출 단계의 면담, 설문, 브레인스토밍 등에서 필요하다.
분석과 중재 기술	요구사항 분석 기법의 개념 모델링에서 필요하다.
관찰 및 모델 작성 기술	요구사항 분석 기법의 정형 분석과 요구사항 협상에서 필요하다.

(3) 요구 명세

① 요구 분석의 결과를 바탕으로 요구 모델을 작성하고 문서화하는 활동이다.
② 기능 요구사항은 빠짐없이, 비기능 요구사항은 필요한 것만 기술한다.
③ 소단위 명세서를 이용해 사용자가 이해하기 쉽게 작성한다.
④ 요구 명세 기법은 정형 명세와 비정형 명세로 구분된다.

- 명세서 작성은 실제 단계에서 수행된다.

■ 요구사항 명세 속성 기출 2020년 1, 2회

구분	내용
정확성(Correctness)	요구사항은 정확해야 한다.
명확성(Clarity)	단 한 가지로 해석되어야 한다.
완전성(Completeness)	모든 요구사항(기능, 비기능)이 표현되어야 한다.
일관성(Consistency)	요구사항 간 충돌이 없어야 한다.
수정 용이성(Modification)	요구사항의 변경이 가능해야 한다.
추적성(Traceability)	제안서 등을 통해 추적이 가능해야 한다.

■ 요구사항 명세 기법 기출 2020년 4회

구분	정형 명세	비정형 명세
기법	수학적 기반/모델링 기반	상태/기능/객체 중심 명세 기법, 자연어 기반
종류	Z, VDM, Petri-Net, CSP, LOTOS	FSM, Decision Table, ER 모델링, SADT, UseCase
장점	시스템 요구 특성의 정확, 명세 간결	명세 작성 이해 용이, 의사 전달 방법 다양성
단점	낮은 이해도, 이해 관계자의 부담 가중	불충분한 명세 기능, 모호성

정형적 명세 기법

- 정형적 명세서의 형식은 수학적이며, 명세와 설계 시 시스템의 기능과 행위를 표현하는 정형적 문법(Formal Syntax)과 의미(Semantix)를 사용해서 기술한다.
- 분석, 설계 동안 적용된 소프트웨어 공학 방법들은 수학적 엄격함의 정도에 따라 정형성(Formality)의 스펙트럼으로 분류된다.
- Z 또는 VDM과 같은 정형적 명세 언어로 표현된 명세서를 생성한다.

(4) 요구 검증

① 요구사항이 고객이 원하는 시스템을 제대로 정의하고 있는지 확인하는 과정이다.
② 요구사항에 자원이 배정되기 전에 문제 파악을 위한 검증을 수행해야 한다.
③ 요구사항이 실제 요구를 반영하는지, 문서상의 요구사항은 서로 상충되지 않는지 등을 점검한다.
④ 일반적으로 요구사항 관리도구를 이용해 산출물에 대한 형상관리를 수행한다.

읽는 강의

요구사항 관리도구의 필요성
❶ 요구사항 변경으로 인한 비용 편익 분석
❷ 요구사항 변경의 추적
❸ 요구사항 변경에 따른 영향 평가

3 구조적 분석

(1) 자료 흐름도(DFD: Data Flow Diagram) 기출 2020년 1, 2, 3, 4회, 2022년 1회

① 자료 흐름도는 가장 보편적으로 사용되는 시스템 모델링 도구로, 기능 중심의 시스템을 모델링하는데 적합하다.
② DeMarco와 Youdon에 의해 제안되었고, 이를 Gane와 Sarson이 보완하였다.
③ **자료 흐름도의 구성**: 프로세스(Process), 자료 흐름(Data Flow), 자료 저장소(Data store), 단말(Terminator)

• 구조적 분석 도구: DFD, DD, Mini-spec

■ 자료 흐름도 기호

기호	의미
⬭	프로세스
⟶	자료 흐름
═	자료 저장소
▭	단말(외부 개체)

(2) 자료 사전(DD: Data Dictionary) 기출 2020년 3, 4회

① 자료 사전은 개발 시스템과 연관된 자료 요소들의 집합이며, 저장 내용이나 중간 계산 등에 관련된 용어를 이해할 수 있는 정의이다.
② 자료 사전은 다음과 같은 작업에 의해 자료 요소를 정의한다.

자료 사전 기호	기능	의미
=	자료의 정의	~로 구성되어 있음
+	자료의 연결	그리고, 순차(and)
( )	자료의 생략	선택 사양, 생략 가능(Optional)
{ }	자료의 반복	반복(Iteration)
[|]	자료의 선택	여러 대안 중 하나 선택
* *	자료의 설명	주석(Comment)

(3) 프로세스 명세서

① 자료 흐름도의 계층상에서 최하위 단계, 즉 더 이상 분해할 수 없는 단계의 처리 절차를 기술하는 것으로 구조적 언어를 이용한다.
② DeMacro는 프로세스 명세서를 소단위 명세서(Mini-spec)라고 하였다.

• 프로세스 명세서는 구조적 언어, 의사결정표, 의사결정도 등으로 작성할 수 있다.

4 객체지향 분석

(1) 객체지향 분석(OOA: Object Oriented Analysis)의 개념 기출 2021년 1회

동적 모델링 기법이 사용될 수 있으며, 데이터와 행위를 하나로 묶어 객체를 정의하고, 추상화시키는 작업이라 할 수 있다.

기출 2020년 1, 2, 3, 4회, 2021년 2, 3회, 2022년 1회

(2) 럼바우(Rumbaugh)의 OMT(Object Modeling Technique) 기법

① 소프트웨어 구성 요소들을 그래픽 표기법을 이용하여 객체들을 모델링하는 기법이다.

② 객체들의 연관성을 강조하며, 조직적인 모델링 방법론을 이용하여 실세계의 문제들을 다른 방법보다 상세하게 나타낸다.

③ 시스템의 분석, 설계, 구현 단계 전 과정에 객체지향 개념을 적용했다.

④ 객체 모델링 → 동적 모델링 → 기능 모델링 순서로 진행된다.

■ OMT 3단계

구분	내용
객체 모델링 (Object Modelling)	• 객체 다이어그램으로 표시하며, 정보 모델링이라고도 한다. • 일대다의 객체 의존 관계를 정의한 것이다. • 시스템에서 요구되는 객체를 찾아내어 속성과 연산 식별 및 객체들 간의 관계를 규정하여 다이어그램으로 표시하는 모델링이다.
동적 모델링 (Dynamic Modelling)	시스템이 시간 흐름에 따라 변화하는 것을 보여주는 상태 다이어그램(State Diagram)을 작성한다.
기능 모델링 (Function Modelling)	시스템 내에서 데이터가 변하는 과정을 나타내며, 자료 흐름도를 이용한다.

(3) Booch의 OOAD(Object Oriented Analysis and Design)

① 여러 가지 다른 방법론을 통합하여 하나의 방법론으로 만들었는데 분석보다는 설계에 더 많은 중점을 두고 있다.

② 전체 시스템의 가시화와 실시간 처리에 유용하며, 설계를 위한 문서화 기법이 강조된다.

③ 규모가 큰 프로젝트 수행 시 과정이 매우 복잡해지며, 구현 언어(Ada)에 제한된다.

(4) Coad/Yourdon 방법 기출 2020년 1, 2회,2021년 1회

E-R 다이어그램을 사용하여 객체의 행위를 모델링 하는 데 초점을 둔 방법이다. 객체 식별, 구조 식별, 주체 정의, 속성 및 관계 정의, 서비스 정의 등의 과정으로 구성된다.

읽는 강의

• 요구사항 정의 및 분석/설계의 결과물을 표현하기 위한 모델링 과정에 사용되는 다이어그램: DFD, E-R 다이어그램, UML 다이어그램 등

5 UML

(1) UML(Unified Modeling Language)의 정의 기출 2022년 1회

① 객체지향 분석/설계용의 모델링 언어이며, 기존의 객체지향 방법론과 함께 제안되어 모델링 언어 표기법의 표준화를 목적으로 한 것이다.

② 시스템의 다양한 특성을 표현하는 방법이 있으며, 객체지향 분석 및 설계 표현 방법에 대한 표준으로 받아들여지고 있다.

③ UML은 객체지향 소프트웨어를 모델링하는 표준 그래픽 언어로, 심벌과 그림을 사용해 객체지향 개념을 나타낼 수 있다.

④ UML은 소프트웨어 개발의 중요한 작업인 분석, 설계, 구현의 정확하고 완벽한 모델을 제공한다.

(2) UML의 특성

① **시스템의 정적인 측면**: 클래스 다이어그램(Class Diagram)

② **시스템의 동적인 측면:** 시퀀스 다이어그램(Sequence Diagram), 상태 다이어그램(State Diagram)

③ **시스템의 기능적 측면:** 유스케이스 다이어그램(UseCase Diagram)

읽는 강의

더 알아보기 UML의 기본 구성 요소 기출 2020년 4회

구분	내용
사물 (Things)	모델을 구성하는 가장 중요한 요소로 다이어그램 안에서 관계가 형성될 수 있는 대상들을 말한다.
관계 (Relationships)	사물과 사물 사이의 연관성을 표현하는 것이다. (연관 관계, 집합 관계, 포함 관계, 일반화 관계, 의존 관계, 실체화 관계)
다이어그램 (Diagram)	사물과 관계를 도형으로 표현한 것이다.

(3) UML 다이어그램의 종류 기출 2020년 1, 2, 3회,2021년 1, 2회, 2022년 1회

구조적 다이어그램	Class Diagram, Object Diagram, Component Diagram, Deployment Diagram, Composite Diagram, Package Diagram
행위 다이어그램	UseCase Diagram, Sequence Diagram, State Diagram, Activity Diagram, Timing Diagram, Communication Diagram

더 알아보기 UML 스테레오 타입 기출 2020년 1, 2회

- UML에서 표현하는 기본 기능 외에 추가적인 기능을 표현하기 위해 사용된다.
- 기호 ≪ ≫ 사이에 표현할 형태를 기술하며 길러멧(Guilmet)이라고 부른다.

예 ≪INCLUDES≫, ≪EXTENDS≫

① 유스케이스 다이어그램(UseCase Diagram) 기출 2021년 2회, 2022년 2회

- 시스템이 어떤 기능을 수행하고, 주위에 어떤 것이 관련되어 있는지를 나타낸 모형이다.
- 각 기능을 정의함으로써 시스템에 대한 전반적인 이해를 높이고, 문제 영역에 대해 개발자와 사용자 간의 의사소통을 원활하게 하는 데 도움을 줄 수 있다.
- 시스템의 기능을 나타내기 위해 사용자의 요구를 추출하고 분석하는 데 사용한다.
- 외부에서 보는 시스템의 동작으로, 외부 객체들이 어떻게 시스템과 상호작용하는지(시스템이 외부 자극에 어떻게 반응하는지) 모델링한 것이다.
- 액터는 시스템 범위 바깥쪽에 있고 유스케이스는 액터에게 보이는 시스템의 기능이다.

■ 유스케이스 다이어그램의 구성 요소

액터(Actor)	시스템과 상호작용하는 시스템 외부의 사람이나 다른 시스템 혹은 시스템 환경, 하드웨어
유스케이스(Use Case)	액터의 요청에 의해서 수행하게 되는 시스템의 기능으로 완전하고 의미있는 이벤트의 흐름을 나타내며, 유스케이스의 집합은 시스템을 사용하는 모든 방법을 이룬다.
시나리오(Scenario)	유스케이스는 시스템의 기능을 나타내는 모든 가능한 시나리오를 추상화한 것이며, 시나리오는 실제 일어나는 일들을 기술한 유스케이스의 인스턴스이다.

액터(Actor)
시스템 외부의 사람이나 다른 시스템을 말한다.

- 유스케이스의 관계 기출 2021년 1회
  - 연관(Assosiation) 관계: 액터와 유스케이스가 연관이 있음을 의미하며, 실선으로 표기한다.
  - 의존(Dependency) 관계에는 포함 관계와 확장 관계가 있다.

포함(Include) 관계	복잡한 시스템에서 중복된 것을 줄이기 위한 방법으로 함수의 호출처럼 포함된 사용사례를 호출하는 의미를 갖는다. 또한 필수적 관계이며 하나의 유스케이스가 실행되기 위해선 다른 유스케이스가 반드시 실행되어야 할 때 사용하고, 점선 화살표에 ≪include≫라고 표기한다.
확장(Extention) 관계	예외 사항을 나타내는 관계로 이벤트를 추가하여 다른 사례로 확장한다. 즉, 선택적 관계이며 유스케이스가 특정 조건을 만족할 경우 실행되는 부가적인 기능을 나타내며, 점선 화살표에 ≪extends≫라고 표기한다.

– 일반화(Generalization) 관계: 사용사례의 상속을 의미하며 유사한 사용사례를 모아 일반적인 사용사례를 정의한다. 구체적인 유스케이스에서 일반화된 유스케이스쪽으로 향하는 끝부분이 삼각형인 실선 화살표로 표기한다.

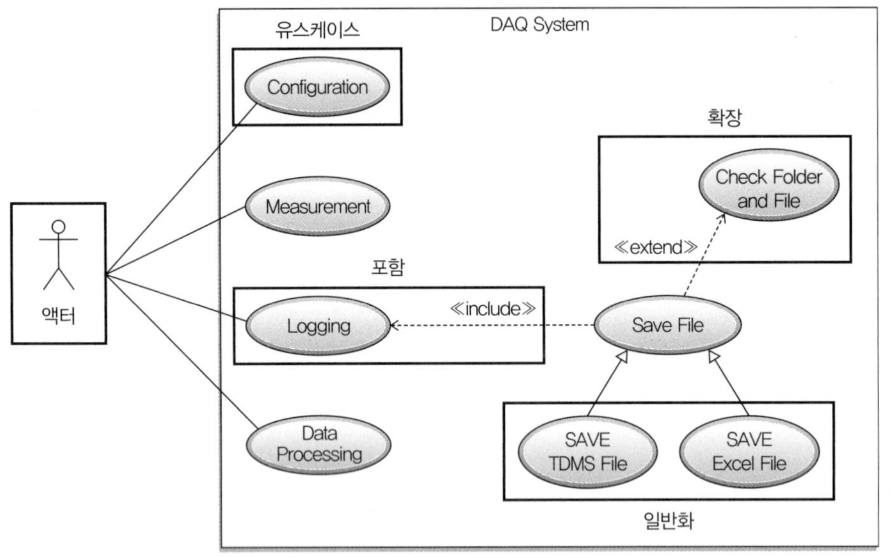

▲ 유스케이스의 관계 예

② 클래스 다이어그램(Class Diagram)

- 클래스 다이어그램은 객체지향 분석 및 설계의 핵심이다.
- 객체, 클래스, 속성, **오퍼레이션** 및 연관 관계를 이용하여 시스템을 나타낸다.
- 클래스 다이어그램을 통하여 사용자는 보다 쉽게 원하는 시스템의 구조를 정의할 수 있다. 또한 입출력 화면도 하나의 객체로 나타나기 때문에 시스템의 구조화가 용이하고 분석 단계에서 사용자 인터페이스 프로토타이핑 작성이 쉬워진다.

■ 클래스 다이어그램의 예

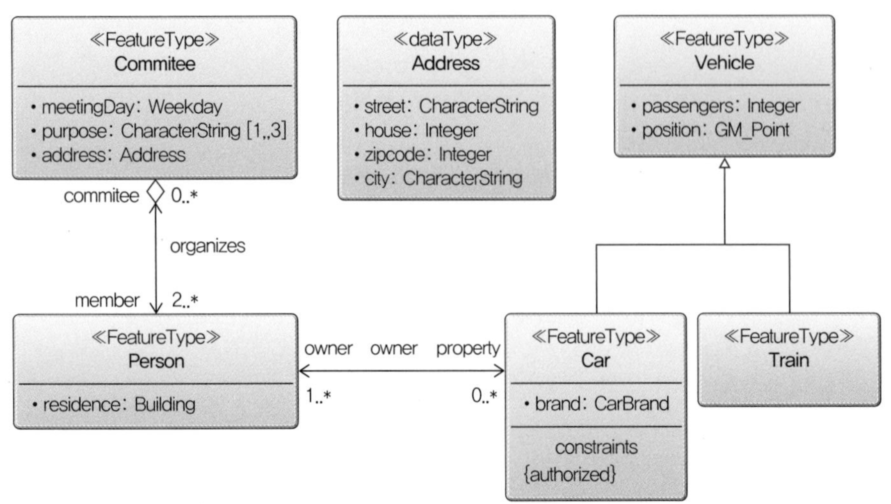

읽는 강의

확장(Extention)
기본 유스케이스 수행 시 특별한 조건을 만족할 때 수행하는 유스케이스이다.

오퍼레이션
클래스의 동작을 의미하며, 클래스에 속하는 객체에 대하여 적용될 메소드를 정의한 것이다.

Student 클래스 표기의 예

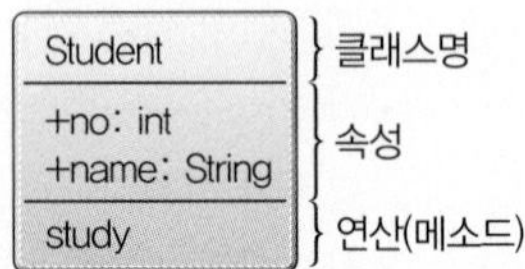

접근제어자

접근제어자	표시	의미
public	+	모든 클래스에서 접근 허용
protected	#	동일 패키지 및 하위 클래스에서 허용
default	~	동일 패키지의 클래스에서만 접근 가능
private	–	해당 클래스에서만 접근 허용

- 접근 범위
  public 〉 protected 〉 default 〉 private

■ 클래스 다이어그램 구성 요소

클래스	각 객체들이 갖는 속성과 동작 표현, 접근 제어자 설정
관계	클래스와 클래스 관계 설정: 연관, 집합, 일반화 등
제약 조건	속성에 입력된 값에 대한 제약 조건

• 클래스 다이어그램의 유형
  – 연관 관계(Association): 연관 관계를 표시한 선분의 끝에는 역할을 표시하는데, 이는 연관 관계가 어떤 클래스로부터 연유된 것인지를 나타내기 위함이다.
  – 일반화 관계(Generalization): 상속 관계라고도 하며, 한 클래스가 다른 클래스를 포함하는 상위 개념일 때 이를 IS-A 관계라고 한다.
  – 부분 전체 관계: 부분 전체의 관계를 집합(Aggregation) 관계와 복합(Composition) 관계로 구분한다.

집합 관계	구성 요소(부분)가 없어도 전체 개념이 존재할 수 있다.
복합 관계	집합 관계의 강한 형태로서, 복합 관계에서 부분은 한 순간에 하나의 전체에만 포함된다.

  – 의존 관계(Dependency): 연관 관계와 같이 한 클래스가 다른 클래스를 사용할 때 나타난다. 두 클래스 관계가 '한 메소드의 실행 동안'과 같이 매우 짧은 시간 동안만 존재한다. 일반적으로 한 클래스가 다른 클래스를 오퍼레이션의 매개 변수로 사용하는 경우에 나타나는 관계이다.
  – 실체화 관계(Realization): 책임들의 집합인 인터페이스와 이 책임들을 실제로 실현한 클래스들 사이의 관계에서 나타낸다.

관계	예시
Association (연관 관계)	A ── role ── 1..* B
Aggregation (포함 관계)	A ◇── 1..* B
Composition (합성 관계)	A ◆── 1..* B
Inheritance (상속 관계)	A ◁── B
Dependence (의존 관계)	A - - - -> B
Interface Realization (인터페이스 실현 관계)	≪interface≫ A ◁- - - - B
Interface Dependence (인터페이스 의존 관계)	A - - - -> ≪interface≫ B

③ 시퀀스(순차) 다이어그램(Sequence Diagram) 기출 2021년 1, 3회, 2022년 2회

• 시퀀스 다이어그램은 객체 간의 메시지 통신을 분석하기 위한 것이다. 이는 시스템의 동적인 모델을 아주 보기 쉽게 표현하고 있기 때문에 의사소통에 매우 유용하다.

■ 시퀀스(순차) 다이어그램의 구성 요소 기출 2020년 3회, 2022년 2, 3회, 2022년 2회

액터(Actor)	시스템과 상호작용하는 시스템 외부의 사람이나 다른 시스템을 의미한다.
객체(Object)	메시지를 주고받는 주체이다.
생명선(Lifeline)	객체가 메모리에 존재하는 시간을 의미한다.

읽는 강의

다중도(Multiplicity)

1	정확히 1개
*	0개 이상
N	정확히 N개
0..1	존재하지 않거나 1개 존재
0..*	0개 이상
1..*	1개 이상
m..n	m개에서 n개 사이

실행(Activation)	객체가 메시지를 주고받으며 실행되고 있음을 표현한다.
메시지(Message)	객체가 상호작용을 위하여 주고받는 것이다.

- 시스템의 동작을 정형화하고 객체들의 메시지 교환을 시각화하여 나타낸다.
- 객체 사이에 일어나는 상호작용을 나타낸다.

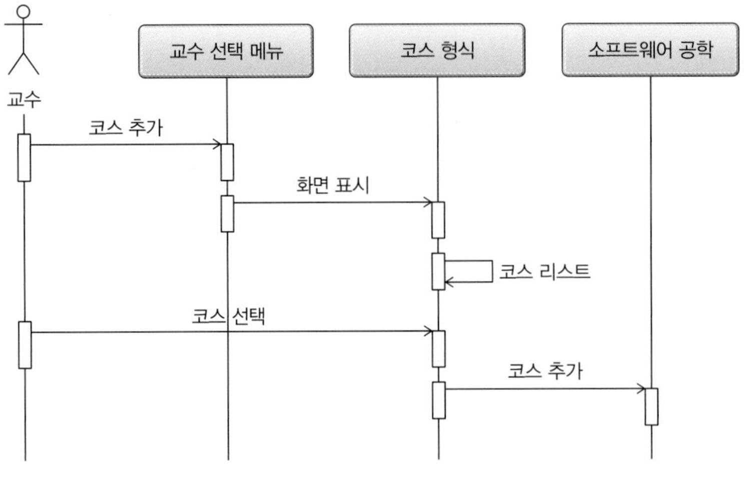

▲ 시퀀스(순차) 다이어그램

④ 콜라보레이션 다이어그램(Collaboration Diagram)

- 시퀀스 다이어그램이 객체 간의 메시지 처리에 대한 순서에 중점을 둔 반면, 콜라보레이션 다이어그램은 관련 객체와의 연관성 분석에 중점을 두고 있다.
- 콜라보레이션 다이어그램은 객체들 간의 정적인 상호 연결 관계를 표현하고 있기 때문에 객체 간의 결합도나 메시지 처리를 관찰하기 쉽다는 것이 장점이다.

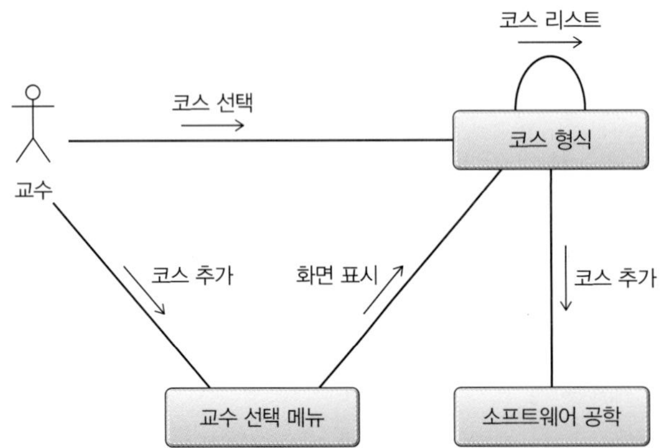

▲ 강의 등록의 콜라보레이션 다이어그램 예

⑤ 상태 다이어그램(State Diagram)

- 상태 다이어그램은 객체 내의 동적 행위를 모형화하기 위한 것으로, 복잡한 객체 혹은 객체 내부의 프로세스를 표현하고자 할 때 사용된다.
- 상태는 둥근 사각형(▭)으로, 상태의 흐름은 화살표(⟶)로 표시된다.
- 시스템의 흐름을 객체 단위로 자세히 표현할 수 있다는 장점을 갖지만, 작성이 매우 어려우므로 꼭 필요한 경우가 아니면 쓰지 않는 것이 좋다.
- 어떤 객체의 동적인 행동을 표현하기 위해 사용되며, 여러 유스케이스들 사이의 한 객체가 수행하는 기능을 나타낸다.

읽는 강의

- 시퀀스 다이어그램보다 콜레보레이션 다이어그램이 전체적인 메시지 처리를 확인하기 용이하다. 다만, 시퀀스 다이어그램은 메시지의 작업 순서를 명확하게 알 수 있지만, 콜레보레이션 다이어그램은 확인하기 어렵다.

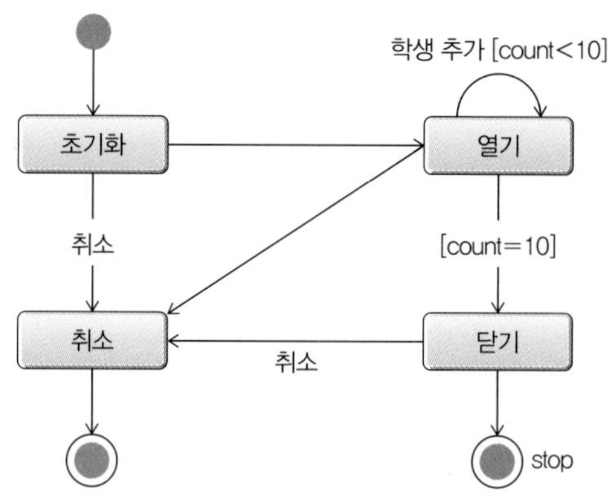

▲ 학생 등록의 상태 다이어그램

⑥ 활동 다이어그램(Activity Diagram)

- 활동 다이어그램은 상태 다이어그램과는 달리 시스템의 흐름 전체를 파악하기 용이하도록 행위를 중심으로 흐름을 표현한 것이다.
- 현재 업무의 흐름 파악이 용이하다. 따라서 업무 흐름 지향적인 문제 영역에서 작성하는 것이 좋다.
- 시스템을 액티비티로 표현한 것으로, 오퍼레이션의 집합이 수행됨을 나타내는 상태이다.

⑦ 컴포넌트 다이어그램(Component Diagram)

- 시스템을 구성하는 실제 **소프트웨어 컴포넌트** 간의 구성 체계를 기술하므로 아키텍처 표현에 우수하다.
- 각 컴포넌트와 컴포넌트 간의 의존성 관계를 화살표로 나타낸다.

소프트웨어 컴포넌트 (Software Component)
마치 기계의 부품과 같이 소프트웨어도 부품화하여 제작한 다음 이를 조립해 더 복잡한 소프트웨어를 제작할 수 있는 조립형 소프트웨어이다.

⑧ 패키지 다이어그램(Package Diagram)

- 분석된 결과를 시스템으로 구현하기 위하여 기존의 구조적 기법에서는 전체 시스템을 프로그램 모듈로 나누는 기능 분할 기법을 사용한다.
- 하나의 패키지는 여러 개의 서브 패키지나 클래스를 가질 수 있다. 이들은 또한 나중에 하나의 모듈 혹은 컴포넌트가 된다.
- 패키지 다이어그램은 분석적 측면에서 클래스들 간의 관계를 이해하기 위해서도 필요하지만, 실제 구현을 위하여 모듈로 그룹화하는 도구로서도 사용될 수 있다.

6 애자일

(1) 애자일(Agile)의 정의

① 애자일 소프트웨어 개발 모형 혹은 애자일 개발 프로세스는 소프트웨어 엔지니어링에 대한 개념적인 얼개로, 프로젝트의 생명주기 동안 반복적인 개발을 촉진한다.

② 애자일 개발 프로세스란 어느 특정 개발 방법론을 가리키는 말은 아니고, 애자일 개발을 가능하게 해주는 다양한 방법론 전체를 일컫는 말이다.

③ e-비즈니스 시장 및 SW 개발 환경 등 주위 변화를 수용하고, 이에 능동적으로 대응하는 여러 방법론을 통칭한다.

- 애자일 기법은 계획 수립과 문서화에 크게 중점을 두지 않는다.

(2) 애자일의 특성(5가지 가치) 기출 2020년 3회, 2021년 1, 3회, 2022년 1, 2회

① 프로세스 중심이 아닌 사람 중심(책임감이 있는 개발자와 전향적인 고객)이다.

② 전반적인 문서화보다는 제대로 작동하는 소프트웨어를 만들어야 한다.

③ 계약 협상보다는 고객 협력이 중요하다.

④ 계획을 따르기보다는 변화에 대응한다.

⑤ 모든 경우에 적용되는 것이 아니고 중소형, 아키텍처 설계, 프로토타이핑에 적합하다.

(3) 애자일의 종류 기출 2022년 1, 2회

구분	내용
익스트림 프로그래밍 (XP: eXtreme Programming)	• 애자일 개발 프로세스의 대표자로 애자일 개발 프로세스의 보급에 큰 역할을 하였다. • 이 방법은 고객과 함께 2주 정도의 반복 개발을 하고, 테스트와 우선 개발을 특징으로 하는 명시적인 기술과 방법을 가지고 있다.
스크럼 (Scrum)	• 30일마다 동작 가능한 제품을 제공하는 스플린트를 중심으로 하고 있다. • 매일 정해진 시간과 정해진 장소에서 짧은 시간의 개발을 하는 팀을 위한 프로젝트 관리 중심의 방법론이다.
크리스털 패밀리 (Crystal Family)	• 프로젝트의 규모와 영향의 크기에 따라서 여러 종류의 방법론을 제공한다. • 그중에서 가장 소규모 팀에 적용하는 크리스털 클리어는 익스트림 프로그래밍만큼 엄격하지도 않고 효율도 높지 않지만, 프로젝트에 적용하기 쉬운 방법론이다.
기능 주도 개발 (FDD: Feature-Driven Development)	Feature마다 2주 정도의 반복 개발을 실시한다. Peter Coad가 제창하는 방법론으로써, UML을 이용한 설계 기법과도 밀접한 관련을 가진다.
ASD (Adaptive Software Development)	• 소프트웨어 개발을 혼란 자체로 규정하고, 혼란을 대전제로 그에 적응할 수 있는 소프트웨어 방법을 제시하기 위해 만들어진 방법론이다. • 내용적으로는 다른 방법론들과 유사하지만, 합동 애플리케이션 개발(Joint Application Development, 사용자나 고객이 설계에 참가하는 개발 방법론)을 사용하고 있는 것이 조금 다르다.

(4) 익스트림 프로그래밍(XP: eXtreme Programming) 기출 2022년 2회

① 개요

- 켄트 벡(Kent Beck) 등이 제안한 소프트웨어 개발 방법이다.
- 애자일 프로세스의 대표적 개발 기법이며, 비즈니스 상의 요구가 시시각각 변동이 심한 경우에 적합한 개발 방법이다.
- 개발자, 관리자, 고객이 조화를 극대화하여 개발 생산성을 높이고자 하는 접근법이다.

② XP의 5가지 핵심 가치 기출 2020년 1, 2회

구분	내용
존중(Respect)	팀 기반의 활동 중 팀원 간의 상호 존중을 강조
단순성(Simplicity)	사용되지 않는 구조와 알고리즘 배제
의사소통(Communication)	개발자, 관리자, 고객 간의 원활한 의사소통
피드백(Feedback)	지속적인 테스트와 통합, 반복적 결함 수정, 빠른 피드백
용기(Courage)	고객의 요구사항 변화에 능동적인 대처

③ XP의 12가지 실천 사항 기출 2020년 4회, 2021년 3회

구분	내용
계획 세우기 (Planning Process)	User Story를 이용해서 Next Release의 범위를 빠르게 결정하고, 비즈니스 우선순위와 기술적 평가가 결합한다.
소규모 릴리즈 (Small/Short Releases)	필요한 기능들만 갖춘 간단한 시스템을 빠르게 프로덕션화하고, 아주 짧은(2주) 사이클로 새로운 버전을 자주 배포한다.
메타포어 (Metaphor)	공통의 이름 체계(개발 및 커뮤니케이션 과정에서 공통된 개념을 공유 가능하게 함)
단순한 디자인 (Simple Design)	현재의 요구사항을 만족시키도록 가능한 한 단순하게 설계한다.

읽는 강의

애자일 개발 프로세스와 전통적인 개발 프로세스와의 차이

❶ 폭포수 모델과 계획 기반 개발 기법들은 일련의 차례와 탄탄한 계획을 기반으로 하여 개발을 진행시킨다. 이것은 이해하기도 쉽고 사용하기도 쉬운 바람직한 기법이기도 하지만, 계획대로 진행되지 않을 경우에는 많은 부작용이 생길 수 있다.
- 납기일 전 철야
- 철야에도 불구하고 납기일 지연
- 지연에 따른 비난과 스트레스가 개발자에게 향하여 에너지 소진
- 결국 납기된 솔루션은 고객의 요구를 충족하지 못함

❷ 전통적인 개발 프로세스와 같은 정형적 프로세스 제어 모델은 동일한 입력에 대해서 동일한 결과가 기대 될 경우에 적합하다. 하지만, 소프트웨어를 포함한 IT의 개발은 경험적 프로세스 제어 모델로 접근할 필요가 있다. 경험적 프로세스 제어 모델은 항상 불확실성을 수반 및 포용하고 있다. 애자일 개발 프로세스는 경험적 프로세스 제어 모델로 개발을 관리한다.

테스트 기반 개발 (TDD: Test Driven Develop)	작성해야 하는 프로그램에 대한 테스트를 먼저 수행한 다음 코드를 작성하고 테스트를 통과할 수 있도록 실제 프로그램의 코드를 작성한다.
리팩토링 (Refactoring)	프로그램의 기능을 바꾸지 않으면서, 중복 제거, 커뮤니케이션 향상, 단순화, 유연성 추가 등을 위해 시스템을 재구성한다.
짝 프로그래밍 (Pair Programming)	두 사람이 같이 프로그래밍한다. (Driver/Partner)
공동 코드 소유 (Collective Ownership)	시스템에 있는 코드는 누구든지, 언제라도 수정 가능하다.
지속적인 통합 (Continuous Integration)	하루에 몇 번이라도 시스템을 통합하여 빌드할 수 있다.
40시간 작업 (40-hour Week)	일주일에 40시간 이상을 일하지 않도록 규칙으로 정하고, 2주 연속으로 오버타임 하지 않도록 한다.
고객 상주 (On site Customer)	개발자들의 질문에 즉각 대답해 줄 수 있는 고객을 프로젝트에 풀타임으로 상주시킨다.
코드 표준 (Coding Standards)	팀원들 간 커뮤니케이션 향상을 위해서는 코드가 표준화된 관례에 따라 작성되어야 한다.

더 알아보기 소프트웨어 위기(Software Crisis)

- 소프트웨어 위기는 소프트웨어 공학 초기에 사용되던 용어로 F.L Bauer가 1968년 독일에서 열린 첫 번째 나토 소프트웨어 공학회에서 처음 사용하였다.
- 소프트웨어 위기의 현상: 프로젝트 개발 일정과 예산 측정의 어려움, 소프트웨어 유지보수 비용의 증가, 소프트웨어 개발 적체 현상, 개발 인력의 감소

읽는 강의

개념확인 문제

기출 2021년 3회

01 요구 분석(Requirement Analysis)에 대한 설명으로 틀린 것은?

① 요구 분석은 소프트웨어 개발의 실제적인 첫 단계로 사용자의 요구에 대해 이해하는 단계라 할 수 있다.
② 요구 추출(Requirement Elicitation)은 프로젝트 계획 단계에 정의한 문제의 범위 안에 있는 사용자의 요구를 찾는 단계이다.
③ 도메인 분석(Domain Analysis)은 요구에 대한 정보를 수집하고 배경을 분석하여 이를 토대로 모델링을 하게 된다.
④ 기능적(Functional) 요구에서 시스템 구축에 대한 성능, 보안, 품질, 안정 등에 대한 요구사항을 도출한다.

기출 2021년 1회

02 익스트림 프로그래밍(XP)에 대한 설명으로 틀린 것은?

① 빠른 개발을 위해 테스트를 수행하지 않는다.
② 사용자의 요구사항은 언제든지 변할 수 있다.
③ 고객과 직접 대면하며 요구사항을 이야기하기 위해 사용자 스토리(User Story)를 활용할 수 있다.
④ 기존의 방법론에 비해 실용성(Pragmatism)을 강조한 것이라고 볼 수 있다.

기출 2020년 1, 2회

03 객체지향 분석 방법론 중 E-R 다이어그램을 사용하여 객체의 행위를 모델링하며, 객체 식별, 구조 식별, 주체 정의, 속성 및 관계 정의, 서비스 정의 등의 과정으로 구성되는 것은?

① Coad / Yourdon 방법
② Booch 방법
③ Jacobson 방법
④ Wirfs-Brocks 방법

정답 & 해설

01 ④ 기능적 요구는 사용자가 필요로 하는 정보처리 능력에 대한 것으로 절차나 입·출력에 대한 요구이다.

02 ① XP는 애자일 개발 프로세스의 대표자로 애자일 개발 프로세스의 보급에 큰 역할을 하였다. 이 방법은 고객과 함께 2주 정도의 반복 개발을 하고, 테스트와 우선 개발을 특징으로 하는 명시적인 기술과 방법을 가지고 있다.

03 ① Coad/Yourdon 방법: E-R 다이어그램을 사용하여 객체의 행위를 모델링하며 객체 식별, 구조 식별, 주체 정의, 속성 및 관계 정의, 서비스 정의 등의 과정으로 구성된다.

| 정답 | 01 ④ 02 ① 03 ①

개념적용 문제

01 현행 시스템 분석

01 난이도 상중하

다음 중 플랫폼의 기능에 대한 설명으로 옳지 않은 것은?

① 소프트웨어의 개발 및 운영 비용을 감소시킨다.
② 동일한 플랫폼 간에 커뮤니티를 형성하여 네트워크 효과를 유발할 수 있다.
③ 소프트웨어의 개발이 어려워지고, 품질이 떨어진다.
④ 소프트웨어 개발의 생산성을 향상시킨다.

02 난이도 상중하 2013년 1회

소프트웨어 프로젝트 관리를 효과적으로 수행하는 데 필요한 3P에 해당하는 것은?

① Procedure, Problem, Process
② Problem, People, Purity
③ Process, Procedure, People
④ People, Problem, Process

03 난이도 상중하

다음 중 운영체제의 기능에 대한 설명으로 옳지 않은 것은?

① 응용 소프트웨어가 요청한 입력과 출력 명령을 수행한다.
② 수행 중인 여러 프로그램에게 중앙처리장치와 주기억장치 공간을 할당한다.
③ 사용자가 요청한 응용 소프트웨어를 주기억장치에 적재한다.
④ ROM에 상주하면서 데이터베이스를 관리한다.

02 요구사항 확인

04 난이도 상중하 2013년 1회

소프트웨어 위기의 현상으로 보기 어려운 것은?

① 프로젝트 개발 일정과 예산 측정의 어려움
② 소프트웨어 유지보수 비용의 증가
③ 소프트웨어 개발 적체 현상
④ 소프트웨어 개발 인력의 증가

05 난이도 상중하 2020년 1, 2회

소프트웨어 개발 방법 중 요구사항 분석(Requirements Analysis)과 거리가 먼 것은?

① 비용과 일정에 대한 제약 설정
② 타당성 조사
③ 요구사항 정의 문서화
④ 설계 명세서 작성

06 난이도 상중하

다음 중 요구 추출 방법과 그 특징 이름이 잘못 기재된 것은?

① 설문 – 종이에 인쇄한 질문으로 서면 질의 – 짧은 시간에 많은 사용자의 요구 추출
② 인터뷰 – 당사자를 만나 준비된 질문과 대답 – 심층적인 요구 추출
③ 브레인스토밍 – 여러 사람의 아이디어를 쏟아 놓음 – 효과적인 정보 추출
④ 사용 사례 분석 – 시스템의 내부에서 보는 기능 파악 – 요구에 대한 빠른 피드백

07 난이도 상중하 2020년 1, 2회

데이터 흐름도(DFD)의 구성 요소에 포함되지 않는 것은?

① process ② data flow
③ data store ④ data dictionary

08 난이도 상중하 2020년 4회

UML의 기본 구성 요소가 아닌 것은?

① Things ② Terminal
③ Relationship ④ Diagram

09 난이도 상중하 2020년 4회

XP(eXtreme Programming)의 기본 원리로 볼 수 없는 것은?

① Linear Sequential Method
② Pair Programming
③ Collective Ownership
④ Continuous Integration

10 난이도 상중하

UML 다이어그램의 설명이 옳지 않은 것은?

① 사용 사례 다이어그램(UseCase Diagram) – 시스템의 기능을 모델링
② 상태 다이어그램(State Diagram) – 클래스 사이의 메시지 교환을 시간의 흐름에 따라 표현
③ 클래스 다이어그램(Class Diagram) – 시스템의 정적인 구조를 나타냄
④ 액티비티 다이어그램(Activity Diagram) – 시스템의 동적 특징을 나타냄

11 난이도 상중하 2020년 1, 2회 통합

럼바우(Rumbaugh)의 객체지향 분석 절차를 가장 바르게 나열한 것은?

① 객체 모형 → 동적 모형 → 기능 모형
② 객체 모형 → 기능 모형 → 동적 모형
③ 기능 모형 → 동적 모형 → 객체 모형
④ 기능 모형 → 객체 모형 → 동적 모형

12 난이도 상중하

소프트웨어 개발을 위한 애자일 기법에 대한 설명으로 옳은 것은?

① 소프트웨어를 점증적으로 개발한다.
② 작동하는 소프트웨어보다 포괄적인 문서에 더 가치를 둔다.
③ 계획에 따라 단계적으로 개발하므로 변화에 대응하기 어렵다.
④ 고객과의 협업보다 계약 협상을 더 중요시한다.

13 난이도 상중하 2018년 3회

럼바우의 분석 기법 중 자료 흐름도(DFD)를 주로 이용하는 것은?

① 기능 모델링
② 동적 모델링
③ 객체 모델링
④ 정적 모델링

14 난이도 상 중 하

소프트웨어 개발 프로세스인 XP(eXtreme Programming)의 실무 관행(practice)에 해당하지 않는 것은?

① Pair Programming
② 소규모 시스템 릴리스
③ 이해당사자와의 분리 개발
④ 공동 소유권

15 난이도 상 중 하

요구 분석의 문제점 중 사용자의 불확실한 요구 표명에 대한 설명이 아닌 것은?

① 소프트웨어를 사용자가 사용해 보기 이전에는 어떠한 소프트웨어를 원하는지 모르거나 자신의 요구를 정확히 표명하지 못한다.
② 사용자는 소프트웨어 이해도가 낮아지기 때문에 새로운 요구의 발생 확률은 낮아진다.
③ 요구 분석 명세서의 내용에 대한 해석은 다를 수 있다.
④ 요구는 다양하며 서로 상반된 요구에 대해서도 요구를 일치시켜 일관성 있게 처리해야만 한다.

정답 & 해설

01 현행 시스템 분석 〉 플랫폼 기능 분석
③ 플랫폼의 기능으로 소프트웨어의 개발 생산성이 향상되고, 비용이 감소된다. 또한 소프트웨어의 개발이 용이해지고, 품질을 향상시킬 수 있다.

02 현행 시스템 분석 〉 비즈니스 융합 분석
• 효과적 프로젝트 관리 구조: 사람(People), 문제(Problem), 프로세스(Process)

03 현행 시스템 분석 〉 운영체제 분석
④ 운영체제는 일반적으로 보조기억장치에 저장되어 있으며, 주기억장치에 상주한다.

04 요구사항 확인 〉 애자일
④ 소프트웨어 개발 인력의 감소가 소프트웨어 위기 현상이다.

05 요구사항 확인 〉 요구사항 확인 단계
④ 설계 명세서 작성은 분석 단계가 아니라 설계 단계에서 수행한다.

06 요구사항 확인 〉 요구사항 확인 단계
④ 사용 사례 분석 – 시스템의 외부에서 보는 기능 파악 – 요구에 대한 빠른 피드백

07 요구사항 확인 〉 구조적 분석
④ 자료 흐름도는 프로세스(Process), 흐름(Flow), 자료 저장소(Data Store), 단말(Terminator)로 구성된다.

08 요구사항 확인 〉 UML
② UML의 기본 구성 요소는 사물(Things), 관계(Relationships), 다이어그램(Diagram)이다.

09 요구사항 확인 〉 애자일
① XP의 기본 원리로는 페어 프로그래밍(Pair Programming), 공동 소유권(Collective Ownership), 지속적 통합(Continuous Integration) 등이 있다.

10 요구사항 확인 〉 UML
② 상태 다이어그램은 객체가 갖는 여러 상태와 상태 사이의 전환을 이용하여 단일 객체의 동작을 나타낸다. 클래스 또는 객체 사이의 메시지 교환을 시간 흐름으로 표현한 것은 순차 다이어그램이다.

11 요구사항 확인 〉 객체지향 분석
① 럼바우의 객체지향 분석 절차는 객체 모델링 → 동적 모델링 → 기능 모델링 순서로 진행된다.

12 요구사항 확인 〉 애자일
오답 해설
② 애자일 기법은 문서의 비중보다는 잘 동작하는 소프트웨어에 중점을 둔다.
③ 계획보다는 적응에 중점을 두어 변화에 대응하기 쉽다.
④ 고객과의 협업을 중요시한다.

13 요구사항 확인 〉 객체지향 분석
① 기능 모델링(Function Modeling)은 시스템 내에서 데이터가 변하는 과정을 나타내며, 자료 흐름도(DFD)를 이용한다.

14 요구사항 확인 〉 애자일
③ XP의 실무 관행 중 하나로 '고객 상주(On site Customer)'가 있다. 이는 고객도 프로젝트에 상주하여 개발자들의 질문에 즉각적으로 응답해 줄 수 있도록 하는 것이다.

15 요구사항 확인 〉 요구사항 확인 단계
② 개발이 진행됨에 따라 사용자의 소프트웨어 이해도가 높아지기 때문에 새로운 요구의 발생 확률은 높아진다.

| 정답 | **01** ③ **02** ④ **03** ④ **04** ④ **05** ④ **06** ④ **07** ④ **08** ② **09** ① **10** ② **11** ① **12** ① **13** ① **14** ③ **15** ②

Chapter

02 화면 설계

반복이 답이다! □ 1회독 월 일 □ 2회독 월 일 □ 3회독 월 일

01 UI 요구사항 확인

기출 키워드
- 사용자 인터페이스
- 사용자 인터페이스의 종류
- 사용자 인터페이스의 기본 원칙
- 사용자 인터페이스 개발 시스템의 기능
- UI 기본 원칙

출제 예상 키워드
- UI의 개념
- 직관성

읽는 강의

1 사용자 인터페이스 기출 2022년 1회

(1) 사용자 인터페이스(UI: User Interface)의 개념

① 외부 설계의 한 종류이며, 소프트웨어와 조직 환경과의 인터페이스를 설계하는 과정이다.
② 사용자와 시스템이 정보를 주고받는 상호작용이 잘 이루어지도록 하는 장치나 소프트웨어를 의미한다.
③ 배우기 용이하고 쉽게 사용할 수 있도록 만들어져야 한다.
④ 사용자의 요구사항이 UI에 반영될 수 있도록 구성해야 한다.

■ 사용자 인터페이스 평가 기준

평가 기준	내용
배우기 쉬움	소프트웨어를 사용할 수 있게 되기까지 배우는 데 걸리는 시간
속도	특정 기능을 수행시키는 데 걸리는 시간
사용 중 오류의 빈도	원하는 작업을 수행시킬 때 사용자가 범한 오류의 빈도
사용자의 만족	시스템에 대한 사용자의 반응
사용법의 유지	시스템 사용에 대한 지식이 얼마나 쉽게 기억될 수 있는지에 대한 정도

사용자 경험 (UX: User eXperience)
사용자가 시스템이나 서비스를 이용하면서 느끼고 생각하게 되는 총체적인 경험이다.

(2) 사용자 인터페이스의 종류 기출 2021년 3회

구분	내용
CLI (Command Line Interface)	• 대표적으로 DOS 및 UNIX 등의 운영체제에서 조작을 위해 사용하던 것이다. • 문자 방식의 명령어 입력 사용자 인터페이스이다.
GUI (Graphic User Interface)	그래픽 환경 기반의 마우스 입력 사용자 인터페이스이다.
NUI (Natural User Interface)	사용자의 말과 행동 기반의 제스처 입력 인터페이스이며, 멀티 터치(Multi-touch), 동작 인식(Gesture Recognition) 등 사용자의 자연스러운 움직임을 인식하여 서로 주고받는 정보를 제공한다.
OUI (Organic User Interface)	모든 사물과 사용자 간에 상호작용을 위한 인터페이스이다. 즉, 실세계에 존재하는 모든 사물이 입출력장치로 변화할 수 있는 사용자 인터페이스라고 할 수 있다.

기타	웹 사용자 인터페이스(WUI), 터치 사용자 인터페이스(Touch UI), 텍스트 사용자 인터페이스(TUI) 등이 있다.

(3) 사용자 인터페이스의 기본 원칙 기출 2020년 1, 2, 3회, 2022년 2회

구분	내용
직관성(Intuitiveness)	누구나 쉽게 이해하고 사용할 수 있도록 제작한다.
유효성(Efficiency)	정확하고 완벽하게 사용자의 목표가 달성될 수 있도록 제작한다.
학습성(Learnability)	초보와 숙련자 모두가 쉽게 배우고, 사용할 수 있게 제작한다.
유연성(Flexibility)	사용자의 **인터랙션**을 최대한 포용하고, 실수를 방지할 수 있도록 제작한다.

(4) 사용자 인터페이스 개발 시스템의 기능 기출 2020년 4회

① 사용자 입력의 검증이 가능해야 한다.
② 에러 처리와 그에 맞는 에러 메시지 처리를 표시할 수 있어야 한다.
③ 도움과 프롬프트(Prompt)를 적절하게 제공해야 한다.

(5) 사용자 인터페이스 4단계 모형(J. Foley)

구분	내용
개념 단계 (Conceptual Level)	대화형 시스템에 관한 심리적 모형이다.
의미 단계 (Semantic Level)	입력 명령과 출력 결과가 사용자에게 주는 의미를 표현한다.
문구(구문) 단계 (Syntactic Level)	명령문을 이루는 단어들의 정의이다.
어휘 단계 (Lexical Level)	특정 명령 문구를 형성하는 절차 등을 의미한다.

(6) HCI(Human Computer Interface) 모형

구분	내용
HCI 설계 모형	• 설계 모형 • 사용자 모형 • 시스템 인식 • 시스템 이미지
태스크 분석과 모델링	사람이 현재 수행하는 태스크를 이해하는 데 적용된 후에 이것들을 HCI의 내용을 구현한 유사한 태스크들의 집합에 사상한다.

2 UI 기본 원칙 기출 2020년 1, 2, 3회

(1) UI 표준

① 전체 시스템의 모든 UI에 공통으로 적용될 내용이다.
② 화면 구성, 화면 간 이동 등에 관한 규약이다.

(2) UI 지침: UI 개발 과정에서 꼭 지켜야 할 공통의 조건이다.

더 알아보기 브룩스(Brooks)의 법칙

지연된 소프트웨어 개발 프로젝트에 인력 추가는 오히려 일정을 더 지연시킬 수 있다.

읽는 강의

• 사용자 인터페이스 설계 시 오류 메시지나 경고에 관한 지침으로 오류로 인해 발생 될 수 있는 부정적인 내용을 사용자들에게 적극적으로 알려야하며, 오류로부터 회복을 위한 구체적인 설명이 제공되어야 한다.

인터랙션(Interaction)
사용자가 목적을 달성하기 위해 제품의 UI를 사용하여 상호작용하는 과정이다.

• HCI는 시스템을 사용하는 데 있어 최적의 UX를 만드는 것이 목표이다.

개념확인 문제

기출 2021년 3회

01 사용자 인터페이스(User Interface)에 대한 설명으로 틀린 것은?

① 사용자와 시스템이 정보를 주고받는 상호작용이 잘 이루어지도록 하는 장치나 소프트웨어를 의미한다.
② 편리한 유지보수를 위해 개발자 중심으로 설계되어야 한다.
③ 배우기가 용이하고 쉽게 사용할 수 있도록 만들어져야 한다.
④ 사용자 요구사항이 UI에 반영될 수 있도록 구성해야 한다.

02 소프트웨어의 사용자 인터페이스 개발 시스템(User Interface Development System)이 가져야 할 기능이 아닌 것은?

① 사용자 입력의 검증
② 에러 처리와 에러 메시지 처리
③ 도움과 프롬프트(Prompt) 제공
④ 소스 코드 분석 및 오류 복구

정답 & 해설

01 ② UI는 개발자 중심이 아닌 사용자 중심으로 설계되어야 한다.

02 ④ 소스 코드 분석 및 오류 복구는 테스트 단계에서 수행하는 기능이다.

| 정답 | 01 ② 02 ④

02 UI 설계

기출 키워드
- 목업
- CASE

출제 예상 키워드
- UI 설계 도구
- 스토리보드

1 사용자 인터페이스 설계 지침

설계 지침	내용
사용자 중심	기계 중심이 아닌 사용자 중심의 편의성을 제공하도록 설계
일관성	버튼 등 조작 방법을 모든 화면에서 동일하게 하여 습득을 용이하게 설계
단순성	조작 방법을 단순화하여 간단히 작동되도록 설계
가시성	주요 기능을 메인 화면에 노출시켜 화면 내용을 쉽게 파악하도록 설계
표준화	공통적 기능 구조와 디자인을 표준화하여 호환성 있게 설계
접근성	연령, 성별, 인종, 장애에 대한 차별없이 누구나 접근할 수 있도록 설계
명확성	막연한 작업 기능에 대해 구체적인 방법을 제시하도록 설계
오류의 최소화	구현하고자 하는 결과의 오류를 최소화하도록 설계
결과 예측 가능	작동시킬 기능만 보고도 결과를 미리 예측할 수 있게 설계

2 사용자 인터페이스 설계 도구

(1) UI 설계 도구의 개념

① UI 설계 도구는 웹 사이트 또는 모바일 앱을 제작하기 위한 화면 설계 도구이다.

② 사용자의 요구사항에 맞게 UI의 화면 구조나 화면 배치 등을 설계할 때 사용하는 도구로 UI 미리보기 용도로 사용한다.

(2) UI 설계 도구의 종류

① 와이어프레임(Wireframe)
- 화면 단위의 레이아웃을 설계하는 작업이다.
- 의사소통 관계자들과 레이아웃을 협의하거나 서비스의 간략한 흐름을 공유하기 위해 사용하며, UI, UX 설계에 집중되어 있다.
- 와이어프레임 도구: 손그림, 파워포인트, 스케치, 일러스트, 포토샵 등

② 목업(Mockup) 기출 2022년 1회
- 와이어프레임보다 더 실제 화면과 유사하게 만든 정적 형태의 모형이다.
- 목업 도구: 파워 목업, 발사믹 목업 등

③ 스토리보드(Storyboard)
- 디자이너, 개발자가 참고하는 최종적인 산출 문서이다.
- 정책, 비즈니스, 프로세스, 콘텐츠 구성, 와이어프레임, 기능 정의, 데이터베이스 연동 등 서비스 구축을 위한 모든 정보가 담겨있는 문서이다.
- 현업에서 해당 문서를 바탕으로 커뮤니케이션을 진행한다.
- 스토리보드 툴의 종류: 파워포인트, 키노트, 스케치 등

④ 프로토타입(Prototype)
- 실제 서비스와 흡사한 모형을 만드는 작업이다.
- 정적인 화면으로 설계된 와이어프레임 또는 스토리보드에 인터랙션(동적 효과)을 적용함으로써 실제 구현된 것처럼 시뮬레이션 할 수 있으며, 단시간에 구현이 가능하기 때문에 사용자 경험에 대한 테스트를 진행해 볼 수 있다.

읽는 강의

피드백(Feedback)
UI와 관련된 기본 개념 중 하나로, 시스템의 상태와 사용자의 지시에 대한 효과를 보여주어 사용자가 명령에 대한 진행 상황과 표시된 내용을 해석할 수 있도록 도움을 준다.

- 이를 통해 설계 단계의 리스크를 사전에 예방할 수 있다.
- 프로토타입 도구: HTML/CSS, 액슈어(Axure), 카카오 오븐, 네이버 프로토나우

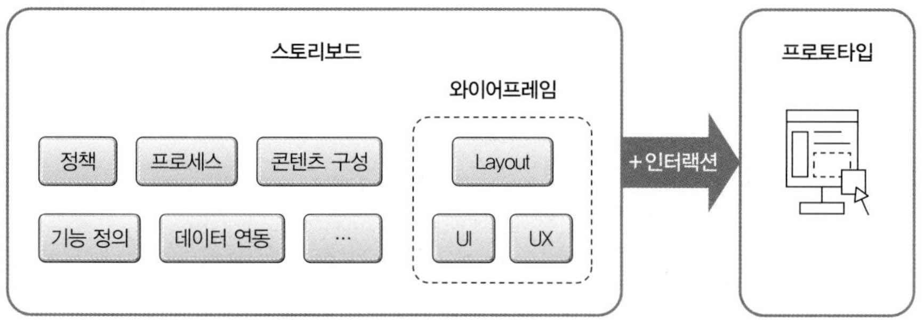

▲ 스토리보드/와이어프레임/프로토타입 관계도

⑤ 일반 문서 툴(Tool): 워드(Word), 엑셀(Excel), 파워포인트(Power Point) 등

⑥ 화면 디자인 UI 컨트롤

텍스트 박스	메시지를 보여주거나 사용자가 데이터를 입력할 곳을 제공한다.
다이얼로그 박스	시스템이 수행할 작업에 대한 정보를 사용자에게 입력하게 한다. 주로 임시 화면이나 선택을 위한 옵션을 제시할 때, 오류 메시지나 주의 메시지를 띄울 때 사용한다.
라디오 버튼	여러 가지 제시된 것 중 하나만을 선택할 때 사용한다.
체크 박스	여러 그룹 중 하나 이상의 후보를 선택할 때 사용한다.
명령 버튼	사용자의 명령을 지시받으려 할 때 사용하는 '확인' 버튼이다.
리스트 박스	사용자가 선택할 수 있는 후보 리스트를 디스플레이 한다.
토글 버튼	버튼을 클릭할 때마다 상태를 'on', 'off'로 변환시킨다.

⑦ CASE(Computer Aided Software Engineering) 기출 2020년 1, 2, 3, 4회, 2021년 1, 2회

- 소프트웨어 공학의 자동화를 의미하며, 소프트웨어 공학 작업 중 하나의 작업을 자동화한 소프트웨어 패키지를 CASE 도구라 한다.

■ CASE 도구의 구분

구분	내용	주요 기능
상위 CASE (Upper CASE)	• 요구 분석과 설계 단계를 지원하는 도구 • 요구 분석 후에 명세서를 작성하고 설계하는 과정을 지원하는 도구	• 여러 가지 방법론을 지원하는 다이어그램 작성 기능 • 모델의 정확성, 일관성을 확인하기 위한 오류 검증 기능 • 프로토타이핑 지원 기능 • 설계 자료 사전 기능
하위 CASE (Lower CASE)	코드를 작성하고 테스트하며 문서화하는 과정에 도움을 주는 도구	• 프로그래밍 지원 기능(코드 생성 및 편집, 컴파일러 등) • 코드 자동 생성 기능 • 테스트 도구(정적 및 동적 분석, 회귀 테스트 등)
통합 CASE (Integrated CASE)	소프트웨어 개발 주기 전체 과정을 지원하기 위하여 공통의 정보 저장소와 통일된 사용자 인터페이스로 도구들을 통합한 것	• 그래픽 기능 • 프로토타이핑과 명세화 기능 • 설계 기능 • 프로그래밍 및 테스트 기능 • 공동 정보 저장소 기능

읽는 강의

CASE의 원천 기술

- 구조적 기법
- 프로토타이핑 기술
- 응용 프로그래밍 기술
- 정보 저장소 기술
- 분산 처리 기술

- 자동화된 소프트웨어 공학은 개발과 유지보수를 표준화하는 데 기여한다.
- 소프트웨어 공학 자동화로 개발 비용 절감 및 생산성을 향상시킬 수 있다.
- CASE 도구들은 소프트웨어 관리자들과 실무자들이 소프트웨어 프로세스와 관련된 활동을 지원한다. 즉, 프로젝트 관리 활동을 자동화하고, 프로세스에서 생산된 결과물을 관리하며, 엔지니어들의 분석, 설계 및 코딩과 테스트 작업을 도와준다.
- CASE의 주요 기능: 다양한 소프트웨어 개발 모형 지원, 그래픽 지원, 소프트웨어 생명주기 전 단계와의 연결

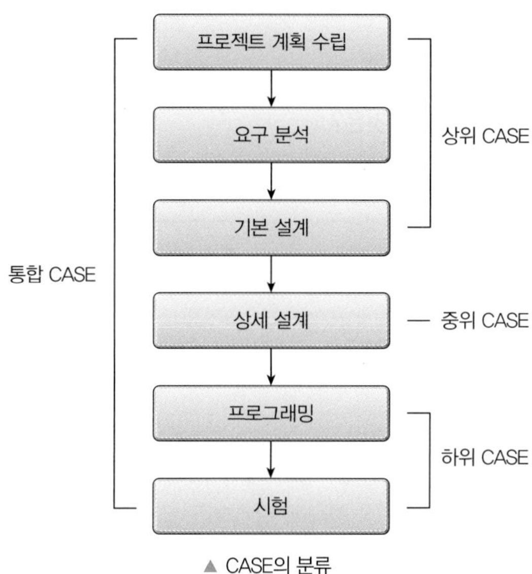

▲ CASE의 분류

3 감성공학

(1) 감성공학(Sensibility Ergonomics)의 정의

인간의 감성을 과학적으로 측정하고 평가한 것에 공학적 기술력을 결합시켜 새로운 제품을 만들어 인간이 더욱 편리하고 안락할 수 있게 도모하려는 기술이다.

(2) 감성공학 기술 활용 분야

① 인간공학 · 인지공학 등 인간 특성을 파악하려는 연구에 기본을 둔 생체 측정 기술이다.

② 인간 특성에 적합하도록 사용자 인터페이스를 실현하기 위한 기술로서 센서 공학 · 퍼지 뉴럴 네트워크 기술 · 신경망 기술 등 인간의 오감(시각 · 청각 · 촉각 · 미각 · 후각) 센서 및 감성 처리 기술이다.

③ 사용성 평가 기술 · 가상현실 기술 등으로서 인간에 대한 적합성을 판단하고, 새로운 감성을 창출하기 위한 기술이다.

개념확인 문제

01 UI 설계 도구 중 다양한 인터랙션이 결합되어 실제 서비스처럼 작동하는 모형으로 옳은 것은?

① 와이어프레임(Wireframe)
② 목업(Mockup)
③ 프로토타입(Prototype)
④ 스토리보드(Storyboard)

02 UI 설계 도구 중에서 일반적으로 일반 문서 도구에 해당하지 않는 것은?

① 엑셀
② 워드
③ 카카오 오븐
④ 파워포인트

03 다음 [보기]의 빈칸에 들어갈 알맞은 것은?

보기

(　　)(은)는 화면 단위의 레이아웃을 설계하는 작업이다. 의사소통 관계자들과 레이아웃을 협의하거나 서비스의 간략한 흐름을 공유하기 위해 사용하며, UI, UX 설계에 집중되어 있다. (　　) 툴로는 손그림, 파워포인트, 스케치, 일러스트 그리고 포토샵이 있다.

① 와이어프레임　　② 프로토타입
③ 스토리보드　　④ 인덱스

정답 & 해설

01 ③ 프로토타입(Prototype): 다양한 인터랙션이 결합되어 실제 서비스처럼 작동하는 모형이다.

오답 해설
① 와이어프레임(Wireframe): UI 중심의 화면 레이아웃이다.
② 목업(Mockup): 실물과 흡사한 정적인 형태의 모형이다.
④ 스토리보드(Storyboard): 정책, 프로세스, 와이어프레임, 디스크립션 등이 모두 포함된 설계 문서이다.

02 ③ 카카오 오븐은 화면 설계 툴에 해당한다.
- 일반 문서 도구: 워드, 엑셀, 파워포인트 등
- 화면 설계 툴: 카카오 오븐(Oven), 파워 목업(Power Mockup), 발사믹 목업(Mockup) 등

03 ① [보기]는 와이어프레임에 대한 설명이다.

| 정답 | 01 ③ 02 ③ 03 ①

개념적용 문제

01 UI 요구사항 확인

01 난이도 상 중 하

UI 설계에서 전체 시스템에 공통으로 적용되는 화면 간 이동, 화면 구성 등에 대한 규약으로 옳은 것은?

① UI 절차 ② UI 표준
③ UI 지침 ④ UI 운영

02 난이도 상 중 하 2020년 1, 2회

UI 설계 원칙에서 누구나 쉽게 이해하고 사용할 수 있어야 한다는 것은?

① 유효성 ② 직관성
③ 무결성 ④ 유연성

03 난이도 상 중 하 2021년 3회

대표적으로 DOS 및 Unix 등의 운영체제에서 조작을 위해 사용하던 것으로, 정해진 명령 문자열을 입력하여 시스템을 조작하는 사용자 인터페이스(User Interface)는?

① GUI(Graphical User Interface)
② CLI(Command Line Interface)
③ CUI(Cell User Interface)
④ MUI(Mobile User Interface)

04 난이도 상 중 하

UI 설계 원칙에서 정확하고 완벽하게 사용자의 목표가 달성될 수 있어야 한다는 것은?

① 유효성 ② 직관성
③ 무결성 ④ 유연성

05 난이도 상 중 하 2016년 2회

브룩스(Brooks) 법칙의 의미를 가장 적합하게 설명한 것은?

① 프로젝트 개발에 참여하는 남성과 여성의 비율은 동일해야 한다.
② 프로젝트 수행 기간의 단축을 위해서는 많은 비용이 투입되어야 한다.
③ 프로젝트에 개발자가 많이 참여할수록 프로젝트의 완료 기간은 지연된다.
④ 진행 중인 소프트웨어 개발 프로젝트에 새로운 개발 인력을 추가로 투입할 경우 의사소통 채널의 증가로 개발 기간이 더 길어진다.

06 난이도 상 중 하

다음 중 사용자 인터페이스 평가 기준에서 시스템에 대한 사용자의 반응을 나타내는 평가 기준은?

① 속도
② 사용법의 유지
③ 사용자의 만족
④ 사용 중 오류의 빈도

07 난이도 상 중 하

다음 중 사용자 인터페이스 4단계 모형에서 명령문을 이루는 단어들의 정의 단계는?

① Syntactic Level
② Conceptual Level
③ Lexical Level
④ Semantic Level

02 UI 설계

08 난이도 상 중 하

GUI 유형의 사용자 인터페이스에는 여러 가지 제어 기능들이 있다. UI 컨트롤의 의미와 의도가 올바른 것은?

① 텍스트 박스: 메시지를 보여주거나 사용자가 데이터를 입력할 곳을 제공한다.
② 다이얼로그 박스: 사용자가 선택할 수 있는 후보 리스트를 디스플레이 한다.
③ 명령 버튼: 버튼을 클릭하면 상태를 'on', 'off'로 변환시킨다.
④ 체크 박스: 여러 가지 제시된 것 중 하나만을 선택할 때 사용한다.

09 난이도 상 중 하 2020년 1, 2회 통합

CASE가 갖고 있는 주요 기능이 아닌 것은?

① 그래픽 지원
② 소프트웨어 생명주기 전 단계의 연결
③ 언어 번역
④ 다양한 소프트웨어 개발 모형 지원

10 난이도 상 중 하 2019년 3회

소프트웨어 개발 과정에서 사용되는 요구 분석, 설계, 구현, 검사 및 디버깅 과정 전체 또는 일부를 컴퓨터와 전용의 소프트웨어 도구를 사용하여 자동화하는 것은?

① CAD(Computer Aided Design)
② CAI(Computer Aided Instruction)
③ CAT(Computer Aided Testing)
④ CASE(Computer Aided Software Engineering)

정답&해설

01 UI 요구사항 확인 〉 UI 기본 원칙
② UI 표준: 시스템 전반에 걸쳐 모든 UI에 공통적으로 적용되는 내용을 의미하며, 화면 구성 내용이나 화면 이동 등이 포함된다.
오답 해설
③ UI 지침: 사용자 인터페이스 설계에서 웹/모바일 서비스 구축 시 효율적인 정보 전달이 가능하게 하기 위해 지켜야 할 세부 사항 규정이다.

02 UI 요구사항 확인 〉 사용자 인터페이스
② 직관성(Intuitiveness): 누구나 쉽게 이해하고 사용할 수 있도록 제작한다.

03 UI 요구사항 확인 〉 사용자 인터페이스
② CLI(Command Line Interface): 문자 방식의 명령어 입력 사용자 인터페이스

04 UI 요구사항 확인 〉 사용자 인터페이스
① 유효성(Efficiency): 정확하고 완벽하게 사용자의 목표가 달성될 수 있도록 제작한다.

05 UI 요구사항 확인 〉 브룩스의 법칙
④ 브룩스(Brooks) 법칙: 지연된 소프트웨어 개발 프로젝트에 인력 추가는 오히려 일정을 더 지연시킬 수 있다.

06 UI 요구사항 확인 〉 사용자 인터페이스

평가 기준	내용
배우기 쉬움	소프트웨어를 사용할 수 있게 되기까지 배우는 데 걸리는 시간
속도	특정 기능을 수행시키는 데 걸리는 시간
사용 중 오류의 빈도	원하는 작업을 수행시킬 때 사용자가 범한 오류의 빈도
사용자의 만족	시스템에 대한 사용자의 반응
사용법의 유지	시스템 사용에 대한 지식이 얼마나 쉽게 기억될 수 있는지에 대한 정도

07 UI 요구사항 확인 〉 사용자 인터페이스
- J. Foley의 사용자 인터페이스 4단계 모형
  ❶ 개념 단계(Conceptual Level): 대화형 시스템에 관한 심리적 모형이다.
  ❷ 의미 단계(Semantic Level): 입력 명령과 출력 결과가 사용자에게 주는 의미를 표현한다.
  ❸ 문구(구문) 단계(Syntactic Level): 명령문을 이루는 단어들의 정의이다.
  ❹ 어휘 단계(Lexical Level): 특정 명령 문구를 형성하는 절차 등을 의미한다.

08 UI 설계 〉사용자 인터페이스 설계 도구
오답 해설
② 다이얼로그 박스: 시스템이 수행할 작업에 대한 정보를 사용자에게 입력하게 한다. 주로 임시 화면이나 선택을 위한 옵션을 제시할 때, 오류 메시지나 주의 메시지를 띄울 때 사용한다.
③ 명령 버튼: 사용자의 명령을 지시받으려 할 때 사용하는 '확인' 버튼이다.
④ 체크 박스: 여러 그룹 중 하나 이상의 후보를 선택할 때 사용한다.

09 UI 설계 〉 사용자 인터페이스 설계 도구
CASE의 주요 기능은 다양한 소프트웨어 개발 모형 지원, 그래픽 지원, 소프트웨어 생명주기 전 단계의 연결 등이 있다. ③의 언어 번역은 CASE의 주요 기능에 해당되지 않는다.

10 UI 설계 〉 사용자 인터페이스 설계 도구
④ CASE는 소프트웨어 공학의 자동화를 의미하며, 소프트웨어 공학 작업 중 하나의 작업을 자동화한 소프트웨어 패키지를 CASE 도구라 한다. 이러한 도구를 한데 모아놓은 것을 소프트웨어 공학 환경이라 한다.

| 정답 | 01 ② 02 ② 03 ② 04 ① 05 ④ 06 ③ 07 ① 08 ① 09 ③ 10 ④

Chapter

03 애플리케이션 설계

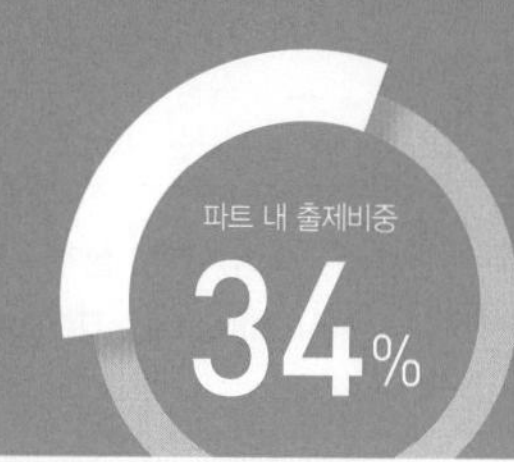

반복이 답이다! ☐ 1회독 월 일 ☐ 2회독 월 일 ☐ 3회독 월 일

01 공통 모듈 설계

기출 키워드
- 객체지향(클래스) 설계 원칙
- 소프트웨어 아키텍처
- 코드 설계
- 구조적 설계 도구

출제 예상 키워드
- 설계 모델링
- 팬 인
- 팬 아웃

읽는 강의

1 설계 모델링

(1) 소프트웨어 설계 개념

① 요구사항 분석 단계에서 나온 사용자가 필요로 하는 필수 기능 구현 방법을 명시하는 것이다.

② 물리적 구현이 가능하도록 절차나 시스템을 구체적으로 정의하는 데 있어 여러 기술과 원리를 응용하는 작업이다.

③ 설계의 기본 원리

구분	내용
추상화 (Abstraction)	• 복잡한 문제를 이해하기 위해 필요 없는 세부 사항을 배제하는 것을 의미한다. • 복잡한 구조(문제)를 해결하기 위해 설계 대상의 상세 내용은 배제하고, 유사점을 요약해서 표현하는 기법이다. • 종류: 과정 추상화, 자료 추상화, 제어 추상화
구조화 (Structuralization)	문제의 영역들을 각각의 기능 모듈 단위로 세분화하여 모듈 간의 관계를 구조적으로 설계하는 과정이다.
모듈화 (Modularity)	• 모듈은 서브루틴, 하부 시스템, 소프트웨어 내 프로그램 혹은 작업 단위를 의미한다. • 소프트웨어를 기능 단위로 분해한 것으로, 모듈화된 시스템은 시스템을 모듈들의 집합으로 추상화한 것이다.

(2) 설계 모델링

① 소프트웨어 설계 대상

- 구조 모델링: 소프트웨어를 구성하는 컴포넌트들의 유형, 인터페이스, **내부 설계** 구조 및 이들의 상호 연결 구조를 **모델링**한다.
- 행위 모델링: 소프트웨어의 구성 요소들의 기능들과 이들이 언제, 어떠한 순서로 기능을 수행하고 상호작용하는지를 모델링한다.

② 소프트웨어 설계 유형

구분	내용
자료구조 설계 (Data Structure Design)	요구 분석 단계에서 생성된 정보를 바탕으로 소프트웨어를 구현하는 데 필요한 자료구조로 변환하는 과정이다.

내부 설계
시스템 내부의 조직과 세부적인 절차를 개념화하고 계획 및 명세화하는 것을 의미한다.

외부 설계
사용자나 타 시스템과의 인터페이스 등 시스템 외부의 특성을 명세화하는 것을 의미한다.

모델링(Modeling)
- 모델링을 통해 개발팀이 응용 문제를 이해하는 데 도움을 줄 수 있다.
- 개발 전체 단계에서 활용할 수 있다.
- 개발될 시스템에 대하여 여러 분야의 엔지니어들이 공통된 개념을 공유하는 데 도움을 준다.
- 절차적인 프로그램을 위한 자료 흐름도는 프로세스 위주의 모델링 방법이다.

아키텍처 설계 (Architecture Design)	• 예비 설계 또는 **상위 수준 설계**이다. • 소프트웨어 시스템의 전체 구조를 기술한다. • 소프트웨어를 구성하는 컴포넌트들 간의 관계를 정의한다.
인터페이스 설계 (Interface Design)	소프트웨어와 상호작용하는 컴퓨터 시스템, 사용자 등이 어떻게 통신하는지를 기술한다.
프로시저 설계 (Procedure Design)	• 알고리즘 설계이다. • 프로그램 아키텍처의 컴포넌트를 소프트웨어 컴포넌트의 프로시저 서술로 변환하는 과정이다.

③ 설계 방법

구분	내용
구조적 설계 (Structured Design)	• 소프트웨어에 요구된 기능, 자료 처리 과정, 알고리즘 등을 중심으로 시스템을 분해하여 설계하는 방식이다. (기능적 관점) • 시스템의 각 모듈은 최상위 기능에서 하위 계층으로 하향적 세분화한다.
자료구조 중심 설계	• 입출력 자료구조를 파악함으로써 소프트웨어 구조를 추출하는 방식이다. • Warnier–Orr, Jackson 등이 있다.
객체지향 설계 (Object–Oriented Design)	• 자료와 자료에 적용될 기능을 함께 추상화하는 개념이다. (객체 = 자료 + 기능) • 시스템은 객체의 모임이다. • Yourdon, Rumbaugh, Booch 등이 있다.
협약에 의한 설계 (Design by Contract)	• 클래스에 대한 여러 가정을 공유하도록 명세한 것이다. • 소프트웨어 컴포넌트에 대한 인터페이스 명세를 위해 선행 조건, 결과 조건, 불변 조건을 나타내는 설계 방법이다.

더 알아보기 **객체지향(클래스) 설계 원칙** 기출 2020년 3, 4회, 2022년 1회

❶ SRP(Single Responsibility Principle, 단일 책임의 원칙)
- '무엇을'과 '어떻게'를 분리하여 변경을 제한시킨다.
- 객체는 하나의 책임(변경의 축)만을 가져야 한다.

❷ DIP(Dependency Inversion Principle, 의존 관계 역전의 원칙)
- 클라이언트는 구체 클래스가 아닌 인터페이스에 의존하여 변화에 대처한다.
- 클라이언트는 구체 클래스의 변화에 대해 알지 못해도 된다.

❸ ISP(Interface Segregation Principle, 인터페이스 분리의 원칙)
- 클라이언트가 분리되어 있으면, 인터페이스도 분리된 상태여야 한다.
- 클라이언트에 특화된 여러 개의 인터페이스가 하나의 범용 인터페이스보다 낫다.

❹ OCP(Open–Closed Principle, 개방 폐쇄의 원칙)
- 기존 코드를 변경하지 않으면서 기능을 추가할 수 있도록 설계되어야 한다.

❺ LSP(Liskov Substitution Principle, 리스코프 대체 원칙)
- 기반 클래스는 파생 클래스로 대체 가능해야 한다.

2 소프트웨어 아키텍처

(1) 소프트웨어 아키텍처의 정의

① 소프트웨어 컴포넌트들과 그들의 외부적으로 보여지는 특성으로 그들 상호 간의 관계들로 구성되는 해당 시스템의 구조 또는 구조들이다.

② 소프트웨어의 골격이 되는 기본 구조로 품질 특성과 개발 진행 방법에 영향을 주며, 소프트웨어 개발을 성공으로 이끌기 위한 중요한 역할을 수행한다.

읽는 강의

상위 설계(기본 설계)
- 아키텍처 설계
- 데이터베이스 인터페이스 설계

하위 설계(상세 설계)
- 모듈 설계
- 시스템의 내적 동작
- 자료구조, 알고리즘 설계

기출 2022년 1회

소프트웨어 아키텍처 설계 과정

❶ 설계 목표 설정
❷ 시스템 타입 결정
❸ 스타일 적용 및 커스터마이즈
❹ 서브시스템의 기능, 인터페이스 동작 작성
❺ 아키텍처 설계 검토

(2) 아키텍처의 역할

① 일반적인 분석 기법들은 기능의 추출과 분석을 우선 생각하고, 성능과 같은 품질 특성을 충분히 검토하는 것은 아니다. 그러나 소프트웨어 아키텍처 설계에서는 개발 대상이 되는 소프트웨어의 비기능적인 성질을 검토하여 기본 구조를 정한다.

② **시스템 전체에 관련된 성질들을 이해하기 위한 체계를 제공:** 전체의 흐름, 통신 패턴, 처리규모와 성능, 실행 제어의 구조, 확장성(이용자 수와 프로세스 수가 증가했을 때에 유연하게 확장/대응할 수 있는 정도), 소프트웨어 전체에 관련된 일관성, 장래의 발전에 대한 전망, 입수 가능한 부품과 부품의 적합성 등이 있다.

③ **소프트웨어 아키텍처를 설계하여 문서화해 두었을 때의 장점:** 관여자들(소프트웨어 개발에 관련된 사람들) 사이의 의사소통 개선, 시스템의 해석(시스템 개발 초기에 Trade-off를 맞추기 위해 시스템의 해석이 필요), 소프트웨어의 재이용 등이 있다.

(3) 소프트웨어 아키텍처의 특성

① **간략성:** 이해하고 추론할 수 있을 정도의 간결성을 유지한다.

② **가시성:** 시스템이 포함해야 하는 것들을 가시화하여, 청사진을 제공한다.

③ **추상화:** 시스템의 추상적인 표현을 사용한다. (복잡도 관리)

(4) 소프트웨어 아키텍처 스타일 패턴

① MVC 패턴(Model View Controller Pattern) 기출 2022년 2회

- **모델(Model)**, 뷰(View), **제어(Controller)** 구조라는 세 가지 다른 서브시스템으로 구성한다.

모델 서브시스템	도메인의 지식을 저장·보관한다.
뷰 서브시스템	사용자에게 보여준다.
제어 서브시스템	사용자와의 상호작용을 관리한다.

- 사용자 인터페이스, 즉 뷰와 제어가 도메인 지식을 나타내는 모델보다는 더 자주 변경될 수 있기 때문에 분리한다.
- 같은 모델에 대하여 여러 가지 부가적으로 필요한 상호작용 시스템을 위하여 적절한 구조이다.
- MVC 모델은 사용자 인터페이스를 담당하는 계층의 응집도를 높일 수 있고, 여러 개의 다른 UI를 만들어 그 사이에 결합도를 낮출 수 있다.
- 뷰는 모델에 있는 데이터를 사용자 인터페이스에 보이는 역할을 담당한다.
- 제어는 모델에 명령을 보냄으로써 모델의 상태를 변경할 수 있다.

② 클라이언트-서버 패턴(Client-Server Pattern)

클라이언트	• 사용자로부터 입력을 받아 범위를 체크한다. • 데이터베이스 트랜잭션을 구동하여 필요한 모든 데이터를 수집한다
서버	• 트랜잭션을 수행한다. • 데이터의 일관성을 보장한다. • 클라이언트에게 서비스를 제공한다.
서비스의 요구	• 원격 호출 메커니즘이다. • CORBA나 Java RMI의 공통 객체 브로커가 있다.

③ 계층 패턴(Layered Pattern)

- 각 서브시스템이 하나의 계층이 되어 하위층이 제공하는 서비스를 상위층의 서브시스템이 사용한다.
- 추상화의 성질을 잘 이용한 구조이다.
- 대표적인 예로 OSI 7계층 구조가 있다.

읽는 강의

모델(Model)
데이터를 가진 객체를 말하며, 데이터는 내부의 상태에 대한 정보를 가질 수도 있고 모델을 표현하는 이름 속성으로 가질 수도 있다.

제어(Controller)
뷰에서 이벤트(입력/수정/삭제)가 전달되면 모델에 이벤트를 전달하여 처리하고 업데이트된 데이터를 뷰로 전달하여 인터페이스에 표시되게 한다.

CORBA
객체 관리 그룹(OMG)이 제정하는 객체 요구 매개자(ORB)의 표준 규격이며, 분산 객체 환경에서 객체 간의 통신을 처리하는 기능을 한다.

RMI(Remote Method Invocation)
분산되어 존재하는 객체 간의 메시지 전송을 가능하게 하는 프로토콜이다.

- 장점: 각 층을 필요에 따라 쉽게 변경할 수 있다.
- 단점: 성능 저하를 가져올 수 있다.

④ 파이프 필터 패턴(Pipe-Filter Pattern) 기출 2020년 4회, 2021년 2, 3회

- 서브시스템이 입력 데이터를 받아 처리하고, 결과를 다음 서브시스템에 보내는 작업이 반복된다.
- 서브시스템을 필터라고 하고, 서브시스템 사이의 관계를 파이프라 한다.

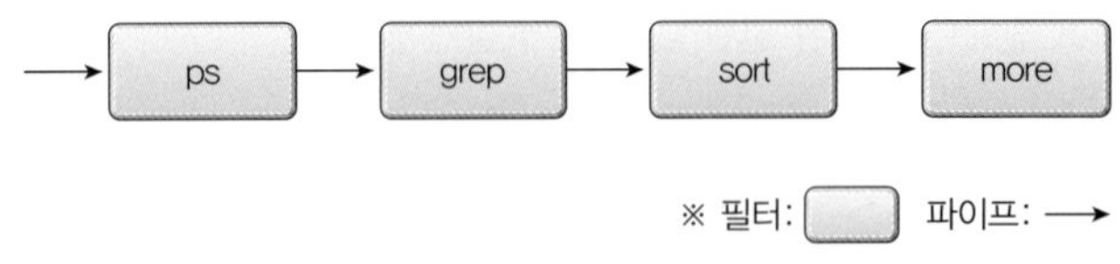

▲ 파이트 필터 패턴 예시

⑤ 마스터-슬레이브 패턴(Master-Slave Pattern) 기출 2021년 3회

- 마스터와 슬레이브라는 두 부분으로 구성된다. 마스터 컴포넌트는 동등한 구조를 지닌 슬레이브 컴포넌트들로 작업을 분산하고, 슬레이브가 반환한 결과값으로부터 최종 결과값을 계산한다.
- 데이터를 동시에 수집하는 동안 사용자 인터페이스 제어에 응답할 때 가장 일반적으로 사용한다.
- 일반적으로 실시간 시스템에서 사용되며, 마스터 프로세스는 일반적으로 연산, 통신, 조정을 책임지고 슬레이브 프로세스들을 제어할 수 있다.

⑥ 저장소 구조

- 서브시스템들이 단일 중앙 저장소의 자료를 접근하고 변경한다.
- 서브시스템들은 독립적이고 중앙 자료 저장소를 이용하여 상호 대화한다.

예 급여 시스템, 은행 시스템과 같은 데이터베이스

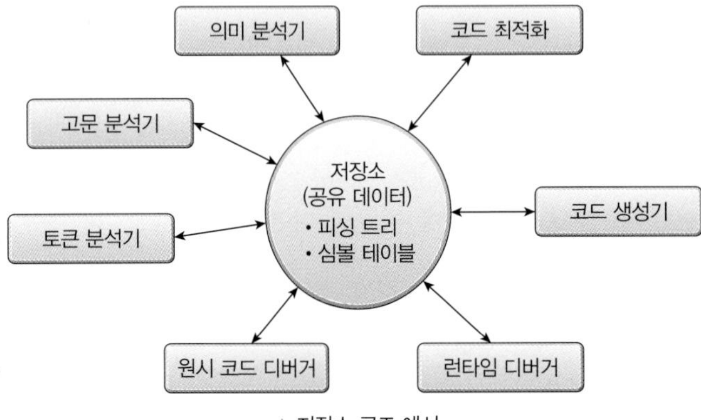

▲ 저장소 구조 예시

(5) 소프트웨어 아키텍처 설계 품질 속성 기출 2021년 2회

가용성 (Availability)	소프트웨어가 필요할 때 적절하게 작업을 수행할 준비가 되었는지를 판단한다.
변경 용이성 (Modifiability)	소프트웨어에 새로운 기능 추가, 오류 수정, 보안 강화, 성능 개선 등과 같은 변경이 용이한지 판단한다.
사용성(Usability)	사용자가 얼마나 쉽게 사용할 수 있는가에 대한 척도이다.

3 코드 설계

(1) 코드의 정의

코드란 파일 시스템을 체계화(데이터의 수집이나 분류, 집계 등을 용이하게 하기 위해)하기 위하여 처리 대상이 되는 주요 항목에 대하여 사용 목적에 따라 문자, 숫자, 기호를 사용하여 만든 것이다.

(2) 코드의 기능

구분	내용
식별 기능	서로 다른 대상 항목을 구별할 수 있는 기능이다.
분류 기능	대상 항목을 관련성에 따라 그룹별 처리가 가능한 기능이다.
배열 기능	대상 항목들을 순서적으로 나열할 수 있는 기능이다.

(3) 코드의 특징

① 고유성, 표준성, 확장성, 영속성이 있어야 한다.

② 최소의 자릿수로 표현되어야 한다.

③ 간단·명료하고 데이터의 내용이 연상되면 사용이 용이하다.

④ 컴퓨터 처리에 적합해야 하고, 오류를 검출할 수 있어야 한다.

(4) 코드의 종류 기출 2020년 1, 2회

① **일련번호식 코드(순차 코드, Sequential Code)**: 발생순, 크기순, 가나다순 등에 따라 순차적으로 부여한다.

예 지명 코드

서울	01
부산	02
인천	03
대전	04
…	…
제주도	17

순차 코드
일반적으로 코드가 간단하여 기계 처리에 적합하지만, 코드표가 있어야 코드가 나타내는 정보를 알 수 있다.

② **블록 코드(Block Code)**: 공통성 있는 것끼리 블록으로 묶어서 구분하며, 블록 내에서는 순차적으로 부여한다.

예 부서 코드

영업부	11–25
인사부	26–40
기획부	41–55
지재부	55–70
…	…

블록 코드
구분 코드라고도 하며, 각각의 블록에는 예비 코드가 들어있는 특징이 있다. 예비 코드의 크기에 따라 코드를 효율적으로 사용할 수 있다.

③ **그룹 분류 코드(Group Classification Code)**: 코드화 대상 항목을 대분류, 중분류, 소분류로 구분하고, 각 그룹별 내에서 순차적으로 코드를 부여한다.

예 학번 코드, 사원번호 코드

학년	반	번호	코드
1	1	1 …	1101 …
	2	1 … 34	1201 … 1234
	3	1 … 20	1301 … 1320
2	1	1 … 15	2101 … 2115
	2	1 2 …	2201 2202 …
	3	1 …	2301 …
3	1	1 …	3101 …

④ **10진 코드(Decimal Code)**: 10진법의 원리에 맞추어 대분류, 중분류, 소분류하여 부여한 코드이다.

예 도서 분류 코드

총류	000	
인문	100	
사회	200	
공학	300	
통신	310	
전자	320	
전산	330	
계산기구조		331
자료구조		332
전산수학		333
운영체계론		334
…		…

⑤ **유효 숫자식 코드(표의 숫자 코드, Significant Digit Code)**: 대상 항목의 크기, 중량, 거리 등을 그대로 사용하는 코드이다. 기출 2020년 4회

예 폭 450mm, 길이 700mm, 두께가 45mm인 철판 → 450700045
폭 길이 두께

⑥ **연상기호 코드(Mnemonic Code)**: 대상과 관계있는 문자나 숫자를 조합하여 만든 코드로, 상품명이나 거래처명에 많이 이용한다.

예
W–TV 15″: 흑백 텔레비전 15인치
W–TV 17″: 흑백 텔레비전 17인치
C–TV 17″: 컬러 텔레비전 17인치
C–TV 20″: 컬러 텔레비전 20인치

⑦ **약자식 코드(Letter Type Code)**: 관습상 또는 제도적으로 널리 사용되는 문자를 그대로 사용하는 코드이다.

읽는 강의

유효 숫자식 코드
대상 항목을 코드로 그대로 사용하므로 기계 처리가 좋지 않다. 하지만, 현장에서의 사용 용이성이 매우 높다.

예

μg, mg, kg: 무게 mm, cm, km: 길이

4 구조적 설계 도구

(1) 구조도(Structure Chart)의 개념 기출 2021년 1회

① 시스템 기능을 몇 개의 기능으로 분할하여 모듈로 나타내고, 모듈 간의 인터페이스를 계층 구조로 표현한 도형이다.

② 구조도에서 사각형(▭)은 모듈, 백색원의 화살표(○→)는 매개변수를 이용한 자료의 이동, 흑색원의 화살표(●→)는 실행의 방향을 나타내는 제어 흐름, 마름모(◇)는 선택, 곡선 화살표(↻)는 반복을 나타낸다.

③ 팬 인(Fan-In)은 특정 모듈을 직접 제어하는 모듈의 수이다.

④ 팬 아웃(Fan-Out)은 한 모듈에 의해 직접 제어되는 모듈의 수이다.

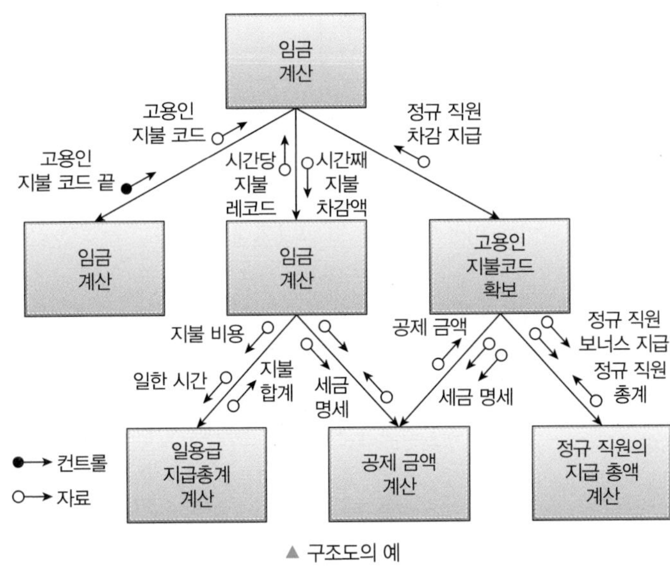

▲ 구조도의 예

• 구조적 설계 도구인 자료 구조도는 자료 흐름도를 변환 분석하여 만들 수 있다.

구조도와 팬 인, 팬 아웃

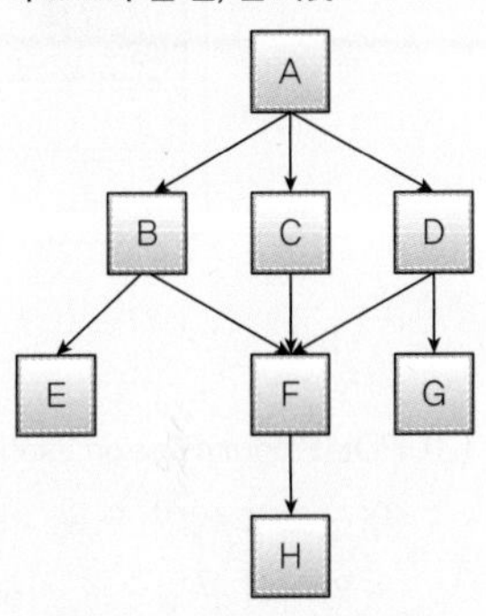

모듈	팬 인	팬 아웃
A	0	3
B	1	2
C	1	1
D	1	2
E	1	0
F	3	1
G	1	0
H	1	0

(2) HIPO(Hierarchical Plus Input Process Output) 기출 2020년 1, 2회

① 프로그램 논리의 문서화와 설계를 위해 도식적인 방법을 제공하며, 기능 표현 중심이다.

② 시스템의 분석 및 설계나 문서화에 사용되는 기법으로 계층을 구성하는 각 모듈별 실행 과정인 입력, 처리, 출력 기능을 나타낸다.

③ 관람자에 따라 다른 도표 제공이 가능하고, 프로그램의 전체적인 흐름 파악이 가능하다.

④ 하향식(Top-Down) 개발 기법(계층적 구조)이며, 문서의 체계화가 가능하다.

⑤ 프로그램의 변경 및 유지보수가 용이하다.

⑥ 논리적인 기술보다는 기능 중심의 문서화 기법으로 신뢰성은 조금 떨어진다.

⑦ HIPO 차트의 종류에는 가시적 도표, 총체적 도표, 세부적 도표가 있다.

• 가시적 도표(계층 도표): 시스템의 전체적인 흐름을 계층적으로 표현한 도표이다.

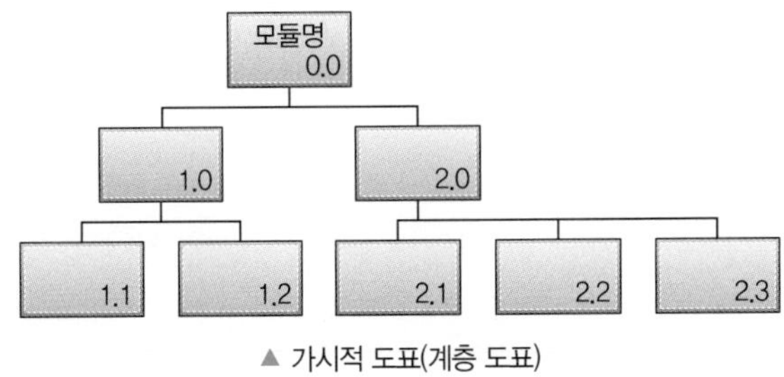

▲ 가시적 도표(계층 도표)

• 총체적 도표: 입력, 처리, 출력에 대한 기능을 개략적으로 표현한 도표이다.

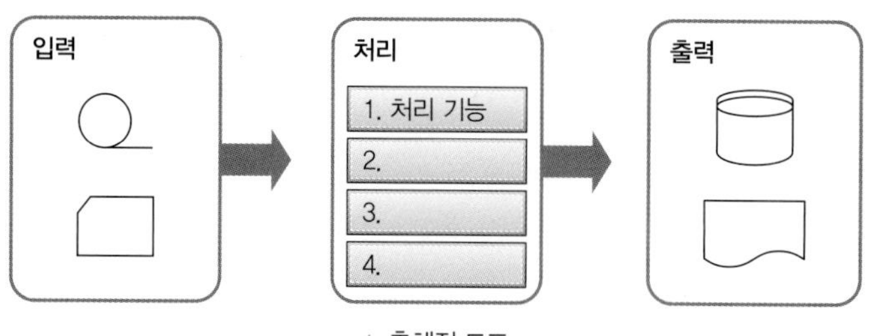

▲ 총체적 도표

• 세부적 도표: 총체적 도표 내용을 구체적 모듈별 입력–처리–출력 도표로 표현한다.

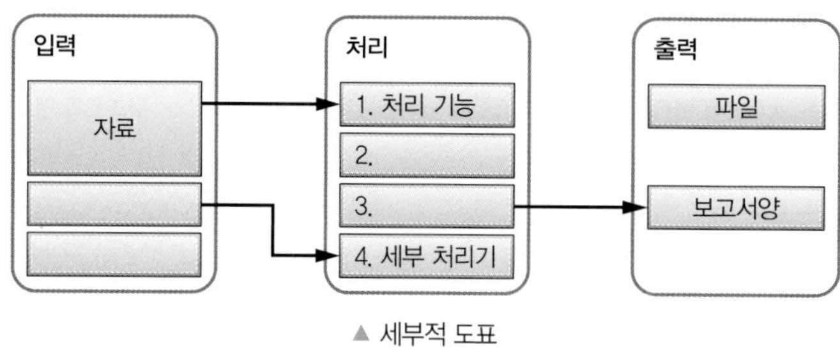

▲ 세부적 도표

(3) PDL(Program Design Language)

① 구조적 영어 또는 의사코드라 불리는 자연 언어의 단어를 이용하여 구조적 프로그래밍 언어의 문법으로 기술한 혼합 언어이다.

② 구조적으로 설계된 프로그램을 자연어와 비슷하게 표현한다.

(4) N–S(Nassi & Schneiderman) 차트 기출 2022년 1회

① Box Diagram, Chapin Chart라고도 불린다.

② 논리 기술에 중점을 둔 도형식 표현 도구이다.

③ 순차, 선택, 반복의 3가지 제어 구조를 표현한다

④ 화살표나 GOTO문은 사용하지 않는다.

⑤ 단일 출입구가 있는 프로그램 구조를 나타내기 편리하다.

⑥ 도표로 그려야 하는 불편함이 있고, 수정이 쉽지 않다. 프로그램의 전체 구조 표현에는 부적합하다.

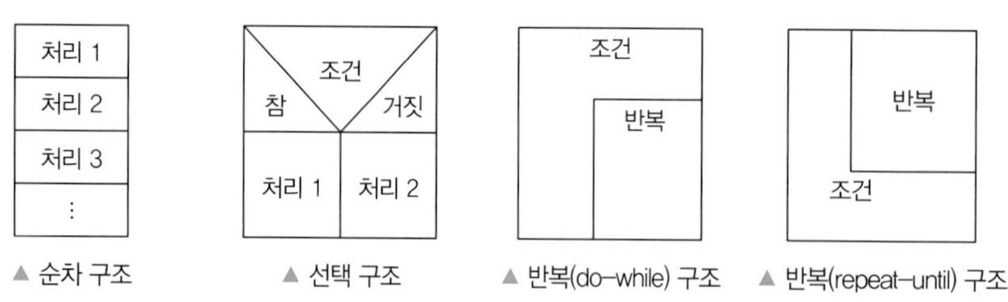

▲ 순차 구조 ▲ 선택 구조 ▲ 반복(do–while) 구조 ▲ 반복(repeat–until) 구조

(5) Jackson Diagram

① 트리 구조의 다이어그램으로 프로그램의 입출력 자료를 이용하여 프로그램의 구조를 생성한다.

② 기본, 순차, 반복, 선택의 기호를 사용한다.

읽는 강의

N–S 차트

• 화살표를 사용하지 않으므로 무조건 분기의 사용을 할 수 없다. 무조건 분기를 제외한 순차/선택/반복을 제어 구조로 사용한다.

• 화살표가 없어 출입구를 여러 개 가질 수 없어서 단일 출입구가 있는 구조를 만들 수 있다.

명칭	구조도	의미	적용 분야	
			자료구조	프로그램 구조
기본	X	더 이상의 분할이 불가능한 최소 단위	자료 항목	명령문
순차	X Y Z	하나 이상의 구성 요소가 순차적으로 처리	레코드	순차적 처리
반복	X Y*	기본 구성 요소가 반복	파일 또는 배열	루프 처리
선택	X Y° Z°	기본 구성 요소 중 선택	자료의 분류	선택 처리

개념확인 문제

기출 2021년 3회

01 분산 시스템을 위한 마스터-슬레이브(Master-Slave) 아키텍처에 대한 설명으로 틀린 것은?

① 일반적으로 실시간 시스템에서 사용된다.
② 마스터 프로세스는 일반적으로 연산, 통신, 조정을 책임진다.
③ 슬레이브 프로세스는 데이터 수집 기능을 수행할 수 없다.
④ 마스터 프로세스는 슬레이브 프로세스들을 제어할 수 있다.

기출 2020년 1, 2회

02 코드 설계에서 일정한 일련번호를 부여하는 방식의 코드는?

① 연상 코드　　② 블록 코드
③ 순차 코드　　④ 표의 숫자 코드

기출 2021년 1회

03 다음은 어떤 프로그램 구조를 나타낸다. 모듈 F에서의 Fan-In과 Fan-Out의 수는 얼마인가?

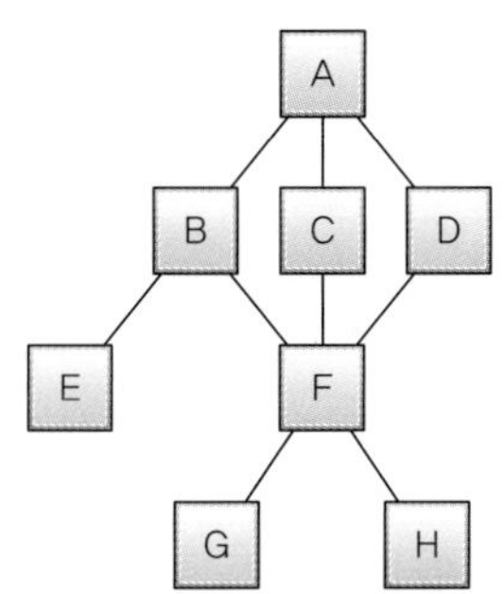

	Fan-In	Fan-Out		Fan-In	Fan-Out
①	2	3	②	3	2
③	1	2	④	2	1

정답 & 해설

01 ③ 마스터-슬레이브 패턴은 데이터를 동시에 수집하는 동안 사용자 인터페이스 제어에 응답할 때 가장 일반적으로 사용한다.

02 ③ 순차 코드(일련번호식 코드)는 발생순, 크기순, 가나다순 등에 따라 순차적으로 일련번호를 부여한다.

03 ② F 모듈의 상위 모듈 수(Fan-In)는 3개, 하위 모듈 수(Fan-Out)는 2개이다.

| 정답 | 01 ③ 02 ③ 03 ②

02 객체지향 설계

기출 키워드
- 객체지향 기법
- 객체지향의 기본 개념
- 객체지향의 연관성
- 디자인 패턴

출제 예상 키워드
- GoF
- 캡슐화

읽는 강의

객체지향 기법
동적 모델링 기법이 사용될 수 있으며, 상향식 방식이다.

추상화 기법의 종류
자료 추상화, 제어 추상화, 과정 추상화

1 객체지향 기법

(1) 객체지향의 개요 기출 2021년 3회

① 1966년 Simula 67 프로그래밍 언어를 개발하면서, 시스템의 한 구성원으로서 한 행위를 행할 수 있는 하나의 단위로 객체라는 개념을 사용했다.

② 객체지향 기법에서의 시스템 분석은 문제 영역에서 객체를 정의하고, 정의된 객체들 사이의 상호작용을 분석하는 것이다.

③ 객체지향 기법은 복잡한 시스템의 설계를 단순하게 한다. 시스템은 하나 또는 그 이상의 규정된 상태를 갖는 객체들의 집합으로 시각화될 수 있으며, 객체의 상태를 변경시키는 연산은 비교적 쉽게 정의된다.

④ 코드 재사용에 의한 프로그램 생산성 향상 및 요구에 따른 시스템의 쉬운 변경이 가능하다.

⑤ 객체지향 소프트웨어는 그 구성이 분리되어 있기 때문에 유지보수가 쉽다.

⑥ 동적 모델링 기법이 사용될 수 있다.

⑦ 데이터와 행위를 하나로 묶어 객체를 정의내리고 추상화시키는 작업이라고 할 수 있다.

(2) 객체지향의 기본 개념

① 객체(Object) 기출 2022년 2회
- 현실세계에 존재할 수 있는 유형·무형의 모든 대상을 말한다.
- 실제로 객체지향 프로그램 작성 시 기본 단위이다.
- 속성과 메소드로 정의된다.

데이터(속성) + 연산(메소드) → 객체

- 객체는 인터페이스인 공유 부분을 가지며, 상태(State)를 가지고 있다.

② 속성(Attribute)
- 객체가 가지고 있는 특성으로, 객체의 현재 상태를 의미한다.
- 속성은 객체의 상태, 성질, 분류, 식별, 수량 등을 표현한다.

③ 클래스(Class) 기출 2022년 1회
- 데이터를 추상화하는 단위이며, 공통된 행위와 특성을 갖는 객체의 집합이다.
- 클래스라는 개념은 객체 타입으로 구현된 소프트웨어를 의미한다. 클래스는 동일한 타입의 객체들의 메소드와 변수들을 정의하는 템플릿(Templete)이다.

④ 메시지(Message) 기출 2021년 2회
- 한 객체가 다른 객체의 메소드를 부르는 과정으로, 외부에서 하나의 객체에 보내지는 메소드의 요구이다.
- 일반 프로그래밍 과정에서 함수 호출에 해당된다.

⑤ 메소드(Method)
- 메소드는 객체가 어떻게 동작하는지를 규정하고, 속성의 값을 변경시킨다.
- 객체가 메시지를 받아 실행해야 할 객체의 구체적인 연산을 정의한 것이다.

⑥ 인스턴스(Instance) 기출 2021년 2회
- 클래스로부터 만들어진 객체를 그 클래스의 인스턴스라고 한다.
- 클래스로부터 객체를 만드는 과정을 인스턴스화(Instantiation)라고 한다.

⑦ **다형성(Polymorphism)** 기출 2022년 2회

- 같은 메시지에 대해 각 클래스가 가지고 있는 고유한 방법으로 응답할 수 있는 능력을 의미한다.
- 두 개 이상의 클래스에서 똑같은 메시지에 대해 객체가 서로 다르게 반응하는 것이다.
- 다형성은 주로 동적 바인딩에 의해 실현된다.

⑧ **상속성(Inheritance)** 기출 2021년 3회

- 새로운 클래스를 정의할 때 기존의 클래스들의 속성을 상속받고, 필요한 부분을 추가하는 방법이다.
- 높은 수준의 개념은 낮은 수준의 개념으로 특정화된다.
- 하위 계층은 상위 계층의 특수화(Specialization) 계층이 되며, 상위 계층은 하위 계층의 일반화(Generalization) 계층이 된다.

⑨ **캡슐화(Encapsulation)** 기출 2020년 3회, 2022년 2회

- 객체를 정의할 때 서로 연관된 데이터와 함수를 함께 묶어 외부와 경계를 만들고, 필요한 인터페이스만을 밖으로 드러내는 과정이다.
- 인터페이스가 단순화되고, 변경 발생 시 오류의 파급 효과가 적다.
- 소프트웨어 재사용성이 높아진다.

⑩ **정보은닉(Information Hiding)** 기출 2021년 2, 3회

- 객체의 상세한 내용을 객체 외부에 철저히 숨기고, 단순히 메시지만으로 객체와의 상호작용을 하게 하는 것이다.
- 외부에서 알아야 하는 부분만 공개하고, 그렇지 않은 부분은 숨김으로써 대상을 단순화시키는 효과가 있다.
- 유지보수와 소프트웨어 확장 시 오류를 최소화할 수 있다.

(3) 객체지향의 연관성 기출 2020년 1, 2, 3회

연관화 (Association)	관계성의 종류는 is-member-of이며, 링크 개념과 유사하다. 공통의 의미를 서로 연관된 집단으로 표현하는 방법이다.
분류화 (Classification)	관계성의 종류는 is-instance-of이며, 동일한 형의 특성을 갖는 객체들이 모여 클래스를 구성하는 것이다.
집단화 (Aggregation)	관계성의 종류는 is-part-of이며, 서로 관련 있는 여러 개의 객체를 묶어 한 개의 상위 객체를 생성한다.
일반화 (Generalization)	관계성의 종류는 is-a이며, 객체들에 있어 공통적인 성질들을 상위 객체로 정의한다.

2 디자인 패턴

(1) 디자인 패턴(Design Pattern)의 개요

① UML과 같은 일종의 설계 기법이며, UML이 전체 설계 도면을 설계한다면, 디자인 패턴은 설계 방법을 제시한다.

② 객체지향 소프트웨어 시스템 디자인 과정에서 자주 접하게 되는 디자인 문제에 대한 기존의 시스템에 적용되어 검증된 해법의 재사용성을 높여 쉽게 적용할 수 있도록 하는 방법론이다.

③ 여러 가지 상황에 적용될 수 있는 탬플릿과 같은 것이며, 문제에 대한 설계를 추상적으로 표현한 것이다.

④ 1990년대 초반 Erich Gamma에 의해 첫 소개된 이후 1995년에 Gamma, Helm, John, Vlissides 네 사람에 의해 집대성되었고, 이것이 GoF의 디자인 패턴(Design Pattern)으로 널리 알려졌다.

읽는 강의

다형성

- 다형성을 구현하기 위해서는 동적 바인딩이 필요하며, 동적 바인딩은 실제 실행 중 또는 실행 과정에서 변경될 수 있는 바인딩을 말한다.
- 정적 바인딩: 실행 전(컴파일 시)에 바인딩되는 것이다.

상속성

- 객체지향 기법은 상속이 가능하므로 재사용성이 높아진다.
- 재사용성을 높이면 소프트웨어의 생산성과 품질을 향상시킬 수 있다.

(2) 디자인 패턴의 특성 기출 2022년 1회

① 객체지향 방법론의 가장 큰 장점인 **재사용성과 모듈성**을 극대화시켜 이를 적용하면 시스템 개발은 물론 유지보수에도 큰 효과가 있다.

② 디자인 패턴은 개개의 클래스, 인스턴스, 컴포넌트들의 상위 단계인 추상 개념을 확인하고 특징짓는다.

③ 상위 단계에서 적용될 수 있는 개념이며, 시스템 구조를 재사용하기 쉽게 만들 수 있다.

(3) 디자인 패턴의 구성 요소 기출 2020년 3회

① **패턴의 이름과 구분**: 패턴에서 사용하는 이름과 패턴의 유형이다.

② **문제 및 배경**: 패턴이 사용되는 분야, 배경 그리고 해결하는 문제를 의미한다.

③ **솔루션**: 패턴을 이루는 요소들/관계/협동 과정을 말한다.

④ **사례**: 간단한 적용 사례가 필요하다.

⑤ **결과**: 패턴을 사용하면 얻게 되는 이점이나 영향이다.

⑥ **샘플 코드**: 패턴이 적용된 원시 코드이다.

(4) 디자인 패턴의 장점 기출 2020년 4회, 2021년 1회

① 많은 전문가의 경험과 노하우를 별다른 시행착오 없이 얻을 수 있다.

② 실질적 설계에 도움이 된다.

③ 쉽고 정확하게 설계 내용을 다른 사람과 공유할 수 있다.

④ 기존 시스템이 어떤 디자인 패턴을 사용하고 있는지를 기술함으로써, 쉽고 간단하게 시스템을 이해할 수 있다.

⑤ 소프트웨어 구조 파악이 용이하다.

⑥ 객체지향 설계 및 구현의 생산성을 높이는데 적합하다.

⑦ 재사용을 위한 개발 시간이 단축된다.

(5) 디자인 패턴의 분류와 종류 기출 2020년 4회, 2021년 1, 2회, 2022년 1, 2회

① 생성 패턴(Creational Pattern)
- 객체 인스턴스 생성을 위한 패턴으로, 클라이언트와 그 클라이언트에서 생성해야 할 객체 인스턴스 사이의 연결을 끊어주는 패턴이다.
- 객체의 생성 방식을 결정하는 데 포괄적인 솔루션을 제공하는 패턴이다.
- 종류: 추상 팩토리(Abstract Factory), 빌더(Builder), 팩토리 메소드(Factory Method), 프로토타입(Prototype), 싱글턴(Singleton) 패턴 등

② 구조 패턴(Structural Patterns)
- 다른 기능을 가진 객체가 협력을 통해 어떤 역할을 수행할 때, 객체를 조직화시키는 일반적인 방식을 제시한다.
- 클래스와 객체가 보다 큰 구조로 구성되는 방법에 대한 해결안을 제시한다.
- 종류: 어댑터(Adapter), 브리지(Bridge), 컴포지트(Composite), 데코레이터(Decorator), 다이나믹 링키지(Dynamic Linkage), 퍼케이드(Facade), 플라이웨이트(Flyweight), 프록시(Proxy), 가상 프록시(Virtual Proxy) 패턴 등

③ 행위 패턴(Behavioral Patterns) 기출 2020년 1, 2, 3회, 2021년 3회
- 객체의 행위를 조직화(Organize), 관리(Manage), 연합(Combine)하는 데 사용되는 패턴이다.
- 객체 간의 기능을 배분하는 일과 같은 알고리즘 수행에 주로 이용된다.
- 종류: 책임 연쇄(Chain of Responsibility), 커맨드(Command), 인터프리터(Interpreter), 이터레이터(Iterator), 미디에이터(Mediator), 메멘토(Memento), 옵저버(Observer), 스테이트(State), 스트래티지(Strategy), 탬플릿 메소드(Template Method), 비지터(Visitor) 패턴 등

읽는 강의

재사용성과 모듈성

SW의 기능을 부품화시킨 것을 모듈이라고 하며, 모듈이 잘 만들어지면 다시 사용하는 것이 가능해진다. 이를 모듈의 재사용이라 한다.

■ 디자인 패턴 분류 기출 2020년 3회, 2021년 2회, 2022년 1회

분류	종류	특징
생성 패턴	Abstract Factory	클라이언트에서 구상 클래스를 지정하지 않으면서도 일군의 객체를 생성할 수 있게 해줌(제품군(product family)별 객체 생성)
	Builder	부분 생성을 통한 전체 객체 생성
	Factory Method	• 상위 클래스에서 객체를 생성하는 인터페이스를 정의하고, 하위 클래스에서 인스턴스를 생성하도록 하는 방식 • 객체를 생성하기 위한 인터페이스를 정의하여 어떤 클래스가 인스턴스화될 것인지는 서브 클래스가 결정하도록 하는 것 • Virtual-Constructor 패턴이라고도 함
	Prototype	Prototype을 먼저 생성하고, 인스턴스를 복제하여 사용하는 구조
	Singleton	특정 클래스의 인스턴스가 오직 하나임을 보장하고, 이 인스턴스에 대한 접근 방법을 제공
구조 패턴	Adapter	객체를 감싸서 다른 인터페이스를 제공(기존 모듈 재사용을 위한 인터페이스 변경)
	Bridge	인터페이스와 구현의 명확한 분리
	Composite	클라이언트에서 객체 컬렉션과 개별 객체를 똑같이 다룰 수 있도록 해줌(객체 간의 부분-전체 관계 형성 및 관리)
	Decorator	객체를 감싸서 새로운 행동을 제공(객체의 기능을 동적으로 추가/삭제)
	Facade	일련의 클래스에 대해 간단한 인터페이스 제공(서브시스템의 명확한 구분 정의)
	Flyweight	작은 객체들의 공유
	Proxy	객체를 감싸서 그 객체에 대한 접근성을 제어(대체 객체를 통한 작업 수행)
행위 패턴	Chain of Responsibility	수행 가능 객체군까지 요청 전파
	Command	요청을 객체로 감쌈(수행할 작업의 일반화를 통한 조작)
	Interpreter	간단한 문법에 기반한 검증 작업 및 작업 처리
	Iterator	컬렉션이 어떤 식으로 구현되었는지 드러내지 않으면서도 컬렉션 내에 있는 모든 객체에 대해 반복 작업을 처리할 수 있게 해줌(동일 자료형의 여러 객체 순차 접근)
	Mediator	객체 간의 통제와 지시의 역할을 하는 중재자를 두어 객체지향의 목표를 달성하게 함
	Memento	객체의 이전 상태 복원 또는 보관
	Observer	상태가 변경되면 다른 객체들한테 연락을 돌릴 수 있게 해줌(일대다의 객체 의존 관계를 정의)
	State	상태를 기반으로 한 행동을 캡슐화한 다음 위임을 통해서 필요한 행동을 선택(객체 상태 추가 시 행위 수행의 원활한 변경)
	Strategy	교환 가능한 행동을 캡슐화하고 위임을 통해서 어떤 행동을 사용할지 결정(동일 목적의 여러 알고리즘 중 선택해서 적용)
	Template Method	알고리즘의 개별 단계를 구현하는 방법을 서브 클래스에서 결정(알고리즘의 기본 골격 재사용 및 상세 구현 변경)
	Visitor	작업 종류의 효율적 추가/변경

읽는 강의

개념확인 문제

기출 2021년 3회

01 객체지향의 주요 개념에 대한 설명으로 틀린 것은?

① 캡슐화는 상위 클래스에서 속성이나 연산을 전달받아 새로운 형태의 클래스로 확장하여 사용하는 것을 의미한다.
② 객체는 실세계에 존재하거나 생각할 수 있는 것을 말한다.
③ 클래스는 하나 이상의 유사한 객체들을 묶어 공통된 특성을 표현한 것이다.
④ 다형성은 상속받은 여러 개의 하위 객체들이 다른 형태의 특성을 갖는 객체로 이용될 수 있는 성질이다.

기출 2021년 3회

02 객체지향 분석 기법과 관련한 설명으로 틀린 것은?

① 동적 모델링 기법이 사용될 수 있다.
② 기능 중심으로 시스템을 파악하며 순차적인 처리가 중요시되는 하향식(Top-down) 방식으로 볼 수 있다.
③ 데이터와 행위를 하나로 묶어 객체를 정의 내리고 추상화시키는 작업이라 할 수 있다.
④ 코드 재사용에 의한 프로그램 생산성 향상 및 요구에 따른 시스템의 쉬운 변경이 가능하다.

기출 2021년 1회

03 GoF(Gangs of Four) 디자인 패턴의 생성 패턴에 속하지 않는 것은?

① 추상 팩토리(Abstract Factory)
② 빌더(Builder)
③ 어댑터(Adapter)
④ 싱글턴(Singleton)

정답 & 해설

01 ① 캡슐화는 객체를 정의할 때 서로 관련성이 많은 데이터들과 이와 연관된 함수들을 정보처리에 필요한 기능을 하나로 묶는 것을 말한다.

02 ② 객체지향 분석은 객체 중심으로 시스템을 파악하며 상향식 방식으로 볼 수 있다.

03 ③ 어댑터(Adapter)는 구조 패턴에 속한다. 생성 패턴에는 추상 팩토리(Abstract Factory), 빌더(Builder), 프로토타입(Prototype), 싱글턴(Singleton) 등이 있다.

| 정답 | 01 ① 02 ② 03 ③

개념적용 문제

01 공통 모듈 설계

01 난이도 상 중 하 2020년 1, 2회

소프트웨어 아키텍처와 관련한 설명으로 틀린 것은?

① 파이프 필터 아키텍처에서 데이터는 파이프를 통해 양방향으로 흐르며, 필터 이동 시 오버헤드가 발생하지 않는다.
② 외부에서 인식할 수 있는 특성이 담긴 소프트웨어의 골격이 되는 기본 구조로 볼 수 있다.
③ 데이터 중심 아키텍처는 공유 데이터저장소를 통해 접근자 간의 통신이 이루어지므로 각 접근자의 수정과 확장이 용이하다.
④ 이해 관계자들의 품질 요구사항을 반영하여 품질 속성을 결정한다.

02 난이도 상 중 하

코드화 대상 자료를 10진법의 원리에 맞추어 대분류, 중분류, 소분류하여 부여한 코드는?

① 순차(Sequence) 코드
② 표의 숫자(Significant digit) 코드
③ 10진 코드(Decimal Code)
④ 연상(Mnemonic) 코드

03 난이도 상 중 하 2020년 1, 2회

HIPO(Hierarchy Input Process Output)에 대한 설명으로 거리가 먼 것은?

① 상향식 소프트웨어 개발을 위한 문서화 도구이다.
② HIPO 차트 종류에는 가시적 도표, 총체적 도표, 세부적 도표가 있다.
③ 기능과 자료의 의존 관계를 동시에 표현할 수 있다.
④ 보기 쉽고 이해하기 쉽다.

04 난이도 상 중 하

설계의 기본 원리 중에서 문제의 영역들을 각각의 기능 모듈 단위로 세분화하여 모듈간의 관계를 구조적으로 설계하는 과정은?

① 모듈화(Modularity)
② 집단화(Aggregation)
③ 구조화(Structure)
④ 추상화(Abstraction)

05 난이도 상 중 하

소프트웨어 설계 유형에서 예비 설계 또는 상위 수준 설계에 해당되는 것은?

① 인터페이스 설계(Interface design)
② 아키텍처 설계(Architecture design)
③ 프로시저 설계(Procedure design)
④ 자료구조 설계(Data structure design)

06 난이도 상 중 하

객체지향 설계 원칙에서 기존 코드를 변경하지 않으면서 기능을 추가할 수 있도록 설계되어야 하는 원칙은?

① LSP(Liskov Substitution Principle, 리스코프 대체 원칙)
② DIP(Dependency Inversion Principle, 의존 관계 역전의 원칙)
③ SRP(Single Responsibility Principle, 단일 책임의 원칙)
④ OCP(Open–Closed Principle, 개방 폐쇄 원칙)

02 객체지향 설계

07 난이도 상중하

다음 중 객체지향 기법의 용어에 대한 설명이 올바르지 않은 것은?

① 메시지: 파일, 메소드, 패키지와 같이 프로그래밍 언어 단위로 정의된 컴포넌트
② 객체: 필요로 하는 데이터와 이 데이터를 처리하는 함수들을 가진 작은 소프트웨어 모듈
③ 상속: 어떤 클래스에 정의된 요소가 다른 클래스에 의하여 소유된 것
④ 메소드: 오퍼레이션의 구현. 클래스에 있는 프로시저

08 난이도 상중하

2020년 1, 2회

객체지향 프로그램에서 데이터를 추상화하는 단위는?

① 메소드
② 클래스
③ 상속성
④ 메시지

09 난이도 상중하

다음 중 성격이 다른 설계 패턴은?

① 브리지(Bridge) 패턴
② 팩토리 메소드(Factory Method) 패턴
③ 프로토타입(Prototype) 패턴
④ 싱글턴(Singleton) 패턴

10 난이도 상중하

2021년 3회

GoF(Gang of Four) 디자인 패턴과 관련한 설명으로 틀린 것은?

① 디자인 패턴을 목적(Purpose)으로 분류할 때 생성, 구조, 행위로 분류할 수 있다.
② Strategy 패턴은 대표적인 구조 패턴으로 인스턴스를 복제하여 사용하는 구조를 말한다.
③ 행위 패턴은 클래스나 객체들이 상호작용하는 방법과 책임을 분산하는 방법을 정의한다.
④ Singleton 패턴은 특정 클래스의 인스턴스가 오직 하나임을 보장하고, 이 인스턴스에 대한 접근 방법을 제공한다.

정답&해설

01 공통 모듈 설계 〉 소프트웨어 아키텍처
① 파이프 필터 아키텍처에서 데이터는 파이프를 통해 단방향으로 흐르며, 서브시스템이 입력 데이터를 받아 처리하고 결과를 다음 서브시스템에 보내는 작업이 반복된다.

02 공통 모듈 설계 〉 코드 설계
③ 10진 코드(Decimal Code): 10진법의 원리에 맞추어 대분류, 중분류, 소분류하여 부여한 코드로, 대표적인 예로 도서 분류 코드가 있다.

03 공통 모듈 설계 〉 구조적 설계 도구
① HIPO는 Top-Down(하향식, 계층적 구조) 개발 기법이며, 문서의 체계화가 가능하다.

04 공통 모듈 설계 〉 설계 모델링
오답 해설
① 모듈화(Modularity): 소프트웨어를 기능 단위로 분해한 것으로, 모듈화된 시스템은 시스템을 모듈들의 집합으로 추상화한 것이다.
④ 추상화(Abstraction): 복잡한 문제를 이해하기 위해서 필요 없는 세부 사항을 배제하는 것을 의미한다.

05 공통 모듈 설계 〉 설계 모델링
오답 해설
① 인터페이스 설계(Interface design): 소프트웨어와 상호작용하는 컴퓨터 시스템, 사용자 등이 어떻게 통신하는지를 기술한다.
③ 프로시저 설계(Procedure design): 알고리즘 설계이며, 프로그램 아키텍처의 컴포넌트를 소프트웨어 컴포넌트의 프로시저 서술로 변환하는 과정이다.
④ 자료구조 설계(Data structure design): 요구 분석 단계에서 생성된 정보를 바탕으로 소프트웨어를 구현하는 데 필요한 자료구조로 변환하는 과정이다.

06 공통 모듈 설계 〉 설계 모델링
• 객체지향 설계 원칙

SRP	'무엇을'과 '어떻게'를 분리하여 변경을 제한시킨다.
DIP	클라이언트는 구체 클래스가 아닌 인터페이스에 의존하여 변화에 대처한다.
ISP	클라이언트가 분리되어 있으면, 인터페이스도 분리된 상태이어야 한다.
OCP	기존 코드를 변경하지 않으면서 기능을 추가할 수 있도록 설계되어야 한다.
LSP	기반 클래스는 파생 클래스로 대체 가능해야 한다.

07 객체지향 설계 〉 객체지향 기법
① 메시지는 한 컴포넌트에서 다른 컴포넌트로 정보를 보내는 것을 의미한다.

08 객체지향 설계 〉 객체지향 기법
② 클래스라는 개념은 객체 타입으로 구현된 소프트웨어를 의미한다. 클래스는 동일한 타입의 객체들의 메소드와 변수들을 정의하는 템플릿(Templete)이다.

09 객체지향 설계 〉 디자인 패턴
① 브리지(Bridge) 패턴은 구조 패턴이고, 팩토리 메소드(Factory Method) 패턴, 프로토타입(Prototype) 패턴, 싱글턴(Singleton) 패턴은 생성 패턴이다.

10 객체지향 설계 〉 디자인 패턴
② Strategy 패턴은 행위 개선을 위한 패턴으로, 교환 가능한 행동을 캡슐화하고 위임을 통해서 어떤 행동을 사용할지 결정한다.

| 정답 | 01 ① 02 ③ 03 ① 04 ③ 05 ② 06 ④ 07 ① 08 ② 09 ① 10 ②

Chapter

04 인터페이스 설계

반복이 답이다! □ 1회독 월 일 □ 2회독 월 일 □ 3회독 월 일

01 인터페이스 요구사항 확인

읽는 강의

기출 키워드
- 인터페이스 요구사항 검토 방법
- 사용자 인터페이스
- 요구공학 프로세스

출제 예상 키워드
- 요구사항 유지보수

1 내외부 인터페이스 요구사항

(1) 인터페이스 요구사항

① 인터페이스 요구사항이란 목표 시스템과 외부 환경이 상호작용할 수 있도록 연결하기 위한 조건이나 특성 및 규약 등에 대한 요건을 기술한 것이다.

② 조직 내외부에 존재하는 여러 시스템들이 상호 운영을 통해 작용하기 위한 접속 방법이나 규칙을 내외부 인터페이스라고 한다.

(2) 인터페이스 요구사항 검토 방법 기출 2020년 3회

① **동료 검토(Peer Review)**: 요구사항 명세서 작성자가 요구사항 명세서를 설명하고 이해 관계자들이 설명을 들으면서 결함을 발견한다.

② **워크스루(Walk-through)**: 회의 전에 검토 자료를 배포해서 사전 검토한 후 짧은 시간 동안 검토 회의를 진행하면서 결함을 발견한다.

③ **인스펙션(Inspection)**: 작성자 이외의 전문 검토 그룹이 요구사항 명세서를 상세히 조사하여 결함, 표준 위배, 문제점 등을 파악한다.

(3) 외부 인터페이스 요구사항

① **사용자 인터페이스(User Interface)** 기출 2021년 2, 3회
- 시스템이 요구하는 각각의 사용자 인터페이스의 논리적인 특징을 설명한다.
- 폰트, 아이콘, 버튼 레이블, 이미지, 색상 체계, 필드탭 순서, 공통으로 사용되는 컨트롤 등에 대한 표준이다.
- 화면 레이아웃 또는 해상도 제약 조건이다.
- 도움말 버튼과 같이 모든 화면에 나타나는 표준 버튼, 기능 또는 탐색 링크이다.

② **하드웨어 인터페이스(Hardware Interface)**: 시스템의 소프트웨어와 하드웨어 컴포넌트 간의 모든 인터페이스의 특징을 설명한다.

③ **소프트웨어 인터페이스(Software Interface)**: 제품과 다른 소프트웨어 컴포넌트(데이터베이스, 운영체제, 툴, 라이브러리, 통합 상업용 컴포넌트) 간의 연결을 설명한다. 소프트웨어 컴포넌트 간에 교환되는 메시지, 데이터와 컨트롤 항목을 설명한다.

④ **통신 인터페이스(Communications Interface)**: 이메일, 웹 브라우저, 네트워크 통신 프로토콜, 전자 문서와 같이 제품이 사용할 모든 통신 기능에 대한 요구사항을 설명한다. 관련된 모든 메시지 형태를 정의하고 통신 보안 또는 암호화 문제, 데이터 전송률과 동기화 메커니즘을 명시한다.

사용자 인터페이스의 특징
- 구현하고자 하는 결과의 오류를 최소화한다.
- 사용자의 편의성을 높임으로써 작업시간을 단축시킨다.
- 막연한 작업 기능에 대해 구체적인 방법을 제시한다.
- 사용자 중심의 상호작용이 되도록 한다.
- 사용자 요구사항이 잘 반영될 수 있도록 구성되어야 하며, 사용자 중심으로 설계되어야 한다.

(4) 내부 인터페이스 요구사항

① 시스템 초기화 함수를 제공해야 한다.

② 시스템 시작 시 관련 변수 초기화 함수를 요구한다.

③ 새로운 타입의 폰트 추가가 용이해야 한다.

④ 추가 용이성을 위하여 아키텍처 패턴 사용이 구현되어야 한다.

2 요구공학

(1) 요구공학 개요

요구사항을 정의하고 문서화하는 데 필요한 요구사항의 추출, 분석, 명세, 검증, 유지보수 및 관리의 제반공정에 대한 체계적 접근 방법이다. (IEEE Standard)

(2) 요구공학의 특징

① 개발 범위, 각종 테스트 기준(단위, 통합, 인수), 감리, 검수 등이 프로젝트 수행의 중요한 기준으로 활용된다.

② 사용자의 요구사항은 추상적이고 불분명하므로 분석이 필요하며, 지속적으로 변화하는 특성을 가진다.

③ 사용자의 요구사항은 개발자와 사용자 간의 표현의 차이가 커서 상호 이해가 쉽지 않다.

(3) 요구사항 문제점 및 해결 방안

문제점	해결 방안
이해 부족	경험 있는 인력 투입, 유스케이스 모델링
의사소통 부족	Walk-through, Inspection, 워크숍, 의사소통 채널 단일화
표현의 어려움	모델링 기법(구조적 분석 기법, 객체지향 분석 기법)으로 가시화
요구사항 변경	변경 관리 계획, 유형별 분리

(4) 요구공학 프로세스 기출 2021년 2, 3회

절차	내용	방법
요구사항 추출 (Elicitation)	기능적/비기능적 요구 수집 과정	인터뷰, 워크샵(JRP, JAD), 설문조사, 브레인스토밍
요구사항 분석 (Analysis)	분석 기법을 이용해 가능한 문제 도출 및 요구사항을 이해/정제하는 과정	객체지향 분석(UML, 모델링), 구조적 분석(DFD, Data Dictionary)
요구사항 명세 (Specification)	분석된 요구사항의 문서화 과정	ER 모델링, FSM, 구조적 분석과 설계 기술(SADT)
요구사항 검증 (Validation)	명세화된 요구사항 검증 과정	Review, Inspection, Walk-through

읽는 강의

사용자 요구사항

시스템이 제공해야 할 서비스와 그것이 운영되는 제약 조건에 관한 다이어그램과 자연어로 기술된 문장이다.

시스템 요구사항

시스템의 기능, 서비스, 운영상의 제약 조건을 상세하게 설정한다. 시스템 요구사항 문서(때로는 기능적 명세라고 한다)는 정확해야 한다. 그것은 구현되어야 할 것을 정확하게 정의해야 한다. 그것은 시스템 구매자와 시스템 소프트웨어 개발자 사이의 계약의 일부분이 된다.

요구사항 유지보수

요구사항 신규 발생, 변경의 체계적 관리 활동이다.

개념확인 문제

기출 2021년 3회

01 요구사항 검증(Requirements Validation)과 관련한 설명으로 틀린 것은?

① 요구사항이 고객이 정말 원하는 시스템을 제대로 정의하고 있는지 점검하는 과정이다.
② 개발 완료 이후에 문제점이 발견될 경우 막대한 재작업 비용이 들 수 있기 때문에 요구사항 검증은 매우 중요하다.
③ 요구사항이 실제 요구를 반영하는지, 문서상의 요구사항은 서로 상충되지 않는지 등을 점검한다.
④ 요구사항 검증 과정을 통해 모든 요구사항 문제를 발견할 수 있다.

02 요구공학의 공정 순서를 바르게 나열한 것은?

ㄱ. 요구사항 분석	ㄴ. 요구사항 검증
ㄷ. 요구사항 명세	ㄹ. 요구사항 추출

① ㄱ－ㄴ－ㄷ－ㄹ
② ㄷ－ㄱ－ㄹ－ㄴ
③ ㄹ－ㄱ－ㄴ－ㄷ
④ ㄹ－ㄱ－ㄷ－ㄴ

정답 & 해설

01 ④ 요구사항 검증(Requirements Validation)은 Review, Inspection, Walk-through 등과 같은 방법을 이용하여 명세화된 요구사항 검증하는 과정이지만, 이 과정을 통해 모든 요구사항의 문제를 발견할 수는 없다.

02 ④ 요구공학의 공정 순서: 요구사항 추출 – 요구사항 분석 – 요구사항 명세 – 요구사항 검증 – 요구사항 유지보수

| 정답 | 01 ④ 02 ④

02 인터페이스 대상 식별

기출 키워드
- 송신 시스템

출제 예상 키워드
- 시스템 아키텍처의 정의
- 인터페이스 시스템 특징

1 시스템 아키텍처

(1) 시스템 아키텍처의 정의

경영 전략의 달성을 위해 필요한 업무 프로세스의 원활한 지원과 효율적 처리를 위해 필요한 하드웨어, 시스템 소프트웨어, DBMS, 네트워크 및 보안으로 구성된 전산 시스템의 기반이 되는 환경이다.

(2) 시스템 아키텍처의 특징

① 물리적 구성을 기반으로 정의되는 시스템의 상세 설계도이다.

② 이해 당사자들과의 상호 이해, 협상, 동의 및 의사 교환을 위한 도구이다.

③ 프로젝트 초기의 설계 결정으로 시스템 개발 및 유지보수 전반에 걸쳐 지속적인 영향력을 갖는다.

(3) 시스템 아키텍처의 구성 기술

구분	내용
시스템 플랫폼	UNIX 서버, Windows NT 서버
OS 및 기타 소프트웨어	Web 서버 S/W, 미들웨어, 메일 S/W, 시스템 관리 S/W 등
Storage 기술	RAID, DAS, NAS, SAN
이중화/부하 분산 기술	HA, RAC, WAS Cluster, L4 Switch

(4) 시스템 아키텍처의 구성 요소

① 집중/분산 구조

구분	내용
중앙 집중형 구조	통합 센터에 시스템과 데이터 저장 및 관리. 대용량 서버에 통합 DB를 구축한다.
지역별 분산 구조	지역별 시스템 및 응용 시스템 분산 운영. 지역별 데이터 관리. 중소형 서버로 구성된다.

② 응용 구조

구분	내용
호스트 중심 시스템 구조	애플리케이션 기능 모두 호스트에 집중되어 있으며, 클라이언트는 더미 단말기나 PC에 **에뮬레이터**를 통하여 호스트에 접속한다.
클라이언트/서버 시스템 구조	애플리케이션의 각 기능들을 서버와 클라이언트에 조합 위치 시킴. 업무 규모와 환경에 따라 조합을 선택한다.
웹 시스템 구조	서버에 애플리케이션 기능을 두고, 클라이언트는 웹 브라우저를 통해 서버에 접속한다.

읽는 강의

소프트웨어 아키텍처 (Software Architecture)
- 소프트웨어의 골격이 되는 기본 구조이다.
- 소프트웨어 아키텍처는 품질 특성과 개발 진행 방법에 영향을 주며, 소프트웨어 개발을 성공으로 이끌기 위한 중요한 역할을 수행한다.
- 외부에서 인식할 수 있는 특성을 가진 소프트웨어 구성 요소들의 구조라 할 수 있다. (아키텍처에 존재하는 요소들은 그 특성을 나타내는 추상 개념이나 관계가 잘 드러나야 한다. 특성이라 함은 컴포넌트가 제공하는 기능이나 서비스, 성능 등을 의미한다.)

에뮬레이터(Emulator)
다른 프로그램이나 장치를 모방하는 컴퓨터 프로그램 또는 전자기기의 능력을 말한다.

2 인터페이스 시스템

읽는 강의

(1) 인터페이스(Interface) 시스템의 특징

① 인터페이스는 서로 다른 두 개의 시스템, 장치 사이에서 정보나 신호를 주고받는 경우의 접점이나 경계면이라 할 수 있다. 즉, 사용자가 기기를 쉽게 동작시키는 데 도움을 주는 시스템을 의미한다.

② 송신 시스템과 수신 시스템 그리고 연계 응용 시스템 등이 있다.

(2) 인터페이스 시스템의 구성

① 송신 시스템 기출 2021년 2회

- 운영 데이터베이스에서 연계 데이터를 식별 및 추출하여 인터페이스 테이블(파일)로 생성하여 송신하는 시스템이다.
- 개인 정보와 같은 보안이 필요한 정보는 암호화하여 저장한다.

② 수신 시스템

- 송신 시스템으로부터 수신한 테이블을 수신 시스템의 운영 데이터베이스나 환경에 맞게 변환하여 처리에 활용할 수 있도록 하는 시스템이다.
- 송신 시스템에서 암호화되어 생성된 연계 데이터는 수신 시스템에서 운영 데이터베이스에 반영할 때 복호화 처리한다. 연계 데이터의 암·복호화를 위해 사전에 암호 알고리즘과 키를 협의하여 배포하여야 한다.

③ 연계 응용 시스템

- 송신 시스템과 수신 시스템을 연계해 주는 서버나 시스템에 해당된다.
- 역할: 데이터 송수신, 데이터 암·복호화, 응답 처리, 데이터 변환 등

개념확인 문제

01 시스템 아키텍처에 대한 설명으로 옳지 않은 것은?

① 물리적 구성을 기반으로 정의되는 시스템의 상세 설계도이다.
② 이해 당사자들과의 상호 이해, 협상, 동의 및 의사 교환을 위한 도구이다.
③ 프로젝트 초기의 설계 결정으로 시스템 개발 및 유지보수 전반에 걸쳐 지속적인 영향력을 갖는다.
④ 시스템에 관련 있는 이해 당사자들의 요구사항을 고려하여 정의한다.

02 다음 중 시스템 아키텍처의 구성 기술에서 Storage 기술에 해당되는 것으로 옳은 것은?

① UNIX 서버
② RAID
③ 미들웨어
④ WAS Cluster

정답 & 해설

01 시스템 아키텍처는 경영 전략의 달성을 위해 필요한 업무 프로세스의 원활한 지원과 효율적 처리를 위해 필요한 H/W, 시스템 S/W, DBMS, 네트워크 및 보안으로 구성된 전산 시스템의 기반이 되는 환경을 말한다.

02 • 시스템 아키텍처 구성 기술
- 시스템 플랫폼: UNIX 서버, Windows NT서버
- OS 및 기타 소프트웨어: Web서버 S/W, 미들웨어, 메일 S/W, 시스템 관리 S/W 등
- Storage 기술: RAID, DAS, NAS, SAN, WAS Cluster
- 이중화/부하 분산 기술: HA, RAC, WAS Cluster, L4 Switch

| 정답 | 01 ④ 02 ②

03 인터페이스 상세 설계

읽는 강의

기출 키워드
- 연계 기술
- 미들웨어의 정의
- 미들웨어의 특성
- 미들웨어의 분류

출제 예상 키워드
- 미들웨어의 특성
- 미들웨어의 분류

1 내외부 송수신

(1) 직접 연계 방식

① 중간 매개체 없이 송신 시스템과 수신 시스템이 직접 연계되는 방식이다.

② 연계 및 구현이 단순하고, 개발 소요 비용과 기간이 적게 소요된다.

③ 중간 매개체가 없기 때문에 데이터 연계 처리 성능이 대체적으로 좋다.

④ 시스템 간의 결합도가 높고, 시스템 변경에 민감하게 반응한다.

⑤ 보안을 위한 암·복호화 처리와 비즈니스 로직 적용 등이 불가하다.

(2) 간접 연계 방식

① 간접 연계 방식은 연계 솔루션과 같이 중간 매개체를 이용하여 연계하는 방식이다.

② 운영 데이터베이스에서 연계 데이터를 생성 및 변환과 송신 로그를 모니터링하는 구현 대상 솔루션에서 제공하는 송수신 엔진과 어댑터로 구성된다.

③ 중간 매개체가 존재하므로 서로 상이한 네트워크, 프로토콜 등 다양한 환경을 연계 및 통합할 수 있다.

④ 시스템 간 인터페이스 변경 시에도 장애나 오류 없이 서비스가 가능하며, 암·복호화나 비즈니스 로직 적용이 용이하다.

⑤ 중간 매개체로 인해 성능이 저하될 수 있으며, 매커니즘이 복잡하다.

(3) 연계 기술 기출 2021년 1회

① **직접 연계 방식:** DB Link, DB Connection, JDBC

DB Link	• 데이터베이스에서 제공하는 객체(Object)를 이용한다. • 수신 시스템 DB에 송신 시스템에서 접근 가능한 Database Link 객체를 생성한 후 송신 시스템에서 DBLINK명으로 직접 참조하여 연계한다.
DB Connection Pool(WAS)	• 수신 시스템 WAS에서 송신 시스템 DB로 연결되는 Connection Pool을 생성한다. • 프로그램 소스에서 WAS에 설정된 Connection Pool명을 참고하여 구현한다.
JDBC	수신 시스템의 배치(Batch) 또는 온라인(On-line) 프로그램에서 JDBC 드라이버를 이용하여 송신 시스템의 DB와 연결을 생성한다.

② **간접 연계 방식:** Web Service, Socket

Web Service/ESB	• 웹 서비스가 설명된 WSDL과 SOAP 프로토콜을 이용한 시스템 간 연계이다. • 미들웨어인 ESB에서 서비스(컴포넌트) 간 연동을 위한 변환 처리로 다중 플랫폼(Platform)을 지원한다.
Socket	**소켓**(Socket)을 생성하여 포트를 할당하고, 클라이언트(Client)의 요청을 연결하여 통신한다. 네트워크 프로그램의 기반 기술이다.

소켓 기술
통신을 위한 프로그램을 생성하여 포트를 할당하고, 클라이언트의 통신 요청 시 클라이언트와 연결하는 내외부 송수신 연계 기술을 의미한다.

2 데이터 명세화

(1) 인터페이스 정의서

① 연계 항목, 연계 데이터 타입, 길이 등을 구성하고 형식을 정의하는 과정의 결과물로 인터페이스 정의서를 작성한다.

② 송신 시스템과 수신 시스템 간의 인터페이스 현황을 작성하며, 인터페이스별로 송수신하는 데이터 타입, 길이 등 인터페이스 항목을 상세하게 작성한다.

(2) 개체 정의서

개체에 포함되어 있는 속성과 타입 등을 명세한 정의서이다.

(3) 테이블 정의서

테이블을 구성하는 컬럼과 도메인, 키 등을 명세한 정의서이다.

(4) 코드 정의서

코드에 대한 명명 규칙에 따라 어떤 코드를 사용할지를 명세한 정의서이다.

3 오류 처리방안 명세화

구분	내용	오류 해결 방안
송신 시스템	접근 권한 오류, 데이터 변화 처리 오류 등	송신 시스템에 기록된 로그 파일의 내용을 확인하여 오류의 원인을 분석하고 해결 방안을 모색한다.
수신 시스템	데이터베이스 반영 오류, 데이터를 변환할 때 발생하는 오류 등	수신 시스템에 기록된 로그 파일의 내용을 확인하여 오류의 원인을 분석하고 해결 방안을 모색한다.
연계 응용 시스템	접속 오류, 연계 서버 다운 등	시스템의 상태 확인을 통해 오류의 원인 분석과 해결 방안을 모색한다.

4 미들웨어 솔루션

(1) 미들웨어(Middle Ware)의 정의 기출 2020년 4회, 2021년 1회

미들웨어는 클라이언트와 서버를 연결하여 데이터를 주고받을 수 있도록 중간에서 매개 역할을 하거나, 네트워크를 통해서 연결된 여러 개의 컴퓨터에 있는 많은 프로세스들이 어떤 서비스를 사용할 수 있도록 연결해주는 시스템 소프트웨어를 말한다.

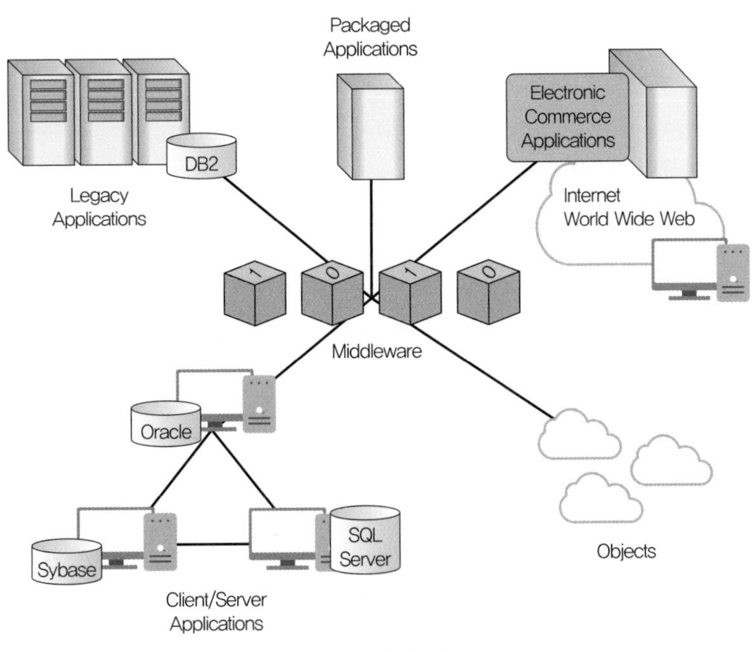

▲ 미들웨어의 예

읽는 강의

Llegacy Application
현재의 기술보다 이전의 언어와 플랫폼 기법으로 만들어진 애플리케이션과 데이터이다.

(2) 미들웨어의 특성 기출 2021년 2회, 2022년 2회

① **기존 플랫폼의 통합**: 기존의 다양한 벤더의 플랫폼을 네트워크 차이를 의식하지 않고, 상호 접속하여 이용한다.

② **시스템 통합에 따른 DATA의 공유 활용**: 현재 사내 각 부문에서 각각 관리되고 있는 정보를 통합 관리함으로써 분배 작업을 통해 이중으로 작업을 하지 않으므로 업무 효율화를 기할 수 있다.

③ **조작의 우수성, 사용의 편리성**: 호스트 단말과 비교, 사용자가 사용하기 쉬운 GUI, 일상적으로 사용하고 있는 표계산 SW 등으로 사내의 각 데이터베이스에 접근 및 이용이 가능하다.

④ **상호 운용성**: 데이터베이스에 자유로운 접근이 가능하므로, 각 개인이 실시간 데이터를 분석 및 활용하여 업무의 질을 향상할 수 있다.

읽는 강의

• 미들웨어의 서비스 이용을 위해 내부 동작을 사용자가 확인할 필요는 없다.

(3) 미들웨어의 분류 기출 2020년 3회

① DB 미들웨어

• DB 미들웨어는 애플리케이션과 데이터베이스 간 통신을 원활하게 하는 것을 목적으로 하는 미들웨어이다.

• 다양한 형태로 구축된 데이터베이스 간의 통신이 가능하도록 해주는 제품을 말한다.

• DB 미들웨어를 도입함으로써 하드웨어, 데이터베이스, 네트워크 프로토콜로 이루어진 복합 시스템 환경에서 생성된 다양한 데이터베이스를 클라이언트에서 보다 쉽게 조작 및 운영할 수 있다.

② 원격 프로시저 호출(RPC: Remote Procedure Call) 기출 2021년 1회

• RPC는 네트워크 상에서 애플리케이션과 애플리케이션 간의 연동을 하기 위한 미들웨어이다.

• 다른 컴퓨터에 있는 원격 애플리케이션을 연동시키는 경우 많이 이용된다.

• 근래에는 일반적으로 RPC 기능이 OS에 포함되어 제공되는 경우가 많아서 RPC 기반 미들웨어 제품군은 OS에서 제공되는 RPC 기능을 보다 편하게 사용할 수 있도록 도와주는 역할을 하는 경우도 많다.

③ 메시지 지향 미들웨어(MOM: Message-Oriented Middleware) 기출 2022년 2회

• MOM은 애플리케이션과 미들웨어 간의 상호 연동을 위한 미들웨어이다.

• 애플리케이션에서 미들웨어로의 작업 요청이 바로 이루어질 수 있도록 한다.

④ 트랜잭션 처리(TP: Transaction Processing) 모니터 기출 2020년 1, 2회

• TP 모니터는 통신량이 많은 클라이언트와 서버 사이에 위치하여 서버 애플리케이션 및 자원을 효율적으로 관리한다.

• 통신 부하를 효과적으로 분배(Load Balancing)함으로써 클라이언트와 서버 사이의 통신이 원활하게 이루어질 수 있도록 해주는 역할을 하며, 분산 환경의 핵심 기술인 분산 트랜잭션을 처리하기 위해서 필요한 미들웨어이다.

⑤ WAS(Web Application Server): 클라이언트(웹 브라우저)로부터 웹 서버가 요청을 받으면 애플리케이션에 대한 로직을 수행하여 웹 서버로 다시 반환해 주는 서버이다.

⑥ ORB(Object Request Broker): 객체지향 미들웨어로 분산 컴퓨팅 환경에서 프로그래머에게 다른 컴퓨터의 프로그램을 네트워크를 통해 호출할 수 있다.

개념확인 문제

기출 2020년 1, 2회

01 트랜잭션이 올바르게 처리되고 있는지 데이터를 감시하고 제어하는 미들웨어는?

① RPC
② ORB
③ TP Monitor
④ HUB

02 다음 중 미들웨어의 분류에서 메시지 지향 미들웨어(MOM: Message-Oriented Middleware)에 대한 설명으로 옳은 것은?

① 애플리케이션과 데이터베이스 간의 통신을 원활하게 하는 것을 목적으로 하는 미들웨어이다.
② 네트워크 상에서 애플리케이션과 애플리케이션 간의 연동을 하기 위한 미들웨어이다.
③ 애플리케이션과 미들웨어 간의 상호 연동을 위한 미들웨어이다. 애플리케이션에서 미들웨어로의 작업 요청이 바로 이루어질 수 있도록 한다.
④ 통신량이 많은 클라이언트와 서버 사이에 위치하여 서버 애플리케이션 및 자원을 효율적으로 관리한다.

정답 & 해설

01 ③ 트랜잭션 처리(TP: Transaction Processing) 모니터: 통신량이 많은 클라이언트와 서버 사이에 위치하여 서버 애플리케이션 및 자원을 효율적으로 관리한다.

02 • 미들웨어의 분류
- DB 미들웨어: DB 미들웨어는 애플리케이션과 데이터베이스 간의 통신을 원활하게 하는 것을 목적으로 하는 미들웨어로, 다양한 형태로 구축된 데이터베이스 간의 통신이 가능하도록 해주는 제품을 말한다.
- 원격 프로시저 호출(RPC: Remote Procedure Call): RPC는 네트워크 상에서 애플리케이션과 애플리케이션 간의 연동을 하기 위한 미들웨어이고, 다른 컴퓨터에 있는 원격 애플리케이션을 연동시키는 경우 많이 이용된다.

| 정답 | 01 ③ 02 ③

개념적용 문제

01 인터페이스 요구사항 확인

01 난이도 상 중 하

다음 중 외부 인터페이스 요구사항에서 제품과 다른 소프트웨어 컴포넌트(데이터베이스, 운영체제, 툴, 라이브러리, 통합 상업용 컴포넌트) 간의 연결을 설명하는 인터페이스로 옳은 것은?

① 사용자 인터페이스 ② 하드웨어 인터페이스
③ 소프트웨어 인터페이스 ④ 통신 인터페이스

02 난이도 상 중 하 2018년 3회

사용자의 요구사항 분석 작업이 어려운 이유로 가장 거리가 먼 것은?

① 개발자와 사용자 간의 지식이나 표현의 차이가 커서 상호 이해가 쉽지 않다.
② 사용자의 요구는 예외가 거의 없어 열거와 구조화가 어렵지 않다.
③ 사용자의 요구사항이 모호하고 부정확하며, 불완전하다.
④ 개발하고자 하는 시스템 자체가 복잡하다.

03 난이도 상 중 하

다음 중 외부 인터페이스 요구사항에서 이메일, 웹 브라우저, 네트워크 통신 프로토콜, 전자 문서와 같이 제품이 사용할 모든 통신 기능에 대한 요구사항을 설명하는 인터페이스로 옳은 것은?

① 사용자 인터페이스
② 하드웨어 인터페이스
③ 소프트웨어 인터페이스
④ 통신 인터페이스

04 난이도 상 중 하

다음 중 요구공학 프로세스에서 요구사항 신규 발생, 변경의 체계적 관리 활동으로 옳은 것은?

① 요구사항 추출
② 요구사항 명세
③ 요구사항 검증
④ 요구사항 유지보수

02 인터페이스 대상 식별

05 난이도 상 중 하

다음 중 시스템 아키텍처의 구성요소에 대한 설명에서 (가)~(다)에 들어갈 용어로 올바른 것은?

- (가): 애플리케이션 기능 모두 호스트에 집중되어 있으며, 클라이언트는 더미 단말기나 PC에 애뮬레이터를 통하여 호스트에 접속
- (나): 애플리케이션의 각 기능들을 서버와 클라이언트에 조합 위치시킴. 업무 규모와 환경에 따라 조합을 선택
- (다): 서버에 애플리케이션 기능을 두고 클라이언트는 웹 브라우저를 설치하여 서버에 접속

	가	나	다
①	클라이언트/서버 시스템 구조	호스트 중심 시스템 구조	웹 시스템 구조
②	웹 시스템 구조	클라이언트/서버 시스템 구조	호스트 중심 시스템 구조
③	호스트 중심 시스템 구조	클라이언트/서버 시스템 구조	웹 시스템 구조
④	웹 시스템 구조	호스트 중심 시스템 구조	클라이언트/서버 시스템 구조

03 인터페이스 상세 설계

06 난이도 상중하 2021년 1회

분산 컴퓨팅 환경에서 서로 다른 기종 간의 하드웨어나 프로토콜, 통신 환경 등을 연결하여 응용 프로그램과 운영 환경 간에 원만한 통신이 이루어질 수 있게 서비스를 제공하는 소프트웨어는?

① 미들웨어
② 하드웨어
③ 오픈허브웨어
④ 그레이웨어

07 난이도 상중하 2021년 1회

응용 프로그램의 프로시저를 사용하여 원격 프로시저를 로컬 프로시저처럼 호출하는 방식의 미들웨어는?

① WAS(Web Application Server)
② MOM(Message Oriented Middleware)
③ RPC(Remote Procedure Call)
④ ORB(Object Request Broker)

정답&해설

01 인터페이스 요구사항 확인 〉 내외부 인터페이스 요구사항
③ 소프트웨어 인터페이스(Software Interface): 제품과 다른 소프트웨어 컴포넌트(데이터베이스, 운영체제, 툴, 라이브러리, 통합 상업용 컴포넌트) 간의 연결을 설명한다. 소프트웨어 컴포넌트 간에 교환되는 메시지, 데이터와 컨트롤 항목을 설명한다.

02 인터페이스 요구사항 확인 〉 요구공학
② 사용자의 요구사항은 예외가 많고, 열거와 구조화가 어렵다.

03 인터페이스 요구사항 확인 〉 내외부 인터페이스 요구사항
④ 통신 인터페이스(Communications Interface): 이메일, 웹 브라우저, 네트워크 통신 프로토콜, 전자 문서와 같이 제품이 사용할 모든 통신 기능에 대한 요구사항을 설명한다. 관련된 모든 메시지 형태를 정의하고 통신 보안 또는 암호화 문제, 데이터 전송률과 동기화메커니즘을 명시한다.

04 인터페이스 요구사항 확인 〉 내외부 인터페이스 요구사항
④ 요구사항 유지보수(Maintenance)는 요구사항 신규 발생, 변경의 체계적 관리 활동이다.

05 인터페이스 대상 식별 〉 시스템 아키텍처
- 호스트 중심 시스템 구조: 애플리케이션 기능 모두 호스트에 집중되어 있으며, 클라이언트는 더미 단말기나 PC에 애뮬레이이터를 통하여 호스트에 접속
- 클라이언트/서버 시스템 구조: 애플리케이션의 각 기능들을 서버와 클라이언트에 조합 위치 시킴. 업무 규모와 환경에 따라 조합을 선택
- 웹 시스템 구조: 서버에 애플리케이션 기능을 두고 클라이언트는 웹 브라우저를 설치하여 서버에 접속

06 인터페이스 상세 설계 〉 미들웨어 솔루션
① 미들웨어는 클라이언트와 서버를 연결하여 데이터를 주고받을 수 있도록 중간에서 매개 역할을 하거나, 네트워크를 통해서 연결된 여러 개의 컴퓨터에 있는 많은 프로세스들이 어떤 서비스를 사용할 수 있도록 연결해 주는 소프트웨어를 말한다.

07 인터페이스 상세 설계 〉 미들웨어 솔루션
③ RPC(Remote Procedure Call, 원격 프로시저 호출)는 네트워크 상에서 애플리케이션과 애플리케이션 간의 연동을 하기 위한 미들웨어이다.

| 정답 | 01 ③ 02 ② 03 ④ 04 ④ 05 ③ 06 ① 07 ③

실전적용 문제

Chapter 01 요구사항 확인

01 난이도 상중하

다음 중 운영체제의 구성에서 제어 프로그램에 포함되지 않는 것은?

① 서비스 프로그램
② 작업 관리 프로그램
③ 데이터 관리 프로그램
④ 감시 프로그램

02 난이도 상중하

다음 중 플랫폼의 기능으로 볼 수 없는 것은?

① 커뮤니티 형성에 의한 네트워크 효과
② 연결 기능 및 비용 감소 기능
③ 소프트웨어 개발 방법론 구현
④ 검색비용절감 기능

03 난이도 상중하

다음 중 시스템 소프트웨어로 알맞지 않은 것은?

① DBMS
② 스프레드 시트
③ 리눅스
④ 유닉스

04 난이도 상중하

다음 중 OSI 7계층 모델을 상위 계층부터 순서대로 올바르게 나열한 것은?

① Application Layer – Presentation Layer – Session Layer – Transport Layer – Network Layer – Datalink Layer – Physical Layer
② Application Layer – Presentation Layer – Session Layer – Network Layer – Transport Layer – Datalink Layer – Physical Layer
③ Physical Layer – Datalink Layer – Network Layer – Transport Layer – Session Layer – Presentation Layer – Application Layer
④ Physical Layer – Datalink Layer – Transport Layer – Network Layer – Session Layer – Presentation Layer – Application Layer

05 난이도 상중하

산업 또는 시장 간의 경계를 허물고 ICT 등을 통한 새로운 전달 방식을 도입함으로써 비즈니스 모델의 적용 범위를 확대시키는 것을 비즈니스 융합이라 한다. 다음 중 비즈니스 융합 유형에 대한 설명으로 옳지 않은 것은?

① 제품과 IT 융합: 기존 제품에 IT 부품 또는 자재, 소프트웨어 등을 추가한다.
② 제품과 서비스 통합: 사용자의 요구에 부합하는 시스템 또는 솔루션
③ 제품 융합: 서비스를 제품화 또는 장비나 기기로 전환한다.
④ 서비스 융합: 두가지 이상 서비스의 기능과 속성을 하나로 모은다.

06 난이도 상 중 하

다음 설명에 해당하는 것은?

> 세분화된 자료 흐름도에서 최하위 단계 프로세스의 처리 절차를 기술한 것으로, 작성 툴에는 서술 문장, 구조적 언어, 의사결정나무, 의사결정표, 그래프 등이 있다.

① ERD
② Mini-spec
③ DD
④ STD

07 난이도 상 중 하

2020년 1, 2회

자료 사전에서 자료의 생략을 의미하는 기호는?

① { } ② **
③ = ④ ( )

08 난이도 상 중 하

2021년 1회

소프트웨어를 개발하기 위한 비즈니스(업무)를 객체와 속성, 클래스와 멤버, 전체와 부분 등으로 나누어서 분석해 내는 기법은?

① 객체지향 분석
② 구조적 분석
③ 기능적 분석
④ 실시간 분석

정답 & 해설

01 요구사항 확인 〉 현행 시스템 분석 〉 운영체제 분석
제어 프로그램에는 감시 프로그램, 데이터 관리 프로그램, 작업 관리 프로그램, 통신 제어 프로그램 등이 있다. ① 서비스 프로그램은 처리 프로그램에 포함된다.

02 요구사항 확인 〉 현행 시스템 분석 〉 플랫폼 기능 분석
③ 소프트웨어 개발 방법론 구현은 플랫폼의 기능으로 볼 수 없다.

03 요구사항 확인 〉 현행 시스템 분석 〉 운영체제 분석
② 스프레드 시트는 수치 계산과 같은 작업을 효율적으로 할 수 있는 응용 프로그램이다.

04 요구사항 확인 〉 현행 시스템 분석 〉 네트워크 분석
OSI 7계층 모델을 상위 계층부터 옳게 나열한 것은 ①이다.

05 요구사항 확인 〉 현행 시스템 분석 〉 비즈니스 융합 분석
- 제품 융합: 두 가지 이상 제품의 기능과 속성을 하나로 모은다.
- 서비스의 제품화: 서비스를 제품화 또는 장비나 기기로 전환한다.

06 요구사항 확인 〉 요구사항 확인 〉 구조적 분석
② DeMacro는 프로세스 명세서를 소단위 명세서(Mini-spec)라고 하였다. Mini-spec은 자료 흐름도 상의 최하위 처리를 정밀하게 다룬다.

07 요구사항 확인 〉 요구사항 확인 〉 구조적 분석
- 자료 사전 기호

자료 사전 기호	기능	의미
=	자료의 정의	~로 구성되어 있음
+	자료의 연결	그리고, 순차(and)
( )	자료의 생략	선택 사양, 생략 가능(Optional)
{ }	자료의 반복	반복(Iteration)
[|]	자료의 선택	여러 대안 중 하나 선택
* *	자료의 설명	주석(Comment)

08 요구사항 확인 〉 요구사항 확인 〉 객체지향 분석
① 객체지향 분석(OOA: Object Oriented Analysis)은 사용자의 요구사항을 분석하여 요구된 문제와 관련된 모든 클래스(객체), 이와 연관된 속성과 연산, 그들 간의 관계 등을 정의하여 모델링하는 작업을 의미한다.

| 정답 | 01 ① 02 ③ 03 ② 04 ① 05 ③ 06 ② 07 ④ 08 ①

09 난이도 상중하 2021년 1회

객체지향 분석 방법론 중 Coad-Yourdon 방법에 해당하는 것은?

① E-R 다이어그램을 사용하여 객체의 행위를 데이터 모델링하는데 초점을 둔 방법이다.
② 객체, 동적, 기능 모델로 나누어 수행하는 방법이다.
③ 미시적 개발 프로세스와 거시적 개발 프로세스를 모두 사용하는 방법이다.
④ UseCase를 강조하여 사용하는 방법이다.

10 난이도 상중하

UML(Unified Modeling Language)에 대한 설명으로 가장 옳지 않은 것은?

① UML은 방법론으로, 단계별로 어떻게 작업해야 하는지 자세하게 나타낸다.
② UML은 소프트웨어의 구성 요소와 그것들의 관계 및 상호작용을 시각화한 것이다.
③ UML은 객체지향 소프트웨어를 모델링하는 표준 그래픽 언어로, 심벌과 그림을 사용해 객체지향 개념을 나타낼 수 있다.
④ UML은 소프트웨어 개발의 중요한 작업인 분석, 설계, 구현의 정확하고 완벽한 모델을 제공한다.

11 난이도 상중하

다음 중 유스케이스 다이어그램에 대한 설명 중 틀린 것은?

① 시스템의 기능적 요구사항을 분석하기 위해 Jacobson이 제안했다.
② 유스케이스 다이어그램은 객체, 클래스, 속성, 오퍼레이션 및 연관관계를 이용하여 시스템을 나타낸다.
③ 개발자가 시스템의 기능적 요구사항들을 명확히 이해할 수 있도록 돕기 위해 유스케이스 다이어그램은 개발 초기 단계에 행한다.
④ 개발 생명주기 동안 사용자 요구사항들이 변경되면, 이 변경들은 유스케이스 다이어그램에 맨 처음 반영된다.

12 난이도 상중하

UML(Unified Modeling Language)에 대한 설명 중 틀린 것은?

① 기능적 모델은 사용자 측면에서 본 시스템 기능이며, UML에서는 UseCase Diagram을 사용한다.
② 정적 모델은 객체, 속성, 연관관계, 오퍼레이션의 시스템의 구조를 나타내며, UML에서는 Class Diagram을 사용한다.
③ 동적 모델은 시스템의 내부 동작을 말하며, UML에서는 Sequence Diagram, State Diagram, Activity Diagram을 사용한다.
④ State Diagram은 객체들 사이의 메시지 교환을 나타내며, Sequence Diagram은 하나의 객체가 가진 상태와 그 상태의 변화에 의한 동작 순서를 나타낸다.

13 난이도 상중하 2020년 1, 2회

UML 확장 모델에서 스테레오 타입 객체를 표현할 때 사용하는 기호로 맞는 것은?

① ≪ ≫ ② (( ))
③ {{ }} ④ [[ ]]

14 난이도 상중하 2021년 1회

럼바우(Rumbaugh) 분석 기법에서 정보 모델링이라고도 하며, 시스템에서 요구되는 객체를 찾아내어 속성과 연산 식별 및 객체들 간의 관계를 규정하여 다이어그램으로 표시하는 모델링은?

① Object
② Dynamic
③ Function
④ Static

15 난이도 상 중 하 2017년 1회, 2019년 3회

Rumbaugh의 모델링에서 상태도와 자료 흐름도는 각각 어떤 모델링과 가장 관련이 있는가?

① 상태도–동적 모델링, 자료 흐름도–기능 모델링
② 상태도–기능 모델링, 자료 흐름도–동적 모델링
③ 상태도–객체 모델링, 자료 흐름도–기능 모델링
④ 상태도–객체 모델링, 자료 흐름도–동적 모델링

16 난이도 상 중 하 2021년 1회

애자일 소프트웨어 개발 기법의 가치가 아닌 것은?

① 프로세스와 도구보다는 개인과 상호작용에 더 가치를 둔다.
② 계약 협상보다는 고객과의 협업에 더 가치를 둔다.
③ 실제 작동하는 소프트웨어보다는 이해하기 좋은 문서에 더 가치를 둔다.
④ 계획을 따르기보다는 변화에 대응하는 것에 더 가치를 둔다.

17 난이도 상 중 하

애자일(Agile) 선언문에 대한 설명으로 옳지 않은 것은?

① 프로세스와 도구보다 개인과 그들의 협업에 더 가치를 둔다.
② 포괄적인 문서화보다 제대로 작동하는 소프트웨어에 더 가치를 둔다.
③ 고객과의 협력보다는 계약 협상에 더 가치를 둔다.
④ 계획에 따르기보다는 변화에 대응하는 것에 더 가치를 둔다.

정답 & 해설

09 요구사항 확인 〉 요구사항 확인 〉 객체지향 분석
① Coad–Yourdon 방법은 주로 관계를 분석하는 기법으로 E–R 다이어그램을 사용하여 객체 행위를 모델링한다.

10 요구사항 확인 〉 요구사항 확인 〉 UML
① UML은 객체지향 분석/설계용의 모델링 언어이며, 종래의 객체지향 방법론과 함께 제안되어 모델링 언어 표기법의 표준화를 목적으로 한 것이다.

11 요구사항 확인 〉 요구사항 확인 〉 UML
② 유스케이스 다이어그램은 외부에서 보는 시스템의 동작으로, 외부 객체들이 어떻게 시스템과 상호작용하는지를 모델링한 것이다. 기존 선택지는 클래스 다이어그램에 대한 설명이다.

12 요구사항 확인 〉 요구사항 확인 〉 UML
- State Diagram(상태 다이어그램): 객체가 가진 상태를 나타내거나 객체가 전이 유발에 따른 그 상태의 변화를 나타내는 것이다.
- Sequence Diagram(순서 다이어그램): 객체 간의 상호작용 교환 메시지를 시간의 흐름에 따라 나타내는 것이다.

13 요구사항 확인 〉 요구사항 확인 〉 UML
① UML 확장 모델에서 스테레오 타입 객체를 표현한 기호는 ≪ ≫이다.

14 요구사항 확인 〉 요구사항 확인 〉 객체지향 분석
① 객체 모델링(Object Modeling)은 정보 모델링이라고도 하며, 시스템에서 요구되는 객체를 찾아내어 속성과 연산 식별 및 객체들 간의 관계를 규정한다.

15 요구사항 확인 〉 요구사항 확인 〉 객체지향 분석
- 동적 모델링(Dynamic Modeling): 시스템이 시간 흐름에 따라 변화하는 것을 보여주는 상태 다이어그램(State Diagram)을 작성한다.
- 기능 모델링(Function Modeling): 시스템 내에서 데이터가 변하는 과정을 나타내며, 자료 흐름도(DFD)를 이용한다.

16 요구사항 확인 〉 요구사항 확인 〉 애자일
③ 문서화보다는 실제 작동하는 코드를 강조한다. 문서화는 커뮤니케이션을 위한 문서화가 되어야 한다. 원래의 주체를 잃지 않고 서로 다른 기준점에서 출발해서 이해에 더 많은 시간이 소요되지 않도록 기준점을 제시해야 한다.

17 요구사항 확인 〉 요구사항 확인 〉 애자일
- 애자일의 특성
  ❶ Predictive라기보다 Adaptive(가변적 요구사항에 대응)하다.
  ❷ 프로세스 중심이 아닌 사람 중심(책임감이 있는 개발자와 전향적인 고객)이다.
  ❸ 전반적인 문서화보다는 제대로 작동하는 소프트웨어를 만들어야 한다.
  ❹ 계약 협상보다는 고객 협력이 중요하다.
  ❺ 계획을 따르기보다는 변화에 응대한다.
  ❻ 모든 경우에 적용되는 것이 아니고 중소형, 아키텍처 설계, 프로토타이핑에 적합하다.

| 정답 | 09 ① 10 ① 11 ② 12 ④ 13 ① 14 ① 15 ① 16 ③ 17 ③

18 난이도 상중하 2020년 1, 2회

XP(eXtreme Programming)의 5가지 가치로 거리가 먼 것은?

① 용기
② 의사소통
③ 정형 분석
④ 피드백

Chapter 02 화면 설계

19 난이도 상중하 2021년 1회

CASE(Computer Aided Software Engineering)에 대한 설명으로 틀린 것은?

① 소프트웨어 모듈의 재사용성이 향상된다.
② 자동화된 기법을 통해 소프트웨어 품질이 향상된다.
③ 소프트웨어 사용자들에게 사용 방법을 신속히 숙지시키기 위해 사용된다.
④ 소프트웨어 유지보수를 간편하게 수행할 수 있다.

Chapter 03 애플리케이션 설계

20 난이도 상중하 2021년 3회

소프트웨어 공학에서 모델링(Modeling)과 관련한 설명으로 틀린 것은?

① 개발팀이 응용 문제를 이해하는 데 도움을 줄 수 있다.
② 유지보수 단계에서만 모델링 기법을 활용한다.
③ 개발될 시스템에 대하여 여러 분야의 엔지니어들이 공통된 개념을 공유하는 데 도움을 준다.
④ 절차적인 프로그램을 위한 자료 흐름도는 프로세스 위주의 모델링 방법이다.

21 난이도 상중하

다음 중 소프트웨어 설계를 위한 지침으로 올바르지 않은 것은?

① 소프트웨어 요소 간의 효과적 제어를 위해 설계에서 계층적 자료 조건이 제시되어야 한다.
② 소프트웨어는 논리적으로 특별한 기능과 부기능을 수행하는 요소들로 나누어져야 한다.
③ 설계는 종속적인 기능적 특성을 가진 모듈화로 유도되어야 한다.
④ 구조적 설계에서는 자료와 프로시저에 대한 분명하고 분리될 표현을 포함해야 한다.

22 난이도 상중하 2021년 1회

바람직한 소프트웨어 설계 지침이 아닌 것은?

① 모듈의 기능을 예측할 수 있도록 정의한다.
② 이식성을 고려한다.
③ 적당한 모듈의 크기를 유지한다.
④ 가능한 모듈을 독립적으로 생성하고 결합도를 최대화한다.

23 난이도 상중하

코드화 대상 자료 전체를 계산하여 이를 필요로 하는 분류 단위로 블록을 구분하고, 각 블록 내에서 순서대로 번호를 부여하는 방식으로 적은 자릿수로 많은 항목의 표시가 가능하고 예비코드를 사용할 수 있어 추가가 용이한 코드로서, 구분 순차코드라고도 하는 것은?

① 순차(Sequence) 코드
② 표의 숫자(Significant Digit) 코드
③ 블록(Block) 코드
④ 연상(Mnemonic) 코드

24 난이도 상 중 하

2021년 3회

객체지향 설계에서 정보은닉(Information Hiding)과 관련한 설명으로 틀린 것은?

① 필요하지 않은 정보는 접근할 수 없도록 하여 한 모듈 또는 하부 시스템이 다른 모듈의 구현에 영향을 받지 않게 설계되는 것을 의미한다.
② 모듈들 사이의 독립성을 유지시키는 데 도움이 된다.
③ 설계에서 은닉되어야 할 기본 정보로는 IP 주소와 같은 물리적 코드, 상세 데이터 구조 등이 있다.
④ 모듈 내부의 자료 구조와 접근 동작들에만 수정을 국한하기 때문에 요구사항 등 변화에 따른 수정이 불가능하다.

25 난이도 상 중 하

객체지향 프로그래밍에 대한 설명 중 옳지 않은 것은?

① 객체지향 프로그래밍의 특징은 추상 데이터 타입(Abstract Data Type)에 상속과 동적 바인딩(Dynamic Binding)이 추가된 것이다.
② 객체지향 프로그래밍 언어는 상속(Inheritance)이란 특성을 통해 소프트웨어의 재사용성(Reusability)을 향상시켰다.
③ 객체지향 프로그래밍을 실제로 프로그램 작성에 적용할 때 기본 단위는 함수이며, 이러한 함수들이 모여 프로그램을 구성하게 된다.
④ 상속은 상속 관계로 맺어진 클래스들 사이에 종속성을 만들므로, 추상 데이터 타입의 가장 큰 장점인 독립성을 훼손하는 측면이 있다.

26 난이도 상 중 하

다음 중 Design Pattern에 대한 설명으로 틀린 것은?

① 객체지향 방법론의 가장 큰 장점인 재사용성과 모듈성을 극대화시켜 실제 구현 과정에서의 해결 방안이 될 수 있다.
② 패턴(Pattern)은 90년대 초반 Erich Gamma에 의해 첫 소개된 이후 95년에 Famma, Helm, John, Vlissides 네 사람에 의해 집대성되었다.
③ UML과 같은 일종의 설계 기법이며, UML이 설계 방법을 제시했다면, Design Pattern은 전체 설계 도면을 설계한 기법이다.
④ 상위 단계에서 적용될 수 있는 개념이며, 디자인뿐만 아니라 시스템 구조를 재사용하기 쉽게 만들 수 있다.

정답 & 해설

18 요구사항 확인 〉 요구사항 확인 〉 애자일
• XP(eXtreme Programming)의 5가지 핵심 가치

존중 (Respect)	팀 기반의 활동 중 팀원 간의 상호 존중을 강조
단순성 (Simplicity)	사용되지 않는 구조와 알고리즘 배제
의사소통 (Communication)	개발자, 관리자, 고객 간의 원활한 의사소통
피드백 (Feedback)	지속적인 테스트와 통합, 반복적 결함 수정, 빠른 피드백
용기 (Courage)	고객의 요구사항 변화에 능동적인 대처

19 화면 설계 〉 UI 설계 〉 사용자 인터페이스 설계 도구
③은 CASE에 대한 설명이 아니다.

20 애플리케이션 설계 〉 공통 모듈 설계 〉 설계 모델링
② 소프트웨어 공학에서 모델링(Modeling)은 유지보수 단계에서만 활용하는 것이 아니라 개발 전체 단계에서 활용할 수 있다.

21 애플리케이션 설계 〉 공통 모듈 설계 〉 설계 모델링
③ 설계는 독립적인 기능적 특성을 가진 모듈화로 유도되어야 한다.

22 애플리케이션 설계 〉 공통 모듈 설계 〉 설계 모델링
④ 모듈 간의 결합도를 최소화시켜야 모듈의 독립성이 향상된다.

23 애플리케이션 설계 〉 공통 모듈 설계 〉 코드 설계
③ 블록(Block) 코드는 공통성 있는 것끼리 블록으로 묶어서 구분하며 블록 내에서는 순차적으로 부여한다. 대표적인 예로는 부서코드가 있다.

24 애플리케이션 설계 〉 객체지향 설계 〉 객체지향 기법
• 정보은닉(Information Hiding): 객체의 상세한 내용을 객체 외부에 철저히 숨기고 단순히 메시지만으로 객체와의 상호작용을 하게 하는 것으로, 외부에서 알아야 하는 부분만 공개하고, 그렇지 않은 부분은 숨김으로써 대상을 단순화시키는 효과가 있다.

25 애플리케이션 설계 〉 객체지향 설계 〉 객체지향 기법
③ 객체지향 프로그래밍을 실제로 프로그램 작성에 적용할 때 기본 단위는 객체이며, 이러한 객체들이 모여 프로그램을 구성하게 된다.

26 애플리케이션 설계 〉 객체지향 설계 〉 디자인 패턴
③ UML과 같은 일종의 설계 기법이며, UML이 전체 설계 도면을 설계한다면, Design Pattern은 설계 방법을 제시한다.

| 정답 | 18 ③ 19 ③ 20 ② 21 ③ 22 ④ 23 ③ 24 ④ 25 ③ 26 ③

27 난이도 상중하 2020년 1, 2회

GoF(Gang of Four)의 디자인 패턴에서 행위 패턴에 속하는 것은?

① Builder
② Visitor
③ Prototype
④ Bridge

28 난이도 상중하

그림과 같이 서브 시스템 사이의 의사소통 및 종속성을 최소화하기 위하여 단순화된 하나의 인터페이스를 제공하는 디자인 패턴은?

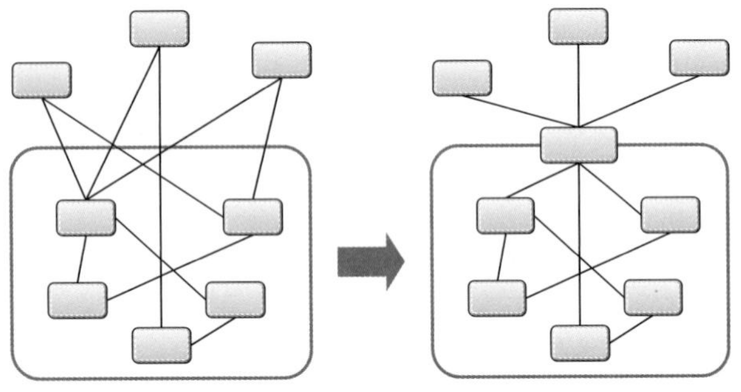

① Adapter 패턴
② Bridge 패턴
③ Decorator 패턴
④ Facade 패턴

29 난이도 상중하

다음 설명에 해당되는 디자인 패턴은?

> 일대다(多)의 객체 의존 관계를 정의한 것으로 한 객체가 상태를 변화시켰을 때, 의존 관계에 있는 다른 객체들에게 자동적으로 통지하고 변경시킨다.

① Observer
② Facade
③ Mediator
④ Bridge

30 난이도 상중하 2020년 1, 2회

객체지향 기법에서 클래스들 사이의 '부분-전체(part-whole)' 관계 또는 '부분(is-a-part-of)'의 관계로 설명되는 연관성을 나타내는 용어는?

① 일반화
② 추상화
③ 캡슐화
④ 집단화

CHAPTER 04 인터페이스 설계

31 난이도 상중하 2020년 1, 2회

공통 모듈에 대한 명세 기법 중 해당 기능에 대해 일관되게 이해하고 한 가지로 해석될 수 있도록 작성하는 원칙은?

① 상호작용성
② 명확성
③ 독립성
④ 내용성

32 난이도 상중하

다음 중 요구공학 프로세스에서 분석된 요구사항의 문서화 과정으로 옳은 것은?

① 요구사항 추출
② 요구사항 명세
③ 요구사항 검증
④ 요구사항 유지보수

정답 & 해설

27 애플리케이션 설계 〉 객체지향 설계 〉 디자인 패턴

• 행위 패턴(Behavioral Patterns): 비지터(Visitor), 탬플릿 메소드(Template Method), 커맨드(Command), 이터레이터(Iterator), 옵저버(Observer), 스테이트(State), 스트래티지(Strategy), 메멘토(Memento), Chain of Responsibility, 인터프리터(Interpreter), 미디에이터(Mediator) 패턴 등

28 애플리케이션 설계 〉 객체지향 설계 〉 디자인 패턴

④ Facade 패턴은 일련의 클래스에 대해서 간단한 인터페이스를 제공한다. (서브시스템의 명확한 구분 정의)

29 애플리케이션 설계 〉 객체지향 설계 〉 디자인 패턴

① Observer는 상태가 변경되면 다른 객체들한테 연락을 돌릴 수 있게 해주는 행위(Behavioral) 패턴이다.

30 애플리케이션 설계 〉 객체지향 설계 〉 객체지형 기법

④ 집단화는 클래스들 사이의 '부분–전체(part–whole)' 관계 또는 '부분(is–a–part–of)'의 관계로 설명되는 연관성을 나타내는 용어이다.

31 인터페이스 설계 〉 인터페이스 요구사항 확인 〉 요구공학

• 요구사항 명세 속성

명세 속성	설명
정확성	요구사항은 정확해야 한다.
명확성	단 한 가지로 해석되어야 한다.
완전성	모든 것(기능, 비기능)이 표현되어야 한다.
일관성	요구사항 간 충돌이 없어야 한다.
수정 용이성	요구사항의 변경이 가능해야 한다.
추적성	제안서 등을 통해 추적이 가능해야 한다.

32 인터페이스 설계 〉 인터페이스 요구사항 확인 〉 요구공학

② 요구사항 명세(Specification)는 분석된 요구사항의 문서화 과정으로, ER 모델링, FSM, 구조적 분석과 설계 기술(SADT) 등이 있다.

| 정답 | 27 ② 28 ④ 29 ① 30 ④ 31 ② 32 ②

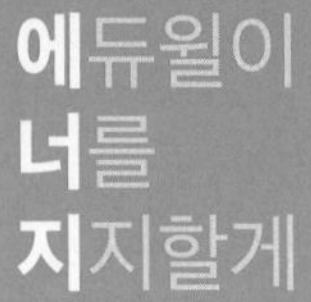

ENERGY

산을 움직이려는 자는
작은 돌을 들어내는 일로 시작한다.

– 공자

Part

II

소프트웨어 개발

NCS 분류 | 응용SW엔지니어링

출제 비중

- 데이터 입출력 구현
- 통합 구현
- 제품 소프트웨어 패키징
- 애플리케이션 테스트 관리
- 인터페이스 구현

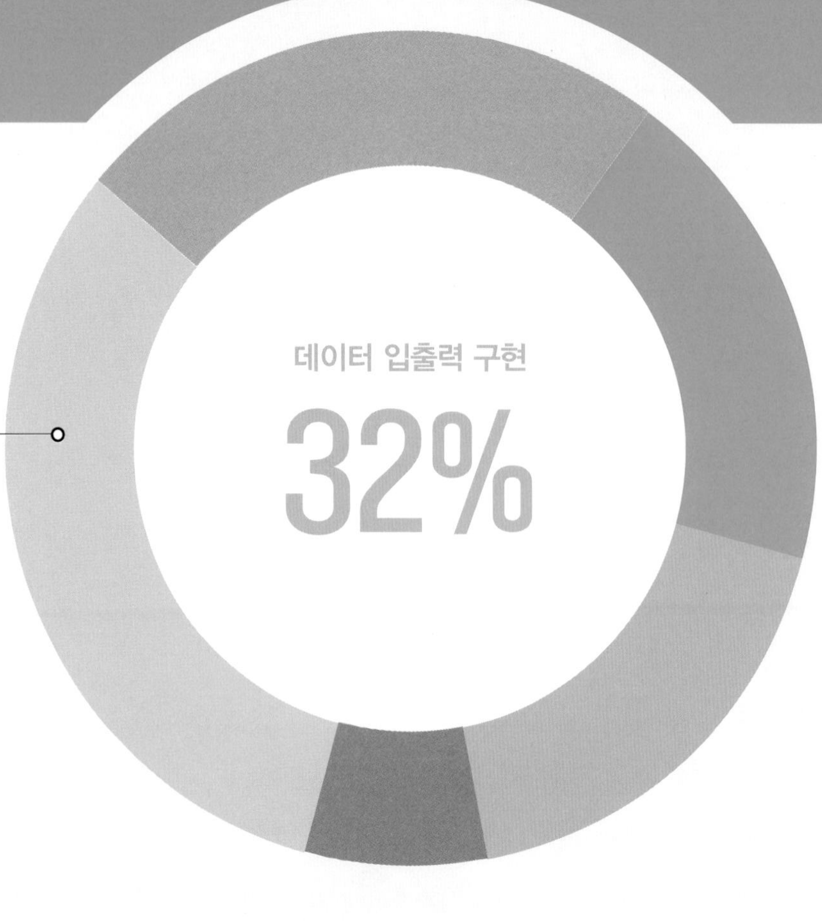

데이터 입출력 구현

32%

기출 키워드

Chapter	기출 키워드	난이도
데이터 입출력 구현	자료구조의 구성, 스택, 큐, 트리, 연산 시간 그룹, 정렬, 탐색, 물리 데이터 저장소의 파티션 설계에서, 파티션 유형, 트리거, 소스 코드 인스펙션	중상
통합 구현	블랙박스 테스트, 화이트박스 테스트, 논리 흐름도와 복잡도, 소프트웨어 형상 관리, 정형 검토 회의, 형상 관리 도구의 구성 요소, 소프트웨어 재사용의 이점, 소프트웨어 재공학, 외계인 코드, IDE 도구	중상
제품 소프트웨어 패키징	DRM, 설치 매뉴얼, ISO/IEC, ISO/IEC 9126 구성 항목, ISO/IEC 12119, McCall의 소프트웨어 품질 요인, 버전 관리 용어, 분산 저장소 방식, 빌드 자동화 도구	중
애플리케이션 테스트 관리	테스트 케이스, 테스트 데이터, 모듈 테스트, 시스템 테스트, 인수 테스트, 테스트 관련 법칙, 하향식 통합, 상향식 통합, 정적 분석 도구, 소스 코드 정적 분석	중상
인터페이스 구현	EAI 구축 유형, 인터페이스 보안 기능, 인터페이스 구현 검증 도구	중

학습 전략

Chapter	학습 전략
데이터 입출력 구현	① 자료구조의 정의와 구성을 파악한다. ② 트랜잭션의 개념을 이해한다.
통합 구현	① 단위 모듈의 구현을 이해한다. ② 테스트의 개념을 이해하고, 종류를 파악하다. ③ 형상관리와 소프트웨어 재공학의 개념을 파악한다.
제품 소프트웨어 패키징	① 소프트웨어 패키징의 개념을 이해하고 패키징 도구를 파악한다. ② DRM에 대한 구성요소와 기술요소를 파악한다. ③ 국제 표준 제품 품질 특성을 이해한다.
애플리케이션 테스트 관리	① 애플리케이션 테스트 관리의 개념을 이해한다. ② 테스트 레벨을 파악한다. ③ 애플리케이션 통합 테스트의 개념을 이해한다.
인터페이스 구현	① 인터페이스 기능을 확인한다. ② EAI의 구축 유형을 파악한다. ③ 인터페이스 구현 검증 도구를 파악한다.

Chapter

01 데이터 입출력 구현

반복이 답이다! | □ 1회독 월 일 | □ 2회독 월 일 | □ 3회독 월 일

01 자료구조

기출 키워드
- 자료구조의 구성
- 스택
- 큐
- 트리
- 연산 시간 그룹
- 정렬
- 탐색

출제 예상 키워드
- 그래프
- 시간 복잡도

읽는 강의

1 자료구조

(1) 자료구조의 정의

① 자료를 효율적으로 사용하기 위해 컴퓨터로 자료의 특성에 따라 분류하여 구성하고, 저장 및 처리하는 모든 작업을 말한다.

② 문제 해결을 위해 데이터 값들을 연산자들이 효율적으로 접근하여 처리할 수 있도록 체계적으로 조직하여 표현하는 것을 말한다.

③ 컴퓨터에서 자료를 정리하고 효율적으로 사용할 수 있도록 다양한 구조를 갖는 것이 자료구조이다.

(2) 자료구조의 구성 기출 2021년 3회, 2022년 1회

① 선형구조
- 개념: 데이터의 전후 항목 사이 관계가 1:1이며, 선후 관계가 명확하게 한 개의 선의 형태를 갖는 리스트 구조이다.
- 선형구조의 종류: 배열, 연결 리스트, **스택**, **큐**, 데크

② 비선형구조
- 개념: 데이터 항목 사이의 관계가 1:n(혹은 n:m)인 그래프적 특성을 갖는 형태이다.
- 비선형구조의 종류: 트리, 그래프

스택(Stack)
LIFO(후입선출). 나중에 입력된 요소가 먼저 출력된다.

큐(Queue)
FIFO(선입선출). 먼저 입력된 요소가 먼저 출력된다.

(3) 자료구조 선택 시 고려사항

데이터 양, 데이터 특성, 데이터 활용빈도, 사용 시스템의 기억용량, 처리시간(최선, 최악, 평균), 프로그램 난이도, 데이터 저장방식 등이 있다.

2 선형구조

(1) 배열(Array)

① 동일한 성질을 갖는 자료의 집합으로서 색인(Index)과 값(Value)의 쌍으로 구성된 순차적인 자료구조를 말한다.

② 일반적으로 프로그래밍 언어에서는 변수의 확장에 해당하는 것으로 유사한 성격, 즉 동일한 자료형으로 이루어진 많은 자료를 처리할 때 사용한다.

③ 동일한 자료형을 갖는 자료들의 리스트(List)를 배열이라 하며, 순서에 해당하는 배열의 각각의 요소들은 하나의 변수로 취급된다.

④ 같은 자료형의 값들이 순서적으로 하나의 이름(배열명)에 모여 있는 것으로서 각각의 자료들을 원소라 하며, 이들은 배열명과 첨자로 구분된다.

⑤ 배열은 선언 형태, 즉 첨자의 개수에 따라 1차원 배열, 2차원 배열, 3차원 배열 등이 있다.

⑥ **배열 표현의 예**

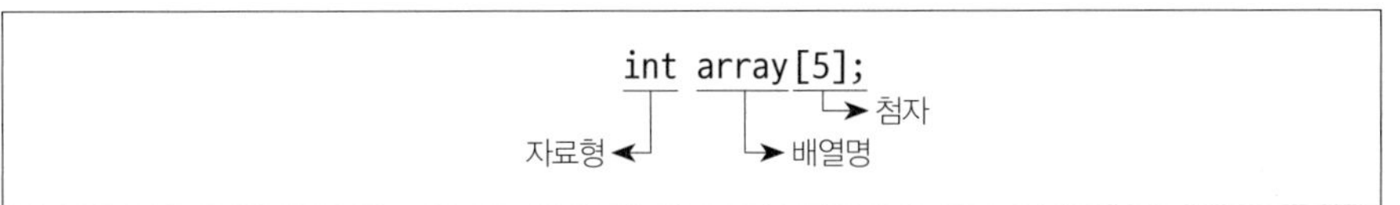

• 4byte의 크기의 정수형 변수 5개를 선언한 것과 같은 의미를 가진다(32bit 체계). 아래 그림을 살펴보자.

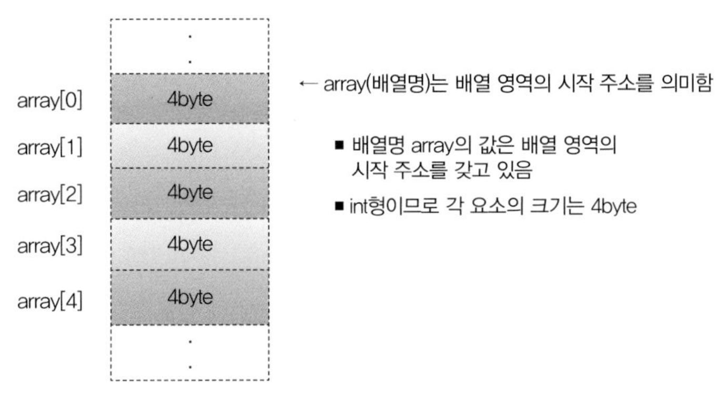

▲ 배열의 물리적 표현

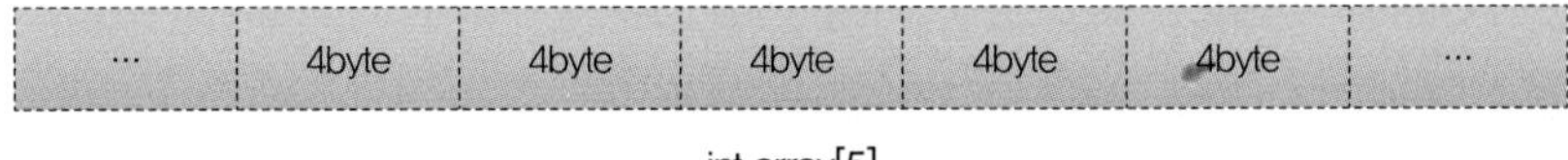

▲ 배열의 논리적 표현

⑦ **배열 초기화의 예**

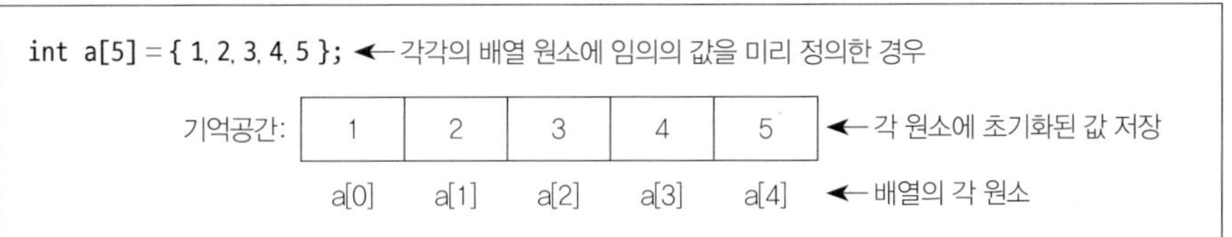

(2) 연결 리스트(Linked List)

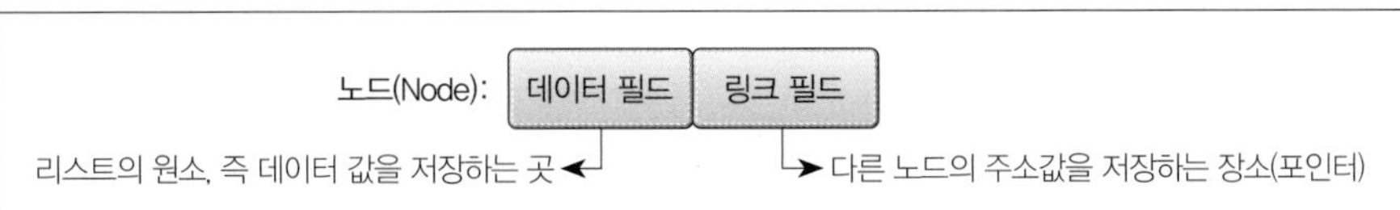

① **노드**를 크게 데이터 필드와 링크 필드로 나누어 다음 노드가 기억된 공간의 주소를 이전 노드의 링크 필드에 기억시키는 방식으로 모든 노드들을 하나로 연결하는 리스트를 말한다.

② 각 노드는 데이터 필드와 링크 필드로 구성되며, 연결 리스트는 첫 번째 노드를 가리키는 **포인터**가 필요한데 이를 헤드(Head)라 한다.

③ 링크 필드에는 다음 노드가 기억된 주소(포인터)가 수록되며, 가리키는 노드가 없는 노드의 포인터를 Null(또는 Nil)이라 한다.

읽는 강의

물리적 표현
컴퓨터 내부의 기억공간을 표현한다.

논리적 표현
프로그램에서의 논리적인 순서를 표현한다.

노드(Node)
그래프를 구성하는 요소 중 하나이다. 그래프는 점과 선으로 구성되는데, 이 점을 노드 또는 절정이라 한다.

포인터(Pointer)
처리하려는 데이터나 프로그램 등이 기억되어 있는 기억장치의 주소를 지정하는 것이다.

④ 각 노드는 포인터를 통해 연결되므로 기억장소에서 서로 이웃하지 않아도 된다.

⑤ 장단점

장점	• 노드의 삽입/삭제 작업이 용이하고 기억공간이 연속되지 않아도 저장할 수 있음 • 희소행렬을 연결 리스트로 표현 시 기억장소가 절약됨
단점	포인터 저장을 위한 기억장소가 추가로 요구되므로 기록밀도가 낮고, 임의의 문자를 접근하기 위해서는 처음부터 순차 탐색을 해야 함

⑥ **단순 연결 리스트:** 하나의 링크 필드를 이용하여 연결하며, 마지막 노드의 링크 값은 Null을 가지는 리스트를 말한다.

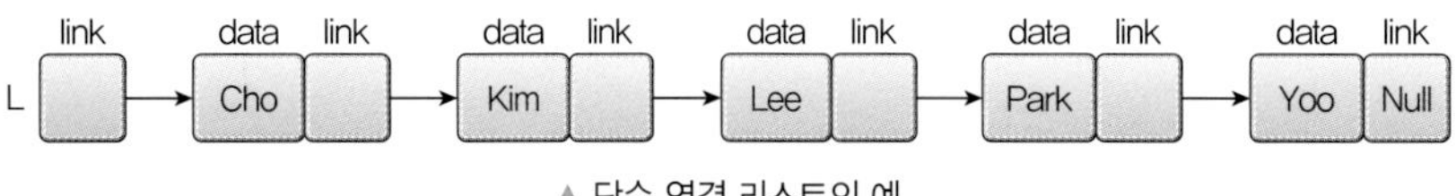

▲ 단순 연결 리스트의 예

⑦ **원형 연결 리스트:** (단순)연결 리스트의 마지막 노드의 링크 필드에 널(Null)이 아닌 첫 노드의 주소를 넣은 리스트를 원형 연결 리스트라고 한다.

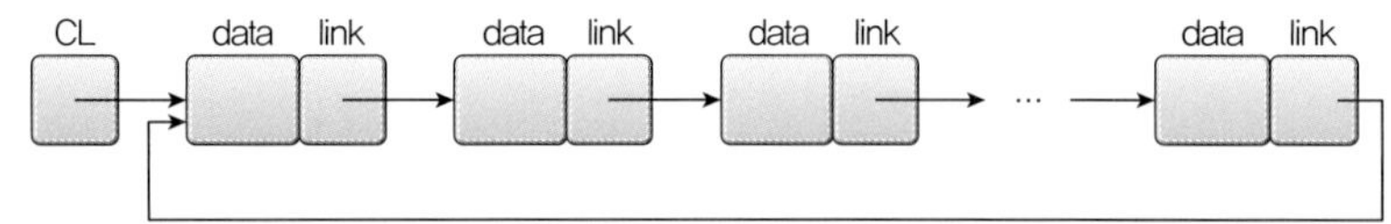

▲ 원형 연결 리스트의 예

⑧ **이중 연결 리스트:** 노드가 3개의 필드(llink, data, rlink)로 구성되어, 노드의 왼쪽과 오른쪽에 링크 필드가 다 있으므로, 정방향과 역방향 탐색이 모두 가능하다.

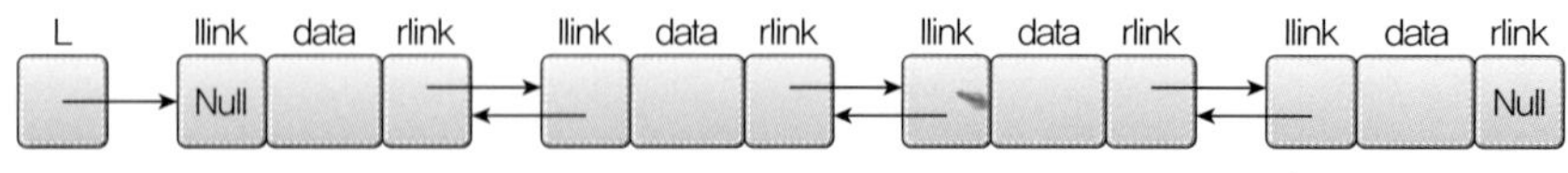

▲ 이중 연결 리스트의 예

⑨ 리스트 생성

L = (node *)malloc(sizeof(node)); L.name ← "Kim"; L.link ← NULL;	name link L → Kim Null

⑩ **단순 연결 리스트의 삽입:** 원소값이 x인 노드를 p가 가리키는 노드 다음에 삽입

```
insertNode(L, p, x)                         // 리스트 L에서 p 노드 다음에 원소값 x를 삽입
        newNode ← getNode( );               // 공백 노드를 newNode가 지시
        newNode.data ← x;                   // 원소 값 x를 저장
        if (L = null) then {                // L이 공백 리스트인 경우
              L ← newNode;
              newNode.link ← null;
        }
        else if (p = null) then {           // p가 공백이면 L의 첫 번째 노드로 삽입
              newNode.link ← L;
              L ← newNode;
        }
        else {                              // p가 가리키는 노드의 다음 노드로 삽입
              newNode.link ← p.link;
              p.link ← newNode;
        }
end insertNode( )
```

읽는 강의

• 이중 연결 리스트는 단순 연결 리스트나 원형 연결 리스트에 비해 링크 필드가 많이 존재하므로 구현 시 기억장소를 더 많이 필요로 한다.

⑪ **단순 연결 리스트의 삭제**: 리스트 L에서 p가 가리키는 노드의 다음 노드를 삭제

```
deleteNext(L, p)                        // p가 가리키는 노드의 다음 노드를 삭제
        if (L = null) then error;
        if (p = null) then L ← L.link;  // 첫 번째 노드 삭제
        else {
            q ← p.link;                 // q는 삭제할 노드
            if (q = null) then return;  // 삭제할 노드가 없는 경우
            p.link ← q.link;
        }
        returnNode(q);                  // 삭제한 노드를 자유 공간 리스트에 반환
end deleteNext( )
```

⑫ **원형 연결 리스트의 삽입**: 노드 삽입 알고리즘

```
insertFront(CL, p)    // CL는 원형 리스트의 마지막 노드를 지시하고, p는 삽입할 노드를 지시
        if (CL = null) then {
            CL ← p;
            p.link ← CL;
        }
        else {
            p.link ← CL.link;
            CL.link ← p;
        }
end insertFront( )
```

⑬ **이중 연결 리스트의 삽입**: 이중 연결 리스트에서 노드(q)를 삽입

```
insert(L, p, q)         // L은 이중 연결 리스트이고, 노드 q를 p 다음에 삽입
    q.llink ← p;
    q.rlink ← p.rlink;
    p.rlink.llink ← q;
    p.rlink ← q;
end insert( )
```

⑭ **이중 연결 리스트의 삭제**: 이중 연결 리스트에서 노드(p)를 삭제

```
delete(L, p)            // L은 공백이 아닌 이중 연결 리스트, p는 삭제할 노드
    if (p = null) then return;
    p.llink.rlink ← p.rlink;
    p.rlink.llink ← p.llink;
end delete( )
```

(3) 스택(Stack) 기출 2021년 1, 2, 3회, 2022년 1회

① 제한된 구조로 원소의 삽입과 삭제가 한 쪽(top)에서만 이루어지는 유한 순서 리스트이다.
② LIFO(Last In First Out) 구조로, 마지막에 삽입한 원소를 제일 먼저 삭제하는 후입선출 구조이다.
③ 배열로 구현하는 방법은 간단하지만, 크기가 고정된다.
④ 연결 리스트로 구현하면 상대적으로 복잡하지만, 크기를 가변적으로 할 수 있다.
⑤ 더 이상 삭제할 데이터가 없는 상태에서 데이터를 삭제하면 언더플로우(Underflow)가 발생한다.
⑥ **스택의 응용**: 수식 계산, 복귀 주소 관리, 순환식, 퀵 정렬, 깊이 우선 탐색, 이진 트리 운행

읽는 강의

• 깊이 우선 탐색: 스택 이용

⑦ 수식의 표기법 기출 2020년 4회, 2021년 1회

구분	내용	예
중위 표기법(Infix Notation)	연산자가 피연산자 가운데 위치한다.	A+B
전위 표기법(Prefix Notation)	연산자가 피연산자 앞(왼쪽)에 위치한다.	+AB
후위 표기법(Postfix Notation)	연산자가 피연산자 뒤(오른쪽)에 위치한다.	AB+

⑧ 스택을 이용한 후위 표기식의 계산 예: ABC*+DE/−

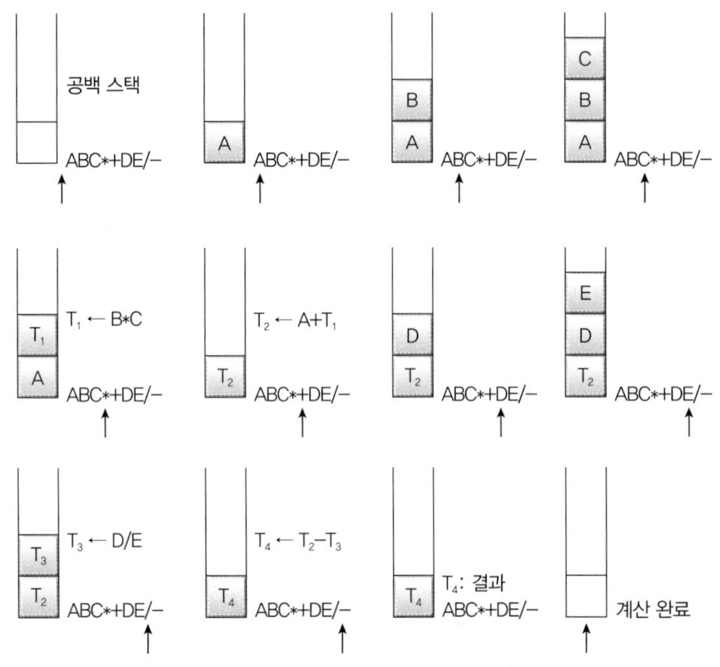

⑨ 스택의 삽입과 삭제

■ 삽입(push) 연산

```
push(stack, item)                        // stack의 top에 item을 삽입
      if (top ≥ n−1) then stackFull( );  // stack이 오버플로우(overflow)인 상태를 처리
      else {
          top ← top +1;                  // top을 1 증가
          stack[top] ← item; }           // stack의 top에 자료 삽입
end push( )
```

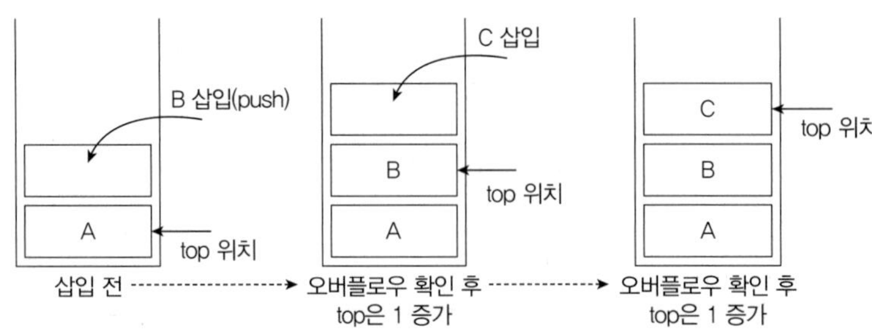

▲ A가 저장된 곳에 B와 C를 삽입하는 경우의 예

> 읽는 강의
> • 후위 표기식을 처리하는 것이 기계(컴퓨터) 처리에 가장 적당하다.

■ 삭제(pop) 연산

```
pop(stack)                              // stack의 top 원소를 삭제하고 반환
    if (top < 0) then stackEmpty( )     // stack이 언더플로우인 상태를 처리
    else {
        item ← stack[top];              // stack의 top이 가리키는 곳의 자료 item으로 이동
        top ← top−1;                    // top을 1 감소
        return item; }                  // item 리턴
end pop( )
```

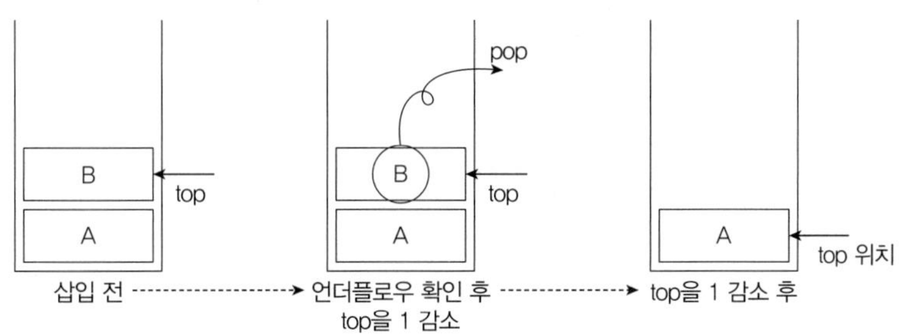

▲ A, B가 저장된 곳에서 B를 삭제하는 경우의 예

(4) 큐(Queue) 기출 2021년 1회

① FIFO(First In First Out) 구조로, 제일 먼저 삽입된 원소가 제일 먼저 삭제되는 선입선출 구조이다.

② 한쪽 끝(rear)에서는 원소의 삽입만, 다른 쪽 끝(front)에서는 원소의 삭제만 허용하는 자료구조이다. 양 끝을 제외한 나머지 모든 위치에서의 삽입과 삭제를 허용하지 않는다.

③ 구현은 배열이나 연결 리스트로 가능하다.

④ **큐의 응용**: 작업 스케줄링, 너비 우선 탐색, **트리의 레벨 순회**

⑤ **큐의 작동 구조**

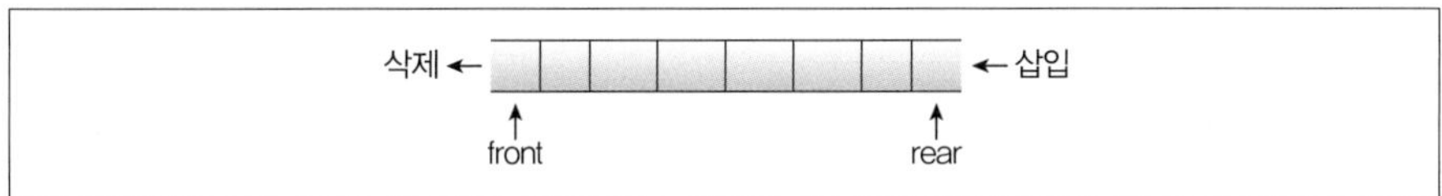

⑥ **큐의 순차 표현**: 큐를 표현하는 가장 간단한 방법이며, Q[n]을 이용한 순차 표현이다.

front	맨 앞 원소 바로 앞을 나타낸다.
rear	맨 뒤 원소를 나타낸다.
초기화	front = rear = −1 (공백 큐)
공백 큐	front = rear
오버플로우(overflow)	rear = n−1
삽입(push)	rear를 1 증가시키고 원소를 저장한다.
삭제(pop)	front를 1 증가시키고 원소를 반환한다.

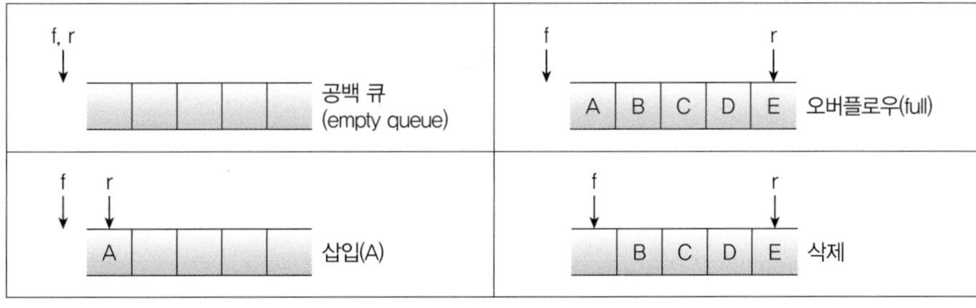

▲ 큐 순차 표현의 예

읽는 강의

• 너비 우선 탐색: 큐 이용

• 큐는 삽입과 삭제 시 모두 rear나 front가 1 증가되는 것이 선행된다.

트리의 레벨 순회(Level Order)
각 노드를 레벨순으로 검사하는 순회 방법이며, 큐를 응용하여 처리한다.

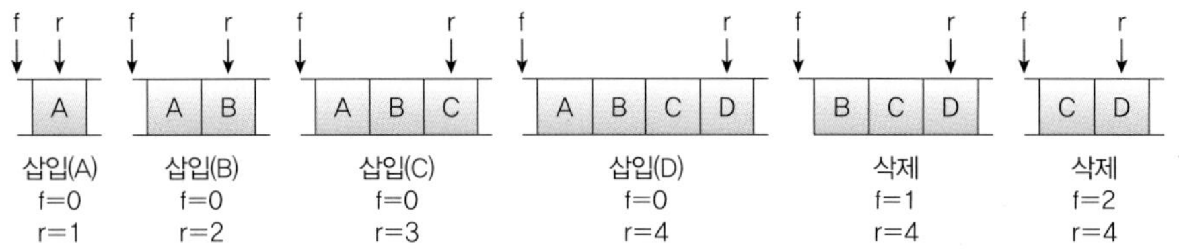

▲ 큐에서의 삽입과 삭제의 예

⑦ 큐의 삽입과 삭제

■ 삽입(push) 연산

```
enqueue(q, item)                         // 큐(q)에 원소를 삽입
    if (rear = n-1) then queueFull( )    // 큐(q)가 만원인 상태를 처리
    rear ← rear + 1;
    q[rear] ← item;
end enqueue( )
```

■ 삭제(pop) 연산

```
dequeue(q)                               // 큐(q)에서 원소를 삭제하여 반환
    if (isEmpty(q)) then queueEmpty( )   // 큐(q)가 공백인 상태를 처리
    else {
        front ← front + 1;
        return q[front];
    };
end dequeue( )
```

더 알아보기 원형 큐(Circular Queue)

❶ 순차 표현의 문제점 해결을 위해 배열 Q[n]을 원형으로 운영한다.

❷ 원형 큐의 구현

- 초기화: front = rear = 0 (공백 큐)
- 공백 큐: front = rear
- 원소 삽입: rear를 하나 증가시키고, 그 위치에 원소 저장
- 원소 삭제: front를 하나 증가시키고, 그 위치 원소 반환
- 만원: rear를 하나 증가시켰을 때, rear = front
- 실제 front 공간 하나가 비지만, 편의를 위해 그 공간을 희생

❸ 원형 큐의 여러 상태

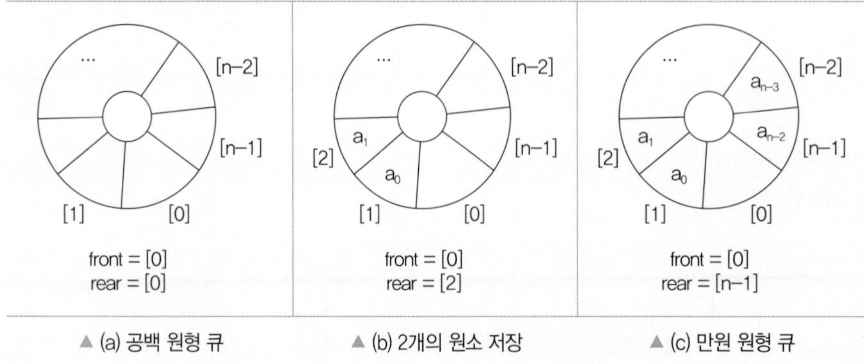

▲ (a) 공백 원형 큐 ▲ (b) 2개의 원소 저장 ▲ (c) 만원 원형 큐

(5) 데크(Deque: Double-ended Queue)

① 스택과 큐의 장점을 종합한 순서 리스트이다.
② 삽입과 삭제가 리스트의 양끝에서 임의로 수행될 수 있는 자료구조이다.
③ 입력이 한쪽에서만 가능하게 제한한 방식을 스크롤(Scroll)이라 한다.
④ 출력이 한쪽에서만 가능하게 제한한 방식을 셸프(Shelf)라 한다.
⑤ 데크의 예

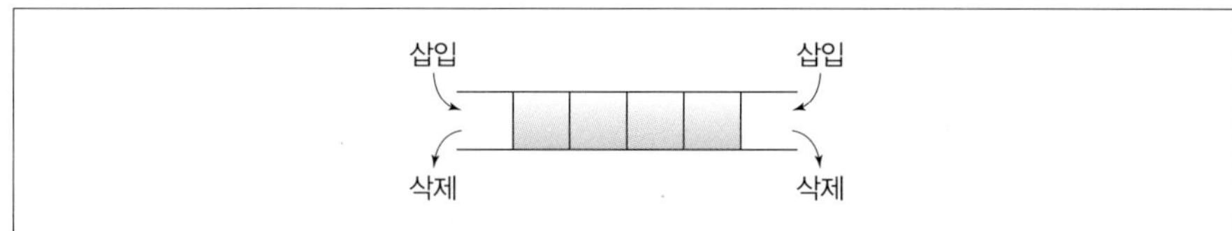

읽는 강의

3 비선형구조

(1) 트리(Tree) 기출 2021년 1회

① 계층형 자료구조(Hierarchical Data Structure) 노드와 노드를 간선으로 연결한다.
② 실제 나무를 뒤집어 놓은 것과 같은 형태이며, 여러 개의 노드가 계층적으로 구성된다. 가장 위쪽의 노드가 루트(근) 노드이며, 가장 아래쪽에 자식이 없는 노드를 리프(단말) 노드라고 한다.
③ 그래프(Graph)의 한 종류로 데이터들의 상호 관계를 가지(Branch)로 연결하여 계층적 관계로 구성한다.
④ 사이클이 존재하지 않는 트리이다.

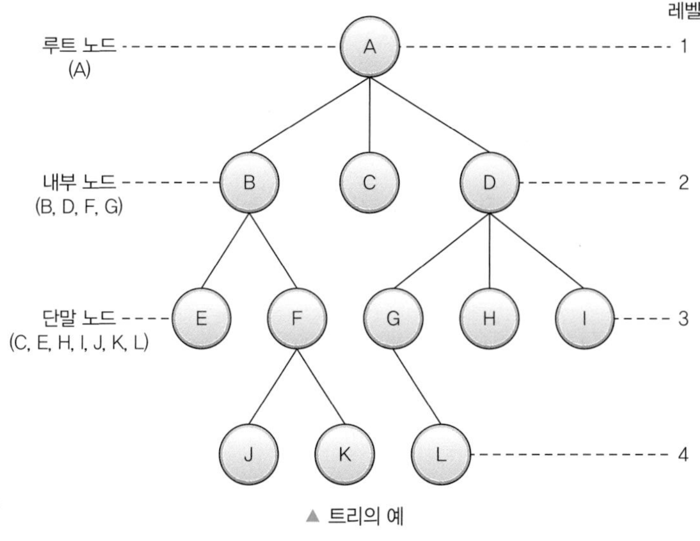

▲ 트리의 예

⑤ 트리의 용어 기출 2020년 1, 2, 3회

노드(Node)	데이터와 링크를 통합적으로 표현한다.
루트(근) 노드	최상위 노드를 말한다.
단말 노드	자식 노드를 가지지 않는 노드이다.
비단말 노드	자식 노드를 갖는 노드이다.
노드의 차수(Degree)	한 노드가 가지고 있는 **서브 트리**의 수이다. (A의 차수: 3, B의 차수: 2, C의 차수: 0)
형제(Siblings)	한 부모의 자식들이다. (노드 G, H, I는 형제들)
트리의 차수(Degree)	그 트리에 있는 노드의 최대 차수이다. (트리 T의 차수: 3)
노드의 레벨(Level)	한 노드가 레벨 I에 속하면, 그 자식들은 레벨 I+1에 속한다.

서브 트리
트리의 일부분으로 하나의 노드에 종속되어 있는 모든 노드로 구성된 트리를 의미한다.

트리의 높이(Height) 또는 깊이(Depth)	그 트리의 최대 레벨이다. (트리 T의 높이: 4)
노드의 레벨 순서 (Level Order)	트리의 노드들에 레벨별로 위에서 아래로, 같은 레벨 안에서는 왼편에서 오른편으로 차례로 순서를 매긴 것이다.

읽는 강의

더 알아보기 트리의 순회

❶ 전위 순회(Preorder Traversal): 전위 순회 방법의 순환식 기술

루트 노드 방문 → 왼편 서브 트리 전위 순회 → 오른편 서브 트리 전위 순회

❷ 중위 순회(Inorder Traversal): 중위 순회 방법의 순환식 기술

왼편 서브 트리 중위 순회 → 루트 노드 방문 → 오른편 서브 트리 중위 순회

❸ 후위 순회(Postorder Traversal): 후위 순회 방법의 순환식 기술

왼편 서브 트리 후위 순회 → 오른편 서브 트리 후위 순회 → 루트 노드 방문

더 알아보기 트리의 순회 예 기출 2020년 1, 2, 3, 4회, 2021년 1, 3회, 2022년 2회

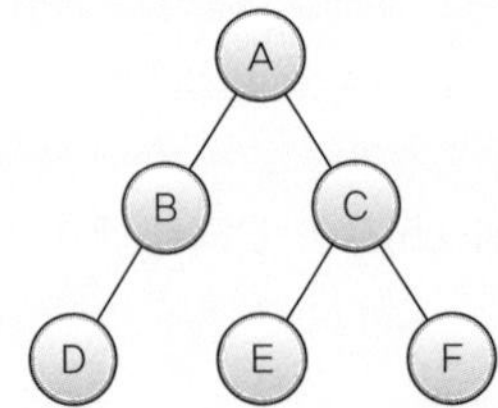

❶ 전위 순회: A → B → D → C → E → F
- 전위 순회이므로 중-좌-우 순서로 순회한다.
- 가장 중간에 있는 노드는 루트 노드이므로 A이고, 루트 노드를 중심으로 좌측 서브 트리(B, D)와 우측 서브 트리(C, E, F)로 나눌 수 있다.
- 전체 구성은 A(좌측 서브 트리)(우측 서브 트리)가 된다.
- 좌측 서브 트리를 전위 순회하면 B → D가 되며, 우측 서브 트리를 전위 순회하면 C → E → F가 된다.
- 이를 종합하면 A(B → D)(C → E → F)가 되며, 전체 순서는 A → B → D → C → E → F가 된다.

❷ 중위 순회: D → B → A → E → C → F
- 중위 순회이므로 좌-중-우 순서로 순회한다.
- 가장 중간에 있는 노드는 루트 노드이므로 A이고, 루트 노드를 중심으로 좌측 서브 트리(B, D)와 우측 서브 트리(C, E, F)로 나눌 수 있다.
- 전체 구성은 (좌측 서브 트리)A(우측 서브 트리)가 된다.
- 좌측 서브 트리를 중위 순회 하면 D → B가 되며, 우측 서브 트리를 중위 순회하면 E → C → F가 된다.
- 이를 종합하면 (D → B)A(E → C → F)가 되며, 전체 순서는 D → B → A → E → C → F가 된다.

❸ 후위 순회: D → B → E → F → C → A
- 후위 순회이므로 좌-우-중 순서로 순회한다.
- 가장 중간에 있는 노드는 루트 노드이므로 A이고, 루트 노드를 중심으로 좌측 서브 트리(B, D)와 우측 서브 트리(C, E, F)로 나눌수 있다.
- 전체 구성은 (좌측 서브 트리)(우측 서브 트리)A가 된다.
- 좌측 서브 트리를 후위 순회하면 D → B가 되며, 우측 서브 트리를 후위 순회하면 E → F → C가 된다.
- 이를 종합하면 (D → B)(E → F → C)A가 되며, 전체 순서는 D → B → E → F → C → A가 된다.

(2) 이진 트리의 표현

① 이진 트리의 표현
- 일차원 배열을 이용한 순차적인 표현을 할 수 있다.
- 이진 트리의 순차 표현 시에 인덱스 0은 사용하지 않으며, 인덱스 1이 항상 루트 노드이다.
- 배열에 트리를 저장할 때는 다음 그림처럼 할 수 있다.

이진 트리
- 이진 트리는 모든 노드의 차수가 2를 넘지 않는 트리이다.
- 이진 트리가 가질 수 있는 최대 노드 수는 깊이가 2^k−1개이다.
- 레벨 k에서의 최대 노드 수는 2^{k-1}개이다.

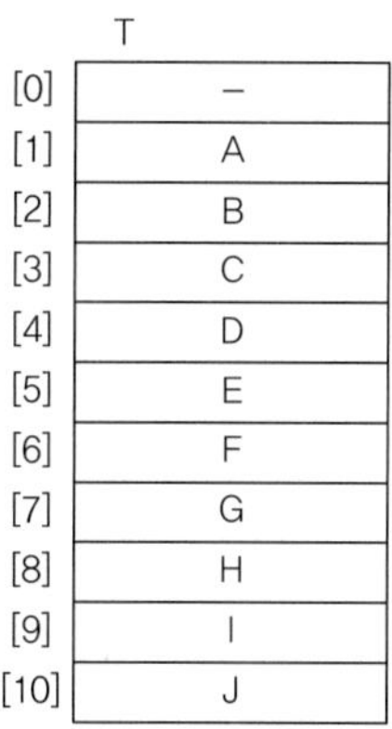

T	
[0]	–
[1]	A
[2]	B
[3]	C
[4]	D
[5]	E
[6]	F
[7]	G
[8]	H
[9]	I
[10]	J

▲ 배열에 트리를 저장할 때의 예

읽는 강의

② **이진 트리의 종류:** 편향 이진 트리, 포화 이진 트리(Full Binary Tree), 완전 이진 트리(Complete Binary Tree), 힙 트리(Heap Tree), 이진 탐색 트리(Binary Search Tree)

③ **편향 이진 트리(Skewed Binary Tree):**

- 왼편 또는 오른편, 즉 한쪽으로 치우쳐진 이진 트리를 말한다.
- 구조가 좋지 않으므로 검색할 때 성능이 떨어진다.

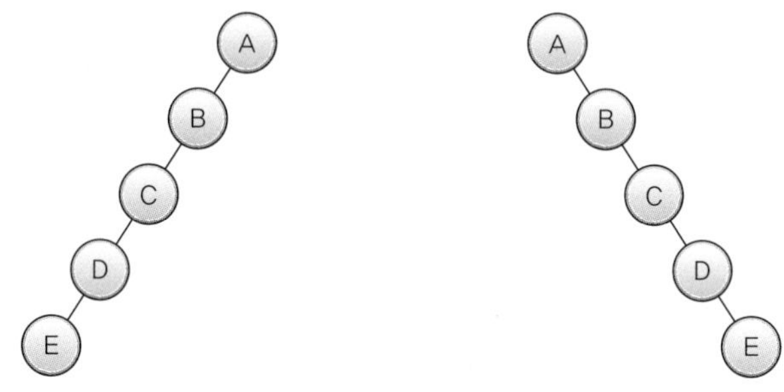

▲ 편향 이진 트리의 예

- 편향 이진 트리(Skewed Binary Tree)를 사향 트리하고도 하며, 포화 이진 트리에 비해 검색 성능이 좋지 않다.

④ **포화 이진 트리(Full Binary Tree)**

- 루트 노드부터 구성된 높이까지의 노드가 꽉 찬 형태의 트리이다. 한쪽으로 치우친 트리가 아닌 전체적인 균형이 맞는 트리이다.
- 높이가 h이고 노드 수가 2^h-1인 이진 트리이다.
- 포화 이진 트리는 완전 이진 트리에 속한다.

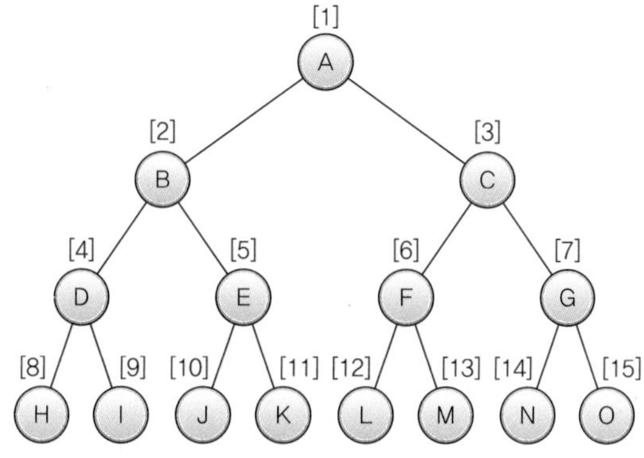

▲ 높이가 4인 포화 이진 트리의 예

⑤ **완전 이진 트리(Complete Binary Tree)**

- 트리를 배열로 저장한다면 완전 이진 트리는 노드의 인덱스가 중간에 빠지는 것 없이 순서대로 진행되는 트리를 말한다.

- 높이가 h이고 노드 수가 n인 이진 트리에서 노드의 레벨 순서 번호들의 각 위치가 높이가 h인 포화 이진 트리 번호 1에서 n까지 모두 일치하는 트리이다.
- 포화 이진 트리는 항상 완전 이진 트리라 할 수 있지만, 그 역의 관계는 항상 성립되지 않는다.

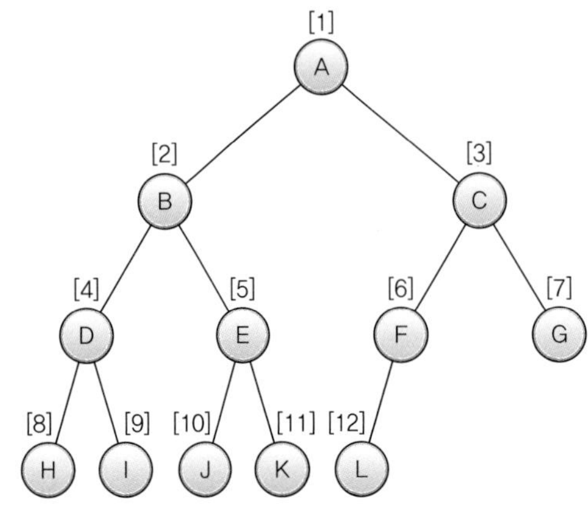

▲ 높이가 4인 완전 이진 트리의 예

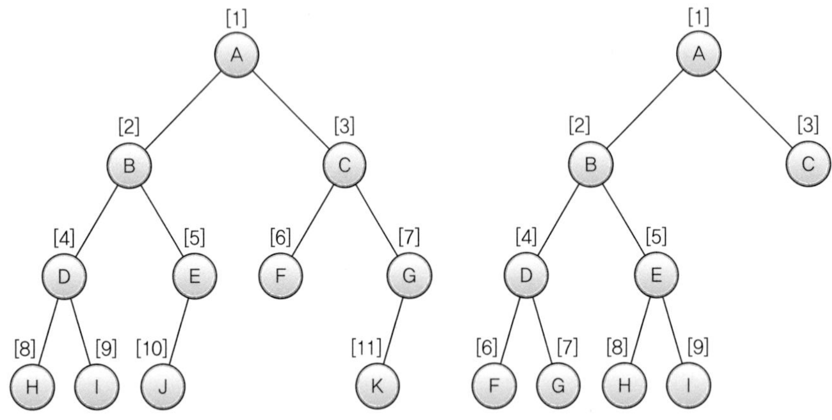

▲ 완전 이진 트리가 아닌 이진 트리의 예

⑥ 힙 트리(Heap Tree)

- 여러 개의 값들 중 가장 큰 값이나 가장 작은 값을 빠르게 찾을 수 있도록 만들어진 자료구조를 힙 트리라 한다.
- 힙에서는 키 값이 같은 노드가 있는 경우가 있을 수 있다.

■ 최대 힙과 최소 힙

구분	내용
최대 힙(Max Heap)	• 각 노드의 키 값이 그 자식의 키 값보다 작지 않은 완전 이진 트리이다. • 루트는 가장 큰 값을 갖는다.
최소 힙(Min Heap)	• 각 노드의 키 값이 그 자식의 키 값보다 크지 않은 완전 이진 트리이다. • 루트는 가장 작은 값을 갖는다.

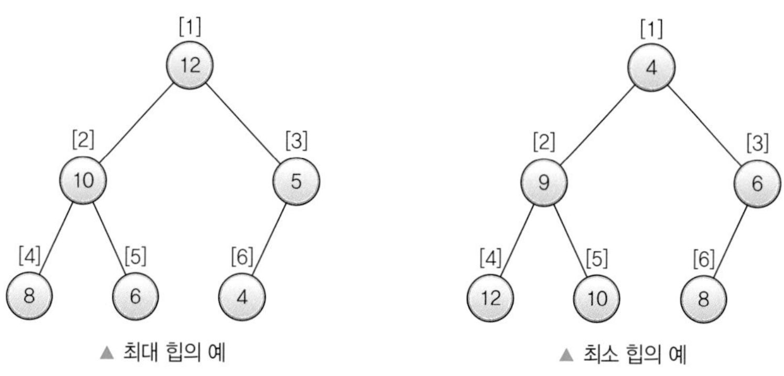

▲ 최대 힙의 예　　▲ 최소 힙의 예

(3) 그래프(Graph)

① 그래프 이론은 1736년 오일러(Euler)가 Koenigsberg의 다리 문제를 풀기 위해 적용하면서 정립되었다.

② 연결되어 있는 객체 간의 관계를 표현할 수 있는 자료구조로 현재 전기 회로의 분석, 최단거리 검색, 컴퓨터 네트워크, 인공지능 등 광범위하게 이용되고 있다.

③ G = (V, E): 그래프(G)는 정점(Vertex)과 간선(Edge)으로 구성된 한정된 자료구조이다.

- V: 공백이 아닌 노드 또는 정점의 유한 집합(V만 표현: V(G)로 표기)
- E: 상이한 두 정점을 잇는 간선의 유한 집합(E만 표현: E(G)로 표기)

④ **그래프 순회(검색) 방법의 종류**: 깊이 우선 탐색(DFS: Depth First Search), 너비 우선 탐색(BFS: Breadth First Search)

⑤ **무방향 그래프(Undirected Graph)**

- 간선을 표현하는 두 정점의 쌍에 순서가 없는 그래프이다. 화살표가 아닌 선으로 각 정점이 연결된다.
- $(v_0, v_1) = (v_1, v_0)$

⑥ **방향 그래프(Directed Graph)**

- 유방향 그래프 또는 다이그래프(Digraph)라 하며, 간선을 표현하는 두 정점의 쌍에 순서가 있는 그래프이다. 정점의 연결은 화살표로 된다.
- $v_j \rightarrow v_k$를 $\langle v_j, v_k \rangle$로 표현한다. (v_j는 꼬리(tail), v_k는 머리(head))
- $\langle v_j, v_k \rangle \neq \langle v_k, v_j \rangle$

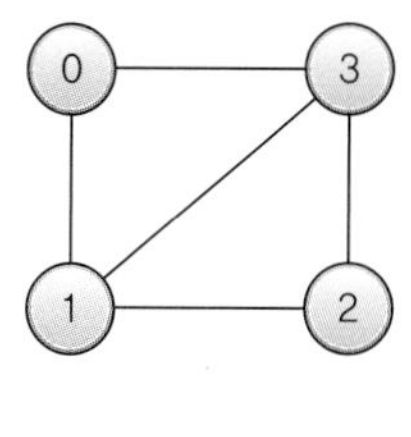

▲ G_1 그래프의 예

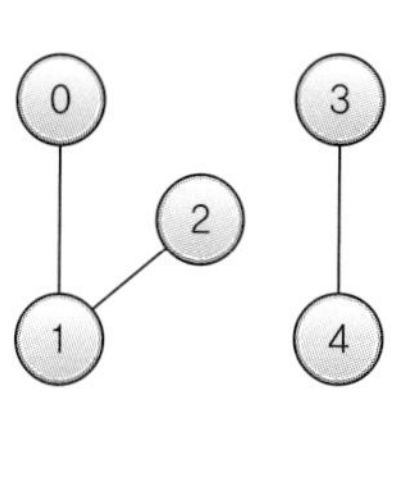

▲ G_2 그래프의 예

▲ G_3 그래프의 예

$V(G_1) = \{0, 1, 2, 3\}$	$E(G_1) = \{(0, 1), (0, 3), (1, 2), (1, 3), (2, 3)\}$
$V(G_2) = \{0, 1, 2\}$	$E(G_2) = \{\langle 0, 1\rangle, \langle 1, 0\rangle, \langle 1, 2\rangle\}$
$V(G_3) = \{0, 1, 2, 3, 4\}$	$E(G_3) = \{(0, 1), (1, 2), (3, 4)\}$

⑦ 그래프를 인접 행렬(Adjacency Matrix)로 표현할 수 있다.

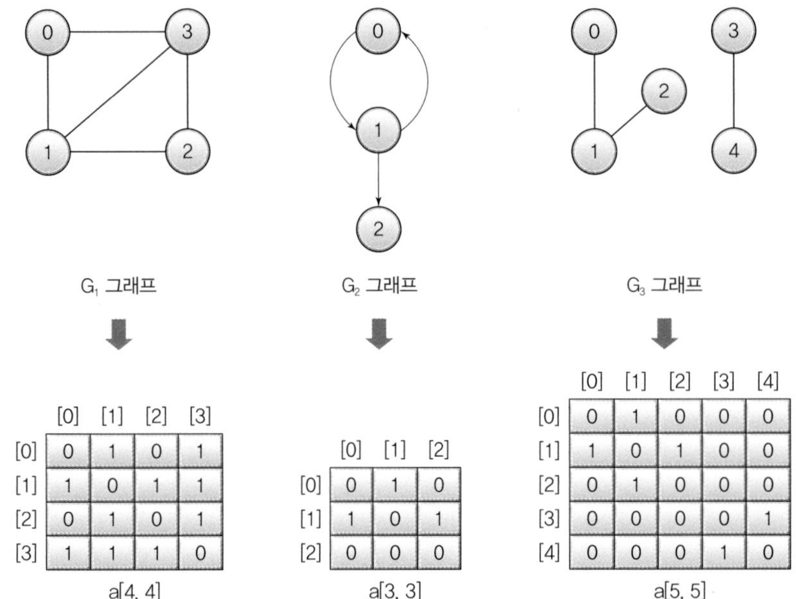

	[0]	[1]	[2]	[3]
[0]	0	1	0	1
[1]	1	0	1	1
[2]	0	1	0	1
[3]	1	1	1	0

a[4, 4]

	[0]	[1]	[2]
[0]	0	1	0
[1]	1	0	1
[2]	0	0	0

a[3, 3]

	[0]	[1]	[2]	[3]	[4]
[0]	0	1	0	0	0
[1]	1	0	1	0	0
[2]	0	1	0	0	0
[3]	0	0	0	0	1
[4]	0	0	0	1	0

a[5, 5]

▲ 그래프 G_1, G_2, G_3에 대한 인접 행렬 표현

⑧ 그래프를 인접 리스트(Adjacency List)로 표현할 수 있다.

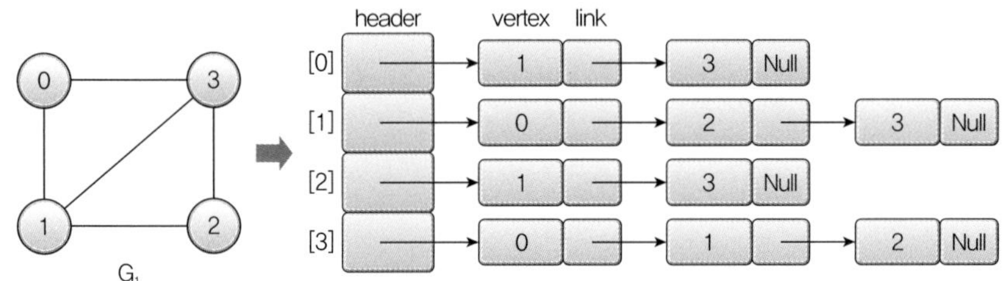

▲ G_1에 대한 인접 리스트

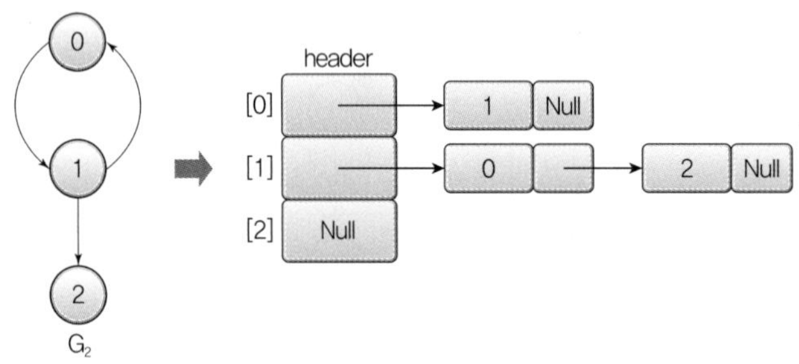

▲ G_2에 대한 인접 리스트

⑨ **완전 그래프(Complete Graph)**: 최대 수의 간선을 가진 그래프로 정점이 n개일 때 무방향 그래프는 n(n−1)/2개, 방향 그래프는 n(n−1)개의 간선의 수를 갖는다. 기출 2020년 4회

⑩ **신장 트리(Spanning Tree)**

- 그래프 G에서 E(G)에 있는 간선과 V(G)에 있는 모든 정점들로 구성된 트리이다.
- 주어진 그래프 G에 대한 신장 트리는 유일하지 않다.
- 사이클이 없다.

■ 연결 그래프 G와 신장 트리

연결 그래프 G	신장 트리

4 알고리즘

(1) 알고리즘의 정의

① 주어진 문제를 컴퓨터로 풀기 위한 단계적인 방법과 절차를 말한다.

② 특정한 작업을 수행하는 명령어들의 유한 집합이다.

③ 프로그램은 '자료구조 + 알고리즘'이다.

(2) 알고리즘의 조건

① **입력**: 외부에서 제공되는 데이터가 0개 이상 있다.

② **출력**: 적어도 하나 이상의 출력 결과를 생성한다.

③ **명확성**: 알고리즘을 구성하는 각 명령어들은 그 의미가 명백하고 모호하지 않아야 한다.

④ **유한성**: 알고리즘의 명령대로 순차적인 실행을 하면 언젠가는 반드시 실행이 종료되어야 한다.

⑤ **유효성**: 원칙적으로 모든 명령들은 종이와 연필만으로 수행될 수 있게 기본적이어야 하며, 반드시 실행 가능해야 한다. (원칙적으로 모든 명령들은 오류가 없이 실행 가능해야 한다.)

더 알아보기 이진 검색 알고리즘

- 탐색 효율이 좋고 탐색 시간이 적게 소요된다.
- 검색할 데이터가 정렬되어 있어야 한다.
- 비교 횟수를 거듭할 때마다 검색 대상이 되는 데이터의 수가 절반으로 줄어든다.

5 복잡도

(1) 프로그램의 공간 복잡도(Space Complexity)

① 프로그램을 실행시켜 완료하는 데 필요한 총 저장 공간을 말한다.

② 공간 복잡도 = 고정 공간 + 가변 공간

- 고정 공간: 프로그램의 크기가 입출력의 횟수와 관계없이 고정적으로 필요한 저장 공간을 의미한다.
- 가변 공간: 실행 과정에서 데이터 구조와 변수들이 필요로 하는 저장 공간이다.

(2) 프로그램의 시간 복잡도(Time Complexity)

① 프로그램을 실행시켜 완료하는 데 걸리는 시간을 의미한다.

② 시간 복잡도 = 컴파일 시간 + 실행 시간

- 컴파일 시간: 소스 프로그램을 컴파일하는 데 걸리는 시간으로, 프로그램의 실행 특성에 의존하지 않기 때문에 고정적이다.
- 실행 시간: 프로그램의 실행 시간을 추정하기 위해서는 하나의 단위 명령문을 실행하는 데 걸리는 시간과 실행 빈도수가 있어야 한다.

읽는 강의

기출 2020년 3회

알고리즘 설계 기법

분할 정복(Divide and Conquer), 탐욕적(Greedy), 백트래킹(Backtracking)

■ 연산 시간 그룹 기출 2020년 1, 2회

• 상수 시간: $O(1)$	• 로그 시간: $O(\text{Log}_2 n)$	• 선형 시간: $O(n)$
• n로그 시간: $O(n\text{Log}_2 n)$	• 평방 시간: $O(n^2)$	• 입방 시간: $O(n^3)$
• 지수 시간: $O(2^n)$	• 계승 시간: $O(n!)$	

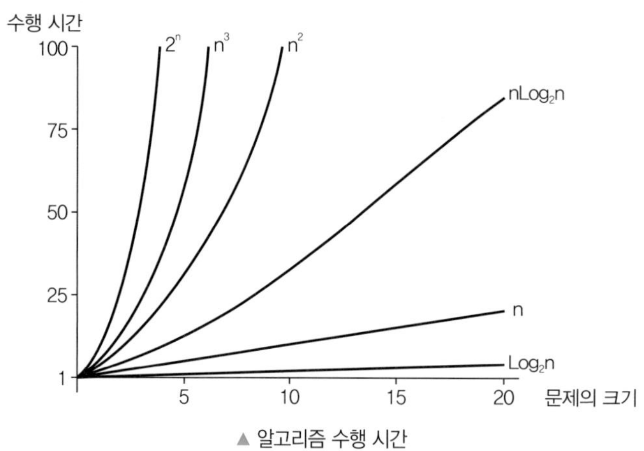

▲ 알고리즘 수행 시간

■ 연산 시간의 크기 순서

$O(1) < O(\text{Log}_2 n) < O(n) < O(n\text{Log}_2 n) < O(n^2) < O(2^n) < O(n!) < O(n^n)$

(3) 점근적 표기법

① 빅오(Big-oh) 표기법의 수학적 정의

> $n \geq n_0$를 만족하는 모든 n에 대하여 $f(n) \leq c \cdot g(n)$인 조건을 만족하는 2개의 양의 상수 c와 n_0가 존재하기만 하면 $f(n) = O(g(n))$이다.

② 오메가(Omega) 표기법의 수학적 정의

> $n \geq n_0$를 만족하는 모든 n에 대하여 $f(n) \geq c \cdot g(n)$인 조건을 만족하는 2개의 양의 상수 c와 n_0가 존재하기만 하면 $f(n) = \Omega(g(n))$이다.

③ 세타(Theta) 표기법의 수학적 정의

> $n \geq n_0$를 만족하는 모든 n에 대하여 $c_1 g(n) \leq f(n) \leq c_2 g(n)$인 조건을 만족하는 3개의 양의 상수 c_1, c_2와 n_0가 존재하기만 하면 $f(n) = \Theta(g(n))$이다.

6 정렬

(1) 정렬(Sort)의 개요

① 정렬은 키 값의 순서에 따라 파일 내의 레코드들을 순서대로 정하는 것이다.

② 정렬은 오름차순과 내림차순으로 구분할 수 있다.

③ 오름차순은 수치가 점점 커지는 것이고, 내림차순은 수치가 점점 작아지는 것을 말한다. 예를 들어, 자료 8, 3, 4, 9, 7을 오름차순으로 정렬하면 3, 4, 7, 8, 9이며, 내림차순으로 정렬하면 9, 8, 7, 4, 3이 된다.

④ **종류:** 선택 정렬, 버블 정렬, 삽입 정렬, 퀵 정렬, 힙 정렬, 합병 정렬 등

읽는 강의

$O(1)$
알고리즘 수행 시간이 입력 데이터 수와 관계없이 항상 일정한 것을 의미한다. (상수 시간)

빅오 표기법
알고리즘의 효율성을 표기하는 방법으로 데이터의 개수(n)에 따라 기본 연산 횟수를 나타낸다.

정렬 알고리즘 선택에 영향을 미치는 요인
• 정렬 대상이 되는 자료의 양
• 키 값의 분포 상태
• 정렬 대상 자료의 초기 배열 상태
• 컴퓨터 시스템의 특성

(2) 선택 정렬(Selection Sort) 기출 2020년 3회, 2021년 1회

① **제자리 정렬** 알고리즘의 하나로 수행 시간의 차수는 $O(n^2)$이다.

② 오름차순으로 정렬할 경우에 최소값을 찾아 가장 앞의 테이프와 교환해가며 정렬하는 방법이다. 배열에서 제일 작은 값을 찾아 가장 왼쪽(처음)으로 이동한다. 정렬된 첫 번째 요소를 제외하고, 남은 요소들 중 제일 작은 값을 다시 찾아 앞으로 보내기를 배열 끝까지 반복한다. 작은 순서대로 계속 앞쪽으로 이동하므로 반복 작업이 모두 끝나면 모든 요소는 순서대로 정렬된다.

③ 8, 3, 4, 9, 7을 오름차순으로 선택 정렬하는 과정은 아래와 같다.

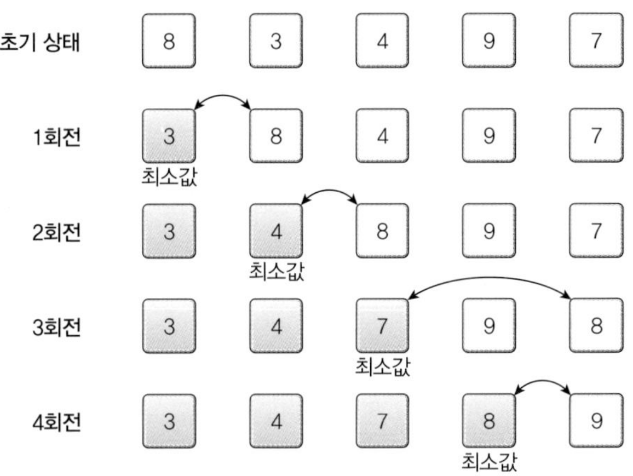

(3) 버블 정렬(Bubble Sort) 기출 2021년 2, 3회, 2022년 2회

① 두 인접한 요소끼리 비교하여 정렬하는 방법으로 수행 시간의 차수는 $O(n^2)$이다.

② 만약 오름차순으로 정렬할 경우 이웃하는 두 개의 값을 비교하여 앞쪽의 값이 더 크면 두 요소의 값을 교환하는 방식으로 정렬한다.

③ 8, 3, 4, 9, 7을 오름차순으로 버블 정렬하는 과정은 다음과 같다.

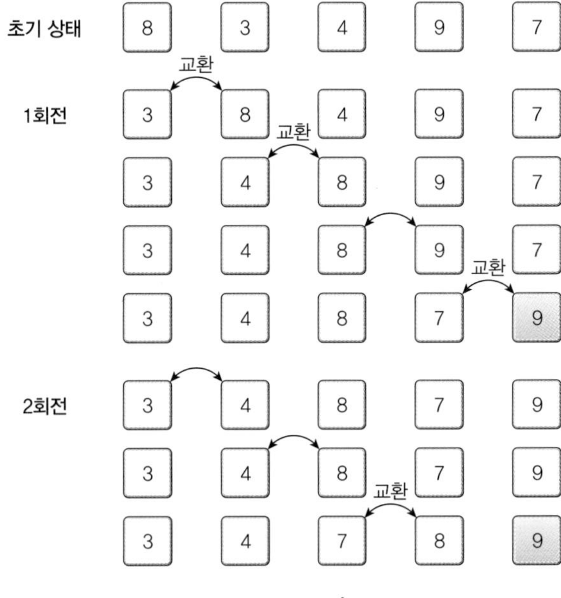

읽는 강의

제자리 정렬

정렬할 데이터가 입력된 공간 이외의 다른 공간을 사용하지 않는 정렬 방법

(4) 삽입 정렬(Insertion Sort) 기출 2020년 4회

① 주어진 데이터 중 맨 앞의 원소를 정렬된 구간으로 설정하고, 나머지를 그렇지 않은 구간으로 정한다.

② **삽입 데이터 정하기**: 정렬되지 않은 구간의 맨 앞 데이터를 삽입 데이터(키 값)로 정한다.

③ **삽입 위치 파악**: 정렬 구간을 역순으로 탐색하며 키 값이 삽입될 위치를 파악한다.

④ 모든 데이터가 정렬될 때까지 ②~③ 과정을 반복한다.

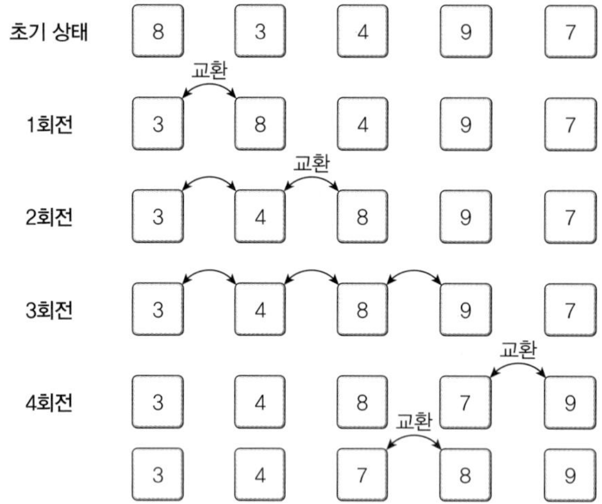

- 1회전: Key 3(두 번째 자료)과 첫 번째 자료 8을 비교하여 오름차순 정렬이므로 8과 3을 교환한다.
- 2회전: Key 4(세 번째 자료)와 두 번째 자료 비교 후 교환 여부 결정, 첫 번째 자리와 비교 후 교환 여부를 결정한다.
- 3, 4회전: 1, 2회전과 같이 비교하여 교환 여부를 결정하면서 정렬한다.

(5) 퀵 정렬(Quick Sort) 기출 2021년 1회, 2022년 1회

① n개의 데이터를 정렬할 때, 최악의 경우에는 $O(n^2)$번의 비교를 수행하고, 평균적으로 $O(nLog_2n)$번의 비교를 수행한다.

② 퀵 정렬은 분할 정복(Divide and Conquer) 방법을 통해 배열 요소를 정렬한다.

ⓐ 배열 요소 중 중간 위치의 요소를 고른다. 이렇게 고른 요소를 피벗이라고 한다.

ⓑ 오름차순으로 정렬한다고 가정할 경우 피벗보다 작은 값은 왼쪽에 위치시키고, 큰 값은 오른쪽에 위치시킨 후 그 사이에 피벗이 위치한다. 피벗을 기준으로 둘로 나누는 것을 분할이라고 한다. 분할을 마친 뒤에 피벗은 더 이상 움직이지 않는다.

ⓒ 분할된 데이터를 기준으로 ⓐ와 ⓑ의 작업을 반복 수행한다. 반복 작업은 분할되는 데이터의 개수가 0이나 1이 될 때까지 반복된다.

(6) 힙 정렬(Heap Sort) 기출 2021년 1회

① 수행 시간의 차수는 $O(nLog_2n)$이다.

② 최소 힙을 구성하여 차례로 삭제하면 오름차순으로 정렬 가능하다. 이때 관건은 최소 힙을 만드는 방법이다. 최소 힙이란 임의의 노드는 자신의 모든 자식 노드보다 작거나 같은 완전 이진 트리이다.

읽는 강의

퀵 정렬
레코드의 많은 자료 이동을 없애고, 하나의 파일을 부분적으로 나누어 가면서 정렬한다.

- 힙 정렬은 힙 트리를 이용하여 정렬이 이루어지며, 최대 힙이나 최소 힙을 이용할 수 있다.

(7) 합병 정렬(Merge Sort)

① 수행 시간의 차수는 $O(nLog_2n)$이다.

② 전체 배열을 요소의 수가 1인 부분 배열로 가정하여 두 개씩 짝을 지어 정렬한다.

③ 정렬된 각각의 배열들을 다시 짝을 지어 정렬한다.

④ 최종적으로 하나의 배열로 병합될 때까지 반복한다.

읽는 강의

더 알아보기 정렬 알고리즘의 복잡도 기출 2020년 1, 2회, 2021년 3회

정렬종류	평균	최악
버블 정렬(Bubble Sort)	$O(n^2)$	$O(n^2)$
선택 정렬(Selection Sort)	$O(n^2)$	$O(n^2)$
삽입 정렬(Insertion Sort)	$O(n^2)$	$O(n^2)$
퀵 정렬(Quick Sort)	$O(nLog_2n)$	$O(n^2)$
합병 정렬(Merge Sort)	$O(nLog_2n)$	$O(nLog_2n)$
힙 정렬(Heap Sort)	$O(nLog_2n)$	$O(nLog_2n)$

7 탐색

(1) 탐색(Search)의 개요

① 어떤 특정한 원소를 찾아내기 위하여 자료구조나 파일을 조사하는 과정을 탐색이라 한다.

② 일반적으로 탐색을 빠르게 하기 위하여 선작업으로 정렬하는 경우가 있다.

③ **탐색 기법의 종류**: 순차 탐색, 이진 탐색, 해싱 등

(2) 순차 탐색

① 레코드를 순서대로 하나씩 비교하여 찾는 방법이다.

② 전반적으로 탐색 시간이 길어지지만, 정렬되어 있지 않은 파일도 탐색이 가능하다.

③ 수행 시간의 차수는 $O(n)$이다.

(3) 이진 탐색 기출 2021년 1회, 2022년 2회

① 파일이 정렬되어 있어야 하며, 파일의 데이터가 중앙에 위치한 키 값과 비교하여 다음 탐색 위치를 결정하므로 탐색 대상이 반으로 감소된다.

② 탐색 시간이 적게 걸리지만, 삽입과 삭제가 많을 때는 적합하지 않고 고정된 데이터 탐색에 적합하다.

③ 수행 시간의 차수는 $O(Log_2n)$이다.

④ **이진 탐색 예**

- 이진 탐색은 정렬이 선행되므로 오름차순으로 정렬된 데이터 집합을 만든다.

```
{10, 25, 47, 65, 83, 95, 100}
```

- 47을 이진 탐색으로 탐색
  - ⓐ 가장 먼저 가운데에 위치한 임의의 값 65를 선택한다.
    - 선택한 값 65와 검색하고자 하는 값 47을 비교한다.
    - 47 〈 65이므로 47은 65의 좌측에 존재한다는 것을 파악할 수 있다.

ⓑ 65를 기준으로 좌측에 있는 배열 값들을 대상으로 재탐색을 실시한다.

```
{10, 25, 47}
```

- 가장 먼저 가운데의 임의의 값 25를 선택한다.
- 25 〈 47로 이번에는 25가 47보다 작으므로 25의 우측에 위치하는 것을 알 수 있다.

ⓒ 25의 우측을 기준으로 배열을 다시 설정하면, 배열에 값이 하나만 남게 되고 이 값을 확인하면 47 == 47이므로 찾고자 하는 값을 찾게 된다.

```
{47}
```

읽는 강의

(4) 해싱(Hashing)

① 해싱의 개요

- 파일을 구성하거나 검색할 때 키를 비교하는 것이 아니라 계산에 의해서 주소를 기억공간에 보관하거나 검색한다.
- 해싱은 다른 레코드의 키 값과 비교할 필요가 없는 탐색 방법이다.
- 탐색 시간의 복잡도는 $O(1)$이지만, 충돌이 발생하면 $O(n)$이 된다.
- 해싱 함수: 제곱법, 제산법, 폴딩법, 자리수 분석법

② 기본 용어

해시표	레코드를 1개 이상 저장할 수 있는 버킷(Bucket)들로 구성된 기억공간이다.
해싱 함수	해시표 내의 버킷 주소를 계산하여 일정한 규칙을 말한다.
홈 주소	해싱 함수에 의해 계산된 주소이다.
버킷(Bucket)	홈 주소를 갖는 기억공간, 즉 어떤 키가 저장될 기억공간을 말한다.
충돌 (Collision or Clash)	해싱 함수에 의해 같은 홈 주소를 갖게 되는 현상이다.
동거자(Synonym)	충돌 현상이 발생되는 레코드들의 집합으로 같은 홈 주소를 갖는 레코드들의 집합을 말한다.

	슬롯 1	슬롯 2	
0	A	A2	} 버킷
1			
2			
3	D		
4			
5			
6	GA	G	
⋮	⋮	⋮	
25			

▲ 26개의 버킷과 2개의 슬롯으로 구성된 해시 테이블

③ 해싱 함수 기출 2021년 1회

- 입력된 키 값을 해시 테이블의 주소로 변환시켜 주는 함수이다.
- 해시 함수의 선택에 따라 레코드가 특정 버킷에 편중되지 않고 주소 공간에 균등하게 사상될 수 있도록 한다.
- 해싱 함수의 종류: 중간 제곱법, 제산법, 폴딩법, 자리수 분석법

- 해싱 함수는 종류가 중요하며, 그 중에서 제산법이 가장 많이 사용된다.

중간 제곱법 (Mid – Square)	• 키 값을 제곱한 후 중간에 정해진 자리 수만큼을 취해서 해시 테이블의 버킷 주소로 만드는 방법이다. • 키 값을 제곱한 결과값의 중간의 수들은 키 값의 모든 자리들로부터 영향을 받으므로 버킷 주소가 고르게 분산될 가능성이 높다.
제산법 (Division – Remainder)	• 키 값을 테이블 크기로 나누어서 그 나머지를 버킷 주소로 변환하는 방법이다. H(k) = k mod m H(k): 홈 주소, k: 키 값, m: 소수, mod: modulo 연산자 • 키 값을 테이블 크기로 나누어서 그 나머지를 버킷 주소로 변환하는 방법이다. • 키의 특성이나 분포가 미리 알려져 있지 않을 때 널리 사용된다.
폴딩법 (Folding) 기출 2020년 4회	• 키 값을 버킷 주소 크기만큼의 부분으로 분할한 후, 분할한 것을 더하거나 연산하여 그 결과 주소의 크기를 벗어나는 수는 버리고, 벗어나지 않는 수를 택하여 버킷의 주소를 만드는 방법이다. • 이동 폴딩법(Shift Folding): 주어진 키를 몇 개의 동일한 부분으로 나누고, 각 부분의 오른쪽 끝을 맞추어 더한 값을 홈 주소로 하는 방법이다. • 경계 중첩법(Boundary Folding): 나누어진 부분들 간에 접촉될 때 하나 건너 부분의 값을 역으로 하여 더한 값을 홈 주소로 하는 방식이다.
자리수 분석법 (Digit – analysis)	• 모든 키를 분석해서 불필요한 부분이나 중복되는 부분을 제거하여 홈 주소를 결정하는 방식이다. • 이 방법은 키 특성이나 분포가 미리 알려져 있을 때 유용하다. • 새로운 레코드가 삽입되어 키의 분포 상태가 변하면 재분석해야 하며, 삽입과 제거가 빈번히 요구되는 경우에는 비경제적이고 비효율적이다.

④ 해싱의 문제점

- 충돌이 발생할 수 있다. 해싱을 하는 경우 서로 다른 두 개 이상의 키 값들이 해시 함수에 의해 동일한 주소로 변환되는 경우에 충돌이 발생할 수 있다.
- 충돌이 빈번하면 발생 시간이 길어지는 등 성능이 저하되므로 해시 함수의 수정이나 해시 테이블의 크기가 적절히 조절되어야 한다.
- 일반적으로 충돌이 발생할 경우 버킷이 여러 슬롯으로 구성되어 있다면 다른 슬롯으로 저장하면 되지만, 모든 슬롯이 채워지면 오버플로우가 발생한다.

⑤ 오버플로우를 해결하는 방법

선형 조사법 (Linear Method)	오버플로우가 발생한 버킷의 바로 다음 주소에 저장하며, 개방 주소법(Open Addressing)이다.
2차 조사법 (Quadratic Probing)	• 색인의 증가를 1로 하지 않고 이차함수를 이용하여 빈 버킷을 조사한다. • 2개의 데이터가 충돌했을 때, 1, 4, 9, 16, … 거리만큼 떨어진 곳을 차례대로 찾아 넣는 방법이다.
2차 계수 조사법 (Quadratic Quotient Probing)	• 제2밀집 현상을 제거하기 위한 방법이다. • 키 k로부터 산출되는 몫을 i^2에 곱하여 후속 주소로 이용한다.
연결 체인법 (Linked Chaining)	해싱 테이블 자체를 포인터의 배열로 만들고, 같은 버킷에 배당되는 데이터들을 체인(마지막 레코드의 링크 필드가 Null인 연결 리스트)으로 만들어서 연결한다.
이중 해싱 (Double Hashing)	첫 번째 해싱 함수는 홈주소, 두 번째 해싱 함수는 조사 간격으로 이용한다.
재해싱 (Rehashing)	여러 개의 해싱 함수를 준비하였다가 충돌 발생 시 새로운 해싱 함수를 적용한다.
난수 방법 (Random Method)	난수를 발생시킨 후 더해서 주소를 결정한다.

8 탐색 구조

(1) AVL 트리

① Adelson–Velskii와 Landis에 의해 제안되었다.

② 각 노드의 왼쪽 서브 트리의 높이와 오른쪽 서브 트리의 높이 차이가 1 이하인 이진 탐색 트리이다. (공백 서브 트리의 높이는 −1로 정의)

③ 모든 노드들이 AVL 성질을 만족하는 이진 탐색 트리이다.

④ **균형 인수(Balance Factor)**

- 왼쪽 서브 트리의 높이 − 오른쪽 서브 트리의 높이다.
- 한 노드의 AVL 성질 만족 여부를 나타낸다.
- 노드의 균형 인수가 ±1 이하이면 AVL 성질을 만족한다.

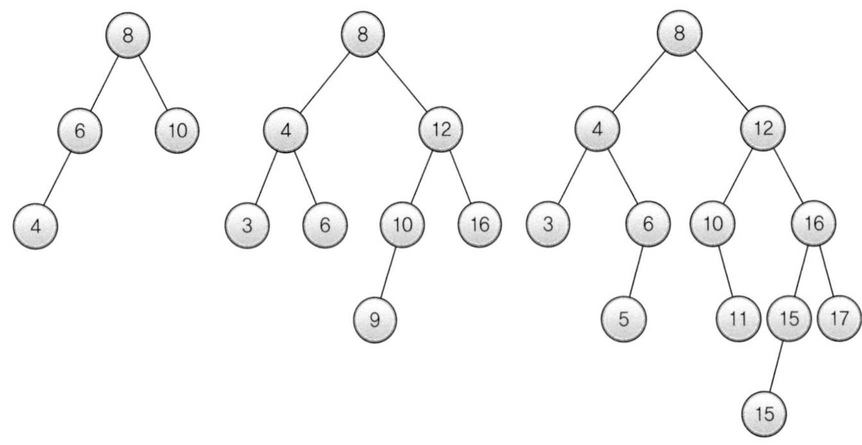

▲ AVL 트리의 예 (a) ▲ AVL 트리의 예 (b) ▲ AVL 트리의 예 (c)

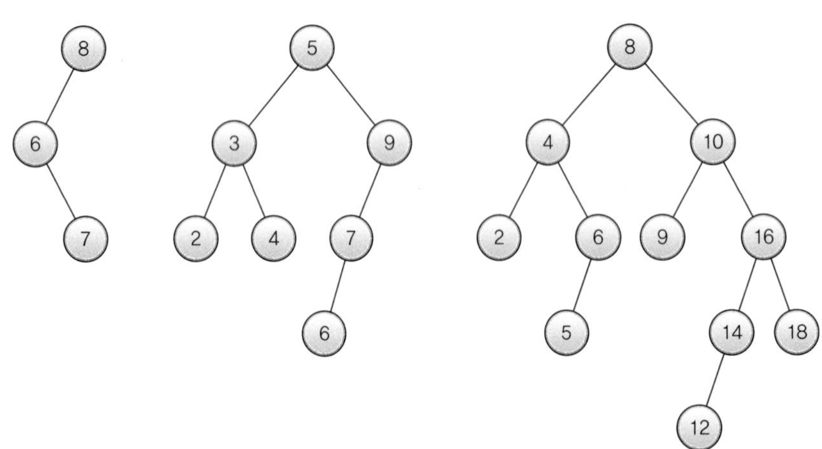

▲ non–AVL 트리의 예 (a) ▲ non–AVL 트리의 예 (b) ▲ non–AVL 트리의 예(c)

⑤ **AVL 트리에서의 검색:** 일반 이진 탐색 트리의 검색 연산과 동일하다.

⑥ **AVL 트리에서의 삽입**

- 삽입되는 위치에서 루트로의 경로에 있는 조상 노드들의 균형 인수에 영향을 줄 수 있다.
- 균형이 탐지된 가장 가까운 조상 노드의 균형 인수를 ±1 이하로 재균형시켜야 한다.

읽는 강의

탐색 구조의 종류

- AVL 트리
- 2–3 트리
- 레드–블랙 트리

- AVL 트리는 균형 인수가 2가 되어 균형이 깨지면 회전 작업을 통해 균형을 다시 유지한다.

⑦ **AVL 트리 구축 예**: 원소 리스트 (8, 9, 10, 2, 1, 5, 3, 6, 4, 7, 11, 12)를 차례대로 삽입하면서 AVL 트리를 구축한다.

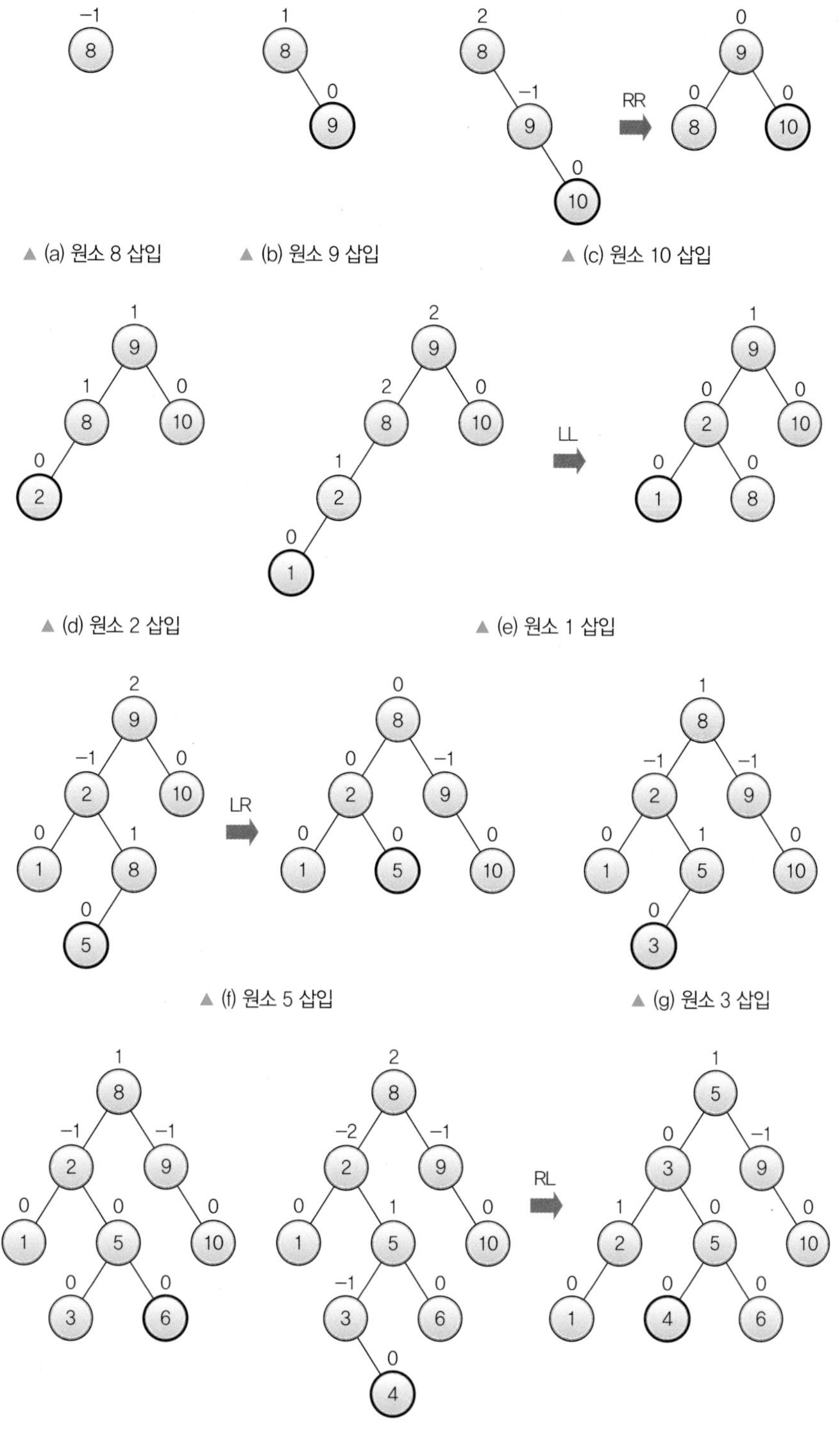

▲ (a) 원소 8 삽입 ▲ (b) 원소 9 삽입 ▲ (c) 원소 10 삽입

▲ (d) 원소 2 삽입 ▲ (e) 원소 1 삽입

▲ (f) 원소 5 삽입 ▲ (g) 원소 3 삽입

▲ (h) 원소 6 삽입 ▲ (i) 원소 4 삽입

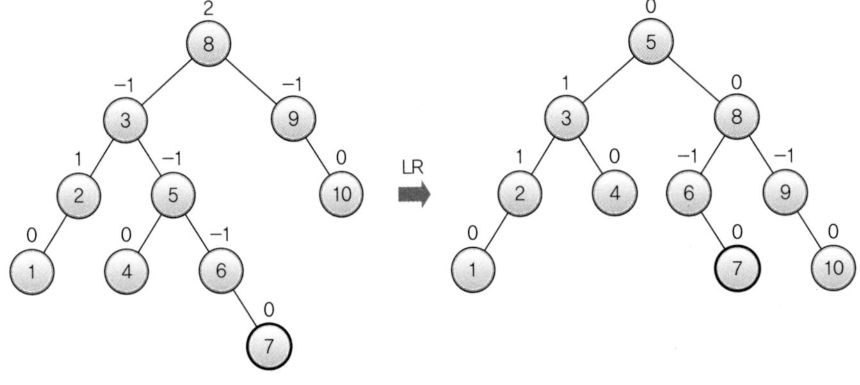

▲ (j) 원소 7 삽입

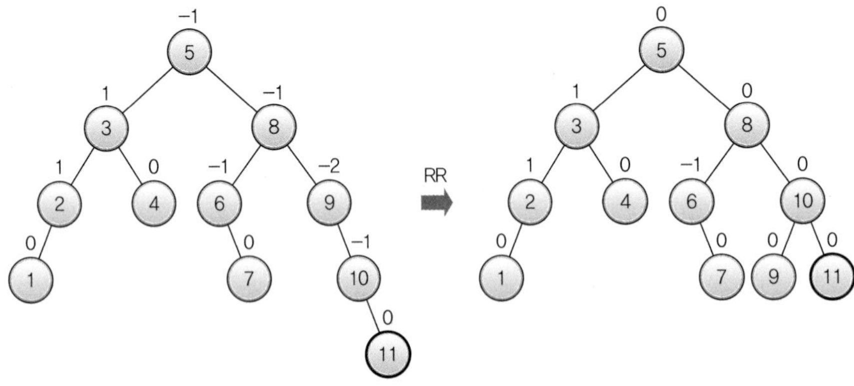

▲ (k) 원소 11 삽입

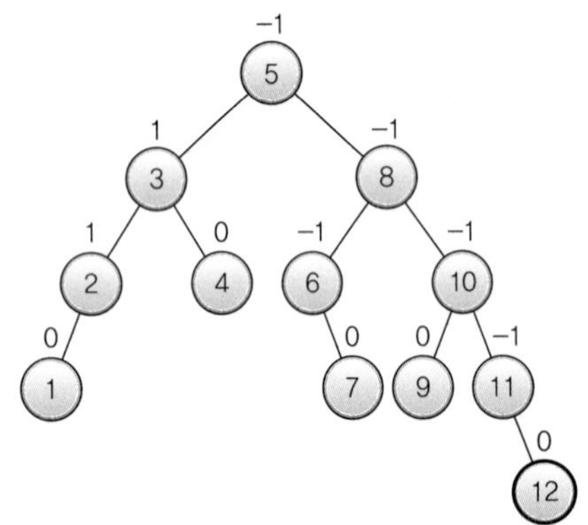
▲ (l) 원소 12 삽입

더 알아보기 균형이 깨지는 4가지 경우에 회전 수행

❶ LL 회전: x의 왼쪽 자식의 왼쪽 서브 트리에 삽입
❷ RR 회전: x의 오른쪽 자식의 오른쪽 서브 트리에 삽입
❸ LR 회전: x의 왼쪽 자식의 오른쪽 서브 트리에 삽입
❹ RL 회전: x의 오른쪽 자식의 왼쪽 서브 트리에 삽입

(x: 불균형으로 판명된 노드)

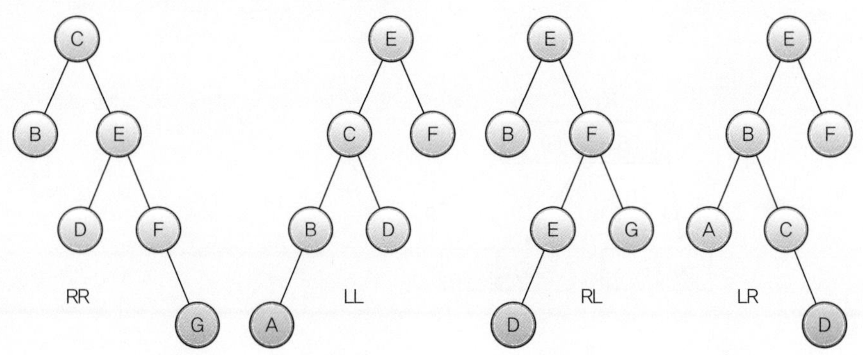

읽는 강의

재균형 시키는 방법
LL 회전, RR 회전, LR 회전, RL 회전

(2) 2-3 트리

① 차수가 2 또는 3인 탐색 트리 구조이다.

② 삽입과 삭제 연산이 AVL 트리보다 간단하다.

③ **트리의 성질**

- 각 노드는 2-노드 또는 3-노드이고, 2-노드는 하나의 키 값을, 3-노드는 두 개의 키 값을 포함한다.
- 2-노드: left가 가리키는 서브 트리의 키 값 〈 key1 〈 middle이 가리키는 서브 트리의 키 값
- 3-노드: left가 가리키는 서브 트리의 키 값 〈 key_1 〈 middle이 가리키는 서브 트리의 키 값 〈 key_2 〈 right가 가리키는 서브 트리의 키 값
- 모든 외부 노드(External Node)는 같은 레벨에 있다.

• 2-3 트리는 B 트리라고도 한다. B 트리의 B는 Balance의 약자이다.

■ 노드 구조

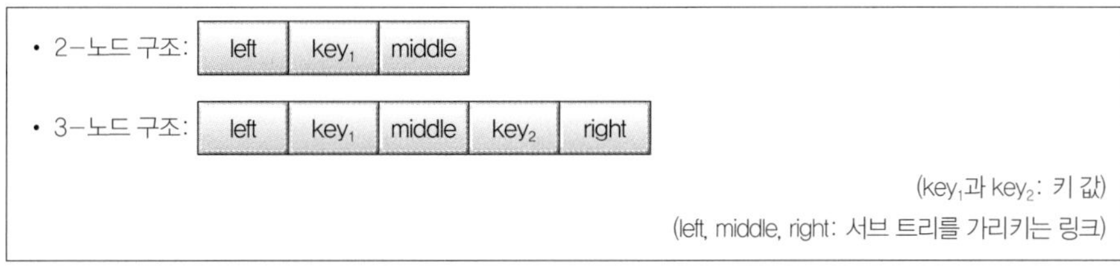

④ **삽입**

- 노드에 추가할 수 있을 때까지 데이터가 추가되고, 더 이상 저장할 장소가 없을 때 노드를 분리한다.
- 새로운 값은 항상 단말(리프) 노드에 삽입한다.
- 빈 공간이 있을 경우에는 단순 삽입을 한다.
- 빈 공간이 없을 경우 중간 값을 갖는 노드가 부노드가 되고, 원래의 노드를 두 개의 노드로 분할(Split)한다.

예 ⓐ 노드 l에 22 삽입

ⓑ 노드 n에 41 삽입

ⓒ 노드 o에 59 삽입

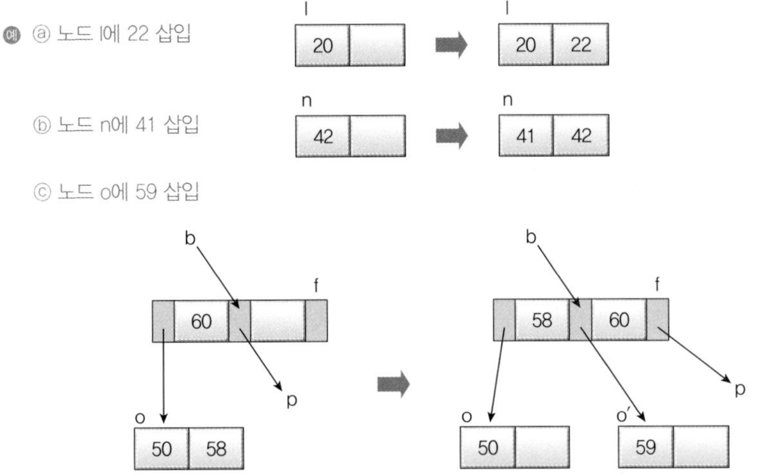

⑤ 삭제

- 삭제도 항상 단말 노드에서 수행한다.
- 삭제 키가 단말 노드가 아닌 노드에 있을 때는 후행 키 값과 자리 교환하여 단말 노드에서 삭제한다.
- 삭제로 인해 언더플로우가 발생하면 재분배(Redistribution)나 합병(Merge)으로 최소 키 개수를 유지한다.

예 ⓐ 노드 p에서 키 값 65 삭제

ⓑ 노드 j에서 키 값 7 삭제

ⓒ 노드 e′에서 키 값 40 삭제

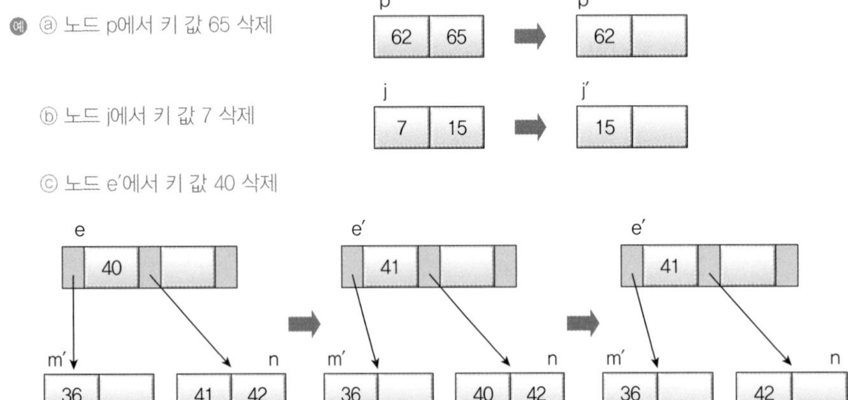

(3) 레드-블랙 트리(Red-Black Tree)

① 노드 색깔이 레드나 블랙으로 된 이진 탐색 트리이며, 2-3-4 트리를 이진 트리로 표현한 것이다.

② 노드의 성질

N1	루트나 외부 노드는 모두 블랙이다.
N2	루트에서 외부 노드까지 경로상에 2개 연속된 레드 노드는 없다.
N3	루트에서 외부 노드까지 경로에 있는 블랙 노드 수는 같다.

③ 포인터의 성질

P1	외부 노드를 연결하는 포인터는 블랙이다.
P2	루트에서 외부 노드까지 경로에 2개 연속된 레드 포인터는 없다.
P3	루트에서 외부 노드까지 경로에 있는 블랙 포인터 수는 같다.

④ 포인터 색깔을 알면 그 노드 색깔을 알 수 있고, 노드 색깔을 알면 그 포인터 색깔을 알 수 있다.

개념확인 문제

기출 2015년 3회

01 다음 그림에서 트리의 차수(Degree of Tree)는?

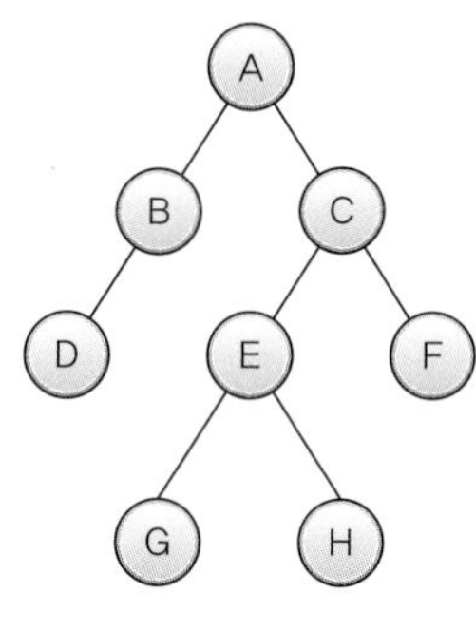

① 1 ② 2 ③ 4 ④ 8

기출 2021년 1회

02 다음 자료에 대하여 "Selection Sort"를 사용하여 오름차순으로 정렬한 경우 PASS 3의 결과는?

초기 상태: 8, 3, 4, 9, 7

① 3, 4, 7, 9, 8 ② 3, 4, 8, 9, 7
③ 3, 8, 4, 9, 7 ④ 3, 4, 7, 8, 9

정답 & 해설

01 ② 트리의 노드 중에서 가장 큰 차수가 트리의 차수(Degree of Tree)가 된다. 문제의 트리에서 노드 A, C, E의 차수인 2이고, 트리에서 이 차수가 가장 크므로 트리의 차수는 2이다.

02 오름차순으로 선택 정렬(Selection Sort) 하면 다음과 같다.
- 1회전: 3, 8, 4, 9, 7
- 2회전: 3, 4, 8, 9, 7
- 3회전: 3, 4, 7, 9, 8

| 정답 | 01 ② 02 ①

02 데이터 조작 프로시저 작성

읽는 강의

기출 키워드
- 트리거

출제 예상 키워드
- SQL 특징
- SQL의 종류

1 프로시저

(1) SQL(Structured Query Language, 구조적 질의어)

① SQL: IBM에서 개발된 데이터베이스에서 사용되는 언어이다.

② 1974년 IBM 연구소의 system R 프로젝트에서 처음으로 제안되었다. SEQUEL은 Structured English Query Language의 약어이다.

③ IBM뿐만 아니라 ORACLE, INFORMIX, SYBASE, INGRES 등과 같은 다른 회사에서도 채택하였다.

④ SQL의 특징
- 관계대수와 관계해석을 기초로 한 질의 언어
- 이해하기 쉬운 형태
- 대화식 언어뿐 아니라 응용 프로그램에 삽입되어 사용
- 용도에 따라 데이터 정의어(DDL), 데이터 조작어(DML), 데이터 제어어(DCL)로 구분
- COBOL, C, PASCAL 등의 언어에 삽입
- 레코드 집합 단위로 처리
- 비절차적 언어

⑤ SQL의 종류

종류	관련 명령어
데이터 정의어 (DDL: Data Definition Language)	CREATE, DROP, RENAME, ALTER, TRUNCATE 등
데이터 조작어 (DML: Data Manipulation Language)	INSERT, UPDATE, DELETE, SELECT 등
데이터 제어어 (DCL: Data Control Language)	GRANT, REVOKE 등
트랜잭션 제어어 (TCL: Transaction Control Language)	COMMIT, ROLLBACK, SAVEPOINT 등

■ Link!
관련 명령어 설명은 PART Ⅲ의 225쪽을 참고하도록 한다.

(2) PL(Procedural Language)/SQL

① 서버에서 절차적인 처리를 위해 표준 SQL을 확장한 절차적 언어이다.

② 블록 구조로 여러 SQL문을 한 번에 실행할 수 있으며, 모듈화 및 캡슐화, 비교, 반복, 예외 처리가 가능하다.

③ 서버에 저장되어 빠른 실행이 가능하지만, 문법에 대한 표준이 거의 없고 각 DBMS에 종속적인 것이 단점이다.

④ PL/SQL 구조는 선언부, 실행부, 예외 처리부로 되어있다. 선언부는 실행부에서 참조할 모든 변수, 상수, CURSOR 등을 선언하는 부분이고, 실행부는 BEGIN과 END 사이에 기술되는 영역으로 데이터베이스의 데이터를 처리할 SQL문과 PL/SQL 블록들을 기술한다. 예외 처리부에서는 실행부에서 오류가 발생했을 때 수행될 문장을 기술한다.

(3) 저장된 함수(Stored Function)

① 특정 작업을 수행할 수 있는 이름이 있는 PL/SQL 블록으로, 구성이 프로시저와 유사하지만 IN 파라미터만 사용할 수 있다.

② 보통 값을 계산하고 결과값을 반환하기 위해 많이 사용된다. 반드시 반환될 값의 데이터 타입을 RETURN문에 선언해야 한다.

(4) 저장된 프로시저(Stored Procedure)

① 특정 작업을 수행할 수 있는 이름이 있는 PL/SQL 블록으로, 매개 변수를 받을 수 있고, 반복적으로 사용할 수 있는 객체(Object)이다.

② 보통 연속 실행 또는 구현이 복잡한 트랜잭션을 수행하는 PL/SQL 블록을 DB에 저장하기 위해 생성한다.

(5) 저장된 패키지(Stored Package)

오라클 데이터베이스에 저장되어 있는 서로 관련 있는 PL/SQL 프로시저와 함수들의 집합으로 선언부와 본문 두 부분으로 구성된다.

(6) 트리거(Trigger) 기출 2020년 1, 2회

INSERT, UPDATE, DELETE문이 수행될 때 묵시적으로 수행되는 PROCEDURE로 테이블(Table)과는 별도로 데이터베이스에 저장된다.

2 프로그램 디버깅

(1) SQL*Plus의 개념

① Oracle DBMS에서 제공하는 데이터 조작 프로시저에 대한 테스트 도구이다.

② SQL은 데이터를 조작하는 표준 언어이지만, SQL*Plus는 SQL을 DBMS 서버에 전송하여 처리할 수 있도록 하는 Oracle에서 제공하는 도구이다.

③ SQL*Plus에는 파일 처리, 버퍼 편집, SQL 실행, 환경 설정, 포맷 설정, 대화 등을 위한 명령어가 있다.

(2) SQL*Plus 명령어의 유형

구분	관련 명령어
파일 명령어	SAVE, GET, SPOOL 등
편집 명령어	A, C, L, I, DEL, n( ) 등
실행 명령어	START, @, RUN, / 등
환경 명령어	SET HEAD[LINE/PAGE/PAUSE] ON[OFF] 등
형식 명령어	COLUMN, TITLE, BTITLE, BREAK 등
대화 명령어	DEFINE, PROMPT, ACCEPT 등

3 단위 테스트 도구

(1) SQL*Plus를 활용한 데이터 조작 프로시저 테스트

PL/SQL 테스트를 위해 메시지를 버퍼에 저장하고, 버퍼로부터 메시지를 읽어 오기 위한 인터페이스를 제공하는 DBMS_OUTPUT을 코드에 포함해야 한다.

■ 데이터 조작 프로시저

DISABLE	메시지 버퍼 내용 삭제
ENABLE	메시지 버퍼 내용 할당
PUT	메시지 버퍼에 저장되는 메시지의 마지막 라인 끝에 새로운 라인 문자(EOL)가 추가되지 않음
PUT_LINE	PUT과 달리 메시지 끝에 새로운 라인 문자가 추가됨
GET_LINE	한 번 호출될 때마다 하나의 라인만을 읽어옴
GET_LINES	지정된 라인을 읽어옴

(2) 저장 객체 테스트

① Stored Function: 반환값을 확인하여 테스트한다.

② Stored Procedure: 변경 이전의 값을 확인한 후 함수를 실행한다. 또는 수정된 값을 확인하여 테스트한다.

③ Stored Package, Trigger: Set Serveroutput On을 실행한 후 수행한다.

(3) SQL 테스트하기

① SQL*Plus 도구를 설치한다.

② 운영체제 프롬프트 상태에서 sqlplus uid/pwd를 입력하여 SQL*Plus 모드로 전환한다.

③ 테스트하고자 하는 SQL 문장을 입력한다.

④ SQL*Plus 명령어로서 출력되는 내용을 파악하여 테스트한다.

읽는 강의

개념확인 문제

기출 2019년 3회

01 SQL의 분류 중 DDL에 해당하지 않는 것은?

① UPDATE
② ALTER
③ DROP
④ CREATE

02 아래에서 설명하는 것으로 가장 옳은 것은?

> • 특정 작업을 수행할 수 있는 이름이 있는 PL/SQL 블록으로 매개 변수를 받을 수 있고, 반복적으로 사용할 수 있는 Object이다.
> • 보통 연속 실행 또는 구현이 복잡한 트랜잭션을 수행하는 PL/SQL 블록을 DB에 저장하기 위해 생성한다.

① Stored Function
② Stored Procedure
③ Stored Package
④ Trigger

정답 & 해설

01 ① UPDATE는 DML에 해당한다.
- 데이터 정의어(DDL): CREATE, DROP, RENAME, ALTER, TRUNCATE 등
- 데이터 조작어(DML): INSERT, UPDATE, DELETE, SELECT 등

02 문제에서 설명한 내용은 ② Stored Procedure(저장된 프로시저)이다.

| 정답 | 01 ① 02 ②

03 데이터 조작 프로시저 최적화

읽는 강의

기출 키워드
• 소스 코드 인스펙션

출제 예상 키워드
• SQL 실행 과정

1 쿼리 성능 측정

(1) SQL 실행 과정

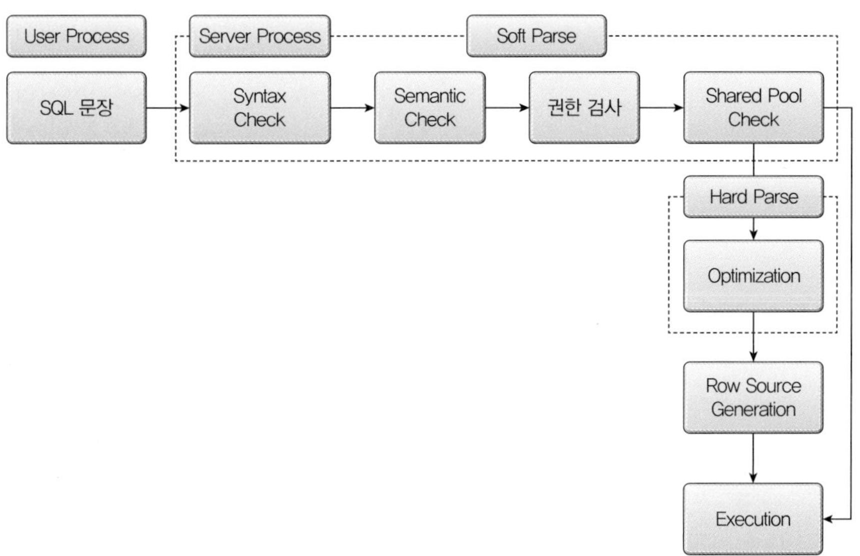

① User Process: SQL문 작성 프로그램(SQL*PLUS, SQL Developer, Toad, …)을 의미한다.

② Syntax Check(키워드 검사): SELECT, FROM, WHERE과 같이 미리 정해놓은 키워드 부분을 검사한다.

③ Semantic Check: 테이블 이름, 컬럼 이름과 같이 사용자마다 다른 부분을 검사한다.

④ 권한 검사: 사용자가 해당 오브젝트에 접근할 수 있는지 없는지 권한 여부를 확인한다.

⑤ Soft Parse: 문법 검사 → 의미 검사 → 권한 검사 → Shared Pool에서 Library Cache 검사

⑥ Hard Parse: Library Cache에 실행 계획이 없으면(Soft Parse 실패하면) 옵티마이저를 찾아가 실행 계획을 만들어 달라고 요청 → 옵티마이저는 Data Dictionary 등을 참조하여 실행 계획을 생성(Soft Parse 과정에서 실패했을 때에만 Hard Parse 과정으로 넘어감)한다.

⑦ Row-Source Generator: 옵티마이저가 생성한 실행 계획을 SQL 엔진이 실제 실행할 수 있는 코드(또는 프로시저) 형태로 포맷팅한다.

2 소스 코드 인스펙션 기출 2022년 1회, 2022년 2회

• 코드 인스펙션은 정적 테스트 시에 활용하는 기법이다.

(1) 소스 코드 인스펙션 진행 순서

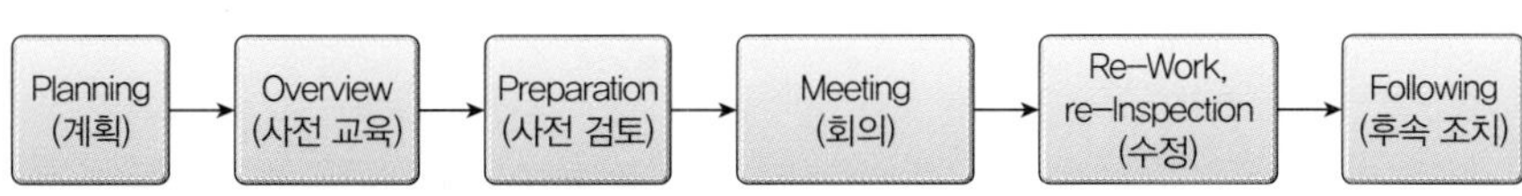

(2) 소스 코드 내용 확인

앞서 작성된 저장 프로시저와 서브프로그램의 소스 코드 내용을 찾으려면 USER_SOURCE 데이터 사전을 이용해야 한다.

개념확인 문제

01 SQL 소스 코드 인스펙션 6단계 처리 과정을 순서에 맞게 나열된 것은?

① 계획 → 사전 교육 → 사전 검토 → 회의 → 수정 → 후속 조치
② 사전 교육 → 사전 검토 → 계획 → 후속 조치 → 수정 → 회의
③ 사전 검토 → 계획 → 사전 교육 → 회의 → 수정 → 후속 조치
④ 사전 교육 → 사전 검토 → 계획 → 후속 조치 → 수정 → 회의

정답 & 해설

01 소스 코드 인스펙션은 다음과 같은 순서로 진행된다.
❶ 계획: 문제되는 SQL 코드 선별, 문제점 인식 및 인스펙션 참여자 선정
❷ 사전 교육: SQL 코드 문제점 공유(실행 시간, 자원 사용량 등), 계획 및 방법 공유
❸ 사전 검토: 각자 SQL 소스 코드 분석, 문제점 확인
❹ 회의: 공식적인 SQL 인스펙션 수행, 문제점 토의
❺ 수정: SQL 소스 코드 수정 및 실행 시간 재측정
❻ 후속 조치: 개선 효과 분석, 후속 조치

| 정답 | **01** ①

개념적용 문제

01 자료구조

01 난이도 상 중 하

다음 중에서 비선형구조로만 묶은 것은?

ㄱ. 배열(Array)	ㄴ. 트리(Tree)
ㄷ. 연결 리스트(Linked list)	ㄹ. 그래프(Graph)

① ㄱ, ㄴ　② ㄱ, ㄷ
③ ㄴ, ㄷ　④ ㄴ, ㄹ

02 난이도 상 중 하

2020년 1, 2회

알고리즘 시간 복잡도 $O(1)$이 의미하는 것은?

① 컴퓨터 처리가 불가
② 알고리즘 입력 데이터 수가 한 개
③ 알고리즘 수행 시간이 입력 데이터 수와 관계없이 일정
④ 알고리즘 길이가 입력 데이터보다 작음

03 난이도 상 중 하

2015년 2회

다음 트리의 중위 순회 결과는?

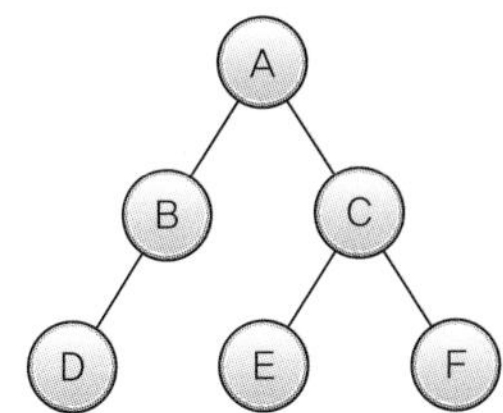

① A B D C E F
② D B A E C F
③ A B C D E F
④ D B E F C A

04 난이도 상 중 하

후입선출(LIFO: Last-In First-Out) 형태로서 자료의 삽입과 삭제가 한쪽 끝에서 이루어지는 자료구조는?

① 스택(Stack)
② 큐(Queue)
③ 트리(Tree)
④ 그래프(Graph)

05 난이도 상 중 하

2018년 1회

그래프의 특수한 형태로 노드(Node)와 선분(Branch)으로 되어 있고, 정점 사이에 사이클(Cycle)이 형성되어 있지 않으며, 자료 사이의 관계성이 계층 형식으로 나타나는 비선형구조는?

① Tree
② Network
③ Stack
④ Distributed

06 난이도 상 중 하

2015년 2회

순서가 A, B, C, D로 정해진 입력 자료를 스택에 입력하였다가 출력할 때, 가능한 출력 순서의 결과가 아닌 것은?

① D, A, B, C
② A, B, C, D
③ A, B, D, C
④ B, C, D, A

02 데이터 조작 프로시저 작성

07 난이도 상 중 하

SQL에 대한 설명으로 옳지 않은 것은?

① 관계대수와 관계해석을 기초로 한 고급 데이터 언어이다.
② 데이터 정의, 데이터 조작, 제어 기능을 제공한다.
③ 레코드 집합 단위로 처리되며, 절차적 언어이다.
④ COBOL, C, PASCAL 등의 언어에 삽입하여 사용 가능하다.

08 난이도 상 중 하

다음 중 DDL(Data Define Language)에 해당하는 명령어가 아닌 것은?

① ALTER ② SELECT
③ CREATE ④ DROP

09 난이도 상 중 하

SQL 실행 과정에서 옵티마이저가 생성한 실행 계획을 SQL 엔진이 실제 실행할 수 있는 코드 형태로 포맷팅하는 것은?

① Row-Source Generator
② soft parse
③ hard parse
④ User Process

03 데이터 조작 프로시저 최적화

10 난이도 상 중 하 2022년 2회

다음은 인스펙션(Inspection) 과정을 표현한 것이다. (가)~(마)에 들어갈 말을 [보기]에서 찾아 바르게 연결한 것은?

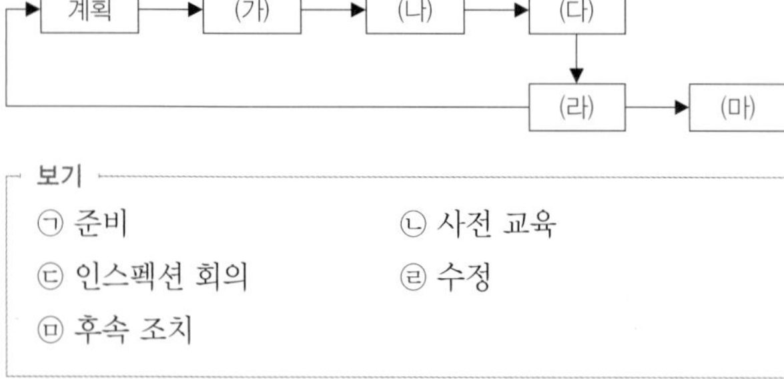

보기
㉠ 준비 ㉡ 사전 교육
㉢ 인스펙션 회의 ㉣ 수정
㉤ 후속 조치

① (가) – ㉡, (나) – ㉢
② (나) – ㉠, (다) – ㉢
③ (다) – ㉢, (라) – ㉤
④ (라) – ㉣, (마) – ㉢

정답&해설

01 자료구조 〉 비선형구조
- 비선형구조: 데이터 항목 사이의 관계가 1:n(혹은 n:m)인 그래프적 특성을 갖는 형태이다. (종류: 트리, 그래프)
- 선형구조: 데이터 항목 사이의 관계가 1:1이며, 선후 관계가 명확하게 한 개의 선의 형태를 갖는 리스트 구조이다. (종류: 배열, 연결 리스트, 스택, 큐, 데크)

02 자료구조 〉 복잡도
③ $O(1)$은 상수 시간을 말하며, 알고리즘 수행 시간이 입력 데이터 수와 관계없이 항상 일정하다는 의미이다.

03 자료구조 〉 비선형구조
중위 순회는 왼쪽, 중간, 오른쪽 순서로 노드를 방문한다. 가장 먼저 방문하는 노드는 D이며, 왼쪽 서브 트리 → 중간(A) → 오른쪽 서브 트리 순서이므로 ② D B A E C F가 된다.

04 자료구조 〉 선형구조
① 스택(Stack): 원소의 삽입과 삭제가 한 쪽에서만 이루어지는 LIFO의 구조이다.

05 자료구조 〉 비선형구조
① 트리(Tree): 계층형 자료구조(Hierarchical Data Structure), 나무 형태로 노드들을 간선으로 연결한다.

06 자료구조 〉 선형구조
스택은 LIFO의 구조이므로 자료의 출입구가 같다. ①과 같이 D를 가장 먼저 출력하기 위해서는 A, B, C, D 순서로 스택에 입력한 후에 출력해야 한다. 하지만 D가 출력되고 B, C를 출력하기 전에 A가 출력될 수는 없다.

07 데이터 조작 프로시저 작성 〉 프로시저
③ SQL은 레코드 집합 단위로 처리되며, 비절차적 언어이다.

08 데이터 조작 프로시저 작성 〉 프로시저
② SELECT는 데이터 조작어(DML:Data Manipulation Language)에 해당된다.
- 데이터 정의어(DDL: Data Definition Language): CREATE, DROP, RENAME, ALTER, TRUNCATE 등

09 데이터 조작 프로시저 작성 〉 프로시저
① Row-Source Generator는 옵티마이저가 생성한 실행 계획을 SQL 엔진이 실제 실행할 수 있는 코드(또는 프로시저) 형태로 포맷팅한다.

10 데이터 조작 프로시저 최적화 〉 소스 코드 익스펙션
- 인스펙션 과정: Planning(계획) → Overview(사전 교육) → Preparation(사전 검토, 준비) → Meeting(인스펙션 회의) → Re-Work, Re-Inspection(수정) → Following(후속 조치)

| 정답 | 01 ④ 02 ③ 03 ② 04 ① 05 ① 06 ① 07 ③ 08 ② 09 ① 10 ②

Chapter

02 통합 구현

반복이 답이다!

□ 1회독	월 일	□ 2회독	월 일	□ 3회독	월 일

01 모듈 구현

읽는 강의

기출 키워드
- 블랙박스 테스트
- 화이트박스 테스트
- 논리 흐름도와 복잡도

출제 예상 키워드
- 테스트 오라클

1 단위 모듈 구현

(1) 공통 모듈

① 전체 시스템 설계를 할 때 각각의 서브시스템에서 공통으로 사용되는 모듈들을 하나로 묶어놓은 소프트웨어 라이브러리를 말한다.

② 공통 모듈을 만드는 이유는 각각의 서브시스템에서 제각각 모듈을 만들면 개발비가 중복되고 표준화도 되지 않기 때문이다.

③ 공통 모듈을 하나로 만들면 나중에 서브시스템이 추가되더라도 공통 모듈은 재개발 없이 재사용이 가능하다는 장점이 있다.

모듈
소프트웨어 구조를 이루며, 다른 것들과 구별될 수 있는 독립적인 기능을 갖는 단위이다. 하나 또는 몇 개의 논리적인 기능을 수행하기 위한 명령어들의 집합이라고도 할 수 있다. 서로 모여 하나의 완전한 프로그램으로 만들어질 수 있다.

(2) 단위 모듈

① 소프트웨어 구현에 필요한 여러 가지 동작 중 한 가지 동작을 수행하는 기능을 모듈로 구현한 것이다.

② 단위 모듈에는 화면 모듈, 화면에서 입력받은 데이터 처리를 위한 서비스 컴포넌트, 비즈니스 트랜잭션 컴포넌트 등이 있다.

③ 공통 모듈을 먼저 구현하고, 이를 단위 모듈 구현 시에 재사용한다.

(3) 모듈화

① 하나의 큰 작업을 각 기능에 따라 실제로 개발할 수 있는 작은 단위로 나누는 것이다. 이 때 모듈의 독립성은 결합도는 낮을 수록 좋고, 응집도는 높을 수록 좋다.

② 모듈의 독립성이 높아야 모듈화가 잘 되었다고 평가할 수 있다.

- 기능을 작게 분할하여 모듈의 개수가 많아지면 인터페이스가 복잡해지는 단점이 발생할 수 있다.

더 알아보기 결합도와 응집도

결합도	모듈들이 서로 관련되거나 연결된 정도를 나타내는 것으로 두 모듈 간의 상호 의존도를 말한다.
응집도	한 모듈 내에 있는 처리 요소들 사이의 기능적인 연관 정도를 나타내며, 응집도가 높아야 좋은 모듈이 된다.

2 단위 모듈 테스트

(1) 단위 모듈 테스트의 개념

테스트는 **결함**(Fault)을 찾기 위해 소프트웨어를 작동시키는 일련의 행위와 절차를 말한다.

(2) 단위 모듈 테스트의 분류

① 테스트 단계에 의한 분류

- 모듈 테스트: 독립적인 환경에서 하나의 모듈만을 테스트한다.
- 통합 테스트: 시스템 모듈 간의 상호 인터페이스에 관한 테스트이다. 즉, 모듈 간의 데이터 이동이 원하는 대로 이루어지고 있는가를 확인하는 작업이다.
- 인수 테스트: 사용자의 요구사항을 만족하는지를 확인하는 테스트이다.
- 시스템 테스트: 시스템이 초기의 목적에 부합하는지에 대한 테스트이다.

② 테스트 방법에 의한 분류

- 블랙박스 테스트(Black Box Testing): 소프트웨어의 외부 명세서를 기준으로 그 기능, 성능을 테스트한다.
- 화이트박스 테스트(White Box Testing): 소프트웨어 내부의 논리적 구조를 테스트한다.

(3) 블랙박스 테스트 기출 2020년 3, 4회, 2021년 1, 2회

① 블랙박스 테스트의 정의 및 특징

- 프로그램의 논리(알고리즘)를 고려하지 않고, 프로그램의 기능이나 인터페이스에 관한 외부 명세로부터 직접 테스트하여 데이터를 선정하는 방법이다.
- 기능 테스트, 데이터 위주(Data-Driven) 테스트, 입출력 위주(IO-Driven)의 테스트이다.
- 블랙박스 테스트 방법은 소프트웨어의 기능적 요구 사항에 초점을 맞추고 있다.
- 프로그램의 논리나 알고리즘과는 상관 없이 기초적 시스템 모델의 관점이다.

② 블랙박스 테스트 기법

구분	내용
동등(동치) 분할 (Equivalence Partitioning, 균등 분할)	• 프로그램의 입력 도메인을 테스트 사례가 산출될 수 있는 데이터의 클래스로 분류해서 테스트 사례를 만들어 검사하는 방법이다. • 프로그램의 입력 조건을 중심으로 입력 조건에 타당한 값과 그렇지 못한 값을 설정하여 각 동등 클래스 내의 임의의 값을 테스트 사례로 선정한다. – 유효 동등 클래스 집합: 프로그램에 유효한 입력을 가진 테스트 사례 – 무효 동등 클래스 집합: 프로그램에 타당치 못한 입력을 가진 테스트 사례 • 각 클래스에 최소화 테스트 사례를 만드는 것이 중요하다.
경계값 분석 (Boundary Value Analysis) 기출 2020년 1, 2회	• 입력 조건의 중간값보다는 경계값에서 오류가 발생될 확률이 높다는 점을 이용해서 입력 조건의 경계값에서 테스트 사례를 선정한다. • 입력 자료에만 치중한 동등 분할 기법을 보완하기 위한 기법이다. • 입력 조건과 출력 조건을 테스트 사례로 선정한다. • 입력 조건이 [a, b]와 같이 값의 범위를 명시할 때, a, b값뿐만 아니라 [a, b]의 범위를 약간씩 벗어나는 값들을 테스트 사례로 선정한다. 즉, 입력 조건이 특정한 수를 나타낼 경우, 최대값, 최소값, 최대값보다 약간 큰 값, 최소값보다 약간 작은 값들을 선정한다.
원인-결과 그래프 기법	• 입력 데이터 간의 관계가 출력에 미치는 상황을 체계적으로 분석하여 효용성 높은 테스트 사례를 추출하여 테스트하는 기법이다. • 프로그램의 외부 명세에 의한 입력 조건(원인)과 그 입력으로 발생되는 출력(결과)을 논리적으로 연결시킨 그래프로 표현하여 테스트 사례를 유도해 낸다.
오류 추측 (Error-Guessing) 기법	• 다른 블랙박스 테스트 기법들이 놓칠 수 있을 만한 오류를 감각과 경험으로 찾아내는 일련의 보충적 테스트 기법이다. • 세부화된 알고리즘이 존재하지 않는다.

읽는 강의

결함(Fault)
소프트웨어 개발 활동을 수행함에 있어서 시스템이 고장(Failure)을 일으키게 하고, 오류(Error)가 있을 경우 발생한다.

- 블랙박스 테스트는 프로그램의 구조를 고려하지 않는다.
- 블랙박스 테스트를 이용하여 발견 가능한 오류: 비정상적인 자료를 입력해도 오류 처리를 수행하지 않는 경우, 정상적인 자료를 입력해도 요구된 기능이 제대로 수행되지 않는 경우, 경계값을 입력할 경우 요구된 출력 결과가 나오지 않는 경우

비교 테스트 (Comparison Testing) 기법	• 블랙박스 테스트 기법의 기초로 Back-to-Back 테스트라고 한다. • 소프트웨어의 신뢰성이 절대적으로 중요한 경우, 똑같은 기능의 소프트웨어를 개발하여 비교한다. • 테스트는 일관성을 보장하기 위해 두 시스템의 결과를 동시에 실시간 비교하면서 진행한다.
조합 테스트 (Combinatorial Test)	• each choice 조합과 all combinations 조합: each choice 조합 테스트는 각 입력 인자의 분할된 클래스로부터 최소한 하나의 입력값이 테스트 케이스에 포함되도록 하는 조합이고, all combinations 조합 테스트는 모든 가능한 클래스의 조합이 테스트 케이스에 포함되도록 하는 것이다. • 페어와이즈 테스트(Pairwise Test): 페어와이즈 테스트는 입력들의 모든 가능한 조합들을 테스트하는 대신 각 인자의 값을 다른 인자의 값과 최소한 한 번은 짝을 지어 테스트를 하는 방법이다. 페어와이즈 테스트가 all combinations 조합 테스트에 비해 테스트 케이스의 수는 획기적으로 줄이면서 오류를 검출하는 능력면에서는 거의 같은 결과를 내는 것으로 밝혀졌다. • 직교 배열(Orthogonal Array) 테스트: 모든 원소의 서로소 집합인 직교 배열(Orthogonal Array)의 원리를 소프트웨어 테스트 설계에 적용하여 조합의 수를 줄이면서도 결함 검출 비율이 동일한 테스트 기법이다. 행뿐만 아니라 열까지 Pairwise하게 테스트 케이스를 구성하여 수행하는 테스트 기법이다.

더 알아보기 테스트 오라클(Test Oracle)

• 개념: 테스트의 결과가 참인지 거짓인지를 판단하기 위해 사전에 정의된 참값을 입력하여 비교하는 기법 및 활동을 말한다.
• 종류: 참, 샘플링, 휴리스틱, 일관성 검사

(4) 화이트박스 테스트 기출 2022년 1회, 2022년 2회

① 화이트박스 테스트의 정의 및 특징

- 프로그램 내의 모든 논리적 구조를 파악하거나, 경로들의 복잡도를 계산하여 테스트 사례를 만든다.
- 절차, 즉 순서에 대한 제어 구조를 이용하여 테스트 사례들을 유도하는 테스트 사례 설계 방법이다.
- 테스트 사례들을 만들기 위해 소프트웨어 형상(SW Configuration)의 구조를 이용한다.
- 프로그램 내의 허용되는 모든 논리적 경로(**기본 경로**)를 파악하거나, 경로들의 복잡도를 계산하여 테스트 사례를 만든다.

② 화이트박스 테스트의 기법

- 기초 경로 테스트(구조 테스트, 복잡도 테스트)
  - McCabe에 의해 제안된 가장 대표적인 화이트박스 기법으로 테스트 영역을 현실적으로 최대화시켜 준다.
  - 상세 설계 및 원시 코드를 기초로 논리 흐름도를 작성하며, 프로그램의 논리적 복잡도를 측정한다.
  - 테스트 사례 설계자가 절차적 설계의 논리적 복잡도를 측정하고, 이 측정을 실행 경로의 기초를 정의하는 데 사용할 수 있게 한다.
  - 제어 흐름을 표현하기 위해 논리 흐름도를 이용한다.

읽는 강의

• 화이트박스 테스트는 모듈의 논리적인 구조를 체계적으로 점검할 수 있다.

• 테스트 케이스에는 일반적으로 시험 조건, 테스트 데이터, 예상 결과가 포함되어야 한다.

기본 경로
• 흐름 그래프의 시작 노드에서 종료 노드까지의 서로 독립된 경로로 싸이클을 허용하는 것을 말한다.
• 기본 경로를 조사하기 위해 유도된 테스트 사례들은 테스트 시에 프로그램의 모든 문장을 적어도 한 번씩 실행하는 것을 보장받는다.

더 알아보기 **논리 흐름도와 복잡도** 기출 2020년 3회

❶ 논리 흐름도(흐름 그래프: Flow Graph)

- 원(Node(N)): 프로그램의 한 Line(명령문) 또는 순서적으로 수행되는 여러 라인의 집합(일련의 절차적 명령문)
- 화살표(Edge (E)): 실행 순서, 제어의 흐름
- 영역: 노드와 간선의 의해 한정된 부분

❷ 복잡도

- 프로그램의 논리적 복잡도를 수량(Quentative)적으로 측정하는 소프트웨어 측정법(SW Metrics)
- V(G) = E − N + 2 (E: 간선의 수, N: 노드의 수)
- V(G) = P + 1 (P: 분기 Node 수)

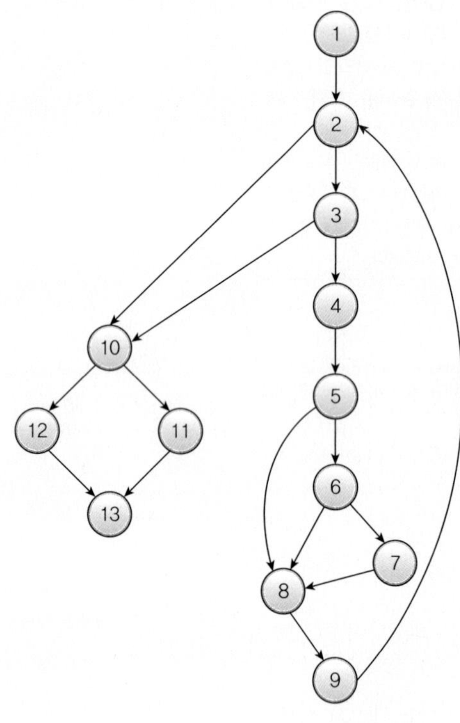

▲ 논리 흐름도의 예

❸ 복잡도와 품질

5 이하	매우 간단한 프로그램
5~10	매우 구조적이고 안정된 프로그램
20 이상	문제 자체가 매우 복잡하거나 구조가 필요 이상으로 복잡한 프로그램
50 이상	매우 비구조적이며 불안정한 프로그램

- 루프 테스트(Loop Testing)
  - 프로그램 반복(Loop) 구조에 국한해서 실시하는 화이트박스 테스트 기법이다.
  - 구조 테스트와 병행 사용이 가능하다.
  - 발견 가능 오류: 초기화 결함, 인덱싱(Indexing) 및 증가 결함, 루프의 경계선에서 나타나는 경계(Bounding) 결함 등
- 조건 테스트
  - 모듈 내에 포함된 논리적 조건을 검사하여 테스트 사례를 설계하는 방법이다.
  - 프로그램에 있는 각 조건을 테스트하는 데 초점을 맞춘다.
- 데이터 흐름 테스트(Data Flow Testing): 변수 정의의 위치와 변수들의 사용에 따라 검사 경로를 선택하는 조건 구조 검사 방법이다.

개념확인 문제

기출 2020년 1, 2회

01 White Box Testing에 대한 설명으로 옳지 않은 것은?

① Base Path Testing, Boundary Value Analysis가 대표적인 기법이다.
② Source Code의 모든 문장을 한번 이상 수행함으로서 진행된다.
③ 모듈 안의 작동을 직접 관찰할 수 있다.
④ 산출물의 각 기능별로 적절한 프로그램의 제어 구조에 따라 선택, 반복 등의 부분들을 수행함으로써 논리적 경로를 점검한다.

02 블랙박스 검사에 대한 설명으로 옳지 않은 것은?

① 인터페이스 결함, 성능 결함, 초기화와 종료 이상 결함 등을 찾아낸다.
② 각 기능별로 적절한 정보 영역을 정하여 적합한 입력에 대한 출력의 정확성을 점검한다.
③ 블랙박스 검사는 기능 검사라고도 한다.
④ 조건 검사, 루프 검사, 데이터 흐름 검사 등의 유형이 있다.

정답 & 해설

01 ① Boundary Value Analysis은 입력 조건의 중간값보다는 경계값에서 오류가 발생될 확률이 높다는 점을 이용해서 입력 조건의 경계값에서 테스트 사례를 선정하는 방법으로 블랙박스 시험에 해당 된다.

02
- 화이트박스 테스트: 데이터 흐름 검사, 루프 검사, 기초 경로 검사, 조건 검사
- 블랙박스 테스트: 동치 분할, 경계값 분석, 원인 결과 그래프 등

| 정답 | 01 ① 02 ④

02 통합 구현 관리

기출 키워드
- 소프트웨어 형상 관리
- 정형 검토 회의
- 형상 관리 도구의 구성 요소
- 소프트웨어 재사용의 이점
- 소프트웨어 재공학
- 외계인 코드
- IDE 도구

출제 예상 키워드
- IDE 도구

1 IDE 도구 기출 2022년 2회

(1) IDE의 개요

① 효율적으로 소프트웨어를 개발하기 위한 통합 개발 환경(IDE: Integrated Development Environment)이다.

② 기존의 소프트웨어 개발에서 코드 편집기, 디버거, 컴파일러, 인터프리터 등이 분리되어 있던 도구들을 개별로 사용하던 작업들을 하나로 통합하여 개발자에게 제공한다.

(2) IDE의 종류

종류	사용 가능 언어
이클립스(Eclipse)	자바(JAVA), C, C++, PHP, JSP 등
라자루스(Lazarus)	프리 파스칼, 파스칼 SDK 언어
엑스코드(X Code)	C, C++, 오브젝티브-C, 오브젝티브-C++, 자바(JAVA), 애플스크립트(Apple Script), 코코아, Carbon, GNU 파스칼, 프리 파스칼, 에이다, C#, 펄, D, Swift 언어
비주얼 스튜디오(Visual Studio)	비주얼 베이직, 비주얼 베이직 닷넷, 비주얼 C++, 비주얼 C 샤프, F 샤프 언어
J 빌더(J Builder)	자바(JAVA) 언어
C++ 빌더(C++ Builder)	C, C++ 언어

읽는 강의

IDE 도구의 각 기능
- Coding: 프로그래밍 언어를 가지고 컴퓨터 프로그램을 작성할 수 있는 환경을 제공
- Compile: 고급언어의 프로그램을 저급언어 프로그램으로 변환하는 기능
- Debugging: 프로그램에서 발견되는 버그를 찾아 수정할 수 있는 기능
- Deployment: 소프트웨어를 최종 사용자에게 전달하기 위한 기능

2 협업도구

(1) 협업도구의 개요

소프트웨어 개발 프로젝트 임무를 수행하기 위해 각기 다른 장소에 있는 많은 개발자가 참여할 때, 팀 단위의 활동을 가능하게 하기 위해 협업도구가 필요하다.

(2) 협업도구의 기능

① 업무 효율성 향상

② 정보 접근성 향상

③ 전체 이슈 진행 과정을 쉽게 파악

④ 직원 관리(전자 결재, 근태 관리, 주소록)

(3) 협업도구의 종류

① **문서 공유**: 구글 드라이브

② **디자인 공유**: 레드 펜

③ **소스 공유**: 깃허브

④ **프로젝트 관리**: 트렐로, 레드마인, 지라

⑤ **일정 관리**: 구글 캘린더

3 소프트웨어 형상 관리 기출 2020년 1, 2, 3, 4회, 2021년 1, 2, 3회, 2022년 2회

(1) 형상 관리의 개요

① **소프트웨어 형상 관리(SCM: Software Configuration Management)**

- 소프트웨어에 대한 변경을 철저히 관리하기 위해 개발된 일련의 활동이다.
- 소프트웨어를 이루는 부품의 Baseline(변경 통제 시점)을 정하고 변경을 철저히 통제하는 것이다.
- 전체 소프트웨어 프로세스에 적용되는 '보호 활동'이다.

② **소프트웨어 형상 관리 항목(SCI: Software Configuration Item)**

- 프로젝트 요구 분석서
- 설계서
- 프로그램(소스 코드, 목적 코드, 명령어 파일, 자료 파일, 테스트 파일)
- 사용자 지침서
- 운영 및 설치 지침서

③ **베이스라인(Baseline)**

- 정식으로 검토되고 합의된 명세서나 제품으로서, 이것으로부터 앞으로의 개발을 위한 바탕 역할을 하며, 정식 변경 통제 절차들을 통해서만 변경될 수 있는 것이다. (IEEE)
- 정당화될 수 있는 변경에 심하게 저항하지 않으면서 변경을 통제하게 도와주는 하나의 소프트웨어 형상 관리 개념이다.

(2) 형상 관리를 위한 조직(형상 관리 위원회(팀))

① **분석가**: 사용자와 상의하여 무엇이 문제이며 어떤 기능 향상 및 개작이 필요한가를 결정한다.

② **프로그래머**: 분석가와 협동하여 문제의 원인을 찾아내고, 변경 형태와 내용을 알아낸다. 실제 프로그램의 수정을 담당한다.

③ **프로그램 사서**: 문서와 코드에 대한 변경을 계속 보관하고 관리한다.

(3) 형상 관리의 목적

① 가시성 결여(Lack of Visibility)에 대한 문제 해결

② 통제의 어려움(Lack of Control)에 대한 문제 해결

③ 추적의 결여(Lack of Traceability)에 대한 문제 해결

④ 감시의 미비(Lack of Monitoring)에 대한 문제 해결

⑤ 무절제한 변경(Incontrolled Change)에 대한 문제 해결

4 형상 관리의 기능

(1) 형상 식별

① 형상 식별은 소프트웨어 형상의 모든 항목에 대해 의미 있고 항구적인 명명을 보증하는 소프트웨어 형상 관리 활동이다.

② 형상 관리 항목(SCI: Software Configuration Item)에 대해 관리 목록 번호를 부여하고 나무 구조를 표현하여 저장한다. 이는 관련 문서에 대한 추적을 용이하게 한다.

③ 통제가 쉽도록 '누가, 언제, 무엇을, 왜 정의하였는가?'하는 정보를 생성하며, 기준선(Baseline)을 설정한다.

읽는 강의

형상(Configuration)
소프트웨어 공학의 프로세스 부분으로부터 생성된 모든 정보 항목의 집합체이다.

- 형상 관리를 통해 가시성과 추적성을 보장함으로써 소프트웨어의 생산성과 품질을 높일 수 있다.

- 형상 식별은 형상 관리 계획을 근거로 형상 관리의 대상이 무엇인지 식별하는 과정이다.

(2) 형상 통제

① 식별된 SCI의 변경 요구를 검토하고 승인하여 현재의 베이스라인에 적절히 반영될 수 있도록 통제하기 위한 형상 관리 활동이다.

② **형상 통제 절차**

변경 요구(Change Request)의 제기 → 변경 요청서(Change Report) 작성(변경 요청서는 CCA에 의해 변경의 상태나 우선순위 등 최종 결정을 내리도록 사용자 또는 프로그래머에 의해 작성) → 공학 변경 명령(ECO: Engineering Change Order)

③ 형상 통제는 소프트웨어 유지보수를 위한 변경 관리와 일치한다.

(3) 형상 감사(Configuration Audit)

① 변경이 적절하게 시행되었는지 객관적인 **검증**과 **확인**(V&V) 과정을 거쳐 새로운 형상의 무결성을 확보하기 위한 활동이다.

② **정형 검토 회의(FTR: Formal Technical Review)** 기출 2022년 1회

- 수정 완료된 형상 객체의 기술적인 정확성에 초점을 둔다.
- 검토자들은 SCI를 산정하여 다른 SCI와의 일관 혹은 잠재적인 부작용 유무를 검토한다.

③ **소프트웨어 형상 감사**: 검토 시 일반적으로 고려되지 않은 특성들에 대해 형상 객체를 산정함으로써 FTR을 보완한다.

(4) 형상 보고

① 형상 식별, 변경 통제, 형상 감사 기능의 수행 결과를 기록하고 데이터베이스에 의해 관리를 하며, 이에 대한 보고서를 작성하는 활동이다.

② 형상 상태 보고(CSR: Configuration Status Reporting)라고도 한다.

5 형상 관리 도구

(1) 형상 관리 도구의 개요

① 프로그램 소스를 특정 저장소에 저장해둔 것을 내려받아 수정 후 업로드시키고, 다른 개발자가 개발한 최신 소스를 내려 받아 분석 및 빌드하도록 도와주는 도구이다.

② 형상 관리는 일반적으로 버전 관리(Version Control, Revision Control), 소스 관리(Source Control), 소스 코드 관리(SCM: Source Code Management)와 동일한 의미로 사용한다.

③ 소스 코드 버전 관리 툴의 종류로는 CVS, SVN, Git 등이 있다.

(2) 형상 관리 도구의 주요 기능

① 소프트웨어 프로젝트를 빌드하기 위한 소스 코드, 이미지, 스크립트 등의 저장소이다.

② 이러한 파일들의 변경을 체계적으로 관리, 제어(변경 기록 추적, 특정 시점 파일 상태 조회)한다.

③ 팀 내 다수의 개발자와 협업(작성된 소스 코드와 변경 사항을 확인 및 수정)을 위한 도구와 메커니즘이다.

④ 장애 혹은 기능상 필요할 때 이전 버전으로 소프트웨어를 원상복구할 수 있다.

⑤ 동일한 소프트웨어를 여러 개의 버전으로 분기해서 개발할 필요가 있는 경우에 유용하다.

읽는 강의

CCA(Change Control Authority)
변경 제어 담당관

- 형상 감사는 형상 관리 계획대로 형상 관리가 진행되고 있는지, 형상 항목의 변경이 요구 사항에 맞도록 재대로 이뤄졌는지 확인한다.

검증(Verification)
작업 제품이 개발자의 기대를 충족시키는지를 측정한다.

확인(Validation)
작업 제품이 사용자의 요구에 적합한지 측정한다.

정형 검토 회의 지침
- 제품의 검토에만 집중하라
- 의제를 제한하여 진행하라
- 논쟁과 반박을 제한하라
- 문제의 영역을 명확히 표현하라
- 해결책과 개선책에 대해 논하지 마라
- 참가자의 수를 제한하라
- 체크리스트를 개발하라
- 자원과 시간 일정을 할당하라
- 의미있는 훈련을 행하라
- 검토자들의 메모를 공유하라
- 검토 과정과 결과를 재검토하라

(3) 형상 관리 도구의 구성 요소 기출 2020년 3회

읽는 강의

구분	내용
저장소	• 프로젝트의 프로그램 소스를 포함한 형상 항목이 저장되는 장소이다. • 소스뿐만 아니라 소스의 변경 사항도 모두 저장할 수 있다. • 네트워크를 통해서 여러 사람이 접근 가능하다.
체크아웃	저장소에서 소스 및 버전 관리 파일들을 받아 온다.
커밋	소스를 수정 및 삭제, 새 파일 추가 등의 변경 사항을 저장소에 갱신할 수 있다.
체크인	저장소에 해당 파일을 반영한다.
업데이트	• 체크아웃을 통해서 소스를 가져왔다 하더라도 다른 사람이 커밋을 하면 로컬 소스 코드가 달라지는데, 이때 업데이트 명령어를 통해서 저장소에 있는 최신 버전의 소스를 가져올 수 있다. • 로컬 소스 코드와 저장소에 있는 소스 코드를 비교하여 차이가 발생하는 부분만 바꿔준다.

(4) 형상 관리 도구의 종류

① CVS

구분	내용
개념	개발 과정에서 사용하는 파일들의 변경 내역을 관리한다.
특징	• 하나의 파일에 대한 동시 작업이 가능하다. • Merge, Branch, Tag, Compare 기능을 지원한다. • Unix, Linux, Windows 등 다양한 운영체제를 지원한다. • 레파지토리를 백업하는 것만으로도 프로젝트의 백업이 가능하다.

② SVN

구분	내용
개념	• CSV의 단점을 보완한다. (2000년 개발) • SubVersion의 줄임말이다. • 파일과 디렉터리의 삭제, 이동, 이름 변경, 복사 등을 지원(버전 관리)한다. • Trunk, Branches, Tags로 구성되어 있다. • import, commit, checkout, revert, switch, update, merge 등의 명령어가 있다.
특징	• 효율적인 Branch 및 Merge 기능과 작업의 무결성을 보장한다. • 원자적 커밋을 통해 다른 사용자의 커밋과 엉키지 않으며, 커밋 실패 시 롤백 기능을 지원한다. • 파일과 디렉터리의 삭제, 이동, 이름 변경, 복사 등을 지원한다. • 소스파일 이외에 이진 파일도 효율적으로 저장할 수 있다. • 디렉터리에 대해 버전 관리를 할 수 있다. (디렉터리 전체를 이동시키거나 복사가 가능/리비전 기록 유지) • 처리 속도가 상대적으로 빠르다.

③ GitHub

구분	내용
개념	• 분산형 버전 관리 시스템이다. (2005년 리누스 토발즈(Linus Torvalds)와 주니오 하마노(Junio Hamano)가 개발) • 개발자가 중앙 서버에 접속하지 않아도 코딩이 가능하다. • 어떤 코드를 누가 수정했는지 기록 및 추적이 가능하다.
특징	• Repository의 완전한 복사본을 로컬에 저장할 수 있다. • 안정적이고, 속도가 빠르다. (SVN, CVS보다 우수) • Branch Merge를 할 경우 리비전을 지정하지 않아도 되므로 편하다. (해당 Branch가 언제 생겨났는지 자동적으로 파악된다.) • 원격 레파지토리 장애에도 문제없이 버전 관리가 가능하다. (로컬에 저장하기 때문에 장소와 시간에 구애 받지 않고 협업 가능) • SVN과 다르게 Commit은 로컬 저장소에 저장되고 Push를 통해 원격 저장소에 저장된다. • 서버에서 소스를 수신 받을 시 Pull 기능을 사용한다.

6 소프트웨어 재사용

(1) 소프트웨어 재사용의 개념

① 기존의 기능 및 품질을 인정받은 소프트웨어의 전체 혹은 일부분을 재사용하여 새로 개발되는 소프트웨어의 질을 높이고, 생산성을 향상시켜 개발 시간과 비용을 감소시키는 소프트웨어 위기의 해결책이다.

② 기존의 소프트웨어를 활용하여 새로운 소프트웨어를 구축하는 것이다. 이를 통해 개발의 수고를 삭감하며, 소프트웨어 생산성을 향상시키는 방법이다.

③ 소프트웨어를 부품화하여 관리하고, 이들 부품 가운데서 새로운 소프트웨어 개발에 사용할 수 있는 것을 선택하여 사용한다.

(2) 재사용 소프트웨어 요소

① **프로그램 코드**: 전체 프로그램, 부분 코드

② **설계 명세**: 논리적인 데이터 모형, 프로세스 구조, 응용 모형

③ **계획**: 프로젝트 관리 계획, 시험 계획

④ 문서화 문서 작성에 사용된 모든 정보들

⑤ **전문적인 기술과 경험**: 생명주기 모형 재사용, 품질 보증, 응용 분야 지식

(3) 소프트웨어 재사용 평가 기준

소프트웨어 부품의 크기, 복잡도, 정규화 정도, 재사용 빈도수에 따라 재사용 가능성의 높고 낮음을 평가한다.

(4) 소프트웨어 재사용 접근 방안

① **부품으로 된 라이브러리를 이용**: 재사용 부품을 조립하여 블록으로 구성하는 방법이다.

② **생성(모형화) 방안**: 재사용 부품을 패턴으로 구성하는 방법이다.

③ **수정하는 방안**: 기존 소프트웨어의 문제점을 수정하여 개발하는 방법이다.

④ 소프트웨어 부품의 크기가 작고 일반적인 설계일수록 재사용 이용률이 높다.

⑤ 소프트웨어 부품의 크기가 크고 구체적일수록 이용률이 낮다.

(5) 소프트웨어 재사용의 이점 기출 2022년 1회

① 개발 비용과 기간을 단축시킨다.

② 소프트웨어 개발의 생산성을 높인다.

③ 프로젝트 실패의 위험을 줄여 준다.

7 소프트웨어 재공학 기출 2020년 3회

(1) 소프트웨어 재공학의 개요

① 소프트웨어 위기의 해결책을 개발의 생산성이 아닌 유지보수의 생산성 재고에서 찾는 새로운 시각이다.

② 기존 소프트웨어의 취약한 부분들을 단계적으로 미화시켜 작업 수행 시마다 질적 향상을 꾀하는 데 있다.

(2) 소프트웨어 재공학의 등장 배경

① 기존의 소프트웨어가 노화되어 새로운 소프트웨어로 대체해야 할 경우 현재 시스템보다 품질이 더 좋은 소프트웨어를 만들 수 있다는 보장이 없기 때문이다.

② 현재 시스템보다 품질이 더 좋은 소프트웨어가 있어서 교체했을 경우 사용상의 문제점이 없다고 장담할 수 없기 때문이다.

읽는 강의

재공학 주요 활동

❶ 분석
❷ 개조(재구성)
❸ 역공학
❹ 이식

이식(Migration)

소프트웨어 재공학의 주요 활동으로 기존 소프트웨어 시스템을 새로운 기술 또는 하드웨어 환경에서 사용할 수 있도록 변환하는 작업이다.

③ 새로운 소프트웨어를 개발해도 기존 시스템과의 호환성이 100% 이루어질 수도 없을 뿐만 아니라 사용자의 교육에도 많은 영향을 줄 수 있기 때문이다.

읽는 강의

(3) 소프트웨어 재공학의 목적

① 소프트웨어의 유지보수성을 향상시킨다.
② 소프트웨어에서 사용하고 있는 기술을 상향 조정한다.
③ 소프트웨어의 수명을 연장시킨다.
④ 소프트웨어 성분들을 추출하여 정보 저장소에 저장한다.
⑤ 유지보수 생산성을 높인다.

(4) 소프트웨어 개조

① 기존 소프트웨어에 수정을 가함으로써 이해하기 쉽고 변경이 용이하며, 미래의 변화에 품질상의 문제를 유발시키는 가능성을 줄이기 위한 작업이다. 소프트웨어의 개조는 비구조적인 코드를 구조적인 코드로 변환시키는 것이 가장 큰 목적이다.
② 데이터의 이름과 정의, 프로그램의 논리적 구조를 표준화하여 소프트웨어의 유지보수성과 생산성을 높이는 작업이다.

(5) 소프트웨어 역공학(Reverse Engineering)

① 소프트웨어 역공학은 소스 코드보다 상위 수준의 추상화에서 프로그램 표현을 위해 프로그램을 분석하는 프로세스이다. 즉, 역공학은 설계 복구의 한 프로세스로 기존 프로그램으로부터 데이터, 구조 및 절차적 설계 정보를 추출해낸다.

• 소프트웨어 역공학은 소프트웨어 정공학의 반대로 진행되며, 추상도가 더 높아진다.

② **역공학의 관심 분야**
- 추상화 수준(Abstraction Level)
- 완전성(Completeness)
- 방향성(Directionality)

③ **역공학의 핵심**: '추상 추출(Extract Abstractions) 활동'으로써 문서화가 안 된 구프로그램을 평가하며, 소스 코드로부터 수행 처리의 명세, 사용자 인터페이스, 프로그램 자료구조와 데이터베이스를 추출한다.

④ **역공학의 2가지 개념**
- 코드의 역공학: 코드로부터 흐름도, 자료 구조도, 자료 흐름도를 재생시키는 것이다.
- 데이터 역공학: 코드로부터 자료사전, ERD 등을 재생시키는 것이다.

ERD(개체 관계 다이어그램)
개체 간의 관계를 설명해주는 다이어그램으로 개체, 관계 및 해당 속성의 상호연결성을 나타내어 데이터베이스의 구조를 쉽게 파악할 수 있다.

⑤ **역공학 프로세스**
- 처리(Process) 역공학: 소스 코드에 의해 표현된 절차적 추상을 이해하고 추출하기 위한 과정으로, 시스템에 대한 높은 상세 수준에서의 기능적 추상을 나타내는 각 컴포넌트에 대한 처리 설명서(Processing Narrative)를 작성한다.
- 데이터(Data) 역공학: 프로그램 수준에서 내부 프로그램 데이터 구조와 새로운 데이터베이스 스키마를 역공학해야 한다.
- 사용자 인터페이스(User Interface) 역공학: 기존 사용자 인터페이스를 이해하기 위해 인터페이스 구조와 행위 모델을 코드로부터 추출한다.

8 리팩토링(Refactorying) 기출 2022년 2회

(1) 리팩토링의 정의

① 소프트웨어를 보다 쉽게 이해하고 적은 비용으로 수정할 수 있도록 겉으로 보이는 동작의 변화 없이 내부 구조를 변경하는 것으로, 프로그램의 가치가 상승할 수 있다.
② 코드 스멜(Code Smell)을 고치고 다듬는 과정이다.

읽는 강의

(2) 리팩토링의 목적

① 소프트웨어의 디자인을 개선시킨다.
② 소프트웨어를 이해하기 쉽게 만든다.
③ 버그를 찾는 데 도움을 준다.
④ 프로그램을 빨리 작성할 수 있게 도와준다.

(3) 리팩토링 시기

① 기능을 추가할 때
② 버그를 수정할 때
③ 코드를 검토할 때

(4) 코드 스멜과 리팩토링 대상

① **코드 스멜 대상**
- 읽기 어려운 프로그램
- 중복된 로직을 가진 프로그램
- 실행 중인 코드를 변경해야 하는 특별 동작을 요구하는 프로그램
- 복잡한 조건이 포함된 프로그램

② **리팩토링 대상**
- 중복 코드
- 긴 메소드명
- 큰 클래스
- 긴 파라미터 리스트
- Switch Parameter
- 병렬 상속 구조
  - Lazy Class
  - Temporary Field
  - Data Class
  - 불충분한 Library Class
  - Comment 등
- 외계인 코드(Alien Code) 기출 2020년 1, 2회, 2022년 1회
  - 아주 오래되거나 참고문서 또는 개발자가 없어 유지보수 작업이 어려운 프로그램을 의미한다.
  - 프로그램 문서화(Documentation)를 통해 외계인 코드가 생성되는 것을 방지할 수 있다.

(5) 리팩토링 프로세스

① **소규모의 변경**: 단일 리팩토링
② 코드가 전부 잘 작동되는지 테스트한다.
③ 전체가 잘 작동되면 다음 리팩토링 단계로 전진한다.
④ 작동하지 않으면 문제를 해결하고, 리팩토링한 것을 Undo하여 시스템이 작동되도록 유지한다.

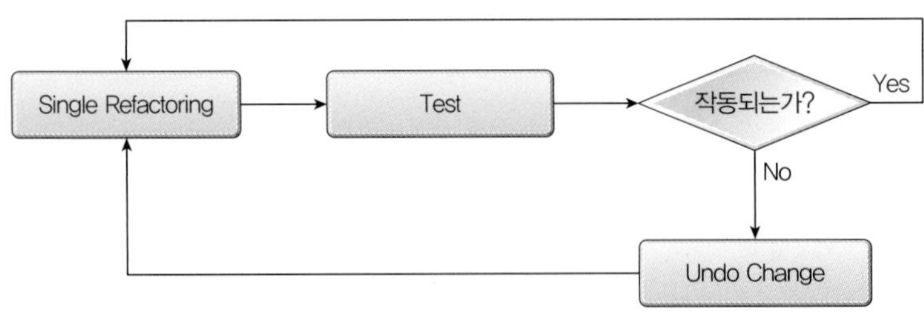

▲ 리팩토링 프로세스

(6) 리팩토링 메소드 기법

① Extract Method: 그룹으로 함께 묶을 수 있는 코드 조각이 있으면, 코드의 목적이 잘 드러나도록 메소드의 이름을 지어 별도의 메소드로 뽑아낸다.

② Move Method: 메소드가 자신이 정의된 클래스보다 다른 클래스의 기능을 더 많이 사용하고 있다면, 이 메소드를 가장 많이 사용하고 있는 클래스에 비슷한 몸체를 가진 새로운 메소드를 만든다.

③ Rename Method: 메소드의 이름이 그 목적을 드러내지 못하고 있다면 메소드의 이름을 바꾼다.

④ Pull Up Method: 동일한 일을 하는 메소드를 여러 서브클래스에서 가지고 있다면, 이 메소드를 슈퍼클래스로 옮긴다.

더 알아보기 클린 코드(Clean Code) 작성 원칙

가독성	누구든지 코드를 쉽게 읽을 수 있도록 작성한다.
단순성	코드를 간단하게 작성한다. 한 번에 한 가지를 처리하도록 코드를 작성하고, 클래스/메소드/함수 등을 최소 단위로 분리한다.
의존성 배제	코드가 다른 모듈에 미치는 영향을 최소화하도록 작성한다. 코드 변경 시 다른 부분에 영향이 없도록 작성한다.
중복성 최소화	중복을 최소화할 수 있는 코드를 작성한다. 중복된 코드는 삭제하고 공통된 코드를 사용한다.
추상화	상위 클래스/메소드/함수에서는 간략하게 애플리케이션의 특성을 나타내고, 상세 내용은 하위 클래스/메소드/함수에서 구현한다.

읽는 강의

개념확인 문제

01 다음 중 통합 개발 환경(IDE)의 기능으로 가장 거리가 먼 것은?

① 소스 코드 버그 검사 기능 제공
② 컴파일 및 디버깅 기능 제공
③ 로컬 빌드 자동화 기능 제공
④ 일정 및 이슈 공유 기능 제공

기출 2020년 1, 2회

02 소프트웨어 형상 관리의 의미로 적절한 것은?

① 비용에 관한 사항을 효율적으로 관리하는 것
② 개발 과정의 변경 사항을 관리하는 것
③ 테스트 과정에서 소프트웨어를 통합하는 것
④ 개발 인력을 관리하는 것

정답 & 해설

01 • 통합 개발 환경은 소스 코드 편집기, 디버거, 컴파일러, 인터프리터, 배포, 문서 등 분리되어 사용되던 것들을 하나로 모아놓은 것이다.
• ④의 일정 및 이슈 공유 기능은 협업도구 기능에 속한다.

02 ② 소프트웨어 형상 관리: 소프트웨어에 대한 변경을 철저히 관리하기 위해 개발된 일련의 활동이다. 소프트웨어를 이루는 부품의 Baseline(변경 통제 시점)을 정하고 변경을 철저히 통제하는 것이다.

| 정답 | 01 ④ 02 ②

개념적용 문제

01 모듈 구현

01 난이도 상 중 하

모듈 안의 작동을 자세히 관찰할 수 있으며, 프로그램 원시 코드의 논리적인 구조를 검사하도록 테스트 케이스를 설계하는 프로그램 테스트 방법은?

① 화이트박스 테스트 ② 블랙박스 테스트
③ 알파 테스트 ④ 베타 테스트

02 난이도 상 중 하

화이트박스(White Box) 테스트 기법이 아닌 것은?

① 데이터 흐름 검사(Data Flow Test)
② 루프 검사(Loop Test)
③ 기초 경로 검사(Basic Path Test)
④ 동치 분할 검사(Equivalence Partitioning Test)

03 난이도 상 중 하

소프트웨어 테스트에 대한 설명으로 옳지 않은 것은?

① 동료 검토(Peer Review)는 개발한 원시 코드나 여러 가지 산출물에 대한 검토를 의뢰하여 오류를 찾는 방법이다.
② 기본 경로 테스트(Basic Path Test)는 원시 코드의 독립적인 경로가 최소한 한 번은 실행되는 테스트 케이스를 찾아 테스트를 수행한다.
③ 회귀 테스트(Regression Test)는 한 모듈의 수정이 다른 부분에 미치는 영향을 최소화하기 위해 필요하다.
④ 블랙박스 테스트(Black Box Test)는 입력값에 대한 예상 출력값을 정해 놓고 그대로 결과가 나오는지 원시 코드를 보며 확인한다.

04 난이도 상 중 하

소프트웨어 테스팅 기법에 관한 설명으로 옳은 것은?

① 빅뱅 통합 테스팅은 모듈을 한꺼번에 통합하여 테스팅하는 방법이며 오류가 발생하였을 경우 어느 부분에서 오류가 났는지를 쉽게 찾을 수 있다.
② 인스펙션은 동적 테스팅 방법이다.
③ 블랙박스 테스팅은 프로그램의 제어 구조를 기반으로 테스트 케이스를 설계하는 방법이다.
④ 화이트박스 테스팅으로 프로그램에 존재하는 모든 경로를 테스팅하여도 오류가 발견되지 않는 경우가 있다.

05 난이도 상 중 하 2021년 2회

소프트웨어 테스트와 관련한 설명으로 틀린 것은?

① 화이트박스 테스트는 모듈의 논리적인 구조를 체계적으로 점검할 수 있다.
② 블랙박스 테스트는 프로그램의 구조를 고려하지 않는다.
③ 테스트 케이스에는 일반적으로 시험 조건, 테스트 데이터, 예상 결과가 포함되어야 한다.
④ 화이트박스 테스트에서 기본 경로(BasisPath)란 흐름 그래프의 시작 노드에서 종료 노드까지의 서로 독립된 경로로 싸이클을 허용하지 않는 경로를 말한다.

06 난이도 상 중 하 2021년 1회

다음 중 블랙박스 테스트 기법은?

① 경계값 분석
② 조건 검사
③ 기초 경로 검사
④ 루프 검사

02 통합 구현 관리

07 난이도 상중하

소프트웨어 형상 관리(Software Configuration Management)에 대한 설명으로 옳지 않은 것은?

① 소프트웨어 형상 항목에는 시스템 명세서, 소프트웨어 프로젝트 계획서, 소프트웨어 요구사항 명세서 등이 포함된다.
② 소프트웨어 개발 과정에서 소프트웨어에 대한 변경 사항을 관리하기 위해 수행되는 일련의 활동들을 의미하며, 성공적인 형상 관리를 위해서는 유지보수 단계에서 계획하여야 한다.
③ 소프트웨어 형상 관리 활동에 관련된 사람들을 형상 통제 위원회라고 부르며, 구성원에는 프로젝트 관리자, 품질담당자, 기술담당자와 고객 측 담당자 등이 포함된다.
④ 형상 관리 도구로는 Clearcase, CVS 등이 있다.

08 난이도 상중하 2020년 4회

소프트웨어 형상 관리에서 관리 항목에 포함되지 않는 것은?

① 프로젝트 요구 분석서
② 소스 코드
③ 운영 및 설치 지침서
④ 프로젝트 개발비용

09 난이도 상중하 2021년 2회

소프트웨어 형상 관리에 대한 설명으로 거리가 먼 것은?

① 소프트웨어에 가해지는 변경을 제어하고 관리한다.
② 프로젝트 계획, 분석서, 설계서, 프로그램, 테스트 케이스 모두 관리 대상이다.
③ 대표적인 형상 관리 도구로 Ant, Maven, Gradle 등이 있다.
④ 유지보수 단계뿐만 아니라 개발 단계에도 적용할 수 있다.

정답&해설

01 모듈 구현 〉 단위 모듈 테스트
① 화이트박스 테스트: 프로그램 내의 모든 논리적 구조를 파악하거나, 경로들의 복잡도를 계산하여 테스트 사례를 만든다. 절차, 즉 순서에 대한 제어 구조를 이용하여 테스트 사례들을 유도하는 테스트 사례 설계 방법이다.

02 모듈 구현 〉 단위 모듈 테스트
④ 동치 분할 검사는 블랙박스 테스트 기법이다. 화이트박스 테스트 기법으로는 데이터 흐름 검사, 루프 검사, 기초 경로 검사가 있다.

03 모듈 구현 〉 단위 모듈 테스트
④ 블랙박스 테스트: 프로그램의 논리(알고리즘)를 고려치 않고 프로그램의 기능이나 인터페이스에 관한 외부 명세로부터 직접 테스트하여 데이터를 선정하는 방법이다.

04 모듈 구현 〉 단위 모듈 테스트
④ 어떤 테스팅 기법을 사용하여도 완벽한 테스트를 진행할 수 없으므로 테스트가 진행된 소프트웨어에는 오류가 내재되어 있다고 생각해야 한다.

05 모듈 구현 〉 단위 모듈 테스트
④ 화이트박스 테스트에서 기본 경로란 흐름 그래프의 시작 노드에서 종료 노드까지의 서로 독립된 경로로 싸이클을 허용하는 경로를 말한다.

06 모듈 구현 〉 단위 모듈 테스트
• 블랙박스 테스트 기법: 동등 분할, 경계값 분석, 원인-결과 그래프 기법, 오류 추측, 비교 검사

07 통합 구현 관리 〉 소프트웨어 형상 관리
② 소프트웨어 개발 과정에서 소프트웨어에 대한 변경 사항을 관리하기 위해 수행되는 일련의 활동들을 의미하며, 성공적인 형상 관리를 위해서는 전 단계에서 계획하고 관리하여야 한다.

08 통합 구현 관리 〉 소프트웨어 형상 관리 도구
• 소프트웨어 형상 관리 항목(SCI: Software Configuration Item): 프로젝트 요구 분석서, 설계서, 프로그램(소스 코드, 목적 코드, 명령어 파일, 자료 파일, 테스트 파일), 운영 및 설치 지침서

09 통합 구현 관리 〉 소프트웨어 형상 관리 도구
③ Ant, Maven, Gradle 등은 빌드 자동화 도구이다.

| 정답 | 01 ① 02 ④ 03 ④ 04 ④ 05 ④ 06 ① 07 ② 08 ④ 09 ③

10 난이도 상 중 하 2020년 1, 2회

외계인 코드(Alien Code)에 대한 설명으로 옳은 것은?

① 프로그램의 로직이 복잡하여 이해하기 어려운 프로그램을 의미한다.
② 아주 오래되거나 참고문서 또는 개발자가 없어 유지보수 작업이 어려운 프로그램을 의미한다.
③ 오류가 없어 디버깅 과정이 필요 없는 프로그램을 의미한다.
④ 사용자가 직접 작성한 프로그램을 의미한다.

11 난이도 상 중 하

재사용(Reusability)에 대한 개념으로 가장 적합한 것은?

① 기존 소프트웨어를 새로운 환경에 맞도록 변환한다.
② 비용이나 위험이 적다고 판단될 경우에 기존 소프트웨어를 수명 연장시키기 위한 개념이다.
③ 새롭게 개발되는 소프트웨어의 생산성을 증진시키기 위해 이미 개발되어 성능 및 품질을 인정받은 소프트웨어를 다시 사용하는 개념이다.
④ 기존 코드나 데이터로부터 설계 명세서나 요구 분석 명세서를 복구시키는 개념이다.

12 난이도 상 중 하

다음 중 소프트웨어를 재사용함으로써 얻는 이점이 아닌 것은?

① 개발 시간과 비용을 단축시킨다.
② 소프트웨어 개발의 생산성을 높인다.
③ 프로젝트 실패의 위험을 줄여 준다.
④ 새로운 개발 방법론의 도입이 쉽다.

13 난이도 상 중 하

리팩토링의 대상이 되는 코드 스멜(Code Smell)에 해당하지 않는 것은?

① 읽기 어려운 프로그램
② 중복된 로직을 가진 프로그램
③ 외부에서 보이는 기능을 변경해야 하는 프로그램
④ 복잡한 조건문이 포함된 프로그램

정답 & 해설

10 통합 구현 관리 〉 리팩토링
② 외계인 코드(Alien Code): 아주 오래되거나 참고문서 또는 개발에 참여했던 개발자를 찾을 수 없어 유지보수 작업이 어려운 프로그램을 의미한다.

11 통합 구현 관리 〉 소프트웨어 재사용
③ 소프트웨어 재사용은 기존의 기능 및 품질을 인정받은 소프트웨어의 전체 혹은 일부분을 재사용하여 새로 개발되는 소프트웨어의 질을 높이고, 생산성을 향상시켜 개발 시간과 비용을 감소시키는 소프트웨어 위기의 해결책이다.

12 통합 구현 관리 〉 소프트웨어 재사용
④ 소프트웨어 재사용과 새로운 개발 방법론의 도입은 관련이 없다.

13 통합 구현 관리 〉 리팩토링
- 리팩토링: 소프트웨어를 보다 쉽게 이해할 수 있고 적은 비용으로 수정할 수 있도록 겉으로 보이는 동작의 변화 없이 내부 구조를 변경하는 것이다.
- 코드 스멜: 읽기 어려운 프로그램, 중복된 로직을 가진 프로그램, 실행 중인 코드를 변경해야 하는 특별 동작을 요구하는 프로그램, 복잡한 조건이 포함된 프로그램이다.

| 정답 | **10** ② **11** ③ **12** ④ **13** ③

Chapter

03 제품 소프트웨어 패키징

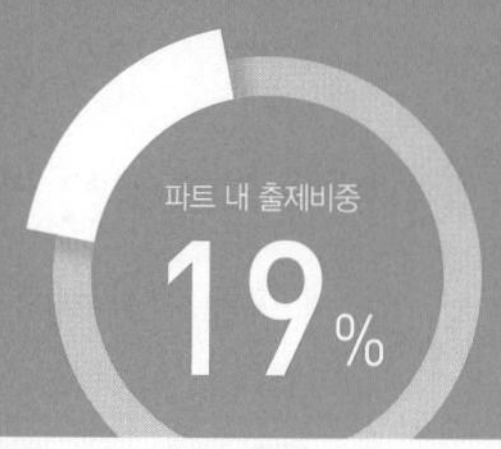

반복이 답이다! □ 1회독 월 일 □ 2회독 월 일 □ 3회독 월 일

01 제품 소프트웨어 패키징

읽는 강의

기출 키워드
• DRM

출제 예상 키워드
• 릴리즈 노트 구성 항목
• DRM 핵심 기술 요소

1 애플리케이션 패키징

(1) 패키징

개발 완료된 제품 소프트웨어를 고객에게 전달하기 위한 형태로 패키징하고, 설치와 사용에 필요한 제반 절차 및 환경 등 전체 내용을 포함하는 매뉴얼을 작성하며, 제품 소프트웨어에 대한 패치 개발과 업그레이드를 위해 버전 관리를 수행할 수 있다.

소프트웨어 패키징
• 신규 및 변경 개발 소스를 식별하고 이를 모듈화하여 상용제품으로 패키징한다.
• 고객의 편의성을 위해 메뉴얼 및 버전관리를 지속적으로 한다.
• 범용 환경에서 사용이 가능하도록 일반적인 배포 형태로 패키징이 진행된다.
• 사용자 중심으로 진행한다.

(2) 릴리즈 노트

① 소프트웨어 제품과 함께 배포되는데, 이 문서들에는 제품의 주요 변경 사항이 담겨 있다.
② 릴리즈 노트의 구성 핵심은 다음과 같으며, 예외 케이스(베타 버전 출시, 긴급 버그 수정 출시, 업그레이드 등)가 발생할 때에는 이에 해당하는 개선 항목들이 추가된다.

■ 릴리즈 노트 구성 항목

구분	내용
헤더(Header)	문서 이름(예 릴리즈 노트), 제품 이름, 릴리즈 번호, 출시일, 노트 날짜, 노트 버전 등
개요	제품 및 변경에 대한 간략한 개요
목적	버그 픽스와 새로운 기능 목록
이슈 요약	버그 수정이나 개선 사항에 대한 짧은 설명
재현 단계	버그 발생을 재현하기 위한 절차
해결책(Solution)	버그 수정을 위한 수정/개선 사항의 간단한 설명
최종 사용자 영향	버전 변경에 따른 최종 사용자 기준의 기능 및 응용 프로그램상의 영향도 기술
SW 지원 영향도	버전 변경에 따른 SW 지원 프로세스 및 영향도 기술
참고	소프트웨어나 하드웨어의 설치, 업그레이드, 제품 문서화에 관한 참고사항(문서화 업데이트 포함)
면책	• 회사 및 표준 제품 관련 메시지 • 프리웨어, 불법 복제 금지 등 참조에 대한 고지 사항
연락처	사용자 지원 및 문의 관련 연락처 정보

2 애플리케이션 배포 도구

① 배포를 위한 패키징 시에 디지털 콘텐츠의 지적 재산권을 보호하고 관리하는 기능을 제공하며, 안전한 유통과 배포를 보장하는 도구이자 솔루션이다.

② 애플리케이션 배포 도구 활용 시에는 암호화/보안, 이기종 간의 연동, 지속적 배포, 사용자 편의성을 고려한다.

③ **애플리케이션 배포 도구의 구성 요소**

암호화 (Encryption)	콘텐츠/라이선스 암호화, 전자 서명(Symmetric/Asymmetric Encryption, Digital Signature, PKI)
인증 (Authentication)	라이선스 발급 및 사용의 기준이 되는 사용자 인증 기술
키 관리 (Key Management)	콘텐츠를 암호화한 키에 대한 저장 및 배포 기술(Centralized, Enveloping)
저작권 표현 (Right Expression)	라이선스의 내용 표현 기술(XrML/MPEG-21 REL, ODRL)
크랙 방지 (Tamper Resistance)	크랙에 의한 콘텐츠 사용 방지 기술(Secure DB, Secure Time Management, Encryption)

> **읽는 강의**
>
> 기출 2020년 1, 2, 3, 4회
>
> **소프트웨어 패키징 도구 활용 시 고려사항**
>
> 보안, 사용자 편의성, 암호화 알고리즘, 이기종 연동 고려

3 애플리케이션 모니터링 도구

(1) 애플리케이션 모니터링 도구의 특징

① 애플리케이션 모니터링 도구는 애플리케이션의 성능을 모니터링하여 장애를 미리 예방하기 위하여 필요하다.

② 모니터링 단계에서는 장애 발견 및 조치와 문제 해결 시 재배포 단계가 있다.

③ 프로그램 변경 오류 사전 예방, 종속 관계 및 영향도를 모니터링하는 것을 애플리케이션 변경 관리라고 한다.

④ 서버로 유입되는 트랜잭션 수량, 처리 시간, 응답 시간 등을 모니터링하는 것을 애플리케이션 성능 관리라고 한다.

⑤ 소스 코드에 대한 코딩 표준/스타일, 복잡도 및 잔존 결함을 발견하기 위해 사용하는 도구를 애플리케이션 정적 분석이라고 한다.

(2) 애플리케이션 모니터링 도구의 종류

구분	내용	예
변경 영향 관리	• 프로그램 변경 오류 사전 예방 • 애플리케이션 종속 관계를 모니터링한다. • 애플리케이션 변경이 있을 경우 변경의 영향도 파악에 활용된다.	ChangeMiner
성능 관리	애플리케이션 서버로 유입되는 트랜잭션 수량, 처리 시간, 응답 시간 등을 모니터링	Jeniffer
동적 분석	C/C++ 기반 프로그램에 대한 메모리 및 스레드 문제 발견	Valgrind(GPL v2)
정적 분석	• Java로 작성된 소스의 코드 잠재적인 문제 발견 • Java 코딩 규칙 오류 발견	PMD(BSD, LGPL)

4 DRM

읽는 강의

(1) DRM(Digital Rights Management)의 개요 기출 2022년 2회

① 디지털 저작권 관리의 약자로, 디지털 콘텐츠 제공자의 권리와 이익을 안전하게 보호하며 불법 복제를 막고 사용료 부과와 결제 대행 등 콘텐츠의 생성에서 유통·관리까지를 일괄적으로 지원하는 기술이다.

② 디지털 콘텐츠의 생성과 이용까지 유통 전 과정에 걸쳐 디지털 콘텐츠를 안전하게 관리 및 보호하고, 부여된 권한 정보에 따라 디지털 콘텐츠의 이용을 통제하는 기술이다.

(2) DRM 시스템 구성 요소 기출 2020년 4회, 2021년 2, 3회

구성 요소	설명
콘텐츠 제공자 (Contents Provider)	콘텐츠를 제공하는 저작권자
콘텐츠 분배자 (Contents Distributor)	암호화된 콘텐츠 제공 예 쇼핑몰
패키저(Packager)	콘텐츠를 메타 데이터와 함께 배포 가능한 단위로 묶는 기능
보안 컨테이너	원본을 안전하게 유통하기 위한 전자적 보안장치
DRM 컨트롤러	배포된 콘텐츠의 이용 권한을 통제
클리어링 하우스 (Clearing House)	키 관리 및 라이선스 발급 관리

(3) DRM의 핵심적 기술 요소 기출 2020년 1, 2, 3, 4회, 2021년 1회

구분	내용	예
암호화 (Encryption)	콘텐츠 및 라이선스를 암호화하고, 전자 서명을 할 수 있는 기술	PKI(Public Key Infrastracture), Encryption, Digital Sinature
키 관리 (Key Management)	콘텐츠를 암호화한 키에 대한 저장 및 배포 기술	Centralized, Enveloping
암호화 파일 생성 (Packager)	콘텐츠를 암호화된 콘텐츠로 생성하기 위한 기술	Pre-packaging, On-the-fly Packaging
식별 기술 (Identification)	콘텐츠에 대한 식별 체계 표현 기술	DOI(Digital Object Identifier) URI(Uniform Resource Identifier)
저작권 표현 (Right Expression)	라이선스의 내용 표현 기술	ODRL, XrML/MPGE-21 REL
정책 관리 (Policy management)	라이선스 발급 및 사용에 대한 정책 표현 및 관리 기술	XML(Extensible Markup Language), Contents
크랙 방지 (Tamper Resistance)	크랙(데이터 변조 방지)에 의한 콘텐츠 사용방지 기술	Secure DB, Secure Time Management, Encryption
인증(Authentication)	라이선스 발급 및 사용의 기준이 되는 사용자 인증 기술	SSO,ID/PW, 디지털 인증, 이메일 인증
인터페이스(Interface)	상이한 DRM 플랫폼 간의 상호 호환성 인터페이스 및 인증 기술	IPMP
이벤트 보고 (Event Reporting)	콘텐츠의 사용이 적절하게 이루어지고 있는지 모니터링하는 기술. 불법 유통이 탐지되었을 때 이동 경로 추적에 활용	
사용 권한 (Permission)	콘텐츠의 사용에 대한 권한을 관리하는 기술 요소	렌더퍼미션(Render Permission), 트랜스포트 퍼미션(Transport Permission), 데리버티브 퍼미션(Derivative Permission)

개념확인 문제

기출 2020년 1, 2회

01 SW 패키징 도구 활용 시 고려사항과 거리가 먼 것은?

① 패키징 시 사용자에게 배포되는 SW이므로 보안을 고려한다.
② 사용자 편의성을 위한 복합성 및 비효율성 문제를 고려한다.
③ 보안상 단일 기종에서만 사용할 수 있도록 해야 한다.
④ 제품 SW 종류에 적합한 암호화 알고리즘을 적용한다.

기출 2020년 1회

02 디지털 저작권 관리(DRM)의 기술 요소가 아닌 것은?

① 크랙 방지 기술
② 정책 관리 기술
③ 침입 탐지 기술
④ 키 관리 기술

정답 & 해설

01 ③ SW 패키지 도구 활용 시 고려사항에는 암호화/보안, 이기종 간 연결, 복합성 및 비효율성 문제, 최적합 암호화 알고리즘 적용이 있다. 따라서 보안을 고려해야 하지만, 단일 기종에서만 사용할 수 있도록 할 수는 없다.

02 디지털 저작권 관리(DRM)의 기술 요소에는 암호화, 키 관리, 크랙 방지, 정책 관리, 인증, 식별 기술, 저작권 표현, 사용 권한 등이 있다.

| 정답 | 01 ③ 02 ③

02 제품 소프트웨어 매뉴얼 작성

기출 키워드
- 설치 매뉴얼
- ISO/IEC
- ISO/IEC 9126 구성 항목
- ISO/IEC 12119
- McCall의 소프트웨어 품질 요인

출제 예상 키워드
- CMM

읽는 강의

1 제품 소프트웨어 매뉴얼 작성

소프트웨어 설치 매뉴얼 항목
- 목차
- 개요
- 기본사항
- 설치 관련 파일
- 프로그램 삭제

(1) 제품 소프트웨어 매뉴얼의 개요

① 사용자에게 제품의 권장사항, 제품 설명, 설치법, 사용법 외의 부록을 첨부하여 제품 사용에 따른 이해와 만족도를 높인다.

② **시스템 문서:** 시스템 자체와 그 세부 구성을 설명하는 문서를 나타낸다. 요구사항 문서, 설계 결정, 아키텍처 설명, 프로그램 소스 코드 및 도움말 가이드 등을 포함한다.

③ **사용자 설명서:** 주로 소프트웨어 제품 최종 사용자와 시스템 관리자를 위해 작성된 매뉴얼이 수록되어 있다. 사용자 설명서에는 튜토리얼, 사용자 가이드, 문제 해결 매뉴얼, 설치 및 참조 매뉴얼이 포함된다.

(2) 설치 매뉴얼 기출 2020년 4회, 2021년 1회

① 설치 매뉴얼은 개발자 기준이 아닌 사용자 중심으로 작성한다.

② 최초 설치 진행부터 완료까지 설치 방법을 순차적으로 상세히 설명한다.

③ 각 단계별 메시지 및 해당 화면을 순서대로 전부 캡처하여 사용자가 이해하기 쉽도록 구성한다.

④ 설치 도중에 발생하는 오류나 이상 현상도 요약 정리하여 설명한다.

(3) 사용자 매뉴얼 작성 절차

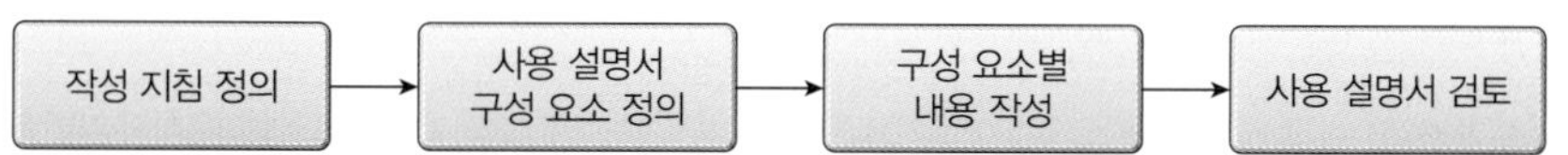

2 국제 표준 제품 품질 특성

(1) ISO(International Organization for Standardization)

상품과 서비스의 국제 교류를 용이하게 하고, 지식·과학·기술·경제 분야의 국제 간 협력을 증진하기 위해 표준화와 이에 관련된 여러 가지 활동을 국제 규모로 발전, 촉진시키기 위한 목적으로 설립되었다.

(2) ISO 9000

ISO에서 제정한 품질 경영과 **품질 보증**에 관한 국제 규격이다.

품질 보증
- 소프트웨어 품질 확보를 위한 요구 제정
- 소프트웨어를 개발, 운용, 유지보수 하기 위한 절차의 제정과 실행
- 소프트웨어의 품질에 영향을 미치는 액티비티를 평가하기 위한 절차의 제정과 실행

(3) ISO/IEC 기출 2020년 3회

① ISO/IEC 9126
- 품질의 특성 및 척도에 대한 표준화를 말한다.
- 품질 보증을 위한 구체적 정의가 필요하고, 1980년대 후반 ISO에서 사용자 관점에서의 소프트웨어 품질 특성의 표준화 작업을 수행한다.

■ ISO/IEC 9126 구성 항목 기출 2020년 1, 2, 3회

주특성	내용	부특성
기능성 (Functionality)	• 요구되는 기능을 제공할 수 있는 능력 • 사용자가 요구하는 기능을 충족시키는 정도	적합성, 정확성, 상호 호완성, 유연성, 보안성
신뢰성 (Reliability)	• 지정된 수준의 성능을 유지할 수 있는 능력 • 명시된 기간/조건에서 정해진 성능(기능)을 유지하는 능력	성숙성, 오류 허용성, 회복성
사용성 (Usability)	사용자로 하여금 쉽게 이해하고 사용할 수 있도록 하는 능력	이해성, 운용성, 습득성
효율성 (Efficiency)	• 투입된 자원에 대하여 제공되는 성능의 정도 • 요구되는 기능을 수행하기 위해 필요한 자원의 소요 정도	실행 효율성, 자원 효율성
유지보수성 (Maintainability)	• 요구사항 및 환경 변화에 따라 소프트웨어를 개선, 수정하고자 하는 경우 소프트웨어가 변경될 수 있는 능력 • 변경 및 오류 사항의 교정에 노력의 정도	해석성, 안전성, 변경 용이성, 시험성
이식성 (Portability)	• 소프트웨어가 다른 하드웨어, 소프트웨어 등의 환경으로 옮겨질 수 있는 능력 • 다른 환경으로 이전되는 소프트웨어의 능력의 정도, 적응성, 일치성, 이식 작업성, 치환성	적응성, 일치성, 이식 작업성, 치환성

② ISO/IEC 12207
- 소프트웨어 프로세스에 대한 표준화를 말한다.
- 체계적인 소프트웨어 획득, 공급, 개발, 운영 및 유지보수를 위해서 소프트웨어 생명주기 공정(SDLC Process) 표준을 제공함으로써, 소프트웨어 실무자들이 개발 및 관리에 동일한 언어로 의사소통할 수 있는 기본틀을 제공하기 위한 프로세스이다.

③ ISO/IEC 12119: 패키지 소프트웨어에 관한 품질 요구사항 및 시험에 관한 표준이다.
기출 2020년 3회

④ ISO/IEC 14598: 소프트웨어 품질인증을 위한 평가 방법 및 관리에 관한 표준이다.

(4) CMM(Capability Maturity Model, 역량 성숙도 모형)

① 1992년 미 국방성의 지원으로 설립된 카네기멜론 대학의 소프트웨어공학연구소(SEI)가 제안하였다.

② 소프트웨어 조직이 높은 품질의 소프트웨어를 일관성 있고, 예측 가능하게 생산할 수 있는지의 능력을 정량화하는 시도이다.

③ CMM 성숙도 5단계(Maturity 5 Level)

구분	내용
1단계(Initial)	소프트웨어 프로세스가 임기응변적이고 혼란스러운 단계이며, 프로세스가 거의 정의되어 있지 않고 프로젝트의 성공은 개인적 능력에 달려 있다.
2단계(Repeatable) – 프로젝트 관리	비용 산출, 스케줄, 기능성을 지닌 기초적인 프로젝트 프로세스가 확립되어 있는 단계이며, 필요한 프로세스 훈련은 비슷한 애플리케이션을 만든 계승자로부터 반복된다.
3단계(Definition) – 엔지니어링 프로세스	관리와 공학 프로세스에 관한 소프트웨어 프로세스가 문서화되고, 규격화되고, 통합되어 있는 단계이다. 소프트웨어 개발과 유지에 문서화와 공인된 조직의 프로세스를 사용하며, 2단계의 모든 사항을 포함한다.
4단계(Management) – 프로덕트 및 프로세스 품질	소프트웨어 프로세스의 평가와 제품의 품질의 세부 사항들이 평가되는 단계이다. 소프트웨어 프로세스와 제품이 정량적으로 이해되고 세부적으로 평가된다. 3단계의 모든 사항을 포함한다.
5단계(Optimizing) – 지속적인 개선	프로세스와 혁신적 생각, 기술로부터 정량적인 피드백을 통해 지속적인 프로세스 향상이 이루어지는 단계이다. 4단계의 모든 사항을 포함한다.

읽는 강의

소프트웨어 품질 측정을 위해 개발자 관점에서 고려해야 할 항목
정확성, 무결성, 사용성 등

ISO/IEC 25000(SQuaRE)
ISO/IEC 9126과 ISO/ICE 14598을 통합하였다.

소프트웨어공학의 기본 원칙
- 지속적인 검증 시행
- 품질 높은 소프트웨어 상품 개발
- 결과에 대한 명확한 기록 유지

(5) SPICE(Software Process Improvement and Capability dEtermination)

① 소프트웨어 프로세스 평가를 위한 국제 표준을 제정하는 국제적인 표준화 프로젝트이다.

② CMM과 유사한 프로세스 평가를 위한 모델 제시 및 심사 과정을 제안한다.

③ SPICE를 기준으로 한 심사와 평가가 양성된 심사원에 의해 이루어지고 있다.

(6) CMMI(Capability Maturity Model Integration, 역량 성숙도 모델 통합)

① CMM의 여러 모델 간에 존재하는 상이한 평가 방법에 대한 통합이 필요했고, 소프트웨어 개발 프로세스 위주인 기존 CMM의 문제점을 해결하여 다양한 분야에 적용하고 공통의 Framework를 제공하기 위해서 등장하였다.

② 2002년 1월 CMM 관련 여러 모델을 통합하고, 국제 표준에 호환적인 모양을 갖추고 있는 CMMI를 개발·발표하였다.

> **읽는 강의**
>
> • SPICE(Software Process Improvement and Capability dEtermination)는 CMM과는 다르게 0단계부터 5단계로 총 6단계의 성숙도 단계를 나타낸다.

더 알아보기 McCall의 소프트웨어 품질 요인 기출 2021년 1회

구분	내용
제품 수정 (Product Revision)	• 유지보수성(Maintainability): 운영 중인 프로그램 내의 오류를 수정하는 데 드는 노력 • 유연성(Flexibility): 운영 중인 프로그램을 변경하는 데 드는 노력 • 시험성(Testability): 프로그램이 의도하는 기능을 수행하는지를 확인하기 위하여 테스트하는 데 드는 노력
제품 운영 (Product Operations)	• 정확성(Correctness): 프로그램이 설계 사양을 만족시키며 사용자가 원하는 대로 수행되고 있는 정도 • 신뢰성(Reliability): 프로그램이 항시 정확하게 동작하고 있는 정도 • 효율성(Efficiency): 프로그램의 기능을 수행할 때 요구되는 소요 자원의 양 • 무결성(Integrity): 허가되지 않은 사람의 소프트웨어나 데이터에의 접근을 통제할 수 있는 정도 • 유용성(Usability): 사용이 용이한 정도
제품 전이 (Product Transition)	• 이식성(Portability): 하나의 운영 환경(HW와 SW)에서 다른 환경으로 소프트웨어를 옮기는 데 드는 노력 • 재사용성(Re-usability): 소프트웨어의 일부분을 다른 시스템에서 사용할 수 있는 정도 • 상호운용성(Inter-operability): 타 시스템과 인터페이스가 가능한 정도

개념확인 문제

기출 2017년 2회

01 소프트웨어 품질 목표 중 사용자의 요구 기능을 충족시키는 정도를 의미하는 것은?

① Correctness ② Integrity
③ Flexibility ④ Portability

02 다음 중 ISO 9126에서 언급하는 소프트웨어 품질의 주 요소가 아닌 것은?

① 기능성(Functionality) ② 신뢰성(Reliability)
③ 사용성(Usability) ④ 강인성(Robustness)

정답 & 해설

01 ① 정확성(Correctness)은 프로그램이 설계 사양을 만족시키며 사용자가 원하는 대로 수행되고 있는 정도를 의미한다.

02 ISO 9126의 주 요소로는 기능성, 신뢰성, 사용성, 효율성, 유지보수성, 이식성이 있다.

| 정답 | 01 ① 02 ④

03 제품 소프트웨어 버전 관리

읽는 강의

기출 키워드
- 버전 관리 용어
- 분산 저장소 방식
- 빌드 자동화 도구

출제 예상 키워드
- 소프트웨어 버전 관리 필요성
- 소프트웨어 버전 프로그램 종류

1 소프트웨어 버전 관리 도구

(1) 소프트웨어 버전 관리의 필요성

① 오류 복구
② 이전 버전으로의 복구
③ 개별 수정 부분에 대한 전체 동기화 과정의 자동화
④ 소스 코드의 변경 사항 추적
⑤ 안정적인 대규모 수정 작업
⑥ Branch를 통해 프로젝트에 미치는 영향을 최소화하는 동시에 새로운 부분 개발
⑦ 백업 기능

(2) 소프트웨어 버전 관리 용어 기출 2021년 2회

구분	내용
Repository	관리 대상의 모든 파일, 관련 버전, 변경 이력 정보를 저장하는 공유 데이터베이스 – Local Repository: 현재 개발 환경에서의 파일 저장소 – Remote Repository: 서버상의 파일 저장소
Trunk	주류, 프로젝트의 중심
Branch	주류에서 파생된 프로젝트, 개발 라인 – Master Branch: 메인 개발 라인
Tag	특정 시점의 프로젝트 전체를 복사 및 보관
Revision	• 저장소에 저장된 파일의 버전 • 새롭게 저장소에 커밋할 경우, 해당 파일의 개정 번호 증가
Check Out	• 저장소에서 선택한 파일 또는 디렉터리를 현재 작업 환경으로 복사 • 디렉터리의 경우, 포함된 파일 및 하위 디렉터리 모두 체크아웃 • 버전 관리를 위한 파일이 포함됨(저장소와의 연결을 위함)
Check In, Commit	작업 파일 또는 디렉터리의 변경 사항을 저장소에 새 버전으로 저장
Conflict	• 동일한 파일에 대한 변경 사항 확인 • 충돌이 발견할 경우, 해결이 완료되어야 커밋 가능
Import	(버전 관리되고 있지 않은) 로컬 디렉터리의 파일을 처음으로 저장소에 저장
Export	Check Out과는 달리, 버전 관리 파일을 제외한 소스 파일만을 받아옴
Change log, History	수정 기록
Update, Sync	동기화, 저장소에 있는 최신 버전의 파일 또는 디렉터리 가져옴
Fork	• 하나의 소프트웨어 소스 코드를 통째로 복사하여 독립적인 새로운 소프트웨어 개발 • 허용되는 라이선스를 따라야 함

(3) 소프트웨어 버전 관리 도구

① 분산 저장소 방식 기출 2021년 2회

- 버전 관리 자료가 원격 저장소와 로컬 저장소에 함께 저장되어 관리된다.
- 로컬 저장소에서 버전 관리가 가능하므로 원격 저장소에 문제가 생겨도 로컬 저장소의 자료를 이용하여 작업할 수 있다.

- 대표적인 버전 관리 도구로 Git이 있다.

② 공유 폴더 방식
- 버전 관리 자료가 로컬 저장소의 공유 폴더에 저장되어 관리되는 방식이다.
- 개발자들은 개발이 완료된 파일을 공유 폴더에 매일 복사한다.

③ 클라이언트/서버 방식
- 버전 관리 자료가 서버에 저장되어 관리되는 방식이다.
- 서버의 자료를 개발자 자신의 PC로 복사하여 작업한 후에 변경된 내용을 서버에 반영한다.

읽는 강의

이클립스(Eclipse)
JAVA 기반의 오픈 소스 프로젝트이며, 통합 개발환경의 대표적인 JAVA 개발 프로그램이다.

(4) 버전 프로그램 종류 기출 2022년 2회

구분	내용
CVS (Concurrent Version System)	• 서버와 클라이언트로 구성되어 다수의 인원이 동시에 범용적인 운영체제로 접근 가능하여 버전 관리를 가능케 한다. • Client가 **이클립스**에 내장되어 있다.
SVN (Subversion)	GNU의 버전 관리 시스템으로 CVS의 장점은 이어받고 단점은 개선하여 2000년에 발표되었다. 사실상 업계 표준으로 사용되고 있다.
RCS (Revision Control System)	CVS와 달리 소스 파일의 수정을 한 사람만으로 제한하여 다수의 사람이 파일의 수정을 동시에 할 수 없도록 파일을 잠금하는 방식으로 버전 컨트롤을 수행한다.
Bitkeeper	SVN과 비슷한 중앙 통제 방식의 버전컨트롤 툴로서 대규모 프로젝트에서 빠른 속도를 내도록 개발되었다.
Git	• 기존 리눅스 커널의 버전 컨트롤을 하는 Bitkeeper를 대체하기 위해서 나온 새로운 버전 컨트롤로 현재의 리눅스는 이것을 통해 버전 컨트롤이 되고 있다. Git는 속도에 중점을 둔 분산형 버전 관리 시스템(DVCS)이며, 대형 프로젝트에서 효과적이고 실제로 유용하다. • Git는 SVN과 다르게 Commit은 로컬 저장소에서 이루어지고 Push라는 동작으로 원격 저장소에 반영된다. (로컬 저장소에서 작업이 이루어져 매우 빠른 응답을 받을 수 있다.) • 받을 때도 Pull 또는 Fetch로 서버에서 변경된 내역을 받아올 수 있다.
Clear Case	• IBM에서 제작되었다. • 복수 서버, 복수 클라이언트 구조이며 서버가 부족할 때 필요한 서버를 하나씩 추가하여 확장성을 기할 수 있다.

2 빌드 자동화 도구 기출 2020년 4회

(1) 빌드 자동화 도구의 개요
빌드 단계에서는 Compile, Testing, Inspection, Deploy 등의 과정이 포함될 수 있다.

(2) 빌드 자동화 도구
① ANT
- 안정성이 좋고, 문서화가 잘 되어 있다.
- target 기능을 이용해서 세밀하게 빌드할 수 있다. (Java 소스 파일 컴파일, jar, war, ear, zip 파일의 생성, javadoc 생성, 파일이나 폴더의 이동 및 복사, 삭제, 작업에 대한 의존성 설정, 외부 프로그램 실행 등)
- 복잡한 빌드 환경에서도 적절히 대처할 수 있는 많은 Task를 제공한다.

② Maven
- 아주 적은 설정만으로도 프로젝트를 빌드하고, 테스트를 실행하고, 품질 보고서를 생성할 수 있다.

• POM(Project Object Model)을 통해서 jar 파일의 의존성 관리, 빌드, 배포, 문서 생성, Release 등을 관리할 수 있다.
• 표준화된 디렉터리 레이아웃을 제공한다.
• 미리 제공된 plugin들을 활용해 거의 모든 작업을 수행할 수 있다.

③ Gradle
• 기존의 Ant와 Maven을 보완한다.
• 오픈 소스 기반의 Build 자동화 시스템으로 Groovy 기반으로 한 오픈 소스로 안드로이드 웹 개발 환경에서 사용된다.
• Build-by-convention을 바탕으로 한다. (스크립트 규모가 작고 읽기 쉬움)
• 실행할 처리 명령들을 모아 태스크로 만든 후 태스크 단위로 실행한다.
• Multi 프로젝트의 빌드를 지원하기 위해 설계되었다.
• 설정 주입 방식(Configuration Injection)이다.

④ Jenkins
• 초창기 Hudson이라는 이름을 가졌지만 오라클과 문제로 인해 이름을 변경하였다.
• 프로젝트 표준 컴파일 환경에서의 컴파일 오류를 검출한다.
• 자동화 테스트를 수행한다. (CVS/SVN/Git와 같은 버전 관리 시스템과 연동하여 코드 변경을 감지)
• 코드 표준 준수 여부를 체크한다.
• 프로파일링 툴을 이용한 소스 변경에 따른 성능 변화를 감시한다.
• 결합 테스트 환경에 대한 배포 작업을 한다.

읽는 강의

개념확인 문제

01 다음 버전 관리 설명에 해당하는 것은?

관리 대상의 모든 파일, 관련 버전, 변경 이력 정보를 저장하는 공유 데이터베이스

① Repository
② Check In
③ Import
④ Fork

정답 & 해설

01 ① Repository는 관리 대상의 모든 파일, 관련 버전, 변경 이력 정보를 저장하는 공유 데이터베이스이다.

| 정답 | 01 ①

개념적용 문제

01 제품 소프트웨어 패키징

01 난이도 상 중 하 2020년 1, 2회

디지털 저작권 관리(DRM)의 기술 요소가 아닌 것은?

① 크랙 방지 기술
② 정책 관리 기술
③ 암호화 기술
④ 방화벽 기술

02 난이도 상 중 하 2022년 1회

소프트웨어 패키징에 대한 설명으로 틀린 것은?

① 패키징은 개발자 중심으로 진행한다.
② 신규 및 변경 개발 소스를 식별하고, 이를 모듈화하여 상용 제품으로 패키징한다.
③ 고객의 편의성을 위해 매뉴얼 및 버전 관리를 지속적으로 한다.
④ 범용 환경에서 사용이 가능하도록 일반적인 배포 형태로 패키징이 진행된다.

02 제품 소프트웨어 매뉴얼 작성

03 난이도 상 중 하 2018년 2회

소프트웨어 품질 목표 중 쉽게 배우고 사용할 수 있는 정도를 의미하는 개념으로 가장 타당한 것은?

① Reliability
② Usability
③ Efficiency
④ Integrity

04 난이도 상 중 하 2021년 1회

소프트웨어의 일부분을 다른 시스템에서 사용할 수 있는 정도를 의미하는 것은?

① 신뢰성(Reliability)
② 유지보수성(Maintainability)
③ 가시성(Visibility)
④ 재사용성(Reusability)

03 제품 소프트웨어 버전 관리

05 난이도 상중하 2018년 2회

소프트웨어 버전 관리 도구에서 작업 파일 또는 디렉터리의 변경 사항을 저장소에 새 버전으로 저장하는 것은?

① Tag
② Check In
③ Repository
④ Fork

정답&해설

01 제품 소프트웨어 패키징 〉 DRM
- 디지털 저작권 관리(DRM)의 기술 요소: 암호화, 키 관리, 크랙 방지, 정책 관리, 인증, 식별 기술, 저작권 표현, 사용 권한 등이 있다.

02 제품 소프트웨어 패키징 〉 애플리케이션 패키징
① 소프트웨어 패키징은 사용자 중심으로 진행한다.
- 패키징
  - 프로그램 제작자가 최종 사용자가 사용할 프로그램을 다양한 환경에서 쉽게 자동으로 설치(업데이트/삭제 가능)할 수 있게 패키지를 만들어 배포하는 과정을 말한다. (매뉴얼 포함)
  - 개발이 완료된 제품 소프트웨어를 고객에게 전달하기 위한 형태로 패키징하고, 설치와 사용에 필요한 제반 절차 및 환경 등 전체 내용을 포함하는 매뉴얼을 작성하며, 제품 소프트웨어에 대한 패치 개발과 업그레이드를 위해 버전 관리를 수행할 수 있다.

03 제품 소프트웨어 매뉴얼 작성 〉 국제 표준 제품 품질 특성
② 유용성(Usability): 사용이 용이한 정도

오답 해설
① 신뢰성(Reliability): 프로그램이 항시 정확하게 동작하고 있는 정도
③ 효율성(Efficiency): 프로그램의 기능을 수행할 때 요구되는 소요 자원의 양
④ 무결성(Integrity): 허가되지 않은 사람의 소프트웨어나 데이터로의 접근을 통제할 수 있는 정도

04 제품 소프트웨어 매뉴얼 작성 〉 국제 표준 제품 품질 특성
④ 재사용성(Reusability): 전체나 일부 기능을 다른 목적으로 사용할 수 있는 정도

오답 해설
① 신뢰성(Reliability): 정확하고 일관된 결과를 얻기 위해 요구된 기능을 오류 없이 수행하는 정도
② 유지보수성(Maintainability): 변경 및 오류 사항 교정을 최소화하는 정도

05 제품 소프트웨어 버전 관리 〉 소프트웨어 버전 관리 도구
② Check In: 작업 파일 또는 디렉터리의 변경 사항을 저장소에 새 버전으로 저장

오답 해설
① Tag: 특정 시점의 프로젝트 전체를 복사 및 보관
③ Repository: 관리 대상의 모든 파일, 관련 버전, 변경 이력 정보를 저장하는 공유 데이터베이스
④ Fork: 하나의 소프트웨어 소스 코드를 통째로 복사하여 독립적인 새로운 소프트웨어 개발

| 정답 | 01 ④ 02 ① 03 ② 04 ④ 05 ②

Chapter

04 애플리케이션 테스트 관리

반복이 답이다! □ 1회독 월 일 □ 2회독 월 일 □ 3회독 월 일

01 애플리케이션 테스트 케이스 설계

읽는 강의

기출 키워드
- 테스트 케이스
- 테스트 데이터
- 모듈 테스트
- 시스템 테스트
- 인수 테스트
- 테스트 관련 법칙

출제 예상 키워드
- 테스트 시나리오
- 테스트 레벨

1 테스트 케이스

(1) 테스트 케이스의 정의

소프트웨어가 목표하는 보장성을 만족할 수 있도록 최적의 테스트 케이스로 가능한 많은 결함을 발견할 수 있어야 한다.

(2) 테스트 케이스 작성 절차 기출 2022년 2회

단계	내용
1단계: 참조 문서 수집	시험 계획서에 명시된 테스트 케이스 작성 지침과 수준을 고려하여 테스트 설계에 필요한 분석/설계 문서를 수집한다.
2단계: 테스트 케이스 작성	테스트 설계 기법을 이용하여 테스트 케이스를 작성한다.
3단계: 내부 검토	아키텍처, 관리자, 기획자, 개발자, 테스터 등이 작성된 테스트 케이스의 적정성을 검토한다.
4단계: 요구사항 대비 커버리지 분석	테스트 케이스가 어느 정도 요구사항을 반영하는가에 대한 분석으로 테스트 가능한 요구사항이 모두 테스트 케이스에 반영되었는지 확인한다.
5단계: 승인	작성된 테스트 케이스를 고객, 기획자, 관리자 등의 승인을 획득한다.

(3) 테스트 케이스 구성 항목 기출 2021년 1회

① **식별자 번호**: 테스트 케이스를 식별하기 위한 번호 또는 식별자이다.
② **사전(테스트) 조건**: 테스트 수행에 필요한 조건 또는 실행 환경을 말한다.
③ **테스트 데이터**: 테스트에 필요한 데이터를 말한다.
④ **수행 절차**: 테스트할 상세 순서를 순서대로 기입한다.
⑤ **예상 결과**: 테스트 순서대로 진행 시에 예상되는 결과를 기입한다.

더 알아보기 테스트 데이터 기출 2021년 3회

테스트 케이스 자동 생성 도구를 이용하여 테스트 데이터를 찾아내는 방법
- 입력 도메인 분석
- 랜덤(Random) 테스트
- 자료 흐름도

성능 테스트
- Load Test: 최대 부하에 도달할 때까지의 애플리케이션 반응을 확인한다.
- Smoke Test: 애플리케이션의 테스트 준비 상태를 확인한다.
- Stability Test: 애플리케이션이 오랜 시간 평균 부하 노출 시의 안정성을 확인한다.
- Back to Back Test: SW 구현 버전이 여러 개인 경우 각 버전을 함께 테스트하고 결과를 비교한다.
- Spike Test: 동시 사용자와 같은 갑작스러운 부하의 증가에 대한 애플리케이션 반응을 확인한다.

(4) 테스트 시나리오 작성 시 유의사항

① 테스트 그룹은 고객의 요구사항과 설계 문서 등을 토대로 테스트 시나리오를 작성한다.

② 테스트 항목을 하나의 시나리오에 모두 작성하지 않고, 시스템별/모듈별/항목별 테스트 시나리오를 분리하여 작성한다.

③ 각 테스트 항목은 식별자 번호, 테스트 데이터, 테스트 케이스, 예상 결과 등의 항목을 포함하여 작성한다.

2 테스트 레벨

(1) 모듈 테스트(단위 테스트, Unit Test) 기출 2021년 2회, 2022년 2회

① **단위 테스트**에는 정형화되지 않은 기술이 많이 사용된다.

② 코딩이 끝난 후 설계의 최소 단위인 모듈에 초점을 두고 검사하는 단계이다.

③ 화이트박스 테스트 기법이 적용된다.

④ 테스트 내용

- 모듈 인터페이스 테스트
- 자료구조 테스트
- 실행 경로 테스트
- 오류 처리 테스트
- 경계 처리 테스트

(2) 통합 테스트(Integration Test)

① 단위 테스트가 끝난 모듈들을 하나로 결합하여 시스템으로 완성하는 과정에서의 테스트이다.

② 모듈 간의 인터페이스와 연관된 오류를 밝히기 위한 검사와 함께 프로그램 구조를 구축하는 체계적인 기법이다.

③ 시스템을 구성하는 모듈 사이의 인터페이스와 결합을 테스트하며, 시스템 전체의 기능과 성능을 테스트한다.

④ 통합 테스트는 시스템을 구성하는 여러 모듈을 어떤 순서로 결합하여 테스트할 것이냐에 따라 동시식(Big-Bang), 하향식(Top-down), 상향식(Bottom-up), 연쇄식(Threads) 등이 있다.

(3) 시스템 테스트(System Test) 기출 2021년 3회

모든 모듈들은 하나의 시스템으로 작동하게 된다. 사용자의 모든 요구를 하나의 시스템으로서 완벽하게 수행하기 위해서는 다음과 같은 다양한 테스트들이 필요하다.

① **외부 기능 테스트**(Function Test): 소프트웨어에 대한 외부로부터의 시각에서 요구 분석 단계에서 정의된 외부 명세(External Specification)의 충족성을 테스트한다.

② **내부 기능 테스트**(Facility Test): 사용자의 상세 기능 요구를 요구명세서의 문장 하나하나를 짚어가며 테스트한다.

③ **부피 테스트**(Volume Test): 소프트웨어로 하여금 상당량의 데이터를 처리해 보도록 여건을 조성하는 것이다.

④ **스트레스 테스트**(Stress Test): 소프트웨어에게 다양한 스트레스를 가해 보는 것으로 민감성 테스트(Sensitivity Test)라고 불리기도 한다.

⑤ **성능 테스트**(Performance Test): 소프트웨어의 효율성을 진단하는 것으로서 응답 속도, 처리량, 처리 속도 등을 테스트한다.

⑥ **호환성 테스트**(Compatibility Test): 많은 소프트웨어들은 이미 사용 중인 소프트웨어의 대체용일 가능성이 높기 때문에 기존 소프트웨어와 호환성을 따져본다.

읽는 강의

단위 테스트를 통해 발견할 수 있는 오류

- 알고리즘 오류에 따른 원치 않는 결과
- 탈출구가 없는 반복문의 사용
- 틀린 계산 수식에 의한 잘못된 결과

단위 테스트 도구

- Junit
- Cppunit
- Nunit
- HttpUnit

- 하향식 통합 테스트는 스텁(Stub)이 필요하고, 상향식 통합 테스트는 드라이버(Driver)가 필요하다.

읽는 강의

⑦ **신뢰성 테스트(Reliability Test)**: 소프트웨어가 오류를 발생시키고 고장(failure)을 내는 정도를 테스트한다.

⑧ **복구 테스트(Recovery Test)**: 소프트웨어가 자체 결함이나 하드웨어 고장, 데이터의 오류로부터 어떻게 회복하느냐를 평가하는 것이다.

⑨ **보수 용이성 테스트(Serviceability Test)**: 고장 진단, 보수 절차 및 문서 유지보수 단계에서의 작용을 얼마나 용이하도록 하고 있는가를 테스트한다.

(4) 인수 테스트(Acceptance Testing, 검증 테스트) 기출 2020년 3회

① 사용자측 관점에서 소프트웨어가 요구를 충족시키는가를 평가한다.

② 하나의 소프트웨어 단위로 통합된 후 요구사항 명세서를 토대로 진행한다. 명세서에는 유효성 기준(Validation Criteria) 절을 포함하고 있다.

③ 개발 집단이 사용자 집단을 대신하여 검토회의(Review, Inspection, Walkthrough) 등 일정한 방법을 사용하면서 품질 보증에 임하는 것이다.

④ **알파 테스트** 기출 2020년 1, 2, 4회

- 개발자의 장소에서 사용자가 개발자 앞에서 행하는 기법이다.
- 일반적으로 통제된 환경에서 사용자와 개발자가 함께 확인하면서 수행하는 검사이다.

⑤ **베타 테스트** 기출 2021년 1회

- 최종 사용자가 사용자 환경에서 검사를 수행하고, 일반적으로 개발자는 참석하지 않는다.
- 발견된 오류와 사용상의 문제점을 기록하여 추후에 반영될 수 있도록 개발 조직에게 보고해 주는 형식을 취한다.

3 테스트 시나리오

(1) 테스트 시나리오의 개요

① 테스트 시나리오는 테스트할 수 있는 모든 기능을 말하는 것으로, 테스트 조건 또는 테스트 가능성이라고 한다.

② 여러 개의 테스트 케이스의 집합을 수행하기 위한 동작 순서를 기술한 문서를 말하는 것으로, 테스트 절차 명세라고 할 수 있다.

• 테스트는 오류를 찾는 작업이고, 디버깅은 오류를 수정하는 작업이다.

(2) 테스트 시나리오 작성 목적

① 다양한 이해 관계자가 승인하여 테스트 중인 소프트웨어가 철저하게 테스트되었는지 확인할 수 있다.

② 소프트웨어의 종단 간 기능을 연구하기 위해 테스트 시나리오가 중요한 역할을 한다.

③ 최대한의 테스트 커버리지를 보장할 수 있다.

(3) 테스트 시나리오 작성 절차

절차	내용
1단계	요구사항 문서 리딩
2단계	각 요구사항에 대해 가능한 사용자 행동 및 목표 파악
3단계	적절한 분석 후에 소프트웨어의 각 기능을 검증하는 다양한 테스트 시나리오 나열
4단계	추적성 매트릭스 생성: 가능한 모든 테스트 시나리오를 나열하면 각 요구사항에 대한 테스트 시나리오가 있는지 확인을 위해 필요
5단계	생성된 시나리오 검토

더 알아보기 테스트 관련 법칙 기출 2020년 1, 2회, 2021년 2회

❶ Pareto의 법칙: 소프트웨어 테스트에서 오류의 80%는 전체 모듈의 20% 내에서 일어난다.

❷ Boehm의 법칙: 초기 개발 단계에서 결함을 발견하면 나중 단계에 발견하는 것보다 시간과 비용을 절약할 수 있다.

❸ Pesticide Paradox(살충제 패러독스): 동일한 테스트 케이스를 사용하여 반복적으로 테스트를 수행하면 새로운 버그를 찾지 못한다는 테스트 원리이다.

4 테스트 지식 체계(ISO/IEC 29119)

(1) ISO/IEC 29119의 개요

① 소프트웨어 테스팅을 위한 국제 표준으로 '검증 및 확인' 활동 중에서 동적 테스팅에 대한 절차와 기법 등을 다룬다.

② 소프트웨어 개발 생명주기 내에서 사용할 수 있는 테스트에 대한 어휘, 프로세스, 문서, 기법 및 프로세스 평가 모델을 정의한다.

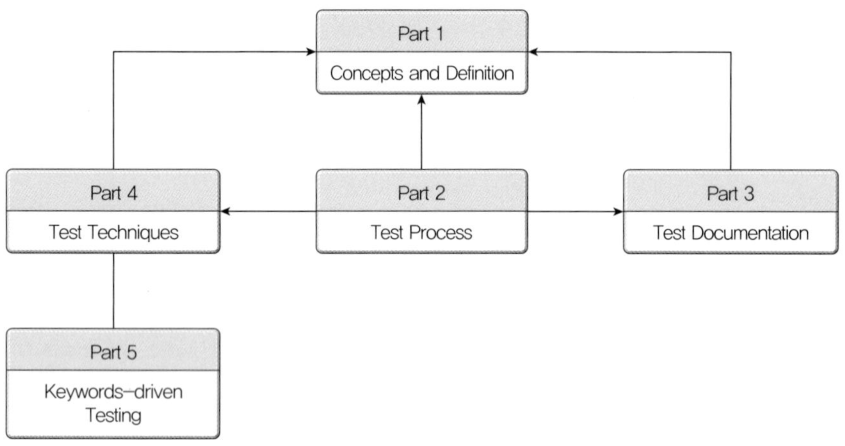

(2) ISO/IEC 29119의 구성

Part 1	개념 및 정의	전체에 대한 가이드 제공, 용어 정의, 테스팅의 개념이다.
Part 2	테스트 프로세스	조직, 테스트, 동적 테스트의 세 가지 수준의 다계층 프로세스 모델 설명이다.
Part 3	테스트 문서화	테스트 문서의 견본과 예시와 테스트 프로세스의 단계별 산출 문서의 작성 방법과 포함될 내용 등을 제공한다.
Part 4	테스트 기법	테스트 설계 및 구현 단계에서 활용할 수 있는 명세 기반 테스트 설계, 구조 기반 테스트 설계, 경험 기반 테스트 설계 기법을 제공한다.
Part 5	키워드 주도 테스팅	키워드 주도 테스팅에 대한 소개와 접근 방법을 제공하는 부분으로 키워드 주도 테스팅을 위한 프레임워크, 도구에 대한 요구사항이다.

읽는 강의

결함 집중

애플리케이션 결함의 대부분은 소수의 특정한 모듈에 집중되어 존재한다. 파레토 법칙이 좌우한다. 결함은 발생한 모듈에서 계속 추가로 발생할 가능성이 높다.

개념확인 문제

01 다음은 소프트웨어 품질 확보를 위해 수행되는 테스트를 그 목적에 따라 분류한 것이다. 괄호 (ⓐ)에서부터 괄호 (ⓓ)까지에 들어갈 용어가 순서대로 바르게 짝지어진 항은?

> 시험을 시험 목적에 따라 분류해 보면, 주어진 입력에 기대되는 출력을 제공하느냐를 시험하는 (ⓐ) 시험과, 응답 시간이나 처리량, 메모리 활용도 그리고 처리 속도 등을 시험하는 (ⓑ) 시험이 있으며, 과다한 거래량이 부과될 때 최저 조건에 미달되고 최고 조건을 초과할 때 또는 물리적인 충격이나 변화에 대한 반응 정도로 신뢰성을 시험하는 (ⓒ) 시험, 그리고 소프트웨어에 내재되어 있는 논리 경로(path)의 복잡도를 평가하는 (ⓓ) 시험이 있다.

	ⓐ	ⓑ	ⓒ	ⓓ
①	기능	성능	스트레스	구조
②	기능	성능	구조	스트레스
③	단위	통합	스트레스	구조
④	단위	통합	구조	스트레스

02 소프트웨어에서 개발 단계 초기에 결함을 발견하면 나중 단계에 발견하는 것보다 시간과 비용을 절약할 수 있다는 법칙은?

① Brooks의 법칙
② Boehm의 법칙
③ Pareto의 법칙
④ Jackson의 법칙

정답 & 해설

01
- 기능 시험: 주어진 입력에 기대되는 출력을 제공하느냐를 시험한다.
- 성능 시험: 소프트웨어의 효율성을 진단하는 것으로서 응답 속도, 처리량, 처리 속도 등을 테스트한다.
- 스트레스 시험: 소프트웨어에게 다양한 스트레스를 가해 보는 것으로 민감성 테스트(Sensitivity Test)라고 불리기도 한다.
- 구조 시험: 소프트웨어에 내재되어 있는 논리 경로(Path)의 복잡도를 평가하는 시험이다.

02 ② Boehm의 법칙은 개발 단계 초기에 결함을 발견하면 나중 단계에 발견하는 것보다 시간과 비용을 절약할 수 있다는 법칙이다.

| 정답 | 01 ① 02 ②

02 애플리케이션 통합 테스트

읽는 강의

기출 키워드
- 하향식 통합
- 상향식 통합

출제 예상 키워드
- 통합 테스트
- 테스트 자동화 도구

1 결함 관리 도구

(1) 결함 관리

테스트 수행 후 발생한 결함들이 다시 발생되는 것을 방지하기 위하여 결함을 추적하고, 관리하는 활동을 결함 관리라고 한다.

(2) 관리 시스템

① 결함 관리 시스템(Defect Management System)

② 버그 추적 시스템(Bug Tracking System)

③ 이슈 관리 시스템(Issue Tracking System)

(3) 결함 관리 상용 도구

① HP QC(Quality Center)

② IBM Clear Quest

③ JIRA

(4) 결함 관리 오픈 소스 도구

Bugzilla	설치가 다소 어렵지만, 다양한 플러그인 기능을 제공(프로젝트 관리 도구, 이클립스 등)
Trac	• 버그 관리 • 개발 태스크용 이슈 관리 • 소스 코드 형상 관리 및 위키 기반의 문서 관리
Mantis	• 버그 관리에 최적화 • 설치와 상용법이 매우 용이 • 일반적으로 결함만 관리한다면 많이 권장

2 테스트 자동화 도구

테스트 자동화 도구는 테스트에 포함되는 여러 과정들을 자동적으로 지원하여 생산성 및 일관성을 향상시킬 수 있다.

(1) 자동화된 테스팅의 필요성

① 수동 테스팅의 모든 작업 흐름, 모든 분야, 모든 부정적인 시나리오들이 시간과 비용을 소비한다.

② 수동적으로 다양한 언어로 된 사이트들을 테스트하는 것은 어렵다.

③ 자동화는 사람의 개입을 요구하지 않는다. 본인이 현장에 있지 않아도 밤새도록 자동화된 테스트를 실행할 수 있다.

④ 자동화는 테스트 실행 속도를 향상시킨다.

⑤ 자동화는 테스트 범위를 넓히는 데 도움을 준다.

⑥ 수동 테스팅은 다소 지루해 질 수 있기 때문에 실수를 범하기 쉽다.

(2) 테스트 자동화 도구의 유형

① **정적 분석 도구**: 프로그램을 실행하지 않고 분석하는 도구이다.

② **테스트 실행 도구**: 스크립트 언어를 사용해 테스트를 실행하는 도구이다.

③ **성능 테스트 도구**: 애플리케이션 처리량, 응답 시간, 자원 사용률 등을 적용한 가상의 사용자를 만들어 테스트를 수행하는 도구이다.

④ **테스트 통제 도구**: 테스트 계획 및 관리, 테스트 수행, 결함 관리 등을 수행하는 도구이다.

⑤ **테스트 하네스 도구**: 애플리케이션의 컴포넌트를 테스트하는 환경의 일부분을 테스트 하네스라고 하며, 테스트를 지원하기 위해 만들어진 코드와 데이터를 사용하는 도구이다.

(3) 테스트 자동화 도구

① **QTP**: HP의 기능적 테스팅 툴로, 종합적인 테스트 운영 툴인 Quality Center와 함께 사용될 수 있다.

② **Rational Robot**: IBM의 툴이며, ERP 애플리케이션과 마찬가지로 클라이언트/서버, 전자상거래를 위한 회귀, 기능적, 환경 설정 테스트를 자동화하기 위해 사용된다.

③ **Selenium**: 오픈 소스 웹 자동화 툴이며, 모든 종류의 웹 브라우저들을 지원한다.

읽는 강의

- Selenium은 인터페이스 구현 검증 도구의 하나이다.

3 통합 테스트

(1) 통합 테스트의 개요

① 단위 검사가 끝난 모듈들을 하나로 결합하여 시스템으로 완성하는 과정에서의 테스트이다.

② 모듈 간의 인터페이스와 연관된 오류를 밝히기 위한 테스트와 함께 프로그램 구조를 구축하는 체계적인 기법이다.

③ 시스템을 구성하는 모듈 사이의 인터페이스와 결합을 테스트하며, 시스템 전체의 기능과 성능을 테스트한다.

④ 통합 테스트는 시스템을 구성하는 여러 모듈을 어떤 순서로 결합하여 테스트할 것이냐에 따라 동시식(Big-Bang), 하향식(Top-down), 상향식(Bottom-up), 연쇄식(Threads) 등으로 나뉜다.

(2) 동시식 통합(Big-Bang Approach, 비점진적 통합, 차분 통합 검사)

① 단계적으로 통합하는 절차 없이 모든 모듈이 한꺼번에 결합되어 하나로 테스트한다.

② 혼란스럽고, 결함의 원인 발견이 어려우며 통합기간이 훨씬 많이 소요되므로 바람직하지 않다.

(3) 하향식 통합 기출 2020년 1, 2, 3회, 2021년 1회, 2022년 1회

① 하향식 통합의 특징

- 주 프로그램으로부터 그 모듈이 호출하는 다음 레벨의 모듈을 테스트하고, 점차적으로 하위 모듈로 이동하는 방법이다.
- 검사 제어 소프트웨어: 스텁(Stub) – 모듈 간의 통합 테스트를 위해 일시적으로 필요한 조건만을 가지고 임시로 제공되는 시험용 모듈이다.
- 드라이버는 필요치 않고 통합이 시도되지 않은 곳에 스텁이 필요하다. 통합이 진행되면서 스텁은 실제 모듈로 교체된다.

• 통합 방식: 깊이 우선 통합, 너비 우선 통합

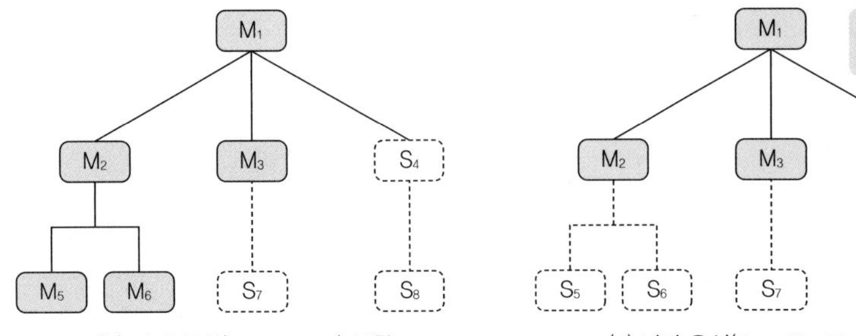

▲ (A) 깊이 우선(Depth-First) 통합 ▲ (B) 너비 우선(Breadth-First) 통합

② 하향식 통합의 순서

- 주 모듈을 드라이버로 사용하고, 주 모듈의 하위 모듈들을 스텁으로 대신한다.
- 깊이 우선 또는 너비 우선 등의 통합 방식에 따라 하위 스텁들을 실제 모듈과 대체한다.
- 각 모듈이 통합될 때마다 테스트를 실시한다.
- 테스트를 통과할 때마다 또 다른 스텁이 실제 모듈로 대체된다.
- 새로운 오류가 발생하지 않음을 보장하기 위해 회귀 테스트를 실시한다.

③ 하향식 통합의 장단점

장점	• 하위 모듈 시험이 끝난 상위 모듈을 이용하므로 테스트 환경이 실제 가동 환경과 유사하다. • 주요 기능을 조기에 시험할 수 있다. • 처음부터 독립된 소프트웨어 구조이다.
단점	병행 작업이 어렵고, 스텁이 필요하다.

(4) 상향식 통합 기출 2021년 3회, 2022년 2회

① 상향식 통합의 특징

- 시스템 하위 레벨의 모듈로부터 점진적으로 상위 모듈로 통합하면서 테스트하는 기법이다.
- 검사 제어 소프트웨어: 드라이버(Driver) – 테스트 사례를 입력받고, 테스트를 위해 받은 자료를 모듈로 넘기고, 관련된 결과를 출력하는 메인 프로그램이다.
- 스텁은 필요치 않고 드라이버가 필요하다.

② 상향식 통합의 순서

- 하위 모듈은 소프트웨어의 부수적 기능을 수행하는 클러스터(Cluster)로 조합한다.
- 각 클러스터의 테스트를 위한 시험 사례 입출력을 조정하도록 드라이버를 개발한다.
- 각 클러스터를 테스트한다.
- 드라이버를 제거하고 클러스터는 위로 이동하며, 소프트웨어 구조를 상향식으로 만들어간다.
- 최종 드라이버 대신 주프로그램을 대체시키고, 전체적인 소프트웨어 구조를 완성한다.

③ 상향식 통합의 장단점

장점	• 초기 단계부터 병행 작업이 가능하고, 불필요한 개발(스텁)을 피할 수 있다. • 철저한 모듈 단위의 시험이 가능하다.
단점	인터페이스의 시험이 가정에 의해 이루어지며, 마지막 단계까지 독립된 소프트웨어 형태를 갖지 못한다.

(5) 연쇄식(Threads) 통합

① 연쇄식 통합의 특징

- 특수하고 중요한 기능을 수행하는 최소 모듈 집합을 먼저 구현하고, 보조적인 기능의 모듈은 나중에 구현하여 테스트한 후 계속 추가한다.

읽는 강의

기출 2022년 1회

테스트 드라이버

시험 대상 모듈을 호출하는 간이 소프트웨어이다. 필요에 매개 변수를 전달하고 모듈을 수행한 후의 결과를 보여 줄 수 있다. 상향식 통합 테스트에서 사용된다.

- 제일 먼저 구현되고 통합될 모듈은 중심을 이루는 기능을 처리하는 모듈의 최소 집합이다. 이렇게 점차적으로 구축된 스레드에 다른 모듈을 추가시켜 나간다.

② 연쇄식 통합의 기법

- 샌드위치형 통합: 하위 수준에서는 상향식 통합을, 상위 수준에서는 하향식 통합을 진행하며 최적의 테스트 환경을 지원하는 방식이다.
- 샌드위치 테스트(Sandwich Test): 우선적으로 통합을 시도할 중요 모듈(Critical Module)을 선정하여 중요 모듈로부터 쌍방향으로 통합을 진행한다. 중요 모듈은 다음과 같은 특성을 지닌 모듈이 좋다.
  - 사용자의 요구 기능을 많이 발휘하는 모듈
  - 계층구조의 상위에 위치하여 제어 기능을 갖춘 모듈
  - 구조가 복잡하거나 오류 발생률이 높은 모듈
  - 분명한 성능 요구를 충족시켜야 하는 모듈
- 회귀 테스트(Regression Testing): 변경된 소프트웨어 컴포넌트에 초점을 맞춘 테스트
  - 새로운 결함 발생의 가능성에 대비하여 이미 실시했던 테스트 사례들의 전부 혹은 일부를 재실시하여 테스트하는 것이다.
  - 변화들이 의도하지 않은 부작용을 전파하지 않는 것을 확인하기 위해 실시한다.
  - 모든 테스트 사례를 재실행하거나 자동화한 Capture/Playback Tools을 사용하여 수동적으로 수행될 수 있다.

읽는 강의

개념확인 문제

기출 2020년 1, 2회

01 하향식 통합에 있어서 모듈 간의 통합 테스트를 위해 일시적으로 필요한 조건만을 가지고 임시로 제공되는 테스트용 모듈을 무엇이라고 하는가?

① Stub
② Driver
③ Procedure
④ Function

기출 2020년 1, 2회

02 검증 검사 기법 중 개발자의 장소에서 사용자가 개발자 앞에서 행하는 기법이며, 일반적으로 통제된 환경에서 사용자와 개발자가 함께 확인하면서 수행되는 검사는?

① 동치 분할 검사
② 형상 검사
③ 알파 검사
④ 베타 검사

정답 & 해설

01 하향식 통합: 주 프로그램으로부터 그 모듈이 호출하는 다음 레벨의 모듈을 테스트하고, 점차적으로 하위 모듈로 이동하는 방법이다. 드라이버는 필요치 않고 통합이 시도되지 않은 곳에 스텁이 필요하며, 통합이 진행되면서 스텁은 실제 모듈로 교체된다.

02 문제에서 말하는 검사는 ③ 알파 검사로, 특정 사용자들에 의해 개발자 위치에서 테스트를 실행한다. 즉, 관리된 환경에서 수행된다.

| 정답 | 01 ① 02 ③

03 애플리케이션 성능 개선

기출 키워드
- 정적 분석 도구
- 소스 코드 정적 분석

출제 예상 키워드
- 동적 분석 도구

읽는 강의

1 소스 코드 품질 분석 도구

(1) 소스 코드 품질 분석 도구의 개요

① 소프트웨어 산업으로의 다양성 확대, 기능 확장, 복잡도 증가 등의 이유로, 소프트웨어 검증, 테스팅 등의 품질 관련한 부분이 중요해지고 있다. 이에 품질 분석 도구는 더 중요한 요소가 되고 있다.

② 소스 코드 품질 분석 도구는 정적 분석, 동적 분석 도구로 나눌 수 있다.

(2) 정적 분석 도구

① 소스 코드의 실행 없이 코드 자체만으로 코드를 분석하는 도구이다.

② 코딩 스타일 적정 여부, 코드에 있는 오류나 잠재적인 오류, 코딩 표준 준수, 데이터 정의의 충돌이나 잘못된 데이터 사용 여부 등을 확인할 수 있다.

③ 자료 흐름이나 논리 흐름을 분석하여 비정상적인 패턴을 찾을 수 있다.

④ **종류**: cppcheck, pmd, checkstyle 등

소스 코드 정적 분석
소스 코드를 실행시키지 않고 분석한다. 코드에 있는 오류나 잠재적인 오류를 찾아내기 위한 활동이다. 자료 흐름이나 논리 흐름을 분석하여 비정상적인 패턴을 찾을 수 있다.

(3) 동적 분석 도구

① 프로그램을 실행하여 코드를 분석하는 도구이다.

② **종류**: Valgrind, Avalanche, valMeter 등

2 코드 최적화

(1) 코드 최적화의 개요

① 코드 최적화는 동등한 의미를 가지면서 실행 시간이나 메모리를 줄이는 것이라 할 수 있다.

② 크기가 작고 보다 빠르며 기억장소 요구량이 작은 코드로 개선하는 것이다.

(2) 코드 최적화 규칙

① 코드를 최적화하기 위해 가장 중요한 것은 프로그램을 이루는 각각의 모듈 중 어느 부분이 느리게 작동하는지, 큰 메모리를 소비하는지를 찾아내야 한다.

② 컴파일러의 버전과 종류, 만들고자 하는 애플리케이션의 특징을 고려해야 한다.

③ 느슨한 결합을 지향하여 부품 간의 상호 의존성을 최소화한다.

④ 표준적인 코딩 형식을 사용하며, 주석문은 반드시 작성한다.

개념확인 문제

기출 2020년 1, 2회

01 소스 코드 품질분석 도구 중 정적 분석 도구가 아닌 것은?

① pmd　　② cppcheck
③ valMeter　　④ checkstyle

정답 & 해설

01 ③ valMeter는 동적 분석 도구에 속한다.
- 정적 분석 도구: cppcheck, pmd, checkstyle 등

| 정답 | 01 ③

개념적용 문제

01 애플리케이션 테스트 케이스 설계

01 난이도 상 중 하

다음 중 인수 테스트(Acceptance Test)에 대한 설명으로 옳지 않은 것은?

① 인수 테스트의 목적은 사용자에게 소프트웨어가 개발되어 사용할 준비가 되었다는 확신을 주기 위한 것이다.
② 베타 테스트는 선택된 사용자가 개발자 환경에서 수행하는 인수 테스트이다.
③ 사용자 스토리를 작성하면서 함께 작성한 테스트 시나리오에 따라 고객이 직접 테스트한다.
④ 개발자팀이 소프트웨어를 사용자에게 배포하여 사용자가 자신의 컴퓨터 환경 또는 실제 상황에서 수행하는 테스트이다.

02 난이도 상 중 하 2021년 1회

테스트 케이스에 일반적으로 포함되는 항목이 아닌 것은?

① 테스트 조건 ② 테스트 데이터
③ 테스트 비용 ④ 예상 결과

03 난이도 상 중 하

다음 중 소프트웨어 테스트에 대한 설명으로 옳지 않은 것은?

① 소프트웨어 테스트는 시스템의 실행 동작을 관찰하여 고장인지 아닌지 판단하는 것이다.
② 소프트웨어 테스트는 소프트웨어 품질을 위해 아주 중요한 작업이다.
③ 테스트 작업의 결과는 결함이 있음을 나타내기 때문에 결함이 없다는 것을 증명하는 것이다.
④ 테스트 작업은 단위 테스팅, 통합 테스팅, 시스템 테스팅, 인수 테스팅으로 여러 단계를 나누어 진행한다.

02 애플리케이션 통합 테스트

04 난이도 상 중 하

다음 아래에서 설명하는 테스트 자동화 도구로 옳은 것은?

> IBM의 툴이며, ERP 애플리케이션과 마찬가지로 클라이언트/서버, 전자상거래를 위한 회귀, 기능적, 환경 설정(Configuration) 테스트를 자동화하기 위해 사용된다.

① Selenium
② Rational Robot
③ QTP
④ STAF

05 난이도 상 중 하 2013년 3회

상향식 통합 테스트에 대한 설명으로 옳지 않은 것은?

① 깊이 우선 통합법 또는 넓이 우선 통합법에 따라 스텝을 실제 모듈로 대치한다.
② 테스트를 위해 드라이버를 생성한다.
③ 하위 모듈들을 클러스터로 결합한다.
④ 하위 모듈에서 상위 모듈 방향으로 통합하면서 테스트한다.

03 애플리케이션 성능 개선

06 난이도 상중하

코드의 정적 분석 도구를 통하여 찾을 수 있는 오류에 해당하지 않는 것은?

① 특정 모듈의 실행 시간 메모리 사용량 초과
② 데이터 정의의 충돌이나 잘못된 데이터 사용
③ 실행 경로가 없는 Dead Code
④ 원시 코드의 구조적 결함

07 난이도 상중하

소스 코드 품질 분석 도구 중 정적 분석 도구가 아닌 것은?

① checkstyle
② cppcheck
③ pmd
④ Avalanche

정답&해설

01 애플리케이션 테스트 케이스 설계 〉 테스트 레벨
- 베타 테스트: 최종 사용자가 사용자 환경에서 수행하는 인수 테스트이다.
- 알파 테스트: 선택된 사용자가 개발자 환경에서 수행하는 인수 테스트이다.

02 애플리케이션 테스트 케이스 설계 〉 테스트 케이스
- 테스트 케이스 항목: 식별자 번호, 테스트 조건, 테스트 데이터, 수행 절차, 예상 결과

03 애플리케이션 테스트 케이스 설계 〉 테스트 레벨
③ 테스트 작업의 결과는 결함이 있음을 나타내기는 하지만 결함이 없다는 것을 증명하는 것은 아니다. 오랜 기간 동안 관찰과 시험을 했다고 해서 시스템에 결함이 없다고 주장할 수는 없다.

04 애플리케이션 통합 테스트 〉 테스트 자동화 도구
② Rational Robot: IBM의 툴이며, ERP 애플리케이션과 마찬가지로 클라이언트/서버, 전자 상거래를 위한 회귀, 기능적, 환경 설정(configuration) 테스트를 자동화하기 위해 사용된다.

오답 해설
① Selenium: 오픈 소스 웹 자동화 툴이며, 모든 종류의 웹 브라우저들을 지원한다.
③ QTP: HP의 기능적 테스팅 툴이다. QTP는 종합적인 테스트 운영 툴인 Quality Center와 함께 사용될 수 있다.
④ STAF: 서비스 호출, 컴포넌트 재사용 등 다양한 환경을 지원하는 테스트 프레임워크이다.

05 애플리케이션 통합 테스트 〉 통합 테스트
① 깊이 우선 통합법 또는 넓이 우선 통합법에 따라 스텁을 실제 모듈로 대체하는 방법은 하향식 통합이다.

06 애플리케이션 성능 개선 〉 소스 코드 품질 분석 도구
① 정적 분석은 소스 코드의 실행 없이 코드 자체만으로 코드를 분석하는 방법으로 실행 시간 메모리 사용량 초과에 대한 오류는 찾을 수 없다.

07 애플리케이션 성능 개선 〉 소스 코드 품질 분석 도구
정적 분석 도구에는 cppcheck, pmd, checkstyle 등이 있다. ④ Avalanche는 동적 분석 도구이다.

| 정답 | 01 ② 02 ③ 03 ③ 04 ② 05 ① 06 ① 07 ④

Chapter

05 인터페이스 구현

반복이 답이다! | □ 1회독 월 일 | □ 2회독 월 일 | □ 3회독 월 일

01 인터페이스 설계 확인

읽는 강의

기출 키워드
• EAI 구축 유형

출제 예상 키워드
• 인터페이스 목록

1 인터페이스 기능 확인

(1) 인터페이스 기능

인터페이스 기능은 내부나 외부 모듈 간의 연계 기능을 말한다.

(2) 인터페이스 설계서

① 시스템 내외부 인터페이스를 식별하고 인터페이스의 명세를 기술한다.

② 인터페이스 명세서는 각각의 인터페이스 설계를 상세하게 적어 놓은 문서이다.

(3) 인터페이스 목록

구분		내용
송신	인터페이스 번호	송신 시스템의 인터페이스 일련번호를 기입한다.
	일련번호	한 개의 송신 단위에서 여러 개의 서브시스템으로 동시에 전송되는 경우에는 순차적으로 기술한다.
	시스템명	송신 시스템명을 기술한다.
	프로그램 ID	송신에 해당하는 프로그램 ID를 기입한다.
전달	처리 형태	Batch/Online 등 인터페이스를 처리하는 형태를 기술한다.
	인터페이스 방식	통신 프로토콜 및 통신 기술 방식을 기술한다.
	발생 빈도	• 인터페이스 발생 빈도를 기술한다. • '회수/주기'의 형식으로 기술한다.
수신	상대 담당자	수신 시스템의 업무 담당자명을 기술한다.
	프로그램 ID	수신과 관련된 프로그램 ID를 기입한다.
	수신 시스템명	인터페이스 수신 시스템명을 기술한다.
	일련번호	수신 시스템의 동일 인터페이스가 여러 시스템에서 동시에 수신을 받는 경우에 순차적으로 번호를 부여한다.
	수신번호	수신 식별번호를 기입한다.
관련 요구사항 ID		해당 인터페이스와 관련된 분석 단계의 '사용자 요구사항 정의서'의 요구사항 ID를 기입한다.
비고		특이사항 등을 기입한다.

인터페이스 간의 통신을 위해 이용되는 데이터 포맷
XML, JSON, YAML

2 데이터 표준 확인

(1) 인터페이스 데이터 표준

① 이질적인 시스템 간의 의사소통(송수신) 시 데이터 형식이 맞지 않는 경우가 발생한다. 이때, 데이터 연계 코드 변환 및 매핑 처리가 필요하다.

② 송수신되는 연계 정보에 포함된 코드를 변환하는 방법에는 송신 시스템 코드를 수신 시스템 코드로 매핑해 주는 방법과 송수신 시스템에서 사용되는 코드를 통합하여 표준화한 후 매핑해 주는 방법이 있다.

(2) EAI(Enterprise Application Integration, 기업 내·외부 정보 시스템 통합)

① **개념**: 기업의 내부 및 외부 애플리케이션 사이의 통합을 위해 제공되는 프로세스로, 기술 및 툴의 집합이다.

② 구성 요소

구분	내용
EAI Platform	• 데이터 전송을 보장하는 메시지 큐와 트랜잭션 미들웨어 기능 수행 • 유연성이 있고, 대규모 사용자 환경까지 사용할 수 있는 확장성 보장
Application Adaptor	• 다양한 패키지 애플리케이션 및 기업에서 자체적으로 개발한 애플리케이션을 신속하고 재사용성이 높은 인터페이스 지원 • DB, CRM, ERP, DW 등 애플리케이션을 연결하는 어댑터
브로커(Broker)	• 시스템 상호 간의 데이터가 전송될 때, 데이터 포맷과 코드를 변환하는 솔루션 • 일종의 Mediator & Wrapper 기능 수행
Business Workflow	미리 정의된 기업의 비즈니스 Workflow에 따라 업무를 처리해 주는 기능

③ 주요 기능

구분	내용
비즈니스 프로세스 관리 기능	각 업무 시스템 및 App 상호 간에 데이터 교환과 더불어 각 업무에 대한 흐름을 어떤 시점 또는 어떤 이벤트에 따라서 어디에서 어디로 업무가 진행되어야 하는지를 정의하고 운용할 수 있는 기능이다.
데이터 브로커 기능	App 상호 간에 중개되는 데이터를 자동 변환하여 전달하고, 데이터 소스에서 지정된 대상 시스템까지 연결한다.
APP 접근 기능	• 패키지 App 또는 메인프레임과 같은 이기종 시스템과의 접속을 위한 기능이다. • 해당 SW와 플랫폼 사이에 위치하며 데이터 중개 및 App 연동의 인터페이스를 제공한다.
데이터 접근 기능	데이터에 대한 통합을 담당하는 영역으로 주로 데이터의 전송, 타입 변환, 데이터의 정제 및 추출 기능이다.
플랫폼 기능	EAI의 기반이 되는 App 서버 또는 미들웨어로 구성되어 있는 영역으로 EAI를 안정성있게 실행하고, EAI 모든 기능들이 정상적으로 동작할 수 있도록 하는 기능이다.

읽는 강의

ESB(Enterprise Service Bus)
애플리케이션 통합 측면에서 EAI와 유사하다고 볼 수 있지만, 애플리케이션보다는 서비스 중심의 통합을 지향하는 아키텍처이다.

④ EAI 구축 유형 기출 2020년 1, 2, 4회, 2021년 2회

구분	내용
Point-to-Point	1:1 방식으로 애플리케이션 통합 수행
Hub & Spoke	• 모든 데이터가 허브를 통해 전송 • 데이터 전송이 보장되며, 유지보수 비용 절감
메시지 버스 (Message Bus)	• 데이터를 전송하는 데 버스를 이용하므로 병목 현상 발생 가능 • 대량의 데이터 교환에 적합 • 애플리케이션 사이에 미들웨어를 두어 처리
하이브리드 (Hybrid)	• Hub & Spoke 방식과 메시지 버스 방식의 통합 • 유연한 통합 작업 가능 • 필요한 경우 한 가지 방식으로 EAI 구현 가능 • 데이터 병목 현상, 최소화 가능

⑤ EAI 통합 4단계

구분	내용
데이터	데이터 추출, 데이터 변환, 데이터 라우팅 및 갱신
애플리케이션	메시지, API 통한 직접적 수행
비즈니스 로직	분산 비즈니스 오브젝트를 통한 시스템별 비즈니스 로직 프로비저닝
사용자 인터페이스	애플리케이션의 입출력 포인트, 전용 시스템에 유용

읽는 강의

개념확인 문제

01 EAI(Enterprise Application Integration)의 구축 유형 중에서 데이터 전송 시에 버스를 이용하므로 병목 현상이 발생할 수 있는 것으로 옳은 것은?

① Point-to-Point
② Hub & Spoke
③ Message Bus
④ Tree

02 EAI(Enterprise Application Integration)의 구성 요소로 옳지 않은 것은?

① Application Adaptor
② EAI Platform
③ Broker
④ Hub & Spoke

정답 & 해설

01 ③ Message Bus는 데이터 전송 시에 버스를 이용하므로 병목 현상이 발생할 수 있고, 대량의 데이터 교환에 적합하다.

02 ④ Hub & Spoke는 EAI 구축 유형에 해당한다.
• EAI 구성 요소: EAI Platform, Application Adaptor, Broker, Business Workflow

| 정답 | 01 ③ 02 ④

02 인터페이스 기능 구현

기출 키워드
- 인터페이스 보안 기능

출제 예상 키워드
- IPSec(IP Security)

읽는 강의

1 인터페이스 보안

(1) 인터페이스 보안의 개요

① 인터페이스는 대표적으로 **스니핑**, 데이터의 무결성을 낮추는 변조에 대한 취약성이 있다.

② 인터페이스 보안은 위와 같은 취약성이나 위협으로부터 보호하는 것이다.

스니핑(Sniffing)
- 네트워크 통신 내용을 도청하는 행위이다.
- 네트워크 상에서 다른 상대방들의 패킷 교환을 엿듣는 것을 의미하며, 이때 사용되는 도구를 패킷 분석기 또는 패킷 스니퍼라고 한다. 이는 네트워크의 일부나 디지털 네트워크를 통하는 트래픽의 내용을 저장하거나 가로채는 기능을 하는 SW/HW이다.

(2) 인터페이스 보안 기능 기출 2020년 1, 2, 3, 4회

① 인증 보안(보안토큰) 수행 ② 암호화

③ 민감 정보의 가상화를 통한 비식별화 조치 ④ 이상 거래 탐지

(3) 인터페이스 데이터의 보안

① IPSec(IP Security)

- IPSec은 안전하지 않은 네트워크 상의 두 컴퓨터 사이에 암호화된 안전한 통신을 제공하는 프로토콜이다.
- IPSec은 네트워크 계층의 보안에 대해서 안정적인 기초를 제공하며, 주로 방화벽이나 게이트웨이 등에서 구현된다.
- IP **스푸핑**이나 스니핑 공격에 대한 대응 방안이 될 수 있다.
- AH(Authentication Header)
  - 데이터가 전송 도중에 변조되었는지를 확인할 수 있도록 데이터의 무결성에 대해 검사한다.
  - 데이터를 스니핑한 뒤 해당 데이터를 다시 보내는 재생 공격(Replay Attack)을 막을 수 있다.
- ESP(Encapsulating Security Payload)
  - 메시지의 암호화를 제공한다.
  - 사용하는 암호화 알고리즘으로는 DES-CBC, 3DES, RC5, IDEA, 3IDEA, CAST, blowfish가 있다.
- IKE(Internet Key Exchange)
  - ISAKMP(Internet Security Association and Key Management Protocol), SKEME, Oakley 알고리즘의 조합으로, 두 컴퓨터 간의 보안 연결(SA: Security Association)을 설정한다.
  - IPSec에서는 IKE를 이용하여 연결이 성공하면 8시간 동안 유지하므로, 8시간이 넘으면 SA를 다시 설정해야 한다.

스푸핑(Spoofing)
- 자신을 타인이나 다른 시스템에게 속이는 행위를 의미한다.
- 예를 들어, 특정 호스트에게만 접근권한을 준다고 가정했을 경우 해커는 자신이 특정 호스트로부터 접근하려는 것처럼 속이려 하며, 이를 스푸핑이라 한다.

② SSL(Secure Socket Layer)

- 인터넷을 통해 전달되는 정보 보안의 안전한 거래를 허용하기 위해 Netscape사에서 개발한 인터넷 통신 규약 프로토콜이다.
- SSL은 WWW뿐만 아니라 텔넷, FTP 등 다양한 인터넷 서비스 분야에도 활용이 가능하다. SSL의 암호화 표준은 미국 보안전문업체인 RSA사의 방식을 따르고 있다.
- SSL 규약은 크게 3가지 기능이 있는데 암호화(Encryption), 인증(Authentication), 메시지 확인 규칙(Message Authentication Code)이다.
- SSL은 S-HTTP와는 다르게 HTTP뿐만 아니라 telnet, ftp 등 다른 응용 프로그램에서도 사용할 수 있다.

- SSL은 여러 암호화 알고리즘을 지원하고 있다. HandShake Protocol에서는 RSA 공개키 암호 체제를 사용하고 있으며, HandShake가 끝난 후에는 여러 해독 체계가 사용된다. 해독 체계 중에는 RC2, RC4, IDEA, DES, TDES, MD5 등의 알고리즘이 있다.
- 공개키 증명은 X.509의 구문을 따르고 있다.

③ TLS(Transport Layer Security)

- 마이크로소프트사는 IETF와 넷스케이프사에 인터넷 상거래를 위한 호환성 있는 솔루션을 보장하기 위해 SSL V3/PCT 조합의 구현을 제안하게 되고, IETF에서는 이를 수용하여 TLS라는 이름으로 표준을 만들게 되었다. 1997년 SSL 3.0을 기반으로 하여 프로토콜 초안이 발표되었다.
- 기존의 SSL과 몇 가지 차이점은 무결성 검사에 MD5 대신 HMAC을 사용하고, 지원되는 암호 알고리즘이 약간 다르다는 것이다.

④ S-HTTP(Secure HyperText Transfer Protocol)

- Rescorla와 Schiffman에 의해 개발된 HTTP 프로토콜의 확장판이다.
- HTTP 프로토콜에 송신자 인증, 메시지 기밀성과 무결성, 부인 방지 기능을 확장한 프로토콜이다.

(4) 인터페이스 구현 검증 및 오류 발생

① 인터페이스 구현 검증

- 인터페이스가 정상적으로 잘 작동하는지를 확인하는 것이다.
- 검증을 위해 인터페이스 구현 검증 도구와 감시 도구를 이용하여 인터페이스의 동작 상태를 주기적으로 확인한다.

② 인터페이스 오류 발생 확인

- 주기적으로 시스템 로그, 오류 관련 테이블 등을 통해 오류 발생 여부 확인을 관리자가 해야 한다.
- 인터페이스 오류 로그 확인: 오류 발생 시 별도 로그 파일을 생성하여 보관한다. 오류 로그 파일은 시스템 관리자나 운영자만 확인 가능하며, 자세한 오류 원인 및 내역 확인 가능해야 한다.
- 인터페이스 오류 테이블 확인: 오류사항을 인터페이스 관련 테이블에 기록해야 한다.
- 인터페이스 감시(APM) 도구 사용: 여러 인터페이스 감시 도구를 사용하여 오류 발생 여부를 주기적으로 확인해야 한다.

2 소프트웨어 연계 테스트

① 송신 시스템과 수신 시스템 간의 연계 테스트를 말하며, 연계 서버를 이용하였을 때의 전송 여부나 무결성을 테스트한다.

② 소프트웨어 연계 테스트도 연계 단위 테스트와 연계 통합 테스트 등이 있다.

인터페이스 보안을 위해 네트워크 영역에 적용될 수 있는 솔루션
IPSec, SSL, S-HTTP

개념확인 문제

기출 2020년 1, 2회

01 인터페이스 보안을 위해 네트워크 영역에 적용될 수 있는 솔루션과 거리가 먼 것은?

① IPSec ② SMTP
③ SSL ④ S-HTTP

정답 & 해설

01 ② SMTP는 보안과 관련된 프로토콜이 아니고, 이메일과 관련된 프로토콜이다.

| 정답 | 01 ②

03 인터페이스 구현 검증

기출 키워드
- 인터페이스 구현 검증 도구

출제 예상 키워드
- 인터페이스 명세서

읽는 강의

1 설계 산출물

① 인터페이스 구현 검증에 사용되는 산출물은 인터페이스 명세서와 인터페이스 구현 검증 시나리오를 기반으로 테스트 자동화 수행 도구를 사용하여 테스트 검증을 진행한다.
② 인터페이스 구현 검증에 필요한 설계 산출물은 인터페이스 명세서와 인터페이스 단위 및 통합 테스트 설계서이다.

2 인터페이스 명세

① 인터페이스 정의서에는 송신 시스템과 수신 시스템 간의 인터페이스 현황을 작성한다.
② 인터페이스 명세서는 인터페이스 정의서에 작성한 인터페이스 ID 별로 송수신하는 데이터 타입, 길이 등 인터페이스 항목을 상세히 작성한다. (인터페이스 번호, 송신 시스템(시스템명, 데이터 저장소명, 속성명, 데이터 타입, 길이), 송신 프로그램 ID, 수신 시스템(데이터 저장소명, 속성명, 데이터 타입, 길이, 시스템명), 수신 프로그램 ID)
③ **인터페이스 구현 검증 도구** 기출 2020년 1, 2, 4회, 2021년 2회

제품명	내용
xUnit	Java(Junit), C++(Cppunit), .Net(Nunit) 등 다양한 언어를 지원하는 단위 테스트 프레임워크
STAF	• 서비스 호출, 컴포넌트 재사용 등 다양한 환경을 지원하는 테스트 프레임워크 • 각 테스트 대상 분산 환경에 데몬을 사용하여 테스트 대상 프로그램을 통해 테스트를 수행하고, 통합하여 자동화하는 검증 도구
FitNesse	웹 기반 테스트 케이스 설계/실행/결과 확인 등을 지원하는 테스트 프레임워크
NTAF	NHN 테스트 자동화 프레임워크이며, STAF와 FitNesse를 통합
Selenium	다양한 브라우저 지원 및 개발 언어를 지원하는 웹 애플리케이션 테스트 프레임워크
watir	Ruby 기반 웹 애플리케이션 테스트 프레임워크

④ **인터페이스 오류 발생 시 대처 방법**
- 즉시 보고서를 작성하여 조직 보고 체계에 따라 보고한다.
- 자동으로 사용자와 관리자에게 오류 메시지 창을 띄워 알리고, SMS 발송, 이메일을 자동으로 발송하도록 설정한다.

개념확인 문제

01 인터페이스 구현 검증 도구 중 아래에서 설명하는 것은?

> 웹 기반 테스트 케이스 설계/실행/결과 확인 등을 지원하는 테스트 프레임워크

① xUnit ② STAF
③ FitNesse ④ RubyNode

정답 & 해설

01 ③ FitNesse는 웹 기반 테스트 케이스 설계/실행/결과 확인 등을 지원하는 테스트 프레임워크이다.

| 정답 | 01 ③

개념적용 문제

01 인터페이스 설계 확인

01 난이도 상 중 하

다음 중 인터페이스 데이터 표준에 대한 설명으로 가장 거리가 먼 것은?

① 업무적으로 사용하는 용어에 대한 데이터 표준 지침을 기준으로 송수신 시스템 간의 코드 매핑 테이블을 작성한다.
② EAI 구성 요소는 EAI Platform, Application Adaptor, Broker, Bussiness Workflow 등이 있다.
③ EAI 방식은 서로 다른 플랫폼 및 애플리케이션들 간의 정보 전달, 연계, 통합을 가능하게 해 주는 솔루션이다.
④ ESB 방식은 중앙 집중식을 지향하는 아키텍처이다.

02 난이도 상 중 하 2021년 2회

EAI(Enterprise Application Integration) 구축 유형에서 애플리케이션 사이에 미들웨어를 두어 처리하는 것은?

① Message Bus
② Point-to-Point
③ Hub & Spoke
④ Hybrid

03 난이도 상 중 하 2020년 4회

EAI(Enterprise Application Integration) 구축 유형 중 Hybrid에 대한 설명으로 틀린 것은?

① Hub & Spoke와 Message Bus의 혼합 방식이다.
② 필요한 경우 한 가지 방식으로 EAI 구현이 가능하다.
③ 데이터 병목 현상을 최소화할 수 있다.
④ 중간에 미들웨어를 두지 않고 각 애플리케이션을 Point to Point로 연결한다.

02 인터페이스 기능 구현

04 난이도 상 중 하

인터페이스 보안 기능에 대한 설명으로 틀린 것은?

① 민감 정보의 가상화를 통한 비식별화 조치
② 메지지 큐와 트랜잭션 미들웨어 기능 수행
③ 암호화
④ 이상 거래 탐지

05 난이도 상 중 하

IPSec에서 메시지의 암호화를 제공하는 것은?

① SSL
② AH
③ ESP
④ IKE

03 인터페이스 구현 검증

06 난이도 상 중 하

다음 중 인터페이스 구현 검증에 필요한 설계 산출물로 옳지 않은 것은?

① 인터페이스 스크립트 목록
② 인터페이스 정의서
③ 인터페이스 단위 테스트 설계서
④ 인터페이스 통합 테스트 설계서

07 난이도 상 중 하

인터페이스 구현 검증 및 오류 발생에 관한 설명 중 옳지 않은 것은?

① 인터페이스 검증 도구로는 xUnit, STAF, FitNesse, Selenium, watir 등이 있다.
② Scouter, Jennifer 등의 인터페이스 구현 감시 도구를 사용하여 주기적으로 오류 발생 여부를 확인해야 한다.
③ 인터페이스 오류 발생 시 보고서를 즉시 작성하여 조직 보고 체계에 따라 보고한다.
④ 인터페이스 오류 메시지 알람 표시는 사용자 화면에는 나타나지 않게 하고 관리자에게만 보여지도록 해야 한다.

08 난이도 상 중 하 2020년 1, 2회

인터페이스 구현 검증 도구 중 아래에서 설명하는 것은?

> • 서비스 호출, 컴포넌트 재사용 등 다양한 환경을 지원하는 테스트 프레임워크
> • 각 테스트 대상 분산 환경에 데몬을 사용하여 테스트 대상 프로그램을 통해 테스트를 수행하고, 통합하여 자동화하는 검증 도구

① xUnit
② STAF
③ FitNesse
④ RubyNode

09 난이도 상 중 하

인터페이스 구현 검증 도구 중 아래에서 설명하는 것은?

> 다양한 브라우저 지원 및 개발 언어를 지원하는 웹 애플리케이션 테스트 프레임워크

① xUnit
② STAF
③ FitNesse
④ Selenium

10 난이도 상 중 하

인터페이스 구현 검증 도구 중 웹 기반 테스트케이스 설계/실행/결과 확인 등을 지원하는 테스트 프레임워크는?

① xUnit
② STAF
③ FitNesse
④ NTAF

정답 & 해설

01 인터페이스 설계 확인 〉 데이터 표준 확인
④ ESB는 애플리케이션 간의 통합 측면에서 EAI와 유사하다고 볼 수 있지만, 애플리케이션보다는 서비스 중심의 통합을 지향하는 아키텍처이다.

02 인터페이스 설계 확인 〉 데이터 표준 확인
① EAI 구축 유형 중 애플리케이션 사이에 미들웨어를 두어 처리하는 것은 메시지 버스(Message Bus)이다.

03 인터페이스 설계 확인 〉 데이터 표준 확인
④ 중간에 미들웨어를 두지 않고 각 애플리케이션을 Point-to-Point로 연결하는 것은 Point-to-Point 방식이다.

04 인터페이스 기능 구현 〉 인터페이스 보안
② 데이터 전송을 보장하는 메시지 큐와 트랜잭션 미들웨어 기능을 수행하는 것은 EAI Platform이다.

05 인터페이스 기능 구현 〉 인터페이스 보안
③ ESP(Encapsulating Security Payload): 메시지의 암호화를 제공한다. 사용하는 암호화 알고리즘으로는 DES-CBC, 3DES, RC5, IDEA, 3IDEA, CAST, blowfish 가 있다.

오답 해설

① SSL(Secure Socket Layer): 인터넷을 통해 전달되는 정보 보안의 안전한 거래를 허용하기 위해 Netscape사에서 개발한 인터넷 통신 규약 프로토콜이다.
② AH(Authentication Header): 데이터가 전송 도중에 변조되었는지를 확인할 수 있도록 데이터의 무결성에 대해 검사한다. 그리고 데이터를 스니핑한 뒤 해당 데이터를 다시 보내는 재생공격(Replay Attack)을 막을 수 있다.
④ IKE(Internet Key Exchange): ISAKMP(Internet Security Association and Key Management Protocol), SKEME, Oakley 알고리즘의 조합으로, 두 컴퓨터 간의 보안 연결(SA: Security Association)을 설정한다.

06 인터페이스 구현 검증 〉 설계 산출물
- 인터페이스 구현 검증에 필요한 설계 산출물: 인터페이스 정의서(명세서)와 인터페이스 단위 및 통합 테스트 설계서이다.

07 인터페이스 구현 검증 〉 인터페이스 명세
④ 오류 발생 시 자동으로 사용자와 관리자에게 오류 메시지 창을 띄워 알려줘야 하고, SMS 발송 및 이메일을 자동으로 발송하도록 설정해야 한다.

08 인터페이스 구현 검증 〉 인터페이스 명세
② STAF: 서비스 호출, 컴포넌트 재사용 등 다양한 환경을 지원하는 테스트 프레임워크

09 인터페이스 구현 검증 〉 인터페이스 명세
④ Selenium은 다양한 브라우저 지원 및 개발 언어를 지원하는 웹 애플리케이션 테스트 프레임워크이다.

오답 해설

① xUnit: Java(Junit), C++(Cppunit), .Net(Nunit) 등 다양한 언어를 지원하는 단위 테스트 프레임워크
② STAF: 서비스 호출, 컴포넌트 재사용 등 다양한 환경을 지원하는 테스트 프레임워크
③ FitNesse: 웹 기반 테스트 케이스 설계/실행/결과 확인 등을 지원하는 테스트 프레임 워크

10 인터페이스 구현 검증 〉 인터페이스 명세
③ FitNesse: 웹 기반 테스트 케이스 설계/실행/결과 확인 등을 지원하는 테스트 프레임워크

| 정답 | 01 ④ 02 ① 03 ④ 04 ② 05 ③ 06 ① 07 ④ 08 ② 09 ④ 10 ③

실전적용 문제

Chapter 01 데이터 입출력 구현

01 난이도 상중하 2018년 1회

양방향에서 입 · 출력이 가능한 선형 자료구조로 2개의 포인터를 이용하여 리스트의 양쪽 끝 모두에서 삽입 · 삭제가 가능한 것은?

① 데크(Deque)
② 스택(Stack)
③ 큐(Queue)
④ 트리(Tree)

02 난이도 상중하 2020년 1, 2회

다음 트리의 차수(Degree)와 단말 노드(Terminal Node)의 수는?

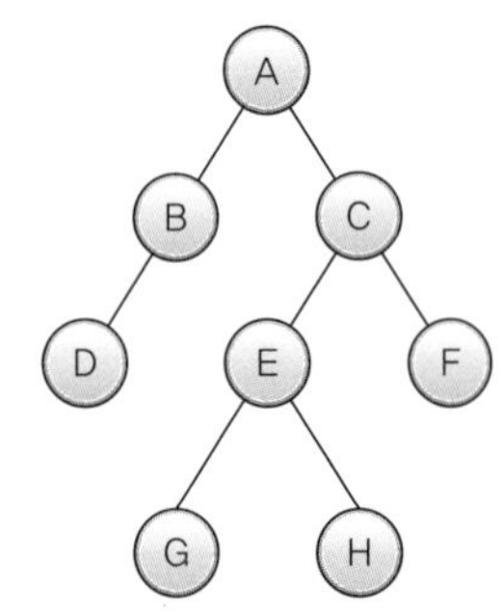

	차수	단말 노드
①	4	4
②	2	4
③	4	8
④	2	8

03 난이도 상중하 2021년 1회

스택에 대한 설명으로 틀린 것은?

① 입출력이 한쪽 끝으로만 제한된 리스트이다.
② Head(front)와 Tail(rear)의 2개 포인터를 갖고 있다.
③ LIFO 구조이다.
④ 더 이상 삭제할 데이터가 없는 상태에서 데이터를 삭제하면 언더플로(Underflow)가 발생한다.

04 난이도 상중하 2015년 2회

다음 자료에 대하여 삽입(Insertion) 정렬 기법을 사용하여 오름차순으로 정렬하고자 한다. 1회전 후의 결과는?

초기 상태 : 5, 4, 3, 2, 1

① 4, 3, 2, 1, 5
② 3, 4, 5, 2, 1
③ 4, 5, 3, 2, 1
④ 1, 2, 3, 4, 5

05 난이도 상중하 2020년 1, 2회

정렬된 N개의 데이터를 처리하는 데 $O(N\log_2 N)$의 시간이 소요되는 정렬 알고리즘은?

① 선택 정렬
② 삽입 정렬
③ 버블 정렬
④ 합병 정렬

06 난이도 상 중 하

알고리즘이 갖추어야 할 조건으로 옳지 않은 것은?

① 적어도 하나 이상의 출력 결과를 생성해야 한다.
② 각 명령어들은 명확하고 모호하지 않아야 한다.
③ 어떤 경우에도 유한 번의 수행 단계 후에는 반드시 종료해야 한다.
④ 직접 수행 가능한 컴퓨터 프로그래밍 언어로만 작성되어야 한다.

07 난이도 상 중 하

다음은 알고리즘의 복잡도 X를 위한 정의이다. 어떤 복잡도에 대한 정의인가?

> 정의: f(n) = X(g(n))
> 모든 $n(n \geq n_0)$에 대해 $f(n) \leq c \cdot g(n)$을 만족하는 두 양의 상수 c와 n가 존재하면 f(n)=X(g(n))이다.

① O(Big−oh)
② Ω(Omega)
③ Γ(Gamma)
④ Θ(Theta)

08 난이도 상 중 하

2019년 3회

SQL의 분류 중 DDL에 해당하지 않는 것은?

① UPDATE
② ALTER
③ DROP
④ CREATE

정답 & 해설

01 데이터 입출력 구현 〉 자료구조 〉 자료구조
① 데크(Deque): 스택과 큐의 성질을 종합한 순서 리스트이다. 삽입과 삭제가 리스트의 양끝에서 임의로 수행될 수 있는 자료구조이다.

02 데이터 입출력 구현 〉 자료구조 〉 자료구조
- 트리의 노드 중에서 가장 큰 차수가 트리의 차수(Degree of Tree)가 된다. 문제의 트리에서 노드 A, C, E의 차수는 2이고, 트리에서 이 차수가 가장 크므로 트리의 차수는 2가 된다.
- 단말 노드는 자식 노드가 없는 노드를 말한다. 문제의 트리에서 단말노드는 D, G, H, F로 모두 4개이다.

03 데이터 입출력 구현 〉 자료구조 〉 자료구조
스택은 1개의 포인터(Top)를 갖는 자료구조이다. ②는 큐(Queue)에 대한 설명이다.

04 데이터 입출력 구현 〉 자료구조 〉 정렬
- 1회전: 4 5 3 2 1
- 2회전: 3 4 5 2 1
- 3회전: 2 3 4 5 1

05 데이터 입출력 구현 〉 자료구조 〉 정렬
④ 합병 정렬은 평균 $O(NLog_2N)$의 시간이 소요되는 알고리즘이다.

06 데이터 입출력 구현 〉 자료구조 〉 알고리즘
④ 알고리즘은 아직 프로그래밍 언어가 선택되지 않은 상태이다.

07 데이터 입출력 구현 〉 자료구조 〉 복잡도
문제에 제시된 내용은 ① 빅오(Big−oh)에 대한 설명이다.

08 데이터 입출력 구현 〉 데이터 조작 프로시저 작성
① UPDATE는 DML에 해당한다.
- 데이터 정의어(DDL: Data De−finition Language): CREATE, DROP, RENAME, ALTER, TRUNCATE 등
- 데이터 조작어(DML: Data Manipulation Language): INSERT, UPDATE, DELETE, SELECT 등

| 정답 | 01 ① 02 ② 03 ② 04 ③ 05 ④ 06 ④ 07 ① 08 ①

Chapter 02 통합 구현

09 난이도 상 중 하

소프트웨어 형상 관리(Software Configuration Management)의 설명으로 가장 적합한 것은?

① 소프트웨어의 생산물을 확인하고 소프트웨어 통제, 변경 상태를 기록하고 보관하는 일련의 관리 작업이다.
② 수행 결과의 완전성을 점검하고 프로젝트의 성과 평가 척도를 준비하는 작업이다.
③ 소프트웨어 개발 과정을 문서화하는 것이다.
④ 조직의 프로세스를 평가하는 도구이다.

10 난이도 상 중 하

2020년 1, 2회

평가 점수에 따른 성적 부여는 다음 표와 같다. 이를 구현한 소프트웨어를 경계값 분석 기법으로 테스트 하고자 할 때 다음 중 테스트 케이스의 입력값으로 옳지 않은 것은?

평가 점수	성적
80~100	A
60~79	B
0~59	C

① 59
② 80
③ 90
④ 101

Chapter 03 제품 소프트웨어 패키징

11 난이도 상 중 하

빌드 자동화 도구인 Jenkins의 설명으로 거리가 먼 것은?

① 초창기 Hudson이라는 이름을 가졌지만 오라클과 상표권 문제로 인해 이름을 바꿨다.
② SVN,CVS, Git 등과 연동하여 자동화 테스트를 수행한다.
③ Jenkins는 설치 과정이 복잡하고 오래 걸리는 단점이 있다.
④ Jenkins는 형상 관리 툴에서 코드를 가져와 오류를 체크한다.

12 난이도 상 중 하

다음 설명에 해당하는 것으로 옳은 것은?

> 개발 완료된 소프트웨어를 배포하고 설치할 수 있도록 고객에게 전달하기 위한 형태로 제작하고, 설치와 사용에 필요한 내용을 포함하는 매뉴얼을 작성하는 활동을 말한다.

① 애플리케이션 패키징
② 애플리케이션 구현
③ 애플리케이션 설계
④ 애플리케이션 배포

13 난이도 상 중 하

다음 애플리케이션 배포 도구 구성 요소가 아닌 것은?

① 크랙 방지(Tamper Resistance)
② 키 관리(Key Management)
③ 암호화(Encryption)
④ 작업 자동화(job scheduler)

14 난이도 상 중 하

다음 애플리케이션 모니터링 도구 기능에 대한 설명 중 가장 거리가 먼 것은?

① 프로그램 변경 오류 사전 예방, 종속 관계 및 영향도를 모니터링 하는 것을 애플리케이션 변경 관리라고 한다.
② 서버로 유입되는 트랜잭션 수량, 처리 시간, 응답 시간 등을 모니터링 하는 것을 애플리케이션 성능 관리라고 한다.
③ 소스 코드에 대한 코딩 표준/스타일, 복잡도 및 잔존 결함을 발견하기 위해 사용하는 도구를 애플리케이션 정적 분석이라고 한다.
④ 가상 사용자를 인위적으로 생성하여 시스템의 처리량, 응답시간 등을 테스트하기 위한 도구를 애플리케이션 동적 분석이라고 한다.

15 난이도 상중하 2014 전산직

DRM(Digital Right Management)에 대한 설명으로 옳지 않은 것은?

① 디지털 콘텐츠의 불법 복제와 유포를 막고, 저작권 보유자의 이익과 권리를 보호해 주는 기술과 서비스를 말한다.
② DRM은 파일을 저장할 때, 암호화를 사용한다.
③ DRM 탬퍼 방지(Tamper Resistance) 기술은 라이선스 생성 및 발급 관리를 처리한다.
④ DRM은 온라인 음악 서비스, 인터넷 동영상 서비스, 전자책, CD/DVD 등의 분야에서 불법 복제 방지 기술로 활용된다.

16 난이도 상중하

소프트웨어 품질 보증과 가장 관련이 없는 것은?

① 소프트웨어 품질 확보를 위한 요구 제정
② 소프트웨어를 개발, 운용, 유지보수하기 위한 절차의 제정과 실행
③ 소프트웨어 개발 모형을 정하고 각 단계에 필요한 액티비티들을 분해하고 작업 후의 결과를 제정하고 실행
④ 소프트웨어의 품질에 영향을 미치는 액티비티를 평가하기 위한 절차의 제정과 실행

17 난이도 상중하 2020년 1, 2회

소프트웨어 품질 측정을 위해 개발자 관점에서 고려해야 할 항목으로 거리가 먼 것은?

① 정확성
② 무결성
③ 사용성
④ 간결성

정답&해설

09 통합 구현 〉 통합 구현 관리 〉 소프트웨어 형상 관리
- 소프트웨어 형상 관리: 소프트웨어에 대한 변경을 철저히 관리하기 위해 개발된 일련의 활동이다. 소프트웨어를 이루는 부품의 Baseline(변경 통제 시점)을 정하고 변경을 철저히 통제하는 것이다.

10 통합 구현 〉 모듈 구현 〉 단위 모듈 테스트
경계값 분석 기법은 입력 조건의 중간값보다는 경계값에서 오류가 발생될 확률이 높다는 점을 이용해서 입력 조건의 경계값에서 테스트 사례를 선정하는 기법이다.
③은 경계값이 아니므로 옳지 않다.

11 제품 소프트웨어 패키징 〉 제품 소프트웨어 버전 관리 〉 빌드 자동화 도구
③ 젠킨스(Jenkins)는 설치 및 사용이 간단하다.

12 제품 소프트웨어 패키징 〉 제품 소프트웨어 패키징 〉 애플리케이션 패키징
① 애플리케이션 패키징: 개발 완료된 소프트웨어를 배포하고 설치할 수 있도록 고객에게 전달하기 위한 형태로 제작하고, 설치와 사용에 필요한 내용을 포함하는 매뉴얼을 작성하는 활동을 말한다.

13 제품 소프트웨어 패키징 〉 제품 소프트웨어 패키징 〉 애플리케이션 배포 도구
- 애플리케이션 배포 도구와 구성 요소: 암호화, 키 관리, 암호화 파일 생성, 식별 기술, 저작권 표현, 정책 관리, 크랙 방지, 인증 등

14 제품 소프트웨어 패키징 〉 제품 소프트웨어 패키징 〉 애플리케이션 모니터링 도구
④ 가상 사용자를 인위적으로 생성하여 시스템의 처리량, 응답 시간 등을 테스트하기 위한 도구는 성능 테스트 도구에 해당된다.

15 제품 소프트웨어 패키징 〉 제품 소프트웨어 패키징 〉 DRM
- Tamper Resistance은 크래킹 방지 기술이다.
- DRM 시스템 구성 요소 중에서 Clearing House가 콘텐츠에 대한 배포 정책 및 라이선스 발급 관리를 한다.

16 제품 소프트웨어 패키징 〉 제품 소프트웨어 메뉴얼 작성 〉 국제 표준 제품 품질 특성
③ 계획 단계에서 일정 예측과 관련된 내용이다.

17 제품 소프트웨어 패키징 〉 제품 소프트웨어 메뉴얼 작성 〉 국제 표준 제품 품질 특성
④ 개발자의 관점에서 소프트웨어 품질 측정 시에 소프트웨어가 간결하다고 품질이 좋은 것은 아니므로, 간결성은 고려 항목에 포함될 수 없다.

| 정답 | 09 ① 10 ③ 11 ③ 12 ① 13 ④ 14 ④ 15 ③ 16 ③ 17 ④

18 난이도 상중하 2020년 1, 2회

ISO/IEC 9126의 소프트웨어 품질 특성 중 기능성(Functionlity)의 하위 특성으로 옳지 않은 것은?

① 학습성
② 적합성
③ 정확성
④ 보안성

Chapter 04 애플리케이션 테스트 관리

19 난이도 상중하 2020년 1, 2회

소프트웨어 테스트에서 오류의 80%는 전체 모듈의 20% 내에서 일어난다는 법칙은?

① Brooks의 법칙
② Boehm의 법칙
③ Pareto의 법칙
④ Jackson의 법칙

20 난이도 상중하

개발 과정에서 실시되는 테스트의 순서를 바르게 나열한 것은?

ㄱ. 모듈 내부적인 오류를 발견하기 위한 시험
ㄴ. 사용자의 요구사항을 만족하는지 판단하는 시험
ㄷ. 모듈 간의 인터페이스 오류를 발견하기 위한 시험

① ㄱ → ㄴ → ㄷ
② ㄴ → ㄱ → ㄷ
③ ㄱ → ㄷ → ㄴ
④ ㄴ → ㄷ → ㄱ

21 난이도 상중하 2019년 3회

하향식 통합 테스트 수행을 위해 일시적으로 필요한 조건만을 가지고 임시로 제공되는 시험용 모듈의 명칭은?

① Alpha
② Builder
③ Cluster
④ Stub

22 난이도 상중하 2013년 3회

최종 사용자가 여러 장소의 고객 위치에서 소프트웨어에 대한 검사를 수행하는 검증 검사 기법의 종류는?

① 베타 검사
② 알파 검사
③ 형상 검사
④ 복구 검사

23 난이도 상중하

다음은 테스트 목적에 따른 종류 중에 성능 테스트로 분류되는 테스트들이다. 해당되는 설명이 옳지 않은 것은?

① Load Test: 최대 부하에 도달할 때까지의 애플리케이션 반응 확인
② Spike Test: SW 구현 버전이 여러 개인 경우 각 버전을 함께 테스트하고 결과 비교
③ Smoke Test: 애플리케이션의 테스트 준비 상태 확인
④ Stability Test: 애플리케이션이 오랜 시간 평균 부하 노출 시의 안정성 확인

24 난이도 상중하

자동화 테스팅 도구의 정적 분석 도구에 대한 설명으로 옳은 것은?

① 프로그램의 실행 상태를 순간 포착하여 감시하는 프로그램 모니터링 도구

② 스텁(Stub)과 드라이버

③ 프로그램에서 오류 가능성이 있는 부분을 지적하는 코드 분석 도구

④ 테스트케이스에 의해 프로그램 각 문장이 실행된 횟수를 측정하는 도구

Chapter 05 인터페이스 구현

25 난이도 상중하

2020년 1, 2회

EAI(Enterprise Application Integration)의 구축 유형으로 옳지 않은 것은?

① Point-to-Point

② Hub & Spoke

③ Message Bus

④ Tree

정답 & 해설

18 제품 소프트웨어 패키징 〉 제품 소프트웨어 메뉴얼 작성 〉 국제 표준 제품 품질 특성

- 기능성(Functionlity)의 하위 특성: 정확성, 적합성, 상호 호환성, 보안성, 유연성

19 애플리케이션 테스트 관리 〉 애플리케이션 테스트 케이스 설계 〉 테스트 시나리오

③ Pareto의 법칙: 소프트웨어 테스트에서 오류의 80%는 전체 모듈의 20% 내에서 일어난다는 법칙이다.

20 애플리케이션 테스트 관리 〉 애플리케이션 테스트 케이스 설계 〉 테스트 레벨

- 개발 과정에서 실시되는 테스트의 순서: 모듈 내부적인 오류를 발견하기 위한 시험 → 모듈 간의 인터페이스 오류를 발견하기 위한 시험 → 사용자의 요구사항을 만족하는지 판단하는 시험

21 애플리케이션 테스트 관리 〉 애플리케이션 통합 테스트 〉 통합 테스트

- 하향식 통합은 주 프로그램으로부터 그 모듈이 호출하는 다음 레벨의 모듈을 테스트하고, 점차적으로 하위 모듈로 이동하는 방법이다. 드라이버는 필요치 않고 통합이 시도되지 않은 곳에 스텁(Stub)이 필요하며, 통합이 진행되면서 스텁은 실제 모듈로 교체된다.

22 애플리케이션 테스트 관리 〉 애플리케이션 테스트 케이스 설계 〉 테스트 레벨

① 베타 테스트(Beta Test)는 최종 사용자가 여러 장소의 고객 위치에서 소프트웨어에 대한 검사를 수행하는 기법이다.

23 애플리케이션 테스트 관리 〉 애플리케이션 테스트 케이스 설계 〉 테스트 케이스

②는 back to back 테스트에 관한 설명이다.

- Spike Test: 동시 사용자와 같은 갑작스러운 부하의 증가에 대한 애플리케이션 반응을 확인한다.

24 애플리케이션 테스트 관리 〉 애플리케이션 통합 테스트 〉 테스트 자동화 도구

③ 정적 분석은 소스 코드의 실행 없이 코드 자체만으로 코드를 분석하는 방법이다.

25 인터페이스 구현 〉 인터페이스 설계 확인 〉 데이터 표준 확인

EAI의 구축 유형에는 Point-to-Point, Hub & Spoke, Message Bus, Hybrid가 있다.

| 정답 | 18 ① 19 ③ 20 ③ 21 ④ 22 ① 23 ② 24 ③ 25 ④

내가 꿈을 이루면
난 다시 누군가의 꿈이 된다.

에듀윌 EXIT
정보처리기사 필기 기본서

합격을 위한 지원사격! EXIT 무료 합격 서비스!

1 **저자에게 바로 묻는 실시간 질문답변**

혜택받기 에듀윌 EXIT 합격 서비스(exit.eduwill.net) 로그인 ▶ 실시간 질문답변 ▶ 정보처리기사 ▶ 필기 기본서 ▶ 질문 등록 ▶ 교재 구매 인증

2 **기출 전 회차 회차별/랜덤 필기CBT**

혜택받기 에듀윌 EXIT 합격 서비스(exit.eduwill.net) 로그인 ▶ 필기CBT ▶ 정보처리기사 ▶ 교재 구매 인증 ▶ 필기CBT 응시

3 **[무료강의] 비전공자 맞춤 고난도 개념+빈출족보 전 강좌**

혜택받기 에듀윌 EXIT 합격 서비스(exit.eduwill.net) ▶ 무료강의 ▶ 정보처리기사 ▶ 필기 기본서 ▶ [정보처리기사 필기 기본서] 비전공자 눈높이 고난도 개념끝 무료강의

4 **[부록] 빈출족보 Best 82**

혜택받기 교재 내 수록

5 **[PDF] 빈출족보 빈칸 채우기**

혜택받기 에듀윌 EXIT 합격 서비스(exit.eduwill.net) 로그인 ▶ 자료실 ▶ 정보처리기사 ▶ 필기 기본서 ▶ [정보처리기사 필기 기본서] 빈출족보 빈칸 채우기

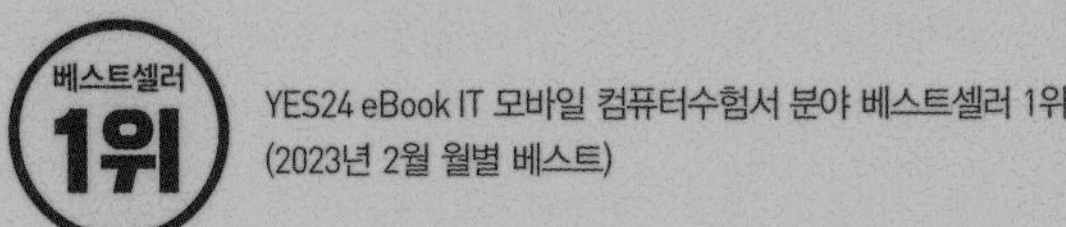

고객의 꿈, 직원의 꿈, 지역사회의 꿈을 실현한다

펴낸곳 (주) 에듀윌 **펴낸이** 양형남 **출판총괄** 오용철 **에듀윌 대표번호** 1600-6700
주소 서울시 구로구 디지털로 34길 55 코오롱싸이언스밸리 2차 3층 **등록번호** 제25100-2002-000052호

EXIT 합격 서비스 exit.eduwill.net	• 부가학습자료 및 정오표: EXIT 합격 서비스 > 자료실/정오표 게시판 • 교재문의: EXIT 합격 서비스 > 실시간 질문답변 게시판(내용)/Q&A 게시판(내용 외)

2024

에듀윌 EXIT 정보처리기사 필기 기본서

합격자 수가 선택의 기준!

YES24 eBook 2월
월별 베스트 기준
베스트셀러
1위

YES24 eBook
IT 모바일 컴퓨터수험서
베스트셀러 1위

개념완성 2

손경희(손승호) 편저

EXIT 무료 합격 서비스

본 교재+EXIT 합격 서비스=단기 합격

단기 합격을 위한 **구매혜택**

1. 저자에게 바로 묻는 실시간 질문답변
2. 기출 전 회차 회차별/랜덤 필기CBT
3. 합격을 위한 부가자료 (단기 합격을 위한 부가자료 후면표기)

eduwill

시작하는 방법은
말을 멈추고
즉시 행동하는 것이다.

– 월트 디즈니(Walt Disney)

에듀윌 정보처리기사

필기 기본서

Vol. 2 개념완성

차례

Part Ⅳ. 프로그래밍 언어 활용

Part Ⅴ. 정보시스템 구축관리

Part Ⅵ. 최종 실력점검 기출&모의고사

Part III

데이터베이스 구축

NCS 분류 | DB엔지니어링

출제 비중

- 데이터베이스 개요
- 데이터 모델링
- 관계 데이터 모델
- 관계 데이터베이스 언어
- 데이터베이스 설계와 정규화
- 고급 데이터베이스

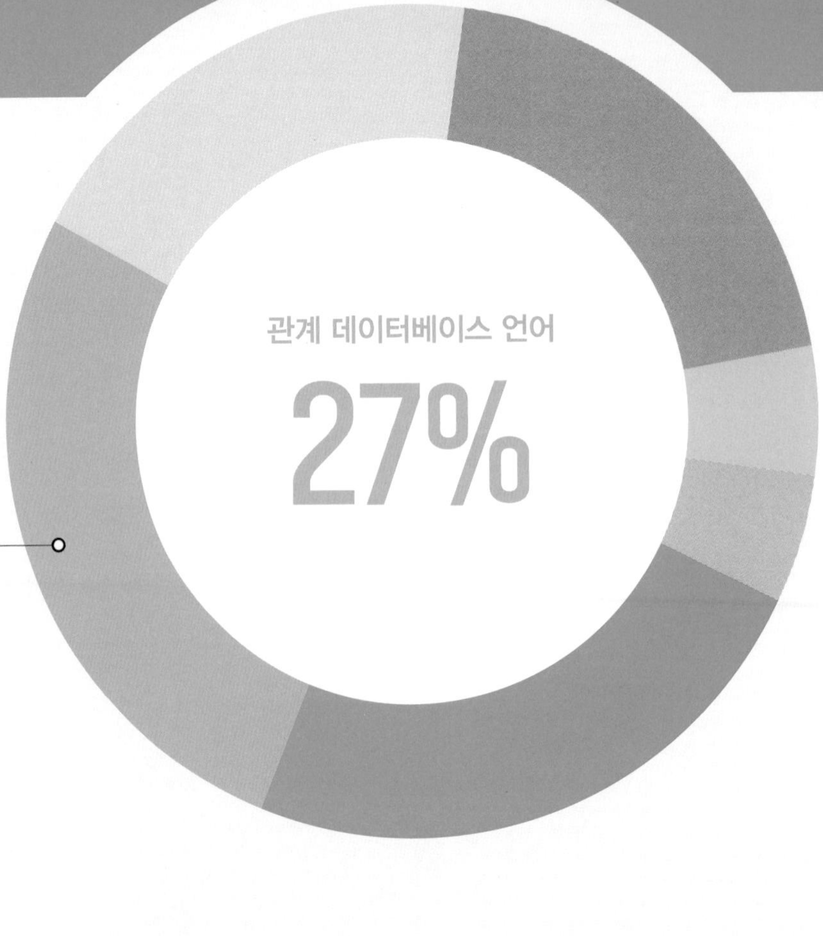

관계 데이터베이스 언어

27%

기출 키워드

Chapter	기출 키워드	난이도
데이터베이스 개요	DBMS 필수 기능, SQL 명령어, 스키마의 종류, 데이터 사전	중
데이터 모델링	데이터 모델의 구성 요소, 개체 관계 모델, 개체 관계 다이어그램 표기법	중
관계 데이터 모델	관계 데이터 모델의 구조, 릴레이션 관련 용어, 릴레이션의 특성, 키의 종류, 데이터 무결성 제약 조건의 정의, 관계대수의 개념, 일반 집합 연산자, 순수 관계 연산자, 조인	중
관계 데이터베이스 언어	SQL문, ALTER문, 갱신문, 삭제문	중상
데이터베이스 설계와 정규화	데이터베이스 설계, 정규화, 이상 현상, 함수적 종속, 정규화 과정, 반정규화	중
고급 데이터베이스	트랜잭션의 개념, 트랜잭션의 성질, 트랜잭션의 상태, 회복 기법, 병행 제어의 목적, 병행 제어 기법의 종류, 분산 데이터베이스 시스템의 목표, 트리거, 인덱스, CRUD 분석, 권한 부여 기법	상

학습 전략

Chapter	학습 전략
데이터베이스 개요	① 데이터베이스의 개념을 이해한다. ② 데이터베이스 관리 시스템의 구성과 필수 기능을 파악한다. ③ 스키마와 데이터 사전을 파악한다.
데이터 모델링	① 데이터 모델의 개념을 이해한다. ② 개체-관계 모델의 개념을 이해하고 표기법을 파악한다.
관계 데이터 모델	① 관계 데이터 모델의 구조 및 제약을 파악한다. ② 릴레이션의 특성과 무결성 조건을 파악한다. ③ 관계 데이터 연산을 이해한다.
관계 데이터베이스 언어	① 관계 데이터베이스 언어의 개념을 이해한다. ② 관계 데이터베이스 언어의 종류와 수행되는 형태를 파악한다.
데이터베이스 설계와 정규화	① 데이터베이스 설계의 개념과 순서를 파악한다. ② 정규화의 개념과 함수종속관계를 이해한다.
고급 데이터베이스	① 트랜잭션의 개념을 이해하고 특성을 파악한다. ② 회복과 병행제어의 개념을 이해한다.

Chapter

01 데이터베이스 개요

반복이 답이다! | ☐ 1회독 월 일 | ☐ 2회독 월 일 | ☐ 3회독 월 일

01 데이터베이스의 개요

읽는 강의

기출 키워드

출제 예상 키워드
- 데이터베이스의 특징
- 데이터베이스의 장점

1 정보처리 시스템

(1) 정보와 데이터

① **데이터**: 관찰이나 측정을 통해 수집되어 아직까지 처리되지 않은 사실이나 값을 의미한다.

② **정보**
- 자료를 가공하여 얻은 결과로서 부가가치를 지니며 의사결정을 할 수 있게 하는 유효한 해석(Interpretation)이나 상호관계(Relationship)이다.
- 정보가 유용성을 갖기 위해서는 정확성과 현재성을 가지고 있어야 한다.

③ **정보시스템**: 한 기관을 위해 데이터를 수집, 조직, 저장하고 정보를 생성 및 분배하는 수단이다.

- 데이터는 수치, 스트링 등의 형태로 표현된다.

2 데이터베이스의 개념

(1) 데이터베이스(Database)의 정의

① **통합 데이터(Integrated Data)**: 데이터베이스에 동일한 내용의 데이터가 중복되어 있지 않다는 것을 의미한다. (최소한의 중복은 허용, 통제된 중복)

② **저장 데이터(Stored Data)**: 컴퓨터가 접근할 수 있는 저장 매체에 저장되는 것을 의미한다.

③ **운영 데이터(Operational Data)** : 조직의 고유한 업무를 수행하기 위해 필요한 데이터를 의미한다.

④ **공용 데이터(Shared Data)**: 여러 사용자가 서로 다른 목적으로 데이터베이스의 데이터를 공동으로 이용할 수 있는 것을 의미한다.

- 데이터는 처리 전의 값으로 의미가 없지만, 정보는 의미를 가지므로 사용자의 의사결정에 도움을 준다.

(2) 데이터베이스의 특징

① **실시간 접근성(Real Time Accessibility)**: 원하는 결과를 수초 내에 실시간으로 서비스할 수 있어야 한다.

② **계속적인 변화(Continuous Change)**: 데이터베이스는 시간에 따라 항상 변경되며, 삽입/삭제/수정 등의 작업을 통하여 변경된 데이터 값을 저장해야 한다.

③ **동시 공유(Concurrent Sharing)**: 데이터베이스를 서로 다른 업무 혹은 여러 사용자에게 동시 공유할 수 있어야 한다.

④ **내용에 따른 참조(Reference by Content)**: 데이터의 물리적 위치가 아니라 데이터의 내용에 따라 참조할 수 있어야 한다.

(3) 데이터베이스 구성

① **속성(Attribute)**: 개체의 특성이나 상태를 의미한다.(단독으로 존재 불가능)

② **개체(Entity)**

- 표현하려는 유형·무형의 정보를 대상으로 존재하면서 서로 구별되는 것을 의미한다.
- 하나 이상의 속성으로 구성된다.

예

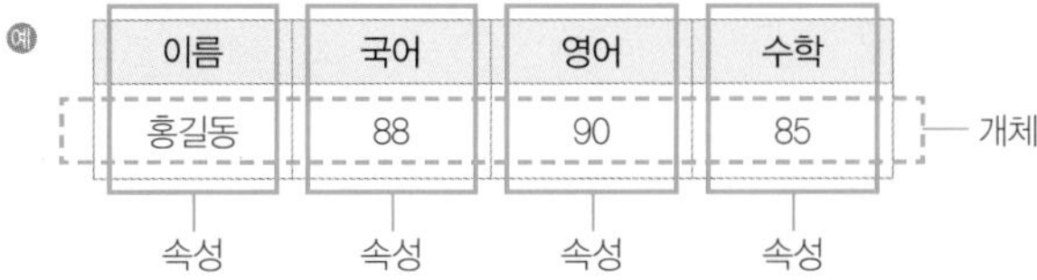

이름
국어
영어
수학
홍길동
88
90
85
개체
속성
속성
속성
속성

③ **관계(Relationship)**: 개체 간 또는 속성 간의 상호작용(두 개체 간의 연관성)을 의미한다.

(4) 데이터베이스의 구조

① **논리적 구조**: 일반 사용자 관점에서 본 구조

② **물리적 구조**: 저장 장치 관점에서 본 구조

(5) 데이터베이스의 장점

① **데이터의 논리적 독립성**: 응용 프로그램에 영향을 주지 않고, 데이터베이스의 논리적 구조를 변경시킬 수 있다.

② **데이터의 물리적 독립성**: 응용 프로그램이나 데이터베이스의 논리적 구조에 영향을 주지 않고, 데이터의 물리적 구조를 변경시킬 수 있다.

③ **데이터의 무결성 유지**: 데이터가 항상 안정적이며 결함 없이 존재한다.

④ **데이터 중복성 최소화**: 중복이 많은 데이터베이스는 데이터의 불일치가 발생할 확률이 높기 때문에 중복을 최소화해야 한다.

⑤ **데이터의 불일치 제거(일관성 유지)**

- 특정 시점에 같은 값을 가져야 하는 항목들이 서로 다른 값을 갖지 않도록 불일치를 제거해야 한다.
- 데이터의 중복성은 불일치를 발생시킬 수 있다.

⑥ **데이터 공유의 편리**

- 데이터가 어떤 위치에 있든지 제약 없이 여러 사용자가 동시에 사용할 수 있다.
- 데이터의 물리적 독립성과 연관이 있다.

⑦ **데이터 표준화의 용이**: 데이터에 대한 제약이나 규칙을 설정하여 모든 저장 데이터에 편리하게 적용한다.

⑧ **데이터 보안성 유지의 편리**

- 데이터 사용 허가에 대한 권한 관리가 편리하다.
- 사용자별 권한 관리가 쉽다.

(6) 데이터베이스의 3요소

① **데이터 추상(Data Abstraction)**: 복잡한 데이터를 쉽게 사용하도록 한다.
(추상화 = 개념화, 일반화)

② **데이터 독립(Data Independency)**: 프로그램을 변경하지 않고 자료를 변경할 수 있다.
(데이터 변경에도 프로그램 그대로 사용)

③ **자기 정의(Self Definition)**

- 데이터의 구성과 내용을 데이터베이스가 기억하고 관리하는 기능이 있다.
- 정의는 DBMS 시스템 카탈로그(System Catalog)에 저장한다.

읽는 강의

- 데이터의 중복이 최소화되면, 데이터의 불일치성이 감소하고, 데이터의 무결성 유지가 용이하다.

개념확인 문제

기출 2016년 제1회

01 데이터베이스의 특성으로 옳은 내용 모두를 나열한 것은?

㉠ 실시간 접근성	㉡ 계속적인 변화
㉢ 동시 공유	㉣ 내용에 의한 참조

① ㉠
② ㉡, ㉢
③ ㉠, ㉢, ㉣
④ ㉠, ㉡, ㉢, ㉣

02 기업의 정보를 데이터베이스로 구축함으로써 얻을 수 있는 장점으로 옳지 않은 것은?

① 데이터 중복의 최소화
② 여러 사용자에 의한 데이터 공유
③ 데이터 간의 종속성 유지
④ 데이터 내용의 일관성 유지

기출 2014년 제1회

03 데이터베이스의 정의와 거리가 먼 것은?

① Integrated Data
② Operational Data
③ Stored Data
④ Exclusive Data

정답 & 해설

01 ④ 데이터베이스 특징으로는 실시간 접근 가능, 계속적인 변화, 동시 공유 가능, 내용에 의한 참조 기능 등이 있다.

02 ③ 데이터 간의 종속성이 높은 것은 파일 시스템이며, 데이터베이스는 독립성이 높다.

03 ④ 데이터베이스의 정의에는 통합 데이터(Integrated Data), 저장 데이터(Stored Data), 운영 데이터(Operational Data), 공용 데이터(Shared Data)가 있다.

| 정답 | 01 ④ 02 ③ 03 ④

02 데이터베이스 관리 시스템

기출 키워드
- DBMS 필수 기능
- SQL 명령어

출제 예상 키워드
- 데이터 종속성
- 데이터 중복성

읽는 강의

1 파일 시스템의 문제점

(1) 문제점 발생 이유

특정 조직에서 사용하는 데이터를 각각의 파일로 만들어서 사용하고 관리함으로써, 데이터의 종속성 및 중복성이 발생한다.

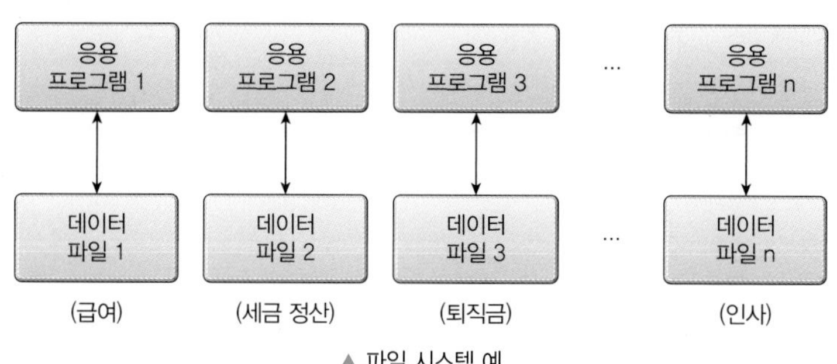

▲ 파일 시스템 예

- 파일 시스템에서는 하나의 응용 프로그램이 하나의 데이터 파일을 요구하므로, 응용 프로그램별로 각각의 데이터 파일을 관리하고 유지해야 한다.

(2) 데이터 종속성과 중복성

① 종속성(Data Dependency)
- 응용 프로그램과 데이터 간의 상호 의존 관계로 이루어진다.
- 데이터의 구성 방법이나 접근 방법의 변경으로 관련된 응용 프로그램도 같이 변경된다.

② 중복성(Data Redundancy)
- 한 시스템 내에 일부 또는 전체가 같은 내용의 데이터가 중복되어 저장 및 관리된다.
- 문제점
  - 내부적 일관성(Internal Consistency)이 없음
  - 보안성(Security) 결여
  - 경제성(Economics) 저하
  - 무결성(Integrity) 유지 곤란

2 DBMS의 개요

(1) DBMS(데이터베이스 관리 시스템)의 정의

① 파일 시스템의 데이터 종속성과 중복성의 문제를 해결하기 위해 제안된 시스템이다.

② 데이베이스의 구성과 저장, 접근 방법, 유지 및 관리를 위한 소프트웨어이다.

③ 물리적으로 저장된 데이터를 관리하고 접근하도록 지원하는 소프트웨어이다.

④ 사용자와 데이터베이스의 중재자로서 모든 사용자나 응용 프로그램들이 데이터베이스를 공유할 수 있도록 관리해 주는 소프트웨어 시스템이다.

파일 시스템과 DBMS의 차이

파일 시스템은 파일을 구성하는 레코드 구조가 변경되면 이 파일을 사용하는 모든 프로그램이 변경되어야 한다. 하지만, DBMS는 데이터베이스를 구성하는 데이터 구조가 변경되어도 변경된 데이터 항목을 사용하는 프로그램만 변경되고, 나머지 프로그램은 변경될 필요가 없기 때문에 데이터 항목 변경에 따른 프로그램 유지 보수 비용을 현격히 줄일 수 있다.

⑤ **DBMS의 역할**: 모든 응용 프로그램들의 데이터베이스 접근은 DBMS를 통해서만 접근 가능하다.

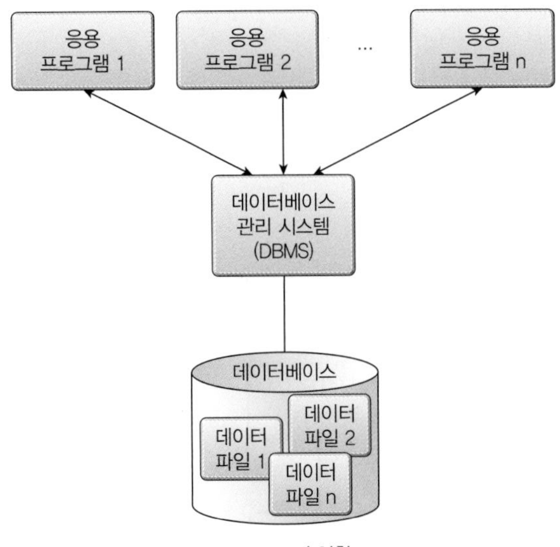

▲ DBMS의 역할

(2) DBMS의 필수 기능 기출 2020년 1, 2회

정의 기능	데이터의 형태, 구조, 데이터베이스의 저장에 관한 내용 정의
조작 기능	사용자의 요구에 따라 검색, 갱신, 삽입, 삭제 등을 지원하는 기능
제어 기능	정확성과 안정성을 유지하는 기능(무결성 유지, 보안(권한) 검사, 병행 수행 제어)

더 알아보기 SQL 명령어 기출 2020년 3회, 2021년 2회, 2022년 2회

- DDL(데이터 정의어): CREATE, ALTER, DROP, RENAME
- DML(데이터 조작어): SELECT, INSERT, UPDATE, DELETE
- DCL(데이터 제어어): GRANT, REVOKE

(3) DBMS의 장단점

장점	단점
• 데이터 중복을 최소화하여 데이터의 일관성 유지 • 데이터 독립성의 최대화 • 데이터 공유 • 무결성 유지 • 데이터 보안 보장 • 표준화 가능 • 지속성 제공 • 백업과 회복 제공	• 고속/고용량의 메모리나 CPU 등이 요구되어 많은 운영비 발생 • 데이터 처리의 복잡 • 파일의 백업(Backup)과 회복(Recovery)의 어려움 • 시스템의 취약성

(4) DBMS의 구성 요소 및 특징

① DDL 컴파일러

- DDL로 명세된 스키마를 내부 형태로 변환하여 시스템 카탈로그에 저장한다.
- 메타 데이터를 처리하여 시스템 카탈로그에 저장한다.

② **질의어 처리기(Query Processor)**: 질의문을 **파싱**, 분석, 컴파일하여 런타임 데이터베이스 처리기를 호출하면서 이것을 실행할 수 있도록 만든다.

읽는 강의

SQL
데이터베이스를 사용할 때, 데이터베이스에 접근할 수 있는 데이터베이스 하부 언어를 말한다.

파싱(Parsing)
컴퓨터에서 컴파일러 또는 번역기가 원시 부호를 기계어로 번역하는 과정의 한 단계이다.

③ 예비 컴파일러(DML 예비 컴파일러, Precompiler)
- 응용 프로그램에 삽입된 DML(DSL)을 추출한다.
- 추출된 DML은 DML 컴파일러로 전달된다.
- DML 선행 번역기(Precompiler)라고도 한다.

④ DML 컴파일러: DML 명령어를 목적 코드로 변환한다.

⑤ 런타임 데이터베이스 처리기(Run-Time Database Processor)
- 실행 시간에 데이터베이스 접근을 취급한다.
- 데이터베이스 연산을 저장 데이터 관리자를 통해 디스크에 저장된 데이터베이스에 실행한다.

⑥ 트랜잭션 관리자(Transaction Manager)
- 무결성과 권한을 제어한다.
- 병행 제어와 회복 작업을 수행한다.

⑦ 저장 데이터 관리자(Stored Data Manager)
- 디스크에 있는 데이터베이스 접근을 제어한다.
- 기본 OS 모듈(파일 관리자, 디스크 관리자)을 이용한다.

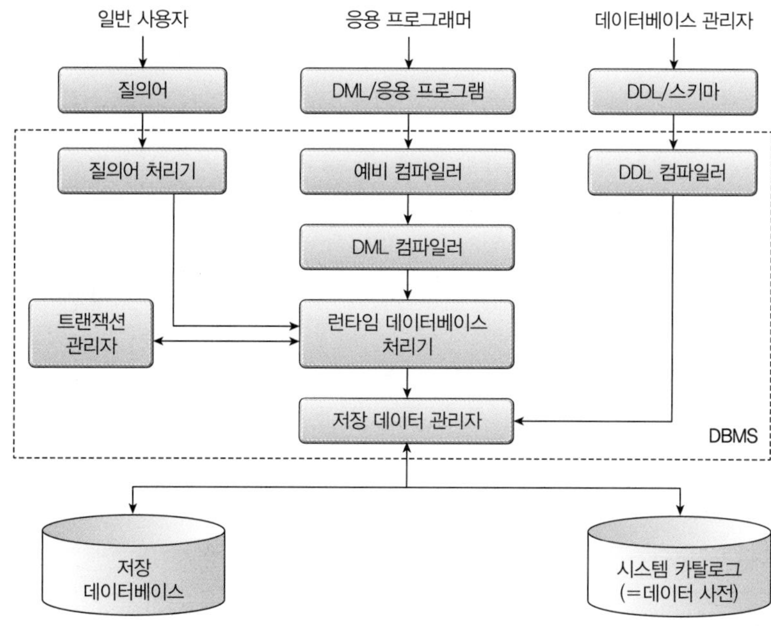

▲ DBMS의 구성 요소

읽는 강의

트랜잭션(Transaction)
데이터베이스에서 하나의 논리적 기능을 수행하기 위한 작업의 단위 또는 한꺼번에 모두 수행되어야 할 일련의 연산들을 의미한다.

개념확인 문제

기출 2019년 2회

01 DBMS의 필수 기능 중 모든 응용 프로그램들이 요구하는 데이터 구조를 지원하기 위해 데이터베이스에 저장될 데이터 타입과 구조에 대한 정의, 이용 방식, 제약 조건 등을 명시하는 기능은?

① 정의 기능
② 조작 기능
③ 사상 기능
④ 제어 기능

02 DBMS를 사용하는 이점으로 옳지 않은 것은?

① 데이터를 프로그램과 분리함으로써 데이터 독립성이 향상된다.
② 데이터의 공유와 동시 접근이 가능하다.
③ 데이터의 중복을 허용하여 데이터의 일관성을 유지한다.
④ 데이터의 무결성과 보안성을 유지한다.

기출 2019년 1회

03 SQL 문장 중 DDL문이 아닌 것은?

① CREATE
② ALTER
③ DROP
④ DELETE

정답 & 해설

01 ① 정의 기능: 데이터의 형태, 구조, 데이터베이스의 저장에 관한 내용 정의

02 ③ DBMS의 이점으로는 데이터 중복의 최소화, 데이터 공유, 일관성 유지, 무결성 유지, 데이터 보안 표준화 가능, 지속성 제공, 백업과 회복 제공이 있다.

03 • 정의어(DDL): CREATE, ALTER, DROP, RENAME

오답 해설

• 조작어(DML): SELECT, INSERT, DELETE, UPDATE
• 제어어(DCL): GRANT, REVOKE

| 정답 | 01 ① 02 ③ 03 ④

03 데이터베이스 시스템의 구성

읽는 강의

기출 키워드
- 스키마의 종류
- 데이터 사전

출제 예상 키워드
- 데이터베이스 시스템(DBS)
- 데이터 디렉토리

1 데이터베이스 시스템

(1) 데이터베이스 시스템(DBS: DataBase System)의 구성

일반적으로 DBS를 구성하는 요소로는 DB, DBMS, 데이터 언어, 사용자, DBA, 그리고 DB에 관한 연산을 전문적이고 효율적으로 실행시키는 DB 컴퓨터를 포함한다.

DBS = DB + DBMS + USER + DL(Data Language) + DBA + DB 컴퓨터

2 3단계 데이터베이스(스키마, Schema)

(1) 스키마의 정의

스키마란 데이터베이스의 구조(개체, 속성, 관계)에 대한 정의와 이에 대한 제약 조건 등을 기술한 것으로 컴파일되어 데이터 사전에 저장된다.

(2) 스키마의 종류 기출 2021년 1회

① 외부 스키마
- 가장 바깥쪽 스키마로, 전체 데이터 중 사용자가 사용하는 한 부분에서 본 구조이다. (사용자가 무엇을 사용하느냐에 따라 다름)
- 서브 스키마 또는 뷰라고도 한다.
- 여러 개가 존재한다.

② 개념 스키마
- 논리적 관점에서 본 구조로 전체적인 데이터 구조이다.
- 데이터베이스 전체를 정의한 것으로 데이터 개체, 관계, 제약 조건, 접근 권한, 무결성 규칙 등을 명세한 것이다.
- 모든 응용 프로그램이나 사용자들이 필요로 하는 데이터를 통합한 조직 전체의 데이터베이스 구조를 논리적으로 정의한다. (기관 전체의 견해)
- 모든 데이터 개체, 관계, 제약 조건, 접근 권한, 무결성 규칙, 보안 정책 등을 명세한다.

③ 내부 스키마
- 물리적 저장 장치 관점에서 본 구조로서 실제로 데이터베이스에 저장되는 내부 레코드로 형식을 정의하고, 저장 데이터 항목의 표현 방법, 인덱스 유무, 내부 레코드의 물리적 순서를 나타낸다. (하지만 블록이나 실린더를 이용한 물리적 저장 장치를 기술하는 의미는 아니다.)

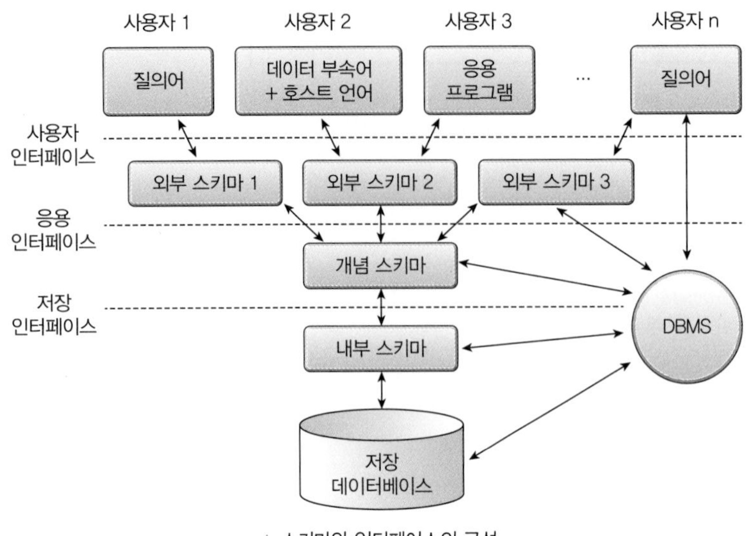

▲ 스키마와 인터페이스의 구성

3 데이터 언어

(1) 정의어(DDL)

데이터베이스의 정의 및 수정 등에 사용되는 언어이다.

(2) 조작어(DML)

데이터베이스 내에서 검색, 삽입, 수정, 삭제 등에 사용되는 언어이다.

(3) 제어어(DCL)

데이터를 보호하기 위해 데이터의 보안, 무결성, 회복, 병행 수행 등에 사용되는 언어이다.

4 데이터베이스 관리자

(1) DBA(DataBase Administrator)의 개념

DBMS의 전체적인 관리 운영에 책임을 지는 사람이다. (DB 시스템과 자원에 대한 기획·통제)

(2) DBA의 역할

① 데이터베이스 구성 요소 결정

② 스키마 정의

③ 저장 구조와 접근 방법 선정

④ 보안, 권한 부여, 유효성 검사

⑤ 예방, 회복 절차 수립

⑥ 무결성 유지 등

5 데이터 사전과 데이터 디렉터리

(1) 데이터 사전(Data Dictionary) 기출 2021년 1, 2회, 2022년 2회

① 시스템 자신이 필요로 하는 스키마 및 여러 가지 객체에 관한 정보를 포함하고 있는 시스템 데이터베이스이다.

② **시스템 카탈로그**(System Catalog), 메타 데이터베이스, 시스템 데이터베이스, 기술자 정보 등으로 불린다.

읽는 강의

질의어

데이터베이스를 사용자가 이용하도록 만든 언어로, 자연어이며 대화식 언어이다.

데이터 제어 언어(DCL)의 기능

무결성 유지, 데이터 보안, 병행 수행 제어

시스템 카탈로그

- 데이터베이스에 포함되는 데이터 객체에 대한 정의나 명세에 대한 정보를 유지 관리한다.
- 카탈로그에 저장된 정보를 메타 데이터라고도 한다.
- DBMS가 스스로 생성하고 유지하는 데이터베이스 내의 특별한 테이블의 집합체이다.

③ 기본 테이블, 뷰, 인덱스, 데이터베이스, 응용 계획, 패키지, 접근 권한 등의 정보를 저장한다.

④ 분산 시스템에서 카탈로그는 보통의 릴레이션, 인덱스, 사용자 등의 정보를 포함할뿐만 아니라 위치 단편화 및 중복 독립성을 제공하기 위해 필요한 모든 제어 정보를 포함한다.

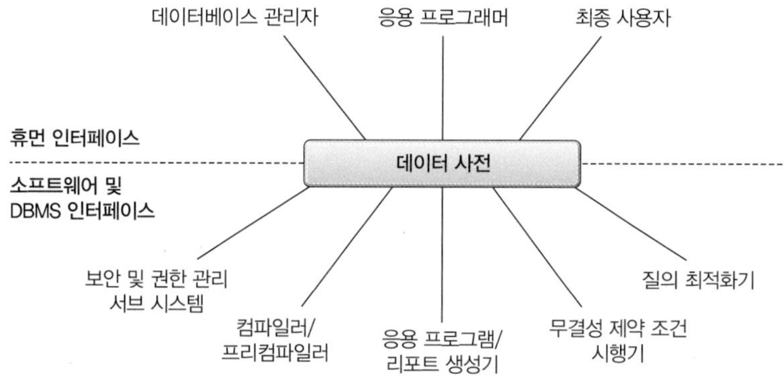

▲ 데이터 사전에 대한 휴먼 인터페이스와 소프트웨어 인터페이스

(2) 관계 데이터베이스에서 데이터 사전의 특징

① 시스템 카탈로그 자체도 일반 사용자 테이블과 같이 시스템 테이블로 구성한다.

② 시스템 카탈로그에 저장되는 내용을 메타데이터(Metadata)라고도 한다.

③ SQL문을 이용하여 시스템 테이블의 내용을 검색할 수 있으나, 시스템 카탈로그의 정보를 SQL의 UPDATE, DELETE, INSERT문으로 직접 갱신하는 것은 불가능하다.

④ SQL문을 실행하면 시스템(DBMS)이 자동적으로 관련 카탈로그 테이블을 갱신한다.

• 데이터 사전은 DDL 컴파일러에 의해 자동 생성되고, 갱신된다.

(3) 데이터 사전 저장 내용

① 시스템이 저장해야 하는 정보의 형태들
- 릴레이션 이름
- 속성의 도메인
- 속성의 이름
- 무결성 제약조건
- 데이터베이스에 정의된 뷰의 이름과 이 뷰에 대한 정의들

② 시스템의 사용자에 대한 정보 유지
- 권한이 있는 사용자의 이름
- 사용자를 인증하기 위해 사용하는 비밀번호
- 사용자의 시스템 사용료에 관한 정보

③ 릴레이션에 대한 정적이고 설명적인 정보를 저장
- 각 릴레이션 튜플 수

④ 릴레이션의 저장구조와 각 릴레이션이 저장된 위치

⑤ 인덱스에 대한 정보 저장

⑥ 기타
- 질의 최적화 정보
- 액세스 방법에 대한 정보
- 통계정보
- 다단계 인덱스에 대한 블록 접근 수

(4) 데이터 디렉터리(Data Directory)

① 데이터 사전에 수록된 데이터를 실제로 접근하는 데 필요한 정보를 관리 및 유지하는 시스템이다.

② 데이터 사전은 사용자와 시스템이 공동으로 접근할 수 있는 반면, 디렉터리는 시스템만 접근할 수 있다.

읽는 강의

6 데이터베이스의 저장과 접근

(1) 데이터베이스의 내부적 운영

① 데이터베이스 내부 관리를 위해 데이터를 실제로 저장하고 접근하는 일련의 작업이다.

② 데이터베이스는 물리적으로 직접 접근 저장장치(DASD: Direct Access Storage Device)에 저장된다.

③ 디스크 어레이(RAID)나 광디스크와 같은 대량 저장장치가 사용되기도 하지만, 일반적으로 디스크를 중심으로 설명된다.

(2) 데이터베이스의 저장 구조

① 디스크에 데이터가 배치되어 저장되어 있는 형태를 저장 구조라 한다.

② 다수의 저장 구조를 지원한다.

③ 데이터베이스의 부분별로 적절하게 저장한다.

④ 성능 요건 변경 시 저장 구조 변경이 가능하다.

⑤ 데이터베이스의 물리적 설계에 해당한다.

⑥ 데이터베이스의 사용 방법, 응용, 응용 실행 빈도수에 따라 적절한 저장 표현을 선정하는 과정이다.

(3) 데이터베이스의 접근

① DBMS는 사용자가 요구하는 정보가 어떤 저장 파일의 레코드인가를 결정해서 파일 관리자에게 검색을 요구한다.

② 파일 관리자는 DBMS가 원하는 저장 레코드가 어떤 페이지(Page)에 저장되어 있는가를 결정해서 디스크 관리자에게 그 페이지를 요청한다.

③ 마지막으로 디스크 관리자는 파일 관리자가 원하는 페이지(블록)의 물리적 위치를 알아내어 그 페이지 전송에 필요한 디스크 입출력 명령을 내린다.

• DBMS는 파일 관리자에게 저장 레코드를 요청하고, 파일 관리자는 디스크 관리자에게 그 레코드가 들어있는 페이지를 요청한다.

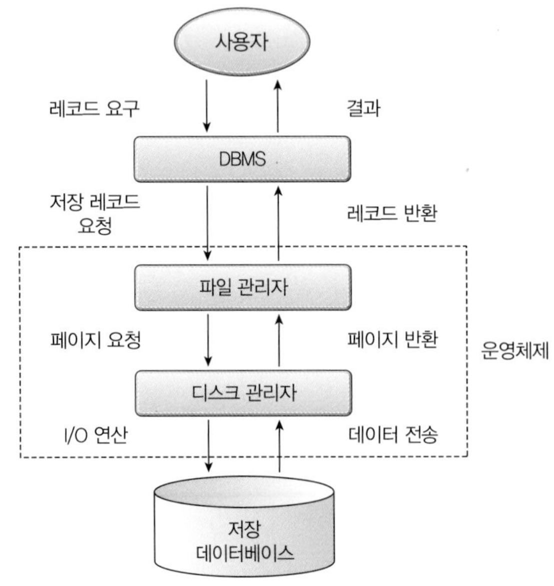

▲ 데이터베이스의 일반적인 접근 과정

개념확인 문제

기출 2019년 3회

01 다음 설명에 해당하는 것은?

> 물리적 저장 장치의 입장에서 본 데이터베이스 구조로서 실제로 데이터베이스에 저장될 레코드로 형식을 정의하고 저장 데이터 항목의 표현 방법, 내부 레코드의 물리적 순서 등을 나타낸다.

① 외부 스키마
② 내부 스키마
③ 개념 스키마
④ 슈퍼 스키마

02 데이터베이스의 3단계-스키마 구조에 대한 설명으로 [보기]에서 옳은 것만을 모두 고른 것은?

> 보기
> ㄱ. 내부 스키마는 물리적 저장 장치의 관점에서 본 데이터베이스 구조이다.
> ㄴ. 외부 스키마는 각 사용자의 관점에서 본 데이터베이스 구조로서 여러 개가 존재할 수 있다.
> ㄷ. 개념 스키마는 모든 응용 시스템들이나 사용자들이 필요로 하는 데이터를 통합한 조직 전체의 데이터베이스를 기술한 것이다.

① ㄱ, ㄴ
② ㄱ, ㄷ
③ ㄴ, ㄷ
④ ㄱ, ㄴ, ㄷ

기출 2019년 2회

03 시스템 카탈로그에 대한 설명으로 틀린 것은?

① 시스템 카탈로그는 DBMS가 스스로 생성하고 유지하는 데이터베이스 내의 특별한 테이블들의 집합체이다.
② 일반 사용자도 SQL을 이용하여 시스템 카탈로그를 직접 갱신할 수 있다.
③ DBMS는 자동적으로 시스템 카탈로그 테이블들의 행을 삽입, 삭제, 수정한다.
④ 시스템 카탈로그는 데이터베이스 구조에 관한 메타데이터를 포함한다.

정답 & 해설

01 ② 내부 스키마: 물리적 저장 장치 관점에서 전체 데이터베이스가 저장되는 방법 명세

02 • 내부 스키마: 물리적 저장 장치 관점에서 전체 데이터베이스가 저장되는 방법 명세
• 외부 스키마: 가장 바깥쪽 스키마로, 전체 데이터 중 사용자가 사용하는 한 부분에서 본 구조
• 개념 스키마: 논리적 관점에서 본 구조로 전체적인 데이터 구조

03 ② 일반 사용자도 SQL문을 이용하여 시스템 테이블의 내용을 검색할 수 있으나, 카탈로그의 정보를 SQL문의 UPDATE, DELETE, INSERT문으로 직접 갱신하는 것은 불가능

| 정답 | 01 ② 02 ④ 03 ②

개념적용 문제

01 데이터베이스의 개요

01 난이도 상중하 2015년 3회

데이터베이스 정의에 해당되는 내용을 모두 나열한 것은?

> ㉠ Shared Data
> ㉡ Distributed Data
> ㉢ Stored Data
> ㉣ Operational Data

① ㉠, ㉡ ② ㉠, ㉡, ㉢
③ ㉠, ㉢, ㉣ ④ ㉠, ㉡, ㉢, ㉣

02 난이도 상중하 2014년 2회

데이터베이스의 특성으로 옳지 않은 것은?

① 데이터베이스는 계속적으로 변화된다.
② 데이터베이스의 데이터는 그 주소나 위치에 의해 참조된다.
③ 데이터베이스는 실시간으로 접근한다.
④ 데이터베이스는 동시 공용이다.

02 데이터베이스 관리 시스템

03 난이도 상중하

DBMS에 대한 설명으로 옳지 않은 것은?

① 응용 프로그램에 대한 데이터의 독립성이 보장된다.
② 데이터가 중복 저장되는 것을 방지하여 데이터의 일관성을 유지한다.
③ 데이터베이스의 구성과 저장, 접근 방법, 유지 및 관리를 위한 시스템 소프트웨어이다.
④ 고속·고용량의 메모리나 CPU 등이 요구되지 않으므로 시스템 운영비를 감소시킬 수 있다.

04 난이도 상중하

대용량 데이터의 관리를 위해 사용되는 데이터베이스 관리 시스템(DBMS)에 대한 설명으로 옳지 않은 것은?

① 트랜잭션 처리 과정에서 데이터의 일관성과 무결성 유지를 위한 기능을 수행한다.
② 트랜잭션은 원자성(Atomicity)을 가지도록 한다.
③ 데이터 무결성 유지를 위해 데이터의 중복을 허용한다.
④ 저장된 데이터에 대한 효과적인 접근을 위해 질의어를 지원한다.

05 난이도 상중하

아래 지문은 파일 시스템과 DBMS의 가장 큰 차이점을 설명한 것이다. 지문이 설명하는 DBMS의 장점에 해당하는 것은?

> 파일 시스템은 파일을 구성하는 레코드 구조가 변경되면 이 파일을 사용하는 모든 프로그램이 변경되어야 한다. 하지만, DBMS는 데이터베이스를 구성하는 데이터 구조가 변경되어도 변경된 데이터 항목을 사용하는 프로그램만 변경되고, 나머지 프로그램은 변경될 필요가 없어 데이터 항목 변경에 따른 프로그램 유지 보수 비용을 현격히 줄일 수 있다.

① 보안성(Security)
② 다중 접근성(Multi Access)
③ 데이터 독립성(Data Independent)
④ 구조적 접근성(Structured Access)

03 데이터베이스 시스템의 구성

06 난이도 상중하 2019년 1회

모든 응용 프로그램이나 사용자들이 필요로 하는 데이터를 통합한 조직 전체의 데이터베이스 구조를 논리적으로 정의하는 스키마는?

① 개념 스키마 ② 외부 스키마
③ 내부 스키마 ④ 처리 스키마

07 난이도 상 중 하

데이터베이스 스키마(Schema)에 대한 설명으로 옳지 않은 것은?

① 스키마(Schema)는 데이터베이스의 논리적 정의인 데이터의 구조와 제약 조건에 대한 명세를 기술한 것이다.

② 외부 스키마(External Schema)는 데이터베이스의 개별 사용자나 응용 프로그래머가 접근하는 데이터베이스를 정의한 것이다.

③ 내부 스키마(Internal Schema)는 여러 개의 외부 스키마를 통합하는 관점에서 논리적인 데이터베이스를 기술한 것이다.

④ 개념 스키마(Conceptual Schema)는 모든 응용 시스템들이나 사용자들이 필요로 하는 데이터를 통합한 조직 전체의 데이터 베이스를 기술한 것으로 하나의 데이터베이스 시스템에는 하나의 개념 스키마만 존재한다.

08 난이도 상 중 하

2019년 1회

시스템 카탈로그에 대한 설명으로 틀린 것은?

① 시스템 카탈로그는 DBMS가 생성하고 유지하는 데이터베이스 내의 특별한 테이블들의 집합체이다.

② 일반 사용자도 시스템 카탈로그의 내용을 검색할 수 있다.

③ 시스템 카탈로그 내의 각 테이블은 DBMS에서 지원하는 개체들에 관한 정보를 포함한다.

④ 시스템 카탈로그에 대한 갱신은 데이터베이스의 무결성 유지를 위하여 사용자가 직접 갱신해야 한다.

정답 & 해설

01 데이터베이스의 개요 〉 데이터베이스의 개념
데이터베이스(Database)의 정의에는 통합 데이터(Integrated Data), 저장 데이터(Stored Data), 운영 데이터(Operational Data), 공용 데이터(Shared Data)가 있다.

02 데이터베이스의 개요 〉 데이터베이스의 개념
② 데이터베이스는 데이터를 주소나 위치에 의해서 참조되는 것이 아니고, 내용에 의해 참조된다.

03 데이터베이스 관리 시스템 〉 DBMS의 개요
④ 데이터베이스는 사용되는 조직에 따라 크기에 차이가 있을 수는 있지만, 방대한 양의 데이터가 저장되어 있고, 처리되어야 하기 때문에 고속/고용량의 메모리나 CPU 등이 요구된다.

04 데이터베이스 관리 시스템 〉 파일 시스템의 문제점
③ DBMS는 데이터 무결성 유지를 위해 데이터의 중복을 허용하지 않는다.

05 데이터베이스 관리 시스템 〉 DBMS의 개요
③ DBMS의 궁극적인 목적은 데이터 독립성(Data Independency)을 제공하는 것으로, 이는 상위 단계의 스키마 정의에 영향을 주지 않고 스키마의 정의를 수정할 수 있는 능력이 있다.

06 데이터베이스 시스템의 구성 〉 3단계 데이터베이스
① 개념 스키마에 대한 설명으로, 개념 스키마는 모든 데이터 개체, 관계, 제약 조건, 접근 권한, 무결성 규칙, 보안 정책 등을 명세한다.

07 데이터베이스 시스템의 구성 〉 3단계 데이터베이스
③ 여러 개의 외부 스키마를 통합하는 관점에서 논리적인 데이터베이스를 기술한 것은 개념 스키마이며, 내부 스키마는 물리적 저장장치의 관점이다.

08 데이터베이스 시스템의 구성 〉 데이터 사전과 데이터 디렉터리
④ 사용자가 SQL을 이용하여 시스템 테이블의 내용을 검색할 수 있으나, 카탈로그의 정보를 SQL의 UPDATE, DELETE, INSERT문으로 직접 갱신하는 것은 불가능하다.

| 정답 | 01 ③ 02 ② 03 ④ 04 ③ 05 ③ 06 ① 07 ③ 08 ④

Chapter

02 데이터 모델링

반복이 답이다! □ 1회독 월 일 □ 2회독 월 일 □ 3회독 월 일

01 데이터 모델의 개념

기출 키워드
- 데이터 모델의 구성 요소

출제 예상 키워드
- 데이터 모델링

읽는 강의

1 데이터 모델

(1) 데이터 모델(Data Model)의 개념

① 현실 세계의 데이터 구조를 컴퓨터 세계의 데이터 구조로 기술하는 논리적 구조이다.

② 현실 세계를 데이터베이스에 표현하는 중간 과정이다. (데이터베이스 설계 과정에서 현실 세계의 데이터 구조를 논리적으로 표현하기 위해 사용되는 지능적 도구)

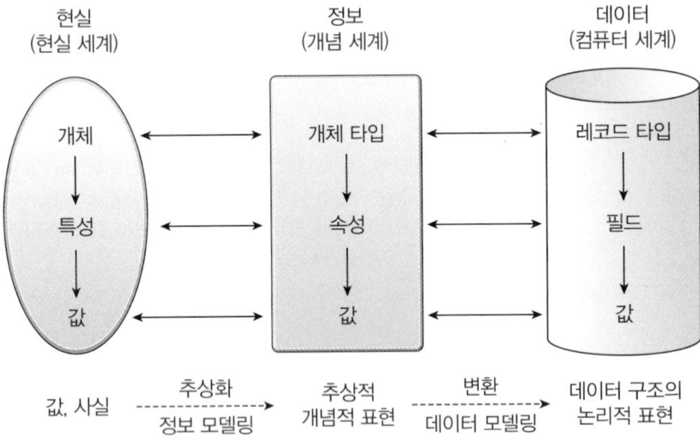

▲ 3개의 데이터 세계

③ DBMS나 컴퓨터에 맞게 데이터의 크기 및 유형을 결정하고, 레코드 타입을 결정한다.

정보 모델링
현실 세계에 존재하는 개체를 개념적 구조로 표현한 것이다.

데이터 모델링
현실 세계에 존재하는 개체를 컴퓨터 세계의 논리적, 개념적 데이터 구조로 표현한 것이다.

(2) 데이터 모델의 구성 요소: D = 〈S, O, C〉 기출 2020년 4회

데이터 구조(Structure)	정적 성질(추상적 개념)로서 개체 타입과 이들 간의 관계를 명세한다.
연산(Operation)	동적 성질로서 개체 인스턴스에 적용 가능한 연산에 대해 명세한다.
제약 조건(Constraint)	데이터에 대한 논리적 제약으로 개체 인스턴스의 허용 조건을 의미하며, 이는 구조(Structure)로부터 파생되는 의미상 제약이다.

더 알아보기 데이터 모델링

- 정보처리 대상이 되는 업무와 업무들 간의 관계를 개체를 활용하여 최적의 데이터베이스 구조를 체계적으로 표현하는 것
- 데이터베이스 시스템 모델의 설계 순서

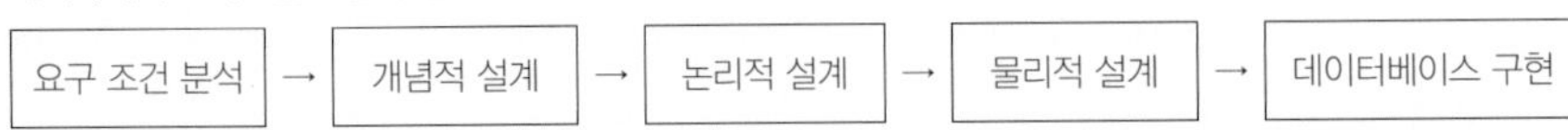

2 논리적 데이터 모델

(1) 개념 구조를 컴퓨터 환경에 맞게 사상하기 위한 논리적 구조를 기술하는 방법이다.

(2) 종류와 특징

관계 데이터 모델	표 데이터 모델이라고도 하며, 구조가 단순하며 사용이 편리하고, n:m 표현이 가능하다.
네트워크 데이터 모델	망 데이터 모델이라고도 하며, 레코드 타입 간의 관계에 대한 도형적 표현(그래프 형태) 방법이다. 오너-멤버 관계 즉, 1:n 관계로 이루어져 있다. (사이클 허용 가능)
계층 데이터 모델	트리 데이터 모델이라고도 하며, 데이터 사이는 링크(link)로 표현된다. 부모-자식 관계 즉, 1:n 관계로 이루어져 있다. (사이클 허용 불가)

더 알아보기 DBMS 종류

- 관계형 DBMS: DB2, Ingres, Informix, SQL Server, Oracle, Sybase, SQL/DS
- 계층형 DBMS: IMS(IBM), System 2000
- 네트워크형 DBMS: DBTG(CODASYSL), IDMS, IDS II, Total, DMS/1100
- 객체지향형 DBMS: GemStone, Versant ODBMS, O2

3 개체와 관계

(1) 개체(Entity)

① 단독으로 존재하며 다른 것과 구분되는 객체이다.

② 개체는 속성(애트리뷰트)들의 집합을 가진다.

(2) 관계(Relationship)

① 개체 집합의 구성 원소인 인스턴스 사이의 대응성(Correspondence), 즉 사상(Mapping)을 의미한다.

② 사상의 원소 수(Mapping Cardinality)

일대일(1:1)	개체 집합 A의 각 원소가 개체 집합 B의 원소 한 개와 대응하는 관계
일대다(1:N)	개체 집합 A의 각 원소는 개체 집합 B의 원소 여러 개와 대응하고 있지만 개체 집합 B의 각 원소는 개체 집합 A의 원소 한 개와 대응하는 관계
다대다(N:N)	개체 집합 A의 각 원소는 개체 집합 B의 원소 여러 개와 대응하고 개체 집합 B의 각 원소도 개체 집합 A의 원소 여러 개와 대응하는 관계

③ 관계의 구분

개체 관계 (Entity Relationship)	개체 간의 연관(Association) 상태를 기술한다.
속성 관계 (Attribute Relationship)	개체에 속하는 속성 간의 관계이다.
개체-속성 관계 (Entity-Attribute Relationship)	개체의 특성(Characteristics)을 기술한다.

읽는 강의

관계

속성과 속성과의 관계, 개체와 개체와의 관계가 존재하는데 시험에서 주로 출제되는 것은 개체와 개체와의 관계이다.

개념확인 문제

01 계층형 데이터 모델의 특징이 아닌 것은?

① 개체 타입 간에는 상위와 하위 관계가 존재한다.
② 개체 타입들 간에는 사이클(Cycle)이 허용된다.
③ 루트 개체 타입을 가지고 있다.
④ 링크를 사용하여 개체와 개체 사이의 관계성을 표시한다.

02 데이터베이스에 대한 설명으로 옳지 않은 것은?

① 객체관계형 데이터베이스는 객체지향 개념과 관계 개념을 통합한 것이다.
② 객체지향형 데이터베이스는 데이터와 연산을 일체화한 객체를 기본 구성 요소로 사용한다.
③ 관계형 데이터베이스는 레코드들을 그래프 구조로 연결한다.
④ 계층형 데이터베이스는 레코드들을 트리 구조로 연결한다.

정답 & 해설

01 ② 계층형 데이터 모델은 트리형으로 구성되어 있으므로 개체 타입들 간에 사이클(Cycle)이 허용되지 않는다.

02 ③ 관계형 데이터베이스는 표 데이터 모델이라고도 하며, 구조가 단순하며 사용이 편리하고, n : m 표현이 가능하다. 레코드들을 그래프 구조로 연결하는 것은 네트워크형 데이터베이스이다.

| 정답 | 01 ② 02 ③

02 개체–관계 모델

기출 키워드
- 개체 관계 모델
- 개체 관계 다이어그램 표기법

출제 예상 키워드
- 속성의 종류

1 개체–관계 모델 기출 2020년 1, 2, 4회, 2021년 1, 2회, 2022년 2회

(1) 개체–관계 모델(E–R Model)의 개념

① E–R 모델은 개체 타입과 관계 타입을 기본 개념으로 현실 세계를 개념적으로 표현하는 방법으로, 1976년 피터 첸(Peter Chen)이 제안했다.

② E–R 모델의 그래픽 표현으로서 개체 타입(Entity Type)을 표현하는 사각형, 관계 타입(Relationship Type)을 표현하는 마름모, 속성(Attribute)을 표현하는 타원, 그리고 이들을 연결하는 링크로 구성된다.

③ **사상 방법**: 일대일(1:1), 일대다(1:n), 다대다(n:m) 등으로 제한 없이 나타낼 수 있다.

■ E–R 다이어그램 표기법 기출 2022년 1회

기호	의미
(사각형)	개체 타입
(이중 사각형)	약한 개체 타입
(타원)	속성
(이중 타원)	다중 속성: 여러 개의 값을 가질 수 있는 속성
(점선 타원)	유도 속성
(마름모)	관계: 개체 간의 상호작용
(이중 마름모)	식별 관계 타입
(밑줄 타원)	키 속성: 모든 개체들이 모두 다른 값을 갖는 속성(기본키)
(점선 밑줄 타원)	부분키 애트리뷰트
(연결된 타원들)	복합 속성: 하나의 속성을 부분으로 나누어질 수 있는 속성
(선)	연결

예 E–R 다이어그램
- 하나의 관계는 둘 이상의 개체 타입이 관련된 다원 관계일 수 있다.
- 두 개체 타입 사이에 둘 이상의 다중 관계가 될 수도 있다.
- 관계 타입은 관계를 기술하는 속성도 가질 수 있다.
- 관계와 관계 사이의 관계성을 표현할 수 없다. (확장 E–R 모델에서 가능)

(2) E-R 다이어그램의 해석 예

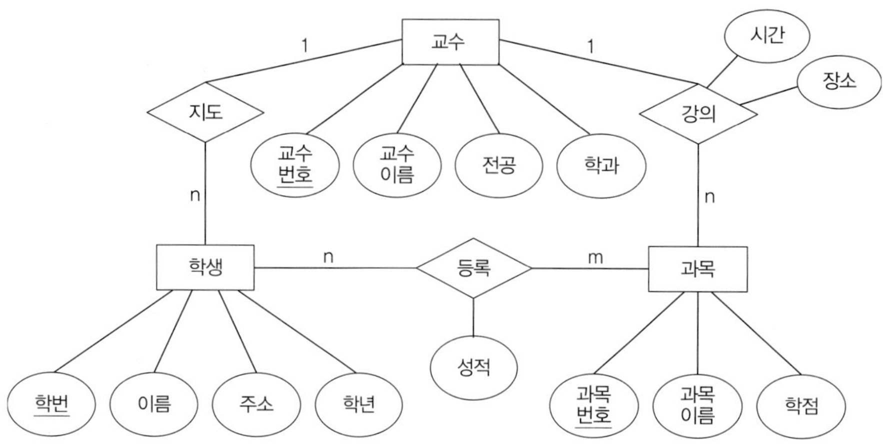

- 교수, 학생, 과목의 3개의 객체로 구성되어 있다.
- 교수 개체의 기본키는 교수번호, 학생 개체의 기본키는 학번, 과목 개체의 기본키는 과목번호로 구성된다.
- 교수와 학생 관계: 일대다(1:n)의 지도 관계로 구성
- 교수와 과목 관계: 일대다(1:n)의 강의 관계로 구성
- 학생과 과목 관계: 다대다(n:m)의 등록 관계로 구성

2 속성 유형

(1) 속성의 종류

속성의 종류	내용
단순 속성	더 이상 의미적으로 분해될 수 없는 속성이다.
복합 속성	독립적인 의미를 가질 수 있는 여러 기본 속성으로 구성된 속성이다.
단일값 속성	특정 개체에 대하여 하나의 값을 갖는 속성이다. 예 나이, 학년
다중값 속성	어떤 개체에 대해 특정 속성은 몇 개의 값을 가질 수 있다. 예 취미, 전화번호
저장 속성	기본 속성값만 저장된다. 예 주민등록번호
유도 속성	다른 관련된 속성이나 개체의 값으로부터 유도된다. 예 나이
널(Null) 속성	• 개체(Entity)가 속성에 값을 갖지 않을 때 사용한다. • 널(Null)은 '허용할 수 없음', '해당사항 없음'이라는 의미이다. (공백, 0과는 다르다.)

3 개체 타입

실세계의 유형, 무형의 사물로, 다른 객체와 구별된다.

(1) 강한 개체 타입(Strong Entity Type)

자신의 애트리뷰트로 구성된 키를 가진 개체 타입을 강한 개체 타입이라고 한다.

(2) 약한 개체 타입(Weak Entity Type)

① 자기 자신의 키인 애트리뷰트를 가질 수 없는 타입이다.

읽는 강의

전체 참여와 부분 참여

- 전체 참여는 어떤 관계에 엔티티 타입 E1의 모든 엔티티들이 관계 타입 R에 의해서 어떤 엔티티 타입 E2의 어떤 엔티티와 연관되는 것을 의미함
- 부분 참여는 어떤 관계에 엔티티 타입 E1의 일부 엔티티만 참여하는 것을 의미함
- 약한 엔티티 타입은 항상 관계 전체에 참여함
- 전체 참여는 ER 다이어그램에서 이중 실선으로 표시함
- 카디날리티 비율과 함께 참여 제약조건은 관계에 대한 중요한 제약조건임

② 약한 개체 타입과 관련 짓는 관계 타입을 그 약한 개체 타입의 식별 관계라고 한다.
③ 약한 개체 타입은 보통 부분키(Partial Key)를 갖는다.
④ 주키를 형성하기에 충분하지 못한 애트리뷰트를 가진 개체 집합으로, 약한 개체집합의 주키는 존재종속 관계에 강한 개체집합의 주키와 약한 개체집합의 부분키를 합쳐 만든다.
⑤ 식별 관계 집합은 임의의 어떤 필요한 속성도 약한 개체 집합과 연관될 수 있으므로 설명 속성을 가지면 안 된다.

읽는 강의

(3) 약한 개체 타입 예

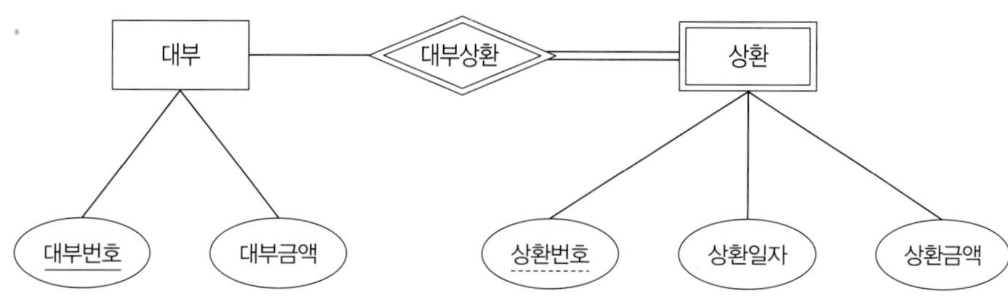

개념확인 문제

기출 2018년 1회

01 개체-관계 모델의 E-R 다이어그램에서 사용되는 기호와 그 의미의 연결이 옳지 않은 것은?

① 사각형 – 개체 타입
② 삼각형 – 속성
③ 선 – 개체 타입과 속성을 연결
④ 마름모 – 관계 타입

기출 2017년 1회

02 E-R 모델에서 다중값 속성의 표기법은?

①

② 

③ 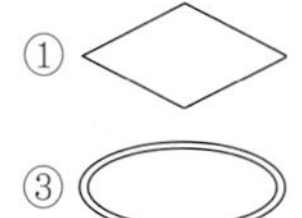

④ 

정답 & 해설

01
- ▭: 개체 타입
- ⬭: 속성
- ◇: 관계(개체 간의 상호 작용)
- ――: 연결

02
- ◇: 관계(개체 간의 상호 작용)
- ▭: 개체 타입
- ◎: 다중 속성(여러 개의 값을 가질 수 있는 속성)
- ――: 연결

| 정답 | 01 ② 02 ③

개념적용 문제

01 데이터 모델의 개념

01 난이도 상 중 하

논리적 데이터 모델에 대한 설명으로 옳지 않은 것은?

① 네트워크 모델, 계층 모델은 레거시 데이터 모델로도 불린다.
② SQL은 관계형 모델을 따르는 DBMS의 표준 데이터 언어이다.
③ 관계형 모델은 논리적 데이터 모델에 해당한다.
④ 개체 관계 모델은 개체와 개체 사이의 관계성을 이용하여 데이터를 모델링한다.

02 난이도 상 중 하

다음 아래 [보기]의 설명에 해당하는 모델로 옳은 것은?

> 보기
> 망 데이터 모델이라고도 하며, 레코드 타입 간의 관계에 대한 도형적 표현(그래프 형태) 방법이다. 오너-멤버 관계 즉, 1:n 관계로 이루어져 있다.

① 개체 관계 모델
② 네트워크 데이터 모델
③ 관계 데이터 모델
④ 계층형 데이터 모델

02 개체-관계 모델

03 난이도 상 중 하 2014년 1회

개체-관계 모델(E-R Model)에 대한 설명으로 옳지 않은 것은?

① 특정 DBMS를 고려한 것은 아니다.
② E-R 다이어그램에서 개체 타입은 사각형, 관계 타입은 타원, 속성은 다이아몬드로 나타낸다.
③ 개체 타입과 관계 타입을 기본 개념으로 현실 세계를 개념적으로 표현하는 방법이다.
④ 1976년 Peter Chen이 제안하였다.

04 난이도 상 중 하

다음 그림은 스마트폰 수리와 관련된 E-R 다이어그램의 일부이다. 이에 대한 설명으로 옳지 않은 것은?

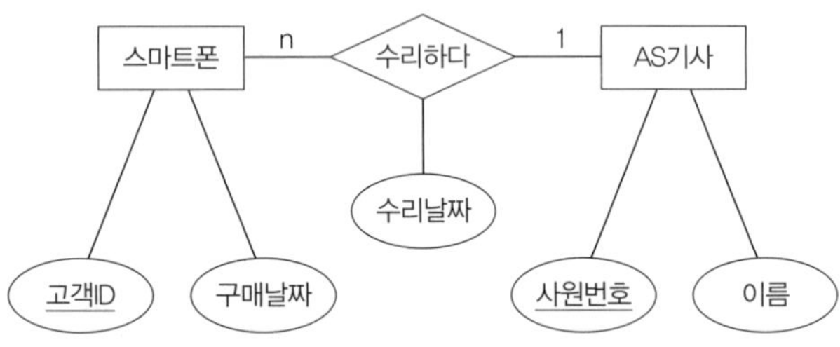

① '수리하다' 관계는 속성을 가지고 있다.
② 'AS기사'와 '스마트폰'은 일대다 관계이다.
③ '스마트폰'은 다중값 속성을 가지고 있다.
④ '사원번호'는 키 속성이다.

05 난이도 상중하 2020년 1,2회

E-R 모델의 표현 방법으로 옳지 않은 것은?

① 개체 타입: 사각형
② 관계 타입: 마름모
③ 속성: 오각형
④ 연결: 선

정답 & 해설

01 데이터 모델의 개념 〉 논리적 데이터 모델
④ 논리적 데이터 모델에는 관계 데이터 모델, 계층 데이터 모델, 네트워크 데이터 모델이 있다. 개체 관계 모델은 개념적 데이터 모델이다.

02 데이터 모델의 개념 〉 논리적 데이터 모델
② 네트워크 데이터 모델은 망 데이터 모델이라고도 하며, 레코드 타입 간의 관계에 대한 도형적 표현(그래프 형태) 방법이다. 오너-멤버 관계 즉, 1:n 관계로 이루어져 있다.

03 개체-관계 모델 〉 개체-관계 모델
E-R 다이어그램에서 개체 타입은 사각형, 관계 타입은 마름모, 속성은 타원으로 나타낸다.

■ E-R 다이어그램 표기법

기호	의미
사각형	개체 타입
타원	속성
마름모	관계: 개체 간의 상호작용
선	연결

04 개체-관계 모델 〉 개체-관계 모델
③ '스마트폰' 개체는 '고객ID'와 '구매날짜' 속성을 가지고 있다. 고객ID는 기본키이며, 다중값 속성은 존재하지 않는다. E-R 다이어그램에서 다중값 속성은 이중 타원으로 표현 한다.

05 개체-관계 모델 〉 개체-관계 모델
E-R 모델에서 속성은 타원으로 표현한다.

■ E-R 다이어그램 표기법

기호	의미
사각형	개체 타입
타원	속성
마름모	관계: 개체 간의 상호작용
선	연결

| 정답 | 01 ④ 02 ② 03 ② 04 ③ 05 ③

Chapter

03 관계 데이터 모델

반복이 답이다! | □ 1회독 월 일 | □ 2회독 월 일 | □ 3회독 월 일

읽는 강의

01 관계 데이터 모델의 구조 및 제약

기출 키워드
- 관계 데이터 모델의 구조
- 릴레이션 관련 용어
- 릴레이션의 특성
- 키의 종류
- 데이터 무결성 제약 조건의 정의

출제 예상 키워드
- 관계 데이터 용어
- 키 무결성 조건

1 관계 데이터 모델의 구조 기출 2020년 1, 2, 4회, 2021년 1, 2, 3회

(1) 관계 데이터 모델의 구성

① 릴레이션(Relation)

- 정보 저장의 기본 형태가 2차원 구조의 표 또는 테이블로 표현되는 모델이다.
- n개의 도메인 D1, D2, …, Dn에서 정의된 릴레이션 R은 릴레이션 스킴과 릴레이션 인스턴스로 구성된다.

릴레이션 스킴 (Relation Scheme)	릴레이션의 내포로 정적인 논리적 구조이다.
릴레이션 인스턴스 (Relation Instance)	어느 한 시점에 릴레이션이 포함하고 있는 튜플의 집합이다. 동적이고 외연의 지식이다.

(2) 릴레이션 관련 용어 기출 2022년 1, 2회

■ 릴레이션 구성 예

〈학생〉 테이블

학번	이름	학년	학과
100	김유신	4	컴퓨터
200	강감찬	3	전기
300	이순신	1	컴퓨터
400	임꺽정	4	컴퓨터
500	장길산	2	기계

속성명 (헤더 행) / 튜플 (데이터 행) / 애트리뷰트(속성) (열)

- 릴레이션(테이블): 학생
- 애트리뷰트: 학번, 이름, 학년, 학과
- 튜플: (100 김유신 4 컴퓨터) 등
- 차수: 4(속성의 개수)
- 카디널리티: 5(튜플의 개수)

① **애트리뷰트(Attribute)**: 테이블의 각 열을 의미하고, 속성 또는 필드와 같은 개념이다.

② **도메인(Domain)**: 하나의 애트리뷰트가 가질 수 있는 원자값들의 집합이다.

③ **튜플(Tuple)**: 테이블이 한 행을 구성하는 속성들의 집합으로 레코드의 개념이다.

④ **차수(Degree)**: 애트리뷰트의 개수이다.
⑤ **기수(Cardinality, 대응수)**: 튜플의 개수이다.

읽는 강의

2 릴레이션의 특성 기출 2020년 3회, 2022년 2회

① **튜플의 유일성**: 릴레이션의 튜플들은 중복되지 않고 모두 상이하다.
② **튜플의 무순서성**: 한 릴레이션에 포함된 튜플 사이에는 순서가 없다.
③ **애트리뷰트의 무순서성**: 릴레이션에서 애트리뷰트들 간의 순서는 의미가 없다.
④ **애트리뷰트의 원자성**: 모든 애트리뷰트는 원자값을 가지며, 애트리뷰트의 값은 논리적으로 분해가 불가능하다.

3 키의 종류 기출 2020년 1, 2, 4회, 2022년 1, 2회

슈퍼키(Super Key)	한 릴레이션 내의 속성들로 집합된 키로서, 릴레이션을 구성하는 모든 튜플에 대한 유일성은 만족시키지만 최소성은 만족시키지 못하는 키이다.
후보키(Candidate Key)	• 속성 집합으로 구성된 테이블의 각 튜플을 유일하게 식별할 수 있는 속성이나 속성의 조합들을 후보키라 한다. (유일성, 최소성) • 후보키의 슈퍼 집합은 슈퍼키이다. • 후보키의 논리적 개념은 '유일한 인덱스'의 물리적 개념과는 다르다.
기본키(Primary Key)	• 개체 식별자로 후보키 중 하나를 선택한 키이다. • 튜플을 유일하게 식별할 수 있는 애트리뷰트 집합이다. (보통 Key라고 하면 기본키를 말하지만 때에 따라서 후보키를 뜻하는 경우도 있다.) • 기본키는 그 키 값으로 그 튜플을 대표하기 때문에 기본키가 널(Null) 값을 포함하면 유일성이 깨진다.
대체키(Alternate Key)	기본키를 제외한 후보키들이다.
외래키(Foreign Key)	• 다른 테이블을 참조하는 데 사용되는 속성이다. • 두개의 릴레이션 R1, R2에서 R1에 속한 애트리뷰트인 외래키가 참조 릴레이션 R2의 기본키가 되며, 릴레이션 R1을 참조하는 릴레이션(Referencing Relation), 릴레이션 R2를 참조되는 릴레이션(Referenced Relation)이라 한다.

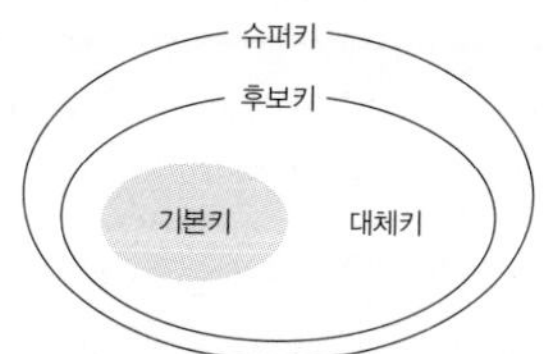

4 데이터 무결성 제약 조건

(1) 데이터 무결성(Data Integrity) 제약 조건의 정의 기출 2020년 1, 2, 3회, 2021년 3회, 2022년 2회

① 데이터의 정확성 또는 유효성을 의미한다.
② 무결성이란 데이터베이스에 저장된 데이터 값과 그것이 표현하는 현실 세계의 실제값이 일치하는 정확성을 의미한다.
③ 데이터베이스 내에 저장되는 데이터 값들이 항상 일관성을 가지고 유효한 데이터가 존재하도록 하는 제약 조건들을 두어 안정적이며 결함 없이 존재시키는 데이터베이스의 특성이다.

개체 무결성	릴레이션의 기본키를 구성하는 어떤 속성도 널(Null)일 수 없고, 반복 입력을 허용하지 않는다는 규정이다.
참조 무결성	외래키 값은 널(Null)이거나 참조 릴레이션의 기본키 값과 동일해야 한다는 규정이다.
도메인(Domain) 무결성	특정 속성값이 그 속성이 정의된 도메인에 속한 값이어야 한다는 규정이다.
키(Key) 무결성	한 릴레이션에 같은 키값을 가진 튜플(Tuple)들이 허용 안 되는 규정이다.

■ 무결성 제약 조건 예

〈교수〉 릴레이션

번호	교수이름	학과번호	직급
01	홍길동	A1	주임
02	이순신	A3	전임
03	강감찬	A2	시간

외래키

〈학생〉 릴레이션

학과번호	학과	교수번호	학생수
A1	전산과	01	50
A2	컴공과	02	40
A3	수학과	03	60

기본키

• 개체 무결성: 기본키 값은 언제 어느 때고 널(NULL)일 수 없음
• 참조 무결성: 외래키 값은 널이거나 참조 릴레이션에 있는 기본키 값과 같아야 함

읽는 강의

개념확인 문제

기출 2019년 3회

01 하나의 애트리뷰트가 가질 수 있는 원자값들의 집합을 의미하는 것은?

① 튜플 ② 릴레이션
③ 도메인 ④ 엔티티

기출 2019년 2회

02 속성(Attribute)에 대한 설명으로 틀린 것은?

① 속성은 개체의 특성을 기술한다.
② 속성은 데이터베이스를 구성하는 가장 작은 논리적 단위이다.
③ 속성은 파일 구조상 데이터 항목 또는 데이터 필드에 해당된다.
④ 속성의 수를 'Cardinality'라고 한다.

기출 2018년 3회

03 관계 데이터베이스의 제약 조건 중 한 릴레이션의 기본키를 구성하는 어떠한 속성값도 널(Null) 값이나 중복값을 가질 수 없다는 조건은?

① 키 제약 조건
② 참조 무결성 제약 조건
③ 참여 제약 조건
④ 개체 무결성 제약 조건

정답 & 해설

01 도메인은 하나의 애트리뷰트가 가질 수 있는 원자값들의 집합이다.

02 속성(Attribute)의 개수는 차수(Degree)이다. Cardinality는 튜플(Tuple)의 개수를 의미한다.

03 개체 무결성 제약 조건은 기본키에 속해 있는 속성은 널(Null) 값이나 중복값을 가질 수 없다는 조건을 가지고 있다.

| 정답 | 01 ③ 02 ④ 03 ④

02 관계 데이터 연산

기출 키워드
- 관계대수의 개념
- 일반 집합 연산자
- 순수 관계 연산자
- 조인

출제 예상 키워드
- 관계연산
- 프로젝트

읽는 강의

1 관계대수

(1) 관계대수의 개념 기출 2020년 4회, 2021년 1회

① 주어진 릴레이션 조작을 위한 연산의 집합으로, 연산자를 이용하여 표현되는 절차적(Procedural) 언어이다.

② 질의에 대한 해를 구하기 위해 수행해야 할 연산의 순서를 명시한다.

③ 관계대수는 원래 E.F.Codd가 관계 데이터 모델을 처음 제안할 때 정의하였으나 그 뒤 많은 변형들이 나왔다.

④ 일반 집합 연산과 순수 관계 연산으로 구분된다.

(2) 일반 집합 연산자 기출 2020년 3회, 2021년 2, 3회

① **합집합(Union, ∪)**: $R \cup S = \{ t \mid t \in R \lor t \in S \}$

② **교집합(Intersect, ∩)**: $R \cap S = \{ t \mid t \in R \land t \in S \}$

③ **차집합(Difference, −)**: $R - S = \{ t \mid t \in R \land t \notin S \}$

④ **카티션 프로덕트(Cartesian Product, ×)**: $R \times S = \{ r \cdot s \mid r \in R \land s \in S \}$

- 결과 릴레이션의 차수는 두 릴레이션의 차수의 합이고, 카디널리티는 두 릴레이션의 카디널리티를 곱한 것이다.

⑤ 카티션 프로덕트를 제외한 합집합, 교집합, 차집합은 연산자들이 요구하는 피연산자로 두 릴레이션은 합병 가능(Union-Compatible)해야 된다.

관계대수 연산의 교환과 결합
- 교환법칙·결합법칙 성립: 합집합, 교집합, 조인(동일 조인, 자연 조인), 카티션 프로덕트
- 교환법칙·결합법칙 비성립: 차집합, 디비전, 조인(세미 조인)

(3) 순수 관계 연산자 기출 2022년 1회

셀렉트(SELECT), 프로젝트(PROJECT), 조인(JOIN), 디비전(DIVISION)

예 〈학생〉 테이블

학번	이름	학년	전공	점수
01	김유신	3	컴퓨터	80
02	강감찬	2	화학	85
03	이순신	1	화학	70
04	이대현	1	화학	79

① **셀렉트(SELECT, σ)**

- 릴레이션에서 조건에 맞는 튜플을 추출하는 연산이다.
- 릴레이션의 행이 추출되는 수평적 연산이다.
- 표기 형식: σ〈조건식〉 (테이블 이름)

σ점수≥80(학생) → '학생' 테이블에서 점수 속성값이 80점 이상인 튜플 선택

학번	이름	학년	전공	점수
01	김유신	3	컴퓨터	80
02	강감찬	12	화학	85

② 프로젝트(PROJECT, π)

- 릴레이션에서 기술된 속성 리스트의 속성값을 추출하는 연산이다.
- 릴레이션의 열이 추출되는 수직적 연산이다.
- 표기 형식: $\pi_{\langle 속성\ 리스트\rangle}$ (테이블 이름)

π전공(학생) → '학생' 테이블에서 전공 속성 선택, 중복 제거

전공
컴퓨터
화학

③ 조인(JOIN, ⋈) 기출 2020년 1, 2회

- 두 관계로부터 관련된 튜플들을 하나의 튜플로 결합하는 연산이다.
- 카티션 프로덕트와 셀렉트를 하나로 결합한 이항 연산자로, 일반적으로 조인이라 하면 자연 조인을 말한다.
- 두 개 이상의 릴레이션으로부터 상호 연관성을 구하기 위한 연산자이다.
- 릴레이션의 차수는 릴레이션 R의 차수와 S의 차수를 합한 것과 같다.

예 조인 연산을 위한 릴레이션

학번 (STNO)	성명 (NAME)	학과 코드 (DNOO)	학년 (YEAR)
9801	김유신	100	2
9802	홍길동	200	3
9803	강감찬	300	1
9804	이순신	100	3
9805	장길산	400	4

(R)

학번 (STNO)	과목 (COURSE)	점수 (SCO)
9801	자료구조	90
9801	데이터베이스	80
9802	컴퓨터 구조	90
9803	자료구조	80
9803	운영체제	90
9803	데이터베이스	90
9804	데이터베이스	90

(S)

- 세타 조인(θ-join, Theta-join)
  - R(X), S(Y), A∈X, B∈Y에 대하여 비교 연산자를 θ로 표현할 수 있는 조인을 말한다.
  - 세타 조인 연산은 선택 연산과 카티션 프로덕트를 하나의 연산으로 결합할 수 있도록 확장된 자연 조인이다.

$R \bowtie_{\theta} S = \sigma_{\theta}(R \times S)$ 으로 정의된다.

- 동일 조인(Equi-join)
  - 세타 조인에서 θ가 "="인 경우로 동일 애트리뷰트가 존재한다.

$$R \bowtie_{A=B} S = \{ r \cdot s \mid r \in R \wedge s \in S \wedge r[A] = s[B] \}$$

읽는 강의

- 프로젝트(π)는 조건을 포함할 수 없지만, 중복을 제거할 수 있다.

■ 동일 조인 결과

학번 (STNO)	성명 (NAME)	학과 코드 (DNOO)	학년 (YEAR)	학번 (STNO)	과목 (COURSE)	점수 (SCO)
9801	김유신	100	2	9801	자료구조	90
9801	김유신	100	2	9801	데이터베이스	80
9802	홍길동	200	3	9802	컴퓨터 구조	90
9803	강감찬	300	1	9803	자료구조	80
9803	강감찬	300	1	9803	운영체제	90
9803	강감찬	300	1	9803	데이터베이스	90
9804	이순신	100	3	9804	데이터베이스	90

• 자연 조인(Natural-join, ⋈)
 - 동일 조인 결과에서 중복되는 속성을 하나만 남기고 모두 제거한다.
 - R(X), S(Y)의 조인 애트리뷰트, Z = X∩Y라 하면,

$$R \bowtie_N S = \{ r \cdot s[X \cup Y] \mid r \in R \wedge s \in S \wedge r[Z] = s[Z] \}$$
$$= \pi_{X \cup Y}(R \bowtie_{Z=Z} S) = \pi_{X \cup Y}(\sigma_{Z=Z}(R \times S))$$

■ 자연 조인 결과

학번 (STNO)	성명 (NAME)	학과 코드 (DNOO)	학년 (YEAR)	과목 (COURSE)	점수 (SCO)
9801	김유신	100	2	자료구조	90
9801	김유신	100	2	데이터베이스	80
9802	홍길동	200	3	컴퓨터 구조	90
9803	강감찬	300	1	자료구조	80
9803	강감찬	300	1	운영체제	90
9803	강감찬	300	1	데이터베이스	90
9804	이순신	100	3	데이터베이스	90

④ 디비전(DIVISION, ÷)

• 릴레이션 R(X), S(Y)에 대하여 Y⊆X이고, X−Y=X'이면 R(X)=(X', Y)

$$R \div S = \{ r' \mid r' \in \pi_{X'}(R) \wedge \langle r' \cdot s \rangle \in R, \forall s \in S \}$$

• 나누어지는 R의 차수는 (m+n)이고 나누는 릴레이션 S의 차수가 n일 때 이 디비전의 결과 릴레이션의 차수는 m이 된다.
• S의 속성값을 모두 포함하는 R의 속성값이 추출된다.

■ 디비전의 예

R

D1	D2	D3
a	1	A
b	1	A
a	2	A
c	2	B

S

D2	D3
1	A

R÷S의 결과

D1
a
b

 - S 릴레이션 D2와 D3의 내용 (1, A)이 동시에 갖는 R 릴레이션의 D1을 찾는 것이 디비전 연산이다.

2 관계해석

① 원하는 릴레이션을 정의하는 방법을 제공하며 비절차적(Non-Procedural)인 언어이다.
② 튜플 관계해석과 도메인 관계해석의 두 종류가 있다.
③ 수학의 술어 논리(Predicate Calculus)에 기반을 두고 있다.

읽는 강의

$\forall$
관계해석에서 '모든 것에 대하여'의 의미를 나타내는 논리 기호이다.

더 알아보기 관계대수

구분	내용
근원 연산 (Primitive Operations)	• 근원 연산: 합집합, 차집합, 카티션 프로덕트, 프로젝트, 셀렉트 • 복합 연산(Composite Operations): 교집합, 조인, 디비전 $R \cap S = R-(R-S) = S-(S-R) = (R \cup S)-((R-S) \cup (S-R))$ $R \bowtie S = \sigma(R \times S)$
세미 조인 (Semi Join, $\ltimes$)	• 조인 애트리뷰트로 S를 프로젝션한 결과를 R에 자연 조인한 것 • R(X), S(Y)의 조인 애트리뷰트를 $X \cap Y$라 하면, $R \ltimes S = R \bowtie (\pi \times \cap Y(S)) = \pi_{x}(R \bowtie S)$ • $R \ltimes S \neq S \ltimes R$ $\neq S \ltimes R = (R \ltimes S) \bowtie S = (S \ltimes R) \bowtie R$
외부 조인 (Outer Join, $\bowtie^{+}$)	• 조인 시 조인할 상대 릴레이션이 없을 경우 널 튜플로 만들어 결과 릴레이션에 포함 • 좌측 외부 조인: 오른쪽 릴레이션의 어떤 튜플과도 부합되지 않는 왼쪽 릴레이션 내의 모든 튜플을 취해서, 그 튜플들의 오른쪽 릴레이션의 속성들을 널 값으로 채우고, 자연 조인의 결과에 이 튜플들을 추가함 • 우측 외부 조인: 좌측 외부 조인과 대칭적인 위치에 있음 • 완전 외부 조인: 두 연산 모두를 행함
외부 합집합 (Outer Union, $\cup^{+}$)	합병 가능하지 않은(부분적으로 합병 가능한) 두 릴레이션을 합집합으로 만듦

개념확인 문제

기출 2019년 1회

01 관계 데이터베이스에 있어서 관계대수 연산이 아닌 것은?

① 디비전(Division)
② 프로젝트(Project)
③ 조인(Join)
④ 포크(Fork)

기출 2018년 2회

02 관계대수에 대한 설명으로 옳지 않은 것은?

① 원하는 릴레이션을 정의하는 방법을 제공하며 비절차적 언어이다.
② 릴레이션 조작을 위한 연산의 집합으로 피연산자와 결과가 모두 릴레이션이다.
③ 일반 집합 연산과 순수 관계 연산으로 구분된다.
④ 질의에 대한 해를 구하기 위해 수행해야 할 연산의 순서를 명시한다.

기출 2017년 2회

03 관계해석에 대한 설명으로 틀린 것은?

① 튜플 관계 해석과 도메인 관계 해석이 있다.
② 질의에 대한 해를 구하기 위해 수행해야 할 연산의 순서를 명시해야 하는 절차적인 언어이다.
③ 릴레이션을 정의하는 방법을 제공한다.
④ 수학의 Predicate Calculus에 기반을 두고 있다.

정답 & 해설

01 관계대수 연산은 일반 집합 연산과 순수 관계 연산으로 구분할 수 있다.
- 일반 집합 연산: 합집합, 교집합, 차집합, 카티션 프로덕트
- 순수 관계 연산: 셀렉트, 프로젝트, 조인, 디비전

02 ① 관계대수는 주어진 릴레이션 조작을 위한 연산의 집합으로, 연산자를 이용하여 표현되는 절차적 언어이다.

03 ② 원하는 릴레이션을 정의하는 방법을 제공하며, 비절차적인 언어이다.

| 정답 | 01 ④ 02 ① 03 ②

개념적용 문제

01 관계 데이터 모델의 구조 및 제약

01 난이도 상 중 하

관계 데이터 모델의 설명으로 옳지 않은 것은?

① 릴레이션(Relation)의 튜플(Tuple)들은 모두 상이하다.
② 릴레이션에서 속성(Attribute)들 간의 순서는 의미가 없다.
③ 한 릴레이션에 포함된 튜플 사이에는 순서가 없다.
④ 튜플은 원자값으로 분해가 불가능하다.

02 난이도 상 중 하 2018년 2회

릴레이션에 포함되어 있는 튜플의 수는?

① Cardinality
② Schema
③ Type
④ Degree

03 난이도 상 중 하

관계형 데이터베이스의 키(Key)에 대한 설명으로 옳지 않은 것은?

① 슈퍼키(Super Key)는 릴레이션을 구성하는 속성(Attribute)들 중에서 각 튜플(Tuple)을 유일하게 식별할 수 있도록 하는 속성 또는 속성들의 집합이다.
② 후보키(Candidate Key)는 유일성(Uniqueness)과 최소성(Minimality)을 만족시킨다.
③ 기본키(Primary Key)는 후보키 중에서 튜플을 식별하는 기준으로 선택된 특별한 키이다.
④ 두 개 이상의 후보키 중에서 기본키로 선택되지 않은 나머지 후보키를 외래키(Foreign Key)라고 한다.

04 난이도 상 중 하 2019년 1회

한 릴레이션의 기본 키를 구성하는 어떠한 속성값도 널(Null) 값이나 중복값을 가질 수 없음을 의미하는 것은?

① 개체 무결성 제약 조건
② 참조 무결성 제약 조건
③ 도메인 무결성 제약 조건
④ 키 무결성 제약 조건

05 난이도 상 중 하

학생 테이블에 튜플들이 아래와 같이 저장되어 있을 때, 〈Null, '김영희', '서울'〉 튜플을 삽입하고자 한다. 해당 연산에 대한 [결과]와 [원인]으로 옳은 것은? (단, 학생 테이블의 기본키는 학번이다.)

학번	이름	주소
1	김철희	경기
2	이철수	천안
3	박민수	제주

	[결과]		[원인]
①	삽입 가능	–	무결성 제약 조건 만족
②	삽입 불가	–	관계 무결성 위반
③	삽입 불가	–	개체 무결성 위반
④	삽입 불가	–	참조 무결성 위반

06 난이도 상 중 하

관계형 모델(Relational Model)의 릴레이션(Relation)에 대한 설명으로 옳지 않은 것은?

① 릴레이션의 한 행(Row)을 튜플(Tuple)이라고 한다.
② 속성(Attribute)은 릴레이션의 열(Column)을 의미한다.
③ 한 릴레이션에 존재하는 모든 튜플들은 상이해야 한다.
④ 한 릴레이션의 속성들은 고정된 순서를 갖는다.

07 난이도 상중하

관계형 데이터베이스에서 후보키(Candidate Key)가 만족해야 할 두 가지 성질로 가장 타당한 것은?

① 유일성과 최소성
② 유일성과 무결성
③ 무결성과 최소성
④ 독립성과 무결성

02 관계 데이터 연산

08 난이도 상중하

2016년 제3회

관계형 대수의 연산자가 아닌 것은?

① JOIN ② PROJECT
③ PRODUCT ④ PART

09 난이도 상중하

2017년 2회

조건을 만족하는 릴레이션의 수평적 부분 집합으로 구성하며, 연산자의 기호는 그리스 문자 시그마(σ)를 사용하는 관계대수 연산은?

① Select ② Project
③ Join ④ Division

10 난이도 상중하

다음의 관계대수를 SQL로 옳게 나타낸 것은?

π이름, 학년(σ 학과 = '컴퓨터'(학생))

① SELECT 이름, 학년 FROM 학과
WHERE 학생 = '컴퓨터';
② SELECT 학과, 컴퓨터 FROM 학생
WHERE 이름 = '학년';
③ SELECT 이름, 학과 FROM 학년
WHERE 학과 = '컴퓨터';
④ SELECT 이름, 학년 FROM 학생
WHERE 학과 = '컴퓨터';

정답 & 해설

01 관계 데이터 모델의 구조 및 제약 〉 관계 데이터 모델의 구조
④ 원자값으로 더 이상 분해가 불가능한 것은 속성(Attribute)이다.

02 관계 데이터 모델의 구조 및 제약 〉 관계 데이터 모델의 구조
① 기수(대응수; Cardinality): 튜플(Tuple)의 개수

03 관계 데이터 모델의 구조 및 제약 〉 키의 종류
④ 두 개 이상의 후보키 중에서 기본키로 선택되지 않은 나머지 후보키를 대체키(Alternate Key)라고 한다.

04 관계 데이터 모델의 구조 및 제약 〉 데이터 무결성 제약 조건
① 개체 무결성 제약 조건은 기본 릴레이션의 기본키를 구성하는 어떤 속성도 Null일 수 없고, 중복값을 가질 수 없다는 규정이다.

05 관계 데이터 모델의 구조 및 제약 〉 데이터 무결성 제약 조건
③ 학생 테이블에서 학번이 기본키이기 때문에 튜플 〈Null, '김영희', '서울'〉은 개체 무결성 규칙을 위반하여 삽입 불가이다.

06 관계 데이터 모델의 구조 및 제약 〉 릴레이션의 특성
④ 한 릴레이션을 구성하는 애트리뷰트 사이에는 순서가 없다.

07 관계 데이터 모델의 구조 및 제약 〉 키의 종류
① 속성 집합으로 구성된 테이블의 각 튜플을 유일하게 식별할 수 있는 속성이나 속성의 조합들을 후보키라 한다. 후보키는 유일성과 최소성을 만족해야 한다.

08 관계 데이터 연산 〉 관계대수
- 순수 관계 연산자: SELECT, PROJECT, JOIN, DIVISION
- 일반 집합 연산자: UNION, INTERSECT, DIFFERENCE, CARTESIAN PRODUCT

09 관계 데이터 연산 〉 관계대수
순수 관계 연산자인 Select는 시그마(σ)를 사용하여 다음과 같이 표기한다.

σ〈선택조건〉 (테이블 이름)

10 관계 데이터 연산 〉 관계대수
π 이름, 학년(σ 학과 = '컴퓨터' (학생))
→ 학생 테이블에서 학과가 컴퓨터인 학생의 이름과 학년을 검색하라는 의미이다.
- 셀렉트(SELECT, σ): 선택 조건을 만족하는 릴레이션의 수평적 부분 집합(Horizontal Subset), 행의 집합

σ〈선택 조건〉 (테이블 이름)

- 프로젝트(PROJECT, π): 수직적 부분 집합(Vertical Subset), 열(Column)의 집합

π〈속성 리스트〉 (테이블 이름)

| 정답 | 01 ④ 02 ① 03 ④ 04 ① 05 ③ 06 ④ 07 ① 08 ④ 09 ① 10 ④

Chapter

04 관계 데이터베이스 언어

반복이 답이다! | □ 1회독 월 일 | □ 2회독 월 일 | □ 3회독 월 일

01 SQL

읽는 강의

기출 키워드
- SQL문
- ALTER문
- 갱신문
- 삭제문

출제 예상 키워드
- 삽입문

1 SQL의 개요

(1) SQL의 정의

① SQL(구조적 질의어): IBM에서 개발된 데이터베이스에 사용되는 언어이다.

② 1974년 IBM 연구소의 system R 프로젝트에서 처음으로 제안되었다. SEQUEL은 Structured English Query Language의 약어이다.

③ IBM뿐만 아니라 ORACLE, INFORMIX, SYBASE, INGRES 등과 같은 다른 회사에서도 채택하였다.

④ SQL의 특징
- 관계대수와 관계해석을 기초로 한 질의 언어로, 이해하기 쉬운 형태로 되어 있다.
- 대화식 언어뿐 아니라 응용 프로그램에 삽입되어 사용한다.
- 용도에 따라 데이터 정의어(DDL), 데이터 조작어(DML), 데이터 제어어(DCL)로 구분한다.
- COBOL, C, PASCAL 등의 언어에 삽입된다.
- 레코드 집합 단위로 처리되는 비절차적 언어이다.

⑤ SQL의 종류

종류	관련 명령어
데이터 정의어 (DDL: Data Definition Language)	CREATE, DROP, RENAME, ALTER, TRUNCATE 등
데이터 조작어 (DML: Data Manipulation Language)	INSERT, UPDATE, DELETE, SELECT 등
데이터 제어어 (DCL: Data Control Language)	GRANT, REVOKE 등
트랜잭션 제어어 (TCL: Transaction Control Language)	COMMIT, ROLLBACK, SAVEPOINT 등

절차적(Procedural) 데이터 조작어
무슨(What) 데이터와 그 데이터를 어떻게(How) 접근하는지를 명세해야 되는 초급 데이터 언어이다.

비절차적(Non-Procedural) 데이터 조작어
무슨(What) 데이터를 원하는지만 명세하는 고급 데이터 언어(선언적 언어)이다.

2 DDL 기출 2020년 1, 2회, 2021년 1회

(1) DDL(Data Definition Lanuage, 데이터 정의어)의 특징

① 스키마(Schema), 도메인(Domain), 테이블(Table), 뷰(View), 인덱스(Index)를 정의하거나 제거하는 데 사용한다.

② 데이터를 담을 수 있는 객체를 생성하는 언어이며 스키마, 도메인, 테이블, 뷰, 인덱스가 하나의 객체가 될 수 있다.

③ 정의된 내용은 메타데이터(Metadata)가 되며, 시스템 카탈로그(System Catalog)에 저장된다.

(2) DDL의 유형 기출 2022년 1회

① CREATE문: 스키마, 도메인, 테이블, 뷰, 인덱스의 정의에 사용한다.

■ 스키마 정의

```
CREATE SCHEMA 스키마_이름 AUTHORIZATION 사용자_id;
```

• SQL 스키마는 스키마의 이름과 소유자나 허가권자를 나타내는 식별자와 스키마에 속하는 모든 요소에 대한 기술자까지 포함한다. 스키마 요소에는 테이블, 뷰, 도메인, 스키마를 기술하는 내용(허가권, 무결성) 등이 있다.

■ 도메인 정의

```
CREATE DOMAIN 도메인_이름 데이터_타입;
```

• SQL에서의 도메인은 일반 관계 데이터 모델과 달리 SQL이 지원하는 데이터 타입만으로 정의할 수 있다.

■ 인덱스 정의 형식

```
CREATE [UNIQUE] INDEX 인덱스_이름
        ON 테이블_이름 ( {열_이름 [ASC ¦ DESC]} )
        [CLUSTER] ;
```

• CREATE INDEX문에 의해 생성, 시스템이 자동적으로 관리된다.

더 알아보기 데이터 타입

정수	INTEGER(INT), SMALLINT
실수	FLOAT, REAL, DOUBLE PRECISION
정형 숫자	DECIMAL(i, j), NUMERIC(i, j)
고정 길이 문자	CHAR(n), CHARACTER(n)
가변 길이 문자	VARCHAR(n), CHAR VARYING(n), CHARACTER VARYING(n)
비트 스트링	BIT(n), BIT VARYING(n)
날짜	YYYY-MM-DD
시간	HH : MM : SS

■ 테이블 정의 형식

```
CREATE TABLE 테이블_명
 ( {열_이름  데이터_타입 [NOT NULL][DEFAULT 묵시값] }
  [PRIMARY KEY (열_이름)]
  {[UNIQUE(열_이름)]}
  {[FOREIGN KEY(열_이름) REFERENCES 기본테이블]
   [ON DELETE 옵션]
   [ON UPDATE 옵션]}
   [CHECK (조건식)] );
 ※ { }: 반복을 의미, [ ]: 생략을 의미
```

• SQL 테이블에는 기본 테이블(Base Table), **뷰 테이블(View Table)**, **임시 테이블(Temporary Table)**이 있다.

• FOREIGN KEY는 참조 무결성을 나타내는데 참조하는 행의 삭제나 변경 시 무결성 제약 조건이 위반될 때 취해야 할 조치를 첨가할 수 있으며, 옵션에는 NO ACTION, CASCADE, SET NULL, SET DEFAULT가 있다.

읽는 강의

뷰 테이블(View Table)
기본 테이블에서 필요한 데이터만을 추출해서 만드는 가상 테이블이다.

임시 테이블(Temporary Table)
영구적으로 데이터를 저장하는 것이 아닌 임시로 데이터를 보관하는 테이블이다.

더 알아보기 〈직원〉 테이블 정의문

❶ 〈직원〉 테이블 생성 예

사번	이름	부서번호	경력	주소	기본급

❷ 〈직원〉 테이블 정의서 예

업무 영역		직원					
사용자		SCOTT		**테이블 스페이스**		hr_data	
테이블 한글명		직원		테이블 영문명		EMP	
PCTUSED		70		PCTFREE		50	
컬럼 한글명	컬럼 영문명	데이터 타입	길이	NN 여부	PK	FK	기본값
사번	EMPNO	CHAR	15		Y		
이름	EMPNM	CHAR	4	Y			
부서번호	DEPTNO	CHAR	10			Y	
경력	CAREER	INT					
주소	ADDR	VARCHAR	250				
기본급	SALARY	INT					

■ 구문

```
CREATE TABLE 직원
    (사번 CHAR(15),
    이름 CHAR(4) NOT NULL,
    부서번호 CHAR(10),
    경력 INT,
    주소 VARCHAR(250),
    기본급 INT,
    PRIMARY KEY (사번),
    FOREIGN KEY (부서번호) REFERENCES 부서(부서번호),
    CHECK 기본급 >= 1000000);
```

- 위의 구문은 직원 테이블을 생성하는 명령이다.
- 직원 테이블 구성은 '사번', '이름', '부서번호', '경력', '주소', '기본급'으로 되어 있고, 기본키로 사번을 설정하고, 외래키를 부서번호로 잡아 직원 테이블과 부서 테이블을 연결시켰다.
- 이름에는 NULL 허용을 하지 않으므로 무조건 입력 받게 되어야 한다.
- CHECK 조건은 기본급 컬럼에 들어오는 데이터가 1,000,000 이상 값만 저장되고, 그 이하는 저장되지 못하도록 제한시킨다.

읽는 강의

테이블 스페이스(Table Space)
테이블이 생성되는 물리적인 영역이며, 하나의 테이블 스페이스에 하나 또는 그 이상의 테이블을 저장할 수 있다.

② ALTER문: 기존 테이블에 대해 새로운 열의 첨가, 값의 변경, 기존 열의 삭제 등에 사용한다.

■ 기본 형식 기출 2020년 4회, 2021년 1회

```
ALTER TABLE 테이블_이름 ADD 열_이름 데이터_타입;
ALTER TABLE 테이블_이름 ALTER 열_이름 SET DEFAULT 값;
ALTER TABLE 테이블_이름 DROP 열_이름 CASCADE;
```

- ADD: 열 추가, ALTER: 값 변경, DROP: 열 삭제

③ DROP문: 스키마, 도메인, 테이블, 뷰, 인덱스 제거 시 사용한다. (전체 삭제)

■ 기본 형식 기출 2020년 1, 2회, 2021년 2회

```
DROP SCHEMA 스키마_이름 [CASCADE or RESTRICTED];
DROP DOMAIN 도메인_이름 [CASCADE or RESTRICTED];
DROP TABLE 테이블_이름 [CASCADE or RESTRICTED];
DROP INDEX 인덱스_이름;
```

- RESTRICTED: 삭제할 요소가 참조 중이면 삭제되지 않는다.
- CASCADE: 삭제할 요소가 참조 중이더라도 삭제된다.

3 DML

(1) DML(Data Manipulation Language, 데이터 조작어)의 특징

① 데이터베이스 내의 원하는 데이터를 검색, 수정, 삽입, 삭제할 수 있다.

② 사용자가 데이터를 처리할 수 있게 하며, 사용자와 DBMS 간의 인터페이스를 제공한다.

(2) DML의 유형 기출 2020년 1, 2, 3, 4회, 2021년 1, 2, 3회, 2022년 1, 2회

① 검색문(SELECT): 테이블의 튜플 중에서 전체 또는 조건에 만족하는 튜플을 검색하는 명령어이다.

■ 기본 형식 기출 2020년 1, 2회

```
SELECT 열_이름(검색 대상)
FROM 테이블_이름
[WHERE 조건]
[GROUP BY 열_이름 [HAVING 조건]]
[ORDER BY 열_이름 [ASC or DESC]];
```

- GROUP BY: 그룹으로 나누어 준다.
- HAVING: 그룹에 대한 조건이다. (GROUP BY 사용 시)
- ORDER BY: 정렬을 수행한다. ASC는 오름차순, DESC는 내림차순으로 정렬한다.
- **부분 매치** 질의문: '%'는 하나 이상의 문자, '_'는 단일 문자를 나타낸다.
  ※ 부분 매치 질의문에서는 '=' 대신 LIKE를 사용한다.
- 널(NULL) 값 비교 시는 '=' (또는 <>) 대신 IS (또는 IS NOT)을 사용한다.

읽는 강의

- 전체 매치(Exact Match): 질의문에 모든 키워드가 주어질 때이다.
- 부분 매치(Partial Match): 질의문에 일부 키워드만 주어질 때이다.

■ 〈직원〉 테이블 예

직원번호	이름	나이	봉급	전화번호	부서명	부서장	부서번호
1	김수미	27	350	555-1234	인사과	이근철	A1
2	이혜원	32	400	777-1234	총무과	김태곤	B1
3	루시아	41	500	666-1234	기획팀	임휘동	C1
4	김준호	35	400	555-1234	인사과	이근철	A1
5	박신이	25	300	444-1234	연구실	김민호	E1
6	김서현	45	200	333-1234	경리부	장길산	D1
7	장유미	21	150	333-1234	경리부	장길산	D1
8	전현진	35	420	777-1234	비서실	김창동	F1
9	이세영	30	130	333-1234	경리부	장길산	D1
10	박은빈	20	100	444-1234	연구실	안영민	

예 직원 테이블에서 인사과의 부서장 이름을 검색하라.

```
SELECT 부서장
FROM 직원
WHERE 부서명 = '인사과';
```

[실행 결과]

부서장
이근철
이근철

예 직원 테이블에서 봉급을 중복된 값 없이 검색하라.

```
SELECT DISTINCT 봉급
FROM 직원;
```

[실행 결과]

봉급
350
400
500
300
200
150
420
130
100

예 직원 테이블에서 봉급이 200 이상인 직원에 대해 나이는 오름차순으로, 같은 나이에 대해서는 봉급을 내림차순으로 직원의 이름을 검색하라.

```
SELECT 이름
FROM 직원
WHERE 봉급 >= 200
ORDER BY 나이 ASC, 봉급 DESC;
```

[실행 결과]

이름
박신이
김수미
이혜원
전현진
김준호
루시아
김서현

읽는 강의

- DISTINCT 옵션은 실행 결과에서 튜플(레코드)의 중복을 제거하라는 의미이다.

예 직원 테이블에서 부서번호가 'D1'인 직원 수를 검색하라

```
SELECT COUNT(직원번호) AS 직원 수
FROM 직원
WHERE 부서번호='D1';
```

- **집계 함수**: COUNT, SUM, AVG, MAX, MIN
- SUM과 AVG의 입력은 숫자들의 집합이어야 하지만, 다른 연산들은 문자열 등과 같은 숫자가 아닌 데이터 형의 집합일 수 있다.

[실행 결과]

직원 수
3

예 직원 테이블에서 부서별 봉급의 평균을 검색하라.

```
SELECT 부서번호, AVG(봉급)
FROM 직원
GROUP BY 부서번호;
```

[실행 결과]

부서번호	AVG(봉급)
NULL	100
A1	375
B1	400
C1	500
D1	160
E1	300
F1	420

예 직원 테이블에서 소속 직원이 3명 이상인 부서번호를 검색하라.

```
SELECT 부서번호
FROM 직원
GROUP BY 부서번호
HAVING COUNT(*) >= 3;
```

[실행 결과]

부서번호
D1

읽는 강의

집계 함수
- COUNT: 개수 구하기
- SUM: 합계 구하기
- AVG: 평균 구하기
- MAX: 최대값 구하기
- MIN: 최소값 구하기

예 직원 테이블에서 전화번호의 국번이 '777'인 직원의 이름과 전화번호를 검색하라.

```
SELECT 이름, 전화번호
FROM 직원
WHERE 전화번호 LIKE '777%';
```

[실행 결과]

이름	전화번호
이혜원	777-1234
전현진	777-1234

예 직원 테이블에서 부서번호가 널(NULL)인 직원 번호와 이름을 검색하라.

```
SELECT 직원번호, 이름
FROM 직원
WHERE 부서번호 IS NULL;
```

[실행 결과]

직원번호	이름
10	박은빈

■ 〈학생〉 테이블 예

학번	이름	학년	학과
1000	김철수	1	전산
2000	고영준	1	전기
3000	유진호	2	전자
4000	김영진	2	전산
5000	정현영	3	전자

■ 〈성적〉 테이블 예

학번	과목번호	과목이름	학점	기말성적
1000	A100	자료구조	A	91
2000	A200	DB	A+	99
3000	A100	자료구조	B+	88
3000	A200	DB	B	85
4000	A200	DB	A	94
4000	A300	운영체제	B+	89
5000	A300	운영체제	B	88

예 위 테이블에서 과목번호 'A300'에 등록한 학생의 이름을 검색하라. (부속 질의문(sub-query))

```
SELECT 이름
FROM 학생
WHERE 학번 IN (SELECT 학번    /* ↔ NOT IN */
               FROM 성적
               WHERE 과목번호 = 'A300');
```

읽는 강의

• 서브쿼리의 결과가 2건 이상 반환되어야 한다면 반드시 다중 행 비교 연산자인 IN, ALL, ANY, SOME과 함께 사용해야 한다.

[실행 결과]

이름
김영진
정현영

예 성적 테이블에서 학번이 5000인 학생의 기말성적보다 좋은 성적을 받은 학생의 학번과 과목번호를 검색하라. (부속 질의문(sub-query)-집합비교)

```
SELECT 학번, 과목번호
FROM 성적
WHERE 기말성적 > ALL
                (SELECT 기말성적
                FROM 성적
                WHERE 학번 = 5000);
```

- >ALL 구문은 "모든 것보다 큰"이라는 문장이다. (<ALL, <=ALL, >=ALL, =ALL, <>ALL 비교도 허용)
- >SOME 구문은 "하나 이상보다 큰"이라는 문장이다. (<SOME, <=SOME, >=SOME, =SOME, <>SOME 비교도 허용)

[실행 결과]

학번	과목번호
1000	A100
2000	A200
4000	A200
4000	A300

예 성적 테이블에서 과목번호 'A100'에 등록한 학생의 이름을 검색하라. (EXISTS를 사용한 검색)

```
SELECT 이름
FROM 학생
WHERE EXISTS        /* ↔ NOT EXISTS */
        (SELECT *
        FROM 성적
        WHERE 학번 = 학생.학번
                AND 과목번호 = 'A100');
```

- EXISTS는 존재 정량자로서 EXISTS 다음에 나오는 검색문의 실행 결과 특정 튜플이 존재하는가를 검색한다.
- 이 질의문은 사실상 "학생 테이블에서 학생 이름을 검색하는데 어떤 학생이냐 하면 과목 'A100'에 등록하여 성적 테이블에 튜플이 존재하는 그런 학생이다."라는 뜻이 된다.)

[실행 결과]

이름
김철수
유진호

읽는 강의

- ALL, SOME 구문은 서브쿼리와 조합하여 사용한다.

예 성적 테이블에서 기말성적이 90 이상이고, 100 이하인 학생의 학번을 검색하라. (BETWEEN을 사용한 검색)

```
SELECT 학번
FROM 성적
WHERE 기말성적 BETWEEN 90 AND 100;
```

- BETWEEN 연산자는 범위를 지정하여 그 범위 안에 있는 데이터를 찾는 비교 연산자이다.
- 질의문의 형태는 '대상 컬럼 BETWEEN 범위 A AND 범위 B'로 작성된다.
- 범위 지정은 '범위 A <= 대상 <= 범위 B'로 설정되고, '대상컬럼 BETWEEN 90 AND 100'일 경우 대상 컬럼에서 90 이상 100 이하의 데이터를 찾을 수 있다.

[실행 결과]

학번
1000
2000
4000

② **삽입문(INSERT)**: 기존 테이블에 행을 삽입할 때 사용한다.

■ 기본 형식

```
INSERT
INTO 테이블[(열_이름...)]
VALUES (열값_리스트);
```

- 하나의 테이블만을 대상으로 한다.
- NULL값을 입력할 수 있고, 부속 질의어를 포함할 수 있다.
- 모든 열의 값을 입력할 때는 테이블명 다음의 열 이름을 생략할 수 있다.

■ 〈직원〉 테이블 예

사번	이름	부서번호	경력	주소	기본급
100	김하나	A1	12개월	서울시 미사동	1,000,000
200	오지후	D1	46개월	경기도 금오동	1,500,000
300	한수권	B1	50개월	서울시 천주동	1,600,000
400	고민혁	C1	78개월	경기도 과천동	2,000,000

예 1. 직원 테이블에서 사번 500, 이름 '김일', 부서번호 A1, 경력 모름, 주소 '서울시 이태원동', 기본급 '2,000,000'인 직원을 삽입하라.

```
INSERT INTO 직원
VALUES(500, '김일', 'A1', NULL, '서울시 이태원동', 2000000)
```

- 컬럼 목록을 생략할 수 있는데 이때에는 테이블에 정의된 칼럼의 순서대로 빠짐없이 데이터가 입력되어야 한다.
- NULL은 값이 0 또는 공백이 아니라, 값을 알 수 없다는 의미이다. (해당 컬럼에 NULL 값의 입력이 허용되지 않은 경우에는 NULL을 입력할 수 없다.)

읽는 강의

[실행 결과]

사번	이름	부서번호	경력	주소	기본급
100	김하나	A1	12개월	서울시 미사동	1,000,000
200	오지후	D1	46개월	경기도 금오동	1,500,000
300	한수권	B1	50개월	서울시 천주동	1,600,000
400	고민혁	C1	78개월	경기도 과천동	2,000,000
500	김일	A1	NULL	서울시 이태원동	2,000,000

예2. 직원 테이블에서 부서번호가 'D1'인 직원의 번호, 이름, 봉급을 검색해 '인사과 직원' 테이블에 삽입하라.

```
INSERT INTO 인사과 직원(번호, 이름, 봉급)
SELECT 번호, 이름, 봉급
FROM 직원
WHERE 부서번호 = 'D1';
```

③ 갱신문(UPDATE): 기존 레코드 열값을 갱신할 경우 사용한다. 기출 2020년 4회

■ 구문

```
UPDATE 테이블
SET 열_이름=변경_내용
[WHERE 조건]
```

- 새로 변경되는 값은 산술식이나 NULL값이 될 수 있다.
- 하나의 테이블에 여러 개의 열을 갱신할 수 있다.

예1. 직원 테이블에서 사번이 500인 직원의 주소를 'BUSAN'으로 변경하라.

```
UPDATE 직원
SET 주소 = 'BUSAN'
WHERE 사번 = 500;
```

[실행 결과]

사번	이름	부서번호	경력	주소	기본급
100	김하나	A1	12개월	서울시 미사동	1,000,000
200	오지후	D1	46개월	경기도 금오동	1,500,000
300	한수권	B1	50개월	서울시 천주동	1,600,000
400	고민혁	C1	78개월	경기도 과천동	2,000,000
500	김일	A1	NULL	BUSAN	2,000,000

예2. 직원 테이블에서 사번이 300인 사람의 부서번호와 주소를 동시에 변경하라. (여러 칼럼 변경)

```
UPDATE 직원
SET 부서번호 = 'F1', 주소 = 'SEJONG'
WHERE 사번 = 300;
```

읽는 강의

[실행 결과]

사번	이름	부서번호	경력	주소	기본급
100	김하나	A1	12개월	서울시 미사동	1,000,000
200	오지후	D1	46개월	경기도 금오동	1,500,000
300	한수권	F1	50개월	SEJONG	1,600,000
400	고민혁	C1	78개월	경기도 과천동	2,000,000
500	김일	A1	NULL	BUSAN	2,000,000

예3. 직원 테이블에서 부서번호가 'A1'인 직원의 봉급을 10% 인상하라. (연산식 사용)

```
UPDATE 직원
SET 기본급 = 기본급 * 1.1
WHERE 부서번호 = 'A1'
```

[실행 결과]

사번	이름	부서번호	경력	주소	기본급
100	김하나	A1	12개월	서울시 미사동	1,100,000
200	오지후	D1	46개월	경기도 금오동	1,500,000
300	한수권	F1	50개월	SEJONG	1,600,000
400	고민혁	C1	78개월	경기도 과천동	2,000,000
500	김일	A1	NULL	BUSAN	2,200,000

예4. 직원 테이블에서 전 직원의 봉급을 10% 인상하라. (전체 행 변경)

```
UPDATE 직원
SET 기본급 = 기본급 * 1.1
```

[실행 결과]

사번	이름	부서번호	경력	주소	기본급
100	김하나	A1	12개월	서울시 미사동	1,210,000
200	오지후	D1	46개월	경기도 금오동	1,650,000
300	한수권	F1	50개월	SEJONG	1,760,000
400	고민혁	C1	78개월	경기도 과천동	2,200,000
500	김일	A1	NULL	BUSAN	2,420,000

예5. 직원 테이블에서 사번이 100인 직원의 기본급을 사번 200인 사람의 기본급으로 변경하라.

```
UPDATE 직원
SET 기본급 = (SELECT 기본급 FROM 직원 WHERE 사번 = 200)
WHERE 사번 = 100;
```

읽는 강의

[실행 결과]

사번	이름	부서번호	경력	주소	기본급
100	김하나	A1	12개월	서울시 미사동	1,650,000
200	오지후	D1	46개월	경기도 금오동	1,650,000
300	한수권	F1	50개월	SEJONG	1,760,000
400	고민혁	C1	78개월	경기도 과천동	2,200,000
500	김일	A1	NULL	BUSAN	2,420,000

④ **삭제문(DELETE)**: 기존 테이블 행을 삭제할 때 사용한다. 기출 2022년 1회

■ 기본 사용 형식

```
DELETE FROM 테이블 [WHERE 조건];
```

- 하나의 테이블만을 대상으로 한다.
- 만일 외래키를 가지고 있는 테이블이 있다면 그 테이블에서도 같은 삭제 연산이 이루어져야 한다. 그렇지 않으면 참조 무결성을 유지할 수 없기 때문이다.

예 1. 직원 테이블에서 사번이 200인 직원을 삭제하라.

```
DELETE FROM 직원
WHERE 사번 = 200;
```

[실행 결과]

사번	이름	부서번호	경력	주소	기본급
100	김하나	A1	12개월	서울시 미사동	1,650,000
300	한수권	F1	50개월	SEJONG	1,760,000
400	고민혁	C1	78개월	경기도 과천동	2,200,000
500	김일	A1	NULL	BUSAN	2,420,000

예 2. 직원 테이블에서 모든 행을 삭제하라.

```
DELETE FROM 직원;
```

[실행 결과]

사번	이름	부서번호	경력	주소	기본급

개념확인 문제

기출 2019년 3회

01 참조 무결성을 유지하기 위하여 DROP문에서 부모 테이블의 항목 값을 삭제할 경우 자동적으로 자식 테이블의 항목 값을 삭제할 경우 자동적으로 자식 테이블의 해당 레코드를 삭제하기 위한 옵션은?

① CLUSTER
② CASCADE
③ SET-NULL
④ RESTRICTED

기출 2019년 2회

02 다음의 성적 테이블에서 학생별 점수 평균을 구하기 위한 SQL문으로 옳은 것은?

성명	과목	점수
홍길동	국어	80
홍길동	영어	68
홍길동	수학	97
강감찬	국어	58
강감찬	영어	97
강감찬	수학	65

① SELECT 성명, (AVG)점수 FROM 성적 ORDER BY 성명;
② SELECT 성명, AVG(점수) FROM 성적 ORDER BY 성명;
③ SELECT 성명, (AVG)점수 FROM 성적 GROUP BY 성명;
④ SELECT 성명, AVG(점수) FROM 성적 GROUP BY 성명;

기출 2018년 3회

03 다음 SQL문에서 (　　) 안에 들어갈 내용으로 옳은 것은?

```
UPDATE 인사급여 (    ) 호봉 = 15 WHERE 성명 = '홍길동'
```

① SET　　② FROM
③ INOT　　④ IN

정답 & 해설

01 ② DROP문에서 CASCADE는 삭제할 요소가 참조 중이더라도 삭제되고, RESTRICTED는 삭제할 요소가 참조 중이면 삭제되지 않는다.

02 • GROUP BY: 그룹으로 나눠 줌
• ORDER BY: 정렬 수행

03 ① UPDATE문은 기존 레코드 열값을 갱신할 경우 사용되며, 형식은 다음과 같다.

```
UPDATE 테이블
SET 열_이름=변경_내용
[WHERE 조건]
```

| 정답 | 01 ② 02 ④ 03 ①

02 뷰

기출 키워드
- 뷰의 정의
- 뷰의 특징

출제 예상 키워드
- 뷰의 장단점

읽는 강의

1 뷰의 개요 기출 2020년 1, 2, 3, 4회, 2022년 1, 2회

(1) 뷰(View)의 개념

① 하나 이상의 테이블로부터 유도되어 만들어진 가상 테이블이다.

② 실행 시간에만 구체화되는 특수한 테이블이다.

(2) 뷰의 특징

① 뷰가 정의된 기본 테이블이 제거(변경)되면, 뷰도 자동적으로 제거(변경)된다.

② 외부 스키마는 뷰와 기본 테이블의 정의로 구성된다.

③ 뷰에 대한 검색은 기본 테이블과 거의 동일하다. (삽입, 삭제, 갱신은 제약)

④ DBA는 보안 측면에서 뷰를 활용할 수 있다.

⑤ 뷰는 CREATE문에 의해 정의되며, SYSVIEWS에 저장된다.

⑥ 한 번 정의된 뷰는 변경할 수 없으며, 삭제한 후 다시 생성해야 한다.

⑦ 뷰의 정의는 ALTER문을 이용하여 변경할 수 없다.

⑧ 뷰를 제거할 때는 DROP문을 사용한다.

⑨ 뷰의 수정에는 제약이 있지만, 수정하는 뷰가 기본키를 가지고 있다면 수정이 가능하다.

실체화 뷰(Materialized View)

뷰는 쿼리만 저장하고 있을 뿐 자체적으로 데이터를 갖지 않지만, 실체화된 뷰는 물리적으로 실제 데이터를 갖고 있다. 실체화 뷰는 크기가 큰 릴레이션을 모두 찾아보지 않아도 되어 질의에 빠르게 응답하는데 사용될 수 있다.

(3) 뷰의 삭제 및 변경

뷰의 구조(정의)를 변경하는 것은 불가능하다. 뷰의 구조가 만들어졌으면, 물리적인 요소는 뷰 이름과 뷰를 조회하기 위한 쿼리문만 해당된다. 이때 뷰의 이름이나 쿼리문을 변경하는 수단은 제공되지 않는다. 이 경우 뷰의 삭제와 재생성을 통해 뷰에 대한 정의를 변경해야 한다.

```
DROP VIEW CSTUDENT;
```

→ 삭제 이후에는 해당 뷰에 대한 SELECT와 같은 데이터 조회는 불가능하다.

[실행 결과]

없음(뷰가 존재하지 않습니다. 라는 경고가 뜬다)

(4) 뷰의 장·단점

장점	• 논리적 독립성을 제공한다. • 데이터 접근 제어로 보안 가능하다. • 사용자의 데이터 관리를 간단하게 한다. • 하나의 테이블로 여러 개의 상이한 뷰를 정의할 수 있다.
단점	• 독자적인 인덱스를 가질 수 없다. • 정의를 변경할 수 없다. • 삽입, 삭제, 갱신 연산에 많은 제약이 따른다.

(5) 뷰의 생성

■ 구문

```
CREATE VIEW 뷰_이름[(열_이름_리스트)]
    AS SELECT 문
    [ WITH CHECK OPTION ];
```

- AS SELECT문은 일반 검색문과 같지만 UNION이나 ORDER BY를 사용할 수 없다.
- WITH CHECK OPTION절은 이 뷰에 대한 갱신이나 삽입 연산이 실행될 때 뷰 정의의 조건을 위배하면 실행을 거절시킨다는 것을 명세한다. (검색 시는 해당 안 됨)

예

```
CREATE VIEW CSTUDENT(SNO, SNAME, YEAR)
    AS SELECT SNO, SNAME, YEAR
        FROM STUDENT
        WHERE DEPT = '컴퓨터'
    WITH CHECK OPTION;
```

- SELECT문에서 추출된 데이터를 가지는 CSTUDENT라는 이름의 뷰를 생성시킨다.

■ 기본 테이블 학생(STUDENT)의 컴퓨터과 학생(CSTUDENT) 뷰

학번(SNO)	이름(SNAME)	학년(YEAR)	학과(DEPT)
100	김유신	4	컴퓨터
200	홍길동	3	전기
300	이순신	1	컴퓨터
400	장길산	4	컴퓨터
500	강감찬	2	기계

읽는 강의

개념확인 문제

기출 2019년 1회

01 뷰에 대한 설명으로 옳지 않은 것은?

① 뷰는 삽입, 삭제, 갱신 연산에 제약 사항이 따른다.
② 뷰는 데이터 접근 제어로 보안을 제공한다.
③ 뷰는 물리적으로 구현되는 테이블이다.
④ 뷰는 데이터의 논리적 독립성을 제공한다.

02 다음 중 뷰(View)가 수정이 가능한 경우?

① 뷰는 여러 테이블을 대상으로 설정한 경우
② 뷰가 조인으로 정의된 경우
③ 뷰가 집단 함수로 정의되어 있는 경우
④ 뷰가 기본키를 갖고 있는 경우

정답 & 해설

01 ③ 뷰는 하나 이상의 테이블로부터 유도되어 만들어진 가상 테이블로, 실행시간에만 구체화되는 특수한 테이블이다.

02 ④ 뷰의 수정에는 제약이 있지만, 수정하는 뷰가 기본키를 가지고 있다면 수정이 가능하다.

| 정답 | 01 ③ 02 ④

03 내장 SQL

읽는 강의

기출 키워드

출제 예상 키워드
- 내장 SQL의 정의
- 커서

1 내장 SQL

(1) 내장(Embedded) SQL의 개요

① SQL은 단말기를 통해 대화식으로 사용될 수도 있지만 COBOL, C와 같은 호스트 프로그래밍 언어로 작성되는 응용 프로그램 속에 내장해서 사용할 수도 있다.

② 응용 프로그램 속에 내장해서 사용하는 SQL을 내장 SQL이라고 한다.

(2) 내장 SQL의 특징

① EXEC SQL을 앞에 붙인다.

② 내장 SQL 실행문은 호스트 실행문이 나타나는 어느 곳에서나 사용 가능하다.

③ SQL문에 사용되는 호스트 변수(주언어 변수)는 콜론(:)을 앞에 붙인다.

④ 호스트 변수와 대응하는 필드의 데이터 타입은 일치한다.

⑤ 호스트 변수와 데이터베이스 필드의 이름은 같아도 무방하다.

⑥ SELECT에 의한 검색 결과는 튜플로 구성된 테이블이지만 호스트 언어들은 한 번에 하나의 레코드만 취급한다. (커서의 필요성)

(3) 커서(Cursor)

① 검색 결과 테이블의 튜플을 순서대로 지시한다.

② DECLARE: 커서와 관련된 SQL문을 정의한다.

③ OPEN: 커서를 개방한다.

④ FETCH: 커서를 가리키는 결과 테이블의 한 튜플을 호스트 변수로 가져온다.

⑤ CLOSE: 커서를 폐쇄한다.

- 응용 프로그램에서 결과 테이블을 한꺼번에 받아들일 메모리 공간이 없으므로 커서를 이용해 튜플 단위로 조작한다. 단일 검색문과 삽입, 삭제, 갱신문은 커서가 필요 없다.

개념확인 문제

01 다음 중 내장(Embedded) SQL에 대한 설명으로 옳지 않은 것은?

① 내장 SQL 실행문은 호스트 실행문이 나타나는 어느 곳에서나 사용 가능하다.

② 호스트 변수와 대응하는 필드의 데이터 타입은 일치한다.

③ SQL문에 사용되는 호스트 변수는 세미콜론(;)을 앞에 붙인다.

④ 호스트 변수와 데이터베이스 필드의 이름은 같아도 무방하다.

02 다음 중 내장(Embedded) SQL에 대한 설명으로 옳지 않은 것은?

① EXEC SQL을 앞에 붙인다.

② 호스트 변수와 대응하는 필드의 데이터 타입은 일치한다.

③ 내장 SQL 실행문은 호스트 실행문이 나타나는 어느 곳에서나 사용 가능하다.

④ 호스트 변수와 데이터베이스 필드의 이름은 같아야 한다.

정답 & 해설

01 ③ SQL문에 사용되는 호스트 변수는 콜론(:)을 앞에 붙인다.

02 ④ 호스트 변수와 데이터베이스 필드의 이름은 같아도 무방하다는 것이지 반드시 같아야 한다는 것은 아니다.

| 정답 | 01 ③ 02 ④

개념적용 문제

01 SQL

01 난이도 상 중 하 2017년 2회

스키마, 도메인, 테이블을 정의할 때 사용되는 SQL문은?

① SELECT
② UPDATE
③ MAKE
④ CREATE

02 난이도 상 중 하 2019년 1회

학적 테이블에서 전화번호가 NULL 값이 아닌 학생명을 모두 검색할 때, SQL 구분으로 옳은 것은?

① SELECT 학생명 FROM 학적 WHERE 전화번호 DON'T NULL;
② SELECT 학생명 FROM 학적 WHERE 전화번호 != NULL;
③ SELECT 학생명 FROM 학적 WHERE 전화번호 IS NOT NULL;
④ SELECT 학생명 FROM 학적 WHERE 전화번호 IS 0;

03 난이도 상 중 하 2018년 2회

SQL 구문에서 'HAVING'절은 반드시 어떤 구문과 사용되어야 하는가?

① GROUP BY
② ORDER BY
③ UPDATE
④ JOIN

04 난이도 상 중 하

다음 SQL 명령어에서 DDL(Data Definition Language) 명령어만을 모두 고른 것은?

ㄱ. ALTER	ㄴ. DROP
ㄷ. INSERT	ㄹ. UPDATE

① ㄱ, ㄴ
② ㄴ, ㄷ
③ ㄴ, ㄹ
④ ㄷ, ㄹ

05 난이도 상 중 하 2018년 3회

아래와 같은 결과를 만들어내는 SQL문은?

〈공급자〉 테이블

공급자번호	공급자명	위치
16	대신공업사	수원
27	삼진사	서울
39	삼양사	인천
62	진아공업사	대전
70	신촌상사	서울

[결과]

공급자번호	공급자명	위치
16	대신공업사	수원
70	신촌상사	서울

① SELECT * FROM 공급자 WHERE 공급자명 LIKE '%신%'
② SELECT * FROM 공급자 WHERE 공급자명 LIKE '대%'
③ SELECT * FROM 공급자 WHERE 공급자명 LIKE '%사'
④ SELECT * FROM 공급자 WHERE 공급자명 LIKE '_사'

06 난이도 상 중 하

학생(STUDENT) 테이블에 영문학과 학생 50명, 법학과 학생 100명, 수학과 학생 50명의 정보가 저장되어 있을 때, 다음 SQL문 ㉠, ㉡, ㉢의 실행 결과 튜플 수는 각각 얼마인가? (단, DEPT 필드는 학과명, NAME 필드는 이름을 의미한다)

```
㉠ SELECT DEPT FROM STUDENT;
㉡ SELECT DISTINCT DEPT FROM STUDENT;
㉢ SELECT NAME FROM STUDENT WHERE DEPT=
   '영문학과';
```

	㉠	㉡	㉢
①	3	3	1
②	200	3	1
③	200	3	50
④	200	200	50

07 난이도 상 중 하

2019년 2회

SQL에서 DELETE 명령에 대한 설명으로 옳지 않은 것은?

① 테이블의 행을 삭제할 때 사용한다.
② WHERE 조건절이 없는 DELETE 명령을 수행하면 DROP TABLE 명령을 수행했을 때와 같은 효과를 얻을 수 있다.
③ SQL을 사용 용도에 따라 분류할 경우 DML에 해당한다.
④ 기본 사용 형식은 "DELETE FROM 테이블 [WHERE 조건]"이다.

08 난이도 상 중 하

직원 테이블 emp의 모든 레코드를 근무연수 wyear에 대해서는 내림차순으로, 동일 근무연수에 대해서는 나이 age의 오름차순으로 정렬한 결과를 얻기 위한 SQL 질의문은?

① SELECT * FROM emp ORDER BY age, wyear DESC;
② SELECT * FROM emp ORDER BY age ASC, wyear;
③ SELECT * FROM emp ORDER BY wyear DESC, age;
④ SELECT * FROM emp ORDER BY wyear, age ASC;

02 뷰

09 난이도 상 중 하

2018년 1회

SQL View(뷰)에 대한 설명으로 틀린 것은?

① 뷰(View)를 제거하고자 할 때는 DROP문을 이용한다.
② 뷰(View)의 정의를 변경하고자 할 때는 ALTER문을 이용한다.
③ 뷰(View)를 생성하고자 할 때는 CREATE문을 이용한다.
④ 뷰(View)의 내용을 검색하고자 할 때는 SELECT문을 이용한다.

10 난이도 상 중 하

2019년 3회

뷰(View)에 대한 설명으로 옳지 않은 것은?

① 뷰 위에 또 다른 뷰를 정의할 수 있다.
② DBA는 보안 측면에서 뷰를 활용할 수 있다.
③ 뷰의 정의는 ALTER문을 이용하여 변경할 수 없다.
④ SQL을 사용하면 뷰에 대한 삽입, 갱신, 삭제 연산 시 제약 사항이 없다.

11 난이도 상중하

SQL에서 뷰(View)의 역할에 대한 설명으로 옳지 않은 것은?

① 기본 테이블(Base Table)들만으로 작성된 질의를 간소화 시킬 수 있다.
② 뷰가 정의된 기본 테이블이 제거되면 뷰도 자동적으로 제거된다.
③ 뷰를 통해 기본 테이블에 대한 보안성이 낮아질 수 있다.
④ 기본 테이블들의 물리적 구조를 변경시키지 않고 사용자가 원하는 새로운 가상 테이블을 생성시킬 수 있다.

03 내장 SQL

12 난이도 상중하

내장 SQL에 대한 설명으로 옳지 않은 것은?

① 내장 SQL문은 일반 대화식 SQL문에 'EXEC SQL'을 추가로 앞에 붙인다.
② 내장 SQL문의 호스트 변수 데이터 타입은 이에 대응하는 데이터베이스 필드의 SQL 데이터 타입과 일치해야 된다.
③ SQL문은 주언어 변수의 참조를 포함할 수 없다.
④ 주언어 변수와 데이터베이스 필드는 같은 이름을 가질 수 있다.

정답 & 해설

01 SQL 〉 DDL
④ CREATE문은 스키마, 도메인, 테이블, 뷰, 인덱스의 정의에 사용된다.

02 SQL 〉 DML
③ SELECT 검색문: 널(Null)값 비교 시는 = (또는 〈 〉) 대신 IS (또는 IS NOT)을 사용한다.

03 SQL 〉 DML
① HAVING절은 그룹에 대한 조건으로 'GROUP BY' 사용 시에 사용한다.

04 SQL 〉 DDL
① DDL(데이터 정의어)에는 CREATE, ALTER, DROP이 있다.

05 SQL 〉 DML
① 부분 매치 질의문에서는 '=' 대신 LIKE를 사용한다. (% → 하나 이상의 문자, _ → 단일 문자)

06 SQL 〉 DML
㉠ SELECT DEPT FROM STUDENT; → STUDENT 테이블에서 DEPT 속성 검색
㉡ SELECT DISTINCT DEPT FROM STUDENT;
→ STUDENT 테이블에서 DEPT 속성을 중복 없이 검색
㉢ SELECT NAME FROM STUDENT WHERE DEPT='영문학과'; // STUDENT 테이블에서 DEPT가 영문학과인 학생만 NAME 속성을 검색

07 SQL 〉 DML
② DELETE문은 테이블의 행을 삭제할 경우에 사용되지만, DROP문은 테이블 전체를 삭제할 때 사용된다.

08 SQL 〉 DML
• ORDER BY: 정렬 수행(Default는 ASC)
• SELECT * FROM emp ORDER BY wyear DESC, age;

09 뷰 〉 뷰의 개요
② 뷰의 정의는 ALTER문을 이용하여 변경할 수 없다.

10 뷰 〉 뷰의 개요
④ 뷰의 단점 중 하나로 삽입, 삭제, 갱신 연산에 많은 제약이 따른다.

11 뷰 〉 뷰의 개요
③ 뷰를 통해 기본 테이블에 대한 사용자의 접근을 제한함으로써 보안성을 높일 수 있다.

12 내장 SQL 〉 내장 SQL
③ SQL문은 주언어 변수(호스트 변수)의 참조를 포함할 수 있지만, 주언어 변수 앞에 콜론(:)을 붙인다.

| 정답 | **01** ④ **02** ③ **03** ① **04** ① **05** ① **06** ③ **07** ② **08** ③ **09** ② **10** ④ **11** ③ **12** ③

Chapter

05 데이터베이스 설계와 정규화

반복이 답이다! □ 1회독 월 일 □ 2회독 월 일 □ 3회독 월 일

01 데이터베이스 설계 단계

읽는 강의

기출 키워드
• 데이터베이스 설계

출제 예상 키워드
• 데이터베이스 설계 단계

1 데이터베이스 설계 기출 2022년 2회

(1) 데이터베이스 설계의 개요

① 데이터베이스 설계는 사용자의 요구 조건에서부터 데이터베이스 구조를 도출해 내는 과정이다.

② 데이터베이스 설계 작업은 두 종류로 구분한다. (일반적으로 설계는 병행적으로 진행한다.)

- 데이터 중심(Data-Driven) DB 설계: DB의 내용과 구조를 설계한다.
- 처리 중심(Processing-Driven) DB 설계: 데이터의 처리와 응용(트랜잭션)을 설계한다.
- 데이터베이스 설계 시 고려사항: 무결성, 일관성, 회복, 보안, 효율성, 데이터베이스 확장 등이 있다.

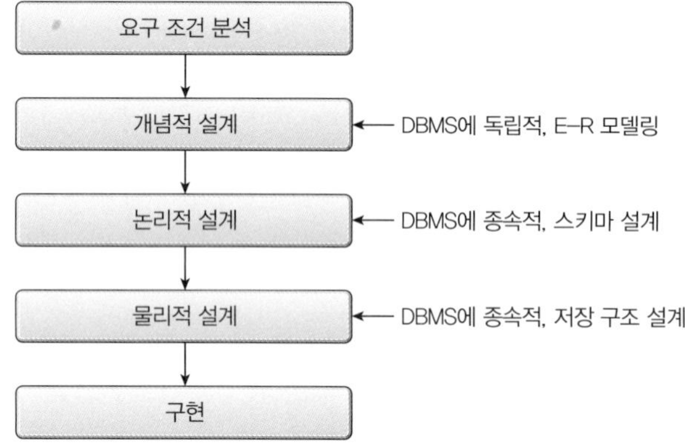

▲ 데이터베이스 설계 프로세스

• 논리적 설계 단계에서는 정규화 과정도 진행된다.

(2) 요구 조건 분석

사용자가 원하는 데이터베이스의 용도를 파악하는 것이다.

(3) 개념적 설계(Conceptual Design)

① 사용자들의 요구사항을 이해하기 쉬운 형식으로 간단히 기술하는 단계이다.

② 현실 세계를 정보 모델링을 통해 개념적으로 표현한다.

③ 속성들로 기술된 개체 타입과 이 개체 타입들 간의 관계를 이용하여 현실 세계를 표현하는 방법이다.

- 트랜잭션 모델링이 포함된다.
- DBMS와 하드웨어(Hardware)에 독립적이다.

(4) 논리적 설계(Logical Design) 기출 2020년 1, 2회

① 개념적 설계에서 만들어진 구조를 구현 가능한 데이터 모델로 변환하는 단계이다. (관계형 데이터베이스에서는 테이블을 설계하는 단계이다.)
② 개념 세계를 데이터 모델링을 통해 논리적으로 표현한다.
③ 데이터 필드로 기술된 데이터 타입과 이 데이터 타입들 간의 관계를 이용하여 현실 세계를 표현하는 방법이다.
④ 트랜잭션 인터페이스를 설계한다.
⑤ DBMS에 종속적이고, 하드웨어(Hardware)는 독립적이다.
⑥ 논리적 데이터베이스 구조로 매핑(Mapping)한다.
⑦ 스키마를 평가 및 정제한다.

(5) 물리적 설계(Physical Design) 기출 2020년 4회

① 논리적 설계 단계에서 논리적 데이터베이스 구조로 표현된 데이터를 물리적 저장 장치에 저장할 수 있는 물리적 구조의 데이터로 변환하는 과정이다.
② 저장 레코드 양식 설계, 접근 경로 설계, 레코드 집중의 분석 및 설계를 한다.
③ 트랜잭션 세부 설계가 포함된다.
④ DBMS와 하드웨어(Hardware)에 종속적이다.

읽는 강의

논리적 설계 단계에서 수행하는 작업

논리적 데이터베이스 구조로 매핑, 스키마의 평가 및 정제, 트랜잭션 인터페이스 설계

기출 2022년 1회

물리적 설계 시 고려 사항

- 응답 시간
- 저장공간의 효율화
- 트랜잭션의 처리도(처리 능력)

개념확인 문제

기출 2019년 2회

01 데이터베이스 설계 시 논리적 설계 단계에 대한 설명으로 옳지 <u>않은</u> 것은?

① 사용자의 요구에 대한 트랜잭션을 모델링한다.
② 트랜잭션 인터페이스를 설계한다.
③ 관계형 데이터베이스에서는 테이블을 설계하는 단계이다.
④ DBMS에 맞는 논리적 스키마를 설계한다.

기출 2019년 1회

02 데이터베이스 설계 단계 중 응답 시간, 저장 공간의 효율화, 트랜잭션 처리도와 가장 밀접한 관계가 있는 것은?

① 물리적 설계
② 논리적 설계
③ 개념적 설계
④ 요구 조건 분석

정답 & 해설

01 • 논리적 설계(Logical Design)
- 개념적 설계에서 만들어진 구조를 구현 가능한 데이터 모델로 변환하는 단계이다.
- 개념 세계를 데이터 모델링을 통해 논리적으로 표현한다.
- 데이터 필드로 기술된 데이터 타입과 이 데이터 타입들 간의 관계를 이용하여 현실 세계를 표현하는 방법이다.
- 트랜잭션 인터페이스가 포함된다.
- DBMS에 종속적, 하드웨어(Hardware)는 독립적이다.

02 물리적 설계 시 고려 사항: 응답 시간, 저장 공간의 효율화, 트랜잭션 처리도(처리 능력)

| 정답 | 01 ① 02 ①

02 정규화의 개념

기출 키워드
- 정규화
- 이상 현상
- 함수적 종속

출제 예상 키워드
- 정규화의 필요성

읽는 강의

1 정규화

(1) 정규화의 개요 기출 2020년 1, 2, 3, 4회

① 이상 현상을 해결하기 위해 애트리뷰트 간의 종속 관계를 분석하여 여러 개의 릴레이션으로 분해하는 과정이다.

② 릴레이션의 애트리뷰트, 엔티티, 관계성을 파악하여 데이터의 중복성을 최소화하는 과정이다.

③ 논리적 설계 단계에서 수행된다.

④ 정규화를 통해 릴레이션을 분해하면 일반적으로 연산 시간이 증가한다.

⑤ 정규화 과정은 주어진 릴레이션 변수들의 모임을 더 바람직한 어떤 형태로 점차 유도해 가는 과정으로 특징지을 수 있다. 이 과정은 가역적(Reversible)이다.

(2) 정규화의 목적

① 데이터베이스 수정, 삭제 시 이상 현상을 최소화시키기 위함이다.

② 데이터베이스의 물리적 구조나 물리적 처리에 영향을 주는 것이 아니라, 논리적 처리 및 품질에 큰 영향을 미친다.

③ 데이터 구조의 안전성을 최대화시킨다.

④ 테이블 불일치 위험을 최소화한다.

정규화의 필요성
데이터 구조의 안정성 최대화, 중복 데이터 배제, 수정/삭제/삽입 시 이상 현상의 최소화, 테이블 불일치 위험의 최소화

(3) 이상 현상(Anomaly) 기출 2021년 2회

① 릴레이션 조작 시 데이터들이 불필요하게 중복되어 예기치 않게 발생하는 곤란한 현상이다.

② **종류**: 삽입 이상, 삭제 이상, 갱신 이상

■ 수강 릴레이션(기본키 {학번, 과목번호})

학번	과목번호	성적	학년
100	C413	A	4
100	E412	A	4
200	C123	B	3
300	C312	A	1
300	C324	C	1
300	C413	A	1
400	C312	A	4
400	C324	A	4
400	C413	B	4
400	E412	C	4
500	C312	B	2

- 삽입 이상: 릴레이션에서 데이터를 삽입할 때 의도와는 상관 없이 원하지 않는 값들도 함께 삽입되는 현상이다.

  예 위의 [수강 릴레이션]에 학번이 600인 학생이 2학년이라는 정보를 삽입하려고 할 때 과목번호를 등

록하지 않으면 삽입이 불가능하다.

- 삭제 이상: 릴레이션에서 한 튜플을 삭제할 때 의도와는 상관없는 값들도 함께 삭제되는 연쇄 삭제 현상이다.
  - 예 위의 [수강 릴레이션]에서 학번이 200인 학생이 과목 C123을 취소하여 이 튜플을 삭제할 경우 학년 3이라는 정보까지 함께 삭제된다.
- 갱신 이상: 릴레이션에서 튜플에 있는 속성값을 갱신할 때 일부 튜플의 정보만 갱신되어 정보에 모순이 생기는 현상이다.
  - 예 위의 [수강 릴레이션]에서 학번이 400인 학생의 학년을 4에서 3으로 변경하고자 할 때 모두 4번의 갱신이 필요하다.

읽는 강의

(4) 스키마 변환의 원리

① 정보의 무손실 표현

② 데이터 중복성 감소

③ 분리의 원칙

④ 종속성 보존

(5) 함수적 종속(FD: Functional Dependency) 기출 2021년 3회

① 어떤 릴레이션에서 속성들의 부분 집합을 X, Y라 할 때, 임의의 튜플에서 X의 값이 Y의 값을 함수적으로 결정한다면, Y가 X에 함수적으로 종속되었다고 하고, 기호로는 X → Y로 표기한다.

② 함수 종속 다이어그램(FD Diagram)

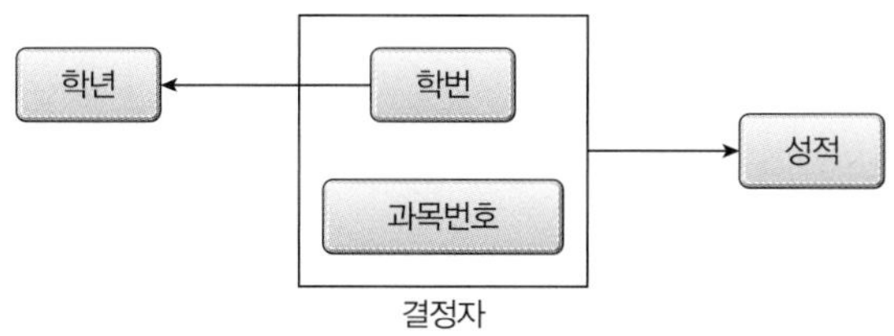

▲ 수강 릴레이션의 함수 종속 다이어그램 예

함수종속의 기본 추론규칙(Armstrong's Axioms)
- 재귀 규칙: X ⊇ Y이면 X → Y이다.
- 증가 규칙: X → Y이면 WX → WY이고 WX → Y이다.
- 이행 규칙: X → Y이고 Y → Z 이면 X → Z이다.

개념확인 문제

기출 2018년 3회

01 다음 정규화에 대한 설명으로 틀린 것은?

① 데이터베이스의 개념적 설계 단계에서 수행한다.

② 데이터 구조의 안정성을 최대화한다.

③ 중복을 배제하여 삽입, 삭제, 갱신 이상의 발생을 방지한다.

④ 데이터 삽입 시 릴레이션을 재구성할 필요성을 줄인다.

기출 2018년 2회

02 데이터의 중복으로 인하여 관계 연산을 처리할 때 예기치 못한 곤란한 현상이 발생하는 것을 무엇이라 하는가?

① 이상(Anomaly) ② 제한(Restriction)

③ 종속성(Dependency) ④ 변환(Translation)

정답 & 해설

01 ① 정규화는 데이터베이스의 논리적 설계 단계에서 수행한다.

02 ① 이상 현상은 릴레이션 조작 시 데이터들이 불필요하게 중복되어 예기치 않게 발생하는 곤란한 현상이다.

| 정답 | 01 ① 02 ①

03 정규화 체계

기출 키워드
- 정규화 과정
- 반정규화

출제 예상 키워드
- 함수 종속 관계

1 정규화 체계

(1) 릴레이션과 함수 종속 관계

■ 수강지도 릴레이션

학번	지도교수	학과	과목번호	성적
100	P1	컴퓨터	C413	A
100	P1	컴퓨터	E412	A
200	P2	전기	C123	B
300	P3	컴퓨터	C312	A
300	P3	컴퓨터	C324	C

■ 수강지도 릴레이션의 함수 종속 관계

수강지도: (학번, 지도교수, 학과, 과목번호, 성적)
기본키: (학번, 과목번호)
함수 종속: (학번, 과목번호) → 성적
학번 → 지도교수
학번 → 학과
지도교수 → 학과

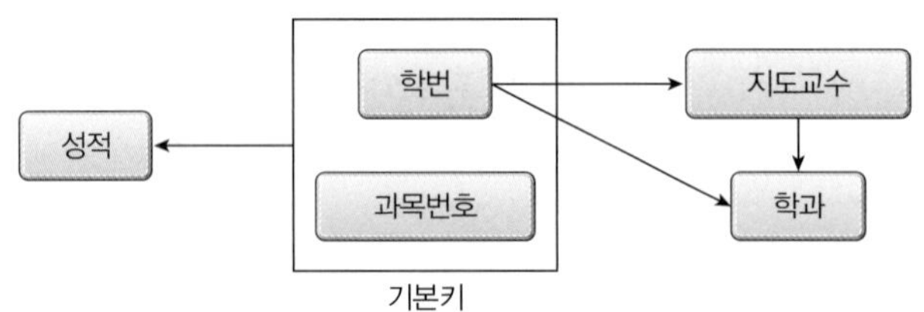

▲ 수강지도 릴레이션의 함수 종속 다이어그램 예

- 수강지도 릴레이션의 함수 종속 관계를 나타내고 있다.
- 수강지도 릴레이션은 5개의 속성으로 구성되고, 기본키는 (학번, 과목번호)이다.
- 기본키(학번, 과목번호)에 성적 속성은 완전 함수 종속되어 있지만, 지도교수 속성과 학과 속성은 학번 속성에는 종속되어 있으므로 부분 함수 종속되어 있다.
- 학번, 지도교수, 학과 관계는 학번이 지도교수를 종속하고 지도교수는 학과를 종속하므로 학번(학생)이 학과에 종속되는 이행 함수 종속을 포함하고 있다.

(2) 부분 함수 종속과 이행 함수 종속

① **부분 함수 종속**: 릴레이션을 구성하는 속성이 기본키를 구성하는 속성 중 일부에만 종속되는 경우이다.

② **이행 함수 종속**: X, Y, Z 3개의 속성이 있을 때 X가 Y를 종속(X → Y)하고, Y가 Z를 종속(Y → Z)할 때 X가 Z를 종속(X → Z)하는 경우

2 정규화 과정

(1) 제1정규형(1NF) 기출 2021년 1회

① 어떤 릴레이션 R에 속한 모든 도메인이 원자값(Atomic Value)만으로 되어 있다면, 제1정규형(1NF)에 속한다.

② **삽입 이상**: 어떤 학생이 교과목을 등록하지 않고는 그 학생의 지도교수를 삽입할 수가 없다. 즉, 학번이 500인 학생의 지도교수가 P4라는 사실을 삽입할 수 없다.

③ **삭제 이상**: 학번이 200인 학생이 과목 C123을 취소하여 이 튜플을 삭제할 경우 지도 교수가 P2라는 정보까지도 잃어버리게 된다.

④ **갱신 이상** : 학번이 400인 학생의 교수가 P1에서 P3으로 변경되었다면 학번 400이 나타난 모든 튜플을 P1에서 P3으로 변경해 주어야 한다.

(2) 제2정규형(2NF) 기출 2020년 1, 2회

① 1NF에 속하면서 기본키가 아닌 모든 속성이 기본키에 대하여 완전 함수 종속 관계를 만족할 때 2NF에 속한다.

② 1NF이면서 2NF가 아닌 릴레이션은 프로젝션을 하여 의미상으로 동등한 두 개의 2NF로 분해할 수 있고, 자연 조인(Natural Join)을 통해 아무런 정보 손실 없이 원래의 릴레이션으로 복귀가 가능하다.

③ 2NF에서는 함수 종속 관계 A→B, B→C이면 A→C가 성립하는 이행적 함수 종속(Transitive FD)이 존재한다. 이는 이상 현상의 원인이 된다.

■ 지도/수강 릴레이션 함수 종속 다이어그램

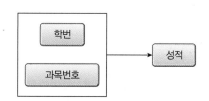

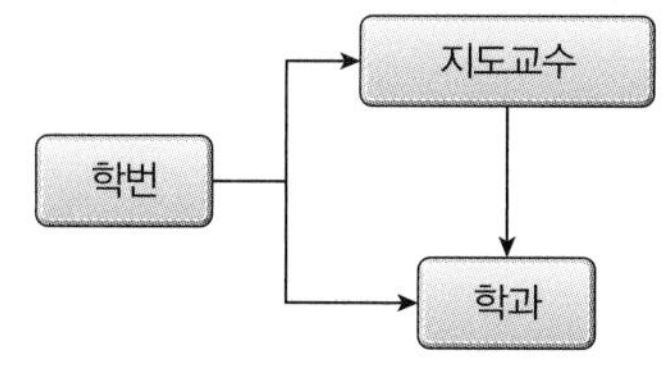

학번
과목번호
성적

학번	지도교수	학과
100	P1	컴퓨터
200	P2	전기
300	P3	컴퓨터
400	P1	컴퓨터

▲ 지도 릴레이션

학번	과목번호	성적
100	C413	A
100	E412	A
200	C123	B
300	C312	A
300	C324	C
300	C413	A
400	C312	A
400	C324	A
400	C413	B
400	E412	C

▲ 수강 릴레이션

(3) 제3정규형(3NF) 기출 2020년 1, 2회, 2022년 1회

① 2NF에 속하면서, 기본키가 아닌 모든 속성이 기본키에 이행적 함수 종속이 되지 않을 때 3NF에 속한다.

읽는 강의

정규화 과정

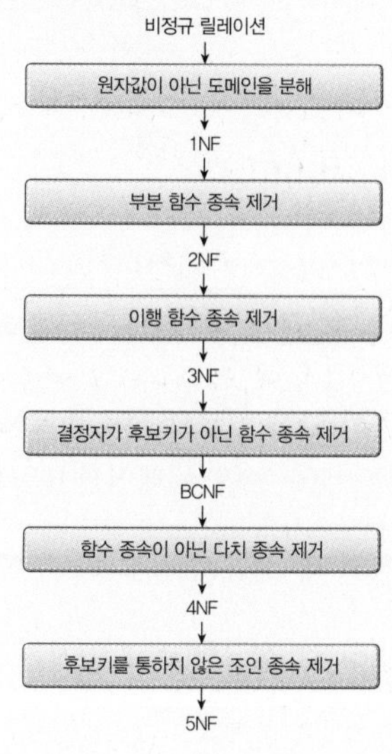

■ 학생지도/지도교수학과 함수 종속 다이어그램

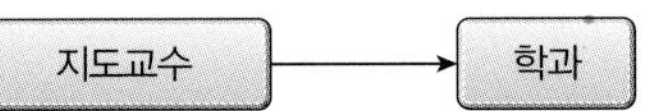

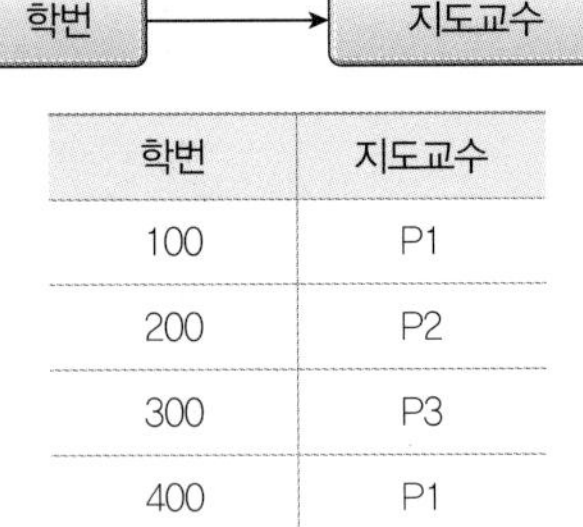

학번	지도교수
100	P1
200	P2
300	P3
400	P1

▲ 학번-지도교수 릴레이션

지도교수	학과
P1	컴퓨터
P2	전기
P3	컴퓨터

▲ 지도교수-학과 릴레이션

(4) 보이스/코드 정규형(BCNF): 릴레이션 R의 모든 결정자(Determinant)가 후보키(Candidate Key)이면 릴레이션 R은 보이스/코드 정규형(BCNF)에 속한다. 기출 2020년 3, 4회, 2021년 1회, 2022년 2회

(5) 제4정규형(4NF): 릴레이션에서 다치 종속 관계가 성립하는 경우에 다치 종속을 제거한다.

(6) 제5정규형(5NF): 후보키를 통하지 않은 조인 종속을 제거한다. 기출 2021년 3회, 2022년 1회

3 반정규화 기출 2020년 4회

(1) 반정규화(De-Normalization)의 정의

① 정규화되어 있는 릴레이션을 정규화 이전 상태로 만드는 것을 말한다.

② 많은 조인에 의해 성능이 저하되거나 데이터 조회 시 디스크 I/O량이 많을 때 부분적인 반정규화를 고려한다.

(2) 반정규화 절차

① 반정규화 대상 조사

② 반정규화 대상을 다른 방법으로 처리 유도할 수 있는지 검토

③ 반정규화 적용

반정규화 대상 조사	다른 방법 유도 검토	반정규화 적용
• 범위 처리 빈도수 조사 • 대량의 범위 처리 조사 • 통계성 프로세스 조사 • 테이블 조인 개수	• 뷰 테이블 • 클러스터링 적용 • 인덱스 조정 • 애플리케이션	• 테이블 반정규화 • 속성의 반정규화 • 관계의 반정규화

(3) 반정규화 특징

① 시스템이 물리적으로 구현되었을 때 성능 향상을 목적으로 한다.

② 데이터 모델링 규칙에 얽매이지 않고 수행한다.

③ 반정규화 방법에는 테이블 통합, 테이블 분할, 중복 테이블 추가, 중복 속성 추가 등이 있다.

읽는 강의

반정규화

정규화된 엔티티, 속성, 관계를 시스템의 성능 향상과 개발 운영의 단순화를 위해 중복, 통합, 분리 등을 수행하는 데이터 모델링 기법이다.

개념확인 문제

기출 2019년 3회

01 정규화 과정 중 1NF에서 2NF가 되기 위한 조건은?

① 1NF를 만족하고 모든 도메인이 원자값이어야 한다.
② 1NF를 만족하고 키가 아닌 모든 애트리뷰트가 기본키에 대해 이행적으로 함수 종속되지 않아야 한다.
③ 1NF를 만족하고 키가 다치 종속이 제거되어야 한다.
④ 1NF를 만족하고 키가 아닌 모든 속성이 기본키에 대하여 완전 함수적 종속 관계를 만족해야 한다

기출 2019년 3회

02 이행적 함수 종속 관계를 의미하는 것은?

① A → B이고 B → C일 때, A → C를 만족하는 관계
② A → B이고 B → C일 때, B → A를 만족하는 관계
③ A → B이고 B → C일 때, B → A를 만족하는 관계
④ A → B이고 B → C일 때, C → B를 만족하는 관계

기출 2019년 1회

03 제2정규형에서 제3정규형이 되기 위한 조건은?

① 이행적 함수 종속 제거
② 부분적 함수 종속 제거
③ 다치 종속 제거
④ 결정자이면서 후보 키가 아닌 것 제거

정답 & 해설

01 ④ 1NF에 속하면서 기본키가 아닌 모든 속성이 기본키에 대하여 완전 함수 종속 관계를 만족하면 2NF에 속한다.

02 ① 함수 종속 관계가 A → B, B → C이면 A → C가 성립하는 이행적 함수 종속(transitive FD)이 존재하며, 이는 이상현상의 원인이 된다.

03 ① 제2정규형에 속하면서 기본키가 아닌 모든 속성이 기본키에 이행적 함수 종속이 되지 않을 때 제3정규형에 속한다.

| 정답 | 01 ④ 02 ① 03 ①

개념적용 문제

01 데이터베이스 설계 단계

01 난이도 상 중 하 2018년 3회

데이터베이스 설계 단계 중 저장 레코드 양식 설계, 레코드 집중의 분석 및 설계, 접근 경로 설계와 관계되는 것은?

① 논리적 설계
② 요구 조건 분석
③ 물리적 설계
④ 개념적 설계

02 정규화의 개념

02 난이도 상 중 하 2018년 1회

정규화의 필요성으로 거리가 먼 것은?

① 데이터 구조의 안정성 최대화
② 중복 데이터의 활성화
③ 수정, 삭제 시 이상 현상의 최소화
④ 테이블 불일치 위험의 최소화

03 난이도 상 중 하 2018년 1회

데이터베이스 내에서 데이터들이 불필요하게 중복되어 릴레이션 조작 시 예기치 못한 곤란한 현상을 무엇이라고 하는가?

① Normalization
② Bug
③ Anomaly
④ Error

03 정규화 체계

04 난이도 상 중 하 2018년 3회

다음 정의에서 말하는 기본 정규형은?

> 어떤 릴레이션 R에 속한 모든 도메인이 원자값(Atomic Value)만으로 되어 있다.

① 제1정규형(1NF)
② 제2정규형(2NF)
③ 제3정규형(3NF)
④ 보이스/코드 정규형(BCNF)

05 난이도 상중하 2018년 2회

정규화 과정에서 A → B이고 B → C일 때 A → C인 관계를 제거하는 단계는?

① 1NF → 2NF
② 2NF → 3NF
③ 3NF → BCNF
④ BCNF → 4NF

06 난이도 상중하

3NF에서 BCNF가 되기 위한 조건은?

① 이행적 함수 종속 제거
② 부분적 함수 종속 제거
③ 다치 종속 제거
④ 결정자이면서 후보키가 아닌 것 제거

07 난이도 상중하 2017년 2회

어떤 릴레이션 R의 모든 조인 종속성의 만족이 R의 후보키를 통해서만 만족된다. 이 릴레이션 R은 어떤 정규형의 릴레이션인가?

① 제5정규형
② 제4정규형
③ 제3정규형
④ 보이스-코드정규형

정답 & 해설

01 데이터베이스 설계 단계 〉 데이터베이스 설계
③ 물리적 설계(Physical Design)는 저장 레코드 양식 설계, 레코드 집중의 분석 및 설계, 접근 경로 설계를 한다.

02 정규화의 개념 〉 정규화
② 정규화는 데이터베이스 연산의 여러 가지 이상을 없애기 위함이며, 중복을 최소화한다.

03 정규화의 개념 〉 정규화
③ 이상 현상(Anomaly)은 릴레이션 조작 시 데이터들이 불필요하게 중복되어 예기치 않게 발생하는 곤란한 현상이다.

04 정규화 체계 〉 정규화 과정
① 어떤 릴레이션 R에 속한 모든 도메인이 원자값(Atomic Value)만으로 되어 있다면, 제1정규형(1NF)에 속한다.

05 정규화 체계 〉 정규화 과정
제3정규형(3NF): 어떤 릴레이션 R이 2NF이고 키(기본)에 속하지 않은 모든 애트리뷰트들이 기본키에 이행적 함수 종속이 아닐 때 제3정규형(3NF)에 속한다.

06 정규화 체계 〉 정규화 과정
④ 릴레이션 R의 모든 결정자(Determinant)가 후보키(Candidate Key)이면 릴레이션 R은 보이스/코드 정규형(BCNF)에 속한다.

07 정규화 체계 〉 데이터베이스 정규화 체계
① 제5정규형(5NF): 후보키를 통하지 않은 조인 종속을 제거한다.

| 정답 | 01 ③ 02 ② 03 ③ 04 ① 05 ② 06 ④ 07 ①

Chapter

06 고급 데이터베이스

반복이 답이다! □ 1회독 월 일 □ 2회독 월 일 □ 3회독 월 일

01 트랜잭션

읽는 강의

기출 키워드
- 트랜잭션의 개념
- 트랜잭션의 성질
- 트랜잭션의 상태

출제 예상 키워드
- 트랜잭션의 성질

1 트랜잭션의 특징

(1) 트랜잭션의 개념 기출 2021년 3회

① 데이터베이스에서 하나의 논리적 기능을 수행하기 위한 작업의 단위 또는 한꺼번에 모두 수행되어야 할 일련의 연산들을 의미한다.

② 한꺼번에 모두 수행되어야 할 일련의 데이터베이스 연산들이다.
- [응용 프로그램 = 하나 이상의 트랜잭션]
- [트랜잭션 = 하나 이상의 데이터베이스 연산(SQL명령)]

③ 일반적으로 일련의 연산 집합이란 의미로 사용하며, 논리적 기능을 수행하는 작업의 단위이다.

④ 원자성, 일관성, 격리성, 영속성을 가진다.

(2) 트랜잭션의 성질(ACID) 기출 2020년 1, 2, 3, 4회, 2021년 1, 3회, 2022년 2회

① **원자성(Atomicity)**
- 트랜잭션의 연산은 데이터베이스에 모두 반영되든지 아니면 전혀 반영되지 않아야 한다.
- COMMIT과 ROLLBACK 명령어에 의해 보장 받는다.

② **일관성(Consistency)**: 데이터베이스 상태는 트랜잭션 수행 전과 트랜잭션 수행 후가 같아야 한다.

③ **격리성(Isolation)**: 둘 이상의 트랜잭션이 동시에 병행 실행되는 경우 어느 하나의 트랜잭션 실행 중에는 다른 트랜잭션의 연산이 끼어들 수 없다.

④ **영속성(Durability)**: 트랜잭션의 실행을 성공적으로 끝내면 그 결과를 어떠한 경우에라도 보장받는다.

(3) 트랜잭션의 상태 기출 2022년 2회

활동(Active)	트랜잭션이 실행을 시작하여 실행 중인 상태
부분 완료 (Partially Committed)	트랜잭션이 마지막 명령문을 실행한 직후의 상태
장애(Failed)	정상적 실행을 더이상 계속할 수 없어서 중단한 상태
철회(Aborted)	트랜잭션이 실행에 실패하여 **ROLLBACK 연산**을 수행한 상태
완료(Committed)	트랜잭션이 실행을 성공적으로 완료하여 **COMMIT 연산**을 수행한 상태

ROLLBACK 연산
하나의 트랜잭션이 비정상적으로 종료되어 트랜잭션 원자성이 깨질 경우 처음부터 다시 시작하거나, 부분적으로 연산을 취소하는 연산이다.

COMMIT 연산
트랜잭션을 완료하여 데이터 변경 사항이 최종 반영되는 것이다.

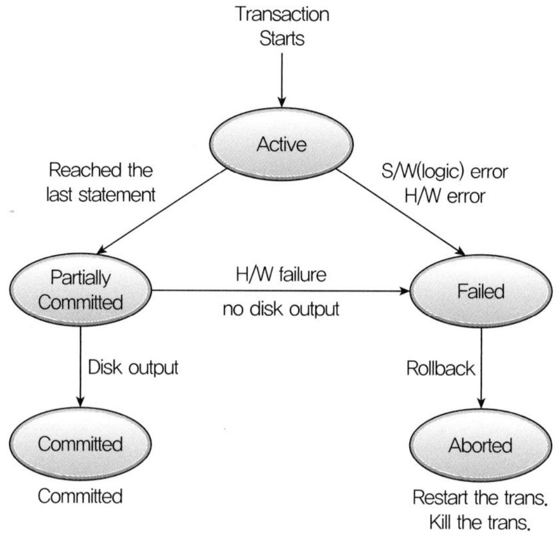

▲ 트랜잭션의 상태도

읽는 강의

개념확인 문제

기출 2019년 1회

01 일련의 연산 집합으로 데이터베이스의 상태를 변환시키기 위하여 논리적 기능을 수행하는 하나의 작업 단위는?

① 도메인
② 트랜잭션
③ 모듈
④ 프로시저

기출 2017년 1회

02 트랜잭션(Transaction)은 보통 일련의 연산 집합이란 의미로 사용하며 하나의 논리적 기능을 수행하는 작업의 단위이다. 트랜잭션이 가져야 할 특성으로 거리가 먼 것은?

① Atomicity
② Concurrency
③ Isolation
④ Durability

기출 2018년 1회

03 트랜잭션의 실행이 실패하였음을 알리는 연산자로 트랜잭션이 수행한 결과를 원래의 상태로 원상 복귀시키는 연산은?

① COMMIT 연산
② BACKUP 연산
③ LOG 연산
④ ROLLBACK 연산

정답 & 해설

01 트랜잭션은 한꺼번에 모두 수행되어야 할 일련의 데이터베이스 연산들이며, 병행 제어 및 회복 작업의 논리적 단위이다.

02 트랜잭션의 성질
- 원자성(Atomicity)
- 일관성(Consistency)
- 격리성(Isolation)
- 영속성(Durability)

03 ROLLBACK 연산은 트랜잭션의 비정상적인 종료를 알리는 연산자이다.

| 정답 | 01 ② 02 ② 03 ④

02 회복과 병행 제어

기출 키워드
- 회복 기법
- 병행 제어의 목적
- 병행 제어 기법의 종류

출제 예상 키워드
- 회복 연산자

읽는 강의

1 회복 기출 2021년 1회

(1) 회복(Recovery)의 정의

여러 가지 장애로 인해 손상된 데이터베이스를 손상되기 이전의 정상적인 상태로 복구시키는 작업이다.

- 회복은 메모리 덤프와 로그를 이용하여 수행된다.

(2) 장애의 유형

① **트랜잭션 장애(Transcation Failure)**: 트랜잭션 내의 오류나 내부 조건, 즉 입력 데이터의 불량, 데이터의 불명, 시스템 자원의 과다 사용 요구 등으로 정상적인 실행을 계속할 수 없는 상태이다.

② **시스템 장애(System Failure)**: 하드웨어의 오동작으로 메인 메모리에 있는 정보의 손실이나 교착상태가 발생하여 더 이상 실행을 계속할 수 없는 상태이다.

③ **미디어 장애(Media Failure)**: 디스크 헤드 붕괴나 고장으로 인해 저장 장치의 데이터베이스 일부 또는 전부가 손상된 상태이다.

④ **행동 장애**: 데이터를 발견하지 못했거나 연산 실패이면 그 행동을 철회하고, 응용 프로그램에 통보한다.

(3) 회복의 기본 원리: 정보의 중복(Redundancy)

① **복사 및 덤프**: 아카이브

② **로그(Log) 또는 저널(Journal)**: 갱신된 속성의 옛 값/새 값

(4) 회복 연산자

① **REDO**: 장애 발생 시 로그를 이용하여 재실행

② **UNDO**: 장애 발생 시 모든 실행을 취소하여 장애 발생 전의 상태로 복귀

(5) 회복 기법 기출 2020년 3회

① **즉시 갱신**
- 트랜잭션 실행 중에 발생하는 변경 내용을 데이터베이스에 즉시 반영하는 방법이다.
- 회복을 위해서는 REDO와 UNDO를 모두 이용한다.

② **지연 갱신**
- 트랜잭션이 부분 완료될 때까지 모든 OUTPUT 연산이 지연된다.
- 회복을 위해서는 UNDO 연산자는 불필요하다.

③ **체크포인트**
- 체크포인트는 로그를 그대로 유지하면서 일정 시간 간격으로 만들어 놓은 것이다.
- 체크포인트 이전에 COMMIT된 트랜잭션은 아무런 작업도 하지 않는다.
- 체크포인트 이후에 COMMIT된 트랜잭션은 REDO 작업을 수행한다.
- COMMIT 없는 트랜잭션은 체크포인트와 상관없이 전부 UNDO 연산을 수행한다.

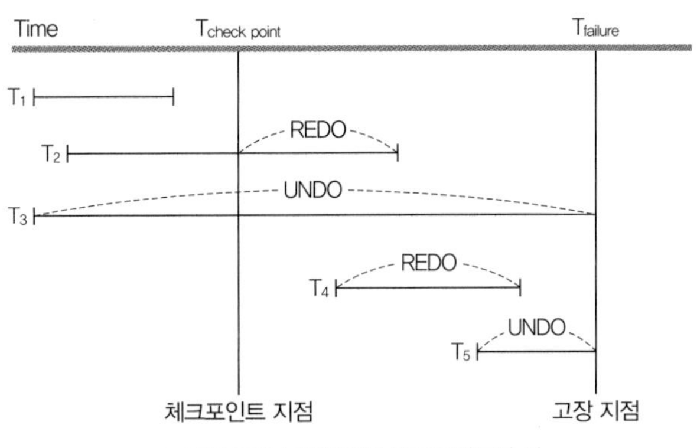

▲ 다섯 가지 트랜잭션과 체크포인트의 예

> 읽는 강의
>
> • REDO는 체크포인트 이후만 진행되지만, UNDO는 모두 진행되어야 한다.

• 트랜잭션 유형

T1	체크포인트 시점 이전에 완료 ⇒ 체크 포인트 이후에 시스템 고장이 발생하였으므로 모든 작업을 인정하며, 재시작 프로세서의 수행 대상에서 제외
T2	체크포인트 이전에 수행되어 시스템 고장시점 이전에 종료 ⇒ 실행의 완료 문장을 만나 재실행(REDO)
T3	체크포인트 이전에 수행이 시작되어 시스템 고장 시점까지 수행 중 ⇒ 실행이 완료되지 않았으므로 취소(UNDO)
T4	체크포인트 이후에 수행이 시작되어 다음 체크 포인트 이전에 종료 ⇒ 체크포인트 이후에 완료되므로 재실행(REDO)
T5	체크포인트 이후에 수행이 시작되어 시스템 고장 시점까지 수행 중 ⇒ 실행이 완료되지 않았으므로 취소(UNDO)

2 병행 제어

(1) 병행 제어(Concurrency Control)의 필요성

다중 사용자 환경에서는 여러 개의 트랜잭션이 섞여서 실행되는데 이러한 병행 실행은 특별한 제어 방법을 사용하지 않을 경우 갱신 손실 등의 문제를 야기한다. 이때 발생하는 문제를 해결하기 위해 '병행 제어'를 한다. 대표적인 병행 제어 방법으로는 2단계 로킹(Locking) 방법을 들 수 있다.

> 기출 2022년 1회
>
> **병행 제어의 목적**
>
> ❶ 사용자에 대한 응답 시간 최소화
> ❷ 시스템 활용도 최대화
> ❸ 데이터베이스 일관성 유지
> ❹ 데이터베이스 공유도 최대화

(2) 병행 제어를 안 할 때의 문제점

① 갱신 분실(Lost Update)

• 일련의 갱신 작업 시 일부 갱신 사실이 반영되지 않는다.

예

```
T1 : read A
T2 : read A
T1 : update A     // lost update
T2 : update A
```

② 모순성(Inconsistency)

예

```
T1 : read A
T2 : read/update A
T2 : read/update B
T1 : read B       // T1이 읽고자 했던 값이 아님
```

③ 연쇄 복귀(Cascading Rollback)

예

```
T1 : read A
T1 : update A
T2 : read A        // T2가 T1이 갱신한 값 사용
T2 : update A      // T2 commit
T1 : rollback      // 이미 commit된 T2는 rollback 불능 → 회복 불능
```

더 알아보기 병행 제어를 안 할 때의 문제점

❶ 갱신 분실(Lost Update): 2개 이상의 트랜잭션이 같은 데이터를 공유하여 갱신할 때 갱신 결과의 일부가 없어지는 현상
❷ 모순성(Inconsistency): 복수의 사용자가 동시에 같은 데이터를 갱신할 때 데이터들이 상호 일치하지 않아 모순된 결과가 발생
❸ 연쇄 복귀(Cascading Rollback): 병행 수행되던 트랜잭션들 중 어느 하나에 문제가 생겨 Rollback되는 경우 다른 트랜잭션들도 함께 Rollback되는 현상
❹ 비완료 의존성(Uncommitted Dependency): 하나의 트랜잭션 수행이 실패한 후 회복되기 전에 다른 트랜잭션이 실패한 갱신 결과를 참조하는 현상

(3) 직렬 가능성(Serializability)

트랜잭션들을 병행 처리한 결과가 트랜잭션들을 순차적으로(직렬로) 수행한 결과와 같아지는 것이다.

(4) 병행 제어 기법의 종류 기출 2020년 1, 2, 4회, 2021년 1, 2, 3회

병행 제어 기법의 종류
로킹 기법, 타임 스탬프 기법, 다중 버전 기법

① 로킹(Locking) 기법
- 데이터베이스, 파일, 레코드 등은 로킹 단위가 될 수 있다.
- 로킹 단위가 작아지면 로킹 오버헤드가 증가한다.
- 한꺼번에 로킹할 수 있는 단위를 로킹 단위라고 한다.
- Lock과 Unlock 연산을 통해 트랜잭션의 데이터 아이템을 제어한다.
- 하나의 트랜잭션만이 Lock을 걸고 Unlock할 수 있다.
- Lock된 데이터는 다른 트랜잭션이 접근할 수 없으며, Unlock될 때까지 대기하여야 한다.
- 이러한 방법은 실제 유용하게 사용되지만 서로 다른 트랜잭션이 변경이 없이 참조만 하는 경우 시간 낭비를 초래한다.
- 로킹 규약을 따른다고 할지라도 직렬 가능성을 보장할 수 없다.

② 2단계 로킹 규약
- 동시성 제어를 위한 직렬화 기법으로 트랜잭션간의 처리 순서를 미리 정하는 방법이다.
- 확장(Growing Phase: Lock 수행): Unlock을 수행할 수 없다.
- 축소(Shrinking Phase: Unlock 수행): Lock을 수행할 수 없다. (모든 트랜잭션이 2단계 로킹 규약을 준수하면 직렬 가능성을 갖는다.)
- 2단계 로킹은 교착상태에 빠질 수 있다.

- 동시성 제어(Concurrency Control) 방법에서 로킹(Locking) 단위가 커지는 경우에는 로킹 오버헤드가 감소하고 동시성 정도가 감소한다.
  - 동시성 제어 방법에서 로킹 단위가 작아지는 경우에는 로킹 오버헤드가 증가하고 동시성 정도가 증가한다.

③ 타임 스탬프(TS: Time-Stamp)
- 트랜잭션과 읽기와 기록한 데이터 항목에 대해 타임-스탬프 부여
- 트랜잭션 타임 스탬프: 트랜잭션이 시스템에 들어오는 순서대로 실행 시작 시간을 정의
- 데이터 항목(x)에 대한 타임 스탬프
  - read_TS(x): Read (x)를 성공적으로 수행한 트랜잭션 중 가장 최근에 수행된 트랜잭션의 타임-스탬프
  - write_TS(x): Write (x)를 성공적으로 수행한 가장 최근에 수행된 트랜잭션의 타임-스탬프

읽는 강의

- 수행 방식
  - 대기-소멸(Wait-Die) 방식: 먼저 시작된 트랜잭션이 나중에 시작된 트랜잭션이 소유하고 있는 로크를 요구하는 경우 먼저 시작된 트랜잭션은 해당 락을 소유할 때까지 대기한다. 나중에 시작된 트랜잭션이 먼저 시작된 트랜잭션이 소유하고 있는 로크를 요구하는 경우 나중에 시작된 트랜잭션은 ROLLBACK 된다.
  - 손해-대기(Wound-Wait) 방식: 나중에 시작된 트랜잭션이 먼저 시작된 트랜잭션이 소유하고 있는 로크를 요구하는 경우 나중에 시작된 트랜잭션은 해당 로크를 소유할 수 있을 때까지 대기한다. 먼저 시작된 트랜잭션이 나중에 시작된 트랜잭션이 소유하고 있는 로크를 구하는 경우 먼저 시작된 트랜잭션은 나중에 시작된 트랜잭션의 실행을 ROLLBACK하고 해당 로크를 소유한다.
- 단점
  - 교착상태가 발생하지 않더라도 트랜잭션의 실행이 취소되는 경우 발생한다.
  - 먼저 시작된 트랜잭션이 해당 데이터에 대한 로크를 장기간 소유하는 경우 다른 트랜잭션은 취소와 실행을 여러 번 반복하게 된다.(Starvation)

개념확인 문제

기출 2019년 1, 2회

01 병행 제어의 목적으로 옳지 않은 것은?

① 사용자에 대한 응답 시간 최소화
② 시스템 활용도 최대화
③ 데이터베이스 일관성 유지
④ 데이터베이스 공유도 최소화

기출 2017년 3회

02 트랜잭션들을 수행하는 도중 장애로 인해 손상된 데이터베이스를 손상되기 이전의 정상적인 상태로 복구시키는 작업은?

① Recovery
② Restart
③ Commit
④ Abort

정답 & 해설

01 ④ 병행 제어는 데이터베이스 공유도를 최대화하는 목적이 있다.

02 ① 회복(Recovery)은 여러 가지 장애로 인해 손상된 데이터베이스를 손상되기 이전의 정상적인 상태로 복구시키는 작업이다.

| 정답 | 01 ④ 02 ①

03 고급 데이터베이스

읽는 강의

기출 키워드
- 분산 데이터베이스 시스템의 목표
- 트리거
- 인덱스
- CRUD 분석
- 권한 부여 기법

출제 예상 키워드
- 데이터 웨어하우스

1 분산 데이터베이스 기출 2022년 1, 2회

(1) 분산 데이터베이스의 정의

① 컴퓨터 네트워크를 기반으로 데이터가 물리적으로 여러 시스템에 분산되어 있으나 논리적으로는 하나의 통합된 DB인 것처럼 보이도록 구성한 데이터베이스를 의미한다.

② 데이터베이스를 관리하고 데이터의 분산을 사용자에게 투명하게 만들어 주는 소프트웨어 시스템이다.

(2) 등장 배경

① 기업의 성장에 따른 조직의 분권화 및 유연한 확장성이 필요했다.

② 컴퓨터 네트워크의 발전과 더불어 Client/Server 모델이 확산되었다.

③ 미들웨어를 도입한 3tier Client/Server 모델에서 서버의 기능 분산으로 인한 성능 향상 및 가용성이 향상되었다.

④ 중앙집중형 정보시스템에서 분산 통합된 정보시스템으로 발전했다.

⑤ 제품 및 기술의 개방화가 진전되었다.

(3) 구성 요소

① **분산 처리기(Distributed Processor)**: 지리적으로 분산되어 있는 컴퓨터 시스템이다.

② **분산 데이터베이스(Distributed Database)**: 지리적으로 분산되어 있는 지역 데이터베이스이다.

③ **통신 네트워크(Communication Network)**: 지리적으로 분산된 자치 처리기들을 통신으로 연결시켜 자원을 공유하게 함으로써 논리적으로 하나의 시스템 기능을 할 수 있게 하는 망이다.

(4) 분산 데이터베이스 시스템의 목표 기출 2020년 1, 2, 3 회

① **위치 투명성(Location Transparency)**
- 사용하려는 데이터가 저장된 사이트를 사용자는 알 필요가 없는 것이다.
- 위치 정보는 시스템 카탈로그에 유지된다.

② **중복 투명성(Replication Transparency)**
- 한 논리적 데이터 객체가 여러 상이한 사이트에 중복될 수 있다.
- 중복 데이터의 일관성 유지는 사용자와 무관하게 시스템이 수행한다.
- 중복의 이점은 성능 향상과 가용성(Availability) 증진이다.

③ **장애 투명성**: 데이터베이스의 분산된 물리적 환경에서 특정 지역의 컴퓨터 시스템이나 네트워크에 장애가 발생해도 데이터 무결성이 보장된다.

④ **병행 투명성**: 분산 데이터베이스에 관련된 다수의 트랜잭션이 동시에 수행되어도 트랜잭션의 결과는 영향을 받지 않는다.

투명성(Transparency)
데이터베이스의 분산된 물리적 환경에사용자가 의식하지 않고, 분산 자원을 사용할 수 있는 특성

(5) 분산 데이터베이스 시스템의 장단점

장점	단점
• 지역 자치성 • 신뢰성, 확장성 향상 • 연산 속도 향상	• 관리비 증가 • 보안의 취약점 • 소프트웨어 개발이 복잡

(6) 분산 데이터베이스의 데이터 단편화

① **수평 단편화**: 셀렉트 연산

예
> '학생' 전역 릴레이션
> 학생(학번, 이름, 학년, 학과)

- 수평 단편화의 정의
  학생1 = $\sigma_{학과='컴퓨터'}$(학생)
  학생2 = $\sigma_{학과\neq'컴퓨터'}$(학생)
- 수평 단편화의 성질
  $R = R1 \cup R2 \cup R3 \cdots Rn$
  $R1 \cap R2 \cap R3 \cdots Rn = \varnothing$
  R의 모든 튜플 r에 대해, $r \in R1 \lor r \in R2 \lor \cdots \lor r \in Rn$
- 수평적 단편화에서 각 데이터 객체는 그 값이 변경되면 소속되는 단편도 변경되어야 하기 때문에 동적 단편화(Dynamic Fragmentation)라고 한다.

② **수직 단편화**: 프로젝션 연산

예
> '학생' 전역 릴레이션
> 학생(학번, 학년, 학과, 성적, 지도교수)

- 수직 단편화의 정의
  학생1 = $\pi_{학번,이름,학년,학과}$(학생)
  학생2 = $\pi_{학번,성적,지도교수}$(학생)
- 수직 단편화의 성질
  $attr(R1) \cup attr(R2) \cup \cdots attr(Rn) = attr(R)$
  $attr(R1) \cap attr(R2) \cap \cdots attr(Rn) =$ R의 기본키
  $R = R1 \bowtie R2 \bowtie \cdots \bowtie Rn$
- 수직적 단편화는 데이터 객체의 값이 변경되더라도 아무런 영향을 주지 않기 때문에 정적 단편화(Static Fragmentation)라고 할 수 있다.
- 자연조인하면 원래의 전역 릴레이션으로 재구성할 수 있도록 분할이 이루어져야 한다. 일반적으로 전역 릴레이션의 기본키를 각 단편에 포함시킨다.

③ **혼합 단편화**

- 수평 단편화와 수직 단편화의 혼용이다.
- 원래의 전역 릴레이션을 회복하기 위해서는 자연 조인과 **유니온**을 적절한 순서로 적용한다.

2 트리거 기출 2020년 1, 2회

(1) 트리거(Trigger)의 개념

① 데이터베이스 시스템에서 삽입, 갱신, 삭제 등의 **이벤트**가 발생할 때마다 관련 작업이 자동으로 수행되는 절차형 SQL이다.

읽는 강의

유니온
수학의 합집합과 동일한 개념으로, 두 개의 릴레이션을 합하여 하나의 새로운 릴레이션을 반환한다.

이벤트(Event)
데이터베이스(데이터 파일)의 항목을 변경시키는 일의 발생을 말한다.

② 데이터베이스의 무결성을 유지하기 위한 일반적이고 강력한 도구 및 테이블 정의 시 표현할 수 없는 기업의 비지니스 규칙들을 시행하는 역할이다.

③ ECA(Event-Condition-Action) 규칙이라고 부른다.

(2) 트리거 구성 요소

① 트리거가 실행될 조건이 되는 문장이나 이벤트

② 실행 조건의 제약

③ 실행될 내용

(3) 트리거 타입

① 로우(Row) 및 문장(Statement)

타입	설명
로우	테이블에 INSERT, UPDATE, DELETE가 발생하는 로우마다 트리거의 내용이 실행되는 타입이다. 이 타입의 트리거는 각 로우에 연산이 발생할 때마다 연산 직전 또는 직후에 트리거가 실행된다.
문장	로우의 개수에 상관없이 문장 단위로 한 번만 실행되는 타입이다.

② BEFORE 및 AFTER

타입	설명
BEFORE	조건 문장이 실행되기 전에 트리거의 내용이 실행되는 타입이다.
AFTER	조건 문장이 실행된 후 트리거의 내용이 실행되는 타입이다.

③ 트리거는 두 종류의 타입 중에서 각각 하나씩을 가질 수 있다.

- BEFORE 로우(BEFORE row)
- BEFORE 문장(BEFORE statement)
- AFTER 로우(AFTER row)
- AFTER 문장(AFTER statement)

3 인덱스(Index) 기출 2021년 1, 3회

(1) 단일 단계 인덱스

단일 단계 인덱스의 각 엔트리는 〈탐색 키, 레코드에 대한 포인터〉로 이루어지며, 탐색 키 값의 오름차순으로 정렬된다. 인덱스는 DBMS가 파일 내의 특정 레코드들을 빠르게 찾을 수 있도록 하는 데이터 구조이므로 인덱스를 통하여 질의를 수행하면 응답 시간이 향상된다.

(2) 인덱스의 종류

① 기본 인덱스(Primary Index)

- 탐색 키가 데이터 파일의 기본 키인 인덱스를 기본 인덱스라고 한다.
- 레코드들은 기본키의 값에 따라 클러스터링된다.
- 기본 인덱스는 기본키의 값에 따라 정렬된 데이터 파일에 대해 정의된다.
- 기본 인덱스는 흔히 희소 인덱스로 유지할 수 있다.

② 클러스터링 인덱스(Clustering Index)

- 클러스터링 인덱스는 탐색 키 값에 따라 정렬된 데이터 파일에 대해 정의된다.
- 각 데이터 블록 대신에 각각의 상이한 키 값마다 하나의 인덱스 엔트리가 인덱스에 포함되어, 그 탐색 키 값을 갖는 첫 번째 레코드의 주소(또는 레코드가 들어 있는 블록의 주소)를 가리킨다.

읽는 강의

인덱스(Index)

데이터베이스 성능에 많은 영향을 주는 DBMS의 구성 요소로 테이블과 클러스터에 연관되어 독립적인 저장 공간을 보유하며, 데이터베이스에 저장된 자료를 더욱 빠르게 조회하기 위하여 사용된다.

- 클러스터링 인덱스는 범위 질의에 유용하다. 범위의 시작 값에 해당하는 인덱스 엔트리를 먼저 찾는다. 클러스터링 인덱스에서는 인접한 탐색 키 값을 갖는 레코드들이 디스크에서 가깝게 저장되어 있으므로 범위에 속하는 인덱스 엔트리들을 따라가면서 레코드들을 검색할 때 디스크에서 읽어오는 블록 수가 최소화된다.

③ 보조 인덱스(Secondary Index)

- 보조 인덱스는 탐색 키 값에 따라 정렬되지 않은 데이터 파일에 대해 정의된다. 하지만 인덱스에서 탐색 키 값들은 물론 정렬되어 있다.
- 보조 인덱스는 일반적으로 밀집 인덱스이므로 같은 수의 레코드들을 접근할 때 보조 인덱스를 통하면 기본 인덱스를 통하는 경우보다 디스크 접근 횟수가 증가할 수 있다.
- 기본 인덱스를 사용한 순차 접근은 효율적이지만 보조 인덱스를 사용한 순차 접근은 비효율적이다. 각 레코드를 접근하기 위해서 디스크에서 블록을 읽어올 필요가 있을 수 있다.

④ 희소 인덱스(Sparse Index)

- 희소 인덱스는 일부 키 값에 대해서만 인덱스에 엔트리를 유지하는 인덱스를 말한다.
- 일반적으로 각 블록마다 한 개의 탐색 키 값이 인덱스 엔트리에 포함된다.

⑤ 밀집 인덱스(Dense Index)

- 밀집 인덱스는 각 레코드의 키 값에 대해서 인덱스에 엔트리를 유지하는 인덱스를 말한다.

(3) 다단계 인덱스

① 다단계 인덱스에서 가장 상위 단계 인덱스를 마스터 인덱스(Master Index)라고 부르며, 이는 한 블록으로 구성되기 때문에 주기억 장치에 상주할 수 있다.

② 다단계 인덱스의 각 단계는 하나의 순서 파일이다. 새로운 인덱스 엔트리를 추가하거나 기존의 인덱스 엔트리를 삭제하면 단일 단계 인덱스의 경우보다 처리 과정이 복잡해진다.

③ 대부분의 다단계 인덱스는 B^+ 트리를 사용한다.

4 CRUD 분석 기출 2020년 4회

(1) CRUD 분석 개념

① 데이터베이스 테이블에 변화를 주는 트랜잭션의 CRUD 연산에 대해 **CRUD 매트릭스**를 작성하여 분석하는 것이다.

② 테이블에 발생하는 트랜잭션의 주기별 발생 횟수를 파악하고 연관된 테이블을 분석하면 테이블에 저장되는 데이터의 양을 유추할 수 있고 트랜잭션이 몰리는 테이블 분석이 가능하다.

③ CRUD 연산의 우선순위: C 〉 D 〉 U 〉 R

■ CRUD 구분

구분	SQL	조작
CREATE	INSERT	생성
READ	SELECT	읽기/인출
UPDATE	UPDATE	갱신
DELETE	DELETE	삭제/제거

읽는 강의

CRUD 매트릭스
등록, 조회, 갱신, 삭제와 같은 거래를 중심으로 표를 작성한 것이다.

5 ETL

(1) ETL(Extraction, Transformation, Loading)의 개념

① 데이터 이동 및 변환 절차와 관련된 용어이며, Extraction(추출), Transformation(변환), Loading(적재)으로 구성된다.

② Data Warehouse, ODS(Operational Data Store, 운영 데이터 스토어), Data Mart 등에 대한 데이터 적재 작업의 핵심 구성 요소이다.

더 알아보기 ETL의 구성

- Extraction(추출): 하나 또는 그 이상의 데이터 소스들로부터 데이터 획득
- Transformation(변환): 데이터 형식 변환/표준화/통합 또는 다수 애플리케이션에 내장된 비즈니스 규칙 적용 등
- Loading(적재): 위의 변형 단계 처리가 완료된 데이터를 특정 목표 시스템에 적재

6 질의어 처리 단계

(1) 질의어 처리 단계 설명

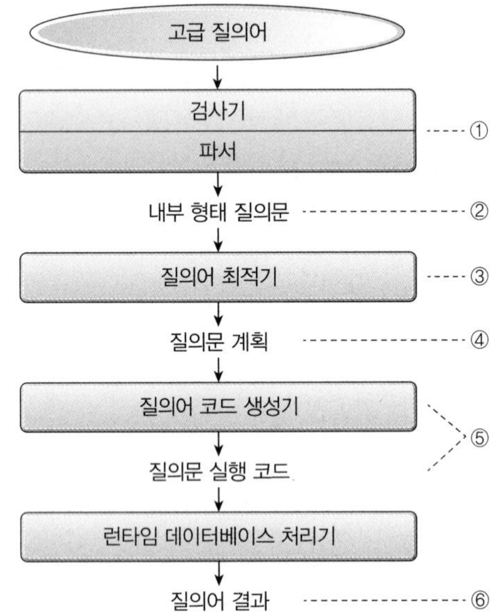

① SQL과 같은 고급 질의어로 표현되는 질의문은 먼저 검사를 한 뒤, 파싱을 한다.
- 검사기(Scanner)는 질의문에 나온 언어의 요소(토큰)들을 식별한다.
- 파서(Parser)는 이 질의문을 분석해서 질의어의 구문법(Syntax Rule)에 맞는지 여부를 검사한다.

② 컴퓨터가 처리할 수 있는 트리나 그래프 자료구조의 내부 표현으로 변환한다.

③ 질의어 최적기는 질의문 계획을 생성, 선정한다.

④ 질의문 지시에 따라 데이터를 처리할 수 있는 실행 계획을 세운다.

⑤ 계획을 실행시키기 위한 코드를 생성한다.

⑥ 코드 생성이 끝나면 런타임 데이터베이스 처리기가 이 코드를 실행시켜 질의문 처리 결과를 생성한다.

(2) 질의어 최적화

① 질의문을 어떤 형식의 내부 표현으로 변환시키는 것이다.

② 이 내부 표현을 논리적 변환 규칙을 이용해 의미적으로 동등한, 그러나 처리하기에는 보다 효율적인 내부 표현으로 변환시킨다.

③ 이 변환된 내부 표현을 구현시킬 후보 프로시저들을 선정한다.

④ 프로시저들로 구성된 질의문 계획들을 평가하여 가장 효율적인 것을 결정하는 것이다.

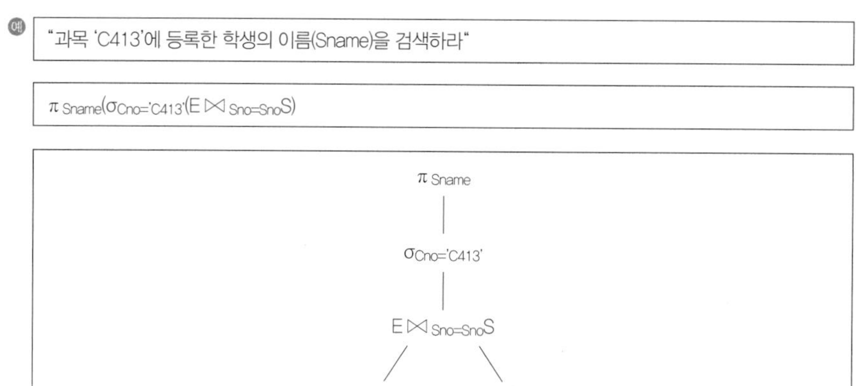

7 데이터 웨어하우스와 OLAP

(1) 데이터 웨어하우스(Data Warehouse)

① 데이터 웨어하우스의 개요

- 의사결정 지원을 위한 주제 지향의 통합적이고 영속적이면서 시간에 따라 변하는 값이 유지되는 데이터의 집합이다.
- 여러 소스의 데이터를 수집해 하나의 통일된 스키마을 이용하여 단일 사이트에 저장한 정보 저장소 또는 정보 아카이브이다.

② 데이터 웨어하우스의 특징

- 복잡한 분석, 지식 발견, 의사결정 지원을 위한 데이터의 접근을 제공한다.
- 의사결정 지원을 위한 데이터는 장기간 보관되며 판독 전용(Read Only)으로 사용된다.
- 데이터에 대한 통합된 단일 인터페이스를 제공하므로 의사결정 과정에서 필요한 정보를 빠르고 정확하게 얻도록 도움을 준다.

③ 구축 단계

- 추출(Extract): 내부/외부 소스에서 데이터 추출
- 여과(Filter): 불필요한 부분 삭제
- 검사(Validate): 사용에 적합한 지의 여부 측정
- 합병(Merge): 다른 추출 데이터와 합병
- 집계(Aggregate): 필요에 따라 요약 정보 생성
- 적재(Load): 생성된 데이터를 데이터 웨어하우스에 적재
- 기록(Archive): 오래된 데이터를 아카이브에 보관

(2) OLAP(On-Line Analytical Processing) 기출 2020년 4회

① OLAP의 개념

- 대규모의 다차원 데이터를 동적으로 온라인에서 분석하고, 통합하고, 보고서를 만드는 과정이다.
- OLAP을 위한 데이터는 마치 다차원 배열로 저장되어 있는 것으로 취급하고 처리하는 것이 보통이다.

읽는 강의

내부 형태 변환 규칙

- 선택 연산은 교환적
  $\sigma c1(\sigma c2(R)) \equiv \sigma c2(\sigma c1(R))$
- 연속적인 프로젝트 연산(P)
  → 마지막 것만 실행
  $\Pi 1(\Pi 2(...(\Pi n(R))...)) \equiv \Pi 1(R)$
- 셀렉트의 조건이 카티션 프로덕트(×)에 관련된 릴레이션 하나에만 국한 → 조인 조건
  $\sigma c\ (R \times S) \equiv R \bowtie c\ S$
  $\sigma c1\ (R \bowtie c2\ S) \equiv R \bowtie c1c2\ S$
- 셀렉트의 조건이 조인 또는 카티션프로덕트에 관련된 릴레이션 하나와만 관련이 되어있을때
  $\sigma c\ (R \bowtie S) \equiv \sigma c(R) \bowtie S$
  $\sigma c\ (R \times S) \equiv \sigma c(R) \times S$

② OLAP의 특징

- 데이터 웨어하우스에 저장된 데이터는 보통 대규모이므로 필요한 정보를 생성하기 위해서는 데이터를 여러 가지 형태로 그룹핑할 것이 요구된다.
- 데이터를 다차원 배열로 표현한 것을 다차원 데이터(Multidimensional Data)라고 한다.
  - 롤 업(Roll Up): 세부적인 데이터로부터 더 큰 단위로 통합하는 연산
  - 드릴다운(Drill Down): 큰 단위에서 세부적인 단위의 데이터로 옮겨가는 연산
  - 피벗팅(Pivoting): 크로스 테이블에서 차원 변경을 위해 사용되는 연산
  - 슬라이싱(Slicing): **데이터 큐브**의 한 조각을 볼 수 있게 하는 연산
  - 다이싱(Dicing): 고정된 다차원 값에 대한 연산
  - 일반적으로 n차원 릴레이션의 애트리뷰트의 부분 집합들은 n차원 큐브의 모서리들로 시각화가 가능하다.
- OLAP의 종류
  - ROLAP(Relational OLAP): 관계 데이터베이스를 이용해 테이블에 데이터를 저장
  - MOLAP(Multidimensional OLAP): 다차원 배열을 이용

읽는 강의

데이터 큐브
이미지 데이터의 시간 순서를 설명하는 데 사용되는 3차원(또는 그 이상) 값 범위이다.

8 권한 부여 기법 기출 2022년 1회

(1) 권한 부여 기법의 개념

① 사용자별로 데이터베이스에 접근할 수 있는 권한을 부여하거나 회수하는 목적으로 데이터베이스 관리자가 주로 사용한다.

② 종류: ROLE, GRANT, REVOKE 등

(2) GRANT(권한 부여)

■ 문법

```
GRANT 부여할 권한 유형 TO User [ Role_name ];
```

예

```
1) GRANT connect, resource to scott;
2) GRANT SELECT ON emp TO scott[PUBLIC] [With Grant/Admin Option];
```

- Grant/Admin Option은 둘 다 실행 권한을 받은 사용자가 다시 다른 사용자에게 실행 권한을 부여해 줄 수 있게 해주는 Option이다. 다만, 두 Option 간 차이는 다음과 같다.
  - With Grant Option: revoke 시 다른 사용자에게 부여된 권한도 함께 회수된다.
  - With Admin Option: revoke 시 다른 사용자에게 부여한 권한은 함께 회수되지 않으므로 Admin Option의 사용은 신중을 기해야 한다.

(3) REVOKE(권한 회수)

■ 문법

```
REVOKE 회수할 권한 유형 FROM User;
```

예

```
1) REVOKE connect, resource FROM scott;
2) REVOKE SELECT ON emp FROM scott;
```

개념확인 문제

기출 2019년 2회

01 조직이나 기업체의 중심이 되는 업무 시스템에서 모아진 정보를 일관된 스키마로 저장한 저장소를 의미하는 것은?

① Data Warehouse ② Data Mining
③ Classificaition ④ Clustering

02 최종 사용자가 대규모 데이터에 직접 접근하여 정보 분석이 가능하게 하는 도구인 OLAP(Online Analytical Processing) 도구에 대한 설명 중 <u>틀린</u> 것은?

① OLAP은 실시간이 아닌 장기적으로 누적된 데이터 관리이다.
② OLAP은 데이터 특징으로 주제 중심적으로 발생한다.
③ OLAP은 정형화된 구조만의 데이터를 사용한다
④ OLAP은 데이터의 접근 유형이 조회 중심이다.

정답 & 해설

01 ① 데이터 웨어하우스(Data Warehouse)에 대한 설명이다.

02 ③ OLAP은 정형 및 비정형 데이터 구조를 모두 사용할 수 있다. 정형은 이미 정해진 보고서를 의미하며, 비정형은 사용자가 조건을 정의하여 분석을 할 수 있는 것(다차원 분석)을 의미한다.

| 정답 | 01 ① 02 ③

개념적용 문제

01 트랜잭션

01 난이도 상 중 하

데이터베이스에서 트랜잭션(Transaction)이 가져야 할 ACID 특성으로 옳지 않은 것은?

① 원자성(Atomicity)
② 격리성(Isolation)
③ 영속성(Durability)
④ 병행성(Concurrency)

02 난이도 상 중 하

트랜잭션의 특성과 이에 대한 설명으로 옳지 않은 것은?

① 원자성(Atomicity): 트랜잭션은 완전히 수행되거나 전혀 수행되지 않아야 한다.
② 일관성(Consistency): 트랜잭션을 완전히 실행하면 데이터베이스를 하나의 일관된 상태에서 다른 일관된 상태로 바꿔야 한다.
③ 격리성(Isolation): 하나의 트랜잭션의 실행은 동시에 실행 중인 다른 트랜잭션의 간섭을 받아서는 안 된다.
④ 종속성(Dependency): 완료한 트랜잭션에 의해 데이터베이스에 가해진 변경은 어떠한 고장에도 손실되지 않아야 한다.

03 난이도 상 중 하

트랜잭션이 정상적으로 완료(Commit)되거나, 중단(Abort)되었을 때 롤백(Rollback)되어야 하는 트랜잭션의 성질은?

① 원자성(Atomicity)
② 일관성(Consistency)
③ 격리성(Isolation)
④ 영속성(Durability)

04 난이도 상 중 하

데이터베이스 시스템의 트랜잭션이 가져야 할 속성에 대한 설명으로 옳지 않은 것은?

① 트랜잭션에 포함된 연산들이 수행 중에 오류가 발생할 경우에 어떠한 연산도 수행되지 않은 상태로 되돌려져야 한다.
② 만약 데이터베이스가 처음에 일관된 상태에 있었다면 트랜잭션이 실행되고 난 후에도 계속 일관된 상태로 유지되어야 한다.
③ 동시에 수행되는 트랜잭션들은 상호작용할 수 있다.
④ 트랜잭션이 성공적으로 수행 완료된 후에 시스템의 오류가 발생한다 하더라도 트랜잭션에 의해 데이터베이스에 변경된 내용은 보존된다.

02 회복과 병행 제어

05 난이도 상 중 하

지연 갱신(Deferred Update)을 기반으로 한 회복 기법을 사용하는 DBMS에서 다음과 같은 로그 레코드가 생성되었다. 시스템 실패가 발생하여 DBMS가 재시작할 때, 데이터베이스에 수행되는 연산으로 옳지 <u>않은</u> 것은? (단, 〈Tn, A, old, new〉는 트랜잭션 Tn이 데이터 A의 이전 값(old)을 이후 값(new)으로 갱신했다는 의미이다)

〈T1, Start〉 시간 ↓
〈T1, A, 900, 1000〉
〈T1, Commit〉
〈T4, Start〉
〈T3, Start〉
〈T2, Start〉
〈검사점 연산(Checkpoint)〉
〈T2, B, 2100, 2200〉
〈T2, Commit〉
〈T3, C, 1700, 1800〉
〈T3, Abort〉
〈T4, A, 600, 700〉
시스템 실패

① T1: no operation
② T2: redo
③ T3: no operation
④ T4: undo

정답 & 해설

01 트랜잭션 〉 트랜잭션의 특징
트랜잭션의 특성으로는 원자성(Atomicity), 일관성(Consistency), 격리성(Isolation), 영속성(Durability)이 있다.

02 트랜잭션 〉 트랜잭션의 특징
④ 종속성은 트랜젝션의 특성에 속하지 않는다.

03 트랜잭션 〉 트랜잭션의 특징
① 원자성(Atomicity): 트랜잭션은 전부, 전무의 실행만이 있지 일부 실행으로 트랜잭션의 기능을 가질 수는 없다.

오답 해설
② 일관성(Consistency): 트랜잭션이 그 실행을 성공적으로 완료하면 언제나 일관된 데이터베이스 상태로 된다라는 의미이다. 즉, '이 트랜잭션의 실행으로 일관성이 깨지지 않는다'는 의미이다.
③ 격리성(Isolation): 연산의 중간 결과에 다른 트랜잭션이나 작업이 접근할 수 없다는 의미이다.
④ 영속성(Durability): 일단 트랜잭션의 그 실행을 성공적으로 끝내면 그 결과를 어떠한 경우에라도 보장받는다는 의미이다.

04 트랜잭션 〉 트랜잭션의 특징
③ 트랜잭션의 실행 중에는 다른 트랜잭션의 간섭을 받아서는 안 되며, 동시에 수행되는 트랜잭션들은 서로 상호작용해선 안 된다.

05 회복과 병행 제어 〉 회복
- 지연 갱신에서는 로그에 old value가 표현되지 않고, UNDO를 하지 않는다.
- T4는 시스템 실패 시까지 COMMIT되지 못하였고, 지연 갱신(Deferred Update)을 기반으로 한 회복 기법을 사용하므로 no operation이 되어야 한다.

| 정답 | 01 ④ 02 ④ 03 ① 04 ③ 05 ④

06 난이도 상 중 하

COMMIT 이전에는 물리적으로 버퍼를 데이터베이스에 결코 쓰지 않는 회복 기법을 사용하는 경우, 시스템 고장 시의 회복에 대한 설명으로 옳은 것은?

① UNDO 필요, 로그 기록 필요
② UNDO 필요, 로그 기록 불필요
③ REDO 필요, 로그 기록 필요
④ REDO 필요, 로그 기록 불필요

07 난이도 상 중 하

로킹(Locking)에 대한 설명으로 옳지 않은 것은?

① 로킹 단위가 크면 병행성 수준이 낮아진다.
② 2단계 로킹 규약은 2개 이상의 트랜잭션이 동시에 수행될 때 직렬성을 보장한다.
③ 2단계 로킹 규약에서는 일단 언로크(Unlock) 연산을 실행하면 그 시점 이후에는 더 이상 새로운 로크(Lock) 연산을 실행할 수 없다.
④ 2단계 로킹 규약은 트랜잭션들이 동시에 수행될 때 교착상태가 발생하지 않도록 보장한다.

08 난이도 상 중 하

동시성 제어(Concurrency Control) 방법에서 로킹(Locking) 단위가 커지는 경우에 대한 설명으로 옳은 것은?

① 로킹 오버헤드 감소, 동시성 정도 증가
② 로킹 오버헤드 감소, 동시성 정도 감소
③ 로킹 오버헤드 증가, 동시성 정도 증가
④ 로킹 오버헤드 증가, 동시성 정도 감소

09 난이도 상 중 하

다음 트랜잭션에 대한 회복 작업을 수행하려고 할 때, UNDO과 REDO의 수행 범위에 대해 맞게 설명한 것은?

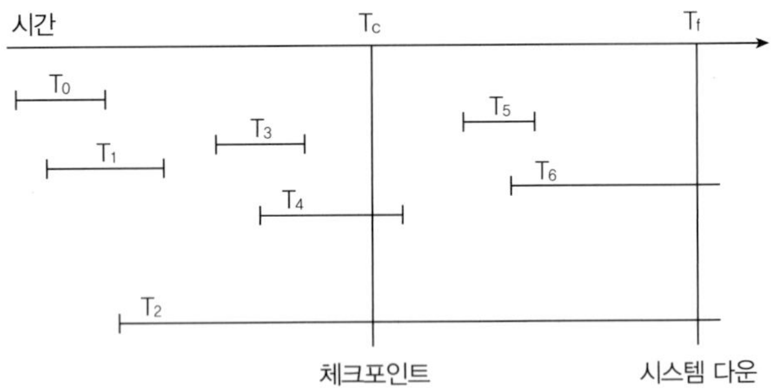

① T4: Tc 이후에 일어난 변경 부분에 대해서만 REDO를 수행한다.
② T5: 트랜잭션 전체에 대하여 UNDO를 수행한다.
③ T2: Tc 이후에 일어난 변경부분에 대해서만 UNDO를 수행한다.
④ T3: Tc 이전에 COMMIT이 되었으므로, 정방향으로 REDO 한다.

03 고급 데이터베이스

10 난이도 상 중 하

분산 데이터베이스에 대한 설명으로 옳지 않은 것은?

① 데이터 분산 기술을 이용하여 트랜잭션 처리 성능을 향상시킬 수 있다.
② 지역 사이트에 있는 모든 DBMS가 동일해야 한다.
③ 데이터 중복 기술을 이용하여 가용성을 높일 수 있다.
④ 트랜잭션의 원자성을 보장하기 위해 2단계 완료 규약(Two-Phase Commit Protocol)을 사용할 수 있다.

정답&해설

06 회복과 병행 제어 〉 회복
③ COMMIT 이전에는 물리적으로 버퍼를 데이터베이스에 결코 쓰지 않는 회복 기법이 지연 갱신 기법이며, 지연 갱신 기법은 회복 시 UNDO가 필요 없다.

07 회복과 병행 제어 〉 병행 제어
- 2단계 로킹 규약은 직렬 가능성은 보장하지만, 교착상태가 발생하지 않도록 보장할 수 없다.
- 직렬 가능성은 트랜잭션을 병행 처리하여도 직렬로 처리하였을 때와 같은 결과가 나오는 것을 의미한다.

08 회복과 병행 제어 〉 병행 제어
② 동시성 제어 방법에서 로킹 단위가 커지는 경우에는 로킹 오버헤드와 동시성 정도가 감소한다.

09 회복과 병행 제어 〉 회복
- T4는 시스템 다운 전에 COMMIT이 되었으므로 Tc 이후에 일어난 변경 부분에 대해서만 REDO를 수행한다.
- T5는 시스템 다운 전에 COMMIT이 되었으므로 트랜잭션 전체에 대하여 REDO를 수행한다.
- T2는 전체에 대하여 UNDO를 수행한다.
- T3는 Tc 이전에 COMMIT이 되었으므로, no operation이 되어야 한다.

10 고급 데이터베이스 〉 분산 데이터베이스
② 지역 사이트에 있는 DBMS는 동일하지 않다.

| 정답 | 06 ③ 07 ④ 08 ② 09 ① 10 ②

실전적용 문제

Chapter 01 데이터베이스 개요

01 난이도 상 중 하 2014년 제3회

데이터베이스의 정의 중 다음 설명과 관계되는 것은?

> 여러 사용자들이 서로 다른 목적으로 데이터베이스의 데이터를 공동으로 이용한다.

① Integrated Data
② Stored Data
③ Shared Data
④ Operational Data

02 난이도 상 중 하 2018년 1회

다음 설명에 해당하는 스키마는?

> 물리적 저장 장치의 입장에서 본 데이터베이스 구조로서 실제로 데이터베이스에 저장될 레코드의 형식을 정의하고 저장 데이터 항목의 표현 방법, 내부 레코드의 물리적 순서 등을 나타낸다.

① Conceptual Schema
② Internal Schema
③ External Schema
④ Definition Schema

Chapter 02 데이터 모델링

03 난이도 상 중 하

개체−관계 모델에 대한 설명으로 옳지 않은 것은?

① 오너−멤버(Owner−Member) 관계라고도 한다.
② 개체 타입과 이들 간의 관계 타입을 기본 요소로 이용하여 현실세계를 개념적으로 표현한다.
③ E−R 다이어그램에서 개체 타입은 사각형으로 나타낸다.
④ E−R 다이어그램에서 속성은 타원으로 나타낸다.

04 난이도 상 중 하

개체−관계 모델의 E−R 다이어그램에서 사용되는 기호와 그 의미의 연결이 옳지 않은 것은?

① 사각형 − 개체 타입
② 삼각형 − 속성
③ 선 − 개체 타입과 속성을 연결
④ 마름모 − 관계 타입

Chapter 03 관계 데이터 모델

05 난이도 상 중 하 2017년 1회

릴레이션에 R1에 속한 애튜리뷰트의 조합인 외래키를 변경하려면 이를 참조하고 있는 R2의 릴레이션의 기본키도 변경해야 하는데 이를 무엇이라 하는가?

① 정보 무결성
② 고유 무결성
③ 키 제약성
④ 참조 무결성

06 난이도 상 중 하 2020년 1,2회

다음 릴레이션의 Degree와 Cardinality는?

13011	홍길동	3학년	전기
13002	이순신	4학년	기계
13003	강감찬	2학년	컴퓨터

① Degree: 4, Cardinality: 3
② Degree: 3, Cardinality: 4
③ Degree: 3, Cardinality: 12
④ Degree: 12, Cardinality: 3

07 난이도 상 중 하 2017년 1회

다음 관계대수 중 순수 관계 연산자가 아닌 것은?

① 차집합(Difference)
② 프로젝트(Project)
③ 조인(Join)
④ 디비전(Division)

08 난이도 상 중 하 2017년 3회

관계해석에 대한 설명으로 옳지 않은 것은?

① 수학의 프레디킷 해석에 기반을 두고 있다.
② 관계 데이터 모델의 제안자인 코드(Codd)가 관계 데이터베이스에 적용할 수 있도록 설계하여 제안하였다.
③ 튜플 관계해석과 도메인 관계해석이 있다.
④ 원하는 정보와 그 정보를 어떻게 유도하는가를 기술하는 절차적 특성을 가진다.

09 난이도 상 중 하 2021년 3회

다음 중 기본키는 Null 값을 가져서는 안되며, 릴레이션 내에 오직 하나의 값만 존재해야 한다는 조건을 무엇이라 하는가?

① 개체 무결성 제약 조건
② 참조 무결성 제약 조건
③ 도메인 무결성 제약 조건
④ 속성 무결성 제약 조건

정답 & 해설

01 데이터베이스 개요 〉 데이터베이스의 개요 〉 데이터베이스의 개념
③ Shared Data(공용 데이터)는 여러 사용자들이 서로 다른 목적으로 데이터베이스의 데이터를 공동으로 이용한다.

02 데이터베이스 개요 〉 데이터베이스 시스템의 구성 〉 3단계 데이터베이스
② 내부 스키마(internal schema): 물리적 저장 장치 관점에서 본 구조, 실제로 저장되는 내부 레코드 형식, 저장 데이터 항목의 표현 방법, 인덱스 유무, 내부 레코드의 물리적 순서를 나타낸다. (하지만 블록이나 실린더를 이용한 물리적 저장 장치를 기술하는 의미는 아니다.)

03 데이터 모델링 〉 개체-관계 모델 〉 개체-관계 모델
① 오너-멤버(Owner-Member) 관계는 네트워크 데이터 관계 모델에 해당한다.

04 데이터 모델링 〉 개체-관계 모델 〉 개체-관계 모델
② E-R 다이어그램에서 사용되는 기호에 삼각형은 존재하지 않는다. 속성은 타원 기호를 사용한다.

05 관계 데이터 모델 〉 관계 데이터 모델의 구조 및 제약 〉 데이터 무결성 제약 조건
④ 참조 무결성: 외래키 값은 참조 릴레이션에 있는 기본키와 같아야 한다는 규정이다. (상위 개체의 PK와 같아야 한다.)

06 관계 데이터 모델 〉 관계 데이터 모델의 구조 및 제약 〉 관계 데이터 모델의 구조
① 차수(Degree)는 Attribute의 개수이다. 학번, 이름, 학년, 학과가 Attribute이므로 Degree는 4개이고, 기수(대응수: Cardinality)는 Tuple의 개수이므로 3이 된다.

07 관계 데이터 모델 〉 관계 데이터 연산 〉 관계대수
순수 관계 연산자: SELECT, PROJECT, JOIN, DIVISION

08 관계 데이터 모델 〉 관계 데이터 연산 〉 관계 해석
- 관계 해석
  - 원하는 릴레이션을 정의하는 방법을 제공하며 비절차적(non-procedural)인 언어 이다.
  - 튜플 관계 해석과 도메인 관계 해석의 두 종류가 있다.
  - 수학의 Predicate Calculus에 기반을 두고 있다.

09 관계 데이터 모델 〉 관계 데이터 모델의 구조 및 제약 〉 데이터 무결성 제약 조건
① 개체 무결성 제약 조건은 기본 릴레이션의 기본키를 구성하는 어떤 속성도 NULL일 수 없고, 반복 입력을 허용하지 않는다는 규정이다.

| 정답 | 01 ③ 02 ② 03 ① 04 ② 05 ④ 06 ① 07 ① 08 ④ 09 ①

Chapter 04 관계 데이터베이스 언어

10 난이도 상중하 2019년 1회

SQL에서 VIEW를 삭제할 때 사용하는 명령은?

① ERASE
② KILL
③ DROP
④ DELETE

11 난이도 상중하 2017년 3회

DML에 해당하는 것으로만 나열된 것은?

> ㉠ SELECT
> ㉡ UPDATE
> ㉢ INSERT
> ㉣ GRANT

① ㉠, ㉡, ㉢
② ㉠, ㉡, ㉣
③ ㉠, ㉢, ㉣
④ ㉠, ㉡, ㉢, ㉣

Chapter 05 데이터베이스 설계와 정규화

12 난이도 상중하 2013년 1회

데이터베이스의 설계 과정 순서로 옳은 것은?

① 기획 → 개념적 설계 → 요구 설계 → 물리적 설계 → 논리적 설계
② 기획 → 요구 설계 → 개념적 설계 → 논리적 설계 → 물리적 설계
③ 기획 → 논리적 설계 → 요구 설계 → 물리적 설계 → 개념적 설계
④ 기획 → 요구 설계 → 물리적 설계 → 논리적 설계 → 개념적 설계

13 난이도 상중하 2017년 3회

데이터베이스 설계 단계 중 물리적 설계에 해당하는 것은?

① 데이터 모형화와 사용자 뷰들을 통합한다.
② 트랜잭션의 인터페이스를 설계한다.
③ 파일 조직 방법과 저장 방법 그리고 파일 접근 방법 등을 선정한다.
④ 사용자들의 요구사항을 입력으로 하여 응용 프로그램의 골격인 스키마를 작성한다.

14 난이도 상중하 2017년 3회

정규화의 목적으로 옳지 않은 것은?

① 어떠한 릴레이션이라도 데이터베이스 내에서 표현 가능하게 만든다.
② 데이터 삽입 시 릴레이션을 재구성할 필요성을 줄인다.
③ 중복을 배제하여 삽입, 삭제, 갱신 이상의 발생을 야기한다.
④ 효과적인 검색 알고리즘을 생성할 수 있다.

15 난이도 상중하 2019년 2회

정규화 과정 중 BCNF에서 4NF가 되기 위한 조건은?

① 조인 종속성 이용
② 다치 종속 제거
③ 이행적 함수 종속 제거
④ 결정자이면서 후보키가 아닌 함수 종속 제거

16 난이도 상 중 하

어떤 릴레이션 R(A, B, C, D)이 복합 애트리뷰트 (A, B)를 기본키로 가지고, 함수 종속이 다음과 같을 때 이 릴레이션 R은 어떤 정규형에 속하는가?

> { A, B } → C, D
> B → C
> C → D

① 제1정규형
② 제2정규형
③ 제3정규형
④ 보이스-코드 정규형(BCNF)

Chapter 06 고급 데이터베이스

17 난이도 상 중 하 2018년 1회

트랜잭션의 특성 중 아래 내용에 해당하는 것은?

> 시스템이 가지고 있는 고정 요소는 트랜잭션 수행 전과 트랜잭션 수행 완료 후에 같아야 한다.

① 원자성(Atomicity)
② 일관성(Consistency)
③ 격리성(Isolation)
④ 영속성(Durability)

18 난이도 상 중 하 2017년 3회

트랜잭션의 특성으로 옳은 내용 모두를 나열한 것은?

> ㉠ Atomicity
> ㉡ Durability
> ㉢ Consistency
> ㉣ Isolation

① ㉠, ㉡
② ㉠, ㉡, ㉣
③ ㉠, ㉢, ㉣
④ ㉠, ㉡, ㉢, ㉣

정답 & 해설

10 관계 데이터베이스 언어 〉 뷰 〉 뷰의 개요
③ 뷰(VIEW)를 삭제할 때는 DROP문을 사용한다.

11 관계 데이터베이스 언어 〉 SQL 〉 DML
① DML(데이터 조작어)에는 SELECT, INSERT, DELETE, UPDATE가 있다.

12 데이터베이스 설계와 정규화 〉 데이터베이스 설계 〉 데이터베이스 설계
② 데이터베이스의 설계 과정: 기획 → 요구 설계 → 개념적 설계 → 논리적 설계 → 물리적 설계 → 구현

13 데이터베이스 설계와 정규화 〉 데이터베이스 설계 〉 데이터베이스 설계
- 물리적 설계(Physical Design)
  - 논리적 데이터베이스 구조를 내부 저장 장치 구조와 접근 경로 등을 설계한다.
  - 구현을 위한 데이터 구조화이다. (저장 장치에서의 데이터 표현)
  - 컴퓨터가 접근할 수 있는 저장 장치, 즉 디스크에 데이터가 표현될 수 있도록 물리적 데이터 구조로 변환하는 과정이다.
  - 트랜잭션 세부 설계가 포함된다.
  - DBMS에 종속적, 하드웨어(Hardware)에 종속적이다.

14 데이터베이스 설계와 정규화 〉 정규화의 개념 〉 정규화
③ 정규화는 릴레이션을 여러 개로 분해하여 데이터베이스 연산의 여러 가지 이상을 제거 한다.

15 데이터베이스 설계와 정규화 〉 정규화 체계 〉 정규화 과정
② 제4정규형(4NF)은 릴레이션에서 다치 종속 관계가 제거된 경우이다.

16 데이터베이스 설계와 정규화 〉 정규화 체계 〉 정규화 과정
① (A, B)가 기본키인데 B → C의 함수 종속이 있기 때문에 부분함수 종속이 존재하며, 이는 제1정규형에 속한다.

17 고급 데이터베이스 〉 트랜잭션 〉 트랜잭션의 특징
② 일관성(Consistency): '트랜잭션이 그 실행을 성공적으로 완료하면 언제나 일관된 데이터베이스 상태로 된다'라는 의미이다. 즉, '이 트랜잭션의 실행으로 일관성이 깨지지 않는다'라는 의미이다.

18 고급 데이터베이스 〉 트랜잭션 〉 트랜잭션의 특징
트랜잭션의 성질: 원자성(Atomicity), 일관성(Consistency), 격리성(Isolation), 영속성(Durability)

| 정답 | **10** ③ **11** ① **12** ② **13** ③ **14** ③ **15** ② **16** ① **17** ② **18** ④

19 난이도 상중하 2017년 1회

COMMIT, ROLLBACK 명령어에 의해 보장받는 트랜잭션의 특성은?

① 병행성 ② 보안성
③ 원자성 ④ 로그

20 난이도 상중하 2017년 2회

트랜잭션들을 수행하는 도중 장애로 인해 손상된 데이터베이스를 손상되기 이전의 정상적인 상태로 복구시키는 작업은?

① Recovery
② Commit
③ Abort
④ Restart

21 난이도 상중하

로킹 기법에서 2단계 로킹 규약에 대한 설명으로 옳은 것은?

① 트랜잭션은 Lock만 수행할 수 있고, Unlock은 수행할 수 없는 확장 단계가 있다.
② 트랜잭션이 Unlock과 Lock을 동시에 수행할 수 있는 단계를 병렬 전환 단계라 한다.
③ 한 트랜잭션이 Unlock 후 다른 데이터 아이템을 Lock할 수 있다.
④ 교착상태를 일으키지 않는다.

22 난이도 상중하 2018년 3회

병행 제어의 로킹(Locking) 단위에 대한 설명으로 옳지 않은 것은?

① 데이터베이스, 파일, 레코드 등은 로킹 단위가 될 수 있다.
② 로킹 단위가 작아지면 로킹 오버헤드가 증가한다.
③ 한꺼번에 로킹할 수 있는 단위를 로킹 단위라고 한다.
④ 로킹 단위가 작아지면 병행성 수준이 낮아진다.

정답 & 해설

19 고급 데이터베이스 〉 트랜잭션 〉 트랜잭션의 특징
③ 원자성(Atomicity)은 트랜잭션의 연산은 데이터베이스에 모두 반영되든지 아니면 전혀 반영되지 않아야 한다는 의미로, COMMIT과 ROLLBACK 명령어에 의해 보장받는다.

20 고급 데이터베이스 〉 회복과 병행 제어 〉 회복
① 회복(Recovery)은 여러 가지 장애로 인해 손상된 데이터베이스를 손상되기 이전의 정상적인 상태로 복구시키는 작업(덤프와 로그 이용)이다.

21 고급 데이터베이스 〉 회복과 병행 제어 〉 병행 제어
① 확장(Growing Phase: lock 수행): Unlock을 수행할 수 없다.

22 고급 데이터베이스 〉 회복과 병행 제어 〉 병행 제어
④ 병행 제어의 로킹(Locking)에서 로킹 단위가 작아지면 병행성 수준이 높아진다.

| 정답 | **19** ③ **20** ① **21** ① **22** ④

상처 많은 풀잎들이
가장 향기롭다.

– 정호승, '풀잎에도 상처가 있다'

Part

IV

프로그래밍 언어 활용

NCS 분류 | 응용SW엔지니어링

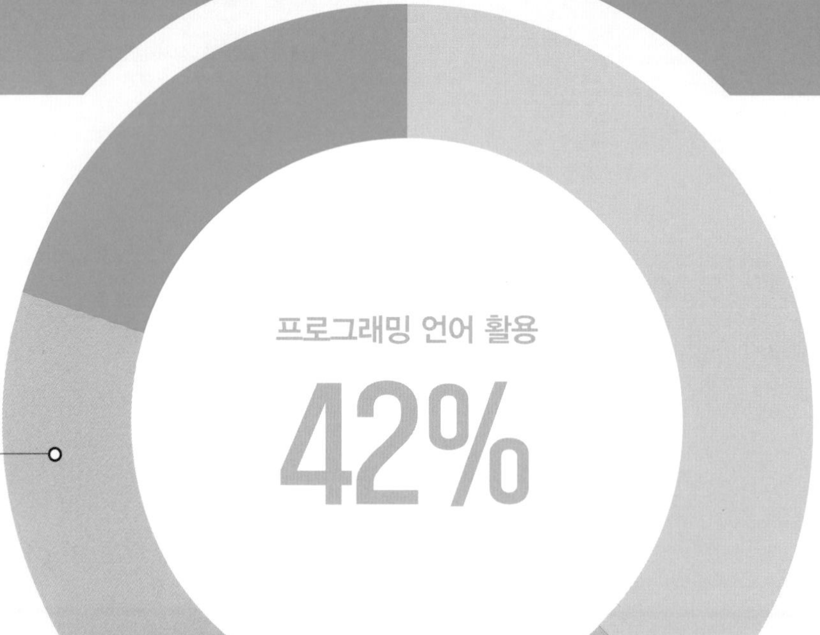

출제 비중

- 공통 모듈 구현
- 프로그래밍 언어 활용
- 네트워크 기초 활용

프로그래밍 언어 활용

42%

기출 키워드

Chapter	기출 키워드	난이도
공통 모듈 구현	모듈화, 좋은 모듈의 기준, 결합도, 응집도, 공통 모듈의 재사용 범위에 따른 분류, 배치 프로그램, 운영체제의 정의, 운영체제의 구성, 프로세스, 교착상태 4대 발생 조건, 메모리 관리, 디스크 스케줄링, 커널, 쉘, 파일 디스크립터, 유닉스의 특징	중
프로그래밍 언어 활용	스크립트 언어, 파이썬, 라이브러리, 클래스, C 언어의 개요, Garbage Collector, 파이썬의 특징, 기본 구조, 제어 구조, 자바 프로그램 분석, JavaScript, PHP, 프레임워크	상
네트워크 기초 활용	프로토콜, OSI 7계층 참조 모델, TCP/IP 프로토콜, IP 주소 클래스, 서브네트워크, CIDR, IPv6	중

학습 전략

Chapter	학습 전략
공통 모듈 구현	① 모듈의 개념을 이해하고 모듈화를 파악한다. ② 운영체제의 개념을 이해한다. ③ 유닉스의 개념과 핵심구조를 파악한다.
프로그래밍 언어 활용	① 프로그래밍 언어의 개념을 이해한다. ② 각 언어의 코드를 분석할 수 있도록 파악한다. ③ 웹 관련 언어의 종류를 파악한다.
네트워크 기초 활용	① 프로토콜의 개념을 이해하고 기본요소를 파악한다. ② OSI 7계층 참조 모델의 개념을 이해한다. ③ 인터넷의 정의와 IP 주소 체계를 파악한다.

Chapter 01 공통 모듈 구현

반복이 답이다! □ 1회독 월 일 □ 2회독 월 일 □ 3회독 월 일

01 모듈화

읽는 강의

기출 키워드
- 모듈화
- 좋은 모듈의 기준
- 결합도
- 응집도
- 공통 모듈의 재사용 범위에 따른 분류
- 배치 프로그램

출제 예상 키워드
- 응집도
- 결합도

1 모듈화 기출 2021년 3회, 2022년 1, 2회

강의 바로 보기

(1) 모듈화(Modularity)의 개요

① 소프트웨어를 기능 단위로 분해한 것으로, 모듈화된 시스템은 시스템을 모듈들의 집합으로 추상화한 것이다.

② 모듈의 개수가 증가하면 전체 개발비용이 감소하지만, 오히려 인터페이스에 대한 비용이 증가하므로 비용면에서 최적인 모듈의 개수를 찾는 것이 중요하다.

③ **모듈(Module)**: 서브루틴(Subroutine), 하부 시스템, 소프트웨어 내 프로그램 혹은 작업 단위를 의미한다.

- 모듈화는 시스템을 지능적으로 관리할 수 있도록 해주며, 복잡도 문제를 해결하는 데 도움을 준다. 또한 시스템의 유지보수와 수정을 용이하게 한다.

(2) 모듈의 특성

① 모듈은 명령문, 처리 논리, 데이터 구조를 포함한다.

② 각 모듈은 독립적 컴파일이 가능하다.

③ 모듈은 다른 프로그램 안에 포함 가능하다.

④ 모듈은 이름을 가지며, 이름과 매개 변수 값을 이용하여 상호작용한다.

⑤ 모듈은 다른 모듈을 호출하여 이용할 수 있다.

(3) 모듈이 유용한 이유

① 시스템을 기능 단위로 분해 가능하게 한다.

② 기능 활용에 따르는 계층적 순서를 제시해 준다.

③ 자료 추상화를 구현시켜 준다.

④ 기계 종속적인 기능을 분리시켜 준다.

⑤ 소프트웨어의 성능을 향상시킨다.

⑥ 시스템의 시험과 수정을 용이하게 한다.

⑦ 상위 모듈에서 하위 모듈로 내려갈수록 자세히 기술한다.

- 모듈 설계 시 유의해야 하는 중요한 부분은 모듈의 기능은 예측이 가능한 것이 좋지만, 지나치게 제한적인 것은 좋지 않다.

더 알아보기 좋은 모듈의 기준 기출 2020년 3회

- 모듈 간의 결합도는 최소화, 모듈 내의 응집도는 최대화
- 프로그램의 규모 고려
- 단일 출입구
- 가급적 기계 종속성 배제
- 가시성과 시험 용이성을 향상시킬 수 있어야 함

2 결합도

(1) 결합도(Coupling)의 개요 기출 2020년 1, 2회

① 결합도는 두 모듈 간의 상호작용, 또는 의존도 정도를 나타낸다.

② 모듈 간의 결합도를 약하게 하면 모듈 독립성이 향상된다.

(2) 결합도의 종류 기출 2020년 3, 4회, 2021년 2, 3회

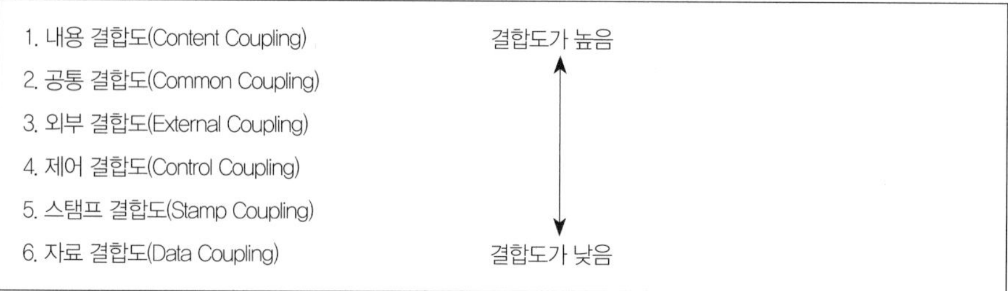

① **내용 결합도**: 어떤 모듈을 호출하여 사용하고자 할 경우에 그 모듈의 내용을 미리 조사하여 알고 있지 않으면 사용할 수 없는 경우에는 이들 모듈이 내용적으로 결합되어 있기 때문이며, 이를 내용 결합도라고 한다.

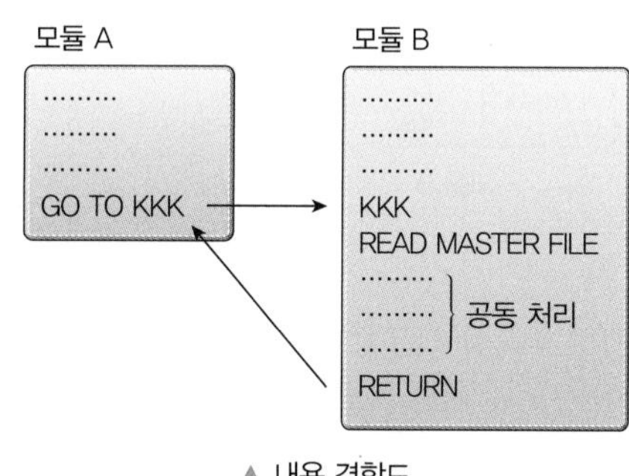

▲ 내용 결합도

② **공통 결합도**: 공통 결합도는 하나의 기억 장소에 공동의 자료 영역을 설정한 후, 한 모듈이 그 기억 장소에 자료를 전송하면 다른 모듈은 기억 장소를 조회함으로써 정보를 전달받는 방식을 취할 때 발생된다.

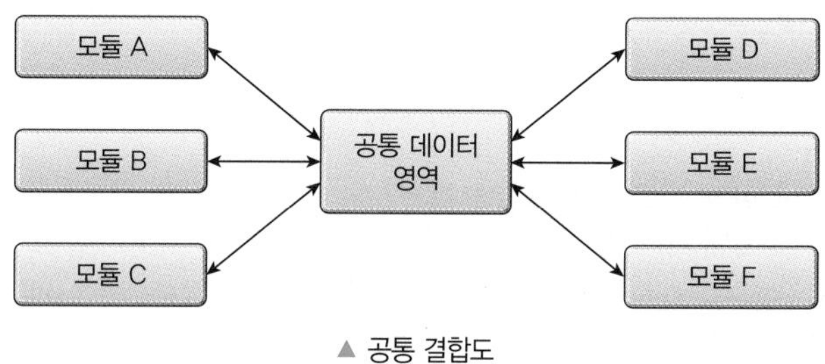

▲ 공통 결합도

읽는 강의

• 인터페이스가 정확히 설정되어 있지 않을 경우 불필요한 인터페이스가 나타나 모듈 사이의 의존도는 높아지고, 결합도가 증가한다.

③ **외부 결합도**: 일련의 모듈들이 동일한 광역 데이터 아이템(단일 필드 변수)을 사용하면 외부 결합도가 된다.

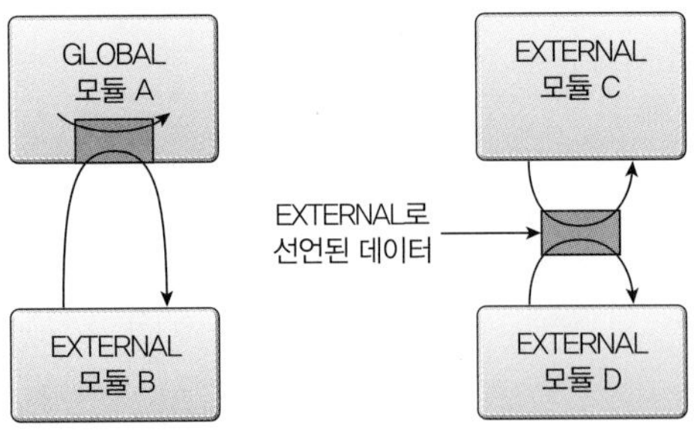

▲ 외부 결합도

④ **제어 결합도**: 어떤 모듈이 다른 모듈의 내부 논리 조직을 제어하기 위한 목적으로 제어 신호를 이용하여 통신하는 경우이고, 하위 모듈에서 상위 모듈로 제어 신호가 이동하여 상위 모듈에게 처리 명령을 부여하는 권리 전도 현상이 발생하는 결합도이다. 기출 2020년 3회

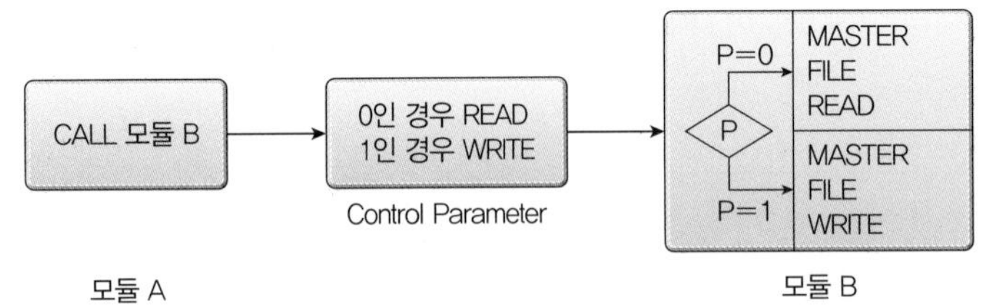

▲ 제어 결합도

⑤ **스탬프 결합도**: 한 그룹의 모듈들이 동일한 비광역 데이터 구조를 사용한다면 스탬프 결합도가 될 수 있다. 예로서, 모듈 A가 모듈 B를 호출하여 종업원 개인 레코드를 전송하고 A와 B가 둘 다 그 레코드의 형태나 구조에 영향을 받기 쉽다면, A와 B는 스탬프 결합도를 가진 것이다. 스탬프 결합도는 모듈 간의 불필요한 연관 관계를 형성하므로 가능한 한 회피하는 것이 좋다.

⑥ **자료 결합도**: 모듈 간의 결합도 중 가장 바람직한 결합도에 해당한다.

> **읽는 강의**
>
> • 외부 결합도에는 외부 변수가 이용되며, 공통 결합도에는 전역 변수가 이용된다.

> **전역 변수**
>
> 프로그램 내 모든 모듈들을 변수 선언의 유효한 영역으로 취하는 변수이다. 즉, 현재 프로그램의 어디에서나 접근이 가능한 변수이다.

3 응집도

(1) 응집도(Cohesion)의 개요

① 한 모듈 내에 있는 처리 요소들 사이의 기능적인 연관 정도를 나타내며, 응집도가 높아야 좋은 모듈이 된다.

② 한 모듈 내에 필요한 함수와 데이터들의 친화력을 측정하는 데 사용된다.

(2) 응집도의 종류 기출 2020년 1, 2회, 2021년 1, 2회, 2022년 2회

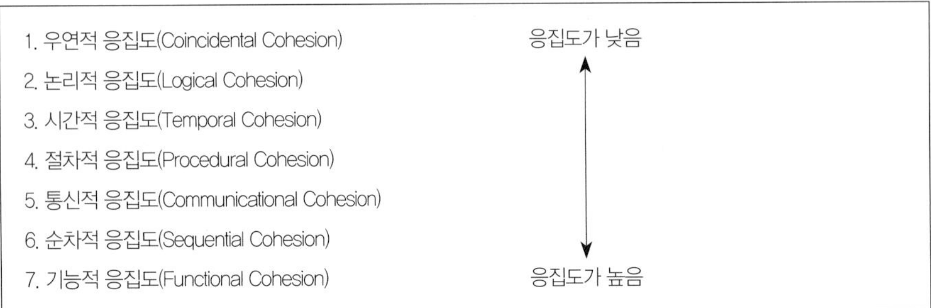

① **우연적 응집도:** 모듈 내부의 서로 관계없는 각 요소들이 모인 경우로, 응집력이 가장 낮다. 기출 2020년 4회

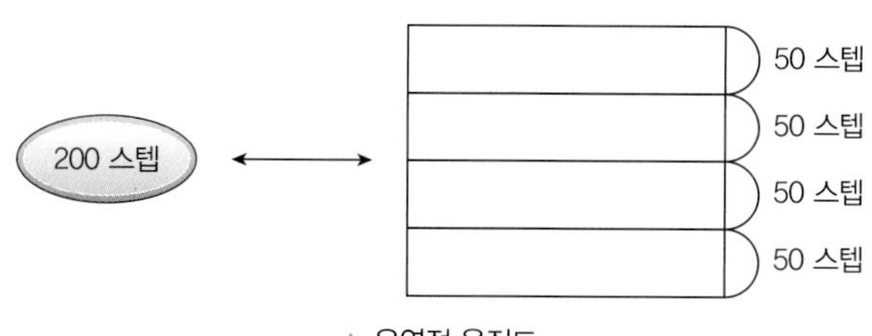

▲ 우연적 응집도

② **논리적 응집도:** 유사한 성격을 갖거나 특정 형태로 분류되는 처리 요소들로 하나의 모듈이 형성되는 경우이다.

③ **시간적 응집도:** 모듈 내 구성 요소들이 서로 다른 기능을 같은 시간대에 함께 실행하는 경우이다. 기출 2021년 3회

④ **절차적 응집도** 기출 2021년 3회

- 어떤 모듈이 다음 조건을 충족시킬 때 절차적 응집도를 가진다.
  - 조건 1: 다수의 관련 기능을 수행한다.
  - 조건 2: 기능들을 순차적으로 수행한다.

⑤ **통신적 응집도:** 단말기로부터 데이터를 읽고 검사하여 데이터베이스에 입력하는 모듈은 그 안의 기능들이 그 레코드의 사용과 연관되므로 통신적 응집도를 가진다. 동일한 입력과 출력을 사용하는 소작업들이 모인 모듈에서 볼 수 있다.

⑥ **순차적 응집도:** 실행되는 순서가 서로 밀접한 관계를 갖는 기능을 모아 한 모듈로 구성한 것이다. 흔히 어떤 프로그램을 작성할 때 순서도를 작성하는데, 이 경우에는 순차적 응집도를 갖는 모듈이 되기 쉽다.

⑦ **기능적 응집도:** 모듈 내의 모든 요소가 한 가지 기능을 수행하기 위해 구성될 때, 이들 요소는 기능적 응집도를 가진다. 응집도 중 가장 바람직한 응집도에 해당한다.

더 알아보기 **공통 모듈의 재사용 범위에 따른 분류** 기출 2020년 4회

- 컴포넌트 재사용: 컴포넌트 단위로 재사용하며 인터페이스를 통해 통신하는 방식이다.
- 함수와 객체 재사용: 클래스나 메소드 단위의 소스 코드를 재사용한다.
- 애플리케이션 재사용: 공통된 기능을 제공하도록 애플리케이션을 공유하여 재사용한다.

더 알아보기 **배치 프로그램** 기출 2020년 3회

- 배치 프로그램은 일괄적으로 처리하는 개념으로 사용자와의 상호작용 없이 일련의 작업들을 작업 단위로 묶어서 정기적으로 반복 수행하거나 정해진 규칙에 따라 처리하는 방법이다.
- 배치 프로그램의 필수 요소

대용량 데이터	대용량의 데이터를 처리할 수 있어야 한다.
자동화	심각한 오류 상황 외에는 사용자의 개입 없이 동작해야 한다.
안정성	어떤 문제가 생겼는지, 언제 발생했는지 등을 추적할 수 있어야 한다.
견고함	유효하지 않은 데이터도 처리하여 비정상적인 중단이 없도록 해야 한다.
성능	주어진 시간 내에 처리를 완료할 수 있어야 하고, 동시에 동작하고 있는 다른 애플리케이션을 방해하지 말아야 한다.

개념확인 문제

기출 2018년 1회

01 결합도(Coupling) 단계를 약한 순서에서 강한 순서로 가장 옳게 표시한 것은?

① Stamp → Data → Control → Common → Content
② Control → Data → Stamp → Common → Content
③ Content → Stamp → Control → Common → Data
④ Data → Stamp → Control → Common → Content

기출 2019년 3회

02 다음 중 가장 높은 응집도(Cohesion)에 해당하는 것은?

① 순차적 응집도(Sequential Cohesion)
② 시간적 응집도(Temporal Cohesion)
③ 논리적 응집도(Logical Cohesion)
④ 절차적 응집도(Procedural Cohesion)

기출 2016년 제2회

03 결합도(Coupling)에 대한 설명으로 틀린 것은?

① 데이터 결합도(Data Coupling)는 두 모듈이 매개 변수로 자료를 전달할 때 자료구조 형태로 전달되어 이용될 때 데이터가 결합되어 있다고 한다.
② 내용 결합도(Content Coupling)는 하나의 모듈이 직접적으로 다른 모듈의 내용을 참조할 때 두 모듈은 내용적으로 결합되어 있다고 한다.
③ 공통 결합도(Common Coupling)는 두 모듈이 동일한 전역 데이터를 접근한다면 공통 결합되어 있다고 한다.
④ 결합도(Coupling)는 두 모듈 간의 상호작용, 또는 의존도 정도를 나타내는 것이다.

정답 & 해설

01 • 결합도

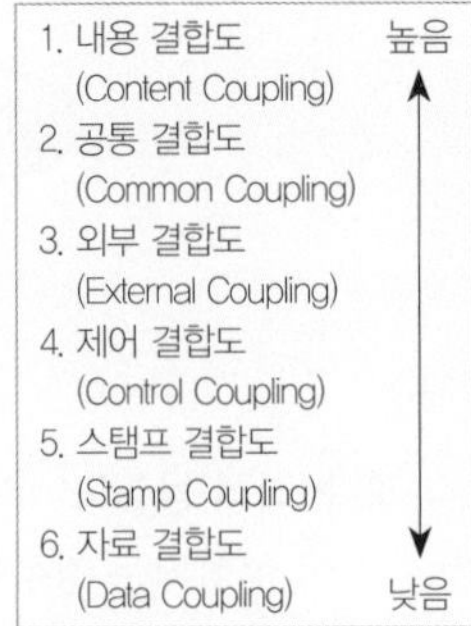

1. 내용 결합도 (Content Coupling)
2. 공통 결합도 (Common Coupling)
3. 외부 결합도 (External Coupling)
4. 제어 결합도 (Control Coupling)
5. 스탬프 결합도 (Stamp Coupling)
6. 자료 결합도 (Data Coupling)
높음
낮음

02 • 응집도

1. 우연적 응집도 (Coincidental Cohesion)
2. 논리적 응집도 (Logical Cohesion)
3. 시간적 응집도 (Temporal Cohesion)
4. 절차적 응집도 (Procedural Cohesion)
5. 통신적 응집도 (Communicational Cohesion)
6. 순차적 응집도 (Sequential Cohesion)
7. 기능적 응집도 (Functional Cohesion)
낮음
높음

03 ① 두 모듈이 매개 변수로 자료를 전달할 때 자료구조 형태로 전달되어 이용될 때 데이터가 결합되어 있는 것은 스탬프 결합도이다.

| 정답 | 01 ④ 02 ① 03 ①

02 운영체제 기초 활용

기출 키워드
- 운영체제의 정의
- 운영체제의 구성
- 프로세스
- 교착상태 4대 발생 조건
- 메모리 관리
- 디스크 스케줄링

출제 예상 키워드
- 디스크 스케줄링

1 운영체제

(1) 운영체제(Operating System)의 정의 기출 2020년 3회

① 컴퓨터의 제한된 각종 자원을 효율적으로 관리·운영함으로써 사용자에게 편리성을 제공하고자 하는 인간과 컴퓨터 사이의 인터페이스를 위한 **시스템 소프트웨어**이다.

② 컴퓨터 시스템의 모든 부분(소프트웨어, 하드웨어)을 제어하는 프로그램으로서, 그 시스템에서 제공하는 기능을 사용할 수 있게 하는 소프트웨어이다.

③ 일반적으로 컴퓨터에서 항상 수행되는 프로그램(커널)이며, 그 외 모든 프로그램은 응용 프로그램이라 할 수 있다.

(2) 운영체제의 역할

① 사용자와의 인터페이스를 정의

② 사용자들 간에 하드웨어를 공동으로 사용 가능

③ 사용자들 간의 데이터를 공유

④ 사용자들 간의 자원 스케줄링

⑤ 다른 사용자와의 간섭 배제

⑥ 입출력에 대한 용이성 제공(입출력 보조 역할)

⑦ 오류의 복구

⑧ 자원 사용의 평가

⑨ 병렬 연산에 대한 용이성 제공

⑩ 보안 및 빠른 액세스를 위한 데이터의 조직화

⑪ 네트워크 통신 처리

(3) 운영체제의 구성 기출 2021년 1회

① **제어 프로그램**(Control Program): 컴퓨터 전체의 동작 상태를 감시·제어하는 기능을 수행하는 프로그램을 말한다.

감시 프로그램	제어 프로그램의 중추적 기능을 담당하는 프로그램으로 처리 프로그램의 실행 과정과 시스템 전체의 동작 상태를 감독하고 지원하는 프로그램이다.
데이터 관리 프로그램	컴퓨터에서 취급하는 각종 파일과 데이터를 표준적인 방법으로 처리할 수 있도록 관리하는 프로그램 그룹으로서 주기억장치와 보조기억장치 사이의 데이터 전송, 파일의 조직 및 활용, 입출력 데이터와 프로그램 논리의 연결 등을 담당한다.
작업 관리(제어) 프로그램	어떤 업무를 처리하고 다른 업무를 자동적으로 이동하기 위한 준비 및 처리를 끝내는 일을 담당하는 기능을 수행한다.

읽는 강의

시스템 소프트웨어
운영체제, 데이터베이스 관리 시스템, 서비스 프로그램 등이 있다.

② 처리 프로그램(Processing Program): 제어 프로그램의 감시 하에 특정 문제를 해결하기 위한 데이터 처리를 담당하는 프로그램을 말한다.

언어 번역 프로그램	컴퓨터 언어로 작성된 프로그램을 시스템이 이해할 수 있는 기계어로 바꾸어 주는 프로그램으로, 컴퓨터 언어의 종류에 따라 각각의 언어 번역 프로그램을 갖고 있다.
서비스 프로그램	컴퓨터 사용에 있어 공통으로 사용 빈도가 높은 기능을 미리 프로그램으로 작성하여 사용자에게 제공함으로써 사용자의 시간 및 노력을 경감시키고 업무 처리의 능률을 향상시킬 수 있다. 예 유틸리티, 라이브러리
사용자 프로그램	사용자가 업무상의 문제를 컴퓨터로 처리하기 위해서 작성한 프로그램이다.

2 프로세스 기출 2021년 3회

(1) 프로세스(Process)의 정의

① 컴파일된 프로그램이 메모리에 적재(Load)되어 실행되는 일련의 명령어들의 집합이다.

② 현재 실행 중이거나 곧 실행이 가능한 프로세스 제어 블록(PCB)을 가진 프로그램이다.

③ 시스템의 작업 단위로 프로그램에 입출력 상태를 결합한 형태이며, 중앙처리장치에 의해 수행되는 시스템 및 사용자 프로그램을 프로세스라고 한다.

④ 프로그램은 수동적 개체(Passive Entity)이고, 프로세스는 순차적으로 실행되어야 하는 능동적 개체(Active Entity)이다.

⑤ 프로세서가 할당되는 실체이다.

⑥ 비동기적 행위를 일으키는 주체이다.

(2) 프로세스 제어 블록(PCB: Process Control Block)

① 정의 및 개념

- 운영체제 내에서 프로세스 제어 블록이라 표현하며, 작업 제어 블록이라고도 한다.
- 프로세스를 관리하기 위해 유지되는 데이터 블록 또는 레코드의 데이터 구조이다.
- 프로세스 식별자, 프로세스 상태, 프로그램 카운터 등의 정보로 구성된다.
- 프로세스 생성 시 만들어지고 메인 메모리에 유지, 운영체제에서 한 프로세스의 존재를 정의한다.
- 프로세스 제어 블록의 정보는 운영체제의 모든 모듈이 읽고 수정이 가능하다.

② 프로세스 제어 블록의 정보

프로세스 식별자	각 프로세스에 대한 고유 식별자 지정
프로세스 현재 상태	생성, 준비, 실행, 대기, 완료 등의 상태 표시
프로그램 카운터	프로그램 실행을 위한 다음 명령의 주소 표시
레지스터 저장 영역	프로그램 카운터(PC), 누산기, 인덱스 레지스터, 범용 레지스터, 조건 코드 등에 관한 정보로 컴퓨터 구조에 따라 수나 형태가 달라진다.
프로세서 스케줄링 정보	프로세스의 우선순위, 스케줄링 큐에 대한 포인터, 그 외 다른 스케줄 매개 변수를 가진다.
계정 정보	프로세서 사용 시간, 실제 사용 시간, 사용 상한 시간, 계정 번호, 작업 또는 프로세스 번호 등
입출력 상태 정보	특별한 입출력 요구 프로세스에 할당된 입출력장치, 개방된(Opened) 파일의 목록 등
메모리 관리 정보	메모리 영역을 정의하는 하한 및 상한 레지스터(경계 레지스터) 또는 페이지 테이블 정보

읽는 강의

프로세스와 프로세서의 차이
- 프로세스: 컴퓨터에서 연속적으로 실행되고 있는 프로그램
- 프로세서: 각종 장치를 구동하는 CPU와 같은 처리기

(3) 프로세스의 상태 전이도

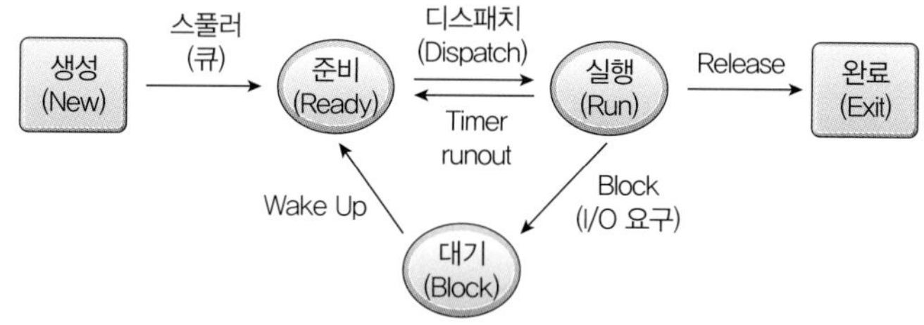

▲ 프로세스 상태 전이도

① 프로세스의 상태 기출 2020년 1, 2회

- 생성(New) 상태: 작업이 제출되어 스풀 공간에 수록한다.
- 준비(Ready) 상태: 중앙처리장치를 사용 가능한(할당할 수 있는) 상태이다.
- 실행(Run) 상태: 프로세스가 중앙처리장치를 차지(프로세스를 실행)하고 있는 상태이다.
- 대기(Block) 상태: 입출력(I/O)과 같은 사건으로 인해 중앙처리장치를 양도하고 I/O 완료 시까지 대기 큐에서 대기하고 있는 상태이다.
- 완료(Exit) 상태: 중앙처리장치를 할당받아 주어진 시간 내에 수행을 종료한 상태이다.

② 프로세스의 상태 전환

- Dispatch(준비 상태 → 실행 상태): 준비 상태의 프로세스들 중에서 우선순위가 가장 높은 프로세스를 선정하여 중앙처리장치를 할당함으로써 실행 상태로 전환된다.
- Timer Runout(실행 상태 → 준비 상태): 중앙처리장치의 지정된 할당 시간을 모두 사용한 프로세스를 다른 프로세스를 위해 다시 준비 상태로 전환된다.
- Block(실행 상태 → 대기 상태): 실행 중인 프로세스가 입출력 명령을 만나면 입출력 전용 프로세서에게 중앙처리장치를 스스로 양도하고 자신은 대기 상태로 전환된다.
- Wake Up(대기 상태 → 준비 상태): 입출력 완료를 기다리다가 입출력 완료 신호가 들어오면 대기 중인 프로세스는 준비 상태로 전환된다.

(4) 스레드(Thread)

① 스레드의 특징 기출 2020년 1, 2회, 2022년 2회

- 프로세스의 구성은 제어 흐름 부분(실행 부분)과 실행 환경 부분으로 분리할 수 있으며, 스레드는 프로세스의 실행 부분을 담당하여 실행의 기본 단위가 된다.
- 입출력 자원의 할당에는 관계하지 않고, 중앙처리장치 스케줄링의 단위로만 사용되는 경량 프로세스이다.
- 프로세서를 사용하는 기본 단위이며, 명령어를 독립적으로 실행할 수 있는 하나의 제어 흐름이다.
- 스레드는 프로세스 자원을 공유하지만, 상태 정보(레지스터)와 스택은 독자적으로 갖는다.
- 프로세스 스케줄링에 따른 프로세스 **문맥교환**(Context Switching)의 부담을 줄여서 성능을 향상시키기 위한 프로세스의 다른 표현 방식이라 할 수 있다.

② 단일 스레드와 다중 스레드 모델

단일 스레드 프로세스 모델	• 프로세스를 하나의 스레드로 구성 • 스레드가 가진 레지스터와 스택으로 표현
다중 스레드 프로세스 모델	• 하나의 프로세스를 여러 개의 스레드로 구성 • 프로세스를 각각의 스레드와 고유의 레지스터, 스택으로 표현하고, 프로세스 주소 영역을 모든 스레드가 공유 • 프로세스의 모든 스레드는 해당 프로세스의 자원과 상태를 공유하고, 같은 주소 공간에 존재하며 동일한 데이터에 접근 • 다중 스레드의 장점: 응답성, 자원 공유, 경제성, 다중 처리기 구조의 활용

읽는 강의

스레드(Thread)
프로세스보다 작은 단위를 의미한다.

문맥교환
이전 프로세스의 상태 레지스터의 내용을 보관하고, 다른 프로세스의 레지스터를 적재하는 과정을 문맥교환이라고 한다.

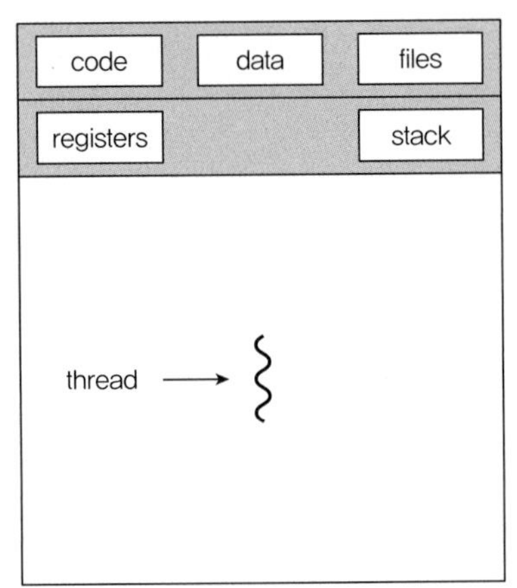

▲ 단일 스레드

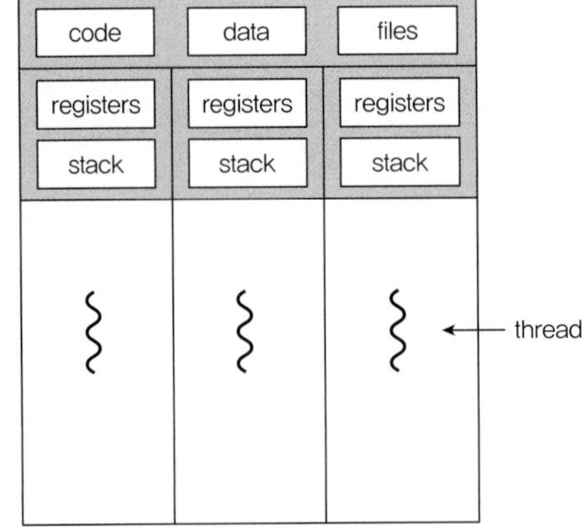

▲ 다중 스레드

(5) 프로세스 스케줄링 방법에 따른 분류

구분	비선점 스케줄링 (Non-Preemptive Scheduling)	선점 스케줄링 (Preemptive Scheduling)
개념	한 프로세스가 CPU를 점유하면, 다른 프로세스는 현재 프로세스를 중단시킬 수 없는 기법이다.	한 프로세스가 CPU를 점유하면, 다른 프로세스는 현재 프로세스를 중단시킬 수 있는 기법이다.
특징	• 프로세스가 CPU를 할당받으면, 프로세스가 완료될 때까지 CPU를 사용한다. • 모든 프로세스에 대한 공정한 처리가 가능하며, 일괄처리에 적합하다.	• 우선순위가 높은 프로세스들을 처리할 때 유용하며, 대화식 시분할처리에 적합하다. • 선점으로 인해 많은 오버헤드(Overhead)를 발생시킨다.
종류	FCFS(First Come First Service), SJF(Shortest Job First), HRN(Highest Response Next), 기한부(Deadline)	RR(Round Robin, 라운드 로빈), SRT(Shortest Remaining Time), MLQ(Multi-Level Queue, 다단계 큐), MFQ(Multi-Level Feedback Queue, 다단계 피드백 큐)

① FCFS(First Come First Service)

- 가장 대표적인 비선점형 스케줄링 기법이다.
- 대기 리스트에 가장 먼저 도착한 프로세스 순서대로 CPU를 할당하므로, 알고리즘이 간단하고 구현하기 쉽다.

■ FCFS 평균 반환 시간 예

(단위: 초)

프로세스	도착 시간	실행 시간
A	0	4
B	2	3
C	1	2

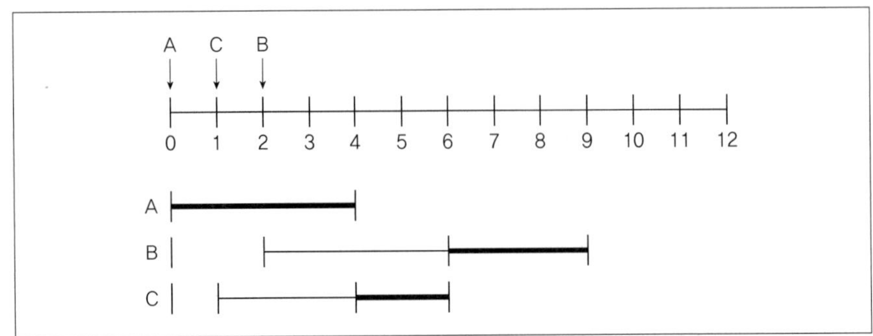

- 프로세스 3개(A, B, C)를 FCFS 방식으로 수행한다. 대기 리스트에 도착한 순서대로 처리하므로 프로세스 A가 가장 먼저 수행된다.
- 프로세스 A가 0초에 도착하여 실행 시간 4초를 모두 수행한다. 두 번째로 1초에 도착한 프로세스 C가 수행되고, 마지막으로 2초에 도착한 프로세스 B가 3초를 수행한다.
- 평균 실행 시간 = (4 + 3 + 2) / 3 = 3
- 평균 대기 시간 = (0 + 4 + 3) / 3 = 2.33…
- 평균 반환 시간 = 3 + 2.33… = 5.33…

② SJF(Shortest Job First) 스케줄링 기출 2020년 4회

- FCFS를 개선한 기법으로, 대기 리스트의 프로세스들 중 작업이 끝나기까지의 실행 시간 추정치가 가장 짧은 프로세스에 CPU를 할당한다.
- FCFS보다 평균 대기 시간이 짧지만, 실행 시간이 긴 작업의 경우 FCFS보다 대기 시간이 더 길어진다.
- FCFS보다 평균 대기 시간이 감소된다.

■ SJF 평균 반환 시간 예

(단위: 초)

프로세스	도착 시간	실행 시간
A	0	5
B	2	3
C	1	4

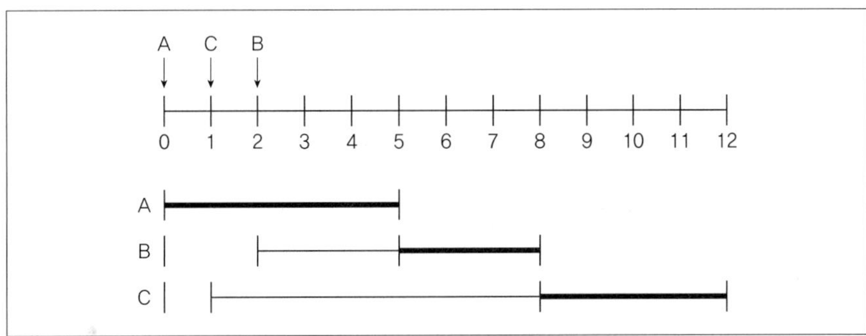

- 프로세스 3개(A, B, C)를 SJF 방식으로 수행한다. 대기 리스트에 도착한 프로세스 중에서 실행 시간이 짧은 작업을 먼저 처리하는 방식이다.
- 프로세스 A가 0초에 도착하였고, 현재 도착한 대기 리스트에 도착한 프로세스는 A만 있으므로 프로세스 A의 실행 시간 5초를 모두 수행한다. 프로세스 A의 수행 중에 B와 C가 도착하였고, 이중에서 실행 시간이 더 짧은 프로세스 B가 실행 시간 3초를 수행한다. 프로세스 B를 수행한 후에 마지막으로 프로세스 C를 4초 수행한다.
- 평균 실행 시간 = (5 + 3 + 4) / 3 = 4
- 평균 대기 시간 = (0 + 3 + 7) / 3 = 3.33…
- 평균 반환 시간 = 4 + 3.33… = 7.33…

③ HRN(Highest Response Next) 기출 2020년 1, 2, 3회

- SJF의 단점인 실행 시간이 긴 프로세스와 짧은 프로세스의 지나친 불평등을 보완한 기법이다.
- 대기 시간을 고려하여 실행 시간이 짧은 프로세스와 대기 시간이 긴 프로세스에게 우선순위를 높여준다
- 우선순위 계산식에서 가장 큰 값을 가진 프로세스를 먼저 스케줄링한다.

> 우선순위 = (대기 시간 + 서비스 받을 시간) / 서비스 받을 시간

■ HRN 평균 반환 시간 예

(단위: 초)

프로세스	도착 시간	실행 시간
A	0	5
B	1	3
C	2	2

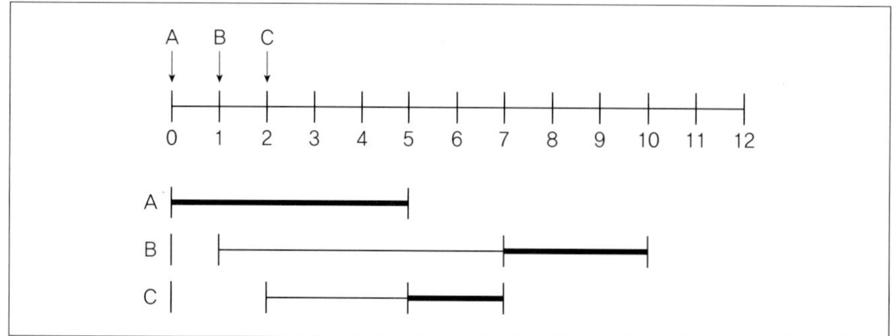

- 프로세스 3개(A, B, C)를 HRN 방식으로 수행한다. 실행 시간만을 고려하는 것이 아니라 프로세스의 대기 시간까지 고려한다.
- 먼저 프로세스 A가 0초에 도착하여 실행 시간 5초를 모두 수행한다. 프로세스 A 수행 이후의 프로세스를 결정하기 위하여 우선 순위 계산식을 사용한다. 우선순위 계산식을 계산하여 계산값이 큰 프로세스가 높은 우선순위를 갖는다.
- 프로세스 A를 5초간 수행하였으므로 프로세스 B의 대기 시간은 5−1=4이고, 프로세스 C의 대기 시간은 5−2=3이다.
- 우선순위
  - 프로세스 B: (4 + 3) / 3 = 2.33…
  - 프로세스 C: (3 + 2) / 2 = 2.5

  우선순위 계산식에 의해 계산된 결과 프로세스 C가 2초를 수행하고, 이후에 마지막으로 프로세스 B가 3초를 수행한다.
- 평균 실행 시간 = (5 + 3 + 2) / 3 = 3.33…
- 평균 대기 시간 = (0 + 6 + 3) / 3 = 3
- 평균 반환 시간 = 3.33… + 3 = 6.33…

④ RR(Round Robin, 라운드 로빈)

- FCFS를 선점형 스케줄링으로 변형한 기법으로 각각의 프로세스에게 동일한 시간 할당량을 부과하여 수행하는 기법이다.
- 대화형 시스템에서 사용되며, 빠른 응답 시간을 보장한다.
- RR은 각 프로세스가 CPU를 공평하게 사용할 수 있다는 장점이 있지만, 시간 할당량의 크기는 시스템의 성능을 결정하므로 세심한 주의가 필요하다.

■ RR 평균 반환 시간(시간 할당량: 3) 예

프로세스	도착 시간	실행 시간
A	0	4
B	2	3
C	1	2

읽는 강의

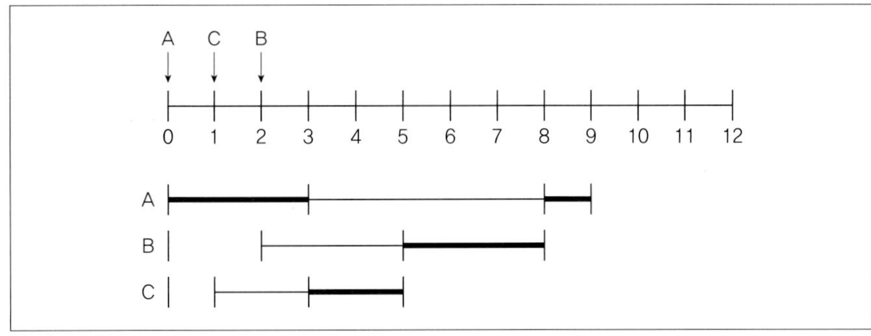

- 프로세스 3개(A, B, C)를 RR 방식으로 수행한다. 대기 리스트에 들어온 순서대로 처리하지만 시간 할당량이 있어, 그 시간을 모두 소비하면 대기 리스트의 맨 뒤로 가서 대기한다.
- 프로세스 A가 0초에 도착하여 실행 시간 4초 중에서 시간 할당량 3초를 모두 수행하고 아직 실행 시간 전부를 실행하지 못했으므로 대기 리스트 맨 뒤에 대기한다. 두 번째로 1초에 도착한 프로세스 C가 수행되고, 2초에 도착한 프로세스 B가 3초를 수행한다. 마지막으로 프로세스 A가 1초를 실행한다.
- 평균 실행 시간 = (4 + 3 + 2) / 3 = 3
- 평균 대기 시간 = (5 + 3 + 2) / 3 = 3.33…
- 평균 반환 시간 = 3 + 3.33… = 6.33…

⑤ SRT(Shortest Remaining Time)

- SJF를 선점형 스케줄링으로 변형한 기법이다.
- 대기 리스트의 모든 프로세스의 잔여 실행 시간을 실시간으로 알아야 하므로, 오버헤드가 증가한다.

■ SRT 평균 반환 시간 예

프로세스	도착 시간	실행 시간
A	0	5
B	2	2
C	1	3

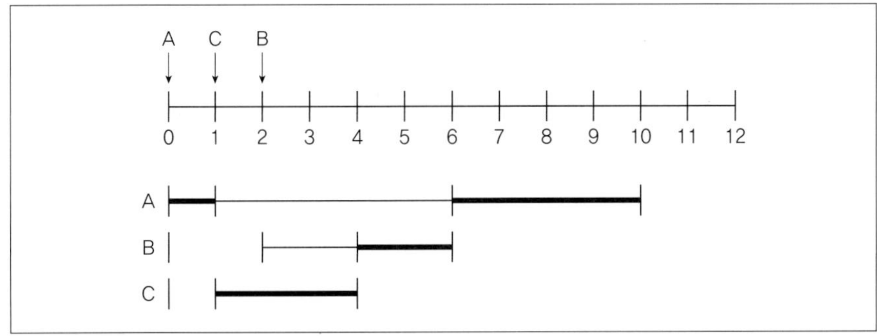

- 프로세스 3개(A, B, C)를 SRT 방식으로 수행한다. SJF 방식을 선점형으로 변형한 방식으로 프로세스가 실행 중이어도 실행 시간이 더 짧은 프로세스가 대기 리스트로 들어오면 먼저 수행되는 방식이다.
- 프로세스 A가 0초에 도착하여 실행하다가 1초에 프로세스 C가 대기 리스트로 들어온다. 프로세스 C는 실행 시간이 3초로 현재 프로세스 A에 남아있는 실행 시간 4초보다 짧으므로 프로세스 C가 선점되어 수행된다. 그 이후에 프로세스 B, 프로세스 A 순서로 수행된다.

- 평균 실행 시간 = (5 + 2 + 3) / 3 = 3.33…
- 평균 대기 시간 = (5 + 2 + 0) / 3 = 2.33…
- 평균 반환 시간 = 3.33… + 2.33… = 5.66…

⑥ MLQ(Multi-Level Queue, 다단계 큐)

- MLQ는 여러 종류의 대기 리스트를 준비하고, 작업 유형별로 프로세스를 분류하여 대기 리스트에 입력한다.
- 우선순위에 따라 시스템, 대화형, 편집, 시스템 배치, 사용자 배치 프로세스로 구분하고, 대기 리스트를 상위, 중위, 하위 단계로 배치한다.
- MFQ와 달리 대기 리스트 간 프로세스 이동은 불가능하다.

⑦ MFQ(Multi-Level Feedback Queue, 다단계 피드백 큐)

- MFQ는 우선순위를 갖는 여러 대기 리스트를 준비하고 수행 시간이 긴 프로세스일수록 낮은 우선순위를 갖도록 조정하여 낮은 우선순위 대기 리스트로 이동시키는 스케줄링 기법이다.
- MLQ와 MFQ는 여러 대기 리스트를 사용한다는 점에서 유사하지만 여러 대기 리스트를 분류하는 기준이 다르다. MLQ는 프로세스 특성에 따라 대기 리스트를 분류하지만 MFQ는 프로세스 처리 시간을 기준으로 대기 리스트를 분류한다.

3 교착상태

(1) 교착상태(Deadlock)의 개요

① 다중 프로그래밍 환경에서는 프로세스가 필요한 모든 자원을 점유해야 작업을 수행할 수 있으며, 모든 프로세스는 공유자원을 점유하기 위해 경쟁 상태에 있다.

② 둘 이상의 프로세스가 자원을 공유한 상태에서 서로 상대방의 작업이 끝나기만을 무한정 기다리는 현상이다.

(2) 교착상태 4대 발생 조건 기출 2020년 1, 2회, 2021년 1회

① 상호배제(Mutual Exclusion)

- 다중 프로그래밍 시스템에서는 제한된 공유자원의 효율적 사용을 위해 상호배제를 유지해야 한다.
- 상호배제는 여러 프로세스를 동시에 처리하기 위해 공유자원을 순차적으로 할당하면서 동시에 접근하지 못하므로, 한 번에 하나의 프로세스만이 자원을 사용할 수 있다.

② 점유와 대기(Hold & Wait)

- 하나의 프로세스만 실행된다면, 모든 자원을 점유한 상태에서 실행하여 교착상태가 발생되지 않지만, 시스템 성능이 떨어지게 된다.
- 다중 프로그래밍 시스템에서는 시스템 성능을 향상시키기 위해 여러 프로세스를 동시에 운영하면서 공유자원을 순차적으로 할당해야 하므로, 어느 하나의 프로세스가 자원을 점유하면서 다른 프로세스에게 할당된 자원을 차지하기 위해 대기해야 한다.

③ 비선점(Non Preemption)

- 비선점은 프로세스가 사용 중인 공유자원을 강제로 빼앗을 수 없다는 의미로, 어느 하나의 프로세스에게 할당된 공유자원의 사용이 끝날 때까지 다른 하나의 프로세스가 강제로 중단시킬 수 없다.
- 이렇듯 자원을 빼앗을 수 없다면, 공유자원을 사용하기 위해 대기하던 프로세스는 자원을 사용하지 못할 수도 있기 때문에 교착상태 발생 조건 중 하나가 된다.

④ 환형대기(순환대기, Circular Wait)

- 공유자원들을 여러 프로세스에게 순차적으로 분배한다면, 시간은 오래 걸리지만 교착상태는 발생하지 않는다. 그러나 프로세스들에게 우선순위를 부여하여 공유자원 할당

읽는 강의

- 상호배제, 점유와 대기, 비선점, 환형대기는 교착상태의 필요조건이다.

세마포어(Semaphore)
임계구역의 접근을 제어하는 상호배제 기법이다.

의 사용 시기와 순서를 융통성 있게 조절한다면, 공유자원의 점유와 대기는 환형대기 상태가 될 수 있다.

- 여러 프로세스들이 공유자원을 사용하기 위해 원형으로 대기하는 구성으로, 앞이나 뒤에 있는 프로세스의 자원을 요구한다.

(3) 교착상태 예방(방지, Prevention)

① 사전에 교착상태가 발생되지 않도록 교착상태 필요 조건에서 상호배제를 제외하고, 어느 것 하나를 부정함으로 교착상태를 예방한다. 만약 상호배제를 부정한다면 공유자원의 동시 사용으로 인하여 하나의 프로세스가 다른 하나의 프로세스에게 영향을 주므로, 다중 프로그래밍에서 프로세스를 병행 수행할 수 없는 결과가 나온다.

② 점유와 대기 부정

- 어느 하나의 프로세스가 수행되기 전에 프로세스가 필요한 모든 자원을 일시에 요청하는 방법으로, 모든 자원 요청이 받아지지 않는다면 프로세스를 수행할 수 없도록 한다.
- 공유자원의 낭비와 **기아 상태**(Starvation State)를 발생시킬 수 있는 단점이 있다.

③ 비선점 부정

- 프로세스가 사용 중인 공유자원을 강제로 빼앗을 수 있도록 허용한다.
- 프로세스가 공유자원을 반납한 시점까지의 작업이 무효가 될 수 있으므로 처리비용이 증가하고, 자원 요청과 반납이 무한정 반복될 수 있다는 단점이 있다.

④ 환형대기 부정

- 모든 공유자원에 순차적으로 고유번호를 부여하여 프로세스는 공유자원의 고유번호 순서에 맞게 자원을 요청한다.
- 프로세스는 공유자원의 고유번호의 순서에 맞게 자원을 요구하므로 프로그램 작성이 복잡해지고, 자원의 낭비가 심해지는 단점이 있다.

(4) 교착상태 회피(Avoidance)

① 교착상태가 발생할 가능성은 배제하지 않으며, 교착상태 발생 시 적절히 피해가는 기법이다.

② 시스템이 안전상태가 되도록 프로세스의 자원 요구만을 할당하는 기법으로 **은행원 알고리즘**이 대표적이다.

(5) 교착상태 발견(탐지, Detection)

컴퓨터 시스템에 교착상태가 발생했는지 여부와 교착상태에 있는 프로세스와 자원을 발견하는 것으로, 교착상태 발견 알고리즘과 자원할당 그래프를 사용한다.

(6) 교착상태 회복(복구, Recovery)

교착상태가 발생한 프로세스를 제거하거나 프로세스에 할당된 자원을 선점하여 교착상태를 회복한다.

프로세스 제거	• 교착상태에 있는 프로세스를 제거하여 교착상태를 회복한다. • 우선순위가 낮은 프로세스, 수행 횟수가 적은 프로세스, 기아 상태(Starvation State)에 있는 프로세스 등을 제거한다.
자원 선점	• 교착상태에 있는 프로세스의 자원을 선점하여 교착상태를 회복한다. • 자원을 선점할 때는 자원을 선점한 프로세스를 선택하는 희생자 선택, 자원을 선점한 프로세스 복귀 문제, 기아 상태 문제를 고려해야 한다.
복귀	• 시스템에 검사 지점을 두고, 교착상태가 발생하면 그 검사 지점을 기준으로 복귀하여 교착상태를 회복한다. • 검사 지점에는 기억장치 환경, 현재 프로세스의 자원 할당 상태 등을 포함한다.

읽는 강의

기아 상태(Starvation State)
결코 사용할 수 없는 자원을 무한정 기다리는 상태를 말한다. 즉, 현실적으로 수행할 수 있는 작업이지만, 무기한 연기로 인해 수행할 수 없는 상태에 빠지는 것이다. 프로세스의 우선순위에 따라 자원을 할당할 때, 우선순위가 낮은 프로세스들은 기아 상태에 빠질 가능성이 있다.

은행원 알고리즘(Banker Algorithm)
병행 수행 프로세스 간의 교착 상태를 방지하기 위해 프로세스가 요구한 자원의 수가 현재 사용 가능한 자원의 수보다 작을 때 프로세스가 요구한 수만큼 더 자원을 할당하는 방식이다.

4 메모리 관리

읽는 강의

(1) 배치(Placement) 전략 기출 2020년 3회, 2021년 1회, 2022년 1회

보조기억장치의 프로그램과 데이터를 읽어 왔을 때 주기억장치 내의 어느 곳에 위치시킬지 결정한다.

최초 적합(First Fit)	• 주기억장치의 가용공간들 중에서 프로그램과 데이터를 가능한 한 첫 번째 가용공간에 배치한다. • 배치 전략 중 작업 배치 결정이 가장 빠르며, 후속 적합(Next Fit)의 변형이다.
최적 적합(Best Fit)	• 기억장치의 가용공간들 중 프로그램과 데이터를 가능한 한 가장 알맞은 가용공간에 배치한다. • 배치 전략 중 작업의 배치 결정이 가장 느리다.
최악 적합(Worst Fit)	• 주기억장치의 가용공간들 중 프로그램이나 데이터를 가능한 한 가장 큰 가용공간에 배치한다. • 프로그램이나 데이터를 적재하고 남는 공간은 다른 프로그램과 데이터를 배치할 수 있어서 주기억장치 공간을 효율적으로 사용한다.

후속 적합
이전에 탐색이 끝난 그 다음 부분부터 시작해서 프로세스를 적재할 수 있는 빈 공간을 찾아서 할당한다.

(2) 교체(대치, Replacement) 전략 기출 2021년 3회

① 주기억장치의 모든 공간이 사용 중일 때, 새로운 프로그램이나 데이터를 적재하기 위해서 주기억장치 내의 프로그램 또는 데이터를 교체하여 가용공간을 확보한다.

② FIFO(First In First Out) 기출 2020년 1, 2, 4회, 2022년 1회

- 주기억장치에서 가장 먼저 입력되었던 페이지를 교체한다.
- 다른 페이지 교체 알고리즘에 비하여 페이지 교체가 가장 많다.

예 페이지 프레임 크기가 3인 경우의 FIFO 교체 전략

순번	1	2	3	4	5	6	7	8	9
요구 페이지	1	1	2	3	4	1	5	4	2
페이지 프레임	①	1	1	1	④	4	4	4	②
			②	2	2	①	1	1	1
				③	3	3	⑤	5	5
페이지 부재	○		○	○	○	○	○		○

③ LRU(Least Recently Used) 기출 2022년 2회

- 주기억장치에서 가장 오랫동안 사용되지 않은 페이지를 교체한다.
- 계수기 또는 스택과 같은 별도의 하드웨어가 필요하며, 시간적 오버헤드(Overhead)가 발생한다.
- 최적화 기법에 근사하는 방법으로, 효과적인 페이지 교체 알고리즘으로 사용된다.

예 페이지 프레임 크기가 3인 경우의 LRU 교체 전략

순번	1	2	3	4	5	6	7	8	9
요구 페이지	1	1	2	3	4	1	5	4	2
페이지 프레임	①	1	1	1	④	4	4	4	4
			②	2	2	①	1	1	②
				③	3	3	⑤	5	5
페이지 부재	○		○	○	○	○	○		○

④ OPT(최적화 교체, OPTimal replacement)

- 앞으로 가장 오랫동안 사용하지 않을 페이지를 교체한다.
- 벨레이디(Belady)가 제안한 방식으로, 페이지 부재가 가장 적게 발생하는 가장 효율적인 알고리즘이다.

예 페이지 프레임 크기가 3인 경우의 OPT 교체 전략

순번	1	2	3	4	5	6	7	8	9
요구 페이지	1	1	2	3	4	1	5	4	2
페이지 프레임	①	1	1	1	1	1	⑤	5	5
			②	2	2	2	2	2	2
				③	④	4	4	4	4
페이지 부재	○		○	○	○		○		

⑤ LFU(Least Frequently Used)

- 주기억장치에서 참조 횟수가 가장 적은 페이지를 교체한다.
- 자주 사용된 페이지는 사용 횟수가 많아 교체되지 않고, 계속 사용된다.
- 프로그램의 실행 초기에 집중적으로 발생하는 페이지가 있을 경우, 프로그램이 종료될 때까지 페이지 프레임을 차지하고 있다는 단점이 있다.

예 페이지 프레임 크기가 3인 경우의 LFU 교체 전략

순번	1	2	3	4	5	6	7	8	9
요구 페이지	1	1	2	3	4	1	5	4	2
페이지 프레임	①	1	1	1	1	1	1	1	1
			②	2	④	4	4	4	4
				③	3	3	⑤	5	②
페이지 부재	○		○	○	○		○		○

⑥ NUR(Not Used Recently)

- 주기억장치에서 최근에 사용되지 않은 페이지를 교체한다.
- 최근에 사용되지 않은 페이지는 이후에도 사용되지 않을 가능성이 높다는 것을 전제로, LRU의 오버헤드를 줄일 수 있다.
- 최근 사용 여부를 판단하기 위하여 각 페이지에 참조 비트와 변형 비트를 사용한다.

⑦ SCR(FIFO의 2차 기회, Second Change)

- 주기억장치에서 가장 오래 있었던 페이지 중 자주 참조된 페이지 교체를 방지한다.
- FIFO 알고리즘의 단점을 보완한 것이며, 2차 기회 교체 알고리즘이라고도 한다.

⑧ 무작위 페이지 교체(Random Page Replacement)

- 주기억장치에서 페이지 교체가 가능한 임의의 페이지와 페이지를 교체한다.
- 특별한 기준은 없으며, 별도의 제어가 필요 없어 경제적이나 적중률이 낮아 거의 사용되지 않는다.

⑨ MFU(Most Frequently Used)

- 주기억장치에서 참조 횟수가 가장 많은 페이지를 교체한다.
- 참조 회수는 계수기로 저장하고, 가장 작은 계수를 가진 페이지는 방금 입력된 페이지이며 앞으로 사용될 확률이 높다는 것을 의미한다.

(3) 가상기억장치 기출 2021년 1, 2회

① 주기억장치보다 큰 용량의 프로그램을 실행할 수 있는 기억장치로, 주기억장치 공간의 확대가 주 목적이다. 주기억장치의 비연속(분산) 할당 방식으로, 연속 할당 방식의 단편화를 적극적으로 해결한다.

② 페이징(Paging) 기법
- 분할된 프로그램 일부를 페이지(Page)라 하고, 고정된 크기로 분할하여 페이지를 저장할 수 있는 주기억장치의 영역을 페이지 프레임(Frame)이라고 한다.
- 페이지 크기가 작으면, 상대적으로 페이지 크기가 큰 것보다 페이지 개수가 많아진다.
- 페이지 크기가 크면, 상대적으로 페이지 크기가 작은 것보다 페이지 개수가 적어진다.

③ 세그먼테이션(Segmentation) 기법
- 프로그램 크기를 다양한 크기로 분할하며, 분할된 프로그램 일부를 세그먼트(Segment)라고 한다.

④ 페이지 부재(PF: Page Fault)
- 프로세서 실행 시 주기억장치에 참조할 페이지가 없는 현상이다.
- 페이지 프레임(Page Frame)이 많으면 페이지 부재가 감소되고, 페이지 프레임이 적으면 페이지 부재가 증가된다.

⑤ 스래싱(Thrashing)
- 페이지 부재가 지나치게 발생하여 프로세스가 수행되는 시간보다 페이지 이동에 시간이 더 많아지는 현상이다.
- 다중프로그래밍 정도를 높이면, 어느 정도까지는 CPU의 이용률이 증가되지만, 스래싱에 의해 CPU의 이용률은 급격히 감소된다.

읽는 강의

페이지 기법에서 페이지 크기가 작아질수록 발생하는 현상

기억장소 이용 효율 증가, 입출력 시간 증가, 내부 단편화 감소, 페이지 맵 테이블 크기 증가

- 스래싱 현상을 방지하기 위해서는 각 프로세스가 필요로 하는 프레임을 제공할 수 있어야 한다.

5 디스크 스케줄링

(1) FCFS(First Come First Service)

① 입출력 요청 대기 큐에 들어온 순서대로 서비스를 하는 방법이다.

② 가장 간단한 스케줄링으로, 디스크 대기 큐를 재배열하지 않고 먼저 들어온 트랙에 대한 요청 순서대로 디스크 헤드를 이동시켜 처리한다.

③ 시스템에 부하가 커질수록 디스크 대기 큐가 포화되기 쉽고, 응답 시간이 길어진다.

예 초기 헤더: 53, 디스크 대기큐: 98, 183, 37, 122, 14, 124, 65, 67

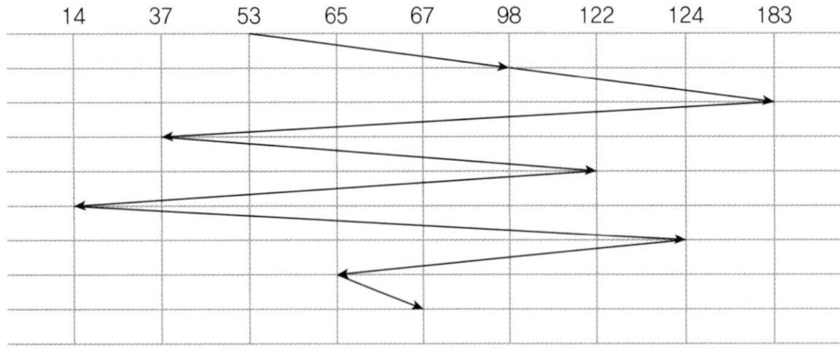

(2) SSTF(Shortest Seek Time First) 기출 2021년 3회

① 탐색 거리가 가장 짧은 트랙에 대한 요청을 먼저 서비스하는 기법이다.

② 디스크 헤드는 현재 요청만을 먼저 처리하므로, 가운데를 집중적으로 서비스 한다.

③ 디스크 헤드에서 멀리 떨어진 입출력 요청은 기아 상태가 발생할 수 있다.

④ FCFS보다 처리량이 많고 평균 응답 시간이 짧다.

예 초기 헤더: 53, 디스크 대기큐: 98, 183, 37, 122, 14, 124, 65, 67

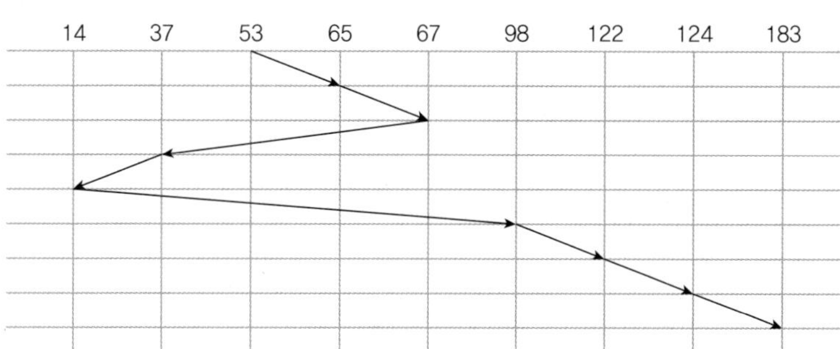

(3) SCAN

① SSTF가 갖는 탐색 시간의 편차를 해소하기 위한 기법이며, 대부분의 디스크 스케줄링의 기본 전략으로 사용된다.

② 현재 진행 중인 방향으로 가장 짧은 탐색 거리에 있는 요청을 먼저 서비스한다.

③ 현재 헤드의 위치에서 진행 방향이 결정되면 탐색 거리가 짧은 순서에 따라 그 방향의 모든 요청을 서비스하고 끝까지 이동한 후 역방향의 요청을 서비스한다.

(4) LOOK

① SCAN 기법을 개선한 기법이다.

② 디스크 헤드는 이동 방향의 마지막 입출력 요청을 처리한 다음, 디스크의 끝까지 이동하는 것이 아니라 바로 역방향으로 디스크 헤드가 이동하여 입출력 요청을 처리한다.

예 초기 헤더: 53, 디스크 대기큐: 98, 183, 37, 122, 14, 124, 65, 67 (헤드 이동 방향: 바깥쪽)

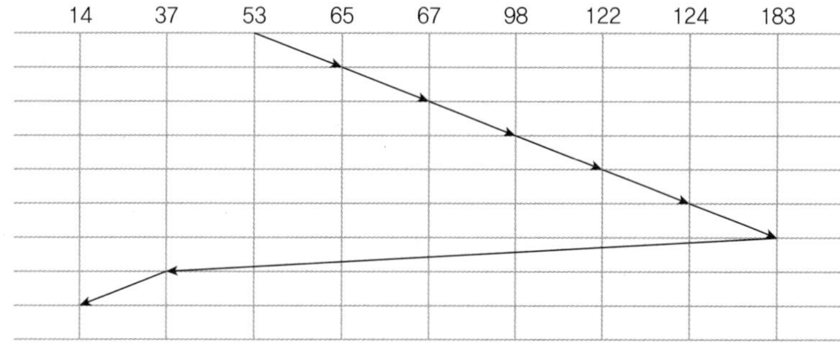

(5) C-SCAN

① 항상 바깥쪽에서 안쪽으로 움직이면서 가장 짧은 탐색 거리를 갖는 요청을 서비스한다.

② 헤드는 트랙의 바깥쪽에서 안쪽으로 한 방향으로만 움직이며 서비스하여 끝까지 이동한 후, 안쪽에 더 이상의 요청이 없으면 헤드는 가장 바깥쪽의 끝으로 이동한 후 다시 안쪽으로 이동하면서 요청을 서비스한다.

③ 응답 시간의 편차가 적으며, 디스크의 안쪽과 바깥쪽 트랙의 차별대우가 없으므로 서비스가 공평하다.

(6) C-LOOK

① C-SCAN 기법을 개선한 기법이다.

② 디스크 헤드가 바깥쪽에서 안쪽으로 이동하는 것을 기본 헤드의 이동 방향이라고 한다면, 트랙의 바깥쪽에서 안쪽 방향의 마지막 입출력 요청을 처리한 다음, 디스크의 끝까지 이동하는 것이 아니라 다시 가장 바깥쪽 트랙으로 이동한다.

읽는 강의

• LOOK 기법은 SCAN 기법에서 디스크의 끝까지 이동하지 않도록 하여 전체 디스크 헤드의 이동 시간을 줄인 방식이다.

(7) N-step SCAN

① SCAN 기법을 개선한 기법이다.

② SCAN의 무한 대기 발생 가능성을 제거한 것으로 SCAN보다 응답 시간의 편차가 적다. SCAN과 같이 진행 방향상의 요청을 서비스 하지만, 진행 중에 새로이 추가된 요청은 서비스하지 않고 다음 역방향 진행 시에 서비스하는 기법이다.

(8) SLTF(Shortest Latency Time First)

① 섹터 큐잉(Sector Queueing)이라고도 한다.

② SSTF와 유사한 방법이며, 디스크 회전 시간의 최적화를 위한 기법으로 가장 짧은 회전 지연 시간의 섹터 입출력 요청을 먼저 처리한다.

③ 섹터 간의 탐색 순서를 최적화하여 회전 지연 시간을 줄이는 방법으로, 디스크 헤드의 이동이 거의 없거나 고정 헤드 장치인 경우에 사용되는 기법이다.

(9) Eschenbach 기법

탐색 시간과 회전 지연 시간을 최적화하려는 최초의 기법으로, 부하가 매우 큰 항공 예약 시스템을 위해 개발되었다.

읽는 강의

개념확인 문제

기출 2018년 3회

01 운영체제의 기능으로 가장 거리가 먼 것은?

① 사용자 인터페이스 제공
② 자원 스케줄링
③ 데이터의 공유
④ 원시 프로그램을 목적 프로그램으로 변환

기출 2016년 제2회

02 운영체제를 수행 기능에 따라 분류할 경우 제어 프로그램에 해당하지 않는 것은?

① 서비스 프로그램
② 감시 프로그램
③ 데이터 관리 프로그램
④ 작업 제어 프로그램

기출 2016년 3회, 2020년 1, 2회 통합

03 프로세스 상태의 종류가 아닌 것은?

① Ready
② Running
③ Request
④ Exit

정답 & 해설

01 ④ 원시 프로그램을 목적 프로그램으로 변환하는 것은 컴파일러이다.

02 제어 프로그램에는 감시 프로그램, 데이터 관리 프로그램, 작업 제어 프로그램, 통신제어 등이 있다.

03 • 프로세스 상태 전이 순서
❶ 생성(New) 상태: 작업이 제출되어 스풀 공간에 수록된다.
❷ 준비(Ready) 상태: 중앙처리장치를 사용 가능한(할당할 수 있는) 상태이다.
❸ 실행(Running) 상태: 프로세스가 중앙처리장치를 차지(프로세스를 실행)하고 있는 상태이다.
❹ 대기(Block) 상태: I/O와 같은 사건으로 인해 중앙처리장치를 양도하고 I/O 완료 시까지 대기 큐에서 대기하고 있는 상태이다.
❺ 완료(Exit) 상태: 중앙처리장치를 할당받아 주어진 시간 내에 수행을 종료한 상태이다.

| 정답 | 01 ④ 02 ① 03 ③

03 유닉스

읽는 강의

기출 키워드
- 커널
- 쉘
- 파일 디스크립터
- 유닉스의 특징

출제 예상 키워드
- 파일 시스템

1 유닉스 시스템

(1) 유닉스(Unix) 시스템의 개요

① 유닉스 시스템은 1960년대 후반에 AT&T사의 Bell 연구소에서 개발한 Multics라는 이름을 가진 운영체제가 뿌리라고 할 수 있다.

② 이후 본격적으로 유닉스 시스템의 개발에 착수한 사람은 Ken Thompson으로 DEC사의 PDP-7용 OS를 Assembly로 개발하여 초기 유닉스 시스템 발전의 기초를 만들었으며, 1973년 Dennis Ritchie가 이식성이 뛰어난 C 언어로 유닉스 시스템을 재작성함으로써 본격적인 유닉스 시대의 장을 만들게 되었다

③ 유닉스는 AT&T를 통해 상업적으로 허가해 주는 SVR(System V Release) 계열과 버클리 대학에서 나온 연구 개발 운영체제인 **BSD** 계열로 크게 나누어 발전해 왔다. 점차 각자의 고유한 특성을 가지게 되었으며 이후 POSIX를 통하여 SVR, BSD에서 동시에 동작하는 표준을 제공하여 여러 시스템에서 동작하는 프로그램을 만들수 있게 된 것이다.

BSD
(Berkeley Software Distribution)
버클리 대학교의 CSRG(Computer Systems Research Group)에서 개발한 유닉스 계열의 운영 체제이다.

(2) 유닉스의 특징 기출 2022년 2회

① **대화식 운영체제(Shell)**: 사용자에게 명령어를 입력받기 위해 유닉스는 쉘 프롬프트를 화면에 나타낸다. 프롬프트가 나타난 상태에서 사용자가 명령어를 기술하면 그 명령어는 명령어 해석기(Shell)를 통하여 시스템에 전달된다. 시스템은 명령어를 처리하여 정상적인 명령인지 오류 명령인지에 대하여 답변해 주는 동시에 시스템의 고장 원인에 대한 답변도 알려주는 방식으로, 사용자가 마치 시스템과 대화하는 것과 같은 방식으로 사용된다.

② **멀티태스킹**: DOS와의 커다란 차이점인 멀티태스킹(Multi-Tasking)은 하나의 명령어 처리가 완료되지 않은 상태에서 다른 명령어를 처리할 수 있는 것으로, 여러 개의 명령어를 동시에 처리할 수 있는 방식이다.

③ **멀티유저 환경**: 멀티태스킹과 같은 기능이 가능함으로써 멀티유저(Multi-User) 시스템으로 쓰여질 수 있는 것이다. 멀티유저는 다중 사용자라는 뜻으로 여러 사용자가 시스템을 동시에 사용할 수 있도록 되어 있다.

④ **계층적 파일 시스템**: UNIX 파일 시스템은 트리 구조로 구성되어 있는데, 이 트리는 디렉터리이다.

⑤ **이식성(Portability)**: 이식성이란 하드웨어의 종류에 상관없이 운영되는 특성을 말한다.

⑥ **유연성**: 동일 기종 간 또는 타 기종 간의 통신(Communication)상의 유연성을 가지고 있다. 따라서 전자우편이나 통신망이 많이 이용되고 있다. PC 통신에 많이 사용되고 있는데, 통신망의 유연성이라는 것은 기종 간의 자료 송수신에 있어서 자료의 손상이 적고 어느 기종이든 편리하게 통신할 수 있다는 것을 의미한다.

⑦ **호환성**: 타 기종에 자유로이 사용되므로 호환성이 높다.

⑧ 보안 및 보호 기능을 제공한다.

더 알아보기 유닉스 운영체제 종류

종류	내용
UNIX System V R4.0	유닉스의 표준이 되는 버전으로 벨 연구소에서 개발된 유닉스 시스템의 정식 이름
SunOS	Sun사의 가장 잘 알려진 BSD 중심의 운영체제
Solaris	Sun사의 SVR4 구현
HP-UX	• UNIX의 휴렛-팩커드 버전은 OSF/1의 많은 특성을 도입한 SVR4의 변형 • HP-UX 9 버전은 몇 가지 확장성을 가진 SVR3와 유사하다.
AIX	IBM사의 System V 운영체제로 SVR4, BSD, OSF/1의 특징들을 고루 가지고 있음
Linux	• 인텔 프로세서를 위한 Free UNIX 방식의 운영체제 • Linus Torvalds(리누스 토발즈)가 만들었으며, 이름의 의미는 Linus의 UNIX라는 뜻 • BSD 방식 • 기술적으로 Linux라는 이름은 기본적인 core(커널과 일부 드라이버 등)를 말하지만, 일반적으로 Linux 보급판을 구성하고 있는 다양한 소스로부터 전체적인 프리웨어를 말함

2 유닉스 시스템 핵심 구조

(1) 유닉스 시스템의 3가지 핵심 구조

구분	내용
커널(Kernel)	• 유닉스 운영체제의 핵심 • 메인 메모리에 상주하여 컴퓨터 자원 관리 • 디바이스(I/O)/메모리/프로세스 관리, 시스템 프로그램과 하드웨어 사이의 함수 관리, Swap space/Daemon 관리 등을 수행
쉘(Shell)	• 커널과 사용자 간의 인터페이스를 담당 • 사용자 명령의 입출력을 수행하며 프로그램을 실행 • 명령어 해석기/번역기라고도 불림
파일 시스템 (File System)	디렉터리, 서브 디렉터리, 파일 등의 계층적인 트리구조를 의미하며, 시스템 관리를 위한 기본 환경을 제공한다. 슈퍼블록, inode list, 데이터 세 부분으로 구성된다.

① 커널(Kernel) 기출 2020년 4회

- 사용자 프로그램들은 경우에 따라 시스템의 하드웨어나 소프트웨어의 자원을 액세스하게 되는데 커널은 이러한 사용자 프로그램을 관리하는 부분을 말한다.
- 커널은 크게 프로세스, 메모리, 입출력(I/O) 그리고 파일 관리의 네 부분으로 나누어 생각할 수 있다. 이러한 서브시스템은 각기 독립적으로 사용자 프로그램에 의해서 의도되는 서비스를 올바르게 제공하기 위해서 상호 협동적으로 작동한다.
- 커널은 쉘과 상호 연관되어 있어서 쉘에서 지시한 작업을 수행하고 결과물을 돌려 보낸다.

② 쉘(Shell) 기출 2020년 1, 2회, 2022년 1회

- 쉘은 유닉스 시스템과 사용자 사이의 인터페이스를 제공하는 것을 말한다. 즉, 사용자가 문자열들을 입력하면 그것을 해석하여 그에 따르는 명령어를 찾아서 커널에 알맞은 작업을 요청하게 된다.
- 쉘은 종류에 따라 Bourne 쉘, C 쉘, Korn 쉘 등으로 구분된다.

읽는 강의

Swap space
실제 메모리가 부족할 경우 디스크 부분을 마치 메모리처럼 사용하는 공간이다.

데몬(Daemon) 프로세스
운영체제 기동 시에 기동되는 프로세스로 항상 메모리에 상주하여 사용자의 명령을 실행한다.

더 알아보기 쉘의 종류 기출 2020년 3회, 2021년 2회

구분	내용
Bourne 쉘(/bin/sh)	AT&T의 유닉스 환경을 위해 개발되었으며, 대부분의 유닉스에서 제공하는 기본 쉘이다. 빠른 수행과 최소한의 자원만을 요구하는 것이 특징임
C 쉘(/bin/csh)	사용법이 C 언어와 유사하며, Korn 쉘, Bourne 쉘과 기본적으로 유사한 특성을 가지고 있으나 대형 시스템을 목표로 설계되었기 때문에 명령어의 용어와 문법적 구조는 다름
Korn 쉘(/bin/ksh)	벨 연구소의 David Korn에 의해 제작되었으며, Bourne 쉘을 포함하며, aliasing, history, command line editing과 같은 특성이 추가됨
Tee-see 쉘(/bin/tcsh)	카네기 멜론 대학교에서 개발되었으며, C 쉘에서 명령 행 완성과 명령 행 편집 기능을 추가한 것
Z 쉘(/bin/zsh)	Paul Falstad에 의해 개발되었으며, 확장형 Bourne Shell이라 할 수 있음
Bourne-again 쉘 (/bin/bash)	일반적으로 많이 사용되는 쉘이며, GNU 프로젝트를 위해 Brian Fox가 작성한 쉘이다. C Shell과 Bourne Shell의 기능들이 많이 포함되어 있음

읽는 강의

쉘 스크립트 제어문 종류

- 선택 실행문: if문, case문
- 반복 실행문: while문, do문, for문

③ 파일 시스템(File System)

구조	설명
부트 블록 (Boot Block)	파일 시스템으로부터 유닉스 커널을 적재시키기 위한 프로그램 포함
슈퍼 블록 (Super Block)	• 파일 시스템마다 하나씩 존재 • 슈퍼 블록의 자료 구조: 파일 시스템의 크기, 파일 시스템에 있는 블록의 수와 이용 가능한 빈 블록 목록, i-node(index node) 목록의 크기, 파일 시스템에 있는 빈 i-node의 수와 목록, 파일 시스템 이름과 파일 시스템 디스크의 이름
아이노드 (i-node)	파일이나 디렉터리에 대한 모든 정보를 가지고 있는 구조체
데이터 블록 (Data Block)	실제 데이터가 파일의 형태로 저장되어 있음

더 알아보기 파일 디스크립터(File Descriptor) 기출 2021년 3회

- 리눅스 혹은 유닉스 계열의 시스템에서 프로세스(Process)가 파일(File)을 다룰 때 사용하는 개념으로, 프로세스에서 특정 파일에 접근할 때 사용하는 추상적인 값이다.
- 파일 관리를 위해 시스템이 필요로 하는 정보를 가지고 있다.
- 파일 디스크립터는 일반적으로 0이 아닌 정수값을 갖는다.
- 보조기억장치에 저장되어 있다가 파일이 개방(Open)되면 주기억장치로 이동된다.
- 파일 제어 블록(File Control Block)이라고도 한다.

④ 아이노드(i-node)

- i-node는 유닉스에서 각 파일이나 디렉터리에 대한 모든 정보를 가지고 있는 구조체이다.
- 일반 파일이나 디렉터리 파일의 디스크 블록의 위치를 포함하고 있으며, 주변장치를 식별할 수 있는 정보를 포함하고 있다.
- i-node에 포함되는 정보
  - 파일 소유자의 식별번호(사용자 번호)
  - 파일의 최종 수정 시간
  - 데이터가 담긴 블록의 주소
  - 디스크상의 물리적 주소
  - 파일에 대한 링크 수

⑤ 유닉스 명령어 정리

■ 시스템 관련 기출 2020년 4회

uname	운영체제 종류 확인
cat	파일 내용을 화면에 출력
printenv	환경 변수 값을 출력
env	환경 변수를 출력 또는 등록
setenv	환경 변수의 값을 설정
pipe	다중 명령
type	지정된 명령어가 쉘에 내장된 명령어인지, 외부 명령어인지, 앨리어스 명령어인지 등을 확인

■ 파일 처리

ls	자신이 속해있는 폴더 내에서의 파일 및 폴더들 표시
pwd	현재 디렉터리의 절대 경로 출력
rm	파일 삭제
cp	파일 복사
mv	파일 이동
dup	새로운 디스크립터로 복사
fcsk	파일을 검사하고 수리(무결성 검사)
mkfs	파일 시스템을 생성(주로 포맷 시 사용)
mkdir	디렉터리 생성
mount	기존 파일 시스템에 새로운 파일 시스템을 서브 디렉터리에 연결
chmod	특정 파일 또는 디렉터리의 퍼미션 수정
chown	파일 소유권 변경

■ 프로세스 기출 2020년 3회

fork	새로운 프로세스를 생성
exit	프로세스 종료
getpid	호출한 프로세스의 프로세스 ID를 출력

■ 검색

find	특정한 파일을 찾는 명령어
grep	입력으로 전달된 파일의 내용에서 특정 문자열을 찾을 때 사용하는 명령어

■ 디스크 사용

du	파일 크기를 kbyte 단위로 출력

■ 사용자

finger	사용자의 계정 정보를 출력
who	호스트에 로그인 한 사용자 정보를 출력

읽는 강의

주요 로그 파일
- syslog: 운영체제 및 응용프로그램의 주요 동작 내역
- utmp: 현재 로그인한 각 사용자의 기록
- wtmp: 사용자의 로그인, 로그아웃 시간과 시스템의 종료 시간, 시스템 시작 시간 등의 기록
- btmp: 5번 이상 로그인 실패한 정보를 기록

fork
프로세스를 생성하고자 할 때 사용하며, fork를 호출하는 프로세스는 부모 프로세스가 되고 새롭게 생성되는 프로세스는 자식 프로세스가 된다. 생성된 자식 프로세스는 부모 프로세스의 메모리를 그대로 복사하여 가지게 되고, 이후 코드부터 각자의 메모리를 사용하여 실행된다.

개념확인 문제

기출 2019년 3회

01 UNIX 운영체제에 관한 특징으로 가장 옳지 않은 것은?

① 하나 이상의 작업에 대하여 백그라운드에서 수행 가능하다.
② Multi-User는 지원하지만 Multi-Tasking은 지원하지 않는다.
③ 트리 구조의 파일 시스템을 갖는다.
④ 이식성이 높으며 장치 간의 호환성이 높다.

기출 2015년 3회, 2019년 2회, 2020년 1, 2회 통합

02 UNIX의 쉘(Shell)에 관한 설명으로 옳지 않은 것은?

① 명령어 해석기이다.
② 시스템과 사용자 간의 인터페이스를 담당한다.
③ 여러 종류의 쉘이 있다.
④ 프로세스, 기억장치, 입출력 관리를 수행한다.

기출 2018년 2회

03 유닉스의 i-node에 포함되는 정보가 아닌 것은?

① 디스크 상의 물리적 주소
② 파일 소유자의 사용자 식별 번호
③ 파일이 처음 사용된 시간
④ 파일에 대한 링크 수

정답 & 해설

01 유닉스(UNIX)의 특징: 대화식 운영체제(Shell), 멀티태스킹, 멀티유저 환경, 계층적 파일 시스템, 이식성, 유연성, 호환성, 보안 및 보호 기능

02 쉘(Shell)은 유닉스 시스템과 사용자 사이의 인터페이스를 제공하는 것을 말한다. 즉, 사용자가 문자열들을 입력하면 그것을 해석하여 그에 따르는 명령어를 찾아서 커널에 알맞은 작업을 요청하게 된다.

03 • i-node에 포함되는 정보
- 파일 소유자의 사용자 번호
- 파일이 만들어진 시간
- 데이터가 담긴 블록의 주소
- 디스크 상의 물리적 주소
- 파일에 대한 링크 수

| 정답 | 01 ② 02 ④ 03 ③

개념적용 문제

01 모듈화

01 난이도 상 중 하 2015년 2회

바람직한 모듈의 설계 지침이 아닌 것은?

① 유지보수가 용이해야 한다.
② 가능한 모듈을 독립적으로 생성하고 결합도를 최대화 한다.
③ 복잡도와 중복성을 줄이고 일관성을 유지시킨다.
④ 모듈의 기능은 지나치게 제한적이어서는 안된다.

02 난이도 상 중 하 2017년 3회

모듈의 응집도(Cohesion)에 대한 설명으로 틀린 것은?

① 모듈의 응집도란 모듈안의 요소들이 서로 관련되어 있는 정도를 말한다.
② 기능적 응집도(Functional Cohesion)는 한 모듈 내부의 한 기능 요소에 의한 출력 자료가 다음 기능 원소의 입력 자료로서 제공되는 형태이다.
③ 교환적 응집도(Communication Cohesion)는 동일한 입력과 출력을 사용하는 소작업들이 모인 모듈에서 볼 수 있다.
④ 논리적 응집도(Logical Cohesion)는 유사한 성격을 갖거나 특정 형태로 분류되는 처리 요소들로 하나의 모듈이 형성되는 경우이다.

03 난이도 상 중 하 2017년 2회

모듈(Module)의 응집도(Cohesion)가 약한 것부터 강한 순서로 옳게 나열된 것은?

① 기능적 응집 → 시간적 응집 → 논리적 응집
② 시간적 응집 → 기능적 응집 → 논리적 응집
③ 논리적 응집 → 시간적 응집 → 기능적 응집
④ 논리적 응집 → 기능적 응집 → 시간적 응집

04 난이도 상 중 하 2017년 2회, 2020년 3회

다음 중 가장 결합도가 강한 것은?

① Data Coupling
② Stamp Coupling
③ Common Coupling
④ Control Coupling

05 난이도 상 중 하 2014년 3회, 2020년 4회

응집도의 종류 중 서로 간에 어떠한 의미 있는 연관 관계도 지니지 않는 기능 요소로 구성되는 경우이며, 서로 다른 상위 모듈에 의해 호출되어 처리상의 연관성이 없는 서로 다른 기능을 수행하는 경우의 응집도는?

① Functional Cohesion
② Sequential Cohesion
③ Logical Cohesion
④ Coincidental Cohesion

02 운영체제 기초 활용

06 난이도 상 중 하 2014년 3회

운영체제의 역할로 거리가 먼 것은?

① 고급 언어로 작성된 소스 프로그램을 기계어로 변환시킨다.
② 사용자 간의 데이터를 공유하게 해 준다.
③ 사용자와 컴퓨터 시스템 간의 인터페이스 기능을 제공한다.
④ 입·출력 역할을 지원한다.

07 난이도 상중하

2018년 1회

프로세스의 상태 전이에 속하지 않는 것은?

① Dispatch ② Spooling
③ Wake up ④ Workout

08 난이도 상중하

프로세스(Process)에 대한 설명으로 옳은 것을 모두 고른 것은?

> ㉠ 실행 가능한 PCB를 가진 프로그램
> ㉡ 프로세서가 할당하는 개체로서 디스패치가 가능한 단위
> ㉢ 목적 또는 결과에 따라 발생되는 사건들의 과정
> ㉣ 동기적 행위를 일으키는 주체

① ㉠, ㉡, ㉢ ② ㉠, ㉡, ㉣
③ ㉠, ㉢, ㉣ ④ ㉡, ㉢, ㉣

09 난이도 상중하

2018년 1회

스레드의 특징으로 옳지 않은 것은?

① 실행 환경을 공유시켜 기억장소의 낭비가 줄어든다.
② 프로세스 외부에 존재하는 스레드도 있다.
③ 하나의 프로세스를 여러 개의 스레드로 생성하여 병행성을 증진시킬 수 있다.
④ 프로세스들 간의 통신을 향상시킬 수 있다.

10 난이도 상중하

2018년 2회

비선점(Non-Preemptive) 스케줄링에 해당하지 않는 것은?

① SRT(Shortest Remaining Time)
② FIFO(First In First Out)
③ 기한부(Deadline)
④ HRN(Highest Response-ration Next)

정답&해설

01 모듈화 〉 모듈화
② 모듈 간의 결합도는 최소화, 모듈 내의 응집력은 최대화되어야 독립성이 높아진다.

02 모듈화 〉 응집도
② 기능적 응집도: 모듈 내의 모든 요소가 한 가지 기능을 수행하기 위해 구성될 때, 이들 요소는 기능적 응집도로 결속되어 있다고 한다.

03 모듈화 〉 응집도
• 응집도

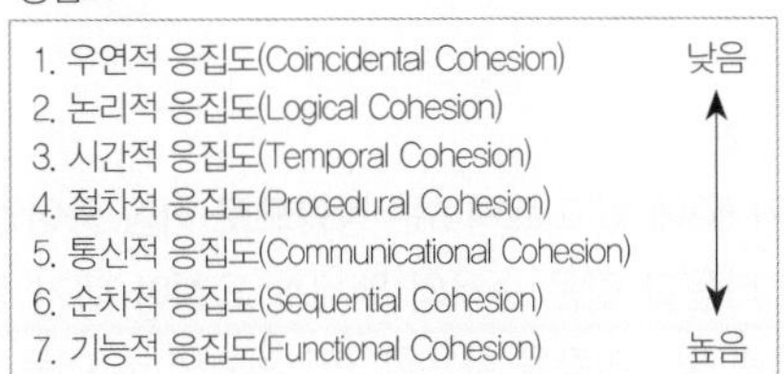

응집도	
1. 우연적 응집도(Coincidental Cohesion)	낮음
2. 논리적 응집도(Logical Cohesion)	↑
3. 시간적 응집도(Temporal Cohesion)	
4. 절차적 응집도(Procedural Cohesion)	
5. 통신적 응집도(Communicational Cohesion)	
6. 순차적 응집도(Sequential Cohesion)	↓
7. 기능적 응집도(Functional Cohesion)	높음

04 모듈화 〉 결합도
• 결합도

결합도	
1. 내용 결합도(Content Coupling)	높음
2. 공통 결합도(Common Coupling)	↑
3. 외부 결합도(External Coupling)	
4. 제어 결합도(Control Coupling)	
5. 스탬프 결합도(Stamp Coupling)	↓
6. 자료 결합도(Data Coupling)	낮음

05 모듈화 〉 응집도
④ 우연적 응집도(Coincidental Cohesion): 모듈 내부의 각 요소들이 서로 관계없는 것들이 모인 경우로 응집력이 가장 낮다.

06 운영체제 기초 활용 〉 운영체제
① 고급 언어로 작성된 소스 프로그램을 기계어로 변환하는 것은 컴파일러의 역할이다.

07 운영체제 기초 활용 〉 프로세스
• 프로세스 상태 전이 순서
- Dispatch: 준비 상태 → 실행 상태
- Timer Runout: 실행 상태 → 준비 상태
- Block: 실행 상태 → 대기 상태
- Wake Up: 대기 상태 → 준비 상태

② Spooling: 중앙처리 장치와 주변 정차 사이의 속도 차이를 해결한다.

08 운영체제 기초 활용 〉 프로세스
① 프로세스는 실행 중인 프로그램을 의미하며, 비동기적 행위를 일으키는 주체라고 할 수 있다.

09 운영체제 기초 활용 〉 프로세스
② 스레드(Thread)는 프로세스의 실행 단위에 해당되며, 내부에 존재한다.

10 운영체제 기초 활용 〉 프로세스
① SRT(Shortest Remaining Time)는 선점형 스케줄링에 해당된다.

| 정답 | 01 ② 02 ② 03 ③ 04 ③ 05 ④ 06 ① 07 ④ 08 ① 09 ② 10 ①

11 난이도 상중하 2017년 3회, 2021년 1회

교착상태가 발생할 수 있는 조건이 아닌 것은?

① Mutual exclusion ② Hold and wait
③ Non preemption ④ Linear wait

12 난이도 상중하 2013년 2회

현재 헤드 위치가 53에 있고 트랙 0번 방향으로 이동 중이었다. 요청 대기 큐에 다음과 같은 순서의 액세스 요청이 대기 중일 때 SSTF 스케줄링 알고리즘을 사용한다면 헤드의 총 이동거리는 얼마인가? (단, 트랙 0번이 가장 안쪽에 위치한다.)

> 요청 대기 큐 : 98, 187, 37, 122, 14, 124, 65, 67

① 202 ② 236
③ 240 ④ 320

03 유닉스

13 난이도 상중하 2019년 3회

UNIX의 쉘(Shell)에 대한 설명으로 가장 옳지 않은 것은?

① 시스템과 사용자 간의 인터페이스를 담당한다.
② 프로세스 관리, 파일 관리, 입·출력 관리, 기억장치 관리 등의 기능을 수행한다.
③ 명령어 해석기 역할을 한다.
④ 사용자의 명령어를 인식하여 프로그램을 호출한다.

14 난이도 상중하 2013년 3회

UNIX에서 파일 내용을 화면에 표시하는 명령과 파일의 소유자를 변경하는 명령을 순서적으로 옳게 나열한 것은?

① dup, mkfs ② cat, chown
③ type, chmod ④ type, cat

정답&해설

11 운영체제 기초 활용 〉 교착상태
- 교착상태 4대 발생 조건
  - ❶ 상호배제(Mutual Exclusion)
  - ❷ 점유와 대기(Hold & Wait)
  - ❸ 비선점(Non Preemption)
  - ❹ 환형대기(순환대기, Circular Wait)

12 운영체제 기초 활용 〉 디스크 스케줄링
SSFT(Shortest Seek Time First)는 탐색 거리가 가장 짧은 트랙에 대한 요청을 먼저 서비스하는 기법이다.
- 트랙 이동 순서: 53 → 65 → 67 → 37 → 14 → 98 → 122 → 124 → 187
- 총 이동 거리: 12 + 2 + 30 + 23 + 84 + 24 + 2 + 63 = 240

13 유닉스 〉 유닉스 시스템 핵심 구조
② 쉘(Shell)은 유닉스 시스템과 사용자 사이의 인터페이스를 제공하는 것을 말한다. 즉, 사용자가 문자열들을 입력하면 그것을 해석하여 그에 따르는 명령어를 찾아서 커널에 알맞은 작업을 요청하게 된다.

14 유닉스 〉 유닉스 시스템 핵심 구조
- cat: 파일 내용을 화면에 출력
- chown: 파일 소유권 변경

오답 해설
- dup: 새로운 디스크립터로 복사
- mkfs: 파일 시스템을 생성
- type: 지정된 명령어가 쉘에 내장된 명령어인지, 외부 명령어인지, 앨리어스 명령어인지 등을 확인
- chmod: 특정 파일 또는 디렉터리의 퍼미션 수정

| 정답 | **11** ④ **12** ③ **13** ② **14** ②

Chapter

02 프로그래밍 언어 활용

반복이 답이다! | □ 1회독 월 일 | □ 2회독 월 일 | □ 3회독 월 일

01 프로그래밍 언어의 개념

읽는 강의

기출 키워드
- 스크립트 언어
- 라이브러리
- 파이썬
- 클래스

출제 예상 키워드
- 추상화
- 객체지향

1 프로그래밍 언어

(1) 프로그래밍 언어의 개념

① 프로그래밍 언어는 컴퓨터 시스템을 동작시키는 프로그램을 작성하기 위한 언어이다.

② 인간과 컴퓨터 사이에 의사소통을 하기 위한 방법으로 만들어진 언어를 컴퓨터 프로그래밍 언어라 한다.

③ 초기의 프로그래밍 언어는 기계가 쉽게 해독하여 명령을 실행할 수 있는 기계 중심 언어였으나 시간이 지남에 따라 사람이 이해하기 쉽게 작성할 수 있는 사람 중심의 다양한 고급 언어가 개발되었다.

(2) 프로그래밍 언어의 정의

① **프로그램**: 논리적·산술적이며, 신속하게 처리해야 할 기능들을 프로그래밍 언어로 구현한 명령어와 관련 데이터의 집합체를 말한다.

② **프로그래밍 언어**
- 사람이 컴퓨터에 작업 절차를 알려 주는 데 사용되는 기호 체계
- 컴퓨터에 작업을 지시할 수 있는 추상(Abstraction) 모형을 구현하는 도구

③ 기계가 읽을 수 있고, 사람이 읽을 수 있는 형식으로 계산을 서술하기 위한 표기 체계이다.

2 프로그래밍 언어의 분류

(1) 사용 목적에 의한 분류

① **범용 언어**: 응용 분야가 제한되지 않음
- 종류: BASIC, Pascal, C 언어, C++

② **과학 응용 분야**: 간단한 데이터 구조, 효율성 강조
- 종류: FORTRAN, ALGOL60

③ **사무 응용 분야**: 상세한 보고서를 생성할 수 있으며, 십진수 산술 연산을 표현
- 종류: COBOL

④ **인공지능 분야**: 수치 계산보다는 기호 계산 사용, 융통성 강조
- 종류: LISP, Prolog

⑤ **시스템 프로그래밍**: 운영체제와 컴퓨터 시스템에 속한 모든 프로그래밍 지원 도구이며, 실행 효율성 및 저급 수준의 처리 필요
- BLISS, ALGOL, C

개발 언어 선정 기준
- 범용성
- 적정성
- 효율성
- 이식성
- 친밀성

⑥ **스크립트 언어**: 파일 관리나 필터링 등의 수행을 위해 사용되기 시작했으며, 스크립터라 불리는 명령들의 리스트를 한 개의 파일에 작성 기출 2020년 1, 2회

- 종류: Perl, ASP, PHP, JSP, Javascript

(2) 저급 언어와 고급 언어

저급 언어	• 컴퓨터 시스템이 이해하기 쉬운 언어이다. • 기계어와 어셈블리어가 해당된다. – 기계어: 2진수 형태로 표현되며, 컴퓨터가 직접 이해할 수 있는 언어로 처리 속도가 빠르다. – 어셈블리어(Assembly Language): 기계어와 1:1로 대응되는 기호로 이루어진 언어이며, Mnemonic(연상 기호) 언어라고도 한다.
고급 언어	• 인간이 사용하는 언어와 비슷한 형태의 언어이며, 컴파일 언어와 인터프리터 언어가 있다. • 컴파일 언어: FORTRAN, COBOL, ALGOL, PL/1, PASCAL, C, ADA 등 • 인터프리터 언어: BASIC, APL, SNOBOL, LISP 등

읽는 강의

프리프로세서(Preprocessor)
고급 언어로 작성된 프로그램을 또 다른 고급 언어를 가진 코드로 변환해 주는 역할을 한다(매크로도 여기에 해당된다.).

3 프로그래밍 언어의 역사

(1) 제1세대 언어(1950년~1950년대 말)

① 프로그래밍 언어의 발명과 기본 개념이 확립된 시기로 장차 개발될 프로그래밍 언어에 대한 전반적인 방향이 제기되었다.

② 기계어에서 어셈블리어가 출현하였다.

(2) 제2세대 언어(1950년대말~1960년대)

① 다양한 프로그래밍 언어가 개발된 시기로 언어에 대한 이론적인 개념과 모형 등이 폭넓게 발표된 발명과 이론 정립의 시기로 볼 수 있다.

② FORTRAN(FORmula TRANslation)

- FORTRAN I의 기능에 주프로그램과 부프로그램 사이에 자료 전달이 가능하게 CALL, COMMON, FUNCTION, RETURN 등의 명령을 추가시켜 만든 FORTRAN Ⅱ가 1958년에 발표되었다.
- 1960년대에 들어와 FORTRAN Ⅲ, FORTRAN Ⅳ로 발전되면서 과학계산용 언어로 확고한 위치를 굳히게 되었다.
- 1970년대 말에는 보다 다양한 기능을 갖춘 FORTRAN 77이 나왔다.

③ COBOL(COmmon Business Oriented Language): 사무처리용 언어로 개발된 프로그래밍 언어로 1959년에서 1960년에 걸쳐서 완성되었다.

④ ALGOL(ALGOrithmic Language): ALGOL 58은 보다 발전된 형태로 1960년에 ALGOL 60으로 발표되었다. ALGOL 60은 언어의 발달사에 큰 영향을 끼친 언어로 다음과 같은 특징과 의의를 갖고 있다.

- 최초의 블록 구조 언어로서 구조적 프로그래밍에 도움을 주었다.
- 언어 구문의 형식을 정의하는 기법인 BNF(Backus Naur Form) 표기법을 최초로 사용하여 ALGOL 구문을 정의하였다.
- 언어의 구조가 통일성 있게 명확하다.
- 동질성의 배열과 수치 자료 처리를 강조한 과학계산용 언어이다.
- Begin과 End로 블록 구조를 구성할 수 있으며 블록들 사이에서 변수 범위 규칙(Scope Rule)이 적용된다.
- 변수들의 기억장소 배정은 정적(Static) 및 동적(Dynamic)으로 할당하는 기법을 사용한다.
- 주프로그램과 부프로그램 사이의 인수 전달은 **Call by value** 또는 **Call by name** 방식을 사용한다.

Call by value
실매개변수의 값이 대응하는 형식매개변수에 일대일로 전달되는 기법이다. 실매개변수와 형식매개변수는 서로 다른 기억장소를 각각 갖게 되어 형식매개변수의 값이 변해도 실매개변수의 값은 변하지 않는다.

Call by name
ALGOL 60에서 처음 구현된 매개변수 전달기법으로 형식매개변수가 사용될 때마다 대응하는 실매개변수의 값이 사용된다. 즉 부프로그램이 실행되기 전에 형식매개변수를 대응하는 실매개변수로 바꾸어 놓은 것과 같으며 이러한 기법을 Copy Rule이라 한다.

⑤ LISP(LISt Processing): 미국 MIT 대학의 존 매카시(J. McCarthy) 교수 등에 의해 1960년에 개발된 언어로 인공지능과 관련된 문제 처리에 적합하다.

⑥ SNOBOL(StriNg Oriented Symbolic Language)

- SNOBOL은 1962년에 문자열(String)을 손쉽게 처리하기 위하여 개발된 후 계속적인 보완을 하여 1967년에 SNOBOL 4가 발표되었다.
- SNOBOL 4는 문자열을 연산하기 위한 여러 가지 함수와 스트링, 배열, 테이블 등의 자료형을 제공한다.

⑦ PL/1(Programming Language One)

- PL/1은 이미 개발되어 사용 중인 FORTRAN, COBOL, ALGOL 등의 언어를 연구하여 이들 언어가 갖고 있는 기능의 장점을 모두 포함시켜 만든 언어이다.
- 프로그래밍 언어로서 큰 각광을 받을 것으로 전망되었으나 기대만큼의 활용은 되지 않았다. 이는 다양한 기능을 갖고 있으나 지나칠 정도로 선택이 많고, **컴파일러**의 구성이 다양한 기능만큼 복잡하며 방대하기 때문이라는 견해다.

⑧ APL(A Programming Language)

- 1962년 수학 계산 및 자료 처리를 목적으로 개발된 언어였으나 나중에 스칼라, 벡터, 행열 등의 연산에 알맞도록 개선되었다.
- 자료 처리 시 배열을 기본 원소로 하기 때문에 전문적인 배열 처리가 가능하며, 배열의 크기를 실행 시간에 가변적으로 처리할 수 있다.

⑨ BASIC(Beginner's All purpose Symbolic Instruction Code)

- 1965년 Kertz와 kemeny가 프로그래밍 언어를 처음 배우는 사람들을 위해 개발한 대화식 언어이다.
- 언어 구조는 간단하나 GOTO문에 의존하기 때문에 복잡한 프로그램을 작성할 경우에 알고리즘 구현 및 수정이 어려웠다.

읽는 강의

컴파일러(Compiler)
원시 프로그램을 목적 프로그램 또는 기계어로 변환하는 번역기이다.

(3) 제3세대 언어(1970년대)

① 새로운 이론, 새로운 언어 개발보다는 복잡한 대형 프로그램을 처리할 수 있는 도구를 개발하는 데 중점을 둔 시기이다. 따라서 모듈화, 블록 구조를 지원하는 프로그래밍 언어가 개발된 시기이다.

② PASCAL: 1971년 니클라우스 워스(N. Wirth) 교수에 의해 개발된 ALGOL W의 후속 언어로, 범용 및 교육용으로 체계적인 프로그래밍에 대한 개념을 가르치고, 효율적이고 안정된 소프트웨어 구현을 위하여 개발된 언어다.

③ C: 1972년 PDP-7의 UNIX 운용 조직에 사용하기 위하여 데니스 리치(Dennis Ritchie)가 개발한 시스템 프로그래밍 언어지만 기종에 관계없이 텍스트 처리, 수치해석, 데이터베이스 개발 등에 사용할 수 있는 범용적인 프로그래밍 언어라 할 수 있다.

④ Ada: 미 국방성 지원 아래 1975년에서 1979년에 걸쳐 개발된 언어로 시스템 프로그래밍, 수학 문제 처리, 실시간 처리, 병렬 처리 등에 응용할 수 있는 기능을 갖고 있다.

⑤ CLU: 추상화 기법을 사용하였고, 일관성 있는 접근 방식으로 자료 추상화, 제어 추상화, 예외 처리 방식을 제공한다.

⑥ ML(Meta Langguage): 1978년에, 에든버러 대학의 Robin Milner가 개발하였으며, 언어는 간결하나, 확장성에 의해 대형 프로그램의 개발이 가능하다.

⑦ Prolog: 선언적인 논리 언어이며, 논리 프로그래밍 언어를 대표하는 주요 언어이다. (인공지능 분야-정리 증명, DB 설계 S/W 공학, 자연어 처리 등에 널리 이용)

⑧ C++: C 언어의 기능을 확장하여 만든 객체지향형 프로그래밍 언어이다.

⑨ JAVA: 1994년 제임스 고슬링(Jemes Gosling)에 의해 개발된 언어로 현재 웹 프로그래밍 기반 언어로 주로 사용되고 있다. (내장 가전제품 장치를 위한 언어라는 특정 분야의 언어로 시작하였다.)

⑩ C#: 객체지향 프로그래밍 언어의 하나이며, 모든 것을 객체로 취급하는 컴포넌트 프로그래밍 언어이다.

⑪ Python 기출 2021년 3회

- 1991년 귀도 반 로섬(Guido van Rossum)에 의해 개발된 객체지향 인터프리티드 스크립트 언어이다.
- 바이트 코드는 기계에 독립적이어서 다른 하드웨어나 소프트웨어 플랫폼에서 재컴파일 없이 수행되며, 보통 멀티패러다임 언어라고 한다.
- 매우 간단한 문법을 사용해 사용하기 쉽고 배우기 쉽다.
- 강력한 기능을 갖고 있어 빠른 프로토타입 개발이 가능하다.

읽는 강의

(4) 제4세대 언어(Fourth-generation language)

① 「제4세대 언어」의 용어는 제1세대 언어를 기계어, 제2세대 언어를 어셈블리어, 제3세대 언어를 컴파일 언어라는 개념으로 구분할 때 이들 언어에 비해 훨씬 발전된 초고급 언어라는 뜻으로 붙여진 이름이다.

② 제4세대 언어는 일반 고급 언어의 기능뿐만 아니라, 문제풀이를 위한 절차나 과정보다는 '무엇을 할 것인가?'하는 목적을 기술하는 비절차적 언어이다. 즉 절차적 언어는 「HOW」 중심이며, 비절차적 언어는 「WHAT」 중심의 기능을 갖는 언어로 볼 수 있다.

③ 제4세대 언어가 지원하는 것으로는 데이터베이스 질의어, 응용 프로그램 생성기, 보고서 작성기(Report Generator) 등이 있다.

④ 제4세대 언어는 일명 초고급 언어(Very high level Language), 비절차 언어(Non-Procedural Language), 사용자 중심 언어(User-oriented Language)라고 한다.

4 프로그래밍 언어에서의 추상화

(1) 추상화(Abstraction)의 개념

① 속성들의 일부분만을 가지고 주어진 작업이나 객체들을 필요한 정도로 묘사할 수 있는 방법을 지원하는 것이다.

② 필수적인 속성만으로 주어진 것을 묘사하므로 나머지 속성들은 추상화되거나 숨겨지거나 삭제된다.

(2) 추상화의 범주

① **자료 추상화**: 문자열, 수, 탐색 트리와 같은 계산의 주체가 되는 자료의 특성을 추상화한 것

② **제어 추상화(알고리즘 추상화)**: 실행 순서의 수정을 위한 제어의 특성을 추상화한 것

예 반복문, 조건문, 프로시저 호출 등

③ **추상화에 포함된 정보의 양에 따른 분류**

기본적 추상화 (Basic Abstraction)	가장 지역적인 기계 정보에 대한 추상화
구조적 추상화 (Structured Abstraction)	보다 전역적인 정보인 프로그램의 구조에 대한 추상화
단위 추상화 (Unit Abstraction)	단위 프로그램 전체에 대한 정보의 추상화

(3) 자료 추상화

① **기본적 추상화(Basic Abstraction)**: 컴퓨터 내부 자료 표현 추상화

② **구조적 추상화(Structured Abstraction)**: 관련된 자료의 집합을 추상화

③ **단위 추상화(Unit Abstraction)**: 자료의 생성과 사용에 대한 정보를 한 장소에 모아 두고, 자료의 세부사항에 대한 접근을 제한하는 도구

읽는 강의

(4) 제어 추상화

① **기본적 추상화(Basic Abstraction)**: 몇 개의 기계 명령어를 모아 이해하기 쉬운 추상 구문으로 만든 것

② **구조적 추상화(Structured Abstraction)**: (검사 값에 따라) 분할된 명령어 그룹 수행

③ **단위 추상화(Unit Abstraction)**: 프로시저의 집합을 추상화(관련된 프로시저 그룹 추상화)

더 알아보기 추상화의 종류

종류	내용
과정 추상화	자세한 단계를 고려하지 않고, 상위 수준에서 수행 흐름만 먼저 설계한 것
자료 추상화	문자열, 수, 탐색 트리와 같은 계산의 주체가 되는 자료의 특성을 추상화한 것
제어 추상화	실행 순서의 수정을 위한 제어의 특성을 추상화한 것

5 구조적 프로그래밍

(1) 구조적 프로그래밍(Structured Programming)의 개념

구조적 프로그래밍에 대한 개념은 프로그래밍 내에 GOTO문을 사용함으로서 발생되는 문제점을 없애려고 시작되었다. 따라서 GOTO문을 가능한 사용하지 않고 프로그래밍하는 것을 구조적 프로그래밍의 기본이라 할 수 있다.

(2) 구조적 프로그래밍의 특징

① GOTO문을 가능한 사용하지 않고 프로그램을 작성한다.

② 논리 구조는 순차, 반복, 선택만을 사용하여 프로그램을 작성한다.

③ 프로그램 설계는 위에서 아래로 하향식 기법으로 하고, 처리 내용은 기능별로 분할하여 모듈 단위로 구성한다.

④ 각 모듈은 하나의 입구와 출구를 가지게 하며, 모듈별로 가능한 독립적이 되도록 한다.

⑤ 프로그램의 외관적인 형태도 구조적이 되도록 코딩한다.

더 알아보기 GOTO문의 장점과 단점

장점	단점
• 완전한 범용성 • 이론적으로 거의 모든 알고리즘은 GOTO문만으로 표현 가능	• 프로그램이 빈약하게 설계 • 디버깅이 어려움 • 프로그램을 이해하기 어려움 • 가독성이 낮아져 유지보수 비용이 많이 듦

(3) 구조적 프로그래밍의 논리 구조

① **순차 구조**: 하나의 작업이 수행되고 순차적으로 다음 작업을 진행한다.

▲ 순차 구조의 예

② **선택 구조:** 조건에 따라 하나의 작업을 선택해서 진행한다.

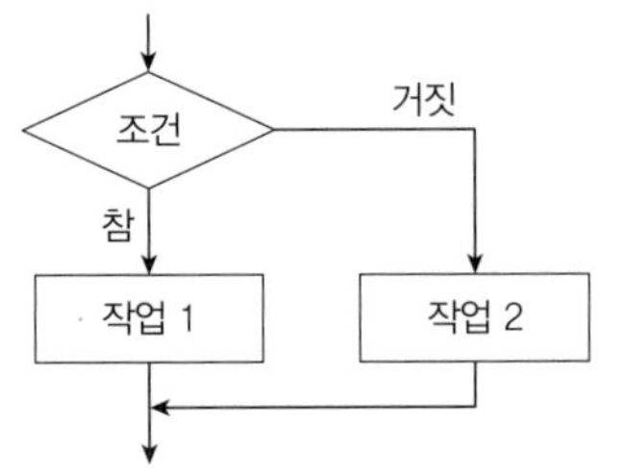

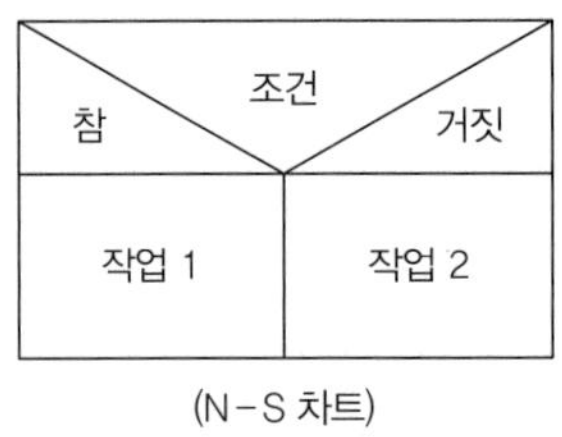

(N-S 차트)

▲ 선택 구조의 예

③ **반복 구조:** 조건에 따라 특정 작업을 반복 처리한다.

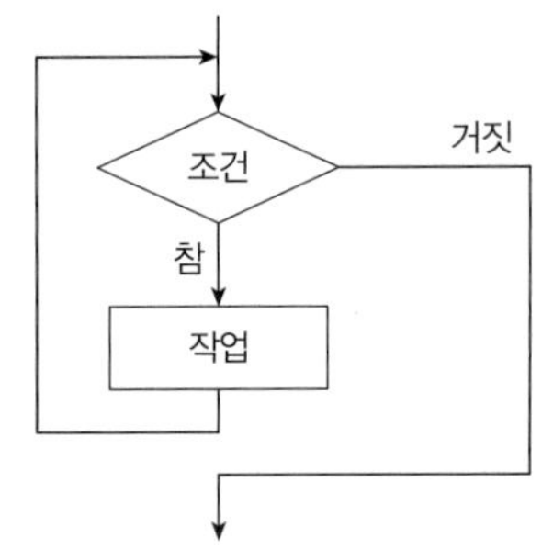

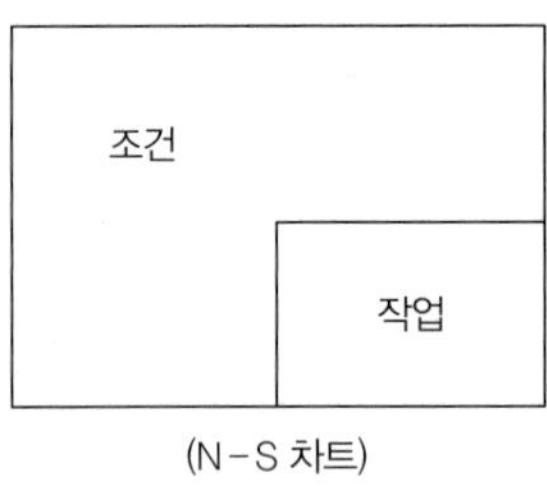

(N-S 차트)

▲ 반복 구조의 예

(4) 구조적 설계의 효과

① 기존의 방식에 비하여 보다 많은 규칙성을 부여함으로써, 설계 시간이 단축되고 프로그램의 정확도가 높아진다.

② 기본적인 논리 구조만을 가지고 설계함으로써, 프로그램의 구조를 보다 간결하게 표현할 수 있다.

③ 프로그램을 모듈화함으로써 오류 수정 및 삽입과 삭제가 용이하다.

④ 작업의 흐름과 코딩 순서가 일치하므로, 논리 흐름을 쉽게 이해할 수 있다.

6 객체지향 프로그래밍

(1) 객체지향의 개요

① 1966년 Simula 67 프로그래밍 언어를 개발하면서, 시스템의 한 구성원으로서 한 행위를 행할 수 있는 하나의 단위로 객체라는 개념을 사용했다.

② 객체지향 기법에서의 시스템 분석은 문제 영역에서 객체를 정의하고, 정의된 객체들 사이의 상호작용을 분석하는 것이다.

③ 객체지향 기법은 복잡한 시스템의 설계를 단순하게 한다. 시스템은 하나 또는 그 이상의 규정된 상태를 갖는 객체들의 집합으로 시각화될 수 있으며, 객체의 상태를 변경시키는 연산은 비교적 쉽게 정의된다.

④ 소프트웨어 설계 개념의 추상화, 정보 은닉, 그리고 모듈성에 기초한다.

⑤ 상속성, 상향식 방식, 캡슐화, 추상 데이터형을 이용한다.

⑥ 하나의 객체지향 프로그램은 여러 개의 객체들로 구성되며, 각 객체는 소수의 데이터와 이 데이터 상에 수행되는 소수의 함수들로 구성된다.

⑦ 객체지향 시스템에서는 객체라는 개념을 사용하여 실세계를 표현 및 모델링하며, 객체와 객체들이 모여 프로그램을 구성한다. 전체 시스템은 각각 자체 처리 능력이 있는 객체로 구성되며, 객체들 간의 상호 정보 교환에 의해 시스템이 작동한다.

더 알아보기 객체지향 프로그래밍 언어의 종류

- 객체 기반 언어: 객체만 지원, 추상 자료형의 객체를 정의하여 쓸 수 있도록 한 언어이다. 상속의 개념이 없으므로 클래스(Class)를 정의하지 않고 잘 정의된 객체만을 쓴다. (Ada, Actor, JavaScript)
- 클래스 기반 언어: 객체, 클래스의 개념만 지원한다. (Clu)
- 객체지향 언어: 객체, 클래스, 상속의 개념을 지원한다. (Simula, Ada95, Java, C++, Smalltalk)

읽는 강의

(2) 객체지향의 기본 개념

① 객체(Object)

- 객체는 실세계 또는 개념적으로 존재하는 세계의 사물들이다.
- 객체는 데이터를 가지며 이 데이터 값을 변경하는 함수를 가지고 있는 경우도 있다.
- 데이터와 그것을 사용하는 연산을 하나의 모듈로 구성한 것으로, 개별 자료 구조와 프로세스들로 구성된다.

(데이터(속성) + 연산(메소드)) → 객체

- 객체는 인터페이스인 공유 부분을 가지며, 객체마다 각각의 상태(State)를 가지고 있다.
- 객체는 하나의 실체로 그 실체가 지닌 특징과 그 실체가 할 수 있는 행동 방식으로 구성된다.
- 프로그램 상에서 각 객체는 필요로 하는 데이터와 그 데이터 위에 수행되는 함수들을 가진 작은 소프트웨어 모듈이다.
- 객체는 식별성을 가진다.

메소드(Method)

- 연산은 객체가 어떻게 동작하는지를 규정하고 속성의 값을 변경시킨다.
- 연산은 메시지에 의해 불리어질 수 있는 제어와 절차적 구성 요소이다.

② 클래스(Class) 기출 2022년 1회

- 개요
  - 동일한 **속성**, 공통의 행위, 다른 객체 클래스에 대한 공통의 관계성, 동일한 의미를 가지는 객체들의 집합으로 모든 객체는 반드시 클래스를 통해서 정의될 수 있다.
  - 클래스라는 개념은 객체 타입으로 구현된 소프트웨어를 의미한다. 클래스는 동일한 타입의 객체들의 메소드와 변수들을 정의하는 템플릿(Templete)이다.
  - 하나 이상의 유사한 객체들을 묶어 공통된 특성을 표현한 데이터 추상화를 의미한다.
  - 클래스 내의 모든 객체들은 속성의 값만 달리할 뿐, 동일한 속성과 행위(연산, 메소드)를 갖게 된다.
- 추상 클래스(Abstract Class)
  - 서브 클래스들의 공통된 특성을 하나의 슈퍼 클래스로 추출하기 위한 목적으로 생성된 클래스로 재사용 부품을 이용하여 확장할 수 있는 개념이다.
  - 일반 클래스와는 달리 객체를 생성할 목적을 가지고 있지 않으며 또한 생성할 수도 없다. 점진적 개발이 용이하다.

속성

- 객체가 가지고 있는 특성으로, 현재 상태(객체의 상태)를 의미한다.
- 속성은 개체의 상태, 성질, 분류, 식별, 수량 등을 표현한다.

③ 메시지(Message)

- 한 객체가 다른 객체의 모듈을 부르는 과정으로, 외부에서 하나의 객체에 보내지는 행위의 요구이다.
  - 인터페이스를 통해 전달되며 객체 상에 수행되어야 할 연산을 기술한다.
  - 일반 프로그래밍 과정에서 함수 호출에 해당된다.
  - 메시지의 구성 요소: 메시지를 받는 객체(수신 개체), 객체가 수행할 메소드 이름(함수 이름), 메소드를 수행하는 데 필요한 인자(매개 변수)

④ 다형성(Polymorphism)

- 같은 메시지에 대해 각 클래스가 가지고 있는 고유한 방법으로 응답할 수 있는 능력을 의미한다.
- 두 개 이상의 클래스에서 똑같은 메시지에 대해 객체가 서로 다르게 반응하는 것이다.

- 주로 동적 바인딩에 의해 실현된다.
- 각 객체가 갖는 메소드의 이름은 중복될 수 있으며, 실제 메소드 호출은 덧붙여 넘겨지는 인자에 의해 구별된다.

⑤ 상속성

- 새로운 클래스를 정의할 때 처음부터 모든 것을 다 정의하지 않고 기존의 클래스들의 속성을 상속받고 추가로 필요한 속성만 추가하는 방법이다.
- 높은 수준의 개념은 낮은 수준의 개념으로 특정화된다.
- 상속 관계에서 하위 계층은 상위 계층의 특수화(Specialization) 계층이 되며, 상위 계층은 하위 계층의 일반화(Generalization) 계층이 된다.
- 객체지향 프로그래밍 언어에서 상속이란 개념은 간단히 클래스를 더 구체적인 클래스로 발전시킬 수 있는 도구이다.
- 클래스 계층은 요구된 속성들과 연산들이 새로운 클래스에 의해 상속받을 수 있게 재구성될 수 있으며, 새로운 클래스는 상위 클래스로부터 상속받고 필요한 것들이 추가될 수 있다.
- 상속을 받은 하위 클래스는 상위 클래스의 속성과 메소드를 자기의 특성에 맞게 수정하거나 확장할 수 있다는 오버라이딩(Overriding)과 연관된다.

⑥ 캡슐화(Encapsulation)

- 객체를 정의할 때 서로 관련성이 많은 데이터들과 이와 연관된 함수들을 정보처리에 필요한 기능을 하나로 묶는 것을 말한다.
- 객체의 내부적인 사항과 객체들 간의 외부적인 사항들을 분리시킨다.
- 사용자에게 세부 구현 사항을 감추고 필요한 사항들만 보이게 하는 방법으로, 객체의 사용자로 하여금 내부 구현 사항으로 접근을 방지한다.
- 데이터 구조와 이들을 조작하는 동작들은 하나의 개체인 클래스에 통합되므로, 컴포넌트 재사용을 용이하게 해준다.
- 캡슐화된 객체의 세부 내용이 외부에 은폐되어 변경이 발생해도 오류의 파급 효과가 적다.
- 캡슐화를 통해 정보 은닉을 구현할 수 있다.

⑦ 정보 은닉(Information Hiding)

- 객체의 상세한 내용을 객체 외부에 철저히 숨기고, 단순히 메시지만으로 객체와의 상호작용을 하게 하는 것이다.
- 외부에서 알아야 하는 부분만 공개하고, 그렇지 않은 부분은 숨김으로써 대상을 단순화시키는 효과가 있다.
- 유지보수와 소프트웨어 확장 시 오류를 최소화할 수 있다.

더 알아보기 라이브러리 기출 2021년 1회

- 필요할 때 찾아서 쓸 수 있도록 모듈화되어 제공되는 프로그램이다.
- 프로그래밍 언어에 따라 일반적으로 도움말, 설치 파일, 샘플 코드 등을 제공한다.
- 모듈과 패키지를 총칭하며, 모듈이 개별 파일이라면 패키지는 파일들을 모아 놓은 폴더라고 볼 수 있다.

읽는 강의

- 캡슐화와 정보 은닉은 밀접한 관계를 갖는다. 캡슐화를 통해 정보 은닉의 특성을 갖게 할 수 있다.

표준 라이브러리

프로그래밍 언어에 기본적으로 포함되어 있는 라이브러리이다.

외부 라이브러리

개발자들이 필요한 기능을 만들어 공유한 것으로, 다운로드 후 설치해서 사용한다.

개념확인 문제

기출 2017년 제2회

01 객체에 대한 특성을 설명한 것으로 가장 옳지 않은 것은?

① 객체마다 각각의 상태를 갖고 있다.
② 식별성을 가진다.
③ 행위에 대하여 그 특징을 나타낼 수 있다.
④ 일정한 기억장소를 가지고 있지 않다.

기출 2019년 1회

02 객체지향 개념 중 하나 이상의 유사한 객체들을 묶어 공통된 특성을 표현한 데이터 추상화를 의미하는 것은?

① 메소드(Method)
② 클래스(Class)
③ 상속성(Inheritance)
④ 메시지(Message)

기출 2018년 1회

03 객체지향에서 정보 은닉과 가장 밀접한 관계가 있는 것은?

① Encapsulation
② Class
③ Method
④ Instance

정답 & 해설

01 ④ 객체는 힙이라는 기억공간에 일정한 크기를 갖는 기억장소를 가지고 있다.

02 ② 클래스는 공통된 속성과 행위를 갖는 하나 이상의 유사한 객체들의 집합이다.

03 정보 은닉(Information Hiding)은 객체의 상세한 내용을 객체 외부에 철저히 숨기고 단순히 메시지만으로 객체와의 상호작용을 하게 하는 것이다. 외부에서 알아야 하는 부분만 공개하고 그렇지 않은 부분은 숨김으로써 대상을 단순화시키는 효과가 있다. 캡슐화를 통해 정보 은닉을 구현할 수 있다.

| 정답 | 01 ④ 02 ② 03 ①

02 C 언어

읽는 강의

기출 키워드
- C 언어의 개요

출제 예상 키워드
- 연산자
- 제어문

1 C 언어의 개요 기출 2020년 1, 2, 3, 4회, 2021년 1, 2, 3회, 2022년 2회

(1) C 언어의 역사

① C 언어는 Bell 연구소에서 UNIX라는 운영체제에 사용하기 위한 시스템 프로그래밍 언어로 1970년대 초 데니스 리치(Dennis Ritchie)에 의해 개발되었다.

② C 언어의 뿌리는 최초의 구조적 언어인 ALGOL 언어이며, 데니스 리치는 동료인 켄 톰슨(Ken Thompson)이 만든 B 언어를 개량하여 C 언어를 만들었다.

③ UNIX는 처음에 어셈블리어로 작성되었으나 곧 C 언어로 다시 작성되었고, UNIX가 세상에 알려지면서 어셈블리어가 아닌 언어로 능력 있고 훌륭한 운영체제가 개발될 수 있다는 사실을 입증하는 결과를 가져왔다.

(2) C 언어의 특징

① C 언어 프로그램은 함수의 집합으로 구성된다.
- 각 루틴의 특성에 맞추어 각각의 함수를 만들어 두면 다른 응용 프로그램을 작성할 때도 그대로 이용할 수 있다.

② 이식성(Portable)이 높은 언어이다.
- C 언어로 작성된 프로그램은 거의 수정 없이 다른 컴퓨터 시스템에서 컴파일되고 실행된다.

③ 예약어(Reserved Word)가 간편하다.
- 기본적인 몇 가지의 예약어로 다양한 종류의 작업을 처리할 수 있는 프로그램을 개발할 수 있다.

④ 융통성과 강력한 기능을 갖고 있다.
- 과학 기술 및 업무용 프로그램뿐만 아니라 오락, 문서 작성기, 데이터베이스 등을 만드는 데 사용될 수 있고, 심지어는 운영체제와 또 다른 언어의 컴파일러를 개발하는 데 사용될 수 있는 언어이다.

⑤ 구조적 프로그램이 가능하다.
- 아무리 복잡한 논리 구조라도 GOTO문을 사용하지 않고 처리할 수 있다.

(3) 기본 구조

① 헤드 부분
- 외부 파일 편입(#include문)
- 매크로 정의(#define문)
- 전역 변수 및 사용자 정의 함수 선언

② 몸체 부분
- 함수 main( )은 C 프로그램에서 예약된 유일한 함수로 프로그램 실행 시 가장 먼저 수행된다. (모든 프로그램은 main 함수부터 실행 시작)
- main( ) 함수의 위치는 프로그램 내의 어디에나 위치할 수 있고, 반드시 한 번 기술되어야 한다.

강의 바로 보기

③ 사용자 정의 함수

- 처리할 내용에 맞게 함수를 정의하고, 경우에 따라서는 또 다른 함수를 호출할 수 있다.
- 실제 프로그램에서는 사용자 정의 함수가 여러 개 나열되어 완전한 프로그램이 된다.
- 함수 내부에서는 또 다른 함수를 정의할 수 없다.

(4) 전처리문(Preprocessor Statement)

컴파일하기 전에 원시 프로그램에 사용된 전처리문을 전처리가 확장시킨다.

■ 전처리문의 종류

전처리문	기능
#include	외부 파일을 원시 프로그램에 편입
#define	매크로 정의(함수 및 상수)
#undef	정의된 매크로를 취소
#if-#endif	조건에 따른 컴파일

```
#define  VAT  0.2
main( ) {
    int  a;
    a = VAT * 100;
    printf("%d", a);
}
```

▲ 원시 프로그램

```
main( ) {
    int a;

    a = 0.2 * 100;
    printf("%d",a);
}
```

▲ 확장된 원시 프로그램

■ 매크로는 중첩될 수 있다.

```
#define AA 5
#define BB AA + 4
```

예 매크로 정의 후 수식을 『y = AA * BB』로 기술했을 때 y의 값은?

y = AA * BB
y = AA * AA + 4
y = 5 * 5 + 4
y = 29

(5) C 언어 표준 라이브러리

stdio.h	데이터 입출력 기능
math.h	수학 함수
string.h	문자열 처리 기능
stdlib.h	자료형 변환, 난수 발생, 메모리 할당 등의 기능

읽는 강의

기출 2021년 2회

stdlib.h

C 언어 라이브러리이며 문자열을 수치 데이터로 바꾸는 문자 변환 함수와 수치를 문자열로 바꿔주는 변환 함수 등이 있다.

기출 2021년 1회

atoi( )

문자열을 정수형으로 변환하는 라이브러리 함수이다.

2 C 언어의 구성 요소

(1) 예약어(Reserved Word)

구분	종류
자료형	char, int, float, double, enum, void, struct, union, short, long, signed, unsigned 등

기억 분류	auto, register, static, extern
제어 구조	else, if~else, for, while, do~while, switch~case~default, break, continue, return, goto
연산자	sizeof

(2) 명칭(Identifier)

① 예약어만을 명칭으로 사용할 수 없다.
② 영문자, 숫자, 밑줄(_)을 사용하여 명칭을 구성할 수 있다.
③ 숫자로 시작해서는 안 된다.
④ 대문자와 소문자는 구별된다.

(3) 자료 표현

구분	종류	표현 방법	표기 방법	사용 예
숫자	정수	10진수	일반적인 정수형 표현	25, -356
		8진수	숫자 앞에 0을 붙인다.	075, 0653, 0111
		16진수	숫자 앞에 0X를 붙인다.	0X41, 0XFF
	실수		소수점이 있거나 숫자 끝에 f를 기술한다.	3.1415, 6.3, 74f
문자	문자		단일 따옴표로 묶는다.	'A', 'K'
	문자열		이중 따옴표로 묶는다.	"KOREA", "B"

(4) 자료형(Data Type)

구분	자료형	크기(byte)	허용 범위
문자형	char unsigned char	1 1	-128 ~127 0 ~ 255
정수형	short int unsigned int long unsigned long	2 4 4 4 4	$-2^{15} \sim 2^{15} - 1$ $-2^{31} \sim 2^{31} - 1$ $-2^{31} \sim 2^{31} - 1$ $-2^{31} \sim 2^{31} - 1$ $0 \sim 2^{32} - 1$
실수형	float double	4 8	
열거형	enum	2	$-2^{15} \sim 2^{15} - 1$
void형	void	함수와 포인터에서 이용	

(5) Escape Sequence

Escape sequence는 문자를 표현하는 한 가지 방법으로 역슬래쉬(\) 다음에 특정 기호를 기술하여 하나의 문자를 표현하는 것이다.

종류	의미	비고
'\n'	커서를 다음 행으로 이동	New line
'\r'	커서를 현재 행의 첫 번째로 이동	Return
'\t'	커서를 다음 탭 위치로 이동	Tab
'\b'	커서를 앞으로 한칸 이동	Back space
'\f'	인쇄용지를 1쪽 이동(Page skip)	Form feed
'\a'	소리 발생('삑'하고 경고음이 발생)	Beep
'\''	단일 따옴표(')를 지칭	
'\"'	이중 따옴표(")를 지칭	
'\\'	역슬래쉬(\)를 지칭	

'\수' '\x수'	수에 해당하는 ASCⅡ 문자(수는 8진수로 인식됨) 수에 해당하는 ASCⅡ 문자(수는 16진수로 인식됨)	

(6) 구분 기호(Punctuator)

구분 기호	용도	사용 예
:	GOTO 및 CASE 명령에서 라벨 지정	`case 'B':`
;	선언 및 명령문의 끝	`int a;`
( )	함수, 수식에 사용	`void main( )`
	제어 구조의 조건식 지정에 사용	`for (i = 0; i < 10; i++)`
[ ]	배열 선언에 사용	`int a[2];`

{ }	함수에서 함수의 시작과 끝 표시	`main( ) {`
		`EX ( );`
		`}`

	제어 구조에서 미치는 범위가 여러 개의 문장일 때 사용	`while(a > 10) {`
		`a++;`
		`hap += a;`
		`}`

3 C 언어의 필수 요소

(1) 변수

① 기억장치의 한 장소를 추상화한 것으로 실행 도중 저장된 값의 변경이 가능하다.

② 기억장소 이외에 저장하는 값의 해석 방법, 값의 타입, 가능한 연산 등이 정의되어야 한다.

③ **변수의 속성**

예
```
int a;   // 변수 a를 정수형으로 선언한다.
```

- 변수의 이름: 변수의 호칭 a
- 변수 a의 주소: 변수 a와 연관된 기억장소의 주소를 의미(즉, 변수와 연결되는 메모리의 위치를 말한다.)
- 변수의 Value(값): 변수의 값은 변수와 연결된 메모리 위치에 담겨 있는 내용을 의미
- 변수 a의 Scope(영역): 변수 a가 사용될 수 있는 프로그램의 부분
- 변수 a의 Life Time(수명): 변수 a와 연관된 기억장소가 할당되어 있는 시간을 의미
- 변수 a의 Type(형): 변수 a에 할당될 수 있는 값의 종류를 결정(변수의 타입에 따라 변수에 저장할 수 있는 값의 종류와 범위가 달라지며, 변수를 선언할 때 저장하고자 하는 값을 고려하여 가장 알맞은 타입을 선택하면 된다.)

(2) 상수

① 프로그램 수행 시간 동안 하나의 값이 결정되어 있는 자료 객체이다.

② 식별자로 주어지며 프로그램 수행 중에 값이 변하지 않는다.

예
```
const int a=100;  // 상수 a를 정수형으로 선언하며 값을 100으로 초기화한다.
```

(3) 배정문(V = E;)

① 어떤 값을 변수에게 대입하는 실행문이다.

② 변수의 내용을 변경하는 연산으로 프로그램에서 변수에 값을 동적으로 **바인딩(Binding)** 시킬 수 있도록 해주는 구문을 말한다.

읽는 강의

• 전역 변수와 지역 변수는 Scope와 Lifetime이 일치한다.

바인딩(Binding)
컴퓨터 프로그래밍에서 각종 값들이 확정되어 더 이상 변경할 수 없는 구속(Bind) 상태가 되는 것이다.

(3)의 배정문에서 왼쪽에 있는 V는 반드시 변수이며 오른쪽의 E는 변수, 수식, 상수가 될 수 있다. 여기서 V를 L-value라 하며 메모리상의 기억장소 위치를 나타내고, E는 R-value라 하며 어떤 값을 나타낸다.

읽는 강의

③ 배정문에서 L-value와 R-value
- L-value: 값이 저장되는 위치(주소, 참조)
- R-value: 저장되는 값(수식, 변수, 상수, 포인터, 배열 원소 등)

구분	L-value	R-value
상수	불가	가능(상수값 그 자체)
연산자가 있는 수식	불가	가능(수식의 결과 값)
단순 변수 V	자신이 기억된 위치	가능(기억장소 V에 수록된 값)
배열 A(i)	배열 A에서 i번째 위치	배열 A에서 i번째 위치에 수록된 값

예
```
a=500;  // 변수 a에 정수값 500을 배정한다.
```

4 C 언어의 연산자

(1) 연산자(Operator)

① 산술연산자(Arithmetic Operator)

구분	연산자	기능
이항연산자	+, -, *, /	사칙연산을 수행
	%	정수연산으로 나눗셈의 나머지를 구함
단항연산자	-	대상 자료의 부호를 바꿈
	++	1 증가
	--	1 감소
대입연산자	=	오른쪽의 결과를 왼쪽 변수에 대입
	+= -= *= /=	오른쪽의 결과를 왼쪽 변수에 가, 감, 승, 제를 한 뒤 대입
	%=	오른쪽 값으로 왼쪽 값을 나눈 나머지를 구한 뒤 대입

- 이항연산자(Binary Operator): 2개의 항을 대상으로 연산을 수행한다.

예
```
a = b - c * d;
```

- 단항연산자(Unary Operator): 한 개의 항을 대상으로 연산을 수행한다. 특히 ++와 --는 증감 연산자라고도 하며, 이들이 수식 중에 사용될 때 변수의 앞 또는 뒤에 붙는 위치에 따라 수식의 결과 값이 달라진다.

예
```
a = 2;                          a = 2;
b = 5 * ++a;                    b = 5 * a++;
결과: a = 3                     결과: a = 3
      b = 15                          b = 10
```

++a;
먼저 a의 값을 1 증가한 후 연산을 수행한다.

a++;
연산 후 a의 값을 1 증가시킨다.

• 대입연산자: C 언어에서 '='은 대입의 뜻으로만 사용된다. 좌측과 우측이 같은가를 비교할 때는 ==을 사용한다.

읽는 강의

예

a = 5 ; → 변수 a에 5를 대입시킨다.
a == 5는 변수 a값이 5와 같은지 비교하여 참 또는 거짓을 구한다.

예 연산자 예제 1

```
int main( ) {

    int a;
    double b;

    a = 10;
    b = 3;
    printf("a / b는 : %f \n", a / b);
    printf("b / a는 : %f \n", b / a);

    return 0;
}
```

〈실행 결과〉

a / b는 : 3.333333
b / a는 : 0.300000

예 연산자 예제 2

```
#include <stdio.h>

int main( ) {

    int i=100, j=200;

    printf("i : %d , j : %d \n", ++i, j++);  // i는 1 증가 후 출력, j는 출력 후 1 증가
    printf("i : %d , j : %d \n", i, j);
    printf("i : %d , j : %d \n", --i, j--);  // i는 1 감소 후 출력, j는 출력 후 1 감소
    printf("i : %d , j : %d \n", i, j);
    i=j++;  // i에 j를 배정하고 j의 값 1 증가

    printf("i : %d , j : %d \n", i, j);

    return 0;
}
```

〈실행 결과〉

i : 101 , j : 200
i : 101 , j : 201
i : 100 , j : 201
i : 100 , j : 200
i : 200 , j : 201

② 관계 및 논리연산자

구분	연산자	기능	예
관계연산자	==	좌우가 서로 같은가를 비교한다.	3==3 ← 1 (참)
	!=	좌우가 서로 다른가를 비교한다.	3! = 3 ← 0 (거짓)
	>, >=, <, <=	좌우의 대소 관계를 비교한다.	3 > 3 ← 0 (거짓)
논리연산자	!	NOT 연산을 수행(부정)	!2 ← 0 (반대의 값)
	&&	AND 연산을 수행(논리곱)	3&&3 ← 1 (참)
	||	OR 연산을 수행(논리합)	|||0 ← 0 (둘 중 하나가 참이면 전체 값은 참)

- 관계연산자(Relational Operator): 관계연산자가 사용된 관계식이 성립하면(참이면) 1의 값을, 성립하지 않으면(거짓이면) 0의 값을 갖는다. 즉, C 언어에서는 참, 거짓을 궁극적으로 1과 0으로 처리한다.
- 논리연산자(Logical Operator): 논리연산자가 사용된 논리식도 관계식처럼 논리식 자체가 참 또는 거짓이냐에 따라서 1 또는 0 중에 어느 하나의 값을 갖는다.

읽는 강의

- 논리연산자(&&, ||)는 중지 연산을 지원하지만, 비트연산자(&, |)는 중지 연산을 지원하지 않는다.

예 관계 및 논리연산자 예제

```
#include <stdio.h>

int main( )
{
    int a = 3, b = 0, c = 6, d = 0;
    d = a && b && c;    // b가 0이므로 a, b, c 값이 모두 만족하지 않아 결과값은 0(거짓)

    printf("%d\n", d);

    return 0;
}
```

〈실행 결과〉

0

③ 비트연산자(Bitwise Operator): 자료 표현의 최소 단위인 비트를 직접 처리하는 연산자이다.

구분	연산자	기능	예
이동연산자	>>	비트 값을 우측으로 지정값만큼 이동	r = a >> 3; ← 우측으로 3배 이동
	<<	비트 값을 좌측으로 지정값만큼 이동	r = a << 3; ← 좌측으로 3배 이동
비트연산자	&	비트 논리곱(AND)	r = a & b;
	|	비트 논리합(OR)	r = a|b;
	∧	비트 배타적 논리합(XOR)	r = a∧b;
	~	반전 (NOT, 1의 보수)	r = ~a;

예 비트연산자 예제 1

```
#include <stdio.h>

int main( )
{
    char c = 3;
    printf("%d\n", c << 1);        // 좌측으로 1비트 이동
    printf("%d\n", c << 2);        // 좌측으로 2비트 이동
    printf("%d\n", c << 3);        // 좌측으로 3비트 이동
    printf("%d\n", c << 4);        // 좌측으로 4비트 이동

    return 0;
}
```

〈실행 결과〉

6
12
24
48

예 비트연산자 예제 2

```
#include <stdio.h>

int main( )
{
    char c = 48;

    printf("%d\n", c >> 1);        // 우측으로 1비트 이동
    printf("%d\n", c >> 2);        // 우측으로 2비트 이동
    printf("%d\n", c >> 3);        // 우측으로 3비트 이동
    printf("%d\n", c >> 4);        // 우측으로 4비트 이동

    return 0;
}
```

〈실행 결과〉

24
12
6
3

④ **조건연산자(Conditional Operator)**: 피연산자가 3개의 항으로 구성되어 있으며, 일명 삼항 연산이라고 한다.

[형식]

조건 ? 표현1 : 표현2 ; → 조건이 참이면 표현1을 수행, 거짓이면 표현2가 수행된다.

읽는 강의

예 조건연산자 예제 1

```
#include <stdio.h>

int main( )
{
    int a=12, b=7, d=0;
    d = (a>b) ? a+b : a-b;  // a값이 b값보다 크므로(참) a+b식 수행

    printf("%d\n", d);

    return 0;
}
```

〈실행 결과〉

19

예 조건연산자 예제 2

```
#include <stdio.h>

int main( )
{
    int a = 8, n = 10, y = 0;
    y = (a > 9) ? n++ : n--;  // a값이 9보다 작으므로(거짓) n--식 수행

    printf("%d\n", y);

    return 0;
}
```

〈실행 결과〉

10

⑤ **나열연산자(,)**: 일명 콤마연산자라고 한다. 수식을 콤마(,)로 구분하여 나열하고 연산은 왼쪽부터 오른쪽으로 차례대로 진행된다. 나열연산자를 사용한 결과를 변수에 배정하게 되면 가장 오른쪽의 결과가 배정된다.

예 나열연산자 예제

```
#include <stdio.h>

int main( )
{
    int a=0, b=0, y=0;
    y = (a = 5, b = a + 2, 3 * b);  // y에는 3 * b가 배정됨

    printf("%d \t %d \t %d \n", a, b, y);

    return 0;
}
```

〈실행 결과〉

5　7　21

⑥ **형변환연산자((자료형))**: 자료의 값은 그대로 두고, 자료형을 강제적으로 바꿀 때 사용한다. 예를 들면 정수형을 실수형으로, 자료형을 명시적(Explicit)으로 바꿀 때 쓰인다.

예 형변환연산자 예제

```
#include <stdio.h>

int main( )
{
    int  a = 7, b = 5;
    float c;
    c = (float) a + b;  // 정수형 변수 a의 값을 실수형(float형)으로 바꾸어 연산을 수행한다.

    printf("%f\n", c);

    return 0;
}
```

〈실행 결과〉
12.000000

⑦ **sizeof 연산자**: 자료형, 변수, 수식의 결과 등이 차지하는 기억공간의 바이트 수를 구한다.

예 sizeof 연산자 예제

```
#include <stdio.h>

int main( )
{
    char ch = 5;
    long b;
    b = sizeof(ch) + sizeof(b) + sizeof(long);  // 1 + 4 + 4

    printf("%ld\n", b);

    return 0;
}
```

〈실행 결과〉
9

⑧ **주소연산자(&)**: 어떤 변수에 해당하는 기억장소의 주소값을 구한다. 즉, &a는 변수 a가 메모리상에 위치하는 기억장소의 시작 주소이다.

예 주소연산자 예제

```
#include <stdio.h>

int main( )
{
    int a=100, *p;
    p = &a;

    printf("%d\n", &a);  // 변수 a의 주소를 출력한다.
```

읽는 강의

- sizeof(size) → 자료형 「size」가 차지하는 기억공간의 바이트 수를 구한다.
- char은 1byte, long은 4byte의 기억공간을 갖는다.

포인터연산자(*)
포인터 변수가 참조한 값을 결과로 얻어온다.

```
    printf("%d\n", p);    // 포인터 p의 값을 출력한다.
    printf("%d\n", a);    // a의 값을 출력한다.
    printf("%d\n", *p);   // 포인터 p가 참조한 값을 출력한다.

    return 0;
}
```

〈실행 결과〉
6487572 (메모리 주소 값)
6487572 (메모리 주소 값)
100
100

(2) 연산자의 결합 방향과 우선 순위

구분		연산자	결합 방향	우선순위
일차연산자		( ), [ ], . , ->	→	높다 ↑
단항연산자		-, ++, --, ~, !, *, &, sizeof	←	
이항연산자	산술연산자	*, /, %	→	
	산술연산자	+, -		
	비트이동	>>, <<		
	대소비교	>, >=, <, <=		
	등가비교	==, !=		
	비트 AND	&		
	비트 XOR	∧		
	비트 OR	¦		
	논리 AND	&&		
	논리 OR	‖		
조건연산자		? :	←	
대입연산자		=, +=, -=, *=, /=, %= >>=, <<=, &=, ∧=, |=		↓
나열연산자		,	→	낮다

이항연산자 우선 순위
산술 – 비교 – 비트 – 논리

(3) 산술 연산 시 자료형 변환

① C 언어에서 하나의 수식에 서로 다른 자료형이 섞여 있으면 컴파일러가 어느 하나의 자료형으로 일치시켜 연산을 수행한다.
② 자료형이 달라도 연산이 가능하다.

산술 연산 시 자료형 변환 규칙
❶ 자료형 크기가 작은 것이 큰 자료형으로 변환된다(서로 다른 두 가지 자료형 연산 시).
- char → short → int → long → double

❷ 수식 내에 int형보다 작은 자료형은 무조건 int형으로 변환된다.
❸ 실수 연산 시 float형은 무조건 double형으로 변환되어 연산에 첨가한다.

5 제어 구조

(1) if ~ else: 선택문

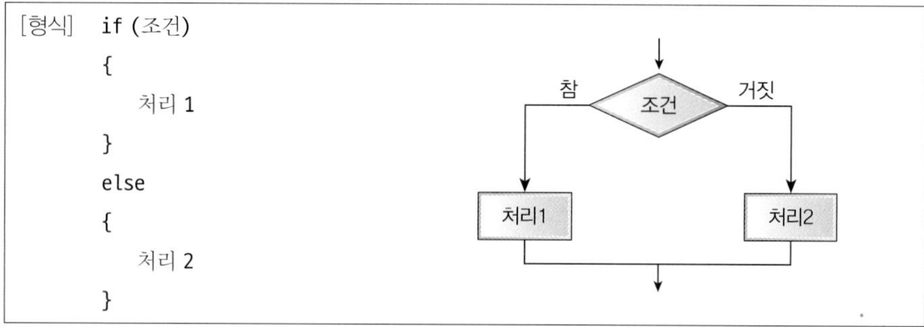

```
[형식]  if (조건)
        {
           처리 1
        }
        else
        {
           처리 2
        }
```


① 중첩된 if문

- if문 안에 또 다른 if문을 여러 개 사용할 수 있다.

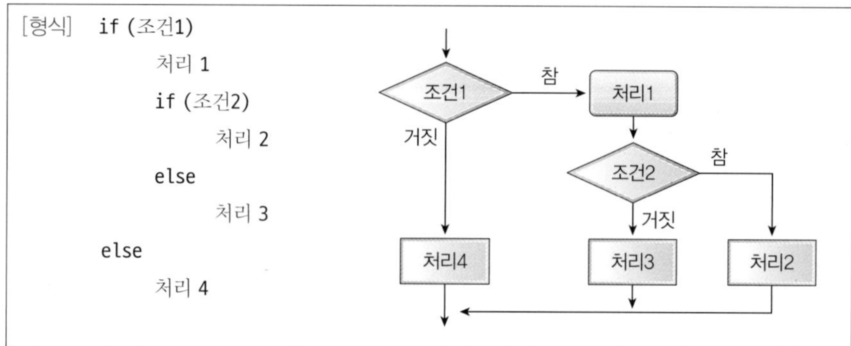

```
[형식]  if (조건1)
             처리 1
             if (조건2)
                  처리 2
             else
                  처리 3
        else
             처리 4
```


- if와 else의 짝은 나중에 기술되는 if와 먼저 기술되는 else끼리 순차적으로 결합된다.
- if와 else 수는 반드시 같지 않아도 된다. 즉, else와 짝을 이루지 않는 if가 있을 수 있다.

예 중첩된 if문 예제

```
#include <stdio.h>

int main( ) {
    int  aa = 5;  // 정수형 변수 aa를 5로 초기화

    if (aa == 1) {  // aa의 값이 1과 같지 않으므로 바로 마지막 else문으로 이동
        puts("AAA");

        if(aa == 2) {
            puts("BBB");
        }
        else {
            puts ("CCC");
        }

    }
    else {
        puts("DDD") ; // DDD를 출력하고 종료
    }

    return 0;
}
```

읽는 강의

강의 바로 보기

- if문 다음의 조건이 만족(참)이면 처리 1을 수행하고, 만족하지 않으면(거짓) 처리 2를 수행한다.
- 중첩된 조건이 많을 때는 if문보다 switch문이 효율적이다.

〈실행 결과〉
DDD

② if~else if~else문

- 여러 개의 조건을 이용해서 특정 부분을 처리할 때 사용할 수 있다.

■ 기본 형식

```
if (조건1)
        처리 1
else if (조건2)
        처리 2
else if (조건3)
        처리 3
else
        처리 4
```

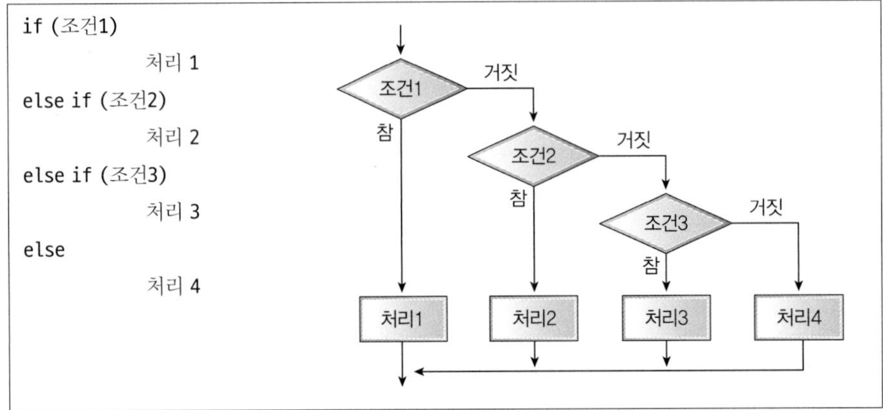

예 if~else if~else문 예제

```
#include <stdio.h>

int main( ) {
    int sco = 87;           // 정수형 변수 sco를 87로 초기화

    if(sco >= 90)           // sco의 값이 90보다 작으므로 다음 else if로 이동
        puts("수");
    else if(sco >= 80)
        puts("우");         // sco의 값이 80보다 크므로 "우" 출력 후 종료
    else if(sco >= 70)
        puts("미");
    else if(sco >= 60)
        puts("양");
    else
        puts("가");

    return 0;
}
```

〈실행 결과〉
우

(2) switch ~ case

■ 기본 형식

```
switch(수식)
{
    case 값1 : 처리 1
               break ;
```

```
    case 값2 : 처리 2
              break ;
      ⋮
    default  : 처리 n
    }
```

① 수식의 값과 일치하는 경우의 값이 있는 『처리』를 수행하고, 수식의 값과 일치하는 값이 없으면 default의 『처리 n』을 수행한다.

② break를 만나면 switch 블록을 탈출한다.

예 switch ~ case문 예제 1

```
#include <stdio.h>

int main( ) {
    int c=0;

    switch(2) {
        case 1: c = c + 1;
        case 2: c = c + 2; ┐
        case 3: c = c + 3; │ // 'case 2'를 수행하지만 break문이 없으므로 이후 case문
        case 4: c = c + 4; ┘    모두 수행
    }

    printf("실행 결과 : %d\n", c);

    return 0;
}
```

〈실행 결과〉

실행 결과 : 9

예 switch ~ case문 예제 2 (break문 사용)

```
#include <stdio.h>

int main( ) {
    int  a, n = 10;
    a = 3;

    switch ( a ) {
        case 1 : n = n + 1;
             break;
        case 2 : n = n + 2;
             break;
        case 3 : n = n + 3;          // a의 값이 3이므로 n=13
             break;                  // switch문 벗어나기
        default : n = n + 4;
    }

    printf("실행 결과 : %d\n", n);  // n의 값 출력
```

읽는 강의

```
    return 0;
}
```

〈실행 결과〉

실행 결과 : 13

(3) for문

■ 기본 형식

```
for (초기식; 조건식; 증감식)
{
    처리
}
```

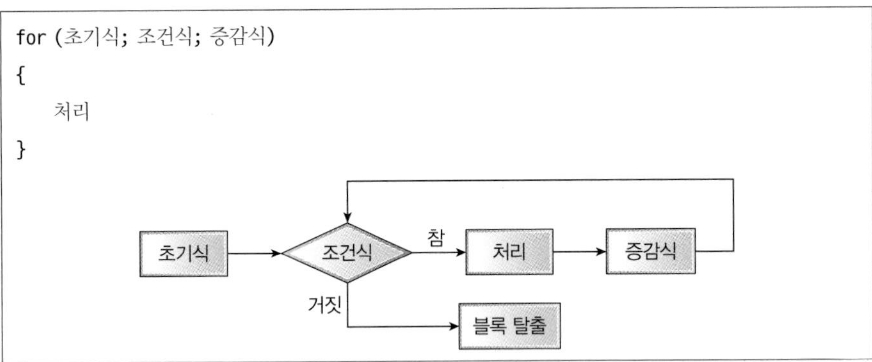

① 조건식이 거짓이면 블록을 탈출한다.

② for 블록의 실행 순서는 다음과 같이 반복된다.

예 for문 예제

```
#include <stdio.h>

int main( ) {
    int i;

    for (i = 0; i <= 10; i += 2) {  // i의  값은 0부터 2씩 증가하면서 10이 될 때까지 반복
        printf("%d ",i);            // 반복문만큼 변화되는 i값 출력
    }

    return 0;
}
```

〈실행 결과〉

0 2 4 6 8 10

③ 중첩된 for문

• for문 안에 또 다른 for문이 올 수 있다.

예 중첩된 for문 예제

```
#include <stdio.h>

int main( ) {
    int i = 0, j =0, n = 0;

    for(i = 0;  i < 2;  i++) {  // i가 0부터 1씩 증가하면서 2보다 작을 동안 반복

    for(j = 0;  j < 3;  j++) {  // j가 0부터 1씩 증가하면서 3보다 작을 동안 반복
```

```
                n++;
            }
    }
    printf("%d",n);

    return 0;
}
```

〈실행 결과〉
6

④ for문 사용의 여러 가지 형태

- for문에 사용되는『초기식, 조건식, 증감식』은 선택적으로 기술할 수 있다. 즉, 필요 없는 식은 생략할 수 있다. 그러나 ;은 생략할 수 없다.
- for(; ;) → 세미콜론만 있으면『무한루프』가 된다.
- for(; 1 ;) → 조건식만 있고, 상수 1이므로 항상 참이 된다. 역시『무한루프』이다.
- for(i = 5 ; i 〈 9;) → 증감식이 생략되어 있어도 오류가 발생하지 않는다.

(4) while문

• for문과 while문에서 처리의 반복 횟수는 0~n회이다.

■ 기본 형식

```
while (조건식)
{
    처리
}
```

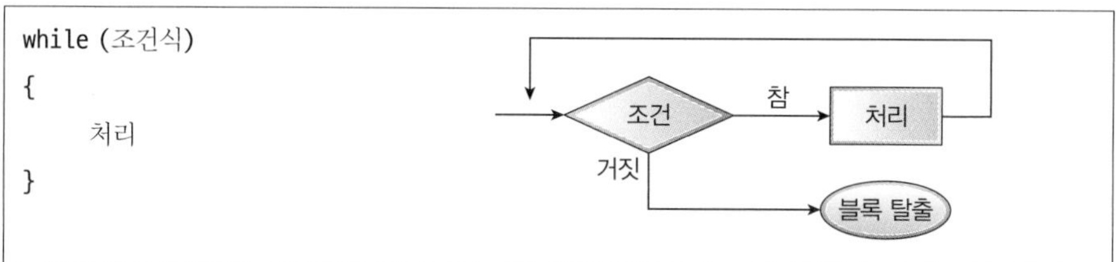

① 조건식의 값이 참인 경우만 { } 안의 명령을 반복 수행한다.
② 조건식의 값에 따라 while문이 한 번도 실행되지 않을 수 있다.

예 while문 예제

```
#include <stdio.h>

int main( ) {

    int  i=0, hap=0;

    while(i < 10){                    // i가 10보다 작은 값일 때까지만
        i++;
        hap += i;                     // hap = hap+i와 동일. hap에 i의 값 누적
    }

    printf("실행 결과 : %d\n", hap);  // 1~10까지의 합 출력

    return 0;
}
```

〈실행 결과〉
실행 결과 : 55

(5) do~while문

■ 기본 형식

```
do {
        처리
}while(조건식);
```

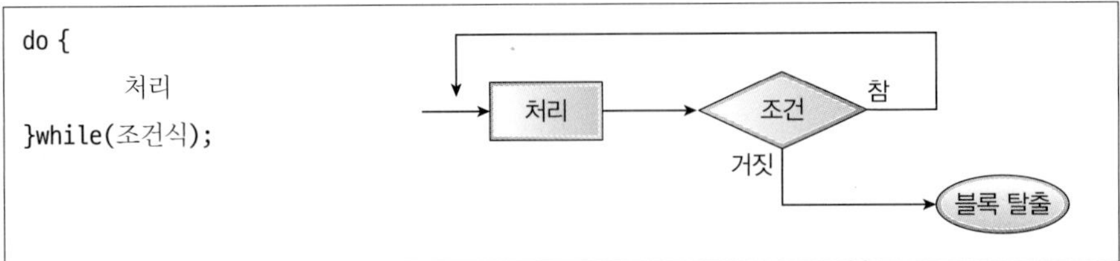

① do문은 { } 안의 명령을 적어도 한 번은 반복 실행한다.

예 do~while문 예제

```
#include <stdio.h>

int main( ) {
    int  i=0, hap=0;

    do {
        i++;
        hap += i;
    } while(i < 100);

    printf("실행 결과 : %d\n", hap);

    return 0;
}
```

〈실행 결과〉
실행 결과 : 5050

(6) break/continue문

■ 기본 형식

```
while(조건식)
{
        ⋮
     continue ;
        ⋮
     break ;
        ⋮
}
```

① continue문: for, while, do~while문에서 블록의 조건식으로 복귀하고자 할 때 사용한다.
② break문: for, while, do while, switch문의 블록을 중간에 강제적으로 벗어나고자 할 때 사용한다.

읽는 강의

• do~while문에서 처리의 반복 횟수는 1~n회이다.

6 배열과 포인터

(1) 배열(Array)

① 변수의 확장에 해당하는 것으로 유사한 성격, 즉 동일한 자료형으로 이루어진 여러 개의 자료를 처리할 때 사용한다.

② 변수명을 모두 기억해야 하는 번거로움을 피할 수 있으며 매우 효율적인 자료 처리가 가능하다.

③ 동일한 자료형을 갖는 자료들의 리스트(List)를 배열이라 하며, 순서에 해당하는 배열의 각각의 요소들은 하나의 변수로 취급된다.

④ 배열이란 같은 자료형의 값들이 순서적으로 하나의 이름(배열명)에 모여 있는 것으로서 각각의 자료들은 원소라 하며, 이들은 배열명과 첨자로 구분된다.

⑤ 선언 형태, 즉 첨자의 개수에 따라 1차원 배열, 2차원 배열, 3차원 배열 등이 있다.

⑥ 1차원 배열

- 배열의 첨자가 하나만 있는 것으로 첨자 안에 표현된 개수는 배열의 크기를 나타내는 것으로서 배열 전체 구성 요소의 개수를 나타낸다.
- 배열의 각 요소는 배열명과 첨자로 구분되며 첨자는 0부터 시작된다.

■ 배열 선언

[형식] 자료형 배열명[개수];

■ 배열의 초기화 예

int a[5] = { 1, 2, 3, 4, 5 } ;

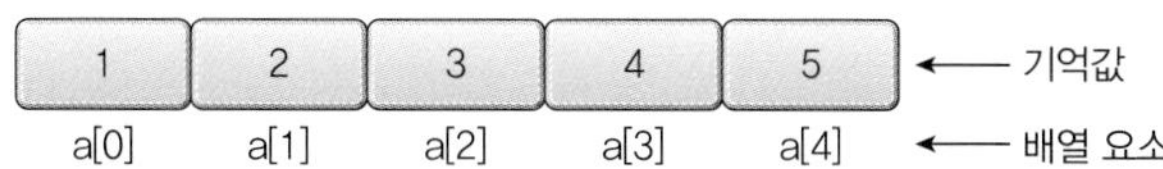

■ 배열 선언과 기억공간

short a[5] ← 2byte 크기의 기억공간 5개를 배열명 a로 선언

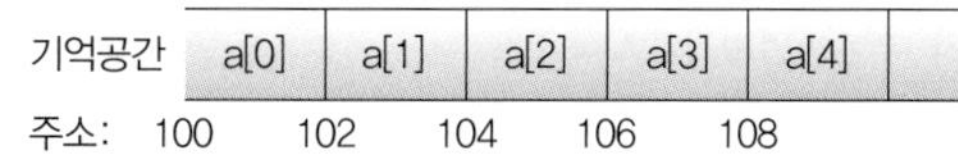

- 배열명은 기억공간 중에 배열이 위치하게 되는 시작 주소를 갖게 된다(a의 시작 주소값 =100).
- 각 배열 요소는 기억공간을 2byte씩 차지한다(short형으로 선언한 경우).
- 배열의 크기는 총 10byte이다(2byte×5개=10).

예 int array[5] (int형을 4byte로 취급한다고 가정한다)

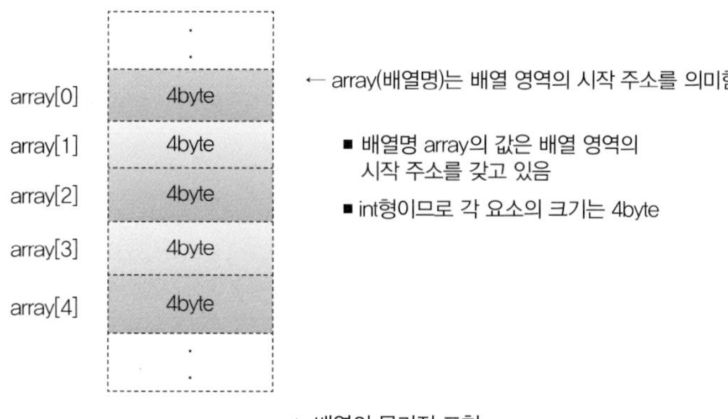

▲ 배열의 물리적 표현

읽는 강의

강의 바로 보기

	array[0]	array[1]	array[2]	array[3]	array[4]	
…	4byte	4byte	4byte	4byte	4byte	…

int array[5]

▲ 배열의 논리적 표현

⑦ 2차원 배열

- 형식: 자료형 배열명[행의 수][열의 수]; 예 int a[3][4]
- 기능: 배열명이 a이고 3행 4열로 된 12개의 요소를 가진 정수형 배열을 선언한다.

■ 배열 선언과 초기화 방법

```
❶ int array[3][3] = {1,2,3,4,5,6,7,8,9};
❷ int array[3][3] = {{1,2,3},{4,5,6},{7,8,9}};
❸ int array[3][3] = {{1,2,3},
                     {4,5,6},
                     {7,8,9}};
```
모두 같은 의미

- 2차원 배열이 선언되어도 실제 기억공간에는 순차적인 1차원 개념으로 데이터가 저장된다.
- 2차원 배열은 행과 열로 나타낸다.

예 int a[3][4] = {1,2,3,4,5,6,7,8,9,10,11,12};

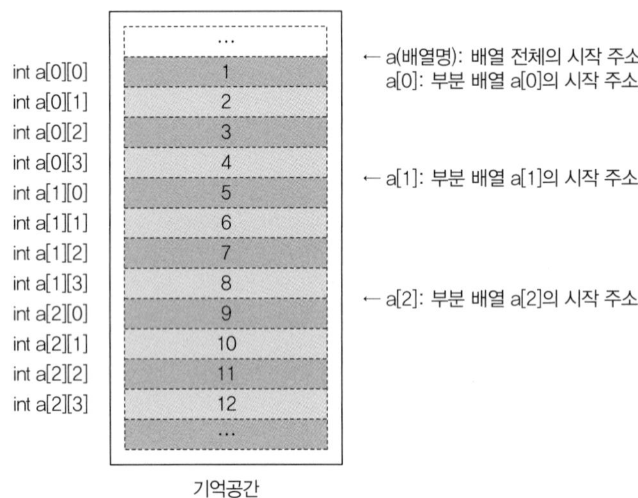

▲ 2차원 배열의 물리적 표현

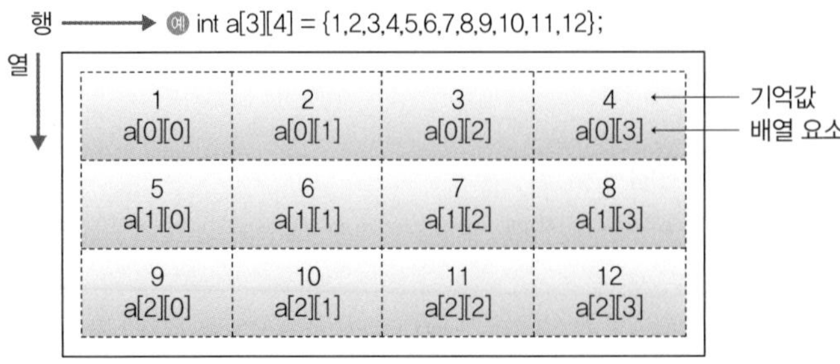

▲ 2차원 배열의 논리적 표현

⑧ 배열과 문자열

- 문자열(String): 여러 개의 문자(Character)가 연결된 구조로 C 언어에서는 반드시 '\0'으로 끝나야 한다. '\0'은 Null 문자라고 하며 C 언어에서는 문자열의 끝을 판단하는 데

이용한다.

- 문자열을 처리할 때 문자열의 길이에 대한 정보는 필요 없다. 단지 문자열이 시작하는 메모리의 주소값만을 기억하였다가 필요시 하나씩 꺼내어 처리하다 '\0'를 만나면 종료한다.
- 문자열은 문자가 여러 개 연결되는 구조이므로 1문자씩 다루는 char형 배열을 이용하여 다룰 수 있다.
- 문자열 "SEOUL"은 기억공간에 다음과 같이 기억된다.

선언 예: char a[ ] = "SEOUL";
char a[6] = "SEOUL";
char a[ ] = {'S', 'E', 'O', 'U', 'L', '\0'};

기억공간		'S'	'E'	'O'	'U'	'L'	'\0'	

(2) 포인터(Pointer)

① 포인터는 한마디로 주소(번지; Address)를 일컫는다. 기억공간의 주소값을 갖는 변수를 **포인터 변수** 또는 포인터라고 하며 *를 사용하여 포인터를 선언한다.

② **포인터 변수**: 기억공간에 주소(포인터값)를 사용하기 위해 가지는 주소값을 저장할 변수이다.

③ **포인터**: 변수의 주소값을 갖는 특별한 변수로 프로그래머가 포인터를 사용하여 직접 기억공간에 접근할 수 있는 방법을 제공함으로써, 기억공간에 저장된 변수와 함수의 주소에 직접 접근하여 기억공간을 효율적으로 이용할 수 있다.

```
char * ptr;
  ptr: 기억공간의 주소값을 갖는다.(char형 포인터 값)
 *ptr: 포인터 ptr이 가리키는 주소에 수록된 자료. 즉, 주소 ptr의 내용이다.
       (포인터 앞에 *를 붙이면 내용물이 된다)
```

④ 포인터는 C 언어에서 제공되는 자료형에 모두 적용될 수 있다.

예

```
char *p;
int *q;
long *r
float *f; 등
```

- 이들 포인터 p, q, r, f의 공통점은 주소값을 기억하고 주소를 직접 다루는 것이며, 가장 큰 차이점은 포인터가 가리키는 주소에서 시작하여 선언된 자료형이 갖는 바이트 수만큼씩 자료를 취급하는 것이다.

⑤ **포인터와 주소 연산자(&)**: 일반 변수가 위치하는 기억공간의 주소를 구하기 위해서는 주소 연산자 &를 사용한다. 즉 a라는 변수의 시작 주소는 &a이다.

예 포인터와 주소 연산자 사용

```
a = 15;
p = &a;
b = *p;
```

→ b의 값은 15가 되며, 이때 p는 변수 a의 주소를 보관하게 되므로 반드시 포인터로 선언되어야 한다.

⑥ 변수 x가 있다고 가정하면 변수 x가 차지하고 있는 기억공간의 영역이 존재하고, 그 영역에는 반드시 주소가 부여된다. 이때 주소값으로 가지는 변수가 포인터 변수이며, 이때 변수 x 주소(포인터값)를 표현하기 위해 주소 연산자(&)를 사용한다.

읽는 강의

- 포인터 변수는 이름 그대로 변수이지만, 엄밀히 말하자면 포인터는 상수이다.

- &a: a의 주소
- *p: p가 가리키는 곳의 값

예 포인터와 주소 연산자 예제

```
#include <stdio.h>

int main ( ) {
    int a, b ;
    int *p;                     // 포인터 변수

    a = 7;
    p = &a;                     // a의 주소값을 p에 저장
    b = *p;                     // p의 주소에 저장된 a의 값을 b에 기억
    printf("%d\n", b);          // b의 값 출력

    return 0;
}
```

〈실행 결과〉

7

(3) 포인터와 문자열

• char *p = "SEOUL" ;이라고 정의하면 기억공간에 다음과 같이 배치된다.

	10	11	12	13	14	15	→ 가상적인 기억공간의 주소
	'S'	'E'	'O'	'U'	'L'	'\0'	

위의 그림을 기준으로 하면, p = 10이 된다.

*p = 'S'

*(p+1) = 'E'

*(p+2) = 'O'

*(p+3) = 'U'

*(p+4) = 'L'

예 포인터와 문자열 예제

```
#include <stdio.h>

int main( ) {
    char *p = "SEOUL";

    printf("%c\n", *p);         // %c는 한 문자 출력
    printf("%s\n", p);          // %s는 문자열 출력
    printf("%c\n", *(p+2));
    printf("%s\n", p+2);

    return 0;
}
```

〈실행 결과〉

S

SEOUL

O

OUL

읽는 강의

(4) 포인터 연산

① 포인터는 주소 연산을 할 수 있다. 포인터를 1 증가시키면 포인터가 가리키는 주소값이 증가하는데, 실제 주소의 증가량은 포인터가 가리키는 자료형의 크기만큼 증가된다.

② 포인터형에 따른 실제 주소의 증가량

선언	포인터를 1 증가시켰을 때(p++) 실제 주소의 증가분
char *p	1 바이트
short *p	2 바이트
long *p	4 바이트
float *f	4 바이트

③ *p++와 *++p의 차이점

y = *p++ ;	y = *p; → 먼저 p번지의 내용이 y에 대입 p++; → 포인터 p의 값을 1 증가
y = *++p ;	++p; → 먼저 p를 1 증가 y = *p; → 1 증가된 p번지의 내용이 y에 대입

(5) 배열과 포인터

① 배열과 포인터는 메모리(기억공간)의 주소를 기억하게 된다.

char a[ ] = "KOREA"; → 배열명 a에는 배열의 시작 주소가 대입된다.

char *p = "SEOUL"; → 포인터 p에는 자료의 시작 주소가 대입된다.

② 포인터와 배열명은 둘 다 주소값을 가지면서 서로 부분적으로 호환성도 있다. 그러나 큰 차이점은 포인터는 주소 연산이 가능하고, 배열명은 주소 연산이 불가능하다. 배열명은 항상 선언된 배열의 시작 주소값만을 가진다. 즉, 배열명은 주소값을 갖는 상수(포인터 상수)의 개념이다.

예 배열과 포인터 예제

```
#include <stdio.h>

int main( ) {
    char a[ ] = "KOREA";
    char *p = "SEOUL";

    printf("%c\n", *a);        // a는 배열 시작 주소이므로 a[0]과 같은 의미
    printf("%c\n", p[0]);      // p[0]는 문자열의 시작 주소이므로 *p와 같은 의미
    printf("%s\n", a+2);       // a+2는 &a[2]와 같은 의미
    printf("%s\n", &p[2]);     // &p[2]는 p+2와 같은 의미

    return 0;
}
```

〈실행 결과〉

K

S

REA

OUL

(6) 이중포인터(Pointer to Pointer)

자료가 있는 곳을 2중으로 가리키는 포인터로서 이중포인터가 가리키고 있는 주소로 가보면 자료가 아닌 주소값이 들어있다. 따라서 다시 그 주소를 찾아가 자료를 참조하면 된다.

예 int **p;

*p: 주소 p에 수록되어 있는 값. 이 값이 주소로 사용

**p: 주소가 *p인 곳에 수록되어 있는 값. 즉 int형 자료

예 이중포인터 예제

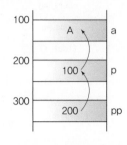

```
#include <stdio.h>

int main( ) {
    char a='A', *p, **pp;     // 일반 변수, 포인터 변수, 이중포인터 변수 선언
    p = &a;                   // 포인터 변수에 일반 변수 a의 주소값 할당
    pp = &p;                  // 이중포인터 변수에 포인터 변수 p의 주소값 할당

    printf("pp = %c", **pp);

    return 0;
}
```

〈실행 결과〉

pp = A

읽는 강의

주소	값	변수
100	A	a
200	100	p
300	200	pp

7 구조체와 공용체

(1) 구조체(Struct)

① 여러 개의 변수를 하나의 자료형으로 묶어서 취급한다. (Record 구조)

② 서로 다른 자료형을 갖는 자료들의 모임을 하나의 자료형으로 정의하여 사용하는 자료형이다.

■ 기본 형식

```
struct 태그명 {
        구조체 멤버 나열;
} 구조체 변수;
```

③ 구조체는 구조체를 구성하는 멤버 단위로 취급할 수도 있고, 구조체 변수를 이용하여 구조체를 하나의 자료형으로 취급할 수 있다.

④ 구조체 멤버를 개별적으로 다룰 때는 『Dot 연산자(.)』를 이용한다. 특히, 구조체 변수가 포인터이면 『Arrow 연산자(->)』를 이용하여 각 멤버를 취급할 수 있다.

⑤ 구조체 변수는 배열이나 포인터가 함께 기존의 변수처럼 사용될 수 있다. 따라서 다양한 형식의 자료를 간결한 형식으로 표현할 수 있을 뿐만 아니라 사용자가 새로운 형식으로 정의하여 사용할 수 있다.

예 구조체의 정의와 멤버의 배치도

• 구조체의 정의

```
struct stu{
        char name[10];
        char juso[20];
        short age;
} r;
```

• 구조체 멤버의 기억공간 배치도

10바이트	20바이트	2바이트	
name	juso	age	→ 이 전체가 구조체 변수 r
r.name	r.juso	r.age	→ 멤버별 취급 시는 Dot 연산자 사용

(2) 공용체(Union)

① 하나의 자료를 여러 개의 변수(공용체 멤버)가 공동으로 필요한 크기만큼 사용하는 자료형이다.

② 공용체는 선언이 이루어지면 멤버 중에서 자료 크기(byte 수)가 가장 큰 멤버에 대해서만 기억공간이 할당되고, 기억공간의 시작 위치부터 각 부분을 다른 멤버가 공용으로 사용한다.

■ 기본 형식

```
union 태그명 {
        공용체 멤버 나열
} 공용체 변수;
```

③ 공용체는 멤버 중 가장 긴 자료형의 바이트 수 크기로 기억공간이 확보되고, 이를 여러 변수(공용체 멤버)가 공동으로 이용한다.

④ 각 멤버가 사용하는 기억공간의 크기는 각 멤버의 자료형에 의한다.

⑤ 공용체 멤버를 개별적으로 다룰 때는 『Dot 연산자(.)』를 이용한다. 공용체 변수가 포인터이면 『Arrow 연산자(->)』 연산자를 사용할 수 있다.

예 공용체의 정의와 멤버 배치도

• 구조체의 정의

```
union hold {
   int digit;
   double big;
   char letter;
};
```

• 공용체 멤버의 기억공간 배치도(가장 긴 길이의 멤버 공간을 공용으로 사용한다.)

Hold →

letter(1byte)

digit(4byte)

big(8byte)

8 열거형과 typedef문

읽는 강의

(1) 열거형(Enum)

■ 기본 형식

```
enum 열거형 명칭 {
        열거 요소 1,
        열거 요소 2,
          ⋮
} 열거형 변수 리스트;
```

① 열거형 명칭 및 변수 리스트는 생략할 수 있다.
② 열거 요소에 특정 상수값을 대입하지 않으면 0, 1, 2, … 정수값이 열거 요소에 차례로 대입된다.
③ 열거 요소에 특정 상수값을 대입할 수 있고, 대입된 값을 기준으로 1씩 증가된 값이 다음 열거 요소의 값이 된다.

예
```
enum days { Mon, Tue, Wed, Thu, Fri, Sat, Sun };
```

(2) typedef

① typedef는 새로운 자료형을 정의할 때 사용한다.
② 이미 존재하는 자료형에 새로운 이름을 붙이기 위한 용도로 사용되는 키워드로 기존 자료형의 이름을 바꾸거나 구조체 형을 선언하는데 많이 사용된다.

■ 기본 형식

```
typedef 기존 자료형 새로운 자료형 ;
```

typedef int jungsu; →『int』 대신에 『jungsu』를 자료형으로 사용 가능
typedef char byte; →『char』 대신에 『byte』를 자료형으로 사용 가능
typedef char * str; →『str』이라는 새로운 자료형을 정의

9 함수

(1) 함수(Function)의 개념

강의 바로 보기

① C 언어의 함수는 특정 작업을 수행하는 독립적인 단위 프로그램이다.
② 일반적으로 다른 언어에 있는 함수, 서브루틴, 프로시저(Procedure) 등과 비슷하며 C 언어에서는 함수로서 이들의 기능을 모두 처리한다.

(2) 함수의 특징

① 모든 함수(표준 함수 및 사용자 정의 함수)는 동등하다(병렬적 구조).
② 매개 변수 전달은 Call by value와 Call by reference 방식이 가능하다.
③ 되부름(Recursive Call)이 가능하다.
④ 함수값은 return문에 의해 되돌린다. 단, 함수값을 return할 필요가 없는 함수는 void형 함수로 처리한다.
⑤ 리턴값의 자료형은 함수형과 일치한다. 함수형은 함수 정의할 때 함수명 앞에 기술한다.

(3) 표준함수

① C 컴파일러에 구비되어 있는 함수로 사용자가 정의하지 않고 사용할 수 있다.
② 단일 문자 입출력 함수(getchar( ) / putchar( ))

- getchar( ): 표준 입력 장치(키보드)로부터 한 문자를 읽어들인다.
- putchar( ): 표준 출력 장치(모니터, 프린터)로 한 문자를 출력한다.

예 단일 문자 입출력 함수

```
#include <stdio.h>

int main( ) {
    char ch;

    ch = getchar( );   // 문자를 입력받아 ch에 배정한다.
    putchar(ch);       // ch값을 출력한다.

    return 0;
}
```

③ 문자열 입출력 함수(gets( ) / puts( ))

- gets( ): 표준 입력장치로부터 문자열을 입력받아 『배열』에 수록한다. [형식] gets(변수)
- puts( ): 표준출력장치에 문자열을 출력한다. [형식] puts(자료)

예 문자열 입출력 함수

```
int main( ) {
    char s[10];

    gets(s);           // 문자열을 입력받아 배열 s에 배정한다.
    puts(s);           // 배열 s를 출력한다.

    return 0;
}
```

④ 형식 지정 입출력 함수(scanf( )/printf( ))

- 형식 지정은 % 기호 다음에 여러 가지 『변환 문자』를 사용하여 지정한다. 즉, % 다음에 있는 변환 문자에 따라 해당하는 인수의 입출력 기능이 달라진다.

변환 기호	기능
%c	인수를 단일 문자로 변환시킨다.
%d	인수를 부호 있는 10진수로 변환시킨다.
%u	인수를 부호 없는 10진수로 변환시킨다.
%o	인수를 8진수로 변환시킨다.
%x	인수를 16진수로 변환시킨다.
%s	인수를 포인터형으로 변환시킨다(문자열 입출력).
%f	인수를 실수형으로 변환시킨다.

- scanf( ): 표준 입출력장치로부터 지정된 형식에 맞게 자료를 읽어 들인다.

■ 기본 형식

scanf("형식", 인수리스트);

▶ 형식에 사용된 변환 기호(%c, %d 등)가 입력받을 자료형이 된다.

▶ scanf( )는 변수의 주소를 인수로 사용한다. 따라서 일반 변수 앞에는 &를 붙이고, 배열명이나 포인터에는 &를 붙이지 않는다.

읽는 강의

문자열 처리 함수

- strlen(s): s의 길이를 구한다.
- strcpy(s1, s2): s2를 s1로 복사한다.
- strcmp(s1, s2): s1과 s2를 비교한다.
- strrev(s): s를 거꾸로 변환한다.

- printf( ): 표준 출력장치에 지정된 형식에 맞추어 자료를 출력한다.

■ 기본 형식

```
printf("형식", 인수리스트);
▶ printf( ) 함수는『변수, 상수, 수식 등의 값을 인수』로 사용한다.
```

예 형식 지정 출력함수

```
#include <stdio.h>

int main( ) {
    printf ("%c\n", 'a');            // 문자 출력
    printf ("%d\n", -123);           // 10진수로 출력
    printf ("%o\n", 123);            // 8진수로 출력
    printf ("%x\n", 123);            // 16진수로 출력(소문자)
    printf ("%X\n", 123);            // 16진수로 출력(대문자)
    printf ("%f\n", 123.456789);     // 실수로 출력
    printf ("%s\n", "abcdefg");      // 문자열 출력

    return 0;
}
```

〈실행 결과〉

a
-123
173
7b
7B
123.456789
abcdefg

(4) 사용자 정의 함수

① 사용자가 프로그램에서 직접 정의하여 사용하는 함수로 앞에서 설명한 표준 함수와 동등하게 취급된다.

② 함수의 정의

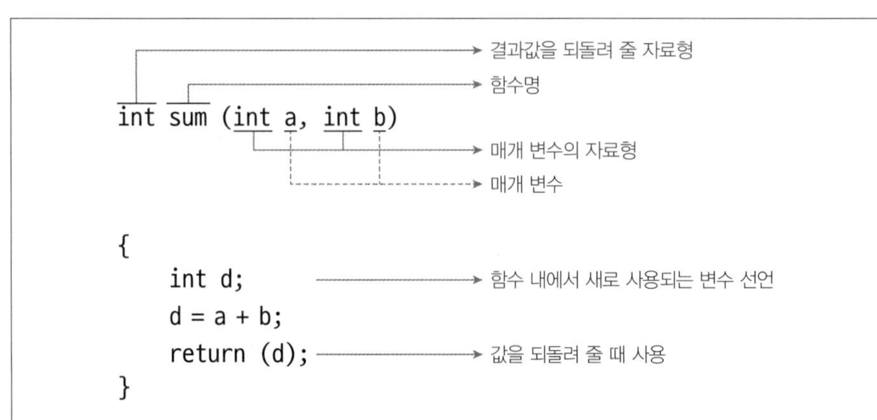

③ 함수의 사용

- 함수를 사용할 때는 함수의 원형 선언, 함수의 호출, 함수의 정의로 구성되어야 한다.

읽는 강의

강의 바로 보기

■ 함수의 구성 위치의 예

```
#include <stdio.h>

int sum(int a, int b);    // 함수의 원형 선언

int main( ) {
    int x = 0, y = 0, c = 0;

    scanf("%d %d", &x, &y);       // x, y로 값을 입력
    c = sum(x, y);                // ① 함수의 호출, ④ d값을 c에 저장

    printf("%d", c);              // ⑤ c의 값 출력

    return 0;                     // ⑥ 종료
}

int sum(int a, int b) {     // 함수의 정의 ┐
    int d;                                 │
                                           │ // ② 함수 수행
    d = a + b;                             │
                                           ┘
    return(d);              // ③ 함수를 호출한 곳으로 d값을 반환함
}
```

④ 함수의 원형 선언

- 함수는 변수와 마찬가지로 사용되기 전에 먼저 선언되어야 하며 함수의 원형은 컴파일에게 함수의 반환 형태, 함수명, 매개 변수 등의 정보를 알려 주는 역할을 하며, 이 정보를 이용하여 컴파일러는 함수 사용에 관련된 오류를 검사하게 된다.
- 이때 함수의 원형 선언은 main( ) 함수 이전에 두게 되며 함수 정의 부분의 헤더 부분에 세미콜론(;)만 추가하면 된다.

예 함수 원형

```
#include <stdio.h>

int ex(int x, int y);                    // ① 함수 원형 선언

int main( ) {
    int a, b;

    a = 50, b = 20;
    printf("결과 : %d\n", ex(a, b));     // ② 함수 호출, ⑤ sum값 출력

    return 0;                            // ⑥ 종료
}

int ex(int x, int y) {                  ┐
    int sum;                            │ // ③ 함수 실행
```

```
    sum = x + y;                        ┘

    return sum;                         // ④ 함수를 호출한 곳으로 sum값 반환
}
```

〈실행 결과〉

결과 : 70

⑤ 값 호출(Call by value)에 의한 함수 정의

예 값 호출

```
#include <stdio.h>

int sss(int n) {                    // ② main 함수로부터 전달받은 인수 k를 n에 복사함
    int i, h = 0;

    for(i = 1; i <= n; i++)
        h += i;

    return h;
}

int main( ) {
    int h = 0, k = 5;

    h = sss(k);     // ① sss( ) 함수를 호출할 때 인수 k를 전달, ⑤ 반환값 h에 저장
    printf("결과 : %d\n", h);          // ⑥ h값 출력

    return 0;
}
```

〈실행 결과〉

결과 : 15

⑥ 주소 참조(Call by reference)에 의한 함수 정의

• 두 변수의 값을 교환하는 기능을 갖는 함수『swap( )』를 주소 참조에 의한 방법으로 정의해 본다. 주소 전달을 위해서는『*와 &』연산자가 필요하다.

예 주소 참조

```
#include <stdio.h>

void swap(int *x, int *y) {   // main 함수로 전달받은 &a와 인수 &b를 포인터 x, y에 복사함
    int  im;
    im = *x;
    *x = *y;
    *y = im;
}
int main( ) {
    int a, b;

    a = 5, b = 6;
```

```
    swap(&a, &b);  // swap( ) 함수를 호출할 때 인수 a 주소와 b 주소를 전달
    printf("결과 : %d, %d\n", a, b);  // swap( ) 함수에서 a, b의 주소를 사용하여 처리
                                       // 하였으므로 변경된 a, b의 값이 출력됨
    return 0;
}
```

〈실행 결과〉
결과 : 6, 5

⑦ **순환(Recursive) 함수**: 함수 내에서 자기 자신을 다시 호출하는 경우이다.

예 순환 함수

```
#include <stdio.h>

int rec(int n) {
    int  h;

    if (n == 1)
        h = 1;
    else
        h = n + rec(n - 1);

    return h;
}

int main(void) {
    int d, k = 5;

    d = rec(k);

    printf("결과 : %d\n", d);

    return 0;
}
```

〈실행 결과〉
결과 : 15

10 기억 부류

(1) 기억 부류(Storage Class)의 종류

기억 부류 지정자에는 『auto, register, static, extern』이 있는데, 이들은 변수를 메모리의 어느 영역에 지정할 것인지를 결정하게 된다.

(2) auto(자동 변수)

① 자동 변수는 함수 내부에서 선언하는 것으로 변수 앞에 기억 부류 지정자를 생략하면 자동변수로 간주된다. 기억장소는 Stack 영역이다.

② 함수가 실행될 때 생성되고, 함수가 종료되면 자동 소멸된다. 따라서 선언된 함수 내부에서만 사용할 수 있고, 메모리 절약 효과를 가져 온다(지역 변수).

읽는 강의

strcat( )
문자열과 문자열을 연결

atoi( )
문자열을 정수형으로 변환하는 라이브러리 함수이다.

순환 함수 수행 과정

- rec(5) → 5 + rec(4)
- rec(4) → 4 + rec(3)
- rec(3) → 3 + rec(2)
- rec(2) → 2 + rec(1)

↓

- rec(1) = 1
- rec(2) = 3
- rec(3) = 6
- rec(4) = 10
- rec(5) = 15

(3) register(레지스터 변수)

① 사용하지 않는 CPU의 레지스터를 변수의 기억장소로 사용하며, 고속 처리에 이용된다. 특징은 자동 변수와 같으나 주소 참조 등은 불가능하다.

② 레지스터 변수를 사용하는 이유는 프로그램의 실행 속도를 조금이나마 늘리기 위함으로, 기억장치로의 자료 입출력보다 레지스터의 자료 입출력이 속도가 빠르기 때문에 반복문에서의 카운터 변수로 많이 사용되며 레지스터 변수로 선언된다.

(4) static(정적 변수)

① 변수 앞에 『static』을 기술하면 정의된 변수는 메모리상의 『정적 영역』에 위치하여 프로그램 종료 시까지 변수의 값이 유지된다.

② **내부 정적 변수**: 함수 내부에서 정의한 변수로 통용 범위는 정의한 함수 내부이다.

③ **외부 정적 변수**: 함수 외부에서 정의한 변수로 통용 범위는 자신을 정의한 모듈이다. 여기서 모듈이란 파일 단위의 원시 프로그램을 뜻한다.

(5) extern(외부 변수)

① 다른 모듈에 정의된 외부 변수를 참조하려면 변수 앞에 『extern』을 기술해야 한다.

② 이유는 외부 변수는 정의된 모듈에만 일단 통용되기 때문이다.

예 1. 기억 부류

```
static int sh ;  → 외부 정적 변수: extern문으로 다른 모듈에는 알릴 수 없고
                                 자신이 정의된 모듈의 모든 함수에 사용할 수 있다.
char ar[5] ;     → 외부 변수: extern문을 이용하여 다른 모듈에서도 사용할 수 있다.
void main( )
{
    auto int i, j, h ;  // 자동 변수
    static int n[8] ;  // 내부 정적 변수
    h = foo(5) ;
    printf("%d\n", h);
      ⋮
}
char foo(int k)
{
    register int r ;  // 레지스터 변수
    char  i, j, h ;     // 자동 변수(함수 main( )의 i, j, h와는 무관)
      ⋮
}
```

예 2. 기억 부류

```
#include <stdio.h>

int main( ) {
    int a = 10;                          ← 자동 변수
    static int b = 20;                   ← 정적 변수

    {
        int a = 5;   // 지역 변수 a는 해당 { } 범위에서만 유효
        printf("a = %d b = %d\n", a, b);     ← 자동 변수 a값, 정적 변수 b의 값 출력
    }
```

```
    printf("a = %d b = %d\n", a, b);      ← 자동 변수 a 값, 정적 변수 b의 값 출력

    return 0;
}
```

〈실행 결과〉

a = 5 b = 20

a = 10 b = 20

예 3. 기억 부류

```
#include <stdio.h>

test( ) {
    auto int a = 0;
    static int s = 0;

    printf("auto = %d, static = %d\n", a, s);

    ++a;
    ++s;
}

int main( ) {
    int i = 0;

    while(i<3) {
        test( );
        i++;
    }

    return 0;
}
```

〈실행 결과〉

auto=0, static=0

auto=0, static=1

auto=0, static=2

개념확인 문제

기출 2020년 1,2회 통합

01 C 언어에서 사용할 수 없는 변수명은?

① student2019 ② text-color
③ _korea ④ amount

02 다음 C프로그램의 실행 결과로 옳은 것은?

```
#include <stdio.h>
int main( ) {
  int a = 120, b = 45;
  while (a != b) {
       if (a > b) a = a - b ;
       else b = b - a;
  }
  printf("%d", a) ;
}
```

① 5 ② 15
③ 20 ④ 25

03 다음 C 프로그램에서 a의 출력 값은?

```
#include <stdio.h>
int main(int argc, char* argv[ ]) {
  int a, b;
  a = 10;
  b = 2;
  a % = ++b;
  printf("%d\n", a);
}
```

① 0 ② 1
③ 2 ④ 3

정답 & 해설

01 • C 언어에서 변수명으로 '-'을 사용할 수 없다.
• C 언어 명칭(Identifier) 작성 규칙
- 예약어만을 명칭으로 사용할 수 없다.
- 영문자, 숫자, 밑줄(_)을 사용하여 명칭을 구성할 수 있다.
- 숫자로 시작해서는 안 된다.
- 대문자와 소문자는 구별된다.

02 정수형 변수 a와 b에 각각 120과 45를 대입한다.
- while문 반복(변수 a의 값과 b의 값이 같아지면 반복 종료)
첫 번째 수행: if문의 조건(변수 a의 값이 b의 값보다 크면 참)이 참이므로 a = a - b문이 수행되어 a는 75, b는 45가 된다.
두 번째 수행: if문의 조건이 참이므로 a = a - b문이 수행되어 a는 30, b는 45가 된다.
세 번째 수행: if문의 조건이 거짓이므로 b = b - a문이 수행되어 a는 30, b는 15가 된다.
네 번째 수행: if문의 조건이 참이므로 a = a - b문이 수행되어 a는 15, b는 15가 된다.
- while문 반복 종료 이후에 변수 a의 값 15를 출력한다.

03 - a % = ++b
→ a = a % ++b
→ a = 10 % 3
→ a = 1(10을 3으로 나눈 나머지 값)

| 정답 | 01 ② 02 ② 03 ②

03 자바 언어

기출 키워드
- Garbage Collector
- 자바 프로그램 분석

출제 예상 키워드
- 메소드
- 연산자 우선순위

읽는 강의

강의 바로 보기

1 자바의 개요

(1) 자바(Java)의 유래

자바는 오크(Oak)라는 언어로부터 탄생되었다. 오크는 1991년 미국의 Sun Micro사의 제임스 고슬링(James Gosling)이 가전제품에 이용할 목적으로 개발하였으나 별다른 반응을 얻지 못했다. 인터넷이 급속도로 확산된 1990년대 중반에 가서 관심의 초점이 되었다.

(2) 자바의 특징

① Simple(단순하다)
- 자바는 C++ 언어의 영향을 받아 설계되었다. 그러나 자바는 C++에서 제공되는 것 중에서 다음의 내용들을 제외시켰다. (전처리, 연산자 중복 기능, 전역 변수, 포인터, 다중상속, 구조체, goto문)

② Object-Oriented(객체지향적이다)
- 자바 프로그램은 클래스 집합으로 볼 수 있다. 따라서 모든 객체는 클래스로부터 생성된다.

③ Distributed(분산 환경에 적합하다)
- 자바는 인터넷과 같은 분산 환경에서 효율적으로 실행될 수 있도록 설계되었다.

④ Interpreted(인터프리터에 의해 실행된다)
- 자바는 프로그램이 작성된 컴퓨터뿐만 아니라 네트워크에 연결된 다른 기종의 컴퓨터에서도 실행될 수 있도록 컴파일 방식과 인터프리터 방식을 모두 사용한다.

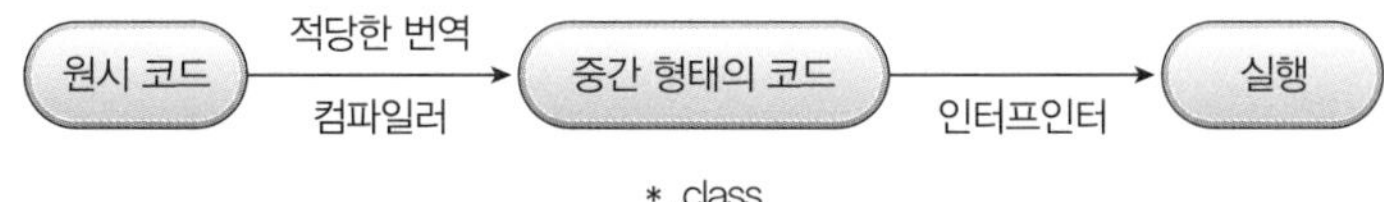

⑤ Robust(견고하다)
- 자바 프로그램이 여러 기종에서 문제없이 실행되려면 높은 신뢰성이 제공되어야 한다. 자바는 견고함을 제공하기 위해 기존 언어에서 오류의 원인이 되는 요소를 제거하거나 자동 처리하였다.

⑥ Secure(안전하다)
- 바이트 코드는 해석되어 실행되기 전에 바이트 코드 검증기에 의해 부적절한 부분들이 있는지 검사된다.

⑦ Architecture neutral(구조 중립적이다)
- 자바는 구조 중립적인 바이드 코드를 사용하여 개발 환경과 실행 환경을 분리하고 있다. 자바는 기종과 운영체제에 상관없이 실행될 수 있다. 즉, 플랫폼(Platform)에 무관하다. 예를 들면, 자바에서는 기종에 상관 없이 모든 정수는 32비트로 표현한다.

⑧ Portable(이식성이 높다)
- 자바 프로그램은 한번 작성되고 나면 기종에 상관없이 실행될 수 있다.

⑨ High-performance(높은 성능을 가진다)
- 자바는 바이트 코드가 해석되어 실행되기 때문에 기계어 코드가 직접 실행되는 방식보다는 느릴 수 있다. 그러나 PERL과 같은 기존의 인터프리터 언어에 비해서는 빠르게 실행된다. 바이트 코드는 기계어 코드로 효율적으로 변환되도록 설계되었기 때문이다.

기출 2021년 3회

Garbage Collector

자바에서 힙에 남아있으나 변수가 가지고 있던 참조값을 읽거나 변수 자체가 없어짐으로써 더 이상 사용되지 않는 객체를 제거해 주는 역할을 하는 모듈이다.

- 자바는 실행 방식을 개선하기 위해 JIT(Just-In-Time) 컴파일러를 제공한다. 특정 시스템 플랫폼에 있는 JIT 컴파일러를 사용하여, 바이트 코드를 특정 시스템의 코드로 컴파일 할 수 있다. 코드가 일단 JIT 컴파일러에 의해 (다시) 컴파일되면 그 컴퓨터에서 더 빠른 속도로 실행된다.

⑩ Multithreaded(다중 스레드를 제공한다.)

- JVM은 여러 개의 스레드를 동시에 처리할 수 있다.

⑪ Dynamic(동적이다.)

- 자바는 프로그램과 프로그램에 사용된 라이브러리와의 연결을 프로그램 실행 시간에 한다. 환경 변화에 따라 라이브러리에 새로운 속성이나 메소드를 기존 프로그램에는 영향을 주지 않고 추가할 수 있다.

읽는 강의

2 자바의 기본 구조

강의 바로 보기

(1) 자바 프로그램 분석 기출 2020년 1, 2, 3, 4회, 2021년 1, 2, 3회, 2022년 1, 2회

① 클래스(Class)

- 객체지향 프로그래밍에서 가장 기본이 되는 Class를 정의하는 키워드이다.
- 클래스의 이름은 관례적으로 첫 글자를 대문자로 쓴다.
- 보통의 경우 main( ) 메소드가 포함된 클래스 이름이 프로그램의 이름이 된다.
- 클래스의 몸체는 { 과 }로 나타내고, 그 안에 데이터와 메소드를 기술한다.

② main( ) 메소드

- 자바 애플리케이션에서 반드시 있어야 하는 특수 메소드이다.
- 실행 시 자동으로 실행되는 유일한 메소드이다.
- 일반적으로 자바 애플리케이션은 main( ) 메소드 내에서 다른 클래스의 객체를 생성하고, 그 객체에 메시지를 보내어 원하는 결과를 얻는다.

③ 표준 입출력

- 자바에서의 표준 출력: System.out
- 표준 출력 메소드: println( ), print( )
- 자바에서의 표준 입력: System.in
- 입력 메소드: read( )
- System.in.read( ): 키보드로부터 하나의 문자를 입력 받아서 코드값을 반환한다.

④ 주석문

- 자바 언어에서 주석문(Comment)은 '/*'와 '*/' 사이, '//' 뒤에 기술하며, 컴파일 대상에서 제외된다. (주석문은 프로그램의 이해를 증진시킨다.)

예 소스 입력

```
/* HelloWorld 클래스 정의 시작 */
  class HelloWorld{
    public static void main(String args[ ]) {  // main 메소드: 프로그램에서 가장 먼저
                                                              실행되는 메소드
        System.out.println("Hello World!");        /* Hello World!라는 문장을 화면에
                                                              출력하는 부분 */
    }
  }
```

→ "HelloWorld.java"라는 이름으로 소스를 저장한다.

(2) 자바의 기본 구조

① 키워드(예약어)

abstract	do	implements	private	throw
boolean	double	import	protected	throws
break	else	instanceof	public	transient
byte	extends	int	return	true
case	false	interface	short	try
catch	final	long	static	void
char	finally	native	super	volatile
class	float	new	switch	while
continue	for	null	synchronized	default
if	package	this		

② 명칭(식별자, Identifier)

- 자바에서 식별자는 상수, 변수, 배열, 문자열, 사용자 정의 클래스나 메소드 등의 이름이 된다.
- 식별자의 규칙
  - 첫 문자는 영문자 또는 특수문자(_, $)로 시작해야 한다.
  - 길이는 제한이 없다.
  - 예약어는 식별자로 사용할 수 없다.
  - 대소문자는 구별한다.

③ 자료형

- 기본형(Primitive Type): 변수 자체가 값을 가지는 데이터형

구분	자료형	크기(byte)	설명
정수형	byte	1	부호 있는 정수
	short	2	
	int	4	
	long	8	
	char	2	유니코드 1문자
실수형	float	4	부동 소수점수
	double	8	
논리형	boolean	1	true/false

- 참조형(Reference Type)
  - 참조하는 객체의 주소를 값으로 가진다. C 언어의 포인터와 유사한 것으로 자바에서는 모든 객체를 참조형으로 취급한다.
  - String: 문자열을 저장하는 클래스
  - Array: 배열
  - 기타 각종 클래스

예 기본 자료형이 사용된 경우

```
class DataTypePractice {          // 클래스 선언
    public static void main(String args[ ]) {
        int intnum;          ┐
        float floatnum;      │
        double doublenum;    │ 변수 생성
        char characterval;   │
        boolean bool;        ┘
```

```
        intnum = 120;
        floatnum = 12.23f;
        doublenum = 12.23;          각 변수값 초기화
        characterval = 'a';
        bool = true;

        System.out.println("Data Practice Program");

        System.out.println("Integer Data Type");
        System.out.println(intnum);

        System.out.println("Float Data Type");
        System.out.println(floatnum);

        System.out.println("Double Data Type");                출력
        System.out.println(doublenum);

        System.out.println("Character Data Type");
        System.out.println(characterval);

        System.out.println("Boolean Data Type");
        System.out.println(bool);
    }
}
```

〈실행 결과〉

Data Practice Program
Integer Data Type
120
Float Data Type
12.23
Double Data Type
12.23
Character Data Type
a
Boolean Data Type
true

④ **배열**: 자바에서는 배열을 객체로 취급하므로 배열을 사용하기 위해서는 배열 객체를 선언하고, 객체를 생성하여야 한다.

■ 배열 선언

자료형 배열명 [ ] 또는 자료형[ ] 배열명;

- 열 선언에서 크기(첨자)를 지정하면 오류가 발생한다. 자바는 배열을 선언한 것으로 기억공간이 할당되지 않기 때문이다. 배열 객체를 생성해야 기억공간이 할당된다.

읽는 강의

■ 배열 객체 생성

- 배열명[ ] = new 자료형[크기]; → 배열 선언 후 객체를 생성하는 경우
- 자료형 배열명[ ] = new 자료형[크기]; → 배열 선언과 동시에 객체 생성

예 배열 선언 및 객체 생성

```
int a[ ];                          // 배열 선언
boolean b[ ] = null;               // 배열 선언과 초기화
long c[ ] = new long[20];          // 배열 선언과 동시에 객체 생성
String[ ] d = new String[30]; // 배열 선언과 동시에 객체 생성. String에서 S는 반드시 대문자로
                                   해야함
```

■ 배열 선언과 초기화

- 배열 선언과 동시에 초기화를 하면 배열 객체가 생성되어진다.
- int k[ ] = {1, 2, 3, 4, 5}; → 첨자는 0에서 4까지 사용 가능, 배열 크기는 기술하지 못한다.
- 배열 사용 시 첨자 범위를 벗어나면 컴파일 오류는 발생되지 않고, 실행 시 예외 처리가 발생된다.

예 배열 예제 1

```
public class Array1 {
    public static void main(String args[ ]) {
        boolean a[ ];
        int[ ] b = new int[10];
        float c[ ] = new float[20];
        String d[ ] = new String[30];

        a = new boolean[20];

        a[1] = true;
        b[2] = 1000;
        c[3] = 300.7f;
        d[4] = "정보";

        System.out.println(a[1]);
        System.out.println(b[2]);
        System.out.println(c[3]);
        System.out.println(d[4]);

        System.out.println(a[0]);
        System.out.println(b[0]);
        System.out.println(c[0]);
        System.out.println(d[0]);
    }
}
```

〈실행 결과〉

true

1000

300.7

정보
false // 기본 값으로 자동 초기화된 것이 출력됨
0
0.0
null

⑤ 이차원 배열

- 배열 객체 생성 후 배열 요소 값을 지정

  int arr[ ][ ] = new int[2][2]; ← 2행 2열의 이차원 배열 선언

  arr[0][0] = 100;
  arr[0][1] = 200;
  arr[1][0] = 300;
  arr[1][1] = 400;

행 \ 열	0	1
0	100	200
1	300	400

- 배열 선언과 동시에 초기화

  int arr[ ][ ] = { {100, 200, 300}, {400} };
  → 열 크기가 다른 2차원 배열 구조가 된다.

행 \ 열	0	1	2
0	100	200	300
1	400		

예 이차원 배열 예제

```
public class Array {
    public static void main(String args[ ]) {
        int arr[ ][ ] = { {100, 200, 300}, {400} };

        System.out.println(arr[0].length); // 1행의 열 길이를 구함
        System.out.println(arr[1].length); // 2행의 열 길이를 구함

        System.out.println(arr[0][0]);
        System.out.println(arr[0][1]);
        System.out.println(arr[0][2]);
        System.out.println(arr[1][0]);
        System.out.println(arr[1][1]);  // 사용 불가
        System.out.println(arr[1][2]);  // 사용 불가

    }
}
```

〈실행 결과〉
3
1
100

200

300

400

Exception in thread "main" java.lang.ArrayIndexOutOfBoundsException at Array.main(Array.java:12)

⑥ 연산자

- 논리 연산자
  - &&: AND(논리곱): 두 개의 조건이 참인 경우에만 전체값이 참이 된다.
  - ||: OR(논리합): 두 개의 조건 중 어느 하나라도 참인 경우에 전체값이 참이 된다.

예 연산자 예제 1

```
public class Operator {
    public static void main(String args[ ]) {
        int a = 100, b = 20;
        boolean y1, y2, y3, y4;

        y1 = a > b + 300;
        y2 = a > b;
        System.out.println(y1);
        System.out.println(y2);

        y3 = y1 && y2;    // y1의 값이 false이면 y2의 값을 평가하지 않는다. (논리연산자)
        y4 = y1 || y2;    // y1의 값이 true이면 y2의 값을 평가하지 않는다.
        System.out.println(y3);
        System.out.println(y4);
    }
}
```

〈실행 결과〉

false

true

false

true

- 증감 연산자(++, --)
  - ++(1 증가 연산자(Increment)): 변수의 값을 1 증가시킴
  - --(1 감소 연산자(Decrement)): 변수의 값을 1 감소시킴
- 비트 연산자: 정수형(byte, short, int, long, char)에만 적용
  - &: AND(비트곱) – 두 개의 비트가 1인 경우만 진리값이 1이 된다.
  - ^: eXclusive OR(비트차) – 두 비트 중 하나만 1이면 진리값이 1이 된다.
- |: OR(비트합) 두 비트 중 어느 하나라도 1이면 진리값이 1이 된다.

A	B	A & B	A ^ B	A | B
1	1	1	0	1
1	0	0	1	1
0	1	0	1	1
0	0	0	0	0

예

변수	비트 표현	A & B	A | B	A ^ B
A B	1010 1110	1010	1110	0100

- Shift 연산자(〈〈, 〉〉)
  - 〈〈: 한 비트씩 좌로 이동
  - 〉〉: 한 비트씩 우로 이동
  - 넘어간(기억공간을 벗어난) 비트는 무시하고, 빈 부분은 0으로 채운다.

예 연산자 예제 2

```
public class Bitop{
    public static void main(String args[ ]) {
        int a = 8, b=16;
        System.out.println(a >> 2);   // 우측 쉬프트
        System.out.println(a << 2);   // 좌측 쉬프트
        System.out.println(a & b);    // 논리곱
        System.out.println(a | b);    // 논리합
        System.out.println(a ^ b);    // 배타적 논리합
    }
}
```

〈실행 결과〉

2

32

0

24

24

⑦ 문자열(String)

- 자바는 문자열을 다루기 위해 클래스 String과 StringBuffer를 제공한다. 문자열은 객체로 취급된다.
- String: 생성된 객체의 내용을 변경할 수 없다. (상수 문자열)
- StringBuffer: 생성된 객체의 내용을 변경할 수 있다.

(3) 자바의 제어문

① 프로그램 안에 원하는 기능을 구현하기 위해 만들어 놓은 형식으로, 특정 조건에 맞는 기능을 수행시킨다든가, 같은 기능을 반복해서 수행시킨다든가, 특정 위치로 이동시킨다든가 하는 식으로 프로그램을 구조화시킨다.

② 조건 제어문, 반복 제어문, 이동 제어문이 있다.

- 조건 제어문: if, switch~case
- 반복 제어문: while, do~while, for
- 이동 제어문: break, continue, return

③ if문

- 단순 if: 조건이 참(true)이면 조건 뒤의 문장이 실행되고, 거짓인 경우는 문장이 실행되지 않고 건너뛴다.

```
if(조건) {
    문장;        // 조건이 참(true)인 경우에만 문장을 실행
}
```

- if~else: 여러 조건들 중에서 원하는 경우만 선택적으로 실행이 필요할 때 사용한다.

```
if(조건1) {
        문장1;    // 조건1이 참일 때 수행
}
else if(조건2) {
        문장2;    // 조건1이 거짓이고, 조건2가 참일 때 수행
}
else {
        문장3;    // 조건1, 2가 모두 거짓일 때 수행
}
```

예 if문 예제

```
class IfPractice {
    public static void main (String args[ ]) {
        int num;
        num = 13 / 2;

        if(num == 6) {
            System.out.println("13 / 2 is 6");
        }
        else {
            System.out.println("13 / 2 = " + num);
        }
    }
}
```

〈실행 결과〉

13 / 2 is 6

④ switch~case문

- 식의 값을 먼저 판단해서 해당하는 case의 레이블로 점프하는 동작을 실행한다.
- 식의 값이 case의 어떤 값과도 같지 않으면 default문을 실행한다.

```
switch(조건식) {
        case 상수1 : 문장1; break;
        case 상수2 : 문장2; break;
        …
        case 상수n : 문장n; break;
        default : 문장
}
```

예 switch~case문 예제

```
class SwithTest1 {
    public static void main(String[ ] arg) {
        int money=5000;     // 초기화
        switch(money) {
            case 500:
                System.out.println("one");
                break;
```

읽는 강의

```
            case 5000:
                System.out.println("two");      // 해당 조건이 만족하므로 "two" 출력 후
                break;                          // switch문 벗어나기
            case 50000:
                System.out.println("three");
                break;
            default:
                System.out.println("zero");
        }
    }
}
```

〈실행 결과〉

two

⑤ while문

- 조건이 참인 동안 { } 안의 명령을 반복시키는 제어문이다.
- 처음부터 조건식의 값이 거짓이면 { } 안의 문장은 한 번도 실행되지 않는다.

```
while(조건식) {
    반복할 문장
}
```

예 while문 예제

```
class WhilePractice {
    public static void main (String args[ ]) {
        int i;                                          // 초기화
        i = 10;
        System.out.println("Countdown start!");         // 제목 출력

        while(i > 0) {
            System.out.println(i);  // i의 값이 0보다 작거나 같을 때까지 반복하면서
                                    // i값 출력
            i--;                    // i값을 1씩 감소
        }
    }
}
```

〈실행 결과〉

Countdown start!

10

9

8

7

6

5

4

3

2

1

⑥ do~while문

• do~while문은 { } 안의 명령을 일단 한 번 실행한 다음에 조건식을 검사하기 때문에 반복할 문장 부분이 최소 한 번은 실행된다.

```
do {
        반복할 문장
}while(조건식);
```

예 do~while문 예제

```
class DoWhilePractice {
    public static void main (String args[ ]) {
        int i;
        i = 10;
        System.out.println("Countdown start!");

        do {
            System.out.println(i);
            i--;
        }while(i > 0);
    }
}
```

〈실행 결과〉

Countdown start!

10

9

8

7

6

5

4

3

2

1

⑦ for문

```
for(초기식; 조건식; 증감식) {
        반복할 문장
}
```

• 초기식: 제어 변수의 초기값을 설정하는 식
• 조건식: 루프를 계속 실행시킬 것인지의 조건을 설정
• 증감식: 제어 변수의 값을 변경시키는 식을 설정

예 for문 예제

```
class ForPractice {
    public static void main (String args[ ]) {
        int i;
        System.out.println("Countdown start!");

        for(i = 10; i > 0; i--) {
            System.out.println(i);
        }
    }
}
```

〈실행 결과〉

Countdown start!
10
9
8
7
6
5
4
3
2
1

⑧ break, continue문

- break문: for문, while문, do~while문에서 루프를 벗어나기 위해서 사용된다.
- continue문: for문, while문, do~while문에서 루프를 실행하다가 continue문을 만나게 되면 조건부로 제어를 옮기는 데 사용된다.

예 break문 예제

```
class BreakPractice {
    public static void main(String args[ ]) {
        int i;
        i = 10;
        System.out.println("Countdown start!");

        while(true) {
            if(i == 0) break;     // i가 0이면 while문 벗어나기
            System.out.println(i);
            i--;
        }
    }
}
```

〈실행 결과〉

Countdown start!
10
9

8
7
6
5
4
3
2
1

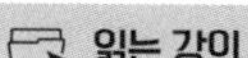

예 continue문 예제

```
class ContinuePractice {
    public static void main(String args[ ]) {
        int i;
        i = 20;
        System.out.println("Countdown start!");

        while(true) {
            i--;
            if(i > 10) continue;        // i>10이면 while문 시작으로 제어 이동
            if(i == 0) break;
            System.out.println(i);
        }
    }
}
```

〈실행 결과〉

Countdown start!
10
9
8
7
6
5
4
3
2
1

3 클래스의 구조

■ 기본 형식

```
[ 접근자 | 옵션 ] class 클래스 이름 [ extends Superclassname ] [ implements Interface
                (, Interface) ] {
        클래스 정의 부분 (변수와 메소드 정의)
}
```

※ { 와 } 사이에 멤버 변수, 생성자 메소드 및 메소드를 기술

강의 바로 보기

(1) 접근자(Access Modifiers)와 옵션(Option)

default(공백) 또는 package	패키지 내부에서만 상속과 참조 가능
public	패키지 내부 및 외부에서 상속과 참조 가능
protected	패키지 내부에서는 상속과 참조 가능, 외부에서는 상속만 가능
private	같은 클래스 내에서 상속과 참조 가능
abstract	객체를 생성할 수 없는 클래스
final	서브 클래스를 가질 수 없는 클래스
static	멤버 클래스 선언에 사용

예 접근자 예제

```
class SuperJavaTest {
    private int privatevalue;
    protected int protectedvalue;
    void test( ) {
        privatevalue = 1;
        protectedvalue = 2;
        }
}
class SubJavaTest extends SuperJavaTest {
    void test( ) {
        privatevalue = 1;    // Error
        protectedvalue = 2; // Okay
    }
}
```

(2) 객체의 선언과 생성

```
클래스 이름 객체 이름 = new 생성자 메소드;
```

① 작성한 클래스의 멤버 변수를 할당받고, 메소드를 실행하기 위해서는 클래스로부터 객체를 생성해야 한다.

② **속성의 접근**: 객체명.속성변수명

③ **메소드 호출**: 객체명.메소드명(매개 변수)

예 객체 생성 예제

```
class MethodEx {
    int var1, var2;
    public int sum(int a, int b) {
        return a + b;
    }
}

class Main {
    public static void main(String args[ ]) {
        MethodEx me = new MethodEx( );
        int res = me.sum(1000, -10);
        System.out.println("res=" + res);
    }
}
```

읽는 강의

〈실행 결과〉
res=990

4 멤버 변수

(1) 객체의 속성을 정의하는 것으로 클래스의 메소드 밖에서 선언된 변수이다.

(2) 멤버 변수(Member Variable)의 분류

① 객체 변수
- 객체 속성 변수: 기본 자료형의 값을 가지는 변수이다.
- 객체 참조 변수: 객체를 지정하는 변수이다. (주소를 가진다)
- 객체 속성 변수와 객체 참조 변수는 객체 참조 변수(객체명)로 접근해야 한다.

② 클래스 변수
- static으로 선언된 변수(전역 변수의 개념)로 그 클래스로부터 생성된 객체들이 공유한다.
- 객체들 사이에 공통되는 속성을 표현하는 데 사용될 수 있다.
- 클래스 변수는 클래스명으로 접근한다.
- 클래스 변수는 일반적으로 선언과 함께 초기값을 준다.

③ 종단 변수
- final로 선언된 변수로 상수 값을 가진다. 한 번 초기화할 수 있으며, 그 후로는 새로운 값을 대입할 수 없다.
- 프로그램에서 변하지 않는 상수 값을 선언할 때 사용한다.
- 관례적으로 종단 변수는 대문자로 한다.

예 final int AAA = 250;

예 멤버 변수 예제

```
class Gogaek {
    String irum;
    int nai;
    long bunho;
    static long GoBunho=0;
    public Gogaek( ) {
        bunho = GoBunho++;
    }
}

class VarDemo {
    public static void main(String args[ ]) {
        Gogaek gogaek1 = new Gogaek( );
        Gogaek gogaek2 = new Gogaek( );
        Gogaek gogaek3 = new Gogaek( );

        gogaek1.irum = "컴퓨터";

        System.out.println("고객1 이름: " + gogaek1.irum);
        System.out.println("gogaek1의 id의 번호: " + gogaek1.bunho);
        System.out.println("gogaek2의 id의 번호: " + gogaek2.bunho);
        System.out.println("gogaek3의 id의 번호: " + gogaek3.bunho);
        System.out.println("전체 고객 수: " + Gogaek.GoBunho+"명");
```

```
    }
}
```

〈실행 결과〉
고객1 이름: 컴퓨터
gogaek1의 id의 번호: 0
gogaek2의 id의 번호: 1
gogaek3의 id의 번호: 2
전체 고객 수: 3명

5 메소드

(1) 메소드(Method)의 분류

① 객체 메소드

- static 선택 항목을 갖지 않는 메소드로 객체를 통하여 접근한다.
- 객체 변수는 클래스로부터 생성된 객체에 별도로 할당되나, 객체 메소드는 프로그램 코드로서 다수의 객체가 접근하여 사용할 수 있다.

■ 구문

```
[public|private|protected][static|final|abstract|synchronized] 반환값 유형 메소드 이름
(매개 변수) { 정의할 메소드 내용을 기술}
```

■ 접근 방법

```
객체 이름.메소드 이름(매개 변수)
```

② 클래스 메소드

- static으로 선언한다.
- 클래스 변수와 같이 클래스 이름을 통하여 접근한다.
- 클래스 메소드 내에서는 클래스 변수만을 사용할 수 있다.

■ 구문

```
[public|private|protected] static [static|final|abstract|synchronized] 반환값 유형
메소드 이름(매개 변수) { 정의할 메소드 내용을 기술}
```

■ 접근 방법

```
클래스 이름.클래스메소드 이름(매개 변수)
```

③ 종단 메소드

- final로 선언한다.
- 종단 메소드를 포함하는 클래스로부터 하위 클래스를 생성할 때, 하위 클래스에서 종단 메소드를 재정의(Overriding)하여 사용할 수 없다.

④ 추상 메소드

- abstract로 선언하며, public만을 사용할 수 있다.
- 하나 이상의 추상 메소드를 포함한 클래스를 추상 클래스라 한다.
- 추상 메소드는 메소드의 실행문을 갖지 않으므로, 반드시 하위 클래스에서 재정의 후 사용해야 한다.

■ 구문

```
public abstract 반환값 유형 메소드 이름(매개 변수);
```

(2) 인수 전달 방식

① 호출된 형식 매개 변수의 자료형 및 변수가 반드시 선언되어야 하며, 초기값은 호출한 메소드로부터 전달받는다.

② 호출하는 메소드의 실매개 변수는 반드시 형식매개 변수의 자료형 및 개수와 일치하는 상수값을 전달해야 한다.

③ **값 호출**(Call by value): 메소드를 호출할 때 기본 자료형의 값을 인자로 전달하는 방식을 의미한다.

예 인수 전달 방식 예제 1(값 호출)

```
class ValueParameter {
    public int increase(int n) {
        ++n;
        return n;
    }
}
class Main {
    public static void main(String args[ ]) {
        int var1 = 100;
        ValueParameter vp = new ValueParameter();
        int var2 = vp.increase(var1);
        System.out.println("var1 : " + var1 + ", var2 : " + var2);
    }
}
```

〈실행 결과〉

var1 : 100, var2 : 101

④ **참조 호출**(Call by reference): 참조 자료형을 메소드 호출할 때 '실인자'로 사용할 경우를 의미한다.

예 인수 전달 방식 예제 2(값 호출)

```
class ReferenceParameter {
    public void increase(int[ ] n) {
        for(int i = 0 ; i < n.length ; i++)
            n[i]++;
    }
}

class Main {
    public static void main(String args[ ]) {
        int[ ] ref1 = {100,800,1000};
        ReferenceParameter rp = new ReferenceParameter( );
        rp.increase(ref1);
        for(int i = 0 ; i < ref1.length ; i++)
            System.out.println("ref1["+i+"] : "+ ref1[i]);
    }
}
```

읽는 강의

〈실행 결과〉
ref1[0] : 101
ref1[1] : 801
ref1[2] : 1001

(3) 메소드 오버로딩(Overloading, 중복)

① 하나의 클래스에 이름은 같으나 매개 변수의 자료형과 개수가 서로 다른 다수의 메소드를 사용하는 것이다.

② 중복된 메소드가 호출되면 매개 변수의 형과 개수를 비교하여 적합한 메소드가 실행된다.

예 메소드 오버로딩

```
class Over {
    int foo( ) {
        return 100;
    }
    int foo(int a) {
        return a * a;
    }
    int foo(int a, int b) {
        return a * b;
    }
    int foo(int a, int b, int c) {
        return a * b * c;
    }
}
class Overlo {
    public static void main(String args[ ]) {
    Over g = new Over( );
        System.out.println(g.foo( ));
        System.out.println(g.foo(5));
        System.out.println(g.foo(4, 5));
        System.out.println(g.foo(2, 3, 4));
    }
}
```

〈실행 결과〉
100
25
20
24

6 생성자

(1) 생성자(Constructor)의 개요

① 객체가 생성될 때 객체의 초기화 과정을 기술하는 특수한 메소드이다.

② 생성자는 일반 메소드와 같이 명시적으로 호출되지 않고, 객체를 생성할 때 new 연산자에 의하여 자동으로 실행된다.

③ 반환하는 자료형이 없고, 이름은 반드시 클래스 이름과 동일해야 한다.

④ 매개 변수 및 수행문을 포함할 수 있다.

(2) 생성자 오버로딩

① 하나의 클래스에 매개 변수의 자료형과 개수가 서로 다른 다수의 생성자를 포함하여 다양한 객체를 생성하는 것이다.

② 생성자의 이름은 같지만 매개 변수의 개수와 형을 다르게 한다.

(3) this 예약어

① 생성자나 메소드의 매개 변수가 멤버변수와 같은 이름을 사용하는 경우에 사용한다.

② this 예약어는 현재 사용 중인 객체 자기 자신을 의미한다.

예 this

```
class JavaTest {
    int value1;

    JavaTest(int value1) {
        this.value1 = value1;
    }
}
```

읽는 강의

7 상속

강의 바로 보기

(1) 확장 클래스의 계층과 상속(Inheritance)

① 상위 클래스나 하위 클래스가 공통으로 가지는 멤버 변수와 메소드들을 상위 클래스에 선언하고, 하위 클래스에서는 상속받아 재사용할 수 있도록 설계한다.

② 자바의 최상위 클래스는 java.lang.Object 클래스로써 상속되는 상위 클래스가 지정되지 않은 경우, 묵시적으로 Object 클래스로부터 상속받는다.

③ 자바에서는 모든 클래스는 하나의 상위 클래스만을 가질 수 있다.

■ 기본 형식

```
class sub 클래스 extends super 클래스 {
    .....
}
```

예 클래스 상속

```
class SP {
    int a = 5;
}

class SB extends SP {
    int b = 10;
}

class Main {
    public static void main(String args[ ]) {
        SB ob = new SB( );
        System.out.println("a = " + ob.a);
        System.out.println("b = " + ob.b);
    }
}
```

〈실행 결과〉
a = 5
b = 10

(2) 메소드 오버라이딩(Overriding, 재정의)

상위 클래스에서 정의한 메소드와 이름, 매개 변수의 자료형 및 개수가 같으나 수행문이 다른 메소드를 하위 클래스에서 정의하는 것이다.

예 메소드 오버라이딩

```
class A{
    int compute(int a, int b) {
        return a + b;
    }
    public A( ) {
        System.out.println("최상위 클래스");
    }
}
class B extends A {
    int compute(int a, int b) {
        return a * b;
    }
}
class C extends B {
    int compute(int a, int b) {
        return a - b;
    }
}
class OverrideDemo {
    public static void main(String args[ ]) {
        A ride1 = new A( );
        B ride2 = new B( );
        C ride3 = new C( );

        System.out.println(ride1.compute(2, 3));
        System.out.println(ride2.compute(2, 3));
        System.out.println(ride3.compute(2, 3));
    }
}
```

〈실행 결과〉
최상위 클래스
최상위 클래스
최상위 클래스
5
6
−1

(3) super 예약어

① 상위 클래스의 객체를 가리킨다.

② 하위 클래스에서 상위 클래스의 메소드를 호출해서 이용하고자 할 때 주로 사용하며, 상위 클래스의 생성자를 호출할 때도 사용 가능하다.

③ super의 형식

■ 상위 클래스 참조 형식 – 상위 클래스의 멤버 변수나 메소드를 호출할 때

```
super.변수명;
super.메소드명(매개 변수);
```

■ 생성자 호출 형식 – 상위 클래스의 생성자를 호출할 때

```
super( );
super(매개 변수);
```

예 1. super 예약어

```
class Dad {
        int i=1000;
        public String Method2( ) {
            String s = "상위 메소드";
            return s;
        }
}
 class Super_1 extends Dad {
        int i = 20;
        public int Method1( ) {
            return super.i;              // 상위 클래스의 멤버 변수 호출
        }
        public String Method2( ) {
            return super.Method2( );     // 상위 클래스의 메소드 호출
        }
}

class Main {
    public static void main(String args[ ]) {
        Super_1 aa=new Super_1( );
        System.out.println(aa.Method1( ));
        System.out.println(aa.Method2( ));
        }
}
```

〈실행 결과〉

1000

상위 메소드

예 2. super 예약어

```
class A {
        public A(String s) {
            System.out.println("상위 클래스 생성자");
        }
}
class Super_2 extends A {
```

읽는 강의

```
        public Super_2( ) {
            super("fddsf");
             System.out.println("하위 클래스 생성자");
        }
}

class Main {
        public static void main(String[ ] args) {
            Super_2 b=new Super_2( );
            System.out.println("메인");
        }
}
```

〈실행 결과〉
상위 클래스 생성자
하위 클래스 생성자
메인

예 3. super 예약어

```
class Parent {
    public Parent(int var) {
        System.out.println("Parent 클래스");
    }
}
class SuperEx extends Parent {
    public SuperEx( ) {
        super(1);
        System.out.println("SuperEx 클래스");
    }
}

class Main {
    public static void main(String args[ ]) {
            SuperEx se = new SuperEx( );
    }
}
```

〈실행 결과〉
Parent 클래스
SuperEx 클래스

(4) 추상 클래스와 추상 메소드

① 추상 메소드와 추상 클래스는 반드시 키워드 abstract로 선언해야 한다.
② 실행문 없이 정의된 메소드를 추상 메소드라 하며, 하나 이상의 추상 메소드를 포함한 클래스를 추상 클래스라 한다.
③ **추상 메소드**: 메소드의 추상적인 기능만 선언하고 그 내용은 기술하지 않은 메소드이다.
④ **추상 클래스**: 클래스 내에 추상 메소드가 하나라도 있으면 추상 클래스이다.
⑤ 추상 클래스는 구현되지 않은 추상 메소드를 포함하므로 객체를 생성할 수 없다. 따라서 하위 클래스에서 추상 메소드를 재정의한 후 객체로 생성해야 한다.

▪ 기본 형식

```
abstract class 클래스 이름 {

  [접근 한정자] abstract 자료형 추상 메소드 이름( );

}
```

예 추상 클래스

```
abstract class Comp {                          // 추상 클래스
        abstract int  compute(int x, int y);  // 추상 메소드
}
class Hap extends Comp {
        int compute(int a, int b ){           // class Comp의 compute 메소드 재정의
        return a + b;
        }
}
class Gob extends Comp {
        int compute(int a, int b) {           // class Comp의 compute 메소드 재정의
            return a * b;
        }
}
public class AbstractDemo {
        public static void main(String args[ ]) {
            Hap hap = new Hap( );
            Gob gob = new Gob( );

            System.out.println(hap.compute(2, 3));
            System.out.println(gob.compute(2, 3));
        }
}
```

〈실행 결과〉

5

6

8 인터페이스

(1) 인터페이스(Interface)의 개요

① 실제 정의가 없이 선언만 되어 있는 메소드들의 집합이다.

② 자바에서는 다중 상속이 되지 않기 때문에 여러 개의 클래스로부터 상속을 받아야 하는 경우에 사용하는 방법이 바로 인터페이스이다.

③ 상수와 추상 메소드로만 구성된다.

④ 의미적으로 추상 클래스라 할 수 있고, 객체를 생성할 수 없다.

⑤ 인터페이스를 이용하여 다중 상속을 구현할 수 있다.

(2) 인터페이스 정의

■ 기본 형식

```
[public] interface 인터페이스 이름 [extends Interface] {
        인터페이스 정의 부분
}
```

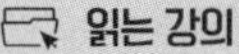

예 인터페이스 예제

```
interface Fruit {
    void printname( );          // 선언만 한다.
}

class Apple implements Fruit {
    void printname( ) {         // 인터페이스 메소드들을 정의한다.
        System.out.println("Apple");
    }
}

class Orange implements Fruit {
    void printname( ) {         // 인터페이스 메소드들을 정의한다.
        System.out.println("Orange");
    }
}
```

개념확인 문제

기출 2020년 1,2회

01 Java 언어에서 접근제한자가 아닌 것은?

① public ② protected
③ package ④ private

02 다음 자바 코드를 컴파일할 때, 문법 오류가 발생하는 부분은?

```
class Person {
  private String name;
  public int age;
  public void setAge(int age) {
     this.age = age;
  }
  public String toString( ) {
     return("name: " + this.name + ", age : " + this.age);
  }
}
public class PersonTest {
  public static void main(String[ ] args) {
     Person a = new Person( );          // ㉠
     a.setAge(27);                      // ㉡
     a.name = "Gildong";                // ㉢
     System.out.println(a);             // ㉣
  }
}
```

① ㉠ ② ㉡ ③ ㉢ ④ ㉣

03 JAVA 프로그램의 실행 결과로 옳은 것은?

```
class Test {
   public static void main(String[ ] args) {
     int a = 101;
     System.out.println((a >> 2) << 3);
   }
}
```

① 0 ② 200 ③ 404 ④ 600

정답 & 해설

01 Java의 접근제한자에는 public, protected, private, abstract, final, static 등이 있다.

02 Person 클래스에서 변수 name은 접근제한자 private로 선언되어 있으므로, 다른 클래스에서 a.name과 같이 접근할 수 없다.

03 int a = 101;
→ 정수형으로 변수 a 선언과 초기화
- >>: 좌측 이동은 나눗셈 개념
- <<: 우측 이동은 곱셈 개념

a>>2 → $a/2^2$ = a/4 = 101/4 = 25.25(정수 연산이므로 25 저장)
(a>>2) << 3 → 25 << 3 = 25 * 2^3 = 25 * 8 = 200

| 정답 | 01 ③ 02 ③ 03 ②

04 파이썬

기출 키워드
- 파이썬의 특징
- 기본 구조
- 제어 구조

출제 예상 키워드
- 기본 구조
- 제어 구조

읽는 강의

1 파이썬의 기본 기출 2020년 3회, 2021년 2, 3, 4회, 2022년 1, 2회

(1) 파이썬(Python)의 개요

① Python은 1991년 네덜란드의 귀도 반 로섬(Guido van Rossum)이 개발하였다.

② 범용 프로그래밍 언어로서 코드 가독성(Readability)와 간결한 코딩을 강조한 언어이다.

③ 인터프리터(Interpreter) 언어로서, 리눅스, Mac OS X, 윈도우즈 등 다양한 시스템에 널리 사용할 수 있다.

④ 웹 서버, 과학 연산, 사물인터넷(IoT), 인공지능, 게임 등의 프로그램 개발에 사용할 수 있다.

⑤ 플랫폼에 독립적이며 인터프리터식, 객체지향적, **동적 타이핑**(Dynamic Typing) 대화형 언어이다.

동적 타이핑(Dynamic Typing)
자료형을 컴파일 시가 아닌 런타임 시에 결정하는 방식으로 자료형의 명시 없이 변수명만으로 선언 및 값을 전달하는 것이 가능하다.

(2) Python의 특징

① 문법이 쉽고 간단하며, 배우기 쉽다.

② 객체지향적이다.

③ 다양한 패키지가 제공된다.

④ 오픈 소스이며 무료로 제공된다.

(3) 기본 구조

① 연산자

+, −, *, /	사칙연산
%	나머지 연산
//	나누기 연산 후에 소수점 이하 절삭
**	제곱 연산

```
a = 10 % 3
print(a)
```

〈실행 결과〉 1

```
10 / 3  → 3.3333333333333

10 // 3  → 3
```

② 문자열

- 문자열은 (' ') 와 (" ")를 활용하여 표현 가능하며, 여러 줄에 걸쳐있는 문장은 (""" """)를 사용하여 표현한다.
- 하나의 문자열을 묶을 때 동일한 문장 부호를 활용해야 한다.

aa = 'abcde' print(aa) → abcde	aa = 'abcde' print aa[0] → a	aa = 'abcde' print aa[1] → b	aa = 'abcde' print aa[0:3] → abc

∵ aa = 'abcde' →

a	b	c	d	e
aa[0]	aa[1]	aa[2]	aa[3]	aa[4]

③ String Method(문자열 메소드)

- capitalize( ): 첫 글자는 대문자로, 나머지는 모두 소문자로 변환 예 string.capitalize( )
- title( ): 각 단어의 첫 글자만 대문자로 변환 예 string.title( )
- upper( ): 모두 대문자로 만들어 반환 예 string.upper( )
- lower( ): 모두 소문자로 만들어 반환 예 string.lower( )

(4) list(리스트)

① 리스트는 C 언어와 Java에서의 배열과 비슷한 모습을 보이지만, 배열과 달리 정수, 실수, 문자열 등 여러 자료형을 혼합하여 저장할 수 있다.

② 리스트는 대괄호 [ ]로 만들 수 있으며, 값에 대한 접근은 list[i]와 같이 한다.

```
리스트명 = [Value1, Value2, … ]
리스트명 = list([Value1, Value2, … ])
```

예 aa = [25, 'abc', 2.57]

(5) 숫자의 시퀀스(range)

range(n) ← 0<= x < n

range(n, m) ← n <= x < m

range(n, m, s) ← n <= x < m (증가값: s)

(6) 입력/출력 함수

① input( ): 표준 입력 함수이며, 값을 키보드로 입력받아 변수에 저장한다.

```
name = input('이름을 입력하세요 :')
이름을 입력하세요 :
→ 화면에 '이름을 입력하세요 :'가 출력되고, 이름을 입력하면 name 변수에 저장된다.
```

② print( ): 표준 출력 함수이며, 화면에 결과를 출력할 때 사용한다.
print( ) 함수의 각 항목을 콤마(,)로 구분한다.

print(…, 변수, …, 수식, …, 값, ….)		
a = 10 b = 20	print(a) 10	print(a+b) 30

```
sep을 이용한 출력
a1 = '010'
a2 = '1234'
a3 = '5678'
print(a1, a2, a3, sep = '-')
010-1234-5678
```

읽는 강의

- 리스트는 순서가 있고 변경가능하다. 즉, 기존 데이터의 수정과 삭제가 가능하다.

2 제어 구조

읽는 강의

(1) if~else문

① **if 조건식**: 반드시 일정한 참/거짓을 판단할 수 있는 조건식과 함께 사용한다.

② **조건식에 따른 사항**

- 조건식이 참인 경우 – 이후의 문장을 수행
- 조건식이 거짓인 경우 – else: 이후의 문장을 수행
- 복수 조건문 – 2개 이상의 조건문을 활용할 경우 elif 〈조건문〉:을 활용
- 중첩 조건문 – if문 안에 또 다른 if문을 추가하여 활용

(2) for문

① 정해진 범위 내에서 순차적으로 코드를 실행한다.

② for문이 수행할 명령들은 들여쓰기로 정해지므로 종료 조건을 설정해 주지 않아도 된다.

```
for 변수 in range(최종값)
    반복할 문장
```

예

```
for i in range(5):
    sum += i;
```

→ 변수 i는 0에서 4까지 1씩 증가하면서 'sum+=i' 문장을 반복 수행한다.
따라서 sum=0+1+2+3+4=10이 기억된다.

(3) break, continue

① **break**: 반복문을 다 실행하지 않고 중간에 break문을 만나면 반복문을 벗어난다.

② **continue**: continue문 이후의 코드를 수행하지 않고, 다음 요소를 선택하여 반복을 계속 수행한다.

개념확인 문제

기출 2021년 3회

01 귀도 반 로섬(Guido van Rossum)이 발표한 언어로 인터프리터 방식이자 객체지향적이며, 배우기 쉽고 이식성이 좋은 것이 특징인 스크립트 언어는?

① C++
② Java
③ C#
④ Python

02 Python 언어에서 다음 설명의 빈칸에 들어갈 알맞은 함수는?

Python 언어의 표준 입력 함수로 (   ) 함수는 키보드로 값을 입력받아 변수에 저장한다.

① type( )　　② print( )
③ input( )　　④ len( )

정답 & 해설

01 ④ 파이썬(Python)은 1991년 귀도 반 로섬이 개발한 객체 지향 인터프리티드 스크립트 언어이다.

02 ③ input( ): 표준 입력 함수이며, 키보드로 값을 입력받아 변수에 저장한다.

| 정답 | 01 ④ 02 ③

05 웹 저작 언어

읽는 강의

기출 키워드
- JavaScript
- PHP
- 프레임워크

출제 예상 키워드
- Ajax

1 HTML

(1) HTML(HyperText Markup Language)의 개요

① 웹 브라우저 상에 정보를 표시하기 위한 마크업 심볼 또는 파일 내에 집어넣은 코드들의 집합이다.

② 홈페이지를 만들 때 사용하는 컴퓨터 언어이다.

③ 웹에서 사용하는 하이퍼텍스트 문서를 만들 수 있다.

④ 기호 〈 〉 안에 기능이 약속된 예약어로 이루어져 있다.

⑤ 대소문자를 구분하지 않는다.

마크업 언어(Markup Language)
- HTML은 웹 브라우저 안에서 웹 문서를 보여주기 위해 만든 언어이며, 정해진 태그만을 사용한다.
- XML은 정해진 태그 사용도 가능하고, 사용자가 임의로 태그를 만들어 사용할 수 있는 언어이다.

(2) Tag의 종류

① 〈BODY〉

```
<BODY BACKGROUND = "배경파일명"
   BGCOLOR = "배경색"
   TEXT = "글자색"
   LINK = "하이퍼링크 글자색"
   VLINK = "하이퍼링크 글자색"
   ALINK = "하이퍼링크 글자색">
```

- BACKGROUND: 문서 배경에 사용할 이미지 파일명을 지정한다.
- BGCOLOR: 문서 배경색(바탕색)을 지정(기본값은 흰색)한다.
- TEXT: 전경색(글자색)을 지정(기본값은 검은색)한다.
- LINK: 하이퍼링크를 클릭했을 때 글자색을 지정(기본값은 파란색)한다.
- VLINK: 이전에 방문했던 하이퍼링크의 글자색을 지정(기본값은 보라색)한다.
- ALINK: 하이퍼링크가 진행 중일 때의 글자색을 지정(기본값은 빨간색)한다.

② 〈A〉
- Anchor의 약어
- 특정 부분으로 연결해주는 역할을 한다.

```
<A Href="연결시킬 문서, 그림 또는 홈페이지 또는 메일주소"
  Target="_self|_parent|_blank|_top|프레임명">
```

예 〈A Href = "a.htm"〉정보처리〈/A〉
→ "정보처리"라는 문구에 문서파일 "a.htm"을 연결한다.

예 〈A Href = "a.gif"〉정보처리〈/A〉
→ "정보처리"라는 문구에 그림파일 "a.gif"를 연결한다.

예 〈A Href = "약도.htm""〉〈img src = "약도.jpg" width = "250" alt = "정보처리"〉〈/A〉
→ 그림파일 "약도.jpg"에 문서파일 "약도.htm"를 연결한다.

예 〈A Href = "http://www.eduwill.net" Target = "_blank"〉 에듀윌 〈/A〉
→ 지정한 에듀윌 사이트 주소를 연결한다.

예 〈A Href = "mailto:aaa@hanmail.com"〉전자우편보내기〈/A〉
→ 전자우편 보내기에 메일 주소를 연결한다.

③ 테이블 만들기
- 〈TABLE〉: 표를 시작한다는 태그로, 단독으로 쓰이지 않는다.
- 〈CAPTION〉: 테이블의 제목을 설정한다.
- 〈TR〉: 표의 행을 지정(TABLE ROW의 약어)한다.
- 〈TD〉: 행에 셀을 지정, 칸을 나눈다(TABLE DATA의 약어).
- 〈TH〉: 각 행에 제목을 설정(TABLE HEADER의 약어)한다. 〈TD〉와 비슷한 역할이지만 테이블의 HEADER 태그이므로 글자가 약간 크고 굵게 출력된다.

④ 목록 만들기
- 문서에서 차례와 같은 목록을 만들 경우에 〈BR〉이나 〈P〉 태그를 사용할 수도 있지만, 리스트 태그를 쓰면 쉽게 작성할 수 있다.
- 리스트 태그로 순서 없는 목록과 순서 있는 목록을 만들 수 있다.

⑤ 프레임 나누기
- 〈Frameset〉 프레임을 나누는 문서에서 프레임의 시작을 의미한다.
- 〈Frameset〉을 정의하는 문서에는 〈BODY〉 태그를 쓰지 않는다.
- Cols: 프레임을 세로로 구분한다.
- Rows: 프레임을 가로로 구분한다.
- Framespacing: 프레임 안에 들어갈 내용과 프레임 간의 여백을 설정한다.
- Frameborder: 프레임을 구분하는 테두리를 숨길 것인지(0), 아닌지(1)를 결정한다.
- 〈Frame〉: 분할된 각각의 창을 정의하는 태그이다.

읽는 강의

WAS
http를 통해 사용자 컴퓨터에서 애플리케이션을 수행해 주는 미들웨어이다. (JEUS, Tomcat, WebSphere)

2 기타 웹 언어

(1) JavaScript 기출 2021년 2회

① 네스케이프사에서 개발한 라이브 스크립트(Live Script)와 썬마이크로 시스템사가 만든 자바 언어의 기능을 결합하여 만든 언어이며, 자바 언어에서 사용하는 문법을 따르고 있다.
② HTML의 텍스트 위주의 문제점을 해결하고, 동적인 데이터를 처리할 수 있다.
③ HTML 문서 내에 자바 스크립트 코드를 그대로 삽입하며, 클래스와 클래스에 의한 상속의 개념은 지원하지 않는다.

- 클라이언트 사이드 스크립트 언어: JavaScript, Vbscript
- 서버 사이드 스크립트 언어: ASP, JSP, PHP

(2) ASP(Active Server Page)

① 서버 사이드 스크립트라는 특징이 있다.
② 웹 브라우저에서 요청하면 웹 서버에서 해석하여 응답한다.
③ 별도의 실행 파일을 만들 필요없이 HTML 문서 안에 직접 포함시켜 사용한다.
④ 클라이언트에서 부가적인 작업이 존재하지 않고, 단지 HTML 문서를 받아 화면에 보여주는 작업만으로 클라이언트의 역할이 끝난다.
⑤ ASP는 Windows 2000 Server, IIS, MS-SQL과 결합되어 이용하는 것이 가장 일반적이다.
⑥ 서버 입장에서는 ASP 코드를 수행한 결과 HTML 문서만 클라이언트로 전송하기 때문에 ASP 코드 및 ASP 코드로 작성된 다양한 정보가 클라이언트로 전달되지 않아서 보안성이 증대되는 효과도 있다.

(3) JSP(Java Server Page)

① 서블릿(Servlet) 기술을 확장시켜 웹 환경에서 사용할 수 있도록 만든 스크립트 언어이다.
② 웹 브라우저에서 요청하면 웹 서버에서 해석하여 응답해주며, 자바의 대부분의 기능을 모두 사용할 수 있다.

③ 별도의 실행 파일을 만들 필요 없이 HTML 문서 안에 직접 포함시켜 사용하며, 동적인 웹 문서를 빠르고 쉽게 작성할 수 있다.

(4) PHP(Hypertext Preprocessor) 기출 2020년 4회

① 하이퍼텍스트 생성 언어(HTML)에 포함되어 동작하는 스크립팅 언어이며, 웹 브라우저에서 요청하면 웹 서버에서 해석하여 응답한다.

② 별도의 실행 파일을 만들 필요 없이 HTML 문서 안에 직접 포함시켜 사용하며, C, 자바, 펄 언어 등에서 많은 문장 형식을 준용하고 있어 동적인 웹 문서를 빠르고 쉽게 작성할 수 있다.

③ ASP와 같이 스크립트에 따라 내용이 다양해서 동적 HTML 처리 속도가 빠르며, PHP 스크립트가 포함된 HTML 페이지에는 확장자가 .php, .php3, .phtml이 붙는 파일명이 부여 된다.

④ PHP 주요 연산자

연산자	설명
@	오류 메시지 무시
⟨ ⟩	값이 다름을 표현
= = =	값과 타입이 같은지 확인

(5) Ajax(Asynchronous JavaScript and XML)

① 브라우저와 서버 간의 비동기 통신 채널로 자바스크립트, XML의 집합과 같은 기술들이 포함된다.

② 대화식 웹 애플리케이션을 개발하기 위해 사용되며, 실행을 위한 플랫폼으로 사용되는 기술들을 지원하는 웹 브라우저를 이용한다.

③ 서버 처리를 기다리지 않고 비동기 요청이 가능하다.

④ 대표적인 Ajax 프레임워크로는 Prototype, JQuery, Google Web Toolkit이 있다.

⑤ Ajax 방식

- 웹 브라우저 ASP, PHP, JSP를 포함한 HTML 문서를 요청하면 웹 브라우저는 Javascript를 호출한다.
- Ajax 엔진은 이를 감지하여 웹 서버에 HTTP 응답 요청을 보내고, 서버는 결과를 XML 형태로 만들어 Ajax 엔진에게 보낸다.
- Ajax 엔진은 이 데이터에 HTML 형태로 사용자 화면에 출력해 준다.

더 알아보기 프레임워크(Framework) 기출 2021년 2회

- 소프트웨어 애플리케이션 개발을 조금 더 쉽게 하기 위해 소프트웨어의 구체적 기능들에 해당하는 부분의 설계와 구현을 재사용 할 수 있도록 협업화된 형태로 제공하는 소프트웨어 환경이다.
- 소프트웨어 구성에 필요한 기본 구조를 제공함으로써 재사용이 가능하게 한다.

읽는 강의

HTML5의 특징

❶ 웹(클라이언트)에서 서버 측과 직접적인 양방향 통신 가능
❷ 다양한(2차원, 3차원) 그래픽 기능을 지원
❸ 비디오 및 오디오 기능을 자체적으로 지원
❹ 웹 자료에 의미를 부여하여 사용자의 의도에 맞는 맞춤형 검색 제공
❺ GPS 없이도 단말기의 지리적인 위치 정보를 제공하며, 기존 웹 서비스의 보안 취약점 문제와 HTML5에서 추가된 기능들에 대한 보안 취약점 (예 웹 스토리지)에 문제가 있을 수 있음

개념확인 문제

01 웹 애플리케이션을 개발하기 위한 스크립트 언어 중 성격이 다른 것은?

① Javascript
② JSP
③ ASP
④ PHP

02 HTML5의 특징에 대한 설명으로 옳지 않은 것은?

① 플러그인의 도움 없이 음악과 동영상 재생이 가능하다.
② 쌍방향 통신을 제공하여 실시간 채팅이나 온라인 게임을 만들 수 있다.
③ 디바이스에 접근할 수 없어서 개인정보 보호 및 보안을 철저히 유지할 수 있다.
④ 스마트폰의 일반 응용 프로그램도 HTML5를 사용해 개발할 수 있다.

정답 & 해설

01 ① Javascript는 클라이언트 사이드 실행이며 JSP, ASP, PHP 서버 사이드 실행이다.

02 ③ HTML5는 단말기의 지리적인 위치 정보를 제공하며, 기존 웹 서비스의 보안 취약점 문제가 있다.

| 정답 | 01 ① 02 ③

개념적용 문제

01 프로그래밍 언어의 개념

01 난이도 상중하

프로그래밍 언어에 대한 설명으로 옳지 않은 것은?

① Objective-C, JAVA, C#은 객체지향 언어이다.
② Python은 정적 타이핑을 지원하는 컴파일러 방식의 언어이다.
③ ASP, JSP, PHP는 서버 측에서 실행되는 스크립트 언어이다.
④ XML은 전자문서를 표현하는 확장 가능한 표준 마크업 언어이다.

02 난이도 상중하

소프트웨어 개발 도구에 대한 설명으로 옳지 않은 것은?

① 컴파일러(compiler)는 원시 프로그램을 목적 프로그램 또는 기계어로 변환하는 번역기이다.
② 링커(linker)는 각각 컴파일된 목적 프로그램들과 라이브러리 프로그램들을 묶어서 로드 모듈이라는 실행 가능한 한 개의 기계어로 통합한다.
③ 프리프로세서(preprocessor)는 고급 언어로 작성된 프로그램을 실행 가능한 기계어로 변환하는 번역기이다.
④ 디버거(debugger)는 프로그램 오류의 추적, 탐지에 사용된다.

03 난이도 상중하

다음 순서도에서 사용자가 N의 값으로 5를 입력한 경우, 출력되는 값은?

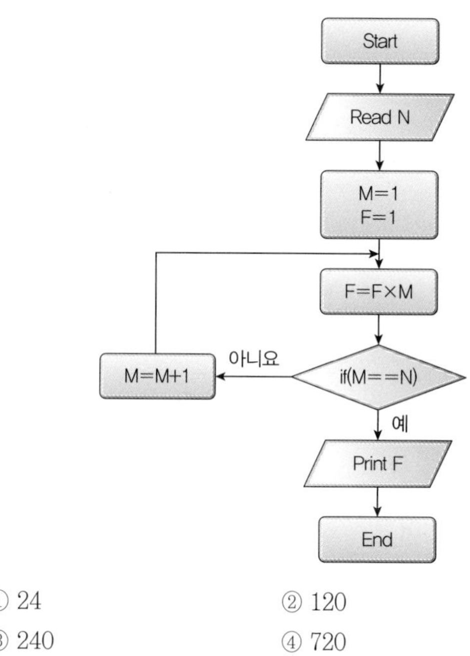

① 24　② 120
③ 240　④ 720

04 난이도 상중하 2019년 2회

캡슐화(Encapsulation)에 관한 설명 중 옳지 않은 것은?

① 데이터와 데이터를 처리하는 함수를 하나로 묶는 것이다.
② 캡슐화된 객체의 세부 내용이 외부에 은폐되어 변경이 발생해도 오류의 파급 효과가 적다.
③ 인터페이스가 단순해지고 객체 간의 결합도가 낮아진다.
④ 캡슐화된 객체들은 재사용이 불가능해진다.

05 난이도 상 중 하

2017년 제2회

객체에게 어떤 행위를 하도록 지시하는 명령은?

① Class
② Instance
③ Method
④ Message

02 C 언어

06 난이도 상 중 하

2021년 3회

C 언어에서의 변수 선언으로 <u>틀린</u> 것은?

① int else;
② int Test2;
③ int pc;
④ int True;

07 난이도 상 중 하

다음 C 프로그램을 실행했을 때 출력되는 값은?

```
main( ) {
   int k;
   for (k = 45; k > 0; --k) {
     if ((k % 17) == 0) break;
   }
   printf("%d\n", k);
}
```

① 0
② 17
③ 34
④ 51

03 자바 언어

08 난이도 상 중 하

2021년 3회

다음 Java 프로그램이 실행되었을 때의 결과를 쓰시오.

```
public class Ovr {
  public static void main(String[ ] args) {
    int arr[ ];
    int i=0;
    arr=new int[10];
    arr[0]=0;
    arr[1]=1;
    while(i<8) {
        arr[i+2]=arr[i+1]+arr[i];
        i++;
     }
    System.out.println(arr[9]);
  }
}
```

① 13
② 21
③ 34
④ 55

04 파이썬

09 난이도 상중하 2021년 3회

다음 파이썬(Python) 프로그램이 실행되었을 때의 결과는?

```
def cs(n) :
  s=0
  for num in range(n+1) :
     s+=num
  return s

print(cs(11))
```

① 45
② 55
③ 66
④ 78

05 웹 저작 언어

10 난이도 상중하

웹 개발 기법의 하나인 Ajax(Asynchronous Javascript and XML)에 대한 설명으로 옳지 않은 것은?

① 대화식 웹 애플리케이션을 개발하기 위해 사용된다.
② 기술의 묶음이라기보다는 웹 개발을 위한 특정한 기술을 의미한다.
③ 서버 처리를 기다리지 않고 비동기 요청이 가능하다.
④ Prototype, JQuery, Google Web Toolkit은 대표적인 Ajax 프레임워크이다.

정답&해설

01 프로그래밍 언어의 개념 〉 프로그래밍 언어의 역사
• Python의 특징
– 동적 타이핑(Dynamic Typing) 지원: 소스 코드를 실행할 때 자료형을 검사한다.
– 객체의 멤버에 제한 없이 접근할 수 있어 접근성이 좋다.
– 모듈 단위 파일로 저장되며, 모듈은 함수, 클래스 등으로 구성된다.
– 플랫폼이 독립적이며, 개발 효율성이 좋다.
– 문법이 쉽고 간단하며 배우기 쉬우며, 고수준의 자료형을 제공한다. (list, tuple, set, dict)
– Garbage Collection이 제공되며, 인터프리터 방식이다.
– 모듈 단위라서 분업화가 효과적이다.

02 프로그래밍 언어의 개념 〉 프로그래밍 언어의 분류
③ 프리프로세서는 고급 언어로 작성된 프로그램을 또 다른 고급 언어를 가진 코드로 변환해 주는 역할을 한다. (매크로도 여기에 해당된다.)

03 프로그래밍 언어의 개념 〉 구조적 프로그래밍
문제의 순서도는 Factorial(!) 값을 구하는 것이며, 문제에서는 5를 입력했기 때문에 5!(1*2*3*4*5)이 계산된다.
∴ 5! = 120

04 프로그래밍 언어의 개념 〉 객체지향 프로그래밍
④ 캡슐화된 데이터 구조와 이들을 조작하는 동작들은 하나의 개체인 클래스에 통합되므로, 컴포넌트 재사용을 용이하게 해준다.

05 프로그래밍 언어의 개념 〉 객체지향 프로그래밍
④ 메시지(Message)는 메소드가 행위를 할 수 있도록 지시하는 명령으로 구조적 기법의 함수 호출과 유사하다.

06 C 언어 〉 C 언어의 구성 요소
① C 언어에서 else는 예약어이므로 식별자의 선언으로 사용될 수 없다.

07 C 언어 〉 제어 구조
for문에서 45부터 k값을 1씩 감소하면서 1이 될 때까지 루프를 수행하다가 if문에서 17로 나누었을 때 break문에 의해 루프를 탈출한다. 즉, 17의 배수를 만나면 루프를 탈출하며, 문제를 쉽게 풀 수 있는 요령은 45에서 1까지 중에 가장 큰 17의 배수(즉, 34)를 만날 때이다.

08 자바 언어 〉 자바의 기본 구조
문제의 코드에서 조건이 만족할 때 arr[i+2]=arr[i+1]+arr[i];가 수행되어 배열에는 피보나치 수열이 들어간다. 배열에는 0번방부터 0 1 1 2 3 5 8 13 21 34가 저장되며 실행 후에 9번방을 출력하여 34가 된다.

09 파이썬 〉 제어 구조
먼저 print문에서 cs 함수를 호출한다. 이때 n의 값은 11이다. 따라서 for문에서 range(n+1)은 range(12)가 되어 색인 변수 num은 0에서 11까지 1씩 증가된 누적합으로 66이 출력된다.

10 웹 저작 언어 〉 기타 웹 언어
② Ajax는 웹 브라우저와 서버 간의 비동기 통신 채널로 자바스크립트, XML의 집합과 같은 기술들이 포함된다.

| 정답 | 01 ② 02 ③ 03 ② 04 ④ 05 ④ 06 ① 07 ③ 08 ③ 09 ③ 10 ②

Chapter

03 네트워크 기초 활용

반복이 답이다! □ 1회독 월 일 □ 2회독 월 일 □ 3회독 월 일

01 프로토콜

기출 키워드
- 프로토콜

출제 예상 키워드
- 프로토콜
- 프로토콜의 기본 요소

(1) 프로토콜의 개념

① 네트워크상에 있는 디바이스 사이에서 정확한 데이터의 전송과 수신을 하기 위한 일련의 규칙들(Set of Rules)이다.

② 통신을 원하는 두 개체 간에 무엇을, 어떻게, 언제 통신할 것인가를 서로 약속하여 통신상의 오류를 피하도록 하기 위한 통신 규약이다.

(2) 프로토콜의 기본 요소

① **구문(Syntax)**: 데이터의 형식(Format), 부호화 및 신호의 크기 등을 포함한다.

② **의미(Semantics)**: 전송의 조정 및 오류 처리를 위한 제어 정보 등을 포함한다.

③ **타이밍(Timing)**: 메시지의 순서와 전송 속도 등을 포함한다.

읽는 강의

기출 2021년 1, 2회

- CSMA/CD(Carrier Sense Multe-Access/Collision Detection): 프레임이 목적지에 도착할 시간 이전에 다른 프레임의 비트가 발견되면 충돌이 일어난 것으로 판단하며, 유선 Ethernet LAN에서 사용한다.
- CSMA/CA(Carrier Sense Multe-Access/Collision Avoidance): 무선 네트워크에서는 충돌을 감지하기 힘들기 때문에 CSMA/CD 방식을 사용할 수 없다. 따라서 충돌을 회피하는 방식을 사용한다.
- 80211e: IEEE 802.11 워킹 그룹의 무선 LAN 표준화 현황 중 QoS 강화를 위해 MAC 지원 기능을 채택하였다.

개념확인 문제

기출 2018년 2회

01 통신 프로토콜의 기본적인 요소가 아닌 것은?

① 인터페이스
② 구문
③ 의미
④ 타이밍

정답 & 해설

01 프로토콜의 기본 요소: 구문(Syntax), 의미(Semantics), 타이밍(Timing)

| 정답 | 01 ①

02 ISO의 OSI 표준 모델

읽는 강의

기출 키워드
- OSI 7계층 참조 모델
- TCP/IP 프로토콜

출제 예상 키워드
- OSI 7계층

1 OSI 7계층 참조 모델(ISO Standard 7498)

(1) 정의

① Open System Interconnection(개방형 시스템)의 약자로 개방형 시스템과 상호 접속을 위한 참조 모델이다.

② ISO(International Organization for Standardization: 국제 표준화 기구)에서 1977년 통신 기능을 일곱 개의 계층으로 분류하고, 각 계층의 기능 정의에 적합한 표준화된 서비스 정의와 프로토콜을 규정한 사양이다.

③ 같은 종류의 시스템만이 통신을 하는 것이 아니라 서로 다른 기종이 시스템의 종류, 구현 방법 등에 제약을 받지 않고 통신이 가능하도록 통신에서 요구되는 사항을 정리하여 표준 모델로 정립하였다.

(2) 목적

① 시스템 간의 통신을 위한 표준을 제공한다.

② 시스템 간의 통신을 방해하는 기술적인 문제들을 제거한다.

③ 단일 시스템의 내부 동작을 기술하여야 하는 노력을 없앨 수 있다.

④ 시스템 간의 정보 교환을 하기 위한 상호 접속점을 정의한다.

⑤ 관련 규격의 적합성을 조성하기 위한 공통적인 기반을 구성한다.

(3) 기본 요소

구분	설명
개방형 시스템(Open System)	OSI에서 규정하는 프로토콜에 따라 응용 프로세스(컴퓨터, 통신 제어 장치, 터미널 제어 장치, 터미널) 간의 통신을 수행할 수 있도록 통신 기능을 담당하는 시스템이다.
응용 실체/개체(Application Entity)	응용 프로세스를 개방형 시스템상의 요소로 모델화한 것을 말한다.
접속(Connection)	같은 계층의 개체 사이에 이용자의 정보를 교환하기 위한 논리적인 통신 회선을 말한다.
물리 매체(Physical Media)	시스템 간의 정보를 교환할 수 있도록 해주는 전기적인 통신 매체(통신회선, 채널)이다.

(4) 각 층의 의미와 역할

① Physical Layer(물리 계층)

- 물리 계층은 네트워크 케이블과 신호에 관한 규칙을 다루고 있는 계층으로 상위 계층에서 보내는 데이터를 케이블에 맞게 변환하여 전송하고, 수신된 정보에 대해서는 반대의 일을 수행한다.
- 물리 계층은 케이블의 종류와 그 케이블에 흐르는 신호의 규격 및 신호를 송수신하는 DTE/DCE 인터페이스 회로와 제어 순서, 커넥터 형태 등의 규격을 정하고 있다.
- 물리 계층은 정보의 최소 단위인 비트 정보를 전송 매체를 통하여 효율적으로 전송하는 기능을 담당한다.
- 전송 매체는 송신자와 수신자 간의 데이터 흐름의 물리적 경로를 의미하며, 트위스트 페어케이블, 동축케이블, 광섬유케이블, 마이크로파 등을 사용할 수 있다.

② Data Link Layer(데이터 링크 계층) 기출 2020년 3회, 2021년 1회

- 물리적 연결을 이용해 신뢰성 있는 정보를 전송하려고 동기화, 오류제어, 흐름제어 등의 전송 오류를 제어한다.
- 데이터 링크층은 통신 경로 상의 지점 간(Link-to-Link)의 오류 없는 데이터 전송에 관한 프로토콜이다.
- 전송되는 비트의 열을 일정 크기 단위의 프레임으로 잘라 전송하고, 전송 도중 잡음으로 인한 오류 여부를 검사하며, 수신 측 버퍼의 용량 및 양측의 속도 차이로 인한 데이터 손실이 발생하지 않도록 하는 흐름 제어 등을 한다.
- 인접한 두 시스템을 연결하는 전송 링크 상에서 패킷을 안전하게 전송하는 것이다.
- 프로토콜: HDLC, PPP, LLC

③ Network Layer(네트워크 계층) 기출 2021년 2회

- 네트워크 계층은 패킷이 송신측으로부터 수신 측에 이르기까지의 경로를 설정해 주는 기능을 수행한다.
- 두 개의 통신 시스템 간에 신뢰할 수 있는 데이터를 전송할 수 있도록 경로 선택과 중계 기능을 수행하고, 이 계층에서 동작하는 경로 배정(routing) 프로토콜은 데이터 전송을 위한 최적의 경로를 결정한다.
- IP 프로토콜이 동작하면서 IP 헤더를 삽입하여 패킷을 생성하며 송신자와 수신자 간 연결을 수행하고, 수신자까지 전달되기 위해서는 IP 헤더 정보를 이용하여 라우터에서 라우팅이 된다.
- 프로토콜: IP·ARP, RARP, ICMP

④ Transport Layer(전송 계층) 기출 2020년 1, 2회, 2021년 4회

- 전송 계층은 수신 측에 전달되는 데이터에 오류가 없고 데이터의 순서가 수신 측에 그대로 보존되도록 보장하는 연결 서비스의 역할을 하는 종단 간(end-to-end) 서비스 계층이다.
- 종단 간의 데이터 전송에서 무결성을 제공하는 계층으로 응용 계층에서 생성된 긴 메시지가 여러 개의 패킷으로 나누어지고, 각 패킷은 오류 없이 순서에 맞게 중복되거나 유실되는 일 없이 전송되도록 한다.
- 프로토콜: TCP, UDP

⑤ Session Layer(세션 계층)

- 세션 계층은 두 응용 프로그램 간의 연결 설정, 이용 및 연결 해제 등 대화를 유지하기 위한 구조를 제공한다.
- 분실 데이터의 복원을 위한 동기화 지점(Sync Point)을 두어 상위 계층의 오류로 인한 데이터 손실을 회복할 수 있도록 한다.
- 시스템 간의 통신을 원활히 할 수 있도록 세션의 설정과 관리, 세션 해제 등의 서비스를 제공하고 필요 시 세션을 재시작하고 복구하기도 한다.
- 프로토콜: RPC, Netbios

⑥ Presentation Layer(표현 계층)

- 표현 계층은 전송되는 정보의 구문(Syntax) 및 의미(Semantics)에 관여하는 계층으로, 부호화(Encoding), 데이터 압축(Compression), 암호화(Cryptography) 등 3가지 주요 동작을 수행한다.
- 프로토콜: JPEG, MPEG

⑦ Application Layer(응용 계층) 기출 2022년 1회

- 응용 계층은 네트워크 이용자의 상위 레벨 영역으로, 화면 배치, Escape Sequence 등을 정의하는 네트워크 가상 터미널(Network Virtual Terminal), 파일 전송, 전자우편, 디렉터리 서비스 등 하나의 유용한 작업을 할 수 있도록 한다.
- 프로토콜: HTTP, SMTP, FTP, DNS, Telnet

더 알아보기 오류 제어 방식 기출 2021년 3회

자동 반복 요청(ARQ: Automatic Repeat reQuest): 통신 경로에서 오류 발생 시 수신 측은 오류의 발생을 송신 측에 통보하고, 송신 측은 오류가 발생한 프레임을 재전송한다.

❶ 정지-대기(Stop-and-Wait) ARQ: 송신 측이 하나의 블록을 전송한 후 수신 측에서 오류의 발생을 점검한 다음 오류 발생 유무 신호를 보내올 때까지 기다리는 방식이다.

❷ 연속(Continuous) ARQ
- Go-Back-N ARQ
  - 오류가 발생한 블록 이후의 모든 블록을 다시 재전송하는 방식이다.
  - 오류가 발생한 부분부터 모두 재전송하므로 중복 전송의 단점이 있다.
- 선택적 재전송(Selective-Repeat) ARQ
  - 수신 측에서 NAK를 보내오면 오류가 발생한 블록만 재전송한다.
  - 복잡한 논리 회로와 큰 용량의 버퍼를 필요로 한다.

❸ 적응적(Adaptive) ARQ: 데이터 블록의 길이를 채널의 상태에 따라 동적으로 변경시키는 방식이다.

2 TCP/IP 프로토콜

(1) TCP/IP 프로토콜 개요

① TCP/IP 프로토콜은 1960년대 후반 이 기종 컴퓨터 간의 원활한 데이터 통신을 위해 미 국방성에서 개발한 통신 프로토콜이다. TCP/IP는 취약한 보안 기능 및 IP 주소 부족이라는 제한성에도 불구하고 전 세계적으로 가장 널리 사용하는 업계 표준 프로토콜이다. 현재는 대부분의 모든 컴퓨터가 이 프로토콜을 기본으로 제공하는 인터넷 표준 프로토콜이다.

② TCP/IP 프로토콜은 OSI 7계층 모델을 조금 간소화하여 네트워크 인터페이스(Network Interface), 인터넷(Internet), 전송(Transport), 응용(Application) 4개의 계층 구조로 되어 있다.

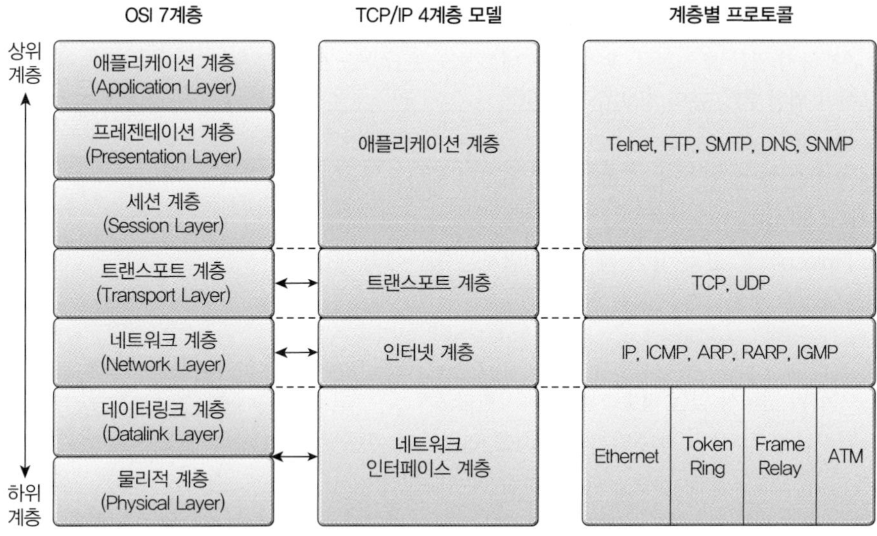

▲ OSI 7계층과 TCP/IP 프로토콜

(2) 네트워크 인터페이스(Network Interface) 계층

① 네트워크 인터페이스 계층은 상위 계층(IP)에서 패킷이 도착하면 그 패킷의 헤더 부분에 프리앰블(Preamble)과 CRC(Cyclic Redundancy Check)를 추가한다.

② 운영체제의 네트워크 카드와 디바이스 드라이버 등과 같이 하드웨어적인 요소와 관련된 모든 것을 지원하는 계층이다.

③ 송신 측 단말기는 인터넷 계층으로부터 전달받은 패킷에 물리적 주소인 MAC 주소 정보를 갖는 헤더를 추가하여 프레임을 만들어 전달한다.

읽는 강의

정지-대기(Stop-and-Wait) 흐름 제어 기법
- 흐름 제어의 가장 간단한 방식으로, 송신장치에서 하나의 프레임을 한 번에 전송하는 방식으로 송신장치의 프레임 전송 후 수신장치로부터 ACK 신호를 받을 때까지 다음 프레임을 보낼 수 없는 방식이다.
- 보통 한 개의 연속적인 블록 또는 프레임을 한 번에 사용되며 커다란 연속적인 프레임을 작은 구간으로 분리 후 전송해야 한다.

슬라이딩 윈도(Sliding Window) 기법

한 번에 여러 개의 프레임을 보낼 수 있는 방식으로, 수신측에 n개의 프레임에 대한 버퍼를 할당하고, 송신 측에서 수신 측의 ACK를 기다리지 않고 n개의 프레임을 보낼 수 있도록 하는 방식이다.

④ 이더넷(Ethernet), 802.11x, MAC/LLC, SLIP, PPP 등이 있다.

읽는 강의

(3) 인터넷(Internet) 계층 기출 2022년 2회

인터넷 계층은 패킷의 인터넷 주소(Internet Address)를 결정하고, 경로 배정(Routing) 역할을 담당한다.

① IP(Internet Protocol): IP는 연결 없이 이루어지는 전송 서비스(Connectionless delivery Service)를 제공하는데, 이는 패킷을 전달하기 전에 대상 호스트와 아무런 연결도 필요하지 않다는 것을 의미한다.

(단위: bit)

<table>
<tr><td>version(4)</td><td>header length</td><td>type of service(8)</td><td colspan="2">total length</td><td rowspan="5">header (20byte)</td></tr>
<tr><td colspan="3">identification(16)</td><td>flag(3)</td><td>fragment offset(13)</td></tr>
<tr><td colspan="2">time live(8)</td><td>protocol(8)</td><td colspan="2">checksum(16)</td></tr>
<tr><td colspan="5">source address(32)</td></tr>
<tr><td colspan="5">destination address(32)</td></tr>
<tr><td colspan="5">option</td></tr>
<tr><td colspan="5">data</td></tr>
</table>

32bit

▲ IP 패킷의 구조

- IP 패킷의 중요한 헤더 정보는 IP 주소이다. IP 헤더 주소에는 자신의 IP 주소, 목적지 IP 주소 그리고 상위 계층의 어느 프로토콜을 이용할 것인지를 알려주는 프로토콜 정보, 패킷이 제대로 도착했는지를 확인하기 위한 용도로 사용되는 Checksum 필드, 그리고 패킷이 네트워크상에서 존재하지 않는 호스트를 찾기 위해 네트워크 통신망을 계속 돌아다니는 경우가 없도록 하기 위한 TTL 등의 정보가 포함된다.

② ARP(Address Resolution Protocol) 기출 2020년 1, 2, 4회, 2022년 1회

- IP는 MAC 주소를 알아내야만 통신을 할 수 있으며, 이러한 IP의 요구에 해답을 제공해주는 프로토콜이 주소 변환 프로토콜(ARP)이다.

③ ICMP(Internet Control Message Protocol): ICMP는 IP가 패킷을 전달하는 동안에 발생할 수 있는 오류 등의 문제점을 원본 호스트에 보고하는 일을 한다.

(4) 전송(Transport) 계층

① 네트워크 양단의 송수신 호스트 사이의 신뢰성 있는 전송 기능을 제공한다.

② 시스템의 논리 주소와 포트를 가지므로 각 상위 계층의 프로세스를 연결하며, TCP와 UDP가 사용된다.

- UDP(User Datagram Protocol) 기출 2020년 4회, 2021년 1회, 2022년 2회
  - 비연결 지향(Connectionless) 프로토콜이며, TCP와는 달리 패킷이나 흐름 제어, 단편화 및 전송 보장 등의 기능을 제공하지 않는다.
  - UDP 헤더는 TCP 헤더에 비해 간단하므로 상대적으로 통신 과부하가 적다.

(단위: bit)

<table>
<tr><td>source port(16)</td><td>destination port(16)</td></tr>
<tr><td>total length(16)</td><td>checksum(16)</td></tr>
<tr><td colspan="2">data</td></tr>
</table>

▲ UDP 패킷의 구조

• UDP는 흐름 제어나 순서 제어가 없어서 전송 속도가 빠르지만, 신뢰성이 낮다.

- TCP(Transport Control Protocol)
  - 연결형(connection oriented) 프로토콜이며, 이는 실제로 데이터를 전송하기 전에 먼저 TCP 세션을 맺는 과정이 필요함을 의미한다. (TCP3-way handshaking)

읽는 강의

더 알아보기 3-Way Handshaking

❶ 송신 측이 수신 측에 SYN 세그먼트를 보내 연결 설정을 요청한다.
❷ 수신 측이 송신 측에 수신 확인으로 SYN 세그먼트를 전송한다.
❸ 송신 측이 수신 측에 응답 세그먼트의 확인 응답으로 ACK를 보낸다.

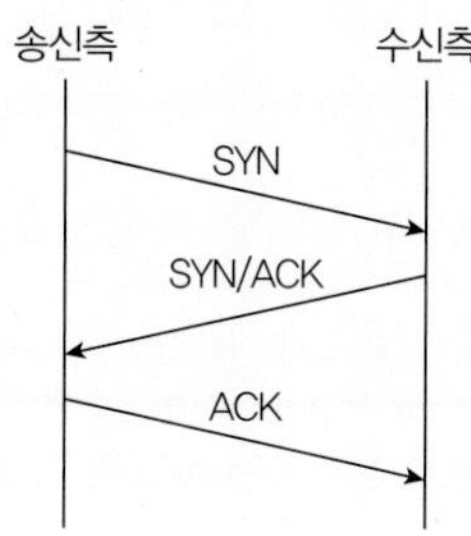

– 연결 해제 시: 4-Way Handshaking

  - 패킷의 일련번호(Sequence Number)와 확인 신호(Acknowledgement)를 이용하여 신뢰성 있는 전송을 보장하는데 일련번호는 패킷들이 섞이지 않도록 순서대로 재조합 방법을 제공하며, 확인 신호는 송신 측의 호스트로부터 데이터를 잘 받았다는 수신 측의 확인 메시지를 의미한다.
  - TCP 프로토콜은 전송을 위해 바이트 스트림을 세그먼트(Segment) 단위로 나누며, TCP 헤더와 TCP 데이터를 합친 것을 TCP 세그먼트라고 한다.
- TCP 패킷의 구조 기출 2020년 3회, 2021년 3회
  - 송신지 포트: 세그먼트를 전송하는 호스트에 있는 응용 프로그램의 포트 번호
  - 수신지 포트: 수신지 호스트 상에서 수행되는 프로세스에 의해 사용되는 포트 번호
  - 순서 번호: 신뢰성 있는 연결을 보장하기 위해 전송되는 각 바이트마다 부여한 번호
  - 확인 응답 번호: 세그먼트를 수신하는 노드가 상대편 노드로부터 수신하고자 하는 바이트의 번호
  - 윈도우 크기: 상대방에서 유지되어야 하는 바이트 단위의 윈도우 크기
  - 검사합: 헤더의 오류를 검출하기 위한 검사합 계산값

- 윈도우 크기는 송수신 측의 버퍼 크기로 최대 크기는 65,535비트이다.

(단위: bit)

source port(16)			destination port(16)	header
sequence number(32)				header
acknowledge number(32)				header
ver(4)	reserve(6)	flag bit(6)	window size(16)	header
checksum(16)			urgent pointer(16)	header
option				
data				

32bit

▲ TCP 패킷의 구조

(5) 응용(Application) 계층

OSI 참조 모델의 세션, 표현, 응용 계층을 합친 것이라 할 수 있다.

더 알아보기 MQTT(Message Queuing Telemetry Transport)

TCP/IP 기반 네트워크에서 동작하는 발행-구독 기반의 메시징 프로토콜로 최근 IoT 환경에서 자주 사용되고 있는 프로토콜이다.

읽는 강의

개념확인 문제

기출 2019년 3회

01 TCP/IP 관련 프로토콜 중 응용 계층에 해당하지 않는 것은?

① ARP
② DNS
③ SMTP
④ HTTP

기출 2019년 2회

02 OSI 7계층 중 데이터 링크 계층의 프로토콜에 해당하지 않는 것은?

① HDLC
② HTTP
③ PPP
④ LLC

기출 2019년 1회

03 OSI 7 계층에서 TCP는 어떤 계층에 해당되는가?

① 세션 계층
② 네트워크 계층
③ 전송 계층
④ 데이터 링크 계층

정답 & 해설

01 ① ARP(Address Resolution Protocol)는 인터넷(Internet) 계층으로, IP는 MAC 주소를 알아내야만 통신할 수 있으며, 이러한 IP의 요구에 해답을 제공해 주는 프로토콜이다.

02 ② HTTP는 응용 계층의 포로토콜이며, 클라이언트와 서버 사이에 이루어지는 요청/응답(Request/Response) 프로토콜이다.

03 ③ 전송(Transport) 계층은 네트워크 양단의 송수신 호스트 사이의 신뢰성 있는 전송 기능을 제공한다. 시스템의 논리 주소와 포트를 가지므로 각 상위 계층의 프로세스를 연결하며, TCP와 UDP가 사용된다.

| 정답 | 01 ① 02 ② 03 ③

03 인터넷

읽는 강의

기출 키워드
- IP 주소 클래스
- 서브 네트워크
- CIDR
- IPv6

출제 예상 키워드
- IP 주소 클래스
- IPv4

1 인터넷

① 인터넷(Internet)은 서로 다른 컴퓨터 간의 신호 교환을 위해 TCP/IP라는 전송 규약을 사용하여 연결된 모든 네트워크의 집합체이다.

② INTERconnected NETwork에서 만들어진 합성어이다.

2 IP 주소 체계

(1) IP 주소

① IP 주소는 인터넷에 연결된 컴퓨터가 실제로 인식하는 고유의 숫자로 표현된 주소이다.

② 0에서 255 사이의 10진수로 표시하며, 세 개의 점으로 구분한다. 예 192.168.12.31

③ IPv4로 32비트 체계이며, IPv6는 32비트에서 128비트로 확장하여 사용한다.

④ IPv4의 최대 패킷 사이즈는 65,535바이트이다.

(2) IP 주소 클래스

① IP 주소는 네트워크 · 호스트 부분으로 구성된다.

② IP 주소는 5개의 클래스로 나누어지며 주로 A, B, C 클래스가 사용된다.

③ D 클래스는 멀티캐스트용이며, E 클래스는 실험용이다.

④ 클래스별 연결 가능한 호스트 개수 기출 2021년 3회

구분	주소 범위	연결 가능한 호스트 개수
A 클래스	0.0.0.0 ~ 127.255.255.255	16,777,214개
B 클래스	128.0.0.0 ~ 191.255.255.255	65,534개
C 클래스	192.0.0.0 ~ 223.255.255.255	254개

기출 2021년 2회
CIDR(Classless Inter-Domain Routing)
클래스 없는 표기법으로 IP 주소 할당 방법의 하나이며, 기존 8비트 단위로 네트워크부와 호스트부를 구획하지 않는 방법이다.

더 알아보기 인터넷 관련 용어

- 도메인 이름(Damain Name)
  - IP 주소는 숫자로 구성되어 있어 사용이 어려우므로 문자를 이용해 사용자가 알기 쉽게 표기하는 주소 방식이다.
  - 주 컴퓨터명(호스트 이름), 기관명(기관 이름), 기관 유형(기관 종류), 국가 코드(국가 도메인)로 구성된다.
- DNS(Domain Name Service)
  - 영문자의 도메인 주소를 숫자로 된 IP 주소로 변환시켜 주는 작업을 의미한다.
  - 이러한 작업을 전문으로 하는 컴퓨터를 도메인 네임 서버(DNS)라고 한다.
  - 도메인 네임 서버는 자신의 도메인에 속한 IP 주소와 도메인 이름을 모두 보유하고 있다.
- URL(Uniform ResourceLocator)
  - 인터넷에 있는 정보의 위치를 표기하기 위한 방법으로 웹에서 사용되는 표준 방법이다
  - 표기 방법: 프로토콜://서버의 주소[:포트 번호]/[디렉토리명]/[파일명]

(3) 서브 네트워크 기출 2020년 3회, 2021년 3회

① TCP/IP에서는 IP 주소를 효과적으로 사용하기 위하여 서브 네트워크 방식을 사용한다.
② 서브 네트워크 주소는 호스트 식별자 부분을 서브 네트워크 식별자와 호스트 식별자를 두어 하나의 네트워크 식별자에 여러 개의 호스트 식별자를 갖는다.
③ 서브 네트워크를 사용하기 위해서는 서브 네트워크 마스크 비트(Mask bit)를 사용한다.
④ 서브 네트워크 마스크 비트는 호스트 식별자 중에서 서브 네트워크로 사용하려는 비트 수만큼을 네트워크 식별자로 구분해 준다.
⑤ 아래의 경우는 클래스 B에 대해서 서브 네트워크 마스크를 사용한 경우이다.

■ 서브 네트워크 마스크 사용 예: 클래스 B주소를 256개의 서브넷으로 구성하는 경우

16비트	16비트		
네트워크 식별자	호스트 식별자		클래스 B

16비트	8비트	8비트	
네트워크 식별자	서브 네트워크 식별자	호스트 식별자	클래스 B
11111111 11111111	11111111	00000000	서브넷 마스크 (255.255.255.0)

⑥ 실질적으로 클래스 B를 내부적으로 서브 네트워크로 나누어서 사용하고 있지만 외부적으로는 서브 네트워크를 알 수 없으며, 라우팅 테이블을 줄일 수 있다.

3 IPv6 기출 2022년 1회

(1) IPv4의 문제점

① IP 주소 부족 문제
- 클래스별 주소 분류 방식으로 인한 문제가 가속화되었다.
- 국가별로 보유한 IP 주소 개수의 불균형이 초래되었다.
- 주소 부족 문제 해결을 위해 한정된 IP 주소를 다수의 호스트가 사용하는 NAT(Network Address Translation) 또는 DHCP(Dynamic Host Configuration Protocol) 방법을 사용하였지만, IPv4의 근본적인 한계와 성능 저하 문제를 극복하지는 못하였다.

② 유무선 인터넷을 이용한 다양한 단말기 및 서비스 등장
- 효율적이고 안정적인 서비스 지원을 위해 네트워크 계층에서의 추가적인 기능이 요구되었다.

③ 인터넷 보안이 취약

(2) IPv6의 등장: RFC 2460

① 차세대 IP(IPng: Internet Protocol Next Generation)에 대한 연구가 IETF(Internet Engineering Task Force)에서 진행되었다.
② IPv6(IP version 6, RFC 2460)이 탄생했다.
- IPv6은 128비트 주소 길이를 사용한다.
- 보안 문제, 라우팅 효율성 문제를 제공한다.
- QoS(Quality of Service) 보장, 무선 인터넷 지원과 같은 다양한 기능 제공한다.

(3) IPv6 특징 기출 2020년 1, 2, 3회, 2021년 1회

① 확장된 주소 공간
- IP 주소 공간의 크기를 32비트에서 128비트로 확장
- 128비트의 공간은 대략 3.4×10^{32}만큼의 주소가 사용 가능
- 주소 부족 문제를 근본적으로 해결

읽는 강의

FLSM(Fixed Length Subnet Mask) 방식
- 서브넷의 길이를 고정적으로 사용하는 것이다.
- 'FLSM 방식으로 서브네팅한다'는 것은 대역을 동일한 크기로 나누는 것을 말한다.

- IPv6는 보안과 인증 확장 헤더를 사용함으로써 인터넷 계층의 보안 기능을 강화하였다.

② 헤더 포맷의 단순화
- IPv4에서 자주 사용하지 않는 헤더 필드를 제거
- 추가적으로 필요한 기능은 확장 헤더를 사용하여 수행

③ 향상된 서비스의 지원

④ 보안과 개인 보호에 대한 기능

⑤ Unicast, Anycast, Multicast를 지원
- IPv4 지원: 유니캐스트, 브로드캐스트, 멀티캐스트
- IPv6 지원: 유니캐스트, 멀티캐스트, 애니캐스트

더 알아보기 캐스팅 모드(Casting Mode)의 전송 방식

캐스팅 모드는 통신에 참여하는 송신자와 수신자의 수를 의미한다. 캐스팅 모드에는 유니캐스트(Unicast), 브로드캐스트(Broadcast), 멀티캐스트(Multicast) 및 애니캐스트(Anycast) 등이 있다.

구분	설명
유니캐스트 (Unicast)	정보를 송수신할 때 송신 노드와 수신 노드가 각각 하나인 경우이다.
브로드캐스트 (Broadcast)	하나의 송신 노드가 네트워크에 연결된 모든 수신 가능 노드에 데이터를 전송하는 경우이며, 라디오나 TV 통신이 대표적인 예라 할 수 있다.
멀티캐스트 (Multicast)	• 하나의 송신 노드가 네트워크에 연결된 하나 이상의 수신 노드에 데이터를 전송하는 경우이다. 이때, 송신 노드는 수신될 노드를 미리 정한다. • 전자우편 서비스를 할 때 주소록을 미리 등록하여 보내는 방식이 멀티캐스트의 대표적인 예라 할 수 있다.
애니캐스트 (Anycast)	• 송신 노드가 네트워크에 연결된 수신 가능 노드 중에서 한 노드에 데이터를 전송하는 경우이다. • 몇 대의 프린터 서버가 연결된 네트워크에서 송신 노드가 특정 수신 노드인 프린터 서버를 지정하지 않고 출력 서버에 출력하라는 명령을 주어도 프린트를 수행하고 있는 프린터 서버를 피해 다른 프린터 서버에서 출력할 수 있는 방식이다.

(4) IPv6 주소 표기법

① **기본 표기법**: IPv6 주소는 128비트로 구성되는데, 긴 주소를 읽기 쉽게 하기 위해서 16비트씩 콜론(:)으로 나누고, 각 필드를 16진수로 표현하는 방법을 사용한다.

② **주소 생략법**: 0 값이 자주 있는 IPv6 주소를 쉽게 표현하기 위해서 몇 가지 생략 방법이 제안되었다. 0으로만 구성된 필드가 연속될 경우 필드 안의 0을 모두 삭제하고 2개의 콜론만으로 표현하며, 생략은 한 번만 가능하다.

예 1080 : 0000 : 0000 : 0000 : 0008 : 0800 : 200c : 417a에서 앞 비트에 0이 있는 5번째 자리의 0008과 6번째 자리의 0800은 →1080 : 0 : 0 : 0 : 8 : 800 : 200c : 417a 이때 각 자리가 모두 0일 때 이를 더블 콜론(: :)으로 다시 축약 가능. → 1080: : 8 : 800 : 200c : 417a 여기서 주의할 것은 0이 반복될 경우 축약은 한 섹션 (자리)만 가능

예 1080 : 0 : 0 : 8 : 0 : 0 : 200c : 417a 이를 축약하면 1080: : 8 : 0 : 0 : 200C : 417a 혹은 1080 : 0 : 0 : 8: : 200c : 417a 이 두 가지만 가능하고 1080: : 8: : 200c : 417a는 사용할 수 없음. 또한 IPv4 표기와의 혼용도 가능. 각 16비트인 6자리까지는 16진수 (:)으로 표기하고 나머지 32비트는 10진수 (.) 으로 표기

읽는 강의

Pv4에서 IPv6로 변환

IETF에서 이런 변환을 돕기 위해 이중 스택, 터널링, 그리고 헤더 번역의 세 가지 방안을 제시하였다.

❶ 이중 스택(Dual Stack)
- 이중 스택 시스템의 주소 설정
- 이중 스택 시스템의 DNS 이름 해석

❷ 터널링(Tunneling)
- IPv6를 사용하는 두 호스트가 통신을 할 때 패킷이 IPv4를 사용하는 지역을 지나는 경우 사용 가능한 방법이다.
- 이 지역을 지나기 위하여 패킷은 IPv4의 주소가 필요하며, IPv6 패킷은 IPv4 패킷으로 캡슐화되고 이 지역을 벗어날 때 역캡슐화 된다.

❸ 헤더 변환(Header Translation)
- 인터넷의 대부분이 IPv6로 변경되고 일부분만이 IPv4를 사용할 때 필요한 방법이다.
- 송신자는 IPv6를 사용하고 싶지만 수신자는 IPv4를 사용한다. 수신자가 IPv4의 패킷을 수신해야 하기 때문에 터널링을 사용할 수 없으며, 이 경우, 헤더 변환을 통해 헤더의 형태가 완전히 변경되어야 한다.

더 알아보기 IPv6의 헤더

- Traffic Class: QoS를 위한 class 설정
- Flow Label: Flow를 위한 index 지정
- Payload Length: 기본 헤더를 제외한 나머지
- Next Header: 맨 처음 확장 헤더를 지정
- Hop Limit: TTL과 같은 기능

←——— 32비트 ———→

Ver.	TrafficClass	Flow Label	
Payload Length		Next Header	Hop Limit
128 bit Source Address			
128 bit Destination Address			

읽는 강의

개념확인 문제

기출 2019년 3회

01 C class에 속하는 IP address는?

① 200.168.30.1
② 10.3.2.1
③ 225.2.4.1
④ 172.16.98.3

기출 2019년 2회

02 IETF에서 고안한 IPv4에서 IPv6로 전환(천이)하는데 사용되는 전략이 아닌 것은?

① Dual Stack
② Tunneling
③ Header Translation
④ Source Routing

기출 2019년 1회

03 IPv6의 주소체계에 해당하지 않는 것은?

① Broadcast
② Unicast
③ Anycast
④ Multicast

정답 & 해설

01 C 클래스(Class)의 주소 범위는 192.0.0.0 ~ 223.255.255.255이다.

02 • IPv4에서 IPv6으로의 천이(전환) 전략
- 듀얼 스택(Dual Stack): 호스트에서 IPv4와 IPv6를 모두 처리할 수 있도록 2개의 스택을 구성하는 것이다.
- 터널링(Tunneling): IPv6를 사용하는 두 컴퓨터가 서로 통신하기 위해 IPv4를 사용하는 네트워크 영역을 통과해야 할 때 사용되는 것이다.
- 헤더 변환(Header Translation): 네트워크 계층(IP 계층)에서 IPv6 패킷 헤더와 IPv4 패킷 헤더를 상호 변환하는 것이다.

03 • IPv6 특징
❶ 확장된 주소 공간
❷ 헤더 포맷의 단순화
❸ 향상된 서비스의 지원
❹ 보안과 개인 보호에 대한 기능
❺ Unicast, Anycast, Multicast

| 정답 | 01 ① 02 ④ 03 ①

개념적용 문제

01 프로토콜

01 난이도 상중하 2017년 1회

프로토콜의 기본적인 요소로 볼 수 없는 것은?

① 구문(Syntax)
② 타이밍(Timing)
③ 처리(Processing)
④ 의미(Semantics)

02 ISO의 OSI 표준 모델

02 난이도 상중하 2019년 3회

인터넷 제어 메시지 프로토콜(ICMP)에 관한 설명으로 옳지 않은 것은?

① 에코 메시지는 호스트가 정상적으로 동작하는지를 결정하는 데 사용할 수 있다.
② 물리 계층 프로토콜이다.
③ 메시지 형식은 8바이트의 헤더와 가변길이의 데이터 영역으로 분리된다.
④ 수신지 도달 불가 메시지는 수신지 또는 서비스에 도달할 수 없는 호스트를 통지하는 데 사용된다.

03 난이도 상중하 2017년 1회, 2019년 2회, 2020년 4회

OSI 7 계층에서 단말기 사이에 오류 수정과 흐름 제어를 수행하여 신뢰성 있고 명확한 데이터를 전달하는 계층은?

① 전송 계층
② 응용 계층
③ 세션 계층
④ 표현 계층

04 난이도 상중하 2019년 1회

동일한 네트워크에 있는 목적지 호스트로 IP 패킷을 직접 전달할 수 있도록 IP 주소를 MAC 주소로 변환하는 프로토콜은?

① ARP(Address Resolution Protocol)
② ICMP(Internet Contol Message Protocol)
③ IGMP(Internet Group Management Protocol)
④ SNMP(Simple Network Management Protocol)

05 난이도 상중하 2019년 1회

ARQ(Automatic Repeat reQuest) 기법 중 오류가 검출된 해당 블록만을 재전송하는 방식으로 재전송 블록 수가 적은 반면, 수신 측에서 큰 버퍼와 복잡한 논리 회로를 요구하는 기법은?

① Selective Repeat ARQ
② Stop and Wait ARQ
③ Go-Back-N ARQ
④ Adaptive ARQ

06 난이도 상중하 2014년 1회

OSI 7 계층 중 통신망을 통한 목적지까지 패킷 전달을 담당하는 계층은?

① 데이터링크 계층
② 네트워크 계층
③ 전송 계층
④ 표현 계층

07 난이도 상중하

2015년 3회

TCP와 UDP에 대한 설명으로 틀린 것은?

① TCP는 전이중 서비스를 제공한다.
② UDP는 연결형 서비스이다.
③ TCP는 신뢰성 있는 전송 계층 프로토콜이다.
④ UDP는 검사 합을 제외하고 오류 제어 메커니즘이 없다.

03 인터넷

08 난이도 상중하

인터넷 주소 체계인 IPv4와 IPv6의 주소 길이와 주소 표시 방법을 각각 바르게 나열한 것은?

	IPv4	IPv6
①	(32비트, 8비트씩 4부분)	(128비트, 16비트씩 8부분)
②	(32비트, 8비트씩 4부분)	(128비트, 8비트씩 16부분)
③	(64비트, 16비트씩 4부분)	(256비트, 16비트씩 16부분)
④	(64비트, 16비트씩 4부분)	(256비트, 32비트씩 8부분)

09 난이도 상중하

2019년 3회

IETF에서 고안한 IPv4에서 IPv6로 전환(천이)하는 데 사용되는 전략이 아닌 것은?

① Dual stack
② Tunneling
③ Header translation
④ Source routing

10 난이도 상중하

2018년 2회

IPv6에 대한 설명으로 틀린 것은?

① 더 많은 IP 주소를 지원할 수 있도록 주소의 크기는 64비트이다.
② 프로토콜의 확장을 허용하도록 설계되었다.
③ 확장 헤더로 이동성을 지원하고, 보안 및 서비스 품질 기능 등이 개선되었다.
④ 유니캐스트, 멀티캐스트, 애니캐스트를 지원한다.

정답 & 해설

01 프로토콜 〉 프로토콜의 개요
프로토콜의 기본 요소: 구문(Syntax), 의미(Semantics), 타이밍(Timing)

02 ISO의 OSI 표준 모델 〉 TCP/IP 프로토콜
② ICMP(Internet Control Message Protocol)는 인터넷(Internet) 계층이다. ICMP는 IP가 패킷을 전달하는 동안에 발생할 수 있는 오류 등의 문제점을 원본 호스트에 보고하는 일을 한다.

03 ISO의 OSI 표준 모델 〉 OSI 7계층 참조 모델
① 전송(Transport) 계층: 네트워크 양단의 송수신 호스트 사이의 신뢰성 있는 전송 기능을 제공한다. 시스템의 논리 주소와 포트를 가지므로 각 상위 계층의 프로세스를 연결하며, TCP와 UDP가 사용된다.

04 ISO의 OSI 표준 모델 〉 TCP/IP 프로토콜
① ARP(Address Resolution Protocol): IP는 MAC 주소를 알아내야만 통신을 할 수 있으며, 이러한 IP의 요구에 해답을 제공해 주는 프로토콜이 주소 변환 프로토콜(ARP) 이다.

05 ISO의 OSI 표준 모델 〉 OSI 7 계층 참조 모델
① Selective-Repeat ARQ(선택적 재전송): 수신 측에서 NAK를 보내오면 오류가 발생한 블록만 재전송한다. 복잡한 논리 회로와 큰 용량의 버퍼를 필요로 한다.

오답 해설

② Stop and Wait ARQ(정지-대기 ARQ): 송신 측이 하나의 블록을 전송한 후 수신 측에서 오류의 발생을 점검한 다음 오류 발생 유무 신호를 보내올 때까지 기다리는 방식이다.
③ Go-Back-N ARQ: 오류가 발생한 블록 이후의 모든 블록을 다시 재전송하는 방식이다.
④ Adaptive ARQ(적응적 ARQ): 데이터 블록의 길이를 채널의 상태에 따라 동적으로 변경시키는 방식이다.

06 ISO의 OSI 표준 모델 〉 OSI 7 계층 참조 모델
② 네트워크 계층(Network Layer)은 경로 설정 및 네트워크 연결 관리를 수행하고, 종단 시스템 간에 End-to-End 통신을 지원한다.

07 ISO의 OSI 표준 모델 〉 TCP/IP 프로토콜
② TCP는 연결지향형 서비스이고, UDP는 비연결형 서비스이다.

08 인터넷 〉 IP 주소체계
- IPv4: 32비트, 8비트씩 4부분
  예 169.254.17.5
- IPv6: 128비트, 16비트씩 8부분
  예 1080 : 0000 : 0000 : 0000 : 0008 : 0800 : 200C : 417a

09 인터넷 〉 IPv6
- IPv4에서 IPv6으로의 천이(전환) 전략
  - 듀얼 스택(Dual Stack): 호스트에서 IPv4와 IPv6를 모두 처리할 수 있도록 2개의 스택을 구성하는 것이다.
  - 터널링(Tunneling): IPv6를 사용하는 두 컴퓨터가 서로 통신하기 위해 IPv4를 사용하는 네트워크 영역을 통과해야 할 때 사용 되는 것이다.
  - 헤더 변환(Header Translation): 네트워크 계층(IP 계층)에서 IPv6 패킷 헤더와 IPv4 패킷 헤더를 상호 변환하는 것이다.

10 인터넷 〉 IPv6
① IPv6 주소는 128비트로 구성되며, 긴 주소를 읽기 쉽게 하기 위하여 16비트씩 콜론으로 나누고 각 필드를 16진수로 표현하는 방법을 사용한다.

| 정답 | 01 ③ 02 ② 03 ① 04 ① 05 ① 06 ② 07 ② 08 ① 09 ④ 10 ①

실전적용 문제

Chapter 01 공통 모듈 구현

01 난이도 상중하 2019년 1회

다음 중 독립적인 모듈이 되기 위해서 가장 좋은 결합도 상태는?

① Control Coupling
② Stamp Coupling
③ Common Coupling
④ Content Coupling

02 난이도 상중하 2017년 3회

다음 중 가장 약한 결합도(Coupling)는?

① Common Coupling
② Control Coupling
③ External Coupling
④ Stamp Coupling

03 난이도 상중하 2017년 2회

어떤 모듈이 다른 모듈의 내부 논리 조직을 제어하기 위한 목적으로 제어신호를 이용하여 통신하는 경우이며, 하위 모듈에서 상위 모듈로 제어 신호가 이동하여 상위 모듈에게 처리 명령을 부여하는 권리 전도 현상이 발생하게 되는 결합도는?

① Data Coupling
② Stamp Coupling
③ Control Coupling
④ Common Coupling

정답 & 해설

01 공통 모듈 구현 〉 모듈화 〉 결합도
② 독립적인 모듈이 되기 위해서는 모듈의 결합도가 낮아야 한다. 선택지 ①~④ 중 결합도가 가장 낮은 것은 스탬프 결합도(Stamp Coupling)이다.

02 공통 모듈 구현 〉 모듈화 〉 결합도

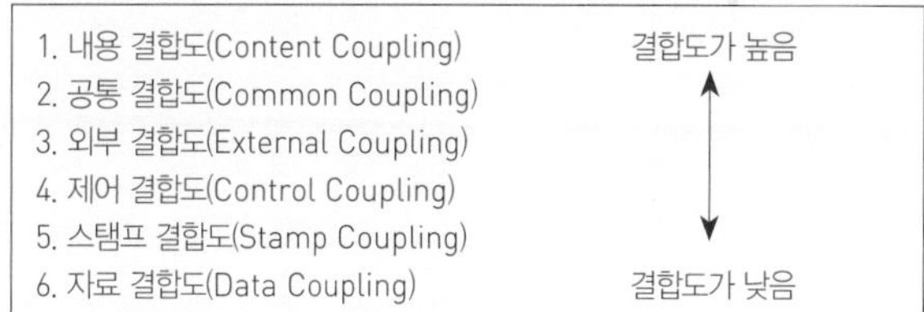
1. 내용 결합도(Content Coupling) 결합도가 높음
2. 공통 결합도(Common Coupling)
3. 외부 결합도(External Coupling)
4. 제어 결합도(Control Coupling)
5. 스탬프 결합도(Stamp Coupling)
6. 자료 결합도(Data Coupling) 결합도가 낮음

03 공통 모듈 구현 〉 모듈화 〉 결합도
③ Control Coupling(제어 결합도)에 대한 설명이다.

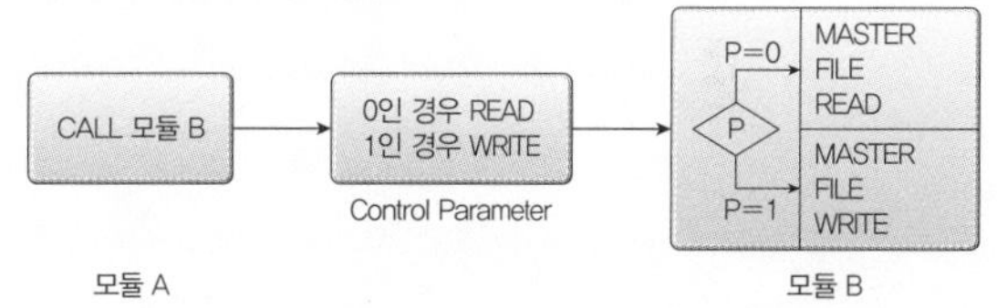

| 정답 | 01 ② 02 ④ 03 ③

04 난이도 상 중 하

2015년 1회

다음 사항과 관계되는 결합도는?

> • 한 모듈에서 다른 모듈의 내부로 제어 이동
> • 한 모듈이 다른 모듈 내부 자료의 조회 또는 변경
> • 두 모듈이 동일한 문자(Literals)의 공유

① Data Coupling
② Content Coupling
③ Control Coupling
④ Stamp Coupling

05 난이도 상 중 하

2014년 2회

다음 중 가장 우수한 소프트웨어 설계 품질은?

① 모듈 간의 결합도는 높고 모듈 내부의 응집력은 높다.
② 모듈 간의 결합도는 낮고 모듈 내부의 응집력은 높다.
③ 모듈 간의 결합도는 낮고 모듈 내부의 응집력은 낮다.
④ 모듈 간의 결합도는 높고 모듈 내부의 응집력은 낮다.

06 난이도 상 중 하

2014년 1회

다음 설명의 (   ) 내용으로 옳은 것은?

> (   )는(은) 한 모듈 내부의 처리 요소들 간의 기능적 연관도를 나타내며, 모듈 내부 요소는 명령어, 명령어의 모임, 호출문 특정 작업 수행 코드 등이다.

① Validation
② Coupling
③ Cohesion
④ Interface

07 난이도 상 중 하

2021년 3회

모듈 내 구성 요소들이 서로 다른 기능을 같은 시간대에 함께 실행하는 경우의 응집도(Cohesion)는?

① Temporal Cohesion
② Logical Cohesion
③ Coincidental Cohesion
④ Sequential Cohesion

08 난이도 상 중 하 2016년 2회

운영체제의 일반적인 역할이 아닌 것은?

① 사용자들 간의 하드웨어의 공동 사용
② 자원의 효과적인 운영을 위한 스케줄링
③ 입·출력에 대한 보조 역할
④ 실행 가능한 목적(Object) 프로그램 생성

09 난이도 상 중 하 2013년 3회

프로세스의 정의로 옳은 내용 모두를 나열한 것은?

㉠ 프로시저가 활동 중인 것 ㉡ PCB를 가진 프로그램 ㉢ 동기적 행위를 일으키는 존재 ㉣ 프로세서가 할당되는 실체

① ㉠, ㉡
② ㉠, ㉣
③ ㉠, ㉡, ㉣
④ ㉠, ㉡, ㉢, ㉣

정답&해설

04 공통 모듈 구현 〉 모듈화 〉 결합도
② Content Coupling(내용 결합도)에 대한 설명으로, 하나의 모듈이 직접적으로 다른 모듈의 내용을 참조할 때 두 모듈은 내용적으로 결합되어 있다고 한다.

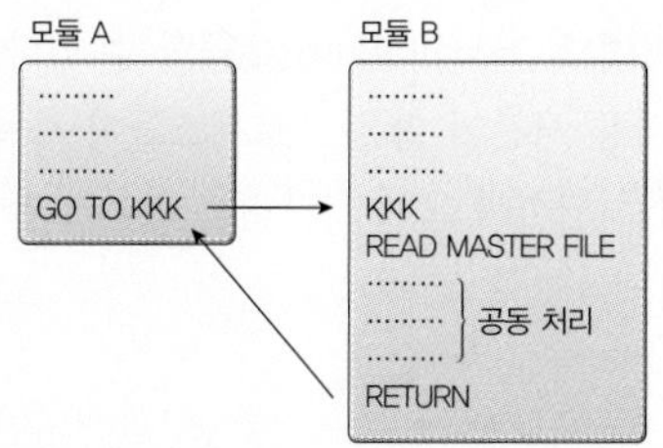

05 공통 모듈 구현 〉 모듈화 〉 모듈화
- 결합도는 모듈들이 서로 관련되거나 연결된 정도를 나타내며, 낮은 결합도를 유지해야 바람직하다.
- 응집도는 한 모듈 내에 있는 처리 요소들 사이의 기능적인 연관 정도를 나타내며, 응집도가 높아야 좋은 모듈이 된다.

06 공통 모듈 구현 〉 모듈화 〉 응집도
③ 응집도(Cohesion)에 대한 설명이다.

07 공통 모듈 구현 〉 모듈화 〉 응집도
① Temporal Cohesion(시각적 응집도)에 대한 설명으로 프로그램의 초기화 모듈이나 프로그램 종료 모듈이 이에 해당된다.

08 공통 모듈 구현 〉 운영체제 기초 활용 〉 운영체제
- 운영체제의 역할
  - 사용자와의 인터페이스를 정의
  - 사용자들 간의 하드웨어를 공동으로 사용가능
  - 사용자들 간의 데이터 공유
  - 사용자들 간의 자원 스케줄링
  - 다른 사용자와의 간섭 배제
  - 입·출력에 대한 용이성 제공(입출력 보조 역할)
  - 오류의 복구
  - 자원 사용의 평가
  - 병렬 연산에 대한 용이성 제공
  - 보안 및 빠른 액세스를 위한 데이터의 조직화
  - 네트워크 통신 처리

09 공통 모듈 구현 〉 운영체제 기초 활용 〉 프로세스
③ 프로세스는 실행 중인 프로그램을 의미하며, 비동기적 행위를 일으키는 주체라고 할 수 있다.

| 정답 | 04 ② 05 ② 06 ③ 07 ① 08 ④ 09 ③

10 난이도 상중하 2017년 2회

선점 기법과 대비하여 비선점 스케줄링 기법에 대한 설명으로 옳지 않은 것은?

① 모든 프로세스들에 대한 요구를 공정히 처리한다.
② 응답 시간의 예측이 용이하다.
③ 많은 오버헤드(Overhead)를 초래할 수 있다.
④ CPU의 사용 시간이 짧은 프로세스들이 사용 시간이 긴 프로세스들로 인하여 오래 기다리는 경우가 발생할 수 있다.

11 난이도 상중하 2018년 1회

Preemptive Scheduling 방식에 해당하는 것은?

① FIFO
② FCFS
③ HRN
④ RR

12 난이도 상중하 2018년 2회

SJF(Shortest-Job-First) 스케줄링 방법에 대한 설명으로 가장 거리가 먼 것은?

① 작업이 끝날 때까지의 실행 시간 추정치가 가장 작은 작업을 먼저 실행시킨다.
② 작업 시간이 큰 경우 오랫동안 대기하여야 한다.
③ 각 프로세스의 프로세스 요구시간을 미리 예측하기 쉽다.
④ FIFO 기법보다 평균대기 시간이 감소된다.

13 난이도 상중하 2021년 3회

사용자가 요청한 디스크 입·출력 내용이 다음과 같은 순서로 큐에 들어 있을 때 SSTF 스케줄링을 사용한 경우의 처리 순서는? (단, 현재 헤드 위치는 53이고, 제일 안쪽이 1번, 바깥쪽이 200번 트랙이다.)

큐의 내용: 98 183 37 122 14 124 65 67

① 53-65-67-37-14-98-122-124-183
② 53-98-183-37-122-14-124-65-67
③ 53-37-14-65-67-98-122-124-183
④ 53-67-65-124-14-122-37-183-98

14 난이도 상중하 2015년 3회

HRN 방식으로 스케줄링 할 경우, 입력된 작업이 다음과 같을 때 우선순위가 가장 높은 것은?

작업	대기 시간	서비스(실행) 시간
A	5	20
B	40	20
C	15	45
D	20	2

① A ② B
③ C ④ D

15 난이도 상중하 2016년 2회

교착상태의 해결 방법 중 점유 및 대기 조건 방지, 비선점 조건 방지, 환형 대기 조건 방지와 가장 밀접한 관계가 있는 것은?

① Prevention
② Avoidance
③ Detection
④ Recovery

16 난이도 상 중 하 2018년 3회

교착상태의 해결 방법 중 회피(Avoidance) 기법과 가장 밀접한 관계가 있는 것은?

① 점유 및 대기 방지
② 비선점 방지
③ 환형 대기 방지
④ 은행원 알고리즘 사용

17 난이도 상 중 하 2021년 3회

다음 중 페이지 교체(Page Replacement) 알고리즘이 아닌 것은?

① FIFO(First-In-First-Out)
② LUF(Least Used First)
③ Optimal
④ LRU(Least Recently Used)

18 난이도 상 중 하 2019년 3회

UNIX에서 각 파일에 대한 정보를 기억하고 있는 자료구조로서 파일 소유자의 식별번호, 파일 크기, 파일의 최종 수정 시간, 파일 링크 수 등의 내용을 가지고 있는 것은?

① Super block
② i-node
③ Directory
④ File system mounting

정답 & 해설

10 공통 모듈 구현 〉 운영체제 기초 활용 〉 프로세스
③은 선점 스케줄링 기법에 대한 설명이다.

11 공통 모듈 구현 〉 운영체제 기초 활용 〉 프로세스
④ 선점형 스케줄링(Preemptive Scheduling) 기법에는 RR, SRT, MLQ, MFQ이 있다.

12 공통 모듈 구현 〉 운영체제 기초 활용 〉 프로세스
③ SJF 기법은 FCFS를 개선한 기법으로 대기 리스트의 프로세스들 중 작업이 끝나기까지의 실행 시간 추정치가 가장 작은 프로세스에 CPU를 할당한다. FCFS보다 평균 대기 시간이 작지만, 실행 시간이 긴 작업의 경우 FCFS보다 대기 시간이 더 길어진다.

13 공통 모듈 구현 〉 운영체제 기초 활용 〉 디스크 스케줄링
SSTF(Shortest Seek Time First)는 탐색 거리가 가장 짧은 트랙에 대한 요청을 먼저 서비스하는 기법이다. 디스크 헤드는 현재 요청만을 먼저 처리하므로, 가운데를 집중적으로 서비스한다.

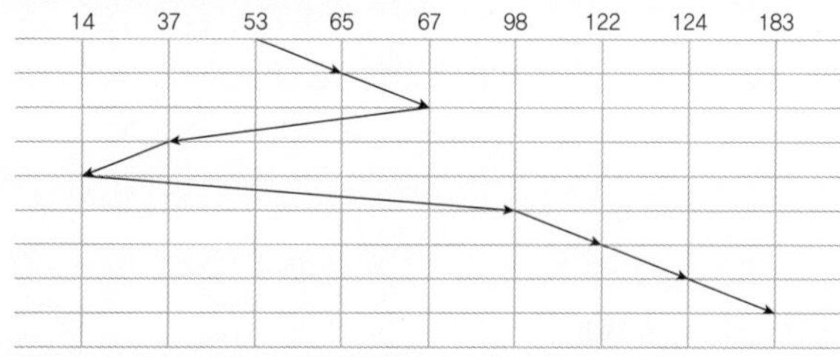

14 공통 모듈 구현 〉 운영체제 기초 활용 〉 프로세스
HRN의 우선순위 계산식은 '(대기 시간 + 서비스 시간) / 서비스 시간'이며, 계산된 값이 큰 작업이 우선순위가 높다.

- 작업 A: (5+20)/20 = 1.25
- 작업 B: (40+20)/20 = 3
- 작업 C: (15+45)/45 = 1.33...
- 작업 D: (20+2)/2 = 11

따라서 작업 D의 우선순위가 가장 높다.

15 공통 모듈 구현 〉 운영체제 기초 활용 〉 교착상태
① Prevention(교착상태 예방)은 사전에 교착상태가 발생되지 않도록 교착상태 필요 조건에서 상호배제를 제외하고, 어느 것 하나를 부정함으로 교착상태를 예방한다.

16 공통 모듈 구현 〉 운영체제 기초 활용 〉 교착상태
④ 교착상태 회피(Avoidance) 기법은 안전 상태가 되도록 프로세스의 자원 요구만을 할당하는 기법으로 은행원 알고리즘이 대표적이다.

17 공통 모듈 구현 〉 운영체제 기초 활용 〉 메모리 관리
② 페이지 교체(Page Replacement) 알고리즘에는 FIFO(First-In-First-Out), LRU(Least Recently Used), OPT(최적화 교체, OPTimal replacement)가 있다.

18 공통 모듈 구현 〉 유닉스 〉 유닉스 시스템 핵심 구조
② i-node에 대한 설명으로, 파일이나 디렉터리에 대한 모든 정보를 가지고 있는 구조체이다.

| 정답 | **10** ③ **11** ④ **12** ③ **13** ① **14** ④ **15** ① **16** ④ **17** ② **18** ②

19 난이도 상 중 하 2018년 3회

UNIX에서 커널의 기능이 아닌 것은?

① 입·출력 관리
② 명령어 해석 및 실행
③ 기억 장치 관리
④ 프로세스 관리

20 난이도 상 중 하 2018년 2회

UNIX 시스템의 특징으로 가장 옳지 않은 것은?

① 대화식 운영체제이다.
② 쉽게 유지 보수할 수 있는 계층적 파일 시스템을 이용한다.
③ 멀티유저, 멀티태스킹을 지원한다.
④ 디렉터리는 효과적 구현이 가능한 이중 리스트 구조를 사용한다.

21 난이도 상 중 하 2017년 제2회

UNIX 파일 시스템 구조에서 데이터가 저장된 블록의 시작 주소를 확인할 수 있는 블록은?

① 부트 블록
② i-node 블록
③ 슈퍼 블록
④ 데이터 블록

22 난이도 상 중 하 2016년 제2회

UNIX에서 i-node는 한 파일이나 디렉터리에 관한 모든 정보를 포함하고 있는데, 이에 해당하지 않는 것은?

① 파일이 가장 처음 변경된 시간 및 파일의 타입
② 파일 소유자의 사용자 번호
③ 파일이 만들어진 시간
④ 데이터가 담긴 블록의 주소

23 난이도 상 중 하 2014년 1회

UNIX에서 새로운 프로세스를 생성하는 명령은?

① fork
② exit
③ getpid
④ pipe

24 난이도 상 중 하 2021년 3회

파일 디스크립터(File Descriptor)에 대한 설명으로 틀린 것은?

① 파일 관리를 위해 시스템이 필요로 하는 정보를 가지고 있다.
② 보조기억장치에 저장되어 있다가 파일이 개방(Open)되면 주기억장치로 이동된다.
③ 사용자가 파일 디스크립터를 직접 참조할 수 있다.
④ 파일 제어 블록(File Control Block)이라고도 한다.

Chapter 02

프로그래밍 언어 활용

25 난이도 상중하

다음 중 개발 언어 선정 기준에 포함되지 않는 것은?

① 범용성
② 이식성
③ 효율성
④ 특수성

26 난이도 상중하 2021년 3회

다음 C 언어 프로그램이 실행되었을 때의 결과는?

```
#include <stdio.h>
#include <string.h>
int main(void) {
    char str[50] = "nation";
    char *p2 = "alter";
    strcat(str, p2);
    printf("%s", str);
    return 0 ;
}
```

① nation
② nationalter
③ alter
④ alternation

정답 & 해설

19 공통 모듈 구현 〉 유닉스 〉 유닉스 시스템 핵심 구조
②는 쉘(shell)에 대한 설명이다.

20 공통 모듈 구현 〉 유닉스 〉 유닉스 시스템
유닉스의 특징: 대화식 운영체제(Shell), 멀티태스팅, 멀티유저 환경, 계층적 파일 시스템, 이식성(Portability), 유연성, 호환성, 보안 및 보호 기능

21 공통 모듈 구현 〉 유닉스 〉 유닉스 시스템 핵심 구조
② 아이노드(i-node)는 파일이나 디렉터리에 대한 모든 정보를 가지고 있는 구조체로 데이터가 저장된 블록의 시작 주소도 확인할 수 있다.

22 공통 모듈 구현 〉 유닉스 〉 유닉스 시스템 핵심 구조
③ i-node는 파일이 마지막으로 수정된 시간을 포함하고 있다.

23 공통 모듈 구현 〉 유닉스 〉 유닉스 시스템 핵심 구조
① fork( ): 프로세스 생성, 복제
오답 해설
② exit( ): 프로세스 수행 종료
③ getpid( ): 자신의 프로세스 아이디를 얻음
④ pipe( ): 프로세스 간 통신 경로 설정

24 공통 모듈 구현 〉 유닉스 〉 유닉스 시스템 핵심 구조
파일 디스크립터(File Descriptor)는 리눅스 혹은 유닉스 계열의 시스템에서 프로세스(process)가 파일(file)을 다룰 때 사용하는 개념으로, 프로세스에서 특정 파일에 접근할 때 사용하는 추상적인 값이다.
③ 사용자가 파일 디스크립터를 직접 참조할 수 없다.

25 프로그래밍 언어 활용 〉 프로그래밍 언어의 개념 〉 프로그래밍 언어의 분류
개발 언어 선정 기준에는 범용성, 적정성, 효율성, 이식성, 친밀성이 있다.

26 프로그래밍 언어 활용 〉 C 언어 〉 배열과 포인터
문제의 코드에서 strcat(str, p2);는 str에 p2를 연결하는 함수이다. 이후에 str을 출력하게 되면 nationalter가 된다.

| 정답 | **19** ② **20** ④ **21** ② **22** ③ **23** ① **24** ③ **25** ④ **26** ②

27 난이도 상 중 하

다음 C 프로그램의 실행 결과는?

```
#include <stdio.h>
int f(int *i, int j) {
    *i += 5;
    return(2 * *i + ++j);
}
int main(void) {
    int x = 10, y = 20;

    printf("%d ", f(&x, y));
    printf("%d %d\n", x, y);
}
```

① 51 15 21 ② 51 10 20
③ 51 15 20 ④ 50 15 21

28 난이도 상 중 하

Java 상속 목적에 대한 설명 중 틀린 것은?

① 부모를 그대로 재사용하기 위해
② 확장성을 위해
③ private 변수에 접근하기 위해
④ 부모 클래스에 없는 함수만 새로 정의하기 위해

29 난이도 상 중 하 2019년 1회

객체들 간에 메시지를 주고받을 때 각 객체의 세부 내용은 알 필요가 없으므로 인터페이스가 단순해지고 데이터와 데이터를 처리하는 함수를 하나로 묶는 것을 의미하는 것은?

① Abstraction
② Class
③ Encapsulation
④ Integration

30 난이도 상 중 하

다음 C 프로그램의 출력 값은?

```
#include <stdio.h>

void funCount( );

int main(void) {
        int num;
        for(num = 0; num < 2; num++)
                funCount( );
        return 0;
}

void funCount( ) {
        int num = 0;
        static int count;

        printf("num = %d, count = %d\n",
             ++num, count++);
}
```

① num = 1, count = 0
num = 1, count = 1
② num = 1, count = 0
num = 1, count = 0
③ num = 0, count = 0
num = 1, count = 1
④ num = 0, count = 0
num = 0, count = 1

31 난이도 상 중 하 2017년 3회

객체지향 기법에서 다음 설명에 해당하는 것으로 가장 옳은 것은?

- 다른 객체에게 자신의 정보를 숨기고 자신의 연산만을 통하여 접근한다.
- 유지보수와 소프트웨어 확장 시 오류를 최소화할 수 있다.

① Abstraction
② Inheritance
③ Information Hiding
④ Polymorphism

32 난이도 상중하 2021년 3회

Java에서 힙(Heap)에 남아있으나 변수가 가지고 있던 참조값을 잃거나 변수 자체가 없어짐으로써 더 이상 사용되지 않는 객체를 제거해주는 역할을 하는 모듈은?

① Heap Collector
② Garbage Collector
③ Memory Collector
④ Variable Collector

33 난이도 상중하

Java 클래스 D의 main( ) 함수 내에서 컴파일하거나 실행하는 데 오류가 발생하지 않는 명령어는?

```
abstract class A {
    public abstract void disp( );
}
abstract class B extends A {
}
class C extends B {
    public void disp( ) { }
}
public class D {
    public static void main(String[ ] args) {

    }
}
```

① A ap = new A( );
② A bp = new B( );
③ A cp = new C( );
④ B dp = new B( );

정답 & 해설

27 프로그래밍 언어 활용 〉 C 언어 〉 함수
문제의 코드는 매개 변수 전달 방법이 Call by value인지 Call by reference인지에 따라 변화되는 출력 결과를 물어본 문제이다. f함수 호출 시에 변수 x는 Call by reference 방식으로 호출되기 때문에 f함수의 형식 매개 변수의 변화가 변수 x에 영향을 주지만, 변수 y는 Call by value 방식이라 형식 매개 변수가 변화되더라도 영향을 주지 않는다.

28 프로그래밍 언어 활용 〉 프로그래밍 언어의 개념 〉 객체지향 프로그래밍
멤버 접근 권한이 private로 설정되어 있으면 상속이 되더라도 부모의 private 변수를 직접 접근할 수 없다.

29 프로그래밍 언어 활용 〉 프로그래밍 언어의 개념 〉 객체지향 프로그래밍
③ 캡슐화(Encapsulation)는 사용자에게 세부 구현사항을 감추고 필요한 사항들만 보이게 하는 방법으로, 객체의 사용자로 하여금 내부 구현사항으로 접근을 방지한다.

30 프로그래밍 언어 활용 〉 C 언어 〉 기억 부류
funCount( ) 함수는 for문에 의해 2번 호출된다. funCount( ) 함수에서 num은 지역 변수로 설정되어 호출될 때마다 초기화가 진행되며, count는 정적 변수로 선언되어 있다.

31 프로그래밍 언어 활용 〉 프로그래밍 언어의 개념 〉 객체지향 프로그래밍
③ 정보 은닉(Information Hiding)은 외부에서 알아야 하는 부분만 공개하고 그렇지 않은 부분은 숨김으로써 대상을 단순화시키는 효과가 있다.

32 프로그래밍 언어 활용 〉 자바 언어 〉 자바의 개요
② Garbage Collector: 레퍼런스 변수가 없는 객체를 제거해 주는 역할을 수행한다.

33 프로그래밍 언어 활용 〉 자바 언어 〉 상속
클래스 A와 B가 추상 클래스이므로 직접 객체 생성을 할 수 없다. A cp = new C( );와 같이 객체생성 시에는 기본형을 클래스 A로 하여 클래스 C로 확장하면 가능하다.

| 정답 | **27** ③ **28** ③ **29** ③ **30** ① **31** ③ **32** ② **33** ③

34 난이도 상 중 하

다음 Java 프로그램에 사용된 객체지향 언어의 특징이 아닌 것은?

```
public class Animal {
    private int legs = 4;
    String name = "동물";
    public void walk( ) {
      System.out.println(name + "(이)가 걸었습니다.");
    }
}
public class Lion extends Animal {
    String name = "사자";
    public void walk( ) {
      System.out.println(name + "가 걸었습니다.");
    }
}
```

① 캡슐화
② 오버로딩
③ 상속
④ 오버라이딩

35 난이도 상 중 하

마크업 언어(Markup Language)에 관한 설명으로 옳지 않은 것은?

① HTML은 웹 브라우저 안에서 웹 문서를 보여주기 위해 만든 언어이다.
② XML은 사용자가 임의로 태그를 만들어 사용할 수 있는 언어이다.
③ HTML은 정해진 태그만을 사용하는 언어이다.
④ XML은 플랫폼에 의존적이다.

Chapter 03 네트워크 기초 활용

36 난이도 상 중 하 2016년 1회

프로토콜의 기본 구성 요소가 아닌 것은?

① 개체(Entity)
② 구문(Syntax)
③ 의미(Semantic)
④ 타이밍(Timing)

37 난이도 상 중 하 2018년 3회

TCP/IP 네트워크에서 IP 주소를 물리 주소로 변환하는 프로토콜은?

① ICMP
② RIP
③ ARP
④ UDP

38 난이도 상 중 하 2021년 3회

오류 제어에 사용되는 자동 반복 요청 방식(ARQ)이 아닌 것은?

① Stop-and-wait ARQ
② Go-back-N ARO
③ Selective-Repeat ARQ
④ Non-Acknowledge ARQ

39 난이도 상 중 하 2021년 3회

192.168.1.0/24 네트워크를 FLSM 방식을 이용하여 4개의 Subnet으로 나누고 IP Subnet-zero를 적용했다. 이때 Subnetting된 네트워크 중 4번째 네트워크의 4번째 사용 가능한 IP는 무엇인가?

① 192.168.1.192
② 192.168.1.195
③ 192.168.1.196
④ 192.168.1.198

40 난이도 상 중 하 2021년 3회

C Class에 속하는 IP address는?

① 200.168.30.1
② 10.3.2.1 4
③ 225.2.4.1
④ 172.16.98.3

41 난이도 상 중 하 2019년 3회

IPv6의 헤더 항목이 아닌 것은?

① Flow label
② Payload length
③ HOP limit
④ Section

42 난이도 상 중 하 2015년 3회

IPv4에서 IPv6로의 천이를 위해 IETE에 의해 고안된 전략으로 옳은 것은?

① Tunneling
② Mobile IP
③ Hop Limit
④ Header Extension

정답 & 해설

34 프로그래밍 언어 활용 〉 자바 언어 〉 상속
클래스 Lion에서 walk 메소드가 오버라이딩(재정의)되고 있지만, 오버로딩(중복)의 개념은 사용되고 있지 않다.

35 프로그래밍 언어 활용 〉 웹 저작 언어 〉 HTML
XML(Extensible Markup Language)은 W3C에서 다른 특수 목적의 마크업 언어를 만드는 용도에서 권장되는 다목적 마크업 언어이다. XML은 주로 다른 시스템, 특히 플랫폼과 상관없이 인터넷에 연결된 시스템끼리 데이터를 쉽게 주고받을 수 있게 한다.

36 네트워크 기초 활용 〉 프로토콜 〉 프로토콜의 개요
프로토콜의 구성 요소: 구문(Syntax) 요소, 의미(Semantics) 요소, 타이밍(Timing) 요소

37 네트워크 기초 활용 〉 ISO의 OSI 표준 모델 〉 TCP/IP 프로토콜
③ ARP(Address Resolution Protocol): IP는 MAC 주소를 알아내야만 통신을 할 수 있으며, 이러한 IP의 요구에 해답을 제공해 주는 프로토콜이 주소 변환 프로토콜(ARP)이다.

38 네트워크 기초 활용 〉 ISO의 SOI 표준 모델 〉 OSI 7 계층 참조 모델
자동 반복 요청 방식에는 정지-대기(Stop-and-Wait) ARQ, Go-Back-N ARQ, 선택적 재전송(Selective-Repeat ARQ), 적응적(Adaptive) ARQ가 있다.

39 네트워크 기초 활용 〉 인터넷 〉 IP 주소 체계
③ 문제에서 192.168.1.0/24를 사용하므로 호스트 주소는 8비트 사용이 가능하고, 이를 4개의 서브넷팅하므로 4번째 네트워크의 4번째 사용 가능한 IP는 192.168.1.196가 된다.

40 네트워크 기초 활용 〉 인터넷 〉 IP 주소 체계
• 클래스별 주소 범위와 연결 가능한 호스트 수

구분	주소 범위	연결 가능한 호스트 개수
A 클래스	0.0.0.0 ~ 127.255.255.255	16,777,214개
B 클래스	128.0.0.0 ~ 191.255.255.255	65,534개
C 클래스	192.0.0.0 ~ 223.255.255.255	254개

C 클래스에 속하는 IP address는 ①이다.

41 네트워크 기초 활용 〉 인터넷 〉 IPv6
IPv6의 헤더에는 Traffic Class, Flow Label, Payload Length, Next Header, Hop Limit이 있다.

42 네트워크 기초 활용 〉 인터넷 〉 IPv6
• IPv4에서 IPv4로의 천이(전환) 전략
 – 듀얼 스택(Dual Stack): 호스트에서 IPv4와 IPv6를 모두 처리할 수 있도록 2개의 스택을 구성하는 것이다.
 – 터널링(Tunneling): IPv6를 사용하는 두 컴퓨터가 서로 통신하기 위해 IPv4를 사용하는 네트워크 영역을 통과해야 할 때 사용 되는 것이다.
 – 헤더 변환(Header Translation): 네트워크 계층(IP 계층)에서 IPv6 패킷 헤더와 IPv4 패킷 헤더를 상호 변환하는 것이다.

| 정답 | 34 ② 35 ④ 36 ① 37 ③ 38 ④ 39 ③ 40 ① 41 ④ 42 ①

항상 맑으면 사막이 된다.
비가 내리고 바람이 불어야만
비옥한 땅이 된다.

– 스페인 속담

Part

V

정보시스템 구축관리

NCS 분류 | 응용SW엔지니어링
IT프로젝트 관리
보안엔지니어링

출제 비중

- 정보보호
- 소프트웨어 개발 방법론 활용
- IT 프로젝트 정보시스템 구축관리

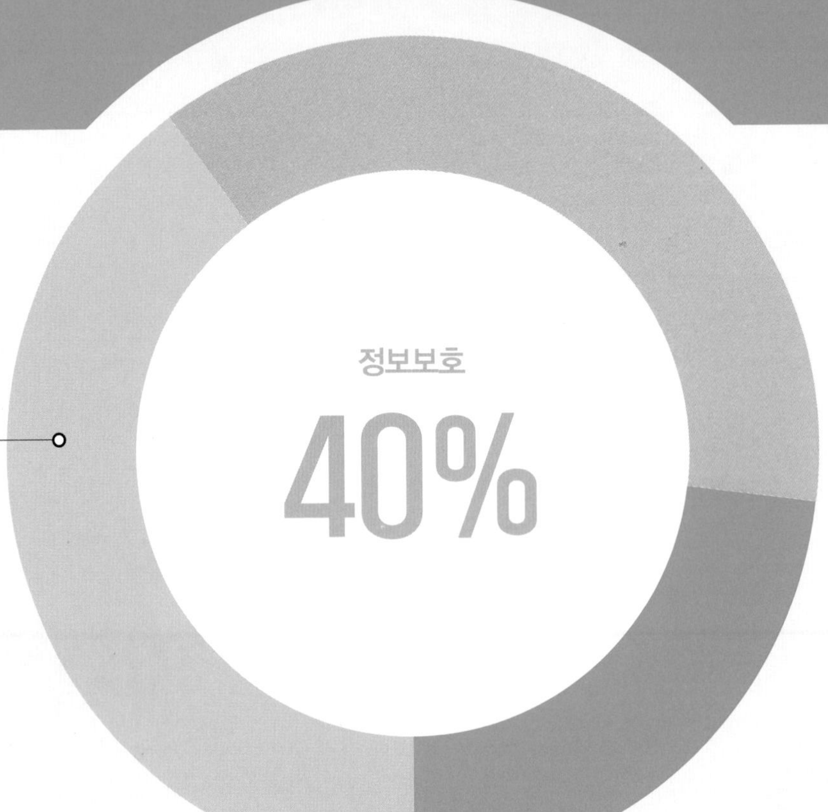

정보보호

40%

기출 키워드

Chapter	기출 키워드	난이도
정보보호	정보보호의 목표, 무결성, 정보기술 보호의 목표, 암호화, DES, AES, RSA 암호, 스트림형 암호, 해시 함수, Tripwire, 버퍼 오버플로우 대응 방안, 서비스 거부 공격, 공격 유형, IPSec, SSH, 네트워크 보안 장비, 인증의 4가지 유형, 솔트 사용, 시도-응답 인증, 접근 통제 정책	중상
소프트웨어 개발 방법론 활용	폭포수 모형, 나선형 모형, V 모형, 소프트웨어 개발 프레임워크, XP, 개발비용 산정, LOC 기법, 수학적 산정 방법, 프로젝트 스케줄링, 구조적 분석 도구, 소프트웨어 설계 기법, CMM 성숙도, SPICE, 소프트웨어 테일러링, 소프트웨어 재사용 방법	중
IT 프로젝트 정보시스템 구축관리	라우터, MQTT, RIP, OSPF, 네트워크의 구성 형태, DAS, SAN, SDS, PaaS-TA, JSON, Hadoop, N-Screen, IT 용어	상

학습 전략

Chapter	학습 전략
정보보호	① 정보보호의 개념을 이해하고 목표를 파악한다. ② 암호화 방식을 파악한다. ③ 여러 가지 해킹 기술과 네트워크 보안 장비를 파악한다.
소프트웨어 개발 방법론 활용	① 소프트웨어 생명주기 모형을 이해한다. ② 프로젝트 개발 비용 산정을 파악한다. ③ 소프트웨어 테일러링의 개념과 필요성을 이해한다.
IT 프로젝트 정보시스템 구축관리	① 네트워크 장비를 파악한다. ② 서버 장비 운영을 이해한다. ③ 신기술 용어를 파악한다.

Chapter 01 정보보호

반복이 답이다! □ 1회독 월 일 □ 2회독 월 일 □ 3회독 월 일

01 정보보호

읽는 강의

기출 키워드
• 정보보호의 목표
• 무결성
• 정보기술 보호의 목표

출제 예상 키워드
• 정보보호 정의의 기본 요소

1 정보보호의 개요

(1) 정보보호(Information Security)의 정의

① 정보의 수집, 가공, 저장, 검색, 송신, 수신 중에 정보의 훼손, 변조, 유출 등을 방지하기 위한 관리적, 기술적, 또는 그러한 수단으로 이루어지는 행위이다. (지능정보화기본법 2조)

② 기밀성, 무결성, 가용성, 인증성, 부인 방지를 보장하기 위해 기술적·물리적·관리적 보호대책을 강구하는 것이다.

③ 조직의 특성과 사용자의 보안 의식 수준 등을 고려하여 보안과 가용성 사이의 균형점을 찾는 것이다.

• 정보보호는 기밀성과 가용성 사이의 균형을 맞추는 것이 중요하다. 기밀성이 올라가면 가용성은 내려간다.

(2) 정보보호의 필요성

① 산업사회에서 정보화사회로 바뀌면서 오프라인에서 수행되던 일이 대부분 온라인으로 수행 가능해지고 있으며, 언제 어디에서든 온라인으로 자신에게 필요한 다양한 종류의 정보를 검색, 접근 그리고 활용 가능해지면서 업무의 효율성과 함께 삶의 질이 높아졌다.

② 정보화의 순기능과 함께 개인정보가 노출 및 악용되는 등의 사례가 증가함에 따라 사생활이 침해되거나, 조직 내 중요 정보가 오용과 악의적인 의도에 의해 유출되는 등의 치명적인 정보화의 역기능이 발생하고 있다.

③ 정보화의 역기능의 사례는 지속적으로 증가하고 있으며 사용되는 기술도 정보기술과 함께 발달하고 있으므로, 정보보호의 필요성이 더욱 중요시되고 있다.

2 정보보호의 목표 기출 2020년 3회, 2021년 1회, 2022년 2회

BS7799, ISO/IEC 13335에서 규정하고 있는 정보보호를 통하여 달성하려는 목표는 기밀성(Confidentiality), 무결성(Integrity), 가용성(Availability)이다.

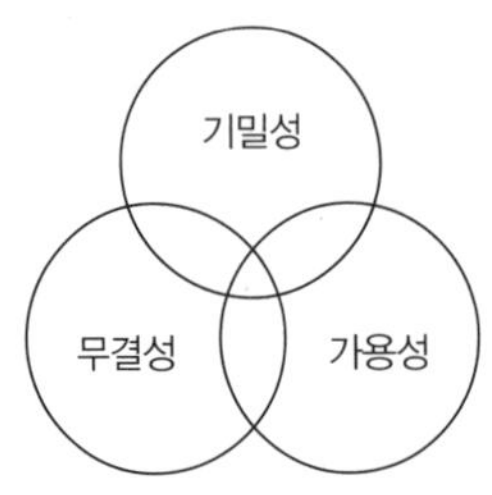

▲ 보안의 기본 3요소

(1) 기밀성(Confidentiality)

① 시스템 내의 정보와 자원은 인가된(Authorized) 사용자에게만 접근할 수 있도록 보장하고, 정보가 전송 중에 노출되더라도 데이터를 읽을 수 없도록 한다.

② 기밀성의 유지 방법으로 접근 통제(Access Control), 암호화(Encryption) 등이 있다.

> ※ 접근 통제 방법은 인가된 사용자, 파일, 장치 등에 대해 접근을 통제함으로써 내·외부로의 기밀 유출을 방지할 수 있다.
> ※ 접근 통제에 실패하였다 하더라도 암호화를 통해 인가되지 않은 자로부터 정보와 데이터를 보호할 수 있다.

(2) 무결성(Integrity) 기출 2020년 1, 2회

① 접근 권한이 없는 사용자에 의해 정보가 변경되지 않도록 정보와 정보처리 방법의 완전성과 정확성을 보호하는 것이다.

② 시스템 내의 정보는 오직 인가된 사용자만 수정할 수 있다.

③ 무결성이 결여되면 정확한 의사결정을 못하게 되고, 비즈니스 기능이 마비 내지는 중단될 수 있다. 또한 기업의 이미지 실추, 신뢰도 하락 등의 손실과 함께 재정적인 피해를 가져온다.

(3) 가용성(Availability)

① 정보와 정보시스템의 사용을 인가받은 사람이 그것을 사용하고자 할 때 언제든지 사용할 수 있도록 보장한다.

② 정보시스템에 장애가 발생하거나 과부하가 걸려 사용하려고 할 때 사용할 수 없게 되거나 장시간 기다리게 해서는 안 된다.

(4) 부인 방지(Non-repudiation)

① 이전의 통신 내용을 보낸 적이 없다고 속일 수 없도록 한다.

② 데이터를 받은 사람은 나중에라도 보낸 사람이 실제로 데이터를 보냈다는 것을 증명할 수 있도록 한다.

③ 송신자와 수신자 간에 전송된 메시지를 놓고, 전송 부인 또는 발송되지 않는 메시지를 수신자가 받았다고 주장할 수 없도록 발신 부인과 수신 부인 방지를 가능케 한다.

3 정보기술 보호의 목표 기출 2022년 2회

(1) 정보기술 보호의 필요성

정보기술 보호의 목표는 정보기술의 발전과 정보기술의 적용 범위가 비즈니스, 교육, 행정, 군사 작전 등으로 확대됨에 따라서 정보보안의 목표보다 더 필요한 요구가 추가되고 있다.

(2) 책임 추적성

① 정보나 정보시스템의 사용에 대해 누가, 언제, 어떤 목적으로, 어떤 방법을 통하여 그들을 사용했는지를 추적할 수 있어야 한다.

② 책임 추적성이 결여되어 있을 때, 시스템의 임의 조작에 의한 사용, 기만 및 사기, 산업스파이 활동, 선량한 사용자에 대한 무고 행위, 법적인 행위에 의해서 물질적, 정신적인 피해를 입을 수 있다.

(3) 인증성

① 정보시스템 상에서 이루어진 어떤 활동이 정상적이고 합법적으로 이루어진 것을 보장하는 것이다.

② 정보에 접근할 수 있는 객체의 자격이나 객체의 내용을 검증하는데 사용하는 것으로 정당한 사용자인지를 판별한다.

(4) 신뢰성

정보나 정보시스템을 사용함에 있어서 일관되게 오류의 발생 없이 계획된 활동을 수행하여 결과를 얻을 수 있도록 하는 환경을 유지하는 것이다.

읽는 강의

4 정보보호의 주요 개념

(1) 자산(Assets)

① 조직이 보호해야 할 대상(정보, 하드웨어, 소프트웨어, 시설 등)을 말하며, 모든 관리 계층의 주요한 임무이다.

② **조직 자산의 여러 가지 형태:** 물리적 자산, 정보 자산, 소프트웨어 자산, 상품 자산, 인적 자산, 무형 자산 등

(2) 위협(Threats)

① 손실이나 손상의 원인이 될 가능성을 제공하는 환경의 집합을 말한다.

② 조직, 조직의 자산, 조직의 정보시스템에 손상을 유발시키는 원하지 않는 사고의 원인을 제공하는 요인들이다.

(3) 취약성(Vulnerability)

① 자산의 취약점은 자산의 물리적인 위치, 조직, 조직의 업무 처리 절차, 조직원의 구성, 경영관리, 하드웨어, 소프트웨어, 정보 등이 가지고 있는 약점에 기인한다.

② 취약점은 위협의 원인이 되는 것으로 정보시스템이나 조직의 목적에 손상을 가져올 수 있다.

(4) 영향(Impact)

① 의도적이든 아니든 원하지 않는 사고에 의해서 자산에 미치는 결과(자산의 파괴, 정보시스템에 대한 손상과 비밀성, 무결성, 가용성, 인증성, 신뢰성의 소실)를 말한다.

② 간접적인 손실로는 조직의 이미지 상실, 시장 점유율 감소, 재정적 손실 등이 있을 수 있다.

(5) 보호 대책(Safeguards)

① 위협을 방지하고 취약점을 감소시키고 원하지 않는 사고로부터 영향을 제한하며, 원하지 않는 사고를 탐지하고 나아가서 관련 설비를 복구하기 위한 활동, 절차, 기술이나 도구이다.

② 탐지, 예방, 제한, 저지, 정정, 복구, 감시, 인지 등의 기능 중 하나 이상을 수행한다.

③ 방화벽, 통신망의 감시 및 분석 도구, 암호화 도구, 전자 서명, 백신, 접근 통제 구조, 침입 탐지 도구, 백업, 통합 보안 관리 도구이다.

더 알아보기 기타 해커 관련 용어

❶ 화이트 햇(White Hat): 다른 해커들로부터 공격을 받기 전에 도움을 줄 목적으로 컴퓨터 시스템이나 네트워크에서 보안상 취약점을 찾아내서 그 취약점을 노출시켜 알리는 해커이다.

❷ 블랙 햇(Black Hat): 다른 사람의 컴퓨터 시스템이나 네트워크에 침입하는 해커나 크래커를 일컫는 용어이다. 파일 파괴, 도용을 목적으로 한다.

❸ 그레이 햇(Gray Hat): 화이트 햇과 블랙 햇의 중간에 해당되며, 불법적 해킹을 상황에 따라 한다.

■ 정보보호 목표 사항을 위협하는 공격 유형

공격 유형	설 명
변조 (Modification)	원래의 데이터를 다른 내용으로 바꾸는 행위로, 시스템에 불법적으로 접근하여 데이터를 조작해 정보의 무결성 보장을 위협한다.
가로채기 (Interception)	비인가 된 사용자 또는 공격자가 전송되고 있는 정보를 몰래 열람, 또는 도청하는 행위로 정보의 기밀성 보장을 위협한다.
차단 (Interruption)	정보의 송수신을 원활하게 유통하지 못하도록 막는 행위를 말하여, 정보의 흐름을 차단한다. 이는 정보의 가용성 보장을 위협한다.
위조 (Fabrication)	마치 다른 송신자로부터 정보가 수신된 것처럼 꾸미는 것으로, 시스템에 불법적으로 접근하여 오류의 정보를 정확한 정보인 것으로 속이는 행위를 말한다.

개념확인 문제

기출 2013년 2회

01 다음 설명의 (   ) 안 내용으로 가장 적합한 것은?

> 컴퓨터와 네트워크의 급속한 발달은 일반 사용자들이 손쉽게 컴퓨터에 접속해 사용할 수 있는 기회를 제공한 반면, 내부 또는 외부의 공격으로부터 시스템의 자원과 정보를 보호해야 하는 문제를 가져왔다. (   )(이)란 물리적, 환경적 취약점을 이용한 침입, 방해, 절도 등의 행위로부터 객체를 보호하고 대응하기 위한 일련의 정책과 행위를 말한다.

① 보증
② 제어
③ 암호
④ 보안

02 다음 중 정보보호의 주요 개념에 대한 설명으로 옳지 않은 것은?

① 제약사항은 조직의 운영이나 관리상에 특수한 환경이나 형편에 의해서 발생하는 부득이한 조건들이다.
② 영향(Impact)의 간접적인 손실로는 조직의 이미지 상실, 시장 점유율 감소, 재정적 손실이 있을 수 있다.
③ 자산에 손실을 발생시키는 원인이나 행위 또는 보안에 해를 끼치는 행동이나 사건, 정보의 안정성을 위협하는 의미는 취약성이다.
④ 무결성 위협은 보호되어야 할 정보가 불법적으로 변경, 생성, 삭제되는 것을 의미한다.

정답 & 해설

01 정보보호/보안(Security): 정보의 수집, 가공, 저장, 검색 ,송신, 수신 중에 정보의 훼손, 변조, 유출 등을 방지하기 위한 관리적, 기술적, 또는 그러한 수단으로 이루어지는 행위이다. 기밀성, 무결성, 가용성, 인증성, 부인 방지 보장하기 위해 기술적, 물리적, 관리적 보호 대책을 강구하는 것이다.

02 ③은 위협에 관한 설명이고, 취약성은 보안 위협에 원인을 제공할 수 있는 컴퓨터 시스템의 약점이라 할 수 있다.

| 정답 | 01 ④ 02 ③

02 암호화

기출 키워드
- 암호화
- DES
- AES
- RSA 암호
- 스트림형 암호
- 해시 함수

출제 예상 키워드
- RSA
- DES
- AES
- 암호 공격
- 비대칭키

읽는 강의

1 암호화 기출 2021년 1회, 2022년 2회

(1) 암호화(Encryption)의 정의

① **평문(Plain Text)**을 암호화 알고리즘을 통해 암호화된 문장을 생성하여 비인가자로부터 정보를 보호하는 기술이다.

② 암호화는 평문을 암호문으로 바꾸는 것이며, 이 암호문을 다시 평문으로 바꾸는 것은 복호화(Decryption)라고 한다.

- 암호화: $C = E_k(P)$ 평문 P를 키 k를 이용하여 암호화(E)를 통해 암호문 C을 얻는다.
- 복호화: $P = D_k(C)$ 암호문 C를 키 k를 이용하여 복호화(D)를 통해 평문 P를 얻는다.

P: 평문(Plaintext)　　C: 암호문(Ciphertext)
E: 암호화(Encrypt)　　D: 복호화(Decrypt)

평문(Plain Text)
암호화되지 않는 원래 그대로의 문장을 말한다.

암호학(Cryptography)
안전하게 정보를 전달하기 위하여 평문을 암호문으로 바꾸고, 인가된 사람만이 이 암호문을 다시 평문으로 바꾸어 정보를 볼 수 있도록 하는 수학을 응용한 과학 분야이다.

2 암호화 서비스

(1) 암호화의 목적

① **기밀성:** 사용자의 ID 또는 데이터를 읽지 못하도록 보호 지원
② **데이터 무결성:** 데이터를 변경하지 못하도록 보호 지원
③ **인증:** 데이터가 특정 당사자로부터 온 것임을 보장
④ **부인 방지:** 특정 당사자가 메시지 보낸 사실을 부인하지 못하도록 방지

(2) 암호화 기본 및 해당 기능

암호화 기본	기능
비밀키 암호화 (대칭 암호화)	• 데이터에서 변환을 수행하여 제3자가 읽지 못하게 한다. • 이 유형의 암호화는 공유된 하나의 비밀 키를 사용하여 데이터를 암호화하고 해독하는 방법이다.
공개키 암호화 (비대칭 암호화)	• 데이터에서 변환을 수행하여 제3자가 읽지 못하게 한다. • 이 유형의 암호화는 공개/비공개 키 쌍을 사용하여 데이터를 암호화하고 해독하는 방법이다.
암호화 서명	특정 당사자에 고유한 디지털 서명을 만들어 데이터가 해당 당사자로부터 온 것임을 확인할 수 있도록 한다.
암호화 해시	• 데이터를 임의 길이에서 고정 길이의 바이트 시퀀스로 매핑한다. • 해시는 통계적으로 고유하며 서로 다른 2바이트 시퀀스는 같은 값으로 해시하지 않는다.

3 대칭키(공통키) 암호 방식

(1) 대칭키 암호 방식의 개요

① 암호화와 복호화에 동일한 키를 사용하는 비밀키 암호(Secret Key Cipher) 방식은 공통키 암호(Common Key Cipher) 또는 암호화와 복호화 과정이 대칭적이어서 대칭키 암호(Symmetric Key Cipher)라고도 불린다.

② **대표적인 알고리즘의 종류:** DES, 3DES, AES

(2) DES(Data Encryption Standard) 기출 2022년 1회

① 1977년에 미국의 연방정보처리표준규격(FIPS)으로 채택된 대칭 암호였지만 1998년 56시간 만에 해독되어 표준으로 사용되지 않았다.

② DES는 64비트 평문을 64비트 암호문으로 암호화하는 대칭 암호 알고리즘이다. (키의 비트 길이는 56비트이다.)

③ 그것보다 긴 비트 길이의 평문을 암호화하기 위해서는 평문을 블록 단위로 잘라낸 다음 DES를 이용해서 암호화를 반복할 필요가 있다. 이렇게 반복하는 방법을 모드(Mode)라고 한다.

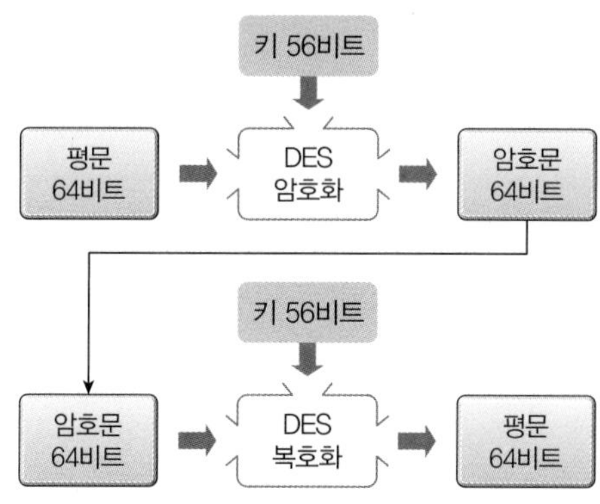

▲ DES 암호화 및 복호화 과정

④ DES의 기본 구조는 페이스텔(Feistel)이 만든 것으로 페이스텔 네트워크(Feistel Network), 페이스텔 구조(Feistel Structure), 혹은 페이스텔 암호(Feistel Cipher)라 불리고 있다. (이 구조는 DES뿐만 아니라 많은 블록 암호에서 채용되고 있다.)

(3) AES(Advanced Encryption Standard) 기출 2021년 2회

① 미국 연방표준 알고리즘으로 DES를 대신하는 차세대 표준 암호화 알고리즘으로 미국 상무성 산하 NIST 표준 알고리즘이다.

② 키 길이는 128, 192, 256bit의 3종류로 구성된다.

③ 암호화 및 복호화가 빠르고 공격에 대해서는 안전하며, 간단한 하드웨어 및 소프트웨어 구성의 편의성이 있다.

④ 2000년 10월 2일 Rijndeal이 NIST에 의해 AES로서 선정되었다. (Rijndeal에서는 페이스텔 네트워크가 아니라 SPN(Substitution-Permutation Network) 구조를 사용하고 있다.)

4 비대칭키(공개키) 암호 방식

(1) 비대칭키 암호 방식의 개요

① 암호화에 사용되는 키와 복호화에 사용되는 키가 서로 다른 방식이다. 키 쌍을 이루며 암호화용 키는 공개키(Public Key), 복호화용 키는 비밀키(Private Key)로 불려진다.

② **장점**: 무결성과 부인 방지 기능을 가짐, 전자 서명에 활용 가능, 다양한 암호 프로토콜에 이용 가능, 키 분배 및 관리가 쉬움

③ 대수학과 계산량 이론을 교묘히 응용한 방식으로 그 안전성은 수학적 문제를 풀기 위한 복잡성을 근거로 하고 있다.

읽는 강의

트리플 DES(triple-DES, 3DES)
트리플 DES는 DES보다 강력하도록 DES를 3단 겹치게 한 암호 알고리즘이다.

블록 암호화 방식
DES, TDES, SEED, AES, ARIA, IDEA, Blowfish, RC5 & RC6

(2) 비대칭키 암호에서 근거로 하는 수학적 문제로 대표적인 3가지

① 정수의 소인수분해의 복잡성을 이용하는 것(RSA 암호 등)

② 정수의 이산대수 문제의 복잡성을 이용하는 것(Elgamal 암호 등)

③ 타원 곡선상에 이산대수 문제의 복잡성을 이용하는 것(타원 곡선 암호 등)

(3) RSA 암호 기출 2020년 1, 2, 3회, 2021년 3회

① **응용 범위**: 공개키 암호, 디지털 서명, 키 교환

② **RSA 암호의 계산 방법**

- 비밀키를 2개의 큰 정수의 쌍(E, N)으로 주어진다.
- 공개키를 2개의 큰 정수의 쌍(D, N)으로 주어진다.
- 암호화는 평문 M을 입력으로 계산하는 것으로 암호문 C를 얻는다.

$$C = M^D (\text{mod } N)$$

- 복호화는 암호문 C를 입력으로 계산하는 것으로 평문 M을 얻는다.

$$M = C^E (\text{mod } N)$$

③ **비밀키(E, N), 공개키(D, N)의 생성 방법**

- 큰 두 개의 서로 다른 소수를 생성하고 이것들을 P, Q로 한다.
- 임의의 소수를 선택해서 D로 한다.
- N = P * Q의 식으로 N을 얻는다.
- L = lcm(P−1, Q−1)의 식에 의해 L을 얻는다. 여기서 lcm(P−1, Q−1)은 P−1과 Q−1의 최소공배수를 표시하는 기호이다. L의 값은 유클리드 방법을 이용해서 용이하게 구할 수 있다.
- E * D = 1(mod L)의 식을 만족하는 E를 계산한다. D와 L은 미리 알고 있는 것에 의해 유클리드 방법을 이용하는 것에 의해 E의 값은 용이하게 구할 수 있다.

④ RSA 암호의 계산 방법을 설명한 것처럼 비밀키가 알려져 있지 않은 경우에 암호문을 해독하는 것은 사실상 불가능하지만, 만약에 일반에 알려져 있는 공개키(D, N)에서부터 비밀키(E, N)이 유추되어지는 일이 있으면, RSA 방식은 간단하게 파괴된다.

(4) ElGamal

① Taher ElGamal이 고안한 ElGamal 공개키 시스템은 암호화와 서명 알고리즘 두 가지 모두를 지원한다.

② Diffie−Hellman처럼 이산대수 문제가 매우 어렵다는 가정하에 제안된 공개키 암호 시스템이다.

읽는 강의

RSA
소인수분해 문제를 이용한 공개키 암호화 기법에 널리 사용되는 암호 알고리즘 기법이다.

더 알아보기 Diffie–Hellman

• 1976년에 Diffie와 Hellman이 개발한 최초의 공개키 알고리즘으로써 제한된 영역에서 멱의 계산에 비하여 이산대수 로그 문제의 계산이 어렵다는 이론에 기초를 둔다.
• 이 알고리즘은 메시지를 암·복호화하는 데 사용되는 알고리즘이 아니라 암·복호화를 위해 사용되는 키의 분배 및 교환에 주로 사용되는 알고리즘이다.

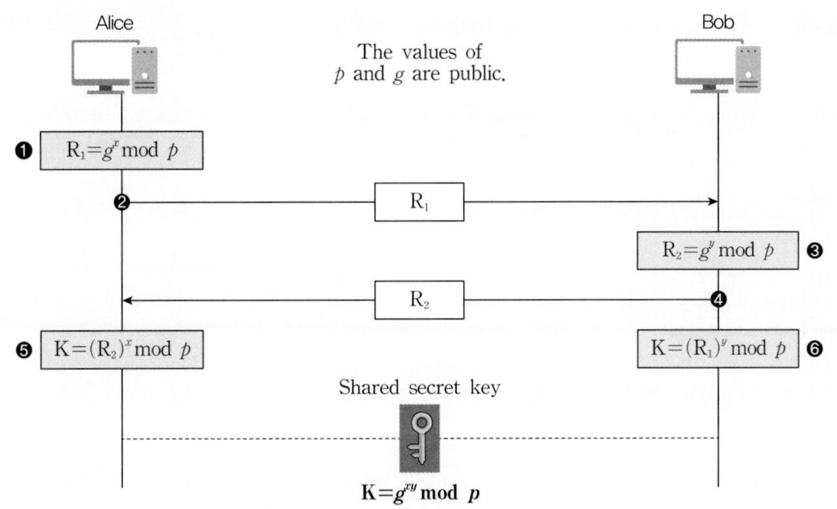

Diffie–Hellman 방법에서 대칭(공유)키는 K = g^{xy} mod p이다.

(5) 타원 곡선 암호(ECC)

① RSA 암호보다 짧은 키 길이로서 같은 정도의 강도를 확보하고, 암호화/복호화의 처리에 필요한 시간을 단축할 수 있다.

② 타원 곡선상의 이산대수 문제가 RSA 암호에서 사용하고 있는 소인수분해 문제보다 수학적으로 난이도가 높기 때문에 RSA 암호키 길이에서 1/6 정도로 실현할 수 있다.

③ 타원 곡선 암호가 RSA나 ElGamal과 같은 기존 공개 키 암호 방식에 비하여 갖는 가장 대표적인 장점은 보다 짧은 키를 사용하면서도 그와 비슷한 수준의 안전성을 제공한다는 것이다. 특히 무선 환경과 같이 전송량과 계산량이 상대적으로 열악한 환경에 적합하다고 할 수 있다.

■ 비대칭키(공개키) 알고리즘 예

알고리즘명	발표년도	개발자	안전도 근거
RSA	1978	Rivest, Shamir, Adleman	소인수분해 문제
Knapsack	1978	R.C.Merkle, M.E.Hellman	부분합 문제
McEliece	1978	McEliece	대수적 부호 이론
ELGamal	1985	EL.Gamal	이산대수 문제
ECC	1985	N.kObitz, V.Miller	타원 곡선 이산대수 문제
RPK	1996	W.M.Raike	이산대수 문제
Lattice	1997	Goldwasser, Goldreich, Halevi	가장 가까운 벡터를 찾는 문제

더 알아보기 비대칭키 암호와 대칭키 암호의 특징 비교

구분	비대칭키 암호	대칭키 암호
키의 관계	암호화키 ≠ 복호화키	암호화키 = 복호화키
암호화키	공개	비공개
복호화키	비공개	비공개
알고리즘	공개	공개
키의 개수	2n	n(n-1)/2
키의 길이	1024/2048	128/256
속도	비효율적	효율적
인증	누구나 인증	키 공유자
암호화 속도	저속	고속
전자 서명	간단	복잡
대표 알고리즘	RSA, ECC	DES, 3DES, AES

5 스트림형 암호

(1) 스트림형 암호(Stream Cipher)의 특징 기출 2021년 1회

① 평문을 1비트씩 입력하면 이것에 대응해서 암호문을 1비트씩 출력하는 암호 변환 방식이며, 통신로 상에서 오류가 발생해도 다른 비트에 파급되지 않는 장점이 있다.

$$C_i = M_i \oplus K_i \ (i = 1, 2, \ldots)$$

- 평문의 1비트 M_i를 입력하는 시점에 곧바로 암호문의 1비트 C_i가 계산된다.
- C_i는 즉시 통신로에 보내지고, 계속해서 다음번 평문의 1비트 M_{i+1}의 처리로 이행된다.
- 복호에서는 암호문 C_i와 키 K_i의 비트에 배타적 논리화로(XOR)를 처리하면 평문 Mi로 돌아온다.

② 키는 평문과 독립해서 완전난수로서 제공될 때, 암호문도 **완전난수**가 된다.

③ 블록 암호화 방식보다 빠르지만 암호화 강도가 약하다.

④ 음성 또는 영상 스트리밍 전송 및 무선 암호화에 사용된다.

완전난수
완전한 무작위의 다른 수를 말한다.

(2) 실용적인 스트림 암호

① LFSR(Linear Feedback Shift Register)

- 스트림 암호 설계에 가장 대중적으로 사용되는 키 스트림 생성기는 선형 피드백 시프트 레지스터(LFSR)라는 이진 스트림 생성기이다.
- 스트림 암호의 경우 과거에는 주로 하드웨어 구현이 용이한 LFSR에 기반을 둔 알고리즘을 설계해 왔으나, 근래에는 다양한 응용 환경 개발과 인터넷 서비스에서 스트리밍 기법이 많이 이용되면서 블록 암호 알고리즘보다 고속 동작이 가능한 소프트웨어 기반의 스트림 암호 개발이 많아지고 있다.

② RC4 기출 2020년 3회

- RC4는 소프트웨어에서 가장 널리 사용되는 스트림 암호 알고리즘이다.
- 이 암호는 인터넷 트래픽을 보호하는 SSL, 무선 네트워크 보안을 위한 WEP와 같은 프로토콜에 사용된다.

③ A5/1

- A5/1은 LFSR을 사용해서 키 스트림을 생성하는 스트림 암호이다.
- A5/1은 유럽식 디지털 이동 통신 방식인 GSM에 사용되는데, GSM의 전화 통신에는 228비트 프레임이 사용된다.

6 해시 함수 기출 2021년 2회

(1) 해시 함수(Hash Function)의 개요

① 해시 함수는 주어진 출력에 대하여 입력값을 구하는 것이 계산상 불가능(일방향성, One-Way Property)하고, 같은 출력을 내는 임의의 서로 다른 두 입력 메시지를 찾는 것이 계산상 불가능(충돌 회피성, Collision Free Property)하다는 특성을 갖고 있다.

■ 기본 요구 조건

- 입력은 임의의 길이를 갖는다.
- 출력은 고정된 길이를 갖는다.
- 주어진 x에 대해서 H(x)는 비교적 계산하기 쉽다.
- H(x)는 일방향 함수이다.
- H(x)는 충돌이 없다. (Collision Free)

② 해시 함수는 해시값의 생성에 있어서 비밀키를 사용하는 MAC(Message Authentication Code)과 비밀키를 사용하지 않는 MDC(Manipulation Detection Code)로 나눌 수 있다.

③ 해시 함수는 메시지 무결성을 제공한다. 또한 비밀키를 이용하는 MAC 방식은 메시지 무결성과 메시지 인증 기능도 제공한다.

④ 해시 함수 H는 역변환하기 힘들기 때문에 단방향함수(One-way function)라 불리며, "역변환하기 힘들다"라는 의미는 H(x)=h에서 h가 주어질 때 x를 찾는 것이 계산적으로 불가능하다는 것을 말한다.

⑤ 암호학적 해시 함수가 갖추어야 할 안전성은 다음의 세 가지이다.

역상 저항성 (Preimage Resistance)	주어진 출력 y에 대해 h(x) = y를 만족하는 x를 구하는 것이 계산상 어려워야 한다.
제2 역상 저항성 (Second Preimage Resistance)	주어진 입력 x에 대해 같은 출력을 내는, 즉 h(x) = h(x′), x′(≠x)를 구하는 것이 계산상 어려워야 한다.
충돌 저항성 (Collision Resistance)	같은 출력(h(x) = h(x′))을 갖는 임의의 서로 다른 입력 x와 x′를 찾는 것이 계산상 어려워야 한다

해시 함수의 구분

- MDC: 비밀키를 사용하지 않는 해시 함수
- MAC: 비밀키를 사용하는 해시 함수

(2) 해시 함수의 종류 기출 2021년 1회

① MD4

- 1990년 론 리베스트(Ron Rivest)에 의해 개발된 MD5의 초기 버전이다.
- 입력 데이터(길이에 상관없는 하나의 메시지)로부터 128비트 메시지 축약을 만듦으로써 데이터 무결성을 검증하는 데 사용되는 알고리즘이다.

② MD5

- 1992년 Ron Rivest에 의해 개발되었다.
- MD5는 널리 사용된 해시 알고리즘이지만 충돌 회피성에서 문제점이 있다는 분석이 있으므로 기존의 응용과의 호환으로만 사용하고, 더 이상 사용하지 않도록 하고 있다.
- 가변 길이의 메시지를 받아들여 128비트의 해시값을 출력하는 해시 알고리즘으로 메시지를 해시 함수에 돌리기 전에 메시지를 512비트의 배수가 되도록 패딩(Padding)하는 것이 선행되어야 한다.

③ SHA(Secure Hash Algorithm)

- 1993년에 미국 NIST에 의해 개발되었으며, 가장 많이 사용되고 있는 방식이다.
- 많은 인터넷 응용에서 Default 해시 알고리즘으로 사용되며, SHA256, SHA384, SHA512는 AES의 키 길이인 128, 192, 256 비트에 대응하도록 출력 길이를 늘인 해시 알고리즘이다.

알고리즘	블록 길이	해시 길이	단계 수
SHA-1	512	160	80
SHA-224	512	224	64
SHA-256	512	256	64
SHA-384	1024	384	80
SHA-512	1024	512	80

④ HMAC

- HMAC은 속도 향상과 보안성을 높이기 위해 MAC와 MDC를 합쳐 놓은 새로운 해시이다.
- 해시 함수의 입력에 사용자의 비밀키와 메시지를 동시에 포함하여 해시 코드를 구하는 방법이다.

⑤ HAVAL

- HAVAL은 가변 길이의 출력을 내는 특수한 해시 함수이다.
- MD5의 수정본으로 MD5보다 처리 속도가 빠르다.

7 암호 공격 및 해독

(1) 암호 공격의 정의

암호 공격(해독)은 암호 방식의 정규 당사자가 아닌 제3자가 암호키가 없는 상태에서 암호문을 복호화시키는 방법을 말하며, 주로 암호키와 평문을 찾는 것을 그 목적으로 한다.

(2) 암호문 단독 공격(Ciphertext-only Cryptanlysis)

암호 공격자에게는 가장 불리한 방법으로 단지 암호문만을 갖고 평문이나 암호키를 찾아내는 방법이다. (통계적 성질과 문장의 특성 등을 추정하여 해독하는 방법)

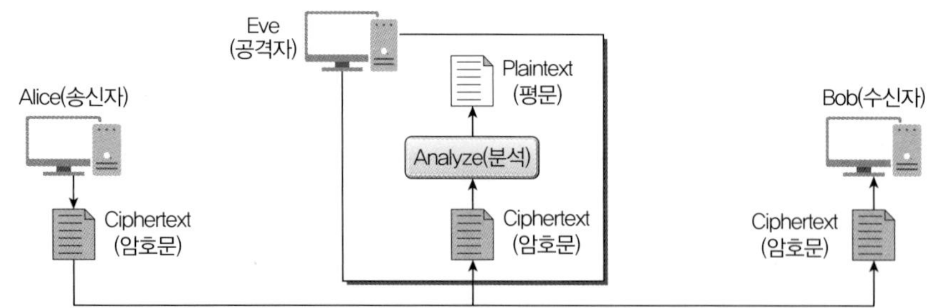

▲ 암호문 단독 공격(Ciphertext-only Attack) 과정 예

(3) 기지 평문 공격(Known-plaintext Cryptanlysis)

암호 해독자는 약간의 평문에 대응하는 암호문을 입수하고 있는 상태에서 나머지 암호문에 대한 공격을 하는 방법이다.

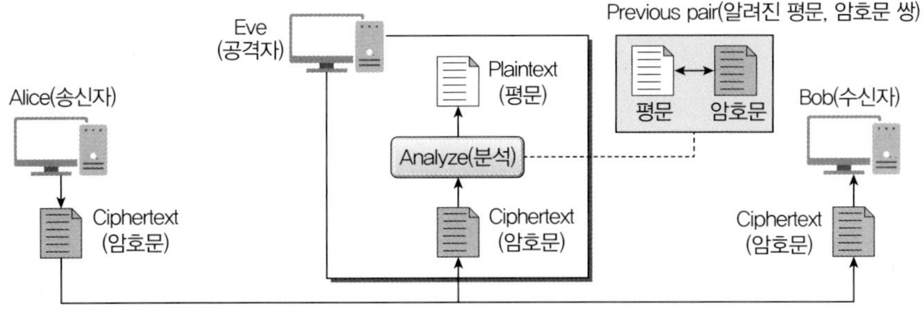

▲ 기지 평문 공격(Known-Plaintext Attack) 과정 예

읽는 강의

(4) 선택 평문 공격(Chosen-plaintext Cryptanlysis)

암호 해독자가 사용된 암호기에 접근할 수 있을 때 사용하는 공격 방법으로 적당한 평문을 선택하여 그 평문에 대응하는 암호문을 얻을 수 있다. (주로 암호 시스템 공격 시 사용)

• 선택 평문 공격은 공격자가 송신자 시스템에 접근 가능할 때 수행되는 공격이다.

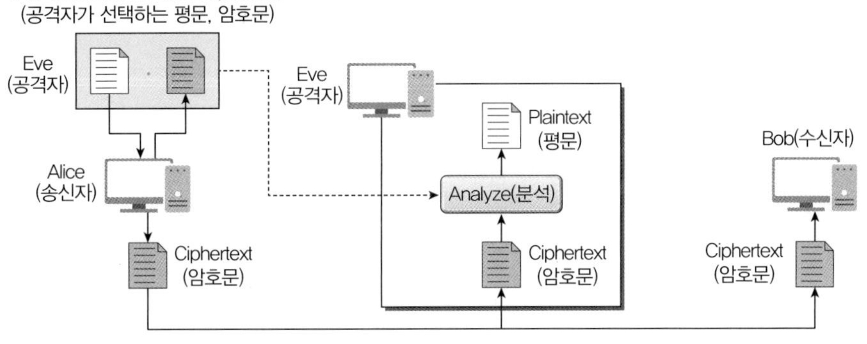

▲ 선택 평문 공격(Chosen-Plaintext Attack) 과정 예

(5) 선택 암호문 공격(Chosen-ciphertext Cryptanlysis)

암호 해독자가 암호 복호기에 접근할 수 있다. 적당한 암호문을 선택하고, 그에 대응하는 평문을 얻을 수 있다.

• 선택 암호문 공격은 공격자가 수신자 시스템에 접근 가능할 때 수행되는 공격이다.

▲ 선택 암호문 공격(Chosen-Ciphertext Attack) 과정 예

개념확인 문제

기출 2016년 1회

01 다음 암호화 기법에 대한 설명으로 틀린 것은?

① DES는 비대칭형 암호화 기법이다.
② RSA는 공개키/비밀키 암호화 기법이다.
③ 디지털 서명은 비대칭형 암호 알고리즘을 사용한다.
④ DES 알고리즘에서 키 관리가 매우 중요하다.

기출 2019년 1회

02 Cryptography와 가장 관계 없는 것은?

① RISC
② DES Algorithm
③ Pubic key system
④ RSA Algorithm

03 암호는 데이터의 변환을 기반으로 하는 수학의 한 분야이다. 다음 중 컴퓨터 보안에서 사용되는 암호에 대한 설명으로 옳지 않은 것은?

① 암호는 데이터의 무결성을 보장해 준다.
② 암호는 데이터의 기밀성을 보장해 준다.
③ 암호는 데이터의 가용성을 보장해 준다.
④ 암호는 데이터에 전자서명을 사용할 수 있도록 한다.

정답 & 해설

01 ① DES는 대칭형 암호화 기법이다. 대칭키를 이용하므로 암호화 키와 복호화 키를 같은 키를 사용한다.

02 오답 해설
② DES Algorithm은 대칭형 암호화 알고리즘이다.
③ Pubic key system은 대칭키 암호화 시스템이다.
④ RSA Algorithm은 비대칭형 암호화 알고리즘이다.

03 ③ 암호는 정보를 보호하는 데 사용되는 중요한 도구이며, 컴퓨터 보안의 관점에서 여러 요소에 사용된다. 암호는 데이터의 기밀성과 무결성, 전자서명 및 인증을 할 수 있도록 한다.

| 정답 | 01 ① 02 ① 03 ③

03 해킹과 정보보호

읽는 강의

기출 키워드
- Tripwire
- 버퍼 오버플로우 대응 방안

출제 예상 키워드
- 피싱
- 파밍
- 스미싱

(1) 보안 취약점

정보시스템에 손해를 끼치는 원인이 될 수 있는 조직, 절차, 인력관리, 행정, 하드웨어와 소프트웨어의 약점을 뜻한다. 이와 같은 약점을 확인하고 분류하여 위협을 감소시키는 것이 취약성을 분석하는 목적이라고 할 수 있다.

(2) 시스템과 서비스 설정의 취약점을 이용한 공격

① 시스템에 존재하는 취약점은 일반 시스템 분석 도구를 이용하여 찾을 수 있으며, 해킹하는 데 특별한 소스 코딩 작업 등 고난이도의 기술이 필요하지 않기 때문에 비교적 쉽게 공격할 수 있다.

② 주로 파일 시스템의 쓰기 권한 취약점을 이용하는 경우와 파일 공유의 설정에 대한 취약점을 이용하는 경우와 파일 공유의 설정에 대한 취약점을 이용하는 경우, 기타 환경 변수를 이용하는 경우가 많다.

(3) 프로그램의 취약점을 이용한 공격

① 운영체제나 운영체제에 설치되는 여러 가지 프로그램을 나타내는 것으로, 이러한 프로그램의 취약점을 이용하여 공격할 수 있다.

② **버퍼 오버플로우(Buffer Overflow) 공격:** 할당된 메모리보다 더 많은 데이터를 입력하려고 할 때 발생하는 오류를 이용한 공격 기법이다.

③ 힙 오버프플로우(Heap Overflow) 공격

④ CGI/자바스크립트(JavaScript)의 취약점을 이용한 공격

⑤ ASP, PHP 스크립트의 취약점을 이용한 공격

(4) 프로토콜 취약점을 이용한 공격

① 각종 프로토콜의 설계상 취약점을 이용한 방법이다. 이러한 공격을 하려면 프로토콜에 대한 많은 이해가 필요하다.

② **공격 방법**
- DoS와 DDos
- 스니핑(Sniffing)
- 세션 하이재킹(Session Hijacking)
- 스푸핑(Spoofing)

(5) 악성코드

① 악성코드는 바이러스(Virus), 트로이안(Trojan) 목마(또는 트로이 목마), 백도어(Backdoor), 웜(Worm) 등을 이용한 공격이다.

② 최근에는 전문가가 아니어도 사용할 수 있도록 쉬운 인터페이스를 사용한 프로그램도 있다.

더 알아보기 해킹 기술

구분	내용
피싱 (Phishing)	금융기관 등의 웹 사이트에서 보내온 메일로 위장하여 링크로 유인해 개인의 인증번호나 신용카드 번호, 계좌번호 등을 빼내 이를 불법적으로 이용하는 사기 수법이다.
파밍 (Pharming)	해당 사이트가 공식적으로 운영하고 있던 도메인 자체를 중간에서 탈취하는 수법이며, 사용자들은 늘 이용하는 사이트로 알고 의심하지 않고 개인 ID, 패스워드, 계좌 정보 등을 노출할 수 있다.
스니핑 (Sniffing)	• 네트워크 통신 내용을 도청하는 행위이다. • 네트워크상에서 다른 상대방들의 패킷 교환을 엿듣는 것을 의미한다. 이때 사용되는 도구를 패킷 분석기 또는 패킷 스니퍼라고 하며, 이는 네트워크의 일부나 디지털 네트워크를 통하는 트래픽의 내용을 저장하거나 가로채는 기능을 하는 SW/HW이다.
백도어 (Backdoor)	• 백도어는 시스템의 보안이 제거된 비밀 통로로서, 서비스 기술자나 유지 보수 프로그래머들이 접근 편의를 위해 시스템 설계자가 고의적으로 만들어 놓은 통로이다. • 다른 말로는 트랩도어라고도 한다. 악의적인 목적으로 만들어 놓은 통로도 있는데, 백 오리피스로 대표되는 백도어 프로그램이 대표적이다. • 이 프로그램은 해킹 프로그램의 일종으로 PC에 내장되어 사용자 몰래 사용자의 정보를 저장·유출하기 위한 프로그램이다. • 백도어 탐지 방법: 무결성 검사, 로그 분석, SetUID 파일 검사, 비정상 포트 및 외부 연결 확인

읽는 강의

(6) 멀웨어 유형

멀웨어(Malware)
Malicious와 Software의 합성어로 악의적인 소프트웨어를 말한다.

① 바이러스(Virus)

- 정상적인 파일이 악성 기능을 포함하도록 정상적인 파일을 변경하는 프로그램이다.
- 바이러스는 자체적으로 정상 파일에 재감염되므로, 재생산(Reproduction) 및 유포(Spread)라는 특징을 가지고 있다. 하지만, 바이러스가 정상적인 파일을 감염시키기 위해서는 사용자가 파일을 실행하는 행동이 필요하다.

② 트로이 목마(Trojan Horse)

- 겉으로는 악성 소프트웨어가 아닌 것처럼 보이나, 실제로는 악의적인 목적을 숨기고 있는 프로그램이다.
- 인터넷을 통해 설치되는 경우가 많으며, 설치된 프로그램은 사용자의 소프트웨어 라이선스 정보인 시리얼 정보나, 인터넷 계정 정보들을 훔치는 목적을 가지고 있다.
- 최근에는 게임 아이템을 훔치기 위한 목적으로 온라인 게임 사이트 계정 정보를 탈취하는 트로이안 목마가 많다.
- 기본적으로 단독 프로그램으로, 자기 복제 기능과 감염 기능을 가지고 있지 않다. 따라서 해당 파일을 삭제하면 악의적인 기능을 차단할 수 있다.

③ 웜(Worm) 기출 2022년 2, 3회

- 동일한 웜을 재생산하고 네트워크, 취약 부위, 공유 폴더 등 취약점을 통해 자체적으로 배포하는 기능을 가지고 있으며, 특별한 사용자의 행동이 없어도 실행된다.
- 주고 공격 대상인 시스템의 네트워크와 시스템을 마비시키기 위한 목적을 가지고 있다.
- 네트워크를 통한 자기 복제가 가능하며, 매우 빠른 시간 안에 피해가 확산된다.
- 이메일, 메신저, P2P 등 다양한 경로로 감염되며, 트로이 목마와 유사한 악의적인 기능이 있다.

④ 스파이웨어(Spyware)

- 스파이(Spy)와 소프트웨어(Software)의 합성어로, 사용자의 적절한 동의가 없이 설치되었거나 컴퓨터에 대한 사용자의 통제 권한을 침해하는 프로그램으로서, 금융 정보 및 마케팅용 정보를 수집하거나 사용자의 정보, 행동 특성 등을 빼내가는 프로그램이다.

- 겉모양은 안티스파이웨어 프로그램이나 실제로는 스파이웨어 기능을 하는 허위 안티스파이웨어 프로그램이 증가하고 있다.

⑤ **애드웨어(Adware)**: 광고를 목적으로 설치되어 사용자의 성향을 파악하여 무분별한 광고를 제공하는 프로그램이다.

⑥ **혹스와 조크(Hoax & Joke)**
- 혹스: 사용자에게 심리적 위협을 가함으로써, 사용자에게 불안을 조장하기 위한 프로그램이지만, 특별한 파일 감염 및 시스템 성능 저하 등의 문제는 발생시키지 않는다.
- 조크: 사용자를 놀릴 목적으로 개발된 프로그램으로서, 사용자에게 장난스런 거짓말을 화면에서 보여주는 등의 행동을 하는 프로그램이다.

⑦ **봇넷(Botnets)**
- 봇넷은 악의적인 코드에 감염된 컴퓨터, 즉 좀비(Zombie) 시스템의 집합이다.
- 이 좀비 시스템은 좀비 마스터(Master)에 의해 제어된다. 좀비 마스터는 금전적인 이득을 목적으로 DDoS 공격을 실행하기 위해 좀비 시스템을 이용한다.
- 해외에서는 이러한 봇넷을 대량 가지고 있는 해커들이 금전적 거래를 통해 악의적인 사람 및 범죄 조직에게 봇넷을 서비스 개념으로 판매하는 경우가 있다. 이러한 서비스를 구매한 악의적인 조직은 봇넷을 이용한 DDoS 공격을 발생시키고, 공격 대상 서비스 업체로부터 금품을 갈취하는 방식을 취하는 범죄가 빈번하게 일어나고 있다.
- 봇넷을 줄일 수 있는 방법은 봇넷의 좀비 시스템이 되지 않도록, 컴퓨터 사용자들이 자신의 시스템 관리를 충실히 해야 한다. 일반적으로 안티바이러스 프로그램을 통해 악성코드를 치료 및 삭제하는 방식이 사용된다.

더 알아보기 Tripwire 기출 2020년 1, 2회, 2021년 1회

- 트립와이어(Tripwire): 시스템 내부의 중요한 파일들에 대한 기본 체크섬(Checksum)을 데이터베이스화하여, 나중에 이들의 체크섬을 비교하여 변화 여부를 판단함으로써 공격자에 의해 시스템에 변화가 생겼는지를 확인할 수 있는 도구이다.

(7) 버퍼 오버플로우 대응 방안 기출 2020년 1, 2회, 2021년 2회, 2022년 1회

① **스택 가드(Stack Guard)**: 메모리상에서 프로그램의 복귀 주소와 변수 사이에 Canary Word를 저장해 두었다가 그 값이 변경되었을 경우 오버플로우 상태로 가정하여 프로그램 실행을 중단하는 방법이다.

② **스택 쉴드(Stack Shield)**: 함수를 시작할 때 복귀 주소를 Global RET라는 특수 스택에 저장해 두고, 함수 종료 시 저장된 값과 스택의 RET값을 비교해 다를 경우 오버플로우로 간주하고 프로그램 실행을 중단한다.

③ **ASLR(Address Space Layout Randomization)**: 메모리 공격을 방어하기 위해 주소 공간 배치를 난수화하는 방법이다. 실행 시마다 매번 메모리 주소를 변경시켜 버퍼 오버플로우 공격을 통한 특정 주소 호출을 못하도록 차단한다.

개념확인 문제

01 보안 사고에 대한 설명으로 옳지 않은 것은?

① 파밍(Pharming)은 신종 인터넷 사기 수법으로 해당 사이트가 공식적으로 운영하고 있던 도메인 자체를 탈취하는 공격 기법이다.
② 스파이웨어(Spyware)는 사용자의 동의 없이 시스템에 설치되어, 금융 정보 및 마케팅용 정보를 수집하거나 중요한 개인 정보를 빼내가는 악의적 프로그램을 말한다.
③ 피싱(Phishing)은 금융기관 등의 웹 사이트에서 보낸 이메일(E-mail)로 위장하여, 링크를 유도해 타인의 인증번호나 신용카드 번호, 계좌 정보 등을 빼내는 공격 기법이다.
④ 스니핑(Sniffing)은 백도어(Backdoor) 등의 프로그램을 사용하여, 원격에서 남의 패킷 정보를 도청하는 해킹 유형의 하나로 적극적 공격에 해당한다.

02 스파이웨어 주요 증상으로 옳지 않은 것은?

① 웹 브라우저의 홈페이지 설정이나 검색 설정을 변경, 또는 시스템 설정을 변경한다.
② 컴퓨터 키보드 입력 내용이나 화면 표시 내용을 수집, 전송 한다.
③ 운영체제나 다른 프로그램의 보안설정을 높게 변경한다.
④ 원치 않는 프로그램을 다운로드하여 설치하게 한다.

정답 & 해설

01 ④ 스니핑은 백도어 등의 프로그램을 사용하여, 원격에서 남의 패킷 정보를 도청하는 해킹 유형의 하나로 소극적 공격에 해당한다.

02 ④ 스파이웨어: 스파이(Spy)와 소프트웨어(Software)의 합성어로, 다른 사람의 컴퓨터에 잠입하여 사용자도 모르게 개인정보를 제3자에게 유출시키는 프로그램이다. 브라우저의 기본 설정이나 검색, 또는 시스템 설정을 변경하거나 각종 보안 설정을 제거하거나 낮추고, 사용자 프로그램의 설치나 수행을 방해 또는 삭제하나 자신의 프로그램은 사용자가 제거하지 못하도록 하며, 다른 프로그램을 다운로드하여 설치한다.

| 정답 | 01 ④ 02 ③

04 네트워크 보안

읽는 강의

기출 키워드
- 서비스 거부 공격
- 공격 유형
- IPSec
- SSH
- 네트워크 보안 장비

출제 예상 키워드
- DoS 공격
- 네트워크 보안 장비

1 서비스 거부 공격

(1) DoS(Denial of Service, 서비스 거부) 공격

① DoS 공격은 인터넷을 통하여 장비나 네트워크를 목표로 공격한다. DoS 공격은 정보를 훔치는 것이 아니라, 장비나 네트워크를 무력화시켜서 사용자가 더 이상 네트워크 자원을 접근할 수 없게 만든다.

② 관리자의 권한 없이도 특정 서버에 처리할 수 없을 정도로 대량의 접속 신호를 한꺼번에 보내 해당 서버가 마비되도록 하는 해킹 기법이다.

③ 서비스 거부란 해킹 기법의 하나로 해커들이 특정 컴퓨터에 침투해 자료를 삭제하거나 훔쳐가는 것이 아니라 대량의 접속을 유발해 해당 컴퓨터를 마비시키는 기법을 말한다.

④ DoS는 한 사용자가 시스템의 리소스를 독점하거나 파괴함으로써 다른 사용자들이 이 시스템의 서비스를 올바르게 사용할 수 없도록 만든다.

(2) Ping of Death 공격 기출 2022년 2회

① 네트워크에서는 패킷을 전송하기 적당한 크기로 잘라 보내는데 Ping of Death는 네트워크의 이런 특성을 이용한 것이다.

② 네트워크의 연결 상태를 점검하기 위한 ping 명령을 보낼 때, 패킷을 최대한 길게 하여(최대 65,500바이트) 공격 대상에게 보내면 패킷은 네트워크에서 수백 개의 패킷으로 잘게 쪼개져서 보내진다.

③ 네트워크의 특성에 따라 한 번 나뉜 패킷이 다시 합쳐져서 전송되는 일은 거의 없으며, 공격 대상 시스템은 결과적으로 대량의 작은 패킷을 수신하게 되어 네트워크가 마비된다.

④ Ping of Death 공격을 막는 방법으로는 ping이 내부 네트워크에 들어오지 못하도록 방화벽에서 ping이 사용하는 프로토콜인 ICMP를 차단하는 방법이 있다.

(3) TearDrop 공격

① TearDrop은 IP 패킷 전송이 잘게 나누어졌다가 다시 재조합하는 과정의 약점을 악용한 공격이다. 보통 IP 패킷은 하나의 큰 자료를 잘게 나누어서 보내게 되는데, 이때 Offset을 이용하여 나누었다가 도착지에서 Offset을 이용하여 재조합하게 된다. 동일한 Offset을 겹치게 만들면 시스템은 교착되거나 충돌을 일으키거나 재시동 되기도 한다.

② 시스템의 패킷 재전송과 재조합에 과부하가 걸리도록 시퀀스 넘버를 속인다.

③ 과부하가 걸리거나 계속 반복되는 패킷은 무시하고, 버리도록 처리해야 방지할 수 있다.

(4) SYN Flooding 공격

① SYN 공격은 대상 시스템에 연속적인 SYN 패킷을 보내서 넘치게 만들어 버리는 공격이다.

② 각각의 패킷이 목적 시스템에 SYN-ACK 응답을 발생시키는데, 시스템이 SYN-ACK에 따르는 ACK(ACKnowledgement)를 기다리는 동안, Backlog 큐로 알려진 큐에 모든 SYN-ACK 응답들을 넣게 된다.

③ SYN-ACK은 오직 ACK가 도착할 때나 내부의 비교적 길게 맞추어진 타이머의 시간이 넘었을 때만 이 3단계 교환 TCP 통신 규약을 끝낸다. 이 큐가 가득 차게 되면 들어오는 모든 SYN 요구를 무시하고, 시스템이 인증된 사용자들의 요구에 응답할 수 없게 된다.

④ 웹 서버의 SYN Received의 대기 시간을 줄이거나 IPS와 같은 보안 시스템도 이러한 공격을 쉽게 차단하여 공격의 위험성을 낮출 수 있다.

(5) Land 공격

① 패킷을 전송할 때 출발지 IP 주소와 목적지 IP 주소값을 똑같이 만들어서 공격 대상에게 보내는 공격이다. 이때 조작된 IP 주소값은 공격 대상의 IP 주소이어야 한다.

② Land 공격에 대한 보안 대책도 운영체제의 패치를 통해서 가능하다.

③ 방화벽 등과 같은 보안 솔루션에서 패킷의 출발지 주소와 목적지 주소의 적절성을 검증하는 기능을 이용하여 필터링할 수 있다.

(6) Smurf 공격 기출 2020년 1, 2회, 2022년 1회

① Ping of Death처럼 ICMP 패킷을 이용한다.

② ICMP Request를 받은 네트워크는 ICMP Request 패킷의 위조된 시작 IP 주소로 ICMP Reply를 다시 보낸다. 결국 공격 대상은 수많은 ICMP Reply를 받게 되고, Ping of Death처럼 수많은 패킷이 시스템을 과부하 상태로 만든다.

③ Smurf 공격에 대한 대응책은 라우터에서 다이렉트 브로드캐스트를 막는 것이다. (처음부터 다이렉트 브로드캐스트를 지원하지 않는 라우터도 있다.)

읽는 강의

Ping Flooding 공격
스머프 공격(Smurf attack)의 하나이며 대상 시스템에 막대한 양의 ICMP 에코 요청 패킷(ping 패킷)을 보내는 방법 이다.

더 알아보기 다이렉트 브로드캐스트

- 기본적인 브로드캐스트는 255.255.255.255의 목적지 IP 주소를 가지고 네트워크의 임의의 시스템에 패킷을 보내는 것으로 3계층 장비(라우터)를 넘어가지 못한다.
- 172.16.0.255와 같이 네트워크 부분(172.16.0)에 정상적인 IP를 적어주고, 해당 네트워크에 있는 클라이언트의 IP 주소 부분에 255, 즉 브로드캐스트 주소로 채워서 원격지의 네트워크에 브로드캐스트를 할 수 있는 데 이를 다이렉트 브로드캐스트라고 한다.

(7) DDoS(Distributed Denial of Service, 분산 DOS) 공격 기출 2020년 3회

① 해킹 방식의 하나로서 여러 대의 공격자를 분산 배치하여 동시에 '서비스 거부 공격(DOS)'을 함으로써 시스템이 더 이상 정상적 서비스를 제공할 수 없도록 만드는 것을 말한다.

② 서비스 공격을 위한 도구들을 여러 대의 컴퓨터에 심어놓고 공격 목표인 사이트의 컴퓨터 시스템이 처리할 수 없을 정도로 엄청난 분량의 패킷을 동시에 범람시킴으로써 네트워크의 성능을 저하시키거나 시스템을 마비시키는 방식이다.

③ 공격은 일반적으로 악성코드나 이메일 등을 통하여 일반 사용자의 PC를 감염시켜 이른바 '좀비 PC'로 만든 다음 C&C(명령 제어) 서버의 제어를 통하여 특정한 시간대에 수행된다.

④ 피해가 상당히 심각하며, 이에 대한 확실한 대책 역시 없고 공격자의 위치와 구체적인 발원지를 파악하는 것도 거의 불가능에 가깝다.

⑤ 특성상 대부분의 공격이 자동화된 툴을 이용한다.

⑥ 공격의 범위가 방대하며 DDoS 공격을 하려면 최종 공격 대상 이외에도 공격을 증폭시켜 주는 중간자가 필요하다.

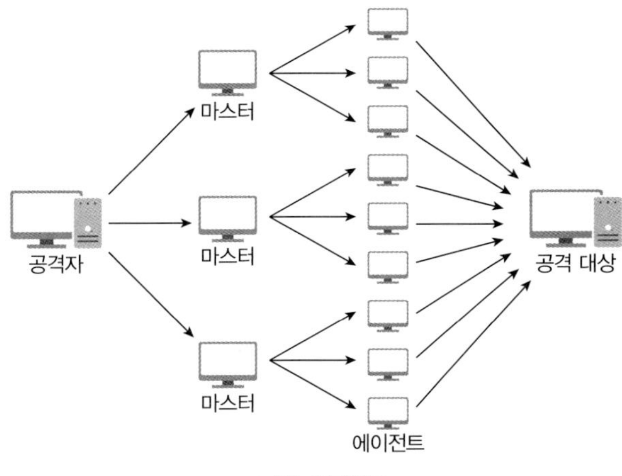

▲ DDoS 공격도

- 공격자(Attacker): 공격을 주도하는 해커의 컴퓨터
- 에이전트(Agent): 공격 대상에 직접 공격을 가하는 시스템
- 마스터(Master): 공격자에게서 직접 명령을 받는 시스템으로, 여러 대의 에이전트를 관리
- 데몬(Daemon) 프로그램: 에이전트 시스템의 역할을 수행하는 프로그램

⑦ **DDoS 공격 툴**: Trin00, TFN(Tribe Flood Network), Stacheldraht, TFN2K

(8) DRDoS(Distributed Reflect DoS, 분산 반사 서비스 거부) 공격

① DDoS 공격에서 에이전트의 설치상의 어려움을 보완한 공격 기법으로 TCP 프로토콜 및 라우팅 테이블 운영상의 취약성을 이용한 공격이다. 또한 정상적인 서비스를 하고 있는 작동 중인 서버를 에이전트로 활용하는 공격 기법이다.

② TCP/IP 네트워크의 취약점을 이용하여 공격 대상에게 SYN/ACK 홍수를 일으켜 대상을 다운시키는 공격 기법이 대표적이다.

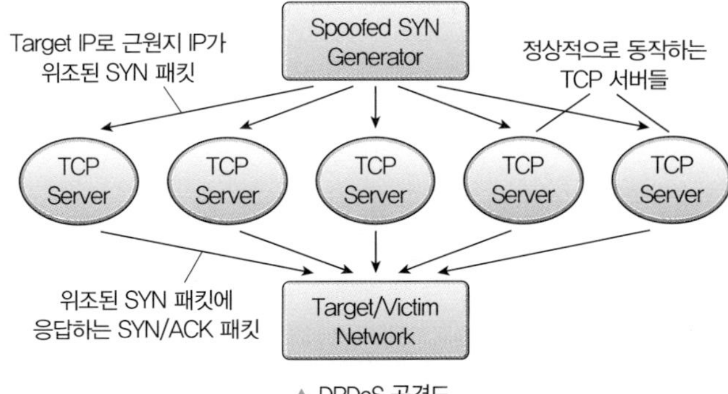

▲ DRDoS 공격도

③ DDoS와의 차이점

- 호스트 컴퓨터(일명 봇)가 필요 없다. 인터넷에 접속된 모든 TCP 서버나 개인용 컴퓨터로 공격 수행이 가능하다. 이는 백도어를 심기 위해 악성코드나 에이전트 및 기타 프로그램 등을 퍼뜨릴 필요가 없으므로 해커 혹은 크래커의 공격이 더욱 용이하다.
- 소스 IP를 쉽게 스푸핑할 수 있어서 공격이 쉽게 가능하고, 그 진원지의 역추적이 거의 불가능하다.
- 일반적으로 비정상적인 패킷이나 포트를 사용하는 DoS와 DDoS와는 반대로, 정상적인 SYN/ACK 패킷과 포트를 사용하여 실제로 그 피해자가 자신이 DRDoS 기법을 이용한 공격에 당하고 있는지 조차 알지 못한다. 그러므로 DRDoS는 공격자가 DDoS보다 쉽게 자신을 은닉할 수 있다.
- DDoS보다 치명적이고, 공격을 받은 타겟의 복구가 더 어렵다.

2 공격 유형

읽는 강의

(1) 스니핑(Sniffing)

① 스니핑 공격을 수동적(Passive) 공격이라고 한다. (공격할 때 아무 것도 하지 않고 조용히 있는 것만으로도 충분하기 때문이다.)

② 네트워크 카드에서의 패킷 필터링

- 네트워크에 접속하는 모든 시스템은 설정된 IP 주소값과 고유한 MAC 주소값을 가지고 있다.
- 통신할 때 네트워크 카드는 이 두 가지 정보(2계층의 MAC 정보와 3계층의 IP)를 가지고 자신의 랜 카드에 들어오는 프로토콜 형식에 따른 전기적 신호의 헤더 부분, 즉 주소값을 인식하고 자신의 버퍼에 저장할지를 결정한다.
- 네트워크 카드에 인식된 2계층과 3계층 정보가 자신의 것과 일치하지 않는 패킷은 무시한다.

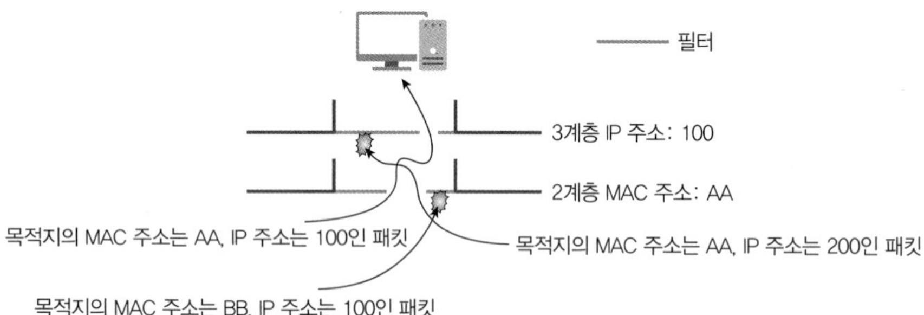

▲ 정상적인 네트워크 필터링

- 스니핑 공격자의 프러미스큐어스(Promiscuous) 모드: 스니핑을 수행하는 공격자는 자신이 가지지 말아야 할 정보까지 모두 볼 수 있어야 하기 때문에 2계층과 3계층 정보를 이용한 필터링은 방해물이다. 이럴 때 2, 3계층에서의 필터링을 해제하는 랜 카드의 모드를 프러미스큐어스 모드라고 한다.

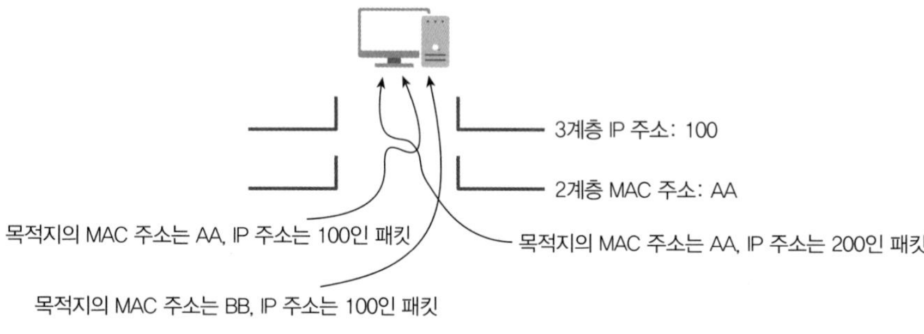

▲ 네트워크 필터링 해제 상태

③ 스위치 재밍(MACOF) 기출 2022년 1회

- 스위치의 주소 테이블의 기능을 마비시키는 공격이다.
- 스위치에 랜덤한 형태로 생성한 MAC을 가진 패킷을 무한대로 보내면, 스위치의 MAC 테이블은 자연스레 저장 용량을 넘게 된다. 이는 스위치의 원래 기능을 잃고 더미 허브처럼 작동하게 된다.

④ 스니퍼 탐지

- Ping을 이용한 스니퍼 탐지: 대부분의 스니퍼는 일반 TCP/IP에서 동작하기 때문에 Request를 받으면 Response를 전달한다. 이를 이용해 의심이 가는 호스트에 ping을 보내면 되는데, 네트워크에 존재하지 않는 MAC 주소를 위장하여 보낸다. (만약 ICMP Echo Reply를 받으면 해당 호스트가 스니핑을 하고 있는 것이다.)

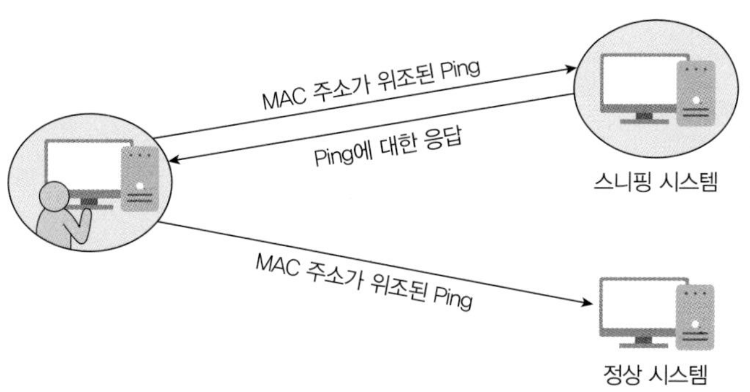

▲ ping을 이용한 스니퍼 탐지

- ARP를 이용한 스니퍼 탐지: ping과 유사한 방법으로, 위조된 ARP Request를 보냈을 때 ARP Response가 오면 프러미스큐어스 모드로 설정되어 있다.
- DNS를 이용한 스니퍼 탐지: 일반적으로 스니핑 프로그램은 사용자의 편의를 위하여 스니핑한 시스템의 IP 주소에 DNS에 대한 이름 해석 과정(Inverse-DNS lookup)을 수행한다. 테스트 대상 네트워크로 Ping Sweep을 보내고 들어오는 Inverse-DNS lookup을 감시하여 스니퍼를 탐지한다.
- 유인(Decoy)을 이용한 스니퍼 탐지: 스니핑 공격을 하는 공격자의 주요 목적은 ID와 패스워드의 획득에 있다. 가짜 ID와 패스워드를 네트워크에 계속 뿌려 공격자가 이 ID와 패스워드를 이용하여 접속을 시도할 때 공격자를 탐지할 수 있다.
- ARP watch를 이용한 스니퍼 탐지: ARP watch는 MAC 주소와 IP 주소의 매칭 값을 초기에 저장하고, ARP 트래픽을 모니터링하여 이를 변하게 하는 패킷이 탐지되면 관리자에게 메일로 알려주는 툴이다. 대부분의 공격 기법이 위조된 ARP를 사용하기 때문에 이를 쉽게 탐지할 수 있다.

더 알아보기 적극적 공격과 소극적 공격

- 적극적인(Active) 공격: 데이터에 대한 변조를 실시하거나 직접 패킷을 보내서 시스템의 무결성, 가용성, 기밀성을 공격한다.
- 소극적인(Passive) 공격: 데이터를 도청하거나 수집된 데이터를 분석하는 방법 등의 공격이다. (도청, 트래픽 분석)

(2) 스푸핑(Spoofing)

① 네트워크에서 스푸핑 대상은 MAC 주소, IP 주소, 포트 등 네트워크 통신과 관련된 모든 것이 될 수 있다.

② ARP Spoofing: ARP Spoofing은 스위칭 환경의 랜(LAN) 상에서 패킷의 흐름을 바꾸는 공격 기법이다.

■ ARP Spoofing의 환경 예

호스트 이름	IP 주소	MAC 주소
서버	10.0.0.2	AA
클라이언트	10.0.0.3	BB
공격자	10.0.0.4	CC

- 다음은 공격자가 서버와 클라이언트의 통신을 스니핑하기 위해 ARP 스푸핑 공격을 시도한 예이다.

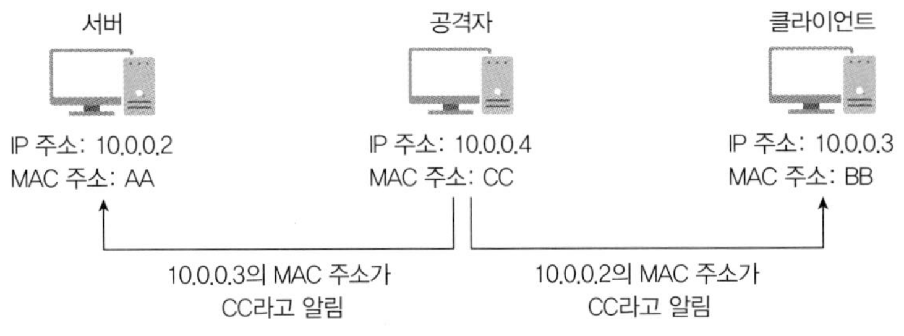

▲ ARP Spoofing 공격 예

- 공격자가 클라이언트에게 10.0.0.2에 해당하는 가짜 MAC 주소 CC를, 서버에게는 10.0.0.3에 해당하는 가짜 MAC 주소 CC를 알린다.
- 공격자가 서버와 클라이언트 컴퓨터에게 서로 통신하는 상대방을 공격자 자기 자신 MAC 주소 CC로 알렸기 때문에 서버와 클라이언트가 공격자에게 패킷을 보낸다.
- 공격자는 각자에게 받은 패킷을 읽은 후 서버가 클라이언트에 보내고자 하던 패킷을 클라이언트에게 정상적으로 보내주고, 클라이언트가 서버에게 보내고자 하던 패킷을 서버에게 보내준다.

[공격 결과]

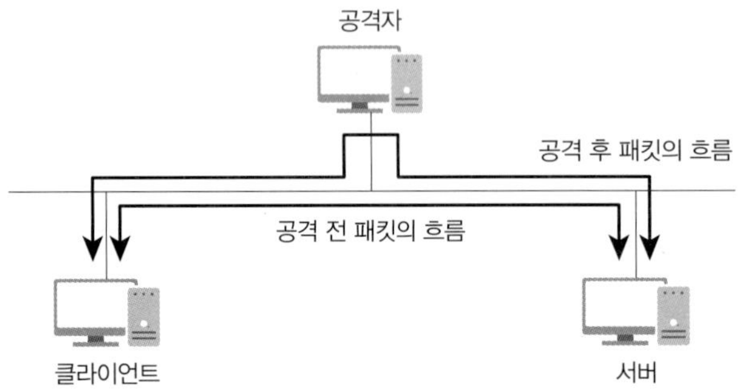

▲ ARP Spoofing에 따른 네트워크 패킷의 흐름도

- 윈도우에서는 arp -a 명령을 이용해 현재 인지하고 있는 IP와 해당 IP를 가지고 있는 시스템의 MAC 주소 목록을 다음과 같이 확인할 수 있으며, 이것을 ARP 테이블이라고 한다.

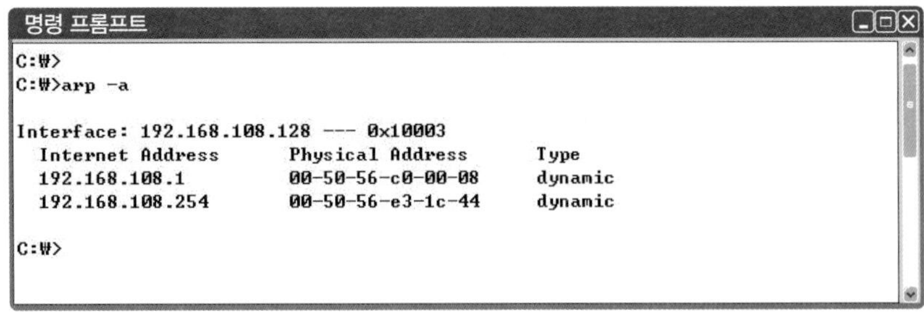


```
C:₩>
C:₩>arp -a

Interface: 192.168.108.128 --- 0x10003
  Internet Address      Physical Address      Type
  192.168.108.1         00-50-56-c0-00-08     dynamic
  192.168.108.254       00-50-56-e3-1c-44     dynamic

C:₩>
```

■ 클라이언트의 공격 전 ARP 테이블

InternetAddress	PhysicalAddress	Type
10.0.0.0	AA	dynamic

■ 클라이언트의 공격 후 ARP 테이블

InternetAddress	PhysicalAddress	Type
10.0.0.0	CC	dynamic

- ARP 스푸핑에 대한 대응책: ARP 테이블이 변경되지 않도록 arp -s [IP 주소] [MAC 주소] 명령으로 MAC 주소값을 고정시키는 것이다.

```
arp-s 10.0.0.2AA
```

※ s(static)는 고정시킨다는 의미이며, 이 명령으로 Type 부분이 Dynamic에서 Static으로 바뀌게 된다. 하지만 이 대응책은 시스템이 재부팅될 때마다 수행해 주어야 하는 번거로움이 있다.

③ IP Spoofing

- IP 스푸핑은 IP 주소를 속이는 것이다.
- 유닉스 계열에서는 주로 트러스트 인증법을 사용하고 윈도우에서는 트러스트 대신 액티브 디렉터리(Active Directory)를 사용한다.
- 트러스트 설정을 해주려면 유닉스에서는 /etc/host.equiv 파일에 다음과 같이 클라이언트의 IP와 접속 가능한 아이디를 등록해 주어야 한다.

```
❶ 200.200.200.200    root
❷ 201.201.201.2001   +
```

- 200.200.200.200에서 root 계정이 로그인을 시도하면 패스워드 없이 로그인을 허락해 주라는 의미이다.
- 201.201.201.201에서는 어떤 계정이든 로그인을 허락해 주라는 것인데, +가 모든 계정을 의미한다. (만일 ++라고 적힌 행이 있으면 IP와 아이디에 관계없이 모두 로그인을 허용하라는 의미)
- 트러스트를 이용한 접속은 네트워크에 패스워드를 뿌리지 않기 때문에 스니핑 공격에 안전한 것처럼 보인다. 하지만 인증이 IP를 통해서만 일어나기 때문에 공격자가 해당 IP를 사용해서 접속하면 스니핑을 통해 패스워드를 알아낼 필요성 자체가 없어지는 문제점이 있다.
- 실제로 공격은 트러스트로 접속하고 있는 클라이언트에 DoS 공격을 수행해 클라이언트가 사용하는 IP가 네트워크에 출현하지 못하도록 한 뒤, 공격자 자신이 해당 IP로 설정을 변경한 후 서버에 접속하는 형태로 이루어진다.
- 공격자는 패스워드 없이 서버에 로그인할 수 있다.

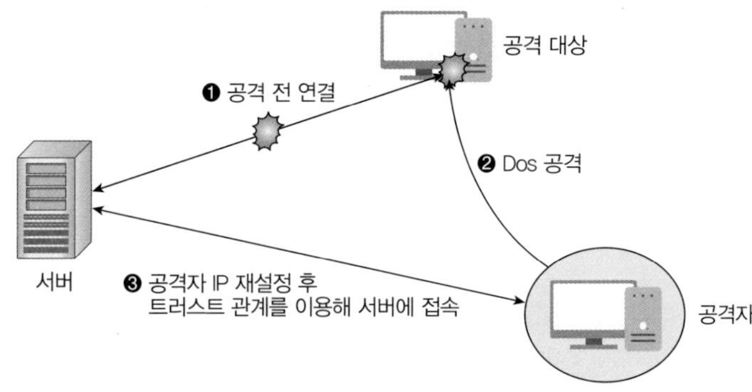

▲ IP Spoofing을 이용한 서버 접근 예

- 이 공격에 대한 대응책은 트러스트를 이용하지 않는 것이다. 보안 컨설팅 등을 수행할 때도 클러스터링 환경처럼 트러스트가 불가피한 경우를 제외하고는 트러스트를 사용하지 않도록 하고 있다.

④ ICMP 리다이렉트 공격

■ 정상적인 ICMP 리다이렉트 개념도

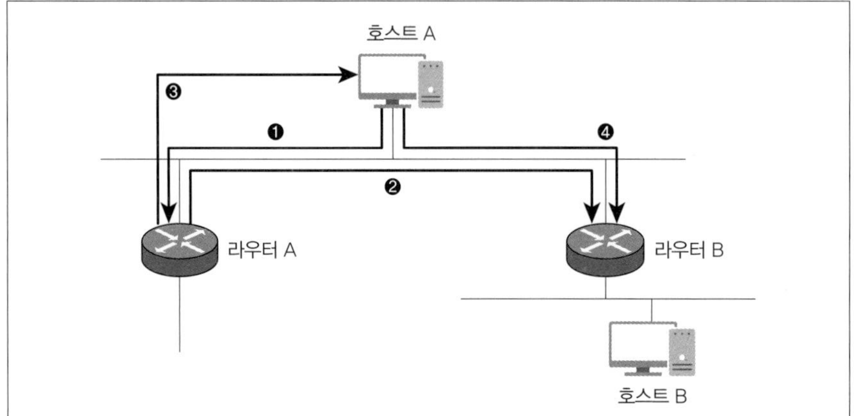

❶ 호스트 A에 라우터 A가 기본 라우터로 설정되어 있기 때문에, 호스트 A가 원격의 호스트 B로 데이터를 보낼 때 패킷을 라우터 A로 보낸다.
❷ 라우터 A는 호스트 B로 보내는 패킷을 수신하고 라우팅 테이블을 검색하여 호스트 A에게 자신을 이용하는 것보다 라우터 B를 이용하는 것이 더 효율적이라고 판단하여 해당 패킷을 라우터 B로 보낸다.
❸ 라우터 A는 호스트 B로 향하는 패킷을 호스트 A가 자신에게 다시 전달하지 않도록, 호스트 A에게 ICMP 리다이렉트 패킷을 보내서 호스트 A가 호스트 B로 보내는 패킷이 라우터 B로 바로 향하도록 한다.
❹ 호스트 A는 라우팅 테이블에 호스트 B에 대한 값을 추가하고, 호스트 B로 보내는 패킷은 라우터 B로 전달한다.

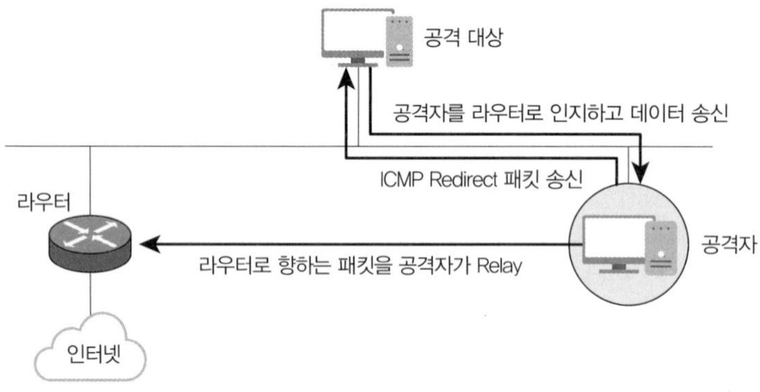

▲ ICMP 리다이렉트 공격 개념도

- 공격자가 라우터 B가 되어 ICMP 리다이렉트 패킷도 공격 대상에게 보낸 후 라우터 A에게 다시 릴레이해 주면 모든 패킷을 스니핑할 수 있다.

⑤ DNS Spoofing

- DNS Spoofing은 웹 스푸핑과 비슷한 의미로 이해되기도 한다.
- 단순히 DNS 서버를 공격해서 해당 사이트에 접근하지 못하게 만들면 DoS 공격이 되기도 하지만, 조금 응용하면 웹 스푸핑이 된다.

■ 정상적인 DNS 서비스 개념도

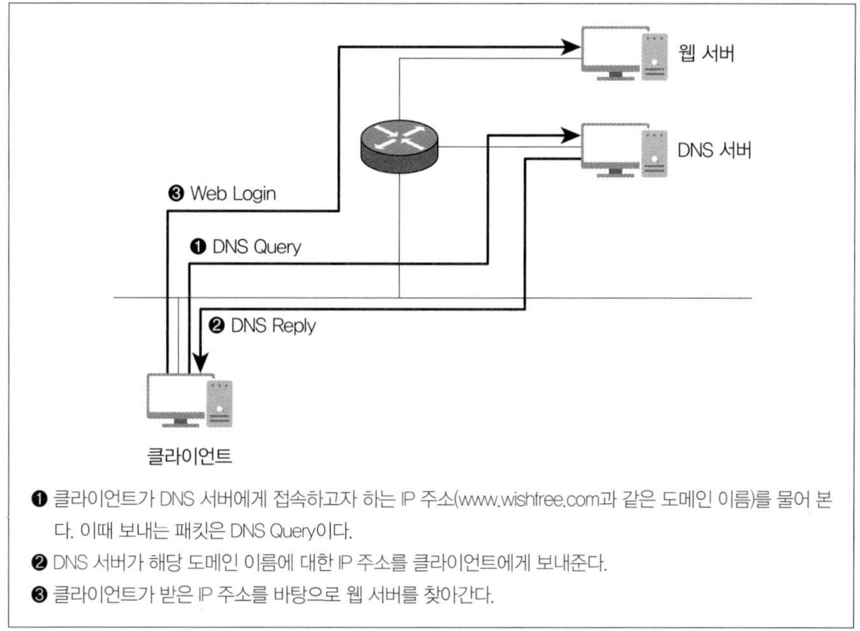

❶ 클라이언트가 DNS 서버에게 접속하고자 하는 IP 주소(www.wishfree.com과 같은 도메인 이름)를 물어 본다. 이때 보내는 패킷은 DNS Query이다.
❷ DNS 서버가 해당 도메인 이름에 대한 IP 주소를 클라이언트에게 보내준다.
❸ 클라이언트가 받은 IP 주소를 바탕으로 웹 서버를 찾아간다.

❶ 클라이언트가 DNS 서버로 DNS Query 패킷을 보내는 것을 확인한다. 스위칭 환경일 경우에는 클라이언트 DNS Query 패킷을 보내면 이를 받아야 하므로 ARP 스푸핑과 같은 선행 작업이 필요하다. 만약 허브를 쓰고 있다면 모든 패킷이 자신에게도 전달되므로 클라이언트가 DNS Query 패킷을 보내는 것을 자연스럽게 확인할 수 있다.

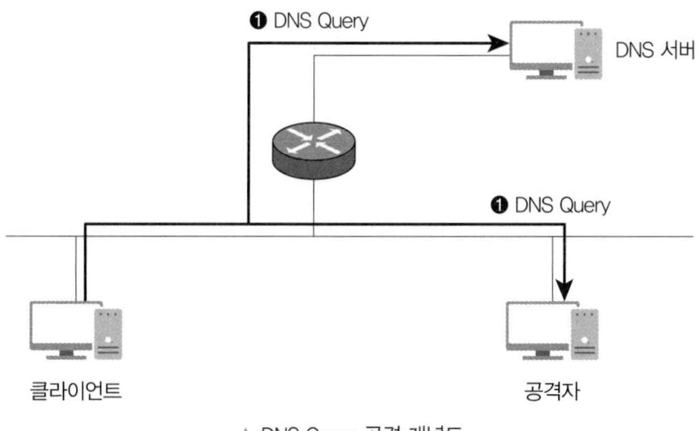

▲ DNS Query 공격 개념도

❷ 공격자는 로컬에 존재하므로 DNS 서버보다 지리적으로 가깝다. 따라서 DNS 서버가 올바른 DNS Response 패킷을 보내주기 전에 클라이언트에게 위조된 DNS Response 패킷을 보낼 수 있다.

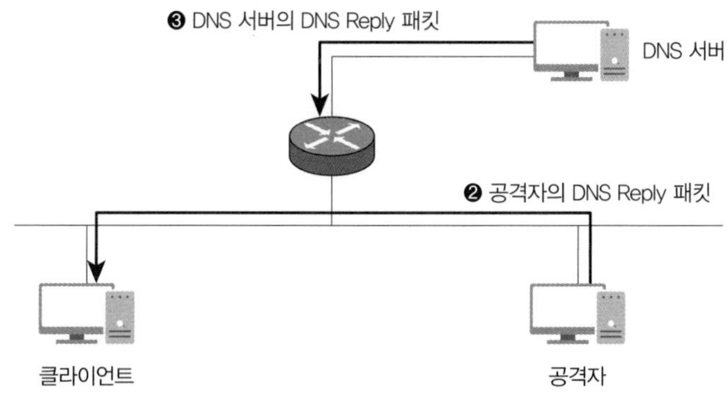

▲ 공격자와 DNS 서버의 DNS Response

❸ 클라이언트는 공격자가 보낸 DNS Response 패킷을 올바른 패킷으로 인식하고, 웹에 접속한다. 지리적으로 멀리 떨어져 있는 DNS 서버가 보낸 DNS Response 패킷은 버린다.

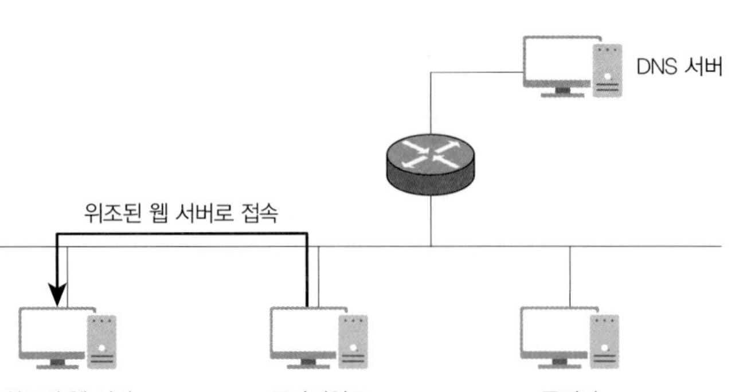

▲ 공격 성공 후 도착한 DNS 서버의 DNS Respons

- DNS 공격에 대한 대응책: hosts 파일에는 주요 URL과 IP 정보를 등록해 놓는다.

```
127.0.0.1          localhost
200.200.200.123    www.wishfree.com
201.202.203.204    www.sysweaver.com
```

OWASP
웹 서비스의 보안 취약점을 연구하는 단체로 매년 10개의 웹 보안 취약점(OWASP top 10)을 발표하고 있다.

더 알아보기 nmap(network mapper) 기출 2021년 2회

서버에 열린 포트 정보를 스캐닝해서 보안 취약점을 찾는 데 사용되는 도구이다.

(3) XSS(Corss Site Scripting) 기출 2020년 4회

① XSS는 타 사용자의 정보를 추출하기 위해 사용되는 공격 기법으로 게시판이나 검색 부분, 즉 사용자의 입력을 받아들이는 부분에 스크립트 코드를 필터링하지 않음으로써 공격자가 스크립트 코드를 실행할 수 있게 되는 취약점이다.

② XSS는 과부하를 일으켜 서버를 다운시키거나 피싱 공격으로도 사용 가능하고, 가장 일반적인 목적은 웹 사용자의 정보 추출이다.

③ XSS를 통한 공격 방법(실제 XSS 공격을 통해 다른 사용자의 쿠키 값을 이용해 다른 사용자로 로그인하는 과정)
- 게시판에 특정 스크립트를 작성한 뒤 불특정 다수가 보도록 유도한다.
- 스크립트가 시작하여 열람자의 쿠키 값을 가로챈다.
- 가로챈 쿠키 값을 재전송한다.
- 공격자는 열람자의 정보로 로그인을 한다.

(4) SQL 삽입 공격(SQL Injection) 기출 2021년 3회

① 임의로 작성한 SQL 구문을 애플리케이션에 삽입하는 공격 방식이다.

② 웹 애플리케이션은 사용자로부터 SQL 구문을 입력받는 부분, 즉 데이터베이스와 연동되어야 하는 부분으로 크게 로그인, 검색, 게시판으로 나눌 수 있다.

③ 로그인 하는 과정에서 아이디와 패스워드 부분에 특정한 SQL문이 삽입되어, 그것이 그대로 데이터베이스에 전송함으로써 공격자는 원하는 결과를 볼 수 있다.

④ 즉, 데이터베이스와 연동되는 입력란에 공격자가 원하는 SQL문을 삽입하여 공격한다.

⑤ SQL문 삽입 공격을 통해 공격자는 로그인 인증을 우회하거나 다른 테이블의 내용을 열람 가능하다.

⑥ 대응책은 사용자의 입력을 받아 데이터베이스와 연동하는 부분은 특수문자 등의 입력값을 필터링하는 것이다.

읽는 강의

(5) 크로스 사이트 요청 변조(Cross-Site Request Forgecy)

① CSRF 공격은 로그인한 사용자 브라우저로 하여금 사용자의 세션 쿠키와 기타 인증 정보를 포함하는 위조된 HTTP 요청을 취약한 웹 애플리케이션에 전송하는 취약점이다.

② 데이터를 등록, 변경 기능이 있는 페이지에서 동일 요청(Request)으로 매회 등록 및 변경 기능이 정상적으로 수행되면 CSRF 공격에 취약할 가능성을 가지게 된다.

③ 악의적인 사용자 또는 제3자는 사용자의 브라우저 내에서 서버가 유지하고 있는 신뢰를 이용해서 웹 서버를 공격할 수 있다.

(6) 이블 트윈(Evil twin) 공격 기출 2021년 1회

① 공공장소의 핫스팟(Hotspot) 또는 가정과 사무실 네트워크의 무선 통신을 도청하기 위해 설치된 가짜 무선 액세스 포인트를 말한다.

② 이 AP가 정상적인 업체의 SSID를 사용하는 것처럼 보이지만, 사실상 해당 업체의 SSID가 아니라 제3자에 의해 제공된 AP이다.

③ 사용자들은 가짜 AP가 정상적인 AP인 줄 알고 접속한 이후에 사용자 이름과 패스워드를 보내지만, 사실상 해당 AP는 사용자의 계정 정보를 모두 수집하게 된다.

(7) 블루재킹(Bluejacking) 기출 2022년 1회

① 휴대폰, 핸드헬드(Handheld) PC, 휴대용 뮤직 플레이어와 같은 모바일 장치들은 일부 공격에 취약점을 가지고 있다. 만약 이 장치들을 네트워크에 연결한다면, 공격자들이 시스템을 감염시킬 수 있는 많은 기회를 제공하게 된다.

② 주로 발생하는 문제는 장비와 장비 간의 문제들이다. 즉, 하나의 모바일 장비가 다른 모바일 장비에 접속할 때 발생하는 문제이다.

■ 장비와 장비 간의 보안 문제

취약점	설명	보안 위험
블루재킹 (Bluejacking)	사용자들은 블루투스를 통해서 메시지들을 보낸다. 일반적으로 이들 메시지들은 피해가 없는 광고와 스팸들이다.	일반적으로, 여기에는 사용자를 귀찮게 하는 문제 외에는 다른 위험이 없다.
블루스나핑 (Bluesnarfing)	휴대폰 보안 취약성을 이용해 블루투스 기기에 저장된 데이터에 접근할 수 있는 것이다. 사용자가 알지 못하게 전화번호 목록이나 일정표를 읽고 변형시키고 복사하는 등의 해킹을 말한다. 특별한 장치 없이도 10m 범위 안에서 해킹이 가능하며, 아무런 침투 흔적도 남지 않는다. 추가적으로 해커들은 블루투스를 통해 사용자의 장비에 바이러스를 감염시킬 수도 있다. 하나의 장비에서 다른 장비로 바이러스를 확산시켜, 이들 장비를 좀비로 만들 수 있다.	일반적으로, 이러한 위험은 낮다. 그 이유는 장치들이 블루스나핑을 하기 위해서는 패어리(Pairing) 즉, 서로 연결이 되어야만 하기 때문이다. 또한 블루투스 프로토콜은 이미 인가되지 않은 어링을 막기 위해 취약점을 패치하였다.
블루버깅 (Bluebugging)	해커는 모바일 장비를 물리적으로 소유한 것처럼, 다른 사람의 모바일 장치가 전화를 걸거나 다른 기능들을 수행하도록 할 수 있다. 또한 해커들은 전화 대화 내용을 도청할 수 있다.	블루버깅은 해커가 피해자의 정보와 동의없이 피해자에게 금전적 책임을 일으킬 수 있는 공격이다. 블루버깅 공격은 이미 발생한 적이 있지만, 많이 일어나고 있지는 않다.

(8) 세션 하이재킹 기출 2021년 2회

① 세션

- 사용자와 컴퓨터, 또는 두 대의 컴퓨터 간의 활성화된 상태이다.
- 가장 쉬운 세션 가로채기는 누군가 작업을 하다가 잠시 자리를 비운 PC를 몰래 사용하여 원하는 작업을 하는 것이다.

Key Logger Attack
컴퓨터 사용자의 키보드 움지임을 탐지하여 아이디, 패스워드 등 개인의 중요한 정보를 몰래 빼가는 해킹 공격이다.

랜섬웨어(Ransomeware)
인터넷 사용자의 컴퓨터에 침입해 내부 문서 파일 등을 암호화하여 사용자가 열지 못하게 하는 공격으로, 암호 해독용 프로그램의 전달을 조건으로 사용자에게 돈을 요구하기도 한다.

블루프린팅(Blueprinting)
블루투스 공격 장치의 검색 활동을 의미한다.

• 세션 하이재킹 탐지 방법: 비동기화 상태 탐지, ACK STORM 탐지, 패킷의 유실 및 재전송 증가 탐지

② TCP 세션 하이재킹

- TCP가 가지는 고유한 취약점을 이용해 정상적인 접속을 빼앗는 방법이다.
- TCP는 클라이언트와 서버 간 통신을 할 때 패킷의 연속성을 보장하기 위해 클라이언트와 서버는 각각 시퀀스 넘버를 사용한다. 이 시퀀스 넘버가 잘못되면 이를 바로 잡기 위한 작업을 하는데, TCP 세션 하이재킹은 서버와 클라이언트에 각각 잘못된 시퀀스 넘버를 위조해서 연결된 세션에 잠시 혼란을 준 뒤 자신이 끼어 들어가는 방식이다.

> ❶ 클라이언트와 서버 사이의 패킷을 통제한다. ARP 스푸핑 등을 통해 클라이언트와 서버 사이의 통신 패킷이 모두 공격자를 지나가게 하도록 하면 된다.
> ❷ 서버에 클라이언트 주소로 연결을 재설정하기 위한 RST(Reset) 패킷을 보낸다. 서버는 해당 패킷을 받고, 클라이언트의 시퀀스 넘버가 재설정된 것으로 판단하고, 다시 TCP 쓰리웨이 핸드셰이킹을 수행한다.
> ❸ 공격자는 클라이언트 대신 연결되어 있던 TCP 연결을 그대로 물려받는다.

③ 세션 하이재킹 공격에 대한 대응책

- SSH와 같이 세션에 대한 인증 수준이 높은 프로토콜을 이용하여 서버에 접속해야 한다.
- 클라이언트와 서버 사이에 MAC 주소를 고정시켜 준다. 주소를 고정시키는 방법은 앞서도 언급했지만, ARP 스푸핑을 막아주기 때문에 결과적으로 세션 하이재킹을 막을 수 있다.

3 보안 프로토콜

(1) IPSec(IP Security) 기출 2021년 2회

① IPSec은 안전하지 않은 네트워크상의 두 컴퓨터 사이에 암호화된 안전한 통신을 제공하는 프로토콜이다.

② IPSec은 네트워크 계층의 보안에 대해서 안정적인 기초를 제공하며, 주로 방화벽이나 게이트웨이 등에서 구현된다.

③ IP 스푸핑이나 스니핑 공격에 대한 대응 방안이 될 수 있다.

④ ESP는 발신지 인증, 데이터 무결성, 기밀성 모두를 보장한다.

⑤ 운영 모드는 Tunnel 모드와 Transport 모드로 분류된다.

⑥ AH는 발신지 호스트를 인증하고, IP 패킷의 무결성을 보장한다.

(2) SSL(Secure Socket Layer)

① 인터넷을 통해 전달되는 정보보안의 안전한 거래를 허용하기 위해 Netscape사에서 개발한 인터넷 통신 규약 프로토콜이다.

② SSL은 WWW뿐만 아니라 텔넷, FTP 등 다양한 인터넷 서비스 분야에도 활용이 가능하다. SSL의 암호화 표준은 미국 보안전문업체인 RSA사의 방식을 따르고 있다.

③ SSL 규약은 크게 3가지 기능이 있는데 암호화(Encryption), 인증(Authentication), 메시지 확인 규칙(Message Authentication Code)이다.

④ SSL은 S-HTTP와는 다르게 HTTP뿐만 아니라 telnet, ftp 등 다른 응용 프로그램에서도 사용할 수 있다.

⑤ SSL은 여러 암호화 알고리즘을 지원하고 있다. HandShake Protocol에서는 RSA 공개키 암호 체제를 사용하고 있으며, HandShake가 끝난 후에는 여러 해독 체계가 사용된다. 그 해독 체계 중에는 RC2, RC4, IDEA, DES, TDES, MD5 등의 알고리즘이 있다.

(3) S-HTTP(Secure HyperText Transfer Protocol)

① WWW(World Wide Web)상의 파일들이 안전하게 교환될 수 있게 해주는 HTTP의 확장판이다.

② S-HTTP 파일은 암호화되며, 전자 서명을 포함한다.

③ 사용자 ID와 패스워드를 사용하는 방식보다 조금 더 안전한 사용자로부터 인증이 필요한 상황에서 많이 사용된다.

읽는 강의

(4) SSH(Secure SHell) 기출 2021년 2회

① 원격 접속을 안전하게 해주는 프로토콜이다.

② 서로 연결되어 있는 컴퓨터 간 원격 명령 실행이나 셸 서비스 등을 수행한다.

③ 전송되는 데이터는 암호하되며, 키를 통한 인증은 클라이언트의 공개키를 서버에 등록해야 한다.

4 네트워크 보안 장비

(1) 방화벽(Firewall)

① 방화벽의 정의

- 방화벽이란 외부로부터 내부망을 보호하기 위한 네트워크 구성 요소 중 하나이다.
- 외부의 불법 침입으로부터 내부의 정보 자산을 보호하고, 외부로부터 유해 정보 유입을 차단하기 위한 정책과 이를 지원하는 H/W 및 S/W를 말한다.

② 방화벽의 기능

- 접근 제어: 정책에 의하여 허용/차단 결정하기 위한 검사
- 로깅 및 감사 추적
- 인증(Authentication): 네트워크 스니핑 등의 공격에 대응하는 방법의 인증
- 무결성(Integrity)
- 트래픽(Traffic)의 암호화
- 트래픽 로그

(2) 방화벽의 구축 형태

① 스크리닝(Screening) 라우터

- 3계층인 네트워크 계층과 4계층인 전송(Transport) 계층에서 실행되며, IP 주소와 포트에 대한 접근 제어가 가능하다.
- 외부 네트워크와 내부 네트워크의 경계선에 놓이며, 보통 일반 라우터에 패킷 필터링 규칙을 적용하는 것으로 방화벽의 역할을 수행한다.
- 스크리닝 라우터는 연결에 대한 요청이 입력되면 IP, TCP 혹은 UDP의 패킷 헤더를 분석하여 근원지/목적지의 주소와 포트 번호, 제어 필드의 내용을 분석하고 패킷 필터 규칙을 적용하여 트래픽을 통과시킬 것인지 아니면 차단할 것인지를 판별하는 방법이다.
- 장점: 필터링 속도가 빠르며, 라우터를 이용하여 추가 비용이 소요되지 않는다는 점과 라우터를 통해 전체 네트워크를 보호할 수 있다는 점이다.
- 단점: 패킷 필터링 규칙을 구성하고 검증하는 것이 어렵다는 점과 라우터가 작동되는 네트워크 계층과 트랜스포트 계층에서만 차단할 수 있다는 점이다.

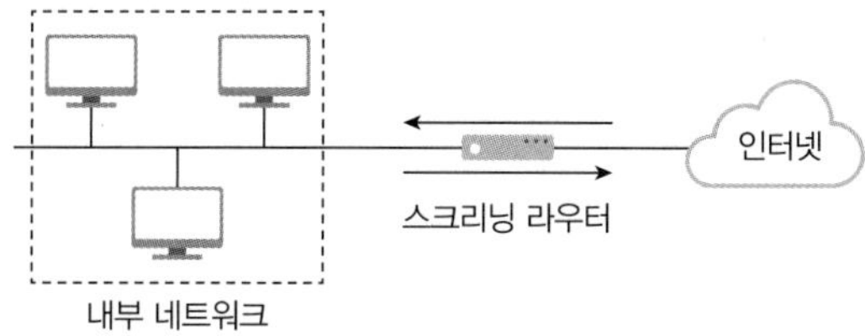

▲ 스크리닝 라우터 개념도

② 베스천 호스트(Bastion Host)

- 외부로부터의 접속에 대한 일차적인 연결을 받아들이는 시스템을 지칭한다.
- 베스천 호스트는 내부 네트워크와 외부 네트워크 사이에 위치하는 게이트웨이다. 보안 대책의 일환으로 사용되는 베스천 호스트는 내부 네트워크를 겨냥한 공격에 대해 방어하도록 설계하였다.
- 강력한 로깅과 모니터링 정책이 구현되어 있으며, 접근을 허용하거나 차단하기도 하는 등의 일반적인 방화벽의 기능을 한다.

③ 단일 홈드 게이트웨이(Single-Homed Gateway)

- 일반적으로 이 구조를 베스천 호스트라고 부른다.
- 접근 제어, 프록시, 인증, 로깅 등 방화벽의 가장 기본적인 기능을 수행한다.
- 비교적 강력한 보안 정책을 실행할 수 있으나 방화벽이 손상되면 내부 네트워크에 대한 무조건적인 접속을 허용할 가능성이 있으며, 방화벽으로의 원격 로그인 정보가 노출되어 공격자가 방화벽에 대한 제어권을 얻게 되면 내부 네트워크를 더 이상 보호할 수 없다.

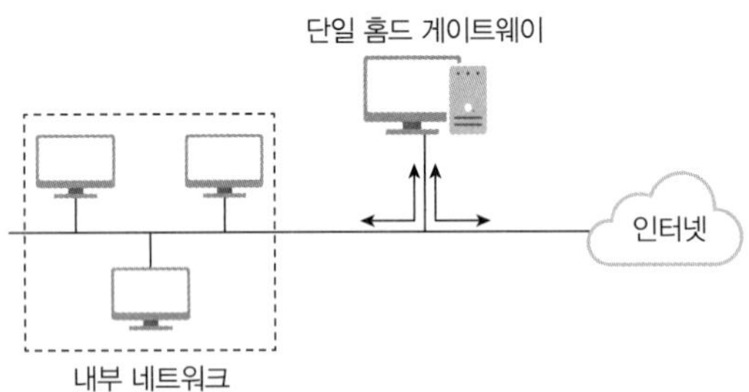

▲ 단일 홈드 게이트웨이 개념도

④ 듀얼 홈드 게이트웨이(Dual Homed Gateway)

- 네트워크 카드를 2개 이상 가지는 방화벽이다.
- 단일 홈드 게이트웨이가 하나의 네트워크 카드를 가지고 경계선에 다른 시스템과 평등하게 놓이는 반면, 듀얼 홈드 게이트웨이는 외부 네트워크에 대한 네트워크 카드와 내부 네트워크에 대한 네트워크 카드가 구별되어 운영된다.
- 장점: 응용 계층에서 적용되기 때문에 스크리닝 라우터보다 안전하다는 점, 각종 침해 기록을 로그로 생성하기 때문에 관리하기 편하다는 점, 또한 설치 및 유지보수가 쉽다는 점이다.
- 단점: 제공되는 서비스가 증가할수록 프락시 소프트웨어 가격이 상승한다는 점과 베스천 호스트가 손상되면 내부 네트워크를 보호할 수 없다는 점과 로그인 정보가 누출되면 내부 네트워크를 보호할 수 없다는 점이 있다.

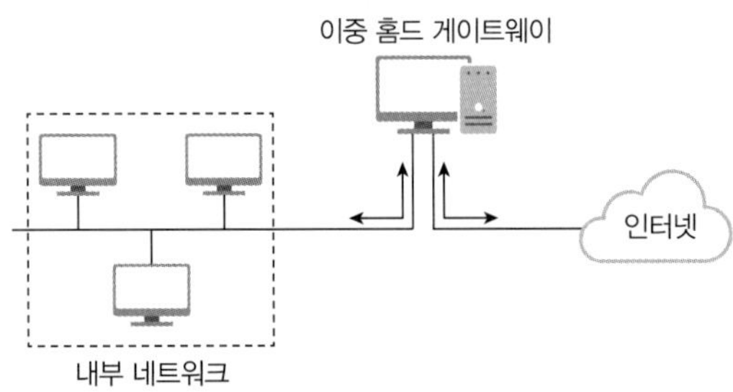

▲ 듀얼 홈드 게이트웨이 개념도

⑤ 스크린드 호스트 게이트웨이(Screened Host Gateway) 기출 2021년 2회

- 듀얼 홈드 게이트웨이와 스크리닝 라우터를 혼합하여 구축된 방화벽 시스템이다.
- 스크리닝 라우터에서 패킷 필터 규칙에 따라 1차 방어를 하고, 스크리닝 라우터를 통과한 트래픽은 베스천 호스트에서 2차로 점검하는 방식이다.

- 장점: 네트워크 계층과 응용 계층에서 2단계로 방어하기 때문에 안전하다는 점이다.
- 단점: 해커에 의해 스크리닝 라우터의 라우터 테이블이 공격받아 변경될 수 있다는 점과 방화벽 시스템 구축 비용이 많이 소요된다는 점이다.

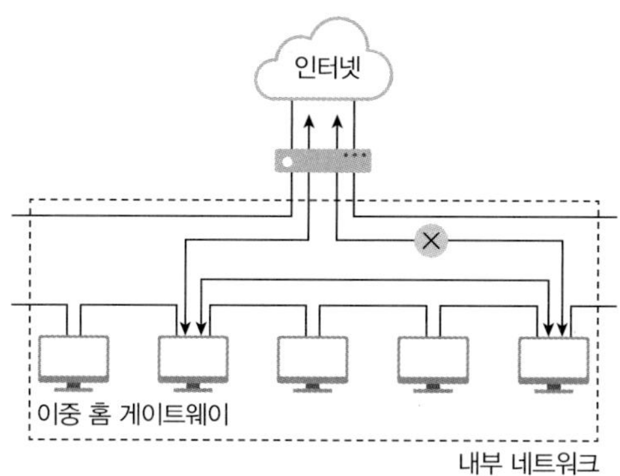

▲ 스크린드 호스트 게이트웨이 개념도

⑥ 스크린드 서브넷 게이트웨이(Screened Subnet Gateway)

- 스크리닝 라우터들 사이에 듀얼 홈드 게이트웨이가 위치하는 구조로 인터넷과 내부 네트워크 사이에 DMZ라는 네트워크 완충 지역 역할을 하는 서브넷을 운영하는 방식이다.
- 스크린드 서브넷에 설치된 베스천 호스트는 프록시 서버를 이용하여 명확히 진입이 허용되지 않는 모든 트래픽을 거절하는 기능을 수행한다.
- 장점: 스크린드 호스트 게이트웨이의 장점을 그대로 가지면서 다단계 방어로 매우 안전하다는 점이다.
- 단점: 여러 시스템을 다단계로 구축함으로써 다른 방화벽 시스템보다 설치하기 어렵고, 관리하기 어려운 점이다. 또한 방화벽 시스템 구축에 소요되는 비용이 많으며, 서비스 속도도 느리다.

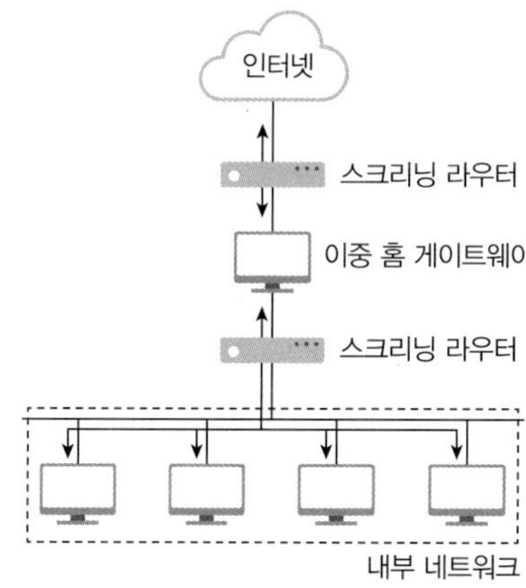

▲ 스크린드 서브넷 게이트웨이 개념도

(3) IDS(Intrusion Detection System, 침입 탐지 시스템) 기출 2021년 3회

① IDS의 원리

- 대상 시스템(네트워크 세그먼트 탐지 영역)에 대한 인가되지 않은 행위와 비정상적인 행동을 탐지하고, 탐지된 불법 행위를 구별하여 실시간으로 침입을 차단하는 기능을 가진 보안 시스템이다.
- 일반적인 보안 시스템 구현 절차의 관점에서 침입 차단 시스템과 더불어 가장 우선적으로 구축되었으며, 침입 탐지 시스템의 구축 목적은 해킹 등의 불법 행위에 대한 실시간 탐지 및 차단과 침입 차단 시스템에서 허용한 패킷을 이용하는 해킹 공격의 방어 등의

읽는 강의

목적으로 구축된다.
- 방화벽 내부의 내부 네트워크와 방화벽 외부의 DMZ에 모두 배치 가능하다.

② 데이터 소스 기반 분류

네트워크 기반 IDS (Network–IDS)	• 네트워크의 패킷 캡처링에 기반하여 네트워크를 지나다니는 패킷을 분석해서 침입을 탐지하고, 네트워크 기반 IDS는 네트워크 단위에 하나만 설치하면 된다. • 호스트 기반 IDS에 비하여 운영체제의 제약이 없고, 네트워크 단에서 독립적인 작동을 하기 때문에 구현과 구축 비용이 저렴하다.
호스트 기반 IDS (Host–IDS)	• 네트워크의 패킷 캡처링에 기반하여 네트워크를 지나다니는 패킷을 분석해서 침입을 탐지하고, 네트워크 기반 IDS는 네트워크 단위에 하나만 설치하면 된다. • 호스트 기반 IDS에 비하여 운영체제의 제약이 없고, 네트워크 단에서 독립적인 작동을 하기 때문에 구현과 구축 비용이 저렴하다.
Hybrid IDS	네트워크 기반 IDS와 호스트 기반 IDS가 결합된 형태를 말한다.

③ 침입 모델 기반 분류

- 이상 탐지 기법(Anomaly Detection): 감시되는 정보시스템의 일반적인 행위들에 대한 프로 파일을 생성하고, 이로부터 벗어나는 행위를 분석하는 기법이다.
  - 통계적인 자료 근거: 통계적으로 처리된 과거의 경험 자료를 기준으로 특별한 행위 또는 유사한 사건으로 이탈을 탐지한다.
  - 특징 추출에 의존: 경험적인 침입 탐지 측정 도구와 침입의 예측 및 분류 가능한 침입 도구의 집합으로 구성된 침입 탐지 방법이다.
  - 예측 가능한 패턴 생성: 이벤트 간의 상호관계와 순서를 설명하고, 각각의 이벤트에 시간을 부여하여 기존에 설정된 침입 시나리오화하여 침입을 탐지하는 방법이다.
- 오용(Misuse) 침입 탐지 기법: 과거의 침입 행위들로부터 얻어진 지식으로부터 이와 유사하거나 동일한 행위를 분석하는 기법이다. 방법이 간단하고 효율적이어서 상용제품에 널리 이용되지만, 조금만 변형된 공격에도 Signature가 달라 침입을 탐지하지 못하는 경우가 있다.
  - 조건부 확률 이용: 특정 이벤트가 침입할 확률을 조건부 확률로 계산하는 방법이다.
  - 전문가 시스템: 축약 감사 사건과 일치하는 사건을 명시하며, 공격 패턴을 탐지하고 이미 설정된 규칙에 따라 처리하는 방법이다.
  - 상태 전이 분석: 공격 패턴을 상태 전이의 순서로 표현하며, 초기의 상태에서 최종 상태로의 전이 과정 즉, 침입 과정을 규칙 기반으로 탐지하는 방법이다.
  - 키스트로크 관찰 방법: 사용자의 키스트로크를 감시하여 공격 패턴을 나타내는 특정 키 스트로크 순서를 패턴화하여 침입을 방지한다.
  - 모델에 근거한 방법: 공격 패턴을 데이터베이스화하고, 특정 공격 패턴에 대해 DB를 참조하여 침입 여부를 탐지한다.

읽는 강의

- 이상 탐지는 구현이 어려우므로, 상용제품으로는 오용탐지를 주로 사용한다.

더 알아보기 침입 탐지의 정확도 기술 요구

- False–negative 최소화: 경고 대상에 대한 탐지 실패
- False–positive 최소화: 경고 대상이 아닌 것을 탐지 보고

④ IDS의 작동 원리 이해: 침입 탐지 시스템은 데이터 수집 단계, 데이터의 가공 및 축약 단계, 침입 분석 및 탐지 단계, 그리고 보고 및 대응 단계의 4단계 구성 요소를 갖는다.

데이터 수집 (Raw Data Collection) 단계	침입 탐지 시스템이 대상 시스템에서 제공하는 시스템 사용 내역, 컴퓨터 통신에 사용되는 패킷 등과 같은 탐지 대상으로부터 생성되는 데이터를 수집하는 감사 데이터(Audit Data) 수집 단계이다.

데이터 가공 및 축약 (Data Reduction and Filtering) 단계	수집된 감사 데이터가 침입 판정이 가능할 수 있도록 의미 있는 정보로 전환시킨다.
분석 및 침입 탐지 단계	이를 분석하여 침입 여부를 판정한다. 이 단계는 침입 탐지 시스템의 핵심 단계이며, 시스템의 비정상적인 사용에 대한 탐지를 목적으로 하는지, 시스템의 취약점이나 응용 프로그램의 버그를 이용한 침입에 대한 탐지를 목적으로 하는지에 따라 비정상적 행위 탐지 기술과 오용 탐지 기술로 나뉜다.
보고 및 대응 (Reporting and Response) 단계	침입 탐지 시스템이 시스템의 침입 여부를 판정한 결과 침입으로 판단된 경우 이에 대한 적절한 대응을 자동으로 취하거나, 보안 관리자에게 침입 사실을 보고하여 보안 관리자에 의해 조치를 취하게 한다. 최근 들어서는 침입 탐지 및 대응에 대한 요구가 증가되고 있다. 특히, 침입을 추적하는 기능에 대한 연구가 시도되고 있다.

읽는 강의

(4) 가상사설망(VPN: Virtual Private Network) 기출 2020년 4회

① 인터넷(Internet)과 같은 공중망을 이용하여 사설망과 같은 효과를 얻기 위한 기술로 기존의 전용선을 이용한 사설망에 비해 훨씬 저렴한 비용으로 보다 연결성이 뛰어나면서도 안전한 망을 구성할 수 있다.

② VPN을 구성하기 위한 핵심 기술로는 터널링(Tunneling) 기술과 암호화 기술이 있다. VPN에 사용되는 터널링 기술은 인터넷 상에서 외부의 영향을 받지 않는 가상적인 터널을 형성해 정보를 주고받도록 하는 기술로서, 시작점에서 끝점까지 상호 약속된 프로토콜로 세션을 구성한다.

③ 암호화 혹은 인증 터널을 통해 전송되는 데이터는 기밀성, 무결성, 인증과 같은 보안 서비스가 보장된다.

(5) NAC(Network Access Control)

① 관리자가 정의한 보안 환경이 운영되는 시스템만 네트워크에 연결이 가능하도록 한다.

② Clear Network에 악성 Worm이 감염된 Host가 연결되면 순식간에 네트워크는 악성 Worm이 퍼지게 되므로 이러한 상황을 막고자하는 시스템이다.

③ 새로운 Host를 랜선에 연결하면, 바이러스 검사/윈도우 패치 버전 등을 확인하여, Clear Host이면 네트워크에 연결시키고, 악성 웜(Worm)에 감염된 호스트(Host)이면, 치료 후 네트워크의 사용을 허용한다.

④ NAC가 없는 경우에는 단 한 대의 PC만으로 순식간에 네트워크가 감염될 수 있다.

⑤ **규칙**: 랜선이 연결되는 순간 NAC는 해당 Host의 감염 여부를 확인하여 네트워크에서 격리시킨다.

(6) ESM(Enterprise Security Management)

① 이기종의 서로 다른 보안 장비에서 발생한 로그를 하나의 화면에서 모니터링할 수 있는 통합 관리 시스템이다.

② 구축되어 있는 Firewall, IDS, IPS, VMS, Web Firewall 등의 각각의 관리 페이지로 로그인하여서 현재의 상황을 체크하여야 한다.

③ 현업의 특성상 순간순간 각각의 관리 페이지에서 전체적인 보안 이벤트의 발생 현황을 실시간으로 체크하는 것은 불가능하다.

(7) UTM(Unified Threat Management)

① 여러 보안 모듈이 통합되어 있는 통합 보안 장비이다.

② 기존의 다양한 보안 솔루션(방화벽, IDS, IPS, VPN, 안티바이러스 등)들의 보안 기능을 하나로 통합한 기술과 장비를 말한다.

더 알아보기 VLAN(Virtual Local Area Network) 기출 2021년 3회

- 물리적 배치와 상관없이 논리적으로 LAN을 구성하여 Broadcast Domain을 구분할 수 있게 해주는 기술로 접속된 장비들의 성능 향상 및 보안성 증대 효과가 있다.
- VLAN은 물리적으로 LAN을 분리하는 것이 아니라 논리적으로 한 장비 내에서 브로드캐스팅 도메인을 나누는 것이다.

읽는 강의

(8) 클라우드 기반 HSM(Cloud-based Hardware Security Module)

① 클라우드 시스템 내에서 제공되는 정보보안 서비스 모듈이다.

② 암호화키를 안전하게 보관/관리하고, 암호, 인증, 전자서명 등에 필요한 암호 알고리즘을 수행하기 위한 전용 하드웨어 모듈이다.

(9) Tcp Wrapper

어떤 외부 컴퓨터가 접속되면 접속 인가 여부를 점검해서 인가된 경우에는 접속이 허용되고, 그 반대의 경우에는 거부할 수 있는 접근제어 유틸리티로 서버에서 침입 차단 서비스를 제공하는 공용 컴퓨터 프로그램이다.

개념확인 문제

01 기존에 알려진 취약성에 대한 공격 패턴 정보를 미리 입력해 두었다가 이에 해당하는 패턴을 탐지하는 기법의 시스템은?

① 이상 탐지 기반의 침입 탐지 시스템
② 오용 탐지 기반의 침입 탐지 시스템
③ 비특성 통계 분석 기반의 침입 탐지 시스템
④ 허니팟 기반의 침입 탐지 시스템

02 방화벽(Firewall)에 대한 설명으로 옳지 않은 것은?

① 허가되지 않은 외부의 공격에 대비해 시스템을 보호하기 위한 하드웨어와 소프트웨어를 말한다.
② IP 필터링을 통하여 내부 네트워크로 들어오는 IP를 차단할 수 있다.
③ 방화벽을 구축해도 내부에서 일어나는 정보 유출은 막을 수 없다.
④ 방화벽을 구축하면 침입자의 모든 공격을 완벽하게 대처할 수 있다.

03 가상사설망(VPN)이 제공하는 보안 서비스에 해당하지 않는 것은?

① 패킷 필터링
② 데이터 암호화
③ 접근 제어
④ 터널링

정답 & 해설

01 ② 기존에 알려진 취약성에 대한 공격 패턴 정보를 미리 입력해 두었다가 이에 해당하는 패턴을 탐지하는 기법의 시스템은 오용 탐지 기반의 침입 탐지 시스템이다.

02 ④ 방화벽을 구축한다 하더라도 침입자의 모든 공격을 완벽하게 대처 할 수는 없다.

03 가상사설망(VPN)에서는 암호화 혹은 인증 터널을 통해 전송되는 데이터의 기밀성, 무결성, 인증과 같은 보안 서비스가 보장된다.
①의 패킷 필터링은 방화벽에 관련된 내용이다.

| 정답 | 01 ② 02 ④ 03 ①

05 접근 통제

기출 키워드
- 솔트 사용
- 시도 – 응답 인증
- 접근 통제 정책
- 인증의 4가지 유형

출제 예상 키워드
- 강제적 접근 통제
- 임의적 접근 통제

1 식별과 인증

(1) 인증(Authentication)

① 보안 정책에 따라서 특정 시스템이나 파일 등에 접근하기 위해서는 먼저 사용자 신분을 확인하여야 한다.

② 식별 과정은 시스템에게 주체(사용자)의 식별자(ID)를 요청하는 과정으로, 각 시스템의 사용자는 시스템이 확인할 수 있는 유일한 식별자를 갖는다.

③ 인증은 임의의 정보에 접근할 수 있는 주체의 능력이나 주체의 자격을 검증하는 단계이다.

④ 대표적인 방법으로는 패스워드, 인증용 카드, 지문 검사 등이 있다.

※ 시스템 사용자에게 적용된 보안 정책의 기본 사항
- 사용자는 오직 자신의 계정만 접근이 가능할 수 있어야 한다.
- 어떤 사용자도 소유자의 허락없이 파일을 읽거나 변경할 수 없다.
- 사용자들은 그들 파일의 무결성, 비밀성, 가용성을 보호해야 한다.
- 사용자는 사용되는 모든 명령어를 인식하고 바르게 사용해야 한다.

■ 인증의 4가지 유형 기출 2022년 2회

요소	설명
지식	Something you know → 주체는 그가 알고 있는 것을 보여주어야 한다.
소유	Something you have → 주체는 그가 가지고 있는 것을 보여주어야 한다.
존재	Something you are → 주체는 그를 나타내는 것을 보여주어야 한다.
행위	Something you do → 주체는 그가 하는 것을 보여주어야 한다.

(2) 패스워드 방식

① 아이디/패스워드 방식

- 가장 기본적인 패스워드 기반 인증 방식이며, 사용자는 서버에 접속하기 위해 자신의 아이디와 패스워드를 서버에 보낸다.
- 서버는 사용자의 아이디와 패스워드를 저장해 둔 테이블에서 사용자의 패스워드를 찾아 전송된 값과 일치하는지 확인 후, 일치하면 접근이 허가된다.
- 문제점으로는 공격자가 통신 메시지를 도청할 경우 사용자의 패스워드를 쉽게 알게 된다. 또한 서버는 사용자의 패스워드를 그대로 테이블에 저장하여 사용하기 때문에 이 테이블이 외부로 유출되면 사용자의 패스워드가 노출된다.

② 해시된 패스워드

- 서버는 사용자의 패스워드에 대한 해시 값을 저장하여 사용자를 인증한다.
- 해시값을 저장하여 사용하면 서버 시스템의 테이블이 유출되었다고 하더라도 공격자는 해시값에 해당하는 역상을 알아내야 사용자의 패스워드를 알 수 있기 때문에 보다 안전한 사용이 가능해진다.
- 사용자가 아이디와 패스워드를 입력하면 서버는 패스워드에 해당하는 해시값을 계산하여 테이블에 저장된 해시값과 비교함으로써 인증을 수행한다.

③ 솔트(Salt) 사용 기출 2021년 3회

- 암호 공격을 막기 위해 똑같은 패스워드들이 다른 암호값으로 저장되도록 추가하는 값이다.
- 솔트는 공개되어 있는 랜덤값으로 패스워드의 해시값을 생성할 때 함께 사용된다.
- 솔트를 사용하면 접근 권한을 얻으려는 공격자가 수행하는 해시 함수 연산 횟수가 증가하여 보다 안전한 패스워드 인증 방식이 된다.

(3) OTP(One-Time Password)

고정된 패스워드를 바꾸지 않고 오랫동안 사용하거나 단순한 문자 조합으로 패스워드를 생성하는 경우에는 공격자에게 패스워드가 노출될 위험이 커지며, 이를 보완하기 위한 것이 일회용 패스워드이다.

더 알아보기 시도-응답(Challenge-Response) 인증 기출 2021년 3회

- 시도-응답 인증 방식은 검증자가 생성한 질의를 증명자에게 전송하여 증명자가 자신의 비밀값을 이용하여 질의에 응답하는 방식이다.
- 시도-응답 인증에서 주장자는 자신이 비밀을 검증자에게 보내지 않고서도 자신이 비밀을 알고 있다는 사실을 검증자에게 증명할 수 있다.
- 시도는 검증자가 보내는 시간에 따라 변경되는 값이고, 응답은 이 시도에 함수를 적용하여 얻는 결과이다.

2 접근 통제 개념

(1) 접근 통제의 개요

① 정보시스템 자원에 대한 접근은 자원의 공유를 위해서 반드시 필요한 활동이며, 이를 바르게 수행하는 것이 정보보안의 시작이다.

② 접근에 관여하는 실체(Entity)들의 행위 여부에 따라서 실체들을 주체(Subject)와 객체(Object)로 구분할 수 있다.

③ 주체와 객체

- 주체와 객체는 접근을 수행하는 실체들의 행위가 능동적인지 수동적인지에 따라 구별된다.
- 주체: 사용자나 프로세스와 같이 능동적인 실체를 의미한다.
- 객체: 기억장치, 프린터, 파일 등의 자원과 같이 수동적인 실체를 의미한다.

(2) 접근 통제 원칙

① 최소 권한 정책(Least Peivilege Policy)

- 'Need to Know' 정책이라고도 부르며, 시스템 주체들은 그들의 활동을 위하여 필요한 최소의 정보를 사용해야 한다.
- 이것은 객체 접근에 대한 강력한 통제를 부여하는 효과가 있으며, 때때로 정당한 주체에게 불필요한 초과적 제한을 부과하는 단점이 있을 수 있다.

② 직무의 분리(Separation of Duties)

- 직무 분리란 업무의 발생, 승인, 변경, 확인, 배포 등이 모두 한 사람에 의해 처음부터 끝까지 처리될 수 없도록 하는 정책이다.
- 직무 분리를 통하여 조직원들의 태만, 의도적인 시스템 자원의 남용에 대한 위험, 경영자와 관리자의 실수와 권한 남용에 대한 취약점을 줄일 수 있다.
- 직무 분리는 최소 권한 원칙과 밀접한 관계가 있다.

읽는 강의

- 외부 보안: 불법 침입자나 천재지변으로부터 시스템을 보호하는 것으로, 시설 보안과 운용 보안으로 구분할 수 있다.
- 내부 보안: 하드웨어나 운영체제에 내장된 보안 기능을 통해 신뢰성을 유지하고 시스템을 보호하는 것이다.

③ 최대 권한 원칙(Maximum Peivilege Policy)

자원 공유의 장점을 증대시키기 위하여 적용하는 최대 가용성 원리에 기반한다. 즉, 사용자와 데이터 교환의 신뢰성 때문에 특별한 보호가 필요하지 않은 환경에 효과적으로 적용할 수 있다.

읽는 강의

더 알아보기 SSO(Single Sign On)

- 인증에 성공한 하나의 아이디로 여러 사이트를 이용할 수 있는 시스템이다.
- 사용자의 편의성을 증가시키고, 기업의 관리자 입장에서도 회원에 대한 통합관리가 가능해서 마케팅을 극대화시킬 수 있는 장점이 있다.
- 채택한 인증 서버 시스템으로는 커버로스(Kerberros), 세사미(SESAME), 크립토나이트(Kriptonight)가 있다.

3 접근 통제 정책 기출 2020년 4회, 2021년 1, 3회, 2022년 2회

(1) 임의적 접근 통제(DAC: Discretionary Access Control)

① 주체나 주체가 속해 있는 그룹의 식별자에 근거하여 객체에 대한 접근을 제한하는 방법이다.

② 접근하고자 하는 주체의 신분에 따라 접근 권한을 부여한다.

③ 구현이 쉽고 권한 변경이 유연한 것이 장점이다. 하지만, 하나의 주체마다 객체에 대한 접근 권한을 부여해야 하는 불편한 점이 있다.

- 주체: 사용자, 프로그램
- 객체: 시스템, 자원, 정보

(2) 강제적 접근 통제(MAC: Mandatory Access Control)

① 주체가 객체에 접근할 때 관리자에 의해 사전에 규정된 규칙을 비교하여 접근 권한을 부여한다.

② 정보시스템 내에서 어떤 주체가 특정 개체에 접근하려 할 때 양쪽의 보안 레이블에 기초하여 높은 보안 수준을 요구하는 정보(객체)가 낮은 보안 수준의 주체에게 노출되지 않도록 하는 접근 통제이다.

③ 모든 객체는 비밀성을 지니고 있다고 보고, 객체에 보안 레벨을 부여한다.

④ 주체의 보안 레벨(사용자)과 객체의 보안 레벨(데이터)을 비교하여 접근 권한을 부여한다.

⑤ 시스템 성능 문제와 구현의 어려움 때문에 주로 군사용으로 사용된다.

⑥ 강제적 접근 통제 정책을 구현하기 위한 매커니즘으로는 보안 레이블이나 MLP와 같은 것들이 있다.

⑦ 강제적 접근 통제의 보안 레이블은 군사 환경과 상업 환경에 의해 분류될 수 있다.

(3) 역할 기반 접근 통제(RBAC: Role Based Access Control)

① 주체와 객체 사이에 역할을 부여하여 임의적·강제적 접근 통제 약점을 보완한 방식이다.

② 임의적 접근 통제와 강제적 접근 통제 방식의 단점을 보완한 접근 통제 기법이다.

③ 주체의 인사이동이 잦을 때 적합하다.

④ 사용자가 적절한 역할에 할당되고 역할에 적합한 접근 권한(허가)이 할당된 경우만 사용자가 특정한 모드로 정보에 접근할 수 있는 방법이다.

4 접근 통제 보안 모델

(1) 벨 라파듈라 모델(BLP: Bell-LaPadula) 기출 2021년 2회

① 군사용 보안 구조의 요구사항을 충족하기 위해 설계된 모델이다.

② 가용성이나 무결성보다 기밀성에 중점이 있다.

③ MAC 기법이며, 최초의 수학적 모델이다.

④ 속성

- 단순 보안 속성(Simple Security Property)
  - 주체가 객체를 읽기 위해서는 Clearance of Subject 〉= Classification of Object가 되어야 한다. 특정 분류 수준에 있는 주체는 그보다 상위 분류 수준을 가지는 데이터를 읽을 수 없다.
  - No Read Up(NRU)

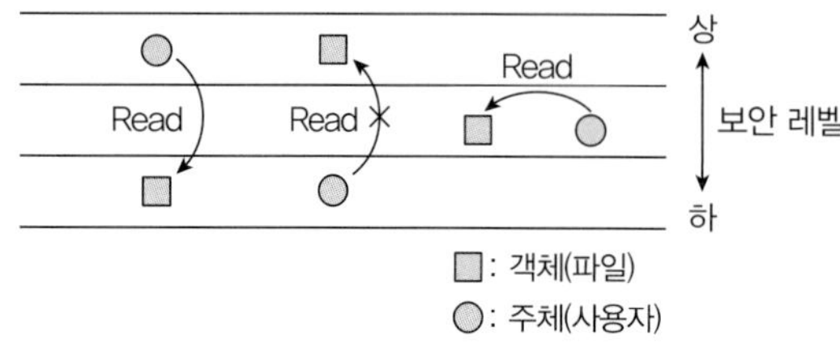

▲ 단순 보안 속성

- 스타 보안 속성(Security Property)
  - 주체가 객체에 쓰기 위해서는 Clearance of Subject 〈= Classification of Object가 되어야 한다. 특정 분류 수준에 있는 주체는 하위 분류 수준으로 데이터를 기록할 수 없다.
  - No Write Down(NWD)

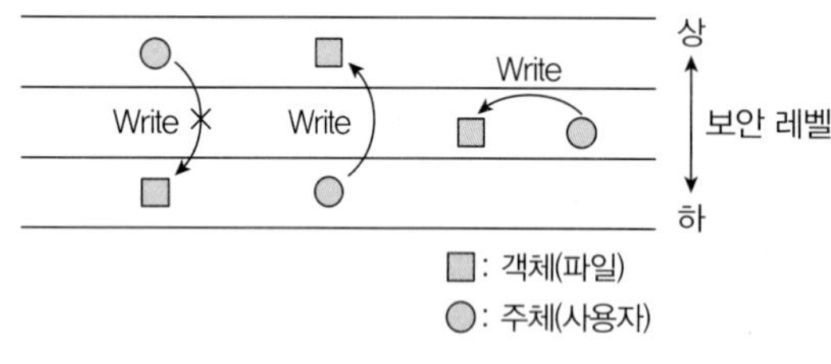

▲ 스타 보안 속성

(2) 비바 모델(BIBA)

① 무결성을 강조한 모델이다. BLP를 보완한 최초의 수학적 무결성 모델로, 다음의 무결성 목표 3가지 중 1가지를 만족한다.

- 비인가자가 수정하는 것 방지
- 내 · 외부 일관성 유지
- 합법적인 사람이 불법적인 수정 방지

② 속성

- 단순 무결성 원리(Simple Integrity Axiom)
  - 주체는 더욱 낮은 무결성 수준의 데이터를 읽을 수 없다.
  - Integrity Level of Subject 〉= Integrity Level of Object이면 주체가 객체를 읽을 수 없다.
  - No Read Down(NRD)
- 스타 무결성 원리(Integrity Axiom)
  - 주체는 더욱 높은 무결성 수준에 있는 개체를 수정할 수 없다.
  - Integrity Level of Subject 〈= Integrity Level of Object이면 주체가 객체를 변경할 수 없다.
  - No Write Up(NWU)

(3) Clack and Wilson 모델

① Clack and Wilson 모델의 개념

- 무결성을 강조한 모델로 상업적 모델에 염두를 둔 모델이다.
- 실행할 수 있는 프로그램에 의하여 무결성을 관리하는 모델로 상태 기계를 정의하는 대신에 이를 위해 직무 분리와 가사 기능이 포함된다.
- 사용자의 허가 받지 않은 변경으로부터 데이터가 보호되는 것을 보장한다.

② Clack and Wilson 모델의 정책

- 효율적으로 구성된 업무 처리(Well-Formed Transactions): 모든 거래 사실을 기록하여 불법 거래를 방지하는 완전하게 관리되는 자료 처리 정책이다. 예측 가능하며, 완전한 방식으로 일어나야 한다. (이중 자료, Double-entry)
- 임무 분리의 원칙(Separation of Duties): 모든 운영 과정에서 어느 한 사람만이 정보를 입력, 처리하게 하지 않고 여러 사람이 각 부문별로 나누어 처리하게 하는 정책이다.

더 알아보기 OWASP(The Open Web Application Security Project) 기출 2021년 3회

- 오픈소스 웹 애플리케이션 보안 프로젝트로서 주로 웹을 통한 정보 유출, 악성 파일 및 스크립트, 보안 취약점 등을 연구하는 곳이다.
- OWASP Top10을 살펴보면 매년 가장 심각한 10가지 웹 애플리케이션 보안 취약점을 알 수 있다.

(4) Secure SDLC(Secure Software Development Life Cycle)

① 안전한 SW 개발을 위하여 SDLC 전 영역에 보안 강화를 위한 프로세스를 포함한 것이다.

② 개발 단계뿐만 아니라 유지보수 단계에서 보안 이슈를 해결하기 위해 소모되는 비용 최소화를 위해 등장하였다.

③ 대표적인 방법론으로는 Secure Software의 CLASP, Microsoft의 SDL 등이 있다.

읽는 강의

개념확인 문제

기출 2015년 제3회

01 보안 메커니즘 중 합법적인 사용자에게 유형 혹은 무형의 자원을 사용하도록 허용할 것인지를 확인하는 제반 행위로서, 대표적 방법으로는 패스워드, 인증용 카드, 지문 검사 등을 사용하는 것은?

① Cryptography
② Authentication
③ Digital Signature
④ Threat Monitoring

기출 2019년 2회

02 시스템 내의 정보와 자원은 인가된 사용자만 접근이 허용되며, 정보가 전송 중에 노출되더라도 데이터를 읽을 수 없다는 보안 원칙은?

① 부인 방지
② 기밀성
③ 무결성
④ 가용성

기출 2017년 전산직

03 각 주체가 각 객체에 접근할 때마다 관리자에 의해 사전에 규정된 규칙과 비교하여 그 규칙을 만족하는 주체에게만 접근 권한을 부여하는 기법은?

① Mandatory Access Control
② Discretionary Access Control
③ Role Based Access Control
④ Reference Monitor

정답 & 해설

01 ② 임의 정보에 접근할 수 있는 주체의 능력이나 주체의 자격을 검증하는 데 사용하는 수단을 인증(Authentication)이라 한다.

02 ② 기밀성(Confidentiality)에 대한 설명으로 유지 방법에는 접근 통제, 암호화 등이 있다.

03 ① 강제적 접근 통제(MAC : Mandatory Access Control): 주체와 객체의 등급을 비교하여 접근 권한을 부여하는 접근 통제이며, 모든 객체는 기밀성을 지니고 있다고 보고 객체에 보안 레벨을 부여한다.

오답 해설

② 임의적 접근 통제(DAC : Discre-tionary Access Control): 주체가 속해 있는 그룹의 신원에 근거하여 객체에 대한 접근을 제한하는 방법으로 객체의 소유자가 접근 여부를 결정한다.

③ 역할 기반 접근 통제(RBAC : Role Based Access Control): 주체와 객체의 상호관계를 통제하기 위하여 역할을 설정하고 관리자는 주체를 역할에 할당한 뒤 그 역할에 대한 접근 권한을 부여하는 방식이다.

④ 참조 모니터(Reference Monitor): 접근 행렬의 모니터 검사 기구를 추상화한 것으로 보안의 핵심 부분. 일반적으로는 흐름 제어도 그 대상으로 한다.

| 정답 | 01 ② 02 ② 03 ①

개념적용 문제

01 정보보호

01 난이도 상중하 2020년 1,2회

시스템 내의 정보는 오직 인가된 사용자만 수정할 수 있는 보안 요소는?

① 기밀성 ② 부인 방지
③ 가용성 ④ 무결성

02 난이도 상중하

다음에서 설명하는 정보보호의 보안 서비스로 옳은 것은?

> 기관 내부의 중요 데이터를 외부로 전송하는 행위가 탐지된 경우 전송자가 전송하지 않았음을 주장하지 못하도록 확실한 증거를 제시할 수 있는 보안 서비스이다.

① 무결성 ② 접근 제어
③ 기밀성 ④ 부인 방지

03 난이도 상중하

정보보호의 목표와 그에 대한 설명 (가)~(다)를 바르게 짝지은 것은?

> (가) 내부 정보 및 전송되는 정보에 대하여 허가되지 않은 사용자 또는 객체가 정보의 내용을 알 수 없도록 한다.
> (나) 정보에 대한 접근 권한이 있는 사용자가 방해 받지 않고 언제든지 정보와 정보시스템을 사용할 수 있도록 보장한다.
> (다) 접근 권한이 없는 사용자에 의해 정보가 변경되지 않도록 보호하여 정보의 정확성과 완전성을 확보한다.

	(가)	(나)	(다)
①	기밀성	가용성	무결성
②	기밀성	무결성	가용성
③	무결성	가용성	기밀성
④	무결성	기밀성	가용성

04 난이도 상중하

대표적인 공격 유형으로 방해(Interrupt)와 가로채기(Intercept), 위조(Fabrication), 변조(Modification) 공격이 있다. 이 중 가로채기 공격에서 송수신되는 데이터를 보호하기 위한 정보보호 요소는?

① 기밀성(Confidentiality)
② 무결성(Integrity)
③ 인증(Authentication)
④ 부인 방지(Non-Repudiation)

02 암호화

05 난이도 상중하 2017년 3회

Public Key System에 대한 설명으로 <u>틀린</u> 것은?

① 공용키 암호화 기법을 이용한 대표적 암호화 방식에는 RSA가 있다.
② 암호화키와 해독키가 따로 존재한다.
③ 암호화키와 해독키는 보안되어야 한다.
④ 키의 분배가 용이하다.

06 난이도 상중하 2021년 3회

비대칭 암호화 방식으로 소수를 활용한 암호화 알고리즘은?

① DES
② AES
③ SMT
④ RSA

07 난이도 상 중 하

2017년 1회

다음 중 암호화 기법이 아닌 것은?

① DES
② MALLOC
③ Public Key System
④ RSA

03 해킹과 정보보호

08 난이도 상 중 하

프로그램이나 손상된 시스템에 허가되지 않는 접근을 할 수 있도록 정상적인 보안 절차를 우회하는 악성 소프트웨어는?

① Downloader
② Key Logger
③ Bot
④ Backdoor

04 네트워크 보안

09 난이도 상 중 하

서비스 거부(Denial of Service) 공격 기법으로 옳지 않은 것은?

① Ping Flooding 공격
② Zero Day 공격
③ Teardrop 공격
④ SYN Flooding 공격

10 난이도 상 중 하

DoS(Denial of Service) 공격의 대응 방법에 대한 설명으로 ㉠, ㉡에 들어갈 용어는?

- 다른 네트워크로부터 들어오는 IP broadcast 패킷을 허용하지 않으면 자신의 네트워크가 (㉠) 공격의 중간 매개지로 쓰이는 것을 막을 수 있다.
- 다른 네트워크로부터 들어오는 패킷 중에 출발지 주소가 내부 IP 주소인 패킷을 차단하면 (㉡) 공격을 막을 수 있다.

	㉠	㉡
①	Smurf	Land
②	Smurf	Ping of Death
③	Ping of Death	Land
④	Ping of Death	Smurf

11 난이도 상 중 하

2021년 3회

침입 탐지 시스템(IDS: Intrusion Detection System)과 관련한 설명으로 틀린 것은?

① 이상 탐지 기법(Anomaly Detection)은 Signature Base나 Knowledge Base라고도 불리며 이미 발견되고 정립된 공격 패턴을 입력해두었다가 탐지 및 차단한다.
② HIDS(Host-Based Intrusion Detection)는 운영체제에 설정된 사용자 계정에 따라 어떤 사용자가 어떤 접근을 시도하고 어떤 작업을 했는지에 대한 기록을 남기고 추적한다.
③ NIDS(Network-Based Intrusion Detection System)로는 대표적으로 Snort가 있다.
④ 외부 인터넷에 서비스를 제공하는 서버가 위치하는 네트워크인 DMZ(Demilitarized Zone)에는 IDS가 설치될 수 있다.

12 난이도 상 중 하

다음에 해당하는 방화벽의 구축 형태로 옳은 것은?

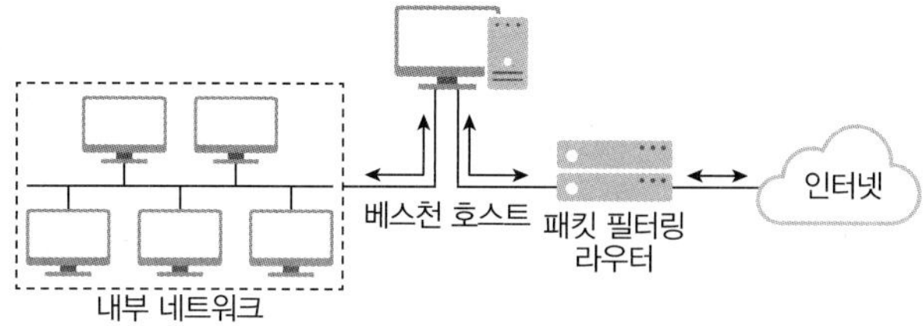

- 인터넷에서 내부 네트워크로 전송되는 패킷을 패킷 필터링 라우터에서 필터링함으로써 1차 방어를 수행한다.
- 배스천 호스트에서는 필터링 된 패킷을 프록시와 같은 서비스를 통해 2차 방어 후 내부 네트워크로 전달한다.

① 응용 레벨 게이트웨이(Application–level gateway)
② 회로 레벨 게이트웨이(Circuit–level gateway)
③ 듀얼 홈드 게이트웨이(Dual–homed gateway)
④ 스크린 호스트 게이트웨이(Screened host gateway)

정답 & 해설

01 정보보호 〉 정보보호의 목표
④ 무결성: 접근 권한이 없는 사용자에 의해 정보가 변경되지 않도록 보호하여 정보의 정확성과 완전성을 확보한다.

02 정보보호 〉 정보보호의 목표
④ 부인 방지(Non–repudiation): 행위나 이벤트의 발생을 증명하여 나중에 행위나 이벤트를 부인할 수 없도록 한다.

03 정보보호 〉 정보보호의 목표
- 기밀성: 내부 정보 및 전송되는 정보에 대하여 허가 되지 않은 사용자 또는 객체가 정보의 내용을 알 수 없도록 한다.
- 가용성: 정보에 대한 접근 권한이 있는 사용자가 방해 받지 않고 언제든지 정보와 정보시스템을 사용할 수 있도록 보장한다.
- 무결성: 접근 권한이 없는 사용자에 의해 정보가 변경되지 않도록 보호하여 정보의 정확성과 완전성을 확보한다.

04 정보보호 〉 정보보호의 주요 개념
① 가로채기(Intercept) 공격은 비인가 된 사용자 또는 공격자가 전송되고 있는 정보를 몰래 열람 또는 도청하는 행위로 정보의 기밀성 보장을 위협한다.

05 암호화 〉 비대칭키 암호 방식
Public Key System에서 해독키는 비밀로 보안성이 유지되지만, 암호화키는 공개키를 사용한다.

06 암호화 〉 비대칭키 암호 방식
비대칭(공개키) 암호화 방식은 대수학과 계산량 이론을 교묘히 응용한 방식으로 그 안전성은 수학적 문제를 풀기 위한 복잡성을 근거로 하고 있다. 정수의 소인수분해의 복잡성을 이용하는 것은 ④ RSA 암호이다.

07 암호화 〉 대칭키 암호 방식
- 암호화 알고리즘: DES, AES, FEAL, RSA, ECC 등
- Public Key System은 공개키(비대칭키) 암호 시스템이다.

08 해킹과 정보보호 〉 해킹과 바이러스
④ 백도어(Backdoor)는 시스템의 보안이 제거된 비밀 통로로서 서비스 기술자나 유지보수 프로그래머들이 접근 편의를 위해 시스템 설계자가 고의적으로 만들어 놓은 통로이다.

09 네트워크 보안 〉 서비스 거부 공격
② Zero Day 공격은 보안 취약점이 발견되었을 때 그 문제의 존재 자체가 널리 공표되기 전에 해당 취약점을 악용하여 이루어지는 보안 공격이다.

10 네트워크 보안 〉 서비스 거부 공격
- Smurf 공격은 DoS 공격 중에서 가장 피해가 크며, IP 위장과 ICMP 특징을 이용한 공격이다.
- Land 공격은 패킷을 전송할 때 출발지 IP 주소와 목적지 IP 주소값을 똑같이 만들어서 공격 대상에게 보내는 공격이다. 이때 조작된 IP 주소값은 공격 대상의 IP 주소이어야 한다. 방화벽 등과 같은 보안 솔루션에서 패킷의 출발지 주소와 목적지 주소의 적절성을 검증하는 기능을 이용하여 필터링할 수 있다.

11 네트워크 보안 〉 네트워크 보안 장비
① 오용(Misuse) 침입 탐지 기법: Signature Base나 Knowledge Base라고도 불리며 이미 발견되고 정립된 공격 패턴을 입력해두었다가 탐지 및 차단한다.

12 네트워크 보안 〉 네트워크 보안 장비
④ 스크린드 호스트 게이트웨이(Screened Host Gateway): 듀얼 홈드 게이트웨이와 스크리닝 라우터를 혼합하여 구축된 방화벽 시스템이다. 스크리닝 라우터에서 패킷 필터 규칙에 따라 1차 방어를 하고, 스크리닝 라우터를 통과한 트래픽은 베스턴 호스트에서 2차로 점검하는 방식이다.

| 정답 | **01** ④ **02** ④ **03** ① **04** ① **05** ③ **06** ④ **07** ② **08** ④ **09** ② **10** ① **11** ① **12** ④

05 접근 통제

13 난이도 상 중 하

패스워드가 갖는 취약점에 대한 대응방안으로 적절치 않은 것은?

① 사용자 특성을 포함시켜 패스워드 분실을 최소화한다.
② 서로 다른 장비들에 유사한 패스워드를 적용하는 것을 금지한다.
③ 패스워드 파일의 불법적인 접근을 방지한다.
④ 오염된 패스워드는 빠른 시간 내에 발견하고, 새로운 패스워드를 발급한다.

14 난이도 상 중 하 2021년 3회

정보시스템 내에서 어떤 주체가 특정 개체에 접근하려 할 때 양쪽의 보안 레이블(Security Label)에 기초하여 높은 보안 수준을 요구하는 정보(객체)가 낮은 보안 수준의 주체에게 노출되지 않도록 하는 접근 제어 방법은?

① Mandatory Access Control
② User Access Control
③ Discretionary Access Control
④ Data-Label Access Control

15 난이도 상 중 하 2019년 3회

보안 유지 기법 중 하드웨어나 운영체제에 내장된 보안 기능을 이용하여 프로그램의 신뢰성 있는 운영과 데이터의 무결성 보장을 가하는 기법은?

① 외부 보안
② 운용 보안
③ 사용자 인터페이스 보안
④ 내부 보안

정답&해설

13 접근 통제 〉 식별과 인증
① 패스워드를 만들 때 사용자와 관련된 내용을 포함시키면 사용자 정보를 통해 패스워드를 유추하여 공격할 수 있기 때문에 공격이 더 수월해 질 수 있다.

14 접근 통제 〉 접근 통제 정책
강제적 접근 통제(MAC: Mandatory Access Control): 주체와 객체의 등급을 비교하여 접근 권한을 부여하는 접근 통제이며, 모든 객체는 비밀성을 지니고 있다고 보고 객체에 보안 레벨을 부여한다.

15 접근 통제 〉 접근 통제 개념
④ 내부 보안: 하드웨어나 운영체제에 내장된 보안 기능을 통해 신뢰성을 유지하고 시스템을 보호하는 것이다.

오답 해설
① 외부 보안: 불법 침입자나 천재지변으로부터 시스템을 보호하는 것으로, 시설 보안과 운용 보안으로 구분할 수 있다.
③ 사용자 인터페이스 보안: 사용자의 신원을 운영체제가 확인하는 절차를 통해 불법 침입자로부터 시스템을 보호하는 것이다.

| 정답 | **13** ① **14** ① **15** ④

Chapter

02 소프트웨어 개발 방법론 활용

반복이 답이다! □ 1회독 월 일 □ 2회독 월 일 □ 3회독 월 일

01 소프트웨어의 생명주기 모형(SDLC)

읽는 강의

기출 키워드
- 폭포수 모형
- 나선형 모형
- V 모형
- 소프트웨어 개발 프레임워크
- XP

출제 예상 키워드
- 프로토타이핑 모형
- 생명주기 모형

1 폭포수 모형(Waterfall Model) 기출 2020년 1, 2, 3, 4회, 2021년 1, 3회

(1) 폭포수 모형의 특징

① 1979년 Boehm이 제시한 전형적인 생명주기 모형이다.
② 소프트웨어의 개발 시 프로세스에 체계적인 원리를 도입할 수 있는 첫 방법론이다.
③ 적용 사례가 많고, 널리 사용된 방법이다.
④ 단계별 산출물이 명확하다.
⑥ 각 단계의 결과가 확인된 후에 다음 단계로 진행하는 선형 순차적, 고전적 생명주기 모형이다.
⑤ 기존 시스템 보완에 좋다.
⑦ 응용 분야가 단순하거나 내용을 잘 알고 있는 경우에 적용한다.
⑧ 비전문가가 사용할 시스템을 개발하는 데 적합하다.

- 폭포수 모형은 개발 중에 발생하는 요구사항의 반영이 어려운 특징을 가지고 있다.

■ 폭포수 모형의 프로세스

계획 단계	분석 단계	설계 단계	구현 단계	시험 단계	유지보수 단계
문제 정의 개발 계획 수립	요구 분석	기본 설계 상세 설계	프로그래밍 모듈 시험	통합 시험 시스템 시험 인수 시험	운용, 유지보수

(2) 개발 단계

① 계획 단계
- 문제와 시스템의 특성을 파악하여 비용과 기간을 예측한다.
- 개발의 타당성을 분석하고, 전체 시스템이 갖추어야 할 기본 기능과 성능 요건을 파악한다.

② 요구분석 단계

- 사용자 요구를 정확히 분석하고, 이해하는 과정으로 구현될 시스템의 기능이나 목표, 제약사항 등을 정확히 파악한다.
- 소프트웨어의 기능, 성능, 신뢰도 등 목표 시스템의 품질을 파악하는 것이다.
- 개발자(분석가)와 사용자 간의 의사소통이 중요하며, 명확한 기능 정의를 해야 한다.

③ 설계 단계

- 요구사항을 하드웨어 또는 소프트웨어 시스템으로 분배하는 과정이다.
- 모든 시스템의 구조를 결정하게 되는데, 소프트웨어 설계는 프로그램의 데이터 구조, 소프트웨어 구조, 인터페이스 표현, 알고리즘의 세부사항들에 초점을 맞춰 진행한다.
- 한 개 이상의 실행 가능한 프로그램으로 변환할 수 있는 형태로 소프트웨어의 기능을 표현한 것이다.

④ 구현 단계

- 설계의 각 부분을 실제로 프로그래밍 언어를 이용하여 코드화하는 단계이다.
- 각 모듈 단위로 코딩을 한다.

⑤ 시험 단계: 각 프로그램 단위의 내부적으로 이상 여부 및 입력에 따라 요구되는 결과로 작동하는지의 여부를 확인한다.

⑥ 운용(Operation) 및 유지보수(Maintenance) 단계

- 사용자에게 전달되어 실제로 사용되며, 전달 이후에 발생하는 변경이 있다면 변경 요구를 수용하고 계속적인 유지를 해 주어야 한다.

(3) 폭포수 모형의 문제점

① 단계별로 구현되지만, 병행되어 진행되거나 다시 거슬러 올라갈 수 없으며, 반복을 허용하지 않는다.

② 실제 프로젝트가 순차적이라기보다는 반복적인 성향을 가지므로 개발 모델로 적합하지 않은 경우가 많다. 따라서 실제 프로젝트 수행 시 이 모델의 연속적 단계를 따르는 경우가 드물다.

③ 시초에 사용자들의 모든 요구사항들을 명확히 설명하는 것이 어렵다.

④ 모든 분석은 프로젝트가 시작되기 전에 완성되어야 한다. 즉, 프로그램의 모든 요구사항을 초기에 완전히 파악하도록 요구하므로 개발 프로젝트의 불명확성을 미연에 방지할 수 없다.

⑤ 개발 과정 중에 발생하는 새로운 요구사항이나 경험을 설계에 반영하기 힘들다.

읽는 강의

기출 2020년 4회

SADT

SoftTech사에서 개발된 것으로 구조적 요구분석을 하기 위해 블록 다이어그램을 채택한 자동화 도구이다.

2 프로토타이핑 모형

(1) 프로토타이핑 모형(Prototyping Model)의 개요

폭포수 모형에서의 요구사항 파악의 어려움을 해결하기 위해 실제 개발될 소프트웨어의 일부분을 직접 개발하여 사용자의 요구 사항을 미리 정확하게 파악하기 위한 모형이다.

(2) 프로토타이핑 모형의 특징

① 요구사항을 미리 파악하기 위한 것으로 개발자가 구축한 S/W 모델을 사전에 만듦으로써 최종 결과물이 만들어지기 전에 사용자가 최종 결과물의 일부 또는 모형을 볼 수 있다.

② 프로토타입 모델에서 개발자는 시제품을 빨리 완성하기 위해 효율성과 무관한 알고리즘을 사용해도 되며, 프로토타입의 내부적 구조는 크게 상관하지 않아도 된다.

③ 프로토타입은 고객으로부터 피드백(Feedback)을 얻은 후에는 버리는 경우도 있다.

④ 의뢰자나 개발자 모두에게 공동의 참조 모델을 제공한다.

(3) 개발 순서

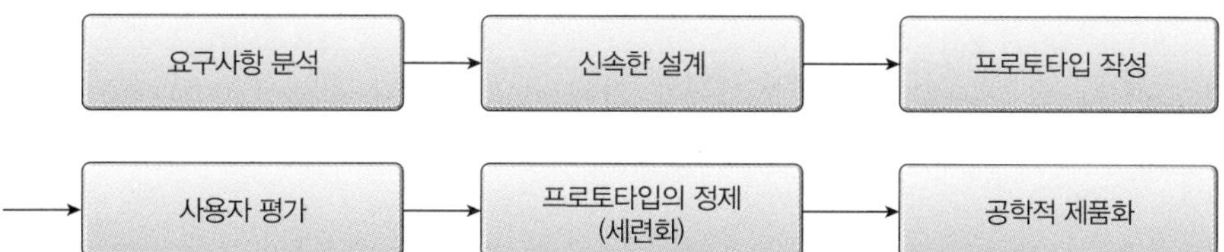

(4) 장점

① 사전에 사용자의 요구사항의 신속하고 정확한 파악이 가능하다.

② 시스템 개발 초기에 사용자가 개발에 참여함으로써 오류를 조기에 발견할 수 있다.

(5) 단점

① 사용자는 실제 제품과 혼동할 수 있다.

② 비효율적인 알고리즘이나 언어로 구현될 수 있다.

③ 프로토타입은 임시로 만드는 것이기 때문에 중간 과정을 점검할 수 있는 계획표나 결과물 자체가 없다.

3 나선형 모형 기출 2020년 3, 4회, 2021년 1, 3회, 2022년 1회

(1) 나선형 모형(Spiral Model)의 특징

① 폭포수 모델과 프로토타이핑 모델의 장점을 수용하고, 새로운 요소인 위험 분석을 추가한 진화적 개발 모델로 비교적 대규모 시스템에 적합하다.

② 프로젝트 수행 시 발생하는 위험을 관리하고, 최소화하려는 것을 목적으로 한다.

③ 계획 수립, 위험 분석, 개발, 사용자 평가의 과정을 반복적으로 수행한다.

④ 개발 단계를 반복적으로 수행함으로써 점차적으로 완벽한 소프트웨어를 개발하는 진화적 모델이다.

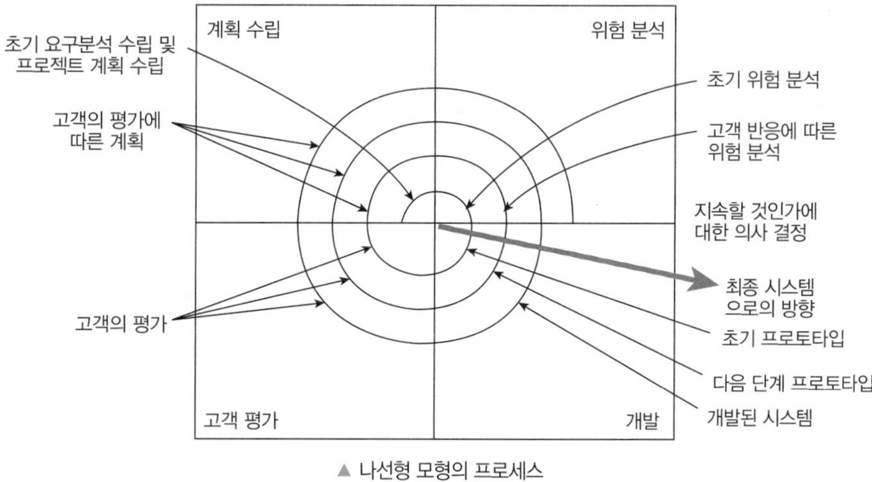

▲ 나선형 모형의 프로세스

(2) 개발 단계

① **계획 수립(Planning)**: 요구사항 수집, 시스템의 목표 규명, 제약 조건 등을 파악한다.

② **위험 분석(Risk Analysis)**: 요구사항을 토대로 위험을 규명하며, 기능 선택의 우선순위, 위험 요소의 분석/프로젝트 타당성 평가 및 프로젝트를 계속 진행할 것인지 중단할 것인지를 결정한다.

③ **공학적 개발(Engineering)**: 선택된 기능의 개발/개선된 한 단계 높은 수준의 제품을 개발한다.

④ **고객 평가(Evaluation)**: 구현된 시스템을 사용자가 평가하여 다음 계획을 세우기 위한 피드백을 받는다.

더 알아보기 정형적 명세 기법

① 분석, 설계 동안 적용된 소프트웨어 공학 방법들은 수학적 엄격함의 정도에 따라 정형성(Formality)의 스펙트럼으로 분류된다.

② 기존의 다이어그램, 텍스트, 테이블, 표기법들은 수학적 엄격함이 거의 적용되지 않은 비정형적(Informal) 형태에 해당한다.

③ 정형적 명세서의 형식은 수학적이며, 명세와 설계 시 시스템의 기능과 행위를 표현하는 정형적 문법(Formal Syntax)과 의미(Semantix)를 사용해서 기술한다.

④ 정형적 방법은 보다 명세서를 완전하게 일관성을 가지며, 모호하지 않게 생성할 수 있도록 한다.

⑤ 정형적 방법은 명세 오류를 매우 효과적으로 줄여주며, 그 결과 고객이 소프트웨어 사용 시 오류를 거의 갖지 않는 소프트웨어의 기초가 된다.

⑥ 정형적 방법은 명세 기반으로 이산수학에 기초하므로 명세가 올바르다는 것을 증명하기 위해 논리적 증명이 각 시스템 기능에 적용된다.

⑦ 정형적 방법의 어려움으로 전문적으로 훈련된 소프트웨어 엔지니어에 의해 정형적 명세를 생성한다.

⑧ Z 또는 VDM과 같은 정형적 명세 언어로 표현된 명세서를 생성한다.

4 V-모형 기출 2022년 1회

① 폭포수 모델에 시스템 검증과 테스트 작업을 강조한 것이다.

② 높은 신뢰성이 요구되는 분야에 적합하다.

③ **장점**: 모든 단계에 검증과 확인 과정이 있어 오류를 줄일 수 있다.

④ **단점**: 생명주기의 반복을 허용하지 않아 변경을 다루기가 쉽지 않다.

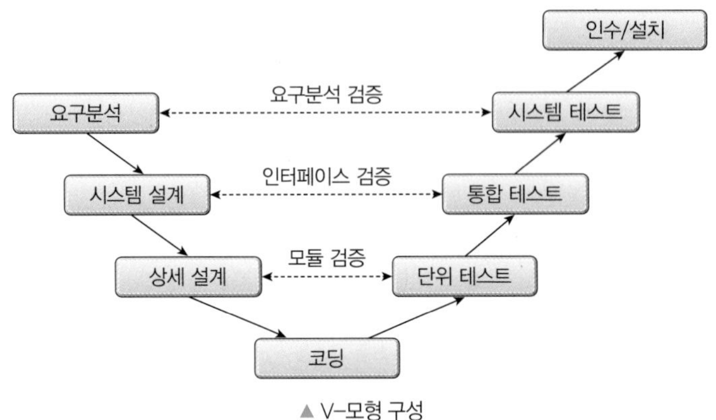

▲ V-모형 구성

5 소프트웨어 개발 프레임워크(Framework) 기출 2020년 1, 2, 4회, 2021년 3회

(1) 소프트웨어 개발 프레임워크의 특징

① 애플리케이션의 개발을 조금 더 쉽게 하기 위해 소프트웨어의 구체적 기능들에 해당하는 부분의 설계와 구현을 재사용할 수 있도록 협업화된 형태로 제공하는 소프트웨어 환경이다.

② 프레임워크를 사용하면 이미 만들어진 코드를 사용하게 되므로 시간과 비용이 절약되어 생산성이 증가된다.

③ 고정된 부분을 재사용할 수 있다. 코드 라이브러리, 지원 프로그램, 컴파일러, 도구 세트, API 등과 같이 솔루션 개발을 가능하게 하는 컴포넌트가 포함된다.

④ 기반 구조 그대로 재사용하며, 비즈니스 로직과 관련된 부분은 추가적으로 구현이 가능하므로 신속한 개발이 가능하다.

⑤ 개발해야 할 애플리케이션의 일부분이 이미 내장된 클래스 라이브러리로 구현이 되어 있다. 따라서, 그 기반이 되는 이미 존재하는 부분을 확장 및 이용하는 것으로 볼 수 있다.

(2) 프레임워크의 특성

모듈화 (Modularity)	캡슐화를 통해 모듈화를 강화하고, 설계 및 구현의 변경에 따른 영향을 최소화함으로써 소프트웨어의 품질을 향상시킨다.
재사용성 (Reusability)	재사용 가능한 모듈들을 제공함으로써 예산 절감, 생산성 향상, 품질 보증이 가능하다.
확장성 (Extensibility)	다형성을 통한 인터페이스 확장이 가능하여 다양한 형태와 기능을 가진 애플리케이션 개발이 필요하다.
제어의 역흐름 (Inversion of Control)	개발자가 관리하고 통제해야 하는 객체들의 제어를 프레임워크에 넘김으로써 생산성을 향상시킨다.

(3) 프레임워크의 종류

스프링 프레임워크, 전자정부 프레임워크, 닷넷 프레임워크가 있다.

(4) 소프트웨어 개발 프레임워크의 적용 효과

① 공통 컴포넌트 재사용으로 중복 예산 절감

② 표준화된 연계모듈 활용으로 상호 운용성 향상

③ 개발표준에 의한 모듈화로 유지보수 용이

더 알아보기 ISO 12207 기출 2021년 2회

- 소프트웨어 프로세스에 대한 표준화이다.
- 체계적인 S/W 획득, 공급, 개발, 운영 및 유지보수를 위해서 S/W 생명주기 공정(SDLC Process) 표준을 제공함으로써 소프트웨어 실무자들이 개발 및 관리에 동일한 언어로 의사소통할 수 있는 기본 틀을 제공하기 위한 프로세스이다.
- 프로세스 표준화의 구성

기본 공정
- 공급
- 획득
- 개발
- 운영
- 유지 보수

지원 공정
- 문서화
- 형상관리
- 품질 보증
- 검증
- 확인
- 합동 검토
- 감리
- 문제해결

조직 공정
- 관리
- 개선
- 기반 구조
- 교육훈련

읽는 강의

- 자바의 대표적인 소프트웨어로 개발 프레임워크는 스프링(Spring)이 있다.

소프트웨어 개발 프레임워크 적용 기대 효과
개발 용이성, 변경 용이성, 품질 보증

- 소프트웨어 공학의 궁극적 목표는 신뢰성 있는 소프트웨어를 경제적인 비용으로 획득하기 위해 공학적 원리를 정립하고 이를 이용하는 것이다.

개념확인 문제

01 소프트웨어 생명주기 모형에 대한 설명으로 옳은 것은?

① 프로토타입 모형은 최종 결과물이 만들어지기 전에 의뢰자가 최종 결과물의 일부 또는 모형을 볼 수 없다.
② 폭포수 모형에는 위험 분석 단계가 포함된다.
③ 폭포수 모형은 시제품을 만들어 최종 결과물을 예측하는 모형이다.
④ 나선형 모형은 반복적으로 개발이 진행되므로 소프트웨어의 강인성을 높일 수 있다.

기출 2020년 1,2회

02 폭포수 모형의 특징으로 거리가 먼 것은?

① 개발 중 발생한 요구사항을 쉽게 반영할 수 있다.
② 순차적인 접근 방법을 이용한다.
③ 단계적 정의와 산출물이 명확하다.
④ 모형의 적용 경험과 성공 사례가 많다.

기출 2019년 1회

03 소프트웨어 생명주기 모형에서 프로토타입 모형의 장점이 아닌 것은?

① 단기간 제작 목적으로 인하여 비효율적인 언어나 알고리즘을 사용할 수 있다.
② 개발 과정에서 사용자의 요구를 충분히 반영한다.
③ 최종 결과물이 만들어지기 전에 의뢰자가 최종 결과물의 일부 혹은 모형을 볼 수 있다.
④ 의뢰자나 개발자 모두에게 공동의 참조 모델을 제공한다.

정답 & 해설

01 오답 해설
① 프로토타입 모형은 최종 결과물이 만들어지기 전에 의뢰자가 최종 결과물의 일부 또는 모형을 볼 수 있다.
② 위험 분석 단계가 포함되는 것은 나선형 모형이다.
③ 시제품을 만들어 최종 결과물을 예측하는 모형은 프로토타입 모형이다.

02 ① 폭포수 모형은 개발 중에 발생하는 요구사항의 반영이 어렵다.

03 ① 프로토타입 모형은 신속한 개발을 요구하므로 비효율적인 언어나 알고리즘을 사용할 수 있지만, 이 부분으로 인해 완성된 소프트웨어의 품질이 저하될 수 있으므로 장점이 될 수 없다.

| 정답 | 01 ④ 02 ① 03 ①

02 프로젝트 개발비용 산정

읽는 강의

기출 키워드
- 개발비용 산정
- LOC 기법
- 수학적 산정 방법
- 프로젝트 스케줄링
- 구조적 분석 도구
- 소프트웨어 설계 기법

출제 예상 키워드
- 델파이식 산정
- COCOMO 특징
- FP

1 개발비용 산정 기출 2020년 4회, 2021년 2회

(1) 인간, 기술, 환경, 정치 등과 같은 많은 변수들이 소프트웨어 최종 비용과 소프트웨어를 개발하는 데 적용되는 노력에 영향을 줄 수 있으므로, 소프트웨어 비용 측정은 결코 정확한 과학은 되지 못한다.

대표적인 소프트웨어 비용 추정 모형
COCOMO, Putnam, Function–Point

(2) 개발비용 산정 시 고려 요소

① 시스템 정의 및 개발 전략 수립 단계에서는 개발비용 산정이 개괄적으로 이루어진다.
② 프로젝트의 정확한 측정을 위해 충분한 시간을 갖고 측정한다.
③ 프로젝트 개발비용 결정 요소에는 프로젝트 요소, 자원 요소, 생산성 요소 등이 있다.
④ 프로젝트 비용과 노력 측정을 위해 상대적으로 간단한 분해 기술을 이용한다.
⑤ 하나 이상의 자동화 측정 도구를 이용한다.
⑥ 소프트웨어 비용과 노력에 대한 실험적 모델을 형성한다.

2 하향식 산정 방법

(1) 하향식 산정 방법의 특징

① 전체 시스템 차원에서 비용을 산정한 후 서브 모델의 비용을 산정한다.
② 경험과 전문 지식으로 프로젝트 비용을 산정한다.
③ 세부적인 작업에 대한 여러 가지 기술적 요인을 간과하기 쉽다.

(2) 전문가의 감정

① 경험과 지식을 갖추고 있는 2명 이상의 전문가에게 의뢰하는 기법이다.
② 간편하고 신뢰감을 주지만, 비과학적이며 객관성 부여의 어려움이 있다.

(3) 델파이식 산정

① 조정자를 통해 여러 전문가의 의견 일치를 얻어내는 기법으로 전문가 감정 기법의 문제점을 보완하기 위한 방법이다.
② 조정자는 각 산정 요원에게 시스템 정의서와 비용 내역 서식 제공 → 산정 요원들이 각자 산정 → 조정자는 산정 요원들의 결과를 요약 배포 → 산정 요원들은 다시 산정 → 산정 요원들 간의 의견이 거의 일치할 때까지 반복

3 상향식 산정 방법

(1) 상향식 산정 방법의 특징

① 세부적인 작업 단위별로 비용을 추정하여 전체적 비용을 산정한다.
② 각 서브시스템을 개발하는 데 소요되는 경비는 강조되지만, 전체 시스템 차원의 비용을 고려하지 못할 수 있다.
③ 작업 분류 체계(WBS: Work Breakdown Structure) – LOC(Line Of Code 원시 코드 라인 수) 기법, 개발 단계별 인월수(M/M: Man Month) 기법

(2) LOC 기법 기출 2020년 1, 2회, 2021년 1, 3회, 2022년 2회

① WBS(업무 분류 구조)상에서 분해된 각각의 시스템 기능들에 필요한 원시 코드 라인 수를 산정함에 있어 PERT의 예측 공식을 이용한다.

② 이 공식은 확률론에서의 배타 분포도(Beta Distribution)에 근거한 낙관치(Optimistic Estimate), 기대치(Most Likely Estimate) 및 비관치(Pessimistic Estimate)의 확률적 집합으로, 예측치(Expected Value)와 이의 작업편방편차(Variance)가 산출되도록 유도한다.

■ Pert의 예측 공식 기출 2022년 1회

$$\text{예측치} = \frac{\text{낙관치}+[4\times\text{기대치}]+\text{비관치}}{6} \qquad \text{작업편방편차} = \left(\frac{\text{비관치}-\text{낙관치}}{6}\right)^2$$

(3) 개발 단계별 인월수(M/M: Man Month) 기법

① 각 기능을 구현시키는 데 필요한 노력을 생명주기 각 단계별로 산정하여 LOC보다 정확성을 기하기 위한 기법이다.

② 각 단계별 인월수의 산정 시 PERT의 예측 공식을 적용할 수 있다.

더 알아보기 WBS(Work Break-down Structure, 업무 분류 구조)

❶ WBS는 도표 내에 있는 각 관리 단위의 성분을 밝힌다.
❷ WBS를 작성하는 목적은 프로젝트 진행에서 일어나는 모든 작업을 찾아내기 위해 프로젝트의 목표를 작은 중간 목표로 세분한 것이다.
❸ WBS의 각 노드에 작업 소요일, 책임자, 작업 시작 및 마감일을 표시하여 쉽게 확장할 수 있다.

▲ WBS 구조의 예

4 수학적 산정 방법

(1) 수학적 산정 방법의 특징

① 개발비 산정의 자동화가 목표이며, 과거 프로젝트로부터 공식을 유도한다.

② 시스템을 구성하고 있는 모듈과 서브시스템 비용의 합계로서, 소프트웨어 시스템 추정 비용을 계산할 수 있는 상향식 비용 산정 기법이다.

③ 자동 산출 시스템에서 정확한 공식의 유도는 과거 경험한 유사한 프로젝트들에 관한 지식 베이스의 구축만으로 가능하다. 지식 베이스의 내용은 이미 완료된 각 프로젝트에 대한 주요 기능, 복잡도 및 신뢰도, 실제 개발된 원시 코드의 총 라인 수, 실제 투입되었던 인월수 등으로 구성되어 있다.

읽는 강의

LOC 기법의 예측치를 구하기 위해 사용되는 항목
- 낙관치
- 기대치
- 비관치

(2) COCOMO(Constructive Cost Model)

읽는 강의

① COCOMO의 특징

- Boehm(1981)이 제안한 산정 기법으로 원시 코드 라인 수에 의한 비용 예측 모형이다.
- 산정 결과는 프로젝트를 완성하는 데 필요한 Man-Month로 나타난다.
- 과거 수많은 프로젝트의 실적을 통계 분석한 공식을 이용하며 지금 진행 예정인 프로젝트의 여러 특성을 고려할 수 있다.
- 미리 준비된 식과 표를 이용하여 비용을 산정할 수 있는 알고리즘 방식(Algorithmic) 기법이다.
- 진행 예정인 프로젝트의 여러 특성을 고려할 때 4가지 특성에 15개의 노력 조정 수치를 두어 융통성을 부여할 수 있다.
- 비용 견적의 유연성이 높아 소프트웨어 개발비 견적에 널리 통용되고 있다.
- 프로젝트 개발 유형에 따라 유기적(Organic Model), 중간형(Semi-detached Model), 내장형(Embedded Model) 3가지 모드로 구분한다.

② COCOMO의 계층(비용 추정 단계 및 적용 변수에 따른 분류)

Basic(기본) COCOMO	단순히 소프트웨어의 크기와 개발 모드에 의하여 구한다.
Intermediate(중간) COCOMO	Basic의 확장으로 15개의 비용 요소를 가미하여 곱한 가중치를 이용하여 구한다.
Detail(고급) COCOMO	시스템을 모듈, 서브시스템으로 세분화 한 후 Intermediate COCOMO 방법으로 구한다.

③ COCOMO의 프로젝트 모드(제품의 복잡도에 따른 프로젝트 개발 유형)

기출 2020년 1, 2, 3회, 2021년 1, 2, 3회, 2022년 2회

개발 유형	내용	예측 공식
유기적 모델 (Organic Model)	5만 라인 이하로 소규모 팀이 수행할 수 있는 아주 작고 간단한 소프트웨어 프로젝트	$MM = 2.4 \times (KDSI)^{1.05}$ $TDEV = 2.5 \times (MM)^{0.38}$
준분리형 모델 (Semi-Detached Model)	30만 라인 이하의 프로젝트	$MM = 3.0 \times (KDSI)^{1.12}$ $TDEV = 2.5 \times (MM)^{0.35}$
내장형 모델 (Embedded Model)	30만 라인 이상의 프로젝트	$MM = 3.6 \times (KDSI)^{1.20}$ $TDEV = 2.5 \times (MM)^{0.32}$

유기적 모델(Organic Model)
기관 내부에서 개발된 중소 규모의 소프트웨어로 일괄 자료 처리나 과학 기술 계산용, 비즈니스 자료 처리용으로 5만 라인 이하의 소프트웨어를 개발하는 유형이다.

(3) Putnam의 생명 주기 예측 모형 기출 2020년 1, 2, 3회

① Rayleigh-Norden 곡선에 기초하며 소프트웨어 개발비용을 산정하는 공식을 유도한다.
② 동적 모형으로 각 개발기간마다 소요 인력을 독립적으로 산정할 수 있다.
③ 시간에 대한 함수로 대형 프로젝트의 노력 분포 산정에 이용된다.
④ SLIM 비용 추정 자동화 모형의 기반이 된다.

(4) FP(Function-Point, 기능 점수) 모형

① FP 모형의 특징

- IBM의 알란 알브레히트(Alan Albrecht)가 제안했다.
- 소프트웨어의 각 기능에 대하여 가중치를 부여하여 요인별 가중치를 합산해서 소프트웨어의 규모나 복잡도, 난이도를 산출하는 모형이다.
- 소프트웨어의 생산성을 측정 위해 개발됐으며, 자료의 입력·출력, 알고리즘을 이용한 정보의 가공·저장을 중시한다.
- 최근 유용성과 간편성 때문에 관심이 집중되고 있으며, 라인 수에 기반을 두지 않는다는 것이 장점이 될 수 있는 방법이다.

② 기능 증대 요인과 가중치 기출 2020년 1, 2, 3회

기능 점수의 각 항목에 처리 복잡도를 고려하여 단순, 보통, 복잡으로 나누어지는 가중치를 곱하여 누적된 점수를 기능 점수로 산출한다.

소프트웨어 기능 증대 요인	수	가중치			기능 점수
		단순	보통	복잡	
자료 입력(입력 양식)		3	4	6	
정보 출력(출력 보고서)		4	5	7	
명령어		3	4	5	
데이터 파일		7	10	15	
필요한 외부 루틴과의 인터페이스		5	7	10	
				계	

읽는 강의

• 기능 점수(Function Point) 산정 시 고려 요소: 외부 입력(EI: External Input), 외부 출력 (EO: External Output), 외부 조회(EQ: External inQuiry), 내부 논리 파일(ILF: Internal Logical File), 외부 연계 파일(EIF: External Interface File)

더 알아보기 CBD(Component Based Development) 기출 2020년 4회, 2021년 1, 2회

❶ 시스템 또는 소프트웨어를 구성하는 각각의 컴포넌트를 만들고 조립해 또 다른 컴포넌트나 소프트웨어를 만드는 것을 말한다.
❷ 소프트웨어 컴포넌트를 조립해 새로운 애플리케이션을 만들 수가 있어 개발기간을 단축할 수 있다. 또한 기존의 컴포넌트를 재사용할 수 있어 생산성과 경제성을 높일 수 있다.
❸ 컴포넌트를 만드는 데 소요되는 시간은 CBD 케이스 툴의 자동화 기능(마법사 등)을 사용하면 컴포넌트를 만드는 개발기간을 단축시킬 수 있다.
❹ 컴포넌트는 독립적인 개발과 배포가 가능해 사용자는 품질 좋은 컴포넌트를 선택하여 사용할 수 있다. 컴포넌트의 사용은 인터페이스를 통해 이루어지고, 실제 구현 과정은 사용자가 알 필요는 없다.

5 소프트웨어 개발 팀(조직) 구성

(1) 분산형(민주적) 팀

① 팀 구성 방법들 중 가장 많은 의사소통 경로를 갖는다.
② 민주적 분산형(DD: Democratic Decentralized)이라 하며, 각 구성원들은 의사결정에 자유롭게 참여한다.
③ 팀 구성원 사이의 의사 교류 자체가 활성화되므로 복잡한 장기 프로젝트에 적합하며, 구성원들의 책임과 권한의 약화로 대규모 프로젝트에는 적합하지 않다.

(2) 중앙 집중형(책임 프로그래머) 팀

① 한 사람에 의해 통제할 수 있는 소규모 문제에 적합하다.
② 통제적 집중형(CC: Controlled Centralized)이라 한다.
③ 의사결정 경로가 짧아서 프로그램 개발 과정이 신속하다.
④ 책임 프로그래머의 기술적·관리적 능력에 민감하다.
⑤ 팀 구성원

책임 프로그래머	계획, 분석과 설계, 중요한 부분을 프로그래밍할 때 모든 기술적 판단을 내리며, 작업 지시나 배분 등의 업무를 한다.
프로그래머	원시 코드 작성, 테스트, 디버깅, 문서 작성 등의 업무를 한다.
프로그램 사서	프로그램 리스트, 설계 문서, 테스트 계획 등을 관리한다.
보조 프로그래머	책임 프로그래머의 업무를 지원, 여러 가지 기술적인 문제에 대한 자문 등의 업무를 한다.

(3) 혼합형(계층형) 팀

① 통제적 분산형(CD: Controlled Decentralized)이라 하며, 민주주의 팀과 책임 프로그래머 팀의 중간 형태로 5~7명의 중간 프로그래머 그룹을 만들어 고급 프로그래머가 관리하고, 모든 그룹을 프로젝트 리더가 관리하도록 하는 기법이다.

② 대규모 프로젝트에 적용하기 적합하다.

③ 모든 구성원들은 상하좌우의 유기적인 관계를 가질 수 있다.

④ 우수한 프로그래머가 관리자로 승진할 경우, 이중의 부정적 효과가 발생할 수 있다.

읽는 강의

6 프로젝트 스케줄링

(1) 프로젝트 스케줄링의 개요

① 개발 프로젝트의 프로세스를 이루는 작은 작업(Activity)을 파악하고, 순서와 일정을 정하는 작업이다.

② 프로젝트 개발 기간의 지연을 방지하고, 프로젝트가 계획대로 진행되도록 일정을 관리하는 것이다.

③ 일정 산정 모형에는 PERT/CPM, Gantt Chart 등이 있다.

(2) 일정 산정 순서

① 시스템을 소작업들로 분해하여 WBS로 표현한다.

② 소작업들 간의 상호 의존 관계를 분석하여 CPM 네트워크로 작성한다.

③ 최소 소요기간을 구하고 CPM로 수정한다.

④ 각 작업의 일정을 간트 차트(Gantt Chart)로 작성한다.

- 순서: SDLC 선정 → WBS → CPM/PERT → Gantt Chart

(3) PERT(Program Evaluation and Review Technique) 기출 2022년 2회

CPM(임계 경로)이 각 작업의 개발기간을 하나의 숫자로 예측한데 비해 PERT(프로그램 평가 및 검토 기술)는 불확실성을 고려하여 낙관치, 기대치, 비관치의 베타 분포를 가정하여 확률적으로 예측치(d)를 구한다.

$$\text{예측치} = \frac{\text{낙관치} + [4 \times \text{기대치}] + \text{비관치}}{6} \qquad \text{작업편방편차} = \left(\frac{\text{비관치} - \text{낙관치}}{6}\right)^2$$

(4) CPM(Critical Path Method) 기출 2020년 3회

① 경비(예산)와 개발 일정(기간)을 최적화하려는 일정 계획 방법으로, 임계 경로(critical path) 방법에 의한 프로젝트 최단 완료 시간을 구한다.

② 작업의 의존 관계를 파악하여 각 작업이 최대로 빨리 끝날 수 있는 시간, 최대로 늦추어 시작할 수 있는 시간, 최대로 늦추어 끝낼 수 있는 시간을 계산할 수 있다.

③ 소요 작업 상호 간의 관련성이 명확하고 개별 작업의 가장 근사한 시간 측정을 기준으로 하며, 정의 작업에 대한 시작 시간을 정의하여 작업들 간의 경계 시간을 계산한다.

④ CPM 네트워크를 효과적으로 사용하려면 무엇보다도 작업에 필요한 시간을 정확히 예측하여야 한다.

■ CPM 소작업 목록 테이블

소작업	선행 작업	소요 기간(일)
A	–	8
B	–	15
C	A	15

D	–	10
E	B, D	10
F	A, B	5
G	A	20
H	D	25
I	C, F	15
J	G, E	15
K	I	7
L	K	10

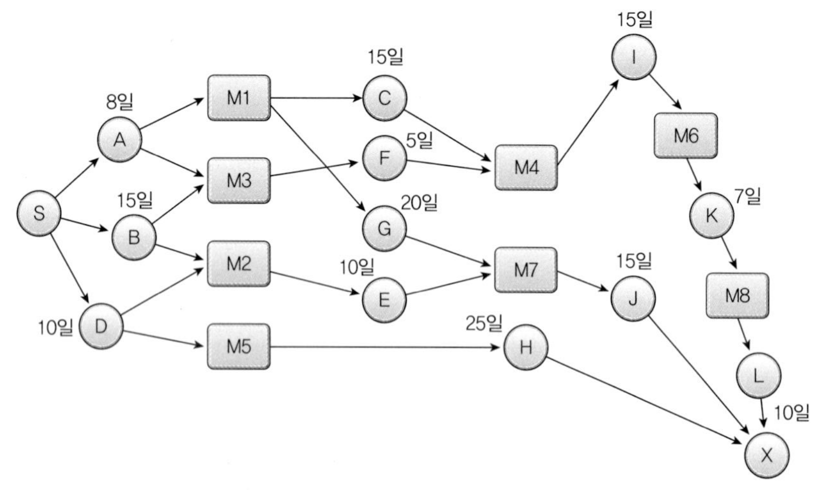

※ 화살표 다이어그램 이용
– 원형 노드: 작업 표시(소작업, 작업 이름, 소요 시간)
– 화살표: 작업 선후의 의존 관계 표시
– 박스 노드: Milestone으로 중간 점검 노드

▲ CPM 소작업 목록 네트워크

■ 가능 경로

가능 경로	소요 기간(일)
S–A–M1–C–M4–I–M6–K–M8–L–X (임계 경로)	55
S–A–M3–F–M4–I–M6–K–M8–L–X	45
S–A–M1–G–M7–J–X	43
S–B–M3–F–M4–I–M6–K–M8–L–X	52
S–B–M2–E–M7–J–X	40
S–D–M2–E–M7–J–X	35
S–D–M5–H–X	35

※ 임계 경로(Critical Path): 전체 프로젝트의 작업 공정은 여러 가지 경로가 형성되는데, 이 경로들 중 소요 기간이 가장 많이 소요되는 경로가 임계 경로이다. 임계 경로는 프로젝트 최단 완료 시간이다.

(5) 간트 차트(Gantt Chart) 기출 2022년 1회

① 1919년 간트가 창안한 것으로 작업 계획과 실제의 작업량을 작업 일정이나 시간으로 견주어서 평행선으로 표시한다.

② 프로젝트 일정 계획 및 이정표로 생명주기 단계, 일정 계획(작업 일정), 이정표, 작업 기간 등이 포함된다.

읽는 강의

③ 소작업별로 작업의 시작과 끝을 나타낸 막대 도표이다.

④ 프로젝트 일정 계획, 자원 활용 계획을 세우는 데 유리하다.

⑤ 작업들 사이의 관계를 직접 보여 주지 못한다.

⑥ 작업 경로를 표시할 수 없기 때문에 프로젝트 작업을 발견하는 데 도움을 주지 못한다.

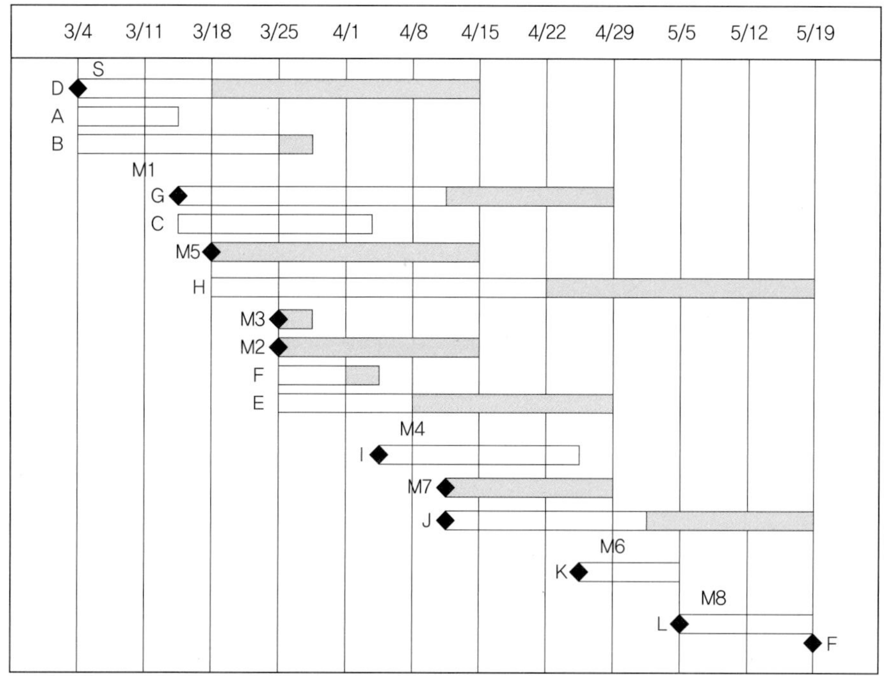

※ 흰 막대 부분: 소작업 수행에 소요될 것으로 예상되는 시간

※ 회색 막대 부분: 최대한으로 작업을 연장했을 때의 예비 시간(태스크의 완료 시간 내에서 융통성이 있음)

▲ 간트 차트

7 구조적 분석 도구

(1) 자료 흐름도(DFD, Data Flow Diagram)

① 자료 흐름도는 가장 보편적으로 사용되는 시스템 모델링 도구로서 기능 중심의 시스템을 모델링하는 데 적합하다.

② DeMarco와 Youdon에 의해 제안되었고, 이를 Gane, Sarson이 보완하였다.

③ **자료 흐름도의 구성:** 프로세스(Process), 자료 흐름(Data Flow), 자료 저장소(Data store), 단말(Terminator) 의 네가지 요소로 구성된다.

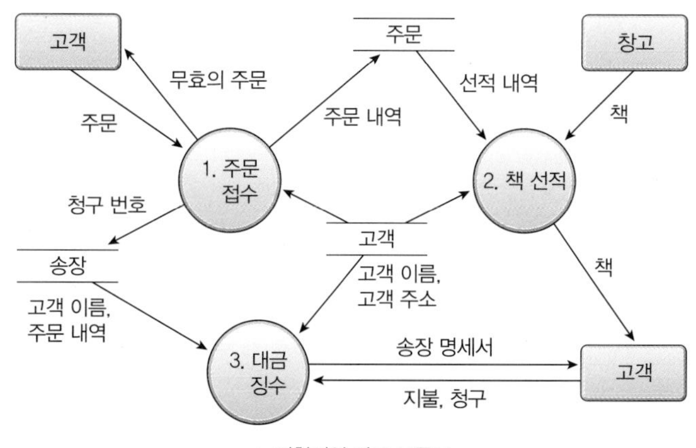

▲ 전형적인 자료 흐름도

읽는 강의

기출 2021년 1회

구조적 개발 방법론

정형화된 분석 절차에 따라 사용자 요구사항을 파악, 문서화하는 체계적 분석 방법으로 자료 흐름도, 자료 사전, 소단위 명세서의 특징을 갖는다.

- 프로세스: 처리, 버블, 기능, 변형 등으로도 부르며, 입력을 출력으로 변형시키는 시스템의 한 부분을 나타낸다.
- 자료 흐름: 프로세스의 안쪽에서 바깥쪽으로의 화살표로 표시한다.
- 자료 저장소: 정지 자료군들을 모델링하는 데 사용되며, 실제로 많은 경우에 파일이나 데이터베이스로 생각할 수 있다.
- 단말: 시스템이 교신하는 외부 객체로서, 직사각형으로 나타낸다.

■ 자료 흐름도 기본 요소

자료 흐름도의 구성 요소	도형		비교 설명
	Yourdon과 DeMarco	Gane와 Sarson	
외부 입출력(단말)			Gane와 Sarson의 표기법에서의 개각선은 반복의 의미를 갖는다.
처리 과정		색인 처리 과정 물리적 장소	Gane와 Sarson의 표기법은 버블(Bubble)의 상단에 이름이나 색인을, 하단엔 물리적 장소나 해당 프로그램명 등 분석가에게 필요한 정보를 기입할 수 있다.
자료 흐름			자료의 흐름에는 차이가 없다.
자료 저장고		ID	Gane와 Sarson의 표기법은 자료 저장고의 ID를 기입할 수 있도록 한다.
사물의 흐름			컴퓨터 데이터가 아닌 일반 사물(Material)의 흐름도 Gane와 Sarson의 표기법은 표현할 수 있도록 한다.

④ 자료 흐름도의 상세화

- 요구분석이 진행되는 과정에서 상세화된다.
- 상세화의 일반적 기준
  - 각 절차 버블이 한 페이지 정도의 DFD가 되도록 작성한다.
  - 각 단계마다 약 6~7개의 절차 버블이 적당하다.
  - 한 페이지에 12개 이상의 버블이 포함되면 이해가 곤란하다.
  - 레벨 2나 3에 이르면 웬만한 소프트웨어는 설계할 수 있을 만큼 구체화된다.
  - 최종 단계의 절차 버블은 프로그램으로 코딩될 수 있다.

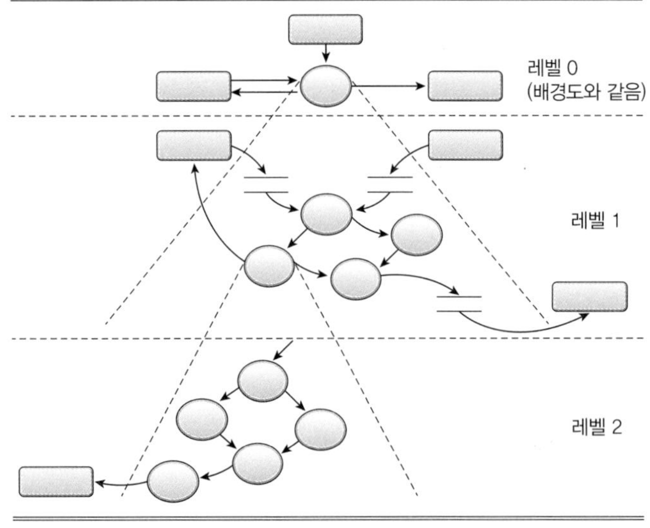

▲ 자료 흐름도의 상세화

(2) 자료 사전

① 자료 사전은 개발 시스템과 연관된 자료 요소들의 집합이며, 저장 내용이나 중간 계산 등에 관련된 용어를 이해할 수 있는 정의이다.
② 자료 사전은 다음과 같은 작업에 의해 자료 요소를 정의한다.
③ 자료 흐름이나 저장소가 어떤 요소들로 구성되는 지를 서술한다.
④ 자료 흐름이나 저장소 내의 정보에 관련된 값이나 단위들을 서술한다.
⑤ 저장소 사이의 관련성을 서술함으로써 개체 관계도와 연결한다.

■ 자료 사전 기호의 의미

자료 사전 기호	기능	의미
=	자료의 정의	~로 구성되어 있음
+	자료의 연결	그리고, 순차(and)
( )	자료의 생략	선택 사양, 생략 가능(Optional)
{ }	자료의 반복	반복(Iteration)
[|]	자료의 선택	여러 대안 중 하나 선택
* *	자료의 설명	주석(Comment)

(3) 프로세스 명세서

① 자료 흐름도의 계층상에서 최하위 단계, 즉 더 이상 분해할 수 없는 단계의 버블은 원시 버블 또는 프리미티브 버블(Primitive Bubble)이라 부르며, 그 처리 절차를 기술하는 것을 프로세스 명세(Process Specification)라 하고, 모델링한 결과를 명세서라고 한다.
② DeMacro는 프로세스 명세서를 미니스펙(Mini-spec)이라 하였다.
③ 자료 흐름도 상의 최하위 처리를 정밀하게 다루며, 프로세스 명세서의 종류는 구조적 영어(Structured English), 의사 결정 테이블, 의사 결정도 등이 있다.

더 알아보기 소프트웨어 정의 데이터 센터(SDDC) 기출 2020년 4회, 2021년 3회

- 데이터 센터의 모든 자원이 가상화되어 서비스되고, 사람의 개입 없이 소프트웨어 조작만으로 자동 제어 관리되는 데이터 센터이다.
- 특정 하드웨어와 상관없이 독립적이고, 실제 물리적 환경과 동일하게 구성된다.
- 컴퓨팅, 네트워킹, 스토리지, 관리 등을 모두 소프트웨어로 정의하여 데이터 센터를 구성·관리한다.

8 소프트웨어 설계 기법

(1) HIPO(Hierarchical Plus Input Process Output)

① 프로그램 논리의 문서화와 설계를 위해 도식적인 방법을 제공하고, 기능 표현 중심이다.
② 시스템이나 프로그램의 입출력 기능을 나타내는 표기법으로, HIPO 구성 요소로서 크게 시각적 목차표, IPO 다이어그램으로 나타낼 수 있다.
③ 프로그램의 기능과 데이터의 의존 관계를 동시에 표현하는 것이 가능하다.

읽는 강의

요구분석 자동화 도구
SREM, PSL/PSA, EPOS, TAGS, PROMOD, SYSREM

• 계층도표: 시스템의 전체적인 흐름을 계층적으로 표현한 도표

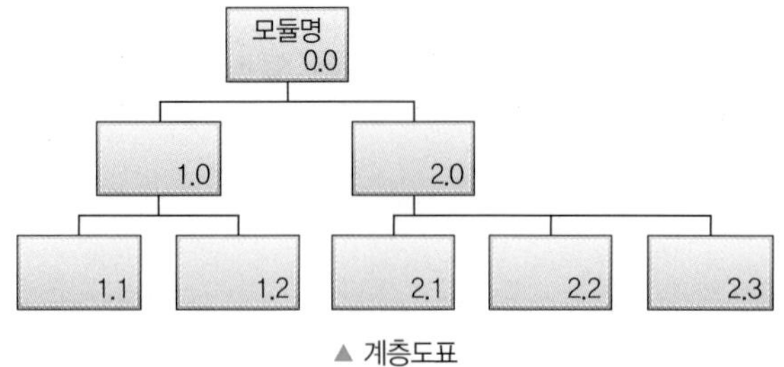

▲ 계층도표

• 총괄도표: 입력, 처리, 출력에 대한 기능을 개략적으로 표현한 도표

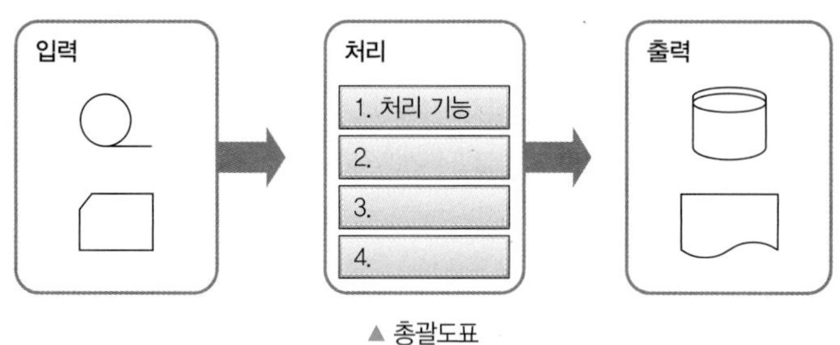

▲ 총괄도표

• 세부도표: 총괄도표 내용을 구체적 모듈별 입력-처리-출력도표 표현

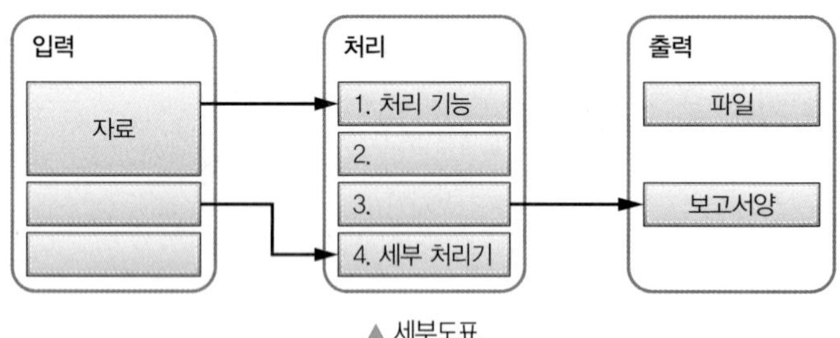

▲ 세부도표

④ HIPO의 특징
- Top-Down 개발 기법(계층적 구조)
- 관람자에 따라 다른 도표 제공이 가능
- 프로그램의 전체적인 흐름 파악 가능
- 문서의 체계화가 가능
- 프로그램의 변경 및 유지보수가 용이
- 논리적인 기술보다는 기능 중심의 문서화 기법으로 신뢰성은 조금 떨어짐

(2) N-S Chart(Nassi & Schneiderman) 기출 2020년 4회

① BoxDiagram, Chapin chart라고도 불림
② 논리 기술에 중점을 둔 도형식 표현 도구
③ 순차, 선택, 반복의 3가지 제어 구조를 표현
④ 화살표나 GOTO문은 사용하지 않음
⑤ 단일 출입구가 있는 프로그램 구조를 나타내기 편리함
⑥ 도표로 그려야 하는 불편함과 수정이 쉽지 않고, 프로그램 전체 구조 표현에는 부적합함

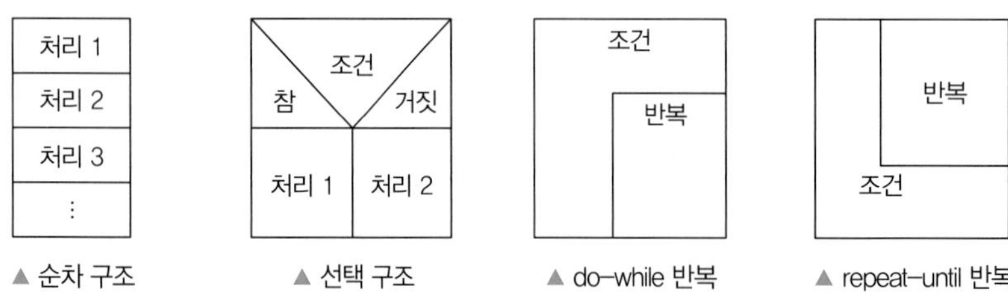

▲ 순차 구조 ▲ 선택 구조 ▲ do-while 반복 ▲ repeat-until 반복

읽는 강의

• 계층도표는 입력/처리/출력으로 나누어 표현하지 않는다.

(3) Jackson Diagram

① 트리 구조를 이용하며, 프로그램의 입출력 자료를 이용하여 프로그램의 구조를 생성한다.

② 기본, 순차, 선택, 반복의 기호를 사용한다.

③ Jackson Diagram 트리 구조도

명칭	구조도	의미	적용 분야	
			자료구조	프로그램 구조
기본	X	더 이상의 분할이 불가능한 최소 단위	자료 항목	명령문
순차	X → Y, Z	하나 이상의 구성 요소가 순차적으로 처리	레코드	순차적 처리
반복	X → Y*	기본 구성 요소가 반복	파일 또는 배열	루프 처리
선택	X → Y°, Z°	기본 구성 요소 중 선택	자료의 분류	선택 처리

읽는 강의

개념확인 문제

기출 2019년 3회

01 소프트웨어 비용 산정 기법 중 산정 요원과 조정자에 의해 산정하는 방법은?

① 기능 점수 기법
② LOC 기법
③ COCOMO 기법
④ 델파이 기법

기출 2020년 1,2회

02 COCOMO Model 중 기관 내부에서 개발된 중소 규모의 소프트웨어로 일괄 자료 처리나 과학기술 계산용, 비즈니스 자료 처리용으로 5만 라인 이하의 소프트웨어를 개발하는 유형은?

① Embeded
② Organic
③ Semi-Detached
④ Semi-Embeded

정답 & 해설

01 ④ 델파이 기법은 조정자를 통해 여러 전문가의 의견 일치를 얻어내는 기법으로 전문가 감정 기법의 문제점을 보완하기 위한 방법이다.

02 ② 유기적(Organic Model): 5만 라인 이하로 소규모 팀이 수행할 수 있는 아주 작고 간단한 소프트웨어 프로젝트이다.

| 정답 | 01 ④ 02 ②

03 국제 표준 제품 품질 특성

읽는 강의

기출 키워드
- CMM 성숙도
- SPICE

출제 예상 키워드
- CMMI

1 CMM

(1) CMM(Capability Maturity Model)의 개요

① 1992년 미 국방성의 지원으로 설립된 카네기멜론 대학의 SEI가 제안하였다.

② 소프트웨어 조직이 높은 품질의 소프트웨어를 일관성 있고, 예측 가능하게 생산할 수 있는지의 능력을 정량화하는 시도이다.

(2) CMM의 특징

① 1차원적 구조를 가지고 있는 평가모형이다.

② 개발 경험의 성숙도에 따라 5개의 수준으로 나누고, 각 수준별로 기본적으로 해야 할 관리활동과 프로세스를 정의한다.

③ 소프트웨어를 개발하는 조직이 프로세스 성숙도에 따라 나타나는 활동을 정리하여 품질 향상을 위하여 프로세스를 개선하도록 한다.

④ 한정된 작업에 초점을 두어 공격적으로 활동함으로써 개발 조직의 지속적인 프로세스 향상을 도모한다.

⑤ 소프트웨어 엔지니어링 및 관리를 조직에 정착하도록 이끈다.

(3) CMM의 목적

① 조직의 소프트웨어 개발 체계의 구축, 발전 및 유지보수 능력을 지속적으로 향상시키고 위험 요소를 최소화시키고 교육시키는 것이다.

② 미래의 고객이 소프트웨어 공급자가 어떤 점이 부족하고, 어떤 점이 강한지 발견하기 위한 평가 기준으로 사용한다.

③ 개발자 스스로 프로세스 능력을 평가하고 개선 방향을 설정하도록 돕는다.

④ 현재의 프로세스를 벤치마킹하고, 어떤 부분을 향상시킬 것인지 전략을 선택하여 프로세스를 개선하려는 소프트웨어 개발 조직에 방향을 제시한다.

(4) CMM의 구조

성숙도 레벨 5단계로 나누고, 각 단계에서는 중요한 프로세스의 영역을 정한다. CMM 모델에서는 각 프로세스의 영역별 활동 조건, 목표, 실행 또는 제도화 활동 및 기반 구조 등을 자세히 설명한다.

(5) CMM 성숙도 5단계(Maturity 5 Level) 기출 2020년 1, 2, 4회

① **수준 1(Initial, 초보 단계)**: 소프트웨어 프로세스가 임기응변적이고 혼란스러운 단계이며 프로세스가 거의 정의되어 있지 않고 프로젝트의 성공은 개인적 능력에 달려 있다.

② **수준 2(Repeatable, 반복 단계) – 프로젝트 관리**: 비용 산출, 스케줄, 기능성을 지닌 기초적인 프로젝트 프로세스가 확립되어 있는 단계이며, 필요한 프로세스 훈련은 비슷한 애플리케이션을 만든 계승자로부터 반복된다.

③ **수준 3(Definition, 정의 단계) – 엔지니어링 프로세스**: 관리와 공학 프로세스에 관한 소프트웨어 프로세스가 문서화, 규격화, 통합되어 있는 단계이다. 소프트웨어 개발과 유지에 문서화와 공인된 조직의 프로세스를 사용하며, 2단계의 모든 사항을 포함한다.

④ **수준 4(Management, 관리 단계) – 프로덕트 및 프로세스 품질:** 소프트웨어 프로세스의 평가와 제품의 품질의 세부사항들이 평가되는 단계이다. 소프트웨어 프로세스와 제품이 정량적으로 이해되고 세부적으로 평가된다. 3단계의 모든 사항을 포함한다.

⑤ **수준 5(Optimizing, 최적 단계) – 지속적인 개선:** 프로세스와 혁신적 생각, 기술로부터 정량적인 피드백을 통해 지속적인 프로세스 향상이 이루어지는 단계이다. 4단계의 모든 사항을 포함한다.

읽는 강의

더 알아보기 CMM 보충

① 초기에는 S/W 영역에 한정하여 모델을 제시하였으나, S/W 개발과 관련된 업무 영역인 구매, 개발 인력자원 관리 및 H/W 시스템 관리 등을 포함하는 다양한 모델이 제시되었다.

② SW-CMM은 IT 조직의 S/W 개발 및 유지보수 능력을 향상시키기 위한 것이다. 하지만 S/W 프로세스 개선만으로 IT 조직 전체의 능력 수준을 향상시키기 어렵다는 판단에 따라 4종류의 CMM이 추가로 등장했다.

③ SEI에서는 CMM의 성숙도 개념을 이용하여 다음과 같은 5가지의 CMM 기반의 모델들을 개발하였다.
- IT 조직의 SW 개발 및 유지보수 능력을 향상시키기 위한 SW-CMM(Software Capability Maturity Model)
- 인적자원의 능력 수준을 높이기 위한 P-CMM(People Capability Maturity Model)
- SW 획득 과정의 능력을 개선하는 SA-CMM(Software Acquisition Capability Maturity Model)
- 시스템공학 분야에서 적용하여야 할 기본 요소를 평가하는 SE-CMM(Systems Engineering Capability Maturity Model)
- 각기 진행되는 프로젝트 간의 협동과 통합 제품 개발 프로세스를 개선하기 위한 IPD-CMM(Integrated Product Development Capability Maturity Model) 등이 있다.

2 CMMI

① CMM의 여러 모델 간 존재하는 상이한 평가 방법에 대한 통합이 필요했고, 소프트웨어 개발 프로세스 위주인 기존 CMM의 문제점을 해결하여 다양한 분야에 적용하고, 공통의 Framework를 제공하기 위해서이다.

② 2002년 1월 CMM 관련 여러 모델을 통합하고, 국제 표준에 호환적인 모양을 갖추고 있는 CMMI(Capability Maturity Model Integration, 역량 성숙도 모델 통합)를 개발·발표하였다.

■ CMMI에서 언급하고 있는 프로세스 영역

프로세스 영역	연속적 모델	단계적 모델
Ad hoc process		Level 1: Initial
Requirements Management	Engineering	Level 2: Managed
Project Planning	Project Management	
Project Monitoring and Control		
Supplier Agreement Management		
Measurement and Analysis	Support	
Process and Product Quality Assurance		
Configuration Management		
Requirements Development	Engineering	Level 3: Defined
Technical Solution		
Product Integration		
Verification		
Validation		

Organization Process Focus	Process Management	Level 3: Defined
Organization Process Definition		
Organization Training		
Integrated Project Management	Project Management	
Risk Management		
Decision Analysis and Resolution	Support	
Organization Environment for Integration		
Integrated Teaming	Project Management	
Integrated Supplier Management		
Organizational Process Performance	Process Management	Level 4: Quantitatively Managed
Quantitative Project Management	Project Management	
Organizational Innovation and Development	Process Management	Level 5: Optimizing
Causal Analysis and Resolution	Support	

읽는 강의

3 SPICE 기출 2020년 3, 4회, 2021년 2회

① 소프트웨어 프로세스 평가를 위한 국제 표준을 제정하는 국제적인 표준화 프로젝트이다.

② CMM과 유사한 프로세스 평가를 위한 모델 제시 및 심사 과정을 제안한다.

③ SPICE(Software Process Improvement and Capability dEtermination)를 기준으로 한 심사와 평가가 양성된 심사원에 의해 이루어지고 있다.

④ 조직에 대한 평가이다.

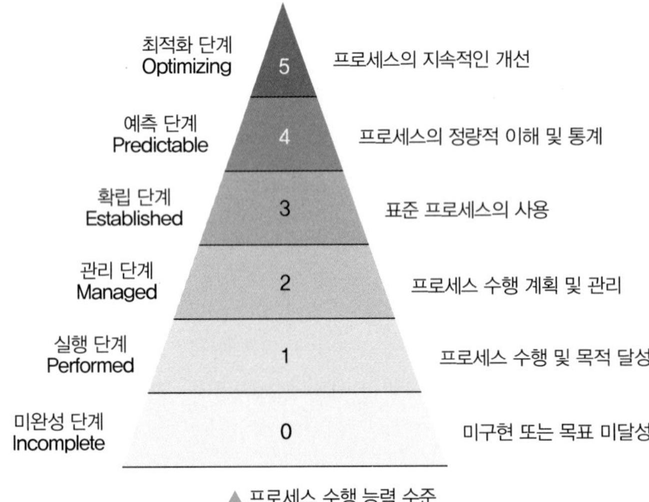

▲ 프로세스 수행 능력 수준

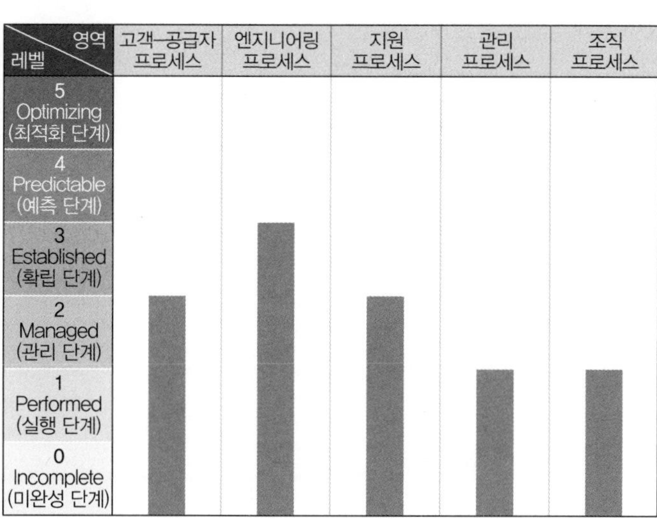

▲ 성숙도 단계와 프로세스 영역

읽는 강의

개념확인 문제

01 다음 중 CMM과 SPICE에 관한 설명으로 옳지 않은 것은?

① SPICE와 CMM의 평가 레벨은 다섯 단계로 같다.
② SPICE는 조직에 대한 평가이다.
③ CMM은 1차원적인 구조를 가지고 있는 평가모형이다.
④ CMM이나 SPICE의 결과는 ISO와 같은 인증을 목표로 한다.

기출 2020년 1,2회

02 CMM(Capability Maturity Model) 모델의 레벨로 옳지 않은 것은?

① 최적 단계
② 관리 단계
③ 정의 단계
④ 계획 단계

정답 & 해설

01 CMM의 평가 레벨은 다섯 단계이고, SPICE의 평가 레벨은 여섯 단계이다.

02 CMM 모델의 레벨: 수준 1(Initial, 초보 단계), 수준 2(Repeatable, 반복 단계), 수준 3(Definition, 정의 단계), 수준 4(Management, 관리 단계), 수준 5(Optimizing, 최적 단계)

| 정답 | 01 ① 02 ④

04 테일러링 개발 방법론

기출 키워드
- 소프트웨어 테일러링
- 소프트웨어 재사용 방법

출제 예상 키워드
- 소프트웨어 테일러링

읽는 강의

1 소프트웨어 테일러링 개요 기출 2022년 1회

(1) 소프트웨어 테일러링(Tailoring)의 정의

① 프로젝트 특성 및 상황에 적용하기 위해 기정의된 개발 방법론의 절차나 기법, 산출물 등을 수정 및 보완하여 적용하는 작업이다.

② **프로세스 테일러링**: 여러 다른 개발 환경하에서 개발되는 다양한 종류의 프로젝트에 일관된 하나의 개발 프로세스를 적용하기 어렵기 때문에 프로젝트의 특성에 적합한 프로세스를 적용해야 하고, 이를 위해 프로세스를 수정하는 과정을 말한다.

- 소프트웨어 테일러링은 프로젝트 수행 시 예상되는 변화도 고려하여 진행하여야 한다.

2 소프트웨어 테일러링의 필요성 기출 2020년 1, 2회

(1) 내부적 요건

① **목표 환경**: 시스템의 개발 유형 및 환경이 상이

② **요구 사항**: 프로젝트의 생명주기 활동 측면에서 개발/운영/유지보수 등 프로젝트에서 우선 고려할 요구사항이 필요

③ **프로젝트 규모**: 사업비, 참여 인력, 개발기간 등 규모별로 적용될 프로젝트 규모가 상이

④ **보유 기술**: 프로세스, 방법론, 산출물, 인력의 숙련도 등 상이

⑤ **내부 기준**: 납기/비용, 기술 환경, 구성원 능력

테일러링 개발 방법론의 내부 기준
기술 환경, 납기/비용, 구성원 능력

(2) 외부적 요건

① **법적 제약사항**: 프로젝트 별로 적용될 IT 컴플라이언스가 상이

② **표준 품질 기준**: 금융, 제조, 의료 업종별 표준 품질 기준이 상이하므로 방법론의 테일러링이 필요

3 테일러링 기법

(1) 규모와 복잡도에 따른 테일러링

① 프로젝트 기간, 작업 범위, 참여 인원

② **규모**: '대/중/소'로 구분

③ **복잡도**: '상/중/하'로 구분

(2) 프로젝트 구성원에 따른 테일러링

구성원의 기술적 성숙도, 방법론에 대한 이해 정도 파악 및 수준 결정

(3) 팀 내 방법론 지원에 따른 테일러링

팀 별로 방법론 및 모델링 지원 인력 선정하여 개별 교육

(4) 자동화에 따른 테일러링

① 중간 산출물 자동화 도구 사용

② 자동화는 보조적인 역할도 활용

3 테일러링의 절차

① **프로젝트 분석**: 프로젝트가 내포한 문제점과 향후 활용할 수 있는 정보를 수집 및 분석
② **범위 정의**: 분석 결과 기반 특화 프로세스 개발 시 집중적 개선 영역을 정의
③ **프로세스 확장**: 프로세스에 특화, 필요 부가 프로세스 추가
④ **프로세스 구성**: 실질적 요구사항 지원 시 적합 규모 구성
⑤ **프로세스 준비**: 프로젝트에서 효력 발휘 정의
⑥ **프로세스 공표**: 프로젝트 멤버에게 공표해 수시 참고
⑦ **프로세스 유지보수**: 다양한 이슈와 신규 도출 특성에 대응해 프로세스 지속 유지보수

더 알아보기 소프트웨어 재사용 방법 기출 2020년 3회

- 합성 중심(Composition-Based): 블록 구성 방법이며, 전자 칩과 같은 소프트웨어 부품, 즉 블록(모듈)을 만들어서 끼워 맞추는 방법으로 소프트웨어를 완성시키는 재사용 방법이다.
- 생성 중심(Generation-Based): 패턴 구성 방법이며, 추상화 형태로 써진 명세를 구체화하여 프로그램을 만드는 방법이다.

읽는 강의

- 서비스 지향 아키텍처 기반 애플리케이션 구성 층: 프로세스층, 비지니스층, 표현층

개념확인 문제

기출 2020년 1,2회

01 테일러링(Tailoring) 개발 방법론의 내부 기준에 해당하지 않는 것은?

① 납기/비용
② 기술 환경
③ 구성원 능력
④ 국제 표준 품질 기준

정답 & 해설

01 • 내부적 요건
테일러링 개발 방법론의 내부 기준에는 납기/비용, 기술 환경, 구성원 능력 등이 있다.

| 정답 | 01 ④

개념적용 문제

01 소프트웨어의 생명주기 모형

01 난이도 상중하

폭포수 모형(Waterfall Model)의 진행 단계를 순서대로 바르게 나열한 것은?

ㄱ. 요구분석
ㄴ. 유지보수
ㄷ. 시험
ㄹ. 구현
ㅁ. 설계

① ㄱ－ㅁ－ㄷ－ㄹ－ㄴ
② ㅁ－ㄱ－ㄹ－ㄷ－ㄴ
③ ㅁ－ㄱ－ㄷ－ㄹ－ㄴ
④ ㄱ－ㅁ－ㄹ－ㄷ－ㄴ

02 난이도 상중하 2021년 3회

생명주기 모형 중 가장 오래된 모형으로 많은 적용 사례가 있지만 요구사항의 변경이 어렵고 각 단계의 결과가 확인 되어야 다음 단계로 넘어갈 수 있는 선형 순차적, 고전적 생명주기 모형이라고도 하는 것은?

① Waterfall Model
② Prototype Model
③ Cocomo Model
④ Spiral Model

03 난이도 상중하

소프트웨어 개발 프로세스 모형에 대한 설명으로 옳은 것은?

① 폭포수(Waterfall) 모델은 개발 초기 단계에 시범 소프트웨어를 만들어 사용자에게 경험하게 함으로써 사용자 피드백을 신속하게 제공할 수 있다.
② 프로토타입(Prototyping) 모델은 개발이 완료되고 사용 단계에 들어서야 사용자 의견을 반영할 수 있다.
③ 익스트림 프로그래밍(Extreme Programming)은 1950년대 항공 방위 소프트웨어 시스템 개발 경험을 토대로 처음 개발되어 1970년대부터 널리 알려졌다.
④ 나선형(Spiral) 모델은 위험 분석을 해나가면서 시스템을 개발한다.

04 난이도 상중하

V－모형은 폭포수 모형에 테스트와 검증을 강조한 것이다. V－모형의 단계를 ㉠ ～ ㉥까지 순서대로 바르게 나열한 것은?

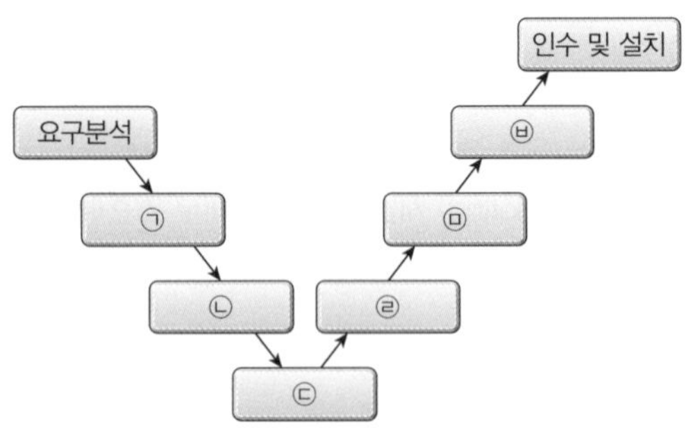

① 시스템 설계 → 상세 설계 → 코딩 → 단위 테스트 → 통합 테스트 → 시스템 테스트
② 시스템 설계 → 시스템 테스트 → 상세 설계 → 통합 테스트 → 코딩 → 단위 테스트
③ 시스템 테스트 → 통합 테스트 → 단위 테스트 → 코딩 → 상세 설계 → 시스템 설계
④ 시스템 테스트 → 시스템 설계 → 통합 테스트 → 상세 설계 → 단위 테스트 → 코딩

05 난이도 상중하 2021년 3회

소프트웨어 생명주기 모형 중 Spiral Model에 대한 설명으로 틀린 것은?

① 비교적 대규모 시스템에 적합하다.
② 개발 순서는 계획 및 정의, 위험 분석, 공학적 개발, 고객 평가 순으로 진행된다.
③ 소프트웨어를 개발하면서 발생할 수 있는 위험을 관리하고 최소화하는 것을 목적으로 한다.
④ 계획, 설계, 개발, 평가의 개발 주기가 한 번만 수행된다.

02 프로젝트 개발비용 산정

06 난이도 상중하

소프트웨어 규모를 예측하기 위한 기능 점수(Function Point)를 산정할 때 고려하지 않는 것은?

① 내부 논리 파일(Internal Logical File)
② 외부 입력(External Input)
③ 외부 조회(External inQuiry)
④ 원시 코드 라인 수(Line Of Code)

07 난이도 상중하 2021년 3회

COCOMO Model 중 기관 내부에서 개발된 중소규모의 소프트웨어로 일괄 자료 처리나 과학기술 계산용, 비즈니스 자료 처리용으로 5만 라인 이하의 소프트웨어를 개발하는 유형은?

① Embeded
② Organic
③ Semi-detached
④ Semi-embeded

정답 & 해설

01 소프트웨어의 생명주기 모형 〉 폭포수 모형
폭포수 모형(Waterfall Model)의 진행 단계: 계획 → 요구분석 → 설계 → 구현 → 시험 → 운영/유지보수

02 소프트웨어의 생명주기 모형 〉 폭포수 모형
① 폭포수 모형(Waterfall Model)에 대한 설명이다.

03 소프트웨어의 생명주기 모형 〉 나선형 모형
오답 해설
① 폭포수 모델은 분석 단계에서 사용자들이 요구한 사항들이 잘 반영되었는지를 개발이 완료 전까지는 사용자가 볼 수 없으며, 그 이후에 사용자의 의견을 반영할 수 있다.
② 프로토타입 모델은 개발 초기 단계에 시범 소프트웨어를 만들어 사용자에게 경험하게 함으로써 사용자 피드백을 신속하게 제공할 수 있다.

04 소프트웨어의 생명주기 모형 〉 V-모형
① V-모형의 작업 순서: 요구분석→ 시스템 설계 → 상세 설계 → 코딩 → 단위 테스트 → 통합 테스트 → 시스템 테스트→ 인수/설치
• V-모형
- 폭포수 모델에 시스템 검증과 테스트 작업을 강조한 것이다.
- 높은 신뢰성이 요구되는 분야에 적합하다.
- 장점: 모든 단계에 검증과 확인 과정이 있어 오류를 줄일 수 있다.
- 단점: 생명주기의 반복을 허용하지 않아 변경을 다루기가 쉽지 않다.

05 소프트웨어의 생명주기 모형 〉 나선형 모형
④ 나선형 모형(Spiral Model)은 폭포수 모델과 프로토타이핑 모델의 장점을 수용하고, 새로운 요소인 위험 분석을 추가한 진화적 개발 모델이다. 계획 수립, 위험 분석, 개발, 사용자 평가의 과정을 반복적으로 수행한다.

06 프로젝트 개발비용 산정 〉 수학적 산정 방법
기능 점수(Function Point) 산정 시 고려 요소: 외부 입력(EI: External Input), 외부 출력(EO: External Output), 외부 조회(EQ: External inQuiry), 내부 논리 파일(ILF: Internal Logical File), 외부 연계 파일(EIF: External Interface File)

07 프로젝트 개발비용 산정 〉 수학적 산정 방법
② 유기적(Organic Model): 5만 라인 이하로 소규모 팀이 수행할 수 있는 아주 작고 간단한 소프트웨어 프로젝트에 적용된다.

| 정답 | 01 ④ 02 ① 03 ④ 04 ① 05 ④ 06 ④ 07 ②

08 난이도 상 중 하

다음 중 소프트웨어 개발 팀 구성에 대한 설명으로 옳지 않은 것은?

① 중앙집중식 팀 구성은 구성원이 한 관리자의 명령에 따라 일하고 결과를 보고하는 방식을 취한다.

② 중앙집중식 팀은 한 사람에 의하여 통제할 수 있는 비교적 소규모 문제에 적합하다.

③ 분산형 팀 구성은 의사교환을 위한 비용이 크고 개개인의 생산성을 떨어뜨린다.

④ 분산형 팀의 의사교환 경로는 계층적(Hierarchical)이다.

09 난이도 상 중 하

2021년 3회

S/W 각 기능의 원시 코드 라인 수의 비관치, 낙관치, 기대치를 측정하여 예측치를 구하고 이를 이용하여 비용을 산정하는 기법은?

① Effort Per TSK 기법

② 전문가 감정 기법

③ 델파이 기법

④ LOC 기법

03 국제 표준 제품 품질 특성

10 난이도 상 중 하

CMMI(Capability Maturity Model Integration)의 성숙도 모델에서 표준화된 프로젝트 프로세스가 존재하나 프로젝트 목표 및 활동이 정량적으로 측정되지 못하는 단계는?

① 관리(Managed) 단계

② 정의(Defined) 단계

③ 초기(Initial) 단계

④ 최적화(Optimizing) 단계

정답&해설

08 프로젝트 개발비용 산정 〉 소프트웨어 개발 팀 구성

계층적인 팀조직은 혼합형 또는 통제형 팀이다. 초보자와 경험자를 분리하여 경험자는 초보자에게 작업을 지시하고, 초보자는 지시에 따라 작업을 하고 경험자에 보고하는 형식으로 대규모 프로젝트에 적합하다. 그리고 모든 구성원은 상하좌우 구성원들과 유기적인 관계를 갖는다.

09 프로젝트 개발비용 산정 〉 상향식 산정 방법

④ LOC(원시 코드 라인 수) 기법에 대한 설명이다.

10 국제 표준 제품 품질 특성 〉 CMMI

- 표준화된 프로젝트 프로세스가 존재하나 프로젝트 목표 및 활동이 정량적으로 측정되지 못하는 단계는 3레벨인 정의(Defined) 단계이다.
- CMMI의 단계적 모델

단계적 모델	
Level 1	Initial
Level 2	Managed
Level 3	Defined
Level 4	Quantitatively Managed
Level 5	Optimizing

| 정답 | 08 ④ 09 ④ 10 ②

Chapter

03 IT 프로젝트 정보시스템 구축관리

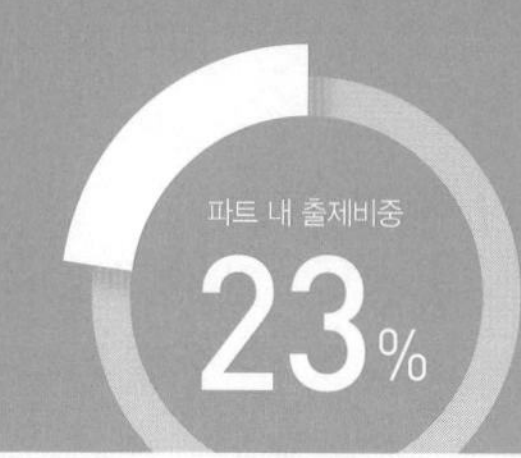

반복이 답이다! □ 1회독 월 일 □ 2회독 월 일 □ 3회독 월 일

01 네트워크 구축관리

읽는 강의

기출 키워드
- 라우터
- MQTT
- RIP
- OSPF
- 네트워크 구성 형태

출제 예상 키워드
- 네트워크의 구성 형태
- 스위치

1 네트워크 장비

(1) 라우터(Router) 기출 2021년 2회

① 컴퓨터 네트워크 간에 데이터 패킷을 전송하는 네트워크 장치로 패킷의 위치를 추출하여 그 위치에 대한 최적의 경로를 지정하며, 이 경로에 따라 데이터 패킷을 다음 장치로 전달한다.

② 라우터를 이용해서 복잡한 인터넷상에서 원하는 목적지로 데이터를 보낼 수 있으며, 원하는 곳의 데이터를 가져올 수도 있다.

③ 네트워크 계층에서 망을 연결하고, 라우팅 알고리즘을 이용하여 최적의 경로를 선택하여 패킷을 전송한다.

(2) 스위치(Switch)

① 처리 가능한 패킷의 숫자가 큰 것으로, 네트워크 단위들을 연결하는 통신 장비로서 소규모 통신을 위한 허브보다 전송 속도가 개선된 것이다.

② 스위치는 일반적으로 스위칭 허브를 말하며, 더미 허브의 가장 큰 문제점인 LAN을 하나의 세그먼트로 묶어버린다는 점을 해결하기 위해서 세그먼트를 여러 개로 나누어 준다.

③ A 호스트에서 B 호스트로 패킷을 보내려고 할 때, 더미 허브는 허브에 연결된 모든 호스트에 패킷을 복사해서 보내지만 스위칭 허브는 B 호스트에게만 패킷을 보낸다.

④ 스위칭 허브는 MAC 주소를 이용해서 어느 세그먼트로 패킷을 보내야 할지를 결정할 수 있으며, 이를 위해서 맥 테이블(MAC table)을 메모리에 저장하여 기능을 수행한다.

SDN (Software Defined Networking)
네트워크를 제어부, 데이터 전달부로 분리하여 네트워크 관리자가 보다 효율적으로 네트워크를 제어, 관리할 수 있는 기술이다. 기존의 라우터, 스위치 등과 같이 하드웨어에 의존하는 네트워크 체계에서 안정성, 속도, 보안 등을 소프트웨어로 제어, 관리하기 위해 개발되었다. 네트워크 장비의 펌웨어 업그레이드를 통해 사용자의 직접적인 데이터 전송 경로 관리가 가능하고, 기존 네트워크에는 영향을 주지 않으면서 특정 서비스의 전송 경로 수정을 통하여 인터넷상에서 발생하는 문제를 처리할 수 있다.

(3) 멀티 레이어 스위치

① 멀티 레이어 스위치는 스위치 자체가 레이어2 장비였는데 비하여 상위 계층으로 점점 올라가면서 TCP, UDP 등의 프로토콜에 대한 컨트롤 역할을 수행하게 되면서 트래픽 제어 등의 기능이 추가되었다.

② L2(Layer 2) 스위치를 그냥 스위치라고 부르며, L3 스위치는 허브와 라우터의 역할, 즉 스위칭 허브에 라우팅 기능을 추가한 장비이고, L4 스위치는 서버나 네트워크의 트래픽을 로드밸런싱하는 기능을 포함한 장비이다.

(4) 브리지(Bridge)

① 브리지는 하나의 네트워크 세그먼트를 2개 이상으로 나누어서 관리하기 위해서 만든 장비이다.

② 하나로 통합해서 관리하기 위한 허브와 비교될 수 있다.

③ 데이터링크 계층에서 망을 연결하며 패킷을 적절히 중계하고 필터링하는 장치이다.

(5) 허브(Hub)

① 허브는 일반적으로 더미 허브를 말하며, 허브 본래의 목적에 충실한 허브이다.

② A 호스트가 B 호스트에게 메시지를 보내고자 할 때, 메시지는 허브로 전달되고, 허브는 허브에 연결된 모든 호스트에게 메시지를 전달한다. 만일 수신자가 아닌 호스트가 메시지를 받은 경우 자신에게 보내어진 패킷이 아니라면 이 패킷은 버려지고, 그렇지 않을 경우, 최종적으로 애플리케이션 계층까지 전달될 것이다.

(6) 리피터(Repeater)

① LAN 영역에서 다른 LAN 영역을 서로 연결하기 위한 목적으로 사용된다.

② 2개의 LAN 영역을 하나의 LAN 영역으로 통합하고자 할 때 발생하는 문제는 데이터가 전달되어야 하는 망이 길어진다는 문제가 있는데, 이에 따라서 데이터 전송 매체인 전기적 신호가 감쇠되거나 잡음이 생길 수 있으므로 신호 감쇠와 잡음을 처리하기 위한 장치를 필요로 하게 된다. 이러한 일을 해주는 네트워크 세그먼트 간 연결 장치가 리피터이다.

(7) 게이트웨이(Gateway)

① 컴퓨터 네트워크에서 서로 다른 통신망, 프로토콜을 사용하는 네트워크 간의 통신을 가능하게 하는 컴퓨터나 소프트웨어를 두루 일컫는 용어이다. 즉, 다른 네트워크로 들어가는 입구 역할을 하는 네트워크 포인트이다.

② 게이트웨이는 서로 다른 네트워크(이기종 네트워크)를 연결해 준다. 서로 다른 네트워크의 프로토콜이 다를 경우에 중재 역할을 할 수 있다.

더 알아보기 MQTT(Message Queuing Telemetry Transport) 기출 2021년 1, 3회

TCP/IP 기반 네트워크에서 동작하는 발행-구독 기반의 메시징 프로토콜로 최근 IoT 환경에서 자주 사용되고 있는 프로토콜이다.

더 알아보기 OSI 7 계층과 TCP/IP 프로토콜에서의 캡슐화

OSI 7 Layer	Data(PDU)		TCP/IP 4 Layer
Application	Message		Application
Presentation			
Session			
Transport	Segment	TCP Header	Transport
Network	Packet(Datagram)	IP Header	Internet
Data Link	Frame	Frame Header	Network Access
Physical	Bit(Signal)		

2 라우팅 프로토콜

(1) 라우팅 목표

모든 목적지로의 가장 좋은 전송 경로를 찾기 위함이다.

(2) 가장 좋은 경로

경로상의 데이터 통신망 링크를 통과하는 비용의 합이 가장 작은 경로이다.

(3) 라우팅 프로토콜

① 라우팅 테이블의 효율적인 설정과 갱신을 위해 라우터 상호 간에 교환하는 메시지의 종

읽는 강의

Zing

기기를 키오스크에 갖다 대면 원하는 데이터를 바로 가져올 수 있는 기술로 10㎝ 이내 근접 거리에서 기가급 속도로 데이터 전송이 가능한 초고속 근접무선통신(NFC: Near Field Communication) 기술이다.

류, 교환 절차, 메시지 수신 시의 행위 규정이라 할 수 있다.

② 자치 시스템(AS: Autonomous System) 내에 운영되는 라우팅 프로토콜을 IGP라고 하며, AS 간에 라우팅 정보를 교환하기 위한 프로토콜을 EGP라고 한다.

③ **자치 시스템**: 인터넷상의 개별적인 라우팅 단위(ISP, 대형 기관 등)이며, 전체 인터넷을 여러 개의 AS로 나누고, 각 라우터는 자신의 AS 내의 라우팅 정보만 유지한다. (AS 간 라우팅은 각 AS의 대표 라우터들 간에 이루어진다.)

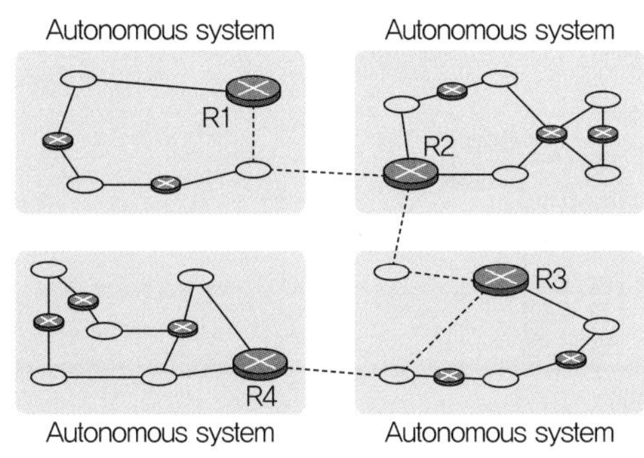

▲ AS 구성도

(4) 내부 라우팅과 외부 라우팅으로의 분류

① **내부 라우팅(Interior Routing)**: AS 내의 라우팅

- RIP(Routing Information Protocol)
- OSPF(Open Shortest Path First)
- IGRP(Interior Gateway Routing Protocol)
- EIGRP(Enhanced Interior Gateway Routing Protocol)
- IS-IS(Intermediate System-to-Intermediate System)

② **외부 라우팅(Exterior Routing)**: AS 간 라우팅

- BGP(Border Gateway Protocol)

(5) RIP(Routing Information Protocol) 기출 2020년 1, 2, 3회, 2022년 2회

① 대표적인 내부 라우팅 프로토콜이며, 가장 단순한 라우팅 프로토콜이다.

② Distance-vector 라우팅을 사용하며, hop count를 메트릭으로 사용한다.

- Distance vector Routing: 두 노드 사이의 최소 비용 경로의 최소 거리를 갖는 경로이며, 경로를 계산하기 위해 Bellman-Ford 알고리즘을 사용한다.

③ RIP의 경우 자신의 라우터에서 15개 이상의 라우터를 거치는 목적지의 경우 unreachable(갈 수 없음)로 정의하고, 데이터를 보내지 못하기 때문에 커다란 네트워크에서 사용하기는 무리가 있다.

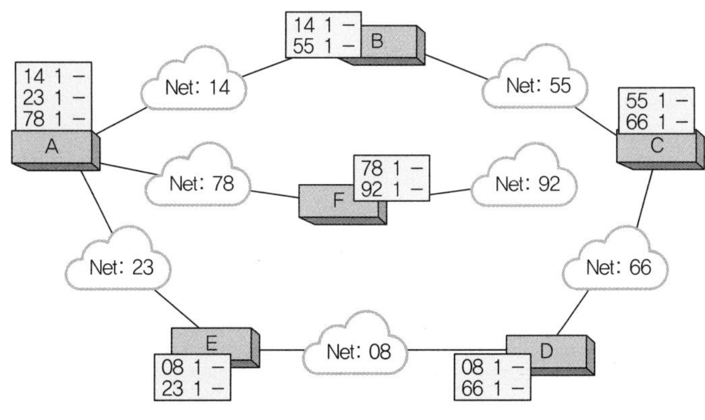

▲ RIP 초기 라우팅 테이블

읽는 강의

IGRP(Interior Gateway Routing Protocol)
시스코사의 고유 프로토콜이며, RIP의 단점을 개선하여 15홉 이상의 인터네트워크를 지원할 수 있다는 것과 매트릭 계산 요소를 개선했다.

EIGRP(Enhanced Interior Gateway Routing Protocol)
IGRP의 기능을 확장한 것으로 기업 및 기관의 내부 라우팅을 관리하기 위해 사용되는 라우팅 프로토콜이다.

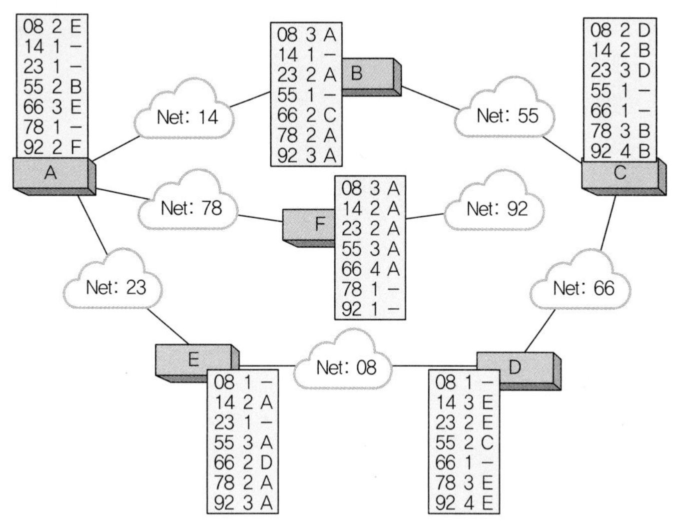

▲ RIP 최종 라우팅 테이블

(6) OSPF(Open Shortest Path First) 기출 2021년 2회

① Link State Routing 기법을 사용하며, 전달 정보는 인접 네트워크 정보를 이용한다.

② 모든 라우터로부터 전달받은 정보로 네트워크 구성도를 생성한다.

③ Link State Routing: 모든 노드가 전체 네트워크에 대한 구성도를 만들어서 경로를 구한다. 최적 경로 계산을 위해서 Dijkstra's 알고리즘을 이용한다.

(7) BGP(Border Gateway Protocol)

① 대표적인 외부 라우팅 프로토콜이며, Path Vecter Routing을 사용한다.

② Path Vecter Routing: 네트워크에 해당하는 next router와 path가 매트릭에 들어 있으며, path에 거쳐 가는 AS 번호를 명시한다.

3 네트워크의 구성 형태 기출 2022년 2회

(1) 성형 네트워크

① 중앙에 서버 컴퓨터가 모든 클라이언트를 관리하는 방식이며, 중앙 컴퓨터와 터미널의 연결은 각각 개별로 하기 때문에 통신 회선 비용이 많이 소요된다.

② 중앙 컴퓨터가 고장나면 모든 터미널이 마비되는 단점이 있으며, 업무 집중 시에는 반응 시간이 느리고 중앙 컴퓨터의 변경 및 확장이 어렵다.

(2) 버스형 네트워크 기출 2020년 4회, 2021년 1회

① 한 개의 통신 회선에 여러 대의 터미널 장치가 연결되고, 각 터미널 간의 통신은 공동의 통신 회선을 통해 이루어진다.

② 터미널 장치가 고장 나더라도 통신망 전체에 영향을 주지 않으므로 신뢰성이 높으며, 데이터가 통신 회선에 보내지면 모든 장치에서 수신 가능하기 때문에 목적지를 알 수 있는 정보가 포함되어야 한다.

③ 전송 회선이 단절되면 전체 네트워크가 중단되는 단점이 있지만, 회선비용이 최소이다.

(3) 링형(루프형) 네트워크

① 링과 같은 원형의 형태로 이웃하는 노드와 연결한 형태의 네트워크이다.

② 설치와 재구성이 쉬우며 장애가 발생하는 호스트를 쉽게 찾을 수 있다.

③ 기본적인 링형 네트워크는 단방향 전송이기 때문에 링에 결함이 발생하면 전체 네트워크를 사용할 수 없다. 이를 해결하기 위해 이중 링(FDDI: Fiber Distributed Data Interface)을 사용한다.

읽는 강의

(4) 트리형(계층형 네트워크)

① 처리 능력을 가지고 있는 여러 개의 처리 센터가 존재하며, 신속한 처리를 위한 프로세서의 공유 정보의 공유 목적하에 구성된 구조이다.

② 변경 및 확장에 융통성이 있으며, 허브 장비를 필요로 한다.

(5) Mesh형(망형) 네트워크

① 보통 공중 데이터 통신 네트워크에서 주로 사용되며, 통신 회선의 총 경로가 다른 네트워크에 비해 가장 길다.

② 노드(Node)의 연결성이 높고, 많은 단말기로부터 많은 양의 통신을 필요로 하는 경우에 유리하지만, 비용이 많이 든다.

■ 네트워크의 구성 형태

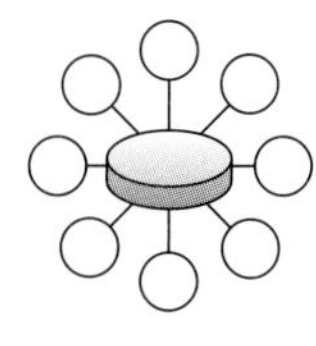
▲ 성형

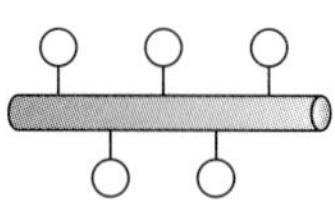
▲ 버스형

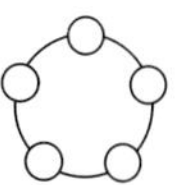
▲ 링형

개념확인 문제

기출 2010년 전산직

01 네트워크 통신 장치들에 대한 설명으로 옳지 않은 것은?

① 리피터(Repeater)는 네트워크 각 단말기를 연결시키는 집선 장치로 일종의 분배기 역할을 한다.

② 브리지(Bridge)는 데이터링크 계층에서 망을 연결하며 패킷을 적절히 중계하고 필터링하는 장치이다.

③ 라우터(Router)는 네트워크 계층에서 망을 연결하고, 라우팅 알고리즘을 이용하여 최적의 경로를 선택하여 패킷을 전송한다.

④ 게이트웨이(Gateway)는 두 개의 서로 다른 형태의 네트워크를 상호 연결시켜 주는 관문 역할을 하는 장치이다.

기출 2020년 1,2회

02 최대 홉 수를 15로 제한한 라우팅 프로토콜은?

① RIP

② OSPF

③ Static

④ EIGRP

정답 & 해설

01 ① 허브(Hub)에 대한 설명이다.

02 • RIP(Routing Information Protocol)
- 거리 벡터(Distance-Vector) 방식을 사용하는 라우팅 프로토콜이다.
- 목적지 네트워크까지 도달하는데 몇 개의 라우터를 거치는가를 나타내는 홉(Hop) 카운트를 사용하는데 최대 15홉 이하 규모의 네트워크를 주요 대상으로 한다.
- 최적의 경로를 산출하기 위한 정보로서 홉(거리 값)만을 고려하므로, RIP를 선택한 경로가 최적의 경로가 아닌 경우가 많이 발생할 수 있다.

| 정답 | 01 ① 02 ①

02 서버 장비 운영

읽는 강의

기출 키워드
- DAS
- SAN
- SDS

출제 예상 키워드
- 보안 운영체제의 보안 기능

1 보안 운영체제

(1) 보안 운영체제(Secure OS)의 특징

① 기존 운영체제의 보안상의 결함으로 인한 각종 침해로부터 시스템을 보호하기 위하여 기존의 운영체제 내에 보안 기능을 통합시킨 보안 커널을 추가적으로 이식한 운영체제이다.

② 보안 커널을 통해 사용자의 모든 접근 행위가 안전하게 통제되는 것을 목적으로 한다.

(2) 보안 운영체제의 보안 기능

① **사용자 식별 및 인증**: 접근 통제가 사용자의 신분 증명에 의해 이루어질 경우 정확한 신분 증명을 위해 보안 운영체제는 개별 사용자의 안전한 식별을 요구하며, 각각의 사용자는 고유하게 식별될 수 있어야 한다.

② 강제적 접근 통제와 임의적 접근 통제

③ **객체 재사용 보호**: 사용자가 새로운 파일을 작성하려고 할 때, 이를 위한 기억장치의 공간이 할당된다. 할당되는 기억공간에는 이전의 데이터가 삭제되지 않고 존재하는 경우가 많은데, 이러한 데이터를 통해 비밀 데이터가 노출될 수도 있다.

④ **완전한 조정**: 모든 접근을 통제한다.

⑤ **안전한 경로**: 패스워드 설정 등 보안 관련 작업 시 안전한 통신을 제공한다.

⑥ 감사 및 감사 기록 축소

⑦ 침입 탐지

더 알아보기 사용자 인터페이스 보안(User Interface Security)

운영체제가 사용자의 신원을 확인한 후, 권한이 있는 사용자에게만 시스템의 프로그램과 데이터를 사용할 수 있게 하는 방법이다.

2 저장 서버 방식

(1) NAS(Network-Attached Storage)

① 컴퓨터 네트워크에 연결된 파일 수준의 컴퓨터 기억장치로, 서로 다른 네트워크 클라이언트에 데이터 접근 권한을 제공한다.

② 네트워크에 연결된 파일 수준의 데이터 저장 서버로, 네트워크상의 다른 기기들에게 파일 기반 데이터 저장 서비스를 제공한다. NAS 시스템 상에 다른 소프트웨어를 구동시킬 수도 있지만 일반 서버처럼 사용되지는 않기 때문에 키보드나 디스플레이를 가지고 있지 않으며 네트워크를 통해 제어 및 설정 작업을 수행한다.

(2) DAS(Direct Attached Storage) 기출 2022년 1회

① 데이터 서버와 외장형 저장장치를 전용 케이블로 직접 접속하는 방법이다.

② 스토리지 상에 파일 시스템 영역을 할당하여 애플리케이션 서버가 각자의 파일 시스템을 관리한다.

(3) SAN(Storage Area Network) 기출 2021년 2회

① DAS와 NAS의 단점을 해결한 발전된 스토리지 형태이다.

② DAS의 장점이 되는 전용 케이블로 물리적 직접 연결을 하고, NAS처럼 네트워크를 활용한다.

③ 스토리지와 서버는 SAN, 서버와 클라이언트는 LAN으로 연결. 여러 대의 서버를 하나의 스토리지에 광케이블로 연결하고 전용 네트워크를 통해 파일을 공유한다.

더 알아보기 SDS(Software Defined Storage) 기출 2021년 3회

- 가상화를 적용하여 필요한 공간만큼 나눠 사용할 수 있도록 하며 서버 가상화와 유사하다.
- 컴퓨팅 소프트웨어로 규정하는 데이터 스토리지 체계이며, 일정 조직 내 여러 스토리지를 하나처럼 관리하고 운용하는 컴퓨터 이용 환경이다.
- 스토리지 자원을 효율적으로 나누어 쓰는 방법으로 이해할 수 있다.

읽는 강의

개념확인 문제

기출 2019년 3회

01 보안 유지 방식 중 운영체제가 사용자의 신원을 확인한 후, 권한이 있는 사용자에게만 시스템의 프로그램과 데이터를 사용할 수 있게 하는 방법은?

① 사용자 인터페이스 보안
② 내부 보안
③ 시설 보안
④ 운용 보안

02 다음 설명의 정보보안 침해 공격 관련 용어는?

> 컴퓨터 네트워크에 연결된 파일 수준의 컴퓨터 기억장치로, 서로 다른 네트워크 클라이언트에 데이터 접근 권한을 제공한다.

① Storage
② C-brain
③ Ransomware
④ NAS

정답 & 해설

01 사용자 인터페이스 보안(User Interface Security): 운영체제가 사용자의 신원을 확인한 후, 권한이 있는 사용자에게만 시스템의 프로그램과 데이터를 사용할 수 있게 하는 방법이다.

02 NAS(Network-Attached Storage): 컴퓨터 네트워크에 연결된 파일 수준의 컴퓨터 기억장치로, 서로 다른 네트워크 클라이언트에 데이터 접근 권한을 제공한다. 네트워크에 연결된 파일 수준의 데이터 저장 서버로, 네트워크상의 다른 기기들에게 파일 기반 데이터 저장 서비스를 제공한다. NAS 시스템 상에 다른 소프트웨어를 구동시킬 수도 있지만 일반 서버처럼 사용되지는 않기 때문에 키보드나 디스플레이를 가지고 있지 않으며 네트워크를 통해 제어 및 설정 작업을 수행한다.

| 정답 | 01 ① 02 ④

03 IT 신기술

기출 키워드
- PaaS-TA
- JSON
- Hadoop
- N-Screen
- IT 용어

출제 예상 키워드
- 클라우드 컴퓨팅
- BaaS

1 유비쿼터스 컴퓨팅

(1) 유비쿼터스 컴퓨팅(Ubiquitous computing)의 개념

① 유비쿼터스(Ubiquitous)란 '언제 어디서나 존재한다' 또는 '편재한다'라는 의미를 가진 라틴어이다.

② 유비쿼터스 컴퓨팅은 전자공간과 물리공간을 연결해 주는 차세대 기반 컴퓨팅 기술 이동성, 인간성, 기능성 등에 따라 여러 가지 컴퓨팅 기술들로 구분될 수 있다.

(2) 유비쿼터스를 응용한 컴퓨팅 기술

① **웨어러블 컴퓨팅(Wearable Computing)**: 유비쿼터스 컴퓨팅 기술의 출발점으로서, 컴퓨터를 옷이나 안경처럼 착용할 수 있게 해줌으로써 컴퓨터를 인간의 몸의 일부로 여길 수 있도록 기여하는 기술이다.

② **임베디드 컴퓨팅(Embedded Computing)**: 사물에 마이크로칩(Microchip) 등을 심어 사물을 지능화하는 컴퓨팅 기술이다. 예를 들면 다리, 빌딩 등과 같은 건축물에다 컴퓨터 칩을 장착하여 안정성 진단이나 조치를 가능하게 한다.

③ **감지 컴퓨팅(Sentient Computing)**: 컴퓨터가 센서 등을 통해 사용자의 상황을 인식하여 사용자가 필요로 하는 정보를 제공해 주는 컴퓨팅 기술이다.

④ **노매딕 컴퓨팅(Nomadic Computing)**
- 노매딕 컴퓨팅 환경은 어떠한 장소에서건 이미 다양한 정보기기가 편재되어 있어, 사용자가 정보기기를 굳이 휴대할 필요가 없는 환경을 말한다.
- 사용자는 장소와 상관없이 일정한 사용자 인증을 거쳐 다양한 정보기기를 이용하여 동일한 데이터에 접근하여 사용할 수 있다.

⑤ **퍼베이시브 컴퓨팅(Pervasive Computing)**: 1998년 IBM을 중심으로 착안되었으며, 유비쿼터스 컴퓨팅과 비슷한 개념이다. 언제 어디서나 어떤 사물이든지 도처에 컴퓨터가 편재되도록 하여 현재의 전기나 가전제품처럼 일상화된다는 비전을 담고 있다.

⑥ **1회용 컴퓨팅(Disposable Computing)**: 1회용 종이처럼 한 번 쓰고 버릴 수 있는 수준의 싼값으로 만들 수 있는 컴퓨터 기술인데, 1회용 컴퓨터의 실현은 어떤 물건에라도 컴퓨터 기술의 활용을 지향한다.

⑦ **엑조틱 컴퓨팅(Exotic Computing)**: 스스로 생각하여 현실 세계와 가상 세계를 연계해 주는 컴퓨팅을 실현하는 기술이다.

2 클라우드 컴퓨팅

(1) 클라우드 컴퓨팅(Cloud Computing)의 개념

클라우드 컴퓨팅이란 인터넷 기술을 활용하여 '가상화된 IT 자원을 서비스'로 제공하는 컴퓨팅으로, 사용자는 IT 자원(소프트웨어, 스토리지, 서버, 네트워크)을 필요한 만큼 빌려서 사용하고, 서비스 부하에 따라서 실시간 확장성을 지원받으며, 사용한 만큼 비용을 지불하는 컴퓨팅이다.

(2) 클라우드 컴퓨팅의 특징

클라우드 컴퓨팅의 주요 특징은 인터넷상의 서버를 통한 데이터 저장·콘텐츠 사용 등 IT 관련 서비스를 사용자가 직접 소유·관리하는 기존의 방식과 달리, 사용자가 필요한 만큼의 자원을 제공받음으로써 소유(클라우드 제공자)와 관리(사용자)를 분리하는 방식이다.

읽는 강의

(3) 클라우드 컴퓨팅 서비스 분류

클라우드 컴퓨팅에서 제공하는 서비스는 제한적인 것은 아니지만 SaaS, PaaS, IaaS 세 가지를 가장 대표적인 서비스로 분류한다.

(4) 서비스 유형

① SaaS(Software as a Service)

- 애플리케이션을 서비스 대상으로 하는 SaaS는 클라우드 컴퓨팅 서비스 사업자가 인터넷을 통해 소프트웨어를 제공하고, 사용자가 인터넷상에서 이에 원격 접속해 해당 소프트웨어를 활용하는 모델이다.
- 클라우드 컴퓨팅 최상위 계층에 해당하는 것으로 다양한 애플리케이션을 다중 임대 방식을 통해 온디맨드 서비스 형태로 제공한다.

② PaaS(Platform as a Service)

- 사용자가 소프트웨어를 개발할 수 있는 토대를 제공해 주는 서비스이다.
- 운영체제나 하드웨어에 대한 제어는 서비스 제공자에 의해 제어된다.
- 클라우드 서비스 사업자는 PaaS를 통해 서비스 구성 컴포넌트 및 호환성 제공 서비스를 지원한다.

③ IaaS(Infrastructure as a Service): 서버 인프라를 서비스로 제공하는 것으로 클라우드를 통하여 저장장치 또는 컴퓨팅 능력을 인터넷을 통한 서비스 형태로 제공하는 서비스이다.

(5) 서비스 운용 형태

① Private Cloud: 기업 및 기관 내부에 클라우드 서비스 환경을 구성하여 내부자에게 제한적으로 서비스를 제공하는 형태이다.

② Public Cloud: 불특정 다수를 대상으로 하는 서비스로 여러 서비스 사용자가 이용하는 형태이다.

③ Hybrid Cloud: Public Cloud와 Private Cloud를 결합한 형태이다. 공유를 원하지 않는 일부 데이터 및 서비스에 대해 프라이빗 정책을 설정하여 서비스를 제공한다.

더 알아보기 PaaS-TA 기출 2021년 3회

국내 IT 서비스 경쟁력 강화를 목표로 개발되었으며 인프라 제어 및 관리 환경, 실행 환경, 개발 환경, 서비스 환경, 운영 환경으로 구성되어 있는 개방형 클라우드 컴퓨팅 플랫폼이다.

3 JSON(JavaScript Object Notation) 기출 2020년 1, 2회

① 속성-값 쌍(attribute-value pairs and array data types (or any other serializable value)) 또는 '키-값 쌍'으로 이루어진 데이터 오브젝트를 전달하기 위해 인간이 읽을 수 있는 텍스트를 사용하는 개방형 표준 형식이다.

② 비동기 브라우저/서버 통신(AJAX)을 위해, 넓게는 XML(AJAX가 사용)을 대체하는 주요 데이터 포맷이다.

③ JSON은 특히, 인터넷에서 자료를 주고받을 때 그 자료를 표현하는 방법으로 알려져 있다.

④ 웹과 컴퓨터 프로그램에서 용량이 적은 데이터를 교환하기 위해 데이터 객체를 속성-값의 쌍 형태로 표현하는 형식으로 자바스크립트를 토대로 개발된 형식이다.
⑤ 자료의 종류에 큰 제한은 없으며, 특히 컴퓨터 프로그램의 변수값을 표현하는 데 적합하다.

읽는 강의

4 Hadoop 기출 2020년 1, 2회

① 대량의 자료를 처리할 수 있는 큰 컴퓨터 클러스터에서 동작하는 분산 응용 프로그램을 지원하는 프리웨어 자바 소프트웨어 프레임워크이다.
② 오픈 소스를 기반으로 한 분산 컴퓨팅 플랫폼이며, 일반 PC급 컴퓨터들로 가상화된 대형 스토리지를 형성한다.
③ 다양한 소스를 통해 생성된 빅데이터를 효율적으로 저장하고 처리한다.

• Hadoop: High-Availability Distributed Object-Oriented Platform

더 알아보기 Sqoop(스쿱) 기출 2021년 2회

Hadoop(하둡)과 관계형 데이터베이스 간에 데이터를 전송할 수 있도록 설계된 도구이다.

5 N-Screen 기출 2020년 3, 4회, 2021년 2회

① PC, TV, 휴대폰에서 원하는 콘텐츠를 끊임없이 자유롭게 이용할 수 있는 서비스이다.
② 사용자가 구입한 콘텐츠를 사용자의 단말기가 아니라 서버에 저장되기 때문에 언제 어디서나 다양한 단말기로 이용할 수 있다.

6 IT 용어 정리 기출 2020년 1, 2, 3, 4회, 2022년 1, 2회

① Mashup: 웹에서 제공하는 정보 및 서비스를 이용하여 새로운 소프트웨어나 서비스, 데이터베이스 등을 만드는 기술이다. 즉, 각종 콘텐츠와 서비스를 융합하여 새로운 웹 서비스를 만들어 내는 것이다.
② Grayware: 악성 소프트웨어의 일종으로 정상 소프트웨어와 바이러스 소프트웨어의 중간에 속한다. 스파이웨어, 애드웨어, 트랙웨어, 기타 이상 악성코드나 공유웨어 등이 이에 해당된다.
③ Quantum Key Distribution(QKD, 양자 암호 키 분배): 양자 통신을 위해 비밀키를 분배·관리하는 기술이며, 광 링크를 통해 광자(빛의 양자 입자)를 전송하여 작동한다.
④ 디지털 트윈(Digital Twin): 물리적인 사물과 컴퓨터에 동일하게 표현되는 가상 모델로 실제 물리적인 자산 대신 소프트웨어로 가상화함으로써 실제 자산의 특성에 대한 정확한 정보를 얻을 수 있고, 자산 최적화, 돌발사고 최소화, 생산성 증가 등 설계부터 제조, 서비스에 이르는 모든 과정의 효율성을 향상시킬 수 있는 모델이다.
⑤ Mesh Networ(메시 네트워크): 네트워크를 이루고 있는 구조 중 하나로 그물 형태를 띠고 있는 네트워크 구조이다. 기존 무선 랜의 한계 극복을 위해 등장하였으며, 대규모 디바이스의 네트워크 생성에 최적화되어 차세대 이동 통신, 홈네트워킹, 공공 안전 등의 특수목적을 위한 새로운 방식의 네트워크 기술을 의미한다.
⑥ PICONET(피코넷): 여러 개의 독립된 통신장치가 UWB(Ultra Wideband) 통신 기술 또는 블루투스 기술을 사용하여 통신망을 형성하는 무선 네트워크 기술이다.
⑦ Data Mining(데이터 마이닝): 빅데이터 분석 기술 중 대량의 데이터를 분석하여 데이터 속에 내재되어 있는 변수 사이의 상호관계를 규명하여 일정한 패턴을 찾아내는 기법이다. 대용량 데이터에서 의미 있는 통계적 패턴이나 규칙, 관계를 찾아내 분석하여 유용하고 활용할 수 있는 정보를 추출하는 활동이다.

읽는 강의

⑧ **서비스 지향 아키텍처(SOA: Service Oriented Architecture) 기반 계층**
- 비즈니스 계층(Business Layer)
- 표현 계층(Presentation Layer)
- 프로세스 계층(Process Layer)
- 서비스 계층(Service Layer)
- 영속 계층(Persistency Layer)

⑨ **MapReduce**: 대용량 데이터를 분산 처리하기 위한 목적으로 개발된 프로그래밍 모델이다. 방대한 입력 데이터를 분할하여 여러 개의 머신들이 분산 처리하는 맵(Map) 함수 단계와 이를 다시 하나의 결과로 합치는 리듀스(Reduce) 함수 단계로 나뉜다.

⑩ **Cyberbullying**: 가상공간을 뜻하는 사이버(Cyber)와 집단 따돌림을 뜻하는 불링(Bullying)에서 생겨난 신조어로 사이버 공간에서 다른 사람을 괴롭히는 행위를 말한다.

⑪ **MQTT(Message Queuing Telemetry Transpor)**: 사물통신, 사물인터넷과 같이 대역폭이 제한된 통신 환경에 최적화하여 개발된 푸시 기술 기반의 경량 메시지 전송 프로토콜이다.

⑫ **Baas(Blockchain as a Service)**: 블록체인(Blockchain) 개발 환경을 클라우드로 서비스하는 개념이다. 블록체인 네트워크에 노드의 추가 및 제거가 용이하며, 블록체인의 기본 인프라를 추상화하여 블록체인 응용 프로그램을 만들 수 있는 클라우드 컴퓨팅 플랫폼이다.

⑬ **OTT(Over The Top)**: 인터넷을 통하여 TV, 영화 등 미디어 콘텐츠를 제공하는 서비스이다.

⑭ **SDDC(Software-Defined Data Center)**: 모든 컴퓨팅 인프라를 가상화하여 서비스하는 데이터센터이다.

⑮ **Wi-SUN**: 스마트 그리드 서비스를 제공하기 위한 와이파이 기반의 저전력 장거리 통신기술이다.

⑯ **스마트 그리드**: 전기 및 정보통신기술을 활용하여 전력망을 지능화, 고도화함으로써 고품질의 전력 서비스를 제공하고 에너지 이용 효율을 극대화하는 전력망이다.

⑰ **사물인터넷**: 인터넷을 기반으로 사물을 연결하여 정보를 상호 소통할 수 있도록 하는 지능형 기술 및 서비스이다.

⑱ **디지털 아카이빙**: 지속적으로 보존할 가치를 가진 디지털 객체를 장기간 관리하여 이후의 이용을 보장하는 활동이다.

⑲ **미디어 빅뱅**: 신문과 방송의 겸영, 방송과 통신의 융합은 물론 기술 진보에 따른 IPTV·스마트 TV 등 뉴미디어가 계속 등장하여 전체 미디어 산업이 재편되는 현상을 말한다.

⑳ **Zigbee**: IEEE 802.15.4를 기반으로 하며, 저속/저전력의 무선망을 위한 기술이다.

㉑ **Nmap(Network Mapper)**: 포트 스캐닝 툴이다.

㉒ **텐서플로(Tensor Flow)**: 구글 브레인팀이 제작하여 공개한 기계학습을 위한 오픈 소스 소프트웨어 라이브러리로 다양한 작업을 위한 데이터 흐름 프로그래밍 오픈 소스 라이브러리이다.

㉓ **Docker**: 컨테이너 응용 프로그램의 배포를 자동화하는 오픈 소스 엔진이다.

㉔ **Scrapy**: Python 기반의 웹 크롤링 프레임워크로, 웹 데이터 수집을 목표로 설계되었다.

㉕ **고가용성 솔루션(HACMP)**: 각 시스템 간 공유디스크를 중심으로 클러스터링으로 엮어 다수의 시스템을 동시에 연결할 수 있다.

㉖ **도커(Docker)**: 애플리케이션을 신속하게 구축, 테스트 및 배포할 수 있는 소프트웨어 플랫폼으로 컨테이너 응용프로그램의 배포를 자동화하는 오픈소스 엔진이다.

㉗ **포스퀘어(Foursquare)**: 위치 기반 소셜네트워크서비스로 장소를 선택하면 그 장소가 좋은지 그렇지 않은지 선택할 수 있다. 사용자가 어떤 장소나 지역을 방문할 때 자신의 위치를 지도상에 표시하고, 방문한 곳의 정보를 남길 수 있는 체크인 기능을 제공하는 소셜네트워크서비스(SNS)를 말한다.

㉘ **비컨(Beacon)**: 위치 정보를 전달하기 위해 어떤 신호를 주기적으로 전송하는 기기이다. 반경 50~70m 범위 안에 있는 사용자의 위치를 찾아 메시지 전송, 모바일 결제 등을 가능하게 해주는 스마트폰 근거리통신 기술이다

㉙ **맴리스터(Memristor)**: 메모리(memory)와 레지스터(resistor)의 합성어로 이전의 상태를 모두 기억하는 메모리 소자이다.

㉚ **원 세그(One Seg)**: 일본의 디지털 휴대 이동 방송 서비스 명칭이다.

㉛ **하이퍼바이저(Hypervisor)**: 호스트 컴퓨터로 다수의 운영체제를 동시에 실행하기 위한 논리적 플랫폼으로 게스트 운영체제와 그 운영체제에서 구동되는 프로그램을 실제 물리적 장치에서 분리하는 프로세스를 말한다.

읽는 강의

개념확인 문제

01 유비쿼터스 컴퓨팅 환경과 관련된 기술에 대한 설명으로 옳지 <u>않은</u> 것은?

① RFID 시스템은 태그(Tag), 안테나(Antenna), 리더기(Reader), 서버(Server) 등의 요소로 구성된다.
② 스마트 카드(Smart Card)는 마이크로프로세서, 카드 운영체제, 보안 모듈, 메모리 등을 갖춘 집적회로 칩(IC chip)이 내장된 플라스틱 카드이다.
③ 텔레매틱스(Telematics)는 증강현실(Augmented Reality)이 확장된 개념으로 사용자가 실세계 위에 가상 세계의 정보를 겹쳐 볼 수 있도록 구현한 기술이다.
④ 웨어러블 컴퓨팅(Wearable Computing)은 컴퓨터를 옷이나 안경처럼 착용할 수 있게 해주는 기술이다.

02 클라우드 컴퓨팅 환경에서 제공되는 서비스로 옳지 <u>않은</u> 것은?

① IaaS(Infrastructure as a Service)
② PaaS(Platform as a Service)
③ SaaS(Software as a Service)
④ OaaS(Operation as a Service)

기출 2021년 3회

03 국내 IT 서비스 경쟁력 강화를 목표로 개발되었으며 인프라 제어 및 관리 환경, 실행 환경, 개발 환경, 서비스 환경, 운영 환경으로 구성되어 있는 개방형 클라우드 컴퓨팅 플랫폼은?

① N20S
② PaaS−TA
③ KAWS
④ Metaverse

정답 & 해설

01 원격통신(Telecommunication)과 정보과학(Informatics)이 결합된 용어로, 통신 및 방송망을 이용하여 자동차 내에서 위치 추적, 인터넷 접속, 원격 차량 진단, 사고 감지, 교통 정보 및 홈 네트워크와 사무자동화 등이 연계된 서비스 등을 제공한다.

02 클라우드 컴퓨팅에서 제공하는 서비스는 제한적인 것은 아니지만 SaaS, PaaS, IaaS 세 가지를 가장 대표적인 서비스로 분류한다.

03 PaaS−TA에 대한 설명이다.

| 정답 | 01 ③ 02 ④ 03 ②

개념적용 문제

01 네트워크 구축관리

01 난이도 상 중 하

컴퓨터 네트워크에서 게이트웨이(Gateway)에 대한 설명으로 옳은 것은?

① 디지털 신호와 아날로그 신호 사이의 변환을 담당하는 장치이다.
② 디지털 신호를 멀리 전송할 수 있도록 신호를 증폭하는 역할을 한다.
③ 둘 이상의 LAN을 연결하여 하나의 네트워크로 연결해 주는 장치이며, 데이터링크 계층에서만 동작한다.
④ 서로 다른 통신 프로토콜을 사용하는 네트워크 사이를 연결하여 데이터를 교환할 수 있도록 하는 역할을 한다.

02 난이도 상 중 하

OSI 7계층에서 계층별로 사용하는 프로토콜의 데이터 단위는 다음 표와 같다. ㉠~㉢에 들어갈 내용을 바르게 연결한 것은?

계층	데이터 단위
트랜스포트(Transport) 계층	(㉠)
네트워크(Network) 계층	(㉡)
데이터링크(Datalink) 계층	(㉢)
물리(Physical) 계층	비트

	㉠	㉡	㉢
①	세그먼트	프레임	패킷
②	패킷	세그먼트	프레임
③	세그먼트	패킷	프레임
④	패킷	프레임	세그먼트

03 난이도 상 중 하 2021년 3회

TCP/IP 기반 네트워크에서 동작하는 발행-구독 기반의 메시징 프로토콜로 최근 IoT 환경에서 자주 사용되고 있는 프로토콜은?

① MLFQ
② MQTT
③ Zigbee
④ MTSP

04 난이도 상 중 하

인터넷에서 사용되는 경로 배정(Routing) 프로토콜 중에서 자율 시스템(Autonomous System) 내부에서의 경로 배정을 위해 사용되는 것만을 모두 고른 것은?

ㄱ. OSPF ㄴ. BGP ㄷ. RIP

① ㄱ, ㄴ
② ㄱ, ㄷ
③ ㄴ, ㄷ
④ ㄱ, ㄴ, ㄷ

02 서버 장비 운용

05 난이도 상 중 하 2021년 3회

다음에서 설명하는 IT 스토리지 기술은?

- 가상화를 적용하여 필요한 공간만큼 나눠 사용할 수 있도록 하며 서버 가상화와 유사함
- 컴퓨팅 소프트웨어로 규정하는 데이터 스토리지 체계이며, 일정 조직 내 여러 스토리지를 하나처럼 관리하고 운용하는 컴퓨터 이용 환경
- 스토리지 자원을 효율적으로 나누어 쓰는 방법으로 이해할 수 있음

① Software Defined Storage
② Distribution Oriented Storage
③ Network Architected Storage
④ Systematic Network Storage

03 IT 신기술

06 난이도 상 중 하

클라우드 컴퓨팅 서비스 모델과 이에 대한 설명이 바르게 짝지어진 것은?

ㄱ. 응용 소프트웨어 개발에 필요한 개발 요소들과 실행 환경을 제공하는 서비스 모델로서, 사용자는 원하는 응용 소프트웨어를 개발할 수 있으나 운영체제나 하드웨어에 대한 제어는 서비스 제공자에 의해 제한된다.
ㄴ. 응용 소프트웨어 및 관련 데이터는 클라우드에 호스팅되고 사용자는 웹 브라우저 등의 클라이언트를 통해 접속하여 응용 소프트웨어를 사용할 수 있다.
ㄷ. 사용자 필요에 따라 가상화된 서버, 스토리지, 네트워크 등의 인프라 자원을 제공한다.

	IaaS	PaaS	SaaS
①	ㄷ	ㄴ	ㄱ
②	ㄴ	ㄱ	ㄷ
③	ㄷ	ㄱ	ㄴ
④	ㄱ	ㄷ	ㄴ

정답&해설

01 네트워크 구축관리 〉 네트워크 장비
④ 게이트웨이(Gateway): 서로 다른 통신 프로토콜을 사용하는 네트워크 사이를 연결하여 데이터를 교환할 수 있도록 하는 역할을 한다.

오답 해설
① MODEM에 대한 설명이다.
② Repeater에 대한 설명이다.
③ Bridge에 대한 설명이다.

02 네트워크 구축관리 〉 네트워크 장비
- OSI 7 계층과 TCP/IP 프로토콜에서의 캡슐화

OSI 7 Layer	Data		TCP/IP 4 Layer
Application	Message		Application
Presentation			
Session			
Transport	Segment	TCP Header	Transport
Network	Packet(Datagram)	IP Header	Internet
DataLink	Frame	Frame Header	Network Access
Physical	Bit(Signal)		

03 네트워크 구축관리 〉 네트워크 장비
② MQTT(Message Queuing Telemetry Transport): TCP/IP 기반 네트워크에서 동작하는 발행-구독 기반의 메시징 프로토콜로 최근 IoT 환경에서 자주 사용되고 있는 프로토콜이다.

04 네트워크 구축관리 〉 라우팅 프로토콜
- 자율 시스템 내부 라우팅 종류
  - RIP(Routing Information Protocol)
  - OSPF(Open Shortest Path First)
  - IGRP(Interior Gateway Routing Protocol)
  - EIGRP(Enhanced Interior Gateway Routing Protocol)
  - IS-IS(Intermediate System-to-Intermediate System)
- 자율 시스템 간의 라우팅 종류
  - BGP(Border Gateway Protocol)

05 서버 장비 운영 〉 저장 서버 방식
① SDS(Software Defined Storage)에 대한 설명이다.

06 IT 신기술 〉 클라우드 컴퓨팅
- IaaS(Infrastructure as a Service): 서버, 스토리지, 데이터베이스 등과 같은 시스템이나 서비스를 구축하는데 필요한 IT 자원을 제공하는 인프라 서비스이다. (ㄷ)
- PaaS(Platform as a Service): SaaS의 개념을 개발 플랫폼에도 확장한 개념이며, 개발을 위한 플랫폼을 구축할 필요 없이 필요한 개발 요소들을 웹에서 쉽게 빌려 쓸 수 있게 하는 서비스이다. (ㄱ)
- SaaS(Software as a Service): 사용자가 소프트웨어를 설치하는 것이 아니라 서비스 제공자가 설치하고 관리하며, 소프트웨어를 서비스 형태로 제공하는 소프트웨어 서비스이다. (ㄴ)

| 정답 | 01 ④ 02 ③ 03 ② 04 ② 05 ① 06 ③

실전적용 문제

Chapter 01 정보보호

01 난이도 상중하

다음 중 정보(Information)에 대한 설명으로 옳지 않은 것은?

① 정보는 데이터와 구별하여 어떤 목적에 필요한 도움을 주는 사실이나 지식을 말한다.
② 정보는 기업 활동을 위한 기본적인 요소가 되고 있다.
③ 산업화 시대에서 생산의 3요소는 자본, 노동, 정보였다.
④ 정보는 유형에 따라 크게 유형자산과 무형자산으로 나뉠 수 있다.

02 난이도 상중하

정보보안에 대한 설명으로 옳은 것은?

① 보안 공격 유형 중 소극적 공격은 적극적 공격보다 탐지하기 매우 쉽다.
② 공개키 암호 시스템은 암호화 키와 복호화 키가 동일하다.
③ 정보보호의 3대 목표는 기밀성, 무결성, 접근 제어이다.
④ 부인 방지는 송신자나 수신자가 메시지를 주고받은 사실을 부인하지 못하도록 방지하는 것을 의미한다.

03 난이도 상중하 2012년 2회

보안의 메커니즘 중 데이터를 송수신한 자가 송수신 사실을 부인할 수 없도록 송수신 증거를 제공하는 것은?

① 인증
② 암호화
③ 부인 방지
④ 위험 탐지

04 난이도 상중하 2016년 1회

데이터의 비밀성을 보장하는 데 사용될 수 있는 암호화 알고리즘이 아닌 것은?

① DES(Data Encryption Standard)
② RSA(Rivest Shamir Adleman)
③ Reed–Solomon Code
④ FEAL(Fast Encryption Algorithm)

05 난이도 상 중 하 2021년 3회

시스템에 저장되는 패스워드들은 Hash 또는 암호화 알고리즘의 결과값으로 저장된다. 이때 암호 공격을 막기 위해 똑같은 패스워드들이 다른 암호 값으로 저장되도록 추가되는 값을 의미하는 것은?

① Pass flag
② Bucket
③ Opcode
④ Salt

06 난이도 상 중 하 2010년 1회

네트워크를 통해 데이터 전송 시 사용되는 암호화 기법 중 암호화할 때 하나의 키를 사용하고, 해독 과정에서 또 다른 키를 사용하는 것은?

① DES
② RSA
③ SEED
④ RC2

07 난이도 상 중 하 2021년 3회

오픈 소스 웹 애플리케이션 보안 프로젝트로서 주로 웹을 통한 정보 유출, 악성 파일 및 스크립트, 보안 취약점 등을 연구하는 곳은?

① WWW
② OWASP
③ WBSEC
④ ITU

08 난이도 상 중 하

능동적 보안 공격에 해당하는 것만을 모두 고른 것은?

ㄱ. 도청
ㄴ. 감시
ㄷ. 신분 위장
ㄹ. 서비스 거부

① ㄱ, ㄴ
② ㄱ, ㄷ
③ ㄴ, ㄷ
④ ㄷ, ㄹ

09 난이도 상 중 하

다음 중 아래의 내용에 해당하는 공격으로 가장 옳은 것은?

사용자가 그의 온라인 뱅킹 패스워드를 변경할 것을 안내하는 원하지 않는 이메일을 받았다. 이메일 내에 포함된 링크를 클릭한 후에 사용자는 그의 ID를 입력하고, 그의 패스워드를 변경했다. 며칠이 지난 후 그의 계좌 잔고를 확인했을 때, 큰 금액이 다른 계좌로 송금된 것을 알았다.

① 피싱
② 스머프 공격
③ 악의적인 내부자
④ 재생 공격

10 난이도 상 중 하

보안 요소에 대한 설명과 용어가 바르게 짝지어진 것은?

ㄱ. 자산의 손실을 초래할 수 있는 원하지 않는 사건의 잠재적인 원인이나 행위자
ㄴ. 원하지 않는 사건이 발생하여 손실 또는 부정적인 영향을 미칠 가능성
ㄷ. 자산의 잠재적인 속성으로서 위협의 이용 대상이 되는 것

	ㄱ	ㄴ	ㄷ
①	위협	취약점	위험
②	위협	위험	취약점
③	취약점	위협	위험
④	위험	위협	취약점

11 난이도 상 중 하 2021년 3회

다음 내용이 설명하는 것은?

> 개인과 기업, 국가적으로 큰 위협이 되고 있는 주요 사이버 범죄 중 하나로 Snake, Darkside 등 시스템을 잠그거나 데이터를 암호화해 사용할 수 없도록 하고, 이를 인질로 금전을 요구하는 데 사용되는 악성 프로그램

① Format String
② Ransomware
③ Buffer overflow
④ Adware

12 난이도 상 중 하

할당된 메모리 공간보다 더 많은 데이터를 입력하려고 할 때 발생하는 오류를 이용한 공격 기법으로 옳은 것은?

① SYN flooding
② Buffer Overflow
③ Denial of Service
④ ARP Spoofing

13 난이도 상 중 하

다음은 접근 통제 정책 중 어느 정책에 해당하는 내용인가?

> • 알 필요의 원칙 정책이라고도 불린다.
> • 주체들은 활동에 필요한 최소한의 정보를 사용한다.
> • 객체에 대한 접근에 강력한 통제 효과를 부여할 수 있다.

① 그룹 기반 정책
② 개체 기반 정책
③ 최소 권한 정책
④ 최대 권한 정책

정답 & 해설

01 정보보호 〉 정보보호 〉 정보보호 개요
- 지식정보화 시대의 생산의 3요소가 자본, 노동, 정보이다. 인터넷 기업, 웹 쇼핑몰 등과 같이 토지 없는 기업은 있을 수 있으나 정보 없는 기업 활동은 있을 수 없다.
- 산업화 시대에서 생산의 3요소는 자본, 노동, 토지였다.

02 정보보호 〉 정보보호 〉 정보보호의 목표

오답 해설

① 소극적 공격은 탐지가 어려우나 예방은 비교적 쉽다.
② 대칭키 암호 시스템은 암호화 키와 복호화 키가 동일하다.
③ 정보보호의 3대 목표는 기밀성, 무결성, 가용성이다.

03 정보보호 〉 정보보호 〉 정보보호의 목표

③ 부인 방지(Non-Repudiation): 행위나 이벤트의 발생을 증명하여 나중에 행위나 이벤트를 부인할 수 없도록 한다.

04 정보보호 〉 암호화 〉 대칭키 암호방식 & 비대칭키 암호방식

암호화 알고리즘으로는 DES, AES, FEAL, RSA, ECC 등이 있다.

05 정보보호 〉 접근통제 〉 식별과 인증

④ 솔트(Salt): 공개되어 있는 랜덤값으로 패스워드의 해시값 생성 시 함께 사용된다. 솔트를 사용하면 접근 권한을 얻으려는 공격자가 수행하는 해시 함수 연산 횟수가 증가하여, 보다 안전한 패스워드 인증 방식이 된다.

06 정보보호 〉 암호화 〉 비대칭키 암호 방식

② RSA에 대한 설명으로, RSA는 공개키 암호 방식의 대표적인 방법이다.

07 정보보호 〉 네트워크 보안 〉 공격 유형

② OWASP에 대한 설명으로 OWASP Top10을 살펴보면 매년 가장 심각한 10가지 웹 애플리케이션 보안 취약점을 알 수 있다.

08 정보보호 〉 네트워크 보안 〉 공격 유형
- 능동적 공격(적극적 공격)은 데이터에 대한 변조를 하거나 직접 패킷을 보내서 시스템의 무결성, 가용성, 기밀성을 공격하는 것으로 직접적인 피해를 입힌다.
- 수동적 공격(소극적 공격)은 데이터 도청, 수집된 데이터 분석 등이 있으며, 직접적인 피해를 입히지는 않는다.

09 정보보호 〉 해킹과 정보보호 〉 해킹과 바이러스

① 피싱(Phishing): 금융기관 등의 웹 사이트에서 보낸 이메일(E-mail)로 위장하여, 링크를 유도해 타인의 인증번호나 신용카드번호, 계좌정보 등을 빼내는 공격 기법이다.

10 정보보호 〉 정보보호 〉 정보보호의 주요 개념
- 위협: 자산의 손실을 초래할 수 있는 원하지 않는 사건의 잠재적인 원인이나 행위자
- 위험: 원하지 않는 사건이 발생하여 손실 또는 부정적인 영향을 미칠 가능성
- 취약점: 자산의 잠재적인 속성으로서 위협의 이용 대상이 되는 것

11 정보보호 〉 네트워크 보안 〉 공격 유형

② 랜섬웨어(Ransomware): 몸값을 의미하는 Ransom과 Software의 합성어이다. 시스템을 잠그거나 데이터를 암호화해 사용할 수 없도록 만든 뒤, 이를 인질로 금전을 요구하는 악성 프로그램을 일컫는다.

12 정보보호 〉 해킹과 정보보호 〉 해킹과 바이러스

② Buffer Overflow는 메모리에 할당된 버퍼의 양을 초과하는 데이터를 입력하는 공격이다.

13 정보보호 〉 접근 통제 〉 접근 통제 개념

③ 최소 권한 정책(Need to know)은 권한 남용으로 인한 피해를 최소화하고, 허가받은 일을 수행하기 위한 최소한의 권한만을 부여한다.

| 정답 | **01** ③ **02** ④ **03** ③ **04** ③ **05** ④ **06** ② **07** ② **08** ④ **09** ① **10** ② **11** ② **12** ② **13** ③

14 난이도 상 중 하

다음 [보기]가 설명하는 접근 제어 방식은?

> 보기
>
> 주체나 그것이 속해 있는 그룹의 신원에 근거하여 객체에 대한 접근을 제한하는 방법으로 자원의 소유자 혹은 관리자가 보안 관리자의 개입 없이 자율적 판단에 따라 접근 권한을 다른 사용자에게 부여하는 기법이다.

① RBAC
② DAC
③ MAC
④ LBAC

15 난이도 상 중 하

Bell-LaPadula 보안 모델의 속성(Star Property)이 규정하고 있는 것은?

① 자신과 같거나 낮은 보안 수준의 객체만 읽을 수 있다.
② 자신과 같거나 낮은 보안 수준의 객체에만 쓸 수 있다.
③ 자신과 같거나 높은 보안 수준의 객체만 읽을 수 있다.
④ 자신과 같거나 높은 보안 수준의 객체에만 쓸 수 있다.

16 난이도 상 중 하

다음 아래의 내용에서 설명하는 공격으로 옳은 것은?

> • 피해 대상의 IP를 공격용 패킷의 출발지 IP로 변경
> • Dos 공격의 한 종류로 시스템 자원을 고갈시키는 공격
> • DDoS 공격을 수행하는 것과 같은 비슷한 효과
> • Direct Broadcast를 라우터에서 차단함으로 차단

① ICMP Flooding Attack
② SYN Flooding Attack
③ Salami Attack
④ Land Attack

17 난이도 상 중 하

2021년 3회

물리적 배치와 상관없이 논리적으로 LAN을 구성하여 Broadcast Domain을 구분할 수 있게 해주는 기술로 접속된 장비들의 성능 향상 및 보안성 증대 효과가 있는 것은?

① VLAN
② STP
③ L2AN
④ ARP

Chapter 02 소프트웨어 개발 방법론 활용

18 난이도 상 중 하

2019년 3회

COCOMO(Constructive Cost Model) 모형에 대한 설명으로 옳지 않은 것은?

① 산정 결과는 프로젝트를 완성하는 데 필요한 man-month로 나타난다.
② 보헴(Boehm)이 제안한 것으로 원시 코드 라인 수에 의한 비용 산정 기법이다.
③ 비용견적의 유연성이 높아 소프트웨어 개발비 견적에 널리 통용되고 있다.
④ 프로젝트 개발 유형에 따라 Object, Dynamic, Function의 3가지 모드로 구분한다.

19 난이도 상 중 하

소프트웨어 프로젝트 측정에서 신뢰할만한 비용과 노력 측정을 달성하기 위한 선택사항이 아닌 것은?

① 프로젝트 비용과 노력 측정을 위해 상대적으로 복잡한 분해 기술을 이용한다.
② 프로젝트의 정확한 측정을 위해 충분한 시간을 갖고 측정한다.
③ 하나 이상의 자동화 측정 도구들을 이용한다.
④ 소프트웨어 비용과 노력에 대한 실험적 모델을 형성한다.

20 난이도 상 중 하

정보시스템의 접근 제어 보안 모델로 옳지 않은 것은?

① Bell LaPadula 모델
② Biba 모델
③ Clark–Wilson 모델
④ Spiral 모델

21 난이도 상 중 하

소프트웨어 비용 추정 모형(Estimation Models)이 아닌 것은?

① COCOMO
② Putnam
③ Function–Point
④ PERT

정답 & 해설

14 정보보호 〉 접근 통제 〉 접근 통제 정책
② 임의적 접근 통제(DAC: Discretionary Access Control): 주체가 속해 있는 그룹의 신원에 근거하여 객체에 대한 접근을 제한하는 방법으로 객체의 소유자가 접근 여부를 결정한다.
오답 해설
① 역할 기반 접근 통제(RBAC: Role Based Access Control): 주체와 객체의 상호 관계를 통제하기 위하여 역할을 설정하고, 관리자는 주체를 역할에 할당한 뒤 그 역할에 대한 접근 권한을 부여하는 방식이다.
③ 강제적 접근 통제(MAC: Mandatory Access Control): 주체와 객체의 등급을 비교하여 접근 권한을 부여하는 접근 통제이며, 모든 객체는 기밀성을 지니고 있다고 보고 객체에 보안 레벨을 부여한다.

15 정보보호 〉 접근 통제 〉 접근 통제 보안 모델
- Bell–LaPadula 보안 모델의 속성:
  단순 보안 속성(Simple Property): 보안 수준이 낮은 주체는 보안 수준이 높은 객체를 읽어서는 안 된다. (No Read Up(NRU))
- 속성(Star Property): 높은 레벨의 주체가 낮은 레벨의 보안 등급에 있는 객체에 정보를 쓰는 상태는 허용되지 않는다. (No Write Down(NWD))

16 정보보호 〉 네트워크 보안 〉 서비스 거부 공격
- ICMP Flooding Attack: IP 패킷 변조를 통한 스푸핑. 공격자가 다량의 ICMP Echo Request의 Source IP를 피해 시스템의 IP로, Destination IP를 Direct Broadcast IP로 스푸핑하여 공격

17 정보보호 〉 네트워크 보안 〉 네트워크 보안 장비
① VLAN(Virtual Local Area Network): 물리적 배치와 상관없이 논리적으로 LAN을 구성하여 Broadcast Domain을 구분할 수 있게 해주는 기술로 접속된 장비들의 성능 향상 및 보안성 증대 효과가 있다.

18 소프트웨어 개발 방법론 활용 〉 프로젝트 개발비용 산정 〉 수학적 산정 방법
④ COCOMO(Constructive Cost Model) 모형은 프로젝트 개발 유형에 따라 유기적(Organic Model), 중간형(Semi–detached Model), 내장형(Embedded Model)의 3가지 모드로 구분한다.

19 소프트웨어 개발 방법론 활용 〉 프로젝트 개발비용 산정 〉 개발비용 산정
① 프로젝트 비용과 노력 측정을 위해 상대적으로 간단한 분해 기술을 이용한다.

20 소프트웨어 개발 방법론 활용 〉 접근 통제 〉 접근 통제 보안 모델
④ Spiral 모델은 나선형 모델로 소프트웨어 프로세스 모델 중 하나이다.

21 소프트웨어 개발 방법론 활용 〉 프로젝트 개발비용 산정 〉 개발비용 산정
④ PERT는 비용 추정 모형이 아니라 일정 산정 모형이다.

| 정답 | **14** ② **15** ④ **16** ① **17** ① **18** ④ **19** ① **20** ④ **21** ④

22 난이도 상중하 2015년 1회

보안 유지 방식 중 사용자의 신원을 확인한 후 권한이 있는 사용자에게만 시스템에 접근하게 하는 방법은?

① 운용 보안
② 시설 보안
③ 사용자 인터페이스 보안
④ 내부 보안

23 난이도 상중하 2015년 3회

RIP(Routing Information Protocol)에 대한 설명으로 틀린 것은?

① RIP은 거리 벡터 기반 라우팅 프로토콜로 홉수를 기반으로 경로를 선택한다.
② 계층적 주소체계를 기반으로 링크 상태 정보의 갱신 비용을 줄인 방법이다.
③ 최대 15홉 이하 규모의 네트워크를 주요 대상으로 하는 라우팅 프로토콜이다.
④ 최적의 경로를 산출하기 위한 정보로서 홉(거리 값)만을 고려하므로, RIP를 선택한 경로가 최적의 경로가 아닌 경우가 많이 발생할 수 있다.

24 난이도 상중하 2020년 1,2회

웹과 컴퓨터 프로그램에서 용량이 적은 데이터를 교환하기 위해 데이터 객체를 속성-값의 쌍 형태로 표현하는 형식으로 자바스크립트(JavaScript)를 토대로 개발되어진 형식은?

① Python ② XML
③ JSON ④ WEB SEVER

정답 & 해설

22 IT 프로젝트 정보시스템 구축관리 〉 서버 장비 운영 〉 보안 운영체제

③ 사용자 인터페이스 보안: 사용자의 신원을 운영체제가 확인하는 절차를 통해 불법 침입자로부터 시스템을 보호하는 것이다.

오답 해설

④ 내부 보안: 하드웨어나 운영체제에 내장된 보안 기능을 통해 신뢰성을 유지하고 시스템을 보호하는 것이다.

23 IT 프로젝트 정보시스템 구축관리 〉 네트워크 구축관리 〉 라우팅 프로토콜

• RIP(Routing Information Protocol)
 - 거리 벡터(Distance-Vector) 방식을 사용하는 라우팅 프로토콜이다.
 - 목적지 네트워크까지 도달하는 데 몇 개의 라우터를 거치는가를 나타내는 홉(Hop) 카운트를 사용하는 데 최대 15홉 이하 규모의 네트워크를 주요 대상으로 한다.
 - 최적의 경로를 산출하기 위한 정보로서 홉(거리 값)만을 고려하므로, RIP를 선택한 경로가 최적의 경로가 아닌 경우가 많이 발생할 수 있다.

24 IT 프로젝트 정보시스템 구축관리 〉 IT 신기술 〉 JSON

• JSON(JavaScript Object Notation)
 - 속성-값 쌍(attribute-value pairs and array data types (or any other serializable value)) 또는 "키-값 쌍"으로 이루어진 데이터 오브젝트를 전달하기 위해 인간이 읽을 수 있는 텍스트를 사용하는 개방형 표준 형식이다.
 - 비동기 브라우저/서버 통신 (AJAX)을 위해, 넓게는 XML(AJAX가 사용)을 대체하는 주요 데이터 포맷이다.
 - JSON은 인터넷에서 자료를 주고받을 때 그 자료를 표현하는 방법으로 알려져 있다.
 - 웹과 컴퓨터 프로그램에서 용량이 적은 데이터를 교환하기 위해 데이터 객체를 속성/값의 쌍 형태로 표현하는 형식으로 자바스크립트를 토대로 개발되어진 형식이다.

| 정답 | 22 ③ 23 ② 24 ③

찾아보기

eduwill

일찍 책장을 덮지 말라.
삶의 다음 페이지에서 또 다른 멋진 나를 발견할 테니.

– 시드니 셸던(Sidney Sheldon)

에듀윌 EXIT 정보처리기사 필기 기본서

발 행 일 2023년 12월 5일 초판

편 저 자 손경희(손승호)

펴 낸 이 양형남

펴 낸 곳 (주)에듀윌

등록번호 제25100-2002-000052호

주 소 08378 서울특별시 구로구 디지털로34길 55
코오롱싸이언스밸리 2차 3층

www.eduwill.net

대표전화 1600-6700

여러분의 작은 소리
에듀윌은 크게 듣겠습니다.

본 교재에 대한 여러분의 목소리를 들려주세요.
공부하시면서 어려웠던 점, 궁금한 점,
칭찬하고 싶은 점, 개선할 점, 어떤 것이라도 좋습니다.

에듀윌은 여러분께서 나누어 주신 의견을
통해 끊임없이 발전하고 있습니다.

EXIT 합격 서비스 exit.eduwill.net

- 부가학습자료 및 정오표: EXIT 합격 서비스 → 자료실/정오표 게시판
- 교재 문의: EXIT 합격 서비스 → 실시간 질문답변 게시판(내용)/ Q&A 게시판(내용 외)

에듀윌 EXIT 정보처리기사 필기 기본서

합격을 위한 지원사격! EXIT 무료 합격 서비스!

1 **저자에게 바로 묻는 실시간 질문답변**

혜택받기 에듀윌 EXIT 합격 서비스(exit.eduwill.net) 로그인 ▶ 실시간 질문답변 ▶ 정보처리기사 ▶ 필기 기본서 ▶ 질문 등록 ▶ 교재 구매 인증

2 **기출 전 회차 회차별/랜덤 필기CBT**

혜택받기 에듀윌 EXIT 합격 서비스(exit.eduwill.net) 로그인 ▶ 필기CBT ▶ 정보처리기사 ▶ 교재 구매 인증 ▶ 필기CBT 응시

3 **[무료강의] 비전공자 맞춤 고난도 개념+빈출족보 전 강좌**

혜택받기 에듀윌 EXIT 합격 서비스(exit.eduwill.net) ▶ 무료강의 ▶ 정보처리기사 ▶ 필기 기본서 ▶ [정보처리기사 필기 기본서] 비전공자 눈높이 고난도 개념끝 무료강의

4 **[부록] 빈출족보 Best 82**

혜택받기 교재 내 수록

5 **[PDF] 빈출족보 빈칸 채우기**

혜택받기 에듀윌 EXIT 합격 서비스(exit.eduwill.net) 로그인 ▶ 자료실 ▶ 정보처리기사 ▶ 필기 기본서 ▶ [정보처리기사 필기 기본서] 빈출족보 빈칸 채우기

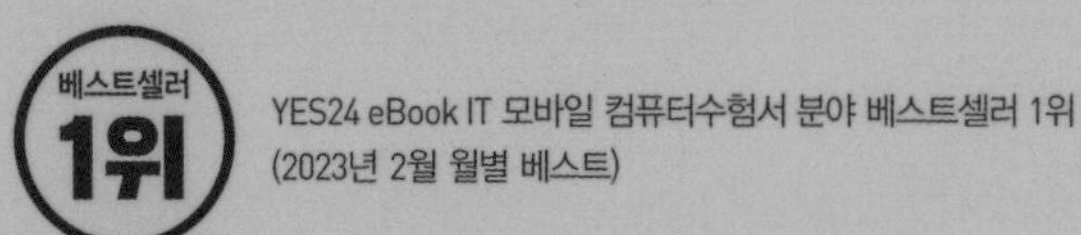

고객의 꿈, 직원의 꿈, 지역사회의 꿈을 실현한다

펴낸곳 (주) 에듀윌 **펴낸이** 양형남 **출판총괄** 오용철 **에듀윌 대표번호** 1600-6700
주소 서울시 구로구 디지털로 34길 55 코오롱싸이언스밸리 2차 3층 **등록번호** 제25100-2002-000052호

EXIT 합격 서비스
exit.eduwill.net

- 부가학습자료 및 정오표: EXIT 합격 서비스 > 자료실/정오표 게시판
- 교재문의: EXIT 합격 서비스 > 실시간 질문답변 게시판(내용)/Q&A 게시판(내용 외)

2024

에듀윌 EXIT 정보처리기사 필기 기본서

합격자 수가 선택의 기준!

YES24 eBook 2월
월별 베스트 기준
베스트셀러
1위

YES24 eBook
IT 모바일 컴퓨터수험서
베스트셀러 1위

문풀완성

손경희(손승호) 편저

EXIT 무료
합격 서비스

본 교재+EXIT 합격 서비스 = 단기 합격

단기 합격을 위한 **구매혜택**

1. 저자에게 바로 묻는 실시간 질문답변
2. 기출 전 회차 회차별/랜덤 필기CBT
3. 합격을 위한 부가자료 (단기 합격을 위한 부가자료 후면표기)

eduwill

빠르게 확인하는

기출문제 정답

제1회 기출문제 (2022년 4월 시행, A책형)
제2회 기출문제 (2022년 3월 시행, A책형)
제3회 기출문제 (2021년 8월 시행, B책형)
제4회 기출문제 (2021년 5월 시행, A책형)
제5회 기출문제 (2021년 3월 시행, B책형)
제6회 기출문제 (2020년 9월 시행, A책형)
제7회 기출문제 (2020년 8월 시행, B책형)
제8회 기출문제 (2020년 6월 시행, A책형)

제1회 기출문제 (2022년 4월 시행, A책형)									
01	②	02	①	03	①	04	③	05	②
06	④	07	②	08	③	09	④	10	④
11	②	12	③	13	①	14	③	15	③
16	①	17	③	18	①	19	①	20	②
21	③	22	②	23	③	24	②	25	①
26	②	27	④	28	④	29	①	30	③
31	④	32	④	33	②	34	①	35	③
36	②	37	②	38	①	39	③	40	④
41	①	42	①	43	④	44	④	45	③
46	③	47	③	48	②	49	②	50	④
51	②	52	④	53	③	54	③	55	④
56	④	57	④	58	②	59	②	60	①
61	③	62	②	63	②	64	②	65	②
66	②	67	③	68	②	69	③	70	④
71	②	72	③	73	④	74	②	75	①
76	①	77	④	78	①	79	③	80	②
81	④	82	①	83	②	84	①	85	②
86	④	87	③	88	④	89	①	90	①
91	②	92	①	93	②	94	②	95	①
96	④	97	③	98	④	99	①	100	④

제2회 기출문제 (2022년 3월 시행, A책형)									
01	④	02	②	03	③	04	④	05	④
06	③	07	④	08	③	09	②	10	③
11	③	12	④	13	②	14	③	15	①
16	①	17	②	18	②	19	②	20	②
21	①	22	②	23	③	24	②	25	④
26	④	27	②	28	④	29	①	30	①
31	④	32	④	33	①	34	③	35	①
36	④	37	①	38	③	39	③	40	②
41	①	42	②	43	①	44	③	45	③
46	③	47	①	48	④	49	②	50	②
51	①	52	①	53	④	54	①	55	①
56	③	57	④	58	④	59	③	60	③
61	①	62	③	63	①	64	①	65	①
66	①	67	③	68	②	69	④	70	④
71	①	72	④	73	②	74	②	75	④
76	③	77	①	78	②	79	②	80	③
81	②	82	①	83	③	84	①	85	③
86	①	87	③	88	②	89	③	90	②
91	④	92	②	93	④	94	①	95	③
96	①	97	④	98	④	99	④	100	①

제3회 기출문제 (2021년 8월 시행, B책형)

01	①	02	②	03	④	04	②	05	③
06	②	07	②	08	②	09	①	10	④
11	①	12	③	13	④	14	②	15	④
16	①	17	②	18	②	19	④	20	④
21	②	22	④	23	④	24	①	25	④
26	②	27	③	28	②	29	④	30	①
31	④	32	②	33	③	34	②	35	④
36	①	37	①	38	②	39	③	40	③
41	①	42	①	43	④	44	①	45	③
46	④	47	②	48	③	49	②	50	②
51	①	52	①	53	③	54	③	55	④
56	③	57	③	58	①	59	④	60	③
61	①	62	②	63	③	64	②	65	①
66	①	67	④	68	①	69	③	70	④
71	③	72	②	73	③	74	③	75	④
76	④	77	②	78	④	79	③	80	③
81	②	82	④	83	④	84	③	85	②
86	①	87	②	88	①	89	②	90	②
91	③	92	②	93	①	94	④	95	③
96	①	97	④	98	③	99	①	100	④

제4회 기출문제 (2021년 5월 시행, A책형)

01	③	02	②	03	①	04	①	05	②, ③
06	③	07	②	08	②	09	③	10	④
11	④	12	④	13	②	14	②	15	②
16	②	17	②	18	④	19	①	20	②
21	④	22	③	23	②	24	④	25	④
26	④	27	③	28	①	29	②	30	③
31	④	32	①	33	②	34	①	35	①
36	②	37	①	38	③	39	①	40	①
41	③	42	①	43	②	44	③	45	③
46	②	47	④	48	③	49	②	50	①
51	①	52	④	53	③	54	④	55	①
56	④	57	④	58	④	59	①	60	①
61	③	62	④	63	③	64	④	65	②
66	②	67	①	68	③	69	①	70	①
71	①	72	③	73	③	74	④	75	①
76	①	77	①	78	①	79	모두 정답	80	②
81	①	82	①	83	④	84	③	85	③
86	②	87	④	88	④	89	③	90	②
91	①	92	④	93	②	94	①	95	①
96	③	97	③	98	④	99	③	100	②

제5회 기출문제 (2021년 3월 시행, B책형)

01	②, ④	02	②	03	②	04	③	05	③
06	④	07	①	08	②	09	④	10	①
11	③	12	④	13	②	14	④	15	②
16	①	17	①	18	③	19	④	20	④
21	②	22	①	23	①	24	④	25	①
26	②	27	②	28	③	29	④	30	①
31	①	32	③	33	③	34	③	35	④
36	③	37	③	38	③	39	①	40	②
41	①	42	①	43	④	44	②	45	②
46	④	47	③	48	①	49	④	50	①
51	①	52	②	53	④	54	③	55	④
56	①	57	②	58	③	59	①	60	③
61	②	62	①	63	②	64	①	65	②
66	④	67	①	68	③	69	④	70	④
71	①	72	④	73	③	74	①	75	③
76	④	77	④	78	③	79	①	80	②
81	④	82	①	83	④	84	①	85	②
86	④	87	①	88	③	89	②	90	②
91	③	92	②	93	③	94	②	95	①
96	③	97	③	98	④	99	①	100	①

제6회 기출문제 (2020년 9월 시행, A책형)

01	①	02	③	03	④	04	④	05	①
06	②	07	③	08	④	09	③	10	④
11	②	12	②	13	①	14	④	15	②
16	②	17	④	18	③	19	④	20	③
21	②	22	④	23	③	24	②	25	③
26	④	27	④	28	③	29	①	30	④
31	②	32	①	33	③	34	③	35	④
36	②	37	①	38	②	39	②	40	③
41	④	42	③	43	②	44	②	45	②
46	②	47	②	48	③	49	③	50	④
51	③	52	②	53	③	54	③	55	②
56	④	57	①	58	④	59	③	60	①
61	①	62	④	63	③	64	②	65	①
66	②	67	④	68	③	69	②	70	④
71	①	72	③	73	①	74	④	75	①
76	③	77	①	78	②	79	③	80	②
81	④	82	③	83	③	84	③	85	①
86	②	87	④	88	④	89	②	90	②
91	④	92	①	93	①	94	④	95	④
96	④	97	④	98	③	99	①	100	④

제7회 기출문제 (2020년 8월 시행, B책형)

01	③	02	②	03	③	04	④	05	①
06	③	07	④	08	③	09	②	10	②
11	③	12	③	13	①	14	①	15	③
16	②	17	③	18	②	19	①	20	④
21	①	22	③	23	③	24	④	25	④
26	②	27	①	28	②	29	②	30	②
31	③	32	④	33	③	34	④	35	④
36	④	37	③	38	①	39	④	40	③
41	④	42	①	43	④	44	④	45	④
46	④	47	②	48	①	49	④	50	④
51	③	52	②	53	③	54	③	55	③
56	④	57	②	58	①	59	①	60	④
61	①	62	③	63	③	64	①	65	③
66	①	67	③	68	②	69	③	70	④
71	④	72	①	73	①	74	③	75	③
76	③	77	③	78	④	79	③	80	③
81	②	82	②	83	③	84	②	85	②
86	①	87	④	88	①	89	①	90	④
91	④	92	③	93	①	94	②	95	③
96	①	97	③	98	④	99	③	100	④

제8회 기출문제 (2020년 6월 시행, A책형)

01	③	02	③	03	②	04	④	05	④
06	①	07	②	08	④	09	③	10	②
11	③	12	④	13	④	14	①	15	②
16	④	17	③	18	③	19	①	20	①
21	④	22	①	23	④	24	②	25	④
26	④	27	②	28	③	29	①	30	①
31	②	32	④	33	③	34	②	35	③
36	③	37	③	38	①	39	③	40	②
41	①	42	②	43	②	44	④	45	④
46	①	47	①	48	①	49	③	50	①
51	④	52	①	53	①	54	②	55	③
56	②	57	②	58	③	59	②	60	④
61	③	62	②	63	④	64	③	65	①
66	④	67	④	68	①	69	③	70	②
71	③	72	①	73	④	74	④	75	②
76	②	77	②	78	①	79	④	80	③
81	①	82	④	83	②	84	④	85	④
86	③	87	②	88	②	89	②	90	①
91	①	92	①	93	①	94	①	95	①
96	①	97	④	98	①	99	④	100	④

빠르게 확인하는
모의고사 정답

제1회 모의고사

01	①	02	③	03	④	04	②	05	④
06	②	07	③	08	②	09	③	10	②
11	②	12	②	13	①	14	②	15	④
16	③	17	③	18	③	19	④	20	④
21	③	22	④	23	②	24	③	25	③
26	①	27	④	28	③	29	②	30	③
31	②	32	②	33	①	34	③	35	③
36	①	37	②	38	②	39	②	40	④
41	③	42	③	43	④	44	④	45	③
46	①	47	④	48	②	49	②	50	①
51	④	52	④	53	④	54	③	55	③
56	③	57	②	58	④	59	④	60	②
61	②	62	④	63	③	64	④	65	④
66	②	67	②	68	③	69	③	70	④
71	②	72	③	73	④	74	③	75	①
76	②	77	③	78	③	79	③	80	②
81	③	82	②	83	③	84	④	85	④
86	③	87	②	88	④	89	②	90	③
91	③	92	①	93	②	94	②	95	②
96	②	97	②	98	④	99	①	100	②

제2회 모의고사

01	③	02	②	03	④	04	②	05	①
06	④	07	①	08	②	09	④	10	③
11	③	12	①	13	③	14	④	15	①
16	②	17	③	18	①	19	①	20	③
21	①	22	②	23	③	24	③	25	④
26	②	27	②	28	①	29	②	30	③
31	①	32	②	33	②	34	②	35	④
36	③	37	④	38	④	39	③	40	②
41	④	42	②	43	④	44	④	45	③
46	③	47	③	48	②	49	③	50	①
51	③	52	④	53	①	54	③	55	①
56	③	57	④	58	③	59	③	60	②
61	④	62	③	63	④	64	④	65	①
66	②	67	③	68	④	69	④	70	①
71	④	72	①	73	②	74	①	75	②
76	②	77	①	78	④	79	②	80	①
81	②	82	③	83	④	84	④	85	③
86	①	87	①	88	①	89	④	90	②
91	③	92	②	93	①	94	④	95	④
96	③	97	④	98	①	99	①	100	①

제3회 모의고사

01	④	02	①	03	③	04	②	05	③
06	③	07	①	08	①	09	①	10	④
11	②	12	③	13	②	14	①	15	④
16	③	17	①	18	①	19	②	20	③
21	②	22	④	23	①	24	①	25	②
26	②	27	①	28	③	29	④	30	③
31	①	32	④	33	②	34	④	35	④
36	③	37	①	38	①	39	③	40	④
41	③	42	③	43	④	44	③	45	③
46	③	47	④	48	②	49	①	50	②
51	④	52	②	53	③	54	②	55	①
56	④	57	①	58	②	59	③	60	②
61	①	62	②	63	③	64	②	65	④
66	②	67	③	68	①	69	③	70	②
71	③	72	②	73	②	74	③	75	①
76	④	77	③	78	④	79	①	80	④
81	④	82	③	83	①	84	②	85	①
86	④	87	④	88	①	89	②	90	④
91	①	92	②	93	③	94	①	95	③
96	②	97	③	98	③	99	①	100	①

우리는 모두 별이고, 반짝일 권리가 있다.

– 마릴린 먼로

에듀윌 정보처리기사

필기 기본서

Vol. 3 문풀완성

차례

Part Ⅱ. 소프트웨어 개발

Part Ⅲ. 데이터베이스 구축

Part Ⅳ. 프로그래밍 언어 활용

Part Ⅴ. 정보시스템 구축관리

Part Ⅵ. 최종 실력점검 기출&모의고사

Part

VI

최종 실력점검 기출&모의고사

제1회 기출문제(2022.04. 시행)
제2회 기출문제(2022.03. 시행)
제3회 기출문제(2021.08. 시행)
제4회 기출문제(2021.05. 시행)
제5회 기출문제(2021.03. 시행)
제6회 기출문제(2020.09. 시행)
제7회 기출문제(2020.08. 시행)
제8회 기출문제(2020.06. 시행)
제1회 모의고사
제2회 모의고사
제3회 모의고사

2022년 4월 시행 A책형

제1회 기출문제

정답 및 해설 P.2

제한시간	150분	점수	/100점	풀이 시작 시각	:	풀이 종료 시각	:

Part I 소프트웨어 설계

001

UML 다이어그램 중 순차 다이어그램에 대한 설명으로 틀린 것은?

① 객체 간의 동적 상호작용을 시간 개념을 중심으로 모델링 하는 것이다.
② 주로 시스템의 정적 측면을 모델링하기 위해 사용한다.
③ 일반적으로 다이어그램의 수직 방향이 시간의 흐름을 나타낸다.
④ 회귀 메시지(Self Message), 제어블록(Statement block) 등으로 구성된다.

002

메시지 지향 미들웨어(Message-Oriented Middleware, MOM)에 대한 설명으로 틀린 것은?

① 느리고 안정적인 응답보다는 즉각적인 응답이 필요한 온라인 업무에 적합하다.
② 독립적인 애플리케이션을 하나의 통합된 시스템으로 묶기 위한 역할을 한다.
③ 송신측과 수신측의 연결 시 메시지 큐를 활용하는 방법이 있다.
④ 상이한 애플리케이션 간 통신을 비동기 방식으로 지원한다.

003

익스트림 프로그래밍에 대한 설명으로 틀린 것은?

① 대표적인 구조적 방법론 중 하나이다.
② 소규모 개발 조직이 불확실하고 변경이 많은 요구를 접하였을 때 적절한 방법이다.
③ 익스트림 프로그래밍을 구동시키는 원리는 상식적인 원리와 경험을 최대한 끌어 올리는 것이다.
④ 구체적인 실천 방법을 정의하고 있으며, 개발 문서 보다는 소스코드에 중점을 둔다.

004

유스케이스(UseCase)의 구성 요소 간의 관계에 포함되지 않는 것은?

① 연관　② 확장
③ 구체화　④ 일반화

005

요구사항 분석에서 비기능적(Nonfunctional) 요구에 대한 설명으로 옳은 것은?

① 시스템의 처리량(Throughput), 반응 시간 등의 성능 요구나 품질 요구는 비기능적 요구에 해당하지 않는다.
② '차량 대여 시스템이 제공하는 모든 화면이 3초 이내에 사용자에게 보여야 한다'는 비기능적 요구이다.
③ 시스템 구축과 관련된 안전, 보안에 대한 요구사항들은 비기능적 요구에 해당하지 않는다.
④ '금융 시스템은 조회, 인출, 입금, 송금의 기능이 있어야 한다'는 비기능적 요구이다.

006

정보공학 방법론에서 데이터베이스 설계의 표현으로 사용하는 모델링 언어는?

① Package Diagram
② State Transition Diagram
③ Deployment Diagram
④ Entity-Relationship Diagram

007

미들웨어(Middleware)에 대한 설명으로 틀린 것은?

① 여러 운영체제에서 응용 프로그램들 사이에 위치한 소프트웨어이다.
② 미들웨어의 서비스 이용을 위해 사용자가 정보 교환 방법 등의 내부 동작을 쉽게 확인할 수 있어야 한다.
③ 소프트웨어 컴포넌트를 연결하기 위한 준비된 인프라 구조를 제공한다.
④ 여러 컴포넌트를 1대 1, 1대 다, 다대 다 등 여러 가지 형태로 연결이 가능하다.

008

UI의 설계 지침으로 틀린 것은?

① 이해하기 편하고 쉽게 사용할 수 있는 환경을 제공해야 한다.
② 주요 기능을 메인 화면에 노출하여 조작이 쉽도록 하여야 한다.
③ 치명적인 오류에 대한 부정적인 사항은 사용자가 인지할 수 없도록 한다.
④ 사용자의 직무, 연령, 성별 등 다양한 계층을 수용하여야 한다.

009

객체지향 개념에서 다형성(Polymorphism)과 관련한 설명으로 틀린 것은?

① 다형성은 현재 코드를 변경하지 않고 새로운 클래스를 쉽게 추가할 수 있게 한다.
② 다형성이란 여러 가지 형태를 가지고 있다는 의미로, 여러 형태를 받아들일 수 있는 특징을 말한다.
③ 메소드 오버라이딩(Overriding)은 상위 클래스에서 정의한 일반 메소드의 구현을 하위 클래스에서 무시하고 재정의할 수 있다.
④ 메소드 오버로딩(Overloading)의 경우 매개 변수 타입은 동일하지만 메소드명을 다르게 함으로써 구현, 구분할 수 있다.

010

소프트웨어 개발 영역을 결정하는 요소 중 다음 사항과 관계있는 것은?

- 소프트웨어에 의해 간접적으로 제어되는 장치와 소프트웨어를 실행하는 하드웨어
- 기존의 소프트웨어와 새로운 소프트웨어를 연결하는 소프트웨어
- 순서적 연산에 의해 소프트웨어를 실행하는 절차

① 기능(Function)
② 성능(Performance)
③ 제약조건(Constraint)
④ 인터페이스(Interface)

011

객체에 대한 설명으로 틀린 것은?

① 객체는 상태, 동작, 고유 식별자를 가진 모든 것이라 할 수 있다.
② 객체는 공통 속성을 공유하는 클래스들의 집합이다.
③ 객체는 필요한 자료 구조와 이에 수행되는 함수들을 가진 하나의 독립된 존재이다.
④ 객체의 상태는 속성값에 의해 정의된다.

012

속성과 관련된 연산(Operation)을 클래스 안에 묶어서 하나로 취급하는 것을 의미하는 객체지향 개념은?

① Inheritance
② Class
③ Encapsulation
④ Association

013

애자일(Agile) 프로세스 모델에 대한 설명으로 틀린 것은?

① 변화에 대한 대응보다는 자세한 계획을 중심으로 소프트웨어를 개발한다.
② 프로세스와 도구 중심이 아닌 개개인과의 상호소통을 통해 의견을 수렴한다.
③ 협상과 계약보다는 고객과의 협력을 중시한다.
④ 문서 중심이 아닌, 실행 가능한 소프트웨어를 중시한다.

014

명백한 역할을 가지고 독립적으로 존재할 수 있는 시스템의 부분으로 넓은 의미에서는 재사용되는 모든 단위라고 볼 수 있으며, 인터페이스를 통해서만 접근할 수 있는 것은?

① Model
② Sheet
③ Component
④ Cell

015

GoF(Gang of Four) 디자인 패턴을 생성, 구조, 행동 패턴의 세 그룹으로 분류할 때, 구조 패턴이 아닌 것은?

① Adapter 패턴
② Bridge 패턴
③ Builder 패턴
④ Proxy 패턴

016

UI와 관련된 기본 개념 중 하나로, 시스템의 상태와 사용자의 지시에 대한 효과를 보여주어 사용자가 명령에 대한 진행 상황과 표시된 내용을 해석할 수 있도록 도와주는 것은?

① Feedback
② Posture
③ Module
④ Hash

017

UI의 종류로 멀티 터치(Multi-touch), 동작 인식(Gesture Recognition) 등 사용자의 자연스러운 움직임을 인식하여 서로 주고받는 정보를 제공하는 사용자 인터페이스를 의미하는 것은?

① GUI(Graphical User Interface)
② OUI(Organic User Interface)
③ NUI(Natural User Interface)
④ CLI(Command Line Interface)

018

소프트웨어 모델링과 관련한 설명으로 틀린 것은?

① 모델링 작업의 결과물은 다른 모델링 작업에 영향을 줄 수 없다.
② 구조적 방법론에서는 DFD(Data Flow Diagram), DD(Data Dictionary) 등을 사용하여 요구 사항의 결과를 표현한다.
③ 객체지향 방법론에서는 UML 표기법을 사용한다.
④ 소프트웨어 모델을 사용할 경우 개발될 소프트웨어에 대한 이해도 및 이해 당사자 간의 의사소통 향상에 도움이 된다.

019

유스케이스 다이어그램(Use Case Diagram)에 관련된 내용으로 틀린 것은?

① 시스템과 상호작용하는 외부 시스템은 액터로 파악해서는 안된다.
② 유스케이스는 사용자 측면에서의 요구사항으로, 사용자가 원하는 목표를 달성하기 위해 수행할 내용을 기술한다.
③ 시스템 액터는 다른 프로젝트에서 이미 개발되어 사용되고 있으며, 본 시스템과 데이터를 주고받는 등 서로 연동되는 시스템을 말한다.
④ 액터가 인식할 수 없는 시스템 내부의 기능을 하나의 유스케이스로 파악해서는 안된다.

020

소프트웨어 아키텍처 모델 중 MVC(Model-View-Controller)와 관련한 설명으로 틀린 것은?

① MVC 모델은 사용자 인터페이스를 담당하는 계층의 응집도를 높일 수 있고, 여러 개의 다른 UI를 만들어 그 사이에 결합도를 낮출 수 있다.
② 모델(Model)은 뷰(View)와 제어(Controller) 사이에서 전달자 역할을 하며, 뷰마다 모델 서브시스템이 각각 하나씩 연결된다.
③ 뷰(View)는 모델(Model)에 있는 데이터를 사용자 인터페이스에 보이는 역할을 담당한다.
④ 제어(Controller)는 모델(Model)에 명령을 보냄으로써 모델의 상태를 변경할 수 있다.

Part Ⅱ 소프트웨어 개발

021

통합 테스트(Integration Test)와 관련한 설명으로 틀린 것은?

① 시스템을 구성하는 모듈의 인터페이스와 결합을 테스트하는 것이다.
② 하향식 통합 테스트의 경우 넓이 우선(Breadth First) 방식으로 테스트를 할 모듈을 선택할 수 있다.
③ 상향식 통합 테스트의 경우 시스템 구조도의 최상위에 있는 모듈을 먼저 구현하고 테스트한다.
④ 모듈 간의 인터페이스와 시스템의 동작이 정상적으로 잘되고 있는지를 빨리 파악하고자 할 때 상향식 보다는 하향식 통합 테스트를 사용하는 것이 좋다.

022

다음과 같이 레코드가 구성되어 있을 때, 이진 검색 방법으로 14를 찾을 경우 비교되는 횟수는?

```
1 2 3 4 5 6 7 8 9 10 11 12 13 14 15
```

① 2　② 3
③ 4　④ 5

023

소프트웨어 공학에서 워크스루(Walkthrough)에 대한 설명으로 틀린 것은?

① 사용사례를 확장하여 명세하거나 설계 다이어그램, 원시코드, 테스트 케이스 등에 적용할 수 있다.
② 복잡한 알고리즘 또는 반복, 실시간 동작, 병행 처리와 같은 기능이나 동작을 이해하려고 할 때 유용하다.
③ 인스펙션(Inspection)과 동일한 의미를 가진다.
④ 단순한 테스트 케이스를 이용하여 프로덕트를 수작업으로 수행해 보는 것이다.

024

소프트웨어의 개발과정에서 소프트웨어의 변경사항을 관리하기 위해 개발된 일련의 활동을 뜻하는 것은?

① 복호화
② 형상관리
③ 저작권
④ 크랙

025

테스트 케이스와 관련한 설명으로 틀린 것은?

① 테스트의 목표 및 테스트 방법을 결정하기 전에 테스트 케이스를 작성해야 한다.
② 프로그램에 결함이 있더라도 입력에 대해 정상적인 결과를 낼 수 있기 때문에 결함을 검사할 수 있는 테스트 케이스를 찾는 것이 중요하다.
③ 개발된 서비스가 정의된 요구 사항을 준수하는지 확인하기 위한 입력 값과 실행 조건, 예상 결과의 집합으로 볼 수 있다.
④ 테스트 케이스 실행이 통과되었는지 실패하였는지 판단하기 위한 기준을 테스트 오라클(Test Oracle)이라고 한다.

026

객체지향 개념을 활용한 소프트웨어 구현과 관련한 설명 중 틀린 것은?

① 객체(Object)란 필요한 자료 구조와 수행되는 함수들을 가진 하나의 독립된 존재이다.
② JAVA에서 정보은닉(Information Hiding)을 표기할 때 private의 의미는 '공개'이다.
③ 상속(Inheritance)은 개별 클래스를 상속 관계로 묶음으로써 클래스 간의 체계화된 전체 구조를 파악하기 쉽다는 장점이 있다.
④ 같은 클래스에 속하는 개개의 객체이자 하나의 클래스에서 생성된 객체를 인스턴스(Instance)라고 한다.

027

DRM(Digital Rights Management)과 관련한 설명으로 틀린 것은?

① 디지털 콘텐츠와 디바이스의 사용을 제한하기 위해 하드웨어 제조업자, 저작권자, 출판업자 등이 사용할 수 있는 접근 제어 기술을 의미한다.
② 디지털 미디어의 생명 주기 동안 발생하는 사용 권한 관리, 과금, 유통 단계를 관리하는 기술로도 볼 수 있다.
③ 클리어링 하우스(Clearing House)는 사용자에게 콘텐츠 라이선스를 발급하고 권한을 부여해주는 시스템을 말한다.
④ 원본을 안전하게 유통하기 위한 전자적 보안은 고려하지 않기 때문에 불법 유통과 복제의 방지는 불가능하다.

028

위험 모니터링의 의미로 옳은 것은?

① 위험을 이해하는 것
② 첫 번째 조치로 위험을 피할 수 있도록 하는 것
③ 위험 발생 후 즉시 조치하는 것
④ 위험 요소 징후들에 대하여 계속적으로 인지하는 것

029

동시에 소스를 수정하는 것을 방지하며 다른 방향으로 진행된 개발 결과를 합치거나 변경 내용을 추적할 수 있는 소프트웨어 버전 관리 도구는?

① RCS(Revision Control System)
② RTS(Reliable Transfer Service)
③ RPC(Remote Procedure Call)
④ RVS(Relative Version System)

030

화이트박스 테스트와 관련한 설명으로 틀린 것은?

① 화이트박스 테스트의 이해를 위해 논리흐름도(Logic-Flow Diagram)를 이용할 수 있다.
② 테스트 데이터를 이용해 실제 프로그램을 실행함으로써 오류를 찾는 동적 테스트(Dynamic Test)에 해당한다.
③ 프로그램의 구조를 고려하지 않기 때문에 테스트 케이스는 프로그램 또는 모듈의 요구나 명세를 기초로 결정한다.
④ 테스트 데이터를 선택하기 위하여 검증기준(Test Coverage)을 정한다.

031

알고리즘과 관련한 설명으로 틀린 것은?

① 주어진 작업을 수행하는 컴퓨터 명령어를 순서대로 나열한 것으로 볼 수 있다.
② 검색(Searching)은 정렬이 되지 않은 데이터 혹은 정렬이 된 데이터 중에서 키값에 해당되는 데이터를 찾는 알고리즘이다.
③ 정렬(Sorting)은 흩어져있는 데이터를 키값을 이용하여 순서대로 열거하는 알고리즘이다.
④ 선형 검색은 검색을 수행하기 전에 반드시 데이터의 집합이 정렬되어 있어야 한다.

032

버블 정렬을 이용하여 다음 자료를 오름차순으로 정렬할 경우 PASS 1의 결과는?

9, 6, 7, 3, 5

① 6, 9, 7, 3, 5
② 3, 9, 6, 7, 5
③ 3, 6, 7, 9, 5
④ 6, 7, 3, 5, 9

033

다음은 인스펙션(Inspection) 과정을 표현한 것이다. (가)~(마)에 들어갈 말을 [보기]에서 찾아 바르게 연결한 것은?

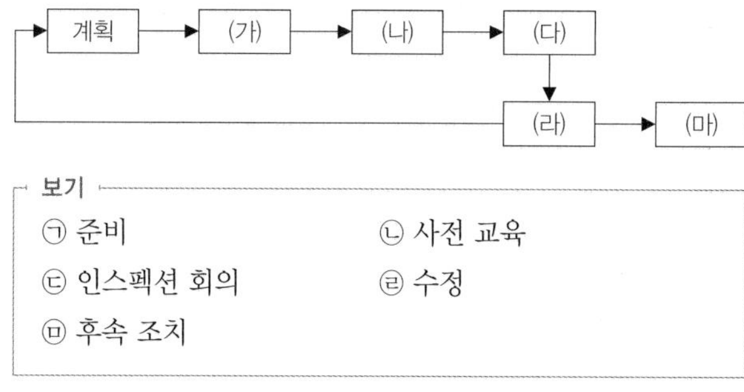

보기
ㄱ 준비　　ㄴ 사전 교육
ㄷ 인스펙션 회의　　ㄹ 수정
ㅁ 후속 조치

① (가) – ㄴ, (나) – ㄷ
② (나) – ㄱ, (다) – ㄷ
③ (다) – ㄷ, (라) – ㅁ
④ (라) – ㄹ, (마) – ㄷ

034

소프트웨어를 보다 쉽게 이해할 수 있고 적은 비용으로 수정할 수 있도록 겉으로 보이는 동작의 변화 없이 내부구조를 변경하는 것은?

① Refactoring
② Architecting
③ Specification
④ Renewal

035

단위 테스트(Unit Test)와 관련한 설명으로 틀린 것은?

① 구현 단계에서 각 모듈의 개발을 완료한 후 개발자가 명세서의 내용대로 정확히 구현되었는지 테스트한다.
② 모듈 내부의 구조를 구체적으로 볼 수 있는 구조적 테스트를 주로 시행한다.
③ 필요 데이터를 인자를 통해 넘겨주고, 테스트 완료 후 그 결과값을 받는 역할을 하는 가상의 모듈을 테스트 스텁(Stub)이라고 한다.
④ 테스트할 모듈을 호출하는 모듈도 있고, 테스트할 모듈이 호출하는 모듈도 있다.

036

IDE(Integrated Development Environment) 도구의 각 기능에 대한 설명으로 틀린 것은?

① Coding – 프로그래밍 언어를 가지고 컴퓨터 프로그램을 작성할 수 있는 환경을 제공
② Compile – 저급언어의 프로그램을 고급언어 프로그램으로 변환하는 기능
③ Debugging – 프로그램에서 발견되는 버그를 찾아 수정할 수 있는 기능
④ Deployment – 소프트웨어를 최종 사용자에게 전달하기 위한 기능

037

아래 Tree 구조에 대하여 후위 순회(Postorder)한 결과는?

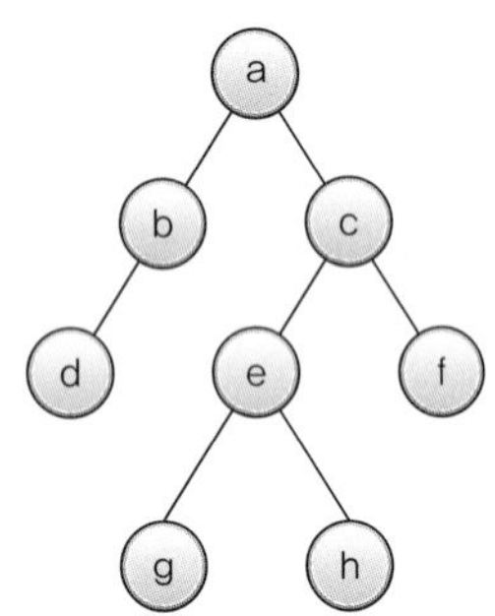

① a → b → d → c → e → g → h → f
② d → b → g → h → e → f → c → a
③ d → b → a → g → e → h → c → f
④ a → b → d → g → e → h → c → f

038

인터페이스 구현 시 사용하는 기술로 속성–값 쌍(Attribute–Value Pairs)으로 이루어진 데이터 오브젝트를 전달하기 위해 사용하는 개방형 표준 포맷은?

① JSON
② HTML
③ AVPN
④ DOF

039

순서가 있는 리스트에서 데이터의 삽입(Push), 삭제(Pop)가 한 쪽 끝에서 일어나며 LIFO(Last–In–First–Out)의 특징을 가지는 자료구조는?

① Tree
② Graph
③ Stack
④ Queue

040

다음 중 단위 테스트 도구로 사용될 수 없는 것은?

① CppUnit
② JUnit
③ HttpUnit
④ IgpUnit

Part Ⅲ 데이터베이스 구축

041

다음 조건을 모두 만족하는 정규형은?

- 테이블 R에 속한 모든 도메인이 원자값만으로 구성되어 있다.
- 테이블 R에서 키가 아닌 모든 필드가 키에 대해 함수적으로 종속되며, 키의 부분 집합이 결정자가 되는 부분 종속이 존재하지 않는다.
- 테이블 R에 존재하는 모든 함수적 종속에서 결정자가 후보키이다.

① BCNF
② 제1정규형
③ 제2정규형
④ 제3정규형

042

데이터베이스의 트랜잭션 성질들 중에서 다음 설명에 해당하는 것은?

> 트랜잭션의 모든 연산들이 정상적으로 수행 완료되거나 아니면 전혀 어떠한 연산도 수행되지 않은 원래 상태가 되도록 해야 한다.

① Atomicity
② Consistency
③ Isolation
④ Durability

043

분산 데이터베이스 시스템과 관련한 설명으로 틀린 것은?

① 물리적으로 분산된 데이터베이스 시스템을 논리적으로 하나의 데이터베이스 시스템처럼 사용할 수 있도록 한 것이다.
② 물리적으로 분산되어 지역별로 필요한 데이터를 처리할 수 있는 지역 컴퓨터(Local Computer)를 분산 처리기(Distributed Processor)라고 한다.
③ 분산 데이터베이스 시스템을 위한 통신 네트워크 구조가 데이터 통신에 영향을 주므로 효율적으로 설계해야 한다.
④ 데이터베이스가 분산되어 있음을 사용자가 인식할 수 있도록 분산 투명성(Distribution Transparency)을 배제해야 한다.

044

다음 테이블을 보고 강남지점의 판매량이 많은 제품부터 출력되도록 할 때 다음 중 가장 적절한 SQL 구문은? (단, 출력은 제품명과 판매량이 출력되도록 한다.)

〈푸드〉 테이블

지점명	제품명	판매량
강남지점	비빔밥	500
강북지점	도시락	300
강남지점	도시락	200
강남지점	미역국	550
수원지점	비빔밥	600
인천지점	비빔밥	800
강남지점	잡채밥	250

① SELECT 제품명, 판매량 FROM 푸드
ORDER BY 판매량 ASC;
② SELECT 제품명, 판매량 FROM 푸드
ORDER BY 판매량 DESC;
③ SELECT 제품명, 판매량 FROM 푸드
WHERE 지점명='강남지점'
ORDER BY 판매량 ASC;
④ SELECT 제품명, 판매량 FROM 푸드
WHERE 지점명='강남지점'
ORDER BY 판매량 DESC;

045

데이터베이스의 인덱스와 관련한 설명으로 틀린 것은?

① 문헌의 색인, 사전과 같이 데이터를 쉽고 빠르게 찾을 수 있도록 만든 데이터 구조이다.
② 테이블에 붙여진 색인으로 데이터 검색 시 처리속도 향상에 도움이 된다.
③ 인덱스의 추가, 삭제 명령어는 각각 ADD, DELETE이다.
④ 대부분의 데이터베이스에서 테이블을 삭제하면 인덱스도 같이 삭제된다.

046

물리적 데이터베이스 구조의 기본 데이터 단위인 저장 레코드의 양식을 설계할 때 고려 사항이 아닌 것은?

① 데이터 타입
② 데이터 값의 분포
③ 트랜잭션 모델링
④ 접근 빈도

047

SQL의 기능에 따른 분류 중에서 REVOKE문과 같이 데이터의 사용 권한을 관리하는데 사용하는 언어는?

① DDL(Data Definition Language)
② DML(Data Manipulation Language)
③ DCL(Data Control Language)
④ DUL(Data User Language)

048

데이터 사전에 대한 설명으로 틀린 것은?

① 시스템 카탈로그 또는 시스템 데이터베이스라고도 한다.
② 데이터 사전 역시 데이터베이스의 일종이므로 일반 사용자가 생성, 유지 및 수정 할 수 있다.
③ 데이터베이스에 대한 데이터인 메타데이터(Metadata)를 저장하고 있다.
④ 데이터 사전에 있는 데이터에 실제로 접근하는 데 필요한 위치 정보는 데이터 디렉토리(Data Directory)라는 곳에서 관리한다.

049

데이터베이스에서 릴레이션에 대한 설명으로 틀린 것은?

① 모든 튜플은 서로 다른 값을 가지고 있다.
② 하나의 릴레이션에서 튜플은 특정한 순서를 가진다.
③ 각 속성은 릴레이션 내에서 유일한 이름을 가진다.
④ 모든 속성 값은 원자값(atomic value)을 가진다.

050

데이터베이스에서의 뷰(View)에 대한 설명으로 틀린 것은?

① 뷰는 다른 뷰를 기반으로 새로운 뷰를 만들 수 있다.
② 뷰는 일종의 가상 테이블이며, update에는 제약이 따른다.
③ 뷰는 기본 테이블을 만드는 것처럼 create view를 사용하여 만들 수 있다.
④ 뷰는 논리적으로 존재하는 기본 테이블과 다르게 물리적으로만 존재하며 카탈로그에 저장된다.

051

트랜잭션의 상태 중 트랜잭션의 마지막 연산이 실행된 직후의 상태로, 모든 연산의 처리는 끝났지만 트랜잭션이 수행한 최종 결과를 데이터베이스에 반영하지 않은 상태는?

① Active
② Partially Committed
③ Committed
④ Aborted

052

SQL의 명령을 사용 용도에 따라 DDL, DML, DCL로 구분할 경우, 그 성격이 나머지 셋과 다른 것은?

① SELECT
② UPDATE
③ INSERT
④ GRANT

053

키의 종류 중 유일성과 최소성을 만족하는 속성 또는 속성들의 집합은?

① Atomic key
② Super key
③ Candidate key
④ Test key

054

데이터베이스에서 개념적 설계 단계에 대한 설명으로 틀린 것은?

① 산출물로 E-R Diagram을 만들 수 있다.
② DBMS에 독립적인 개념스키마를 설계한다.
③ 트랜잭션 인터페이스를 설계 및 작성한다.
④ 논리적 설계 단계의 앞 단계에서 수행된다.

055

테이블의 기본키(Primary Key)로 지정된 속성에 관한 설명으로 가장 거리가 먼 것은?

① NOT NULL로 널 값을 가지지 않는다.
② 릴레이션에서 튜플을 구별할 수 있다.
③ 외래키로 참조될 수 있다.
④ 검색할 때 반드시 필요하다.

056

데이터 모델의 구성 요소 중 데이터 구조에 따라 개념 세계나 컴퓨터 세계에서 실제로 표현된 값들을 처리하는 작업을 의미하는 것은?

① Relation
② Data Structure
③ Constraint
④ Operation

057

다음 [조건]에 부합하는 SQL문을 작성하고자 할 때, [SQL문]의 빈칸에 들어갈 내용으로 옳은 것은? (단, '팀코드' 및 '이름'은 속성이며, '직원'은 테이블이다.)

조건

이름이 '정도일'인 팀원이 소속된 팀코드를 이용하여 해당 팀에 소속된 팀원들의 이름을 출력하는 SQL문 작성

[SQL 문]

```
SELECT  이름
FROM    직원
WHERE   팀코드=(          );
```

① WHERE 이름='정도일'
② SELECT 팀코드 FROM 이름
WHERE 직원='정도일'
③ WHERE 직원='정도일'
④ SELECT 팀코드 FROM 직원
WHERE 이름='정도일'

058

무결성 제약조건 중 개체 무결성 제약조건에 대한 설명으로 옳은 것은?

① 릴레이션 내의 튜플들이 각 속성의 도메인에 정해진 값만을 가져야 한다.
② 기본키는 NULL 값을 가져서는 안되며 릴레이션 내에 오직 하나의 값만 존재해야 한다.
③ 자식 릴레이션의 외래키는 부모 릴레이션의 기본키와 도메인이 동일해야 한다.
④ 자식 릴레이션의 값이 변경될 때 부모 릴레이션의 제약을 받는다.

059

관계 데이터 모델에서 릴레이션(Relation)에 포함되어 있는 튜플(Tuple)의 수를 무엇이라고 하는가?

① Degree
② Cardinality
③ Attribute
④ Cartesian product

060

사용자 'PARK'에게 테이블을 생성할 수 있는 권한을 부여하기 위한 SQL문의 구성으로 빈칸에 적합한 내용은?

[SQL 문]

```
GRANT (        ) PARK ;
```

① CREATE TABLE TO
② CREATE TO
③ CREATE FROM
④ CREATE TABLE FROM

Part Ⅳ 프로그래밍 언어 활용

061

C언어에서 문자열 처리 함수의 서식과 그 기능의 연결로 틀린 것은?

① strlen(s) – s의 길이를 구한다.
② strcpy(s1, s2) – s2를 s1으로 복사한다.
③ strcmp(s1, s2) – s1과 s2를 연결한다.
④ strrev(s)–s를 거꾸로 변환한다.

062

다음 C언어 프로그램이 실행되었을 때, 실행 결과는?

```
#include <stdio.h>
int main (int argc, char *argv[ ]) {
    int a = 5, b = 3, c = 12;
    int t1, t2, t3;
    t1 = a && b;
    t2 = a || b;
    t3 = !c;
    printf("%d, t1 + t2 + t3);
    return 0;
}
```

① 0
② 2
③ 5
④ 14

063

다음 C언어 프로그램이 실행되었을 때, 실행 결과는?

```
#include <stdio.h>
struct st{
    int a;
    int c[10];
};

int main (int argc, char *argv[ ]) {
    int i = 0;
    struct st ob1;
    struct st ob2;
    ob1.a = 0;
    ob2.a = 0;

    for(i = 0; i < 10; i + + ) {
        ob1.c[i] = i;
        ob2.c[i] = ob1.c[i] + i;
    }

    for(i = 0; i < 10; i = i + 2) {
        ob1.a = ob1.a + ob1.c[i];
        ob2.a = ob2.a + ob2.c[i];
    }

    printf("%d", ob1.a + ob2.a);
    return 0;
}
```

① 30　　② 60
③ 80　　④ 120

064

IP 프로토콜에서 사용하는 필드와 해당 필드에 대한 설명으로 틀린 것은?

① Header Length는 IP 프로토콜의 헤더 길이를 32비트 워드 단위로 표시한다.
② Packet Length는 IP 헤더를 제외한 패킷 전체의 길이를 나타내며 최대 크기는 $2^{32}-1$비트이다.
③ Time To Live는 송신 호스트가 패킷을 전송하기 전 네트워크에서 생존할 수 있는 시간을 지정한 것이다.
④ Version Number는 IP 프로토콜의 버전번호를 나타낸다.

065

다음 Python 프로그램의 실행 결과가 [실행 결과]와 같을 때, 빈칸에 적합한 것은?

```
x = 20
if x==10:
    print('10')
(      ) x==20:
    print('20')
else:
    print('other')
```

[실행 결과]

```
20
```

① either　　② elif
③ else if　　④ else

066

RIP 라우팅 프로토콜에 대한 설명으로 틀린 것은?

① 경로 선택 메트릭은 홉 카운트(Hop Count)이다.
② 라우팅 프로토콜을 IGP와 EGP로 분류했을 때 EGP에 해당한다.
③ 최단 경로 탐색에 Bellman-Ford 알고리즘을 사용한다.
④ 각 라우터는 이웃 라우터들로부터 수신한 정보를 이용하여 라우팅 표를 갱신한다.

067

다음에서 설명하는 프로세스 스케줄링은?

> 최소 작업 우선(SJF) 기법의 약점을 보완한 비선점 스케줄링 기법으로 다음과 같은 식을 이용해 우선순위를 판별한다.
>
> $$우선순위=\frac{대기\ 한\ 시간+서비스를\ 받을\ 시간}{서비스를\ 받을\ 시간}$$

① FIFO 스케줄링
② RR 스케줄링
③ HRN 스케줄링
④ MQ 스케줄링

068

UNIX 운영체제에 관한 특징으로 틀린 것은?

① 하나 이상의 작업에 대하여 백그라운드에서 수행이 가능하다.
② Multi-User는 지원하지만 Multi-Tasking은 지원하지 않는다.
③ 트리 구조의 파일 시스템을 갖는다.
④ 이식성이 높으며 장치 간의 호환성이 높다.

069

UDP 프로토콜의 특징이 아닌 것은?

① 비연결형 서비스를 제공한다.
② 단순한 헤더 구조로 오버헤드가 적다.
③ 주로 주소를 지정하고, 경로를 설정하는 기능을 한다.
④ TCP와 같이 트랜스포트 계층에 존재한다.

070

Python 데이터 타입 중 시퀀스(Sequence) 데이터 타입에 해당하며 다양한 데이터 타입들을 주어진 순서에 따라 저장할 수 있으나 저장된 내용을 변경할 수 없는 것은?

① 복소수(complex) 타입
② 리스트(list) 타입
③ 사전(dict) 타입
④ 튜플(tuple) 타입

071

다음 Java 프로그램이 실행되었을 때, 실행결과는?

```
public class Rarr {
    static int[ ] marr( ) {
        int temp[ ] = new int[4];
        for(int i = 0; i < temp.length; i + + )
            temp[i] = i;
        return temp;
    }
    public static void main(String[ ] args) {
        int iarr[ ];
        iarr = marr( );
        for(int i = 0; i < iarr.length; i + + )
        System.out.print(iarr[i] + " ");
    }
}
```

① 1 2 3 4
② 0 1 2 3
③ 1 2 3
④ 0 1 2

072

다음 Java 프로그램이 실행되었을 때의 결과는?

```
public class ovr {
    public static void main(String[ ] args) {
        int a = 1, b = 2, c = 3, d = 4;
        int mx, mn;
        mx = a < b? b : a;
        if(mx==1) {
            mn = a > mx? b : a;
        }
        else {
            mn = b < mx? d : c;
        }
        System.out.println(mn);
    }
}
```

① 1　　② 2
③ 3　　④ 4

073

다음 중 Myers가 구분한 응집도(Cohesion)의 정도에서 가장 낮은 응집도를 갖는 단계는?

① 순차적 응집도(Sequential Cohesion)
② 기능적 응집도(Functional Cohesion)
③ 시간적 응집도(Temporal Cohesion)
④ 우연적 응집도(Coincidental Cohesion)

074

다음 C언어 프로그램이 실행되었을 때, 실행 결과는?

```
#include <stdio.h>
int main(int arge, char *argv[ ]) {
    int n1 = 1, n2 = 2, n3 = 3;
    int r1, r2, r3;

    r1 = (n2 <= 2) || (n3 > 3);
    r2 = !n3;
    r3 = (n1 > 1) && (n2 < 3);

    printf("%d", r3 - r2 + r1);
    return 0;
}
```

① 0　　② 1
③ 2　　④ 3

075

IP 프로토콜의 주요 특징에 해당하지 않는 것은?

① 체크섬(Checksum) 기능으로 데이터 체크섬(Data Checksum)만 제공한다.
② 패킷을 분할, 병합하는 기능을 수행하기도 한다.
③ 비연결형 서비스를 제공한다.
④ Best Effort 원칙에 따른 전송 기능을 제공한다.

076

4개의 페이지를 수용할 수 있는 주기억장치가 있으며, 초기에는 모두 비어 있다고 가정한다. 다음의 순서로 페이지 참조가 발생할 때, LRU 페이지 교체 알고리즘을 사용할 경우 몇 번의 페이지 결함이 발생하는가?

페이지 참조 순서 1, 2, 3, 1, 2, 4, 1, 2, 5

① 5회
② 6회
③ 7회
④ 8회

077

사용자 수준에서 지원되는 스레드(thread)가 커널에서 지원되는 스레드에 비해 가지는 장점으로 옳은 것은?

① 한 프로세스가 운영체제를 호출할 때 전체 프로세스가 대기할 필요가 없으므로 시스템 성능을 높일 수 있다.
② 동시에 여러 스레드가 커널에 접근할 수 있으므로 여러 스레드가 시스템 호출을 동시에 사용할 수 있다.
③ 각 스레드를 개별적으로 관리할 수 있으므로 스레드의 독립적인 스케줄링이 가능하다.
④ 커널 모드로의 전환 없이 스레드 교환이 가능하므로 오버헤드가 줄어든다.

078

한 모듈이 다른 모듈의 내부 기능 및 그 내부 자료를 참조하는 경우의 결합도는?

① 내용 결합도(Content Coupling)
② 제어 결합도(Control Coupling)
③ 공통 결합도(Common Coupling)
④ 스탬프 결합도(Stamp Coupling)

079

a[0]의 주소값이 10일 경우 다음 C언어 프로그램이 실행되었을 때의 결과는? (단, int 형의 크기는 4Byte로 가정한다.)

```
#include <stdio.h>
int main(int argc, char *argv[ ]) {
    int a[ ]={14, 22, 30, 38};
    printf("%u", ", &a[2]);
    printf("%u", a);
    return 0;
}
```

① 14, 10
② 14, 14
③ 18, 10
④ 18, 14

080

모듈화(Modularity)와 관련한 설명으로 틀린 것은?

① 시스템을 모듈로 분할하면 각각의 모듈을 별개로 만들고 수정할 수 있기 때문에 좋은 구조가 된다.
② 응집도는 모듈과 모듈 사이의 상호의존 또는 연관 정도를 의미한다.
③ 모듈 간의 결합도가 약해야 독립적인 모듈이 될 수 있다.
④ 모듈 내 구성 요소들 간의 응집도가 강해야 좋은 모듈 설계이다.

Part V 정보시스템 구축관리

081

소프트웨어 개발에서 정보보안 3요소에 해당하지 않는 설명은?

① 기밀성: 인가된 사용자에 대해서만 자원 접근이 가능하다.
② 무결성: 인가된 사용자에 대해서만 자원 수정이 가능하며 전송 중인 정보는 수정되지 않는다.
③ 가용성: 인가된 사용자는 가지고 있는 권한 범위 내에서 언제든 자원 접근이 가능하다.
④ 휘발성: 인가된 사용자가 수행한 데이터는 처리 완료 즉시 폐기 되어야 한다.

082

어떤 외부 컴퓨터가 접속되면 접속 인가 여부를 점검해서 인가된 경우에는 접속이 허용되고, 그 반대의 경우에는 거부할 수 있는 접근제어 유틸리티는?

① tcp wrapper
② trace checker
③ token finder
④ change detector

083

기기를 키오스크에 갖다 대면 원하는 데이터를 바로 가져올 수 있는 기술로 10cm 이내 근접 거리에서 기가급 속도로 데이터 전송이 가능한 초고속 근접무선통신(NFC: Near Field Communication) 기술은?

① BcN(Broadband Convergence Network)
② Zing
③ Marine Navi
④ C-V2X(Cellular Vehicle To Everything)

084

취약점 관리를 위한 응용 프로그램의 보안 설정과 가장 거리가 먼 것은?

① 서버 관리실 출입 통제
② 실행 프로세스 권한 설정
③ 운영체제의 접근 제한
④ 운영체제의 정보 수집 제한

085

소프트웨어 개발 프레임워크와 관련한 설명으로 가장 적절하지 않은 것은?

① 반제품 상태의 제품을 토대로 도메인별로 필요한 서비스 컴포넌트를 사용하여 재사용성 확대와 성능을 보장받을 수 있게 하는 개발 소프트웨어이다.
② 라이브러리와는 달리 사용자 코드에서 프레임워크를 호출해서 사용하고, 그에 대한 제어도 사용자 코드가 가지는 방식이다.
③ 설계 관점에 개발 방식을 패턴화시키기 위한 노력의 결과물인 소프트웨어 디자인 패턴을 반제품 소프트웨어 상태로 집적화시킨 것으로 볼 수 있다.
④ 프레임워크의 동작 원리를 그 제어 흐름의 일반적인 프로그램 흐름과 반대로 동작한다고 해서 IoC(Inversion of Control)이라고 설명하기도 한다.

086

클라우드 기반 HSM(Cloud-based Hardware Security Module)에 대한 설명으로 틀린 것은?

① 클라우드(데이터센터) 기반 암호화 키 생성, 처리, 저장 등을 하는 보안 기기이다.
② 국내에서는 공인인증제의 폐지와 전자서명법 개정을 추진하면서 클라우드 HSM 용어가 자주 등장하였다.
③ 클라우드에 인증서를 저장하므로 기존 HSM 기기나 휴대폰에 인증서를 저장해 다닐 필요가 없다.
④ 하드웨어가 아닌 소프트웨어적으로만 구현되기 때문에 소프트웨어식 암호 기술에 내재된 보안 취약점을 해결할 수 없다는 것이 주요 단점이다.

087

다음 내용이 설명하는 기술로 가장 적절한 것은?

- 다른 국을 향하는 호출이 중계에 의하지 않고 직접 접속되는 그물 모양의 네트워크이다.
- 통신량이 많은 비교적 소수의 국 사이에 구성될 경우 경제적이며 간편하지만, 다수의 국 사이에는 회선이 세분화 되어 비경제적일 수도 있다.
- 해당 형태의 무선 네트워크의 경우 대용량을 빠르고 안전하게 전달할 수 있어 행사장이나 군 등에서 많이 활용된다.

① Virtual Local Area Network
② Simple Station Network
③ Mesh Network
④ Modem Network

088

물리적 위협으로 인한 문제에 해당하지 않는 것은?

① 화재, 홍수 등 천재지변으로 인한 위협
② 하드웨어 파손, 고장으로 인한 장애
③ 방화, 테러로 인한 하드웨어와 기록장치를 물리적으로 파괴하는 행위
④ 방화벽 설정의 잘못된 조작으로 인한 네트워크, 서버 보안 위협

089

악성코드의 유형 중 다른 컴퓨터의 취약점을 이용하여 스스로 전파하거나 메일로 전파되며 스스로를 증식하는 것은?

① Worm
② Rogue Ware
③ Adware
④ Reflection Attack

090

다음 설명에 해당하는 공격기법은?

> 시스템 공격 기법 중 하나로 허용범위 이상의 ICMP 패킷을 전송하여 대상 시스템의 네트워크를 마비시킨다.

① Ping of Death
② Session Hijacking
③ Piggyback Attack
④ XSS

091

다음 설명에 해당하는 소프트웨어는?

> • 개발해야 할 애플리케이션의 일부분이 이미 내장된 클래스 라이브러리로 구현이 되어 있다.
> • 따라서, 그 기반이 되는 이미 존재하는 부분을 확장 및 이용하는 것으로 볼 수 있다.
> • Java 기반의 대표적인 소프트웨어로는 스프링(Spring)이 있다.

① 전역 함수 라이브러리
② 소프트웨어 개발 프레임워크
③ 컨테이너 아키텍처
④ 어휘 분석기

092

소프트웨어 개발 방법론 중 애자일(Agile) 방법론의 특징과 가장 거리가 먼 것은?

① 각 단계의 결과가 완전히 확인된 후 다음 단계 진행
② 소프트웨어 개발에 참여하는 구성원들 간의 의사소통 중시
③ 환경 변화에 대한 즉시 대응
④ 프로젝트 상황에 따른 주기적 조정

093

대칭 암호 알고리즘과 비대칭 암호 알고리즘에 대한 설명으로 틀린 것은?

① 대칭 암호 알고리즘은 비교적 실행 속도가 빠르기 때문에 다양한 암호의 핵심 함수로 사용될 수 있다.
② 대칭 암호 알고리즘은 비밀키 전달을 위한 키 교환이 필요하지 않아 암호화 및 복호화의 속도가 빠르다.
③ 비대칭 암호 알고리즘은 자신만이 보관하는 비밀키를 이용하여 인증, 전자서명 등에 적용이 가능하다.
④ 대표적인 대칭키 암호 알고리즘으로는 AES, IDEA 등이 있다.

094

두 명의 개발자가 5개월에 걸쳐 10000 라인의 코드를 개발하였을 때, 월별(man-month) 생산성 측정을 위한 계산 방식으로 가장 적합한 것은?

① 10000/2
② 10000/(5×2)
③ 10000/5
④ (2×10000)/5

095

접근 통제 방법 중 조직 내에서 직무, 직책 등 개인의 역할에 따라 결정하여 부여하는 접근 정책은?

① RBAC
② DAC
③ MAC
④ QAC

096

COCOMO(Constructive Cost Model) 모형의 특징이 아닌 것은?

① 프로젝트를 완성하는데 필요한 man-month로 산정 결과를 나타낼 수 있다.
② 보헴(Boehm)이 제안한 것으로 원시코드 라인 수에 의한 비용 산정 기법이다.
③ 비교적 작은 규모의 프로젝트 기록을 통계 분석하여 얻은 결과를 반영한 모델이며 중소 규모 소프트웨어 프로젝트 비용 추정에 적합하다.
④ 프로젝트 개발 유형에 따라 object, dynamic, function의 3가지 모드로 구분한다.

097

각 사용자 인증의 유형에 대한 설명으로 가장 적절하지 않은 것은?

① 지식: 주체는 '그가 알고 있는 것'을 보여주며 예시로는 패스워드, PIN 등이 있다.
② 소유: 주체는 '그가 가지고 있는 것'을 보여주며 예시로는 토큰, 스마트카드 등이 있다.
③ 존재: 주체는 '그를 대체하는 것'을 보여주며 예시로는 패턴, QR 등이 있다.
④ 행위: 주체는 '그가 하는 것'을 보여주며 예시로는 서명, 움직임, 음성 등이 있다.

098

시스템의 사용자가 로그인하여 명령을 내리는 과정에 대한 시스템의 동작 중 다음 설명에 해당하는 것은?

- 자신의 신원(Identity)을 시스템에 증명하는 과정이다.
- 아이디와 패스워드를 입력하는 과정이 가장 일반적인 예시라고 볼 수 있다.

① Aging
② Accounting
③ Authorization
④ Authentication

099

다음에서 설명하는 IT 기술은?

- 네트워크를 제어부, 데이터 전달부로 분리하여 네트워크 관리자가 보다 효율적으로 네트워크를 제어, 관리할 수 있는 기술
- 기존의 라우터, 스위치 등과 같이 하드웨어에 의존하는 네트워크 체계에서 안정성, 속도, 보안 등을 소프트웨어로 제어, 관리하기 위해 개발됨
- 네트워크 장비의 펌웨어 업그레이드를 통해 사용자의 직접적인 데이터 전송 경로 관리가 가능하고, 기존 네트워크에는 영향을 주지 않으면서 특정 서비스의 전송 경로 수정을 통하여 인터넷상에서 발생하는 문제를 처리할 수 있음

① SDN(Software Defined Networking)
② NFS(Network File System)
③ Network Mapper
④ AOE Network

100

프로젝트 일정 관리 시 사용하는 PERT 차트에 대한 설명에 해당하는 것은?

① 각 작업들이 언제 시작하고 언제 종료되는지에 대한 일정을 막대 도표를 이용하여 표시한다.
② 시간선(Time-line) 차트라고도 한다.
③ 수평 막대의 길이는 각 작업의 기간을 나타낸다.
④ 작업들 간의 상호 관련성, 결정경로, 경계시간, 자원할당 등을 제시한다.

2022년 3월 시행 A책형

제2회 기출문제

정답 및 해설 P.14

제한시간	150분	점수	/100점	풀이 시작 시각	:	풀이 종료 시각	:

Part I 소프트웨어 설계

001

User Interface 설계 시 오류 메시지나 경고에 관한 지침으로 가장 거리가 먼 것은?

① 메시지는 이해하기 쉬워야 한다.
② 오류로부터 회복을 위한 구체적인 설명이 제공되어야 한다.
③ 오류로 인해 발생될 수 있는 부정적인 내용을 적극적으로 사용자들에게 알려야 한다.
④ 소리나 색의 사용을 줄이고 텍스트로만 전달하도록 한다.

002

다음 중 애자일(Agile) 소프트웨어 개발에 대한 설명으로 틀린 것은?

① 공정과 도구보다 개인과의 상호작용을 더 가치 있게 여긴다.
② 동작하는 소프트웨어보다는 포괄적인 문서를 가치 있게 여긴다.
③ 계약 협상보다는 고객과의 협력을 가치 있게 여긴다.
④ 계획을 따르기보다 변화에 대응하기를 가치 있게 여긴다.

003

소프트웨어 설계에서 요구사항 분석에 대한 설명으로 틀린 것은?

① 소프트웨어가 무엇을 해야하는가를 추적하여 요구사항 명세를 작성하는 작업이다.
② 사용자의 요구를 추출하여 목표를 정하고 어떤 방식으로 해결할 것인지 결정하는 단계이다.
③ 소프트웨어 시스템이 사용되는 동안 발견되는 오류를 정리하는 단계이다.
④ 소프트웨어 개발의 출발점이면서 실질적인 첫 번째 단계이다.

004

객체지향 기법에서 상위 클래스의 메소드와 속성을 하위 클래스가 물려받는 것을 의미하는 것은?

① Abstraction
② Polymorphism
③ Encapsulation
④ Inheritance

005

설계 기법 중 하향식 설계 방법과 상향식 설계 방법에 대한 비교 설명으로 가장 옳지 않은 것은?

① 하향식 설계에서는 통합 검사 시 인터페이스가 이미 정의되어 있어 통합이 간단하다.
② 하향식 설계에서 레벨이 낮은 데이터 구조의 세부 사항은 설계 초기 단계에서 필요하다.
③ 상향식 설계는 최하위 수준에서 각각의 모듈들을 설계하고 이러한 모듈이 완성되면 이들을 결합하여 검사한다.
④ 상향식 설계에서는 인터페이스가 이미 성립되어 있지 않더라도 기능 추가가 쉽다.

006

자료 흐름도(DFD)의 각 요소별 표기 형태의 연결이 옳지 않은 것은?

① Process: 원
② Data Flow: 화살표
③ Data Store: 삼각형
④ Terminator: 사각형

007

소프트웨어 개발에 이용되는 모델(Model)에 대한 설명 중 거리가 먼 것은?

① 모델은 개발 대상을 추상화하고 기호나 그림 등으로 시각적으로 표현한다.
② 모델을 통해 소프트웨어에 대한 이해도를 향상시킬 수 있다.
③ 모델을 통해 이해 당사자 간의 의사소통이 향상된다.
④ 모델을 통해 향후 개발될 시스템의 유추는 불가능하다.

008

다음의 설명에 해당하는 언어는?

> 객체지향 시스템을 개발할 때 산출물을 명세화, 시각화, 문서화하는 데 사용된다. 즉, 개발하는 시스템을 이해하기 쉬운 형태로 표현하여 분석가, 의뢰인, 설계자가 효율적인 의사소통을 할 수 있게 해준다. 따라서 개발 방법론이나 개발 프로세스가 아니라 표준화된 모델링 언어이다.

① JAVA
② C
③ UML
④ Python

009

다음 내용이 설명하는 UI설계 도구는?

> • 디자인, 사용 방법 설명, 평가 등을 위해 실제 화면과 유사하게 만든 정적인 형태의 모형
> • 시각적으로만 구성 요소를 배치하는 것으로 일반적으로 실제로 구현되지는 않음

① 스토리보드(Storyboard)
② 목업(Mockup)
③ 프로토타입(Prototype)
④ 유스케이스(Usecase)

010

애자일(Agile) 기법 중 스크럼(Scrum)과 관련된 용어에 대한 설명이 틀린 것은?

① 스크럼 마스터(Scrum Master)는 스크럼 프로세스를 따르고, 팀이 스크럼을 효과적으로 활용할 수 있도록 보장하는 역할 등을 맡는다.
② 제품 백로그(Product Backlog)는 스크럼 팀이 해결해야 하는 목록으로 소프트웨어 요구사항, 아키텍처 정의 등이 포함될 수 있다.
③ 스프린트(Sprint)는 하나의 완성된 최종 결과물을 만들기 위한 주기로 3달 이상의 장기간으로 결정된다.
④ 속도(Velocity)는 한 번의 스프린트에서 한 팀이 어느 정도의 제품 백로그를 감당할 수 있는지에 대한 추정치로 볼 수 있다.

011

UML 다이어그램 중 정적 다이어그램이 아닌 것은?

① 컴포넌트 다이어그램
② 배치 다이어그램
③ 순차 다이어그램
④ 패키지 다이어그램

012

LOC 기법에 의하여 예측된 총 라인 수가 36000 라인, 개발에 참여할 프로그래머가 6명, 프로그래머들의 평균 생산성이 월간 300 라인일 때 개발에 소요되는 기간을 계산한 결과로 가장 옳은 것은?

① 5개월
② 10개월
③ 15개월
④ 20개월

013

클래스 설계 원칙에 대한 바른 설명은?

① 단일 책임 원칙: 하나의 클래스만 변경 가능해야 한다.
② 개방-폐쇄의 원칙: 클래스는 확장에 대해 열려 있어야 하며 변경에 대해 닫혀 있어야 한다.
③ 리스코프 교체의 원칙: 여러 개의 책임을 가진 클래스는 하나의 책임을 가진 클래스로 대체되어야 한다.
④ 의존 관계 역전의 원칙: 클라이언트는 자신이 사용하는 메소드와 의존 관계를 갖지 않도록 해야 한다.

014

Gof(Gangs of Four) 디자인 패턴에서 생성(Creational) 패턴에 해당하는 것은?

① 컴포지트(Composite)
② 어댑터(Adapter)
③ 추상 팩토리(Abstract Factory)
④ 옵서버(Observer)

015

아키텍처 설계 과정이 올바른 순서로 나열된 것은?

> ㉮ 설계 목표 설정
> ㉯ 시스템 타입 결정
> ㉰ 스타일 적용 및 커스터마이즈
> ㉱ 서브시스템의 기능, 인터페이스 동작 작성
> ㉲ 아키텍처 설계 검토

① ㉮ → ㉯ → ㉰ → ㉱ → ㉲
② ㉲ → ㉮ → ㉯ → ㉱ → ㉰
③ ㉮ → ㉲ → ㉯ → ㉱ → ㉰
④ ㉮ → ㉯ → ㉰ → ㉲ → ㉱

016

사용자 인터페이스를 설계할 경우 고려해야 할 가이드라인과 가장 거리가 먼 것은?

① 심미성을 사용성보다 우선하여 설계해야 한다.
② 효율성을 높이게 설계해야 한다.
③ 발생하는 오류를 쉽게 수정할 수 있어야 한다.
④ 사용자에게 피드백을 제공해야 한다.

017

소프트웨어 설계에서 자주 발생하는 문제에 대한 일반적이고 반복적인 해결 방법을 무엇이라고 하는가?

① 모듈 분해
② 디자인 패턴
③ 연관 관계
④ 클래스 도출

018

객체지향 분석 기법의 하나로 객체 모형, 동적 모형, 기능 모형의 3개 모형을 생성하는 방법은?

① Wirfs-Block Method
② Rumbaugh Method
③ Booch Method
④ Jacobson Method

019

입력되는 데이터를 컴퓨터의 프로세서가 처리하기 전에 미리 처리하여 프로세서가 처리하는 시간을 줄여주는 프로그램이나 하드웨어를 말하는 것은?

① EAI
② FEP
③ GPL
④ Duplexing

020

객체지향 개념 중 하나 이상의 유사한 객체들을 묶어 공통된 특성을 표현한 데이터 추상화를 의미하는 것은?

① Method
② Class
③ Field
④ Message

Part Ⅱ 소프트웨어 개발

021

클린 코드(Clean Code)를 작성하기 위한 원칙으로 틀린 것은?

① 추상화: 하위 클래스/메소드/함수를 통해 애플리케이션의 특성을 간략하게 나타내고, 상세 내용은 상위 클래스/메소드/함수에서 구현한다.
② 의존성: 다른 모듈에 미치는 영향을 최소화하도록 작성한다.
③ 가독성: 누구든지 읽기 쉽게 코드를 작성한다.
④ 중복성: 중복을 최소화할 수 있는 코드를 작성한다.

022

단위 테스트에서 테스트의 대상이 되는 하위 모듈을 호출하고, 파라미터를 전달하는 가상의 모듈로 상향식 테스트에 필요한 것은?

① 테스트 스텁(Test Stub)
② 테스트 드라이버(Test Driver)
③ 테스트 슈트(Test Suites)
④ 테스트 케이스(Test Case)

023

스택(Stack)에 대한 옳은 내용으로만 나열된 것은?

> ㉠ FIFO 방식으로 처리된다.
> ㉡ 순서 리스트의 뒤(Rear)에서 노드가 삽입되며, 앞(Front)에서 노드가 제거된다.
> ㉢ 선형 리스트의 양쪽 끝에서 삽입과 삭제가 모두 가능한 자료구조이다.
> ㉣ 인터럽트 처리, 서브루틴 호출 작업 등에 응용된다.

① ㉠, ㉡
② ㉡, ㉢
③ ㉣
④ ㉠, ㉡, ㉢, ㉣

024

소프트웨어 모듈화의 장점이 아닌 것은?

① 오류의 파급 효과를 최소화한다.
② 기능의 분리가 가능하여 인터페이스가 복잡하다.
③ 모듈의 재사용 가능으로 개발과 유지보수가 용이하다.
④ 프로그램의 효율적인 관리가 가능하다.

025

소프트웨어 프로젝트 관리에 대한 설명으로 가장 옳은 것은?

① 개발에 따른 산출물 관리
② 소요 인력을 최대화하되 정책 결정은 신속하게 처리
③ 주어진 기간은 연장하되 최소의 비용으로 시스템을 개발
④ 주어진 기간 내에 최소의 비용으로 사용자를 만족시키는 시스템을 개발

026

정형 기술 검토(FTR)의 지침으로 틀린 것은?

① 의제를 제한한다.
② 논쟁과 반박을 제한한다.
③ 문제 영역을 명확히 표현한다.
④ 참가자의 수를 제한하지 않는다.

027

소프트웨어 재공학의 주요 활동 중 기존 소프트웨어 시스템을 새로운 기술 또는 하드웨어 환경에서 사용할 수 있도록 변환하는 작업을 의미하는 것은?

① Analysis
② Migration
③ Restructuring
④ Reverse Enginnering

028

정보시스템 개발 단계에서 프로그래밍 언어 선택 시 고려할 사항으로 가장 거리가 먼 것은?

① 개발 정보시스템의 특성
② 사용자의 요구사항
③ 컴파일러의 가용성
④ 컴파일러의 독창성

029

소프트웨어 패키징에 대한 설명으로 틀린 것은?

① 패키징은 개발자 중심으로 진행한다.
② 신규 및 변경 개발 소스를 식별하고, 이를 모듈화하여 상용제품으로 패키징한다.
③ 고객의 편의성을 위해 매뉴얼 및 버전 관리를 지속적으로 한다.
④ 범용 환경에서 사용이 가능하도록 일반적인 배포 형태로 패키징이 진행된다.

030

자료구조의 분류 중 선형구조가 아닌 것은?

① 트리
② 리스트
③ 스택
④ 데크

031

아주 오래되거나 참고문서 또는 개발자가 없어 유지보수 작업이 아주 어려운 프로그램을 의미하는 것은?

① Title Code
② Source Code
③ Object Code
④ Alien Code

032

소프트웨어를 재사용함으로써 얻을 수 있는 이점으로 가장 거리가 먼 것은?

① 생산성 증가
② 프로젝트 문서 공유
③ 소프트웨어 품질 향상
④ 새로운 개발 방법론 도입 용이

033

인터페이스 간의 통신을 위해 이용되는 데이터 포맷이 아닌 것은?

① AJTML
② JSON
③ XML
④ YAML

034

프로그램 설계도의 하나인 NS Chart에 대한 설명으로 가장 거리가 먼 것은?

① 논리의 기술에 중점을 두고 도형을 이용한 표현 방법이다.
② 이해하기 쉽고 코드 변환이 용이하다.
③ 화살표나 GOTO를 사용하여 이해하기 쉽다.
④ 연속, 선택, 반복 등의 제어 논리 구조를 표현한다.

035

순서가 A, B, C, D로 정해진 입력 자료를 push, push, pop, push, push, pop, pop, pop 순서로 스택 연산을 수행하는 경우 출력 결과는?

① B D C A
② A B C D
③ B A C D
④ A B D C

036

분할 정복(Divide and Conquer)에 기반한 알고리즘으로 피벗(Pivot)을 사용하며 최악의 경우 $\frac{n(n-1)}{2}$회의 비교를 수행해야 하는 정렬(Sort)은?

① Selection Sort
② Bubble Sort
③ Insert Sort
④ Quick Sort

037

화이트박스 검사 기법에 해당하는 것으로만 짝지어진 것은?

> ㉠ 데이터 흐름 검사
> ㉡ 루프 검사
> ㉢ 동등 분할 검사
> ㉣ 경계값 분석
> ㉤ 원인 결과 그래프 기법
> ㉥ 오류 예측 기법

① ㉠, ㉡
② ㉠, ㉣
③ ㉡, ㉤
④ ㉢, ㉥

038

소프트웨어 품질 관련 국제 표준인 ISO/IEC 25000에 관한 설명으로 옳지 않은 것은?

① 소프트웨어 품질 평가를 위한 소프트웨어 품질 평가 통합 모델 표준이다.
② System and Software Quality Requirements and Evaluation으로 줄여서 SQuaRE라고도 한다.
③ ISO/IEC 2501n에서는 소프트웨어의 내부 측정, 외부 측정, 사용 품질 측정, 품질 측정 요소 등을 다룬다.
④ 기존 소프트웨어 품질 평가 모델과 소프트웨어 평가 절차 모델인 ISO/IEC 9126과 ISO/IEC 14598을 통합하였다.

039

코드 인스펙션과 관련한 설명으로 틀린 것은?

① 프로그램을 수행시켜 보는 것 대신에 읽어보고, 눈으로 확인하는 방법으로 볼 수 있다.
② 코드 품질 향상 기법 중 하나이다.
③ 동적 테스트 시에만 활용하는 기법이다.
④ 결함과 함께 코딩 표준 준수 여부, 효율성 등의 다른 품질 이슈를 검사하기도 한다.

040

프로젝트에 내재된 위험 요소를 인식하고 그 영향을 분석하여 이를 관리하는 활동으로서 프로젝트를 성공시키기 위하여 위험 요소를 사전에 예측, 대비하는 모든 기술과 활동을 포함하는 것은?

① Critical Path Method
② Risk Analysis
③ Work Breakdown Structure
④ Waterfall Model

Part Ⅲ 데이터베이스 구축

041

데이터베이스 설계 단계 중 물리적 설계 시 고려 사항으로 적절하지 않은 것은?

① 스키마의 평가 및 정제
② 응답 시간
③ 저장 공간의 효율화
④ 트랜잭션 처리량

042

DELETE 명령에 대한 설명으로 틀린 것은?

① 테이블의 행을 삭제할 때 사용한다.
② WHERE 조건절이 없는 DELETE 명령을 수행하면 DROP TABLE 명령을 수행했을 때와 동일한 효과를 얻을 수 있다.
③ SQL을 사용 용도에 따라 분류할 경우 DML에 해당한다.
④ 기본 사용 형식은 "DELETE FROM 테이블 [WHERE 조건];"이다.

043

어떤 릴레이션 R의 모든 조인 종속성의 만족이 R의 후보키를 통해서만 만족될 때, 이 릴레이션 R이 해당하는 정규형은?

① 제5정규형
② 제4정규형
③ 제3정규형
④ 제1정규형

044

E-R 모델에서 다중값 속성의 표기법은?

① 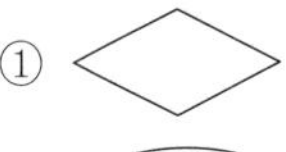
②
③
④

045

다른 릴레이션의 기본키를 참조하는 키를 의미하는 것은?

① 필드키
② 슈퍼키
③ 외래키
④ 후보키

046

관계 해석에서 '모든 것에 대하여'의 의미를 나타내는 논리 기호는?

① ∃ ② ∈
③ ∀ ④ ⊂

047

다음 릴레이션의 Degree와 Cardinality는?

학번	이름	학년	학과
13001	홍길동	3학년	전기
13002	이순신	4학년	기계
13003	강감찬	2학년	컴퓨터

① Degree: 4, Cardinality: 3
② Degree: 3, Cardinality: 4
③ Degree: 3, Cardinality: 12
④ Degree: 12, Cardinality: 3

048

뷰(View)에 대한 설명으로 틀린 것은?

① 뷰 위에 또 다른 뷰를 정의할 수 있다.
② DBA는 보안성 측면에서 뷰를 활용할 수 있다.
③ 사용자가 필요한 정보를 요구에 맞게 가공하여 뷰로 만들 수 있다.
④ SQL을 사용하면 뷰에 대한 삽입, 갱신, 삭제 연산 시 제약 사항이 없다.

049

관계 대수식을 SQL 질의로 옳게 표현한 것은?

$$\pi_{이름}(\sigma_{학과='교육'}(학생))$$

① SELECT 학생 FROM 이름 WHERE 학과='교육';
② SELECT 이름 FROM 학생 WHERE 학과='교육';
③ SELECT 교육 FROM 학과 WHERE 이름='학생';
④ SELECT 학과 FROM 학생 WHERE 이름='교육';

050

정규화 과정에서 함수 종속이 A → B이고, B → C일 때 A → C인 관계를 제거하는 단계는?

① 1NF → 2NF
② 2NF → 3NF
③ 3NF → BCNF
④ BCNF → 4NF

051

CREATE TABLE문에 포함되지 않는 기능은?

① 속성의 타입 변경
② 속성의 NOT NULL 여부 지정
③ 기본키를 구성하는 속성 지정
④ CHECK 제약 조건의 정의

052

SQL과 관련한 설명으로 틀린 것은?

① REVOKE 키워드를 사용하여 열 이름을 다시 부여할 수 있다.
② 데이터 정의어는 기본 테이블, 뷰 테이블 또는 인덱스 등을 생성, 변경, 제거하는 데 사용되는 명령어이다.
③ DISTINCT를 활용하여 중복값을 제거할 수 있다.
④ JOIN을 통해 여러 테이블의 레코드를 조합하여 표현할 수 있다.

053

다음 SQL문의 실행 결과로 생성되는 튜플 수는?

```
SELECT 급여 FROM 사원;
```

사원ID	사원명	급여	부서ID
101	박철수	30000	1
102	한나라	35000	2
103	김감동	40000	3
104	이구수	35000	2
105	최초록	40000	3

① 1　　② 3
③ 4　　④ 5

054

다음 SQL문에서 사용된 BETWEEN 연산의 의미와 동일한 것은?

```
SELECT *
FROM 성적
WHERE (점수 BETWEEN 90 AND 95)
      AND 학과 = '컴퓨터공학과';
```

① 점수 〉= 90 AND 점수 〈= 95
② 점수 〉 90 AND 점수 〈 95
③ 점수 〉 90 AND 점수 〈= 95
④ 점수 〉= 90 AND 점수 〈 95

055

트랜잭션의 상태 중 트랜잭션의 수행이 실패하여 Rollback 연산을 실행한 상태는?

① 철회(Aborted)
② 부분 완료(Partially Committed)
③ 완료(Commit)
④ 실패(Fail)

056

데이터 제어어(DCL)에 대한 설명으로 옳은 것은?

① ROLLBACK: 데이터의 보안과 무결성을 정의한다.
② COMMIT: 데이터베이스 사용자의 사용 권한을 취소한다.
③ GRANT: 데이터베이스 사용자에게 사용 권한을 부여한다.
④ REVOKE: 데이터베이스 조작 작업이 비정상적으로 종료되었을 때 원래 상태로 복구한다.

057

테이블 R과 S에 대한 SQL문이 실행되었을 때, 실행 결과로 옳은 것은?

[R]

A	B
1	A
3	B

[S]

A	B
1	A
2	B

```
SELECT A FROM R
UNION ALL
SELECT A FROM S;
```

① 1

② 3
2

③ 1
3

④ 1
3
1
2

058

분산 데이터베이스 시스템(Distributed Database System)에 대한 설명으로 틀린 것은?

① 분산 데이터베이스는 논리적으로는 하나의 시스템에 속하지만 물리적으로는 여러 개의 컴퓨터 사이트에 분산되어 있다.
② 위치 투명성, 중복 투명성, 병행 투명성, 장애 투명성을 목표로 한다.
③ 데이터베이스의 설계가 비교적 어렵고, 개발 비용과 처리 비용이 증가한다는 단점이 있다.
④ 분산 데이터베이스 시스템의 주요 구성 요소는 분산 처리기, P2P 시스템, 단일 데이터베이스 등이 있다.

059

테이블 두 개를 조인하여 뷰 V_1을 정의하고, V_1을 이용하여 뷰 V_2를 정의하였다. 다음 명령 수행 후 결과로 옳은 것은?

```
DROP VIEW V_1 CASCADE;
```

① V_1만 삭제한다.
② V_2만 삭제한다.
③ V_1과 V_2 모두 삭제된다.
④ V_1과 V_2 모두 삭제되지 않는다.

060

데이터베이스에서 병행제어의 목적으로 틀린 것은?

① 시스템 활용도 최대화
② 사용자에 대한 응답시간 최소화
③ 데이터베이스 공유 최소화
④ 데이터베이스 일관성 유지

061

IP 주소체계와 관련한 설명으로 틀린 것은?

① IPv6의 패킷 헤더는 32octet의 고정된 길이를 가진다.
② IPv6는 주소 자동 설정(Auto Configuration) 기능을 통해 손쉽게 이용자의 단말을 네트워크에 접속시킬 수 있다.
③ IPv4는 호스트 주소를 자동으로 설정하며 유니캐스트(Unicast)를 지원한다.
④ IPv4는 클래스별로 네트워크와 호스트 주소의 길이가 다르다.

062

다음 C 언어 프로그램이 실행되었을 때, 실행 결과는?

```
#include <stdio.h>
#include <stdlib.h>
int main(int argc, char *argv[ ]) {
    int arr[2][3]={1,2,3,4,5,6};
    int (*p)[3]=NULL;
    p=arr;
    printf("%d", ", *(p[0]+1) + *(p[1]+2));
    printf("%d", *(*p+1)+0) + *(*(p+1)+1));
    return 0;
}
```

① 7, 5
② 8, 5
③ 8, 9
④ 7, 9

063

OSI 7계층 중 데이터링크 계층에 해당되는 프로토콜이 아닌 것은?

① HTTP
② HDLC
③ PPP
④ LLC

064

C 언어에서 두 개의 논리값 중 하나라도 참이면 1을, 모두 거짓이면 0을 반환하는 연산자는?

① ||
② &&
③ **
④ !=

065

IPv6에 대한 특성으로 틀린 것은?

① 표시 방법은 8비트씩 4부분의 10진수로 표시한다.
② 2^{128}개의 주소를 표현할 수 있다.
③ 등급별, 서비스별로 패킷을 구분할 수 있어 품질 보장이 용이하다.
④ 확장 기능을 통해 보안 기능을 제공한다.

066

Java의 예외(Exception)와 관련한 설명으로 틀린 것은?

① 문법 오류로 인해 발생한 것
② 오동작이나 결과에 악영향을 미칠 수 있는 실행 시간 동안에 발생한 오류
③ 배열의 인덱스가 그 범위를 넘어서는 경우 발생하는 오류
④ 존재하지 않는 파일을 읽으려고 하는 경우에 발생하는 오류

067

TCP/IP 계층 구조에서 IP의 동작 과정에서의 전송 오류가 발생하는 경우에 대비해 오류 정보를 전송하는 목적으로 사용하는 프로토콜은?

① ECP(Error Checking Protocol)
② ARP(Address Resolution Protocol)
③ ICMP(Internet Control Message Protocol)
④ PPP(Point-to-Pint Protocol)

068

좋은 소프트웨어 설계를 위한 소프트웨어의 모듈 간의 결합도(Coupling)와 모듈 내 요소 간 응집도(Cohesion)에 대한 설명으로 옳은 것은?

① 응집도는 낮게 결합도는 높게 설계한다.
② 응집도는 높게 결합도는 낮게 설계한다.
③ 양쪽 모두 낮게 설계한다.
④ 양쪽 모두 높게 설계한다.

069

다음과 같은 형태로 임계 구역의 접근을 제어하는 상호배제 기법은?

```
P(S) : while S <= 0 do skip;
S := S - 1;
V(S) : S := S + 1;
```

① Dekker Algorithm
② Lamport Algorithm
③ Peterson Algorithm
④ Semaphore

070

소프트웨어 개발에서 모듈(Module)이 되기 위한 주요 특징에 해당하지 않는 것은?

① 다른 것들과 구별될 수 있는 독립적인 기능을 가진 단위(Unit)이다.
② 독립적인 컴파일이 가능하다.
③ 유일한 이름을 가져야 한다.
④ 다른 모듈에서의 접근이 불가능해야 한다.

071

빈 기억공간의 크기가 20KB, 16KB, 8KB, 40KB일 때 기억장치 배치 전략으로 "Best Fit"을 사용하여 17KB의 프로그램을 적재할 경우 내부 단편화의 크기는 얼마인가?

① 3KB
② 23KB
③ 64KB
④ 67KB

072

다음 C 언어 프로그램이 실행되었을 때, 실행 결과는?

```
#include <stdio.h>
#include <stdlib.h>
int main(int argc, char *argv[ ]) {
    int i = 0;
    while(1){
        if(i==4) {
            break;
        }
        ++i;
    }
    printf("i = %d", i);
    return 0;
}
```

① i = 0
② i = 1
③ i = 3
④ i = 4

073

다음 JAVA 프로그램이 실행되었을 때, 실행 결과는?

```
public class Ape {
    static void rs{char a[ ]} {
        for(int i = 0; i < a.length; i++)
            if(a[i] == 'B')
                a[i] = 'C';
            else if(i == a.length-1)
                a[i] = a[i-1];
            else a[i] = a[i+1];
    }

static void pca(char a[ ]) {
    for(int i = 0; i < a.length; i++)
        System.out.print(a[i]);
    System.out.println( );
}

public static void main(Stirng[ ] args) {
    char c[ ] = {'A','B','D','D','A','B','C'};
    rs(c);
    pca(c);
    }
}
```

① BCDABCA
② BCDABCC
③ CDDACCC
④ CDDACCA

074

개발 환경 구성을 위한 빌드(Build) 도구에 해당하지 <u>않는</u> 것은?

① Ant
② Kerberos
③ Maven
④ Gradle

075

3개의 페이지 프레임을 갖는 시스템에서 페이지 참조 순서가 1, 2, 1, 0, 4, 1, 3일 경우 FIFO 알고리즘에 의한 페이지 교체의 경우 프레임의 최종 상태는?

① 1, 2, 0
② 2, 4, 3
③ 1, 4, 2
④ 4, 1, 3

076

다음 C 언어 프로그램이 실행되었을 때, 실행 결과는?

```
#include <stdio.h>
#include <stdlib.h>
int main(int argc, char *argv[ ]) {
    char str1[20] = "KOREA";
    char str2[20] = "LOVE";
    char* p1=NULL;
    char* p2=NULL;
    p1=str1;
    p2=str2;
    str1[1]=p2[2];
    str2[3]=p1[4];
    strcat(str1, str2);
    printf("%c", *(p1+2));
    return 0;
}
```

① E
② V
③ R
④ O

077

다음 Python 프로그램이 실행되었을 때, 실행 결과는?

```
a=100
list_data = ['a', 'b', 'c']
dict_data = {'a':90, 'b':95}
print(list_data[0])
print(dict_data['a'])
```

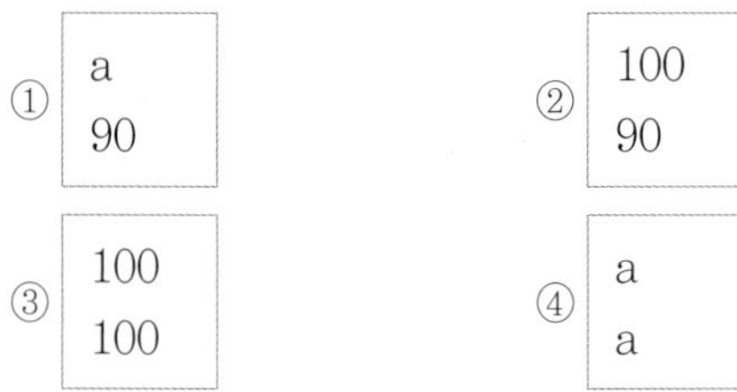

078

C 언어에서 정수 변수 a, b에 각각 1, 2가 저장되어 있을 때 다음 식의 연산 결과로 옳은 것은?

```
a < b + 2 && a << 1 <= b
```

① 0
② 1
③ 3
④ 5

079

다음 Python 프로그램이 실행되었을 때, 실행결과는?

```
a = ["대", "한", "민", "국"]
for i in a:
    print(i)
```

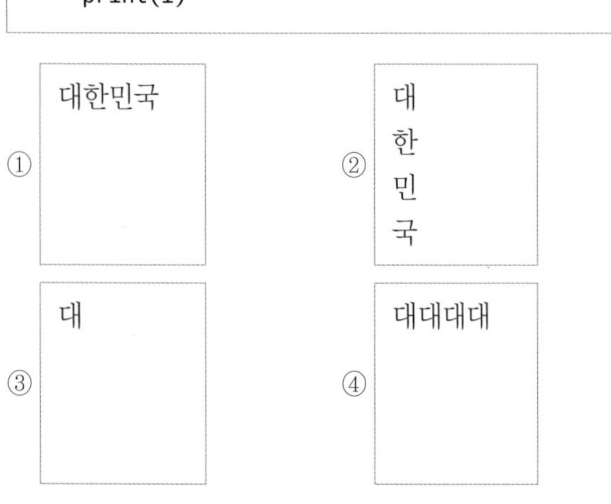

080

UNIX 시스템의 쉘(Shell)의 주요 기능에 대한 설명이 아닌 것은?

① 사용자 명령을 해석하고 커널로 전달하는 기능을 제공한다.
② 반복적인 명령을 프로그램으로 만드는 프로그래밍 기능을 제공한다.
③ 쉘 프로그램 실행을 위해 프로세스와 메모리를 관리한다.
④ 초기화 파일을 이용해 사용자 환경을 설정하는 기능을 제공한다.

Part V 정보시스템 구축관리

081

소프트웨어 생명주기 모델 중 나선형 모델(Spiral Model)과 관련한 설명으로 틀린 것은?

① 소프트웨어 개발 프로세스를 위험 관리(Risk Management) 측면에서 본 모델이다.
② 위험 분석(Risk Analysis)은 반복적인 개발 진행 후 주기의 마지막 단계에서 최종적으로 한 번 수행해야 한다.
③ 시스템을 여러 부분으로 나누어 여러 번의 개발 주기를 거치면서 시스템이 완성된다.
④ 요구사항이나 아키텍처를 이해하기 어렵다거나 중심이 되는 기술에 문제가 있는 경우 적합한 모델이다.

082

정보시스템과 관련한 다음 설명에 해당하는 것은?

- 각 시스템 간에 공유 디스크를 중심으로 클러스터링으로 엮어 다수의 시스템을 동시에 연결할 수 있다.
- 조직, 기업의 기간 업무 서버 등의 안정성을 높이기 위해 사용될 수 있다.
- 여러 가지 방식으로 구현되며 2개의 서버를 연결하는 것으로 2개의 시스템이 각각 업무를 수행하도록 구현하는 방식이 널리 사용된다.

① 고가용성 솔루션(HACMP)
② 점대점 연결 방식(Point-to-Point Mode)
③ 스턱스넷(Stuxnet)
④ 루팅(Rooting)

083

위조된 매체 접근 제어(MAC) 주소를 지속적으로 네트워크로 흘려보내, 스위치 MAC 주소 테이블의 저장 기능을 혼란시켜 더미 허브(Dummy Hub)처럼 작동하게 하는 공격은?

① Parsing
② LAN Tapping
③ Switch Jamming
④ FTP Flooding

084

다음 내용이 설명하는 스토리지 시스템은?

- 하드디스크와 같은 데이터 저장장치를 호스트 버스 어댑터에 직접 연결하는 방식
- 저장장치와 호스트 기기 사이에 네트워크 디바이스 없이 직접 연결하는 방식으로 구성

① DAS
② NAS
③ BSA
④ NFC

085

취약점 관리를 위해 일반적으로 수행하는 작업이 아닌 것은?

① 무결성 검사
② 응용 프로그램의 보안 설정 및 패치(Patch) 적용
③ 중단 프로세스 및 닫힌 포트 위주로 확인
④ 불필요한 서비스 및 악성 프로그램의 확인과 제거

086

소프트웨어 생명주기 모델 중 V 모델과 관련한 설명으로 틀린 것은?

① 요구 분석 및 설계 단계를 거치지 않으며 항상 통합 테스트를 중심으로 V 형태를 이룬다.
② Perry에 의해 제안되었으며 세부적인 테스트 과정으로 구성되어 신뢰도 높은 시스템을 개발하는데 효과적이다.
③ 개발 작업과 검증 작업 사이의 관계를 명확히 들어내 놓은 폭포수 모델의 변형이라고 볼 수 있다.
④ 폭포수 모델이 산출물 중심이라면 V 모델은 작업과 결과의 검증에 초점을 둔다.

087

블루투스(Bluetooth) 공격과 해당 공격에 대한 설명이 올바르게 연결된 것은?

① 블루버그(BlueBug) – 블루투스의 취약점을 활용하여 장비의 파일에 접근하는 공격으로 OPP를 사용하여 정보를 열람
② 블루스나프(BlueSnarf) – 블루투스를 이용해 스팸처럼 명함을 익명으로 퍼뜨리는 것
③ 블루프린팅(BluePrinting) – 블루투스 공격 장치의 검색 활동을 의미
④ 블루재킹(BlueJacking) – 블루투스 장비 사이의 취약함 연결 관리를 악용한 공격

088

DoS(Denial of Servic) 공격과 관련한 내용으로 틀린 것은?

① Ping of Death 공격은 정상 크기보다 큰 ICMP 패킷을 작은 조각(Fragment)으로 쪼개어 공격 대상이 조각화된 패킷을 처리하게 만드는 공격 방법이다.
② Smurf 공격은 멀티캐스트(Multicast)를 활용하여 공격 대상이 네트워크의 임의의 시스템에 패킷을 보내게 만드는 공격이다.
③ SYN Flooding은 존재하지 않는 클라이언트가 서버별로 한정된 접속 가능 공간에 접속한 것처럼 속여 다른 사용자가 서비스를 이용하지 못하게 하는 것이다.
④ Land 공격은 패킷 전송 시 출발지 IP 주소와 목적지 IP 주소값을 똑같이 만들어서 공격 대상에게 보내는 공격 방법이다.

089

다음 설명에 해당하는 시스템은?

> • 1990년대 David Clock이 처음 제안하였다.
> • 비정상적인 접근의 탐지를 위해 의도적으로 설치해 둔 시스템이다.
> • 침입자를 속여 실제 공격당하는 것처럼 보여줌으로써 크래커를 추적 및 공격 기법의 정보를 수집하는 역할을 한다.
> • 쉽게 공격자에게 노출되어야 하며 쉽게 공격이 가능한 것처럼 취약해 보여야 한다.

① Apache
② Hadoop
③ Honeypot
④ MapReduce

090

다음이 설명하는 IT 기술은?

> • 컨테이너 응용 프로그램의 배포를 자동화하는 오픈 소스 엔진이다.
> • 소프트웨어 컨테이너 안에 응용 프로그램들을 배치시키는 일을 자동화해 주는 오픈 소스 프로젝트이자 소프트웨어로 볼 수 있다.

① StackGuard
② Docker
③ Cipher container
④ Scytale

091

간트 차트(Gantt Chart)에 대한 설명으로 틀린 것은?

① 프로젝트를 이루는 소작업 별로 언제 시작되고 언제 끝나야 하는지를 한 눈에 볼 수 있도록 도와준다.
② 자원 배치 계획에 유용하게 사용된다.
③ CPM 네트워크로부터 만드는 것이 가능하다.
④ 수평 막대의 길이는 각 작업(Task)에 필요한 인원 수를 나타낸다.

092

Python 기반의 웹 크롤링(Web Crawling) 프레임워크로 옳은 것은?

① Li-fi
② Scrapy
③ CrawCat
④ SBAS

093

Secure 코딩에서 입력 데이터의 보안 약점과 관련한 설명으로 틀린 것은?

① SQL 삽입: 사용자의 입력값 등 외부 입력값이 SQL 쿼리에 삽입되어 공격
② 크로스사이트 스크립트: 검증되지 않은 외부 입력값에 의해 브라우저에서 악의적인 코드가 실행
③ 운영체제 명령어 삽입: 운영체제 명령어 파라미터 입력값이 적절한 사전 검증을 거치지 않고 사용되어 공격자가 운영체제 명령어를 조작
④ 자원 삽입: 사용자가 내부 입력값을 통해 시스템 내에 사용이 불가능한 자원을 지속적으로 입력함으로써 시스템에 과부하 발생

094

Windows 파일 시스템인 FAT과 비교했을 때의 NTFS의 특징이 아닌 것은?

① 보안에 취약
② 대용량 볼륨에 효율적
③ 자동 압축 및 안정성
④ 저용량 볼륨에서의 속도 저하

095

DES는 몇 비트의 암호화 알고리즘인가?

① 8
② 24
③ 64
④ 132

096

리눅스에서 생성된 파일 권한이 644일 경우 umask값은?

① 022
② 666
③ 777
④ 755

097

다음 내용이 설명하는 로그 파일은?

- 리눅스 시스템에서 사용자의 성공한 로그인/로그아웃 정보 기록
- 시스템의 종료/시작 시간 기록

① tapping
② xtslog
③ linuxer
④ wtmp

098

상향식 비용 산정 기법 중 LOC(원시 코드 라인 수) 기법에서 예측치를 구하기 위해 사용하는 항목이 아닌 것은?

① 낙관치
② 기대치
③ 비관치
④ 모형치

099

OSI 7 Layer 전 계층의 프로토콜과 패킷 내부의 콘텐츠를 파악하여 침입 시도, 해킹 등을 탐지하고 트래픽을 조정하기 위한 패킷 분석 기술은?

① PLCO(Packet Level Control Processor)
② Traffic Distributor
③ Packet Tree
④ DPI(Deep Packet Inspection)

100

소프트웨어 개발 방법론의 테일러링(Tailoring)과 관련한 설명으로 틀린 것은?

① 프로젝트 수행 시 예상되는 변화를 배제하고 신속히 진행하여야 한다.
② 프로젝트에 최적화된 개발 방법론을 적용하기 위해 절차, 산출물 등을 적절히 변경하는 활동이다.
③ 관리 측면에서의 목적 중 하나는 최단 기간에 안정적인 프로젝트 진행을 위한 사전 위험을 식별하고 제거하는 것이다.
④ 기술적 측면에서의 목적 중 하나는 프로젝트에 최적화된 기술 요소를 도입하여 프로젝트 특성에 맞는 최적의 기법과 도구를 사용하는 것이다.

2021년 8월 시행 B책형

제3회 기출문제

정답 및 해설 P.28

제한시간	150분	점수	/100점	풀이 시작 시각	:	풀이 종료 시각	:

Part Ⅰ 소프트웨어 설계

001

럼바우(Rumbaugh)의 객체지향 분석 기법 중 자료 흐름도(DFD)를 주로 이용하는 것은?

① 기능 모델링　② 동적 모델링
③ 객체 모델링　④ 정적 모델링

002

클래스 다이어그램의 요소로 다음 설명에 해당하는 용어는?

- 클래스의 동작을 의미한다.
- 클래스에 속하는 객체에 대하여 적용될 메소드를 정의한 것이다.
- UML에서는 동작에 대한 인터페이스를 지칭한다고 볼 수 있다.

① Instance　② Operation
③ Item　④ Hiding

003

요구사항 검증(Requirements Validation)과 관련한 설명으로 틀린 것은?

① 요구사항이 고객이 정말 원하는 시스템을 제대로 정의하고 있는지 점검하는 과정이다.
② 개발 완료 이후에 문제점이 발견될 경우 막대한 재작업 비용이 들 수 있기 때문에 요구사항 검증은 매우 중요하다.
③ 요구사항이 실제 요구를 반영하는지, 문서상의 요구사항은 서로 상충되지 않는지 등을 점검한다.
④ 요구사항 검증 과정을 통해 모든 요구사항 문제를 발견할 수 있다.

004

소프트웨어 공학에서 모델링(Modeling)과 관련한 설명으로 틀린 것은?

① 개발팀이 응용 문제를 이해하는 데 도움을 줄 수 있다.
② 유지보수 단계에서만 모델링 기법을 활용한다.
③ 개발될 시스템에 대하여 여러 분야의 엔지니어들이 공통된 개념을 공유하는 데 도움을 준다.
④ 절차적인 프로그램을 위한 자료 흐름도는 프로세스 위주의 모델링 방법이다.

005

분산 시스템을 위한 마스터-슬레이브(Master-Slave) 아키텍처에 대한 설명으로 틀린 것은?

① 일반적으로 실시간 시스템에서 사용된다.
② 마스터 프로세스는 일반적으로 연산, 통신, 조정을 책임진다.
③ 슬레이브 프로세스는 데이터 수집 기능을 수행할 수 없다.
④ 마스터 프로세스는 슬레이브 프로세스들을 제어할 수 있다.

006

사용자 인터페이스(User Interface)에 대한 설명으로 틀린 것은?

① 사용자와 시스템이 정보를 주고받는 상호작용이 잘 이루어지도록 하는 장치나 소프트웨어를 의미한다.
② 편리한 유지보수를 위해 개발자 중심으로 설계되어야 한다.
③ 배우기가 용이하고 쉽게 사용할 수 있도록 만들어져야 한다.
④ 사용자 요구사항이 UI에 반영될 수 있도록 구성해야 한다.

007

객체지향 분석 기법과 관련한 설명으로 틀린 것은?

① 동적 모델링 기법이 사용될 수 있다.
② 기능 중심으로 시스템을 파악하며 순차적인 처리가 중요시되는 하향식(Top-down) 방식으로 볼 수 있다.
③ 데이터와 행위를 하나로 묶어 객체를 정의 내리고 추상화시키는 작업이라 할 수 있다.
④ 코드 재사용에 의한 프로그램 생산성 향상 및 요구에 따른 시스템의 쉬운 변경이 가능하다.

008

대표적으로 DOS 및 Unix 등의 운영체제에서 조작을 위해 사용하던 것으로, 정해진 명령 문자열을 입력하여 시스템을 조작하는 사용자 인터페이스(User Interface)는?

① GUI(Graphical User Interface)
② CLI(Command Line Interface)
③ CUI(Cell User Interface)
④ MUI(Mobile User Interface)

009

객체지향의 주요 개념에 대한 설명으로 틀린 것은?

① 캡슐화는 상위 클래스에서 속성이나 연산을 전달받아 새로운 형태의 클래스로 확장하여 사용하는 것을 의미한다.
② 객체는 실세계에 존재하거나 생각할 수 있는 것을 말한다.
③ 클래스는 하나 이상의 유사한 객체들을 묶어 공통된 특성을 표현한 것이다.
④ 다형성은 상속받은 여러 개의 하위 객체들이 다른 형태의 특성을 갖는 객체로 이용될 수 있는 성질이다.

010

객체지향 설계에서 정보은닉(Information Hiding)과 관련한 설명으로 틀린 것은?

① 필요하지 않은 정보는 접근할 수 없도록 하여 한 모듈 또는 하부 시스템이 다른 모듈의 구현에 영향을 받지 않게 설계되는 것을 의미한다.
② 모듈들 사이의 독립성을 유지시키는 데 도움이 된다.
③ 설계에서 은닉되어야 할 기본 정보로는 IP 주소와 같은 물리적 코드, 상세 데이터 구조 등이 있다.
④ 모듈 내부의 자료 구조와 접근 동작들에만 수정을 국한하기 때문에 요구사항 등 변화에 따른 수정이 불가능하다.

011

익스트림 프로그래밍(XP)에 대한 설명으로 틀린 것은?

① 빠른 개발을 위해 테스트를 수행하지 않는다.
② 사용자의 요구사항은 언제든지 변할 수 있다.
③ 고객과 직접 대면하며 요구사항을 이야기하기 위해 사용자 스토리(User Story)를 활용할 수 있다.
④ 기존의 방법론에 비해 실용성(Pragmatism)을 강조한 것이라고 볼 수 있다.

012

순차 다이어그램(Sequence Diagram)과 관련한 설명으로 틀린 것은?

① 객체들의 상호작용을 나타내기 위해 사용한다.
② 시간의 흐름에 따라 객체들이 주고받는 메시지의 전달 과정을 강조한다.
③ 동적 다이어그램보다는 정적 다이어그램에 가깝다.
④ 교류 다이어그램(Interaction Diagram)의 한 종류로 볼 수 있다.

013

분산 시스템에서의 미들웨어(Middleware)와 관련한 설명으로 틀린 것은?

① 분산 시스템에서 다양한 부분을 관리하고 통신하며 데이터를 교환하게 해주는 소프트웨어로 볼 수 있다.
② 위치 투명성(Location Transparency)을 제공한다.
③ 분산 시스템의 여러 컴포넌트가 요구하는 재사용 가능한 서비스의 구현을 제공한다.
④ 애플리케이션과 사용자 사이에서만 분산 서비스를 제공한다.

014

GoF(Gang of Four) 디자인 패턴과 관련한 설명으로 틀린 것은?

① 디자인 패턴을 목적(Purpose)으로 분류할 때 생성, 구조, 행위로 분류할 수 있다.
② Strategy 패턴은 대표적인 구조 패턴으로 인스턴스를 복제하여 사용하는 구조를 말한다.
③ 행위 패턴은 클래스나 객체들이 상호작용하는 방법과 책임을 분산하는 방법을 정의한다.
④ Singleton 패턴은 특정 클래스의 인스턴스가 오직 하나임을 보장하고, 이 인스턴스에 대한 접근 방법을 제공한다.

015

소프트웨어 설계에서 사용되는 대표적인 추상화(Abstraction) 기법이 아닌 것은?

① 자료 추상화
② 제어 추상화
③ 과정 추상화
④ 강도 추상화

016

소프트웨어 아키텍처와 관련한 설명으로 틀린 것은?

① 파이프 필터 아키텍처에서 데이터는 파이프를 통해 양방향으로 흐르며, 필터 이동 시 오버헤드가 발생하지 않는다.
② 외부에서 인식할 수 있는 특성이 담긴 소프트웨어의 골격이 되는 기본 구조로 볼 수 있다.
③ 데이터 중심 아키텍처는 공유 데이터저장소를 통해 접근자 간의 통신이 이루어지므로 각 접근자의 수정과 확장이 용이하다.
④ 이해 관계자들의 품질 요구사항을 반영하여 품질 속성을 결정한다.

017

애자일 개발 방법론과 관련한 설명으로 틀린 것은?

① 빠른 릴리즈를 통해 문제점을 빠르게 파악할 수 있다.
② 정확한 결과 도출을 위해 계획 수립과 문서화에 중점을 둔다.
③ 고객과의 의사소통을 중요하게 생각한다.
④ 진화하는 요구사항을 수용하는데 적합하다.

018

UML 모델에서 한 사물의 명세가 바뀌면 다른 사물에 영향을 주며, 일반적으로 한 클래스가 다른 클래스를 오퍼레이션의 매개변수로 사용하는 경우에 나타나는 관계는?

① Association
② Dependency
③ Realization
④ Generalization

019

요구사항 정의 및 분석·설계의 결과물을 표현하기 위한 모델링 과정에서 사용되는 다이어그램(Diagram)이 아닌 것은?

① Data Flow Diagram
② UML Diagram
③ E-R Diagram
④ AVL Diagram

020

요구 분석(Requirement Analysis)에 대한 설명으로 틀린 것은?

① 요구 분석은 소프트웨어 개발의 실제적인 첫 단계로 사용자의 요구에 대해 이해하는 단계라 할 수 있다.
② 요구 추출(Requirement Elicitation)은 프로젝트 계획 단계에 정의한 문제의 범위 안에 있는 사용자의 요구를 찾는 단계이다.
③ 도메인 분석(Domain Analysis)은 요구에 대한 정보를 수집하고 배경을 분석하여 이를 토대로 모델링을 하게 된다.
④ 기능적(Functional) 요구에서 시스템 구축에 대한 성능, 보안, 품질, 안정 등에 대한 요구사항을 도출한다.

Part II 소프트웨어 개발

021

다음 중 선형구조로만 묶인 것은?

① 스택, 트리
② 큐, 데크
③ 큐, 그래프
④ 리스트, 그래프

022

테스트 드라이버(Test Driver)에 대한 설명으로 틀린 것은?

① 시험 대상 모듈을 호출하는 간이 소프트웨어이다.
② 필요에 따라 매개 변수를 전달하고 모듈을 수행한 후의 결과를 보여줄 수 있다.
③ 상향식 통합 테스트에서 사용된다.
④ 테스트 대상 모듈이 호출하는 하위 모듈의 역할을 한다.

023

다음 트리에 대한 중위 순회 운행 결과는?

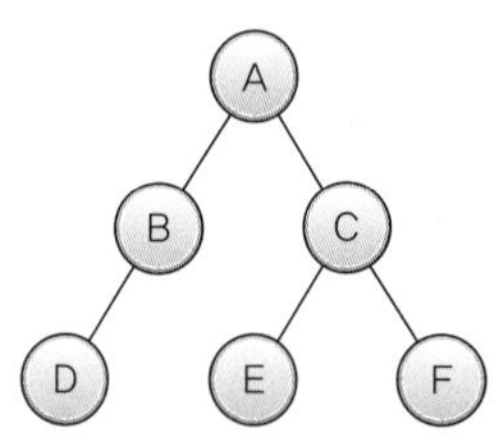

① ABDCEF
② ABCDEF
③ DBECFA
④ DBAECF

024

테스트 케이스 자동 생성 도구를 이용하여 테스트 데이터를 찾아내는 방법이 아닌 것은?

① 스텁(Stub)과 드라이버(Driver)
② 입력 도메인 분석
③ 랜덤(Random) 테스트
④ 자료 흐름도

025

소프트웨어 테스트에서 검증(Verification)과 확인(Validation)에 대한 설명으로 틀린 것은?

① 소프트웨어 테스트에서 검증과 확인을 구별하면 찾고자 하는 결함 유형을 명확하게 하는 데 도움이 된다.
② 검증은 소프트웨어 개발 과정을 테스트하는 것이고, 확인은 소프트웨어 결과를 테스트하는 것이다.
③ 검증은 작업 제품이 요구 명세의 기능, 비기능 요구사항을 얼마나 잘 준수하는지 측정하는 작업이다.
④ 검증은 작업 제품이 사용자의 요구에 적합한지 측정하며, 확인은 작업 제품이 개발자의 기대를 충족시키는지를 측정한다.

026

저작권 관리 구성 요소 중 패키저(Packager)의 주요 역할로 옳은 것은?

① 콘텐츠를 제공하는 저작권자를 의미한다.
② 콘텐츠를 메타데이터와 함께 배포 가능한 단위로 묶는다.
③ 라이선스를 발급하고 관리한다.
④ 배포된 콘텐츠의 이용 권한을 통제한다.

027

다음 설명에 부합하는 용어로 옳은 것은?

- 소프트웨어 구조를 이루며, 다른 것들과 구별될 수 있는 독립적인 기능을 갖는 단위이다.
- 하나 또는 몇 개의 논리적인 기능을 수행하기 위한 명령어들의 집합이라고도 할 수 있다.
- 서로 모여 하나의 완전한 프로그램으로 만들어질 수 있다.

① 통합 프로그램
② 저장소
③ 모듈
④ 데이터

028

제품 소프트웨어의 사용자 매뉴얼 작성 절차로 (가)~(다)와 [보기]의 기호를 바르게 연결한 것은?

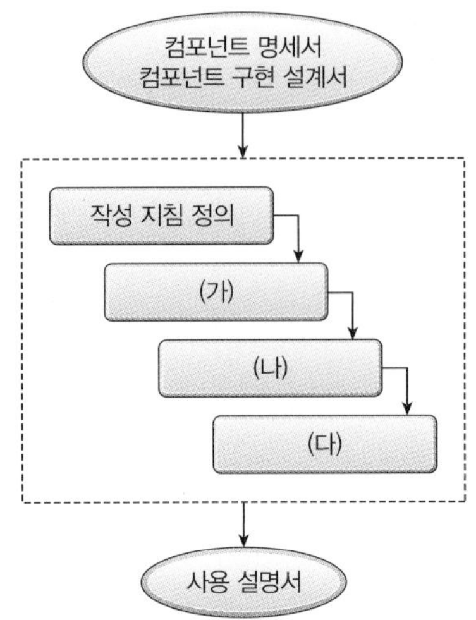

㉠ 사용 설명서 검토
㉡ 구성 요소별 내용 작성
㉢ 사용 설명서 구성 요소 정의

① (가)-㉠, (나)-㉡, (다)-㉢
② (가)-㉢, (나)-㉡, (다)-㉠
③ (가)-㉠, (나)-㉢, (다)-㉡
④ (가)-㉢, (나)-㉠, (다)-㉡

029

코드의 간결성을 유지하기 위해 사용되는 지침으로 틀린 것은?

① 공백을 이용하여 실행문 그룹과 주석을 명확히 구분한다.
② 복잡한 논리식과 산술식은 괄호와 들여쓰기(Indentation)를 통해 명확히 표현한다.
③ 빈 줄을 사용하여 선언부와 구현부를 구별한다.
④ 한 줄에 최대한 많은 문장을 코딩한다.

030

다음 중 최악의 경우 검색 효율이 가장 나쁜 트리 구조는?

① 이진 탐색 트리　　② AVL 트리
③ 2-3 트리　　④ 레드-블랙 트리

031

다음 그래프에서 정점 A를 선택하여 깊이 우선 탐색(DFS)으로 운행한 결과는?

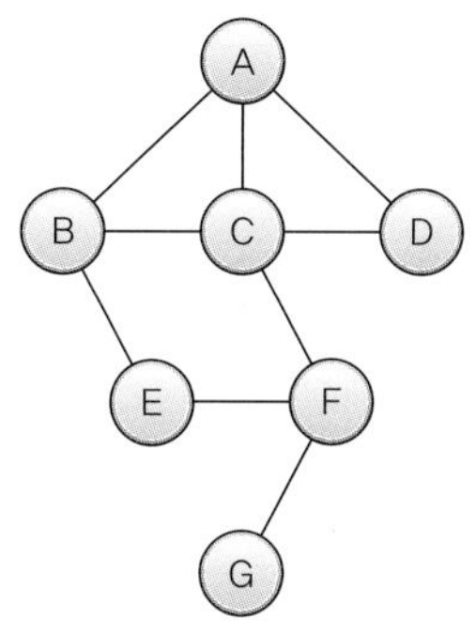

① ABECDFG
② ABECFDG
③ ABCDEFG
④ ABEFGCD

032

개별 모듈을 시험하는 것으로 모듈이 정확하게 구현되었는지, 예정한 기능이 제대로 수행되는지를 점검하는 것이 주요 목적인 테스트는?

① 통합 테스트(Integration Test)
② 단위 테스트(Unit Test)
③ 시스템 테스트(System Test)
④ 인수 테스트(Acceptance Test)

033

다음은 스택의 자료 삭제 알고리즘이다. ⓐ에 들어 갈 내용으로 옳은 것은? (단, Top: 스택 포인터, S: 스택의 이름)

```
If Top=0 Then
    ( ⓐ )
Else {
    remove S(Top)
    Top=Top-1
}
```

① Overflow
② Top=Top+1
③ Underflow
④ Top=Top

034

다음 자료를 버블 정렬을 이용하여 오름차순으로 정렬할 경우 PASS 3의 결과는?

9, 6, 7, 3, 5

① 6, 3, 5, 7, 9
② 3, 5, 6, 7, 9
③ 6, 7, 3, 5, 9
④ 3, 5, 9, 6, 7

035

순서가 A, B, C, D로 정해진 입력 자료를 스택에 입력한 후 출력한 결과로 불가능한 것은?

① D, C, B, A
② B, C, D, A
③ C, B, A, D
④ D, B, C, A

036

소프트웨어 개발 활동을 수행함에 있어서 시스템이 고장(Failure)을 일으키게 하며, 오류(Error)가 있는 경우 발생하는 것은?

① Fault
② Testcase
③ Mistake
④ Inspection

037

소프트웨어 품질 목표 중 하나 이상의 하드웨어 환경에서 운용되기 위해 쉽게 수정될 수 있는 시스템 능력을 의미하는 것은?

① Portability
② Efficiency
③ Usability
④ Correctness

038

테스트를 목적에 따라 분류했을 때, 강도(Stress) 테스트에 대한 설명으로 옳은 것은?

① 시스템에 고의로 실패를 유도하고 시스템이 정상적으로 복귀하는지 테스트한다.
② 시스템에 과다 정보량을 부과하여 과부하 시에도 시스템이 정상적으로 작동되는지를 테스트한다.
③ 사용자의 이벤트에 시스템이 응답하는 시간, 특정 시간 내에 처리하는 업무량, 사용자 요구에 시스템이 반응하는 속도 등을 테스트한다.
④ 부당하고 불법적인 침입을 시도하여 보안시스템이 불법적인 침투를 잘 막아내는지 테스트한다.

039

형상관리의 개념과 절차에 대한 설명으로 틀린 것은?

① 형상 식별은 형상관리 계획을 근거로 형상관리의 대상이 무엇인지 식별하는 과정이다.
② 형상관리를 통해 가시성과 추적성을 보장함으로써 소프트웨어의 생산성과 품질을 높일 수 있다.
③ 형상 통제 과정에서는 형상 목록의 변경 요구를 즉시 수용 및 반영해야 한다.
④ 형상 감사는 형상관리 계획대로 형상관리가 진행되고 있는지, 형상 항목의 변경이 요구사항에 맞도록 제대로 이뤄졌는지 등을 살펴보는 활동이다.

040

소스 코드 정적 분석(Static Analysis)에 대한 설명으로 틀린 것은?

① 소스 코드를 실행시키지 않고 분석한다.
② 코드에 있는 오류나 잠재적인 오류를 찾아내기 위한 활동이다.
③ 하드웨어적인 방법으로만 코드 분석이 가능하다.
④ 자료 흐름이나 논리 흐름을 분석하여 비정상적인 패턴을 찾을 수 있다.

Part Ⅲ 데이터베이스 구축

041

데이터의 중복으로 인하여 관계연산을 처리할 때 예기치 못한 곤란한 현상이 발생하는 것을 무엇이라 하는가?

① 이상(Anomaly)
② 제한(Restriction)
③ 종속성(Dependency)
④ 변환(Translation)

042

다음 중 기본키는 NULL 값을 가져서는 안 되며, 릴레이션 내에 오직 하나의 값만 존재해야 한다는 조건을 무엇이라 하는가?

① 개체 무결성 제약 조건
② 참조 무결성 제약 조건
③ 도메인 무결성 제약 조건
④ 속성 무결성 제약 조건

043

다음 두 릴레이션 R1과 R2의 카티션 프로덕트(Cartesian Product) 수행 결과는?

[R1 테이블]

학년
1
2
3

[R2 테이블]

학과
컴퓨터
국문
수학

①

학년	학과
1	컴퓨터
2	국문
3	수학

②

학년	학과
2	컴퓨터
2	국문
2	수학

③

학년	학과
3	컴퓨터
3	국문
3	수학

④

학년	학과
1	컴퓨터
1	국문
1	수학
2	컴퓨터
2	국문
2	수학
3	컴퓨터
3	국문
3	수학

044

정규화에 대한 설명으로 적절하지 않은 것은?

① 데이터베이스의 개념적 설계 단계 이전에 수행한다.
② 데이터 구조의 안정성을 최대화한다.
③ 중복을 배제하여 삽입, 삭제, 갱신 이상의 발생을 방지한다.
④ 데이터 삽입 시 릴레이션을 재구성할 필요성을 줄인다.

045

이전 단계의 정규형을 만족하면서 후보키를 통하지 않는 조인 종속(JD: Join Dependency)을 제거해야 만족하는 정규형은?

① 제3정규형
② 제4정규형
③ 제5정규형
④ 제6정규형

046

물리적 데이터베이스 설계에 대한 설명으로 거리가 먼 것은?

① 물리적 설계의 목적은 효율적인 방법으로 데이터를 저장하는 것이다.
② 트랜잭션 처리량과 응답시간, 디스크 용량 등을 고려해야 한다.
③ 저장 레코드의 형식, 순서, 접근 경로와 같은 정보를 사용하여 설계한다.
④ 트랜잭션의 인터페이스를 설계하며, 데이터 타입 및 데이터 타입들 간의 관계로 표현한다.

047

SQL의 논리 연산자가 아닌 것은?

① AND
② OTHER
③ OR
④ NOT

048

학적 테이블에서 전화번호가 NULL 값이 아닌 학생명을 모두 검색할 때, SQL 구문으로 옳은 것은?

① SELECT 학생명 FROM 학적 WHERE 전화번호 DON'T NULL;
② SELECT 학생명 FROM 학적 WHERE 전화번호 != NOT NULL;
③ SELECT 학생명 FROM 학적 WHERE 전화번호 IS NOT NULL;
④ SELECT 학생명 FROM 학적 WHERE 전화번호 IS NULL;

049

다음 중 SQL에서의 DDL문이 아닌 것은?

① CREATE
② DELETE
③ ALTER
④ DROP

050

동시성 제어를 위한 직렬화 기법으로 트랜잭션 간의 처리 순서를 미리 정하는 방법은?

① 로킹 기법
② 타임스탬프 기법
③ 검증 기법
④ 배타 로크 기법

051

데이터베이스에서 하나의 논리적 기능을 수행하기 위한 작업의 단위 또는 한꺼번에 모두 수행되어야 할 일련의 연산들을 의미하는 것은?

① 트랜잭션
② 뷰
③ 튜플
④ 카디널리티

052

로킹 단위(Locking Granularity)에 대한 설명으로 옳은 것은?

① 로킹 단위가 크면 병행성 수준이 낮아진다.
② 로킹 단위가 크면 병행 제어 기법이 복잡해진다.
③ 로킹 단위가 작으면 로크(lock)의 수가 적어진다.
④ 로킹은 파일 단위로 이루어지며, 레코드와 필드는 로킹 단위가 될 수 없다.

053

관계형 데이터베이스에서 다음 설명에 해당하는 키(Key)는?

> 한 릴레이션 내의 속성들의 집합으로 구성된 키로서, 릴레이션을 구성하는 모든 튜플에 대한 유일성은 만족시키지만 최소성은 만족시키지 못한다.

① 후보키　　② 대체키
③ 슈퍼키　　④ 외래키

054

트랜잭션의 주요 특성 중 하나로 둘 이상의 트랜잭션이 동시에 병행 실행되는 경우 어느 하나의 트랜잭션 실행 중에 다른 트랜잭션의 연산이 끼어들 수 없음을 의미하는 것은?

① Log
② Consistency
③ Isolation
④ Durability

055

데이터베이스에서 인덱스(Index)와 관련한 설명으로 <u>틀린</u> 것은?

① 인덱스의 기본 목적은 검색 성능을 최적화하는 것으로 볼 수 있다.
② B-트리 인덱스는 분기를 목적으로 하는 Branch Block을 가지고 있다.
③ BETWEEN 등 범위(Range) 검색에 활용될 수 있다.
④ 시스템이 자동으로 생성하여 사용자가 변경할 수 없다.

056

SQL문에서 HAVING을 사용할 수 있는 절은?

① LIKE 절
② WHERE 절
③ GROUP BY 절
④ ORDER BY 절

057

어떤 릴레이션 R에서 X와 Y를 각각 R의 애트리뷰트 집합의 부분 집합이라고 할 경우 애트리뷰트 X의 값 각각에 대해 시간에 관계 없이 항상 애트리뷰트 Y의 값이 오직 하나만 연관되어 있을 때 Y는 X에 함수 종속이라고 한다. 이 함수 종속의 표기로 옳은 것은?

① $Y \rightarrow X$　　② $Y \subset X$
③ $X \rightarrow Y$　　④ $X \subset Y$

058

관계대수에 대한 설명으로 틀린 것은?

① 원하는 릴레이션을 정의하는 방법을 제공하며 비절차적 언어이다.
② 릴레이션 조작을 위한 연산의 집합으로 피연산자와 결과가 모두 릴레이션이다.
③ 일반 집합 연산과 순수 관계 연산으로 구분된다.
④ 질의에 대한 해를 구하기 위해 수행해야 할 연산의 순서를 명시한다.

059

관계 데이터베이스에 있어서 관계 대수 연산이 아닌 것은?

① 디비전(Division)
② 프로젝트(Project)
③ 조인(Join)
④ 포크(Fork)

060

데이터베이스의 무결성 규정(Integrity Rule)과 관련한 설명으로 틀린 것은?

① 무결성 규정에는 데이터가 만족해야 될 제약 조건, 규정을 참조할 때 사용하는 식별자 등의 요소가 포함될 수 있다.
② 무결성 규정의 대상으로는 도메인, 키, 종속성 등이 있다.
③ 정식으로 허가 받은 사용자가 아닌 불법적인 사용자에 의한 갱신으로부터 데이터베이스를 보호하기 위한 규정이다.
④ 릴레이션 무결성 규정(Relation Integrity Rules)은 릴레이션을 조작하는 과정에서의 의미적 관계(Semantic Relationship)를 명세한 것이다.

Part Ⅳ 프로그래밍 언어 활용

061

C Class에 속하는 IP address는?

① 200.168.30.1 ② 10.3.2.1 4
③ 225.2.4.1 ④ 172.16.98.3

062

다음 중 페이지 교체(Page Replacement) 알고리즘이 아닌 것은?

① FIFO(First-In-First-Out)
② LUF(Least Used First)
③ Optimal
④ LRU(Least Recently Used)

063

다음 JAVA 프로그램이 실행되었을 때의 결과는?

```
public class ovr {
    public static void main(String[ ] args) {
        int arr[ ];
        int i=0;
        arr=new int[10];
        arr[0]=0;
        arr[1]=1;

        while(i<8) {
            arr[i+2]=arr[i+1]+arr[i];
            i++;
        }
        System.out.println(arr[9]);
    }
}
```

① 13 ② 21
③ 34 ④ 55

064

Java에서 힙(Heap)에 남아있으나 변수가 가지고 있던 참조값을 잃거나 변수 자체가 없어짐으로써 더 이상 사용되지 않는 객체를 제거해주는 역할을 하는 모듈은?

① Heap Collector
② Garbage Collector
③ Memory Collector
④ Variable Collector

065

C 언어에서의 변수 선언으로 틀린 것은?

① int else;
② int Test2;
③ int pc;
④ int True;

066

모듈 내 구성 요소들이 서로 다른 기능을 같은 시간대에 함께 실행하는 경우의 응집도(Cohesion)는?

① Temporal Cohesion
② Logical Cohesion
③ Coincidental Cohesion
④ Sequential Cohesion

067

오류 제어에 사용되는 자동 반복 요청 방식(ARQ)이 아닌 것은?

① Stop-and-wait ARQ
② Go-back-N ARQ
③ Selective-Repeat ARQ
④ Non-Acknowledge ARQ

068

사용자가 요청한 디스크 입·출력 내용이 다음과 같은 순서로 큐에 들어 있을 때 SSTF 스케줄링을 사용한 경우의 처리 순서는? (단, 현재 헤드 위치는 53이고, 제일 안쪽이 1번, 바깥쪽이 200번 트랙이다.)

큐의 내용 : 98 183 37 122 14 124 65 67

① 53-65-67-37-14-98-122-124-183
② 53-98-183-37-122-14-124-65-67
③ 53-37-14-65-67-98-122-124-183
④ 53-67-65-124-14-122-37-183-98

069

파일 디스크립터(File Descriptor)에 대한 설명으로 틀린 것은?

① 파일 관리를 위해 시스템이 필요로 하는 정보를 가지고 있다.
② 보조기억장치에 저장되어 있다가 파일이 개방(Open)되면 주기억장치로 이동된다.
③ 사용자가 파일 디스크립터를 직접 참조할 수 있다.
④ 파일 제어 블록(File Control Block)이라고도 한다.

070

귀도 반 로섬(Guido van Rossum)이 발표한 언어로 인터프리터 방식이자 객체지향적이며, 배우기 쉽고 이식성이 좋은 것이 특징인 스크립트 언어는?

① C++
② Java
③ C#
④ Python

071

다음 파이썬(Python) 프로그램이 실행되었을 때의 결과는?

```
def cs(n):
    s=0
    for num in range(n+1):
        s+=num
    return s

print(cs(11))
```

① 45　② 55
③ 66　④ 78

072

모듈화(Modularity)와 관련한 설명으로 틀린 것은?

① 소프트웨어의 모듈은 프로그래밍 언어에서 subroutine, function 등으로 표현될 수 있다.
② 모듈의 수가 증가하면 상대적으로 각 모듈의 크기가 커지며, 모듈 사이의 상호교류가 감소하여 과부하(Overload) 현상이 나타난다.
③ 모듈화는 시스템을 지능적으로 관리할 수 있도록 해주며, 복잡도 문제를 해결하는 데 도움을 준다.
④ 모듈화는 시스템의 유지보수와 수정을 용이하게 한다.

073

192.168.1.0/24 네트워크를 FLSM 방식을 이용하여 4개의 Subnet으로 나누고 IP Subnet-zero를 적용했다. 이때 Subnetting된 네트워크 중 4번째 네트워크의 4번째 사용 가능한 IP는 무엇인가?

① 192.168.1.192
② 192.168.1.195
③ 192.168.1.196
④ 192.168.1.198

074

모듈의 독립성을 높이기 위한 결합도(Coupling)와 관련한 설명으로 틀린 것은?

① 오류가 발생했을 때 전파되어 다른 오류의 원인이 되는 파문 효과(Ripple Effect)를 최소화해야 한다.
② 인터페이스가 정확히 설정되어 있지 않을 경우 불필요한 인터페이스가 나타나 모듈 사이의 의존도는 높아지고 결합도가 증가한다.
③ 모듈들이 변수를 공유하여 사용하게 하거나 제어 정보를 교류하게 함으로써 결합도를 낮추어야 한다.
④ 다른 모듈과 데이터 교류가 필요한 경우 전역변수(Global Variable)보다는 매개 변수(Parameter)를 사용하는 것이 결합도를 낮추는 데 도움이 된다.

075

프로세스와 관련한 설명으로 틀린 것은?

① 프로세스가 준비 상태에서 프로세서가 배당되어 실행 상태로 변화하는 것을 디스패치(Dispatch)라고 한다.
② 프로세스 제어 블록(PCB: Process Control Block)은 프로세스 식별자, 프로세스 상태 등의 정보로 구성된다.
③ 이전 프로세스의 상태 레지스터 내용을 보관하고 다른 프로세스의 레지스터를 적재하는 과정을 문맥 교환(Context Switching)이라고 한다.
④ 프로세스는 스레드(Thread) 내에서 실행되는 흐름의 단위이며, 스레드와 달리 주소 공간에 실행 스택(Stack)이 없다.

076

TCP 헤더와 관련한 설명으로 틀린 것은?

① 순서 번호(Sequence Number)는 전달하는 바이트마다 번호가 부여된다.
② 수신 번호 확인(Acknowledgement Number)은 상대편 호스트에서 받으려는 바이트의 번호를 정의한다.
③ 체크섬(Checksum)은 데이터를 포함한 세그먼트의 오류를 검사한다.
④ 윈도우 크기는 송수신 측의 버퍼 크기로 최대 크기는 32,767bit이다.

077

다음 C 언어 프로그램이 실행되었을 때의 결과는?

```
#include <stdio.h>
#include <string.h>
int main(void) {
    char str[50]="nation";
    char *p2="alter";
    strcat(str, p2);

    printf("%s", str);
    return 0;
}
```

① nation ② nationalter
③ alter ④ alternation

078

다음 중 JAVA에서 우선 순위가 가장 낮은 연산자는?

① -- ② %
③ & ④ =

079

다음 C 언어 프로그램이 실행되었을 때의 결과는?

```
#include <stdio.h>
#include <string.h>
int main(void){
    int a=3, b=4, c=2;
    int r1, r2, r3;
    r1=b<=4 || c==2;
    r2=(a>0) && (b<5);
    r3=!c;
    printf("%d", r1+r2+r3);
    return 0;
}
```

① 0 ② 1
③ 2 ④ 3

080

다음 C 언어 프로그램이 실행되었을 때의 결과는?

```
#include <stdio.h>
int main(void) {
    int n=4;
    int* pt=NULL;
    pt=&n;
    printf("%d", &n+*pt-*&pt+n);
    return 0;
}
```

① 0 ② 4
③ 8 ④ 12

Part V 정보시스템 구축관리

081

특정 사이트에 매우 많은 ICMP Echo를 보내면, 이에 대한 응답(Respond)을 하기 위해 시스템 자원을 모두 사용해버려 시스템이 정상적으로 동작하지 못하도록 하는 공격 방법은?

① Role-Based Access Control
② Ping Flood
③ Brute-Force
④ Trojan Horses

082

구글의 구글 브레인 팀이 제작하여 공개한 기계 학습(Machine Learning)을 위한 오픈 소스 소프트웨어 라이브러리는?

① 타조(Tajo)
② 원 세그(One Seg)
③ 포스퀘어(Foursquare)
④ 텐서플로(TensorFlow)

083

비대칭 암호화 방식으로 소수를 활용한 암호화 알고리즘은?

① DES
② AES
③ SMT
④ RSA

084

시스템이 몇 대가 되어도 하나의 시스템에서 인증에 성공하면 다른 시스템에 대한 접근 권한도 얻는 시스템을 의미하는 것은?

① SOS
② SBO
③ SSO
④ SOA

085

오픈 소스 웹 애플리케이션 보안 프로젝트로서 주로 웹을 통한 정보 유출, 악성 파일 및 스크립트, 보안 취약점 등을 연구하는 곳은?

① WWW
② OWASP
③ WBSEC
④ ITU

086

생명주기 모형 중 가장 오래된 모형으로 많은 적용 사례가 있지만 요구사항의 변경이 어렵고 각 단계의 결과가 확인 되어야 다음 단계로 넘어갈 수 있는 선형 순차적, 고전적 생명주기 모형이라고도 하는 것은?

① Waterfall Model
② Prototype Model
③ Cocomo Model
④ Spiral Model

087

Cocomo Model 중 기관 내부에서 개발된 중소규모의 소프트웨어로 일괄 자료 처리나 과학기술계산용, 비즈니스 자료 처리용으로 5만 라인 이하의 소프트웨어를 개발하는 유형은?

① Embeded
② Organic
③ Semi-detached
④ Semi-embeded

088

다음에서 설명하는 IT 스토리지 기술은?

- 가상화를 적용하여 필요한 공간만큼 나눠 사용할 수 있도록 하며 서버 가상화와 유사함
- 컴퓨팅 소프트웨어로 규정하는 데이터 스토리지 체계이며, 일정 조직 내 여러 스토리지를 하나처럼 관리하고 운용하는 컴퓨터 이용 환경
- 스토리지 자원을 효율적으로 나누어 쓰는 방법으로 이해할 수 있음

① Software Defined Storage
② Distribution Oriented Storage
③ Network Architected Storage
④ Systematic Network Storage

089

TCP/IP 기반 네트워크에서 동작하는 발행-구독 기반의 메시징 프로토콜로 최근 IoT 환경에서 자주 사용되고 있는 프로토콜은?

① MLFQ
② MQTT
③ Zigbee
④ MTSP

090

다음 내용이 설명하는 것은?

> 개인과 기업, 국가적으로 큰 위협이 되고 있는 주요 사이버 범죄 중 하나로 Snake, Darkside 등 시스템을 잠그거나 데이터를 암호화해 사용할 수 없도록 하고 이를 인질로 금전을 요구하는 데 사용되는 악성 프로그램

① Format String
② Ransomware
③ Buffer overflow
④ Adware

091

정보 보안을 위한 접근 제어(Access Control)와 관련한 설명으로 틀린 것은?

① 적절한 권한을 가진 인가자만 특정 시스템이나 정보에 접근할 수 있도록 통제하는 것이다.
② 시스템 및 네트워크에 대한 접근 제어의 가장 기본적인 수단은 IP와 서비스 포트로 볼 수 있다.
③ DBMS에 보안 정책을 적용하는 도구인 XDMCP를 통해 데이터베이스에 대한 접근 제어를 수행할 수 있다.
④ 네트워크 장비에서 수행하는 IP에 대한 접근 제어로는 관리 인터페이스의 접근 제어와 ACL(Access Control List) 등 있다.

092

국내 IT 서비스 경쟁력 강화를 목표로 개발되었으며 인프라 제어 및 관리 환경, 실행 환경, 개발 환경, 서비스 환경, 운영 환경으로 구성되어 있는 개방형 클라우드 컴퓨팅 플랫폼은?

① N20S
② PaaS-TA
③ KAWS
④ Metaverse

093

물리적 배치와 상관없이 논리적으로 LAN을 구성하여 Broadcast Domain을 구분할 수 있게 해주는 기술로 접속된 장비들의 성능 향상 및 보안성 증대 효과가 있는 것은?

① VLAN
② STP
③ L2AN
④ ARP

094

S/W 각 기능의 원시 코드 라인수의 비관치, 낙관치, 기대치를 측정하여 예측치를 구하고 이를 이용하여 비용을 산정하는 기법은?

① Effort Per TASK 기법
② 전문가 감정 기법
③ 델파이 기법
④ LOC 기법

095

소프트웨어 개발 프레임워크와 관련한 설명으로 틀린 것은?

① 반제품 상태의 제품을 토대로 도메인별로 필요한 서비스 컴포넌트를 사용하여 재사용성 확대와 성능을 보장받을 수 있게 하는 개발 소프트웨어이다.
② 개발해야 할 애플리케이션의 일부분이 이미 구현되어 있어 동일한 로직 반복을 줄일 수 있다.
③ 라이브러리와 달리 사용자 코드가 직접 호출하여 사용하기 때문에 소프트웨어 개발 프레임워크가 직접 코드의 흐름을 제어할 수 없다.
④ 생산성 향상과 유지보수성 향상 등의 장점이 있다.

096

정보 시스템 내에서 어떤 주체가 특정 개체에 접근하려 할 때 양쪽의 보안 레이블(Security Label)에 기초하여 높은 보안 수준을 요구하는 정보(객체)가 낮은 보안 수준의 주체에게 노출되지 않도록 하는 접근 제어 방법은?

① Mandatory Access Control
② User Access Control
③ Discretionary Access Control
④ Data-Label Access Control

097

소프트웨어 생명주기 모형 중 Spiral Model에 대한 설명으로 틀린 것은?

① 비교적 대규모 시스템에 적합하다.
② 개발 순서는 계획 및 정의, 위험 분석, 공학적 개발, 고객 평가 순으로 진행된다.
③ 소프트웨어를 개발하면서 발생할 수 있는 위험을 관리하고 최소화하는 것을 목적으로 한다.
④ 계획, 설계, 개발, 평가의 개발 주기가 한 번만 수행된다.

098

SQL Injection 공격과 관련한 설명으로 틀린 것은?

① SQL Injection은 임의로 작성한 SQL 구문을 애플리케이션에 삽입하는 공격 방식이다.
② SQL Injection 취약점이 발생하는 곳은 주로 웹 애플리케이션과 데이터베이스가 연동되는 부분이다.
③ DBMS의 종류와 관계없이 SQL Injection 공격 기법은 모두 동일하다.
④ 로그인과 같이 웹에서 사용자의 입력 값을 받아 데이터베이스 SQL문으로 데이터를 요청하는 경우 SQL Injection을 수행할 수 있다.

099

침입탐지 시스템(IDS: Intrusion Detection System)과 관련한 설명으로 틀린 것은?

① 이상 탐지 기법(Anomaly Detection)은 Signature Base나 Knowledge Base라고도 불리며 이미 발견되고 정립된 공격 패턴을 입력해두었다가 탐지 및 차단한다.
② HIDS(Host-Based Intrusion Detection)는 운영체제에 설정된 사용자 계정에 따라 어떤 사용자가 어떤 접근을 시도하고 어떤 작업을 했는지에 대한 기록을 남기고 추적한다.
③ NIDS(Network-Based Intrusion Detection System)로는 대표적으로 Snort가 있다.
④ 외부 인터넷에 서비스를 제공하는 서버가 위치하는 네트워크인 DMZ(Demilitarized Zone)에는 IDS가 설치될 수 있다.

100

시스템에 저장되는 패스워드들은 Hash 또는 암호화 알고리즘의 결과값으로 저장된다. 이때 암호 공격을 막기 위해 똑같은 패스워드들이 다른 암호 값으로 저장되도록 추가되는 값을 의미하는 것은?

① Pass flag ② Bucket
③ Opcode ④ Salt

2021년 5월 시행 A책형

제4회 기출문제

정답 및 해설 P.38

제한시간	150분	점수	/100점	풀이 시작 시각	:	풀이 종료 시각	:

Part I 소프트웨어 설계

001

시스템의 구성 요소로 볼 수 없는 것은?

① Process ② Feedback
③ Maintenance ④ Control

002

유스케이스(Usecase)에 대한 설명 중 옳은 것은?

① 유스케이스 다이어그램은 개발자의 요구를 추출하고 분석하기 위해 주로 사용한다.
② 액터는 대상 시스템과 상호작용하는 사람이나 다른 시스템에 의한 역할이다.
③ 사용자 액터는 본 시스템과 데이터를 주고받는 연동 시스템을 의미한다.
④ 연동의 개념은 일방적으로 데이터를 파일이나 정해진 형식으로 넘겨주는 것을 의미한다.

003

요구사항 개발 프로세스의 순서로 옳은 것은?

㉠ 도출(Elicitation) ㉡ 분석(Analysis) ㉢ 명세(Specification) ㉣ 확인(Validation)

① ㉠ – ㉡ – ㉢ – ㉣
② ㉠ – ㉢ – ㉡ – ㉣
③ ㉠ – ㉣ – ㉡ – ㉢
④ ㉠ – ㉡ – ㉣ – ㉢

004

객체지향 기법에서 같은 클래스에 속한 각각의 객체를 의미하는 것은?

① Instance ② Message
③ Method ④ Module

005

객체지향 설계에서 객체가 가지고 있는 속성과 오퍼레이션의 일부를 감추어서 객체의 외부에서는 접근이 불가능하게 하는 개념은?

① 조직화(Organizing)
② 캡슐화(Encapsulation)
③ 정보은닉(Information Hiding)
④ 구조화(Structuralization)

006

GoF(Gangs of Four) 디자인 패턴에 대한 설명으로 틀린 것은?

① Factory Method Pattern은 상위클래스에서 객체를 생성하는 인터페이스를 정의하고, 하위클래스에서 인스턴스를 생성하도록 하는 방식이다.
② Prototype Pattern은 Prototype을 먼저 생성하고 인스턴스를 복제하여 사용하는 구조이다.
③ Bridge Pattern은 기존에 구현되어 있는 클래스에 기능 발생 시 기존 클래스를 재사용할 수 있도록 중간에서 맞춰주는 역할을 한다.
④ Mediator Pattern은 객체 간의 통제와 지시의 역할을 하는 중재자를 두어 객체지향의 목표를 달성하게 해준다.

007

요구사항 분석이 어려운 이유가 아닌 것은?

① 개발자와 사용자 간의 지식이나 표현의 차이가 커서 상호 이해가 쉽지 않다.
② 사용자의 요구는 예외가 거의 없어 열거와 구조화가 어렵지 않다.
③ 사용자의 요구사항이 모호하고 불명확하다.
④ 소프트웨어 개발 과정 중에 요구사항이 계속 변할 수 있다.

008

소프트웨어 아키텍처 설계에서 시스템 품질 속성이 아닌 것은?

① 가용성(Availability)
② 독립성(Isolation)
③ 변경 용이성(Modifiability)
④ 사용성(Usability)

009

다음 설명에 해당하는 시스템으로 옳은 것은?

> 시스템 인터페이스를 구성하는 시스템으로, 연계할 데이터를 데이터베이스와 애플리케이션으로부터 연계 테이블 또는 파일 형태로 생성하여 송신하는 시스템이다.

① 연계 서버　② 중계 서버
③ 송신 시스템　④ 수신 시스템

010

CASE(Computer-Aided Software Engineering)의 원천 기술이 아닌 것은?

① 구조적 기법
② 프로토타이핑 기술
③ 정보 저장소 기술
④ 일괄 처리 기술

011

객체에게 어떤 행위를 하도록 지시하는 명령은?

① Class　② Package
③ Object　④ Message

012

서브시스템이 입력 데이터를 받아 처리하고 결과를 다른 시스템에 보내는 작업이 반복되는 아키텍처 스타일은?

① 클라이언트 서버 구조
② 계층 구조
③ MVC 구조
④ 파이프 필터 구조

013

럼바우(Rumbaugh)의 객체지향 분석에서 사용하는 분석 활동으로 옳은 것은?

① 객체 모델링, 동적 모델링, 정적 모델링
② 객체 모델링, 동적 모델링, 기능 모델링
③ 동적 모델링, 기능 모델링, 정적 모델링
④ 정적 모델링, 객체 모델링, 기능 모델링

014

UML 다이어그램이 아닌 것은?

① 액티비티 다이어그램(Activity diagram)
② 절차 다이어그램(Procedural diagram)
③ 클래스 다이어그램(Class diagram)
④ 시퀀스 다이어그램(Sequence diagram)

015

UML 모델에서 한 객체가 다른 객체에게 오퍼레이션을 수행하도록 지정하는 의미적 관계로 옳은 것은?

① Dependency ② Realization
③ Generalization ④ Association

016

다음 중 상위 CASE 도구가 지원하는 주요 기능으로 볼 수 없는 것은?

① 모델들 사이의 모순 검사 기능
② 전체 소스 코드 생성 기능
③ 모델의 오류 검증 기능
④ 자료흐름도 작성 기능

017

요구사항 관리 도구의 필요성으로 틀린 것은?

① 요구사항 변경으로 인한 비용 편익 분석
② 기존 시스템과 신규 시스템의 성능 비교
③ 요구사항 변경의 추적
④ 요구사항 변경에 따른 영향 평가

018

애자일 개발 방법론이 아닌 것은?

① 스크럼(Scrum)
② 익스트림 프로그래밍(XP, eXtreme Programming)
③ 기능 주도 개발(FDD, Feature Driven Development)
④ 하둡(Hadoop)

019

GoF(Gangs of Four) 디자인 패턴 중 생성 패턴으로 옳은 것은?

① Singleton Pattern
② Adapter Pattern
③ Decorator Pattern
④ State Pattern

020

사용자 인터페이스(UI)의 특징으로 틀린 것은?

① 구현하고자 하는 결과의 오류를 최소화한다.
② 사용자의 편의성을 높임으로써 작업 시간을 증가시킨다.
③ 막연한 작업 기능에 대해 구체적인 방법을 제시하여 준다.
④ 사용자 중심의 상호작용이 되도록 한다.

Part Ⅱ 소프트웨어 개발

021

힙 정렬(Heap Sort)에 대한 설명으로 틀린 것은?

① 정렬할 입력 레코드들로 힙을 구성하고 가장 큰 키 값을 갖는 루트 노드를 제거하는 과정을 반복하여 정렬하는 기법이다.
② 평균 수행 시간은 $O(nLog_2n)$이다.
③ 완전 이진 트리(Complete Binary Tree)로 입력 자료의 레코드를 구성한다.
④ 최악의 수행 시간은 $O(2n^4)$이다.

022

다음 중 단위 테스트를 통해 발견할 수 있는 오류가 아닌 것은?

① 알고리즘 오류에 따른 원치 않는 결과
② 탈출구가 없는 반복문의 사용
③ 모듈 간의 비정상적 상호작용으로 인한 원치 않는 결과
④ 틀린 계산 수식에 의한 잘못된 결과

023

다음 설명의 소프트웨어 테스트의 기본 원칙은?

> • 파레토 법칙이 좌우한다.
> • 애플리케이션 결함의 대부분은 소수의 특정한 모듈에 집중되어 존재한다.
> • 결함은 발생한 모듈에서 계속 추가로 발생할 가능성이 높다.

① 살충제 패러독스
② 결함 집중
③ 오류 부재의 궤변
④ 완벽한 테스팅은 불가능

024

버전 관리 항목 중 저장소에 새로운 버전의 파일로 갱신하는 것을 의미하는 용어는?

① 형상 감사(Configuration Audit)
② 롤백(Rollback)
③ 단위 테스트(Unit Test)
④ 체크인(Check-In)

025

소프트웨어 테스트와 관련한 설명으로 틀린 것은?

① 화이트박스 테스트는 모듈의 논리적인 구조를 체계적으로 점검할 수 있다.
② 블랙박스 테스트는 프로그램의 구조를 고려하지 않는다.
③ 테스트 케이스에는 일반적으로 시험 조건, 테스트 데이터, 예상 결과가 포함되어야 한다.
④ 화이트박스 테스트에서 기본 경로(Basis Path)란 흐름 그래프의 시작 노드에서 종료 노드까지의 서로 독립된 경로로 싸이클을 허용하지 않는 경로를 말한다.

026

애플리케이션의 처리량, 응답 시간, 경과 시간, 자원 사용률에 대해 가상의 사용자를 생성하고 테스트를 수행함으로써 성능 목표를 달성하였는지를 확인하는 테스트 자동화 도구는?

① 명세 기반 테스트 설계 도구
② 코드 기반 테스트 설계 도구
③ 기능 테스트 수행 도구
④ 성능 테스트 도구

027

소프트웨어 형상관리에 대한 설명으로 거리가 먼 것은?

① 소프트웨어에 가해지는 변경을 제어하고 관리한다.
② 프로젝트 계획, 분석서, 설계서, 프로그램, 테스트 케이스 모두 관리 대상이다.
③ 대표적인 형상관리 도구로 Ant, Maven, Gradle 등이 있다.
④ 유지 보수 단계뿐만 아니라 개발 단계에도 적용할 수 있다.

028

디지털 저작권 관리(DRM) 구성 요소가 아닌 것은?

① Dataware house ② DRM Controller
③ Packager ④ Contents Distributor

029

다음 설명의 소프트웨어 버전 관리 도구 방식은?

> • 버전 관리 자료가 원격 저장소와 로컬 저장소에 함께 저장되어 관리된다.
> • 로컬 저장소에서 버전 관리가 가능하므로 원격 저장소에 문제가 생겨도 로컬 저장소의 자료를 이용하여 작업할 수 있다.
> • 대표적인 버전 관리 도구로 Git이 있다.

① 단일 저장소 방식
② 분산 저장소 방식
③ 공유 폴더 방식
④ 클라이언트·서버 방식

030

블랙박스 테스트를 이용하여 발견할 수 있는 오류가 아닌 것은?

① 비정상적인 자료를 입력해도 오류 처리를 수행하지 않는 경우
② 정상적인 자료를 입력해도 요구된 기능이 제대로 수행되지 않는 경우
③ 반복 조건을 만족하는데도 루프 내의 문장이 수행되지 않는 경우
④ 경계값을 입력할 경우 요구된 출력 결과가 나오지 않는 경우

031

다음 자료를 버블 정렬을 이용하여 오름차순으로 정렬할 경우 Pass 2의 결과는?

9, 6, 7, 3, 5

① 3, 5, 6, 7, 9
② 6, 7, 3, 5, 9
③ 3, 5, 9, 6, 7
④ 6, 3, 5, 7, 9

032

정렬된 N개의 데이터를 처리하는 데 $O(NLog_2N)$의 시간이 소요되는 정렬 알고리즘은?

① 합병 정렬 ② 버블 정렬
③ 선택 정렬 ④ 삽입 정렬

033

다음 Postfix로 표현된 연산식의 연산 결과로 옳은 것은?

3 4 * 5 6 * +

① 35 ② 42
③ 81 ④ 360

034

EAI(Enterprise Application Integration) 구축 유형에서 애플리케이션 사이에 미들웨어를 두어 처리하는 것은?

① Message Bus
② Point-to-Point
③ Hub & Spoke
④ Hybrid

035

인터페이스 구현 검증 도구가 아닌 것은?

① Foxbase ② STAF
③ watir ④ xUnit

036

클린 코드 작성 원칙에 대한 설명으로 틀린 것은?

① 코드의 중복을 최소화한다.
② 코드가 다른 모듈에 미치는 영향을 최대화하도록 작성한다.
③ 누구든지 코드를 쉽게 읽을 수 있도록 작성한다.
④ 간단하게 코드를 작성한다.

037

소프트웨어 패키징에 대한 설명으로 틀린 것은?

① 패키징은 개발자 중심으로 진행한다.
② 신규 및 변경 개발소스를 식별하고, 이를 모듈화하여 상용제품으로 패키징 한다.
③ 고객의 편의성을 위해 매뉴얼 및 버전관리를 지속적으로 한다.
④ 범용 환경에서 사용이 가능하도록 일반적인 배포 형태로 패키징이 진행된다.

038

공학적으로 잘된 소프트웨어(Well Engineered Software)의 설명 중 틀린 것은?

① 소프트웨어는 유지보수가 용이해야 한다.
② 소프트웨어는 신뢰성이 높아야 한다.
③ 소프트웨어는 사용자 수준에 무관하게 일관된 인터페이스를 제공해야 한다.
④ 소프트웨어는 충분한 테스팅을 거쳐야 한다.

039

테스트와 디버그의 목적으로 옳은 것은?

① 테스트는 오류를 찾는 작업이고 디버깅은 오류를 수정하는 작업이다.
② 테스트는 오류를 수정하는 작업이고 디버깅은 오류를 찾는 작업이다.
③ 둘 다 소프트웨어의 오류를 찾는 작업으로 오류 수정은 하지 않는다.
④ 둘 다 소프트웨어 오류의 발견, 수정과 무관하다.

040

다음 중 스택을 이용한 연산과 거리가 먼 것은?

① 선택 정렬
② 재귀 호출
③ 후위 표현(Post-fix Expression)의 연산
④ 깊이 우선 탐색

Part Ⅲ 데이터베이스 구축

041

병렬 데이터베이스 환경 중 수평 분할에서 활용되는 분할 기법이 아닌 것은?

① 라운드-로빈 ② 범위 분할
③ 예측 분할 ④ 해시 분할

042

시스템 카탈로그에 대한 설명으로 옳지 않은 것은?

① 사용자가 직접 시스템 카탈로그의 내용을 갱신하여 데이터베이스 무결성을 유지한다.
② 시스템 자신이 필요로 하는 스키마 및 여러 가지 객체에 관한 정보를 포함하고 있는 시스템 데이터베이스이다.
③ 시스템 카탈로그에 저장되는 내용을 메타데이터라고도 한다.
④ 시스템 카탈로그는 DBMS가 스스로 생성하고 유지한다.

043

SQL문에서 SELECT에 대한 설명으로 옳지 않은 것은?

① FROM 절에는 질의에 의해 검색될 데이터들을 포함하는 테이블명을 기술한다.
② 검색 결과에 중복되는 레코드를 없애기 위해서는 WHERE 절에 'DISTINCT' 키워드를 사용한다.
③ HAVING 절은 GROUP BY 절과 함께 사용되며, 그룹에 대한 조건을 지정한다.
④ ORDER BY 절은 특정 속성을 기준으로 정렬하여 검색할 때 사용한다.

044

SQL에서 VIEW를 삭제할 때 사용하는 명령은?

① ERASE ② KILL
③ DROP ④ DELETE

045

DDL(Data Define Language)의 명령어 중 스키마, 도메인, 인덱스 등을 정의할 때 사용하는 SQL문은?

① ALTER ② SELECT
③ CREATE ④ INSERT

046

테이블 R1, R2에 대하여 다음 SQL문의 결과는?

```
(SELECT 학번 FROM R1)
INTERSECT
(SELECT 학번 FROM R2)
```

[R1 테이블]

학번	학점 수
20201111	15
20202222	20

[R2 테이블]

학번	과목번호
20202222	CS200
20203333	CS300

①

학번	학점 수	과목번호
20202222	20	CS200

②

학번
20202222

③

학번
20201111
20202222
20203333

④

학번	학점 수	과목번호
20201111	15	NULL
20202222	20	CS200
20203333	NULL	CS300

047

데이터베이스 설계 시 물리적 설계 단계에서 수행하는 사항이 아닌 것은?

① 레코드 집중의 분석 및 설계
② 접근 경로 설계
③ 저장 레코드의 양식 설계
④ 목표 DBMS에 맞는 스키마 설계

048

릴레이션에서 기본 키를 구성하는 속성은 널(Null) 값이나 중복 값을 가질 수 없다는 것을 의미하는 제약 조건은?

① 참조 무결성　② 보안 무결성
③ 개체 무결성　④ 정보 무결성

049

병행 제어 기법의 종류가 아닌 것은?

① 로킹 기법　② 시분할 기법
③ 타임 스탬프 기법　④ 다중 버전 기법

050

다음 R1과 R2의 테이블에서 아래의 실행 결과를 얻기 위한 SQL문은?

[R1] 테이블

학번	이름	학년	학과	주소
1000	홍길동	1	컴퓨터공학	서울
2000	김철수	1	전기공학	경기
3000	강남길	2	전자공학	경기
4000	오말자	2	컴퓨터공학	경기
5000	장미화	3	전자공학	서울

[R2] 테이블

학번	과목 번호	과목이름	학점	점수
1000	C100	컴퓨터구조	A	91
2000	C200	데이터베이스	A+	99
3000	C100	컴퓨터구조	B+	89
3000	C200	데이터베이스	B	85
4000	C200	데이터베이스	A	93
4000	C300	운영체제	B+	88
5000	C300	운영체제	B	82

[실행결과]

과목번호	과목이름
C100	컴퓨터구조
C200	데이터베이스

① SELECT 과목번호, 과목이름 FROM RI, R2 WHERE R1.학번 = R2.학번 AND R1.학과 = '전자공학' AND R1.이름 = '강남길';
② SELECT 과목번호, 과목이름 FROM RI, R2 WHERE R1.학번 = R2.학번 OR R1.학과 = '전자공학' OR R1.이름 = '홍길동';
③ SELECT 과목번호, 과목이름 FROM R1, R2 WHERE R1.학번 R2.학번 AND R1.학과 = '컴퓨터공학' AND R1.이름 '강남길';
④ SELECT 과목번호, 과목이름 FROM R1, R2 WHERE R1.학번 = R2.학번 OR R1.학과 = '컴퓨터공학' OR R1.이름 = '홍길동';

051

다음 관계 대수 중 순수 관계 연산자가 아닌 것은?

① 차집합(Difference)
② 프로젝트(Project)
③ 조인(Join)
④ 디비전 (Division)

052

관계형 데이터 모델의 릴레이션에 대한 설명으로 틀린 것은?

① 모든 속성값은 원자값을 갖는다.
② 한 릴레이션에 포함된 튜플은 모두 상이하다.
③ 한 릴레이션에 포함된 튜플 사이에는 순서가 없다.
④ 한 릴레이션을 구성하는 속성 사이에는 순서가 존재한다.

053

릴레이션 R의 차수가 4이고 카디널리티가 5이며, 릴레이션 S의 차수가 6이고 카디널리티가 7일 때, 두 개의 릴레이션을 카티션 프로덕트한 결과의 새로운 릴레이션의 차수와 카디널리티는 얼마인가?

① 24, 35　　② 24, 12
③ 10, 35　　④ 10, 12

054

속성(Attribute)에 대한 설명으로 틀린 것은?

① 속성은 개체의 특성을 기술한다.
② 속성은 데이터베이스를 구성하는 가장 작은 논리적 단위이다.
③ 속성은 파일 구조상 데이터 항목 또는 데이터 필드에 해당된다.
④ 속성의 수를 "cardinality"라고 한다.

055

다음 SQL문에서 (　　) 안에 들어갈 내용으로 옳은 것은?

```
UPDATE 인사급여 (    ) 호봉 = 15
WHERE 성명 = '홍길동';
```

① SET　　② FROM
③ INTO　　④ IN

056

관계 데이터베이스 모델에서 차수(Degree)의 의미는?

① 튜플의 수
② 테이블의 수
③ 데이터베이스의 수
④ 애트리뷰트의 수

057

개체-관계 모델(E-R)의 그래픽 표현으로 옳지 않은 것은?

① 개체 타입 – 사각형
② 속성 – 원형
③ 관계 타입 – 마름모
④ 연결 – 삼각형

058

트랜잭션의 실행이 실패하였음을 알리는 연산자로 트랜잭션이 수행한 결과를 원래의 상태로 원상 복귀 시키는 연산은?

① COMMIT 연산
② BACKUP 연산
③ LOG 연산
④ ROLLBACK 연산

059

데이터 속성 간의 종속성에 대한 엄밀한 고려 없이 잘못 설계된 데이터베이스에서는 데이터 처리 연산 수행 시 각종 이상 현상이 발생할 수 있는데, 이러한 이상 현상이 아닌 것은?

① 검색 이상 ② 삽입 이상
③ 삭제 이상 ④ 갱신 이상

060

제3정규형(3NF)에서 BCNF(Boyce-Codd Normal Form)가 되기 위한 조건은?

① 결정자가 후보키가 아닌 함수 종속 제거
② 이행적 함수 종속 제거
③ 부분적 함수 종속 제거
④ 원자값이 아닌 도메인 분해

Part Ⅳ 프로그래밍 언어 활용

061

다음 설명에 해당하는 방식은?

- 무선 랜에서 데이터 전송 시, 매체가 비어 있음을 확인한 뒤 충돌을 회피하기 위해 임의 시간을 기다린 후 데이터를 전송하는 방법이다.
- 네트워크에 데이터 전송이 없는 경우라도 동시 전송에 의한 충돌에 대비하여 확인 신호를 전송한다.

① STA ② Collision Domain
③ CSMA/CA ④ CSMA/CD

062

다음 중 가장 약한 결합도(Coupling)는?

① Common Coupling
② Content Coupling
③ External Coupling
④ Stamp Coupling

063

다음 C 언어 프로그램이 실행되었을 때의 결과는?

```
#include <stdio.h>
int main(int argc, char *argv[ ]) {
    int a = 4;
    int b = 7;
    int C = a | b;
    printf("%d", C);
    return 0;
}
```

① 3 ② 4
③ 7 ④ 10

064

다음 파이썬(Python) 프로그램이 실행되었을 때의 결과는?

```
class FourCal:
    def setdata(sel, fir, sec):
        sel.fir = fir
        sel.sec = sec
    def add(sel):
        result = sel.fir + sel.sec
        return result
a=FourCal( )
a.setdata(4,2)
print(a.add( ))
```

① 0 ② 2
③ 4 ④ 6

065

교착상태의 해결 방법 중 은행원 알고리즘(Banker's Algorithm)이 해당되는 기법은?

① Detection ② Avoidance
③ Recovery ④ Prevention

066

CIDR(Classless Inter-Domain Routing) 표기로 203.241.132.82/27과 같이 사용되었다면, 해당 주소의 서브넷 마스크(Subnet Mask)는?

① 255.255.255.0
② 255.255.255.224
③ 255.255.255.240
④ 255.255.255.248

067

다음 JAVA 프로그램이 실행되었을 때의 결과는?

```
public class Operator {
    public static void main(String[ ] args) {
        int x=5, y=0, z=0;
        y = x++;
        z = --x;
        System.out.print(x + "," + y + "," + z);
    }
}
```

① 5, 5, 5　② 5, 6, 5
③ 6, 5, 5　④ 5, 6, 4

068

프로세스 적재 정책과 관련한 설명으로 틀린 것은?

① 반복, 스택, 부프로그램은 시간 지역성(Temporal Locality)과 관련이 있다.
② 공간 지역성(Spatial Locality)은 프로세스가 어떤 페이지를 참조했다면 이후 가상 주소 공간상 그 페이지와 인접한 페이지들을 참조할 가능성이 높음을 의미한다.
③ 일반적으로 페이지 교환에 보내는 시간보다 프로세스 수행에 보내는 시간이 더 크면 스레싱(Thrashing)이 발생한다.
④ 스레싱(Thrashing) 현상을 방지하기 위해서는 각 프로세스가 필요로 하는 프레임을 제공할 수 있어야 한다.

069

프레임워크(Framework)에 대한 설명으로 옳은 것은?

① 소프트웨어 구성에 필요한 기본 구조를 제공함으로써 재사용이 가능하게 해준다.
② 소프트웨어 개발 시 구조가 잡혀 있기 때문에 확장이 불가능하다.
③ 소프트웨어 아키텍처(Architecture)와 동일한 개념이다.
④ 모듈화(Modularity)가 불가능하다.

070

다음 JAVA 프로그램이 실행되었을 때의 결과는?

```
public class arrayl {
    public static void main(String[ ] args) {
        int cnt = 0;
        do {
            cnt++;
        } while (cnt < 0);
        if(cnt==1)
            cnt++;
        else
            cnt = cnt + 3;
        System.out.printf("%d",cnt);
    }
}
```

① 2　② 3
③ 4　④ 5

071

리눅스 Bash 쉘(Shell)에서 export와 관련한 설명으로 틀린 것은?

① 변수를 출력하고자 할 때는 export를 사용해야 한다.
② export가 매개 변수 없이 쓰일 경우 현재 설정된 환경변수들이 출력된다.
③ 사용자가 생성하는 변수는 export 명령어 표시하지 않는 한 현재 쉘에 국한된다.
④ 변수를 export 시키면 전역(Global) 변수처럼 되어 끝까지 기억된다.

072

다음 C 언어 프로그램이 실행되었을 때의 결과는?

```
#include <stdio.h>
int main(int argc, char *argv[ ]) {
    char a;
    a = 'A' + 1;
    printf("%d", a);
    return 0;
}
```

① 1　② 11
③ 66　④ 98

073

다음 C 언어 프로그램이 실행되었을 때의 결과는?

```
#include <stdio.h>
int main(int argc, char *argv[ ]) {
    int a[2][2] = {{11, 22},{44, 55}};
    int i, sum = 0;
    int *p;
    p=a[0];
    for(i=1; i<4; i++)
        sum += *(p + i);
    printf("%d", sum);
    return 0;
}
```

① 55　② 77
③ 121　④ 132

074

페이징 기법에서 페이지 크기가 작아질수록 발생하는 현상이 <u>아닌</u> 것은?

① 기억장소 이용 효율이 증가한다.
② 입·출력 시간이 늘어난다.
③ 내부 단편화가 감소한다.
④ 페이지 맵 테이블의 크기가 감소한다.

075

다음 중 가장 강한 응집도(Cohesion)는?

① Sequential Cohesion
② Procedural Cohesion
③ Logical Cohesion
④ Coincidental Cohesion

076

TCP 프로토콜과 관련한 설명으로 <u>틀린</u> 것은?

① 인접한 노드 사이의 프레임 전송 및 오류를 제어한다.
② 흐름 제어(Flow Control)의 기능을 수행한다.
③ 전이중(Full Duplex) 방식의 양방향 가상회선을 제공한다.
④ 전송 데이터와 응답 데이터를 함께 전송할 수 있다.

077

C 언어에서 연산자 우선 순위가 높은 것에서 낮은 것으로 바르게 나열된 것은?

㉠ ( )	㉡ ==
㉢ <	㉣ <<
㉤ ||	㉥ /

① ㉠, ㉥, ㉣, ㉢, ㉡, ㉤
② ㉠, ㉣, ㉥, ㉢, ㉡, ㉤
③ ㉠, ㉣, ㉥, ㉢, ㉤, ㉡
④ ㉠, ㉥, ㉣, ㉤, ㉡, ㉢

078

C 언어 라이브러리 중 stdlib.h에 대한 설명으로 옳은 것은?

① 문자열을 수치 데이터로 바꾸는 문자 변환함수와 수치를 문자열로 바꿔주는 변환함수 등이 있다.
② 문자열 처리 함수로 strlen( )이 포함되어 있다.
③ 표준 입출력 라이브러리이다.
④ 삼각 함수, 제곱근, 지수 등 수학적인 함수를 내장 하고 있다.

079

자바스크립트(JavaScript)와 관련한 설명으로 틀린 것은?

① 프로토타입(Prototype)의 개념이 존재한다.
② 클래스 기반으로 객체 상속을 지원한다.
③ Prototype Link와 Prototype Object를 활용할 수 있다.
④ 객체지향 언어이다.

080

OSI 7계층 중 네트워크 계층에 대한 설명으로 틀린 것은?

① 패킷을 발신지로부터 최종 목적지까지 전달하는 책임을 진다.
② 한 노드로부터 다른 노드로 프레임을 전송하는 책임을 진다.
③ 패킷에 발신지와 목적지의 논리 주소를 추가한다.
④ 라우터 또는 교환기는 패킷 전달을 위해 경로를 지정하거나 교환 기능을 제공한다.

Part V 정보시스템 구축관리

081

다음 내용이 설명하는 것은?

- 네트워크상에 광채널 스위치의 이점인 고속 전송과 장거리 연결 및 멀티 프로토콜 기능을 활용
- 각기 다른 운영체제를 가진 여러 기종들이 네트워크 상에서 동일 저장장치의 데이터를 공유하게 함으로써, 여러 개의 저장장치나 백업 장비를 단일화시킨 시스템

① SAN ② MBR
③ NAC ④ NIC

082

SSH(Secure Shell)에 대한 설명으로 틀린 것은?

① SSH의 기본 네트워크 포트는 220번을 사용한다.
② 전송되는 데이터는 암호화된다.
③ 키를 통한 인증은 클라이언트의 공개키를 서버에 등록해야 한다.
④ 서로 연결되어 있는 컴퓨터 간 원격 명령 실행이나 셸 서비스 등을 수행한다.

083

CBD(Component Based Development) SW 개발 표준 산출물 중 분석 단계에 해당하는 것은?

① 클래스 설계서
② 통합 시험 결과서
③ 프로그램 코드
④ 사용자 요구사항 정의서

084

다음 내용이 설명하는 접근 제어 모델은?

- 군대의 보안 레벨처럼 정보의 기밀성에 따라 상하 관계가 구분된 정보를 보호하기 위해 사용
- 자신의 권한보다 낮은 보안 레벨 권한을 가진 경우에는 높은 보안 레벨의 문서를 읽을 수 없고 자신의 권한보다 낮은 수준의 문서만 읽을 수 있다.
- 자신의 권한보다 높은 보안 레벨의 문서에는 쓰기가 가능하지만 보안 레벨이 낮은 문서의 쓰기 권한은 제한한다.

① Clark-Wilson Integrity Model
② PDCA Model
③ Bell-Lapadula Model
④ Chinese Wall Model

085

하둡(Hadoop)과 관계형 데이터베이스 간에 데이터를 전송할 수 있도록 설계된 도구는?

① Apnic ② Topology
③ Sqoop ④ SDB

086

라우팅 프로토콜인 OSPF(Open Shortest Path First)에 대한 설명으로 옳지 않은 것은?

① 네트워크 변화에 신속하게 대처할 수 있다.
② 거리 벡터 라우팅 프로토콜이라고 한다.
③ 멀티캐스팅을 지원한다.
④ 최단 경로 탐색에 Dijkstra 알고리즘을 사용한다.

087

소프트웨어 비용 추정 모형(Estimation Models)이 아닌 것은?

① COCOMO
② Putnam
③ Function-Point
④ PERT

088

코드의 기입 과정에서 원래 '12536'으로 기입되어야 하는데 '12936'으로 표기되었을 경우, 어떤 코드 오류에 해당하는가?

① Addition Error
② Omission Error
③ Sequence Error
④ Transcription Error

089

ISO 12207 표준의 기본 생명주기의 주요 프로세스에 해당하지 않는 것은?

① 획득 프로세스
② 개발 프로세스
③ 성능평가 프로세스
④ 유지보수 프로세스

090

소프트웨어 비용 산정 기법 중 개발 유형으로 Organic, Semi-detached, Embedded로 구분되는 것은?

① PUTNAM ② COCOMO
③ FP ④ SLIM

091

SPICE 모델의 프로세스 수행 능력 수준의 단계별 설명이 틀린 것은?

① 수준 7 – 미완성 단계
② 수준 5 – 최적화 단계
③ 수준 4 – 예측 단계
④ 수준 3 – 확립 단계

092

PC, TV, 휴대폰에서 원하는 콘텐츠를 끊김 없이 자유롭게 이용할 수 있는 서비스는?

① Memristor ② MEMS
③ SNMP ④ N-Screen

093

해시(Hash) 기법에 대한 설명으로 틀린 것은?

① 임의의 길이의 입력 데이터를 받아 고정된 길이의 해시값으로 변환한다.
② 주로 공개키 암호화 방식에서 키 생성을 위해 사용한다.
③ 대표적인 해시 알고리즘으로 HAVAL, SHA-1 등이 있다.
④ 해시 함수는 일방향 함수(One-way function)이다.

094

IPSec(IP Security)에 대한 설명으로 틀린 것은?

① 암호화 수행 시 일방향 암호화만 지원한다.
② ESP는 발신지 인증, 데이터 무결성, 기밀성 모두를 보장한다.
③ 운영 모드는 Tunnel 모드와 Transport 모드로 분류된다.
④ AH는 발신지 호스트를 인증하고, IP 패킷의 무결성을 보장한다.

095

메모리상에서 프로그램의 복귀 주소와 변수 사이에 특정 값을 저장해 두었다가 그 값이 변경되었을 경우 오버플로우 상태로 가정하여 프로그램 실행을 중단하는 기술은?

① Stack Guard
② Bridge
③ ASLR
④ FIN

096

침입차단 시스템(방화벽) 중 다음과 같은 형태의 구축 유형은?

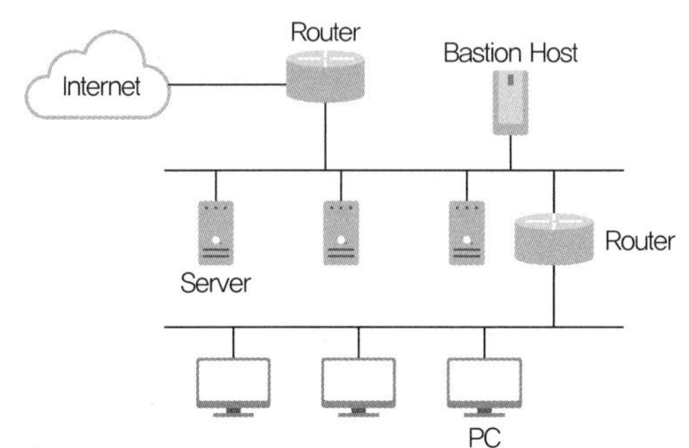

① Block Host　② Tree Host
③ Screened Subnet　④ Ring Homed

097

Secure OS의 보안 기능으로 거리가 먼 것은?

① 식별 및 인증
② 임의적 접근 통제
③ 고가용성 지원
④ 강제적 접근 통제

098

서버에 열린 포트 정보를 스캐닝해서 보안 취약점을 찾는데 사용하는 도구는?

① type　② mkdir
③ ftp　④ nmap

099

서로 다른 네트워크 대역에 있는 호스트들 상호 간에 통신할 수 있도록 해주는 네트워크 장비는?

① L2 스위치　② HIPO
③ 라우터　④ RAD

100

암호화 키와 복호화 키가 동일한 암호화 알고리즘은?

① RSA　② AES
③ DSA　④ ECC

2021년 3월 시행 B책형

제5회 기출문제

정답 및 해설 P.51

제한시간	150분	점수	/100점	풀이 시작 시각	:	풀이 종료 시각	:

Part I 소프트웨어 설계

001

운영체제 분석을 위해 리눅스에서 버전을 확인하고자 할 때 사용되는 명령어는?

① ls ② cat
③ pwd ④ uname

002

통신을 위한 프로그램을 생성하여 포트를 할당하고, 클라이언트의 통신 요청 시 클라이언트와 연결하는 내·외부 송·수신 연계 기술은?

① DB 링크 기술 ② 소켓 기술
③ 스크럼 기술 ④ 프로토타입 기술

003

객체지향 개념에서 연관된 데이터와 함수를 함께 묶어 외부와 경계를 만들고 필요한 인터페이스만을 밖으로 드러내는 과정은?

① 메시지(Message)
② 캡슐화(Encapsulation)
③ 다형성(Polymorphism)
④ 상속(Inheritance)

004

GoF(Gangs of Four) 디자인 패턴의 생성 패턴에 속하지 않는 것은?

① 추상 팩토리(Abstract Factory)
② 빌더(Builder)
③ 어댑터(Adapter)
④ 싱글턴(Singleton)

005

응용 프로그램의 프로시저를 사용하여 원격 프로시저를 로컬 프로시저처럼 호출하는 방식의 미들웨어는?

① WAS(Web Application Server)
② MOM(Message Oriented Middleware)
③ RPC(Remote Procedure Call)
④ ORB(Object Request Broker)

006

바람직한 소프트웨어 설계 지침이 아닌 것은?

① 모듈의 기능을 예측할 수 있도록 정의한다.
② 이식성을 고려한다.
③ 적당한 모듈의 크기를 유지한다.
④ 가능한 모듈을 독립적으로 생성하고 결합도를 최대화한다.

007

객체지향 분석 방법론 중 Coad-Yourdon 방법에 해당하는 것은?

① E-R 다이어그램을 사용하여 객체의 행위를 데이터 모델링하는 데 초점을 둔 방법이다.
② 객체, 동적, 기능 모델로 나누어 수행하는 방법이다.
③ 미시적 개발 프로세스와 거시적 개발 프로세스를 모두 사용하는 방법이다.
④ Use Case를 강조하여 사용하는 방법이다.

008

다음은 어떤 프로그램 구조를 나타낸다. 모듈 F에서의 fan-in과 fan-out의 수는 얼마인가?

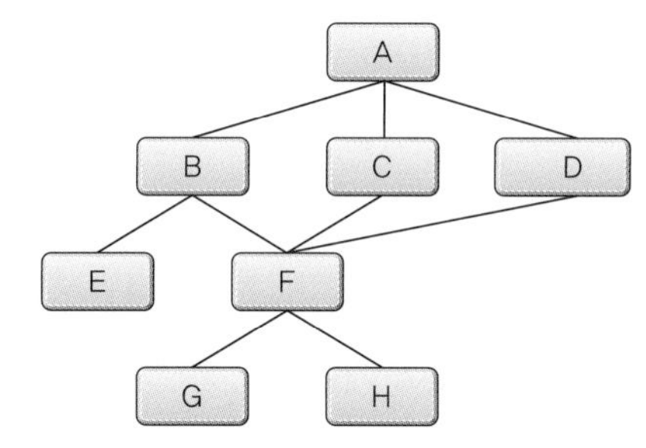

	fan-in	fan-out		fan-in	fan-out
①	2	3	②	3	2
③	1	2	④	2	1

009

현행 시스템 분석에서 고려하지 않아도 되는 항목은?

① DBMS 분석　② 네트워크 분석
③ 운영체제 분석　④ 인적 자원 분석

010

분산 컴퓨팅 환경에서 서로 다른 기종 간의 하드웨어나 프로토콜, 통신 환경 등을 연결하여 응용 프로그램과 운영 환경 간에 원만한 통신이 이루어질 수 있게 서비스를 제공하는 소프트웨어는?

① 미들웨어　② 하드웨어
③ 오픈 허브웨어　④ 그레이웨어

011

CASE(Computer Aided Software Engineering)에 대한 설명으로 틀린 것은?

① 소프트웨어 모듈의 재사용성이 향상된다.
② 자동화된 기법을 통해 소프트웨어 품질이 향상된다.
③ 소프트웨어 사용자들에게 사용 방법을 신속히 숙지시키기 위해 사용된다.
④ 소프트웨어 유지보수를 간편하게 수행할 수 있다.

012

UML(Unified Modeling Language)에 대한 설명 중 틀린 것은?

① 기능적 모델은 사용자 측면에서 본 시스템 기능이며, UML에서는 Use case Diagram을 사용한다.
② 정적 모델은 객체, 속성, 연관 관계, 오퍼레이션의 시스템의 구조를 나타내며, UML에서는 Class Diagram을 사용한다.
③ 동적 모델은 시스템의 내부 동작을 말하며, UML에서는 Sequence Diagram, State Diagram, Activity Diagram을 사용한다.
④ State Diagram은 객체들 사이의 메시지 교환을 나타내며, Sequence Diagram은 하나의 객체가 가진 상태와 그 상태의 변화에 의한 동작순서를 나타낸다.

013

기본 유스케이스 수행 시 특별한 조건을 만족할 때 수행하는 유스케이스는?

① 연관　② 확장
③ 선택　④ 특화

014

다음 중 요구사항 모델링에 활용되지 않는 것은?

① 애자일(Agile) 방법
② 유스케이스 다이어그램(Use Case Diagram)
③ 시퀀스 다이어그램(Sequence Diagram)
④ 단계 다이어그램(Phase Diagram)

015
디자인 패턴을 이용한 소프트웨어 재사용으로 얻어지는 장점이 아닌 것은?

① 소프트웨어 코드의 품질을 향상시킬 수 있다.
② 개발 프로세스를 무시할 수 있다.
③ 개발자들 사이의 의사소통을 원활하게 할 수 있다.
④ 소프트웨어의 품질과 생산성을 향상시킬 수 있다.

016
럼바우(Rumbaugh) 분석기법에서 정보 모델링이라고도 하며, 시스템에서 요구되는 객체를 찾아내어 속성과 연산 식별 및 객체들 간의 관계를 규정하여 다이어그램으로 표시하는 모델링은?

① Object ② Dynamic
③ Function ④ Static

017
소프트웨어를 개발하기 위한 비즈니스(업무)를 객체와 속성, 클래스와 멤버, 전체와 부분 등으로 나누어서 분석해내는 기법은?

① 객체지향 분석 ② 구조적 분석
③ 기능적 분석 ④ 실시간 분석

018
애자일 소프트웨어 개발 기법의 가치가 아닌 것은?

① 프로세스와 도구보다는 개인과 상호작용에 더 가치를 둔다.
② 계약 협상보다는 고객과의 협업에 더 가치를 둔다.
③ 실제 작동하는 소프트웨어보다는 이해하기 좋은 문서에 더 가치를 둔다.
④ 계획을 따르기보다는 변화에 대응하는 것에 더 가치를 둔다.

019
UML 다이어그램 중 시스템 내 클래스의 정적 구조를 표현하고 클래스와 클래스, 클래스의 속성 사이의 관계를 나타내는 것은?

① Activity Diagram
② Model Diagram
③ State Diagram
④ Class Diagram

020
소프트웨어 설계 시 제일 상위에 있는 main user function에서 시작하여 기능을 하위 기능들로 분할해 가면서 설계하는 방식은?

① 객체 지향 설계
② 데이터 흐름 설계
③ 상향식 설계
④ 하향식 설계

Part Ⅱ 소프트웨어 개발

021
구현 단계에서의 작업 절차를 순서에 맞게 나열한 것은?

> ㉠ 코딩한다.
> ㉡ 코딩 작업을 계획한다.
> ㉢ 코드를 테스트한다.
> ㉣ 컴파일한다.

① ㉠ – ㉡ – ㉢ – ㉣ ② ㉡ – ㉠ – ㉣ – ㉢
③ ㉢ – ㉠ – ㉡ – ㉣ ④ ㉣ – ㉡ – ㉠ – ㉢

022
다음 자료에 대하여 “Selection Sort”를 사용하여 오름차순으로 정렬한 경우 PASS 3의 결과는?

> 초기상태 : 8, 3, 4, 9, 7

① 3, 4, 7, 9, 8 ② 3, 4, 8, 9, 7
③ 3, 8, 4, 9, 7 ④ 3, 4, 7, 8, 9

023

하향식 통합시험을 위해 일시적으로 필요한 조건만을 가지고 임시로 제공되는 시험용 모듈은?

① Stub ② Driver
③ Procedure ④ Function

024

다음 전위식(Prefix)을 후위식(Postfix)으로 옳게 표현한 것은?

```
- / * A + B C D E
```

① A B C + D / * E -
② A B * C D / + E -
③ A B * C + D / E -
④ A B C + * D / E -

025

그래프의 특수한 형태로 노드(Node)와 선분(Branch)으로 되어 있고, 정점 사이에 사이클(Cycle)이 형성되어 있지 않으며, 자료 사이의 관계성이 계층 형식으로 나타나는 비선형 구조는?

① tree ② network
③ stack ④ distributed

026

스택에 대한 설명으로 틀린 것은?

① 입출력이 한쪽 끝으로만 제한된 리스트이다.
② Head(front)와 Tail(rear)의 2개 포인터를 갖고 있다.
③ LIFO 구조이다.
④ 더 이상 삭제할 데이터가 없는 상태에서 데이터를 삭제하면 언더플로우(Underflow)가 발생한다.

027

디지털 저작권 관리(DRM)에 사용되는 기술요소가 아닌 것은?

① 키관리 ② 방화벽
③ 암호화 ④ 크랙방지

028

여러 개의 선택 항목 중 하나의 선택만 가능한 경우 사용하는 사용자 인터페이스(UI) 요소는?

① 토글 버튼
② 텍스트 박스
③ 라디오 버튼
④ 체크 박스

029

소프트웨어의 일부분을 다른 시스템에서 사용할 수 있는 정도를 의미하는 것은?

① 신뢰성(Reliability)
② 유지보수성(Maintainability)
③ 가시성(Visibility)
④ 재사용성(Reusability)

030

자료구조에 대한 설명으로 틀린 것은?

① 큐는 비선형구조에 해당한다.
② 큐는 First In-First Out 처리를 수행한다.
③ 스택은 Last In-Frist Out 처리를 수행한다.
④ 스택은 서브루틴 호출, 인터럽트 처리, 수식 계산 및 수식 표기법에 응용된다.

031

다음 중 블랙박스 검사 기법은?

① 경계값 분석　② 조건 검사
③ 기초 경로 검사　④ 루프 검사

032

이진 검색 알고리즘에 대한 설명으로 틀린 것은?

① 탐색 효율이 좋고 탐색 시간이 적게 소요된다.
② 검색할 데이터가 정렬되어 있어야 한다.
③ 피보나치 수열에 따라 다음에 비교할 대상을 선정하여 검색한다.
④ 비교 횟수를 거듭할 때마다 검색 대상이 되는 데이터의 수가 절반으로 줄어든다.

033

소프트웨어 품질목표 중 쉽게 배우고 사용할 수 있는 정도를 나타내는 것은?

① Correctness　② Reliability
③ Usability　④ Integrity

034

테스트 케이스에 일반적으로 포함되는 항목이 아닌 것은?

① 테스트 조건　② 테스트 데이터
③ 테스트 비용　④ 예상 결과

035

소프트웨어 설치 매뉴얼에 포함될 항목이 아닌 것은?

① 제품 소프트웨어 개요
② 설치 관련 파일
③ 프로그램 삭제
④ 소프트웨어 개발 기간

036

소프트웨어 형상관리(Configuration Management)에 관한 설명으로 틀린 것은?

① 소프트웨어에서 일어나는 수정이나 변경을 알아내고 제어하는 것을 의미한다.
② 소프트웨어 개발의 전체 비용을 줄이고, 개발 과정의 여러 방해 요인이 최소화되도록 보증하는 것을 목적으로 한다.
③ 형상관리를 위하여 구성된 팀을 "chief programmer team"이라고 한다.
④ 형상관리의 기능 중 하나는 버전 제어 기술이다.

037

퀵 정렬에 관한 설명으로 옳은 것은?

① 레코드의 키 값을 분석하여 같은 값끼리 그 순서에 맞는 버킷에 분배하였다가 버킷의 순서대로 레코드를 꺼내어 정렬한다.
② 주어진 파일에서 인접한 두 개의 레코드 키 값을 비교하여 그 크기에 따라 레코드 위치를 서로 교환한다.
③ 레코드의 많은 자료 이동을 없애고 하나의 파일을 부분적으로 나누어 가면서 정렬한다.
④ 임의의 레코드 키와 매개 변수(h)값 만큼 떨어진 곳의 레코드 키를 비교하여 서로 교환해 가면서 정렬한다.

038

해싱 함수(Hashing Function)의 종류가 아닌 것은?

① 제곱법(Mid-Square)
② 숫자분석법(Digit Analysis)
③ 개방주소법(Open Addressing)
④ 제산법(Division)

039

필드 테스팅(Field Testing)이라고도 불리며 개발자 없이 고객의 사용 환경에 소프트웨어를 설치하여 검사를 수행하는 인수 검사 기법은?

① 베타 검사
② 알파 검사
③ 형상 검사
④ 복구 검사

040

다음 트리를 Preorder 운행법으로 운행할 경우 다섯 번째로 탐색되는 것은?

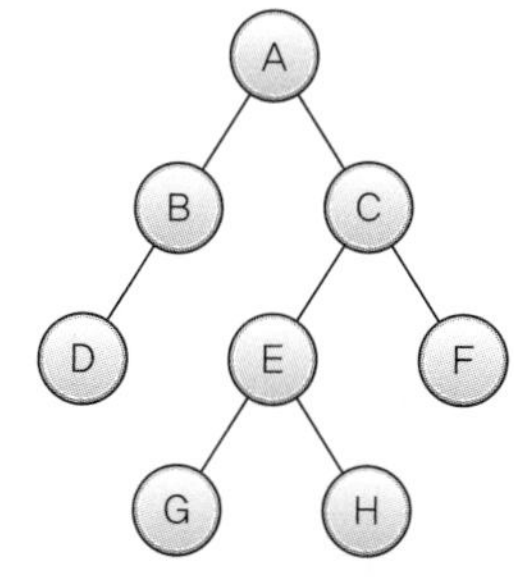

① C　　② E
③ G　　④ H

Part Ⅲ 데이터베이스 구축

041

결과값이 아래와 같을 때 SQL 질의로 옳은 것은?

[공급자] 테이블

공급자번호	공급자명	위치
16	대신공업사	수원
27	삼진사	서울
39	삼양사	인천
62	진아공업사	대전
70	신촌상사	서울

[결과]

공급자번호	공급자명	위치
16	대신공업사	수원
70	신촌상사	서울

① SELECT * FROM 공급자 WHERE 공급자명 LIKE '%신%';
② SELECT * FROM 공급자 WHERE 공급자명 LIKE '대%';
③ SELECT * FROM 공급자 WHERE 공급자명 LIKE '%사';
④ SELECT * FROM 공급자 WHERE 공급자명 IS NOT NULL;

042

다음에서 설명하는 스키마(Schema)는?

> 데이터베이스 전체를 정의한 것으로 데이터 개체, 관계, 제약 조건, 접근 권한, 무결성 규칙 등을 명세한 것

① 개념 스키마
② 내부 스키마
③ 외부 스키마
④ 내용 스키마

043

데이터베이스 설계 단계 중 저장 레코드 양식 설계, 레코드 집중의 분석 및 설계, 접근 경로 설계와 관계되는 것은?

① 논리적 설계　　② 요구 조건 분석
③ 개념적 설계　　④ 물리적 설계

044

다음 릴레이션의 카디널리티와 차수가 옳게 나타난 것은?

아이디	성명	나이	등급	적립금	가입년도
yuyu01	원유철	36	3	2000	2008
sykim10	김성일	29	2	3300	2014
kshan4	한경선	45	3	2800	2009
namsu52	이남수	33	5	1000	2016

	카디널리티	차수
①	4	4
②	4	6
③	6	4
④	6	6

045

다음과 같은 트랜잭션의 특성은?

> 시스템이 가지고 있는 고정 요소는 트랜잭션 수행 전과 트랜잭션 수행 완료 후의 상태가 같아야 한다.

① 원자성(Atomicity)　　② 일관성(Consistency)
③ 격리성(Isolation)　　④ 영속성(Durability)

046

병행제어의 로킹(Locking) 단위에 대한 설명으로 옳지 않은 것은?

① 데이터베이스, 파일, 레코드 등은 로킹 단위가 될 수 있다.
② 로킹 단위가 작아지면 로킹 오버헤드가 증가한다.
③ 한꺼번에 로킹할 수 있는 단위를 로킹 단위라고 한다.
④ 로킹 단위가 작아지면 병행성 수준이 낮아진다.

047

뷰(VIEW)에 대한 설명으로 옳지 않은 것은?

① DBA는 보안 측면에서 뷰를 활용할 수 있다.
② 뷰 위에 또 다른 뷰를 정의할 수 있다.
③ 뷰에 대한 삽입, 갱신, 삭제 연산 시 제약 사항이 따르지 않는다.
④ 독립적인 인덱스를 가질 수 없다.

048

다음 정의에서 말하는 기본 정규형은?

> 어떤 릴레이션 R에 속한 모든 도메인이 원자값(Atomic Value)만으로 되어 있다.

① 제1정규형(1NF)
② 제2정규형(2NF)
③ 제3정규형(3NF)
④ 보이스/코드 정규형(BCNF)

049

릴레이션 R1에 속한 애튜리뷰트의 조합인 외래키를 변경하려면 이를 참조하고 있는 릴레이션 R2의 기본키도 변경해야 하는 이를 무엇이라 하는가?

① 정보 무결성　　② 고유 무결성
③ 널 제약성　　④ 참조 무결성

050

시스템 카탈로그에 대한 설명으로 틀린 것은?

① 시스템 카탈로그의 갱신은 무결성 유지를 위하여 SQL을 이용하여 사용자가 직접 갱신하여야 한다.
② 데이터베이스에 포함되는 데이터 객체에 대한 정의나 명세에 대한 정보를 유지 관리한다.
③ DBMS가 스스로 생성하고 유지하는 데이터베이스 내의 특별한 테이블의 집합체이다.
④ 카탈로그에 저장된 정보를 메타 데이터라고도 한다.

051

조건을 만족하는 릴레이션의 수평적 부분 집합으로 구성하며, 연산자의 기호는 그리스 문자 시그마(σ)를 사용하는 관계대수 연산은?

① Select ② Project
③ Join ④ Division

052

SQL에서 스키마(Schema), 도메인(Domain), 테이블(Table), 뷰(View), 인덱스(Index)를 정의하거나 변경 또는 삭제할 때 사용하는 언어는?

① DML(Data Manipulation Language)
② DDL(Data Definition Language)
③ DCL(Data Control Language)
④ IDL(Interactive Datal Language)

053

정규화를 거치지 않아 발생하게 되는 이상(Anomaly) 현상의 종류에 대한 설명으로 옳지 않은 것은?

① 삭제 이상이란 릴레이션에서 한 튜플을 삭제할 때 의도와는 상관없는 값들도 함께 삭제되는 연쇄 삭제 현상이다.
② 삽입 이상이란 릴레이션에서 데이터를 삽입할 때 의도와는 상관없이 원하지 않는 값들도 함께 삽입되는 현상이다.
③ 갱신 이상이란 릴레이션에서 튜플에 있는 속성값을 갱신할 때 일부 튜플의 정보만 갱신되어 정보에 모순이생기는 현상이다.
④ 종속 이상이란 하나의 릴레이션에 하나 이상의 함수적 종속성이 존재하는 현상이다.

054

관계 데이터 모델에서 릴레이션(Relation)에 관한 설명으로 옳은 것은?

① 릴레이션의 각 행을 스키마(Schema)라 하며, 예로 도서 릴레이션을 구성하는 스키마에는 도서번호, 도서명, 저자, 가격 등이 있다.
② 릴레이션의 각 열을 튜플(Tuple)이라 하며, 하나의 튜플은 각 속성에서 정의된 값을 이용하여 구성된다.
③ 도메인(Domain)은 하나의 속성이 가질 수 있는 같은 타입의 모든 값의 집합으로 각 속성의 도메인은 원자값을 갖는다.
④ 속성(Attribute)은 한 개의 릴레이션의 논리적인 구조를 정의한 것으로 릴레이션의 이름과 릴레이션에 포함된 속성들의 집합을 의미한다.

055

3NF에서 BCNF가 되기 위한 조건은?

① 이행적 함수 종속 제거
② 부분적 함수 종속 제거
③ 다치 종속 제거
④ 결정자이면서 후보키가 아닌 것 제거

056

데이터베이스 성능에 많은 영향을 주는 DBMS의 구성 요소로 테이블과 클러스터에 연관되어 독립적인 저장 공간을 보유하며, 데이터베이스에 저장된 자료를 더욱 빠르게 조회하기 위하여 사용되는 것은?

① 인덱스(Index)
② 트랜잭션(Transaction)
③ 역정규화(Denormalization)
④ 트리거(Trigger)

057

아래의 SQL문을 실행한 결과는?

[R1 테이블]

학번	이름	학년	학과	주소
1000	홍길동	4	컴퓨터	서울
2000	김철수	3	전기	경기
3000	강남길	1	컴퓨터	경기
4000	오말자	4	컴퓨터	경기
5000	장미화	2	전자	서울

[R2 테이블]

학번	과목번호	성적	점수
1000	C100	A	91
1000	C200	A	94
2000	C300	B	85
3000	C400	A	90
3000	C500	C	75
3000	C100	A	90
4000	C400	A	95
4000	C500	A	91
4000	C100	B	80
4000	C200	C	74
5000	C400	B	85

[SQL문]

```
SELECT 이름
FROM R1
WHERE 학번 IN
    (SELECT 학번
     FROM R2
     WHERE 과목번호 = 'C100');
```

①

이름
홍길동
강남길
장미화

②

이름
홍길동
강남길
오말자

③

이름
홍길동
김철수
강남길
오말자
장미화

④

이름
홍길동
김철수

058

『회원』 테이블 생성 후 『주소』 필드(컬럼)가 누락되어 이를 추가하려고 한다. 이에 적합한 SQL 명령어는?

① DELETE
② RESTORE
③ ALTER
④ ACCESS

059

트랜잭션을 수행하는 도중 장애로 인해 손상된 데이터베이스를 손상되기 이전의 정상적인 상태로 복구시키는 작업은?

① Recovery ② Commit
③ Abort ④ Restart

060

E-R 다이어그램의 표기법으로 옳지 않는 것은?

① 개체 타입 – 사각형
② 속성 – 타원
③ 관계 집합 – 삼각형
④ 개체 타입과 속성을 연결 – 선

Part Ⅳ 프로그래밍 언어 활용

061

다음 중 응집도가 가장 높은 것은?

① 절차적 응집도 ② 순차적 응집도
③ 우연적 응집도 ④ 논리적 응집도

062

OSI 7계층에서 물리적 연결을 이용해 신뢰성 있는 정보를 전송하려고 동기화, 오류 제어, 흐름 제어 등의 전송 에러를 제어하는 계층은?

① 데이터 링크 계층
② 물리 계층
③ 응용 계층
④ 표현 계층

063

운영체제를 기능에 따라 분류할 경우 제어 프로그램이 아닌 것은?

① 데이터 관리 프로그램
② 서비스 프로그램
③ 작업 제어 프로그램
④ 감시 프로그램

064

IEEE 802.3 LAN에서 사용되는 전송 매체 접속 제어(MAC) 방식은?

① CSMA/CD
② Token Bus
③ Token Ring
④ Slotted Ring

065

기억 공간이 15K, 23K, 22K, 21K 순으로 빈 공간이 있을 때 기억장치 배치 전략으로 "First Fit"을 사용하여 17K의 프로그램을 적재할 경우 내부 단편화의 크기는 얼마인가?

① 5K ② 6K
③ 7K ④ 8K

066

교착상태가 발생할 수 있는 조건이 아닌 것은?

① Mutual exclusion
② Hold and wait
③ Non-preemption
④ Linear wait

067

IPv6에 대한 설명으로 틀린 것은?

① 멀티캐스트(Multicast) 대신 브로드캐스트(Broadcast)를 사용한다.
② 보안과 인증 확장 헤더를 사용함으로써 인터넷 계층의 보안기능을 강화하였다.
③ 애니캐스트(Anycast)는 하나의 호스트에서 그룹 내의 가장 가까운 곳에 있는 수신자에게 전달하는 방식이다.
④ 128비트 주소체계를 사용한다.

068

TCP/IP 프로토콜에서 TCP가 해당하는 계층은?

① 데이터 링크 계층
② 네트워크 계층
③ 트랜스포트 계층
④ 세션 계층

069

C 언어에서 변수로 사용할 수 없는 것은?

① data02
② int01
③ _sub
④ short

070

다음 JAVA 코드 출력문의 결과는?

```
...생략...
System.out.println("5 + 2 =" + 3 + 4);
System.out.println("5 + 2 =" + (3 + 4));
...생략...
```

① 5 + 2 = 34
   5 + 2 = 34
② 5 + 2 + 3 + 4
   5 + 2 = 7
③ 7 = 7
   7 + 7
④ 5 + 2 = 34
   5 + 2 = 7

071

C언어에서 문자열을 정수형으로 변환하는 라이브러리 함수는?

① atoi( ) ② atof( )
③ itoa( ) ④ ceil( )

072

운영체제의 가상기억장치 관리에서 프로세스가 일정 시간 동안 자주 참조하는 페이지들의 집합을 의미하는 것은?

① Locality ② Deadlock
③ Thrashing ④ Working Set

073

결합도가 낮은 것부터 높은 순으로 옳게 나열한 것은?

(ㄱ) 내용 결합도	(ㄴ) 자료 결합도
(ㄷ) 공통 결합도	(ㄹ) 스탬프 결합도
(ㅁ) 외부 결합도	(ㅂ) 제어 결합도

① (ㄱ) → (ㄴ) → (ㄹ) → (ㅂ) → (ㅁ) → (ㄷ)
② (ㄴ) → (ㄹ) → (ㅁ) → (ㅂ) → (ㄷ) → (ㄱ)
③ (ㄴ) → (ㄹ) → (ㅂ) → (ㅁ) → (ㄷ) → (ㄱ)
④ (ㄱ) → (ㄴ) → (ㄹ) → (ㅁ) → (ㅂ) → (ㄷ)

074

다음 설명의 ㉠과 ㉡에 들어갈 내용으로 옳은 것은?

> 가상기억장치의 일반적인 구현 방법에는 프로그램을 고정된 크기의 일정한 블록으로 나누는 (㉠) 기법과 가변적인 크기의 블록으로 나누는 (㉡) 기법이 있다.

	㉠	㉡
①	Paging	Segmentation
②	Segmentation	Allocation
③	Segmentation	Compaction
④	Paging	Linking

075

라이브러리의 개념과 구성에 대한 설명 중 틀린 것은?

① 라이브러리란 필요할 때 찾아서 쓸 수 있도록 모듈화되어 제공되는 프로그램을 말한다.
② 프로그래밍 언어에 따라 일반적으로 도움말, 설치 파일, 샘플 코드 등을 제공한다.
③ 외부 라이브러리는 프로그래밍 언어가 기본적으로 가지고 있는 라이브러리를 의미하며, 표준 라이브러리는 별도의 파일 설치를 필요로 하는 라이브러리를 의미한다.
④ 라이브러리는 모듈과 패키지를 총칭하며, 모듈이 개별 파일이라면 패키지는 파일들을 모아 놓은 폴더라고 볼 수 있다.

076

C 언어에서 산술 연산자가 아닌 것은?

① % ② *
③ / ④ =

077

UDP 특성에 해당되는 것은?

① 양방향 연결형 서비스를 제공한다.
② 송신 중에 링크를 유지관리하므로 신뢰성이 높다.
③ 순서 제어, 오류 제어, 흐름 제어 기능을 한다.
④ 흐름 제어나 순서 제어가 없어 전송 속도가 빠르다.

078

JAVA에서 변수와 자료형에 대한 설명으로 틀린 것은?

① 변수는 어떤 값을 주기억장치에 기억하기 위해서 사용하는 공간이다.
② 변수의 자료형에 따라 저장할 수 있는 값의 종류와 범위가 달라진다.
③ char 자료형은 나열된 여러 개의 문자를 저장하고자 할 때 사용한다.
④ boolean 자료형은 조건이 참인지 거짓인지 판단하고자 할 때 사용한다.

079

다음은 파이썬으로 만들어진 반복문 코드이다. 이 코드의 결과는?

```
>> while(True) :
    print('A')
    print('B')
    print('C')
    continue
    print('D')
```

① A, B, C 출력이 반복된다.
② A, B, C까지만 출력된다.
③ A, B, C, D 출력이 반복된다.
④ A, B, C, D까지만 출력된다.

080

WAS(Web Application Server)가 아닌 것은?

① JEUS ② JVM
③ Tomcat ④ WebSphere

Part V 정보시스템 구축관리

081

다음 암호 알고리즘 중 성격이 다른 하나는?

① MD4 ② MD5
③ SHA-1 ④ AES

082

크래커가 침입하여 백도어를 만들어 놓거나, 설정 파일을 변경했을 때 분석하는 도구는?

① tripwire ② tcpdump
③ cron ④ netcat

083

다음 내용이 설명하는 것은?

- 사물통신, 사물인터넷과 같이 대역폭이 제한된 통신 환경에 최적화하여 개발된 푸시 기술 기반의 경량 메시지 전송 프로토콜
- 메시지 매개자(Brocker)를 통해 송신자가 특정 메시지를 발행하고 수신자가 메시지를 구독하는 방식
- IBM이 주도하여 개발

① GRID ② TELNET
③ GPN ④ MQTT

084

나선형(Spiral) 모형의 주요 태스크에 해당하지 않는 것은?

① 버전 관리 ② 위험 분석
③ 개발 ④ 평가

085

정보 보안을 위한 접근 통제 정책 종류에 해당하지 않는 것은?

① 임의적 접근 통제
② 데이터 전환 접근 통제
③ 강제적 접근 통제
④ 역할 기반 접근 통제

086

LOC 기법에 의하여 예측된 총 라인수가 36,000라인, 개발에 참여할 프로그래머가 6명, 프로그래머들의 평균 생산성이 월간 300라인일 때 개발에 소요되는 기간은?

① 5개월 ② 10개월
③ 15개월 ④ 20개월

087

정형화된 분석 절차에 따라 사용자 요구사항을 파악, 문서화하는 체계적 분석방법으로 자료흐름도, 자료사전, 소단위 명세서의 특징을 갖는 것은?

① 구조적 개발 방법론
② 객체지향 개발 방법론
③ 정보공학 방법론
④ CBD 방법론

088

정보보호를 위한 암호화에 대한 설명으로 틀린 것은?

① 평문 – 암호화되기 전의 원본 메시지
② 암호문 – 암호화가 적용된 메시지
③ 복호화 – 평문을 암호문으로 바꾸는 작업
④ 키(Key) – 적절한 암호화를 위하여 사용하는 값

089

다음 내용이 설명하는 것은?

- 블록체인(Blockchain) 개발 환경을 클라우드로 서비스하는 개념
- 블록체인 네트워크에 노드의 추가 및 제거가 용이
- 블록체인의 기본 인프라를 추상화하여 블록체인 응용프로그램을 만들 수 있는 클라우드 컴퓨팅 플랫폼

① OTT ② BaaS
③ SDDC ④ Wi-SUN

090

소프트웨어 비용 산정 기법 중 개발 유형으로 Organic, Semi-detach, Embedded로 구분되는 것은?

① PUTNAM
② COCOMO
③ FP
④ SLIM

091

다음 LAN의 네트워크 토폴로지는 어떤 형인가?

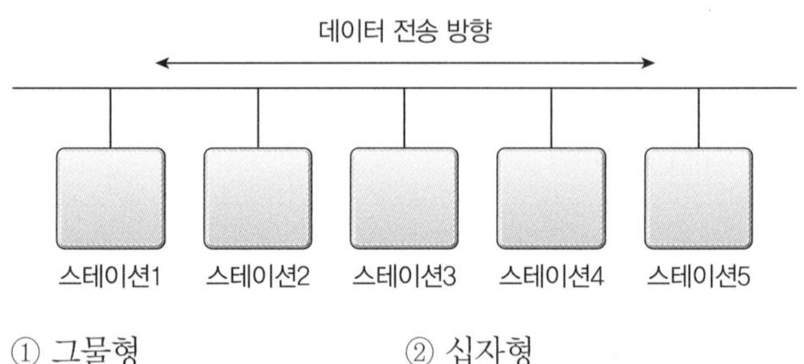

① 그물형 ② 십자형
③ 버스형 ④ 링형

092

전기 및 정보통신 기술을 활용하여 전력망을 지능화, 고도화함으로써 고품질의 전력서비스를 제공하고 에너지 이용 효율을 극대화하는 전력망은?

① 사물인터넷
② 스마트 그리드
③ 디지털 아카이빙
④ 미디어 빅뱅

093

다음 내용이 설명하는 소프트웨어 개발 모형은?

> 소프트웨어 생명주기 모형 중 Boehm이 제시한 고전적 생명주기 모형으로서 선형 순차적 모델이라고도 하며, 타당성 검토, 계획, 요구사항 분석, 설계, 구현, 텍스트, 유지보수의 단계를 통해 소프트웨어를 개발하는 모형

① 프로토타입 모형 ② 나선형 모형
③ 폭포수 모형 ④ RAD 모형

094

스트림 암호화 방식의 설명으로 옳지 않은 것은?

① 비트/바이트/단어들을 순차적으로 암호화 한다.
② 해쉬 함수를 이용한 해시 암호화 방식을 사용한다.
③ RC4는 스트림 암호화 방식에 해당한다.
④ 대칭키 암호화 방식이다.

095

세션 하이재킹을 탐지하는 방법으로 거리가 먼 것은?

① FTP SYN SEGMENT 탐지
② 비동기화 상태 탐지
③ ACK STORM 탐지
④ 패킷의 유실 및 재전송 증가 탐지

096

소프트웨어 공학에 대한 설명으로 거리가 먼 것은?

① 소프트웨어 공학이랑 소프트웨어의 개발, 운용, 유지보수 및 파기에 대한 체계적인 접근 방법이다.
② 소프트웨어 공학은 소프트웨어 제품의 품질을 향상시키고 소프트웨어 생산성과 작업 만족도를 증대시키는 것이 목적이다.
③ 소프트웨어 공학의 궁극적 목표는 최대의 비용으로 계획된 일정보다 가능한 빠른 시일 내에 소프트웨어를 개발하는 것이다.
④ 소프트웨어 공학은 신뢰성 있는 소프트웨어를 경제적이 비용으로 획득하기 위해 공학적 원리를 정립하고 이를 이용하는 것이다.

097

소프트웨어 개발 방법론 중 CBD(Componet Based Development)에 대한 설명으로 틀린 것은?

① 생산성과 품질을 높이고, 유지보수 비용을 최소화할 수 있다.
② 컴포넌트 제작 기법을 통해 재사용성을 향상시킨다.
③ 모듈의 분할과 정복에 의한 하향식 설계 방식이다.
④ 독립적인 컴포넌트 단위의 관리로 복잡성을 최소화할 수 있다.

098

정보 보안의 3요소에 해당하지 않는 것은?

① 기밀성 ② 무결성
③ 가용성 ④ 휘발성

099

소셜 네트워크에서 악의적인 사용자가 지인 또는 특정 유명인으로 가장하여 활동하는 공격 기법은?

① Evil Twin Attack
② Phishing
③ Logic Bomb
④ Cyberbullying

100

공개키 암호에 대한 설명으로 틀린 것은?

① 10명이 공개키 암호를 사용할 경우 5개의 키가 필요하다.
② 복호화키는 비공개 되어 있다.
③ 송신자는 수신자의 공개키로 문서를 암호화한다.
④ 공개키 암호로 널리 알려진 알고리즘은 RSA가 있다.

2020년 9월 시행 A책형

제6회 기출문제

정답 및 해설 P.62

제한시간	150분	점수	/100점	풀이 시작 시각	:	풀이 종료 시각	:

Part I 소프트웨어 설계

001

XP(eXtreme Programming)의 기본 원리로 볼 수 없는 것은?

① Linear Sequential Method
② Pair Programming
③ Collective Ownership
④ Continuous Integration

002

럼바우(Rumbaugh) 객체지향 분석 기법에서 동적 모델링에 활용되는 다이어그램은?

① 객체 다이어그램(Object Diagram)
② 패키지 다이어그램(Package Diagram)
③ 상태 다이어그램(State Diagram)
④ 자료 흐름도(Data Flow Diagram)

003

CASE(Computer Aided Software Engineering)의 주요 기능으로 옳지 않은 것은?

① S/W 라이프 사이클 전 단계의 연결
② 그래픽 지원
③ 다양한 소프트웨어 개발 모형 지원
④ 언어 번역

004

객체지향 기법의 캡슐화(Encapsulation)에 대한 설명으로 틀린 것은?

① 인터페이스가 단순화 된다.
② 소프트웨어 재사용성이 높아진다.
③ 변경 발생 시 오류의 파급효과가 적다.
④ 상위 클래스의 모든 속성과 연산을 하위 클래스가 물려받는 것을 의미한다.

005

다음 내용이 설명하는 객체지향 설계 원칙은?

- 클라이언트는 자신이 사용하지 않는 메소드와 의존 관계를 맺으면 안 된다.
- 클라이언트가 사용하지 않는 인터페이스 때문에 영향을 받아서는 안 된다.

① 인터페이스 분리 원칙
② 단일 책임 원칙
③ 개방 폐쇄의 원칙
④ 리스코프 교체의 원칙

006

파이프 필터 형태의 소프트웨어 아키텍처에 대한 설명으로 옳은 것은?

① 노드와 간선으로 구성된다.
② 서브시스템이 입력 데이터를 받아 처리하고 결과를 다음 서브시스템으로 넘겨주는 과정을 반복한다.
③ 계층 모델이라고도 한다.
④ 3개의 서브시스템(모델, 뷰, 제어)으로 구성되어 있다.

007

코드화 대상 항목의 중량, 면적, 용량 등의 물리적 수치를 이용하여 만든 코드는?

① 순차 코드　　② 10진 코드
③ 표의 숫자 코드　　④ 블록 코드

008

디자인 패턴 사용의 장단점에 대한 설명으로 거리가 먼 것은?

① 소프트웨어 구조 파악이 용이하다.
② 객체지향 설계 및 구현의 생산성을 높이는데 적합하다.
③ 재사용을 위한 개발 시간이 단축된다.
④ 절차형 언어와 함께 이용될 때 효율이 극대화된다.

009

DFD(Data Flow Diagram)에 대한 설명으로 틀린 것은?

① 자료 흐름 그래프 또는 버블(Bubble) 차트라고도 한다.
② 구조적 분석 기법에 이용된다.
③ 시간 흐름을 명확하게 표현할 수 있다.
④ DFD의 요소는 화살표, 원, 사각형, 직선(단선/이중선)으로 표시한다.

010

그래픽 표기법을 이용하여 소프트웨어 구성 요소를 모델링하는 럼바우 분석 기법에 포함되지 않는 것은?

① 객체 모델링　　② 기능 모델링
③ 동적 모델링　　④ 블랙박스 분석 모델링

011

UML의 기본 구성 요소가 아닌 것은?

① Things　　② Terminal
③ Relationship　　④ Diagram

012

소프트웨어의 상위 설계에 속하지 않는 것은?

① 아키텍처 설계
② 모듈 설계
③ 인터페이스 정의
④ 사용자 인터페이스 설계

013

다음 중 자료 사전(Data Dictionary)에서 선택의 의미를 나타내는 것은?

① [ ]　　② { }
③ +　　④ =

014

소프트웨어의 사용자 인터페이스 개발 시스템(User Interface Development System)이 가져야 할 기능이 아닌 것은?

① 사용자 입력의 검증
② 에러 처리와 에러 메시지 처리
③ 도움과 프롬프트(Prompt) 제공
④ 소스 코드 분석 및 오류 복구

015

요구사항 명세 기법에 대한 설명으로 틀린 것은?

① 비정형 명세 기법은 사용자의 요구를 표현할 때 자연어를 기반으로 서술한다.
② 비정형 명세 기법은 사용자의 요구를 표현할 때 Z 비정형 명세기법을 사용한다.
③ 정형 명세 기법은 사용자의 요구를 표현할 때 수학적인 원리와 표기법을 이용한다.
④ 정형 명세 기법은 비정형 명세 기법에 비해 표현이 간결하다.

016

소프트웨어 개발 단계에서 요구 분석 과정에 대한 설명으로 거리가 먼 것은?

① 분석 결과의 문서화를 통해 향후 유지보수에 유용하게 활용할 수 있다.
② 개발 비용이 가장 많이 소요되는 단계이다.
③ 자료 흐름도, 자료 사전 등이 효과적으로 이용될 수 있다.
④ 보다 구체적인 명세를 위해 소단위 명세서(Mini-Spec)가 활용될 수 있다.

017

애자일 방법론에 해당하지 않는 것은?

① 기능 중심 개발
② 스크럼
③ 익스트림 프로그래밍
④ 모듈 중심 개발

018

클라이언트와 서버 간의 통신을 담당하는 시스템 소프트웨어를 무엇이라고 하는가?

① 웨어러블 ② 하이웨어
③ 미들웨어 ④ 응용 소프트웨어

019

GoF(Gangs of Four) 디자인 패턴 분류에 해당하지 않는 것은?

① 생성 패턴 ② 구조 패턴
③ 행위 패턴 ④ 추상 패턴

020

바람직한 소프트웨어 설계 지침이 아닌 것은?

① 적당한 모듈의 크기를 유지한다.
② 모듈 간의 접속 관계를 분석하여 복잡도와 중복을 줄인다.
③ 모듈 간의 결합도는 강할수록 바람직하다.
④ 모듈 간의 효과적인 제어를 위해 설계에서 계층적 자료 조직이 제시되어야 한다.

Part Ⅱ 소프트웨어 개발

021

소프트웨어 패키징 도구 활용 시 고려 사항으로 틀린 것은?

① 반드시 내부 콘텐츠에 대한 암호화 및 보안을 고려한다.
② 보안을 위하여 이기종 연동을 고려하지 않아도 된다.
③ 사용자 편의성을 위한 복잡성 및 비효율성 문제를 고려한다.
④ 제품 소프트웨어 종류에 적합한 암호화 알고리즘을 적용한다.

022

EAI(Enterprise Application Integration) 구축 유형 중 Hybrid에 대한 설명으로 틀린 것은?

① Hub & Spoke와 Message Bus의 혼합방식이다.
② 필요한 경우 한 가지 방식으로 EAI 구현이 가능하다.
③ 데이터 병목현상을 최소화할 수 있다.
④ 중간에 미들웨어를 두지 않고 각 애플리케이션을 Point-to-Point로 연결한다.

023

소스 코드 품질분석 도구 중 정적 분석 도구가 아닌 것은?

① pmd ② checkstyle
③ valance ④ cppcheck

024

다음 Postfix 연산식에 대한 연산 결과로 옳은 것은?

3 4 * 5 6 * +

① 35 ② 42
③ 77 ④ 360

025

인터페이스 보안을 위해 네트워크 영역에 적용될 수 있는 것으로 거리가 먼 것은?

① IPSec ② SSL
③ SMTP ④ S-HTTP

026

검증(Validation) 검사 기법 중 개발자의 장소에서 사용자가 개발자 앞에서 행해지며, 오류와 사용상의 문제점을 사용자와 개발자가 함께 확인하면서 검사하는 기법은?

① 디버깅 검사
② 형상 검사
③ 자료구조 검사
④ 알파 검사

027

다음 초기 자료에 대하여 삽입 정렬(Insertion Sort)을 이용하여 오름차순 정렬할 경우 1회전 후의 결과는?

초기 자료 : 8, 3, 4, 9, 7

① 3, 4, 8, 7, 9
② 3, 4, 9, 7, 8
③ 7, 8, 3, 4, 9
④ 3, 8, 4, 9, 7

028

소프트웨어 설치 매뉴얼에 대한 설명으로 틀린 것은?

① 설치 과정에서 표시될 수 있는 예외상황에 관련 내용을 별도로 구분하여 설명한다.
② 설치 시작부터 완료할 때까지의 전 과정을 빠짐없이 순서대로 설명한다.
③ 설치 매뉴얼은 개발자 기준으로 작성한다.
④ 설치 매뉴얼에는 목차, 개요, 기본사항 등이 기본적으로 포함되어야 한다.

029

인터페이스 구현 검증 도구가 아닌 것은?

① ESB ② xUnit
③ STAF ④ NTAF

030

소프트웨어 형상관리에서 관리 항목에 포함되지 않는 것은?

① 프로젝트 요구 분석서
② 소스 코드
③ 운영 및 설치 지침서
④ 프로젝트 개발 비용

031

다음 설명에 해당하는 것은?

> 물리적 저장 장치의 입장에서 본 데이터베이스 구조로서 실제로 데이터베이스에 저장될 레코드의 형식을 정의하고 저장 데이터 항목의 표현 방법, 내부 레코드의 물리적 순서 등을 나타낸다.

① 외부 스키마 ② 내부 스키마
③ 개념 스키마 ④ 슈퍼 스키마

032

다음 트리에 대한 INORDER 운행 결과는?

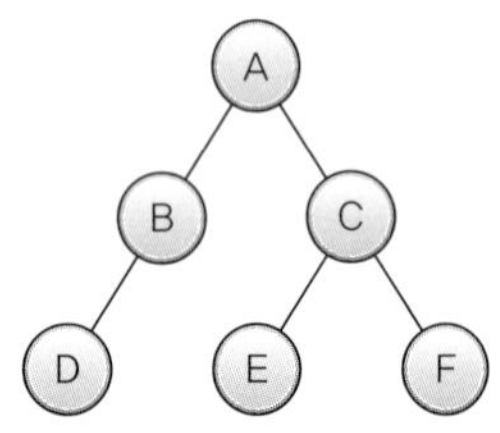

① D B A E C F ② A B D C E F
③ D B E C F A ④ A B C D E F

033

n개의 노드로 구성된 무방향 그래프의 최대 간선 수는?

① n−1 ② n/2
③ n(n−1)/2 ④ n(n+1)

034

다음이 설명하는 테스트 용어는?

> • 테스트의 결과가 참인지 거짓인지를 판단하기 위해서 사전에 정의된 참값을 입력하여 비교하는 기법 및 활동을 말한다.
> • 종류에는 참, 샘플링, 휴리스틱, 일관성 검사가 존재한다.

① 테스트 케이스 ② 테스트 시나리오
③ 테스트 오라클 ④ 테스트 데이터

035

빌드 자동화 도구에 대한 설명으로 틀린 것은?

① Gradle은 실행할 처리 명령들을 모아 태스크로 만든 후 태스크 단위로 실행한다.
② 빌드 자동화 도구는 지속적인 통합 개발환경에서 유용하게 활용된다.
③ 빌드 자동화 도구에는 Ant, Gradle, Jenkins 등이 있다.
④ Jenkins는 Groovy 기반으로 한 오픈 소스로 안드로이드 앱 개발 환경에서 사용된다.

036

저작권 관리 구성 요소에 대한 설명이 틀린 것은?

① 콘텐츠 제공자(Contents Provider): 콘텐츠를 제공하는 저작권자
② 콘텐츠 분배자(Contents Distributor): 콘텐츠를 메타데이터와 함께 배포 가능한 단위로 묶는 기능
③ 클리어링 하우스(Clearing House): 키 관리 및 라이선스 발급 관리
④ DRM 컨트롤러: 배포된 콘텐츠의 이용 권한을 통제

037

블랙박스 테스트 기법으로 거리가 먼 것은?

① 기초 경로 검사
② 동치 클래스 분해
③ 경계값 분석
④ 원인 결과 그래프

038

해싱 함수 중 레코드 키를 여러 부분으로 나누고, 나눈 부분의 각 숫자를 더하거나 XOR한 값을 홈 주소로 사용하는 방식은?

① 제산법
② 폴딩법
③ 기수 변환법
④ 숫자 분석법

039

다음에서 설명하는 클린 코드 작성 원칙은?

> • 한 번에 한 가지 처리만 수행한다.
> • 클래스/메소드/함수를 최소 단위로 분리한다.

① 다형성 ② 단순성
③ 추상화 ④ 의존성

040

디지털 저작권 관리(DRM) 기술과 거리가 먼 것은?

① 콘텐츠 암호화 및 키 관리
② 콘텐츠 식별체계 표현
③ 콘텐츠 오류 감지 및 복구
④ 라이선스 발급 및 관리

Part Ⅲ 데이터베이스 구축

041

다음 설명과 관련 있는 트랜잭션의 특징은?

> 트랜잭션의 연산은 모두 실행되거나, 모두 실행되지 않아야 한다.

① Durability ② Isolation
③ Consistency ④ Atomicity

042

데이터베이스에 영향을 주는 생성, 읽기, 갱신, 삭제 연산으로 프로세스와 테이블 간에 매트릭스를 만들어서 트랜잭션을 분석하는 것은?

① CASE 분석 ② 일치 분석
③ CRUD 분석 ④ 연관성 분석

043

정규화된 엔티티, 속성, 관계를 시스템의 성능 향상과 개발 운영의 단순화를 위해 중복, 통합, 분리 등을 수행하는 데이터 모델링 기법은?

① 인덱스 정규화 ② 반정규화
③ 집단화 ④ 머징

044

학생 테이블을 생성한 후, 성별 필드가 누락되어 이를 추가하려고 한다. 이에 적합한 SQL 명령어는?

① INSERT ② ALTER
③ DROP ④ MODIFY

045

정규화의 필요성으로 거리가 먼 것은?

① 데이터 구조의 안정성 최대화
② 중복 데이터의 활성화
③ 수정, 삭제 시 이상 현상의 최소화
④ 테이블 불일치 위험의 최소화

046

개체-관계 모델의 E-R 다이어그램에서 사용되는 기호와 그 의미의 연결이 틀린 것은?

① 사각형 – 개체 타입
② 삼각형 – 속성
③ 선 – 개체 타입과 속성을 연결
④ 마름모 – 관계 타입

047

다음 SQL문에서 빈칸에 들어갈 내용으로 옳은 것은?

```
UPDATE 회원 (    ) 전화번호='010-14'
WHERE 회원번호='N4';
```

① FROM ② SET
③ INTO ④ TO

048

릴레이션에 있는 모든 튜플에 대해 유일성은 만족시키지만 최소성은 만족시키지 못하는 키는?

① 후보키 ② 기본키
③ 슈퍼키 ④ 외래키

049

DBA가 사용자 PARK에게 테이블 [STUDENT]의 데이터를 갱신할 수 있는 시스템 권한을 부여하고자 하는 SQL문을 작성하고자 한다. 다음에 주어진 SQL문의 빈칸을 알맞게 채운 것은?

```
SQL>GRANT ㉠ ㉡
    STUDENT TO PARK;
```

	㉠	㉡
①	INSERT	IN TO
②	ALTER	TO
③	UPDATE	ON
④	REPLACE	IN

050

관계대수에 대한 설명으로 틀린 것은?

① 주어진 릴레이션 조작을 위한 연산의 집합이다.
② 일반 집합 연산과 순수 관계 연산으로 구분된다.
③ 질의에 대한 해를 구하기 위해 수행해야 할 연산의 순서를 명시한다.
④ 원하는 정보와 그 정보를 어떻게 유도하는가를 기술하는 비절차적 방법이다.

051

다음 SQL문의 실행 결과는?

```
SELECT 과목이름
FROM 성적
WHERE EXISTS (SELECT 학번
FROM 학생 WHERE 학생.학번=성적.학번 AND
학생.학과 IN ('전산', '전기') AND
학생.주소='경기');
```

[학생] 테이블

학번	이름	학년	학과	주소
1000	김철수	1	전산	서울
2000	고영준	1	전기	경기
3000	유진호	2	전자	경기
4000	김영진	2	전산	경기
5000	정현영	3	전자	서울

[성적] 테이블

학번	과목번호	과목이름	학점	점수
1000	A100	자료구조	A	91
2000	A200	DB	A+	99
3000	A100	자료구조	B+	88
3000	A200	DB	B	85
4000	A200	DB	A	94
4000	A300	운영체제	B+	89
5000	A300	운영체제	B	88

①

과목이름
DB

②

과목이름
DB
DB

③

과목이름
DB
DB
운영체제

④

과목이름
DB
운영체제

052

로킹(Locking) 기법에 대한 설명으로 틀린 것은?

① 로킹의 대상이 되는 객체의 크기를 로킹 단위라고 한다.
② 로킹 단위가 작아지면 병행성 수준이 낮아진다.
③ 데이터베이스도 로킹 단위가 될 수 있다.
④ 로킹 단위가 커지면 로크 수가 작아 로킹 오버헤드가 감소한다.

053

사용자 X1에게 department 테이블에 대한 검색 연산을 회수하는 명령은?

① DELETE SELECT ON DEPARTMENT TO X1;
② REMOVE SELECT ON DEPARTMENT FROM X1;
③ REVOKE SELECT ON DEPARTMENT FROM X1;
④ GRANT SELECT ON DEPARTMENT FROM X1;

054

뷰(VIEW)에 대한 설명으로 틀린 것은?

① 뷰 위에 또 다른 뷰를 정의할 수 있다.
② 뷰에 대한 조작에서 삽입, 갱신, 삭제 연산은 제약이 따른다.
③ 뷰의 정의는 기본 테이블과 같이 ALTER문을 이용하여 변경한다.
④ 뷰가 정의된 기본 테이블이 제거되면 뷰도 자동적으로 제거된다.

055

데이터 모델에 표시해야 할 요소로 거리가 먼 것은?

① 논리적 데이터 구조
② 출력 구조
③ 연산
④ 제약 조건

056

제3정규형에서 보이스코드 정규형(BCNF)으로 정규화하기 위한 작업은?

① 원자 값이 아닌 도메인을 분해
② 부분 함수 종속 제거
③ 이행 함수 종속 제거
④ 결정자가 후보키가 아닌 함수 종속 제거

057

A1, A2, A3 3개 속성을 갖는 한 릴레이션에서 A1의 도메인은 3개 값, A2의 도메인은 2개 값, A3의 도메인은 4개 값을 갖는다. 이 릴레이션에 존재할 수 있는 가능한 튜플(Tuple)의 최대 수는?

① 24　　② 12
③ 8　　④ 9

058

데이터베이스 설계 시 물리적 설계 단계에서 수행하는 사항이 아닌 것은?

① 저장 레코드 양식 설계
② 레코드 집중의 분석 및 설계
③ 접근 경로 설계
④ 목표 DBMS에 맞는 스키마 설계

059

한 릴레이션 스키마가 4개 속성, 2개 후보키 그리고 그 스키마의 대응 릴레이션 인스턴스가 7개 튜플을 갖는다면 그 릴레이션의 차수(Degree)는?

① 1　　② 2
③ 4　　④ 7

060

데이터 웨어하우스의 기본적인 OLAP(On-Line Analytical Processing) 연산이 아닌 것은?

① translate　② roll-up
③ dicing　④ drill-down

Part Ⅳ 프로그래밍 언어 활용

061

UNIX SHELL 환경 변수를 출력하는 명령어가 아닌 것은?

① configenv　② printenv
③ env　④ setenv

062

Java 프로그래밍 언어의 정수 데이터 타입 중 'long'의 크기는?

① 1byte　② 2byte
③ 4byte　④ 8byte

063

JAVA에서 사용되는 출력 함수가 아닌 것은?

① System.out.print( )
② System.out.println( )
③ System.out.printing( )
④ System.out.printf( )

064

운영체제에서 커널의 기능이 아닌 것은?

① 프로세스 생성, 종료
② 사용자 인터페이스
③ 기억장치 할당, 회수
④ 파일 시스템 관리

065

OSI 7 계층에서 단말기 사이에 오류 수정과 흐름 제어를 수행하여 신뢰성 있고 명확한 데이터를 전달하는 계층은?

① 전송 계층
② 응용 계층
③ 세션 계층
④ 표현 계층

066

다음 쉘 스크립트의 의미로 옳은 것은?

```
until who | grep wow
do
    sleep 5
done
```

① wow 사용자가 로그인한 경우에만 반복문을 수행한다.
② wow 사용자가 로그인할 때까지 반복문을 수행한다.
③ wow 문자열을 복사한다.
④ wow 사용자에 대한 정보를 무한 반복하여 출력한다.

067

다음 자바 코드를 실행한 결과는?

```
int x = 1, y = 6;
while (y--) {
    x + + ;
}
System.out.println("x=" + x + "y=" + y);
```

① x=7 y=0
② x=6 y=-1
③ x=7 y=-1
④ Unresolved compilation problem 오류 발생

068

다음 파이썬으로 구현된 프로그램의 실행 결과로 옳은 것은?

```
>>> a = [0,10,20,30,40,50,60,70,80,90]
>>> a[ : 7 : 2]
```

① [20, 60]
② [60, 20]
③ [0, 20, 40, 60]
④ [10, 30, 50, 70]

069

공통 모듈의 재사용 범위에 따른 분류가 아닌 것은?

① 컴포넌트 재사용
② 더미코드 재사용
③ 함수와 객체 재사용
④ 애플리케이션 재사용

070

다음과 같은 프로세스가 차례로 큐에 도착하였을 때, SJF (Shortest Job First) 정책을 사용할 경우 가장 먼저 처리되는 작업은?

프로세스 번호	실행시간
P1	6
P2	8
P3	4
P4	3

① P1 ② P2
③ P3 ④ P4

071

4개의 페이지를 수용할 수 있는 주기억장치가 있으며, 초기에는 모두 비어 있다고 가정한다. 다음의 순서로 페이지 참조가 발생할 때, FIFO 페이지 교체 알고리즘을 사용 할 경우 페이지 결함의 발생 횟수는?

페이지 참조 순서 : 1, 2, 3, 1, 2, 4, 5, 1

① 6회 ② 7회
③ 8회 ④ 9회

072

TCP 흐름 제어 기법 중 프레임이 손실되었을 때, 손실된 프레임 1개를 전송하고 수신자의 응답을 기다리는 방식으로 한 번에 프레임 1개만 전송할 수 있는 기법은?

① Slow Start
② Sliding Window
③ Stop and Wait
④ Congestion Avoidance

073

결합도(Coupling)에 대한 설명으로 틀린 것은?

① 데이터 결합도(Data Coupling)는 두 모듈이 매개 변수로 자료를 전달할 때, 자료구조 형태로 전달되어 이용될 때 데이터가 결합되어 있다고 한다.
② 내용 결합도(Content Coupling)는 하나의 모듈이 직접적으로 다른 모듈의 내용을 참조할 때 두 모듈은 내용적으로 결합되어 있다고 한다.
③ 공통 결합도(Common Coupling)는 두 모듈이 동일한 전역 데이터를 접근한다면 공통 결합되어 있다고 한다.
④ 결합도(Coupling)는 두 모듈 간의 상호작용, 또는 의존도 정도를 나타내는 것이다.

074

응집도의 종류 중 서로 간에 어떠한 의미 있는 연관관계도 지니지 않은 기능 요소로 구성되는 경우이며, 서로 다른 상위 모듈에 의해 호출되어 처리상의 연관성이 없는 서로 다른 기능을 수행하는 경우의 응집도는?

① Functional Cohesion
② Sequential Cohesion
③ Logical Cohesion
④ Coincidental Cohesion

075

자바에서 사용하는 접근 제어자의 종류가 아닌 것은?

① internal ② private
③ default ④ public

076

UDP 특성에 해당되는 것은?

① 데이터 전송 후, ACK를 받는다.
② 송신 중에 링크를 유지 관리하므로 신뢰성이 높다.
③ 흐름제어나 순서제어가 없어 전송 속도가 빠르다.
④ 제어를 위한 오버헤드가 크다.

077

다음과 같은 세그먼트 테이블을 가지는 시스템에서 논리 주소 (2, 176)에 대한 물리 주소는?

세그먼트 번호	시작 주소	길이(바이트)
0	670	248
1	1752	422
2	222	198
3	996	604

① 398 ② 400
③ 1928 ④ 1930

078

TCP/IP에서 사용되는 논리 주소를 물리 주소로 변환시켜 주는 프로토콜은?

① TCP
② ARP
③ FTP
④ IP

079

C 언어에서 구조체를 사용하여 데이터를 처리할 때 사용하는 것은?

① for
② scanf
③ struct
④ abstract

080

PHP에서 사용 가능한 연산자가 아닌 것은?

① @
② #
③ < >
④ ===

081

이용자가 인터넷과 같은 공중망에 사설망을 구축하여 마치 전용망을 사용하는 효과를 가지는 보안 솔루션은?

① ZIGBEE
② KDD
③ IDS
④ VPN

082

CMM(Capability Maturity Model) 모델의 레벨로 옳지 않은 것은?

① 최적 단계
② 관리 단계
③ 계획 단계
④ 정의 단계

083

다음 설명에 해당하는 생명주기 모형으로 가장 옳은 것은?

> 가장 오래된 모형으로 많은 적용 사례가 있지만 요구사항의 변경이 어려우며, 각 단계의 결과가 확인되어야지만 다음 단계로 넘어간다. 선형 순차적 모형으로 고전적 생명주기 모형이라고도 한다.

① 패키지 모형
② 코코모 모형
③ 폭포수 모형
④ 관계형 모델

084

서비스 지향 아키텍처 기반 애플리케이션을 구성하는 층이 아닌 것은?

① 표현층
② 프로세스층
③ 제어 클래스층
④ 비즈니스층

085

다음 내용이 설명하는 스토리지 시스템은?

> • 하드디스크와 같은 데이터 저장장치를 호스트 버스 어댑터에 직접 연결하는 방식
> • 저장장치와 호스트 기기 사이에 네트워크 디바이스가 있지 말아야 하고 직접 연결 하는 방식으로 구성

① DAS ② NAS
③ N-SCREEN ④ NFC

086

소프트웨어 개발 프레임워크의 적용 효과로 볼 수 없는 것은?

① 공통 컴포넌트 재사용으로 중복 예산 절감
② 기술 종속으로 인한 선행사업자 의존도 증대
③ 표준화된 연계모듈 활용으로 상호 운용성 향상
④ 개발 표준에 의한 모듈화로 유지보수 용이

087

SoftTech사에서 개발된 것으로 구조적 요구 분석을 하기 위해 블록 다이어그램을 채택한 자동화 도구는?

① SREM ② PSL/PSA
③ HIPO ④ SADT

088

익스트림 프로그래밍 (eXtreme Programming)의 5가지 가치에 속하지 않는 것은?

① 의사소통 ② 단순성
③ 피드백 ④ 고객 배제

089

다음은 정보의 접근 통제 정책에 대한 설명이다. (ㄱ)에 들어갈 내용으로 옳은 것은?

정책	(ㄱ)	DAC	RBAC
권한 부여	시스템	데이터 소유자	중앙 관리자
접근 결정	보안등급(Label)	신분(Identity)	역할(Role)
정책 변경	고정적 (변경 어려움)	변경 용이	변경 용이
장점	안정적 중앙 집중적	구현 용이 유연함	관리 용이

① NAC
② MAC
③ SDAC
④ AAC

090

소프트웨어 개발 모델 중 나선형 모델의 4가지 주요 활동이 순서대로 나열된 것은?

Ⓐ 계획 수립　　Ⓑ 고객 평가
Ⓒ 개발 및 검증　　Ⓓ 위험 분석

① Ⓐ-Ⓑ-Ⓓ-Ⓒ 순으로 반복
② Ⓐ-Ⓓ-Ⓒ-Ⓑ 순으로 반복
③ Ⓐ-Ⓑ-Ⓒ-Ⓓ 순으로 반복
④ Ⓐ-Ⓒ-Ⓑ-Ⓓ 순으로 반복

091

소프트웨어 비용 추정 모형(Estimation Models)이 아닌 것은?

① COCOMO
② Putnam
③ Function-Point
④ PERT

092

공개키 암호화 방식에 대한 설명으로 틀린 것은?

① 공개키로 암호화된 메시지는 반드시 공개키로 복호화해야 한다.
② 비대칭 암호기법이라고도 한다.
③ 대표적인 기법은 RSA 기법이 있다.
④ 키 분배가 용이하고, 관리해야 할 키 개수가 적다.

093

다음이 설명하는 다중화 기술은?

- 광섬유를 이용한 통신 기술의 하나를 의미함
- 파장이 서로 다른 복수의 광신호를 동시에 이용하는 것으로 광섬유를 다중화하는 방식임
- 빛의 파장 축과 파장이 다른 광선은 서로 간섭을 일으키지 않는 성질을 이용함

① Wavelength Division Multiplexing
② Frequency Division Multiplexing
③ Code Division Multiplexing
④ Time Division Multiplexing

094

웹 페이지에 악의적인 스크립트를 포함시켜 사용자 측에서 실행되게 유도함으로써, 정보 유출 등의 공격을 유발할 수 있는 취약점은?

① Ransomware
② Pharming
③ Phishing
④ XSS

095

CBD(Component Based Development)에 대한 설명으로 틀린 것은?

① 개발 기간 단축으로 인한 생산성 향상
② 새로운 기능 추가가 쉬운 확장성
③ 소프트웨어 재사용이 가능
④ 1960년대까지 가장 많이 적용되었던 소프트웨어 개발 방법

096

소프트웨어 정의 데이터센터(SDDC: Software Defined Data Center)에 대한 설명으로 틀린 것은?

① 컴퓨팅, 네트워킹, 스토리지, 관리 등을 모두 소프트웨어로 정의한다.
② 인력 개입 없이 소프트웨어 조작만으로 자동 제어 관리한다.
③ 데이터센터 내 모든 자원을 가상화하여 서비스한다.
④ 특정 하드웨어에 종속되어 특화된 업무를 서비스하기에 적합하다.

097

컴퓨터 운영체제의 커널에 보안 기능을 추가한 것으로 운영체제의 보안상 결함으로 인하여 발생 가능한 각종 해킹으로부터 시스템을 보호하기 위하여 사용되는 것은?

① GPIB
② CentOS
③ XSS
④ Secure OS

098

N-S(Nassi-Schneiderman) chart에 대한 설명으로 거리가 먼 것은?

① 논리의 기술에 중점을 둔 도형식 표현 방법 아다.
② 연속, 선택 및 다중 선택, 반복 등의 제어 논리 구조로 표현한다.
③ 주로 화살표를 사용하여 논리적인 제어 구조로 흐름을 표현한다.
④ 조건이 복합되어 있는 곳의 처리를 시각적으로 명확히 식별하는 데 적합하다.

099

다음 내용에 적합한 용어는?

- 대용량 데이터를 분산 처리하기 위한 목적으로 개발된 프로그래밍 모델이다.
- Google에 의해 고안된 기술로써 대표적인 대용량 데이터 처리를 위한 병렬 처리 기법을 제공한다.
- 임의의 순서로 정렬된 데이터를 분산 처리하고 이를 다시 합치는 과정을 거친다.

① MapReduce
② SQL
③ Hijacking
④ Logs

100

소프트웨어 프로세스에 대한 개선 및 능력 측정 기준에 대한 국제 표준은?

① ISO 14001
② IEEE 802.5
③ IEEE 488
④ SPICE

스스로 자신을 존경하면
다른 사람도 그대를 존경할 것이다.

– 공자

2020년 8월 시행 B책형

제7회 기출문제

정답 및 해설 P.74

제한시간	150분	점수	/100점	풀이 시작 시각	:	풀이 종료 시각	:

Part I 소프트웨어 설계

001

아래의 UML 모델에서 '차' 클래스와 각 클래스의 관계로 옳은 것은?

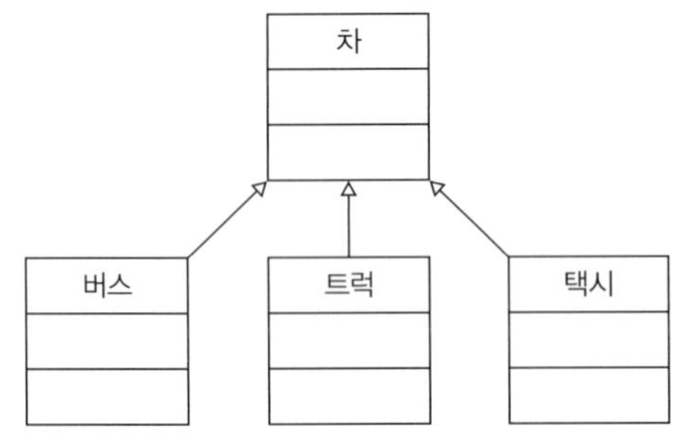

① 추상화 관계 ② 의존 관계
③ 일반화 관계 ④ 그룹 관계

002

인터페이스 요구사항 검토 방법에 대한 설명이 옳은 것은?

① 리팩토링: 작성자 이외의 전문 검토 그룹이 요구사항 명세서를 상세히 조사하여 결함, 표준 위배, 문제 점 등을 파악
② 동료 검토: 요구사항 명세서 작성자가 요구사항 명세서를 설명하고 이해 관계자들이 설명을 들으면서 결함을 발견
③ 인스펙션: 자동화된 요구사항 관리 도구를 이용하여 요구사항 추적성과 일관성을 검토
④ CASE 도구: 검토 자료를 회의 전에 배포해서 사전 검토한 후 짧은 시간 동안 검토회의를 진행하면서 결함을 발견

003

UI 설계 원칙 중 누구나 쉽게 이해하고 사용할 수 있어야 한다는 원칙은?

① 희소성 ② 유연성
③ 직관성 ④ 멀티운용성

004

UML에서 활용되는 다이어그램 중 시스템의 동작을 표현하는 행위(Behavioral) 다이어그램에 해당하지 않는 것은?

① 유스케이스 다이어그램(Use Case Diagram)
② 시퀀스 다이어그램(Sequence Diagram)
③ 활동 다이어그램(Activity Diagram)
④ 배치 다이어그램(Deployment Diagram)

005

객체지향에서 정보은닉과 가장 밀접한 관계가 있는 것은?

① Encapsulation ② Class
③ Method ④ Instance

006

객체지향 설계 원칙 중, 서브타입(상속받은 하위 클래스)은 어디에서나 자신의 기반 타입(상위 클래스)으로 교체할 수 있어야 함을 의미하는 원칙은?

① ISP(Interface Segregation Principle)
② DIP(Dependency Inversion Principle)
③ LSP(Liskov Substitution Principle)
④ SRP(Single Responsibility Principle)

007

럼바우의 객체지향 분석과 거리가 먼 것은?

① 기능 모델링 ② 동적 모델링
③ 객체 모델링 ④ 정적 모델링

008

디자인 패턴 중에서 행위적 패턴에 속하지 않는 것은?

① 커맨드(Command) 패턴
② 옵저버(Observer) 패턴
③ 프로토타입(Prototype) 패턴
④ 상태(State) 패턴

009

객체 지향 소프트웨어 공학에서 하나 이상의 유사한 객체들을 묶어서 하나의 공통된 특성을 표현한 것은?

① 트랜잭션
② 클래스
③ 시퀀스
④ 서브루틴

010

자료 흐름도(Data Flow Diagram)의 구성 요소로 옳은 것은?

① process, data flow, data store, comment
② process, data flow, data store, terminator
③ data flow, data store, terminator, data dictionary
④ process, data store, terminator, mini-spec

011

UML에서 시퀀스 다이어그램의 구성 항목에 해당하지 않는 것은?

① 생명선　　② 실행
③ 확장　　④ 메시지

012

다음 내용이 설명하는 디자인 패턴은?

- 객체를 생성하기 위한 인터페이스를 정의하여 어떤 클래스가 인스턴스화 될 것인지는 서브클래스가 결정하도록 하는 것
- Virtual-Constructor 패턴이라고도 함

① Visitor 패턴
② Observer 패턴
③ Factory Method 패턴
④ Bridge 패턴

013

객체지향 소프트웨어 설계 시 디자인 패턴을 구성하는 요소로서 가장 거리가 먼 것은?

① 개발자 이름
② 문제 및 배경
③ 사례
④ 샘플 코드

014

다음 (　　) 안에 들어갈 내용으로 옳은 것은?

컴포넌트 설계 시 "(　　)에 의한 설계"를 따를 경우, 해당 명세서에서는
(1) 컴포턴트의 오퍼레이션 사용 전에 참이 되어야 할 선행 조건
(2) 사용 후 만족되어야 할 결과 조건
(3) 오퍼레이션이 실행되는 동안 항상 만족되어야 할 불변 조건 등이 포함되어야 한다.

① 협약(Contract)
② 프로토콜(Protocol)
③ 패턴(Pattern)
④ 관계(Relation)

015

요구사항 분석 시에 필요한 기술로 가장 거리가 먼 것은?

① 청취과 인터뷰 질문 기술
② 분석과 중재기술
③ 설계 및 코딩 기술
④ 관찰 및 모델 작성 기술

016

애자일 기법에 대한 설명으로 맞지 않는 것은?

① 절차와 도구보다 개인과 소통을 중요하게 생각한다.
② 계획에 중점을 두어 변경 대응이 난해하다.
③ 소프트웨어가 잘 실행되는데 가치를 둔다.
④ 고객과의 피드백을 중요하게 생각한다.

017

자료 사전에서 자료의 반복을 의미하는 것은?

① = ② ( )
③ { } ④ [ ]

018

미들웨어 솔루션의 유형에 포함되지 않는 것은?

① WAS ② Web Server
③ RPC ④ ORB

019

코드의 기본 기능으로 거리가 먼 것은?

① 복잡성 ② 표준화
③ 분류 ④ 식별

020

CASE(Computer-Aided Software Engineering) 도구에 대한 설명으로 거리가 먼 것은?

① 소프트웨어 개발 과정의 일부 또는 전체를 자동화하기 위한 도구이다.
② 표준화된 개발 환경 구축 및 문서 자동화 기능을 제공한다.
③ 작업 과정 및 데이터 공유를 통해 작업자 간의 커뮤니케이션을 증대한다.
④ 2000년대 이후 소개되었으며, 객체지향 시스템에 한해 효과적으로 활용된다.

Part Ⅱ 소프트웨어 개발

021

다음 트리를 Preorder 운행법으로 운행할 경우 가장 먼저 탐색되는 것은?

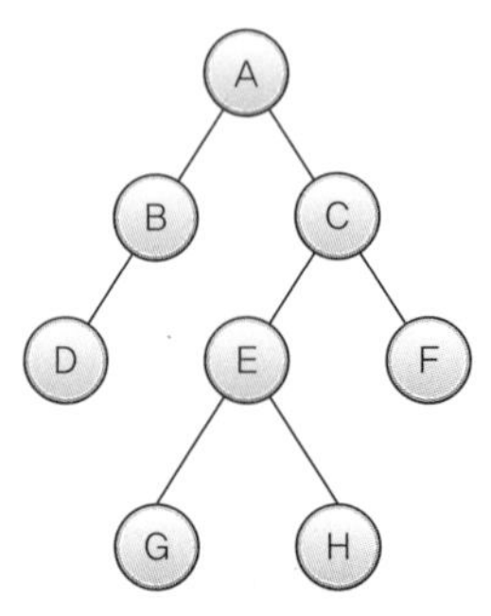

① A ② B
③ D ④ G

022

인터페이스 보안을 위해 네트워크 영역에 적용될 수 있는 솔루션과 거리가 먼 것은?

① IPSec ② SSL
③ SMTP ④ S-HTTP

023

제품 소프트웨어의 형상관리 역할로 틀린 것은?

① 형상관리를 통해 이전 리비전이나 버전에 대한 정보에 접근 가능하여 배포본 관리에 유용
② 불필요한 사용자의 소스 수정 제한
③ 프로젝트 개발 비용을 효율적으로 관리
④ 동일한 프로젝트에 대해 여러 개발자 동시 개발 가능

024

제품 소프트웨어 패키징 도구 활용 시 고려사항이 아닌 것은?

① 제품 소프트웨어의 종류에 적합한 암호화 알고리즘을 고려한다.
② 추가로 다양한 이기종 연동을 고려한다.
③ 사용자 편의성을 위한 복잡성 및 비효율성 문제를 고려한다.
④ 내부 콘텐츠에 대한 보안은 고려하지 않는다.

025

다음 자료에 대하여 선택(Selection) 정렬을 이용하여 오름차순으로 정렬하고자 한다. 3회전 후의 결과로 옳은 것은?

37, 14, 17, 40, 35

① 14, 17, 37, 40, 35
② 14, 37, 17, 40, 35
③ 17, 14, 37, 35, 40
④ 14, 17, 35, 40, 37

026

제어 흐름 그래프가 다음과 같을 때 McCabe의 Cyclomatic 수는 얼마인가?

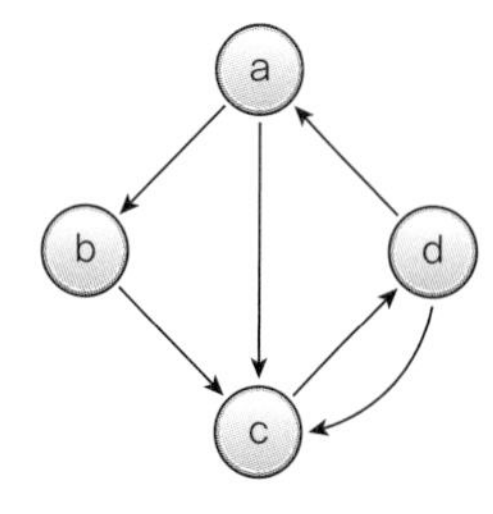

① 3 ② 4
③ 5 ④ 6

027

형상관리 도구의 주요 기능으로 거리가 먼 것은?

① 정규화(Normalization)
② 체크인(Check-in)
③ 체크아웃(Check-Out)
④ 커밋(Commit)

028

다음 트리의 차수(Degree)는?

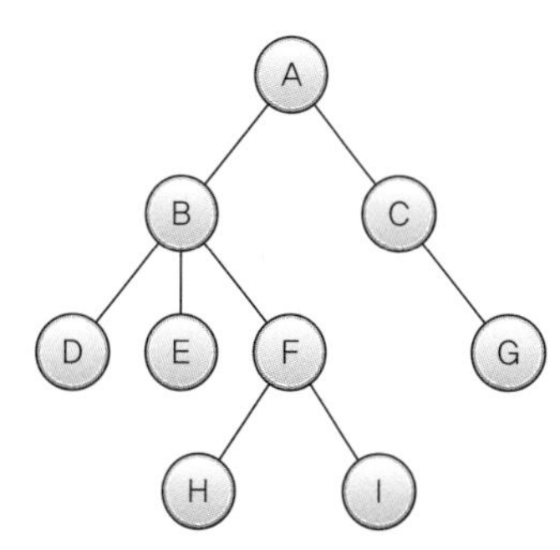

① 2 ② 3
③ 4 ④ 5

029

알파, 베타 테스트와 가장 밀접한 연관이 있는 테스트 단계는?

① 단위 테스트
② 인수 테스트
③ 통합 테스트
④ 시스템 테스트

030

다음 중 클린 코드 작성 원칙으로 거리가 먼 것은?

① 누구든지 쉽게 이해하는 코드 작성
② 중복이 최대화된 코드 작성
③ 다른 모듈에 미치는 영향 최소화
④ 단순, 명료한 코드 작성

031

디지털 저작권 관리(DRM) 기술과 거리가 먼 것은?

① 콘텐츠 암호화 및 키 관리
② 콘텐츠 식별 체계 표현
③ 콘텐츠 오류 감지 및 복구
④ 라이선스 발급 및 관리

032

소프트웨어 재공학이 소프트웨어의 재개발에 비해 갖는 장점으로 거리가 먼 것은?

① 위험 부담 감소
② 비용 절감
③ 시스템 명세의 오류 억제
④ 개발 시간의 증가

033

소프트웨어 품질 목표 중 주어진 시간 동안 주어진 기능을 오류 없이 수행하는 정도를 나타내는 것은?

① 직관성 ② 사용 용이성
③ 신뢰성 ④ 이식성

034

소프트웨어 공학의 기본 원칙이라고 볼 수 없는 것은?

① 품질 높은 소프트웨어 상품 개발
② 지속적인 검증 시행
③ 결과에 대한 명확한 기록 유지
④ 최대한 많은 인력 투입

035

인터페이스 구현 시 사용하는 기술 중 다음 내용이 설명하는 것은?

> JavaScript를 사용한 비동기 통신 기술로 클라이언트와 서버 간에 XML데이터를 주고받는 기술

① Procedure ② Trigger
③ Greedy ④ AJAX

036

블랙박스 테스트의 유형으로 틀린 것은?

① 경계값 분석 ② 오류 예측
③ 동등 분할 기법 ④ 조건, 루프 검사

037

패키지 소프트웨어의 일반적인 제품 품질 요구사항 및 테스트를 위한 국제 표준은?

① ISO/IEC 2196
② IEEE 19554
③ ISO/IEC 12119
④ ISO/IEC 14959

038

다음이 설명하는 애플리케이션 통합 테스트 유형은?

> • 깊이 우선 방식 또는 너비 우선 방식이 있다.
> • 상위 컴포넌트를 테스트 하고 점증적으로 하위 컴포넌트를 테스트 한다.
> • 하위 컴포넌트 개발이 완료되지 않은 경우 스텁(Stub)을 사용하기도 한다.

① 하향식 통합 테스트 ② 상향식 통합 테스트
③ 회귀 테스트 ④ 빅뱅 테스트

039

물리 데이터 저장소의 파티션 설계에서 파티션 유형으로 옳지 않은 것은?

① 범위 분할(Range Partitioning)
② 해시 분할(Hash Partitioning)
③ 조합 분할(Composite Partitioning)
④ 유닛 분할(Unit Processing)

040

알고리즘 설계 기법으로 거리가 먼 것은?

① Divide and Conquer
② Greedy
③ Static Block
④ Backtracking

Part Ⅲ 데이터베이스 구축

041

다음 R과 S 두 릴레이션에 대한 Division 연산의 수행 결과는?

[R]

D1	D2	D3
a	1	A
b	1	A
c	2	A
d	2	B

[S]

D2	D3
1	A

①

D3
A
B

②

D2
2
2

③

D3
A

④

D1
a
b

042

다음과 같이 위쪽 릴레이션을 아래쪽 릴레이션으로 정규화를 하였을 때 어떤 정규화 작업을 한 것인가?

국가	도시
대한민국	서울, 부산
미국	워싱턴, 뉴욕
중국	베이징

↓

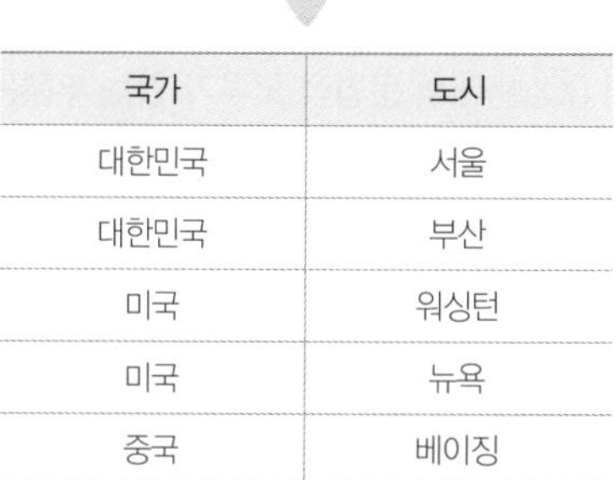

국가	도시
대한민국	서울
대한민국	부산
미국	워싱턴
미국	뉴욕
중국	베이징

① 제1정규형 ② 제2정규형
③ 제3정규형 ④ 제4정규형

043

분산 데이터베이스의 투명성(Transparency)에 해당하지 않는 것은?

① Location Transparency
② Replication Transparency
③ Failure Transparency
④ Media Access Transparency

044

릴레이션 조작 시 데이터들이 불필요하게 중복되어 예기치 않게 발생하는 곤란한 현상을 의미하는 것은?

① Normalization ② Rollback
③ Cardinality ④ Anomaly

045

다음 관계형 데이터 모델에 대한 설명으로 옳은 것은?

고객ID	고객이름	거주도시
S1	홍길동	서울
S2	이정재	인천
S3	신보라	인천
S4	김흥국	서울
S5	도요새	용인

① Relation 3개, Attribute 3개, Tuple 5개
② Relation 3개, Attribute 5개, Tuple 3개
③ Relation 1개, Attribute 5개, Tuple 3개
④ Relation 1개, Attribute 3개, Tuple 5개

046

player 테이블에는 player_name, team_id, height 컬럼이 존재한다. 아래 SQL문에서 문법적 오류가 있는 부분은?

```
(1) SELECT player_name, height
(2) FROM player
(3) WHERE team_id = 'Korea'
(4) AND height BETWEEN 170 or 180;
```

① (1) ② (2)
③ (3) ④ (4)

047

다음에 해당하는 함수 종속의 추론규칙은?

X → Y이고 Y → Z이면 X → Z이다.

① 분해 규칙 ② 이행 규칙
③ 반사 규칙 ④ 결합 규칙

048

관계 데이터 모델의 무결성 제약 중 기본키 값의 속성값이 널(Null) 값이 아닌 원자값을 갖는 성질은?

① 개체 무결성 ② 참조 무결성
③ 도메인 무결성 ④ 튜플의 유일성

049

DCL 명령어가 아닌 것은?

① COMMIT ② ROLLBACK
③ GRANT ④ SELECT

050

릴레이션에 대한 설명으로 거리가 먼 것은?

① 튜플들의 삽입, 삭제 등의 작업으로 인해 릴레이션은 시간에 따라 변한다.
② 한 릴레이션에 포함된 튜플들은 모두 상이하다.
③ 애트리뷰트는 논리적으로 쪼갤 수 없는 원자값으로 저장한다.
④ 한 릴레이션에 포함된 튜플 사이에는 순서가 있다.

051

릴레이션 R의 모든 결정자(Determinant)가 후보키이면 그 릴레이션 R은 어떤 정규형에 속하는가?

① 제1정규형
② 제2정규형
③ 보이스/코드 정규형
④ 제4정규형

052

관계 데이터베이스인 테이블 R1에 대한 아래 SQL문의 실행 결과로 옳은 것은?

[R1]

학번	이름	학년	학과	주소
1000	홍길동	1	컴퓨터공학	서울
2000	김철수	1	전기공학	경기
3000	강남길	2	전자공학	경기
4000	오말자	2	공학공학	경기
5000	장미화	3	전자공학	서울

[SQL문]

```
SELECT DISTINCT 학년 FROM R1;
```

①

학년
1
1
2
2
3

②

학년
1
2
3

③

이름	학년
홍길동	1
김철수	1
강남길	2
오말자	2
장미화	3

④

이름	학년
홍길동	1
강남길	2
장미화	3

053

DML(Data Mainipulation Languge) 명령어가 아닌 것은?

① INSERT ② UPDATE
③ ALTER ④ DELETE

054

정규화의 목적으로 옳지 않은 것은?

① 어떠한 릴레이션이라도 데이터베이스 내에서 표현 가능하게 만든다.
② 데이터 삽입 시 릴레이션을 재구성할 필요성을 줄인다.
③ 중복을 배제하여 삽입, 삭제, 갱신 이상의 발생을 야기한다.
④ 효과적인 검색 알고리즘을 생성할 수 있다.

055

Commit과 Rollback 명령어에 의해 보장 받는 트랜잭션의 특성은?

① 병행성 ② 보안성
③ 원자성 ④ 로그

056

병행 제어 기법 중 로킹에 대한 설명으로 옳지 않은 것은?

① 로킹의 대상이 되는 객체의 크기를 로킹 단위라고 한다.
② 데이터베이스, 파일, 레코드 등은 로킹 단위가 될 수 있다.
③ 로킹의 단위가 작아지면 로킹 오버헤드가 증가한다.
④ 로킹의 단위가 커지면 데이터베이스 공유도가 증가한다.

057

관계대수의 순수 관계 연산자가 아닌 것은?

① Select ② Cartesian Product
③ Division ④ Project

058

뷰(View)의 장점이 아닌 것은?

① 뷰 자체로 인덱스를 가짐
② 데이터 보안 용이
③ 논리적 독립성 제공
④ 사용자 데이터 관리 용이

059

데이터베이스 로그(Log)를 필요로 하는 회복 기법은?

① 즉각 갱신 기법
② 대수적 코딩 방법
③ 타임 스탬프 기법
④ 폴딩 기법

060

다음 중 SQL의 집계함수(Aggregation)가 아닌 것은?

① AVG ② COUNT
③ SUM ④ CREATE

Part Ⅳ 프로그래밍 언어 활용

061

C 언어에서 정수 자료형으로 옳은 것은?

① int ② float
③ char ④ double

062

다음 C 프로그램의 결과 값은?

```
main(void) {
    int i;
    int sum = 0;
    for(i=1; i<=10; i=i+2)
        sum = sum + i;
    printf("%d", sum);
}
```

① 15 ② 19
③ 25 ④ 27

063

UNIX에서 새로운 프로세스를 생성하는 명령어는?

① ls ② cat
③ fork ④ chmod

064

OSI 7Layer에서 링크의 설정과 유지 및 종료를 담당하며, 노드 간의 오류 제어와 흐름 제어 기능을 수행하는 계층은?

① 데이터 링크 계층 ② 물리 계층
③ 세션 계층 ④ 응용 계층

065

다음 중 가장 결합도가 강한 것은?

① Data Coupling
② Stamp Coupling
③ Common Coupling
④ Control Coupling

066

200.1.1.0/24 네트워크를 FLSM 방식을 이용하여 10개의 subnet으로 나누고 ip subnet-zero를 적용했다. 이때 서브네팅된 네트워크 중 10번째 네트워크의 broadcast IP 주소는?

① 200.1.1.159　② 201.1.5.175
③ 202.1.11.254　④ 203.1.255.245

067

다음 내용이 설명하는 소프트웨어 취약점은?

메모리를 다루는 데 오류가 발생하여 잘못된 동작을 하는 프로그램 취약점

① FTP 바운스 공격
② SQL 삽입
③ 버퍼 오버플로우
④ 디렉토리 접근 공격

068

TCP 프로토콜에 대한 설명으로 거리가 먼 것은?

① 신뢰성 있는 연결 지향형 전달 서비스이다.
② 기본 헤더 크기는 100byte이고 160byte까지 확장 가능하다.
③ 스트림 전송 기능을 제공한다.
④ 순서 제어, 오류 제어, 흐름 제어 기능을 제공한다.

069

파이썬의 변수 작성 규칙 설명으로 옳지 않은 것은?

① 첫 자리에 숫자를 사용할 수 없다.
② 영문 대문자/소문자, 숫자, 밑줄(_)의 사용이 가능하다.
③ 변수 이름의 중간에 공백을 사용할 수 있다.
④ 이미 사용되고 있는 예약어는 사용할 수 없다.

070

배치 프로그램의 필수 요소에 대한 설명으로 틀린 것은?

① 자동화는 심각한 오류 상황 외에는 사용자의 개입 없이 동작해야 한다.
② 안정성은 어떤 문제가 생겼는지, 언제 발생했는지 등을 추적할 수 있어야 한다.
③ 대용량 데이터는 대용량의 데이터를 처리할 수 있어야 한다.
④ 무결성은 주어진 시간 내에 처리를 완료할 수 있어야 하고, 동시에 동작하고 있는 다른 애플리케이션을 방해하지 말아야 한다.

071

다음이 설명하는 응집도의 유형은?

모듈이 다수의 관련 기능을 가질 때 모듈 안의 구성 요소들이 그 기능을 순차적으로 수행할 경우의 응집도

① 기능적 응집도　② 우연적 응집도
③ 논리적 응집도　④ 절차적 응집도

072

IPv6에 대한 설명으로 틀린 것은?

① 32비트의 주소체계를 사용한다.
② 멀티미디어의 실시간 처리가 가능하다.
③ IPv4보다 보안성이 강화되었다.
④ 자동으로 네트워크 환경 구성이 가능하다.

073

다음 자바 프로그램 조건문에 대해 삼항 조건 연산자를 사용하여 옳게 나타낸 것은?

```
int i = 7, j = 9;
int k;
if (i > j)
    k = i - j;
else
    k = i + j;
```

① int i = 7, j = 9;
int k;
k = (i > j)?(i – j):(i + j);

② int i = 7, j = 9;
int k;
k = (i < j)?(i – j):(i + j);

③ int i = 7, j = 9;
int k;
k = (i > j)?(i + j):(i – j);

④ int i = 7, j = 9;
int k;
k = (i < j)?(i + j):(i – j);

074

다음은 사용자로부터 입력받은 문자열에서 처음과 끝의 3글자를 추출한 후 합쳐서 출력하는 파이썬 코드에서 ㉠에 들어갈 내용은?

```
string = input("7문자 이상 문자열을 입력하시오 :")
m = (  ㉠  )
print(m)
```

```
입력값 : Hello World
최종 출력 : Helrld
```

① string[1:3] + string[-1:]
② string[:3] + string[-3:-1]
③ string[0:3] + string[-3:]
④ string[0:] + string[:-1]

075

효과적인 모듈 설계를 위한 유의사항으로 거리가 먼 것은?

① 모듈 간의 결합도를 약하게 하면 모듈 독립성이 향상된다.
② 복잡도와 중복성을 줄이고 일관성을 유지시킨다.
③ 모듈의 기능은 예측이 가능해야 하며 지나치게 제한적이어야 한다.
④ 유지보수가 용이해야 한다.

076

HRN 방식으로 스케줄링할 경우, 입력된 작업이 다음과 같을 때 처리되는 작업 순서로 옳은 것은?

작업	대기 시간	서비스(실행) 시간
A	5	20
B	40	20
C	15	45
D	20	2

① A → B → C → D
② A → C → B → D
③ D → B → C → A
④ D → A → B → C

077

운영체제에 대한 설명으로 거리가 먼 것은?

① 다중 사용자와 다중 응용프로그램 환경하에서 자원의 현재 상태를 파악하고 자원 분배를 위한 스케줄링을 담당한다.
② CPU, 메모리 공간, 기억 장치, 입출력 장치 등의 자원을 관리한다.
③ 운영체제의 종류로는 매크로 프로세서, 어셈블러, 컴파일러 등이 있다.
④ 입출력장치와 사용자 프로그램을 제어한다.

078

메모리 관리 기법 중 Worst fit 방법을 사용할 경우 10K 크기의 프로그램 실행을 위해서는 어느 부분에 할당되는가?

영역 번호	메모리 크기	사용 여부
NO.1	8K	FREE
NO.2	12K	FREE
NO.3	10K	IN USE
NO.4	20K	IN USE
NO.5	16K	FREE

① NO.2　② NO.3
③ NO.4　④ NO.5

079

어떤 모듈이 다른 모듈의 내부 논리 조직을 제어하기 위한 목적으로 제어 신호를 이용하여 통신하는 경우이며, 하위 모듈에서 상위 모듈로 제어 신호가 이동하여 상위 모듈에게 처리 명령을 부여하는 권리 전도현상이 발생하게 되는 결합도는?

① Data Coupling
② Stamp Coupling
③ Control Coupling
④ Common Coupling

080

다음 중 bash 쉘 스크립트에서 사용할 수 있는 제어문이 아닌 것은?

① if　② for
③ repeat_do　④ while

Part V 정보시스템 구축관리

081

블록 암호화 방식이 아닌 것은?

① DES　② RC4
③ AES　④ SEED

082

Putnam 모형을 기초로 해서 만든 자동화 추정 도구는?

① SQLR/30　② SLIM
③ MESH　④ NFV

083

RIP(Routing Information Protocol)에 대한 설명으로 틀린 것은?

① 거리 벡터 라우팅 프로토콜이라고도 한다.
② 소규모 네트워크 환경에 적합하다.
③ 최대 홉 카운트를 115홉 이하로 한정하고 있다.
④ 최단 경로 탐색에는 Bellman-Ford 알고리즘을 사용한다.

084

정보보안의 3대 요소에 해당하지 않는 것은?

① 기밀성　② 휘발성
③ 무결성　④ 가용성

085

소프트웨어 개발 모델 중 나선형 모델의 4가지 주요 활동이 순서대로 나열된 것은?

A. 계획 수립	B. 고객 평가
C. 개발 및 검증	D. 위험 분석

① A-B-D-C 순으로 반복
② A-D-C-B 순으로 반복
③ A-B-C-D 순으로 반복
④ A-C-B-D 순으로 반복

086

빅데이터 분석 기술 중 대량의 데이터를 분석하여 데이터 속에 내재되어 있는 변수 사이의 상호관계를 규명하여 일정한 패턴을 찾아내는 기법은?

① Data Mining
② Wm-Bus
③ Digital Twin
④ Zigbee

087

실무적으로 검증된 개발 보안 방법론 중 하나로써 SW 보안의 모범 사례를 SDLC(Software Development Life Cycle)에 통합한 소프트웨어 개발 보안 생명주기 방법론은?

① CLASP
② CWE
③ PIMS
④ Seven Touchpoints

088

소프트웨어 생명주기 모형 중 고전적 생명주기 모형으로 선형 순차적 모델이라고도 하며, 타당성 검토, 계획, 요구사항 분석, 구현, 테스트, 유지보수의 단계를 통해 소프트웨어를 개발하는 모형은?

① 폭포수 모형
② 애자일 모형
③ 컴포넌트 기반 방법론
④ 6GT 모형

089

기능 점수(Functional Point) 모형에서 비용 산정에 이용되는 요소가 아닌 것은?

① 클래스 인터페이스
② 명령어(사용자 질의 수)
③ 데이터 파일
④ 출력 보고서

090

다음 빈칸에 알맞은 기술은?

> (　　)은/는 웹에서 제공하는 정보 및 서비스를 이용하여 새로운 소프트웨어나 서비스, 데이터베이스 등을 만드는 기술이다.

① Quantum Key Distribution
② Digital Rights Management
③ Grayware
④ Mashup

091

큰 숫자를 소인수분해하기 어렵다는 기반 하에 1978년 MIT에 의해 제안된 공개키 암호화 알고리즘은?

① DES
② ARIA
③ SEED
④ RSA

092

다음 JAVA 코드에서 밑줄로 표시된 부분에는 어떤 보안 약점이 존재하는가? (단, key는 암호화키를 저장하는 변수이다.)

```
import javax.crypto.KeyGenerator;
import javax.crypto.spec.SecretKeySpec;
import javax.crypto.Cipher;
……생략
public String encriptString(String usr) {
String key = "22df3023sf~2:asn!@#/>as";
if (key != null) {
byte[ ] bToEncrypt = usr.getBytes("UTF-8");
……생략
```

① 무결성 검사 없는 코드 다운로드
② 중요 자원에 대한 잘못된 권한 설정
③ 하드코드된 암호화 키 사용
④ 적절한 인증 없는 중요 기능 허용

093

다음 LAN의 네트워크 토폴로지는?

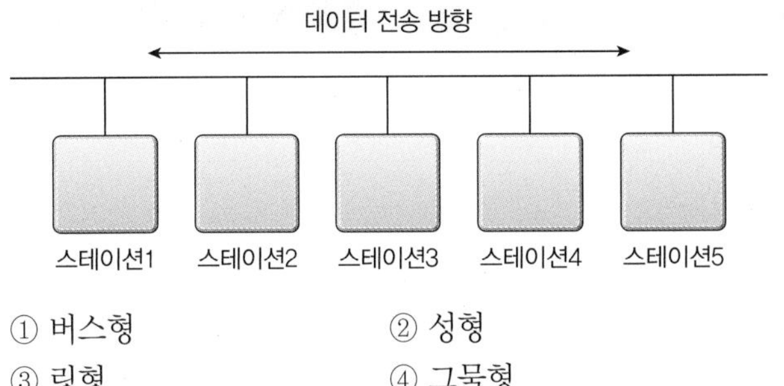

① 버스형　　② 성형
③ 링형　　④ 그물형

094

DDoS 공격과 연관이 있는 공격 방법은?

① Secure shell
② Tribe Flood Network
③ Nimda
④ Deadlock

095

CPM 네트워크가 다음과 같을 때 임계 경로의 소요 기일은?

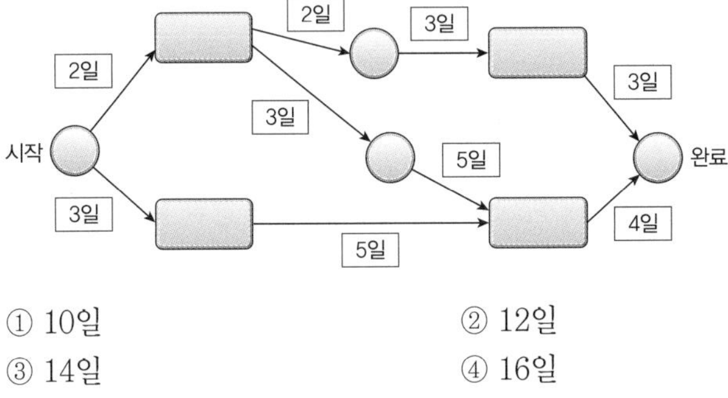

① 10일　　② 12일
③ 14일　　④ 16일

096

전자 칩과 같은 소프트웨어 부품, 즉 블록(모듈)을 만들어서 끼워 맞추는 방법으로 소프트웨어를 완성시키는 재사용 방법은?

① 합성 중심　　② 생성 중심
③ 분리 중심　　④ 구조 중심

097

물리적인 사물과 컴퓨터에 동일하게 표현되는 가상 모델로 실제 물리적인 자산 대신 소프트웨어로 가상화함으로써 실제 자산의 특성에 대한 정확한 정보를 얻을 수 있고, 자산 최적화, 돌발사고 최소화, 생산성 증가 등 설계부터 제조, 서비스에 이르는 모든 과정의 효율성을 향상시킬 수 있는 모델은?

① 최적화　　② 실행 시간
③ 디지털 트윈　　④ N-Screen

098

기존 무선 랜의 한계 극복을 위해 등장하였으며, 대규모 디바이스의 네트워크 생성에 최적화되어 차세대 이동 통신, 홈네트워킹, 공공 안전 등의 특수 목적을 위한 새로운 방식의 네트워크 기술을 의미하는 것은?

① Software Defined Perimeter
② Virtual Private Network
③ Local Area Network
④ Mesh Network

099

소프트웨어 개발 표준 중 소프트웨어 품질 및 생산성 향상을 위해 소프트웨어 프로세스를 평가 및 개선하는 국제 표준은?

① SCRUM　　② ISO/IEC 12509
③ SPICE　　④ CASE

100

COCOMO 모델의 프로젝트 유형으로 거리가 먼 것은?

① Organic　　② Semi-detached
③ Embedded　　④ Sequential

2020년 6월 시행 A책형

제8회 기출문제

정답 및 해설 P.86

제한시간	150분	점수	/100점	풀이 시작 시각	:	풀이 종료 시각	:

Part I 소프트웨어 설계

001

검토 회의 전에 요구사항 명세서를 미리 배포하여 사전 검토한 후 짧은 검토 회의를 통해 오류를 조기에 검출하는데 목적을 두는 요구사항 검토 방법은?

① 빌드 검증 ② 동료 검토
③ 워크 스루 ④ 개발자 검토

002

코드 설계에서 일정한 일련번호를 부여하는 방식의 코드는?

① 연상 코드 ② 블록 코드
③ 순차 코드 ④ 표의 숫자 코드

003

객체지향 프로그램에서 데이터를 추상화하는 단위는?

① 메소드 ② 클래스
③ 상속성 ④ 메시지

004

데이터 흐름도(DFD)의 구성 요소에 포함되지 않는 것은?

① Process ② Data Flow
③ Data Store ④ Data Dictionary

005

소프트웨어 설계 시 구축된 플랫폼의 성능 특성 분석에 사용되는 측정 항목이 아닌 것은?

① 응답 시간(Response Time)
② 가용성(Availability)
③ 사용률(Utilization)
④ 서버 튜닝(Server Tuning)

006

UML 확장 모델에서 스테레오 타입 객체를 표현할 때 사용하는 기호로 맞는 것은?

① ≪ ≫ ② (( ))
③ {{ }} ④ [[ ]]

007

GoF(Gang of Four)의 디자인 패턴에서 행위 패턴에 속하는 것은?

① Builder ② Visitor
③ Prototype ④ Bridge

008

자료 사전에서 자료의 생략을 의미하는 기호는?

① { } ② **
③ = ④ ( )

009
트랜잭션이 올바르게 처리되고 있는지 데이터를 감시하고 제어하는 미들웨어는?

① RPC ② ORB
③ TP monitor ④ HUB

010
UI 설계 원칙에서 누구나 쉽게 이해하고 사용할 수 있어야 한다는 것은?

① 유효성 ② 직관성
③ 무결성 ④ 유연성

011
XP(eXtreme Programming)의 5가지 가치로 거리가 먼 것은?

① 용기 ② 의사소통
③ 정형분석 ④ 피드백

012
UML 모델에서 사용하는 Structural Diagram에 속하지 않는 것은?

① Class Diagram
② Object Diagram
③ Component Diagram
④ Activity Diagram

013
소프트웨어 개발 방법 중 요구사항 분석(Requirements Analysis)과 거리가 먼 것은?

① 비용과 일정에 대한 제약설정
② 타당성 조사
③ 요구사항 정의 문서화
④ 설계 명세서 작성

014
럼바우(Rumbaugh)의 객체지향 분석 절차를 가장 바르게 나열한 것은?

① 객체 모형 → 동적 모형 → 기능 모형
② 객체 모형 → 기능 모형 → 동적 모형
③ 기능 모형 → 동적 모형 → 객체 모형
④ 기능 모형 → 객체 모형 → 동적 모형

015
공통 모듈에 대한 명세 기법 중 해당 기능에 대해 일관되게 이해하고 한 가지로 해석될 수 있도록 작성하는 원칙은?

① 상호작용성 ② 명확성
③ 독립성 ④ 내용성

016
객체지향 기법에서 클래스들 사이의 '부분-전체(part-whole)' 관계 또는 '부분(is-a-part-of)'의 관계로 설명되는 연관성을 나타내는 용어는?

① 일반화 ② 추상화
③ 캡슐화 ④ 집단화

017

CASE가 갖고 있는 주요 기능이 아닌 것은?

① 그래픽 지원
② 소프트웨어 생명주기 전 단계의 연결
③ 언어번역
④ 다양한 소프트웨어 개발 모형 지원

018

DBMS 분석시 고려사항으로 거리가 먼 것은?

① 가용성 ② 성능
③ 네트워크 구성도 ④ 상호 호환성

019

HIPO(Hierarchy Input Process Output)에 대한 설명으로 거리가 먼 것은?

① 상향식 소프트웨어 개발을 위한 문서화 도구이다.
② HIPO 차트 종류에는 가시적 도표, 총체적 도표, 세부적 도표가 있다.
③ 기능과 자료의 의존 관계를 동시에 표현할 수 있다.
④ 보기 쉽고 이해하기 쉽다.

020

객체지향 분석 방법론 중 E-R 다이어그램을 사용하여 객체의 행위를 모델링하며, 객체 식별, 구조 식별, 주체 정의, 속성 및 관계 정의, 서비스 정의 등의 과정으로 구성되는 것은?

① Coad와 Yourdon 방법
② Booch 방법
③ Jacobson 방법
④ Wirfs-Brocks 방법

021

정렬된 N개의 데이터를 처리하는 데 $O(NLog_2N)$의 시간이 소요되는 정렬 알고리즘은?

① 선택 정렬 ② 삽입 정렬
③ 버블 정렬 ④ 합병 정렬

022

White Box Testing에 대한 설명으로 옳지 않은 것은?

① Base Path Testing, Boundary Value Analysis가 대표적인 기법이다.
② Source Code의 모든 문장을 한번 이상 수행함으로서 진행된다.
③ 모듈 안의 작동을 직접 관찰 할 수 있다.
④ 산출물의 각 기능별로 적절한 프로그램의 제어 구조에 따라 선택, 반복 등의 부분들을 수행함으로써 논리적 경로를 점검한다.

023

소프트웨어 품질 측정을 위해 개발자 관점에서 고려해야 할 항목으로 거리가 먼 것은?

① 정확성 ② 무결성
③ 사용성 ④ 간결성

024

인터페이스 구현 검증 도구 중 아래에서 설명하는 것은?

- 서비스 호출, 컴포넌트 재사용 등 다양한 환경을 지원하는 테스트 프레임워크
- 각 테스트 대상 분산 환경에 데몬을 사용하여 테스트 대상 프로그램을 통해 테스트를 수행하고, 통합하여 자동화하는 검증 도구

① xUnit ② STAF
③ FitNesse ④ RubyNode

025

EAI(Enterprise Application Integration)의 구축 유형으로 옳지 않은 것은?

① Point-to-Point ② Hub & Spoke
③ Message Bus ④ Tree

026

다음 트리를 전위 순회(Preorder Traversal)한 결과는?

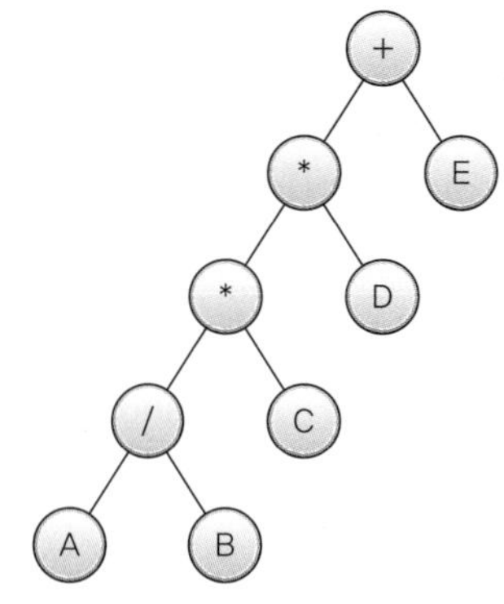

① +**AB/*CDE ② AB/C*D*E+
③ A/B*C*D+E ④ +**/ABCDE

027

인터페이스 보안을 위해 네트워크 영역에 적용될 수 있는 솔루션과 거리가 먼 것은?

① IPSec ② SMTP
③ SSL ④ S-HTTP

028

평가 점수에 따른 성적 부여는 다음 표와 같다. 이를 구현한 소프트웨어를 경계값 분석 기법으로 테스트 하고자 할 때 다음 중 테스트 케이스의 입력 값으로 옳지 않은 것은?

평가 점수	성적
80 – 100	A
60 – 79	B
0 – 59	C

① 59 ② 80
③ 90 ④ 101

029

반정규화(Denormalization) 유형 중 중복 테이블을 추가하는 방법에 해당하지 않는 것은?

① 빌드 테이블의 추가
② 집계 테이블의 추가
③ 진행 테이블의 추가
④ 특정 부분만을 포함하는 테이블의 추가

030

ISO/IEC 9126의 소프트웨어 품질 특성 중 기능성(Functionality)의 하위 특성으로 옳지 않은 것은?

① 학습성 ② 적합성
③ 정확성 ④ 보안성

031

다음 트리의 차수(Degree)와 단말 노드(Terminal Node)의 수는?

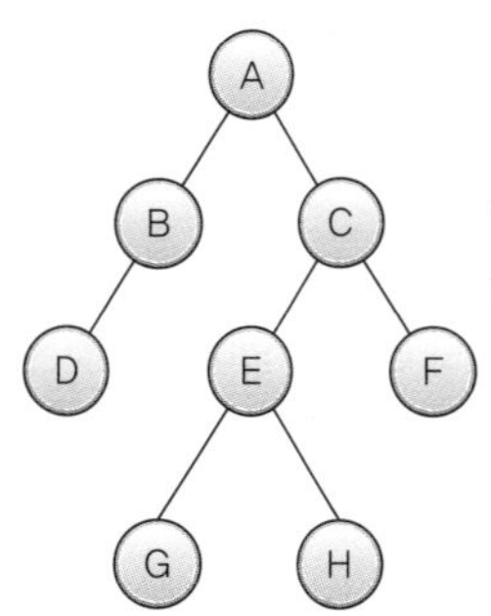

① 차수: 4, 단말 노드: 4
② 차수: 2, 단말 노드: 4
③ 차수: 4, 단말 노드: 8
④ 차수: 2, 단말 노드: 8

032

디지털 저작권 관리(DRM)의 기술 요소가 아닌 것은?

① 크랙 방지 기술 ② 정책 관리 기술
③ 암호화 기술 ④ 방화벽 기술

033

소프트웨어 테스트에서 오류의 80%는 전체 모듈의 20% 내에서 발견된다는 법칙은?

① Brooks의 법칙 ② Boehm의 법칙
③ Pareto의 법칙 ④ Jackson의 법칙

034

소프트웨어 형상관리의 의미로 적절한 것은?

① 비용에 관한 사항을 효율적으로 관리하는 것
② 개발 과정의 변경 사항을 관리하는 것
③ 테스트 과정에서 소프트웨어를 통합하는 것
④ 개발 인력을 관리하는 것

035

알고리즘 시간 복잡도 *O*(1)이 의미하는 것은?

① 컴퓨터 처리가 불가
② 알고리즘 입력 데이터 수가 한 개
③ 알고리즘 수행 시간이 입력 데이터 수와 관계없이 일정
④ 알고리즘 길이가 입력 데이터보다 작음

036

소스 코드 품질 분석 도구 중 정적 분석 도구가 아닌 것은?

① pmd ② cppcheck
③ valMeter ④ checkstyle

037

검증 검사 기법 중 개발자의 장소에서 사용자가 개발자 앞에서 행하는 기법이며, 일반적으로 통제된 환경에서 사용자와 개발자가 함께 확인하면서 수행되는 검사는?

① 동치 분할 검사 ② 형상 검사
③ 알파 검사 ④ 베타 검사

038

하향식 통합에 있어서 모듈 간의 통합 시험을 위해 일시적으로 필요한 조건만을 가지고 임시로 제공되는 시험용 모듈을 무엇이라고 하는가?

① Stub ② Driver
③ Procedure ④ Function

039

SW 패키징 도구 활용 시 고려사항과 거리가 먼 것은?

① 패키징 시 사용자에게 배포되는 SW이므로 보안을 고려한다.
② 사용자 편의성을 위한 복합성 및 비효율성 문제를 고려한다.
③ 보안상 단일 기종에서만 사용할 수 있도록 해야 한다.
④ 제품 SW 종류에 적합한 암호화 알고리즘을 적용한다.

040

외계인 코드(Alien Code)에 대한 설명으로 옳은 것은?

① 프로그램의 로직이 복잡하여 이해하기 어려운 프로그램을 의미한다.
② 아주 오래되거나 참고문서 또는 개발자가 없어 유지보수 작업이 어려운 프로그램을 의미한다.
③ 오류가 없어 디버깅 과정이 필요 없는 프로그램을 의미한다.
④ 사용자가 직접 작성한 프로그램을 의미한다.

041

SQL의 분류 중 DDL에 해당하지 않는 것은?

① UPDATE ② ALTER
③ DROP ④ CREATE

042

다음 두 릴레이션에서 외래키로 사용된 것은? (단, 밑줄 친 속성은 키본키이다.)

> 과목(<u>과목번호</u>, 과목명)
> 수강(<u>수강번호</u>, 학번, 과목번호, 학기)

① 수강번호 ② 과목번호
③ 학번 ④ 과목명

043

데이터 무결성 제약 조건 중 '개체 무결성 제약' 조건에 대한 설명으로 맞는 것은?

① 릴레이션 내의 튜플들이 각 속성의 도메인에 지정된 값만을 가져야 한다.
② 기본키에 속해 있는 애트리뷰트는 널값이나 중복값을 가질 수 없다.
③ 릴레이션은 참조할 수 없는 외래키 값을 가질 수 없다.
④ 외래키 값은 참조 릴레이션의 기본키 값과 동일해야 한다.

044

뷰(View)에 대한 설명으로 옳지 않은 것은?

① 뷰는 CREATE문을 사용하여 정의한다.
② 뷰는 데이터의 논리적 독립성을 제공한다.
③ 뷰를 제거할 때에는 DROP문을 사용한다.
④ 뷰는 저장장치 내에 물리적으로 존재한다.

045

다음 SQL문의 실행 결과는?

```
SELECT 가격 FROM 도서가격
WHERE 책번호 = (SELECT 책번호
FROM 도서 WHERE 책명='자료구조');
```

[도서]

책번호	책명
111	운영체제
222	자료구조
333	컴퓨터구조

[도서가격]

책번호	가격
111	20,000
222	25,000
333	10,000
444	15,000

① 10,000 ② 15,000
③ 20,000 ④ 25,000

046

데이터베이스의 논리적 설계(Logical Design) 단계에서 수행하는 작업이 아닌 것은?

① 레코드 집중의 분석 및 설계
② 논리적 데이터베이스 구조로 매핑(mapping)
③ 트랜잭션 인터페이스 설계
④ 스키마의 평가 및 정제

047

이행적 함수 종속 관계를 의미하는 것은?

① A → B이고 B → C일 때, A → C를 만족하는 관계
② A → B이고 B → C일 때, C → A를 만족하는 관계
③ A → B이고 B → C일 때, B → A를 만족하는 관계
④ A → B이고 B → C일 때, C → B를 만족하는 관계

048

하나의 애트리뷰트가 가질 수 있는 원자값들의 집합을 의미하는 것은?

① 도메인 ② 튜플
③ 엔티티 ④ 다형성

049

STUDENT 테이블에 독일어과 학생 50명, 중국어과 학생 30명, 영어영문학과 학생 50명의 정보가 저장되어 있을 때, 다음 두 SQL문의 실행 결과 튜플 수는? (단, DEPT 컬럼은 학과명)

```
ⓐ SELECT DEPT FROM STUDENT;
ⓑ SELECT DISTINCT DEPT FROM STUDENT;
```

	ⓐ	ⓑ		ⓐ	ⓑ
①	3	3	②	50	3
③	130	3	④	130	130

050

관계대수 연산에서 두 릴레이션이 공통으로 가지고 있는 속성을 이용하여 두 개의 릴레이션을 하나로 합쳐서 새로운 릴레이션을 만드는 연산은?

① $\bowtie$ ② $\supset$
③ π ④ σ

051

트랜잭션의 특성 중 다음 설명에 해당하는 것은?

> "트랜잭션의 연산은 데이터베이스에 모두 반영되든지 아니면 전혀 반영되지 않아야 한다."

① Durability ② Share
③ Consistency ④ Atomicity

052

분산 데이터베이스 목표 중 "데이터베이스의 분산된 물리적 환경에서 특정 지역의 컴퓨터 시스템이나 네트워크에 장애가 발생해도 데이터 무결성이 보장된다"는 것과 관계 있는 것은?

① 장애 투명성 ② 병행 투명성
③ 위치 투명성 ④ 중복 투명성

053

데이터베이스 시스템에서 삽입, 갱신, 삭제 등의 이벤트가 발생할 때마다 관련 작업이 자동으로 수행되는 절차형 SQL은?

① 트리거(Trigger) ② 무결성(Integrity)
③ 잠금(Lock) ④ 복귀(Rollback)

054

참조 무결성을 유지하기 위하여 DROP문에서 부모 테이블의 항목 값을 삭제할 경우 자동적으로 자식 테이블의 해당 레코드를 삭제하기 위한 옵션은?

① CLUSTER ② CASCADE
③ SET-NULL ④ RESTRICTED

055

DML에 해당하는 SQL 명령으로만 나열된 것은?

① DELETE, UPDATE, CREATE, ALTER
② INSERT, DELETE, UPDATE, DROP
③ SELECT, INSERT, DELETE, UPDATE
④ SELECT, INSERT, DELETE, ALTER

056

데이터 제어 언어(DCL)의 기능으로 옳지 않은 것은?

① 데이터 보안
② 논리적, 물리적 데이터 구조 정의
③ 무결성 유지
④ 병행수행 제어

057

병행제어의 로킹(Locking) 단위에 대한 설명으로 옳지 않은 것은?

① 데이터베이스, 파일, 레코드 등은 로킹 단위가 될 수 있다.
② 로킹 단위가 작아지면 로킹 오버헤드가 감소한다.
③ 로킹 단위가 작아지면 데이터베이스 공유도가 증가한다.
④ 한꺼번에 로킹할 수 있는 객체의 크기를 로킹 단위라고 한다.

058

E-R 모델의 표현 방법으로 옳지 않은 것은?

① 개체 타입: 사각형 ② 관계 타입: 마름모
③ 속성: 오각형 ④ 연결: 선

059

다음 설명의 (　　)안에 들어갈 내용으로 작합한 것은?

> "후보키는 릴레이션에 있는 모든 튜플에 대해 유일성과 (　　)을 모두 만족시켜야 한다."

① 중복성 ② 최소성
③ 참조성 ④ 동일성

060

정규화 과정 중 1NF에서 2NF가 되기 위한 조건은?

① 1NF를 만족하는 모든 도메인이 원자 값이어야 한다.
② 1NF를 만족하고 키가 아닌 모든 애트리뷰트들이 기본키에 이행적으로 함수 종속되지 않아야 한다.
③ 1NF를 만족하고 다치 종속이 제거되어야 한다.
④ 1NF를 만족하고 키가 아닌 모든 속성이 기본키에 대하여 완전 함수적 종속 관계를 만족해야 한다.

Part Ⅳ 프로그래밍 언어 활용

061

IPv6에 대한 설명으로 틀린 것은?

① 128비트의 주소 공간을 제공한다.
② 인증 및 보안 기능을 포함하고 있다.
③ 패킷 크기가 64Kbyte로 고정되어 있다.
④ IPv6 확장 헤더를 통해 네트워크 기능 확장이 용이하다.

062

C 언어에서 비트 논리연산자에 해당하지 않는 것은?

① ^ ② ?
③ & ④ ~

063

TCP/IP 프로토콜 중 전송 계층 프로토콜은?

① HTTP ② SMTP
③ FTP ④ TCP

064

시스템에서 모듈 사이의 결합도(Coupling)에 대한 설명으로 옳은 것은?

① 한 모듈 내에 있는 처리 요소들 사이의 기능적인 연관 정도를 나타낸다.
② 결합도가 높으면 시스템 구현 및 유지보수 작업이 쉽다.
③ 모듈 간의 결합도를 약하게 하면 모듈 독립성이 향상된다.
④ 자료 결합도는 내용 결합도 보다 결합도가 높다.

065

은행가 알고리즘(Banker's Algorithm)은 교착상태의 해결 방법 중 어떤 기법에 해당하는가?

① Avoidance ② Detection
③ Prevention ④ Recovery

066

UNIX의 쉘(Shell)에 관한 설명으로 옳지 않은 것은?

① 명령어 해석기이다.
② 시스템과 사용자 간의 인터페이스를 담당한다.
③ 여러 종류의 쉘이 있다.
④ 프로세스, 기억장치, 입출력 관리를 수행한다.

067

교착상태 발생의 필요 충분 조건이 아닌 것은?

① 상호배제(Mutual Exclusion)
② 점유와 대기(Hold and Wait)
③ 환형대기(Circular Wait)
④ 선점(Preemption)

068

OSI 7계층에서 종단 간 신뢰성 있고 효율적인 데이터를 전송하기 위해 오류 검출과 복구, 흐름 제어를 수행하는 계층은?

① 전송 계층 ② 세션 계층
③ 표현 계층 ④ 응용 계층

069

IPv6의 주소체계로 거리가 먼 것은?

① Unicast ② Anycast
③ Broadcast ④ Multicast

070

TCP/IP 네트워크에서 IP 주소를 MAC 주소로 변환하는 프로토콜은?

① UDP ② ARP
③ TCP ④ ICMP

071

프로세스 상태의 종류가 아닌 것은?

① Ready ② Running
③ Requst ④ Exit

072

스레드(Thread)에 대한 설명으로 옳지 않은 것은?

① 한 개의 프로세스는 여러 개의 스레드를 가질 수 없다.
② 커널 스레드의 경우 운영체제에 의해 스레드를 운용한다.
③ 사용자 스레드의 경우 사용자가 만든 라이브러리를 사용하여 스레드를 운용한다.
④ 스레드를 사용함으로써 하드웨어, 운영체제의 성능과 응용 프로그램의 처리율을 향상시킬 수 있다.

073

HRN(Highest Response-ratio Next) 스케줄링 방식에 대한 설명으로 옳지 않은 것은?

① 대기 시간이 긴 프로세스의 경우 우선 순위가 높아진다.
② SJF 기법을 보완하기 위한 방식이다.
③ 긴 작업과 짧은 작업 간의 지나친 불평등을 해소할 수 있다.
④ 우선 순위를 계산하여 그 수치가 가장 낮은 것부터 높은 순으로 우선 순위가 부여된다.

074

IEEE 802.11 워킹 그룹의 무선 LAN 표준화 현황 중 QoS 강화를 위해 MAC 지원 가능을 채택한 것은?

① 802.22a ② 802.11b
③ 802.11g ④ 802.11e

075

C 언어에서 사용할 수 없는 변수명은?

① student2019 ② text-color
③ _korea ④ amoun

076

스크립트 언어가 아닌 것은?

① PHP ② Cobol
③ Basic ④ Python

077

다음의 페이지 참조 열(Page reference string)에 대해 페이지 교체 기법으로 선입선출 알고리즘을 사용할 경우 페이지 부재(Page Fault) 횟수는? (단, 할당된 페이지 프레임 수는 3이고, 처음에는 모든 프레임이 비어 있다.)

페이지 참조 열
7, 0, 1, 2, 0, 3, 0, 4, 2, 3, 0, 3, 2, 1, 2, 0, 1, 7, 0

① 13 ② 14
③ 15 ④ 20

078

C 언어에서 배열 b[5]의 값은?

```
static int b[9]={1, 2, 3};
```

① 0 ② 1
③ 2 ④ 3

079

응집도가 가장 낮은 것은?

① 기능적 응집도 ② 시간적 응집도
③ 절차적 응집도 ④ 우연적 응집도

080

Java 언어에서 접근 제한자가 아닌 것은?

① public ② protected
③ package ④ private

081

Rayleigh-Norden 곡선의 노력 분포도를 이용한 프로젝트 비용 산정 기법은?

① Putnam 모형 ② 델파이 모형
③ COCOMO 모형 ④ 기능점수 모형

082

메모리상에서 프로그램의 복귀 주소와 변수 사이에 특정 값을 저장해 두었다가 그 값이 변경되었을 경우 오버플로우 상태로 가정하여 프로그램 실행을 중단하는 기술은?

① 모드체크 ② 리커버리 통제
③ 시스로그 ④ 스택가드

083

백도어 탐지 방법으로 틀린 것은?

① 무결성 검사 ② 닫힌 포트 확인
③ 로그 분석 ④ SetUID 파일 검사

084

IP 또는 ICMP의 특성을 악용하여 특정 사이트에 집중적으로 데이터를 보내 네트워크 또는 시스템의 상태를 불능으로 만드는 공격 방법은?

① TearDrop ② Smishing
③ Qshing ④ Smurfing

085

CMM(Capability Maturity Model) 모델의 레벨로 옳지 않은 것은?

① 최적 단계 ② 관리 단계
③ 정의 단계 ④ 계획 단계

086

웹과 컴퓨터 프로그램에서 용량이 적은 데이터를 교환하기 위해 데이터 객체를 속성·값의 쌍 형태로 표현하는 형식으로 자바스크립트(JavaScript)를 토대로 개발되어진 형식은?

① Python ② XML
③ JSON ④ WEB SEVER

087

크래커가 침입하여 백도어를 만들어 놓거나, 설정 파일을 변경했을 때 분석하는 도구는?

① trace ② tripwire
③ udpdump ④ cron

088

소프트웨어 개발 프레임워크를 적용할 경우 기대 효과로 거리가 먼 것은?

① 품질 보증 ② 시스템 복잡도 증가
③ 개발 용이성 ④ 변경 용이성

089

COCOMO Model 중 기관 내부에서 개발된 중소 규모의 소프트웨어로 일괄 자료 처리나 과학기술계산용, 비즈니스 자료 처리용으로 5만 라인 이하의 소프트웨어를 개발하는 유형은?

① Embeded ② Organic
③ Semi-Detached ④ Semi-Embeded

090

여러 개의 독립된 통신장치가 UWB(Ultra Wideband) 기술 또는 블루투스 기술을 사용하여 통신망을 형성하는 무선 네트워크 기술은?

① PICONET ② SCRUM
③ NFC ④ WI-SUN

091
프로토타입을 지속적으로 발전시켜 최종 소프트웨어 개발까지 이르는 개발 방법으로 위험관리가 중심인 소프트웨어 생명주기 모형은?

① 나선형 모형 ② 델파이 모형
③ 폭포수 모형 ④ 기능 점수 모형

092
다음이 설명하는 용어로 옳은 것은?

- 오픈 소스를 기반으로 한 분산 컴퓨팅 플랫폼이다.
- 일반 PC급 컴퓨터들로 가상화된 대형 스토리지를 형성한다.
- 다양한 소스를 통해 생성된 빅데이터를 효율적으로 저장하고 처리한다.

① 하둡(Hadoop) ② 비컨(Beacon)
③ 포스퀘어(Foursquare) ④ 맴리스터(Memristor)

093
소인수분해 문제를 이용한 공개키 암호화 기법에 널리 사용되는 암호 알고리즘 기법은?

① RSA ② ECC
③ PKI ④ PEM

094
LOC 기법에 의하여 예측된 총 라인 수가 50,000라인, 프로그래머의 월 평균 생산성이 200라인, 개발에 참여할 프로그래머가 10인 일 때, 개발 소요 기간은?

① 25개월 ② 50개월
③ 200개월 ④ 2000개월

095
최대 홉수를 15로 제한한 라우팅 프로토콜은?

① RIP ② OSPF
③ Static ④ EIGRP

096
컴퓨터 사용자의 키보드 움직임을 탐지해 ID, 패스워드 등 개인의 중요한 정보를 몰래 빼가는 해킹 공격은?

① Key Logger Attack ② Worm
③ Rollback ④ Zombie Worm

097
테일러링(Tailoring) 개발 방법론의 내부 기준에 해당하지 <u>않는</u> 것은?

① 납기/비용 ② 기술환경
③ 구성원 능력 ④ 국제표준 품질기준

098
폭포수 모형의 특징으로 거리가 <u>먼</u> 것은?

① 개발 중 발생한 요구사항을 쉽게 반영할 수 있다.
② 순차적인 접근 방법을 이용한다.
③ 단계적 정의와 산출물이 명확하다.
④ 모형의 적용 경험과 성공사례가 많다.

099
다음 설명의 정보보안 침해 공격 관련 용어는?

인터넷 사용자의 컴퓨터에 침입해 내부 문서 파일 등을 암호화해 사용자가 열지 못하게 하는 공격으로, 암호 해독용 프로그램의 전달을 조건으로 사용자에게 돈을 요구하기도 한다.

① Smishing ② C-brain
③ Trojan Horse ④ Ransomware

100
시스템 내의 정보는 오직 인가된 사용자만 수정할 수 있는 보안 요소는?

① 기밀성 ② 부인 방지
③ 가용성 ④ 무결성

제1회 모의고사

정답 및 해설 P.98

제한시간	150분	점수	/100점	풀이 시작 시각	:	풀이 종료 시각	:

Part I 소프트웨어 설계

001

다음 중 자료 흐름도(DFD)의 구성요소에 포함되지 않는 것은?

① Data Dictionary ② Data Flow
③ Data Store ④ Terminator

002

코드 설계에서 대상과 관계있는 문자나 숫자를 조합하여 만든 코드는?

① 순차 코드 ② 블록 코드
③ 연상 코드 ④ 표의 숫자 코드

003

다음 중 XP(eXtreme Programming)의 5가지 가치로 거리가 먼 것은?

① 존중 ② 의사소통
③ 피드백 ④ 직관성

004

다음 중 UML 다이어그램이 아닌 것은?

① 클래스 다이어그램(Class Diagram)
② 속성 다이어그램(Attribute Diagram)
③ 유스케이스 다이어그램(Usecase Diagram)
④ 순차 다이어그램(Sequence Diagram)

005

객체지향 프로그램에서 한 객체가 다른 객체의 메소드를 부르는 과정은?

① 메소드 ② 클래스
③ 상속성 ④ 메시지

006

다음 중 소프트웨어 설계 시 구축된 플랫폼의 성능 특성 분석에 사용되는 측정 항목이 아닌 것은?

① 응답 시간(Response Time)
② 피드백(Feedback)
③ 사용률(Utilization)
④ 가용성(Availability)

007

'인터넷 서점'에 대한 유스케이스 다이어그램에서 '회원등록' 유스케이스를 수행하기 위해서는 '실명확인' 유스케이스가 반드시 선행되어야 한다면 이들의 관계는?

① 일반화(Generalization) 관계
② 확장(Extend) 관계
③ 포함(Include) 관계
④ 연관(Association) 관계

008

자료 사전에서 자료의 주석을 의미하는 기호는?

① { } ② **
③ = ④ ( )

009

두 개 이상의 클래스에서 똑같은 메시지에 대해 객체가 서로 다르게 반응하는 것은?

① 메시지(Message)
② 캡슐화(Encapsulation)
③ 다형성(Polymorphism)
④ 상속(Inheritance)

010

다음 중 DBMS 분석 시 고려사항으로 거리가 먼 것은?

① 성능
② 토폴로지
③ 가용성
④ 상호 호환성

011

다음에서 설명하는 디자인 패턴으로 옳은 것은?

클라이언트와 서브시스템 사이에 ○○○ 객체를 세워놓음으로써 복잡한 관계를 구조화한 디자인 패턴이다. ○○○ 패턴을 사용하면 서브시스템의 복잡한 구조를 의식하지 않고, ○○○에서 제공하는 단순화된 하나의 인터페이스만 사용하므로 클래스 간의 의존 관계가 줄어들고 복잡성 또한 낮아지는 효과를 가져 온다.

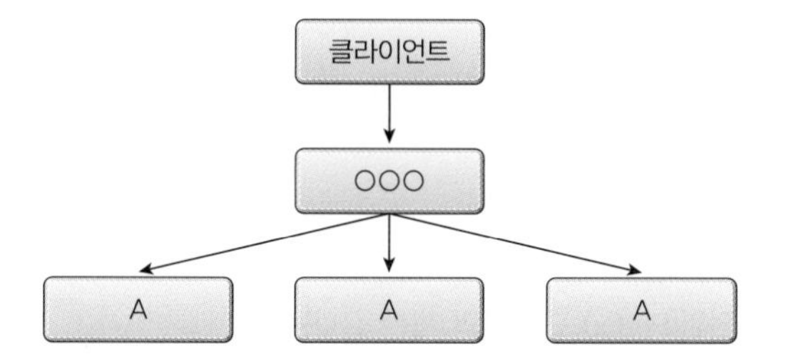

① MVC Pattern
② Facade Pattern
③ Mediator Pattern
④ Bridge Pattern

012

객체지향 분석 방법론 중 여러 가지 다른 방법론을 통합하여 하나의 방법론으로 만들었는데 분석보다는 설계 쪽에 더 많은 중점을 두고 있는 것은?

① Coad와 Yourdon 방법
② Booch 방법
③ Jacobson 방법
④ Wirfs-Brocks 방법

013

다음에서 설명하는 소프트웨어 개발 방법론으로 옳은 것은?

프로세스와 도구 중심이 아닌 개발 과정의 소통을 중요하게 생각하는 소프트웨어 개발 방법론으로 반복적인 개발을 통한 잦은 출시를 목표로 한다.

① 애자일 개발 방법론
② 구조적 개발 방법론
③ 객체지향 개발 방법론
④ 컴포넌트 기반 개발 방법론

014

다음 중 요구 분석(Requirement Analysis)에 대한 설명으로 틀린 것은?

① 요구 분석은 소프트웨어 개발의 실제적인 첫 단계로 사용자의 요구에 대해 이해하는 단계라 할 수 있다.
② 비기능적 요구에서 사용자가 필요로 하는 정보처리 능력에 대한 것으로 절차나 입·출력에 대한 요구사항을 도출한다.
③ 도메인 분석은 요구에 대한 정보를 수집하고 배경을 분석하여 이를 토대로 모델링을 하게 된다.
④ 요구 추출은 프로젝트 계획 단계에 정의한 문제의 범위 안에 있는 사용자의 요구를 찾는 단계이다.

015

객체지향 기법에서 상위 클래스의 메소드와 속성을 하위 클래스가 물려받는 것을 의미하는 것은?

① Abstraction
② Polymorphism
③ Encapsulation
④ Inheritance

016

사용자 인터페이스(User Interface)의 설계 방법에 따른 설명으로 틀린 것은?

① 사용자가 오류에 대한 상황을 정확하게 인지할 수 있어야 한다.
② 사용자의 직무, 연령, 성별 등이 고려된 다양한 계층을 수용해야 한다.
③ 작동시킬 기능을 보고도 결과 예측이 가능하지 않도록 설계한다.
④ 사용자가 이해하기 쉽고 편하게 사용할 수 있는 환경을 제공하도록 설계 되어야 한다.

017

소프트웨어 설계 시 가장 기본적인 컴포넌트를 먼저 설계한 다음 이것을 사용하는 상위 수준의 컴포넌트를 설계하는 방식은?

① 객체 지향 설계
② 데이터 흐름 설계
③ 상향식 설계
④ 하향식 설계

018

바람직한 소프트웨어 설계 지침이 아닌 것은?

① 이식성을 고려한다.
② 모듈의 기능을 예측할 수 있도록 정의한다.
③ 모듈의 크기는 가능한 크게 유지한다.
④ 가능한 모듈을 독립적으로 생성하고 결합도를 최소화한다.

019

객체에 대한 서비스 요청을 중개하는 중개자 미들웨어는?

① WAS(Web Application Server)
② MOM(Message Oriented Middleware)
③ RPC(Remote Procedure Call)
④ ORB(Object Request Broker)

020

CASE(Computer Aided Software Engineering)에 대한 설명으로 틀린 것은?

① 자동화된 기법을 통해 소프트웨어 품질이 향상된다.
② 소프트웨어 모듈의 재사용성이 향상된다.
③ 소프트웨어 유지보수를 간편하게 수행할 수 있다.
④ 소프트웨어 개발 방법론을 쉽게 구성하도록 한다.

Part Ⅱ 소프트웨어 개발

021

다음 중 알고리즘에 대한 설명으로 옳지 않은 것은?

① 알고리즘은 적어도 하나 이상의 출력 결과를 생성해야 한다.
② 알고리즘 시간복잡도 $O(1)$이 의미하는 것은 알고리즘의 수행시간이 입력 데이터수와 관계없이 일정하다는 의미이다.
③ 알고리즘은 유한번의 수행 단계를 거치지만 반드시 종료해야 하는 것은 아니다.
④ 알고리즘은 외부에서 제공되는 데이터가 0개 이상 있다.

022

다음 전위(Prefix) 표기식의 계산 결과는?

$+ - 5\ 4 \times 4\ 7$

① −19 ② 7
③ 8 ④ 29

023

다음 자료 구조 중에서 선형구조로만 묶은 것은?

ㄱ. 스택(Stack)
ㄴ. 트리(Tree)
ㄷ. 연결 리스트(Linked List)
ㄹ. 그래프(Graph)

① ㄱ, ㄴ　② ㄱ, ㄷ
③ ㄴ, ㄷ　④ ㄴ, ㄹ

024

정렬된 N개의 데이터를 처리하는데 평균 $O(N^2)$의 시간이 소요되는 정렬 알고리즘은?

① 힙 정렬　② 퀵 정렬
③ 버블 정렬　④ 합병 정렬

025

White Box Testing에 대한 설명으로 옳지 않은 것은?

① Base Path Testing가 대표적인 기법이다.
② Source Code의 모든 문장을 한번 이상 수행함으로서 진행된다.
③ 모듈 안의 작동을 직접 관찰할 수 없다.
④ 산출물의 각 기능별로 적절한 프로그램의 제어 구조에 따라 선택, 반복 등의 부분들을 수행함으로써 논리적 경로를 점검한다.

026

인터페이스 보안을 위해 네트워크 영역에 적용될 수 있는 솔루션과 거리가 먼 것은?

① SNMP　② SSL
③ IPSec　④ S-HTTP

027

[보기]의 이진 트리에 대해 지정된 방법으로 순회한 결과가 옳지 않은 것은?

보기

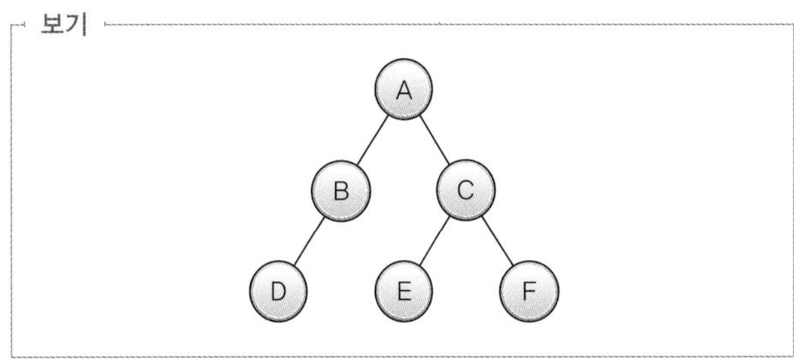

① 중위 순회: D → B → A → E → C → F
② 레벨 순회: A → B → C → D → E → F
③ 전위 순회: A → B → D → C → E → F
④ 후위 순회: D → B → A → E → F → C

028

인터페이스 구현 검증 도구 중 웹 기반 테스트케이스 설계/실행/결과 확인 등을 지원하는 테스트 프레임워크는?

① xUnit　② STAF
③ FitNesse　④ RubyNode

029

다음 중 큐에 대한 설명으로 옳은 것은?

① 후입선출 구조이다.
② head(front)와 tail(rear)의 2개 포인터를 갖고 있다.
③ 입출력이 한쪽 끝으로만 제한된 리스트이다.
④ 삽입과 삭제 시에 top 포인터만을 이용한다.

030

ISO/IEC 9126의 소프트웨어 품질 특성 중 기능성(Functionality)의 하위 특성으로 옳지 않은 것은?

① 정확성　② 적합성
③ 적응성　④ 보안성

031

디지털 저작권 관리(DRM)에 사용되는 기술 요소가 아닌 것은?

① 키 관리　　② IDS
③ Encryption　　④ 크랙 방지

032

다음 자료에 대하여 "Selection Sort"를 사용하여 오름차순으로 정렬한 경우 PASS 2의 결과는?

초기상태 : 8, 3, 4, 9, 7

① 3, 4, 7, 9, 8
② 3, 4, 8, 9, 7
③ 3, 8, 4, 9, 7
④ 3, 4, 7, 8, 9

033

버튼을 클릭하면 상태를 'on', 'off'로 변환하는 경우에 사용하는 사용자 인터페이스(UI) 요소는?

① 토글 버튼
② 텍스트 박스
③ 라디오 버튼
④ 체크 박스

034

다음 중 디지털 저작권 관리(DRM) 구성 요소가 아닌 것은?

① Clearing House
② DRM Controller
③ Database
④ Contents Distributor

035

힙 정렬(Heap Sort)에 대한 설명으로 틀린것은?

① 정렬할 입력 레코드들로 힘을 구성하고가장 큰 키 값을 갖는 루트 노드를 제거하는 과정을 반복하여 정렬하는 기법이다.
② 평균 수행 시간은 $O(n\log_2 n)$이다.
③ 이진탐색트리로 입력자료의 레코드를 구성한다.
④ 최악의 수행 시간은 $O(n\log_2 n)$이다.

036

정확하고 일관된 결과를 얻기 위해 요구된 기능을 오류 없이 수행하는 정도를 의미하는 것은?

① 신뢰성(Reliability)
② 유지보수성(Maintainability)
③ 가시성(Visibility)
④ 재사용성(Reusability)

037

테스트 케이스에 일반적으로 포함되는 항목이 아닌 것은?

① 테스트 조건　　② 테스트 노력
③ 예상 결과　　④ 테스트 데이터

038

검증(Validation) 검사 기법 중 개발자의 장소에서 사용자가 개발자 앞에서 행해지며, 오류와 사용상의 문제점을 사용자와 개발자가 함께 확인하면서 검사하는 기법은?

① 베타 테스트　　② 알파 테스트
③ 통합 테스트　　④ 시스템 테스트

039

자료구조에 대한 설명으로 틀린 것은?

① 큐는 선형구조에 해당한다.
② 큐는 Last In Frist Out 처리를 수행한다.
③ 스택은 Last In Frist Out 처리를 수행한다.
④ 스택은 서브루틴 호출, 인터럽트 처리, 수식 계산 및 수식 표기법에 응용된다.

040

소프트웨어 품질목표 중 허가되지 않은 사람의 소프트웨어나 데이터에의 접근을 통제할 수 있는 정도를 나타내는 것은?

① Correctness ② Reliability
③ Usability ④ Integrity

Part Ⅲ 데이터베이스 구축

041

범 기관적 입장에서 데이터베이스를 정의한 것으로서 데이터베이스에 저장될 데이터의 종류와 데이터 간의 관계를 기술하며 데이터 보안 및 무결성 규칙에 대한 명세를 포함하는 것은?

① 외부 스키마 ② 내부 스키마
③ 개념 스키마 ④ 물리 스키마

042

E-R 모델의 표현 방법으로 옳지 않은 것은?

① 개체 타입: 사각형 ② 관계 타입: 마름모
③ 다중 속성: 오각형 ④ 연결: 선

043

MS Access의 데이터베이스를 이용한 성적 테이블에서 적어도 2명 이상이 수강하는 과목에 대해 등록한 학생 수와 평균점수를 구하기 위한 SQL 질의문을 작성할 경우 빈칸에 적절한 표현은?

[성적] 테이블명

학번	과목	성적	점수
100	자료구조	A	90
100	운영체제	A	95
200	운영체제	B	85
300	프로그래밍	A	90
300	데이터베이스	C	75
300	자료구조	A	95

```
select 과목, count(*) AS 학생수, AVG(점수) AS 평균점수
from 성적
group by 과목 _________
```

① WHERE SUM(학번) >= 2;
② WHERE COUNT(학번) >= 2;
③ HAVING SUM(학번) >= 2;
④ HAVING COUNT(학번) >= 2;

044

관계대수 연산에서 테이블에서 조건에 맞는 행을 검색할 수 있는 연산은?

① ⋈ ② ⊃
③ π ④ σ

045

데이터베이스 설계 과정에서 목표 DBMS의 구현 데이터 모델로 표현된 데이터베이스 스키마가 도출되는 단계는?

① 요구사항 분석 단계
② 개념적 설계 단계
③ 논리적 설계 단계
④ 물리적 설계 단계

046

사원(사번, 이름) 테이블에서 사번이 100인 튜플을 삭제하는 SQL문으로 옳은 것은? (단, 사번의 자료형은 INT이고, 이름의 자료형은 CHAR(20)으로 가정한다)

① DELETE FROM 사원
WHERE 사번=100;

② DELETE IN 사원
WHERE 사번=100;

③ DROP TABLE 사원
WHERE 사번=100;

④ DROP 사원 COLUMN
WHERE 사번=100;

047

다음 중 이행적 함수 종속 관계를 의미하는 것은?

① A → B이고 B → C일 때, C → B를 만족하는 관계
② A → B이고 B → C일 때, C → A를 만족하는 관계
③ A → B이고 B → C일 때, B → A를 만족하는 관계
④ A → B이고 B → C일 때, A → C를 만족하는 관계

048

데이터베이스에 저장된 데이터 값과 그것이 표현하는 현실 세계의 실제값이 일치하는 정확성을 의미하는 것은?

① 트리거(Trigger) ② 무결성(Integrity)
③ 잠금(Lock) ④ 복귀(Rollback)

049

SQL의 분류 중 DML에 해당하지 않는 것은?

① UPDATE ② ALTER
③ INSERT ④ SELECT

050

다음 중 데이터 제어 언어(DCL)의 기능으로 옳지 않은 것은?

① 릴레이션 생성
② 병행수행 제어
③ 무결성 유지
④ 데이터 보안

051

데이터베이스 설계 시에 양질의 데이터베이스를 구축하기 위하여 데이터베이스 릴레이션을 정규화 한다. 이때 고려해야 할 사항과 가장 관련이 없는 것은?

① 원하지 않은 데이터의 중복을 제거한다.
② 원하지 않는 데이터의 종속을 제거한다.
③ 한 릴레이션 내의 속성들 간의 관계를 고려한다.
④ 한 릴레이션 내의 튜플들 간의 관계를 고려한다.

052

다음과 같은 트랜잭션의 특성은?

> '트랜잭션이 성공적으로 완료되면 처리 결과는 영속적으로 반영되어야 한다'는 의미이다.

① 원자성(Atomicity)
② 일관성(Sonsistency)
③ 격리성(Isolation)
④ 영속성(Durability)

053

다음 정의에서 말하는 기본 정규형은?

> 릴레이션 R의 모든 결정자(Determinant)가 후보키(Candidate key)이면 릴레이션 R은 이 정규형에 속한다.

① 제1정규형(1NF)
② 제2정규형(2NF)
③ 제3정규형(3NF)
④ 보이스/코드 정규형(BCNF)

054

다음 중 『학생』 테이블 생성 후 『과목』 필드(컬럼)가 누락되어 이를 추가하려고 한다. 이에 적합한 SQL 명령어는?

① DELETE
② RESTORE
③ ALTER
④ ACCESS

055

[보기]의 직원 테이블에서 키(key)와 관련된 설명으로 옳지 않은 것은? (단, 사번과 주민등록번호는 각 유일한 값을 갖고, 부서번호는 부서 테이블을 참조하는 속성이며, 나이가 같은 동명이인이 존재할 수 있다.)

보기
직원(사번, 이름, 주민등록번호, 주소, 나이, 성별, 부서 번호)

① 부서번호는 외래키이다.
② 사번은 기본키가 될 수 있다.
③ (이름, 나이)는 후보키가 될 수 있다.
④ 주민등록번호는 대체키가 될 수 있다.

056

SQL에서 VIEW를 생성할 때 사용하는 명령은?

① ERASE ② KILL
③ CREATE ④ DELETE

057

다음에서 설명하는 스키마(Schema)는?

물리적 저장 장치의 입장에서 본 데이터베이스 구조로서 실제로 데이터베이스에 저장될 레코드의 형식을 정의하고 저장 데이터 항목의 표현 방법, 내부 레코드의 물리적 순서 등을 나타낸다.

① 개념 스키마
② 내부 스키마
③ 외부 스키마
④ 내용 스키마

058

정규화를 거치지 않아 발생하게 되는 이상(Anomaly) 현상의 종류로 옳지 않은 것은?

① 삭제 이상 ② 삽입 이상
③ 갱신 이상 ④ 종속 이상

059

데이터베이스가 미리 정해 놓은 특정 조건이 만족되거나 어떤 동작이 수행되면 자동으로 실행되도록 정의한 동작은?

① 인덱스(Index)
② 트랜잭션(Transaction)
③ 역정규화(Denormalization)
④ 트리거(Trigger)

060

참조 무결성에 대한 설명으로 옳지 않은 것은?

① 검색 연산의 수행 결과는 어떠한 참조 무결성 제약 조건도 위배 하지 않는다.
② 참조하는 릴레이션에서 튜플이 삭제되는 경우, 참조 무결성 제약 조건이 위배될 수 있다.
③ 외래 키 값은 참조되는 릴레이션의 어떤 튜플의 기본 키 값과 같거나 널(NULL) 값일 수 있다.
④ 참조 무결성 제약 조건은 DBMS에 의하여 유지된다.

Part Ⅳ 프로그래밍 언어 활용

061

프로세스 상태(Process State)에 대한 설명으로 옳은 것은?

① 종료 상태(Terminated State)는 프로세스가 기억장치를 비롯한 모든 필요한 자원을 할당받은 상태에서 프로세서의 할당을 기다리고 있는 상태이다.
② 대기 상태(Waiting/Blocked State)는 프로세스가 원하는 자원을 할당받지 못해서 기다리고 있는 상태이다.
③ 실행 상태(Running State)는 사용자가 요청한 작업이 커널에 등록되어 커널 공간에 PCB 등이 만들어진 상태이다.
④ 준비 상태(Ready State)는 프로세스의 수행이 끝난 상태이다.

062

다음 C 프로그램의 실행 결과는?

```
#include <stdio.h>
int a=1, b=2, c=3;
int f(void);

int main(void) {
    printf ("%3d \n", f( ));
    printf ("%3d%3d%3d \n", a, b, c);
    return 0;
}
int f(void) {
    int b, c;
    a=b=c=4;
    return (a+b+c);
}
```

① 6
1 2 3

② 12
1 2 3

③ 12
4 4 4

④ 12
4 2 3

063

프로세스 P1, P2, P3, P4를 선입선출(First In First Out) 방식으로 스케줄링을 수행할 경우 평균 응답 시간으로 옳은 것은? (단, 응답 시간은 프로세스 도착 시간부터 처리가 종료될 때까지의 시간을 말한다.)

프로세스	도착 시간	처리 시간
P1	0	2
P2	2	2
P3	3	3
P4	4	9

① 3　② 4
③ 5　④ 6

064

다음 중 응집도가 가장 높은 것은?

① 절차적 응집도　② 논리적 응집도
③ 우연적 응집도　④ 통신적 응집도

065

다음과 같은 가용 공간을 갖는 주기억장치에 크기가 각각 25KB, 30KB, 15KB, 10KB인 프로세스가 순차적으로 적재 요청된다. 최악적합(Worst-fit) 배치 전략을 사용할 경우 할당되는 가용 공간 시작 주소를 순서대로 나열한 것은?

가용 공간 리스트

시작 주소	크기
w	30KB
x	20KB
y	15KB
z	35KB

① w → x → y → z　② x → y → z → w
③ y → z → w → x　④ z → w → x → y

066

교착상태(Dead Lock)가 발생할 수 있는 조건 중 비선점(Non-Preemption) 조건에 대한 설명으로 옳은 것은?

① 프로세스가 자신에게 이미 할당된 자원을 보유하고 있으면서 다른 프로세스에 할당된 자원을 요구하면서 기다리는 경우이다.
② 한 프로세스에게 할당된 자원은 그 프로세스가 사용을 완전히 종료하기 전까지는 해제되지 않는 경우이다.
③ 여러 프로세스들이 같은 자원을 동시에 사용하지 못하게 하는 경우이다.
④ 각 프로세스들이 서로 다른 프로세스가 가지고 있는 자원을 요구하며 하나의 순환(Cycle) 구조를 이루는 경우이다.

067

C 프로그램의 실행 결과로 옳은 것은?

```
#include <stdio.h>
int main( ) {
    int i, sum=0;
    for(i=1; i<=10; i+=2) {
        if(i%2 && i%3) continue;
        sum += i;
    }
    printf("%d\n", sum);
    return 0;
}
```

① 6　② 12
③ 25　④ 55

079

스케줄링(Scheduling)은 다중 프로그래밍 운영체제에서 자원의 성능을 향상시키고 효율적인 프로세서의 관리를 위해 작업 순서를 결정하는 것이다. 스케줄링 알고리즘과 관련이 없는 것은?

① RR ② HRN
③ SSTF ④ SRT

080

CPU 스케줄링에서 HRN 방식으로 스케줄링할 경우, 입력된 작업이 다음과 같을 때 우선순위가 가장 높은 작업은?

작업	대기 시간	서비스 시간
A	15	8
B	15	5
C	10	7
D	5	5
E	8	6

① A ② B
③ C ④ D

Part V 정보시스템 구축관리

081

소프트웨어 공학에 대한 설명으로 거리가 먼 것은?

① 소프트웨어 공학의 목표는 양질의 소프트웨어를 생산하는 것이다.
② 소프트웨어의 품질을 평가하는 기준으로는 정확성, 유지보수성, 무결성, 사용성 등이 있다.
③ 소프트웨어 프로세스 모형으로는 폭포수 모형, 프로토타입 모형, 나선형 프로세스 모형이 있고, 이러한 방법을 혼합한 방법은 사용하지 않는다.
④ 소프트웨어를 개발하는 동안 여러 작업들을 자동화 하도록 도와주는 도구를 CASE(Computer Aided Software Engineering) 라고 한다.

082

암호화 키와 복호화 키가 동일한 암호화 알고리즘은?

① DSA ② DES
③ ECC ④ RSA

083

COCOMO Model 중 컴파일러, 워드프로세서와 같이 30만 라인 이하 중간 크기의 소프트웨어를 개발하는 비용 산정 유형은?

① Embeded ② Organic
③ Semi-Detached ④ Semi-Embeded

084

폭포수 모형(Waterfall Model)의 진행 단계를 순서대로 바르게 나열한 것은?

ㄱ. 요구 분석
ㄴ. 유지보수
ㄷ. 시험
ㄹ. 구현
ㅁ. 설계

① ㄱ－ㅁ－ㄷ－ㄹ－ㄴ
② ㅁ－ㄱ－ㄹ－ㄷ－ㄴ
③ ㅁ－ㄱ－ㄷ－ㄹ－ㄴ
④ ㄱ－ㅁ－ㄹ－ㄷ－ㄴ

085

스마트 그리드 서비스를 제공하기 위한 와이파이 기반의 저전력 장거리 통신 기술은?

① PICONET ② SCRUM
③ NFC ④ WI-SUN

086

정보보호의 주요 목적에 대한 설명으로 옳지 않은 것은?

① 기밀성(Confidentiality)은 인가된 사용자만이 데이터에 접근할 수 있도록 제한하는 것을 말한다.
② 가용성(Availability)은 필요할 때 데이터에 접근할 수 있는 능력을 말한다.
③ 무결성(Integrity)은 식별, 인증 및 인가 과정을 성공적으로 수행했거나 수행 중일 때 발생하는 활동을 말한다.
④ 책임성(Accountability)은 제재, 부인 방지, 오류 제한, 침입 탐지 및 방지, 사후 처리 등을 지원하는 것을 말한다.

087

IPSec에서 두 컴퓨터 간의 보안 연결 설정을 위해 사용되는 것은?

① Extensible Authentication Protocol
② Internet Key Exchange
③ Encapsulating Security Payload
④ Authentication Header

088

공개키(Public key) 암호화 방식에 대한 설명으로 옳지 않은 것은?

① 공개키와 개인키로 이루어진다.
② 대표적 활용 예로는 전자서명이 있다.
③ 송수신자는 서로 다른 키를 사용한다.
④ 개인키는 메시지를 전송할 때 사용한다.

089

소프트웨어 생명주기 모형 중 프로토타입(Prototype) 모형에 대한 설명으로 옳은 것을 [보기]에서 고른 것은?

보기

ㄱ. 프로토타입 모형의 마지막 단계는 설계이다.
ㄴ. 발주자가 목표 시스템의 모습을 미리 볼 수 있다.
ㄷ. 폭포수 모형보다 발주자의 요구사항을 반영하기가 용이하다.
ㄹ. 프로토타입별로 구현시스템에 대하여 베타 테스트를 실시한다.

① ㄱ, ㄴ　　② ㄴ, ㄷ
③ ㄷ, ㄹ　　④ ㄱ, ㄹ

090

인터넷 환경에서 다른 사용자들이 송수신하는 네트워크 상의 데이터를 도청하여 패스워드나 중요한 정보를 알아내는 형태의 공격은?

① 서비스 거부(DoS: denial of service) 공격
② ICMP 스머프(smurf) 공격
③ 스니핑(sniffing)
④ 트로이 목마(Trojanhorse)

091

현재의 위험을 받아들이고 잠재적 손실 비용을 감수하도록 조치하는 방안은?

① 위험 회피　　② 위험 감소
③ 위험 수용　　④ 위험 전가

092

LOC 기법에 의하여 예측된 총 라인수가 20,000라인, 프로그래머의 월 평균 생산성이 200라인, 개발에 참여할 프로그래머가 10인일 때, 개발 소요 기간은?

① 10개월　　② 20개월
③ 25개월　　④ 100개월

093

행위나 이벤트의 발생을 증명하여 나중에 행위나 이벤트를 부인할 수 없도록 하는 보안 요소는?

① 기밀성　　② 부인 방지
③ 가용성　　④ 무결성

094

다음 설명에 해당하는 것은?

> PC나 스마트폰을 해킹하여 특정 프로그램이나 기기 자체를 사용하지 못하도록 하는 악성코드로서 인터넷 사용자의 컴퓨터에 설치되어 내부 문서나 스프레드시트, 이미지 파일 등을 암호화하여 열지 못하도록 만든 후 돈을 보내주면 해독용 열쇠 프로그램을 전송해 준다며 금품을 요구한다.

① Web Shell ② Ransomware
③ Honeypot ④ Stuxnet

095

나선형(spiral) 모형에서 단계별로 수행하는 작업 순서로 옳은 것은?

① 위험 분석 – 계획 및 정의 – 개발 – 고객 평가
② 계획 및 정의 – 위험 분석 – 개발 – 고객 평가
③ 계획 및 정의 – 개발 – 위험 분석 – 고객 평가
④ 위험 분석 – 계획 및 정의 – 고객 평가 – 개발

096

좋은 소프트웨어가 가져야 할 특성과 그 설명의 연결이 옳지 않은 것은?

① 확실성(Dependability): 신뢰성, 보안성, 안전성을 포함하는 포괄적인 특성이다.
② 결함 내성(Fault Tolerance): 소프트웨어는 고객의 변경 요구를 수용할 수 있는 방법으로 작성되어야 한다.
③ 사용편리성(Usability): 사용자가 소프트웨어를 편리하게 사용할 수 있어야 한다.
④ 효율성(Efficiency): 소프트웨어는 메모리, 프로세서와 같은 자원을 낭비하지 않아야 한다.

097

주체가 속해 있는 그룹의 신원에 근거하여 객체에 대한 접근을 제한하는 방법으로 객체의 소유자가 접근 여부를 결정하는 기법은?

① Mandatory Access Control
② Discretionary Access Control
③ Role Based Access Control
④ Reference Monitor

098

다음 중 소프트웨어 개발 팀 구성에 대한 설명으로 옳지 않은 것은?

① 중앙집중식 팀 구성은 구성원이 한 관리자의 명령에 따라 일하고 결과를 보고하는 방식을 취한다.
② 중앙집중식 팀은 한 사람에 의하여 통제할 수 있는 비교적 소규모 문제에 적합하다.
③ 분산형 팀 구성은 의사교환을 위한 비용이 크고 개개인의 생산성을 떨어뜨린다.
④ 분산형 팀의 의사교환 경로는 계층적(Hierarchical)이다.

099

다음 암호 알고리즘 중 성격이 다른 하나는?

① RSA ② MD5
③ SHA-1 ④ MD4

100

다음 설명에 해당하는 DoS 공격을 옳게 짝 지은 것은?

> ㄱ. 공격자가 공격 대상의 IP 주소로 위장하여 중계 네트워크에 다량의 ICMP Echo Request 패킷을 전송하며, 중계 네트워크에 있는 모든 호스트는 많은 양의 ICMP Echo Reply 패킷을 공격 대상으로 전송하여 목표시스템을 다운시키는 공격
> ㄴ. 공격자가 송신자 IP 주소를 존재하지 않거나 다른 시스템의 IP 주소로 위장하여 목적 시스템으로 SYN 패킷을 연속해서 보내는 공격
> ㄷ. 송신자 IP 주소와 수신자 IP 주소, 송신자 포트와 수신자 포트가 동일하게 조작된 SYN 패킷을 공격 대상에 전송하는 공격

	ㄱ	ㄴ	ㄷ
①	Smurf Attack	Land Attack	SYN Flooding Attack
②	Smurf Attack	SYN Flooding Attack	Land Attack
③	SYN Flooding Attack	Smurf Attack	Land Attack
④	Land Attack	Smurf Attack	SYN Flooding Attack

제2회 모의고사

정답 및 해설 P.111

제한시간	150분	점수	/100점	풀이 시작 시각	:	풀이 종료 시각	:

Part I 소프트웨어 설계

001

네트워크 상에서 애플리케이션과 애플리케이션 간의 연동을 하기 위한 미들웨어는?

① TP monitor
② ORB
③ RPC
④ HUB

002

공통 모듈에 대한 명세 기법 중 요구사항 간 충돌이 없어야 한다는 원칙은?

① 상호작용성
② 일관성
③ 독립성
④ 내용성

003

코드 설계에서 대상 항목의 크기, 중량, 거리 등을 그대로 사용하는 코드는?

① 순차 코드
② 블록 코드
③ 연상 코드
④ 표의 숫자 코드

004

다음에서 설명하는 소프트웨어 개발 방법론은?

- 애자일 방법론의 하나로 소프트웨어 개발 프로세스가 문서화하는 데 지나치게 많은 시간과 노력이 소모되는 단점을 보완하기 위해 개발되었다.
- 의사소통, 단순함, 피드백, 용기, 존중의 5가지 가치에 기초하여 '고객에게 최고의 가치를 가장 빨리' 전달하도록 하는 방법론으로 켄트 벡이 고안하였다.

① 통합 프로세스(UP)
② 익스트림 프로그래밍
③ 스크럼
④ 나선형 모델

005

다음 중 CASE가 갖고 있는 주요 기능이 <u>아닌</u> 것은?

① 상호 호환성
② 소프트웨어 생명주기 전 단계의 연결
③ 그래픽 지원
④ 다양한 소프트웨어 개발 모형 지원

006

자료 사전에서 여러 대안 중 하나를 선택하는 기호는?

① { }
② **
③ =
④ [|]

007

객체지향 기법에서 관계성의 종류는 is-a이며, 객체들에 있어 공통적인 성질들을 상위 객체로 정의하는 것을 나타내는 용어는?

① 일반화 ② 추상화
③ 캡슐화 ④ 집단화

008

다음 중 요구사항 정의 및 분석·설계의 결과물을 표현하기 위한 모델링 과정에서 사용되는 다이어그램(Diagram)이 아닌 것은?

① Data Flow Diagram
② Heap Diagram
③ E-R Diagram
④ UML Diagram

009

GoF(Gang of Four) 디자인 패턴과 관련한 설명으로 틀린 것은?

① 디자인 패턴을 목적(Purpose)으로 분류할 때 생성, 구조, 행위로 분류할 수 있다.
② Strategy 패턴은 행위 개선을 위한 패턴으로 교환 가능한 행동을 캡슐화하고 위임을 통해서 어떤 행동을 사용할지 결정한다.
③ 행위 패턴은 클래스나 객체들이 상호작용하는 방법과 책임을 분산하는 방법을 정의한다.
④ Singleton 패턴은 대표적인 구조 패턴으로 인스턴스를 복제하여 사용하는 구조를 말한다.

010

다음 중 데이터 흐름도(DFD)의 구성요소에서 자료 저장소에 해당하는 것은?

① Data Dictionary ② Data Flow
③ Data Store ④ Terminator

011

다음 중 럼바우(Rumbaugh)의 객체지향 분석 절차를 가장 바르게 나열한 것은?

① 기능 모형 → 동적 모형 → 객체 모형
② 객체 모형 → 기능 모형 → 동적 모형
③ 객체 모형 → 동적 모형 → 기능 모형
④ 기능 모형 → 객체 모형 → 동적 모형

012

수신 시스템에서 DB 링크를 생성하고, 송신 시스템에서 해당 DB 링크를 직접 참조하는 통신 기술은?

① DB 링크 기술
② 소켓 기술
③ 스크럼 기술
④ 프로토타입 기술

013

디자인 패턴을 이용한 소프트웨어 재사용으로 얻어지는 장점이 아닌 것은?

① 소프트웨어 코드의 품질을 향상시킬 수 있다.
② 개발자들 사이의 의사소통을 원활하게 할 수 있다.
③ 유지보수를 개발 단계 안으로 넣은 것이다.
④ 소프트웨어의 품질과 생산성을 향상시킬 수 있다.

014

HIPO(Hierarchy Input Process Output)에 대한 설명으로 거리가 먼 것은?

① 관람자에 따라 다른 도표 제공이 가능하다.
② HIPO 차트 종류에는 가시적 도표, 총체적 도표, 세부적 도표가 있다.
③ 기능과 자료의 의존 관계를 동시에 표현할 수 있다.
④ 상향식 소프트웨어 개발을 위한 문서화 도구이다.

015

객체지향 분석 기법과 관련한 설명으로 틀린 것은?

① 정적 모델링 기법만 사용될 수 있다.
② 객체 중심으로 시스템을 파악하며 상향식 방식으로 볼 수 있다.
③ 데이터와 행위를 하나로 묶어 객체를 정의 내리고 추상화시키는 작업이라 할 수 있다.
④ 코드 재사용에 의한 프로그램 생산성 향상 및 요구에 따른 시스템의 쉬운 변경이 가능하다.

016

럼바우(Rumbaugh) 분석 기법에서 시간의 흐름에 따른 객체들 사이의 제어 흐름, 상호작용, 동작 순서 등의 동적인 행위를 표현하는 모델링은?

① Object
② Dynamic
③ Function
④ Static

017

소프트웨어 개발 프로세스인 XP(eXtreme Programming)의 실무 관행(Practice)에 해당하지 않는 것은?

① Pair Programming
② 소규모 시스템 릴리스
③ 이해당사자와의 분리 개발
④ 공동 소유권

018

현행 시스템 분석에서 고려하지 않아도 되는 항목은?

① 유지보수 분석
② 네트워크 분석
③ 운영체제 분석
④ DBMS 분석

019

㉠에 들어갈 용어로 옳은 것은?

(㉠)(은)는 유사한 문제를 해결하기 위해 설계들을 분류하고, 각 문제 유형별로 가장 적합한 설계를 일반화하여 체계적으로 정리해 놓은 것으로 소프트웨어 개발에서 효율성과 재사용성을 높일 수 있다.

① 디자인 패턴
② 요구사항 정의서
③ 소프트웨어 개발 생명주기
④ 소프트웨어 프로세스 모델

020

[보기]에서 설명하는 객체지향 개념은?

보기

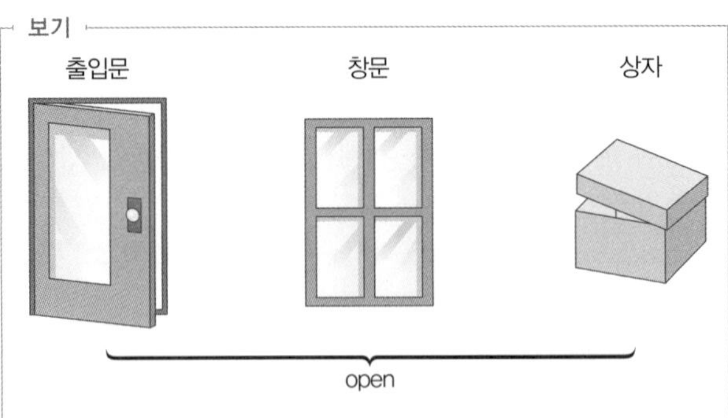

• 그림에서 'open'이라는 오퍼레이션(Operation)은 객체마다 다르게 기능한다.
• Java 언어에서 오버로딩(Overloading), 오버라이딩(Overriding)으로 구현되는 개념이다.

① 캡슐화(Encapsulation)
② 인스턴스(Instance)
③ 다형성(Polymorphism)
④ 상속(Inheritance)

021

한쪽 방향으로 자료가 삽입되고 반대 방향으로 자료가 삭제되는 선입선출(First In First Out) 형태의 자료구조는?

① 큐(Queue)
② 스택(Stack)
③ 트리(Tree)
④ 연결리스트(Linked list)

022

EAI(Enterprise Application Integration)의 구축 유형으로 옳지 않은 것은?

① Point-to-Point ② Nunit
③ Message Bus ④ Hub & Spoke

023

모든 모듈들은 하나의 시스템으로 작동하게 된다. 사용자의 모든 요구를 하나의 시스템으로서 완벽하게 수행하기 위한 테스트는?

① 통합 테스트(Integration Test)
② 단위 테스트(Unit Test)
③ 시스템 테스트(System Test)
④ 인수 테스트(Acceptance Test)

024

다음 Postfix로 표현된 연산식의 연산 결과로 옳은 것은?

```
3 4 * 5 6 + *
```

① 23 ② 42
③ 132 ④ 360

025

다음 중 테스트 케이스 자동 생성 도구를 이용하여 테스트 데이터를 찾아내는 방법이 아닌 것은?

① 자료 흐름도
② 입력 도메인 분석
③ 랜덤(Random) 테스트
④ 소단위 명세서

026

스택을 사용하는 예로 옳지 않은 것은?

① 함수의 재귀 호출
② 그래프의 너비 우선 탐색
③ 부프로그램의 호출
④ 후위 표기(Postfix)식의 계산

027

다음 중 소프트웨어 설치 매뉴얼에 포함될 항목이 아닌 것은?

① 설치 관련 파일
② 소프트웨어 개발 비용
③ 프로그램 삭제
④ 제품 소프트웨어 개요

028

기준선의 무결성을 평가하기 위해 확인, 검증, 검열 과정을 통해 공식적으로 승인하는 작업을 의미하는 용어는?

① 형상 감사(Configuration Audit)
② 롤백(Rollback)
③ 단위 테스트(Unit Test)
④ 체크인(Check-In)

029

다음 중 소프트웨어 테스트에서 검증(Verification)과 확인(Validation)에 대한 설명으로 옳지 않은 것은?

① 검증은 소프트웨어 개발 과정을 테스트하는 것이고, 확인은 소프트웨어 결과를 테스트 것이다.
② 검증은 작업 제품이 사용자의 요구에 적합한지 측정하며, 확인은 작업 제품이 개발자의 기대를 충족시키는지를 측정한다.
③ 검증은 작업 제품이 요구 명세의 기능, 비기능 요구사항을 얼마나 잘 준수하는지 측정하는 작업이다.
④ 소프트웨어 테스트에서 검증과 확인을 구별하면 찾고자 하는 결함 유형을 명확하게 하는 데 도움이 된다.

030

다음 전위 표기 수식을 중위 표기 수식으로 바꾼 것으로 옳은 것은? (단, 수식에서 연산자는 +, *, /이며 피연산자는 A, B, C, D이다.)

+ * A B / C D

① A + B * C / D
② A + B / C * D
③ A * B + C / D
④ A * B / C + D

031

다음 설명의 소프트웨어 테스트의 기본 원칙은?

동일한 테스트 케이스로는 새 결함을 발견할 수 없으므로 주기적으로 테스트 케이스를 개선해야 한다.

① 살충제 패러독스
② 파레토 법칙
③ 오류 부재의 궤변
④ 완벽한 테스팅은 불가능

032

정렬된 N개의 데이터를 처리하는데 평균일 때는 $O(N\log_2 N)$, 최악일 때는 $O(N^2)$의 시간이 소요되는 정렬 알고리즘은?

① 힙 정렬　② 퀵 정렬
③ 버블 정렬　④ 합병 정렬

033

소프트웨어 품질 목표 중 프로그램이 항시 정확하게 동작하고 있는 정도를 나타내는 것은?

① Correctness　② Reliability
③ Usability　④ Integrity

034

상향식 통합 시험을 위해 검사 자료 입출력 제어 프로그램은?

① Stub　② Driver
③ Procedure　④ Function

035

이진트리의 순회(Traversal) 경로를 나타낸 그림이다. 이와 같은 이진트리 순회 방식은 무엇인가? (단, 노드의 숫자는 순회 순서를 의미한다.)

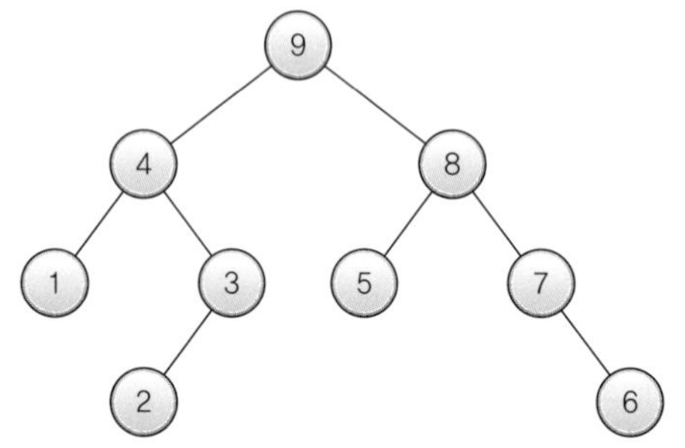

① 병렬 순회(Parallel Traversal)
② 전위 순회(Pre-order Traversal)
③ 중위 순회(In-order Traversal)
④ 후위 순회(Post-order Traversal)

036

디지털 저작권 관리(DRM)에 사용되는 기술 요소가 아닌 것은?

① Encryption
② Key Management
③ IDS
④ Tamper Resistance

037

자료구조에 대한 설명으로 틀린 것은?

① 큐는 First In First Out 처리를 수행한다.
② 큐는 선형구조에 해당한다.
③ 스택은 Last In Frist Out 처리를 수행한다.
④ 스택은 비선형구조에 해당한다.

038

그룹 중에 하나 이상의 후보를 선택할 때 사용하는 사용자 인터페이스(UI) 요소는?

① 토글 버튼
② 텍스트 박스
③ 라디오 버튼
④ 체크 박스

039

반정규화(Denormalization) 유형중 중복 테이블을 추가하는 방법에 해당하지 않는 것은?

① 진행 테이블의 추가
② 집계 테이블의 추가
③ 가상 테이블의 추가
④ 특정 부분만을 포함하는 테이블의 추가

040

변경 및 오류 사항 교정을 최소화하는 정도를 의미하는 것은?

① 신뢰성(Reliability)
② 유지보수성(Maintainability)
③ 가시성(Visibility)
④ 재사용성(Reusability)

Part Ⅲ 데이터베이스 구축

041

관계형 데이터베이스 언어인 SQL에 대한 설명으로 옳은 것은?

① 데이터 정의어(DDL)를 이용하여 데이터를 검색한다.
② 데이터 조작어(DML)를 이용하여 권한을 부여하거나 취소한다.
③ DELETE문은 테이블을 삭제하는 데 사용한다.
④ SELECT문에서 FROM절은 필수 항목이고, WHERE절은 선택 항목이다.

042

고객계좌 테이블에서 잔고가 100,000원에서 3,000,000원 사이인 고객들의 등급을 '우대고객'으로 변경하고자 [보기]와 같은 SQL문을 작성하였다. ㉠과 ㉡의 내용으로 옳은 것은?

보기

```
UPDATE 고객계좌
(  ㉠  ) 등급 = '우대고객'
WHERE 잔고 (  ㉡  ) 100000 AND 3000000;
```

	㉠	㉡
①	FROM	BETWEEN
②	SET	BETWEEN
③	FROM	ORDER BY
④	SET	ORDER BY

043

데이터베이스 데이터 모델에 대한 설명으로 옳지 않은 것은?

① 계층 데이터 모델은 트리 형태의 데이터 구조를 가진다.
② 관계 데이터 모델은 테이블로 데이터베이스를 나타낸다.
③ 네트워크 데이터 모델은 그래프 형태로 데이터베이스 구조를 표현한다.
④ 계층 데이터 모델, 관계 데이터 모델, 네트워크 데이터 모델은 개념적 데이터 모델이다.

044

관계형 데이터베이스의 표준 질의어인 SQL(Structured Query Language)에서 CREATE TABLE문에 대한 설명으로 옳지 않은 것은?

① CREATE TABLE문은 테이블 이름을 기술하며 해당 테이블에 속하는 컬럼에 대해서 컬럼 이름과 데이터 타입을 명시한다.
② PRIMARY KEY절에서는 기본키 속성을 지정한다.
③ FOREIGN KEY절에서는 참조하고 있는 행이 삭제되거나 변경될 때의 옵션으로 NO ACTION, CASCADE, SET NULL, SET DEFAULT 등을 사용할 수 있다.
④ CHECK절은 무결성 제약 조건으로 반드시 UPDATE 키워드와 함께 사용한다.

045

시스템 카탈로그에 대한 설명으로 틀린 것은?

① 시스템 카탈로그의 갱신은 무결성 유지를 위하여 SQL을 이용하여 사용자가 직접 갱신할 수 없다.
② 데이터베이스에 포함되는 데이터 객체에 대한 정의나 명세에 대한 정보를 유지 관리한다.
③ DBMS와 사용자가 생성하고 유지하는 데이터베이스 내의 특별한 테이블의 집합체이다.
④ 카탈로그에 저장된 정보를 메타데이터라고도 한다.

046

단독으로 존재하며 다른 것과 구분되는 객체이며, 애트리뷰트들의 집합을 의미하는 것은?

① 도메인　② 튜플
③ 엔티티　④ 다형성

047

다음 중 트랜잭션을 수행하는 도중 장애로 인해 손상된 데이터베이스를 손상되기 이전의 정상적인 상태로 복구시키는 작업은?

① Commit　② Abort
③ Recovery　④ Restart

048

개체 관계 모델(Entity–Relationship model)을 그래프 방식으로 표현한 E–R 다이어그램에서 마름모 모양으로 표현되는 것은?

① 개체 타입(Entity Type)
② 관계 타입(relationship Type)
③ 속성(Attribute)
④ 키 속성(Key Attribute)

049

다음 중 병행 제어의 로킹(Locking) 단위에 대한 설명으로 옳지 않은 것은?

① 한꺼번에 로킹할 수 있는 객체의 크기를 로킹 단위라고 한다.
② 로킹 단위가 작아지면 로킹 오버헤드가 증가한다.
③ 로킹 단위가 작아지면 데이터베이스 공유도가 감소한다.
④ 데이터베이스, 파일, 레코드 등은 로킹 단위가 될 수 있다.

050

DDL에 해당하는 SQL 명령으로만 나열된 것은?

① DROP, CREATE, ALTER
② INSERT, DELETE, UPDATE, DROP
③ SELECT, INSERT, DELETE, UPDATE
④ SELECT, INSERT, DELETE, ALTER

051

분산 데이터베이스 목표 중 "사용하려는 데이터가 저장된 사이트를 사용자는 알 필요가 없는 것이며, 위치 정보는 시스템 카탈로그에 유지된다"는 것과 관계있는 것은?

① 장애 투명성　② 병행 투명성
③ 위치 투명성　④ 중복 투명성

052

참조 무결성을 유지하기 위하여 DROP문에서 부모 테이블의 항목 값을 삭제할 경우 삭제할 요소가 참조 중이면 삭제하지 않기 위한 옵션은?

① CLUSTER　② CASCADE
③ SET-NULL　④ RESTRICTED

053

릴레이션 R = {A, B, C, D, E}이 함수적 종속성들의 집합 FD = {A → C, {A, B} → D, D → E, {A, B} → E}를 만족할 때, R이 속할 수 있는 가장 높은 차수의 정규형으로 옳은 것은? (단, 기본키는 복합 속성 {A, B}이고, 릴레이션 R의 속성 값은 더이상 분해될 수 없는 원자값으로만 구성된다.)

① 제1정규형
② 제2정규형
③ 제3정규형
④ 보이스/코드 정규형

054

다음 관계 대수 연산의 수행 결과로 옳은 것은? (단, π는 프로젝트, σ는 셀렉트, ⋈은 자연 조인을 나타내는 연산자이다.)

관계 대수: $\pi_{\text{고객번호, 상품코드}}(\sigma_{\text{가격}<=40}(\text{구매} \bowtie_N \text{상품}))$

[구매]

고객번호	상품코드
100	P1
200	P2
100	P3
100	P2
200	P1
300	P2

[상품]

상품코드	비용	가격
P1	20	35
P2	50	65
P3	10	27
P4	20	45
P5	30	50
P6	40	55

①

고객번호	상품코드
100	P1
100	P3

②

고객번호	상품코드
100	P1
200	P1

③

고객번호	상품코드
100	P1
100	P3
200	P1

④

고객번호	상품코드
200	P2
100	P2
300	P2

055

트랜잭션이 정상적으로 완료(Commit)되거나, 중단(Abort)되었을 때 롤백(Rollback)되어야 하는 트랜잭션의 성질은?

① 원자성(Atomicity)
② 일관성(Consistency)
③ 격리성(Isolation)
④ 영속성(Durability)

056

데이터베이스 설계 단계에서 목표 DBMS에 맞는 스키마 설계와 트랜잭션 인터페이스 설계에 대한 것은 어떤 단계에서 이루어지는가?

① 요구 조건 분석 단계
② 개념적 설계 단계
③ 논리적 설계 단계
④ 물리적 설계 단계

057

[보기]는 관계형 데이터베이스의 정규화 작업을 설명한 것이다. 제1정규형, 제2정규형, 제3정규형, BCNF를 생성하는 정규화 작업을 순서대로 나열 한 것은?

보기

ㄱ. 결정자가 후보키가 아닌 함수 종속성을 제거한다.
ㄴ. 부분 함수 종속성을 제거한다.
ㄷ. 속성을 원자값만 갖도록 분해한다.
ㄹ. 이행적 함수 종속성을 제거한다.

① ㄱ → ㄴ → ㄷ → ㄹ
② ㄱ → ㄷ → ㄹ → ㄴ
③ ㄷ → ㄱ → ㄴ → ㄹ
④ ㄷ → ㄴ → ㄹ → ㄱ

058

관계형 데이터베이스의 뷰(View)에 대한 장점으로 옳지 않은 것은?

① 뷰는 데이터의 논리적 독립성을 일정 부분 제공할 수 있다.
② 뷰를 통해 데이터의 접근을 제어함으로써 보안을 제공할 수 있다.
③ 뷰에 대한 연산의 제약이 없어서 효율적인 응용 프로그램의 개발이 가능하다.
④ 뷰는 여러 사용자의 상이한 응용이나 요구를 지원할 수 있어서 데이터 관리를 단순하게 한다.

059

SQL에서는 데이터베이스 검색의 성능 및 편의 향상을 위하여 내장함수를 제공한다. 다음 중 SQL의 내장 집계함수(Aggregate Function)가 아닌 것은?

① COUNT
② SUM
③ TOTAL
④ MAX

060

직원(사번, 이름, 입사년도, 부서) 테이블에 대한 SQL문 중 문법적으로 옳은 것은?

① SELECT COUNT(부서) FROM 직원 GROUP 부서;
② SELECT * FROM 직원 WHERE 입사년도 IS NULL;
③ SELECT 이름, 입사년도 FROM 직원 WHERE 이름 = '최%';
④ SELECT 이름, 부서 FROM 직원 WHERE 입사년도 = (2014,2015);

Part Ⅳ 프로그래밍 언어 활용

061

OSI 7계층에서 네트워크 장비로 스위치가 필요하며, 물리적 연결을 이용해 신뢰성 있는 정보를 전송하려고 동기화, 오류제어, 흐름제어 등의 전송에러를 제어하는 계층은?

① 표현 계층
② 물리 계층
③ 응용 계층
④ 데이터 링크 계층

062

FIFO 페이지 교체 알고리즘을 사용하는 가상메모리에서 프로세스 P가 다음과 같은 페이지 번호 순서대로 페이지에 접근할 때, 페이지 부재(page-fault) 발생 횟수는? (단, 프로세스 P가 사용하는 페이지 프레임은 총 4개이고, 빈 상태에서 시작한다.)

1 2 3 4 5 2 1 1 6 7 5

① 6회　② 7회
③ 8회　④ 9회

063

다음 C 프로그램의 출력 값은?

```
#include <stdio.h>
int main( ) {
    int a[ ] = {1, 2, 4, 8};
    int *p = a;

    p[1] = 3;
    a[1] = 4;
    p[2] = 5;

    printf("%d, %d\n", a[1]+p[1], a[2]+p[2]);

    return 0;
}
```

① 5, 9　② 6, 9
③ 7, 9　④ 8, 10

064

운영체제를 기능에 따라 분류할 경우 제어 프로그램이 아닌 것은?

① 감시 프로그램
② 데이터 관리 프로그램
③ 통신 제어 프로그램
④ 언어번역 프로그램

065

다음 Java 프로그램에서 사용된 객체지향 언어의 특성이 아닌 것은?

```
class Calc1 {
  protected int a, b;
  public Calc1( ) {
    a = 1;
    b = 2;
  }
}
class Plus extends Calc1 {
  void answer( ) {
    System.out.println(a + "+" + b + "=" + (a + b));
  }
  void answer(int a, int b) {
    System.out.println(a + "+" + b + "=" + (a + b));
  }
}
```

① 오버라이딩(Overriding)
② 상속(Inheritance)
③ 캡슐화(Encapsulation)
④ 오버로딩(Overloading)

066

C 언어에서 변수명으로 사용할 수 없는 것은?

① data02
② 5int01
③ _sub
④ shrt

067

다음 중 응집도가 가장 낮은 것은?

① 절차적 응집도
② 논리적 응집도
③ 우연적 응집도
④ 통신적 응집도

068

다음 중 스크립트 언어가 아닌 것은?

① ASP
② Python
③ JavaScript
④ COBOL

069

교착상태에 대한 설명으로 옳지 않은 것은?

① 교착상태를 예방하기 위한 방법에는 점유와 대기 조건의 방지, 비선점(Non-Preemptive) 조건의 방지, 순환 대기 조건의 방지 방법이 있다.
② 교착상태를 회피하기 위한 방법으로 은행가 알고리즘(Banker Algorithm)이 있다.
③ 둘 이상의 프로세스들이 서로 다른 프로세스가 점유하고 있는 자원을 기다리느라 어느 프로세스도 진행하지 못하는 상태를 말한다.
④ 상호배제 조건, 점유와 대기조건, 비선점(Non-Preemptive) 조건, 순환 대기의 조건 중 어느 하나만 만족하면 발생한다.

070

입력 안내에 따라 두 사람의 나이를 입력받고 그 합을 구하는 C 프로그램을 작성하려고 한다. 프로그램이 정상적으로 동작 하도록 다음의 코드 조각을 올바른 순서로 나열한 것은?

```
ㄱ. scanf("%d%d", &age1, &age2);
ㄴ. result = age1 + age2;
ㄷ. int age1, age2, result;
ㄹ. printf("나이의 합은 %d살입니다.\n", result);
ㅁ. printf("철수와 영희의 나이를 입력하세요 :");
```

① ㄷ→ㅁ→ㄱ→ㄴ→ㄹ
② ㄷ→ㄱ→ㄴ→ㅁ→ㄹ
③ ㅁ→ㄱ→ㄷ→ㄹ→ㄴ
④ ㄷ→ㄱ→ㅁ→ㄴ→ㄹ

071

다음 중 OSI 7계층 중 네트워크 계층에 대한 설명으로 틀린 것은?

① 네트워크 계층에서는 IP를 사용한다.
② 라우터 또는 교환기는 패킷 전달을 위해 경로를 지정하거나 교환 기능을 제공한다.
③ 패킷에 발신지와 목적지의 논리 주소를 추가한다.
④ 한 노드로부터 다른 노드로 프레임을 전송하는 책임을 진다.

072

현재 실행 중이던 프로세스가 지정된 시간 이전에 입출력 요구에 의하여 스스로 CPU를 반납하고 대기 상태로 전이하는 것은?

① Block　　② Deadlock
③ Interrupt　　④ Wake Up

073

C 프로그램에서 int형 변수 a와 b의 값이 모두 5일 때, 다음 연산 중 결과값이 같은 것끼리 묶은 것은?

ㄱ. a && b	ㄴ. a & b
ㄷ. a == b	ㄹ. a - b

① ㄱ, ㄴ　　② ㄱ, ㄷ
③ ㄴ, ㄷ　　④ ㄴ, ㄹ

074

IPv6에 대한 설명으로 틀린 것은?

① 전송 데이터의 오류 검사를 위해 체크썸을 사용한다.
② 멀티캐스트(Multicast)를 사용한다.
③ 애니캐스트(Anycast)는 하나의 호스트에서 그룹 내의 가장 가까운 곳에 있는 수신자에게 전달하는 방식이다.
④ 128비트 주소체계를 사용한다.

075

다음 C 프로그램 실행 결과로 출력되는 sum 값으로 옳은 것은?

```
#include <stdio.h>
int foo(void) {
    int var1 = 1;
    static int var2 = 1;
    return (var1++) + (var2++);
}
int main( ) {
    int i=0, sum=0;
    while(i < 3) {
        sum = sum + foo( );
        i++;
    }
    printf("%d", sum);
    return 0;
}
```

① 8　　② 9
③ 10　　④ 11

076

한 프로세스가 CPU를 독점하는 폐단을 방지하기 위해서 각 프로세스에게 할당된 일정한 시간(Time Slice) 동안만 CPU를 사용하도록 하는 스케줄링 기법으로 범용 시분할 시스템에 적합한 것은?

① FIFO(First-In-First-Out)
② RR(Round-Robin)
③ SRT(Shortest-Remaining-Time)
④ HRN(High-Response-ratio-Next)

077

프로세스와 스레드(Thread)에 대한 설명으로 옳지 않은 것은?

① 하나의 스레드는 여러 프로세스에 포함될 수 있다.
② 스레드는 프로세스에서 제어를 분리한 실행단위이다.
③ 스레드는 같은 프로세스에 속한 다른 스레드와 코드를 공유한다.
④ 스레드는 프로그램 카운터를 독립적으로 가진다.

078

다음 C 프로그램의 실행 결과로 옳은 것은?

```
#include <stdio.h>
int sub(int n) {
    if(n==0) return 0;
    if(n==1) return 1;
    return (sub(n-1) + sub(n-2));
}
int main( ) {
    int a=0;
    a=sub(4);
    printf("%d", a);
    return 0;
}
```

① 0　　② 1
③ 2　　④ 3

079

SJF(Shortest Job First) 스케줄링에서 준비 큐에 도착하는 시간과 CPU 사용 시간이 다음 표와 같다. 모든 작업들의 평균 대기 시간은 얼마인가?

프로세스 번호	도착 시간	실행 시간
1	0초	6초
2	1초	4초
3	2초	1초
4	3초	2초

① 3　　② 4
③ 5　　④ 6

080

다음 Java 프로그램의 출력 결과는?

```
class ClassP {
    int func1(int a, int b) {
        return (a+b);
    }
    int func2(int a, int b) {
        return (a-b);
    }
    int func3(int a, int b) {
        return (a*b);
    }
}
class ClassA extends ClassP {
    int func1(int a, int b) {
        return (a%b);
    }
    double func2(double a, double b) {
        return (a*b);
    }
    int func3(int a, int b) {
        return (a/b);
    }
}

public class Main {
    public static void main(String[ ] args)
    throws Exception {
        ClassP p = new ClassA( );
        System.out.print(p.func1(5, 2) + ", "+
        p.func2(5, 2) + ", " + p.func3(5, 2));
    }
}
```

① 1, 3, 2　　② 1, 3, 2.5
③ 1, 10.0, 2.5　　④ 7, 3, 10

081

소프트웨어 생명주기 모형 중 프로토타입(Prototype) 모형에 대한 설명으로 옳은 것을 [보기]에서 고른 것은?

보기
ㄱ. 프로토타입 모형의 마지막 단계는 설계이다.
ㄴ. 발주자가 목표 시스템의 모습을 미리 볼 수 있다.
ㄷ. 폭포수 모형보다 발주자의 요구사항을 반영하기가 용이하다.
ㄹ. 프로토타입별로 구현 시스템에 대하여 베타 테스트를 실시한다.

① ㄱ, ㄴ　② ㄴ, ㄷ
③ ㄷ, ㄹ　④ ㄱ, ㄹ

082

관리자가 정의한 보안 환경이 운영되는 시스템만 네트워크에 연결이 가능하도록 하며, Clear Network에 악성 Worm이 감염된 Host가 연결되면 순식간에 네트워크는 악성 Worm이 퍼지게 되므로 이러한 상황을 막고자하는 시스템은?

① SAN　② MBR
③ NAC　④ NIC

083

소프트웨어 개발 프로세스 모형에 대한 설명으로 옳은 것은?

① 폭포수(Waterfall) 모델은 개발 초기단계에 시범 소프트웨어를 만들어 사용자에게 경험하게 함으로써 사용자 피드백을 신속하게 제공할 수 있다.
② 프로토타입(Prototyping) 모델은 개발이 완료되고 사용단계에 들어서야 사용자 의견을 반영할 수 있다.
③ 익스트림 프로그래밍(Extreme Programming)은 1950년대 항공 방위 소프트웨어 시스템 개발경험을 토대로 처음 개발되어 1970년대부터 널리 알려졌다.
④ 나선형(Spiral) 모델은 위험 분석을 해나가면서 시스템을 개발 한다.

084

다음 중에서 COCOMO 모델에서 사용되는 노력 승수값을 구하기 위해서 사용되는 요소가 아닌 것은?

① 제품의 특성
② 컴퓨터의 특성
③ 개발 요원의 특성
④ 사용자의 특성

085

다음 중 파일 전송 프로토콜은?

① type　② mkdir
③ ftp　④ nmap

086

CMM(Capability Maturity Model) 모델의 레벨로 옳지 않은 것은?

① 인수 단계　② 관리 단계
③ 정의 단계　④ 최적 단계

087

소프트웨어 비용 추정 모형(Estimation Models)이 아닌 것은?

① CPM
② Putnam
③ COCOMO
④ Function-Point

088

우리나라 국가 표준으로 지정되었으며 경량 환경 및 하드웨어 구현에서의 효율성 향상을 위해 개발된 128비트 블록암호 알고리즘은?

① ARIA　② HMAC
③ 3DES　④ IDEA 값

089

다음 중 ISO 12207 표준의 기본 생명주기의 주요 프로세스에 해당하지 않는 것은?

① 유지보수 프로세스
② 개발 프로세스
③ 운영 프로세스
④ 품질보증 프로세스

090

Link State Routing 기법을 사용하며, 전달 정보는 인접 네트워크 정보를 이용하는 프로토콜은?

① RIP　② OSPF
③ Static　④ EIGRP

091

다음 중 SSH(Secure Shell)에 대한 설명으로 틀린 것은?

① 키를 통한 인증은 클라이언트의 공개키를 서버에 등록해야 한다.
② 전송되는 데이터는 암호화 된다.
③ SSH의 기본 네트워크 포트는 25번을 사용한다.
④ 서로 연결되어 있는 컴퓨터 간 원격 명령 실행이나 셸 서비스 등을 수행한다.

092

메모리 영역에 비정상적인 데이터나 비트를 채워 시스템의 정상적인 동작을 방해하는 공격 방식은?

① Spoofing
② Buffer Overflow
③ Sniffing
④ Scanning

093

서비스 거부 공격에 해당하는 것을 [보기]에서 고른 것은?

보기
ㄱ. Ping of Death 공격
ㄴ. SYN Flooding 공격
ㄷ. Session Hijacking 공격
ㄹ. ARP Redirect 공격

① ㄱ, ㄴ　② ㄴ, ㄷ
③ ㄷ, ㄹ　④ ㄱ, ㄹ

094

IPSec(IP Security)에 대한 설명으로 틀린 것은?

① 암호화 수행 시 양방향 암호화를 지원한다.
② ESP는 발신지 인증, 데이터 무결성, 기밀성 모두를 보장한다.
③ 운영 모드는 Tunnel 모드와 Transport 모드로 분류된다.
④ AH는 발신지 인증, 데이터 무결성, 기밀성 모두를 보장한다.

095

소프트웨어 규모를 예측하기 위한 기능점수(function point)를 산정할 때 고려하지 않는 것은?

① 내부 논리 파일(Internal Logical File)
② 외부 입력(External Input)
③ 외부 조회(External Iinquiry)
④ 원시 코드 라인 수(Line of Code)

096

정보화사회에서 개인 정보를 불법적인 방법으로 추출하여 개인의 경제적인 피해를 유발하는 사고가 많이 발생하고 있다. 개인 정보를 불법적으로 추출하는 방법으로 옳지 않은 것은?

① 스니핑(Sniffing)
② 스푸핑(Spoofing)
③ 페이징(Paging)
④ 피싱(Phishing)

097

소프트웨어 개발 프로세스 모델 중 하나인 나선형 모델(Spiral Model)에 대한 설명으로 옳지 않은 것은?

① 폭포수(Waterfall) 모델과 원형(Prototype) 모델의 장점을 결합한 모델이다.
② 점증적으로 개발을 진행하여 소프트웨어 품질을 지속적으로 개선할 수 있다.
③ 위험을 분석하고 최소화하기 위한 단계가 포함되어 있다.
④ 관리가 복잡하여 대규모 시스템의 소프트웨어 개발에는 적합하지 않다.

098

다음 중 공학적으로 잘 작성된 소프트웨어의 특성이 아닌 것은?

① 소프트웨어는 편리성이나 유지보수성에 점차 비중을 적게 두는 경향이 있다.
② 소프트웨어는 사용자가 원하는 대로 동작해야 한다.
③ 소프트웨어는 신뢰성이 높아야 하며 효율적이어야 한다.
④ 소프트웨어는 잠재적인 에러가 가능한한 적어야 하며 유지보수가 용이해야 한다.

099

IP 패킷 전송이 잘게 나누어졌다가 다시 재조합하는 과정의 약점을 악용한 공격 방법은?

① TearDrop
② Smishing
③ Qshing
④ Smurfing

100

V-모형은 폭포수 모형에 테스트와 검증을 강조한 것이다. V모형의 단계를 ㉠ ~ ㉥까지 순서대로 바르게 나열한 것은?

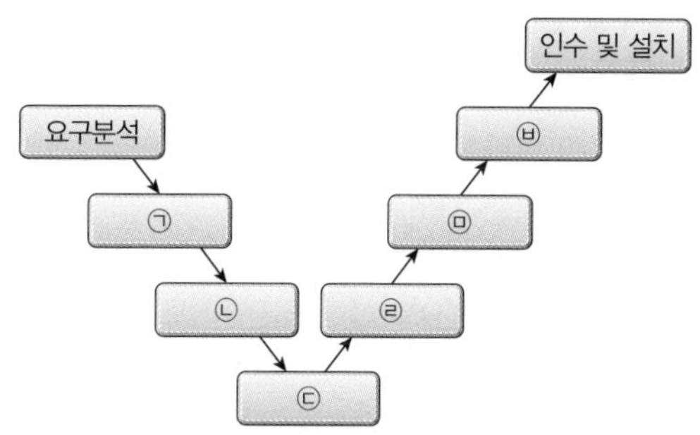

① 시스템 설계 → 상세 설계 → 코딩 → 단위 테스트 → 통합 테스트 → 시스템 테스트
② 시스템 설계 → 시스템 테스트 → 상세 설계 → 통합 테스트 → 코딩 → 단위 테스트
③ 시스템 테스트 → 통합 테스트 → 단위 테스트 → 코딩 → 상세 설계 → 시스템 설계
④ 시스템 테스트 → 시스템 설계 → 통합 테스트 → 상세 설계 → 단위 테스트 → 코딩

제3회 모의고사

정답 및 해설 P.123

제한시간	150분	점수	/100점	풀이 시작 시각	:	풀이 종료 시각	:

Part I 소프트웨어 설계

001

다음 설명에 해당하는 시스템으로 옳은 것은?

> 수신한 연계 테이블, 파일 데이터를 수신 시스템에서 관리하는 데이터 형식에 맞게 변환하여 DB에 저장하거나 애플리케이션에서 활용할 수 있도록 제공한다.

① 연계 서버
② 중계 서버
③ 송신 시스템
④ 수신 시스템

002

다음 중 객체지향 설계에서 객체가 가지고 있는 속성과 오퍼레이션의 일부를 감추어서 객체의 외부에서는 접근이 불가능하게 하는 개념은?

① 정보은닉(Information Hiding)
② 다형성(Polymorphism)
③ 조직화(Organizing)
④ 구조화(Structuralization)

003

다음 중에서 속성과 메소드로 정의되는 것을 의미하는 것은?

① Class ② Package
③ Object ④ Message

004

다음 중 바람직한 소프트웨어 설계 지침이 아닌 것은?

① 적당한 모듈의 크기를 유지한다.
② 모듈 간의 접속 관계를 분석하여 복잡도와 중복을 높인다.
③ 모듈 간의 결합도는 약할수록 바람직하다.
④ 모듈 간의 효과적인 제어를 위해 설계에서 계층적 자료 조직이 제시되어야 한다

005

다음 중 GoF(Gangs of Four) 디자인 패턴 중 생성 패턴으로 옳은 것은?

① Adapter Pattern
② Decorator Pattern
③ Factory Method Pattern
④ State Pattern

006

다음 중 UML의 기본 구성 요소가 아닌 것은?

① Things ② Relationship
③ Tuple ④ Diagram

007

UML 모델에서 연관 관계와 같이 한 클래스가 다른 클래스를 사용할 때 나타나고, 두 클래스 관계가 한 메소드의 실행 동안과 같이 매우 짧은 시간 동안만 존재하는 관계로 옳은 것은?

① Dependency ② Realization
③ Generalization ④ Association

008

소프트웨어의 사용자 인터페이스 개발 시스템(User Interface Development System)이 가져야 할 기능이 아닌 것은?

① 소스 코드 개발과 디버깅 작업
② 오류 처리와 오류 메시지 처리
③ 도움과 프롬프트(Prompt) 제공
④ 복구사용자 입력의 검증

009

소프트웨어의 하위 설계에 속하지 않는 것은?

① 아키텍처 설계 ② 모듈 설계
③ 자료구조 설계 ④ 알고리즘 설계

010

다음 중 독립적으로 특정 기능을 수행할 수 있게 만든 객체들의 묶음을 의미하는 것은?

① Instance ② Message
③ Method ④ Module

011

소프트웨어 개발 단계에서 요구분석 과정에 대한 설명으로 거리가 먼 것은?

① 분석 결과의 문서화를 통해 향후 유지보수에 유용하게 활용 할 수 있다.
② 사용자의 요구사항 분석은 열거가 쉽고, 예외적인 부분이 거의 없어서 용이하다.
③ 자료 흐름도, 자료 사전 등이 효과적으로 이용될 수 있다.
④ 보다 구체적인 명세를 위해 소단위 명세서(Mini-Spec)가 활용될 수 있다.

012

다음 중 UML 다이어그램에서 행위 다이어그램이 아닌 것은?

① Sequence Diagram
② State Diagram
③ Class diagram
④ Activity Diagram

013

다음 중 애자일 개발 방법론이 아닌 것은?

① 익스트림 프로그래밍
② COCOMO
③ 스크럼
④ 기능 주도 개발

014

요구사항 개발 프로세스의 순서로 옳은 것은?

> ㉠ 도출(Elicitation)
> ㉡ 분석(Analysis)
> ㉢ 명세(Specification)
> ㉣ 확인(Validation)

① ㉠ – ㉡ – ㉢ – ㉣
② ㉠ – ㉢ – ㉡ – ㉣
③ ㉠ – ㉣ – ㉡ – ㉢
④ ㉠ – ㉡ – ㉣ – ㉢

015

다음 중 럼바우(Rumbaugh)의 객체지향 분석에서 사용하는 분석 활동으로 옳은 것은?

① 객체 모델링, 동적 모델링, 정적 모델링
② 정적 모델링, 객체 모델링, 기능 모델링
③ 동적 모델링, 기능 모델링, 정적 모델링
④ 객체 모델링, 동적 모델링, 기능 모델링

016

요구사항 명세 기법에 대한 설명으로 틀린 것은?

① 비정형 명세 기법은 사용자의 요구를 표현할 때 자연어를 기반으로 서술한다.
② 정형 명세 기법은 사용자의 요구를 표현할 때 Z 비정형 명세 기법을 사용한다.
③ 정형 명세 기법은 사용자의 요구를 표현할 때 수학적인 원리를 이용하지 않는다.
④ 정항 명세 기법은 비정형 명세 기법에 비해 표현이 간결하다.

017

다음 중 시스템의 구성 요소로 볼 수 없는 것은?

① Maintenance ② Feedback
③ Input ④ Control

018

다음 중 자료 사전(Data Dictionary)에서 항목의 정의를 나타내는 것은?

① = ② { }
③ + ④ * *

019

모듈들로 응집된 계층 단위로 SW를 구성하며 계층 간에 사용 가능의 관계로 표현되는 아키텍처 스타일은?

① 클라이언트 서버 구조
② 계층 구조
③ MVC 구조
④ 파이프 필터 구조

020

유스케이스(Usecase)에 대한 설명 중 옳은 것은?

① 유스케이스 다이어그램은 개발자의 요구를 추출하고 분석하기 위해 주로 사용한다.
② 액터는 대상 시스템과 상호작용하는 사람은 해당되지만, 시스템은 해당되지 않는다.
③ 사용자 액터는 본 시스템과 연동되는 시스템이 아니라 역할 사용자이다.
④ 연동의 개념은 일방적으로 데이터를 파일이나 정해진 형식으로 넘겨주는 것을 의미한다.

Part Ⅱ 소프트웨어 개발

021

코딩이 끝난 후 설계의 최소 단위인 모듈에 초점을 두고 검사하는 단계이며, 독립 모듈의 완전성을 시험하는 것으로 옳은 것은?

① 통합 테스트(Integration Test)
② 단위 테스트(Unit Test)
③ 시스템 테스트(System Test)
④ 인수 테스트(Acceptance Test)

022

다음 중 소스 코드 품질 분석 도구 중 정적 분석 도구가 아닌 것은?

① pmd
② checkstyle
③ cppcheck
④ Avalanche

023

공학적으로 잘된 소프트웨어(Well Engineered Software)의 설명 중 틀린 것은?

① 소프트웨어는 편리성이나 유지보수에 점차 비중이 적어지고 있다.
② 소프트웨어는 신뢰성이 높아야 한다.
③ 소프트웨어는 사용자 수준에 맞게 직관적이고 사용하기 쉽게 제공해야 한다.
④ 소프트웨어는 충분한 테스팅을 거쳐야 한다.

024

다음 설명에 해당하는 것은?

> 일반 사용자나 응용 프로그래머가 각 개인의 입장에서 필요로 하는 데이터베이스의 논리적 구조이다.

① 외부 스키마　　② 내부 스키마
③ 개념 스키마　　④ 슈퍼 스키마

025

순서가 A, B, C, D로 정해진 입력 자료를 스택에 입력한 후 출력한 결과로 불가능한 것은?

① B, C, D, A　　② D, A, B, C
③ C, B, A, D　　④ D, C, B, A

026

정렬된 N개의 데이터를 처리하는 데 평균 $O(n^2)$의 시간이 소요되는 정렬 알고리즘은?

① 합병 정렬　　② 버블 정렬
③ 퀵 정렬　　④ 힙 정렬

027

클린 코드 작성 원칙에 대한 설명으로 틀린 것은?

① 코드의 중복을 최대화한다.
② 코드가 다른 모듈에 미치는 영향을 최소화하도록 작성한다.
③ 누구든지 코드를 쉽게 읽을 수 있도록 작성한다.
④ 간단하게 코드를 작성한다.

028

다음 트리에 대한 후위 순회 운행 결과는?

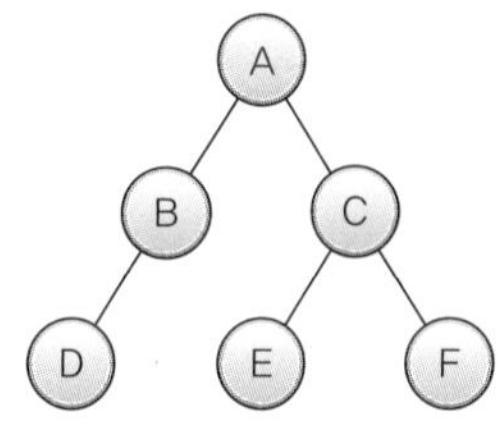

① ABDCEF　　② ABCDEF
③ DBEFCA　　④ DBAECF

029

n개의 노드로 구성된 방향 그래프의 최대 간선 수는?

① $n-1$　　② $n/2$
③ $n(n-1)/2$　　④ $n(n-1)$

030

다음 중 테스트와 디버그의 설명으로 옳은 것은?

① 둘 다 소프트웨어의 오류를 찾는 작업으로 오류 수정은 하지 않는다.
② 테스트는 오류를 수정하는 작업이고 디버깅은 오류를 찾는 작업이다.
③ 테스트는 오류를 찾는 작업이고 디버깅은 오류를 수정하는 작업이다.
④ 둘 다 소프트웨어 오류의 발견, 수정과 무관하다.

031

다음 중 버전 관리 항목 중 저장소에 새로운 버전의 파일로 갱신하는 것을 의미하는 용어는?

① 체크인(Check-In)
② 롤백 (Rollback)
③ 형상 감사(Configuration Audit)
④ 단위 테스트(Unit Test)

032

프로그램이 설계 사양을 만족시키며 사용자가 원하는 대로 수행되고 있는 정도로 옳은 것은?

① Portability
② Efficiency
③ Usability
④ Correctness

033

EAI(Enterprise Application Integration) 구축 유형에서 1:1 방식으로 애플리케이션을 통합 수행하는 것은?

① Message Bus
② Point-to-point
③ Hub &Spoke
④ Hybrid

034

다음 중 큐를 이용한 연산과 거리가 먼 것은?

① 너비 우선 탐색
② 작업 스케줄링
③ 트리의 Level 순회
④ 깊이 우선 탐색

035

소프트웨어 패키징에 대한 설명으로 틀린 것은?

① 패키징은 사용자 중심으로 진행한다.
② 신규 및 변경 개발 소스를 식별하고, 이를 모듈화하여 상용제품으로 패키징 한다.
③ 고객의 편의성을 위해 매뉴얼 및 버전 관리를 지속적으로 한다.
④ 특정 환경에서 사용이 가능하도록 일반적인 배포 형태로 패키징이 진행된다.

036

디지털 저작권 관리(DRM) 구성 요소가 아닌 것은?

① Packager
② DRM Controller
③ Watermarking
④ Contents Distributor

037

다음 중 블랙박스 테스트를 이용하여 발견할 수 있는 오류가 아닌 것은?

① 내부의 논리적인 경로가 제대로 수행되지 않는 경우
② 정상적인 자료를 입력해도 요구된 기능이 제대로 수행되지 않는 경우
③ 비정상적인 자료를 입력해도 오류 처리를 수행하지 않는 경우
④ 경계값을 입력할 경우 요구된 출력 결과가 나오지 않는 경우

038

다음 자료를 버블 정렬을 이용하여 오름차순으로 정렬할 경우 Pass 3의 결과는?

8, 6, 7, 2, 5

① 2, 5, 6, 7, 8
② 6, 7, 2, 5, 8
③ 2, 5, 8, 6, 7
④ 6, 2, 5, 7, 8

039

다음 설명의 소프트웨어 버전 관리도구 방식으로 옳은 것은?

> • 버전 관리 자료가 원격 저장소와 로컬 저장소에 함께 저장되어 관리된다.
> • 로컬 저장소에서 버전 관리가 가능하므로 원격 저장소에 문제가 생겨도 로컬 저장소의 자료를 이용하여 작업할 수 있다.
> • 대표적인 버전 관리 도구로 Git이 있다.

① 단일 저장소 방식
② 공유 폴더 방식
③ 분산 저장소 방식
④ 클라이언트·서버 방식

040

인터페이스 구현 검증 도구가 아닌 것은?

① xUnit
② STAF
③ watir
④ Firewall

Part Ⅲ 데이터베이스 구축

041

다음 중 특정 속성의 값이 그 속성이 정의된 도메인에 속한 값이어야 한다는 조건을 무엇이라 하는가?

① 개체 무결성 제약 조건
② 참조 무결성 제약 조건
③ 도메인 무결성 제약 조건
④ 속성 무결성 제약 조건

042

이전 단계의 정규형을 만족하면서 후보키를 통하지 않는 조인 종속(JD)을 제거해야 만족하는 정규형은?

① 제3정규형　　② 제4정규형
③ 제5정규형　　④ 제6정규형

043

어떤 릴레이션에서 속성들의 부분 집합을 X, Y라 할 때, 임의의 튜플에서 X의 값이 Y의 값을 함수적으로 결정한다면, Y가 X에 함수적으로 종속되었다고 한다. 이 함수 종속의 표기로 옳은 것은?

① Y → X　　② Y ⊂ X
③ X ⊂ Y　　④ X → Y

044

SQL 문에서 SELECT에 대한 설명으로 옳지 않은 것은?

① FROM절에는 질의에 의해 검색될 데이터들을 포함하는 테이블명을 기술한다.
② 검색결과에 중복되는 레코드를 없애기 위해서는 SELECT 명령 뒤에 'DISTINCT' 키워드를 사용한다.
③ WHERE절은 GROUP BY절과 함께 사용되며, 그룹에 대한 조건을 지정한다.
④ ORDER BY절은 특정 속성을 기준으로 정렬하여 검색할 때 사용한다.

045

다음 중 SQL에서의 DDL문으로 옳은 것은?

① INSERT　　② DELETE
③ ALTER　　④ SELECT

046

릴레이션 R의 차수가 3이고 카디널리티가 7이며, 릴레이션 S의 차수가 5이고 카디널리티가 3일 때, 두 개의 릴레이션을 카티션 프로덕트한 결과의 새로운 릴레이션의 차수와 카디널리티는 얼마인가?

① 15, 21　② 15, 10
③ 8, 21　④ 8, 10

047

다음 중 병행제어 기법의 종류가 아닌 것은?

① 로킹 기법
② 다중 버전 기법
③ 타임 스탬프 기법
④ 인월수 기법

048

관계 데이터베이스에 있어서 관계 대수 연산의 순수 관계 연산이 아닌 것은?

① 디비전(Division)
② 카티션 프로덕트(Cartesian Product)
③ 조인(Join)
④ 프로젝트(Project)

049

다음 SQL 문에서 (　　) 안에 들어갈 내용으로 옳은 것은?

```
(    ) 인사급여 SET 호봉 = 15 WHERE 성명 = '홍길동';
```

① UPDATE　② FROM
③ INTO　④ DELETE

050

데이터 속성 간의 종속성에 대한 엄밀한 고려 없이 잘못 설계된 데이터베이스에서는 데이터 처리 연산 수행 시 불필요한 정보를 함께 저장하지 않고서는 어떤 정보를 저장하는 것이 불가능한 이상 현상은?

① 검색 이상　② 삽입 이상
③ 삭제 이상　④ 갱신 이상

051

다음 중 SQL문에서 HAVING을 사용할 수 있는 절은?

① CHECK절
② WHERE절
③ ORDER BY절
④ GROUP BY절

052

변경 및 삭제 작업의 오류를 대비하여 변경 대상의 레코드는 별도의 테이블에 복사하는 작업은?

① COMMIT 연산
② BACKUP 연산
③ LOG 연산
④ ROLLBACK 연산

053

제1정규형(1NF)에서 제2정규형(2NF)이 되기 위한 조건은?

① 결정자가 후보키가 아닌 함수 종속 제거
② 이행적 함수 종속 제거
③ 부분적 함수 종속 제거
④ 원자값이 아닌 도메인 분해

054

데이터베이스에서 하나 이상의 테이블로부터 유도되어 만들어진 가상 테이블들을 의미하는 것은?

① 트랜잭션　　② 뷰
③ 튜플　　④ 카디널리티

055

다음 중 트랜잭션을 수행하는 도중 장애로 인해 손상된 데이터베이스를 손상되기 이전의 정상적인 상태로 복구시키는 작업은?

① Recovery　　② Commit
③ Abort　　④ Restart

056

학적 테이블에서 전화번호가 NULL 값인 학생명을 모두 검색할 때, SQL 구문으로 옳은 것은?

① SELECT 학생명 FROM 학적 WHERE 전화번호 DON'T NULL;
② SELECT 학생명 FROM 학적 WHERE 전화번호 != NOT NULL;
③ SELECT 학생명 FROM 학적 WHERE 전화번호 IS NOT NULL;
④ SELECT 학생명 FROM 학적 WHERE 전화번호 IS NULL;

057

E-R 다이어그램의 표기법으로 옳지 않은 것은?

① 개체 타입 – 오각형
② 속성 – 타원
③ 관계 집합 – 마름모
④ 개체 타입과 속성을 연결 – 선

058

다음 중 관계대수에 대한 설명으로 옳지 않은 것은?

① 일반 집합 연산과 순수 관계 연산으로 구분된다.
② 릴레이션 조작을 위한 연산의 집합으로 피연산자만 릴레이션이다.
③ 원하는 릴레이션을 정의하는 방법을 제공하며 절차적 언어이다.
④ 질의에 대한 해를 구하기 위해 수행해야 할 연산의 순서를 명시한다.

059

로킹 단위(Locking Granularity)에 대한 설명으로 옳은 것은?

① 로킹 단위가 크면 병행성 수준이 높아진다.
② 로킹 단위가 크면 병행 제어 기법이 복잡해진다.
③ 로킹 단위가 작으면 로크(lock)의 수가 많아진다.
④ 로킹은 파일 단위로 이루어지며, 레코드와 필드는 로킹 단위가 될 수 없다.

060

다음 중 관계형 데이터베이스에서 기본키를 제외한 후보키들을 말하는 키(Key)는?

① 후보키
② 대체키
③ 슈퍼키
④ 외래키

061

다음은 파이썬으로 만들어진 반복문 코드이다. 이 코드의 결과는?

```
a = 0
while a < 10:
    a = a + 1
    if a % 2 == 0: continue
    print(a)
```

① 1 3 5 7 9
② 2 4 6 8
③ 1 3 5 7
④ 2 4 6 8 10

062

다음 중 JAVA에서 우선순위가 가장 낮은 연산자는?

① --
② %=
③ &
④ &&

063

운영체제의 디스크 스케줄링 기법에 대한 설명으로 옳은 것은?

① FCFS(First-Come-First-Served)는 현재의 판독/기록 헤드위치 에서 대기 큐 내 요구들 중 탐색 시간이 가장 짧은 것을 선택하여 처리하는 기법이다.
② N-Step-SCAN은 대기 큐 내에서 디스크 암(disk arm)이 외부 실린더에서 내부 실린더로 움직이는 방향에 있는 요구들만을 처리하는 기법이다.
③ C-LOOK은 디스크 암(disk arm)이 내부 혹은 외부 트랙으로 이동할 때, 움직이는 방향에 더 이상 처리할 요구가 없는 경우 마지막 트랙까지 이동하지 않는 기법이다.
④ SSTF(Shortest-Seek-Time-First)는 각 요구 처리에 대한 응답 시간을 항상 공평하게 하는 기법이다.

064

C 언어에서 변수로 사용할 수 없는 것은?

① data0205
② char
③ _a12sub
④ int01

065

다음 C 언어 프로그램이 실행되었을 때의 결과는?

```
#include <stdio.h>
int main(void) {
    int n=6;
    int* pt=NULL;
    pt=&n;
    printf("%d", &n+*pt-*&pt+n);
    return 0;
}
```

① 0
② 4
③ 8
④ 12

066

CID 표기로 203.241.132.82/25과 같이 사용되었다면, 해당 주소의 서브넷 마스크는?

① 255.255.255.0
② 255.255.255.128
③ 255.255.255.224
④ 255.255.255.248

067

다음 중 교착상태가 발생할 수 있는 조건이 아닌 것은?

① Mutual Exclusion
② Hold and Wait
③ Preemption
④ Circular Wait

068

여덟 개의 페이지(0~7페이지)로 구성된 프로세스에 네 개의 페이지 프레임이 할당되어 있고, 이 프로세스의 페이지 참조 순서는 [보기]와 같다. 이 경우 LRU 페이지 교체 알고리즘을 적용할 때 페이지 적중률(Hit Ratio)은 얼마인가? (단, [보기]의 숫자는 참조하는 페이지 번호를 나타내고, 최초의 페이지 프레임은 모두 비어있다고 가정한다.)

보기

1, 0, 2, 2, 2, 1, 7, 6, 7, 0, 1, 2

① $\frac{5}{12}$ ② $\frac{6}{12}$
③ $\frac{7}{12}$ ④ $\frac{8}{12}$

069

교착상태의 해결 방법 중 교착상태 발견 후 환형대기를 배제시키거나 자원을 중단하는 메모리 할당 기법은?

① Detection
② Avoidance
③ Recovery
④ Prevention

070

다음 중 가장 약한 결합도(Coupling)는?

① Common Coupling
② Data Coupling
③ External Coupling
④ Stamp Coupling

071

교착상태가 발생하는 필요조건에 해당하지 않은 것은?

① 상호 배제(mutual exclusion)
② 점유와 대기(hold and wait)
③ 비환형 대기(non-circular wait)
④ 비선점(non-preemption)

072

프레임워크(Framework)에 대한 설명으로 옳은 것은?

① 소프트웨어 구성에 필요한 기본 구조를 제공함으로써 재사용이 불가능하다.
② 소프트웨어 개발 시 다형성(Polymorphism)을 통해 확장이 가능하다.
③ 소프트웨어 아키텍처(Architecture)와 동일한 개념이다.
④ 모듈화(Modularity)가 불가능하다.

073

다음 중 페이징 기법에서 페이지 크기가 작아질수록 발생하는 현상이 아닌 것은?

① 기억장소 이용 효율이 증가한다.
② 페이지 맵 테이블의 크기가 감소한다.
③ 내부 단편화가 감소한다.
④ 입·출력 시간이 늘어난다.

074

C 언어의 구조체(Structuer)에 관한 설명 중 <u>틀린</u> 것은?

① 구조체에 속하는 변수를 멤버(Member)라고 부른다.
② 서로 다른 자료형의 변수들을 하나의 이름으로 묶어 하나의 단위로 참조가 가능하다.
③ 구조체와 구조체 변수의 선언을 동시에 할 수 없다.
④ 구조체에 속한 변수를 참조하기 위해 연산자 "."을 사용한다.

075

다음 파이썬(Python) 프로그램이 실행되었을 때의 결과는?

```
print(list(range(5, 10)))
print(list(range(0, 10, 3)))
print(list(range(-10, -100, -30)))
```

① [5,6,7,8,9] [0,3,6,9] [-10,-40,-70]
② [6,7,8,9,10] [0,3,6,9,10] [-30,-60,-90]
③ [5,6,7,8,9] [0,3,6,9,] [10,40,70]
④ [6,7,8,9,10] [0,3,6,9,10] [30,60,90]

076

다음 중 가장 강한 응집도(Cohesion)는?

① Sequential Cohesion
② Procedural Cohesion
③ Logical Cohesion
④ Functional Cohesion

077

FIFO 페이지 교체 알고리즘을 사용하는 가상메모리에서 프로세스 P가 다음과 같은 페이지 번호 순서대로 페이지에 접근할 때, 페이지 부재(Page-Fault) 발생 횟수는? (단, 프로세스 P가 사용하는 페이지 프레임은 총 4개이고, 빈 상태에서 시작한다)

```
1 2 3 4 5 2 1 1 6 7 5
```

① 6회 ② 7회
③ 8회 ④ 9회

078

페이지 교체(Page Replacement) 알고리즘이 <u>아닌</u> 것은?

① LRU(Least Recently Used)
② FIFO(First-In-First-Out)
③ Optimal
④ LUF(Least Used First)

079

다음 중 TCP 프로토콜과 관련한 설명으로 <u>틀린</u> 것은?

① IP 주소를 이용하여 출발지와 목적지를 나타낸다.
② 흐름 제어(Flow Control)의 기능을 수행한다.
③ 전이중(Full Duplex) 방식의 양방향 가상회선을 제공한다.
④ 전송 데이터와 응답 데이터를 함께 전송할 수 있다.

080

다음 중 B Class에 속하는 IP address는?

① 200.168.30.1
② 10.3.2.1 4
③ 225.2.4.1
④ 172.16.98.3

081

다음 중 소프트웨어 비용 추정 모형(Estimation Models)이 아닌 것은?

① 개발 단계별 인월수(MM)기법
② Putnam
③ 델파이식 산정
④ PERT

082

기밀성을 강조하는 모델이며, 군대의 보안 레벨처럼 정보의 기밀성에 따라 상하 관계가 구분된 정보를 보호하기 위한 접근 제어 모델은?

① Clark-Wilson Integrity Model
② PDCA Model
③ Bell-Lapadula Model
④ Chinese Wall Model

083

다음 중 서버에 열린 포트 정보를 스캐닝해서 보안 취약점을 찾는데 사용하는 도구는?

① nmap
② mkdir
③ ftp
④ type

084

공개키 암호화 방식에 대한 설명으로 옳지 않은 것은?

① 공개키 암호화 방식은 암호화, 복호화에 서로 다른 키를 사용한다.
② 공개키 암호화 방식은 비밀키(또는 대칭키) 암호화 방식에 비해 암호화 속도가 빠르다.
③ 공개키 암호화 방식은 알고리즘과 공개키를 알아도 개인키를 알아내는 것이 매우 어렵다.
④ 대표적인 공개키 암호화 방식의 알고리즘으로 RSA 방식이 있다.

085

해시(Hash) 기법에 대한 설명으로 틀린 것은?

① 고정된 길이의 입력 데이터를 받아 임의의 길이의 해시값으로 변환한다.
② 주로 메시지의 무결성 보장을 위해 사용한다.
③ 대표적인 해시 알고리즘으로 HAVAL, SHA-1 등이 있다.
④ 해시 함수는 일방향 함수(One-way function)이다.

086

Secure OS의 보안 기능으로 거리가 먼 것은?

① 안전한 경로
② 임의적 접근 통제
③ 객체 재사용 방지
④ 고가용성 지원

087

시스템 또는 소프트웨어를 구성하는 각각의 컴포넌트를 만들고 조립해 또 다른 컴포넌트나 소프트웨어를 만드는 특징을 갖는 것은?

① 구조적 개발 방법론
② 객체지향 개발 방법론
③ 정보공학 방법론
④ CBD 방법론

088

다음 중 ISO 12207 표준의 기본 생명주기의 주요 프로세스에 해당하지 않는 것은?

① 개선 프로세스
② 개발 프로세스
③ 획득 프로세스
④ 유지보수 프로세스

089

㉠, ㉡에 들어갈 네트워크 보안 공격을 바르게 연결한 것은?

(㉠)은(는) TCP 연결 설정을 위한 3-way handshaking 과정에서 half-open 연결 시도가 가능하다는 취약성을 이용하는 공격 방식이다.
(㉡)은(는) 서버와 클라이언트가 TCP 통신을 하고 있을 때, RST 패킷을 보내고 시퀀스 넘버 등을 조작하여 연결을 가로채는 공격 방식이다.

	㉠	㉡
①	SYN 플러딩	IP 스푸핑
②	SYN 플러딩	세션 하이재킹
③	ARP 스푸핑	IP 스푸핑
④	ARP 스푸핑	세션 하이재킹

090

코드의 기입 과정에서 원래 '12536'으로 기입되어야 하는데 '72536'으로 표기되었을 경우, 어떤 코드 오류에 해당하는가?

① Addition Error
② Omission Error
③ Sequence Error
④ Transcription Error

091

다음 중 SPICE 모델의 프로세스 수행 능력 수준의 단계별 설명이 틀린 것은?

① 2단계 – 미완성 단계
② 3단계 – 확립 단계
③ 4단계 – 예측 단계
④ 5단계 – 최적화 단계

092

원격지 호스트 서버에 접근하기 위해 사용하는 프로토콜은?

① GRID ② TELNET
③ GPN ④ MQTT

093

소프트웨어 생명주기 모형 중 나선형 모델에 대한 설명으로 틀린 것은?

① 소프트웨어를 개발하면서 발생할 수 있는 위험을 관리하고 최소화하는 것을 목적으로 한다.
② 개발 순서는 계획 및 정의, 위험 분석, 공학적 개발, 고객 평가 순으로 진행된다.
③ 비교적 소규모 시스템에 적합하다.
④ 계획, 위험 분석, 개발, 평가의 개발 주기가 반복적으로 수행된다.

094

오픈 소스를 기반으로 하는 분산 컴퓨팅 플랫폼인 아파치(Apache) 하둡(Hadoop) 기반의 프로젝트는?

① 타조(Tajo)
② 원 세그(One Seg)
③ 포스퀘어(Foursquare)
④ 텐서플로(TensorFlow)

095

스위칭 환경에서 스니핑(Sniffing)을 수행하기 위한 공격으로 옳지 않은 것은?

① ARP 스푸핑(Spoofing)
② ICMP 리다이렉트(Redirect)
③ 메일 봄(Mail Bomb)
④ 스위치 재밍(Switch Jamming)

096

침입 탐지 시스템(IDS: Intrusion Detection System)과 관련한 설명으로 틀린 것은?

① 오용(Misuse) 침입 탐지 기법은 Signature Base나 Knowledge Base라고도 불리며 이미 발견되고 정립된 공격 패턴을 입력해두었다가 탐지 및 차단한다.
② NIDS(Network-Based Intrusion Detection System)는 운영체제에 설정된 사용자 계정에 따라 어떤 사용자가 어떤 접근을 시도하고 어떤 작업을 했는지에 대한 기록을 남기고 추적한다.
③ NIDS(Network-Based Intrusion Detection System)로는 대표적으로 Snort가 있다.
④ 외부 인터넷에 서비스를 제공하는 서버가 위치하는 네트워크인 DMZ(Demilitarized Zone)에는 IDS가 설치될 수 있다.

097

다음 중 계획, 분석, 설계 및 구축에 정형화된 기법들을 상호 연관성 있게 통합, 적용하는 데이터 중심 방법론은?

① 객체지향 개발 방법론
② CBD 방법론
③ 정보공학 방법론
④ 구조적 개발 방법론

098

IEEE 802.15.4를 기반으로 하며, 저속/저전력의 무선망을 위한 기술은?

① MLFQ
② MQTT
③ Zigbee
④ SDS

099

다음 알고리즘 중 공개키 암호 알고리즘에 해당하는 것은?

① ElGamal 알고리즘
② SEED 알고리즘
③ DES 알고리즘
④ AES 알고리즘

100

생명주기의 각 단계별로 노력을 산정하여 전체 비용을 예측하는 방식으로 비용을 산정하는 기법은?

① Effort Per TASK 기법
② 전문가 감정 기법
③ 델파이 기법
④ LOC 기법

말로 갈 수도,
차로 갈 수도,
둘이서 갈 수도,
셋이서 갈 수도 있다.
하지만 맨 마지막 한 걸음은
자기 혼자서 걷지 않으면 안 된다.

– 헤르만 헤세(Hermann Hesse)

2024

에듀윌 EXIT 정보처리기사 필기 기본서

최종 실력점검 기출&모의고사

정답&해설

- 제1회 기출문제(2022.04. 시행)
- 제2회 기출문제(2022.03. 시행)
- 제3회 기출문제(2021.08. 시행)
- 제4회 기출문제(2021.05. 시행)
- 제5회 기출문제(2021.03. 시행)
- 제6회 기출문제(2020.09. 시행)
- 제7회 기출문제(2020.08. 시행)
- 제8회 기출문제(2020.06. 시행)
- 제1회 모의고사
- 제2회 모의고사
- 제3회 모의고사

eduwill

2024

에듀윌 EXIT 정보처리기사 필기 기본서

최종 실력점검
기출&모의고사

정답&해설

제1회 기출문제 정답&해설

제1회 기출문제(2022년 4월 시행 A책형)

문제 ➦ P.8

01	②	02	①	03	①	04	③	05	②
06	④	07	②	08	③	09	④	10	④
11	②	12	③	13	①	14	③	15	③
16	①	17	③	18	①	19	①	20	②
21	③	22	②	23	③	24	②	25	①
26	②	27	④	28	④	29	①	30	③
31	④	32	④	33	②	34	①	35	③
36	②	37	②	38	①	39	③	40	④
41	①	42	①	43	④	44	④	45	③
46	③	47	③	48	②	49	②	50	④
51	②	52	④	53	③	54	③	55	④
56	④	57	④	58	②	59	②	60	①
61	③	62	②	63	②	64	②	65	②
66	②	67	③	68	②	69	③	70	④
71	②	72	③	73	④	74	②	75	①
76	①	77	④	78	①	79	③	80	②
81	④	82	①	83	②	84	①	85	②
86	④	87	③	88	④	89	①	90	①
91	②	92	①	93	②	94	②	95	①
96	④	97	③	98	④	99	①	100	④

기출 총평 난이도 상

이전 시험에 비하여 1과목의 난이도가 많이 올라갔으며, 긴 지문의 문제가 출제되어 풀이에 어려움이 있었습니다. 또한 4과목 프로그래밍 언어의 문제도 난도 있게 출제되었으며, 5과목 역시 신기술에 관련된 생소한 용어가 출제되었습니다. 이번 시험의 난도가 높게 출제된 이유는 PBT 형태의 마지막 시험임이 반영된 것으로 보이며, 2022년 3회 시험부터는 시험 방식이 CBT로 진행되므로 문제의 난이도는 이번 시험보다는 내려갈 것으로 예상됩니다. 이에 대한 대비로 기출문제 위주의 확실한 학습과 충분한 준비가 필요합니다.

Part I 소프트웨어 설계

001 ② 난이도 상 중 하

소프트웨어 설계 〉 요구사항 확인 〉 요구사항 확인 〉 UML

② 순차 다이어그램(Sequence Diagram)은 동적 측면을 모델링하기 위해 사용한다.

002 ① 난이도 상 중 하

소프트웨어 설계 〉 인터페이스 설계 〉 인터페이스 상세 설계 〉 미들웨어 솔루션

① 메시지 지향 미들웨어는 즉각적인 응답이 필요한 온라인 업무보다는 느리더라도 안정적인 응답을 필요로 할 때 많이 사용된다.

003 ① 난이도 상 중 하

통합문제

① 익스트림 프로그래밍은 구조적 방법론이 아닌 애자일 방법론 중 하나이다.

- **애자일 방법론의 종류**: 익스트림 프로그래밍, 스크럼, 린 소프트웨어 개발 방법론, 크리스탈 패밀리, 기능 주도 개발 방법론, 동적 시스템 개발 방법론 등

004 ③ 난이도 상 중 하

소프트웨어 설계 〉 요구사항 확인 〉 요구사항 확인 〉 UML

- **유스케이스(Use Case)의 구성 요소 간의 관계**
  - 연관(Assosiation) 관계: 액터와 유스케이스가 연관이 있음을 의미하며, 실선으로 표기한다.
  - 포함(Inclusion) 관계: 복잡한 시스템에서 중복된 것을 줄이기 위한 방법으로, 함수의 호출처럼 포함된 유스케이스를 호출하는 의미를 갖는다.
  - 확장(Extention) 관계: 예외 사항을 나타내는 관계로 이벤트를 추가하여 다른 사례로 확장한다.
  - 일반화(Generalization): 유스케이스의 상속을 의미하며 유사한 유스케이스를 모아 일반적인 유스케이스를 정의한다.

005 ② 난이도 상 중 하

소프트웨어 설계 〉 요구사항 확인 〉 요구사항 확인 〉 요구사항의 개념

②는 성능에 해당하는 요구로 비기능적 요구에 해당한다.

- **기능적 요구**: 사용자가 필요로 하는 정보처리 능력에 대한 것으로 절차나 입출력에 대한 요구이다.

• 비기능적 요구: 시스템 소프트웨어의 동작에 필요한 특정 요구기능 외에 전체 시스템의 동작을 평가하는 척도를 정의하며, 안정성, 확장성, 보안성, 성능 등이 포함된다.

006 ④

난이도 상 중 하

통합문제

• 정보공학 방법론: 계획, 분석, 설계 및 구축에 정형화된 기법들을 상호 연관성 있게 통합·적용하는 데이터 중심 방법론이다. 데이터베이스 설계의 표현으로 ④ E-R Diagram을 사용한다.

007 ②

난이도 상 중 하

소프트웨어 설계 〉 인터페이스 설계 〉 인터페이스 상세 설계 〉 미들웨어 솔루션

② 미들웨어는 내부 동작을 사용자가 확인할 필요가 없다.

• 미들웨어(Middleware): 클라이언트와 서버를 연결하여 데이터를 주고받을 수 있도록 중간에서 매개 역할을 하거나, 네트워크를 통해서 연결된 여러 개의 컴퓨터에 있는 많은 프로세스들에게 어떤 서비스를 사용할 수 있도록 연결해주는 소프트웨어이다.

008 ③

난이도 상 중 하

소프트웨어 설계 〉 화면 설계 〉 UI 설계 〉 사용자 인터페이스 설계 지침

③ UI 설계 시 오류 메시지나 경고에 관한 지침으로 오류로 인해 발생 될 수 있는 부정적인 내용을 적극적으로 사용자들에게 알려야하며, 오류로부터 회복을 위한 구체적인 설명이 제공되어야 한다.

009 ④

난이도 상 중 하

소프트웨어 설계 〉 애플리케이션 설계 〉 객체지향 설계 〉 객체지향 기법

④ 메소드 오버로딩(Overloading)은 메소드명은 동일하지만, 매개변수 타입이나 개수를 다르게 함으로써 구현·구분할 수 있다.

010 ④

난이도 상 중 하

통합문제

• 인터페이스(Interface): 서로 다른 두 시스템이나 장치, 소프트웨어 등을 서로 이어주는 부분이나 접속 장치이다.

011 ②

난이도 상 중 하

통합문제

• 객체(Object): 현실세계에 존재할 수 있는 유형, 무형의 모든 대상을 말하며, 속성과 메소드로 정의된다.
• 클래스(Class): 공통 속성을 공유하는 객체들의 집합이다.

012 ③

난이도 상 중 하

통합문제

③ 캡슐화(Encapsulation): 객체를 정의할 때 서로 관련성이 많은 데이터들과 이와 연관된 함수들을 정보처리에 필요한 기능을 하나로 묶는 것을 말한다.

오답 해설

① 상속성(Inheritance): 기존의 클래스를 재사용하여 새로운 클래스를 작성하는 문법 요소로 상위 클래스와 하위 클래스가 있으며, 하위 클래스는 상위 클래스의 속성과 메소드를 상속받아 쓸 수 있다.

② 클래스(Class): 공통된 행위와 특성을 갖는 객체의 집합이다. 클래스라는 개념은 객체 타입으로 구현된 소프트웨어를 의미한다. 클래스는 동일한 타입의 객체들의 메소드와 변수들을 정의하는 템플릿(Templete)이다.

④ 연관(Association): 액터와 유스케이스가 연관이 있음을 의미한다.

013 ①

난이도 상 중 하

소프트웨어 설계 〉 요구사항 확인 〉 요구사항 확인 〉 애자일

① 애자일 프로세스 모델은 계획을 따르는 것 보다는 변화에 대응한다.

• 애자일의 특성
  - Predictive라기보다 Adaptive(가변적 요구사항에 대응)하다.
  - 프로세스 중심이 아닌 사람 중심(책임감이 있는 개발자와 전향적인 고객)이다.
  - 전반적인 문서화보다는 제대로 작동하는 소프트웨어를 만들어야 한다.
  - 계약 협상보다는 고객 협력이 중요하다.
  - 계획을 따르기보다는 변화에 대응한다.
  - 모든 경우에 적용되는 것이 아니고 중소형, 아키텍처 설계, 프로토타이핑에 적합하다.

014 ③

난이도 상 중 하

③ 컴포넌트(Component): 프로그래밍에서 재사용이 가능한 각각의 독립된 단위이며, 명백한 역할을 가지고 독립적으로 존재할 수 있는 시스템의 부분이다.

015 ③

난이도 상 중 하

소프트웨어 설계 〉 애플리케이션 설계 〉 객체지향 설계 〉 디자인 패턴

③ Builder 패턴은 생성 패턴(Creational Pattern)에 속한다.

• 구조 패턴(Structural Patterns): Bridge, Decorator, Composite, Proxy, Adapter, Facade, Flyweight, Dynamic Linkage, 가상 프록시 패턴 등이 있다.

016 ①

난이도 상 중 하

소프트웨어 설계 〉 화면 설계 〉 UI 설계 〉 사용자 인터페이스 설계 도구

① **피드백(Feedback)**: UI와 관련된 기본 개념 중 하나로, 시스템의 상태와 사용자의 지시에 대한 효과를 보여주어 사용자가 명령에 대한 진행 상황과 표시된 내용을 해석할 수 있도록 도와주는 것이다.

017 ③

난이도 상 중 하

소프트웨어 설계 〉 화면 설계 〉 UI 요구사항 확인 〉 사용자 인터페이스

③ NUI: 사용자의 말과 행동 기반 제스처 입력 인터페이스이며, 멀티 터치, 동작 인식 등 사용자의 자연스러운 움직임을 인식하여 서로 주고받는 정보를 제공한다.

오답 해설

② OUI: 모든 사물과 사용자 간 상호작용을 위한 인터페이스이다. 즉, 현실 세계에 존재하는 모든 사물이 입출력장치로 변화할 수 있는 사용자 인터페이스라고 할 수 있다.

018 ①

난이도 상 중 하

통합문제

① 모델링 작업의 결과물은 다른 모델링 작업에 영향을 줄 수 있다.

019 ①

난이도 상 중 하

소프트웨어 설계 〉 요구사항 확인 〉 요구사항 확인 〉 UML

① 액터는 시스템을 사용하거나 시스템과 상호작용하는 사람이나 외부 시스템을 의미한다.

020 ②

난이도 상 중 하

소프트웨어 설계 〉 애플리케이션 설계 〉 공통 모듈 설계 〉 소프트웨어 아키텍처

② 한 개의 모델에 대해 여러 개의 뷰를 만들 수 있어 대화형 애플리케이션에 적합하다.

- **모델(Model)**: 데이터를 가진 객체를 말하며, 데이터는 내부의 상태에 대한 정보를 가질 수도 있고 모델을 표현하는 이름 속성으로 가질 수도 있다. 즉, 여러 개의 뷰를 만들 수 있다.
- **컨트롤러(Controller)**: 뷰에서 이벤트(입력/수정/삭제)가 전달되면 모델에 이벤트를 전달하여 처리하고, 업데이트된 데이터를 뷰로 전달하여 인터페이스에 표시되게 한다.

Part Ⅱ 소프트웨어 개발

021 ③

난이도 상 중 하

통합문제

③ **상향식 통합**: 시스템 하위 모듈로부터 점진적으로 상위 모듈로 통합하면서 테스트하는 기법으로 스텁은 필요치 않고 드라이버가 필요하다.

- **통합 테스트**: 단위검사가 끝난 모듈들을 하나로 결합하여 시스템으로 완성하는 과정에서의 검사이다.

022 ②

난이도 상 중 하

소프트웨어 개발 〉 데이터 입출력 구현 〉 자료구조 〉 탐색

- **이진 검색 알고리즘**: 오름차순으로 정렬되어 있는 리스트에서 특정한 값의 위치를 찾는 알고리즘이다.

[1회]

❶ 가장 먼저 가운데에 위치한 임의의 값 8을 선택한다.

❷ 선택한 값 8과 찾고자 하는 값 14를 비교한다.

❸ 8 〈 14이므로 14는 8의 우측에 존재하는 것을 알 수 있다.

❹ 8을 기준으로 우측에 있는 값들을 대상으로 재탐색을 실시한다.

[2회]

❶ 가운데에 위치한 임의의 값 12를 선택한다.

❷ 12 〈 14로 이번에도 14가 12의 우측에 위치하는 것을 알 수 있다.

❸ 12를 기준으로 우측에 있는 값들을 대상으로 재탐색을 실시한다.

[3회]

❶ 12의 우측을 기준으로 배열을 다시 설정하면, 가운데에 14가 위치한다.

❷ 14==14이므로 찾고자 했던 값을 찾을 수 있다.

023 ③

난이도 상 중 하

통합문제

- **워크스루**: 개발에 참여한 요원들이 개발자의 산출물의 품질을 검토하기 위한 목적으로 하는 기술 검토 회의이다. 요구사항 명세서를 미리 배포하여 사전 검토한 후 짧은 검토 회의를 통해 오류를 조기에 검출하는데 목적을 두는 요구 사항 검토 방법이다.
- **인스펙션**: 검토 자료를 회의 전에 배포해서 사전 검토한 후 짧은 시간 동안 검토 회의를 진행하면서 결함을 발견한다. 인스펙션은 결함의 발견과 함께 해결방법까지 모색하는 보다 강한 워크스루라고 할 수 있다.

024 ②

난이도 상 중 하

소프트웨어 개발 〉 통합 구현 〉 통합 구현 관리 〉 소프트웨어 형상 관리

② 소프트웨어 형상관리는 소프트웨어에 대한 변경을 철저히 관리하기 위해 개발된 일련의 활동이다. 소프트웨어를 이루는 부품의

Baseline(변경통제 시점)을 정하고 변경을 철저히 통제하는 것이다.

025 ①

난이도 상 중 하

소프트웨어 개발 〉 애플리케이션 테스트 관리 〉 애플리케이션 테스트 케이스 설계 〉 테스트 케이스

① 테스트의 목표 및 테스트 방법을 결정한 후 테스트 케이스를 작성해야 한다.

026 ②

난이도 상 중 하

통합문제

② Java에서 정보은닉(Information Hiding)을 표기할 때 public의 의미는 '공개'이다.

027 ④

난이도 상 중 하

소프트웨어 개발 〉 제품 소프트웨어 패키징 〉 제품 소프트웨어 패키징 〉 DRM

- DRM: 디지털 콘텐츠 제공자의 권리와 이익을 안전하게 보호하며 불법복제를 막고 사용료 부과와 결제대행 등 콘텐츠의 생성에서 유통 · 관리까지를 일괄적으로 지원하는 기술이다.

028 ④

난이도 상 중 하

통합문제

- 위험 모니터링: 식별된 위험에 대해 추적하고, 잔존하는 위험을 감시하며, 새롭게 발견되는 위험을 식별하여 위험 요소 징후들에 대하여 계속적으로 인지하는 것이다.

029 ①

난이도 상 중 하

소프트웨어 개발 〉 제품 소프트웨어 패키징 〉 제품 소프트웨어 버전 관리 〉 소프트웨어 버전 관리 도구

① RCS: CVS와 달리 소스 파일의 수정을 한 사람만 가능하도록 제한하여 다수의 사람이 파일 수정을 동시에 할 수 없도록 파일을 잠금하는 방식으로 버전 컨트롤을 수행한다.

오답 해설

③ RPC: 네트워크 상에서 애플리케이션과 애플리케이션 간의 연동을 하기 위한 미들웨어이다. 보통 다른 컴퓨터에 있는 원격 애플리케이션을 연동시키는 경우 많이 이용된다.

030 ③

난이도 상 중 하

소프트웨어 개발 〉 통합 구현 〉 모듈 구현 〉 단위 모듈 테스트

③ 프로그램의 구조를 고려하지 않는 것은 블랙박스 테스트이다.

031 ④

난이도 상 중 하

소프트웨어 개발 〉 데이터 입출력 구현 〉 자료구조 〉 알고리즘, 정렬, 탐색

④ 검색을 수행하기 전에 반드시 데이터의 집합이 정렬되어 있어야 하는 검색은 선형 검색이 아닌 이진 검색이다.

032 ④

난이도 상 중 하

소프트웨어 개발 〉 데이터 입출력 구현 〉 자료구조 〉 정렬

버블 정렬(Bubble Sort)은 인접한 데이터를 비교하면서 그 크기에 따라 데이터의 위치를 바꾸면서 정렬하는 방식이다. PASS 1은 첫 번째 버블 정렬이 완료된 상태를 말한다.

- PASS 1: 6, 9, 7, 3, 5 → 6, 7, 9, 3, 5 → 6, 7, 3, 9, 5 → 6, 7, 3, 5, 9

033 ②

난이도 상 중 하

소프트웨어 개발 〉 데이터 입출력 구현 〉 데이터 조작 프로시저 최적화 〉 소스 코드 인스펙션

- 인스펙션 과정: Planning(계획) → Overview(사전 교육) → Preparation(사전 검토, 준비) → Meeting(인스펙션 회의) → Re-Work, Re-Inspection(수정) → Following(후속 조치)

034 ①

난이도 상 중 하

소프트웨어 개발 〉 통합 구현 〉 통합 구현 관리 〉 리팩토링

① 리팩토링(Refactoring): 소프트웨어를 보다 쉽게 이해할 수 있고 적은 비용으로 수정할 수 있도록 겉으로 보이는 동작의 변화 없이 내부구조를 변경하는 것으로, 코드 스멜(Code Smell)을 고치고 다듬는 과정이다.

035 ③

난이도 상 중 하

소프트웨어 개발 〉 애플리케이션 테스트 관리 〉 애플리케이션 테스트 케이스 설계 〉 테스트 레벨

상위 모듈의 역할을 하는 가상의 모듈을 테스트 드라이버라 하고 테스트할 모듈을 호출하는 역할을 한다. 즉, 필요한 데이터를 인자를 통하여 넘겨주고 테스트가 완료된 후 그 결과 값을 받는 역할을 한다.

036 ②

난이도 상 중 하

소프트웨어 개발 〉 통합 구현 〉 통합 구현 관리 〉 IDE 도구

② Compile: 고급언어의 프로그램을 저급언어 프로그램으로 변환하는 기능이다. 즉, 원시(소스)코드를 번역하여 목적코드로 변환하는 기능이다.

037 ②

난이도 상 중 하

소프트웨어 개발 〉 데이터 입출력 구현 〉 자료구조 〉 비선형구조

- 후위 순회(Left → Right → Root): d → b → g → h → e → f → c → a

038 ①

난이도 상 중 하

통합문제

① **JSON(JavaScript Object Notation)**: 속성–값 쌍 또는 "키–값 쌍"으로 이루어진 데이터 오브젝트를 전달하기 위해 인간이 읽을 수 있는 텍스트를 사용하는 개방형 표준 형식이다. 비동기 브라우저/서버 통신(AJAX)을 위해, 넓게는 XML(AJAX가 사용)을 대체하는 주요 데이터 포맷이다.

039 ③

난이도 상 중 하

소프트웨어 개발 〉 데이터 입출력 구현 〉 자료구조 〉 선형구조

③ **스택(Stack)**: LIFO 구조로 마지막에 삽입된 원소가 가장 먼저 삭제된다.

오답 해설

①, ② 비선형 구조이다.

④ FIFO 구조로 먼저 입력된 원소가 먼저 출력된다.

040 ④

난이도 상 중 하

소프트웨어 개발 〉 애플리케이션 테스트 관리 〉 애플리케이션 테스트 케이스 설계 〉 테스트 레벨

- **단위 테스트 도구**: Junit, Cppunit, Nunit, HttpUnit

Part Ⅲ 데이터베이스 구축

041 ①

난이도 상 중 하

데이터베이스 구축 〉 데이터베이스 설계와 정규화 〉 정규화 체계 〉 정규화 과정

① **보이스/코드 정규형(BCNF)**: 릴레이션 R의 모든 결정자가 후보키이면 릴레이션 R은 보이스/코드 정규형(BCNF)에 속한다.

오답 해설

② **제1정규형(1NF)**: 어떤 릴레이션 R에 속한 모든 도메인이 원자값(Atomic Value)만으로 되어 있다.

③ **제2정규형(2NF)**: 어떤 릴레이션 R이 1NF이고 키(기본)에 속하지 않은 애트리뷰트는 모두 기본키의 완전 함수 종속이면, 제2정규형(2NF)에 속한다.

④ **제3정규형(3NF)**: 어떤 릴레이션 R이 2NF이고 키(기본)에 속하지 않은 모든 애트리뷰트들이 기본키에 이행적 함수종속이 아닐 때 제3정규형(3NF)에 속한다.

042 ①

난이도 상 중 하

데이터베이스 구축 〉 고급 데이터베이스 〉 트랜잭션 〉 트랜잭션의 특징

① **원자성(Atomicity)**: 데이터베이스에 트랜잭션은 모두 반영되거나 전혀 반영되지 않아야 한다.

오답 해설

② **일관성(Consistency)**: 트랜잭션 시작 시점에 참조한 데이터는 종료까지 일관성을 유지해야 한다.

③ **격리성(Isolation)**: 동시에 다수 트랜잭션이 처리되는 경우 서로의 연산에 개입하면 안 된다.

④ **영속성(Durability)**: 트랜잭션이 성공적으로 완료되면 처리 결과는 영속적으로 반영되어야 한다.

043 ④

난이도 상 중 하

데이터베이스 구축 〉 고급 데이터베이스 〉 고급 데이터베이스 〉 분산 데이터베이스

④ 분산 데이터베이스 시스템에서는 이를 사용하는 사용자로 하여금 데이터베이스가 서로 분산되어 있는지 알리지 않고 자신만의 데이터베이스를 이용하는 것처럼 사용하게끔 한다. 이처럼 데이터베이스는 사용자에게 투명성을 제공해야 하는데 이는 분산 데이터베이스에서 중요한 요소이다.

044 ④

난이도 상 중 하

데이터베이스 구축 〉 관계 데이터베이스 언어 〉 SQL 〉 DML

④ ORDER BY 절은 특정 속성을 기준으로 검색하여 정렬할 때 사용하고, 정렬 방법에는 ASC(오름차순)와 DESC(내림차순)가 있다. 따라서 SELECT 구문에 WHERE 지점명='강남지점'이라는 조건으로 한정시킨 후 판매량이 많은 순으로 정렬을 시키기 위해서 판매량 DESC;라는 DESC(내림차순) 정렬 옵션을 줘야 한다.

045 ③

난이도 상 중 하

데이터베이스 구축 〉 관계 데이터베이스 언어 〉 SQL 〉 DDL

③ 인덱스 삭제는 DROP 구문을 사용해야 하고, 인덱스 추가는 기존 인덱스를 삭제 후 새롭게 생성(CREATE)시켜 사용한다.

046 ③

난이도 상 중 하

데이터베이스 구축 〉 데이터베이스 설계와 정규화 〉 데이터베이스 설계 단계 〉 데이터베이스 설계

③ 트랜잭션 모델링은 개념적 설계 단계에서 수행되고, 트랜잭션 인터페이스 설계는 논리적 설계 단계에서 수행된다.

047 ③

난이도 상 중 하

통합문제

③ REVOKE문은 부여한 권한을 회수(삭제)시키는 명령어로 DCL을 사용한다.

- **제어어(DCL)**: GRANT, REVOKE

오답 해설

① **정의어(DDL)**: CREATE, ALTER, DROP

② **조작어(DML)**: SELECT, INSERT, DELETE, UPDATE

048 ②

난이도 상 중 하

데이터베이스 구축 〉 데이터베이스 개요 〉 데이터베이스 시스템의 구성 〉 데이터 사전과 디렉터리

• **데이터 사전(Data Dictionary)**: 데이터베이스의 데이터(사용자 데이터)를 제외한 모든 정보(DBMS가 관리하는 데이터)가 있다. 데이터 사전의 내용을 변경하는 권한은 시스템 사용자가 가진다. 반면 일반 사용자에게는 단순 조회만 가능한 읽기 전용 테이블 형태가 제공된다.

049 ②

난이도 상 중 하

데이터베이스 구축 〉 관계 데이터 모델 〉 관계 데이터 모델의 구조 및 제약 〉 릴레이션의 특성

② 튜플의 순서는 정해져 있지 않다.

050 ④

난이도 상 중 하

데이터베이스 구축 〉 관계 데이터베이스 언어 〉 뷰 〉 뷰의 개요

④ 뷰는 가상(논리) 테이블이므로 물리적으로 존재하지 않는다.

051 ②

난이도 상 중 하

데이터베이스 구축 〉 고급 데이터베이스 〉 트랜잭션 〉 트랜잭션의 특징

② **부분 완료(Partially Committed)**: 트랜잭션이 마지막 명령문을 실행한 직후의 상태이다.

오답 해설

① **활동(Active)**: 트랜잭션이 실행을 시작하여 실행 중인 상태이다.

③ **완료(Committed)**: 트랜잭션이 실행을 성공적으로 완료하여 COMMIT 연산을 수행한 상태이다.

④ **철회(Aborted)**: 트랜잭션이 실행에 실패하여 ROLLBACK 연산을 수행한 상태이다.

052 ④

난이도 상 중 하

통합문제

④ GRANT는 제어어(DCL)에 속한다.

• **제어어(DCL)**: GRANT, REVOKE

오답 해설

①~③ 모두 조작어(DML)에 속한다.

• **조작어(DML)**: SELECT, INSERT, DELETE, UPDATE

053 ③

난이도 상 중 하

데이터베이스 구축 〉 관계 데이터 모델 〉 관계 데이터 모델의 구조 및 제약 〉 키의 종류

③ **Candidate key(후보키)**: 튜플을 유일하게 구분할 수 있는 최소 슈퍼키로, 한 릴레이션에서 유일성과 최소성을 모두 만족시킨다.

054 ③

난이도 상 중 하

데이터베이스 구축 〉 데이터베이스 설계와 정규화 〉 데이터베이스 설계 단계 〉 데이터베이스 설계

③ 논리적 설계 단계에서 트랜잭션 인터페이스를 설계 및 작성한다.

• **데이터베이스 설계 단계**

개념적 설계 (Conceptual Design)	• 사용자들의 요구사항을 이해하기 쉬운 형식으로 간단히 기술하는 단계이다. • 현실 세계를 정보 모델링을 통해 개념적으로 표현한다. • 속성들로 기술된 개체 타입과 이 개체 타입들 간의 관계를 이용하여 현실 세계를 표현하는 방법이다. • 트랜잭션 모델링이 포함된다. • DBMS와 하드웨어에 독립적이다.
논리적 설계 (Logical Design)	• 개념적 설계에서 만들어진 구조를 구현 가능한 데이터 모델로 변환하는 단계이다. • 개념 세계를 데이터 모델링을 통해 논리적으로 표현한다. • 데이터 필드로 기술된 데이터 타입과 이 데이터 타입들 간의 관계를 이용하여 현실 세계를 표현하는 방법이다. • 트랜잭션 인터페이스가 포함된다. • DBMS에 종속적이고, 하드웨어에 독립적이다.
물리적 설계 (Physical Design)	• 논리적 데이터베이스 구조를 내부 저장 장치 구조와 접근 경로 등을 설계한다. • 구현을 위한 데이터 구조화이다. (저장 장치에서의 데이터 표현) • 컴퓨터가 접근할 수 있는 저장장치, 즉 디스크에 데이터가 표현될 수 있도록 물리적 데이터 구조로 변환하는 과정이다. • 트랜잭션 세부설계가 포함된다. • DBMS와 하드웨어에 종속적이다.

055 ④

난이도 상 중 하

데이터베이스 구축 〉 관계 데이터 모델 〉 관계 데이터 모델의 구조 및 제약 〉 키의 종류

④ 검색할 때 기본키가 반드시 필요하지는 않다. 다만 기본키를 사용하지 않는다면 중복 데이터로 인한 정제작업과 우선 순위를 매기는 작업의 어려운 과정이 필요할 수 있다.

056 ④

난이도 상 중 하

데이터베이스 구축 〉 데이터 모델링 〉 데이터 모델의 개념 〉 데이터 모델

④ 데이터 모델은 데이터 구조(Data Structure), 연산(Operation), 제약조건(Constraint)으로 구성된다. 그 중 연산이 값들을 처리하는 기법이다.

오답 해설

② 데이터 구조는 현실 세계를 개념 세계로 추상화했을 때 어떤 요소로 이루어져 있는지를 표현하는 개념적 구조이다.

③ 제약조건은 제약사항이다.

057 ④

난이도 상 중 하

데이터베이스 구축 〉 관계 데이터베이스 언어 〉 SQL 〉 DML

④ 직원 테이블에서 정도일 팀원의 소속팀 코드만을 추출하기 위해 'WHERE절 서브쿼리'를 사용한다.

058 ②

난이도 상 중 하

데이터베이스 구축 〉 관계 데이터 모델 〉 관계 데이터 모델의 구조 및 제약 〉 데이터 무결성 제약 조건

② **개체 무결성 제약조건**: 릴레이션에서 기본키를 구성하는 속성은 널(Null) 값이나 중복값을 가질 수 없다.

059 ②

난이도 상 중 하

데이터베이스 구축 〉 관계 데이터 모델 〉 관계 데이터 모델의 구조 및 제약 〉 관계 데이터 모델의 구조

② 카디널리티(Cardinality)는 관계 데이터 모델에서 릴레이션에 포함되어 있는 튜플(Tuple)의 개수이다.

060 ①

난이도 상 중 하

데이터베이스 구축 〉 고급 데이터베이스 〉 권한 부여 기법

① 테이블을 생성할 수 있는 권한을 줘야 하므로 GRANT CREATE TABLE TO 유저명 구문을 사용해야 한다.

```
GRANT CREATE TABLE TO 유저명
// 테이블을 생성할 수 있는 권한
GRANT DROP ANY TABLE TO 유저명
// 테이블을 제거할 수 있는 권한
```

접근권한을 부여할 때에는 GRANT를 사용하고, 이를 삭제할 경우에는 REVOKE를 사용한다.

Part Ⅳ 프로그래밍 언어 활용

061 ③

난이도 상 중 하

프로그래밍 언어 활용 〉 프로그래밍 언어 활용 〉 C 언어 〉 함수

③ strcmp(s1, s2)은 문자열을 비교하는 함수이다. 대소문자까지 구분하여 비교하며 그 결과를 정수로 반환시킨다.

반환값	문자 비교
−1	s1 < s2
0	s1 = s2
1	s1 > s2

062 ②

난이도 상 중 하

프로그래밍 언어 활용 〉 프로그래밍 언어 활용 〉 C 언어 〉 C 언어의 연산자

• C언어 논리 연산자

&&	예 A && B 양쪽 모두 true(참)일 때 true(참)	AND(논리곱)
‖	예 A ‖ B 양쪽 중 한쪽이라도 true(참)이면 true(참)	OR(논리합)
!	예 !A • true(참)이면 false(거짓)로 반환 • false(거짓)이면 true(참)로 반환	NOT(논리 부정)

```
❶ #include <stdio.h>
❷ int main(int argc, char *argv[ ]) {
❸     int a = 5, b = 3, c = 12;
❹     int t1, t2, t3;
❺     t1 = a && b;
❻     t2 = a ‖ b;
❼     t3 = !c ;
❽     printf("%d, t1 + t2 + t3);
❾     return 0;
❿ }
```

C언어 int형 자료에서 0이 아닌 모든 값은 true(참)이다. 따라서, true면 1이고 false이면 0이다.

• ❺: True && True → True → 1 할당
• ❻: True or False → True → 1 할당
• ❼: NOT True → False → 0 할당

따라서 t1 = 1, t2 = 1, t3 = 0이 되므로 1+1+0 = 2가 된다.

063 ②

난이도 상 중 하

통합문제

```
#include <stdio.h>
struct st {
    int a;
    int c[10];
};

int main (int argc, char *argc[ ]) {
    int i = 0;
    struct st ob1;
    struct st ob2;
ob1.a = 0;
ob2.a = 0;

    for(i = 0; i < 10; i++) {
        ob1.c[i] = i;
        ob2.c[i] == ob1.c[i] + i;
    }

    for(i = 0; i < 10; i = i + 2) {
        ob1.a = ob1.a + ob1.c[i];
```

```
㉑         ob2.a = ob2.a + ob2.c[i];
㉒     }
㉓
㉔     printf("%d", ob1.a + ob2.a);
㉕     return 0;
㉖ }
```

- ⓮: for문을 1씩 증가
- ⓯: 반복문을 이용하여 ob1.c에 0~9로 배열 초기화
- ⓰: 반복문을 이용하여 Ob2.c라는 배열에 0+0, 1+1, 2+2, 3+3, 4+4, 5+5, 6+6, 7+7, 8+8, 9+9로 초기화
- ⓳: for문을 2씩 증가
- ⓴: 반복문을 이용하여 ob1.a에 0+0, 0+2, 2+4, 6+6, 12+8 순으로 값을 할당
- ㉑: 반복문을 이용하여 ob2.a에 0+0, 0+4, 4+8, 12+12, 24+16 순으로 값을 할당

∴ ob1.a = 20, ob2.a = 40이 되므로 출력값은 20 + 40 = 60이 된다.

064 ②

난이도 상중하

통합문제

② Packet Length는 IP 헤더를 포함한 패킷 전체의 길이를 나타내며 최대 크기는 $2^{16}-1$비트이다.

065 ②

난이도 상중하

프로그래밍 언어 활용 〉 프로그래밍 언어 활용 〉 파이썬 〉 제어 구조

Python의 조건문에는 if, elif, else문이 있다. elif 키워드를 여러 개 사용해서 조건에 맞는 좀 더 세분화된 값을 추출할 수 있다.

066 ②

난이도 상중하

통합문제

② 라우팅 프로토콜을 IGP와 EGP로 분류했을 때 IGP에 해당한다.

- **라우팅 프로토콜**

구분	내용
내부 라우팅 (Interior Routing)	• AS 내의 라우팅(IGP) • RIP(Routing Information Protocol), OSPF(Open Shortest Path First), IGRP(Interior Gateway Routing Protocol), EIGRP(Enhanced Interior Gateway Routing Protocol), IS-IS(Intermediate System-to-Intermediate System)
외부 라우팅 (Exterior Routing)	• AS 간 라우팅(EGP) • BGP(Border Gateway Protocol)

067 ③

난이도 상중하

프로그래밍 언어 활용 〉 공통 모듈 구현 〉 운영체제 기초 활용 〉 프로세스

③ HRN은 우선 순위를 계산하여 그 수치가 가장 높은 것부터 낮은 순으로 우선 순위가 부여된다.

- HRN 우선순위 계산식 = (대기 시간+서비스 시간) / 서비스 시간

068 ②

난이도 상중하

프로그래밍 언어 활용 〉 공통 모듈 구현 〉 유닉스 〉 유닉스 시스템

② UNIX 운영체제는 주로 서버용 컴퓨터에서 사용되고, Multi-Tasking을 지원한다.

- **UNIX의 특징:** 대화식 운영체제(Shell), 멀티태스킹, 멀티유저환경, 계층적 파일 시스템, 이식성, 호환성 등

069 ③

난이도 상중하

프로그래밍 언어 활용 〉 네트워크 기초 활용 〉 ISO의 OSI 표준 모델 〉 TCP/IP 프로토콜

③ 데이터 전송을 위한 주소 지정, 경로 설정을 제공하는 기능은 인터넷 계층의 IP 프로토콜의 특징이다.

070 ④

난이도 상중하

통합문제

④ 튜플(Tuple)은 순서가 있고 저장된 내용의 변경이 불가능하다. 즉, 기존 데이터의 수정과 삭제가 불가능하다.

오답 해설

③ 리스트(List)는 순서가 있고 변경 가능하다. 즉, 기존 데이터의 수정과 삭제가 가능하다

071 ②

난이도 상중하

프로그래밍 언어 활용 〉 프로그래밍 언어 활용 〉 자바 언어

```
❶ public class Rarr {
❷     static int[ ] marr( ) {
❸         int temp[ ] = new int [4];
❹         for(int i = 0; i < temp.length; i++)
❺             temp[i] = i;
❻         return temp;
❼     }
❽     public static void main(String[ ] args) {
❾         int iarr[ ];
❿         iarr = marr( );
⓫         for(int i = 0; i<iarr.length; i++)
⓬         System.out.print(iarr[i] + " ");
⓭     }
⓮ }
```

- ❶: 정수형 배열을 리턴하는 메소드
- ❷: 배열 생성
- ❺: 배열의 각 원소에 인덱스로 초기화
- ❻: 배열 리턴
- ❾: 배열 레퍼런스 변수 선언
- ❿: marr( )에서 리턴한 배열을 대입
- ⓬: 배열의 모든 원소를 출력

072 ③

난이도 상 중 하

프로그래밍 언어 활용 〉 프로그래밍 언어 활용 〉 자바 언어

```
❶ public class ovr {
❷     public static void main(String[ ] args) {
❸         int a = 1, b = 2, c = 3, d = 4;
❹         int mx, mn;
❺         mx = a<b? b : a;
❻         if(mx = = 1) {
❼             mn = a>mx? b : a;
❽         }
❾         else {
❿             mn = b<mx? d : c;
⓫         }
⓬         System.out.println(mn);
⓭     }
⓮ }
```

삼항 연산자의 문법은 (조건문)? 참 : 거짓이다.

❺에서 실행된 결과 값이 2가 되므로 mx=2가 된다.

if~ else 조건문에서 else 구문이 실행되므로 ❿이 실행된다. 실행 결과값이 3이 되어 mn=3이므로 출력값은 3이 된다.

073 ④

난이도 상 중 하

프로그래밍 언어 활용 〉 공통 모듈 구현 〉 모듈화 〉 응집도

• 응집도

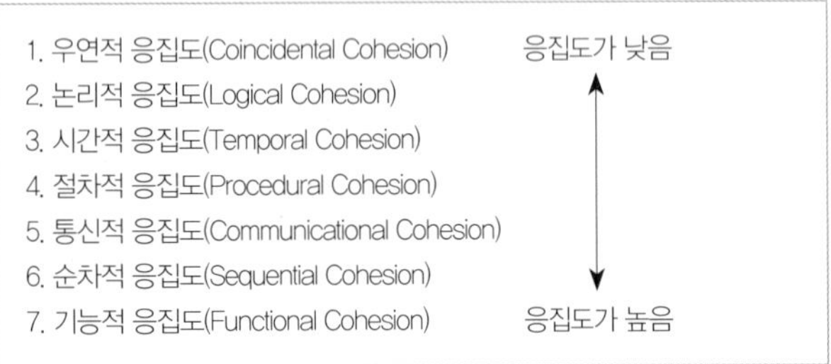

1. 우연적 응집도(Coincidental Cohesion) 응집도가 낮음
2. 논리적 응집도(Logical Cohesion)
3. 시간적 응집도(Temporal Cohesion)
4. 절차적 응집도(Procedural Cohesion)
5. 통신적 응집도(Communicational Cohesion)
6. 순차적 응집도(Sequential Cohesion)
7. 기능적 응집도(Functional Cohesion) 응집도가 높음

074 ②

난이도 상 중 하

프로그래밍 언어 활용 〉 프로그래밍 언어 활용 〉 C 언어 〉 C 언어의 연산자

• C언어 논리 연산자

&&	예 A && B 양쪽 모두 true(참)일 때 true(참)	AND(논리곱)
‖	예 A ‖ B 양쪽 중 한쪽이라도 true(참)이면 true(참)	OR(논리합)
!	예 !A • true(참)이면 false(거짓)로 반환 • false(거짓)이면 true(참)로 반환	NOT(논리 부정)

```
❶ #include <stdio.h>
❷ int main(int arge, char *argv[ ]) {
❸     int n1 = 1, n2 = 2, n3 = 3;
❹     int r1, r2, r3;
❺
❻     r1 = (n2<=2) ‖ (n3>3);
❼     r2 = !n3;
❽     r3 = (n1>1) && (n2<3);
❾
❿     printf("%d", r3 - r2 + r1);
⓫     return 0;
⓬ }
```

• ❻: r1은 OR 연산으로 1 반환
• ❼: r2는 부정 연산으로 0 반환
• ❽: r3는 논리 연산으로 0 반환

r1 = 1 , r2 = 0 , r3 = 0이 되므로, 0−0 + 1 = 1이 된다.

075 ①

난이도 상 중 하

통합문제

① 체크섬 기능으로 헤더 체크섬은 제공하지만 데이터 체크섬은 제공하지 않는다.

076 ①

난이도 상 중 하

프로그래밍 언어 활용 〉 공통 모듈 구현 〉 운영체제 기초 활용 〉 메모리 관리

• LRU(Least Recently Used): 주기억장치에서 가장 오랫동안 사용되지 않은 페이지를 교체한다.

순번	1	2	3	4	5	6	7	8	9
요구 페이지	1	2	3	1	2	4	1	2	5
페이지 프레임	①	1	1	1	1	1	1	1	1
		②	2	2	2	2	2	2	2
			③	3	3	3	3	3	⑤
						④	4	4	4
페이지 부재	○	○	○			○			○

077 ④

난이도 상 중 하

통합문제

④ 사용자 수준에서 지원되는 스레드가 커널에서 지원되는 스레드에 비해 가지는 장점으로는 스레드 간을 전환할 때마다 커널 스케줄러를 호출할 필요가 없어서 오버헤드가 줄어든다는 것이다.

오답 해설

①~③ 커널 수준의 스레드의 장점이다.

078 ①

난이도 상 중 하

프로그래밍 언어 활용 〉 공통 모듈 구현 〉 모듈화 〉 결합도

① **내용 결합도(Content Coupling)**: 하나의 모듈이 직접적으로 다른 모듈의 내용을 참조할 때 두 모듈은 내용적으로 결합되어 있다고 한다.

오답 해설

② **제어 결합도(Control Coupling)**: 어떤 모듈이 다른 모듈을 호출할 경우, 제어 정보를 파라미터로 넘겨주는 경우 이들 두 모듈은 제어 결합도를 가졌다고 한다.

③ **공통 결합도(Common Coupling)**: 두 모듈이 동일한 전역 데이터를 접근한다면 공통결합 되어 있다고 한다.

④ **스탬프 결합도(Stamp Coupling)**: 두 모듈이 매개변수로 자료를 전달할 때, 자료구조 형태로 전달되어 이용 될 때 데이터가 결합되어 있는 것이다.

079 ③

난이도 상 중 하

프로그래밍 언어 활용 〉 프로그래밍 언어 활용 〉 C 언어

```
❶ #include <stdio.h>
❷ int main(int argc, char *argv[ ]) {
❸     int a[ ] = {14, 22, 30, 38};
❹     printf("%u", ", &a[2]);
❺     printf("%u", a);
❻     return 0;
❼ }
```

- **내용 값**: a[0]=14, a[1]=22, a[2]=30, a[3]=38
- **주소 값**: &a[0]=10, &a[1]=14, &a[2]=18, &a[3]=22 (int형의 크기를 4Byte 로 가정했으므로)
- 배열의 이름 a는 이 배열 전체의 첫 번째 시작 주소값을 가지고 있으므로 a = &a[0] = 10이 된다.

080 ②

난이도 상 중 하

프로그래밍 언어 활용 〉 공통 모듈 구현 〉 모듈화 〉 모듈화

② 모듈과 모듈 사이의 상호의존 또는 연관 정도를 의미하는 것은 결합도이다. 응집도는 단일 모듈 내의 활동정도를 말하며, 응집도가 높으면 모듈의 독립성이 높아 모듈화가 잘 되었다고 평가할 수 있다.

Part V 정보시스템 구축관리

081 ④

난이도 상 중 하

정보시스템 구축관리 〉 정보보호 〉 정보보호 〉 정보보호의 목표

- **정보보안의 3요소**: 기밀성(Confidentiality), 무결성(Integrity), 가용성(Availability)

082 ①

난이도 상 중 하

정보시스템 구축관리 〉 정보보호 〉 네트워크 보안 〉 네트워크 보안 장비

① tcp wrapper: 어떤 외부 컴퓨터가 접속되면 접속 인가 여부를 점검해서 인가된 경우에는 접속이 허용되고, 그 반대의 경우에는 거부할 수 있는 접근제어 유틸리티로 서버에서 침입 차단 서비스를 제공하는 공용 컴퓨터 프로그램이다.

083 ②

난이도 상 중 하

정보시스템 구축관리 〉 IT 프로젝트 정보시스템 구축관리 〉 네트워크 구축관리 〉 네트워크 장비

② Zing: 기기를 키오스크에 갖다 대면 원하는 데이터를 바로 가져올 수 있는 기술로, 10cm 이내 근접 거리에서 기가급 속도로 데이터 전송이 가능한 초고속 근접무선통신(NFC: Near Field Communication) 기술이다.

오답 해설

① BcN(Broadband Convergence Network): 통신 · 방송 · 인터넷이 융합된 품질 보장형 광대역 멀티미디어 서비스를 언제 어디서나 끊김 없이 안전하게 이용할 수 있는 차세대 통합 네트워크이다.

③ Marine Navi: LTE와 지능형 CCTV, 인공지능(AI) 등을 활용한 KT의 통합 선박 안전 솔루션이다.

④ C-V2X(Cellular Vehicle To Everything): 차량 사물 통신로 차량이 네트워크를 통해 다른 차량, 모바일 기기, 도로 등의 사물과 정보를 교환하는 기술이다.

084 ①

난이도 상 중 하

통합문제

① 서버 관리실 출입 통제는 응용 프로그램의 보안 설정이 아니라, 물리적 보호 조치에 해당된다.

- **취약점 관리를 위한 응용 프로그램의 보안 설정**: 운영체제의 접근 제한, 운영체제의 정보 수집 제한, 실행 프로세스 권한 설정

085 ②

난이도 상 중 하

정보시스템 구축관리 〉 소프트웨어 개발 방법론 활용 〉 소프트웨어의 생명주기 모형 〉 소프트웨어 개발 프레임워크

② 사용자 코드에서 프레임워크를 호출해서 사용하고, 그에 대한 제어를 할 수 있는 것은 라이브러리이다.

- 프레임워크를 사용하면 이미 만들어진 코드를 사용하게 되므로 시간과 비용이 절약되어 생산성이 증가된다. 라이브러리와 프레임워크의 가장 큰 차이는 제어 흐름에 대한 주도권이 누구에게 있는가에 있다. 프레임워크는 전체적인 흐름을 스스로 가지고 있으므로 직접 코드의 흐름을 제어할 수 있다.
- 프레임워크를 사용하면 이미 만들어진 코드를 사용하게 되므로 시간과 비용이 절약되어 생산성이 증가된다.

086 ④

난이도 상 중 하

정보시스템 구축관리 〉 정보보호 〉 네트워크 보안 〉 네트워크 보안 장비

④ 클라우드 기반 HSM은 클라우드 시스템 내에서 제공되는 정보보안 서비스 모듈이며, 암호화키를 안전하게 보관/관리하고, 암호, 인증, 전자서명 등에 필요한 암호 알고리즘을 수행하기 위한 전용 하드웨어 모듈이다.

087 ③

난이도 상 중 하

정보시스템 구축관리 〉 IT 프로젝트 정보시스템 구축관리 〉 네트워크 구축관리 〉 라우팅 프로토콜

③ Mesh Network: 다른 국을 향하는 호출이 중계에 의하지 않고 직접 접속되는 그물 모양의 네트워크이다. 통신량이 많은 비교적 소수의 국 사이에 구성될 경우 경제적이며 간편하지만, 다수의 국 사이에는 회선이 세분화 되어 비경제적일 수도 있다.

오답 해설

① VLAN(Virtual Local Area Network): 물리적 배치와 상관없이 논리적으로 LAN을 구성하여 Broadcast Domain을 구분할 수 있게 해주는 기술로 접속된 장비들의 성능향상 및 보안성 증대 효과가 있다.

088 ④

난이도 상 중 하

통합문제

④ 방화벽 설정의 잘못된 조작으로 인한 네트워크, 서버 보안 위협은 물리적 위협이 아니라, 기술적 위협에 해당한다.

089 ①

난이도 상 중 하

정보시스템 구축관리 〉 정보보호 〉 해킹과 정보보호

① Worm: 악성코드의 유형 중 다른 컴퓨터의 취약점을 이용하여 스스로 전파하거나 메일로 전파되며 스스로를 증식한다.

오답 해설

② Rogue Ware(악성 보안 소프트웨어, Rogue security software): 악성 소프트웨어 및 인터넷 사기의 일종으로 사용자의 컴퓨터에 바이러스가 있다고 생각하게 하여 가짜 악성코드 제거 도구에 대한 비용을 지불하도록 한다.

③ Adware: 광고(advertisement)와 소프트웨어(software)의 합성어이며, 특정 소프트웨어를 실행할 때 또는 자동으로 활성화되는 광고프로그램이다.

④ Reflection Attack: 송신자가 생성한 메시지를 가로챈 공격자가 그 메시지를 다시 송신자에게 재전송하여 접근 권한을 얻는 형태의 공격 방법이다.

090 ①

난이도 상 중 하

정보시스템 구축관리 〉 정보보호 〉 네트워크 보안 〉 서비스 거부 공격

• Ping of death
  - 네트워크에서는 패킷을 전송하기 적당한 크기로 잘라서 보내는데 Ping of Death는 네트워크의 이런 특성을 이용한 것이다.
  - 네트워크의 연결 상태를 점검하기 위한 ping 명령을 보낼 때, 패킷을 최대한 길게 하여 (최대 65,500바이트) 공격 대상에게 보내면 패킷은 네트워크에서 수백 개의 패킷으로 잘게 쪼개져 보내진다.
  - 네트워크의 특성에 따라 한 번 나뉜 패킷이 다시 합쳐져서 전송되는 일은 거의 없으며, 공격 대상 시스템은 결과적으로 대량의 작은 패킷을 수신하게 되어 네트워크가 마비된다.

오답 해설

② Session Hijacking: 다른 사람의 세션 상태를 훔치거나 도용하여 액세스하는 해킹 기법이다.

③ Piggyback Attack: 사회공학적 방법의 하나이며, 중요한 정보를 취급하는 곳과 같은 물리적인 보안 장치들이 많이 존재하는 장치들을 우회하는 방법이다. 마치 몰래 따라 들어가듯이 공격자가 다른 사용자의 연결에서 계정을 사용하지 않는 비활성 기간을 이용하여 시스템에 액세스한다.

④ XSS(Corss Site Scripting): 웹 페이지에 악의적인 스크립트를 포함시켜 사용자 측에서 실행되게 유도함으로써, 정보유출 등의 공격을 유발할 수 있는 취약점이다.

091 ②

난이도 상 중 하

정보시스템 구축관리 〉 소프트웨어 개발 방법론 활용 〉 소프트웨어의 생명주기 모형 〉 소프트웨어 개발 프레임워크

② 소프트웨어 개발 프레임워크: 개발해야 할 애플리케이션의 일부분이 이미 내장된 클래스 라이브러리로 구현이 되어 있다. 따라서 그 기반이 되는 이미 존재하는 부분을 확장 및 이용하는 것으로 볼 수 있다. Java 기반의 대표적인 소프트웨어로는 스프링(Spring)이 있다.

092 ①

난이도 상 중 하

통합문제

① 각 단계의 결과가 완전히 확인된 후 다음 단계로 진행되는 방식은 폭포수 모형의 특징이다.

093 ②

난이도 상 중 하

정보시스템 구축관리 〉 정보보호 〉 암호화 〉 대칭키 암호 방식, 비대칭키 암호 방식

② 대칭 암호 알고리즘은 비밀키 전달을 위한 키 교환이 필요하여 키 분배나 관리에 어려움이 있지만, 키의 길이가 짧아서 암호화 및 복호화의 속도가 빠르다.

094 ②

난이도 상 중 하

정보시스템 구축관리 〉 소프트웨어 개발 방법론 활용 〉 프로젝트 개발비용 산정 〉 수학적 산정 방법

② 월별 생산성 = 전체 라인 수/(기간×투입인원) = 10000/(5×2)

095 ①

난이도 상 중 하

정보시스템 구축관리 〉 정보보호 〉 접근 통제 〉 접근 통제 정책

① 역할 기반 접근 통제(RBAC: Role Based Access Control): 주체와 객체의 상호 관계를 통제하기 위하여 역할을 설정하고 관리자는 주체를 역할에 할당한 뒤 그 역할에 대한 접근 권한을 부여하는 방식이다.

• 정보 보안을 위한 접근 통제 정책 종류

정책	MAC	DAC	RBAC
권한부여	시스템	데이터소유자	중앙관리자
접근결정	보안등급(Label)	신분(Identity)	역할(Role)
정책변경	고정적 (변경 어려움)	변경 용이	변경 용이
장점	안정적 중앙 집중적	구현 용이 유연함	관리 용이

오답 해설

② 임의적 접근 통제(DAC: Discretionary Access Control): 주체가 속해 있는 그룹의 신원에 근거하여 객체에 대한 접근을 제한하는 방법으로 객체의 소유자가 접근 여부를 결정한다.

③ 강제적 접근 통제(MAC: Mandatory Access Control): 주체와 객체의 등급을 비교하여 접근 권한을 부여하는 접근통제이며, 모든 객체는 기밀성을 지니고 있다고 보고 객체에 보안 레벨을 부여한다.

096 ④

난이도 상 중 하

정보시스템 구축관리 〉 소프트웨어 개발 방법론 활용 〉 프로젝트 개발비용 산정 〉 수학적 산정 방법

④ 프로젝트 개발 유형에 따라 유기적(organic model), 중간형(semi-detached model), 내장형(embedded model)으로 구분한다.

097 ③

난이도 상 중 하

정보시스템 구축관리 〉 정보보호 〉 접근 통제 〉 식별과 인증

③ 존재: 주체는 '그를 나타내는 것'을 보여주며 예시로는 지문, 홍채 등이 있다.

098 ④

난이도 상 중 하

정보시스템 구축관리 〉 정보보호 〉 접근 통제 〉 식별과 인증

④ Authentication(인증): 임의의 정보에 접근할 수 있는 주체의 능력이나 주체의 자격을 검증하는 단계이다. 아이디와 패스워드를 입력하는 과정이 가장 일반적인 예시라고 볼 수 있다.

099 ①

난이도 상 중 하

정보시스템 구축관리 〉 IT 프로젝트 정보시스템 구축관리 〉 네트워크 구축관리 〉 네트워크 장비

① SDN(Software Defined Networking): 네트워크를 제어부, 데이터 전달부로 분리하여 네트워크 관리자가 보다 효율적으로 네트워크를 제어, 관리할 수 있는 기술이다.

오답 해설

② NFS(Network File System): 네트워크 파일 시스템이며 네트워크 상에서 파일시스템을 공유하도록 설계된 파일 시스템이다.

③ Network Mapper: 네트워크 보안을 위한 유틸리티이며, IP 패킷을 사용하여 네트워크에 어느 호스트가 살아 있고, 그들이 어떠한 포트를 제공하며, 운영 체계 버전이 무엇이며, 방화벽의 패킷 타입이 무엇인지 등 네트워크의 특징들을 검사한다.

④ AOE Network: Activity On Edge의 약자이며 작업들을 수행하는 데 걸리는 최단시간을 구한다.

100 ④

난이도 상 중 하

정보시스템 구축관리 〉 소프트웨어 개발 방법론 활용 〉 프로젝트 개발비용 산정 〉 프로젝트 스케줄링

• PERT(Program Evaluation and Review Technique): CPM이 각 작업의 개발기간을 하나의 숫자로 예측한데 비해 PERT(프로그램 평가 및 검토 기술)는 불확실성을 고려하여 낙관치, 기대치, 비관치의 베타분포를 가정하여 확률적으로 예측치(d)를 구한다. 작업들 간의 상호 관련성, 결정경로, 경계시간, 자원할당 등을 제시한다.

오답 해설

①~③의 설명은 간트 차트에 해당한다.

제2회 기출문제 **정답&해설**

제2회 기출문제(2022년 3월 시행 A책형)

문제 P.26

01	④	02	②	03	③	04	④	05	④
06	③	07	④	08	③	09	②	10	③
11	③	12	④	13	②	14	③	15	①
16	①	17	②	18	②	19	②	20	②
21	①	22	②	23	③	24	②	25	④
26	④	27	②	28	④	29	①	30	①
31	④	32	④	33	①	34	③	35	①
36	④	37	①	38	③	39	③	40	②
41	①	42	②	43	①	44	③	45	③
46	③	47	①	48	④	49	②	50	②
51	①	52	①	53	④	54	①	55	①
56	③	57	④	58	④	59	③	60	③
61	①	62	③	63	①	64	①	65	①
66	①	67	③	68	②	69	④	70	④
71	①	72	④	73	②	74	②	75	④
76	③	77	①	78	②	79	②	80	③
81	②	82	①	83	③	84	①	85	③
86	①	87	③	88	②	89	③	90	②
91	④	92	②	93	④	94	①	95	③
96	①	97	④	98	④	99	④	100	①

기출 총평 　난이도 상

이번 시험은 이전 시험들과 비교하여 난이도가 가장 높은 시험이라고 할 수 있었습니다. 상대적으로 1, 2, 3과목은 이전 시험들과 비슷한 난도를 보였지만, 4, 5과목의 난도가 높게 출제되면서 전체 시험의 난도가 높아졌습니다. 4과목은 난도 높은 프로그램 코드 문제가 출제되었고, 5과목은 어려운 용어들이 출제되어 체감상 5과목이 가장 어려웠을 것 같습니다. 앞으로의 시험에서도 이런 전체적인 기조가 유지될 것으로 생각되므로 4, 5과목의 학습에 더욱 신경써야 하겠습니다.

Part I 소프트웨어 설계

001 ④ 　난이도 상중하

소프트웨어 설계 〉 화면 설계 〉 UI 설계 〉 사용자 인터페이스 설계 도구

④ UI 설계 시 오류 메시지나 경고 관련 지침을 최대한 쉽게 확인할 수 있도록 텍스트만으로 전달하는 것보다는 소리나 색을 사용하도록 한다.

• UI 기본 원칙

직관성 (Intuitiveness)	누구나 쉽게 이해하고 사용할 수 있도록 제작한다.
유효성 (Efficiency)	정확하고 완벽하게 사용자의 목표가 달성될 수 있도록 제작한다.
학습성 (Learnability)	초보와 숙련자 모두가 쉽게 배우고 사용할 수 있게 제작한다.
유연성 (Flexibility)	사용자의 인터랙션을 최대한 포용하고, 실수를 방지할 수 있도록 제작한다.

002 ② 　난이도 상중하

소프트웨어 설계 〉 요구사항 확인 〉 요구사항 확인 〉 애자일

② 애자일 소프트웨어 개발에서는 문서화보다는 동작하는 소프트웨어를 만들어야 한다.

• 애자일의 특성

- Predictive라기보다 Adaptive(가변적 요구사항에 대응)하다.
- 프로세스 중심이 아닌 사람 중심(책임감이 있는 개발자와 전향적인 고객)이다.
- 문서화보다는 동작하는 소프트웨어를 만들어야 한다.
- 계약 협상보다는 고객 협력이 중요하다.
- 계획을 따르기보다는 변화에 응대한다.
- 모든 경우에 적용되는 것이 아니고 중소형, 아키텍처 설계, 프로토타이핑에 적합하다.

003 ③ 　난이도 상중하

소프트웨어 설계 〉 요구사항 확인 〉 요구사항 확인 〉 요구사항 분석

③ 요구사항 분석은 사용자의 요구사항을 분석하는 단계로, 소프트웨어 시스템이 사용되는 동안 발견되는 오류를 수정하는 것은 유지보수 단계에서의 활동이다.

004 ④

난이도 상 중 하

소프트웨어 설계 〉 애플리케이션 설계 〉 객체지향 설계 〉 객체지향 기법

④ 상위 클래스의 메소드와 속성을 하위 클래스에서 물려받는 것은 상속(Inheritance)이다.

• 상속성
  - 새로운 클래스를 정의할 때 기존의 클래스들의 속성을 상속받고 필요한 부분을 추가하는 방법이다.
  - 높은 수준의 개념은 낮은 수준의 개념으로 특정화된다.
  - 상속은 하위 계층은 상위 계층의 특수화(Specialization) 계층이 되며, 상위 계층은 하위 계층의 일반화(Generalization) 계층이 된다.

005 ④

난이도 상 중 하

④ 상향식 설계는 최하위 수준에서 각각의 모듈들을 설계하고, 이러한 모듈이 완성되면 이들을 결합하여 검사한다. 인터페이스가 성립되어 있어야 기능 추가를 쉽게 할 수 있다.

006 ③

난이도 상 중 하

소프트웨어 설계 〉 요구사항 확인 〉 요구사항 확인 〉 자료 흐름도

③ Data Store는 이중 평행선으로 표기한다.

• 자료 흐름도의 구성

구성	기호	표기
프로세스(Process)	(원)	원
흐름(Data Flow)	→	화살표
자료 저장소(Data Store)	(이중 평행선)	이중 평행선
단말(Terminator)	(사각형)	사각형

007 ④

난이도 상 중 하

소프트웨어 설계 〉 애플리케이션 설계 〉 설계 모델링

④ 소프트웨어 개발에 이용되는 모델에 의해 개발 대상을 추상화하고 시각적으로 표현할 수 있으며, 향후 개발될 시스템을 유추할 수 있다.

008 ③

난이도 상 중 하

소프트웨어 설계 〉 요구사항 확인 〉 요구사항 확인 〉 UML

③ 객체지향 시스템을 개발할 때 산출물을 명세화, 시각화, 문서화하는 데 사용되는 모델링 언어는 UML이다.

• UML(Unified Modeling Language)
  - 시스템의 여러 다양한 특성을 표현할 수 있는 방법이 있으며, 객체지향 분석 · 설계 표현 방법에 대한 표준으로 받아들여지고 있다.
  - 객체지향 분석 · 설계용의 모델링 언어이며, 종래의 객체지향 방법론과 함께 제안되어 모델링 언어 표기법의 표준화를 목적으로 한 것이다.

009 ②

난이도 상 중 하

소프트웨어 설계 〉 화면 설계 〉 UI 설계 〉 UI 설계 도구

② 제시문에서 설명하고 있는 UI설계 도구는 목업(Mockup)이다. 목업은 실물과 흡사한 정적인 형태의 모형이다. 시각적으로만 구성 요소를 배치하는 것으로 일반적으로 실제로 구현되지는 않는다.

오답 해설

① 스토리보드(Storyboard): 정책, 프로세스, 와이어프레임, 디스크립션 등이 모두 포함된 설계 문서이다.

③ 프로토타입(Prototype): 다양한 인터랙션이 결합되어 실제 서비스처럼 작동하는 모형이다.

010 ③

난이도 상 중 하

소프트웨어 설계 〉 요구사항 확인 〉 요구사항 확인 〉 애자일

③ 스크럼은 30일마다 동작 가능한 제품을 제공하는 스프린트를 중심으로 하고 있다. 매일 정해진 시간에 정해진 장소에서 짧은 시간의 개발을 하는 팀을 위한 프로젝트 관리 중심의 방법론이다.

011 ③

난이도 상 중 하

소프트웨어 설계 〉 요구사항 확인 〉 요구사항 확인 〉 UML

③ 순차 다이어그램(Sequence Diagram)은 동적인 행위를 표현하는 다이어그램이다.

오답 해설

• UML 다이어그램의 종류

구분	종류
정적 다이어그램 (구조적 다이어그램)	Class Diagram, Object Diagram, Component Diagram, Deployment Diagram, Composite Diagram, Package Diagram
동적 다이어그램 (행위 다이어그램)	Use Case Diagram, Sequence Diagram, State Diagram, Activity Diagram, Timing Diagram, Communication Diagram

012 ④

난이도 상 중 하

통합문제

• 노력(인월) = LOC/1인당 월평균 생산 코드 라인 수
  = 36,000/300 = 120인월(M/M)

• 개발 기간 = 노력(인월)/투입 인원 = 120/6 = 20개월

013 ②

난이도 상 중 하

소프트웨어 설계 〉 애플리케이션 설계 〉 공통 모듈 설계 〉 객체지향 설계 원칙

② OCP(개방–폐쇄 원칙): 클래스는 확장에 대해 열려 있어야 하며

변경에 대해 닫혀 있어야 한다. 기존 코드를 변경하지 않으면서 기능을 추가할 수 있도록 설계되어야 한다.

오답 해설

① **SRP(단일 책임의 원칙)**: '무엇을'과 '어떻게'를 분리하여 변경을 제한시킨다. 객체는 하나의 책임(변경의 축)만을 가져야 한다.

③ **LSP(리스코프 대체 원칙)**: 기반 클래스는 파생 클래스로 대체 가능해야 한다.

④ **DIP(의존 관계 역전의 원칙)**: 고수준 모듈은 저수준 모듈의 구현에 의존해서는 안 되며, 저수준 모듈이 고수준 모듈에서 정의한 추상 타입에 의존해야 한다는 원칙이다.

014 ③

난이도 상 중 하

소프트웨어 설계 〉 애플리케이션 설계 〉 객체지향 설계 〉 디자인 패턴

③ 생성 패턴에 해당하는 것은 빌더(Builder), 프로토타입(Prototype), 싱글턴(Singleton), 추상 팩토리(Abstract Factory), 팩토리 메소드(Factory Method) 패턴 등이 있다.

오답 해설

① **컴포지트(Composite)**: 구조 패턴

② **어댑터(Adapter)**: 구조 패턴

④ **옵저버(Observer)**: 행위 패턴

015 ①

난이도 상 중 하

소프트웨어 설계 〉 애플리케이션 설계 〉 소프트웨어 아키텍처

① 아키텍처 설계 과정은 ㉮ '설계 목표 설정 → ㉯ 시스템 타입 결정 → ㉰ 스타일 적용 및 커스터마이즈 → ㉱ 서브시스템의 기능, 인터페이스 동작 작성 → ㉲ 아키텍처 설계 검토'이다.

016 ①

난이도 상 중 하

소프트웨어 설계 〉 화면 설계 〉 UI 요구사항 확인 〉 사용자 인터페이스

① 심미성은 제품을 디자인하고 만들기 위한 설계의 기본 요소 중 하나이며, 색상이나 디자인, 외관의 미적 기능을 말한다. 사용자 인터페이스는 심미성보다 사용성을 우선하여 설계해야 한다.

017 ②

난이도 상 중 하

소프트웨어 설계 〉 애플리케이션 설계 〉 객체지향 설계 〉 디자인 패턴

② 소프트웨어 설계에서 자주 발생하는 문제에 대한 일반적이고 반복적인 해결 방법은 디자인 패턴이다.

• 디자인 패턴
  - 객체지향 소프트웨어 시스템 디자인 과정에서 자주 접하게 되는 디자인 문제에 대한 기존의 시스템에 적용되어 검증된 해법의 재사용성을 높여 쉽게 적용할 수 있도록 하는 방법론이다.
  - 패턴은 여러 가지 상황에 적용될 수 있는 탬플릿과 같은 것이며, 문제에 대한 설계를 추상적으로 표현한 것이다.

018 ②

난이도 상 중 하

소프트웨어 설계 〉 요구사항 확인 〉 요구사항 확인 〉 럼바우

② 객체지향 분석 기법의 하나로 객체 모형, 동적 모형, 기능 모형의 3개 모형을 생성하는 방법은 럼바우 방법(Rumbaugh Method)이다.

• 럼바우의 OMT(Object Modeling Technique) 기법

구분	설명
객체 모형 (Object Modeling)	객체들을 식별하고 객체들 간의 관계를 정의
동적 모형 (Dynamic Modeling)	시스템이 시간 흐름에 따라 변화하는 것을 보여주는 상태 다이어그램(State Diagram)을 작성
기능 모형 (Function Modeling)	시스템 내에서 데이터가 변하는 과정을 나타내며, 자료 흐름도(DFD)를 이용

019 ②

난이도 상 중 하

소프트웨어 설계 〉 요구사항 확인 〉 현행 시스템 분석 〉 운영체제 분석

② 입력되는 데이터를 컴퓨터의 프로세서가 처리하기 전에 미리 처리하여 프로세서가 처리하는 시간을 줄여주는 프로그램이나 하드웨어는 FEP(Front-End Processor)이다.

020 ②

난이도 상 중 하

소프트웨어 설계 〉 애플리케이션 설계 〉 객체지향 설계 〉 객체지향 개념

② **클래스(Class)**: 공통된 행위와 특성을 갖는 객체의 집합으로, 클래스라는 개념은 객체 타입으로 구현된 소프트웨어를 의미한다. 클래스는 동일한 타입의 객체들의 메소드와 변수들을 정의하는 템플릿(Templete)이다.

오답 해설

① **메소드(Method)**: 객체가 어떻게 동작하는지를 규정하고, 속성의 값을 변경시킨다. 메소드는 메시지에 의해 불리어질 수 있는 제어와 절차적 구성 요소이다.

④ **메시지(Message)**: 한 객체가 다른 객체의 메소드를 부르는 과정으로, 외부에서 하나의 객체에 보내지는 메소드의 요구이다. 일반 프로그래밍 과정에서 함수 호출에 해당된다.

Part Ⅱ 소프트웨어 개발

021 ①

난이도 상 중 하

소프트웨어 개발 〉 통합 구현 〉 통합 구현 관리 〉 리팩토링

① 추상화는 상위 클래스/메소드/함수에서는 간략하게 애플리케이션의 특성을 나타내고, 상세 내용은 하위 클래스/메소드/함수에서 구현한다.

• 클린 코드 작성 원칙

가독성	누구든지 코드를 쉽게 읽을 수 있도록 작성한다.
단순성	코드를 간단하게 작성한다. 한 번에 한 가지를 처리하도록 코드를 작성하고, 클래스/메소드/함수 등을 최소 단위로 분리하다.
의존성 배제	코드가 다른 모듈에 미치는 영향을 최소화하도록 작성한다. 코드 변경 시 다른 부분에 영향이 없도록 작성한다.
중복성 최소화	중복을 최소화할 수 있는 코드를 작성한다. 중복된 코드는 삭제하고 공통된 코드를 사용한다.
추상화	상위 클래스/메소드/함수에서는 간략하게 애플리케이션의 특성을 나타내고, 상세 내용은 하위 클래스/메소드/함수에서 구현한다.

022 ②

난이도 상 중 하

소프트웨어 개발 〉 애플리케이션 테스트 관리 〉 애플리케이션 통합 테스트 〉 테스트 드라이버

② 테스트 드라이버(Test Driver): 시험 입력을 종합하거나 시험하에서 항목을 호출하고 시험 결과를 보고하는 운전기이다. 상향식 통합 시험에서 모듈 간의 연관성을 모의 시험하기 위해 설계할 임시의 모의(Dummy) 모듈로서, 시험 사례를 준비하며 시험 모듈을 호출하고, 시험 모듈의 수행 결과를 출력하는 역할을 담당한다.

023 ③

난이도 상 중 하

소프트웨어 개발 〉 데이터 입출력 구현 〉 논리 데이터저장소 확인 〉 스택

③ 스택(Stack)에 대한 옳은 설명은 ㉣이다.

• 스택
- 보통 제한된 구조로 원소의 삽입과 삭제가 한 쪽(top)에서만 이루어지는 유한 순서 리스트이다.
- 스택의 구조는 LIFO(Last In First Out)로 되어있으며, 마지막에 삽입한 원소를 제일 먼저 삭제한다.
- 마치 항아리와 같이 위쪽의 출입구가 동일하다고 할 수 있으므로 가장 나중에 들어간 것이 가장 먼저 꺼내지고, 이를 후입선출이라고도 한다.
- 배열로 구현하는 방법은 간단하지만, 크기가 고정된다.
- 연결 리스트로 구현하면 상대적으로 복잡하지만, 크기를 가변적으로 할 수 있다.
- 스택의 응용: 수식 계산, 복귀 주소 관리, 순환식, 퀵 정렬, 깊이 우선 탐색, 이진트리 운행

오답 해설

㉠, ㉡은 큐(Queue)에 대한 설명이다.

㉢은 데크(Deque)에 대한 설명이다.

024 ②

난이도 상 중 하

소프트웨어 개발 〉 통합 구현 〉 통합 구현 〉 모듈 구현

② 소프트웨어 모듈화가 잘되었다고 평가하면 모듈의 재사용성이 높아지고, 오류의 파급 효과가 최소화된다. 하지만 기능을 작게 분할하여 모듈의 개수가 많아지면 인터페이스가 복잡해질 수 있는 단점이 있을 수 있다.

025 ④

난이도 상 중 하

소프트웨어 개발 〉 통합 구현 〉 통합 구현 관리 〉 소프트웨어 재사용

④ 소프트웨어 프로젝트 관리를 성공적으로 수행하면 주어진 기간 내에 납기 지연 없이 최소의 비용으로 높은 품질의 시스템을 개발할 수 있다.

026 ④

난이도 상 중 하

소프트웨어 개발 〉 통합 구현 〉 통합 구현 관리 〉 형상 관리의 기능

④ 정형 검토 회의(FTR)는 참가자의 수를 제한한다.

• 정형 검토 회의(Formal Technical Review)의 지침
- 제품의 검토에만 집중하라
- 의제를 제한하여 진행하라
- 논쟁과 반박을 제한하라
- 문제의 영역을 명확히 표현하라
- 해결책과 개선책에 대해 논하지 마라
- 참가자의 수를 제한하라
- 체크리스트를 개발하라
- 자원과 시간 일정을 할당하라
- 의미있는 훈련을 행하라
- 검토자들의 메모를 공유하라
- 검토 과정과 결과를 재검토하라

027 ②

난이도 상 중 하

소프트웨어 개발 〉 통합 구현 〉 통합 구현 관리 〉 소프트웨어 재사용

② 소프트웨어 재공학의 주요 활동 중 이식(Migration)은 새로운 소프트웨어나 하드웨어의 환경에서 사용할 수 있도록 소프트웨어를 변환하는 작업이다.

오답 해설

① 분석(Analysis): 기존 소프트웨어의 명세서를 확인하고 소프트웨어의 동작을 이해하고 재공학 대상을 선정하는 활동

③ 재구성(Resturcturing): 소프트웨어 기능을 변경하지 않고 소프트웨어 형태에 맞게 수정하는 활동으로 상대적으로 추상적 수준에서 하나의 표현을 다른 형태로 변경

④ 역공학(Reverse Engineering): 기존 소프트웨어를 분석하여 소프트웨어 개발과 데이터 처리 과정을 분석하고 설계 정보를 재발견하거나 다시 만드는 작업

028 ④

난이도 상 중 하

통합문제

④ 정보시스템 개발 단계에서 프로그래밍 언어 선택 시 고려할 사항으로 컴파일러는 독창적인 특징을 갖는 것은 좋지 않고, 일반성을 가지고 있는 것이 사용하기 용이하다.

029 ①

난이도 상 중 하

소프트웨어 개발 〉 제품 소프트웨어 패키징 〉 제품 소프트웨어 패키징 〉 소프트웨어 패키징

① 소프트웨어 패키징은 사용자 중심으로 진행한다.

- 소프트웨어 패키징
  - 프로그램 제작자가 최종 사용자가 사용할 프로그램을 다양한 환경에서 쉽게 자동으로 설치(업데이트/삭제 가능)할 수 있게 패키지를 만들어 배포하는 과정을 말한다. (매뉴얼 포함)
  - 개발이 완료된 제품 소프트웨어를 고객에게 전달하기 위한 형태로 패키징하고, 설치와 사용에 필요한 제반 절차 및 환경 등 전체 내용을 포함하는 매뉴얼을 작성하며, 제품 소프트웨어에 대한 패치 개발과 업그레이드를 위해 버전 관리를 수행할 수 있다.

030 ①

난이도 상 중 하

소프트웨어 개발 〉 데이터 입출력 구현 〉 논리 데이터저장소 확인 〉 선형구조

① 트리는 비선형구조이다.

- 선형구조: 데이터 항목 사이의 관계가 1:1이며, 선후 관계가 명확하게 한 개의 선 형태를 갖는 리스트 구조이다. (배열, 리스트, 스택, 큐, 데크)

031 ④

난이도 상 중 하

소프트웨어 개발 〉 통합 구현 〉 통합 구현 관리 〉 외계인 코드

④ 외계인 코드(Alien Code)는 개발되고 아주 오래되었거나, 참고 문서 또는 개발에 참여했던 개발진을 찾을 수 없는 가독성이 매우 낮은 코드를 말한다.

032 ④

난이도 상 중 하

소프트웨어 개발 〉 통합 구현 〉 통합 구현 관리 〉 소프트웨어 재사용

④ 소프트웨어 재사용은 기존의 소프트웨어를 다시 사용하는 방법으로 새로운 개발 방법론을 도입하기 어려운 단점이 있다.

- 소프트웨어 재사용의 장단점

장점	단점
• 개발 시간과 비용을 단축할 수 있다. • 소프트웨어의 오류를 최소화하고, 품질을 향상시킬 수 있다. • 소프트웨어 개발의 생산성을 증가시킨다. • 프로젝트의 실패 위험을 감소시킨다. • 시스템 구축 방법에 대한 지식을 공유하게 된다. • 시스템 명세, 설계, 코드 등 문서를 공유하게 된다.	• 프로그램의 표준화가 부족할 수 있다. • 새로운 개발 방법론의 도입이 어려워 진다. • 재사용을 위한 관리 및 지원이 부족할 수 있다. • 기존의 소프트웨어에 재사용 소프트웨어를 추가하기 어렵다. • 프로그래밍 언어에 대해서 종속적이다. • 라이브러리 안에 포함해야 할 재사용 요소의 명확한 결정 기준이 없다.

033 ①

난이도 상 중 하

소프트웨어 개발 〉 인터페이스 구현 〉 인터페이스 설계 확인 〉 인터페이스 기능 확인

① AJTML이라는 포맷은 없다.

오답 해설

② JSON: 속성-값 쌍(Attribute-value Pairs and Array Data Types (or Any Other Serializable Value)) 또는 "키-값 쌍"으로 이루어진 데이터 오브젝트를 전달하기 위해 인간이 읽을 수 있는 텍스트를 사용하는 개방형 표준 형식이다. 비동기 브라우저/서버 통신(AJAX)을 위해, 넓게는 XML(AJAX가 사용)을 대체하는 주요 데이터 포맷이다.

③ XML: W3C에서 다른 특수 목적의 마크업 언어를 만드는 용도에서 권장되는 다목적 마크업 언어이다. XML은 주로 다른 시스템, 특히 플랫폼과 상관없이 인터넷에 연결된 시스템끼리 데이터를 쉽게 주고받을 수 있게 한다.

④ YAML: XML, C, 파이썬, 펄, RFC2822에서 정의된 e-mail 양식에서 개념을 얻어 만들어진 '사람이 쉽게 읽을 수 있는' 데이터 직렬화 양식이다. YAML이라는 이름은 "YAML은 마크업 언어가 아니다(YAML Ain't Markup Language)"라는 재귀적인 이름에서 유래되었으며, 원래 YAML의 의미는 "또 다른 마크업 언어(Yet Another Markup Language)"였으나, YAML의 핵심은 문서 마크업이 아닌 데이터 중심에 있다는 것을 보여주기 위해 이름이 변경되었다.

034 ③

난이도 상 중 하

통합문제

③ NS 차트는 설계도에서 화살표나 GOTO문을 사용하지 않고, 순차, 선택, 반복의 제어 구조만 사용한다.

035 ①

난이도 상 중 하

소프트웨어 개발 〉 데이터 입출력 구현 〉 논리 데이터저장소 확인 〉 스택

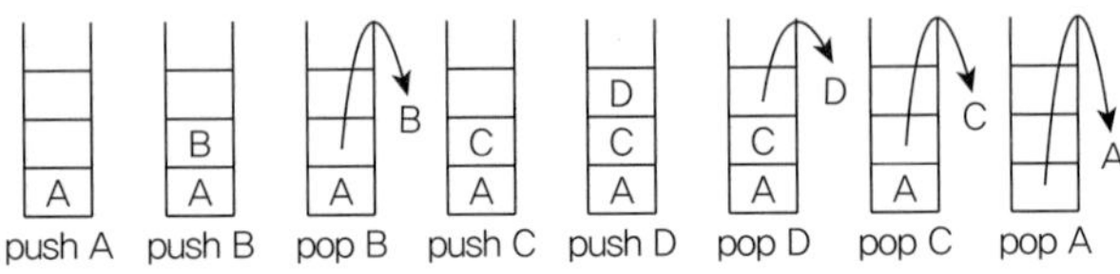

∴ B → D → C → A순으로 출력된다.

036 ④

난이도 상중하

소프트웨어 개발 〉 데이터 입출력 구현 〉 논리 데이터저장소 확인 〉 퀵 정렬

④ 퀵 정렬(Quick Sort)에 대한 설명이다. 퀵 정렬은 분할 정복에 기반한 알고리즘으로 피벗을 기준으로 작은 값 부분과 큰 값 부분으로 분할하여 정렬하는 방법이다. 수행 시간의 차수는 평균은 $O(nLog_2n)$이며, 최악일 시에는 $O(n^2)$이다.

- $\frac{n(n-1)}{2}$은 $\frac{n^2-1}{2}$이고, 빅오 표기법에 의해 최대 차수만 취하면 $O(n^2)$이 된다.

037 ①

난이도 상중하

소프트웨어 개발 〉 통합 구현 〉 모듈 구현 〉 단위 모듈 테스트

- **화이트박스 테스트:** 데이터 흐름 검사, 루프 검사, 기초 경로 검사, 조건 검사
- **블랙박스 테스트:** 동치(동등) 분할, 경계값 분석, 원인 결과 그래프, 오류 추측 기법, 비교 검사 기법

038 ③

난이도 상중하

소프트웨어 개발 〉 제품 소프트웨어 패키징 〉 제품 소프트웨어 매뉴얼 작성 〉 국제 표준 제품 품질 특성

③ **ISO/IEC 2501n(품질 모델 부분):** 내부 소프트웨어 품질, 외부 소프트웨어 품질 및 소프트웨어 사용 품질 등에 대한 특성들을 포함하는 상세한 품질 모델을 제시하며, 품질 모델 이용에 대한 실질적인 지침도 제공한다.

- 소프트웨어의 내부 측정, 외부 측정, 사용 품질 측정, 품질 측정 요소 등은 ISO/IEC 2502n에서 다룬다.

039 ③

난이도 상중하

소프트웨어 개발 〉 데이터 입출력 구현 〉 데이터 조작 프로시저 최적화 〉 소스 코드 인스펙션

③ 코드 인스펙션은 프로그램을 수행시켜 보는 것 대신 코드를 읽어보고 눈으로 확인하는 방법이므로 정적 테스팅 방법이다.

- **코드 인스펙션 진행 순서:** Planning(계획) → Overview(사전 교육) → Preparation(사전 검토) → Meeting(인스펙션 회의) → Re-Work, re-Inspection(수정) → Following(후속 조치)

040 ②

난이도 상중하

② 프로젝트에 내재된 위험 요소를 인식하고 그 영향을 분석하여 이를 관리하는 활동으로서, 프로젝트를 성공시키기 위하여 위험 요소를 사전에 예측, 대비하는 모든 기술과 활동을 포함하는 것은 위험분석(Risk Analysis)이다.

Part Ⅲ 데이터베이스 구축

041 ①

난이도 상중하

데이터베이스 구축 〉 데이터베이스 설계와 정규화 〉 데이터베이스 설계 〉 물리적 설계

① 스키마의 평가 및 정제는 물리적 설계 단계가 아니고, 논리적 설계 단계에서 수행된다.

- 데이터베이스 설계 단계

개념적 설계 (Conceptual Design)	• 사용자들의 요구사항을 이해하기 쉬운 형식으로 간단히 기술하는 단계이다. • 현실 세계를 정보 모델링을 통해 개념적으로 표현한다. • 속성들로 기술된 개체 타입과 이 개체 타입들 간의 관계를 이용하여 현실 세계를 표현하는 방법이다. • 트랜잭션 모델링이 포함된다. • DBMS와 Hardware에 독립적이다.
논리적 설계 (Logical Design)	• 개념적 설계에서 만들어진 구조를 구현 가능한 Data 모델로 변환하는 단계이다. • 개념 세계를 데이터 모델링을 통해 논리적으로 표현한다. • 데이터 필드로 기술된 데이터 타입과 이 데이터 타입들 간의 관계를 이용하여 현실 세계를 표현하는 방법이다. • 트랜잭션 인터페이스가 포함된다. • DBMS 종속적, Hardware 독립적이다.
물리적 설계 (Physical Design)	• 논리적 데이터베이스 구조를 내부 저장장치 구조와 접근 경로 등을 설계한다. • 구현을 위한 데이터 구조화이다. (저장장치에서의 데이터 표현) • 컴퓨터가 접근할 수 있는 저장장치 즉, 디스크에 데이터가 표현될 수 있도록 물리적 데이터 구조로 변환하는 과정이다. • 트랜잭션 세부 설계가 포함된다. • DBMS 종속적, Hardware 종속적이다.

042 ②

난이도 상중하

데이터베이스 구축 〉 관계 데이터베이스 언어 〉 SQL 〉 DELETE

② DELETE는 기본 테이블의 특정 튜플을 삭제할 때 사용하는 명령문이므로 튜플들이 삭제되더라도 테이블 구조는 남아 있다. 즉, 튜플과 테이블 구조까지 전체를 삭제하는 DROP과는 다르다.

043 ①

난이도 상중하

데이터베이스 구축 〉 데이터베이스 설계와 정규화 〉 정규화 체계 〉 정규화 과정

① 어떤 릴레이션 R의 모든 조인 종속성의 만족이 R의 후보키를 통해서만 만족될 때, 이 릴레이션 R이 해당하는 정규형은 제5정규형(5NF)이다. 제5정규형(5NF)은 후보키를 통하지 않은 조인종속 제거한 상태를 말한다.

• 정규화 과정

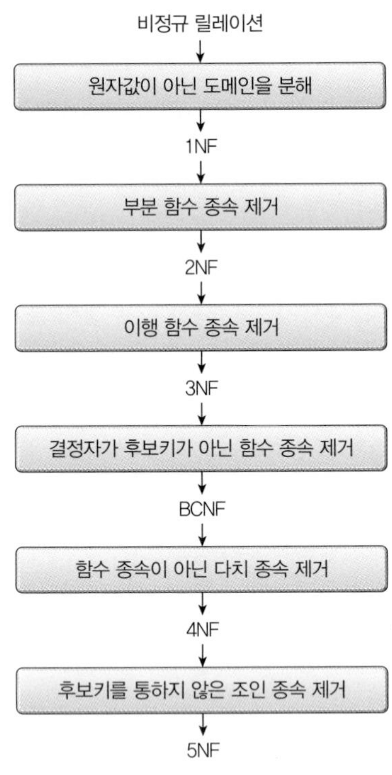

044 ③

난이도 상 중 하

데이터베이스 구축 〉 데이터 모델링 〉 개체-관계 모델 〉 E-R 다이어그램

E-R 모델에서 다중값 속성은 ③과 같이 표기한다.

오답 해설

• E-R 다이어그램 표기법

기호	의미
	개체 타입
	약한 개체 타입
	속성
	다중 속성: 여러 개의 값을 가질 수 있는 속성
	관계: 개체 간의 상호작용
	식별 관계 타입
	키 속성: 모든 개체들이 모두 다른 값을 갖는 속성 (기본키)
	부분키 애트리뷰트
	복합 속성: 하나의 속성을 부분으로 나누어질 수 있는 속성
	연결

045 ③

난이도 상 중 하

데이터베이스 구축 〉 관계 데이터 모델 〉 관계 데이터 모델의 구조 및 제약 〉 키의 종류

③ 외래키: 다른 테이블을 참조하는 데 사용되는 속성을 말한다.

오답 해설

② 슈퍼키: 튜플을 고유하게 식별할 수 있는 속성 또는 속성의 집합(유일성)을 말한다.

④ 후보키: 속성 집합으로 구성된 테이블의 각 튜플을 유일하게 식별할 수 있는 속성이나 속성의 조합들을 말한다. 후보키는 최소성과 유일성을 만족한다.

046 ③

난이도 상 중 하

데이터베이스 구축 〉 관계 데이터 모델 〉 관계 데이터 모델의 구조 및 제약 〉 릴레이션 관련 용어

③ 관계 해석에서 '모든 것에 대하여'의 의미를 나타내는 논리 기호는 ∀(모든)이다.

구분	구성요소	기호	설명
연산자	OR 연산	∨	원자식 간 "또는"이라는 관계로 연결
	AND 연산	∧	원자식 간 "그리고"라는 관계로 연결
	NOT 연산	ㄱ	원자식에 대해 부정
정량자	전칭 정량자 (Universal Quantifier)	∀	모든 가능한 튜플("for all"로 읽음. ALL의 'A'를 뒤집어 놓은 형태)
	존재 정량자 (Existential Quantifier)	∃	어떤 튜플 하나라도 존재("there exists"로 읽음. Exists의 'E'를 뒤집어 놓은 형태

047 ①

난이도 상 중 하

데이터베이스 구축 〉 관계 데이터 모델 〉 관계 데이터 모델의 구조 및 제약 〉 릴레이션 관련 용어

• Degree는 Attribute의 개수이다. 학번, 이름, 학년, 학과가 Attribute이므로 Degree는 4개이다.
• Cardinality는 Tuple의 개수이므로 3이 된다.

048 ④

난이도 상 중 하

데이터베이스 구축 〉 관계 데이터베이스 언어 〉 뷰 〉 뷰의 특징

④ 뷰는 삽입, 삭제, 갱신 연산에 제약이 따른다.

오답 해설

• 뷰의 장단점

구분	내용
장점	• 논리적 독립성을 제공한다. • 데이터 접근 제어로 보안 가능하다. • 사용자의 데이터 관리를 간단하게 한다. • 하나의 테이블로 여러 개의 상이한 뷰를 정의할 수 있다.
단점	• 독자적인 인덱스를 가질 수 없다. • 정의를 변경할 수 없다. • 삽입, 삭제, 갱신 연산에 많은 제약이 따른다.

049 ②

난이도 상 중 하

데이터베이스 구축 〉 관계 데이터 모델 〉 관계 데이터 연산 〉 관계대수

② $\pi_{이름}(\sigma_{학과 = '교육'}(학생))$: 학생 테이블에서 학과가 '교육'인 학생의 이름을 검색하라는 의미이다.

- 셀렉트(SELECT, σ): 선택 조건을 만족하는 릴레이션의 수평적 부분 집합(Horizontal Subset), 행의 집합

$\sigma_{〈선택\ 조건〉}$ (릴레이션 이름)

- 프로젝트(PROJECT, π): 수직적 부분 집합(Vertical Subset), 열(Column)의 집합

$\pi_{〈속성\ 리스트〉}$ (릴레이션 이름)

050 ②

난이도 상 중 하

데이터베이스 구축 〉 데이터베이스 설계와 정규화 〉 정규화 체계 〉 정규화 과정

② A → B이고 B → C일 때, A → C를 만족하는 관계는 이행적 함수 종속이다. 2NF에서 이행적 함수 종속을 제거하면 3NF가 된다.

051 ①

난이도 상 중 하

데이터베이스 구축 〉 관계 데이터베이스 언어 〉 SQL 〉 CREATE TABLE

① 속성의 타입을 변경할 때에는 ALTER문을 이용해야 한다.

- CREATE: Database, Table, View, Index 등 생성
- ALTER: Table의 속성(Attribute), 도메인(Domain), 제약 조건(Constraint) 등 변경

052 ①

난이도 상 중 하

데이터베이스 구축 〉 관계 데이터베이스 언어 〉 SQL 〉 SQL

① REVOKE 키워드는 부여한 권한을 회수(삭제)시키는 명령어이다.

053 ④

난이도 상 중 하

데이터베이스 구축 〉 관계 데이터베이스 언어 〉 SQL 〉 SELECT

④ 문제의 명령문은 사원 테이블에서 급여 항목을 모두 추출하라는 의미이고, 리턴되는 행의 수가 5개이므로 튜플의 수는 5이다.

054 ①

난이도 상 중 하

데이터베이스 구축 〉 관계 데이터베이스 언어 〉 SQL 〉 BETWEEN

BETWEEN 연산자는 숫자, 문자, 날짜 컬럼에 모두 사용 가능하며, 지정된 하한값과 상한값 범위 내의 레코드를 추출할 때 사용한다. BETWEEN은 비교 연산자인 〉=, 〈=로 변경 가능하다.

BETWEEN a AND b	a와 b의 값 사이에 있는 값(a와 b값이 포함된다.)

① 점수 BETWEEN 90 AND 95 는 점수 〉=90 AND 점수 〈=95와 같다.

055 ①

난이도 상 중 하

데이터베이스 구축 〉 고급 데이터베이스 〉 트랜잭션

① 트랜잭션의 상태 중 트랜잭션의 수행이 실패하여 Rollback 연산을 실행한 상태는 철회(Aborted)이다.

오답 해설

② 부분 완료(Partially Committed): 트랜잭션이 마지막 명령문을 실행한 직후의 상태

③ 완료(Committed): 트랜잭션이 실행을 성공적으로 완료하여 COMMIT 연산을 수행한 상태

④ 장애(Failed): 정상적 실행을 더 이상 계속할 수 없어서 중단한 상태

056 ③

난이도 상 중 하

데이터베이스 구축 〉 고급 데이터베이스 〉 권한 부여 기법

오답 해설

① ROLLBACK: 데이터 변경 사항을 이전 상태로 되돌리는 명령어

② COMMIT: 트랜잭션을 완료하여 데이터 변경 사항을 최종 반영

④ REVOKE: 부여한 권한을 회수(삭제)시키는 명령어

057 ④

난이도 상 중 하

데이터베이스 구축 〉 관계 데이터 모델 〉 관계 데이터 연산 〉 관계대수

④ R 테이블의 A 컬럼을 모두 추출한 값은 1, 3이고, S 테이블의 A 컬럼을 모두 추출한 값은 1, 2이다. UNION ALL은 각 쿼리의 SELECT 결과값을 합쳐서 반환해야 하므로 1, 3, 1, 2가 된다.

- 집합 연산자의 유형

UNION	2개 이상 SQL문의 실행 결과에 대한 중복을 제거한 합집합
UNION ALL	2개 이상 SQL문의 실행 결과에 대한 중복을 제거하지 않은 합집합
INTERSECTION	2개 이상 SQL문의 실행 결과에 대한 중복을 제거한 교집합
EXCEPT(MINUS)	선행 SQL문의 실행 결과와 후행 SQL문의 실행 결과 사이의 중복을 제거한 차집합(일부 DBMS는 MINUS로 사용)

058 ④

난이도 상 중 하

데이터베이스 구축 〉 고급 데이터베이스 〉 고급 데이터베이스 〉 분산 데이터베이스

④ 분산 데이터베이스 시스템의 주요 구성 요소는 분산 처리기, 분산 데이터베이스, 통신 네트워크이다.

- 분산 데이터베이스 시스템의 주요 구성

분산 처리기 (Distributed processor)	지리적으로 분산되어 있는 컴퓨터 시스템이다.
분산 데이터베이스 (Distributed database)	지리적으로 분산되어 있는 지역 데이터베이스이다.

통신 네트워크 (Communication network)	지리적으로 분산된 자치 처리기들을 통신으로 연결시켜 자원을 공유하게 함으로써 논리적으로 하나의 시스템 기능을 할 수 있게 하는 망이다.

059 ③

난이도 상 중 하

데이터베이스 구축 〉 관계 데이터베이스 언어 〉 SQL 〉 DDL

③ DROP문에서는 CASCADE 또는 RESTRICTED 옵션을 사용할 수 있다. RESTRICTED는 삭제할 요소가 참조 중이면 삭제되지 않지만, CASCADE는 삭제할 요소가 참조 중이더라도 삭제되며, 연관된 모든 요소들도 함께 삭제된다. 따라서 V_1, V_2 모두 일괄적으로 삭제된다.

060 ③

난이도 상 중 하

데이터베이스 구축 〉 고급 데이터베이스 〉 회복과 병행 제어 〉 병행 제어의 목적

③ 데이터베이스의 공유는 최대화 되어야 한다.

- **병행 제어(Concurrency Control)**: 여러 개의 트랜잭션이 실행될 때 트랜잭션들이 데이터베이스의 일관성을 파괴하지 않고 다른 트랜잭션에 영향을 주지 않으면서 트랜잭션을 제어하는 것을 의미한다. 병행 제어의 목적은 데이터 베이스의 공유와 시스템 활용도의 최대화, 데이터 베이스의 일관성 유지, 사용자에 대한 응답 시간을 최소화하는 것에 있다.

Part Ⅳ 프로그래밍 언어 활용

061 ①

난이도 상 중 하

프로그래밍 언어 활용 〉 네트워크 기초 활용 〉 인터넷 〉 IPv6

① IPv6 기본 헤더는 확장 헤더를 포함하지 않은 경우의 기본 40바이트로 고정이다.

- IPv6의 특징
  - IPv6의 헤더는 기본 헤더와 확장 헤더로 구성되어 기본 헤더만 사용하는 IPv4와는 차이가 있다. IPv6의 기본 헤더의 크기는 40bytes이다.
  - IPv6 주소의 비트 수는 128비트이고, IPv4 주소 비트 수는 32비트이므로 IPv6 주소의 비트 수는 IPv4 주소 비트 수의 4배이다.

062 ③

난이도 상 중 하

프로그래밍 언어 활용 〉 프로그래밍 언어 활용 〉 C 언어

```
❶ int arr[2][3]={1,2,3,4,5,6};
❷ int (*p)[3] = NULL;
❸ p=arr;
❹ printf("%d", *(p[0]+1) + *(p[1]+2));
❺ printf("%d", *(*(p+1)+0) + *(*(p+1)+1));
```

- ❶: 2차원 배열 선언
- ❷: 배열 포인터 변수의 선언부
- ❸: 포인터 변수의 초기화
- ❹: *(p[0]+1) = 2, *(p[1]+2) = 6
  ∴ 8
- ❺: *(*(p+1)+0) = 4, *(*(p+1)+1) = 5
  ∴ 9

따라서 제시문 C 언어 소스 코드의 실행 결과는 ③ 8, 9이다.

063 ①

난이도 상 중 하

프로그래밍 언어 활용 〉 네트워크 기초 활용 〉 프로토콜 〉 OSI 7계층

① HTTP는 응용(Application) 계층의 프로토콜이며, 클라이언트와 서버 사이에 이루어지는 요청/응답(Request/Response) 프로토콜이다.

064 ①

난이도 상 중 하

프로그래밍 언어 활용 〉 프로그래밍 언어 활용 〉 C 언어

① **논리 연산자(‖)**: 두 개의 논리값 중 하나만 참이라도 결과가 참(1)이 되고, 두 개 모두 거짓이면 거짓(0)이 된다. C 언어에서 0이 아닌 모든 값은 참(1)으로 해석한다.

065 ①

난이도 상 중 하

프로그래밍 언어 활용 〉 네트워크 기초 활용 〉 인터넷 〉 IPv6

① IPv6 주소는 전체 128비트이며, 16비트 블록은 4자리 16진수로 나타내고 각 자리는 콜론으로 구분된다.

- IPv4와 IPv6 비교

구분	내용	예
IPv4	32비트, 8비트씩 4부분	169.254.17.5
IPv6	128비트, 16비트씩 8부분	1080 : 0000 : 0000 : 0000 : 0008 : 0800 : 200C : 417A

066 ①

난이도 상 중 하

프로그래밍 언어 활용 〉 프로그래밍 언어 활용 〉 자바 언어 〉 자바의 기본 구조

① 구문 오류(Syntax Error)는 변수 이름과 문장 부호를 잘못 사용하거나 선언되지 않은 배열을 사용하는 경우 등 Java 언어에서 지켜져야 할 규칙들에 위배되는 경우에 발생되는 오류이다. 컴파일 시 오류를 발견하며 오류 메시지를 출력시킨다.

067 ③

난이도 상 중 하

프로그래밍 언어 활용 〉 네트워크 기초 활용 〉 ISO의 OSI 표준 모델 〉 TCP/IP

③ ICMP(Internet Control Message Protocol): IP가 패킷을 전달하는 동안에 발생할 수 있는 오류 등의 문제점을 원본 호스트에 보고

하는 일을 한다.

오답 해설

② ARP(Address Resolution Protocol): 논리 주소를 물리 주소로 변환시킨다. 참고로 RARP는 반대로 물리 주소를 논리 주소로 변환시키는 프로토콜이다.

④ PPP(Point-to-Point Protocol): 인터넷 접속 환경을 구현해주는 통신 규약이다.

068 ②

난이도 상 중 하

프로그래밍 언어 활용 〉 공통 모듈 구현 〉 모듈화 〉 결합도, 응집도

② 모듈 간의 결합도는 최소화, 응집도는 최대화되어야 독립성이 높아진다.

069 ④

난이도 상 중 하

프로그래밍 언어 활용 〉 공통 모듈 구현 〉 운영체제 기초 활용 〉 교착상태

④ **세마포어(Semaphore)**: 멀티 프로그래밍 환경에서 공유자원에 대한 상호배제 방법으로 사용된다.

- **세마포어의 P, V 연산**
  - S: 세마포어 변수
  - P: 임계 구역에 진입 전 수행
  - V: 임계 구역에서 나올 때 수행

```
• P(S): While S <= 0 do skip;
  // 다른 프로세스가 사용 중(S<=0)이면 대기
• S := S-1;   // 자원 점유를 알림, 개수 감소
• V(S): S := S + 1;
  // 대기 중인 프로세스를 깨우는 신호로 자원 반납을 알림, 개수 증가
```

070 ④

난이도 상 중 하

프로그래밍 언어 활용 〉 공통 모듈 구현 〉 모듈화 〉 모듈

④ **모듈(Module)**: 모듈은 독립된 하나의 소프트웨어 단위를 말한다. 독립적으로 실행 가능하고, 다른 모듈에서 접근이 가능하다.

071 ①

난이도 상 중 하

프로그래밍 언어 활용 〉 공통 모듈 구현 〉 운영체제 기초 활용 〉 최적적합

① 작업을 요청한 프로그램 공간은 17KB이다. 문제에서 제시한 것들 중에서 이와 가장 비슷한 공간은 20KB이다. 20KB 공간에 17KB의 프로그램을 적재할 경우 3K의 내부 단편화가 발생한다.

- **최적적합(Best Fit)**: 주기억장치의 공백들 중 프로그램이나 데이터 배치가 가능한 가장 알맞은 가용공간에 배치하는 것이다. (작업 요청 공간과 가장 가까운 공간에 할당)

072 ④

난이도 상 중 하

프로그래밍 언어 활용 〉 프로그래밍 언어 활용 〉 C 언어

④ break는 for문, while문과 같은 반복문과 switch~case문을 빠져나올 때 사용한다. 따라서 if(i==4)와 같이 i가 4가 되면 while문을 빠져나오고 printf("i = %d",i);에 의해 i값 4를 출력한다.

```
❶ int i=0;
❷ while(1) {
❸     if(i= =4) {
❹         break;
❺     }
❻     ++i;
❼ }
❽ printf("i = %d",i);
❾ return 0;
```

- ❷: 항상 참(무한 루프)
- ❸: i가 4가 되면 반복문을 벗어나고
- ❹: i가 4 미만이면 계속 반복 수행
- ❻: i 값을 1씩 증가
- ❽: i =4 출력

073 ②

난이도 상 중 하

프로그래밍 언어 활용 〉 프로그래밍 언어 활용 〉 JAVA

- char c[ ] = {'A','B','D',"D','A','B','C'};로 배열 객체 c를 생성하고, rs(c);에 의해 rs 메소드에 c를 전달하여 수행한다.
- for(int i = 0; i 〈 a.length; i++)은 i를 인덱스로 하여 배열 객체 c를 순회하기 위한 반복문이다.
- if(a[i] == 'B') a[i] = 'C';는 a[i]가 'B'인 경우 'C'로 변경하라는 의미이다.
- else if(i == a.length - 1) a[i] = a[i-1];은 i가 a.length - 1과 같다면 a[i]에 a[i-1]을 배정한다는 의미이다. a.length-1(7-1)은 6이므로 i가 6이면 a[6]에 a[5]를 배정한다는 의미이다.
- else a[i] = a[i+1]; 위의 if문과 else if의 조건에서 모두 거짓일 경우 a[i]에 a[i+1]을 배정한다.
- 요약하면 a[i]가 'B'라면 'C'로 변경하고, B가 아니라면 a[i]에 a[i+1]을 배정한다. i가 배열의 마지막 인덱스에 도달하면 a[6]에 a[5]를 배정하게 되는 프로그램이다.

074 ②

난이도 상 중 하

통합문제

② kerberos는 보안 인증 서버이다.

- **빌드 자동화 도구**

ANT	• 안정성이 좋고, 문서화가 잘 되어 있다. • Target 기능을 이용해서 세밀하게 빌드할 수 있다. (자바 소스 파일 컴파일, jar, war, ear, zip 파일의 생성, javadoc 생성, 파일이나 폴더의 이동 및 복사, 삭제, 작업에 대한 의존성 설정, 외부 프로그램 실행 등)

Maven	• 아주 적은 설정만으로도 프로젝트를 빌드하고, 테스트를 실행하고, 품질 보고서를 생성할 수 있다. • POM(Project Object Model)을 통해서 jar 파일의 의존성 관리, 빌드, 배포, 문서 생성, Release 등을 관리할 수 있다.
Gradle	기존의 Ant와 Maven을 보완했다. 오픈 소스 기반의 build 자동화 시스템으로 Groovy 기반 DSL(Domain-Specific Language)로 작성되었다.
Jenkins	• 초창기 Hudson이라는 이름을 가졌지만 오라클과 문제로 인해 이름을 바꾸게 되었다. • 자동화 테스트를 수행한다. (CVS/SVN/Git과 같은 버전 관리 시스템과 연동하여 코드 변경을 감지)

075 ④ 난이도 상중하

프로그래밍 언어 활용 〉 공통 모듈 구현 〉 운영체제 기초 활용 〉 FIFO

④ 다음의 FIFO 알고리즘에 의한 페이지 교체에 따라 정답은 4, 1, 3이다.

요구 페이지	1	2	1	0	4	1	3
페이지 프레임	1	1	1	1	4	4	4
		2	2	2	2	1	1
				0	0	0	3

076 ③ 난이도 상중하

프로그래밍 언어 활용 〉 프로그래밍 언어 활용 〉 C 언어

• char str1[20] = "KOREA";
  char str2[20] = "LOVE";
  에 의해 배열을 생성하면 다음과 같다.

str1

인덱스	0	1	2	3	4	5	…	19
기억값	K	O	R	E	A	\0		

str2

인덱스	0	1	2	3	4	5	…	19
기억값	L	O	V	E	\0			

• p1=str1;과 p2=str2;로 p1로 배열 str1, p2로 배열 str2에 접근할 수 있다.
• str1[1]=p2[2]; str1[1]에 p2[2]를 배정하였기 때문에 'O'가 'V'로 변경된다.
• str2[3]=p1[4]; str2[3]에 p1[4]를 배정하였기 때문에 'E'가 'A'로 변경된다.
• strcat(str1,str2); strcat( ) 함수는 두 문자열을 결합하는 함수이므로 str1 뒤에 str2를 붙인다.
• printf("%c", *(p1+2)); p1에 2를 더하여 출력하였으므로 str[2]의 값인 'R'이 출력된다.

따라서 정답은 ③이다.

077 ① 난이도 상중하

프로그래밍 언어 활용 〉 프로그래밍 언어 활용 〉 파이썬

• list_data = ['a', 'b','c']
• dict_data = {'a':90, 'b':95}
• print(list_data[0]): 리스트 0번 방에 들어있는 값 'a'가 출력된다.
• print(dict_data['a']): 'a'가 지정하고 있는 90이 출력된다.
  따라서 정답은 ①이다.

078 ② 난이도 상중하

프로그래밍 언어 활용 〉 프로그래밍 언어 활용 〉 C 언어 〉 C 언어의 연산자

문제의 a 〈 b + 2 && a 〈〈 1 〈= b에서 연산 우선순위는 ❶ 산술연산자인 +가 가장 높고, ❷ 그 다음 비트연산자인 〈〈가 된다. ❸ 이후에 비교연산자 〈, 〈=가 처리되고, ❹ 마지막으로 논리연산자 &&를 수행한다.

a 〈 b + 2 && a 〈〈 1 〈= b에 각 변수 a와 b에 각각 1, 2를 대입한 후 연산식을 수행하면 다음과 같다.

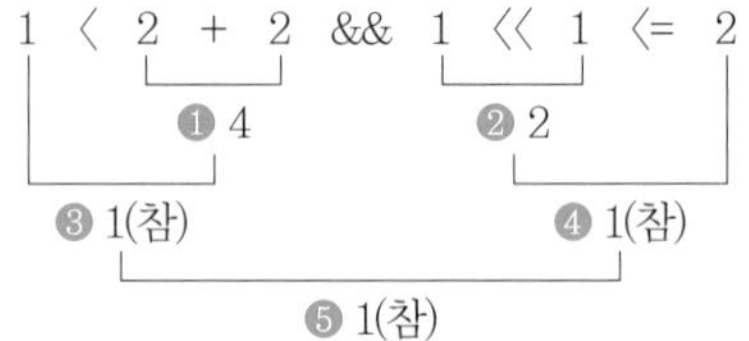

079 ② 난이도 상중하

프로그래밍 언어 활용 〉 프로그래밍 언어 활용 〉 파이썬

문제의 파이썬 프로그램에 리스트 a의 내용을 아래 반복문(for)을 이용하여 출력하는 코드이다. 반복문의 구성은 for i in a을 사용하여 리스트의 내용을 반복하면서 아래의 프린트문에 의해 각 원소를 출력한다. 프린트문이 총 4번 수행되므로 리스트의 내용은 ②와 같이 개행되면서 출력된다.

080 ③ 난이도 상중하

프로그래밍 언어 활용 〉 공통 모듈 구현 〉 유닉스 〉 쉘

③ 메모리와 프로세스 관리는 쉘 프로그램에서 실행하는 것이 아니고, 커널에서 담당한다.

• 유닉스 시스템 핵심 구조

커널(Kernel)	• 유닉스 운영체제의 핵심 • 메인 메모리에 상주하여 컴퓨터 자원 관리 • 디바이스(I/O), 메모리, 프로세스 관리 및 시스템 프로그램과 하드웨어 사이의 함수 관리 및 Swap space, Deamon 관리 등을 담당
쉘(Shell)	• 커널과 사용자 간의 인터페이스를 담당하며, 사용자 명령의 입출력을 수행하며 프로그램을 실행 • 명령어 해석기/번역기라고도 불린다.
파일시스템 (File System)	디렉터리, 서브 디렉터리, 파일 등의 계층적인 트리구조를 의미하며, 시스템 관리를 위한 기본 환경을 제공한다. 슈퍼블록, inode list, 데이터의 3부분으로 구성된다.

081 ②

난이도 상중하

정보시스템 구축관리 > 소프트웨어 개발 방법론 활용 > 소프트웨어의 생명주기 모형 > 나선형 모형

② 나선형 모델에서 위험 분석은 마지막 단계에서 한 번 수행되는 것이 아니고, 계획 단계 이후에 반복적으로 수행된다.

- 나선형 모델(Spiral Model)
  - 폭포수 모델과 프로토타이핑 모델의 장점을 수용하고, 새로운 요소인 위험 분석을 추가한 진화적 개발 모델이다.
  - 프로젝트 수행 시 발생하는 위험을 관리하고 최소화하려는 것을 목적으로 한다.
  - 계획 수립, 위험 분석, 개발, 사용자 평가의 과정을 반복적으로 수행한다.
  - 개발 단계를 반복적으로 수행함으로써 점차적으로 완벽한 소프트웨어를 개발하는 진화적(Evolutionary) 모델이다.

082 ①

난이도 상중하

정보시스템 구축관리 > 프로젝트 정보시스템 > IT 신기술 > IT 용어 정리

① 고가용성 솔루션(HACMP): 각 시스템 간에 공유 디스크를 중심으로 클러스터링으로 엮여 다수의 시스템을 동시에 연결할 수 있다.

오답 해설

② 점대점 연결 방식(Point-to-Point Mode): 통신 회선을 사용하는 단말 장치 접속 형식의 하나이며, 서로 다른 장치들이 각기 다른 회선으로 사용되는 접속 방식이다.

③ 스턱스넷(Stuxnet): 산업 소프트웨어와 공정 설비를 공격 목표로 하는 악성 프로그램이다. 공정 설비와 연결된 프로그램이 논리 제어 장치(Programmable Logic Controller)의 코드를 악의적으로 변경하여 제어권을 획득한다. 네트워크와 이동 저장 매체인 USB를 통해 전파된다.

④ 루팅(Rooting): 안드로이드 장치 사용자가 안드로이드 서브 시스템에 대한 관리자 권한을 취득하는 작업이다.

083 ③

난이도 상중하

정보시스템 구축관리 > 정보보호 > 네트워크 보안 > 스위치 재밍

③ 스위치 재밍(Switch Jamming): 스위치의 주소 테이블의 기능을 마비시키는 공격이다. 스위치에 랜덤한 형태로 생성한 MAC을 가진 패킷을 무한대로 보내면, 스위치의 MAC 테이블은 자연스레 저장 용량을 넘게 되고, 이는 스위치의 원래 기능을 잃고 더미 허브처럼 작동하게 된다.

084 ①

난이도 상중하

정보시스템 구축관리 > 프로젝트 정보시스템 > 서버 장비 운영 > 저장 서버 방식

① DAS(Direct-Attached Storage): 하드디스크와 같은 데이터 저장 장치를 호스트 버스 어댑터에 직접 연결하는 방식이다. 컴퓨터 네트워크에 연결된 파일 수준의 컴퓨터 기억장치로, 서로 다른 네트워크 클라이언트에 데이터 접근 권한을 제공한다.

085 ③

난이도 상중하

정보시스템 구축관리 > 정보보호 > 정보보호 > 정보보호의 주요 개념

③ 취약점 관리는 실행 프로세스 및 열린 포트를 대상으로 확인한다.

086 ①

난이도 상중하

정보시스템 구축관리 > 소프트웨어 개발 방법론 활용 > 소프트웨어의 생명주기 모형 > V 모형

① V 모델도 분석과 설계 단계를 거치며, 소프트웨어를 개발 시에 전체적으로 검증을 강조한 모델이다.

- V 모델
  - 폭포수 모델에 시스템 검증과 테스트 작업을 강조한 것이다.
  - 높은 신뢰성이 요구되는 분야에 적합하다.
  - 장점: 모든 단계에 검증과 확인 과정이 있어 오류를 줄일 수 있다.
  - 단점: 생명주기의 반복을 허용하지 않아 변경을 다루기가 쉽지 않다.

087 ③

난이도 상중하

정보시스템 구축관리 > 정보보호 > 네트워크 보안 > 공격 유형

오답 해설

① 블루버그(BlueBug): 모바일 장비를 물리적으로 소유한 것처럼 전화 걸기, SMS 보내기 등과 인터넷 사용도 가능

② 블루스나프(BlueSnarf): OPP(OBEX Push Profile) 기능을 사용하여 공격자가 블루투스 장치로부터 주소록 또는 달력 등의 내용을 요청해 이를 열람하거나 취약한 장치의 파일에 접근하는 공격 방법

④ 블루재킹(BlueJacking): 사용자들은 블루투스를 통해서 메시지들을 보낸다. 일반적으로 이들 메시지들은 피해가 없는 광고와 스팸들

088 ②

난이도 상중하

정보시스템 구축관리 > 정보보호 > 네트워크 보안 > 서비스 거부 공격

② Smurf 공격은 DoS 공격 중에서 가장 피해가 크며, IP 위장과 ICMP 특징을 이용한 공격이다. 공격 대상의 IP 주소를 근원지로 대량의 ICMP 응답 패킷을 전송하여, 서비스 거부를 유발시키는 공격이다.

089 ③

난이도 상중하

정보시스템 구축관리 > 프로젝트 정보시스템 > IT 신기술 > IT 용어 정리

③ 허니팟(Honeypot): 비정상적인 접근의 탐지를 위해 의도적으로 설치해 둔 시스템으로 공격자를 유인하기 위한 시스템이므로 쉽

게 노출되는 곳에 두어야 한다.

오답 해설

① Apache: 월드와이드웹(WWW) 서버용 소프트웨어이다.

② Hadoop(하둡, High-Availability Distributed Object-Oriented Platform): 대량의 자료를 처리할 수 있는 큰 컴퓨터 클러스터에서 동작하는 분산 응용 프로그램을 지원하는 프리웨어 자바 소프트웨어 프레임워크이다.

④ MapReduce: 분산 컴퓨팅(Distributed Computing)에서 대용량 데이터를 병렬 처리(Parallel Processing) 하기 위해 개발된 소프트웨어 프레임워크(Framework) 또는 프로그래밍 모델이다.

090 ②

난이도 상중하

정보시스템 구축관리 〉 프로젝트 정보시스템 〉 IT 신기술 〉 IT 용어 정리

② 도커(Docker): 컨테이너 가상화 기술이며, 컨테이너 응용 프로그램의 배포를 자동화하는 오픈 소스 엔진이다.

오답 해설

③ Cipher Container: 프로세스 격리 기술이며, 사용자가 사용할 프로그램과 환경 설정들이 컨테이너 안에 격리되어 실행되는 방법이다.

091 ④

난이도 상중하

정보시스템 구축관리 〉 소프트웨어 개발 방법론 활용 〉 프로젝트 개발 비용 산정 〉 간트 차트

④ 간트 차트는 소작업별로 작업의 시작과 끝을 나타낸 막대 도표이다. 수평 막대의 길이는 각 작업(Task)에 필요한 기간을 나타낸다.

- 간트 차트
  - 1919년 간트가 창안한 것으로 작업 계획과 실제의 작업량을 작업 일정이나 시간으로 견주어서 평행선으로 표시한다.
  - 프로젝트 일정 계획 및 이정표로 생명주기 단계, 일정 계획(작업 일정), 이정표, 작업기간 등이 포함된다.
  - 소작업별로 작업의 시작과 끝을 나타낸 막대 도표이다.
  - 프로젝트 일정 계획, 자원 활용 계획을 세우는데 유리하다.
  - 작업들 사이의 관계를 직접 보여 주지 못한다.
  - 작업 경로를 표시할 수 없기 때문에 프로젝트 작업을 발견하는 데 도움을 주지 못한다.

092 ②

난이도 상중하

정보시스템 구축관리 〉 프로젝트 정보시스템 〉 IT 신기술 〉 IT 용어 정리

② Python 기반의 웹 크롤링(Web Crawling) 프레임워크로 옳은 것은 스크래피(Scrapy)이다.

- 스크래피(Scrapy)
  - 파이썬 기반의 화면 스크랩과 웹 크롤링 프레임워크이다.
  - 스크래피를 사용하면 스크래핑을 간단히 할 수 있다. 스크랩하려는 항목을 정의하는 클래스를 만들고, 페이지에서 데이터를 추출하기 위한 몇 가지 규칙을 쓰면 된다. 결과는 JSON, XML, CSV 또는 다른 다양한 형식으로 출력할 수 있다.
  - 스크래피는 확장을 통해 웹 사이트 로그인, 세션 쿠키 처리 작업도 처리 가능하다. 이미지도 스크랩해서 캡처된 콘텐츠와 연결할 수 있다. 최신 버전에는 스크랩한 데이터 저장을 위한 클라우드 서비스 직접 연결, 재사용 가능한 프록시 연결 기능이 추가됐으며, 난해한 HTML 및 HTTP 동작 처리 부분이 개선됐다.

093 ④

난이도 상중하

④ 시큐어(Secure) 코딩에서 입력 데이터의 보안 약점 중 경로 조작 및 자원 삽입에 대한 보안 약점은 외부 입력된 값의 사전 검증이 없거나 잘못 처리될 경우 제공되는 시스템 자원에 접근 경로 등의 정보로 이용될 때 발생된다.

094 ①

난이도 상중하

① NTFS는 FAT보다 보안이 우수하다.

- NTFS(NT File System)의 특징
  - 파일 암호화 및 파일 레벨 보안을 지원한다.
  - Windows NT 4.0 이상에서 사용되는 파일 시스템이다.
  - NTFS 5.0 파일 시스템에서는 디스크 상의 파일 시스템을 읽고 쓸 때 자동으로 암호화하고 복호화가 가능하다.

095 ③

난이도 상중하

정보시스템 구축관리 〉 정보보호 〉 암호화 〉 DES

③ DES는 대칭키를 사용하며 64비트 블록 암호 알고리즘이다.

- DES(Data Encryption Standard)
  - DES는 64비트 평문을 64비트 암호문으로 암호화하는 대칭 암호 알고리즘이다. (키의 비트 길이는 56비트이다.)
  - 1976년에 Horst Feistel이 이끄는 IBM의 연구팀에서 개발된 암호 시스템을 미국의 데이터 암호화 표준(DES: Data Encryption Standard)으로 승인되었다.
  - DES는 미국뿐만 아니라 전 세계의 정부나 은행 등에서 널리 이용되어 왔다.
  - 컴퓨터의 발전으로 현재는 전사 공격으로도 해독될 수 있다.
  - 56비트의 키를 이용하는 대칭키 암호 시스템이다.

096 ①

난이도 상중하

- 파일의 접근 권한 = 파일의 기본 권한 − umask값

  644 = 666 − umask값

  ① 따라서 umask 값은 022이다.

• umask를 이용한 파일 권한 설정
  - 새롭게 생성되는 파일이나 디렉터리는 디폴트 권한으로 생성된다. 이러한 디폴트 권한은 umask값에 의해서 결정된다.
  - 파일이나 디렉터리 생성 시에 기본 권한을 설정해 준다. 각 기본 권한에서 umask값만큼 권한이 제한된다. (디렉터리 기본 권한: 777, 파일 기본 권한: 666)

097 ④ 난이도 상중하

정보시스템 구축관리 〉 프로젝트 정보시스템 〉 IT 신기술 〉 IT 용어 정리

④ wtmp: 사용자의 로그인, 로그아웃 시간과 시스템의 종료 시간, 시스템 시작 시간 등을 기록한다.

• 유닉스 시스템의 주요 로그 파일

acct / pacct	사용자 별로 실행되는 모든 명령어를 기록
.history	사용자별 명령어를 기록하는 파일로 csh, tcsh, ksh, bash 등 사용자들이 사용하는 쉘에 따라 .history, .bash_history 파일 등으로 기록
lastlog	각 사용자의 최종 로그인 정보
logging	실패한 로그인 시도를 기록
messages	부트 메시지 등 시스템의 콘솔에서 출력된 결과를 기록하고 syslogd에 의해 생성된 메시지도 기록
sulog	su 명령 사용 내역 기록
syslog	운영체제 및 응용 프로그램의 주요 동작 내역
utmp	현재 로그인한 각 사용자의 기록
utmpx	utmp 기능을 확장한 로그, 원격 호스트 관련 정보 등 자료 구조 확장
wtmp	사용자의 로그인, 로그아웃 시간과 시스템의 종료 시간, 시스템 시작 시간 등을 기록
btmp	5번 이상 로그인 실패한 정보를 기록(솔라리스는 loginlog)
xferlog	FTP 접속을 기록

098 ④ 난이도 상중하

정보시스템 구축관리 〉 소프트웨어 개발 방법론 활용 〉 프로젝트 개발 비용 산정 〉 LOC 기법

④ LOC에서 사용되는 예측치 공식에는 낙관치, 기대치, 비관치 항목이 있다.

• LOC(원시 코드 라인 수) 기법
  - WBS상에서 분해된 각각의 시스템 기능들에 필요한 원시 코드 라인 수를 산정함에 있어 PERT의 예측 공식을 이용한다.

$$예측치=\frac{낙관치+[4\times 기대치]+비관치}{6}$$

099 ④ 난이도 상중하

정보시스템 구축관리 〉 정보보호 〉 해킹과 정보보호 〉 해킹과 바이러스

④ DPI(Deep Packet Inspection): 기본적으로 패킷의 헤더와 페이로드 부분까지 검사하여 비적합 프로토콜, 바이러스, 패킷의 경로 설정이 올바른지 등을 조사하거나 통계적 분석을 위해 패킷을 수집하는 기술이다. 전 계층의 프로토콜과 패킷 내부의 콘텐츠를 파악하여 침입 시도, 해킹 등을 탐지하고 트래픽을 조정하기 위한 패킷 분석 기술이다.

100 ① 난이도 상중하

정보시스템 구축관리 〉 소프트웨어 개발 방법론 활용 〉 테일러링 개발 방법론 〉 소프트웨어 테일러링 개요

① 소프트웨어 테일러링은 프로젝트 수행 시 예상되는 변화도 고려하여 진행되어야 한다.

• 소프트웨어 테일러링과 프로세서 테일링

소프트웨어 테일러링	프로젝트 특성 및 상황에 적용하기 위해 기정의된 개발 방법론의 절차나 기법, 산출물 등을 수정 및 보완하여 적용하는 작업이다.
프로세스 테일러링	여러 다른 개발 환경하에서 개발되는 다양한 종류의 프로젝트에 일관된 하나의 개발 프로세스를 적용하기 어렵기 때문에 프로젝트의 특성에 적합한 프로세스를 적용해야 하고, 이를 위해 프로세스를 수정하는 과정을 프로세스 테일러링이라 한다.

제3회 기출문제 **정답&해설**

제3회 기출문제(2021년 8월 시행 B책형)

문제 ➚ P.42

01	①	02	②	03	④	04	②	05	③
06	②	07	②	08	②	09	①	10	④
11	①	12	③	13	④	14	②	15	④
16	①	17	②	18	②	19	④	20	④
21	②	22	④	23	④	24	①	25	④
26	②	27	③	28	②	29	④	30	①
31	④	32	②	33	③	34	②	35	④
36	①	37	①	38	②	39	③	40	③
41	①	42	①	43	④	44	①	45	③
46	④	47	②	48	③	49	②	50	②
51	①	52	①	53	③	54	③	55	④
56	③	57	③	58	①	59	④	60	③
61	①	62	②	63	③	64	②	65	①
66	①	67	④	68	①	69	③	70	④
71	③	72	②	73	③	74	③	75	④
76	④	77	②	78	④	79	③	80	③
81	②	82	④	83	④	84	③	85	②
86	①	87	②	88	①	89	②	90	②
91	③	92	②	93	①	94	④	95	③
96	①	97	④	98	③	99	①	100	④

기출 총평 난이도 중

2021년 5월 시험의 난도가 높았으므로 01회 시험의 난도가 낮지 않았는데도 불구하고 시험장에서 느끼는 체감 난도는 조금 낮게 느껴지는 시험이었습니다. 이전 시험과 마찬가지로 1, 2, 3과목에 비해 4, 5과목의 난도가 많이 높았습니다. 앞으로의 시험에서는 이런 기조가 계속적으로 보일 것으로 예상됩니다. 앞으로의 시험에서는 4, 5과목에 조금 더 비중을 두어 대비하여야 하고, 특히 프로그램 코드의 학습이 매우 중요합니다.

Part I 소프트웨어 설계

001 ①

난이도 상 중 하

소프트웨어 설계 〉 요구사항 확인 〉 요구사항 확인 〉 럼바우

① 기능 모델링(Function Modeling): 시스템 내에서 데이터가 변하는 과정을 나타내며, 자료 흐름도(DFD)를 이용한다.

오답 해설

② 동적 모델링(Dynamic Modeling): 시스템이 시간 흐름에 따라 변화하는 것을 보여주는 상태 다이어그램(State Diagram)을 작성한다.

③ 객체 모델링(Object Modeling): 객체들을 식별하고 객체들 간의 관계를 정의한다.

002 ②

난이도 상 중 하

소프트웨어 설계 〉 요구사항 확인 〉 요구사항 확인 〉 클래스 다이어그램

② Operation: 클래스의 동작을 의미하며, 클래스에 속하는 객체에 대하여 적용될 메소드를 정의한 것이다.

오답 해설

① Instance(인스턴스): 객체지향 기법에서 같은 클래스에 속한 각각의 객체를 의미하는 것이다.

003 ④

난이도 상 중 하

소프트웨어 설계 〉 요구사항 확인 〉 요구사항 확인 〉 요구 검증

④ 요구사항 검증(Requirements Validation)은 Review, Inspection, Walk-through 등과 같은 방법을 이용하여 명세화된 요구사항을 검증하는 과정이지만, 이 과정을 통해 모든 요구사항의 문제를 발견할 수는 없다.

004 ②

난이도 상 중 하

소프트웨어 설계 〉 애플리케이션 설계 〉 공통 모듈 설계 〉 모델링

② 소프트웨어 공학에서 모델링(Modeling)은 유지보수 단계에서만 활용하는 것이 아니라 개발 전체 단계에서 활용할 수 있다.

005 ③

난이도 상 중 하

소프트웨어 설계 〉 애플리케이션 설계 〉 공통 모듈 설계 〉 마스터-슬레이브 패턴

③ 슬레이브 프로세스는 마스터 프로세스에서 수행하는 연산, 통신, 제어 등의 기능을 제외하고는 별도로 제한되는 기능이 없다.

006 ②

난이도 상 중 하

소프트웨어 설계 〉 화면 설계 〉 UI 요구사항 확인 〉 사용자 인터페이스

② 사용자 인터페이스(User Interface)는 사용자 중심으로 설계되어야 한다.

007 ②

난이도 상 중 하

소프트웨어 설계 〉 애플리케이션 설계 〉 객체지향 설계 〉 객체지향 기법

② 객체지향 분석은 객체 중심으로 시스템을 파악하는 상향식(Bottom-up) 방식으로 볼 수 있다.

008 ②

난이도 상 중 하

소프트웨어 설계 〉 화면 설계 〉 UI 요구사항 확인 〉 사용자 인터페이스

② CLI(Command Line Interface): 문자 방식의 명령어 입력 사용자 인터페이스이다.

오답 해설

① GUI(Graphical User Interface): 그래픽 환경 기반의 마우스 입력 사용자 인터페이스이다.

009 ①

난이도 상 중 하

소프트웨어 설계 〉 애플리케이션 설계 〉 객체지향 설계 〉 객체지향 기법

①은 상속(Inheritance)에 대한 설명이다.

- **캡슐화(Encapsulation)**: 객체를 정의할 때 서로 관련성이 많은 데이터들과 이와 연관된 함수들을 정보처리에 필요한 기능을 하나로 묶는 것을 말한다.

010 ④

난이도 상 중 하

소프트웨어 설계 〉 애플리케이션 설계 〉 객체지향 설계 〉 정보은닉

④ 정보은닉을 통해 모듈을 독립적으로 수행할 수 있다. 따라서 하나의 모듈이 변경되더라도 다른 모듈에 영향을 주지 않으므로 수정, 유지보수 등이 가능하다.

011 ①

난이도 상 중 하

소프트웨어 설계 〉 요구사항 확인 〉 요구사항 확인 〉 XP

① 익스트림 프로그래밍은 요구사항 변동에 빠르게 대응하기 위해 릴리즈 기간을 짧게 반복하고, 테스트가 지속적으로 진행될 수 있도록 자동화된 테스팅 도구를 사용한다.

012 ③

난이도 상 중 하

소프트웨어 설계 〉 요구사항 확인 〉 요구사항 확인 〉 시퀀스 다이어그램

③ 순차 다이어그램(Sequence Diagram)은 시간의 흐름에 따라 객체 간의 의사소통을 분석하는 동적 다이어그램이다.

013 ④

난이도 상 중 하

소프트웨어 설계 〉 인터페이스 설계 〉 인터페이스 상세 설계 〉 미들웨어 솔루션

④ 미들웨어(Middleware)는 애플리케이션과 사용자 사이뿐만 아니라 클라이언트와 서버를 연결하여 데이터를 주고받을 수 있도록 중간에서 매개 역할을 하거나, 네트워크를 통해서 연결된 여러 개의 컴퓨터에 있는 많은 프로세스들에게 다양한 서비스를 사용할 수 있도록 연결해주는 소프트웨어이다.

014 ②

난이도 상 중 하

소프트웨어 설계 〉 애플리케이션 설계 〉 객체지향 설계 〉 디자인 패턴

② 인스턴스를 복제하여 사용하는 패턴은 객체 생성 패턴의 프로토타입(Prototype) 패턴이다.

- **Strategy 패턴**: 행위 개선을 위한 패턴으로 교환 가능한 행동을 캡슐화하고, 위임을 통해서 어떤 행동을 사용할지 결정한다.

015 ④

난이도 상 중 하

소프트웨어 설계 〉 애플리케이션 설계 〉 공통 모듈 설계 〉 추상화

- **추상화의 종류**: 과정 추상화, 자료 추상화, 제어 추상화

016 ①

난이도 상 중 하

소프트웨어 설계 〉 애플리케이션 설계 〉 공통 모듈 설계 〉 소프트웨어 아키텍처

① 파이프 필터 아키텍처에서 데이터는 파이프를 통해 단방향으로 흐르며, 서브시스템이 입력 데이터를 받아 처리하고 결과를 다른 시스템에 보내는 작업이 반복된다.

017 ②

난이도 상 중 하

소프트웨어 설계 〉 요구사항 확인 〉 요구사항 확인 〉 애자일

② 애자일 개발 방법론은 계획 수립과 문서화보다는 동작하는 소프트웨어에 더 큰 비중을 둔다.

018 ②

난이도 상 중 하

소프트웨어 설계 〉 요구사항 확인 〉 요구사항 확인 〉 UML

② **의존(Dependency) 관계**: 연관 관계와 같이 한 클래스가 다른 클래스를 오퍼레이션의 매개변수로 사용할 때 나타난다. 두 클래스 관계가 한 메소드의 실행 동안과 같이 매우 짧은 시간 동안만 존재한다.

오답 해설

① **연관(Association) 관계**: 한 클래스가 다른 클래스에서 제공하는 기능을 사용하는 관계이다.

③ **실체화(Realization) 관계**: 인터페이스와 인터페이스를 갖는 클래스 간의 관계이다.

④ **일반화(Generalization) 관계**: 상속 관계라고도 하며, 한 클래스가 다른 클래스를 포함하는 상위 개념일 때 이를 IS-A 관계라고 한다.

019 ④ 난이도 상 중 하

소프트웨어 설계 〉 요구사항 확인 〉 객체지향 설계 〉 다이어그램

④ AVL 트리는 탐색 구조의 하나이다.

- 요구사항 정의 및 분석 · 설계의 결과물을 표현하기 위한 모델링 과정에서 사용되는 다이어그램(Diagram)은 Data Flow Diagram, E-R Diagram, UML Diagram이다.

020 ④ 난이도 상 중 하

소프트웨어 설계 〉 요구사항 확인 〉 요구사항 확인 〉 요구사항의 개념

- **기능 요구**: 사용자가 필요로 하는 정보처리 능력에 대한 것으로 절차나 입 · 출력에 대한 요구이다.
- **비기능 요구**: 시스템 SW의 동작에 필요한 특정 요구 기능 외에 전체 시스템의 동작을 평가하는 척도를 정의하며, 안정성, 확장성, 보안성, 성능 등이 포함된다.

Part Ⅱ 소프트웨어 개발

021 ② 난이도 상 중 하

소프트웨어 개발 〉 데이터 입출력 구현 〉 논리 데이터저장소 확인 〉 자료구조

- **선형구조**: 데이터 항목 사이의 관계가 1:1이며, 선후 관계가 명확하게 한 개의 선의 형태를 갖는 리스트 구조이다. 배열, 연결 리스트, 스택, 큐, 데크가 있다.

022 ④ 난이도 상 중 하

소프트웨어 개발 〉 애플리케이션 테스트 관리 〉 애플리케이션 통합 테스트 〉 테스트 드라이버

- **테스트 드라이버(Test Driver)**: 테스트 케이스를 입력받고, 테스트를 위해 받은 자료를 모듈로 넘기고, 관련된 결과를 출력하는 메인 프로그램이다. 즉, 테스트 대상 모듈을 호출하는 상위 모듈의 역할을 한다.

023 ④ 난이도 상 중 하

소프트웨어 개발 〉 데이터 입출력 구현 〉 논리 데이터저장소 확인 〉 트리의 순회

- **중위 순회(left → root → right)**: 왼쪽, 중간, 오른쪽 순서로 방문하는 방법이다. 문제의 트리를 중위 순회한 결과는 D → B → A → E → C → F가 된다.

024 ① 난이도 상 중 하

소프트웨어 개발 〉 애플리케이션 테스트 관리 〉 애플리케이션 테스트 케이스 설계 〉 테스트 데이터

테스트 케이스 자동 생성 도구를 이용하여 테스트 데이터를 찾아내는 방법에는 입력 도메인 분석, 랜덤(Random) 테스트, 자료 흐름도가 있다.

025 ④ 난이도 상 중 하

소프트웨어 개발 〉 통합 구현 〉 통합 구현 관리 〉 형상 관리의 기능

- **검증(Verification)**: 작업 제품이 개발자의 기대를 충족시키는지를 측정한다.
- **확인(Validation)**: 작업 제품이 사용자의 요구에 적합한지 측정한다.

026 ② 난이도 상 중 하

소프트웨어 개발 〉 제품 소프트웨어 패키징 〉 제품 소프트웨어 패키징 〉 DRM

- **패키저(Packager)**: 콘텐츠를 메타데이터와 함께 배포 가능한 단위로 묶는 프로그램이다.

027 ③ 난이도 상 중 하

소프트웨어 개발 〉 통합 구현 〉 모듈 구현 〉 모듈

- **모듈(Module)**: 서브루틴, 하부시스템, 소프트웨어 내 프로그램 혹은 작업 단위 의미이다. 소프트웨어 구조를 이루며, 다른 것들과 구별될 수 있는 독립적인 기능을 갖는 단위이다.

028 ② 난이도 상 중 하

소프트웨어 개발 〉 제품 소프트웨어 패키징 〉 제품 소프트웨어 매뉴얼 작성 〉 사용자 매뉴얼 작성 절차

- **사용자 매뉴얼 작성 절차**: 작성 지침 정의 → ㉢ 사용 설명서 구성 요소 정의 → ㉡ 구성 요소별 내용 작성 → ㉠ 사용 설명서 검토

029 ④ 난이도 상 중 하

통합문제

④ 코드의 간결성을 유지하기 위해 한 줄에 하나의 명령을 코딩한다.

030 ① 난이도 상 중 하

소프트웨어 개발 〉 데이터 입출력 구현 〉 논리 데이터저장소 확인 〉 탐색 구조

이진 탐색 트리의 검색 효율은 균형이 맞을 때 $O(\mathrm{Log}_2 n)$이고, 균형이 맞지 않는 최악의 경우 $O(n)$이 되어 검색 효율이 가장 나쁘다. AVL 트리, 2-3 트리, 레드-블랙 트리는 이진 탐색 트리를 항상 균형이 맞게 구성된 탐색 구조(균형 이진 탐색 트리)이므로 검색 효율은 $O(\mathrm{Log}_2 n)$이다.

031 ④

난이도 상중하

소프트웨어 개발 〉 애플리케이션 테스트 관리 〉 애플리케이션 통합 테스트 〉 통합 테스트

- 깊이 우선 탐색(DFS: Depth First Search): 트리나 그래프를 탐색하는 방법이며, 한 노드를 시작으로 인접한 다른 노드를 재귀적으로 탐색해가고, 끝까지 탐색하면 다시 위로 와서 다음을 탐색하여 방문한다.
- 스택을 이용하며, 정점 A부터 운행할 수 있는 것은 A → B → E → F → G → C → D이다.

032 ②

난이도 상중하

소프트웨어 개발 〉 애플리케이션 테스트 관리 〉 애플리케이션 통합 테스트 〉 통합 테스트

② **단위 테스트(Unit Test)**: 독립 모듈의 완전성을 시험하여, 코딩이 끝난 후 설계의 최소 단위인 모듈에 초점을 두고 검사하는 단계이다.

오답 해설

① **통합 테스트(Integration Test)**: 단위 테스트가 끝난 모듈들을 하나로 결합하여 시스템으로 완성하는 과정에서의 시험이다.

③ **시스템 테스트(System Test)**: 모든 모듈들은 하나의 시스템으로 작동하게 된다. 사용자의 모든 요구를 하나의 시스템으로서 완벽하게 수행하기 위해서는 다양한 시험들이 필요하다.

④ **인수 테스트(Acceptance Test)**: 사용자측 관점에서 소프트웨어가 요구를 충족시키는가를 평가하며, 알파 테스트와 베타 테스트가 있다.

033 ③

난이도 상중하

소프트웨어 개발 〉 데이터 입출력 구현 〉 논리 데이터저장소 확인

③ 언더플로우는 결과가 취급할 수 있는 수의 범위보다 작아지는 상태를 말한다. 제시한 코드의 조건이 만족한다면 언더플로우 상태가 된다.

- **스택 언더플로우(Stack Underflow)**: 스택이 비어있는 상태로 데이터를 꺼낼 수 없는 상태를 말한다.
- **스택 오버플로우(Stack Overflow)**: 스택이 가득 차있는 상태로 데이터를 삽입할 수 없는 상태를 말한다.

034 ②

난이도 상중하

소프트웨어 개발 〉 데이터 입출력 구현 〉 논리 데이터저장소 확인 〉 버블 정렬

버블 정렬(Bubble Sort)은 주어진 파일에서 인접한 데이터끼리 비교하면서 그 크기에 따라 데이터의 위치를 바꾸면서 정렬하는 방식이다. PASS 1은 첫 번째 버블 정렬이 완료된 상태를 말한다.

- PASS 1: 6, 9, 7, 3, 5 → 6, 7, 9, 3, 5 → 6, 7, 3, 9, 5 → 6, 7, 3, 5, 9
- PASS 2: 6, 3, 5, 7, 9
- PASS 3: 3, 5, 6, 7, 9

035 ④

난이도 상중하

소프트웨어 개발 〉 데이터 입출력 구현 〉 논리 데이터저장소 확인 〉 스택

스택은 가장 나중에 삽입된 자료가 가장 먼저 출력되는 후입선출(LIFO: Last In First Out) 구조이다.

④의 경우 D가 가장 먼저 출력되기 위해서는 A, B, C, D를 차례대로 모두 삽입해야 한다. D가 출력되고 C가 출력되기 전에 B를 출력할 수는 없다.

036 ①

난이도 상중하

소프트웨어 개발 〉 통합 구현 〉 모듈 구현 〉 결함

① 오류가 있는 경우 발생하는 것을 결함(Fault)이라 한다. 테스트는 결함을 찾기 위해 소프트웨어를 작동시키는 일련의 행위와 절차를 말한다.

037 ①

난이도 상중하

소프트웨어 개발 〉 제품 소프트웨어 패키징 〉 제품 소프트웨어 매뉴얼 작성 〉 소프트웨어 품질 요인

① **이식성(Portability)**: 소프트웨어 품질 목표 중 하나 이상의 하드웨어 환경에서 운용되기 위해 쉽게 수정될 수 있는 시스템 능력이다.

오답 해설

② **효율성(Efficiency)**: 최소한의 처리 시간과 기억 공간을 사용하여 요구된 기능을 수행하는 것이다.

③ **유용성(Usability)**: 쉽게 배우고 사용할 수 있는 정도이다.

④ **정확성(Correctness)**: 프로그램이 설계 사양을 만족시키며 사용자가 원하는 대로 수행되고 있는 정도이다.

038 ②

난이도 상중하

소프트웨어 개발 〉 애플리케이션 테스트 관리 〉 애플리케이션 테스트 케이스 설계 〉 테스트 레벨

② **강도 테스트(Stress Test)**: 시스템에 과도한 정보량을 부과하여 과부하 시에도 시스템이 정상적으로 작동되는지 테스트하는 것으로, 민감성 테스트(Sensitivity Test)라고 불리기도 한다.

039 ③

난이도 상중하

소프트웨어 개발 〉 통합 구현 〉 통합 구현 관리 〉 형상 관리

③ 형상 통제(Control)는 식별된 SCI의 변경 요구를 검토하고 승인하여 현재의 베이스라인에 적절히 반영될 수 있도록 통제하는 것이다. 변경 요구가 제기되면 다음과 같은 순서로 진행된다.

- 변경 요구(Change Request)의 제기 → 변경 요청서(Change Report) 작성(변경 요청서는 CCA(Change Control Authority)에 의해 변경의 상태나 우선순위 등 최종 결정을 내리도록 사용자 또는 프로그래머에 의해 작성) → 공학 변경 명령 ECO(Engineering Change Order)

040 ③

난이도 상 중 하

소프트웨어 개발 〉 애플리케이션 테스트 관리 〉 애플리케이션 성능 개선 〉 정적 분석 도구

정적 분석은 프로그램을 실행시키지 않고 소스 코드를 분석하여 결함을 찾아내는 기법이다.

Part Ⅲ 데이터베이스 구축

041 ①

난이도 상 중 하

데이터베이스 구축 〉 데이터베이스 설계와 정규화 〉 정규화의 개념 〉 이상 현상

① **이상(Anomaly)**: 데이터들이 불필요하게 중복되어 예기치 않게 발생하는 곤란한 현상이다.

042 ①

난이도 상 중 하

데이터베이스 구축 〉 관계 데이터 모델 〉 관계 데이터 모델의 구조 및 제약 〉 데이터 무결성 제약 조건

① **개체 무결성 제약 조건**: 릴레이션에서 기본키를 구성하는 속성은 NULL 값이나 중복값을 가질 수 없다.

오답 해설

② **참조 무결성 제약 조건**: 외래키 값은 NULL이거나 참조 릴레이션의 기본키 값과 동일해야 한다.

③ **도메인 무결성 제약 조건**: 특정 속성의 값이 그 속성이 정의된 도메인에 속한 값이어야 한다는 규정이다.

043 ④

난이도 상 중 하

데이터베이스 구축 〉 관계 데이터 모델 〉 관계 데이터 연산 〉 카티션 프로덕트

두 릴레이션 R1과 R2의 카티션 프로덕트는 R1×R2로 표현한다. R1×R2의 결과 릴레이션의 차수는 릴레이션 R1의 차수 1과 릴레이션 R2의 차수 1을 더한 2가 되고, 카디널리티는 릴레이션 R1의 카디널리티 3과 릴레이션 R2의 카디널리티 3을 곱한 9가 된다.

044 ①

난이도 상 중 하

데이터베이스 구축 〉 데이터베이스 설계와 정규화 〉 정규화의 개념 〉 정규화

① 정규화(Normalization)는 개념적 설계 단계 이후 논리적 설계 단계에서 수행한다.

045 ③

난이도 상 중 하

데이터베이스 구축 〉 데이터베이스 설계와 정규화 〉 정규화 체계 〉 제5정규형

③ **제5정규형(5NF)**: 후보키를 통하지 않는 조인 종속(JD: Join Dependency)을 제거해야 만족하는 정규형이다.

오답 해설

① **제3정규형(3NF)**: 2NF에 속하면서 기본키가 아닌 모든 속성이 기본키에 이행적 함수 종속이 되지 않을 때 3NF에 속한다.

② **제4정규형(4NF)**: 릴레이션이 보이스/코드 정규형을 만족하면서 함수 종속이 아닌 다치 종속을 제거하면 4NF에 속한다.

046 ④

난이도 상 중 하

데이터베이스 구축 〉 데이터베이스 설계와 정규화 〉 데이터베이스 설계 〉 물리적 설계

④ 논리적 설계에서 트랜잭션의 인터페이스를 설계하며, 물리적 설계에서는 트랜잭션 세부 설계가 진행된다.

047 ②

난이도 상 중 하

데이터베이스 구축 〉 관계 데이터베이스 언어 〉 SQL

- **SQL의 논리 연산자**: AND, OR, NOT

048 ③

난이도 상 중 하

데이터베이스 구축 〉 관계 데이터베이스 언어 〉 SQL 〉 DML(NULL)

③ NULL 값 비교 시에는 '=' (또는 〈 〉) 대신 IS (또는 IS NOT)을 사용한다.

049 ②

난이도 상 중 하

데이터베이스 구축 〉 관계 데이터베이스 언어 〉 SQL 〉 DDL

① DELETE는 DML문에 포함된다.

- **데이터 정의어(DDL: Data Definition Language)**: CREATE, DROP, RENAME, ALTER, TRUNCATE 등
- **데이터 조작어(DML: Data Manipulation Language)**: INSERT, UPDATE, DELETE, SELECT 등

050 ②

난이도 상 중 하

데이터베이스 구축 〉 고급 데이터베이스 〉 회복과 병행 제어 〉 병행 제어 기법

② **타임스탬프 기법**: 동시성 제어를 위한 직렬화 기법으로 트랜잭션 간의 처리 순서를 미리 정하는 방법이다.

051 ①

난이도 상 중 하

데이터베이스 구축 〉 고급 데이터베이스 〉 트랜잭션 〉 트랜잭션

① **트랜잭션**: 한꺼번에 모두 수행되어야 할 일련의 데이터베이스 연산들을 의미한다. (응용 프로그램 = 하나 이상의 트랜잭션)

오답 해설

② **뷰**: 하나 이상의 테이블로부터 유도되어 만들어진 가상 테이블이다.

③ **튜플**: 테이블의 한 행을 구성하는 속성들의 집합이다.

④ **카디널리티**: 릴레이션에 존재하는 튜플의 개수이다.

052 ①

난이도 상 중 하

데이터베이스 구축 〉 고급 데이터베이스 〉 회복과 병행 제어 〉 병행 제어 기법

① 로킹 단위(Locking Granularity)가 크면 병행성 수준이 낮아지며, 병행 제어 기법이 간단해진다. 반대로 로킹 단위가 작아지면 병행성 수준은 높아지며, 병행 제어 기법은 복잡해진다.

053 ③

난이도 상 중 하

데이터베이스 구축 〉 관계 데이터 모델 〉 관계 데이터 모델의 구조 및 제약 〉 키의 종류

③ 슈퍼키는 유일성만 만족시키지만, 후보키는 유일성과 최소성을 모두 만족시킨다.

오답 해설

① **후보키**: 속성 집합으로 구성된 테이블의 각 튜플을 유일하게 식별할 수 있는 속성이나 속성의 조합들을 말한다.

② **대체키**: 기본키를 제외한 후보키들을 말한다.

④ **외래키**: 다른 테이블을 참조하는데 사용되는 속성을 말한다.

054 ③

난이도 상 중 하

데이터베이스 구축 〉 고급 데이터베이스 〉 트랜잭션 〉 트랜잭션의 성질

③ **격리성(Isolation)**: 연산의 중간 결과에 다른 트랜잭션이나 작업이 접근할 수 없다는 의미이다.

055 ④

난이도 상 중 하

데이터베이스 구축 〉 관계 데이터베이스 언어 〉 SQL 〉 DDL

④ 인덱스는 시스템에서 자동으로 생성되는 것이 아니라 사용자가 데이터 정의어(DDL)를 사용하여 생성 또는 변경할 수 있다.

056 ③

난이도 상 중 하

데이터베이스 구축 〉 관계 데이터베이스 언어 〉 SQL 〉DML(HAVING)

③ HAVING은 GROUP BY 절의 조건으로 사용한다.

057 ③

난이도 상 중 하

데이터베이스 구축 〉 데이터베이스 설계와 정규화 〉 정규화의 개념 〉 함수 종속

③ 어떤 릴레이션에서 속성들의 부분 집합을 X, Y라 할 때, 임의의 튜플에서 X의 값이 Y의 값을 함수적으로 결정한다면, Y가 X에 함수적으로 종속되었다고 하고, 기호로는 X → Y로 표기한다.

058 ①

난이도 상 중 하

데이터베이스 구축 〉 관계 데이터 모델 〉 관계 데이터 연산 〉 관계대수

① 관계대수는 릴레이션 조작을 위한 연산의 집합으로 연산자를 이용하여 표현되는 절차적 언어이다.

059 ④

난이도 상 중 하

데이터베이스 구축 〉 관계 데이터 모델 〉 관계 데이터 연산 〉 관계대수

- **순수 관계 연산자**: SELECT, PROJECT, JOIN, DIVISION
- **일반 집합 연산자**: 합집합, 교집합, 차집합, 카티션 프로덕트

060 ③

난이도 상 중 하

데이터베이스 구축 〉 데이터베이스 개요 〉 데이터베이스 관리 시스템

③ 데이터베이스의 무결성 규정(Integrity Rule)은 권한이 있는 사용자로부터 데이터베이스를 보호하기 위한 규정이다.

Part Ⅳ 프로그래밍 언어 활용

061 ①

난이도 상 중 하

프로그래밍 언어 활용 〉 네트워크 기초 활용 〉 인터넷 〉 IP 주소 클래스

- 클래스별 주소 범위와 연결 가능한 호스트 수

구분	주소 범위	연결 가능한 호스트 개수
A 클래스	0.0.0.0 ~ 127.255.255.255	16,777,214개
B 클래스	128.0.0.0 ~ 191.255.255.255	65,534개
C 클래스	192.0.0.0 ~ 223.255.255.255	254개

062 ②

난이도 상 중 하

프로그래밍 언어 활용 〉 공통 모듈 구현 〉 운영체제 기초 활용 〉 교체 전략

- **페이지 교체 알고리즘**: FIFO(First-In-First-Out), LRU(Least Recently Used), OPT(OPTimal replacement, 최적화 교체)

063 ③

난이도 상 중 하

프로그래밍 언어 활용 〉 프로그래밍 언어 활용 〉 JAVA

문제의 코드에서 while문의 조건이 만족하지 않을 때까지 arr[i+2]=arr[i+1]+arr[i]; 문장과 i++;이 반복 수행되므로 배열에는 피보나치 수열값이 저장된다. 배열 arr[0]번 방부터 차례대로 '0, 1, 1, 2, 3, 5, 8, 13, 21, 34'가 저장되며 while문을 실행 후 arr[9]번 방의 값을 출력하므로 34가 된다.

064 ②

난이도 상 중 하

프로그래밍 언어 활용 〉 프로그래밍 언어 활용 〉 자바 언어 〉 Garbage Collector

② Garbage Collector: 레퍼런스 변수가 없는 객체를 제거해주는 역할을 수행한다.

065 ①

난이도 상 중 하

프로그래밍 언어 활용 〉 프로그래밍 언어 활용 〉 C 언어 〉 C 언어의 구성 요소

① C 언어에서 else는 예약어이므로 식별자로 선언하여 사용할 수 없다.

066 ①

난이도 상 중 하

프로그래밍 언어 활용 〉 공통 모듈 구현 〉 모듈화 〉 응집도

① **시간적 응집도(Temporal Cohesion)**: 어느 특정한 시간에 처리되는 몇 개의 기능을 모아 한 모듈로 한 경우, 이들 기능은 시간적인 관계로 결속되는 경우가 된다. 예를 들어, 프로그램의 초기화 모듈이나 프로그램 종료 모듈이 이에 해당된다.

067 ④

난이도 상 중 하

프로그래밍 언어 활용 〉 네트워크 기초 활용 〉 프로토콜 〉 오류 제어 방식

- **자동 반복 요청 방식(ARQ)**: 정지-대기(Stop-and-Wait) ARQ, Go-Back-N ARQ, 선택적 재전송(Selective-Repeat ARQ), 적응적(Adaptive) ARQ

068 ①

난이도 상 중 하

프로그래밍 언어 활용 〉 공통 모듈 구현 〉 운영체제 기초 활용 〉 SSTF

- **SSTF(Shortest Seek Time First)**: 탐색 거리가 가장 짧은 트랙에 대한 요청을 먼저 서비스하는 기법이다. 디스크 헤드는 현재 요청만을 먼저 처리하므로, 가운데를 집중적으로 서비스한다.

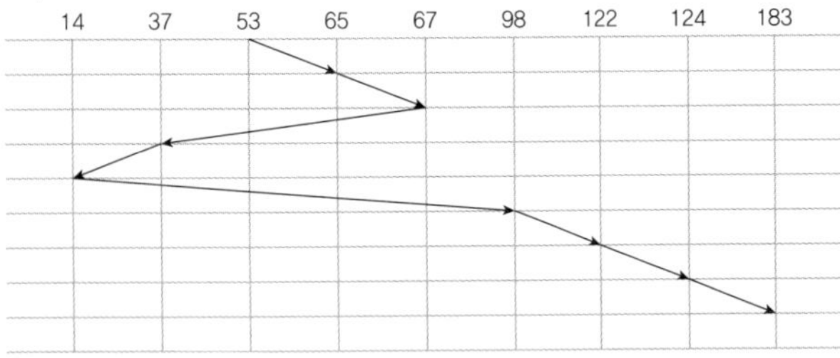

069 ③

난이도 상 중 하

프로그래밍 언어 활용 〉 공통 모듈 구현 〉 유닉스 〉 파일 디스크립터

③ **파일 디스크립터(File Descriptor)**: 리눅스 혹은 유닉스 계열의 시스템에서 프로세스(Process)가 파일(File)을 다룰 때 사용하는 개념으로, 프로세스에서 특정 파일에 접근할 때 사용하는 추상적인 값이다. 사용자가 파일 디스크립터를 직접 참조할 수는 없다.

070 ④

난이도 상 중 하

프로그래밍 언어 활용 〉 프로그래밍 언어 활용 〉 프로그래밍 언어의 개념 〉 스크립트 언어

④ **Python**: 1991년 귀도 반 로섬에 의해 개발된 객체지향 인터프리티드 스크립트 언어이다.

071 ③

난이도 상 중 하

프로그래밍 언어 활용 〉 프로그래밍 언어 활용 〉 파이썬

- for문에서 range(n+1)는 range(12)가 되고, 변수 num은 0에서 11까지 누적합이 되어 66이 출력된다.

072 ②

난이도 상 중 하

프로그래밍 언어 활용 〉 공통 모듈 구현 〉 모듈화 〉 모듈화

② 모듈의 수가 증가하면 상대적으로 각 모듈의 크기가 작아지며, 모듈 사이의 상호교류가 증가하여 과부하(Overload) 현상이 나타난다.

073 ③

난이도 상 중 하

프로그래밍 언어 활용 〉 네트워크 기초 활용 〉 인터넷 〉 IP 주소 체계

문제에서 192.168.1.0/24를 사용하므로 호스트 주소는 8비트 사용이 가능하다. 이를 4개의 서브넷팅하게 되고, 각 서브넷은 64개의 호스트를 갖게 된다.

- **첫 번째 서브넷 주소**: 192.168.1.0
- **두 번째 서브넷 주소**: 192.168.1.64
- **세 번째 서브넷 주소**: 192.168.1.128
- **네 번째 서브넷 주소**: 192.168.1.192

4번째 네트워크의 4번째 사용 가능한 IP는 192.168.1.196가 된다.

074 ③

난이도 상 중 하

프로그래밍 언어 활용 〉 공통 모듈 구현 〉 모듈화 〉 결합도

③ 결합도는 모듈 간의 상호 연관성을 의미하는 것으로 모듈의 독립성을 위해서 결합도는 낮추는 것이 좋다. 모듈의 변수를 공유하거나 제어 정보를 교류하는 것은 모듈 간의 연관성을 높이는 요인이 되므로 결합도는 높이게 되며 모듈의 독립성을 높게할 수 없다.

075 ④

난이도 상 중 하

프로그래밍 언어 활용 〉 공통 모듈 구현 〉 운영체제 기초 활용 〉 프로세스

④ 스레드는 프로세스 내에서 실행되는 흐름의 단위이며, 다중 스레드 프로세스 모델은 하나의 프로세스 내부에 여러 개의 스레드가 존재하게 된다.

076 ④

난이도 상 중 하

프로그래밍 언어 활용 〉 네트워크 기초 활용 〉 ISO의 OSI 표준 모델 〉 TCP 헤더

④ 윈도우 크기는 송수신 측의 버퍼 크기로 최대 크기는 65,535bit이다.

077 ②

난이도 상 중 하

프로그래밍 언어 활용 〉 프로그래밍 언어 활용 〉 C 언어

문제의 코드에서 strcat(str, p2);는 str의 값에 p2의 값을 연결하는 함수이다. 이후에 str를 출력하게 되면 nationalter가 된다.

078 ④

난이도 상 중 하

프로그래밍 언어 활용 〉 프로그래밍 언어 활용 〉 JAVA 언어

• Java 연산자의 우선 순위

우선 순위	명칭	연산자	연산 방향
1	1차 연산자	. [ ] ( )	→
2	단항 연산자	++ -- ! ~	←
3	승법 연산자	* / %	
4	가법 연산자	+ -	
5	Shift 연산자	<< >>	
6	관계 연산자	< > <= >=	
7	등가 연산자	== !=	
8	bit곱 연산자	&	→
9	bit차 연산자	^	
10	bit합 연산자	|	
11	논리곱 연산자	&&	
12	논리합 연산자	||	
13	조건 연산자	? :	
14	대입 연산자	= += -= *= /= %= &= ^= |= >>= <<=	←

079 ③

난이도 상 중 하

프로그래밍 언어 활용 〉 프로그래밍 언어 활용 〉 C 언어

```
❶ #include <stdio.h>
❷ #include <string.h>
❸ int main(void) {
❹     int a = 3, b = 4, c = 2;
❺     int r1, r2, r3;
❻     r1 = b< = 4 ‖ c == 2;
❼     r2=(a>0) && (b<5);
❽     r3=!c;
❾     printf("%d", r1+r2+r3);
❿     return 0;
⓫ }
```

• ❻: b<=4 조건이 만족하고, c==2도 만족한다. b<=4||c==2 조건이 만족하므로, r1은 1이 대입된다.

• ❼: (a>0) 조건이 만족하고, (b<5)도 만족한다. (a>0)&&(b<5) 조건이 만족하므로 r2는 1이 대입된다.

• ❽: 변수 c의 값은 2이고, !c를 수행하여 r3에 0이 대입된다.

• ❾: 따라서 r1+r2+r3=1+1+0=2가 출력된다.

080 ③

난이도 상 중 하

프로그래밍 언어 활용 〉 프로그래밍 언어 활용 〉 C 언어

```
❶ #include <stdio.h>
❷ int main(void) {
❸     int n=4;
❹     int* pt=NULL;
❺     pt=&n;
❻     printf("%d", &n+*pt-*&pt+n);
❼     return 0;
❽ }
```

• ❺: pt=&n; → 포인터 변수 pt에 변수 n의 주소를 저장하여 pt가 n을 가리킨다.

• ❼: printf("%d", &n+*pt-*&pt+n); → &n+*pt-*&pt+n의 식은 주소와 값을 연산하고 있지만, &n(변수 n의 주소)는 *&pt에서 같은 주소를 빼고 있으므로 결과적으로 *pt와 n을 더한 8이 출력된다.

Part V 정보시스템 구축관리

081 ②

난이도 상 중 하

정보시스템 구축관리 〉 정보보호 〉 네트워크 보안 〉 서비스 거부 공격

② **Ping Flood 공격**: 특정 사이트에 매우 많은 ICMP Echo를 보내면, 이에 대한 응답을 하기 위해 시스템 자원을 모두 사용해버려 시스템이 정상적으로 동작하지 못하도록 하는 공격 방법이다.

082 ④

난이도 상 중 하

정보시스템 구축관리 〉 IT 프로젝트 정보시스템 구축관리 〉 IT 신기술 〉 IT 용어

④ **텐서플로(TensorFlow)**: 구글의 구글 브레인 팀이 제작하여 공개한 기계 학습을 위한 오픈소스 소프트웨어 라이브러리이다. 구글 검색, 광고, 유튜브 등 실제 서비스에 적용된다.

오답 해설

① **타조(Tajo)**: 오픈소스를 기반으로 하는 분산 컴퓨팅 플랫폼인 아파치(Apache), 하둡(Hadoop) 기반의 프로젝트이다.

② **원 세그(One Seg)**: 일본 디지털 휴대 이동 방송 서비스 명칭이다.

③ **포스퀘어(Foursquare)**: 위치 기반의 지역 검색 및 추천 서비스이며, 사용자의 위치를 지속적으로 갱신하면서 공유할 수 있는 서비스이다.

083 ④

난이도 상 중 하

정보시스템 구축관리 〉 정보보호 〉 암호화 〉 RSA

④ RSA: 비대칭 암호화 방식(공개키 방식)은 대수학과 계산량 이론을 교묘히 응용한 방식으로, 그 안전성은 수학적 문제를 풀기 위한 복잡성을 근거로 하고 있다. 소수를 활용한 암호화 알고리즘이다.

084 ③

난이도 상 중 하

정보시스템 구축관리 〉 정보보호 〉 접근 통제 〉 SSO

③ SSO(Single Sign On): 단일 사용 승인은 하나의 아이디로 여러 사이트를 이용할 수 있는 시스템이다.

085 ②

난이도 상 중 하

정보시스템 구축관리 〉 정보보호 〉 접근 통제 〉 OWASP

② OWASP(The Open Web Application Security Project): 오픈소스 웹 애플리케이션 보안 프로젝트로서 주로 웹을 통한 정보 유출, 악성 파일 및 스크립트, 보안 취약점 등을 연구하는 곳이다.

086 ①

난이도 상 중 하

정보시스템 구축관리 〉 소프트웨어 개발 방법론 활용 〉 소프트웨어의 생명주기 모형 〉 폭포수 모형

① 폭포수 모형(Waterfall Model): 생명주기 모형 중 가장 오래된 모형으로 많은 적용 사례가 있지만 요구사항의 변경이 어렵고 각 단계의 결과가 확인되어야 다음 단계로 넘어갈 수 있는 선형 순차적, 고전적 생명주기 모형이다.

087 ②

난이도 상 중 하

정보시스템 구축관리 〉 소프트웨어 개발 방법론 활용 〉 프로젝트 개발 비용 산정 〉 Cocomo Model

② 유기적(Organic Model): 5만 라인 이하로 소규모 팀이 수행할 수 있는 아주 작고 간단한 소프트웨어 프로젝트이다.

088 ①

난이도 상 중 하

정보시스템 구축관리 〉 IT 프로젝트 정보시스템 구축관리 〉 서버 장비 운영 〉 SDS

① SDS(Software Defined Storage): 가상화를 적용하여 필요한 공간만큼 나눠 사용할 수 있도록 하며 서버 가상화와 유사하다.

오답 해설

③ NAS(Network-Attached Storage): 컴퓨터 네트워크에 연결된 파일 수준의 컴퓨터 기억장치로, 서로 다른 네트워크 클라이언트에 데이터 접근 권한을 제공한다.

089 ②

난이도 상 중 하

정보시스템 구축관리 〉 IT 프로젝트 정보시스템 구축관리 〉 네트워크 구축관리 〉 MQTT

② MQTT(Message Queuing Telemetry Transport): TCP/IP 기반 네트워크에서 동작하는 발행-구독 기반의 메시징 프로토콜로 최근 IoT 환경에서 자주 사용되고 있는 프로토콜이다.

오답 해설

① MLFQ(Multi-level Feedback Queue): 다단계 피드백 큐이며, MFQ라고도 한다.

③ Zigbee: IEEE 802.15.4를 기반으로 하며, 저속/저전력의 무선망을 위한 기술이다.

090 ②

난이도 상 중 하

정보시스템 구축관리 〉 정보보호 〉 네트워크 보안 〉 랜섬웨어

② 랜섬웨어(Ransomware): 몸값을 의미하는 Ransom과 소프트웨어(Software)의 합성어이다. 시스템을 잠그거나 데이터를 암호화해 사용할 수 없도록 만든 뒤, 이를 인질로 금전을 요구하는 악성 프로그램을 일컫는다.

091 ③

난이도 상 중 하

③ XDMCP는 그래픽 환경으로 원격 로그인 하는 방법을 제공하는 방식으로, 데이터베이스 접근 제어와는 관련 없다.

092 ②

난이도 상 중 하

정보시스템 구축관리 〉 IT 프로젝트 정보시스템 구축관리 〉 IT 신기술 〉 PaaS-TA

② PaaS-TA: 국내 IT 서비스 경쟁력 강화를 목표로 개발되었으며 인프라 제어 및 관리 환경, 실행 환경, 개발 환경, 서비스 환경, 운영 환경으로 구성되어 있는 개방형 클라우드 컴퓨팅 플랫폼이다.

093 ①

난이도 상 중 하

정보시스템 구축관리 〉 정보보호 〉 네트워크 보안 〉 VLAN

① VLAN(Virtual Local Area Network): 물리적 배치와 상관없이 논리적으로 LAN을 구성하여 Broadcast Domain을 구분할 수 있게 해주는 기술로 접속된 장비들의 성능향상 및 보안성 증대 효과가 있다.

094 ④

난이도 상 중 하

정보시스템 구축관리 〉 소프트웨어 개발 방법론 활용 〉 프로젝트 개발 비용 산정 〉 LOC 기법

④ LOC(원시 코드 라인 수) 기법: WBS상에서 분해된 각각의 시스템 기능들에 필요한 원시 코드 라인 수를 산정함에 있어 PERT의 예측 공식을 이용한다.

오답 해설

① Effort Per TASK 기법(개발 단계별 인원 수 기법): 생명주기의 각 단계별로 노력을 산정하여 전체 비용을 예측하는 방식이다.

② 전문가 감정 기법: 경험이 많은 2인 이상의 전문가에게 프로젝트 비용 산정의 의뢰한다.

③ 델파이 기법: 전문가 감정 기법의 편견을 줄일 수 있는 방법으로 한명의 조정자와 여러 명의 전문가가 비용을 산정한다.

095 ③

난이도 상중하

정보시스템 구축관리 〉 소프트웨어 개발 방법론 활용 〉 소프트웨어의 생명주기 모형 〉 소프트웨어 개발 프레임워크

③ 프레임워크를 사용하면 이미 만들어진 코드를 사용하게 되므로 시간과 비용이 절약되어 생산성이 증가된다. 라이브러리와 프레임워크의 가장 큰 차이는 제어 흐름에 대한 주도권이 누구에게 있는가에 있다. 프레임워크는 전체적인 흐름을 스스로 가지고 있으므로 직접 코드의 흐름을 제어할 수 있다.

096 ①

난이도 상중하

정보시스템 구축관리 〉 정보보호 〉 접근 통제 〉 접근 통제 정책

① Mandatory Access Control(MAC, 강제적 접근 통제): 주체와 객체의 등급을 비교하여 접근 권한을 부여하는 접근 통제이며, 모든 객체는 비밀성을 지니고 있다고 보고 객체에 보안 레벨을 부여한다.

오답 해설

③ Discretionary Access Control(DAC: 임의적 접근 통제): 주체가 속해 있는 그룹의 신원에 근거하여 객체에 대한 접근을 제한하는 방법으로 객체의 소유자가 접근 여부를 결정한다.

097 ④

난이도 상중하

정보시스템 구축관리 〉 소프트웨어 개발 방법론 활용 〉 소프트웨어의 생명주기 모형 〉 나선형 모형

④ 나선형 모형(Spiral Model)은 계획 수립, 위험 분석, 개발, 사용자 평가의 과정을 반복적으로 수행한다.

098 ③

난이도 상중하

정보시스템 구축관리 〉 정보보호 〉 네트워크 보안 〉 SQL Injection

③ SQL Injection 공격 기법은 SQL문을 삽입시켜서 비정상적 동작을 하게끔 만드는 것으로 DBMS의 종류에 따라 삽입시켜야 하는 SQL문은 달라져야 한다.

099 ①

난이도 상중하

정보시스템 구축관리 〉 정보보호 〉 네트워크 보안 〉 IDS

① 오용(MISUSE) 침입 탐지 기법에 대한 설명으로 Signature Base나 Knowledge Base라고도 불리며 이미 발견되고 정립된 공격 패턴을 입력해두었다가 탐지 및 차단한다.

100 ④

난이도 상중하

정보시스템 구축관리 〉 정보보호 〉 접근 통제 〉 Salt

④ Salt: 공개되어 있는 랜덤값으로 패스워드의 해시값 생성시 함께 사용된다. 솔트를 사용하면 접근 권한을 얻으려는 공격자가 수행하는 해시 함수 연산 횟수가 증가하여, 보다 안전한 패스워드 인증 방식이 된다.

제4회 기출문제 정답&해설

제4회 기출문제(2021년 5월 시행 A책형)

문제 P.58

01	③	02	②	03	①	04	①	05	②, ③
06	③	07	②	08	②	09	③	10	④
11	④	12	④	13	②	14	②	15	②
16	②	17	②	18	④	19	①	20	②
21	④	22	③	23	②	24	④	25	④
26	④	27	③	28	①	29	②	30	③
31	④	32	①	33	②	34	①	35	①
36	②	37	①	38	③	39	①	40	①
41	③	42	①	43	②	44	③	45	③
46	②	47	④	48	③	49	②	50	①
51	①	52	④	53	③	54	④	55	①
56	④	57	④	58	④	59	①	60	①
61	③	62	④	63	③	64	④	65	②
66	②	67	①	68	③	69	①	70	①
71	①	72	③	73	③	74	④	75	①
76	①	77	①	78	①	79	모두 정답	80	②
81	①	82	①	83	④	84	③	85	③
86	②	87	④	88	④	89	③	90	②
91	①	92	④	93	②	94	①	95	①
96	③	97	③	98	④	99	③	100	②

기출 총평

난이도 상

2020년 시험, 그리고 바로 이전 시험과 비교하여 난도가 많이 올라간 시험이었습니다. 이전 시험들에서도 4과목과 5과목의 난도가 가장 높았지만, 이번 시험의 난도는 최상에 해당된다고 볼 수 있습니다. 특히 프로그램 코드 문제가 많이 출제되어 4과목이 많이 어려웠고, 5과목의 문제도 새롭게 출제되는 문제들이 많아 상당히 어려운 시험이었습니다. 앞으로의 시험에서도 이번 시험과 같은 문제들이 출제될 수 있으므로 충분한 준비가 필요합니다.

Part I 소프트웨어 설계

001 ③

난이도 상 중 하

소프트웨어 설계 〉 요구사항 확인 〉 현행 시스템 분석 〉 시스템의 구성 요소

③ Maintenance는 유지보수를 뜻하는 것으로 구축된 시스템을 운영 및 관리하는 것이다.

- **시스템의 구성 요소**: Input(입력), Output(출력), Process(처리), Feedback(피드백), Control(제어)

002 ②

난이도 상 중 하

소프트웨어 설계 〉 요구사항 확인 〉 요구사항 확인 〉 유스케이스

② 액터는 시스템을 사용하거나 시스템과 상호작용하는 사람이나 외부 시스템을 의미한다.

오답 해설

① 유스케이스 다이어그램은 개발자의 입장이 아니라 사용자의 입장에서 요구를 추출하고 분석해야 한다.

③ 사용자 액터는 본 시스템과 연동되어지는 시스템이 아니라 역할 사용자이다.

④ 연동은 일방적 소통이 아닌 상호작용의 형태로 나타내어야 한다.

003 ①

난이도 상 중 하

소프트웨어 설계 〉 요구사항 확인 〉 요구사항 확인 〉 요구사항 확인 단계

- **요구사항 개발 프로세스의 순서**: ㉠ 도출(Elicitation) → ㉡ 분석(Analysis) → ㉢ 명세(Specification) → ㉣ 확인(Validation)

004 ①

난이도 상 중 하

소프트웨어 설계 〉 애플리케이션 설계 〉 객체지향 설계 〉 객체지향 기법

① **인스턴스(Instance)**: 객체지향 기법에서 같은 클래스에 속한 각각의 객체를 의미하는 것이다.

오답 해설

② **메시지(Message)**: 객체들 간에 상호작용을 하는데 사용되는 수단이다.

③ **메소드(Method)**: 객체가 메시지를 받아 실행해야 할 객체의 구체적인 연산이다.

④ **모듈(Module)**: 독립적으로 특정 기능을 수행할 수 있게 만든 객체들의 묶음이다.

005 ②, ③

난이도 상 중 하

소프트웨어 설계 〉 애플리케이션 설계 〉 객체지향 설계 〉 정보은닉

※ 문제 오류로 중복 답안 처리된 문제입니다.

③ **정보은닉**: 캡슐화 정보들을 밖에서 접근 불가능하도록 하는 것이다.

006 ③

난이도 상 중 하

소프트웨어 설계 〉 애플리케이션 설계 〉 객체지향 설계 〉 디자인 패턴

• 기존에 구현되어 있는 클래스에 기능 발생 시 기존 클래스를 재사용할 수 있도록 중간에서 맞춰주는 역할을 하는 것은 Bridge Pattern이 아니라 Adapter Pattern이다.

007 ②

난이도 상 중 하

소프트웨어 설계 〉 인터페이스 설계 〉 인터페이스 요구사항 확인 〉 요구공학

② 사용자는 자신의 역할과 환경에 따라 서로 다른 관점으로 생각하고 표현하므로 모순되는 요구사항을 요청하거나 동일한 내용이 다르게 전달될 수 있다. 사용자가 원하는 요구사항을 정확하게 파악하고 정리하는 것은 쉽지 않다.

008 ②

난이도 상 중 하

소프트웨어 설계 〉 애플리케이션 설계 〉 공통 모듈 설계 〉 소프트웨어 아키텍처

• **시스템 품질 속성 6가지**: 가용성(Availability), 변경 용이성(Modifiability), 성능(Performance), 보안성(Security), 사용 편의성(Usability), 시험 용이성(Testability)

009 ③

난이도 상 중 하

소프트웨어 설계 〉 인터페이스 설계 〉 인터페이스 대상 식별 〉 송신 시스템

③ **송신 시스템**: 연계할 데이터를 데이터베이스와 애플리케이션으로부터 연계 테이블 또는 파일 형태로 생성하여 송신한다.

오답 해설

② **중계 서버**: 송수신 시스템 사이에서 데이터를 송수신하고, 연계 데이터의 송수신 현황을 모니터링 한다.

④ **수신 시스템**: 수신한 연계 테이블, 파일 데이터를 수신 시스템에서 관리하는 데이터 형식에 맞게 변환하여 데이터베이스에 저장하거나 애플리케이션에서 활용할 수 있도록 제공한다.

010 ④

난이도 상 중 하

소프트웨어 설계 〉 화면 설계 〉 UI 설계 〉 사용자 인터페이스 설계 도구

• **CASE의 원천 기술**: 구조적 기법, 프로토타이핑 기술, 자동 프로그래밍 기술, 정보 저장소 기술, 분산 처리 기술

011 ④

난이도 상 중 하

소프트웨어 설계 〉 애플리케이션 설계 〉 객체지향 설계 〉 객체지향 기법

④ Message: 객체에게 어떤 행위를 하도록 지시하는 명령이다.

오답 해설

① Class: 객체를 정의해 놓은 것이다.

② Package: 클래스들의 모음이다.

③ Object: 속성과 메소드로 정의된다.

012 ④

난이도 상 중 하

소프트웨어 설계 〉 애플리케이션 설계 〉 공통 모듈 설계 〉 아키텍처 스타일

④ **파이프 필터 구조**: 서브시스템이 입력 데이터를 받아 처리하고 결과를 다른 시스템에 보내는 작업이 반복되는 아키텍처 스타일이다.

오답 해설

① **클라이언트 서버 구조**: 컴포넌트가 다른 컴포넌트에게 서비스를 요청하며 데이터가 여러 컴포넌트를 거치며 처리된다.

② **계층 구조**: 모듈들로 응집된 계층 단위로 소프트웨어를 구성하며 계층 간에 사용 가능의 관계로 표현된다.

③ **MVC 구조**: 모델-뷰-컨트롤러로 구성되며 기능을 분리한 아키텍처이다.

013 ②

난이도 상 중 하

소프트웨어 설계 〉 요구사항 확인 〉 요구사항 확인 〉 럼바우

② **럼바우(Rumbaugh) 분석 기법**: 객체 모델링(정보 모델링), 동적 모델링(상태 다이어그램(상태도)), 기능 모델링(자료 흐름도(DFD))

014 ②

난이도 상 중 하

소프트웨어 설계 〉 요구사항 확인 〉 요구사항 확인 〉 UML 다이어그램

• UML 다이어그램의 종류

구조적 다이어그램	클래스 다이어그램(Class Diagram), 객체 다이어그램(Object Diagram), 컴포넌트 다이어그램(Component Diagram), 컴포지트 다이어그램(Composite Diagram), 패키지 다이어그램(Package Diagram)
행위 다이어그램	유스케이스 다이어그램(Use Case Diagram), 순차 다이어그램(Sequence Diagram), 상태 다이어그램(State Diagram), 활동 다이어그램(Activity Diagram), 타이밍 다이어그램(Timing diagram), 커뮤니케이션 다이어그램(Communication Diagram)

015 ②

난이도 상 중 하

소프트웨어 설계 〉 요구사항 확인 〉 요구사항 확인 〉 UML 모델

② **실체화(Realization) 관계**: 한 객체가 다른 객체에게 오퍼레이션을 수행하도록 지정하는 의미적 관계이다.

오답 해설

① 의존(Dependency) 관계: 연관 관계와 같이 한 클래스가 다른 클래스를 사용할 때 나타난다. 두 클래스 관계가 한 메소드의 실행 동안과 같이 매우 짧은 시간 동안만 존재한다.

③ 일반화(Generalization) 관계: 상속 관계라고도 하며, 한 클래스가 다른 클래스를 포함하는 상위 개념일 때 이를 IS-A관계라고 한다.

④ 연관(Association) 관계: 두 사물 간의 구조적 관계로, 어느 한 사물 객체가 다른 사물 객체와 연결되어 있음을 말한다.

016 ②

난이도 상 중 하

소프트웨어 설계 〉 화면 설계 〉 UI 설계 〉 사용자 인터페이스 설계 도구

• CASE 도구의 구분

구분	설명	주요 기능
상위 CASE (Upper CASE)	• 요구 분석과 설계 단계를 지원하는 도구 • 요구 분석 후에 명세서를 작성하고 설계하는 과정을 지원하는 도구	• 여러 가지 방법론을 지원하는 다이어그램 작성 기능 • 모델의 정확성, 일관성을 확인하기 위한 오류 검증 기능 • 프로토타이핑 지원 기능 • 설계 자료 사전 기능
하위 CASE (Lower CASE)	코드를 작성하고 테스트하며 문서화하는 과정에 도움을 주는 도구	• 프로그래밍 지원 기능(코드 생성 및 편집, 컴파일러 등) • 코드 자동 생성 기능 • 테스트 도구(정적 및 동적 분석, 회귀 테스트 등)
통합 CASE (Integrated CASE)	소프트웨어 개발 주기 전체 과정을 지원하기 위하여 공통의 정보 저장소와 통일된 사용자 인터페이스로 도구들을 통합한 것	• 그래픽 기능 • 프로토타이핑과 명세화 기능 • 설계 기능 • 프로그래밍 및 테스트 기능 • 공동 정보 저장소 기능

017 ②

난이도 상 중 하

소프트웨어 설계 〉 요구사항 확인 〉 요구사항 확인 〉 요구사항 확인 단계

② 기존 시스템과 신규 시스템의 성능 비교는 시스템 성능 관리 단계에서 진행하는 것으로 요구사항 관리 도구의 필요성과는 관련이 없다.

018 ④

난이도 상 중 하

소프트웨어 설계 〉 요구사항 확인 〉 요구사항 확인 〉 애자일

④ 하둡(Hadoop): 대량의 자료를 처리할 수 있는 큰 컴퓨터 클러스터에서 동작하는 분산 응용 프로그램을 지원하는 프리웨어 자바 소프트웨어 프레임워크이다.

• 애자일 개발 방법론 종류: 익스트림 프로그래밍(XP), 테스트 주도 개발(TDD), 기능 주도 개발(FDD), 스크럼(Scrum)

019 ①

난이도 상 중 하

소프트웨어 설계 〉 애플리케이션 설계 〉 객체지향 설계 〉 디자인 패턴

• 생성 패턴(Creational Pattern) 종류: 빌더(Builder), 프로토타입(Prototype), 싱글턴(Singleton), 추상 팩토리(Abstract Factory), 팩토리 메소드(Factory Method) 패턴 등

오답 해설

② 어댑터 패턴(Adapter Pattern)과 ③ 데코레이터 패턴(Decorator Pattern)은 구조화 패턴(Structural Pattern)에 속한다.

④ 스테이트 패턴(State Pattern)은 행위 패턴(Behavioral Pattern)에 속한다.

020 ②

난이도 상 중 하

소프트웨어 설계 〉 화면 설계 〉 UI 설계 〉 사용자 인터페이스

② 사용자의 편의성을 높이려면 사전에 사용자와 협의하면서 화면을 구성해야 하고, 기술적으로 작업 시간이 단축되도록 개발해야 한다.

Part Ⅱ 소프트웨어 개발

021 ④

난이도 상 중 하

소프트웨어 개발 〉 데이터 입출력 구현 〉논리 데이터저장소 확인 〉 힙 정렬

④ 힙 정렬은 평균 수행 시간과 최악 수행 시간 모두 $O(n\text{Log}_2 n)$이다.

022 ③

난이도 상 중 하

소프트웨어 개발 〉 애플리케이션 테스트 관리 〉 애플리케이션 테스트 케이스 설계 〉 단위 테스트

③ 모듈 간의 비정상적 상호작용으로 인한 원치 않는 결과는 통합 테스트(Integration Test)에서 발견할 수 있는 오류이다. 단위 테스트에서 각 모듈 간의 상호작용은 테스트 대상에 해당되지 않는다.

• 단위 테스트를 통해 발견할 수 있는 오류
  - 잘못 사용한 자료형
  - 잘못된 논리 연산자
  - 알고리즘 오류에 따른 원치 않는 결과
  - 틀린 계산 수식에 의한 잘못된 결과
  - 탈출구가 없는 반복문의 사용

023 ②

난이도 상 중 하

소프트웨어 개발 〉 애플리케이션 테스트 관리 〉 애플리케이션 테스트 케이스 설계 〉 소프트웨어 테스트

② 파레토 법칙은 20%에 해당하는 코드에서 80%의 결함이 나타나는 결함이 집중되어 존재한다는 것을 말한다.

오답 해설

① **살충제 패러독스**: 동일한 테스트 케이스로는 새 결함을 발견할 수 없으므로 주기적으로 테스트 케이스를 개선해야 한다.

③ **오류 부재의 궤변**: 사용자의 요구사항을 만족하지 못한다면 오류를 발견하고 제거해도 품질이 높다고 말할 수 없다.

024 ④

난이도 상 중 하

소프트웨어 개발 〉 제품 소프트웨어 패키징 〉 제품 소프트웨어 버전 관리 〉 버전 관리 용어

④ **체크인(Check-In)**: 버전 관리 항목 중 저장소에 새로운 버전의 파일로 갱신하는 것을 의미하는 용어이다.

오답 해설

① **형상 감사(Configuration Audit)**: 기준선의 무결성을 평가하기 위해 확인, 검증, 검열 과정을 통해 공식적으로 승인하는 작업이다.

② **롤백(Rollback)**: 데이터베이스에서 업데이트에 오류가 발생할 때, 이전 상태로 되돌리는 것을 말한다.

③ **단위 테스트(Unit Test)**: 코딩이 끝난 후 설계의 최소 단위인 모듈에 초점을 두고 검사하는 단계이며, 독립 모듈의 완전성을 시험한다.

025 ④

난이도 상 중 하

소프트웨어 개발 〉 통합 구현 〉 모듈 구현 〉 소프트웨어 테스트

④ 화이트박스 테스트에서 기본 경로란 흐름 그래프의 시작 노드에서 종료 노드까지의 서로 독립된 경로로 싸이클을 허용하는 경로를 말한다.

026 ④

난이도 상 중 하

소프트웨어 개발 〉 애플리케이션 테스트 관리 〉 애플리케이션 통합 테스트 〉 테스트 자동화 도구

④ **성능 테스트 도구**: 애플리케이션의 처리량, 응답 시간, 경과 시간, 자원 사용률에 대해 가상의 사용자를 생성하고 테스트를 수행함으로써 성능 목표를 달성하였는지를 확인하는 테스트 자동화 도구이다.

오답 해설

① **명세 기반 테스트**: 주어진 명세를 빠짐없이 테스트 케이스로 구현하고 있는지 확인하는 테스트이다.

027 ③

난이도 상 중 하

소프트웨어 개발 〉 통합 구현 〉 통합 구현 관리 〉 소프트웨어 형상관리

③ Ant, Maven, Gradle 등은 빌드 자동화 도구이다. 대표적인 형상관리 도구에는 CVS, SVN, Github가 있다.

028 ①

난이도 상 중 하

소프트웨어 개발 〉 제품 소프트웨어 패키징 〉 제품 소프트웨어 패키징 〉 DRM

• 디지털 저작권 관리(DRM) 시스템 구성 요소

구분	설명
콘텐츠 제공자 (Contents Provider)	콘텐츠를 제공하는 저작권자
콘텐츠 분배자 (Contents Distributor)	쇼핑몰 등으로써 암호화된 콘텐츠 제공
패키저 (Packager)	콘텐츠를 메타데이터와 함께 배포 가능한 단위로 묶는 기능
보안 컨테이너	원본을 안전하게 유통하기 위한 전자적 보안장치
DRM 컨트롤러 (DRM Controller)	배포된 콘텐츠의 이용 권한을 통제
클리어링 하우스 (Clearing House)	키관리 및 라이선스 발급 관리

029 ②

난이도 상 중 하

소프트웨어 개발 〉 제품 소프트웨어 패키징 〉 제품 소프트웨어 버전 관리 〉 소프트웨어 버전 관리도구

② **분산 저장소 방식**: 버전 관리 자료가 원격 저장소와 로컬 저장소에 함께 저장되어 관리된다.

오답 해설

③ **공유 폴더 방식**: 로컬 컴퓨터의 공유 폴더에 저장되어 관리된다. 공유 폴더의 파일을 자기 PC로 복사 후 이상 유무를 확인한다.

④ **클라이언트 · 서버 방식**: 중앙 시스템(서버)에 저장되어 관리 방식이다.

030 ③

난이도 상 중 하

소프트웨어 개발 〉 통합 구현 〉 모듈 구현 〉 블랙박스 테스트

③ 블랙박스 테스트는 외부 명세서에 근거를 두고 있는 데이터/입출력 위주의 테스트이므로 반복 조건과 같은 논리 구조를 고려하지 않는다.

031 ④

난이도 상 중 하

소프트웨어 개발 〉 데이터 입출력 구현 〉 논리 데이터저장소 확인 〉 버블 정렬

버블 정렬(Bubble Sort)은 인접한 데이터를 비교하면서 그 크기에 따라 데이터의 위치를 바꾸면서 정렬하는 방식이다. PASS 2는 두 번째 버블 정렬이 완료된 상태를 말한다.

• PASS 1: 6, 7, 3, 5, 9
• PASS 2: 6, 7, 3, 5, 9 → 6, 3, 7, 5, 9 → 6, 3, 5, 7, 9

032 ①

난이도 상 중 하

소프트웨어 개발 〉 데이터 입출력 구현 〉 논리 데이터저장소 확인 〉 합병 정렬

정렬 종류	평균	최악
버블 정렬	$O(n^2)$	$O(n^2)$
선택 정렬	$O(n^2)$	$O(n^2)$
삽입 정렬	$O(n^2)$	$O(n^2)$
퀵 정렬	$O(nLog_2n)$	$O(n^2)$
합병 정렬	$O(nLog_2n)$	$O(nLog_2n)$
힙 정렬	$O(nLog_2n)$	$O(nLog_2n)$

033 ②

난이도 상 중 하

소프트웨어 개발 〉 데이터 입출력 구현 〉 논리 데이터저장소 확인 〉 후위 표기법

후위 표기된 연산식을 연산을 위해 중위 표기로 변경해야 한다.

((3 4 *) (5 6 *) +) = ((3 * 4) + (5 * 6)) = 12 + 30 = 42

034 ①

난이도 상 중 하

소프트웨어 개발 〉 인터페이스 구현 〉 인터페이스 설계 확인 〉 EAI 구축 유형

• EAI 유형

구분	설명
Point-to-Point	1:1 방식으로 애플리케이션 통합 수행
Hub & Spoke	• 모든 데이터가 허브를 통해 전송 • 데이터 전송이 보장되며, 유지보수 비용 절감
메시지 버스 (Message Bus)	• 데이터를 전송하는데 버스를 이용함으로 병목 현상 발생가능 • 대량의 데이터 교환에 적합 • 애플리케이션 사이에 미들웨어를 두어 처리
하이브리드 (Hybrid)	• Hub & spoke 방식과 메시지 버스 방식의 통합 • 유연한 통합 작업 가능

035 ①

난이도 상 중 하

소프트웨어 개발 〉 인터페이스 구현 〉 인터페이스 구현 검증 〉 인터페이스 구현 검증 도구

• 인터페이스 구현 검증 도구

제품명	세부정보
xUnit	JAVA(Junit), C++(Cppunit), .Net(Nunit) 등 다양한 언어를 지원하는 단위 테스트 프레임워크
STAF	서비스 호출, 컴포넌트 재사용 등 다양한 환경을 지원하는 테스트 프레임워크
FitNesse	웹 기반 테스트 케이스 설계/실행/결과 확인 등을 지원하는 테스트 프레임워크
NTAF	NHN 테스트 자동화 프레임워크이며, STAF와 FitNesse를 통합
Selenium	다양한 브라우저 지원 및 개발 언어를 지원하는 웹 애플리케이션 테스트 프레임워크
watir	Ruby 기반 웹 애플리케이션 테스트 프레임워크

036 ②

난이도 상 중 하

소프트웨어 개발 〉 통합 구현 〉 통합 구현 관리 〉 리팩토링

② 클린 코드 작성 원칙 중 하나로 의존성 배제가 있다.

• 클린 코드 작성 원칙
- 중복성 최소화: 중복된 코드는 삭제하고, 공통된 코드를 사용한다.
- 가독성: 누구나 코드를 쉽게 읽을 수 있도록 작성한다.
- 단순성: 한 번에 한 가지를 처리하도록 코드를 간단하게 작성한다.
- 의존성 배제: 코드가 다른 모듈에 미치는 영향을 최소화해야 한다.

037 ①

난이도 상 중 하

소프트웨어 개발 〉 제품 소프트웨어 패키징 〉 제품 소프트웨어 패키징 〉 소프트웨어 패키징

① 패키징은 사용자 중심으로 진행되어야 한다. 보안을 고려해야 하지만, 단일 기종에서만 사용할 수 있도록 할 수는 없고 이기종 연동을 고려해야 한다.

038 ③

난이도 상 중 하

소프트웨어 개발 〉 제품 소프트웨어 패키징 〉 제품 소프트웨어 매뉴얼 작성 〉 국제 표준 제품 품질 특성

③ 소프트웨어는 최종 사용자의 요구사항을 최대한 반영하여 개발해야하고, 소프트웨어의 인터페이스는 최종 사용자의 수준에 맞게 직관적이고 사용하기 쉽게 설계 및 개발되어야 한다.

039 ①

난이도 상 중 하

소프트웨어 개발 〉 애플리케이션 테스트 관리 〉 애플리케이션 테스트 케이스 설계 〉 테스트와 디버그

① 테스트는 오류를 찾는 작업이고 디버깅은 테스트에서 발견된 오류를 수정 및 제거하는 작업이다.

040 ①

난이도 상 중 하

소프트웨어 개발 〉 데이터 입출력 구현 〉 논리 데이터저장소 확인 〉 스택

• 스택을 이용한 연산
- 재귀 호출
- 후위식(Postfix) 변환
- 그래프의 깊이 우선 탐색
- 역순 문자열 만들기
- 수식의 괄호 검사

041 ③ 난이도 상중하

통합문제

• **수평 분할에서 활용되는 분할 기법**: 라운드-로빈, 범위 분할, 해시 분할

오답 해설

① **라운드-로빈**: 테이블의 행(ROW)들을 라운드 로빈 형태로 분산시키는 분할기법이다.
② **범위 분할(Range Partitioning)**: 지정한 열의 값을 기준으로 분할한다.
④ **해시 분할(Hash Partitioning)**: 해시 함수에 따라 데이터를 분할한다.

042 ① 난이도 상중하

데이터베이스 구축 〉 데이터베이스 개요 〉 데이터베이스 시스템의 구성 〉 시스템 카탈로그

① 시스템 카탈로그에 대한 갱신은 DBMS가 자동적으로 수행하며, 사용자가 INSERT, DELETE, UPDATE문을 사용하여 직접 갱신할 수 없다.

043 ② 난이도 상중하

데이터베이스 구축 〉 관계 데이터베이스 언어 〉 SQL 〉 SELECT

② 검색 결과에 중복되는 레코드를 제거하기 위해서는 SELECT 명령 뒤에 'DISTINCT' 키워드를 사용한다.

044 ③ 난이도 상중하

데이터베이스 구축 〉 관계 데이터베이스 언어 〉 뷰 〉 DROP

③ **DROP**: 스키마, 도메인, 테이블, 뷰, 인덱스 제거 시 사용한다. (전체 삭제)

오답 해설

① **ERASE**: 메모리 관리에서 플래시 메모리를 지울 때 사용하는 명령이다.
② **KILL**: CPU 점유율이 높은 프로세스 식별자를 강제 종료할 때 사용하는 명령이다.
④ **DELETE**: 기존 테이블의 행(튜플)을 삭제할 경우 사용한다.

045 ③ 난이도 상중하

데이터베이스 구축 〉 관계 데이터베이스 언어 〉 SQL 〉DDL

③ **CREATE**: 스키마, 도메인, 테이블, 뷰, 인덱스 등을 정의할 때 사용한다.

오답 해설

① **ALTER**: 기존 테이블에 대해 새로운 열의 첨가, 값의 변경, 기존 열의 삭제 등에 사용한다.
② **SELECT**: 기존 테이블에서 데이터를 추출하여 가져온다.
④ **INSERT**: 기존 테이블에 행을 삽입하는 경우에 사용한다.

046 ② 난이도 상중하

데이터베이스 구축 〉 관계 데이터베이스 언어 〉 SQL 〉 SQL

• **SELECT 학번 FROM R1**: R1 테이블의 학번 열 검색
• **SELECT 학번 FROM R2**: R2 테이블의 학번 열 검색
• **INTERSECT**: 교집합이므로 R1, R2의 학번 열에서 공통된 행을 추출하여 가져온다.

047 ④ 난이도 상중하

데이터베이스 구축 〉 데이터베이스 설계와 정규화 〉 데이터베이스 설계 〉 물리적 설계

• **물리적 설계**: 특정 DBMS가 제공하는 물리적 구조에 따라 테이블 저장 구조 설계
• **물리적 설계 단계에서 수행 작업**: 레코드 집중의 분석 및 설계, 레코드 양식 설계, 필드의 데이터 타입, 인덱스, 테이블 저장 방법, 접근 경로 설계 등
• **논리적 설계**: 논리적 모델을 이용하여 논리적 스키마 생성
• **논리적 설계 단계에서 수행 작업**: ERD를 이용하여 목표 DBMS에 맞는 스키마 설계, 테이블 구조도, 개념적 설계 단계에서 생성된 ERD를 바탕으로 생성되는 테이블들의 집합

048 ③ 난이도 상중하난이도 상중하

데이터베이스 구축 〉 관계 데이터 모델 〉 관계 데이터 모델의 구조 및 제약 〉 개체 무결성

③ **개체 무결성**: 릴레이션에서 기본키를 구성하는 속성은 널(Null) 값이나 중복값을 가질 수 없다.

오답 해설

① **참조 무결성**: 외래키 값은 NULL이거나 참조 릴레이션의 기본키 값과 동일해야 한다.

049 ② 난이도 상중하

데이터베이스 구축 〉 고급 데이터베이스 〉 회복과 병행 제어 〉 병행 제어 기법

• **병행 제어 기법 종류**: 로킹 기법, 타임 스탬프 기법, 다중 버전 기법

050 ① 난이도 상중하

데이터베이스 구축 〉 관계 데이터베이스 언어 〉 SQL 〉 SQL

실행 결과를 통해서 R2 테이블에서 과목번호와 과목이름이 (C100, 컴퓨터구조), (C200, 데이터베이스)인 튜플에서 학번이 3000인 경우만 결과로 도출되었다. 따라서 R1 테이블의 학번이 3000인 강남길의 데이터를 추출한 것으로 볼 수 있다. 즉, R1 테이블과 R2 테이블을 참조하여 강남길의 과목번호와 과목이름을 추출하는 연산을 한 결과이다.

SELECT 과목번호, 과목이름
FROM R1, R2
WHERE R1.학번 = R2.학번

AND R1.학과='전자공학'
AND R1.이름='강남길';

051 ①

난이도 상 중 하

데이터베이스 구축 〉 관계 데이터 모델 〉 관계 데이터 연산 〉 순수 관계 연산자

① 차집합은 일반 집합 연산자이다.

- 일반 집합 연산자: 합집합(UNION), 교집합(INTERSECTION), 차집합(DIFFERENCE), 교차곱(CARTESIAN PRODUCT)
- 순수 관계 연산자
  - SELECT(σ): 수평 단절, 행을 다 가져옴
  - PROJECT(π): 수직 단절, 열을 다 가져옴
  - JOIN(⋈): 공통 속성을 이용해 두 개의 릴레이션 튜플을 연결 → 만들어진 튜플로 반환
  - DIVISION(÷): 릴 S의 모든 튜플과 관련 있는 릴 R의 튜플 반환

052 ④

난이도 상 중 하

데이터베이스 구축 〉 관계 데이터 모델 〉 관계 데이터 모델의 구조 및 제약 〉 릴레이션

④ 속성의 순서는 중요하지 않다.

053 ③

난이도 상 중 하

데이터베이스 구축 〉 관계 데이터 모델 〉 관계 데이터 연산 〉 조인(JOIN)

두 개 이상의 릴레이션을 카티션 프로덕트할 때는 조인(JOIN, ⋈)을 사용한다. 조인에서 릴레이션의 차수(속성의 수)는 각 릴레이션의 차수를 합한 것과 같고, 카디널리티(튜플의 수)는 각 릴레이션의 카디널리티를 곱한 것과 같다.

- 차수 = 4 + 6 = 10
- 카디널리티 = 5 * 7 = 35

054 ④

난이도 상 중 하

데이터베이스 구축 〉 데이터베이스 개요 〉 데이터베이스의 개요 〉 속성

④ 속성의 수는 "Degree"라고 한다. "Cardinality"는 튜플의 수이다.

055 ①

난이도 상 중 하

데이터베이스 구축 〉 관계 데이터베이스 언어 〉 SQL 〉 갱신문

- 갱신문(UPDATE): 기존 레코드 열값을 갱신할 경우 사용한다.
- 기본 형식

```
UPDATE 테이블
SET 열_이름=변경_내용
[WHERE 조건]
```

문제의 SQL문은 인사급여 테이블에서 홍길동이라는 이름을 가진 사람을 찾아 그 사람의 호봉을 15로 갱신시킨다는 의미이다.

056 ④

난이도 상 중 하

데이터베이스 구축 〉 관계 데이터 모델 〉 관계 데이터 모델의 구조 및 제약 〉 차수

④ 차수(Degree)는 애트리뷰트(Attribute, 속성)의 수를 의미한다.

057 ④

난이도 상 중 하

데이터베이스 구축 〉 데이터 모델링 〉 개체-관계 모델 〉 개체-관계 모델

- E-R 다이어그램 표기법

구분	설명
▭ (사각형)	개체 타입
⬭ (타원)	속성
◇ (마름모)	관계: 개체 간의 상호작용
── (선)	연결

058 ④

난이도 상 중 하

데이터베이스 구축 〉 고급 데이터베이스 〉 트랜잭션 〉 트랜잭션의 성질

④ ROLLBACK: 하나의 트랜잭션이 비정상적으로 종료되어 트랜잭션 원자성이 깨질 경우 처음부터 다시 시작하거나, 부분적으로 연산을 취소하는 연산이다.

오답 해설

① COMMIT: 트랜잭션을 완료하여 데이터 변경 사항이 최종 반영되는 것이다.

② BACKUP: 변경 및 삭제 작업의 오류를 대비하여 변경 대상의 레코드는 별도의 테이블에 백업 후 작업을 수행한다.

③ LOG: 트랜잭션의 기록이다.

059 ①

난이도 상 중 하

데이터베이스 구축 〉 데이터베이스 설계와 정규화 〉 정규화의 개념 〉 이상 현상

- 이상(Anomaly) 현상
  - 갱신 이상(Modification Anomaly): 반복된 데이터 중에 일부를 갱신할 시 데이터의 불일치가 발생하는 현상
  - 삽입 이상(Insertion Anomaly): 불필요한 정보를 함께 저장하지 않고서는 어떤 정보를 저장하는 것이 불가능한 현상
  - 삭제 이상(Deletion Anomaly): 필요한 정보를 함께 삭제하지 않고서는 어떤 정보를 삭제하는 것이 불가능한 현상

060 ①

난이도 상 중 하

데이터베이스 구축 〉 데이터베이스 설계와 정규화 〉 정규화 체계 〉 제3정규형

• 정규화 과정

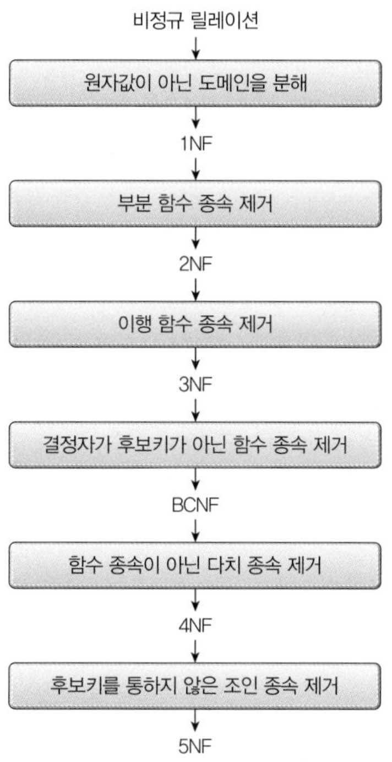

Part Ⅳ 프로그래밍 언어 활용

061 ③

난이도 상 중 하

프로그래밍 언어 활용 〉 네트워크 기초 활용 〉 프로토콜 〉 CSMA/CA

③ CSMA/CA(충돌 회피): 무선 랜에서 데이터 전공 시, 매체가 비어 있음을 확인한 후 충돌을 회피하기 위해 임의 시간을 기다린 후 데이터를 전송하는 방식. 네트워크에 데이터의 전송이 없는 경우라도 동시 전송에 의한 충돌에 대비해 확인 신호를 전송한다.

오답 해설

④ CSMA/CD(충돌 감지): 이더넷에서 각 단말이 정송 공유 매체에 규칙 있게 접근하기 위한 매체 액세스 제어 방식

062 ④

난이도 상 중 하

프로그래밍 언어 활용 〉 공통 모듈 구현 〉 모듈화 〉 결합도

• 결합도

1. 내용 결합도(Content Coupling)	결합도가 높음
2. 공통 결합도(Common Coupling)	↑
3. 외부 결합도(External Coupling)	
4. 제어 결합도(Control Coupling)	
5. 스탬프 결합도(Stamp Coupling)	↓
6. 자료 결합도(Data coupling)	결합도가 낮음

063 ③

난이도 상 중 하

프로그래밍 언어 활용 〉 프로그래밍 언어 활용 〉 C 언어

• 비트 논리 연산자 중 OR(|)에 대한 문제이다. OR 비트 연산자는 두 개의 피연산자 비트를 비교해서 이들 중 하나라도 1이라면 1을 반환시킨다.

```
      a = 4 = 00000100
OR |  b = 7 = 00000111
   ----------------------
      c = 7 = 00000111
```

• printf("%d", c): c를 10진수로 출력한다는 의미이므로 2진수 00000111을 10진수로 변환하여 7을 출력시킨다.

064 ④

난이도 상 중 하

프로그래밍 언어 활용 〉 프로그래밍 언어 활용 〉 파이썬

```
❶ class FourCal:
❷     def setdata(sel, fir, sec):
❸         sel.fir = fir
❹         sel.sec = sec
❺     def add(sel):
❻         result = sel.fir + sel.sec
❼         return result
❽ a=FourCal( )
❾ a.setdata(4,2)
❿ print(a.add( ) )
```

❿: a.add( )는 a 객체의 add 메소드가 수행된 결과값을 출력하라는 의미이다.

즉, ❽을 통해 a 객체가 생성되고, ❾가 수행되면서 a.fir=4, a.sec=2가 된다. a.add( )로 메소드를 실행하면 a 객체를 sel로 전달하여 sel.fir+sel.sec를 연산한다. a.fir은 4이고 a.sec는 2이므로 6을 return한다. 따라서 ❿에서 6이 출력된다.

065 ②

난이도 상 중 하

프로그래밍 언어 활용 〉 공통 모듈 구현 〉 운영체제 기초 활용 〉 교착상태

② Avoidance(회피): 교착상태 가능성을 배제하지 않고 적절하게 피해나가는 방법이다. (예 은행원 알고리즘)

오답 해설

① Detection(탐지): 교착상태 발생을 허용하고 발생 시 원인을 규명하여 해결하는 기법이다. (예 자원 할당 그래프)

③ Recovery (복구): 교착상태 발견 후 현황 대기를 배제시키거나 자원을 중단하는 메모리 할당 기법이다. (예 선점, 프로세스 중지)

④ Prevention(예방): 교착상태의 필요 조건을 부정함으로써 교착상태가 발생하지 않도록 미리 예방하는 기법이다. (예 환형대기, 비선점, 점유와 대기, 상호배제 중 한 가지 이상 부정)

066 ②

난이도 상중하

통합문제

- 203.241.132.82/27 네트워크를 사용한다는 것은 네트워크 주소로 27비트를 사용하고, 호스트 주소로 5비트를 사용한다는 것이다.
- 서브넷 마스크는 아래와 같다.

11111111.	11111111.	11111111.	11100000
255	255	255	224

067 ①

난이도 상중하

프로그래밍 언어 활용 〉 프로그래밍 언어 활용 〉 JAVA

```
❶ public class Operator {
❷     public static void main(String[ ] args) {
❸         int x=5, y=0, z=0;
❹         y = x++;
❺         z = --x;
❻         System.out.print(x + "," + y + "," + z);
❼     }
❽ }
```

- ❸: 초기값은 x=5, y=0, z=0이다.
- ❹: y의 후위 방식(x++;) 실행 시, x의 초기값 5가 y에 대입되고, 그 후 x값이 1 증가하여 6이 된다. 이때 x=6, y=5, z=0이 된다.
- ❺: z의 전위 방식(--x;) 실행 시, x=6인 값에서 먼저 1 감소시켜 y에 대입하고 x 값은 5가 된다.

∴ x=5, y=5, z=5

068 ③

난이도 상중하

프로그래밍 언어 활용 〉 공통 모듈 구현 〉 운영체제 기초 활용 〉 메모리 관리

③ 페이지의 실행 시간보다 교환 시간이 큰 것을 스레싱(Thrashing) 현상이라고 한다.

069 ①

난이도 상중하

프로그래밍 언어 활용 〉 프로그래밍 언어 활용 〉 웹 제작 언어 〉 프레임워크

- 프레임워크의 특성

항목	설명
모듈화 (Modularity)	프레임워크는 인터페이스에 의한 캡슐화를 통해서 모듈화를 강화하고 설계와 구현의 변경에 따르는 영향을 극소화하여 소프트웨어의 품질을 향상시킨다.
재사용성 (Reusability)	• 프레임워크가 제공하는 인터페이스는 반복적으로 사용할 수 있는 컴포넌트를 정의할 수 있게 하여 재사용성을 높여 준다. • 프레임워크 컴포넌트를 재사용하는 것은 소프트웨어의 품질을 향상시킬 뿐만 아니라 개발자의 생산성도 높여 준다.
확장성 (Extensibility)	• 프레임워크는 다형성(polymorphism)을 통해 애플리케이션이 프레임워크의 인터페이스를 확장할 수 있게 한다. • 프레임워크 확장성은 애플리케이션 서비스와 특성을 변경하고 프레임워크를 애플리케이션의 가변성으로부터 분리함으로써 재사용성의 이점을 얻게 한다.
제어의 역흐름 (Inversion of Control)	프레임워크 코드가 전체 애플리케이션의 처리 흐름을 제어하여 특정한 이벤트가 발생할 때 다형성(Polymorphism)을 통해 애플리케이션이 확장한 메소드를 호출함으로써 제어가 프레임워크로부터 애플리케이션으로 거꾸로 흐르게 한다.

070 ①

난이도 상중하

프로그래밍 언어 활용 〉 프로그래밍 언어 활용 〉 JAVA

```
❶ public class arrayl {
❷     public static void main(String[ ] args) {
❸         int cnt = 0;
❹         do {
❺             cnt++;
❻         } while (cnt < 0);
❼         if(cnt==1)
❽             cnt++;
❾         else
❿             cnt = cnt + 3;
⓫         System.out.printf("%d", cnt);
⓬     }
⓭ }
```

- ❸~❹: 초기값 cnt = 0이고, do{ } 구문을 먼저 실행한다.
- ❺: do{ }에서 실행 문장이 cnt++;이므로 1을 증가시켜 cnt = 1이 된다.
- ❻: while( ) 구문에서 조건식 (cnt 〈 0);이 만족하지 않으므로 fasle가 되어 while문을 종료한다.
- ❽: 이때, if(cnt==1) 조건문이 true(참)가 되므로 ❽을 실행한다.
- ⓫: cnt++;의 문장에 의해 1이 증가되므로 cnt = 2인 값이 된다.

071 ①

난이도 상중하

통합문제

① 리눅스에서 export 명령어는 시스템의 환경 변수 목록 전체가 모두 뜨기 때문에 확인하기가 어렵다. 특정 변수 출력에는 echo를 활용해야 한다.

072 ③

난이도 상중하

프로그래밍 언어 활용 〉 프로그래밍 언어 활용 〉 C 언어

아스키 코드에서 각각의 알파벳 대문자 'A'는 65, 'B'는 66, 'C'는 67, …의 순서로 구성된다. 문제의 코드에서 a = 'A' + 1;은 65+1=66의 의미로 'B'가 되고, 이를 %d(정수형)로 출력하므로 'B'의 아스키 코드 값인 66이 출력된다.

073 ③

난이도 상 중 하

프로그래밍 언어 활용 〉 프로그래밍 언어 활용 〉 C 언어

```
❶ #include <stdio.h>
❷ int main(int argc, char *argv[ ]) {
❸     int a[2][2] = {{11, 22},{44, 55}};
❹     int i, sum = 0;
❺     int *p;
❻     p= a[0];
❼     for(i=1;i<4;i++)
❽         sum += *(p + i);
❾     printf("%d", sum);
❿     return 0;
⓫ }
```

- ❸: 2차원 배열 선언 및 초기화
- ❹: 변수 선언과 초기화
- ❺: 포인터 변수 선언
- ❻: 포인터 변수 p가 a[0]을 가리킴
- ❼: 반복문 for문은 i 값을 1부터 1씩 증가하면서 3이 될 때까지 반복 수행
- ❽: for문에 의해 sum = sum + *(p + i); 문을 3번 반복 수행 이때 sum = sum + *(p + i);이 수행되는 순서
  - 반복문에서 변수 i가 1일 때, sum = 0 + 22= 22
  - 반복문에서 변수 i가 2일 때, sum = 22 + 44= 66
  - 반복문에서 변수 i가 3일 때, sum = 66 + 55= 121

❽ printf("%d", sum);에 의해 sum의 값 121이 출력된다.

074 ④

난이도 상 중 하

프로그래밍 언어 활용 〉 공통 모듈 구현 〉 운영체제 기초 활용 〉 페이징 기법

④ 일반적으로 페이지 크기가 작아지면, 페이지의 개수가 많아지므로 페이지 맵 테이블의 크기가 증가한다.

075 ①

난이도 상 중 하

프로그래밍 언어 활용 〉 공통 모듈 구현 〉 모듈화 〉 응집도

- 응집도

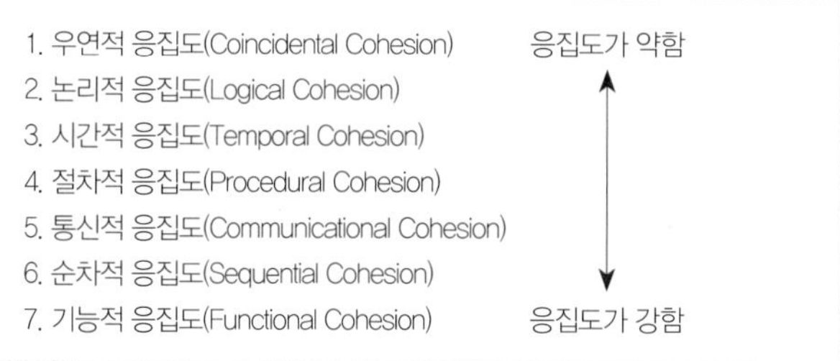

076 ①

난이도 상 중 하

프로그래밍 언어 활용 〉 네트워크 기초 활용 〉 ISO의 OSI 표준 모델 〉 TCP 프로토콜

TCP 프로토콜은 전송 계층의 프로토콜이다. 하지만, 인접한 노드 사이의 프레임 전송 및 오류를 제어하는 계층은 데이터 링크 계층이다.

077 ①

난이도 상 중 하

프로그래밍 언어 활용 〉 프로그래밍 언어 활용 〉 C 언어 〉 연산자 우선 순위

- C 언어 연산자의 결합 방향과 우선 순위

구분		연산자	결합 방향	우선 순위
일차연산자		( ), [ ], . , ->	→	높다
단항연산자		-, + +, - -, ~, !, *, &, sizeof	←	↑
이항연산자	산술연산자	*, /, %	→	
	산술연산자	+, -		
	비트이동	>>, <<		
	대소비교	>, >=, <, <=		
	등가비교	==, !=		
	비트 AND	&		
	비트 XOR	^		
	비트 OR	|		
	논리 AND	&&		
	논리 OR	||		
조건연산자		? :	←	
대입연산자		=, + =, - =, * =, / =, % = >> =, << =, & =, ^ =, | =	←	↓
나열연산자		,	→	낮다

078 ①

난이도 상 중 하

프로그래밍 언어 활용 〉 프로그래밍 언어 활용 〉 C 언어 〉 stdlib

① stdlib.h는 C 언어의 표준 라이브러리로 문자열을 수치 데이터로 바꾸는 문자 변환함수와 수치를 문자열로 바꿔주는 변환함수 등이 있다. 그 외에도 의사 난수 생성, 동적 메모리 관리 등의 함수들을 포함하고 있다.

079 모두 정답

난이도 상 중 하

프로그래밍 언어 활용 〉 프로그래밍 언어 활용 〉 웹 저작 언어 〉 자바스크립트

문제 오류로 모두 정답 처리 된 문제이다. 출제 기관에서 가답안을 ②로 발표했으나, 모두 정답으로 정정되었다. JavaScript는 객체기반 언어이다.

080 ②

난이도 상 중 하

프로그래밍 언어 활용 〉 네트워크 기초 활용 〉 ISO의 OSI 표준 모델 〉 OSI 7계층

② OSI 7계층 중 한 노드에서 다른 노드로 프레임을 전송하는 책임을 갖는 계층(Layer)은 데이터 링크 계층이다.

Part V 정보시스템 구축관리

081 ①

난이도 상 중 하

정보시스템 구축관리 〉 IT 프로젝트 정보시스템 구축관리 〉 서버 장비 운영 〉 SAN

① SAN(Storage Area Network): DAS와 NAS의 단점을 해결한 발전된 스토리지 형태이다. 네트워크 상에 광채널 스위치의 이점인 고속 전송과 장거리 연결 및 멀티 프로토콜 기능을 활용한다.

오답 해설

③ NAC(Network Access Control): 관리자가 정의한 보안환경이 운영되는 시스템만 네트워크에 연결이 가능하도록 한다. Clear Network에 악성 Worm이 감염된 Host가 연결되면 순식간에 네트워크는 악성 Worm이 퍼지게 되므로 이러한 상황을 막고자 하는 시스템이다.

082 ①

난이도 상 중 하

정보시스템 구축관리 〉 정보보호 〉 네트워크 보안 〉 SSH

① SSH의 기본 네트워크 포트는 22번을 사용한다.

083 ④

난이도 상 중 하

정보시스템 구축관리 〉 소프트웨어 개발 방법론 활용 〉 프로젝트 개발비용 산정 〉 CBD

• CBD 방법론의 개발 산출물

단계	산출물
분석	사용자 요구사항 정의서, 유스케이스 명세서, 요구사항 추적표
설계	클래스 설계서, 사용자 인터페이스 설계서, 컴포넌트 설계서, 인터페이스 설계서, 아키텍처 설계서, 총괄 시험 계획서, 시스템 시험 시나리오, 엔티티 관계 모형 기술서, 데이터베이스 설계서, 통합 시험 시나리오, 단위 시험 케이스, 데이터 전환 및 초기 데이터 설계서
구현	프로그램 코드, 단위 시험 결과서, 데이터베이스 테이블
시험	통합 시험 결과서, 시스템 시험 결과서, 사용자 지침서, 운영자 지침서, 시스템 설치 결과서, 인수 시험 시나리오, 인수 시험 결과서

084 ③

난이도 상 중 하

정보시스템 구축관리 〉 정보보호 〉 접근 통제 〉 접근 통제 보안 모델

③ Bell-Lapadula Model: 기밀성을 강조하는 모델이며, 군대의 보안 레벨처럼 정보의 기밀성에 따라 상하 관계가 구분된 정보를 보호하기 위해 사용한다.

오답 해설

① Clark-Wilson Integrity Model: 비밀 노출 방지보다 자료의 변조 방지(무결성)를 더 중요시하는 모델이다. 금융, 회계 관련 데이터, 기업 재무제표 등에 사용된다.

② PDCA Model: 데밍 사이클이라고 하며, Plan, Do, Check, Act로 구성된다.

④ Chinese Wall Model: 충돌을 야기시키는 어떠한 정보의 흐름도 없도록 정보의 흐름이 일어나지 않도록 접근통제 기능을 제공한다.

085 ③

난이도 상 중 하

정보시스템 구축관리 〉 IT 프로젝트 정보시스템 구축관리 〉 IT 신기술 〉 Sqoop

③ 스쿱(Sqoop): 커넥터를 사용하여 관계형 데이터베이스 시스템(RDBMS)에서 하둡 분산 파일 시스템으로 데이터를 수집하는 빅데이터 기술이다. 하둡과 관계형 데이터베이스 간에 데이터를 전송할 수 있도록 설계된 도구이다.

086 ②

난이도 상 중 하

정보시스템 구축관리 〉 소프트웨어 개발 방법론 활용 〉 프로젝트 개발 비용 산정 〉 소프트웨어 비용 추정 모형

② 거리 벡터 라우팅 프로토콜은 RIP이다.

• RIP(Routing Information Protocol): 거리 벡터 라우팅 프로토콜이라고도 하며, 최대 홉 카운트는 15로 한정되므로 소규모 네트워크 환경에 적합하다.

087 ④

난이도 상 중 하

정보시스템 구축관리 〉 소프트웨어 개발 방법론 활용 〉 소프트웨어의 생명 주기 모형 〉 ISO 12007

④ PERT는 일정 산정 모형이다.

• 소프트웨어 비용 추정 모형: COCOMO, Putnam, Function-Poin, 전문가의 감정, 델파이식 산정, LOC(원시 코드 라인 수)기법, 개발 단계별 인월 수(MM: Man Month)기법

088 ④

난이도 상 중 하

④ Transcription Error: 코드 입력 시 임의의 한 자리를 잘못 기록한 경우이다. (예 12536 → 12936)

오답 해설

① Addition Error: 코드 입력 시 한 자리를 추가로 기록한 경우이다. (예 1234 → 12347)

② Omission Error: 코드 입력 시 한 자리를 빼놓고 기록한 경우이다. (예 1234 → 234)

089 ③

난이도 상중하

정보시스템 구축관리 〉 소프트웨어 개발 방법론 활용 〉 ISO 12207

- **ISO 12207 표준의 기본 생명주기 프로세스**: 획득, 공급, 개발, 운영, 유지보수 프로세스

090 ②

난이도 상중하

정보시스템 구축관리 〉 소프트웨어 개발 방법론 활용 〉 프로젝트 개발 비용 산정 〉 Cocomo Model

② COCOMO(Constructive Cost Model): Boehm(1981)이 제안한 산정기법으로 원시 프로그램의 규모에 의한 비용예측 모형이다.

- **COCOMO의 프로젝트 3가지 모드**
(제품의 복잡도에 따른 프로젝트 개발 유형)
  - 유기적(Organic model): 5만 라인 이하로 소규모 팀이 수행할 수 있는 아주 작고 간단한 소프트웨어 프로젝트
  - 중간형(Semi-detached Model): 30만 라인 이하의 프로젝트
  - 내장형(Embedded Model): 30만 라인 이상의 프로젝트

091 ①

난이도 상중하

정보시스템 구축관리 〉 소프트웨어 개발 방법론 활용 〉 국제 표준 제품 품질 특성 〉 SPICE

- **SPICE 모델**
  - 0단계: 불안정 단계(미완성 단계, 프로젝트 대부분 실패)
  - 1단계: 수행 단계(목적이 전반적으로 이루어진다.)
  - 2단계: 관리 단계(작업 산출물 인도)
  - 3단계: 확립 단계(정형화된 프로세스 존재)
  - 4단계: 예측 단계(산출물의 양적 측정이 가능해져, 일관된 수행 가능)
  - 5단계: 최적화 단계(프로세스의 지속적인 개선)

092 ④

난이도 상중하

정보시스템 구축관리 〉 IT 프로젝트 정보시스템 구축관리 〉 IT 신기술 〉 N-Screen

④ N-Screen: 여러 개의 단말에서 동일한 콘텐츠를 사용할 수 있는 방법이다. 예를 들면 스마트폰, TV, 태블릿, 데스크톱 등에서 동일 콘텐츠를 사용할 수 있다.

오답 해설

① Memristor: memory와 register의 합성어이며, 전원 공급이 끊어져도 다시 전원이 공급되면 이전 상태를 복원한다.

② MEMS(Micro-Electro Mechanical Syste): 초소형 정밀 기계 기술로 미세전자 기계 시스템이라고도 한다. 실리콘이나 수정, 유리 등을 가공하는 초고밀도 집적회로이며, 머리카락 절반 두께의 초소형 기어라든지 손톱 크기의 하드디스크 등 초미세 기계구조물을 만드는 기술을 말한다.

③ SNMP(Simple Network Management Protocol): 간이 망관리 프로토콜이다.

093 ②

난이도 상중하

정보시스템 구축관리 〉 정보보호 〉 암호화 〉 해시 함수

② 정보보호에서 해시(Hash) 기법은 공개키 암호화 방식에서 키 생성을 위해 사용되는 것이 아니라 무결성 보장을 위해 사용된다.

094 ①

난이도 상중하

정보시스템 구축관리 〉 정보보호 〉 네트워크 보안 〉 IPSec

① IPSec(IP Security): 안전하지 않은 네트워크상의 두 컴퓨터 사이에 암호화된 안전한 통신을 제공하는 프로토콜로 암호화 수행 시 양방향 암호화를 지원한다.

095 ①

난이도 상중하

정보시스템 구축관리 〉 정보보호 〉 해킹과 정보보호 〉 스택 가드

① Stack Guard: 메모리상에서 프로그램의 복귀 주소와 변수 사이에 특정 값을 저장해 두었다가 그 값이 변경되었을 경우 오버플로우 상태로 가정하여 프로그램 실행을 중단하는 기술이다.

- **스택 버퍼 오버플로우 대응 방안**: 스택가드(Stack Guard), 스택쉴드(Stack Shield), ASLR(Address Space Layout Randomization), NX-bit(Non-executable stack)

096 ③

난이도 상중하

정보시스템 구축관리 〉 정보보호 〉 네트워크 보안 〉 스크린드 서브넷

③ Screen Subnet: 외부 네트워크와 내부 네트워크 사이에 두는 완충적인 통신망으로, 일반적으로 두 개의 스크리닝 라우터 사이에 Bastion Host가 위치한다.

097 ③

난이도 상중하

정보시스템 구축관리 〉 IT 프로젝트 정보시스템 구축관리 〉 서버 장비 운영 〉 보안 운영체제

- **Secure OS**: 컴퓨터 운영체제의 커널에 보안 기능을 추가한 것으로 운영체제의 보안상 결함으로 인하여 발생 가능한 각종 해킹으로부터 시스템을 보호하기 위하여 사용되는 것이다.
- **Secure OS 보안 운영체제의 기능**: 식별 및 인증, 계정 관리, 강제적 접근 통제, 임의적 접근 통제, 객체 재사용 방지, 완전한 중재 및 조정, 감사 및 감사 기록 축소, 안전한 경로, 보안 커널 변경 방지, 해킹 방지, 통합 관리

098 ④

난이도 상 중 하

정보시스템 구축관리 〉 정보보호 〉 네트워크 보안 〉 nmap

④ nmap(network mapper): 서버에 열린 포트 정보를 스캐닝해서 보안 취약점을 찾는 데 사용하는 도구이다.

오답 해설

② mkdir: 운영 체제에서 mkdir 명령어는 디렉터리를 새로 만드는 데 사용된다.

③ ftp: 파일 전송 프로토콜이다.

099 ③

난이도 상 중 하

정보시스템 구축관리 〉 IT 프로젝트 정보시스템 구축관리 〉 네트워크 구축관리 〉 라우터

③ 라우터: 3계층(네트워크) 계층의 장비이며, 서로 다른 네트워크 대역에 있는 호스트들 상호 간에 통신할 수 있도록 해주는 역할을 한다.

100 ②

난이도 상 중 하

정보시스템 구축관리 〉 정보보호 〉 암호화 〉 대칭키 암호 방식

② 암호화 키와 복호화 키가 동일한 암호화 알고리즘을 대칭키 암호화 알고리즘이라고 한다. 대칭키 암호화 알고리즘은 대표적으로 DES, AES 등이 있다.

제5회 기출문제 **정답&해설**

제5회 기출문제(2021년 3월 시행 B책형)

문제 ➦ P.72

01	②, ④	02	②	03	②	04	③	05	③
06	④	07	①	08	②	09	④	10	①
11	③	12	④	13	②	14	④	15	②
16	①	17	①	18	③	19	④	20	④
21	②	22	①	23	①	24	④	25	①
26	②	27	②	28	③	29	④	30	①
31	①	32	③	33	③	34	③	35	④
36	③	37	③	38	③	39	①	40	②
41	①	42	①	43	④	44	②	45	②
46	④	47	③	48	①	49	④	50	①
51	①	52	②	53	④	54	③	55	④
56	①	57	②	58	③	59	①	60	③
61	②	62	①	63	②	64	①	65	②
66	④	67	①	68	③	69	④	70	④
71	①	72	④	73	③	74	①	75	③
76	④	77	④	78	③	79	①	80	②
81	④	82	①	83	④	84	①	85	②
86	④	87	①	88	③	89	②	90	②
91	③	92	②	93	③	94	②	95	①
96	③	97	③	98	④	99	①	100	①

기출 총평 난이도 중

2020년에 출제되었던 정보처리기사 필기 시험과 비교한다면 전체적으로 난도가 낮아진 시험이었습니다. 필기 시험에서 많이 출제되는 기본적인 문제들의 비중이 높았고, 신기술 용어에 대한 문제들도 출제되었습니다. 하지만, 프로그램 코드 문제 비중이 매우 낮아 시험장에서 느끼는 체감 난도는 더욱 더 낮았을거라 생각됩니다. 앞으로의 시험에서 이 난도가 유지되지는 않을 것이라 예상되므로 이번 시험에서 적게 출제되었던 프로그램 코드에 대한 대비는 지속적으로 해야 합니다.

Part I 소프트웨어 설계

001 ②, ④ 난이도 상중하

통합문제

※ 문제 오류로 중복 답안 처리된 문제입니다.

- uname을 이용하여 버전을 확인할 수 있지만, cat를 이용하여도 버전 확인이 가능하다.

② cat(concatenate): 단순 파일을 출력하며, 파일 여러 개를 합치는 기능도 가능하다.

④ uname: 시스템 정보를 확인하는 명령어로 시스템의 이름, 사용 중인 운영체제 · 버전, 호스트명, 하드웨어 정보 등을 확인할 수 있다.

오답 해설

① ls(list): 디렉터리의 목록을 확인한다.

③ pwd(printing working directory): 현재 작업 중인 디렉터리 경로를 출력한다.

002 ② 난이도 상중하

소프트웨어 설계 〉 인터페이스 설계 〉 인터페이스 상세 설계 〉 연계 기술

② **소켓 기술**: 통신을 위한 프로그램을 생성하여 포트를 할당하고, 클라이언트의 통신 요청 시 클라이언트와 연결하는 내 · 외부 송수신 연계 기술이다.

오답 해설

① **DB 링크 기술**: 수신시 스템에서 DB 링크를 생성하고, 송신 시스템에서 해당 DB 링크를 직접 참조하는 통신 기술이다.

003 ② 난이도 상중하

소프트웨어 설계 〉 애플리케이션 설계 〉 객체지향 설계 〉 객체지향 개념

② 캡슐화는 객체를 정의할 때 서로 관련성이 많은 데이터들과 이와 연관된 함수들을 정보처리에 필요한 기능으로 하나로 묶는 것을 말한다. 즉, 데이터, 연산, 다른 객체, 상수 등의 관련된 정보와 그 정보를 처리하는 방법을 하나의 단위로 묶는 것이다.

오답 해설

① **메시지(Massage)**: 객체에서 어떤 행위를 하도록 지시하는 명령이다. 일반 프로그래밍 과정에서 함수 호출에 해당된다.

③ **다형성(Polymorphism)**: 두 개 이상의 클래스에서 똑같은 메시지에 대해 객체가 서로 다르게 반응하는 것이다.

④ **상속(Inheritance)**: 새로운 클래스를 정의할 때 기존의 클래스들의 속성을 상속받고 필요한 부분을 추가하는 방법이다.

004 ③

난이도 상 중 하

소프트웨어 설계 〉 애플리케이션 설계 〉 객체지향 설계 〉 디자인 패턴

- **생성 패턴 종류**: 추상 팩토리(Abstract Factory), 빌더(Builder), 프로토타입(Prototype), 싱글턴(Singleton), 팩토리 메소드(Factory Method)

오답 해설

③ Adapter: 구조 패턴(Structural Pattern)에 속한다.

005 ③

난이도 상 중 하

소프트웨어 설계 〉 인터페이스 설계 〉 인터페이스 상세 설계 〉 미들웨어

③ RPC(Remote Procedure Call, 원격 프로시저 호출)는 네트워크 상에서 애플리케이션과 애플리케이션 간의 연동을 하기 위한 미들웨어이다.

오답 해설

① WAS(Web Application Server)는 애플리케이션 미들웨어이다.

② MOM(Message Oriented Middleware)는 메시지 지향 미들웨어이다.

④ ORB(Object Request Broker)는 객체에 대한 서비스 요청을 중개하는 중개자 미들웨어이다.

006 ④

난이도 상 중 하

④ 바람직한 소프트웨어 설계 지침으로 모듈 간의 결합도를 최소화하여 모듈의 독립성을 향상시켜야 한다.

007 ①

난이도 상 중 하

소프트웨어 설계 〉 요구사항 확인 〉 요구사항 확인 〉 Coad-Yourdon 방법

① Coad-Yourdon 방법은 주로 관계를 분석하는 기법으로 E-R 다이어그램을 사용하여 객체 행위를 모델링한다.

008 ②

난이도 상 중 하

소프트웨어 설계 〉 애플리케이션 설계 〉 공통 모듈 설계 〉 구조적 설계 도구

- 팬 입력(fan-in)은 특정 모듈을 직접 제어하는 상위 모듈의 수이며, 모듈 F에서는 총 3개(B, C, D)이다.
- 팬 출력(fan-out)은 한 모듈에 의해 직접 제어되는 하위 모듈의 수이며, 모듈 F에서는 총 2개(G, H)이다.

009 ④

난이도 상 중 하

소프트웨어 설계 〉 요구사항 확인 〉 현행 시스템 분석 〉 현행 시스템 분석

④ 인적 자원 분석은 소프트웨어 개발 시 비용산정 기법에서 고려된다.

- **현행 시스템 분석**: 플랫폼 기능 분석, 플랫폼 성능 특성 분석, 운영체제 분석, 네트워크 분석, DBMS 분석, 비즈니스 융합 분석

010 ①

난이도 상 중 하

소프트웨어 설계 〉 인터페이스 설계 〉 인터페이스 상세 설계 〉 미들웨어

① **미들웨어**: 클라이언트와 서버를 연결하여 데이터를 주고받을 수 있도록 중간에서 매개 역할을 하거나, 네트워크를 통해서 연결된 여러 개의 컴퓨터에 있는 많은 프로세스들에게 어떤 서비스를 사용할 수 있도록 연결해주는 소프트웨어를 말한다.

011 ③

난이도 상 중 하

소프트웨어 설계 〉 화면 설계 〉 UI 설계 〉 CASE

③ CASE는 소프트웨어 사용자들에게 사용 방법을 신속히 숙지시키기 위해 사용되는 것이 아니라, 소프트웨어 공학의 자동화를 의미한다.

012 ④

난이도 상 중 하

소프트웨어 설계 〉 요구사항 확인 〉 요구사항 확인 〉 UML

- **State Diagram(상태 다이어그램)**: 하나의 객체가 가진 상태를 나타내거나 객체가 전이 유발에 따른 그 상태의 변화를 나타내는 것이다.
- **Sequence Diagram(순서 다이어그램)**: 객체들의 상호작용 교환 메시지를 시간의 흐름에 따라 나타내는 것이다.

013 ②

난이도 상 중 하

소프트웨어 설계 〉 요구사항 확인 〉 요구사항 확인 〉 UML

② **확장**: 특별한 조건을 만족할 때 수행하는 유스케이스

오답 해설

① **연관**: 액터와 유스케이스 간의 상호작용

014 ④

난이도 상 중 하

④ 단계 다이어그램(Phase Diagram)은 존재하지 않는 다이어그램이며, 요구사항 모델링에는 애자일, 유스케이스 다이어그램, 시퀀스 다이어그램을 활용할 수 있다.

015 ②

난이도 상 중 하

② 디자인 패턴을 이용한 소프트웨어 재사용을 통하여 생산성을 높이고 소프트웨어의 품질을 향상시킬 수 있지만, 재사용을 통해 개발 프로세스를 무시할 수 있는 것은 아니다.

016 ①

난이도 상 중 하

소프트웨어 설계 〉 요구사항 확인 〉 요구사항 확인 〉 럼바우

① **Object(객체) 모델링**: 정보 모델링이라고도 하며, 시스템에서 요구되는 객체를 찾아내어 속성과 연산 식별 및 객체들 간의 관계를 규정한다.

오답 해설

② Dynamic(동적) 모델링: 시간의 흐름에 따른 객체들 사이의 제어 흐름, 상호작용, 동작 순서 등의 동적인 행위를 표현한다.

③ Function(기능) 모델링: 다수의 프로세스들 간의 자료 흐름을 중심으로 처리 과정을 표현한다.

017 ①

난이도 상 중 하

소프트웨어 설계 〉 요구사항 확인 〉 요구사항 확인 〉 객체지향 분석

① 객체지향 분석(OOA: Object Oriented Analysis): 사용자의 요구사항을 분석하여 요구된 문제와 관련된 모든 클래스(객체), 이와 연관된 속성과 연산, 그들 간의 관계 등을 정의하여 모델링하는 작업을 의미한다.

018 ③

난이도 상 중 하

소프트웨어 설계 〉 요구사항 확인 〉 요구사항 확인 〉 애자일

③ 애자일 소프트웨어 개발 기법은 문서화보다는 실제 작동하는 코드를 강조한다. 문서화는 커뮤니케이션을 위한 문서화가 되어야 한다. 원래의 주체를 잃지 않고 서로 다른 기준점에서 출발해서 이해에 더 많은 시간이 소요되지 않도록 기준점을 제시해야 한다.

019 ④

난이도 상 중 하

소프트웨어 설계 〉 요구사항 확인 〉 요구사항 확인 〉 UML

④ Class Diagram: 시스템 내 클래스의 정적 구조를 표현하고 클래스와 클래스, 클래스의 속성 사이의 관계를 나타내는 것이다.

오답 해설

① Activity Diagram: 사용자의 관점에서 시스템이 어떤 기능을 수행하는지 객체의 처리 로직이나 조건에 따른 처리의 흐름을 순서에 따라 나타낸 것이다.

③ State Diagram: 하나의 객체가 자신이 속한 클래스의 상태 변화, 다른 객체와의 상호작용에 따라 상태가 어떻게 변하는지를 나타낸 것이다.

020 ④

난이도 상 중 하

④ 하향식 설계: 소프트웨어 설계 시 제일 상위에 있는 main user function에서 시작하여 기능을 하위 기능들로 분할해 가면서 설계하는 방식이다.

오답 해설

③ 상향식 설계: 가장 기본적인 컴포넌트를 먼저 설계한 다음 이것을 사용하는 상위 수준의 컴포넌트를 설계하는 것을 말한다.

Part Ⅱ 소프트웨어 개발

021 ②

난이도 상 중 하

• 구현 단계에서의 작업 절차: ㉡ 코딩 작업 계획 → ㉠ 코딩 → ㉣ 컴파일(번역) → ㉢ 테스트 → 디버깅

022 ①

난이도 상 중 하

소프트웨어 개발 〉 데이터 입출력 구현 〉 논리 데이터저장소 확인 〉 선택 정렬

• 선택 정렬(Selection Sort): n개의 레코드 중에서 최소값(최대값)을 찾아 첫 번째 위치에 놓고, 나머지 (n−1)개 중에서 다시 최소값(최대값)을 찾아 두 번째 위치에 놓는 방식을 반복하여 정렬하는 방식이다.

−초기상태: 8, 3, 4, 9, 7

− PASS 1: 3, 8, 4, 9, 7

− PASS 2: 3, 4, 8, 9, 7

− PASS 3: 3, 4, 7, 9, 8

023 ①

난이도 상 중 하

소프트웨어 개발 〉 애플리케이션 테스트 관리 〉 애플리케이션 통합 테스트 〉 스텁

① Stub: 임시 제공되는 가짜 모듈이며, 시험용 모듈이라 한다.

오답 해설

② Driver: 검사 자료 입출력 제어 프로그램이며, 상향식 통합시험에 필요로 한다.

024 ④

난이도 상 중 하

소프트웨어 개발 〉 데이터 입출력 구현 〉 논리 데이터저장소 확인 〉 후위 표기법

전위식을 후위식으로 변경하기 위해서는 먼저 중위식으로 변경하고 이를 다시 후위식으로 변경하여야 한다.

• (− (/ (* A (+ B C)) D) E) → 전위식

• (((A * (B + C)) / D) − E) → 중위식

• (((A (B C +) *) D /) E −) → 후위식

∴ A B C + * D / E −

025 ①

난이도 상 중 하

소프트웨어 개발 〉 데이터 입출력 구현 〉 논리 데이터저장소 확인 〉 트리

① tree: 비선형구조 중 하나로 그래프와 다르게 싸이클이 형성되지 않는 자료구조이다.

026 ②

난이도 상중하

소프트웨어 개발 〉 데이터 입출력 구현 〉 논리 데이터저장소 확인 〉 스택

②는 큐(Queue)에 대한 설명이고, 스택은 1개의 포인터(Top)를 갖는다.

027 ②

난이도 상중하

소프트웨어 개발 〉 제품 소프트웨어 패키징 〉 제품 소프트웨어 패키징 〉 DRM

② 방화벽은 DRM에 사용되는 기술 요소가 아니라 네트워크 보안 장비인 침입 차단 시스템이다.

• DRM의 핵심적 기술 요소

구분	내용	예
암호화 (Encryption)	콘텐츠 및 라이선스를 암호화하고, 전자 서명을 할 수 있는 기술	PKI(Public Key Infrastructure), Encryption, Digital Sinature
키 관리 (Key Management)	콘텐츠를 암호화한 키에 대한 저장 및 배포 기술	Centralized, Enveloping
암호화 파일 생성 (Packager)	콘텐츠를 암호화된 콘텐츠로 생성하기 위한 기술	Pre–packaging, On–the–fly Packaging
식별기술 (Identification)	콘텐츠에 대한 식별 체계 표현 기술	DOI(Digital Object Identifier) URI(Uniform Resource Identifier)
저작권표현 (Right Expression)	라이선스의 내용 표현 기술	ODRL, XrML/MPGE–21 REL
정책관리 (Policy management)	라이선스 발급 및 사용에 대한 정책 표현 및 관리 기술	XML(Extensible Markup Language), Contents
크랙 방지 (Tamper Resistance)	크랙(데이터 변조 방지)에 의한 콘텐츠 사용방지 기술	Secure DB, Secure Time Management, Encryption
인증 (Authentication)	라이선스 발급 및 사용의 기준이 되는 사용자 인증 기술	SSO,ID/PW, 디지털 인증, 이메일 인증
인터페이스 (Interface)	상이한 DRM 플랫폼 간의 상호 호환성 인터페이스 및 인증 기술	IPMP
이벤트보고 (Event Reporting)	콘텐츠의 사용이 적절하게 이루어지고 있는지 모니터링하는 기술. 불법 유통이 탐지되었을 때 이동 경로 추적에 활용	
사용권한 (Permission)	콘텐츠의 사용에 대한 권한을 관리하는 기술 요소	렌더퍼미션(Render Permission), 트랜스포트 퍼미션(Transport Permi–ssion), 데리버티브 퍼미션(Derivative Permi–ssion)

028 ③

난이도 상중하

통합문제

③ **라디오 버튼**: 여러 가지 제시된 것 중 하나만 선택할 때 사용한다.

오답 해설

① **토글 버튼**: 버튼을 클릭하면 상태를 'on', 'off'로 변환시킨다.

② **텍스트 박스**: 메시지를 보여주거나 사용자가 데이터를 입력할 곳을 제공한다.

④ **체크 박스**: 그룹 중에 하나 이상의 후보를 선택할 때 사용한다.

029 ④

난이도 상중하

소프트웨어 개발 〉 제품 소프트웨어 패키징 〉 제품 소프트웨어 매뉴얼 작성 〉 소프트웨어 품질 요인

④ **재사용성(Reusability)**: 전체나 일부 기능을 다른 목적으로 사용할 수 있는 정도이다.

오답 해설

① **신뢰성(Reliability)**: 정확하고 일관된 결과를 얻기 위해 요구된 기능을 오류 없이 수행하는 정도이다.

② **유지보수성(Maintainability)**: 변경 및 오류 사항 교정을 최소화하는 정도이다.

030 ①

난이도 상중하

소프트웨어 개발 〉 데이터 입출력 구현 〉 논리 데이터저장소 확인 〉 자료구조

① 큐(Aueue)는 선형구조에 해당한다.

• **선형구조**: 데이터의 전후 항목 사이 관계가 1:1이며, 선후 관계가 명확하게 한 개의 선의 형태를 갖는 리스트 구조이다. 종류에는 배열, 연결 리스트, 스택, 큐, 데크 등이 있다.

031 ①

난이도 상중하

소프트웨어 개발 〉 통합 구현 〉 모듈 구현 〉 블랙박스 테스트

• **블랙박스 테스트 검사 기법**: 동치 분할, 경계값 분석, 원인 결과 그래프, 오류추측 기법, 비교 검사 기법

• **화이트박스 테스트 검사 기법**: 데이터 흐름 검사, 루프 검사, 기초 경로 검사, 조건 검사

032 ③

난이도 상중하

소프트웨어 개발 〉 데이터 입출력 구현 〉 논리 데이터저장소 확인 〉 이진 검색 알고리즘

③ 이진 검색은 피보나치 수열에 따라 다음에 비교할 대상을 선정하는 것이 아니라 중앙의 키값과 비교하여 다음에 비교할 대상을 검색한다.

• 피보나치 수열에 따라 다음에 비교할 대상을 선정하는 검색 방법을 피보나치 검색이라고 한다.

033 ③

난이도 상 중 하

소프트웨어 개발 〉 제품 소프트웨어 패키징 〉 제품 소프트웨어 매뉴얼 작성 〉 소프트웨어 품질 요인

③ **유용성(Usability)**: 쉽게 배우고 사용할 수 있는 정도

오답 해설

① **정확성(Correctness)**: 프로그램이 설계 사양을 만족시키며 사용자가 원하는 대로 수행되고 있는 정도

② **신뢰성(Reliability)**: 프로그램이 항시 정확하게 동작하고 있는 정도

④ **무결성(Integrity)**: 허가되지 않은 사람의 소프트웨어나 데이터에의 접근을 통제할 수 있는 정도

034 ③

난이도 상 중 하

소프트웨어 개발 〉 애플리케이션 테스트 관리 〉 애플리케이션 테스트 케이스 설계 〉 테스트 케이스

• **테스트 케이스 항목**: 식별자 번호, 순서 번호, 테스트 조건, 테스트 데이터, 예상 결과

035 ④

난이도 상 중 하

소프트웨어 개발 〉 소프트웨어 패키징 〉 제품 소프트웨어 매뉴얼 작성

• **소프트웨어 설치 매뉴얼 항목**: 목차, 개요, 기본사항, 설치 관련 파일, 프로그램 삭제 등

036 ③

난이도 상 중 하

소프트웨어 개발 〉 통합 구현 〉 통합 구현 관리 〉 소프트웨어 형상 관리

③ chief programmer team은 책임 프로그래머팀(중앙집중형)으로 소프트웨어 개발을 위한 팀 구성의 하나이다.

037 ③

난이도 상 중 하

소프트웨어 개발 〉 데이터 입출력 구현 〉 논리 데이터저장소 확인 〉 퀵 정렬

③ **퀵 정렬**: 하나의 파일을 피봇이라는 요소를 기준으로 부분적으로 나누어 가면서 정렬한다. 수행 시간의 차수는 평균은 $O(n\text{Log}_2 n)$이며, 최악일 시에는 $O(n^2)$이다.

038 ③

난이도 상 중 하

소프트웨어 개발 〉 데이터 입출력 구현 〉 논리 데이터저장소 확인 〉 해싱 함수

③ **개방주소법(Open Addressing)**: 해싱 함수를 이용한 주소 계산시에 충돌을 해결하는 방법이다.

039 ①

난이도 상 중 하

소프트웨어 개발 〉 애플리케이션 테스트 관리 〉 애플리케이션 테스트 케이스 설계 〉 베타 테스트

① **베타 검사(테스트)**: 최종 사용자가 여러 장소의 고객 위치에서 소프트웨어에 대한 검사를 수행하는 기법이다.

오답 해설

② **알파 검사(테스트)**: 검증(Validation) 검사 기법 중 개발자의 장소에서 사용자가 개발자 앞에서 행해지며, 오류와 사용상의 문제점을 사용자와 개발자가 함께 확인하면서 검사하는 기법이다.

040 ②

난이도 상 중 하

소프트웨어 개발 〉 데이터 입출력 구현 〉 논리 데이터저장소 확인 〉 전위 순회

② 전위(Preorder) 순회는 root → left → right 순서로, A → B → D → C → E → G → H → F와 같은 순서로 방문한다. 따라서 5번째로 방문되는 노드는 E이다.

Part Ⅲ 데이터베이스 구축

041 ①

난이도 상 중 하

데이터베이스 구축 〉 관계 데이터베이스 언어 〉 SQL 〉 SQL

① 문제의 [결과]를 확인하면 공급자명이 (대신공업사, 신촌상사)로 되어있으므로, WHERE 공급자명 LIKE '%신%'로 조건문을 작성해야 한다.

042 ①

난이도 상 중 하

데이터베이스 구축 〉 데이터베이스 개요 〉 데이터베이스 시스템의 구성 〉 개념 스키마

① **개념 스키마(Conceptual Schema)**: 조직이나 기관의 총괄적 입장에서 본 데이터베이스의 전체적인 논리적 구조이다.

오답 해설

② **내부 스키마(Internal Schema)**: 물리적 저장 장치의 입장에서 본 데이터베이스 구조로서 실제로 데이터베이스에 저장될 레코드의 형식을 정의하고 저장 데이터 항목의 표현 방법, 내부 레코드의 물리적 순서 등을 나타낸다.

③ **외부 스키마(External Schema)**: 일반 사용자나 응용 프로그래머가 각 개인의 입장에서 필요로 하는 데이터베이스의 논리적 구조이다.

043 ④

난이도 상 중 하

데이터베이스 구축 〉 데이터베이스 설계와 정규화 〉 데이터베이스 설계 〉 물리적 설계

• **물리적 설계(Physical Design)**
  - 논리적 설계 단계에서 논리적 데이터베이스 구조로 표현된 데이터를, 물리적 저장 장치에 저장할 수 있는 물리적 구조의 데이터로 변환하는 과정이다.
  - 저장 레코드 양식 설계, 접근 경로 설계, 레코드 집중의 분석 및 설계를 한다.
  - DBMS와 하드웨어에 종속적이다.

044 ②

난이도 상 중 하

데이터베이스 구축 〉 관계 데이터 모델 〉 관계 데이터 모델의 구조 및 제약 〉 릴레이션

- 카디널리티(Cardinality)는 튜플(Tuple)의 개수이므로 4가 된다.
- 차수(Degree)는 애트리뷰트의 개수로, 아이디, 성명, 나이, 등급, 적립금, 가입년도 총 6개이다.

045 ②

난이도 상 중 하

데이터베이스 구축 〉 고급 데이터베이스 〉 트랜잭션 〉 트랜잭션의 성질

② **일관성(Consistency)**: 시스템이 가지고 있는 고정 요소는 트랜잭션 수행 전과 트랜잭션 수행 후에 같아야 한다.

오답 해설

① **원자성(Atomicity)**: 트랜잭션의 연산은 데이터베이스에 모두 반영되든지 아니면 전혀 반영되지 않아야 한다.

③ **격리성(Isolation)**: 둘 이상의 트랜잭션이 동시에 병행 실행되는 경우 어느 하나의 트랜잭션 실행 중에는 다른 트랜잭션의 연산이 끼어들 수 없다.

④ **영속성(Durability)**: 트랜잭션의 실행을 성공적으로 끝내면 그 결과를 어떠한 경우에라도 보장받는다.

046 ④

난이도 상 중 하

데이터베이스 구축 〉 고급 데이터베이스 〉 회복과 병행 제어 〉 병행 제어

④ 병행 제어의 로킹에서 로킹 단위가 작아지면 병행성 수준이 높아진다. 반대로 로킹 단위가 커지면 병행성 수준은 낮아진다.

047 ③

난이도 상 중 하

데이터베이스 구축 〉 관계 데이터베이스 언어 〉 뷰 〉 뷰의 특징

③ 뷰에 대한 삽입, 갱신, 삭제 연산 시에는 제약 사항이 있다.

048 ①

난이도 상 중 하

데이터베이스 구축 〉 데이터베이스 설계와 정규화 〉 정규화 체계 〉 제1정규형

① **제1정규형(1NF)**: 어떤 릴레이션 R에 속한 모든 도메인이 원자값(Atomic Value)만으로 되어 있다.

오답 해설

② **제2정규형(2NF)**: 어떤 릴레이션 R이 1NF이고 키(기본)에 속하지 않은 애트리뷰트는 모두 기본키의 완전 함수 종속이면, 제2정규형(2NF)에 속한다.

③ **제3정규형(3NF)**: 어떤 릴레이션 R이 2NF이고 키(기본)에 속하지 않은 모든 애트리뷰트들이 기본키에 이행적 함수 종속이 아닐 때 제3정규형(3NF)에 속한다.

④ **보이스/코드 정규형(BCNF)**: 릴레이션 R의 모든 결정자(Determinant)가 후보키(Candidate Key)이면 릴레이션 R은 보이스/코드 정규형(BCNF)에 속한다.

049 ④

난이도 상 중 하

데이터베이스 구축 〉 관계 데이터 모델 〉 관계 데이터 모델의 구조 및 제약 〉 참조 무결성

④ **참조 무결성**: 외래키 값은 널(NULL) 값이거나 참조 릴레이션에 있는 기본키 값과 같아야 한다는 규정이다.

050 ①

난이도 상 중 하

데이터베이스 구축 〉 데이터베이스 개요 〉 데이터베이스 시스템의 구성 〉 시스템 카탈로그

① 시스템 카탈로그의 갱신은 무결성 유지를 위하여 사용자가 검색은 가능하지만, 직접 갱신 작업은 불가능하다. 즉, DBMS가 직접 생성하고, 유지관리한다.

051 ①

난이도 상 중 하

데이터베이스 구축 〉 관계 데이터 모델 〉 관계 데이터 연산 〉 셀렉트

① **셀렉트(SELECT, σ)**: 조건에 만족하는 행을 추출할 때 사용한다.

- **표기 형식**

$\sigma_{\langle 선택조건 \rangle}$ (테이블 이름)

052 ②

난이도 상 중 하

데이터베이스 구축 〉 관계 데이터베이스 언어 〉 SQL 〉 DDL

② **DDL(Data Definition Language)**: 스키마, 도메인, 테이블, 뷰, 인덱스를 정의(생성)하거나 변경 또는 제거하는데 사용한다.

- **DDL의 종류**: CREATE, ALTER, DROP

053 ④

난이도 상 중 하

데이터베이스 구축 〉 데이터베이스 설계와 정규화 〉 정규화의 개념 〉 이상 현상

④ 이상 현상에 종속 이상은 포함되지 않는다. 이상 현상의 종류는 삽입 이상, 삭제 이상, 갱신 이상이다.

054 ③

난이도 상 중 하

데이터베이스 구축 〉 관계 데이터 모델 〉 관계 데이터 모델의 구조 및 제약 〉 릴레이션

③ 도메인(Domain)은 하나의 속성이 가질 수 있는 같은 타입의 모든 값의 집합이다.

오답 해설

① 릴레이션의 각 열을 속성(Attribute)이라 하며, 예로 도서 릴레이션을 구성하는 속성에는 도서번호, 도서명, 저자, 가격 등이 있다.

② 릴레이션의 각 행을 튜플(Tuple)이라 하며, 하나의 튜플은 각 속성에서 정의된 값을 이용하여 구성된다.

④ 스키마(Schema)는 한 개의 릴레이션의 논리적인 구조를 정의한 것으로 릴레이션에 포함된 속성들의 집합을 의미한다.

055 ④

난이도 상중하

데이터베이스 구축 〉 데이터베이스 설계와 정규화 〉 정규화 체계 〉 제3정규형

• 보이스/코드 정규형(BCNF): 릴레이션 R의 모든 결정자가 후보키이면 릴레이션 R은 보이스/코드 정규형(BCNF)에 속한다.

056 ①

난이도 상중하

데이터베이스 구축 〉 고급 데이터베이스 〉 고급 데이터베이스 〉 인덱스

① 인덱스(Index): 데이터베이스에 저장된 자료를 더욱 빠르게 조회하기 위하여 사용되는 것이다.

오답 해설

② 트랜잭션(Transaction): 한꺼번에 모두 수행되어야 할 일련의 데이터베이스 연산들이며, 병행 제어 및 회복 작업의 논리적 단위이다.

③ 역정규화(Denormalization): 정규화 되어 있는 것을 정규화 이전 상태로 만드는 것을 말한다. 많은 조인에 의해 성능이 저하되거나 데이터 조회 시 디스크 I/O량이 많을 때 부분적인 반정규화를 고려한다.

④ 트리거(Trigger): 데이터베이스가 미리 정해 놓은 특정 조건이 만족되거나 어떤 동작이 수행되면 자동으로 실행되도록 정의한 동작이다.

057 ②

난이도 상중하

데이터베이스 구축 〉 관계 데이터베이스 언어 〉 SQL

먼저 서브쿼리의 결과를 유도한다. 서브쿼리의 조건이 (과목번호 = 'C100';)이므로 R2 테이블에서 검색되는 학번은 (1000, 3000, 4000)이다. 이 학번에 해당되는 R1 테이블의 이름을 검색하므로 (홍길동, 강남길, 오말자)가 검색된다.

058 ③

난이도 상중하

데이터베이스 구축 〉 관계 데이터베이스 언어 〉 DDL

③ ALTER문: 기존 테이블에 대해 새로운 열의 첨가, 값의 변경, 기존 열의 삭제 등에 사용한다.

059 ①

난이도 상중하

데이터베이스 구축 〉 고급 데이터베이스 〉 회복과 병행 제어 〉 회복

① 회복(Recovery): 여러 가지 장애로 인해 손상된 데이터베이스를 손상되기 이전의 정상적인 상태로 복구시키는 작업이다.

060 ③

난이도 상중하

데이터베이스 구축 〉 데이터 모델링 〉 개체-관계 모델 〉 E-R 다이어그램

• E-R 다이어그램 표기법

구분	설명
▭ (사각형)	개체 타입
⬭ (타원)	속성
◇ (마름모)	관계: 개체 간의 상호작용
── (선)	연결

Part Ⅳ 프로그래밍 언어 활용

061 ②

난이도 상중하

프로그래밍 언어 활용 〉 공통 모듈 구현 〉 모듈화 〉 응집도

• 응집도

1. 우연적 응집도(Coincidental Cohesion) — 응집도가 낮음
2. 논리적 응집도(Logical Cohesion)
3. 시간적 응집도(Temporal Cohesion)
4. 절차적 응집도(Procedural Cohesion)
5. 통신적 응집도(Communicational Cohesion)
6. 순차적 응집도(Sequential Cohesion)
7. 기능적 응집도(Functional Cohesion) — 응집도가 높음

062 ①

난이도 상중하

프로그래밍 언어 활용 〉 네트워크 기초 활용 〉 ISO의 OSI 표준 모델 〉 OSI 7 계층

• 데이터 링크 계층: 물리적 연결을 이용해 신뢰성 있는 정보를 전송하려고 동기화, 오류 제어, 흐름 제어 등의 전송 에러를 제어하는 계층이며, 필요한 장비는 브릿지와 스위치가 있다.

063 ②

난이도 상중하

프로그래밍 언어 활용 〉 공통 모듈 구현 〉 운영체제 기초 활용 〉 운영체제

② 서비스 프로그램은 운영체제를 기능에 따라 분류할 경우 처리 프로그램에 해당된다.

오답 해설

• 제어 프로그램(Control Program): 컴퓨터 전체의 동작 상태를 감시, 제어하는 기능을 수행하는 프로그램을 말한다. (감시 프로그램, 데이터 관리 프로그램, 작업 제어 프로그램, 통신 제어)

• 처리 프로그램(Processing Program): 제어 프로그램의 감시 하에 특정 문제를 해결하기 위한 데이터 처리를 담당하는 프로그램을 말한다. (언어 번역 프로그램, 서비스 프로그램)

064 ①

난이도 상 중 하

① CSMA/CD: IEEE 802.3

오답 해설

② Token Bus: IEEE 802.4

③ Token Ring: IEEE 802.5

065 ②

난이도 상 중 하

프로그래밍 언어 활용 〉 공통 모듈 구현 〉 운영체제 기초 활용 〉 최초적합

② First Fit은 첫 번째 가용 공간에 배치되므로 17K는 23K에 배치되고, 6K의 내부 단편화가 발생된다. (23k − 17k = 6k)

- **최초 적합(First Fit)**: 주기억장치의 공백들 중에서 프로그램이나 데이터 배치가 가능한 첫 번째 가용공간에 배치한다.

066 ④

난이도 상 중 하

프로그래밍 언어 활용 〉 공통 모듈 구현 〉 운영체제 기초 활용 〉 교착상태

- 교착상태 발생 필요 조건
  - 상호배제(Mutual Exclusion)
  - 점유와 대기(Hold & Wait)
  - 비선점(Non Preemption)
  - 환형대기(순환대기, Circular Wait)

067 ①

난이도 상 중 하

프로그래밍 언어 활용 〉 네트워크 기초 활용 〉 인터넷 〉 IPv6

① IPv6은 유니캐스트(Unicast), 애니캐스트(Anycast), 멀티캐스트(Multicast)를 사용할 수 있다.

068 ③

난이도 상 중 하

프로그래밍 언어 활용 〉 네트워크 기초 활용 〉 ISO의 OSI 표준 모델 〉 TCP/IP 프로토콜

③ **트랜스포트(전송) 계층(Transport layer)**: 종단 간의 데이터 전송에서 무결성을 제공하는 계층으로 응용 계층에서 생성된 긴 메시지가 여러 개의 패킷으로 나누어지고, 각 패킷은 오류 없이 순서에 맞게 중복되거나 유실되는 일 없이 전송한다. 이러한 전송 계층에는 TCP, UDP가 있다.

069 ④

난이도 상 중 하

프로그래밍 언어 활용 〉 프로그래밍 언어 활용 〉 C 언어 〉 변수

④ short는 C 언어의 자료형으로 C 언어에 기본적으로 들어있는 예약어이므로 변수명으로 사용할 수 없다.

070 ④

난이도 상 중 하

프로그래밍 언어 활용 〉 프로그래밍 언어 활용 〉 JAVA

- System.out.println("5 + 2 =" + 3 + 4);
  → " " 안의 내용은 문자로 인식하므로 그대로 출력되고, 맨 앞에 문자가 들어있어서 +는 모두 연결자로 사용된다. 따라서 5 + 2 = 34가 출력된다.
- System.out.println("5 + 2 =" + (3 + 4));
  → " " 안의 내용은 문자로 인식하지만, (3 + 4)가 괄호로 묶여 먼저 연산되므로 7이 계산된다. 따라서 5 + 2 = 7이 출력된다.

071 ①

난이도 상 중 하

프로그래밍 언어 활용 〉 프로그래밍 언어 활용 〉 C 언어 〉 atoi( )

① atoi( ): 문자열을 정수형으로 변환하는 라이브러리 함수이다. (ASCII String to integer)

오답 해설

② atof( ): 문자열을 실수형으로 변환하는 라이브러리 함수이다. (ASCII String to float)

③ itoa( ): 정수형을 문자열로 변환하는 라이브러리 함수이다. (integer to ASCII String)

④ ceil( ): 숫자 올림 함수이다. 예를 들어 ceil(1.3) 은 2로 숫자 올림된다.

072 ④

난이도 상 중 하

④ **Working Set(워킹셋)**: 운영체제의 가상기억장치 관리에서 프로세스가 일정 시간 동안 자주 참조하는 페이지들의 집합을 의미한다. 데닝(Denning)이 제안한 프로그램의 움직임에 대한 모델로, 프로그램의 지역성(Locality) 특징을 이용한다.

오답 해설

① **Locality(지역성)**: 프로세스 수행 중, 일부 페이지가 집중적으로 참조되는 경향을 의미한다.

② **Deadlock(교착상태)**: 둘 이상의 프로세스가 자원을 공유한 상태에서 서로 상대방의 작업이 끝나기만을 무한정 기다리는 현상이다.

③ **Thrashing(스레싱)**: 페이지 부재가 지나치게 발생하여 프로세스가 수행되는 시간보다 페이지 이동에 시간이 더 많아지는 현상이다.

073 ③

난이도 상 중 하

프로그래밍 언어 활용 〉 공통 모듈 구현 〉 모듈화 〉 결합도

- 결합도

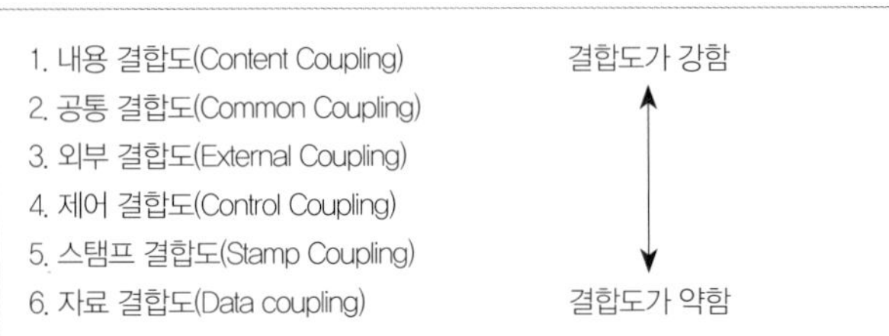

1. 내용 결합도(Content Coupling)
2. 공통 결합도(Common Coupling)
3. 외부 결합도(External Coupling)
4. 제어 결합도(Control Coupling)
5. 스탬프 결합도(Stamp Coupling)
6. 자료 결합도(Data coupling)
결합도가 강함
결합도가 약함

074 ①

난이도 상 중 하

프로그래밍 언어 활용 〉 공통 모듈 구현 〉 운영체제 기초 활용 〉 가상기억장치

- Paging 기법: 가상기억장치의 일반적인 구현 방법으로 프로그램을 고정된 크기의 일정한 블록으로 나누는 기법이다.
- Segmentation 기법: 가상기억장치의 구현 방법으로 프로그램을 가변적인 크기의 블록으로 나누는 기법이다.

075 ③

난이도 상 중 하

프로그래밍 언어 활용 〉 프로그래밍 언어 활용 〉 프로그래밍 언어의 개념 〉 라이브러리

③ 표준 라이브러리는 프로그래밍 언어가 기본적으로 가지고 있는 라이브러리를 의미하며, 외부 라이브러리는 별도의 파일 설치를 필요로 하는 라이브러리를 의미한다.

076 ④

난이도 상 중 하

프로그래밍 언어 활용 〉 프로그래밍 언어 활용 〉 C 언어 〉 산술 연산자

④ '='는 대입 연산자이다.

- C 언어 산술 연산자: *, /, %, +, −
- C 언어 대입 연산자: =, +=, −=, *=, /=, %=, 〉〉=, 〈〈=, &=, ∧=, |=

077 ④

난이도 상 중 하

프로그래밍 언어 활용 〉 네트워크 기초 활용 〉 프로토콜 〉 UDP

- UDP(User Datagram Protocol)
  - 비연결 지향(Connectionless) 프로토콜
  - 데이터그램(메시지) 단위로 전송
  - TCP와는 달리 패킷이나 흐름제어, 순서제어, 오류제어 등의 기능을 제공하지 않는다.
  - UDP 헤더는 TCP 헤더에 비해 간단하므로 상대적으로 통신 과부하가 적고 빠르다.

078 ③

난이도 상 중 하

프로그래밍 언어 활용 〉 프로그래밍 언어 활용 〉 JAVA

③ Java에서 char 자료형은 하나의 문자를 저장하고자 할 때 사용한다. 나열된 여러 개의 문자는 문자열이고 이는 객체로 취급되며, string 자료형을 사용한다.

079 ①

난이도 상 중 하

프로그래밍 언어 활용 〉 프로그래밍 언어 활용 〉 파이썬

① while(True):의 조건이 True이므로 무한 루프가 된다. print('A'), print('B'), print('C')를 수행하고, continue문을 만나면 다시 while(True):문으로 이동해서 같은 방식으로 수행되므로 A, B, C 출력이 반복된다.

080 ②

난이도 상 중 하

프로그래밍 언어 활용 〉 프로그래밍 언어 활용 〉 웹 저작 언어 〉 WAS

② JVM는 자바 가상머신으로 자바 애플리케이션의 독립성이나 이식성을 높일 수 있다.

- WAS(Web Application Server): HTTP를 통해 사용자 컴퓨터에 애플리케이션을 수행해주는 미들웨어로, JEUS, Tomcat, WebSphere, JBOSS 등이 있다.

Part V 정보시스템 구축관리

081 ④

난이도 상 중 하

정보시스템 구축관리 〉 정보보호 〉 암호화 〉 해시 함수 알고리즘

④ MD4, MD5, SHA-1은 해시 함수 알고리즘이고, AES는 대칭키 암호 알고리즘이다.

082 ①

난이도 상 중 하

정보시스템 구축관리 〉 정보보호 〉 해킹과 정보보호 〉 tripwire

① tripwire: 크래커가 침입하여 백도어를 만들어 놓거나, 설정 파일을 변경했을 때 분석하는 도구이다. 공격자가 시스템을 점령했을 때, 파일이 트로이목마 등의 악성 코드로 변경된 경우에 방어자는 자신의 시스템 내의 파일들이 악의적으로 변경되었는지를 확인할 수 있도록 시스템의 파일 무결성을 검사한다.

083 ④

난이도 상 중 하

정보시스템 구축관리 〉 IT 프로젝트 정보시스템 구축관리 〉 IT 신기술 〉 IT 용어

④ MQTT(Message Queuing Telemetry Transport): 사물통신, 사물인터넷과 같이 대역폭이 제한된 통신 환경에 최적화하여 개발된 푸시기술 기반의 경량 메시지 전송 프로토콜이다.

오답 해설

① GRID: 기존의 인터넷과 차세대 인터넷을 하나의 네트워크로 묶어 마치 하나의 신경조직처럼 작동할 수 있게 제어하는 가상 슈퍼컴퓨터이다.

② TELNET: 원격지 호스트 서버에 접근하기 위해 사용하는 프로토콜이다.

084 ①

난이도 상 중 하

정보시스템 구축관리 〉 소프트웨어 개발 방법론 활용 〉 소프트웨어의 생명주기 모형 〉 나선형 모형

- 나선형 모델의 4가지 주요 활동
  - 계획 수립(Planning): 요구사항 수집, 시스템의 목표 규명, 제약 조건 파악

- 위험 분석(Risk Analysis): 요구사항을 토대로 위험을 규명하며, 기능 선택의 우선순위, 위험 요소의 분석/프로젝트 타당성 평가 및 프로젝트를 계속 진행할 것인지 중단할 것인지를 결정한다.
- 개발(Engineering): 선택된 기능의 개발/개선된 한 단계 높은 수준의 제품을 개발
- 평가(Evaluation): 구현된 시스템을 사용자가 평가하여 다음 계획을 세우기 위한 피드백을 받는다.

085 ②

난이도 상 중 하

정보시스템 구축관리 〉 정보보호 〉 접근 통제 〉 접근 통제 정책

② 정보 보안을 위한 접근 통제 정책 종류에 데이터 전환 접근 통제는 해당되지 않는다.

오답 해설

① 임의적 접근 통제(DAC: Discretionary Access Control): 주체가 속해 있는 그룹의 신원에 근거하여 객체에 대한 접근을 제한하는 방법으로 객체의 소유자가 접근 여부를 결정한다.

③ 강제적 접근 통제(MAC: Mandatory Access Control): 주체와 객체의 등급을 비교하여 접근 권한을 부여하는 접근통제이며, 모든 객체는 기밀성을 지니고 있다고 보고 객체에 보안 레벨을 부여한다.

④ 역할 기반 접근 통제(RBAC: Role Based Access Control): 주체와 객체의 상호 관계를 통제하기 위하여 역할을 설정하고 관리자는 주체를 역할에 할당한 뒤 그 역할에 대한 접근 권한을 부여하는 방식이다.

086 ④

난이도 상 중 하

정보시스템 구축관리 〉 소프트웨어 개발 방법론 활용 〉 프로젝트 개발비용 산정 〉 상향식 산정 방법

- 노력(인월) = LOC/1인당 월평균 생산 코드 라인 수 = 36,000/300 = 120인월(M/M)
- 개발 기간 = 노력(인월)/투입 인원 = 120/6= 20개월

087 ①

난이도 상 중 하

정보시스템 구축관리 〉 소프트웨어 개발 방법론 활용 〉 프로젝트 개발 비용 산정 〉 구조적 개발 방법론

① 구조적 개발 방법론: 정형화된 분석 절차에 따라 사용자 요구사항을 파악, 문서화하는 체계적 분석 방법으로 자료 흐름도, 자료 사전, 소단위 명세서의 특징을 갖는다.

오답 해설

② 객체지향 개발 방법론: 재사용을 가능케 하고, 재사용은 빠른 속도의 소프트웨어 개발과 고품질의 프로그램의 생산을 가능하게 한다. 객체지향 소프트웨어는 그 구성이 분리되어 있기 때문에 유지보수가 쉽다.

③ 정보공학 방법론: 계획, 분석, 설계 및 구축에 정형화된 기법들을 상호 연관성있게 통합, 적용하는 데이터 중심 방법론이다.

④ CBD 방법론: 시스템 또는 소프트웨어를 구성하는 각각의 컴포넌트를 만들고 조립해 또 다른 컴포넌트나 소프트웨어를 만드는 것을 말한다.

088 ③

난이도 상 중 하

정보시스템 구축관리 〉 정보보호 〉 암호화 〉 암호화의 정의

③ 복호화는 암호문을 평문으로 되돌리는 과정이다. 평문을 암호문으로 바꾸는 작업은 암호화이다.

089 ②

난이도 상 중 하

정보시스템 구축관리 〉 IT 프로젝트 정보시스템 구축관리 〉 IT 신기술 〉 IT 용어

② BaaS(Blockchain as a Service): 블록체인(Blockchain) 개발 환경을 클라우드로 서비스하는 개념이다.

오답 해설

① OTT(Over The Top): 인터넷을 통하여 TV, 영화 등 미디어 콘텐츠를 제공하는 서비스이다.

③ SDDC(Software-Defined Data Center): 모든 컴퓨팅 인프라를 가상화하여 서비스하는 데이터센터이다.

④ Wi-SUN: 스마트 그리드 서비스를 제공하기 위한 와이파이 기반의 저전력 장거리 통신 기술이다.

090 ②

난이도 상 중 하

정보시스템 구축관리 〉 소프트웨어 개발 방법론 활용 〉 프로젝트 개발 비용 산정 〉 Cocomo Model

② COCOMO(Constructive Cost Model): Boehm(1981)이 제안한 산정기법으로 원시 프로그램의 규모에 의한 비용예측 모형이다.

- COCOMO의 프로젝트 3가지 모드
  - 유기적 모델(Organic Model): 5만 라인 이하로 소규모 팀이 수행할 수 있는 아주 작고 간단한 소프트웨어 프로젝트
  - 중간형 모델(Semi-detached Model): 30만 라인 이하의 프로젝트
  - 내장형 모델(Embedded Model): 30만 라인 이상의 프로젝트

091 ③

난이도 상 중 하

정보시스템 구축관리 〉 IT 프로젝트 정보시스템 구축관리 〉 네트워크 구축관리 〉 네트워크의 구성 형태

③ 문제의 네트워크 토폴로지는 버스형으로, 컴퓨터 또는 주변 장치를 연결하기 위한 가장 쉬운 네트워크 토폴로지이다.

092 ②

난이도 상 중 하

정보시스템 구축관리 〉 IT 프로젝트 정보시스템 구축관리 〉 IT 신기술 〉 IT 용어

② 스마트 그리드: 전기 및 정보통신 기술을 활용하여 전력망을 지능화, 고도화함으로써 고품질의 전력 서비스를 제공하고 에너지 이용 효율을 극대화하는 전력망이다.

오답 해설

① 사물인터넷: 인터넷을 기반으로 사물을 연결하여 정보를 상호 소통할 수 있도록 하는 지능형 기술 및 서비스이다.

③ 디지털 아카이빙: 지속적으로 보존할 가치를 가진 디지털 객체를 장기간 관리하여 이후의 이용을 보장하는 활동이다.

④ 미디어 빅뱅: 신문과 방송의 겸영, 방송과 통신의 융합은 물론 기술 진보에 따른 IPTV · 스마트TV 등 뉴미디어가 계속 등장하여 전체 미디어 산업이 재편되는 현상을 말한다.

093 ③

난이도 상중하

정보시스템 구축관리 〉 소프트웨어 개발 방법론 활용 〉 소프트웨어의 생명주기 모형 〉 폭포수 모형

③ 폭포수 모형: 소프트웨어 생명주기 모형 중 고전적 생명주기 모형으로 선형 순차적 모델이라고도 하며, 타당성 검토, 계획, 요구사항 분석, 구현, 테스트, 유지보수의 단계를 통해 소프트웨어를 개발하는 모형이다. 각 단계의 결과가 확인된 후에 다음 단계로 진행하는 단계적, 순차적, 체계적인 접근 방식이다.

094 ②

난이도 상중하

정보시스템 구축관리 〉 정보보호 〉 암호화 〉 스트림형 암호

② 스트림 암호는 평문의 비트열과 키스트림 비트열을 XOR 연산을 통해서 암호문을 생성한다. 해시 함수와는 관련 없다.

095 ①

난이도 상중하

정보시스템 구축관리 〉 정보보호 〉 네트워크 보안 〉 세션 하이재킹

- 세션 하이재킹 탐지 방법: 비동기화 상태 탐지, ACK STORM 탐지, 패킷의 유실 및 재전송 증가 탐지

096 ③

난이도 상중하

정보시스템 구축관리 〉 소프트웨어 개발 방법론 활용 〉 소프트웨어의 생명주기 모형 〉 소프트웨어 공학

③ 소프트웨어 공학의 궁극적 목표는 최소의 비용으로 계획된 일정보다 가능한 빠른 시일 내에 좋은 소프트웨어를 개발하는 것이다.

097 ③

난이도 상중하

정보시스템 구축관리 〉 소프트웨어 개발 방법론 활용 〉 프로젝트 개발 비용 산정 〉 CBD

③ 모듈의 분할과 정복에 의한 하향식 설계 방식은 구조적 개발 방법론이다.

- CBD 방법론: 시스템 또는 소프트웨어를 구성하는 각각의 컴포넌트를 만들고 조립해 또 다른 컴포넌트나 소프트웨어를 만드는 것을 말한다. 따라서 CBD 방법론은 상향식 설계 방식이다.

098 ④

난이도 상중하

정보시스템 구축관리 〉 정보보호 〉 정보보호 〉 정보 보안의 3대 요소

- 정보보안의 3대 요소: 기밀성(Confidentiality), 무결성(Integrity), 가용성(Availability)

099 ①

난이도 상중하

정보시스템 구축관리 〉 정보보호 〉 네트워크 보안 〉 서비스 거부 공격

① Evil Twin Attack: 소셜 네트워크에서 악의적인 사용자가 지인 또는 특정 유명인으로 가장하여 활동하는 공격 기법이다.

오답 해설

② Phishing: 공격자가 이메일을 이용하여 개인정보를 불법적으로 알아내 이를 이용하는 사기 수법이다.

③ Logic Bomb: 시스템의 정상적인 기능을 가로막는 불법적인 소프트웨어이다.

④ Cyberbullying: 가상공간을 뜻하는 사이버(Cyber)와 집단 따돌림을 뜻하는 불링(Bullying)에서 생겨난 신조어로 사이버 공간에서 다른 사람을 괴롭히는 행위를 말한다.

100 ①

난이도 상중하

정보시스템 구축관리 〉 정보보호 〉 암호화 〉 비공개키 암호 방식

① N명의 암호 통신을 위해 요구되는 암호키의 개수는 2×N이므로, 2×10=20(개)의 키가 필요하다.

제6회 기출문제 정답&해설

제6회 기출문제(2020년 9월 시행 A책형)

문제 P.86

01	①	02	③	03	④	04	④	05	①
06	②	07	③	08	④	09	③	10	④
11	②	12	②	13	①	14	④	15	②
16	②	17	④	18	③	19	④	20	③
21	②	22	④	23	③	24	②	25	③
26	④	27	④	28	③	29	①	30	④
31	②	32	①	33	③	34	③	35	④
36	②	37	①	38	②	39	②	40	③
41	④	42	③	43	②	44	②	45	②
46	②	47	②	48	③	49	③	50	④
51	③	52	②	53	③	54	③	55	②
56	④	57	①	58	④	59	③	60	①
61	①	62	④	63	③	64	②	65	①
66	②	67	④	68	③	69	②	70	④
71	①	72	③	73	①	74	④	75	①
76	③	77	①	78	②	79	③	80	②
81	④	82	③	83	③	84	③	85	①
86	②	87	④	88	④	89	②	90	②
91	④	92	①	93	①	94	④	95	④
96	④	97	④	98	③	99	①	100	④

기출 총평 　난이도 중상

직전 시험과 비교하여 난이도의 차이는 거의 없었습니다. 하지만 신기술 용어에 대한 문제가 좀 더 출제되는 양상을 보이고 있고, 이러한 새로운 용어 문제가 점차 늘어난다면 시험장에서 느끼는 체감 난도는 많이 올라갈 수 있습니다. 앞으로의 시험에서는 이런 부분을 신경써서 준비하는 것이 필요합니다.

Part I 소프트웨어 설계

001 ① 　난이도 상중하

소프트웨어 설계 〉 요구사항 확인 〉 요구사항 확인 〉 XP

① Linear Sequential Method(선형 순차적 방법)은 폭포수 모형을 의미한다.

오답 해설

② **페어 프로그래밍(Pair Programming)**: 가장 좋은 구현 방법과 전략적인 방법을 다른 팀원과 함께 수행하여 책임을 공동으로 나누는 환경을 구축한다.

③ **공동 소유권(Collective Ownership)**: 개발자들 누구나 코드 수정할 수 있다.

④ **지속적 통합(Continuous Integration)**: 지속적으로 코드를 통합한다.

002 ③ 　난이도 상중하

소프트웨어 설계 〉 요구사항 확인 〉 요구사항 확인 〉 럼바우

- **동적 모델링(Dynamic Modeling)**: 시스템이 시간 흐름에 따라 변화하는 것을 보여주는 상태 다이어그램(State Diagram)을 작성한다.

003 ④ 　난이도 상중하

소프트웨어 설계 〉 화면 설계 〉 UI 설계 〉 CASE

- **CASE의 주요 기능**: 다양한 소프트웨어 개발 모형 지원, 그래픽 지원, 소프트웨어 생명주기 전 단계의 연결 등이 있다.

004 ④ 　난이도 상중하

소프트웨어 설계 〉 애플리케이션 설계 〉 객체지향 설계 〉 캡슐화

④ 상위 클래스의 모든 속성과 연산을 하위 클래스가 물려받는 것을 의미하는 것은 상속이다.

- **캡슐화(Encapsulation)**: 객체를 정의할 때 서로 관련성이 많은 데이터들과 이와 연관된 함수들을 정보처리에 필요한 기능을 하나로 묶는 것을 말한다. 즉, 데이터, 연산, 다른 객체, 상수 등의 관련된 정보와 그 정보를 처리하는 방법을 하나의 단위로 묶는 것이다.

005 ① 　난이도 상중하

소프트웨어 설계 〉 애플리케이션 설계 〉 공통 모듈 설계 〉 객체지향 설계 원칙

① **인터페이스 분리 원칙(ISP: Interface Segregation Principle)**: 클라이언트는 자신이 사용하지 않는 메소드와 의존 관계를 맺으면

안 된다.

오답 해설

② **단일 책임 원칙(SRP: Single Responsibility Principle)**: 객체는 하나의 책임(변경의 축)만을 가져야 한다.

③ **개방 폐쇄 원칙(OCP: Open-Closed Principle)**: 기존 코드를 변경하지 않으면서 기능을 추가할 수 있도록 설계되어야 한다.

④ **리스코프 교체의 원칙(LSP: Liskov Substitution Principle)**: 기반 클래스는 파생 클래스로 대체 가능해야 한다.

006 ②

난이도 상 중 하

소프트웨어 설계 〉 애플리케이션 설계 〉 공통 모듈 설계 〉 파이프 필터 패턴

- **파이프 필터 구조**
  - 서브시스템이 입력 데이터를 받아 처리하고 결과를 다른 시스템에 보내는 작업이 반복된다.
  - 서브시스템을 필터라고 하고 서브시스템 사이의 관계를 파이프라 한다.

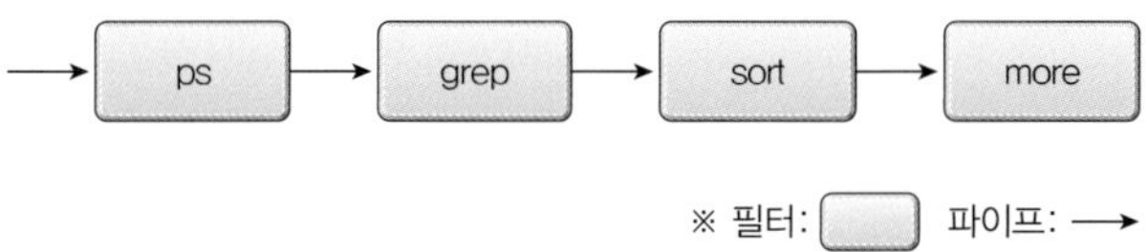

※ 필터: ▭ 파이프: ⟶

007 ③

난이도 상 중 하

소프트웨어 설계 〉 애플리케이션 설계 〉 공통 모듈 설계 〉 표의 숫자 코드

③ **표의 숫자 코드(유효 숫자식 코드)**: 대상 항목의 크기, 중량, 거리 등을 그대로 사용하는 코드이다.

오답 해설

① **순차 코드(일련번호식 코드, Sequential Code)**: 발생순, 크기순, 가나다순 등에 따라 순차적으로 부여한다.

② **10진 코드(Decimal Code)**: 10진법의 원리에 맞추어 대분류, 중분류, 소분류하여 부여한 코드이다.

④ **블록 코드(Block Code)**: 공통성 있는 것끼리 블록으로 묶어서 구분하며 블록 내에서는 순차적으로 부여한다.

008 ④

난이도 상 중 하

소프트웨어 설계 〉 애플리케이션 설계 〉 객체지향 설계 〉 디자인 패턴

- 디자인 패턴은 객체지향 방법론의 가장 큰 장점인 재사용성과 모듈성을 극대화시켜 시스템 개발은 물론 유지보수에도 큰 효과가 있다.

009 ③

난이도 상 중 하

소프트웨어 설계 〉 요구사항 확인 〉 요구사항 확인 〉 DFD

③ 자료 흐름도(DFD)는 구조적 분석 도구로서 시간의 흐름을 표현하는 것이 아니라 기능 중심의 시스템을 모델링하는 데 적합하다.

010 ④

난이도 상 중 하

소프트웨어 설계 〉 요구사항 확인 〉 요구사항 확인 〉 럼바우

- **Rumbaugh의 OMT(Object Modeling Technique) 기법**
  - 객체 모형화(Object Modeling): 객체들을 식별하고 객체들 간의 관계를 정의
  - 동적 모형화(Dynamic Modeling): 시스템이 시간 흐름에 따라 변화하는 것을 보여주는 상태 다이어그램(state diagram)을 작성
  - 기능 모형화(Function Modeling): 시스템 내에서 데이터가 변하는 과정을 나타내며, 자료 흐름도(DFD)를 이용

011 ②

난이도 상 중 하

소프트웨어 설계 〉 요구사항 확인 〉 요구사항 확인 〉 UML의 기본 구성 요소

- **UML의 기본 구성 요소**
  - **사물(Things)**: 모델을 구성하는 가장 중요한 요소로 다이어그램 안에서 관계가 형성될 수 있는 대상들을 말한다.
  - **관계(Relationships)**: 사물과 사물 사이의 연관성을 표현하는 것이다. (연관 관계, 집합 관계, 포함 관계, 일반화 관계, 의존 관계, 실체화 관계)
  - **다이어그램(Diagram)**: 사물과 관계를 도형으로 표현한 것이다.

012 ②

난이도 상 중 하

소프트웨어 설계 〉 애플리케이션 설계 〉 공통 모듈 설계 〉 소프트웨어 설계 유형

② 모듈 설계는 하위 설계에 속한다.

- **상위 설계**: 아키텍처 설계, 기본 설계 데이터 설계, 인터페이스 정의, 사용자 인터페이스 설계
- **하위 설계**: 모듈 설계, 상세 설계, 자료구조 설계, 알고리즘 설계

013 ①

난이도 상 중 하

소프트웨어 설계 〉 요구사항 확인 〉 요구사항 확인 〉 자료 사전

자료 사전 기호	기능	의미
=	자료의 정의	~로 구성되어 있음
+	자료의 연결	그리고, 순차(and)
( )	자료의 생략	선택 사양, 생략 가능(Optional)
{ }	자료의 반복	반복(Iteration)
[|]	자료의 선택	여러 대안 중 하나 선택
* *	자료의 설명	주석(Comment)

014 ④
난이도 상중하

소프트웨어 설계 〉 화면 설계 〉 UI 요구사항 확인 〉 사용자 인터페이스 개발 시스템의 기능

- 사용자 인터페이스 개발 시스템의 기능
  - 사용자의 입력을 검증할 수 있어야 한다.
  - 에러 처리와 관련된 에러 메시지를 표시할 수 있어야 한다.
  - 도움과 프롬프트(Prompt)를 제공해야 한다.

015 ②
난이도 상중하

소프트웨어 설계 〉 요구사항 확인 〉 요구사항 확인 〉 요구사항 명세 기법

② 사용자의 요구를 표현할 때 Z 비정형 명세기법을 사용하는 것은 정형 명세 기법이다.

016 ②
난이도 상중하

② 개발 비용이나 개발 노력이 가장 많이 소요되는 단계는 유지보수 단계이다.

017 ④
난이도 상중하

소프트웨어 설계 〉 요구사항 확인 〉 요구사항 확인 〉 애자일

- 애자일 방법론의 종류: 익스트림 프로그래밍, 스크럼, 린 소프트웨어 개발 방법론, 크리스털 패밀리, 기능 주도 개발 방법론, 동적 시스템 개발 방법론 등

018 ③
난이도 상중하

소프트웨어 설계 〉 인터페이스 설계 〉 인터페이스 상세 설계 〉 미들웨어

③ 미들웨어(Middleware): 클라이언트와 서버를 연결하여 데이터를 주고받을 수 있도록 중간에서 매개 역할을 하거나, 네트워크를 통해서 연결된 여러 개의 컴퓨터에 있는 많은 프로세스들에게 어떤 서비스를 사용할 수 있도록 연결해주는 소프트웨어를 말한다.

019 ④
난이도 상중하

소프트웨어 설계 〉 애플리케이션 설계 〉 객체지향 설계 〉 디자인 패턴

- 디자인 패턴의 분류: 생성 패턴(Creational Pattern), 구조 패턴(Structural Patterns), 행위 패턴(Behavioral Patterns)

020 ③
난이도 상중하

통합문제

③ 바람직한 소프트웨어 설계 지침은 모듈 간의 결합도를 최소화하여 모듈의 독립성을 향상시켜야 한다.

Part Ⅱ 소프트웨어 개발

021 ②
난이도 상중하

소프트웨어 개발 〉 제품 소프트웨어 패키징 〉 제품 소프트웨어 패키징 〉 소프트웨어 패키징 도구

② 소프트웨어 패키징은 프로그램 제작자가 최종 사용자가 사용할 프로그램을 다양한 환경에서 쉽게 자동으로 설치(업데이트/삭제 가능)할 수 있게 패키지를 만들어 배포하는 과정을 말한다. 보안을 고려해야 하지만 단일 기종에서만 사용할 수 있도록 할 수는 없고, 이기종 연동을 고려해야 한다.

022 ④
난이도 상중하

소프트웨어 개발 〉 인터페이스 구현 〉 인터페이스 설계 확인 〉 하이브리드

- EAI(Enterprise Application Integration) 유형

구분	설명
Point-to-Point	1:1 방식으로 애플리케이션 통합 수행
Hub & Spoke	• 모든 데이터가 허브를 통해 전송 • 데이터 전송이 보장되며, 유지보수 비용 절감
메시지 버스 (Message Bus)	• 데이터는 전송하는데 버스를 이용함으로 병목현상 발생 가능 • 대량의 데이터 교환에 적합
하이브리드 (Hybrid)	• Hub & spoke 방식과 메시지 버스 방식의 통합 • 유연한 통합 작업 가능

023 ③
난이도 상중하

소프트웨어 개발 〉 애플리케이션 테스트 관리 〉 애플리케이션 성능 개선 〉 정적 분석 도구

- 정적 분석 도구: cppcheck, pmd, checkstyle 등
- 동적 분석 도구: Valgrind, Avalanche 등

024 ②
난이도 상중하

소프트웨어 개발 〉 데이터 입출력 구현 〉 논리 데이터저장소 확인 〉 후위 표기법

후위표기 연산식은 연산을 위해 중위표기로 변경해야 한다.

((3 4 *) (5 6 *) +) = ((3 * 4) + (5 * 6)) = 12 + 30 = 42

025 ③
난이도 상중하

소프트웨어 개발 〉 인터페이스 구현 〉 인터페이스 기능 구현 〉 인터페이스 데이터의 보안

③ SMTP(Simple Mail Transfer Protocol)는 보안에 관련된 프로토콜이 아니라, 메일 전송 프로토콜이다.

오답 해설

① IPSec(IP Security): 안전하지 않은 네트워크 상의 두 컴퓨터 사이에 암호화된 안전한 통신을 제공하는 프로토콜이다.

② SSL(Secure Socket Layer): 인터넷을 통해 전달되는 정보보안의 안전한 거래를 허용하기 위해 Netscape사에서 개발한 인터넷 통신 규약 프로토콜이다.

④ S-HTTP(Secure HyperText Transfer Protocol): HTTP 프로토콜에 송신자 인증, 메시지 기밀성과 무결성, 부인 방지 기능을 확장한 프로토콜이다.

026 ④

난이도 상 중 하

소프트웨어 개발 〉 애플리케이션 테스트 관리 〉 애플리케이션 테스트 케이스 설계 〉 알파 테스트

④ **알파 테스트**: 검증(Validation) 검사 기법 중 개발자의 장소에서 사용자가 개발자 앞에서 행해지며, 오류와 사용상의 문제점을 사용자와 개발자가 함께 확인하면서 검사하는 기법이다.

027 ④

난이도 상 중 하

소프트웨어 개발 〉 데이터 입출력 구현 〉 논리 데이터저장소 확인 〉 삽입 정렬

- **삽입 정렬(Insertion Sort)**: 오름차순 정렬일 경우 자신보다 앞의 원소가 큰지 작은지 비교해서 키 값이 작으면 이동하고, 키 값이 크면 그대로 두면서 데이터들을 정렬시키는 방법이다.
  - 초기 자료: 8, 3, 4, 9, 7
  - 1회전: 3, 8, 4, 9, 7
  - 2회전: 3, 4, 8, 9, 7
  - 3회전: 3, 4, 8, 9, 7
  - 4회전: 3, 4, 7, 8, 9

028 ③

난이도 상 중 하

소프트웨어 개발 〉 제품 소프트웨어 패키징 〉 제품 소프트웨어 매뉴얼 작성 〉 설치 매뉴얼

③ 사용자는 기술적인 배경이 없으므로 설치 매뉴얼은 사용자 기준으로 작성한다.

029 ①

난이도 상 중 하

소프트웨어 개발 〉 인터페이스 구현 〉 인터페이스 구현 검증 〉 인터페이스 구현 검증 도구

- **인터페이스 구현 검증 도구**

제품명	세부 정보
xUnit	Java(Junit), C++(Cppunit), .Net(Nunit) 등 다양한 언어를 지원하는 단위테스트 프레임워크
STAF	서비스 호출, 컴포넌트 재사용 등 다양한 환경을 지원하는 테스트 프레임워크
FitNesse	웹 기반 테스트 케이스 설계/실행/결과 확인 등을 지원하는 테스트 프레임워크
NTAF	NHN 테스트 자동화 프레임워크이며, STAF와 FitNesse를 통합
Selenium	다양한 브라우저 지원 및 개발언어를 지원하는 웹애플리케이션 테스트 프레임워크
watir	Ruby 기반 웹 애플리케이션 테스트 프레임워크

030 ④

난이도 상 중 하

소프트웨어 개발 〉 통합 구현 〉 통합 구현 관리 〉 소프트웨어 형상관리 항목

- **소프트웨어 형상관리 항목(SCI: Software Configuration Item)**: 프로젝트 요구 분석서, 설계서, 프로그램(소스 코드, 목적 코드, 명령어 파일, 자료 파일, 테스트 파일), 사용자 지침서, 운영 및 설치 지침서 등

031 ②

난이도 상 중 하

소프트웨어 개발 〉 데이터 입출력 구현 〉 논리 데이터저장소 확인 〉 내부 스키마

② **내부 스키마(Internal Schema)**: 물리적 저장 장치의 입장에서 본 데이터베이스 구조로서 실제로 데이터베이스에 저장될 레코드의 형식을 정의하고 저장 데이터 항목의 표현 방법, 내부 레코드의 물리적 순서 등을 나타낸다.

오답 해설

① **외부 스키마(External Schema)**: 일반 사용자나 응용 프로그래머가 각 개인의 입장에서 필요로 하는 데이터베이스의 논리적 구조이다.

③ **개념 스키마(Conceptual Schema)**: 조직이나 기관의 총괄적 입장에서 본 데이터베이스의 전체적인 논리적 구조이다.

032 ①

난이도 상 중 하

소프트웨어 개발 〉 데이터 입출력 구현 〉 논리 데이터저장소 확인 〉 중위 순회

- **INORDER(중위) 순회(left → root → right)**: D → B → A → E → C → F

033 ③

난이도 상 중 하

소프트웨어 개발 〉 데이터 입출력 구현 〉 논리 데이터저장소 확인 〉 완전 그래프

- **무방향 그래프 최대 간선 수**: $n(n-1)/2$
- **방향 그래프 최대 간선 수**: $n(n-1)$

034 ③

난이도 상 중 하

소프트웨어 개발 〉 통합 구현 〉 모듈 구현 〉 테스트 오라클

- **테스트 오라클(Test Oracle)**: 테스트의 결과가 참인지 거짓인지를 판단하기 위해서 사전에 정의된 참값을 입력하여 비교하는 기법 및 활동을 말한다. 종류에는 참, 샘플링, 휴리스틱, 일관성 검사가 존재한다.

035 ④
난이도 상중하

소프트웨어 개발 〉 제품 소프트웨어 패키징 〉 제품 소프트웨어 버전 관리 〉 빌드 자동화 도구

④ Groovy 기반으로 한 오픈 소스로 안드로이드 앱 개발 환경에서 사용되는 것은 Gradle이다.

- **Jenkins**: 초창기 Hudson이라는 이름을 가졌지만 오라클과 문제로 인해 이름을 바꾸게 되었다. 프로젝트 표준 컴파일 환경에서의 컴파일 오류를 검출하고, 자동화 테스트를 수행한다.

036 ②
난이도 상중하

소프트웨어 개발 〉 제품 소프트웨어 패키징 〉 제품 소프트웨어 패키징 〉 DRM 시스템 구성 요소

② **콘텐츠 분배자(Contents Distributor)**: 암호화된 콘텐츠를 제공하는 곳 또는 사람

037 ①
난이도 상중하

소프트웨어 개발 〉 통합 구현 〉 모듈 구현 〉 블랙박스 테스트

① 기초 경로 검사는 화이트박스 테스트 기법이다.

- **블랙박스 테스트**: 동치 분할, 경계값 분석, 원인 결과 그래프, 오류 추측 기법, 비교 검사 기법
- **화이트박스 테스트**: 데이터 흐름 검사, 루프 검사, 기초 경로 검사, 조건 검사

038 ②
난이도 상중하

소프트웨어 개발 〉 데이터 입출력 구현 〉 논리 데이터저장소 확인 〉 해싱 함수

② **폴딩법**: 해싱 함수 중 레코드 키를 여러 부분으로 나누고, 나눈 부분의 각 숫자를 더하거나 XOR한 값을 홈 주소로 사용하는 방식이다.

오답 해설

① **제산법**: 키 값을 테이블 크기로 나누어서 그 나머지를 버킷 주소로 변환하는 방법이다.

③ **기수 변환법**: 특정 진법으로 표현한 레코드 키값을 다른 진법으로 간주하고 키값을 변환하여 주소를 계산하는 방법이다.

④ **숫자 분석법**: 주어진 모든 키값들에서 그 키를 구성하는 자릿수 분포를 조사하여 고른 분포를 보이는 자릿수를 선택하여 주소를 계산하는 방법이다.

039 ②
난이도 상중하

통합문제

② **단순성**: 한 번에 한 가지 처리만 수행하며, 클래스/메소드/함수를 최소 단위로 분리하여 단순하게 작성한다.

040 ③
난이도 상중하

소프트웨어 개발 〉 제품 소프트웨어 패키징 〉 제품 소프트웨어 패키징 〉 DRM

- 디지털 저작권 관리(DRM)의 핵심적 기술 요소

구분	내용	예
암호화 (Encryption)	콘텐츠 및 라이선스를 암호화하고, 전자 서명을 할 수 있는 기술	PKI(Public Key Infrastructure), Encryption, Digital Sinature
키 관리 (Key Management)	콘텐츠를 암호화한 키에 대한 저장 및 배포 기술	Centralized, Enveloping
암호화 파일 생성 (Packager)	콘텐츠를 암호화된 콘텐츠로 생성하기 위한 기술	Pre-packaging, On-the-fly Packaging
식별기술 (Identification)	콘텐츠에 대한 식별 체계 표현 기술	DOI(Digital Object Identifier) URI(Uniform Resource Identifier)
저작권표현 (Right Expression)	라이선스의 내용 표현 기술	ODRL, XrML/MPGE-21 REL
정책관리 (Policy management)	라이선스 발급 및 사용에 대한 정책 표현 및 관리 기술	XML(Extensible Markup Language), Contents
크랙 방지 (Tamper Resistance)	크랙(데이터 변조 방지)에 의한 콘텐츠 사용방지 기술	Secure DB, Secure Time Management, Encryption
인증 (Authentication)	라이선스 발급 및 사용의 기준이 되는 사용자 인증 기술	SSO,ID/PW, 디지털 인증, 이메일 인증
인터페이스 (Interface)	상이한 DRM 플랫폼 간의 상호 호환성 인터페이스 및 인증 기술	IPMP
이벤트보고 (Event Reporting)	콘텐츠의 사용이 적절하게 이루어지고 있는지 모니터링하는 기술, 불법 유통이 탐지되었을 때 이동 경로 추적에 활용	
사용권한 (Permission)	콘텐츠의 사용에 대한 권한을 관리하는 기술 요소	렌더퍼미션(Render Permission), 트랜스포트 퍼미션(Transport Permission), 데리버티브 퍼미션(Derivative Permission)

041 ④

난이도 상 중 하

데이터베이스 구축 〉 고급 데이터베이스 〉 트랜잭션 〉 트랜잭션의 성질

④ **원자성(Atomicity)**: 트랜잭션의 연산은 데이터베이스에 모두 반영되든지 아니면 전혀 반영되지 않아야 한다.

오답 해설

① **영속성(Durability)**: 트랜잭션의 실행을 성공적으로 끝내면 그 결과를 어떠한 경우에라도 보장받는다.

② **격리성(Isolation)**: 둘 이상의 트랜잭션이 동시에 병행 실행되는 경우 어느 하나의 트랜잭션 실행 중에는 다른 트랜잭션의 연산이 끼어들 수 없다.

③ **일관성(Consistency)**: 시스템이 가지고 있는 고정 요소는 트랜잭션 수행 전과 트랜잭션 수행 후에 같아야 한다.

042 ③

난이도 상 중 하

데이터베이스 구축 〉 고급 데이터베이스 〉 고급 데이터베이스 〉 CRUD 분석

- CRUD 분석
  - 데이터베이스 테이블에 변화를 주는 트랜잭션의 CRUD 연산에 대해 CRUD 매트릭스를 작성하여 분석하는 것
  - 테이블에 발생하는 트랜잭션의 주기별 발생횟수를 파악하고 연관된 테이블을 분석하면 테이블에 저장되는 데이터의 양을 유추할 수 있고 트랜잭션이 몰리는 테이블 분석 가능
  - CRUD 연산의 우선순위: C 〉 D 〉 U 〉 R

구분	SQL	조작
Create	INSERT	생성
Read	SELECT	읽기/인출
Update	UPDATE	갱신
Delete	DELETE	삭제/제거

043 ②

난이도 상 중 하

데이터베이스 구축 〉 데이터베이스 설계와 정규화 〉 정규화 체계 〉 반정규화

② **반정규화(역정규화)**: 정규화된 엔티티, 속성, 관계를 시스템의 성능 향상과 개발 운영의 단순화를 위해 중복, 통합, 분리 등을 수행하는 데이터 모델링 기법이다. 정규화되어 있는 것을 정규화 이전 상태로 만드는 것을 말한다. 많은 조인에 의해 성능이 저하되거나 데이터 조회시 디스크 I/O량이 많을 때 부분적인 반정규화를 고려한다.

044 ②

난이도 상 중 하

데이터베이스 구축 〉 관계 데이터베이스 언어 〉 SQL 〉 DDL

② **ALTER**: 기존 테이블에 대해 새로운 열의 첨가, 기본값의 변경, 기존 열의 삭제 등에 사용한다.

오답 해설

① **INSERT**: 기존 테이블에 행을 삽입하는 경우에 사용한다.

③ **DROP**: 스키마, 도메인, 테이블, 뷰, 인덱스 제거시 사용한다. (전체 삭제)

④ **MODIFY**: 열 데이터 타입 변경하는 경우에 사용되는데 ALTER문과 함께 사용된다.

045 ②

난이도 상 중 하

데이터베이스 구축 〉 데이터베이스 설계와 정규화 〉 정규화의 개념 〉 정규화의 목적

② 정규화(Normalization)는 중복을 배제하여 삽입, 삭제, 갱신 이상의 발생을 방지하는 것이다.

046 ②

난이도 상 중 하

데이터베이스 구축 〉 데이터 모델링 〉 개체-관계 모델 〉 E-R 다이어그램

- E-R 다이어그램 표기법

구분	설명
□ (사각형)	개체 타입
○ (타원)	속성
◇ (마름모)	관계: 개체 간의 상호작용
─ (선)	연결

047 ②

난이도 상 중 하

데이터베이스 구축 〉 관계 데이터베이스 언어 〉 SQL 〉 DML

- **UPDATE문**: 기존 레코드 열값을 갱신할 경우 사용한다.
- 기본 형식

```
UPDATE 테이블
SET 열_이름=변경_내용
[WHERE 조건]
```

- 문제의 SQL문은 회원번호가 N4인 사람의 전화번호를 '010-14'로 갱신시킨다는 의미이다.

오답 해설

① **FROM**: 질의 대상 테이블명을 가리켜야 할 때 사용된다.

③ **INTO** : 레코드를 추가하는 INSERT 구문에서 함께 사용된다.

④ **TO**: GRANT(권한 및 롤 부여) 구문에 함께 사용되며, 권한 부여 대상을 가리킬 때 사용한다.

048 ③

난이도 상 중 하

데이터베이스 구축 〉 관계 데이터 모델 〉 관계 데이터 모델의 구조 및 제약 〉 슈퍼키

③ 슈퍼키(Super key): 유일성은 갖지만 최소성을 만족시키지 못하는 애트리뷰트 집합이다. 테이블을 구성하는 속성의 집합으로, 해당 집합에서 같은 튜플이 발생하지 않는 키이다.

오답 해설

① 후보키: 속성 집합으로 구성된 테이블의 각 튜플을 유일하게 식별할 수 있는 속성이나 속성의 조합들을 후보키라 한다. (유일성, 최소성)

② 기본키: 후보키 중 하나를 선택하여 사용하는 개체 식별자이다.

④ 외래키: 다른 테이블을 참조하는데 사용되는 속성이다. (두 개의 릴레이션 R1, R2에서 R1에 속한 애트리뷰트인 외래키가 참조 릴레이션 R2의 기본키가 됨)

049 ③

난이도 상 중 하

데이터베이스 구축 〉 고급 데이터베이스 〉 고급 데이터베이스 〉 권한 부여 기법

- 데이터를 갱신해야하는 권한을 줘야하므로 GRANT UPDATE ON 구문을 사용해야 한다.
- 표현식 구문

```
GRANT [객체 권한명](컬럼)
ON [객체명]
TO [user|role|PUBLIC](WITH GRANT OPTION)
```

- 접근 권한을 부여할 때에는 GRANT를 사용하고, 이를 삭제할 경우에는 REVOKE를 사용한다.

050 ④

난이도 상 중 하

데이터베이스 구축 〉관계 데이터 모델 〉 관계 데이터 연산 〉 관계대수

- 관계대수(Relational Algebra): 원하는 정보와 그 정보를 어떻게 유도하는가를 기술하는 절차적인 특성을 가진다.
- 관계해석(Relational Calculus): 원하는 정보가 무엇이라는 것만 정의하는 비절차적인 특성을 가진다.

051 ③

난이도 상 중 하

데이터베이스 구축 〉 관계 데이터베이스 언어 〉 SQL 〉 SQL

- EXISTS는 서브쿼리의 결과값에 만족하는 값이 메인쿼리에 있는지 없는지 데이터의 존재유무를 확인하는 조건식이다.
- 문제의 서브쿼리 조건은 학과가 '전산'이거나 '전기'이면서 주소가 '경기'인 학생의 학번을 선택한다.

학번
2000
4000

- [성적] 테이블에서 학번이 서브쿼리 결과에 해당하는 성적 테이블의 과목이름을 검색한다.

과목이름
DB
DB
운영체제

052 ②

난이도 상 중 하

데이터베이스 구축 〉 고급 데이터베이스 〉 회복과 병행 제어 〉 로킹 기법

② 로킹 단위가 작아지면 로크의 수가 많아지고, 병행성 수준이 높아진다. 하지만 로킹 오버헤드가 증가할 수 있다.

053 ③

난이도 상 중 하

데이터베이스 구축 〉 고급 데이터베이스 〉 고급 데이터베이스 〉 권한 부여 기법

③ REVOKE SELECT ON DEPARTMENT FROM X1;은 사용자 'X1'에게 DEPARTMENT 테이블에 대한 SELECT 권한을 회수(삭제)한다는 의미이다.

- REVOKE 키워드는 부여한 권한을 회수(삭제)시키는 명령어이다.

054 ③

난이도 상 중 하

데이터베이스 구축 〉 관계 데이터베이스 언어 〉 뷰 〉 뷰의 특징

③ 뷰의 정의는 ALTER문을 이용하여 변경할 수 없고, 제거 후 다시 생성해야 한다. 뷰는 삽입, 삭제, 갱신에 제약사항이 있다. 뷰를 제거할 때는 DROP문을 사용한다.

055 ②

난이도 상 중 하

데이터베이스 구축 〉 데이터 모델링 〉 데이터 모델의 개념 〉 데이터 모델의 구성 요소

- 데이터 모델에 표시해야 할 요소
  - 논리적으로 표현된 데이터 구조
  - 이 구조에서 허용될 수 있는 연산
  - 이 구조와 연산에서의 제약 조건에 대한 명세

056 ④

난이도 상 중 하

데이터베이스 구축 〉 데이터베이스 설계와 정규화 〉 정규화 체계 〉 제3정규형

④ 보이스코드 정규형(BCNF)에 대한 특성은 결정자가 후보키가 아닌 함수 종속을 제거한다는 것이다.

057 ①

난이도 상 중 하

데이터베이스 구축 〉 관계 데이터 모델 〉 관계 데이터 모델의 구조 및 제약 〉 튜플

- **튜플**: 테이블이 한 행을 구성하는 속성들의 집합
- **도메인**: 애트리뷰트가 취할 수 있는 값들의 집합
- 튜플(Tuple)의 최대 수는 3(A1 도메인 개수)×2(A2 도메인 개수) ×4(A3 도메인 개수) = 24개이다.

058 ④

난이도 상 중 하

데이터베이스 구축 〉 데이터베이스 설계와 정규화 〉 데이터베이스 설계 〉 물리적 설계

④ 목표 DBMS에 맞는 스키마 설계는 논리적 설계 단계에서 수행하는 사항이다.

059 ③

난이도 상 중 하

데이터베이스 구축 〉 관계 데이터 모델 〉 관계 데이터 모델의 구조 및 제약 〉 차수

③ 릴레이션의 차수는 그 릴레이션의 속성의 개수이므로 4이다.

060 ①

난이도 상 중 하

데이터베이스 구축 〉 고급 데이터베이스 〉 고급 데이터베이스 〉 OLAP

- **OLAP 연산 유형**: roll-up, drill-down, pivoting , slicing, dicing

Part Ⅳ 프로그래밍 언어 활용

061 ①

난이도 상 중 하

프로그래밍 언어 활용 〉 공통 모듈 구현 〉 유닉스 〉 환경 변수 출력

- **환경 변수 출력 명령어**
  - printenv: 환경 변수 값을 출력
  - env: 환경 변수를 출력 또는 등록
  - setenv: 환경 변수의 값을 설정

062 ④

난이도 상 중 하

프로그래밍 언어 활용 〉 프로그래밍 언어 활용 〉 JAVA 〉 long

- JAVA에서 long 자료형의 크기는 8byte이다.
- **크기**: byte(1byte) 〈 short(2byte) 〈 int(4byte) 〈 long(8byte)

063 ③

난이도 상 중 하

프로그래밍 언어 활용 〉 프로그래밍 언어 활용 〉 JAVA 〉 출력 함수

자바에는 System이라는 표준 입출력 클래스가 있다. err(에러), in(입력), out(출력)이라는 클래스 변수를 가지고 있으며, 이 중 out(출력)에는 print( ), println( ), printf( )라는 메소드가 포함된다.

064 ②

난이도 상 중 하

프로그래밍 언어 활용 〉 공통 모듈 구현 〉 유닉스 〉 커널

- **운영체제의 커널(Kernel)의 기능**: 프로세스 관리, 기억장치 관리, 입 · 출력 관리, 파일 시스템 관리, 시스템 호출 인터페이스 등

065 ①

난이도 상 중 하

프로그래밍 언어 활용 〉 네트워크 기초 활용 〉 ISO의 OSI 표준 모델 〉 OSI 7계층

- **전송 계층(Transport Layer)**
  - 통신 양단 간(End-to-End) 투명한 데이터 전송을 제공한다.
  - 오류 제어 및 흐름 제어를 담당한다.

066 ②

난이도 상 중 하

- **until 구문 표현식**: 조건문이 참(True)이면 루프를 끝낸다.

```
until test 조건문
do
    실행 구문
done
```

즉, '5초마다 접속자 'wow'의 계정이 시스템에 들어왔는지 안 들어왔는지를 확인 후 들어 왔으면 루프를 빠져 나간다.'는 의미이다.

067 ④

난이도 상 중 하

프로그래밍 언어 활용 〉 프로그래밍 언어 활용 〉 JAVA

- while문 기본 형식

```
while(조건식) {
        조건의 결과가 참(true)일 때 실행될 문장;
}
```

즉, while문 부분에 조건식이 들어가야 하는데 증감식이 들어간 코드이다. Type mismatch로 컴파일 오류(Unresolved compilation problem)가 발생한다.

068 ③

난이도 상 중 하

프로그래밍 언어 활용 〉 프로그래밍 언어 활용 〉 파이썬

- **파이썬 리스트 슬라이싱(List Slicing) 기본 형식**

```
리스트명[start:end:step]
```

- start: index 시작 위치
- end: index 마지막 위치
- step: 이동 간격

즉, index start(시작) 요소에 아무것도 없으므로 0이 세팅된다. index 0~index 6(end-1)까지의 범위를 기준으로 2칸씩 이동한 값이 추출된다.
∴ [0, 20, 40, 60]

069 ②

난이도 상중하

프로그래밍 언어 활용 〉 공통 모듈 구현 〉 모듈화 〉 공통 모듈의 재사용

② 더미코드는 가짜 데이터로 주로 단위 테스트를 할 때 사용된다.

070 ④

난이도 상중하

프로그래밍 언어 활용 〉 공통 모듈 구현 〉 운영체제 기초 활용 〉 SJF

- **SJF(Shortest Job First):** FCFS를 개선한 기법으로, 대기 리스트의 프로세스들 중 작업이 끝나기까지의 실행시간 추정치가 가장 작은 프로세스에 CPU를 할당한다. 따라서 실행시간이 가장 짧은 P4를 제일 먼저 처리해 준다.
- P4 → P3 → P1 → P2의 순서로 처리된다.

071 ①

난이도 상중하

프로그래밍 언어 활용 〉 공통 모듈 구현 〉 운영체제 기초 활용 〉 FIFO

- **FIFO(First In First Out) 페이지 교체 알고리즘:** 주기억장치에서 가장 먼저 입력되었던 페이지를 교체한다.

순번	1	2	3	4	5	6	7	8
요구 페이지	1	2	3	1	2	4	5	1
페이지 프레임	1	1	1	1	1	1	5	5
		2	2	2	2	2	2	1
			3	3	3	3	3	3
						4	4	4
페이지 부재	○	○	○			○	○	○

072 ③

난이도 상중하

프로그래밍 언어 활용 〉 네트워크 기초 활용 〉 ISO의 OSI 표준 모델 〉 흐름 제어 기법

③ **Stop and Wait(정지 대기) 방식:** 가장 단순한 형태의 흐름 제어로 프레임이 손실되었을 때, 손실된 프레임 1개를 전송하고 수신자의 응답을 기다리는 방식으로 한 번에 프레임 1개만 전송할 수 있는 기법이다.

073 ①

난이도 상중하

프로그래밍 언어 활용 〉 공통 모듈 구현 〉 모듈화 〉 결합도

① 두 모듈이 매개 변수로 자료를 전달할 때, 자료구조 형태로 전달되어 이용될 때 데이터가 결합되어 있는 것은 스탬프 결합도(Stamp Coupling)에 대한 설명이다.

074 ④

난이도 상중하

프로그래밍 언어 활용 〉 공통 모듈 구현 〉 모듈화 〉 응집도

④ **Coincidental Cohesion(우연적 응집도):** 서로 간에 어떠한 의미 있는 연관관계도 지니지 않은 기능 요소로 구성되는 경우이며, 서로 다른 상위 모듈에 의해 호출되어 처리상의 연관성이 없는 서로 다른 기능을 수행하는 경우의 응집도이다.

075 ①

난이도 상중하

프로그래밍 언어 활용 〉 프로그래밍 언어 활용 〉 JAVA 〉 접근자

- **자바에서 사용하는 접근 제어자(Access Modifiers)**
  - private: private이 붙은 변수, 메소드는 해당 클래스에서만 접근이 가능하다.
  - default: 접근 제어자가 없는 변수, 메소드는 default 접근 제어자가 되어 해당 패키지 내에서만 접근이 가능하다.
  - protected: protected가 붙은 변수, 메소드는 동일 패키지의 클래스 또는 해당 클래스를 상속받은 다른 패키지의 클래스에서만 접근이 가능하다.
  - public: public 접근 제어자가 붙은 변수, 메소드는 어떤 클래스에서라도 접근이 가능하다.

076 ③

난이도 상중하

프로그래밍 언어 활용 〉 네트워크 기초 활용 〉 프로토콜 〉 UDP

- **UDP(User Datagram Protocol) 특성**
  - 비연결 지향(Connectionless) 프로토콜이다.
  - 데이터그램(메시지) 단위로 전송
  - TCP와는 달리 패킷이나 흐름제어, 단편화 및 전송 보장 등의 기능을 제공하지 않는다.
  - UDP 헤더는 TCP 헤더에 비해 간단하므로 상대적으로 통신 과부하가 적고 빠르다.

077 ①

난이도 상중하

- 논리 주소: (세그먼트 번호, 변위)
- 물리 주소 = 세그먼트 테이블의 인덱스에 속한 주소값 + 변위
- 문제의 보기에 따라 주어진 논리 주소(2, 176)를 따져보면, 세그먼트 번호는 2가 되고, 변위는 176이 된다. 세그먼트 테이블에서 인덱스 2가 속한 주소값은 222가 된다. 따라서 물리 주소를 계산하면, 222 + 176 = 398이 된다.

078 ②

난이도 상중하

프로그래밍 언어 활용 〉 네트워크 기초 활용 〉 ISO의 OSI 표준 모델 〉 TCP/IP

② **ARP(Address Resolution Protocol):** 논리 주소를 물리 주소로 변환시키는 프로토콜이다.

- RARP(Reverse Address Resolution Protocol): 반대로 물리 주소를 논리 주소로 변환시키는 프로토콜이다.

079 ③

난이도 상 중 하

프로그래밍 언어 활용 〉 프로그래밍 언어 활용 〉 C 언어 〉 구조체

③ C 언어에서 구조체 키워드는 struct이다.

- 기본 형식

```
struct 구조체이름 {
    자료형 변수명;
    자료형2 변수명2;
    ...
} 구조체변수이름;
```

080 ②

난이도 상 중 하

프로그래밍 언어 활용 〉 프로그래밍 언어 활용 〉 웹 저작 언어 〉 PHP

② PHP에서 #는 연산자가 아니라 한 줄 주석을 의미한다.

오답 해설

① @: 오류 제어 연산자

③ < >: 비교연산자(좌변과 우변이 같지 않은지 비교)

④ = = =: 비교연산자(좌변과 우변이 같은지 비교)

Part V 정보시스템 구축관리

081 ④

난이도 상 중 하

정보시스템 구축관리 〉 정보보호 〉 네트워크 보안 〉 VPN

④ VPN(Virtual Private Network, 가상 사설망): 이용자가 인터넷과 같은 공중망에 사설망을 구축하여 마치 전용망을 사용하는 효과를 가지는 보안 솔루션이다.

오답 해설

① ZIGBEE: IEEE 802.15.4을 기반으로 하며, 저속/저전력의 무선망을 위한 기술이다.

② KDD(Knowledge Discovery in Database): 데이터베이스 속에서 지식을 발견하는 개념으로 데이터마이닝이다. 대용량의 데이터에서 연관 관계를 발견하여 실행 가능한 정보를 추출해내고 의사결정에 이용하는 과정을 말한다.

③ IDS(Intrusion Detection System): 침입 탐지 시스템으로 정보시스템의 보안을 위협하는 침입 행위가 발생할 경우 이를 탐지하기 위한 시스템이다.

082 ③

난이도 상 중 하

정보시스템 구축관리 〉 소프트웨어 개발 방법론 활용 〉 국제 표준 제품 품질 특성 〉 CMM

- CMM 성숙도 5단계(Maturity 5 Level)
  - 수준 1(Initial, 초보 단계): 소프트웨어 프로세스가 임기응변적이고 혼란스러운 단계이며 프로세스가 거의 정의되어 있지 않고 프로젝트의 성공은 개인적 능력에 달려 있다.
  - 수준 2(Repeatable, 반복 단계) 프로젝트 관리 비용 산출, 스케줄, 기능성을 지닌 기초적인 프로젝트 프로세스가 확립되어 있는 단계이며, 필요한 프로세스 훈련은 비슷한 애플리케이션을 만든 계승자로부터 반복된다.
  - 수준 3(Definition, 정의 단계) 엔지니어링 프로세스: 관리와 공학 프로세스에 관한 소프트웨어 프로세스가 문서화되고, 규격화되고, 통합되어 있는 단계이다. 소프트웨어 개발과 유지에 문서화와 공인된 조직의 프로세스를 사용하며, 2단계의 모든 사항을 포함한다.
  - 수준 4(Management, 관리 단계) 프로덕트 및 프로세스 품질: 소프트웨어 프로세스의 평가와 제품의 품질의 세부사항들이 평가되는 단계이다. 소프트웨어 프로세스와 제품이 정량적으로 이해되고 세부적으로 평가된다. 3단계의 모든 사항을 포함한다.
  - 수준 5(Optimizing, 최적 단계) 지속적인 개선: 프로세스와 혁신적 생각, 기술로부터 정량적인 피드백을 통해 지속적인 프로세스 향상이 이루어지는 단계이다. 4단계의 모든 사항을 포함한다.

083 ③

난이도 상 중 하

정보시스템 구축관리 〉 소프트웨어 개발 방법론 활용 〉 소프트웨어의 생명주기 모형 〉 폭포수 모형

③ 폭포수 모형: 가장 오래된 모형으로 많은 적용 사례가 있지만 요구사항의 변경이 어려우며, 각 단계의 결과가 확인되어야지만 다음 단계로 넘어간다. 선형 순차적 모형으로 고전적 생명주기 모형이라고도 한다.

084 ③

난이도 상 중 하

정보시스템 구축관리 〉 소프트웨어 개발 방법론 활용 〉 테일러링 개발 방법론 〉 애플리케이션 구성 계층

- 서비스 지향 아키텍처(SOA) 기반 계층
  - 비즈니스 계층(Business Layer)
  - 표현 계층(Presentation Layer)
  - 프로세스 계층(Process Layer)
  - 서비스 계층(Service Layer)
  - 영속 계층(Persistency Layer)

085 ①

난이도 상 중 하

정보시스템 구축관리 〉 IT 프로젝트 정보시스템 구축관리 〉 서버 장비 운영 〉 저장 서버 방식

① DAS(Direct Attached Storage): 하드디스크와 같은 데이터 저장장치를 호스트 버스 어댑터에 직접 연결하는 방식이다. 저장장치와 호스트 기기 사이에 네트워크 디바이스가 있지 말아야 하고 직접 연결하는 방식으로 구성된다.

오답 해설

② NAS(Network-Attached Storage): 컴퓨터 네트워크에 연결된 파일 수준의 컴퓨터 기억장치로, 서로 다른 네트워크 클라이언트에 데이터 접근 권한을 제공한다.

③ N-Screen: 여러 개의 단말에서 동일한 콘텐츠를 사용할 수 있는 방법이다. 예를 들면 스마트폰, TV, 태블릿, 데스크톱 등에서 동일 콘텐츠를 사용할 수 있다.

④ NFC(Near Field Communication): 근접 무선 통신이라 하며, 가까운 거리에서 다양한 무선 데이터를 주고받을 수 있는 통신 기술이다.

086 ②

난이도 상 중 하

정보시스템 구축관리 〉 소프트웨어 개발 방법론 활용 〉 소프트웨어의 생명주기 모형 〉 프레임워크

② 프레임워크를 사용하면 이미 만들어진 코드를 사용하게 되므로 시간과 비용이 절약되어 생산성이 증가된다. 기술 종속으로 인한 선행사업자 의존도가 증대되는 것은 적용 효과로 볼 수 없다.

087 ④

난이도 상 중 하

정보시스템 구축관리 〉 소프트웨어 개발 방법론 활용 〉 소프트웨어의 생명주기 모형 〉 SoftTech

- SADT(Structured Analysis and Design Technique)
  - SoftTech사에서 개발된 것으로 구조적 요구 분석을 하기 위해 블록 다이어그램을 채택한 자동화 도구이다.
  - 요구사항 분석이 논리적으로 표현될 수 있게 블록 다이어그램을 채택한다.

088 ④

난이도 상 중 하

정보시스템 구축관리 〉 소프트웨어 개발 방법론 활용 〉 소프트웨어의 생명주기 모형 〉 익스트림 프로그래밍

- XP(eXtreme Programming)의 5가지 핵심 가치

핵심 가치	내용
존중(Respect)	팀 기반의 활동 중 팀원 간의 상호 존중을 강조
단순성(Simplicity)	사용되지 않는 구조와 알고리즘 배제
의사소통(Communication)	개발자, 관리자, 고객 간의 원활한 의사소통
피드백(Feedback)	지속적인 테스트와 통합, 반복적 결함 수정, 빠른 피드백
용기(Courage)	고객의 요구사항 변화에 능동적인 대처

089 ②

난이도 상 중 하

정보시스템 구축관리 〉 정보보호 〉 접근 통제 〉 접근 통제 정책

- 정보 보안을 위한 접근통제 정책 종류

정책	MAC	DAC	RBAC
권한 부여	시스템	데이터 소유자	중앙 관리자
접근 결정	보안등급(Label)	신분(Identity)	역할(Role)
정책 변경	고정적(변경 어려움)	변경 용이	변경 용이
장점	안정적 중앙 집중적	구현 용이 유연함	관리 용이

090 ②

난이도 상 중 하

정보시스템 구축관리 〉 소프트웨어 개발 방법론 활용 〉 소프트웨어의 생명주기 모형 〉 나선형 모형

- 나선형 모형(spiral model): 폭포수 모델과 프로토타이핑 모델의 장점을 수용하고, 새로운 요소인 위험 분석을 추가한 진화적 개발 모델이다. 나선형 모델의 주요 활동은 계속적으로 반복된다.
- 나선형 모델의 4가지 주요활동
  - 계획 수립(Planning): 요구사항 수집, 시스템의 목표 규명, 제약 조건 파악
  - 위험 분석(Risk Analysis): 요구사항을 토대로 위험을 규명하며, 기능 선택의 우선순위, 위험 요소의 분석/프로젝트 타당성 평가 및 프로젝트를 계속 진행할 것인지 중단할 것인지를 결정한다.
  - 개발(Engineering): 선택된 기능의 개발/개선된 한 단계 높은 수준의 제품을 개발
  - 평가(Evaluation): 구현된 시스템을 사용자가 평가하여 다음 계획을 세우기 위한 피드백을 받는다.
  - 계획 수립 → 위험 분석 → 개발 → 평가

091 ④

난이도 상 중 하

정보시스템 구축관리 〉 소프트웨어 개발 방법론 활용 〉 프로젝트 개발 비용 산정 〉 비용 추정 모형

④ PERT는 일정 관리 모형이다.

- 비용 추정 모형: COCOMO, Putnam, Function-Point
- 일정 관리 모형: PERT, CPM, Gant 등

092 ①

난이도 상 중 하

정보시스템 구축관리 〉 정보보호 〉 암호화 〉 공개키 암호

① 공개키 암호화 방식에서 공개키로 암호화된 메시지는 반드시 개인키로 복호화해야 한다.

093 ①

난이도 상 중 하

• 파장 분할 다중화 방식(WDM: Wavelength Division Multiplexing)
 – 광섬유를 이용한 통신 기술의 하나를 의미함
 – 파장이 서로 다른 복수의 광신호를 동시에 이용하는 것으로 광섬유를 다중화 하는 방식임
 – 빛의 파장 축과 파장이 다른 광선은 서로 간섭을 일으키지 않는 성질을 이용함

094 ④

난이도 상 중 하

정보시스템 구축관리 〉 정보보호 〉 네트워크 보안 〉 서비스 거부 공격

④ XSS(Cross Site Scripting): 웹 페이지에 악의적인 스크립트를 포함시켜 사용자 측에서 실행되게 유도함으로써, 정보 유출 등의 공격을 유발할 수 있는 취약점이다.

오답 해설

① Ransomware: 몸값을 의미하는 Ransom과 소프트웨어(Software)의 합성어이다. 시스템을 잠그거나 데이터를 암호화해 사용할 수 없도록 만든 뒤, 이를 인질로 금전을 요구하는 악성 프로그램을 일컫는다.

② Pharming: 신종 인터넷 사기 수법으로 해당 사이트가 공식적으로 운영하고 있던 도메인 자체를 탈취하는 공격 기법이다.

③ Phishing: 금융기관 등의 웹 사이트에서 보낸 이메일(email)로 위장하여, 링크를 유도해 타인의 인증번호나 신용카드 번호, 계좌 정보 등을 빼내는 공격 기법이다.

095 ④

난이도 상 중 하

정보시스템 구축관리 〉 소프트웨어 개발 방법론 활용 〉 프로젝트 개발 비용 산정 〉 CBD

④ CBD(Component Based Development): 컴포넌트 기반 개발이며, 기존의 시스템 및 소프트웨어를 구성하고 있는 컴포넌트를 조립해서 하나의 새로운 애플리케이션을 만드는 소프트웨어 개발 방법론으로 1990년대에 주류를 이루었던 방식이다.

096 ④

난이도 상 중 하

정보시스템 구축관리 〉 소프트웨어 개발 방법론 활용 〉 프로젝트 개발 비용 산정 〉 SDDC

④ 소프트웨어 정의 데이터센터(SDDC)는 특정 하드웨어와 상관없이 독립적이다.

• 소프트웨어 정의 데이터센터(SDDC): 데이터 센터의 모든 자원이 가상화되어 서비스되고, 사람의 개입 없이 소프트웨어 조작만으로 자동 제어 관리되는 데이터 센터이다. 특정 하드웨어와 상관없이 독립적이고, 실제 물리적 환경과 동일하게 구성된다. 컴퓨팅, 네트워킹, 스토리지, 관리 등을 모두 소프트웨어로 정의하여 데이터 센터를 구성 · 관리한다.

097 ④

난이도 상 중 하

정보시스템 구축관리 〉 IT 프로젝트 정보시스템 구축관리 〉 서버 장비 운영 〉 보안 운영체제

④ Secure OS: 컴퓨터 운영체제의 커널에 보안 기능을 추가한 것으로 운영체제의 보안상 결함으로 인하여 발생 가능한 각종 해킹으로부터 시스템을 보호하기 위하여 사용되는 것이다.

오답 해설

① GPIB(General–Purpose Interface Bus): 컴퓨터와 주변기기를 접속하기 위한 통신 규격이다.

② CentOS: 리눅스 운영체제 중의 하나이다.

③ XSS(Cross Site Scripting): 웹 페이지에 악의적인 스크립트를 포함시켜 사용자 측에서 실행되게 유도함으로써, 정보 유출 등의 공격을 유발할 수 있는 취약점이다.

098 ③

난이도 상 중 하

정보시스템 구축관리 〉 소프트웨어 개발 방법론 활용 〉 프로젝트 개발 비용 산정 〉 N–S 차트

③ N–S 차트는 화살표를 사용하지 않아서 무조건 분기(GOTO)를 제외한 제어 구조(순차, 선택, 반복)를 사용한다.

099 ①

난이도 상 중 하

정보시스템 구축관리 〉 IT 프로젝트 정보시스템 구축관리 〉 IT 신기술 〉 IT 용어

① MapReduce: 대용량 데이터를 분산 처리하기 위한 목적으로 개발된 프로그래밍 모델이다. 방대한 입력 데이터를 분할하여 여러개의 머신들이 분산 처리하는 맵(Map) 함수 단계와 이를 다시 하나의 결과로 합치는 리듀스(Reduce) 함수 단계로 나뉜다.

100 ④

난이도 상 중 하

정보시스템 구축관리 〉 소프트웨어 개발 방법론 활용 〉 국제 표준 제품 품질 특성 〉 SPICE

④ SPICE: 소프트웨어 프로세스 평가를 위한 국제 표준을 제정하는 국제적인 표준화 프로젝트이다. CMM과 유사한 프로세스 평가를 위한 모델 제시 및 심사 과정을 제안한다. SPICE를 기준으로 한 심사와 평가가 양성된 심사원에 의해 이루어지고 있다.

제7회 기출문제 **정답&해설**

제7회 기출문제(2020년 8월 시행 B책형)

문제 ➦ P.102

번호	정답	번호	정답	번호	정답	번호	정답	번호	정답
01	③	02	②	03	③	04	④	05	①
06	③	07	④	08	③	09	②	10	②
11	③	12	③	13	①	14	①	15	③
16	②	17	③	18	②	19	①	20	④
21	①	22	③	23	③	24	④	25	④
26	②	27	①	28	②	29	②	30	②
31	③	32	④	33	③	34	④	35	④
36	④	37	③	38	①	39	④	40	③
41	④	42	①	43	④	44	④	45	④
46	④	47	②	48	①	49	④	50	④
51	③	52	②	53	③	54	③	55	③
56	④	57	②	58	①	59	①	60	④
61	①	62	③	63	③	64	①	65	③
66	①	67	③	68	②	69	③	70	④
71	④	72	①	73	①	74	③	75	③
76	③	77	③	78	④	79	③	80	③
81	②	82	②	83	③	84	②	85	②
86	①	87	④	88	①	89	①	90	④
91	④	92	③	93	①	94	②	95	③
96	①	97	③	98	④	99	③	100	④

기출 총평 난이도 중

2020년 6월 시험에 비하여 전체적인 난도는 조금 올라갔습니다. 2020년 6월 시험이 개정 후 첫 시험이었고, 여러 가지 변수로 인하여 문제의 난도는 예상한 것보다는 낮았습니다. 2020년 6월 시험이 기초적인 부분을 많은 비중으로 출제하였다면, 이번 시험은 조금 더 응용한 문제들이 출제되었습니다. 문제의 전체 내용으로는 객체지향의 비중이 더욱 높아지고 있으며, 프로그램 코드들도 출제되는 모습을 보였습니다. 앞으로의 시험도 이 부분들의 비중은 점차 올라 갈 것이라 생각됩니다.

Part I 소프트웨어 설계

001 ③ 난이도 상중하

소프트웨어 설계 〉 요구사항 확인 〉 요구사항 확인 〉 클래스 다이어그램(의존 관계)

③ **일반화(Generalization) 관계**: 상속 관계라고도 하며, 한 클래스가 다른 클래스를 포함하는 상위 개념일 때 이를 IS-A 관계라고 한다.

오답 해설

② **의존 관계(Dependency)**: 연관 관계와 같이 한 클래스가 다른 클래스를 사용할 때 나타난다. 두 클래스 관계가 한 메소드의 실행 동안과 같이 매우 짧은 시간 동안만 존재한다.

002 ② 난이도 상중하

소프트웨어 설계 〉 인터페이스 설계 〉 인터페이스 요구사항 확인 〉 인터페이스 요구사항 검토 방법

② **동료 검토**: 요구사항 명세서 작성자가 요구사항 명세서를 설명하고, 이해 관계자들이 설명을 들으면서 결함을 발견하는 것

오답 해설

① **리팩토링**: SW를 보다 쉽게 이해할 수 있고 적은 비용으로 수정할 수 있도록 겉으로 보이는 동작의 변화 없이 내부 구조를 변경하는 것

③ **인스펙션**: 검토 자료를 회의 전에 배포해서 사전 검토한 후 짧은 시간 동안 검토 회의를 진행하면서 결함을 발견

④ **CASE 도구**: 자동화된 요구사항 관리 도구를 이용하여 요구사항 추적성과 일관성을 검토

003 ③ 난이도 상중하

소프트웨어 설계 〉 화면 설계 〉 UI 요구사항 확인 〉 사용자 인터페이스의 기본 원칙

③ **직관성(Intuitiveness)**: UI 설계 원칙에서 누구나 쉽게 이해하고 사용할 수 있도록 제작하는 것을 의미한다.

오답 해설

② **유연성(Flexibility)**: 사용자의 인터랙션을 최대한 포용하고, 실수를 방지할 수 있도록 제작한다.

004 ④ 난이도 상중하

소프트웨어 설계 〉 요구사항 확인 〉 요구사항 확인 〉 UML 다이어그램의 종류

④ 배치 다이어그램은 구조적 다이어그램으로 분류된다.

• **행위 다이어그램**: 유스케이스 다이어그램(Use Case Diagram), 순차 다이어그램(Sequence Diagram), 상태 다이어그램(State

Diagram), 액티비티 다이어그램(Activity Diagram), 타이밍 다이어그램(Timing Diagram), 커뮤니케이션 다이어그램(Communication Diagram)

005 ①

난이도 상 중 하

소프트웨어 설계 〉 애플리케이션 설계 〉 객체지향 설계 〉 객체지향 기법

① **캡슐화(Encapsulation)**: 객체를 정의할 때 서로 관련성이 많은 데이터들과 이와 연관된 함수들을 정보처리에 필요한 기능 하나로 묶는 것으로 정보은닉을 제공한다.

오답 해설

② **클래스(Class)**: 동일한 타입의 객체들의 메소드와 변수들을 정의하는 템플릿(Templete)이다.

③ **메소드(Method)**: 객체가 어떻게 동작하는지를 규정하고 속성의 값을 변경시킨다.

④ **인스턴스(Instance)**: 객체지향 기법에서 같은 클래스에 속한 각각의 객체를 의미한다.

006 ③

난이도 상 중 하

소프트웨어 설계 〉 애플리케이션 설계 〉 공통 모듈 설계 〉 객체지향 설계 원칙

③ **LSP(Liskov Substitution Principle)**: 기반 클래스는 파생 클래스로 대체 가능해야 한다.

오답 해설

① **ISP(Interface Segregation Principle)**: 클라이언트가 분리되어 있으면, 인터페이스도 분리된 상태이어야 한다.

② **DIP(Dependency Inversion Principle)**: 클라이언트는 구체 클래스가 아닌 인터페이스에 의존하여 변화에 대처한다.

④ **SRP(Single Responsibility Principle)**: 객체는 하나의 책임(변경의 축)만을 가져야 한다.

007 ④

난이도 상 중 하

소프트웨어 설계 〉 요구사항 확인 〉 요구사항 확인 〉 럼바우

- **Rumbaugh의 OMT(Object Modeling Technique) 기법**
  - 객체 모델링(Object Modeling): 객체들을 식별하고 객체들 간의 관계를 정의
  - 동적 모델링(Dynamic Modeling): 시스템이 시간 흐름에 따라 변화하는 것을 보여주는 상태 다이어그램(state diagram)을 작성
  - 기능 모델링(Function Modeling): 시스템 내에서 데이터가 변하는 과정을 나타내며, 자료 흐름도(DFD)를 이용

008 ③

난이도 상 중 하

소프트웨어 설계 〉 애플리케이션 설계 〉 객체지향 설계 〉 디자인 패턴

③ 프로토타입(Prototype) 패턴은 객체 생성을 위한 패턴에 해당된다.

- **행위 패턴(Behavioral Patterns)**: 비지터(Visitor), 탬플릿 메소드(Template Method), 커맨드(Command), 이터레이터(Iterator), 옵저버(Observer), 스테이트(State), 스트래티지(Strategy), 메멘토(Memento), Chain of Responsibility, 인터프리터(Interpreter), 미디에이터(Mediator) 패턴

009 ②

난이도 상 중 하

소프트웨어 설계 〉 애플리케이션 설계 〉 객체지향 설계 〉 객체지향의 기본 개념

② **클래스**: 객체 지향 소프트웨어 공학에서 하나 이상의 유사한 객체들을 묶어서 하나의 공통된 특성을 표현한 것이다.

010 ②

난이도 상 중 하

소프트웨어 설계 〉 요구사항 확인 〉 요구사항 확인 〉 자료 흐름도

- **자료 흐름도의 구성 요소**: 프로세스(Process), 자료 흐름(Data Flow), 자료 저장소(Data Store), 단말(Terminator)

011 ③

난이도 상 중 하

소프트웨어 설계 〉 요구사항 확인 〉 요구사항 확인 〉 시퀀스 다이어그램

- **시퀀스 다이어그램 구성 항목**
  - 액터(Actor): 시스템과 상호작용하는 시스템 외부의 사람이나 다른 시스템을 의미한다.
  - 객체(Object): 메시지를 주고받는 주체이다.
  - 생명선(Lifeline): 객체가 메모리에 존재하는 시간을 의미한다.
  - 실행(Activation): 객체가 메시지를 주고받으며 실행되고 있음을 표현한다.
  - 메시지(Message): 객체가 상호작용을 위하여 주고받는 것이다.

012 ③

난이도 상 중 하

소프트웨어 설계 〉 애플리케이션 설계 〉 객체지향 설계 〉 디자인 패턴

③ **Factory Method 패턴**: 객체를 생성하기 위한 인터페이스를 정의하여 어떤 클래스가 인스턴스화 될 것인지는 서브클래스가 결정하도록 하는 것이다.

오답 해설

① **Visitor 패턴**: 작업 종류의 효율적 추가 및 변경이 가능하다.

② **Observer 패턴**: 상태가 변경되면 다른 객체들한테 연락을 돌릴 수 있게 해준다. (1대다의 객체 의존 관계를 정의)

④ **Bridge 패턴**: 기능과 구현을 두 개의 별도 클래스로 구현한다.

013 ①

난이도 상 중 하

소프트웨어 설계 〉 애플리케이션 설계 〉 객체지향 설계 〉 디자인 패턴

- **디자인 패턴의 구성 요소**
  - 패턴의 이름과 구분: 패턴에서 사용하는 이름과 패턴의 유형이다.
  - 문제 및 배경: 패턴이 사용되는 분야, 배경 그리고 해결하는 문제를 의미한다.

- 솔루션: 패턴을 이루는 요소들/관계/협동 과정을 말한다.
- 사례: 간단한 적용 사례가 필요하다.
- 결과: 패턴을 사용하면 얻게 되는 이점이나 영향이다.
- 샘플 코드: 패턴이 적용된 원시 코드이다.

014 ①

난이도 상중하

소프트웨어 설계 〉 애플리케이션 설계 〉 공통 모듈 설계 〉 협약에 의한 설계

- **협약에 의한 설계(Design by Contract)**: 클래스에 대한 여러 가지의 가정을 공유하도록 명세한 것이다. 소프트웨어 컴포넌트에 대한 정확한 인터페이스 명세를 위하여 선행 조건, 결과 조건, 불변 조건을 나타내는 설계 방법이라 할 수 있다.

015 ③

난이도 상중하

소프트웨어 설계 〉 요구사항 확인 〉 요구사항 확인 〉 요구 분석

③ 설계 및 코딩 기술은 요구사항 분석에 필요한 것이 아니라 설계나 구현에 필요한 기술이다.

016 ②

난이도 상중하

소프트웨어 설계 〉 요구사항 확인 〉 요구사항 확인 〉 애자일

② 애자일(Agile) 기법은 계획을 따르기 보다는 변화에 대응하는 것에 더 가치를 둔다.

017 ③

난이도 상중하

소프트웨어 설계 〉 요구사항 확인 〉 요구사항 확인 〉 자료 사전

자료 사전 기호	기능	의미
=	자료의 정의	~로 구성되어 있음
+	자료의 연결	그리고, 순차(and)
( )	자료의 생략	선택 사양, 생략 가능(Optional)
{ }	자료의 반복	반복(Iteration)
[|]	자료의 선택	여러 대안 중 하나 선택
* *	자료의 설명	주석(Comment)

018 ②

난이도 상중하

소프트웨어 설계 〉 인터페이스 설계 〉 인터페이스 상세 설계 〉 미들웨어

② Web Server는 미들웨어 솔루션이 아니라, 사용자에게 웹을 제공하기 위한 서버이다.

오답 해설

① WAS(Web Application Server): 클라이언트(웹 브라우저)로부터 웹 서버가 요청을 받으면 애플리케이션에 대한 로직을 수행하여 웹 서버로 다시 반환해 주는 서버이다.

③ RPC(Remote Procedure Call, 원격 프로시저 호출): 네트워크상에서 애플리케이션과 애플리케이션 간의 연동을 하기 위한 미들웨어이다. (또는 다른 컴퓨터에 있는 원격 애플리케이션을 연동시키는 경우 많이 이용된다.)

④ ORB(Object Request Broker): 객체지향 미들웨어로 분산 컴퓨팅 환경에서 프로그래머에게 다른 컴퓨터의 프로그램을 네트워크를 통해 호출할 수 있다.

019 ①

난이도 상중하

소프트웨어 설계 〉 애플리케이션 설계 〉 공통 모듈 설계 〉 코드

① 코드는 파일 시스템을 체계화하기 위해 복잡성이 없어야 한다.

020 ④

난이도 상중하

소프트웨어 설계 〉 화면 설계 〉 UI 설계 〉 CASE

- CASE(Computer Aided Software Engineering) 도구
  - 소프트웨어 공학의 자동화를 의미하며, 소프트웨어 공학 작업 중 하나의 작업을 자동화한 소프트웨어 패키지를 CASE 도구라 한다. 이러한 도구를 한데 모아놓은 것을 소프트웨어 공학환경(Software Engineering Environment)이라 한다.
  - CASE 도구들은 소프트웨어 관리자들과 실무자들이 소프트웨어 프로세스와 관련된 활동을 지원한다.
  - 구조적 시스템 및 객체지향 시스템 개발에 모두 효과적으로 활용된다.

Part Ⅱ 소프트웨어 개발

021 ①

난이도 상중하

소프트웨어 개발 〉 데이터 입출력 구현 〉 논리 데이터저장소 확인 〉 트리의 순회

Preorder(전위) 순회는 root → left → right 순서이다. 따라서 문제의 트리는 A → B → D → C → E → G → H → F와 같은 순서로 탐색된다.

022 ③

난이도 상중하

소프트웨어 개발 〉 인터페이스 구현 〉 인터페이스 기능 구현 〉 인터페이스 보안

③ SMTP(Simple Mail Transfer Protocol)는 보안에 관련된 프로토콜이 아니라, 메일 전송 프로토콜이다.

오답 해설

① IPSec(IP Security): 안전하지 않은 네트워크상의 두 컴퓨터 사이에 암호화된 안전한 통신을 제공하는 프로토콜이다.

② SSL(Secure Socket Layer): 인터넷을 통해 전달되는 정보보안의 안전한 거래를 허용하기 위해 Netscape사에서 개발한 인터넷 통신 규약 프로토콜이다.

④ S-HTTP(Secure HyperText Transfer Protocol): HTTP 프로토콜에 송신자 인증, 메시지 기밀성과 무결성, 부인 방지 기능을 확장한 프로토콜이다.

023 ③

난이도 상 중 하

소프트웨어 개발 〉 통합 구현 〉 통합 구현 관리 〉 소프트웨어 형상 관리

③ 제품 소프트웨어의 형상 관리는 프로젝트 개발비용을 효율적으로 관리하기 위한 활동이 아니라 소프트웨어의 전체 변경을 관리하는 것이다.

024 ④

난이도 상 중 하

소프트웨어 개발 〉 제품 소프트웨어 패키징 〉 제품 소프트웨어 패키징 〉 패키징 도구 활용 시 고려사항

- 패키징 도구 활용 시 고려사항
  - 반드시 암호화/보안을 고려한다. 패키징 시 사용자에게 배포되는 소프트웨어임을 감안하여 내부 콘텐츠에 대한 암호화 및 보안을 고려한다.
  - 추가로 다양한 이기종 연동을 고려한다. 패키징 도구를 활용하여 여러 가지 이기종 콘텐츠 및 단말기 간 DRM 연동을 고려한다.
  - 사용자 편의성을 위한 복잡성 및 비효율성 문제를 고려한다. 패키징 도구를 고려하면 사용자의 입장에서 불편해질 수 있는 문제를 고려하여, 최대한 효율적으로 적용될 수 있도록 한다.
  - 제품 소프트웨어의 종류에 적합한 암호화 알고리즘을 적용한다. 암호화 알고리즘이 여러 가지 종류가 있는데, 제품 소프트웨어의 종류에 맞는 알고리즘을 선택하여 배포 시 범용성에 지장이 없도록 고려한다.

025 ④

난이도 상 중 하

소프트웨어 개발 〉 데이터 입출력 구현 〉 논리 데이터저장소 확인 〉 선택 정렬

- **선택(Selection) 정렬:** 자료 범위 안에서 가장 작은 키 값을 찾아 첫 번째 값과 비교하여 찾는다(오름차순 정렬일 경우). 최소값이 더 작으면, 서로 교환한다.

37, 14, 17, 40, 35

- 1회전: 14, 37, 17, 40, 35
- 2회전: 14, 17, 37, 40, 35
- 3회전: 14, 17, 35, 40, 37
- 4회전: 14, 17, 35, 37, 40

026 ②

난이도 상 중 하

- **순환 복잡도(Cyclomatic Complexity):** 프로그램의 논리적 복잡도를 측정하기 위한 소프트웨어의 척도로 맥 케이브 순환도(MaCabe's cyclomatic) 또는 맥 케이브 복잡도 매트릭(McCabe's Complexity Metrics)라고도 하며, 제어 흐름도 이론에 기초를 둔다.
- 제어 흐름 그래프 G에서 순환 복잡도 V(G)는 다음과 같은 방법으로 계산할 수 있다.

V(G) = E(화살표) − N(노드) + 2

따라서 6 − 4 + 2 = 4

027 ①

난이도 상 중 하

소프트웨어 개발 〉 통합 구현 〉 통합 구현 관리 〉 형상관리 도구

- 형상관리 도구의 구성 요소

구분	설명
Repository	• 프로젝트의 프로그램 소스를 포함한 형상 항목이 저장되는 장소 • 소스뿐만 아니라 소스의 변경사항도 모두 저장 • 네트워크를 통해서 여러 사람이 접근 가능함
Check-out	• 저장소에서 소스 및 버전 관리 파일들을 받아 옴
Check-in	• 수정 소스를 Repository로 업로드
Commit	• 소스를 수정 및 삭제, 새파일 추가 등의 변경사항을 저장소에 갱신
Update	• 체크아웃을 통해서 소스를 가져왔다 하더라도 다른 사람이 커밋을 하면 로컬 소스 코드가 달라지는데 이때, Update 명령어를 통해서 저장소에 있는 최신 버전의 소스를 가져올 수 있다. • 로컬 소스 코드와 저장소에 있는 소스 코드를 비교하여 차이가 발생하는 부분만 바꿈

028 ②

난이도 상 중 하

소프트웨어 개발 〉 데이터 입출력 구현 〉 논리 데이터저장소 확인 〉 트리

② 차수가 3인 노드는 B이고, 차수가 2인 노드는 A, F, 차수가 1인 노드는 C, 차수가 0인 노드는 D, E, H, I, G이다. 노드의 차수 중에서 가장 큰 차수가 트리의 차수이므로 3이다.

029 ②

난이도 상 중 하

소프트웨어 개발 〉 애플리케이션 테스트 관리 〉 애플리케이션 테스트 케이스 설계 〉 인수 테스트

② **인수 테스트:** 사용자측 관점에서 소프트웨어가 요구를 충족시키는가를 평가하며, 알파 테스트와 베타 테스트가 있다.

오답 해설

① **단위 테스트:** 코딩이 끝난 후 설계의 최소 단위인 모듈에 초점을 두고 검사하는 단계이며, 독립 모듈의 완전성을 시험한다.

③ **통합 테스트:** 단위 검사가 끝난 모듈들을 하나로 결합하여 시스템으로 완성하는 과정에서의 검사이다.

④ **시스템 테스트:** 시스템으로 완전히 통합된 상태에서 기능을 총체적으로 검사하는 것이다. 통합된 각 모듈들이 정상적으로 작동하는지, 요구사항과 차이가 없는지 등을 판단하고 수행 시간, 파일 저장 및 처리 능력, 최대 부하, 복구 및 재시동 능력 등을 점검한다.

030 ②

난이도 상중하

소프트웨어 개발 〉 통합 구현 〉 통합 구현 관리 〉 리팩토링

- 클린 코드 작성 원칙
  - 가독성이 좋은 코드: 단순하고 직접적으로 잘 쓰인 문장처럼 읽히고 설계자의 의도가 보이는 코드로 추상화와 단순한 제어문으로 구성된 코드를 말한다.
  - 변경이 쉬운 코드: 작성자가 아닌 사람도 읽기 쉽고 고치기 쉬운 코드로 이를 위해서는 의미 있는 이름이 부여되고, 특정한 목적을 달성하는 방법은 하나만 제공한다. 또 의존성은 최소화하며 각 의존성에 대한 정의가 명확하다.
  - 중복 없는 코드: 같은 작업을 여러 차례 반복하지 않는 코드로 같은 작업을 여러 차례 반복한다면 코드가 문제 해결을 제대로 하지 못한다는 증거이다.
  - 주의 깊게 짜인 코드: 고치려고 살펴봐도 딱히 손댈 곳이 없는, 작성자가 이미 모든 상황을 고려한 소스 코드를 말한다.

031 ③

난이도 상중하

소프트웨어 개발 〉 제품 소프트웨어 패키징 〉 제품 소프트웨어 패키징 〉 DRM

- 디지털 저작권 관리(DRM)의 핵심적 기술 요소

구분	내용	예
암호화 (Encryption)	콘텐츠 및 라이선스를 암호화하고, 전자 서명을 할 수 있는 기술	PKI(Public Key Infrastracture), Encryption, Digital Sinature
키 관리 (Key Management)	콘텐츠를 암호화한 키에 대한 저장 및 배포 기술	Centralized, Enveloping
암호화 파일 생성 (Packager)	콘텐츠를 암호화된 콘텐츠로 생성하기 위한 기술	Pre-packaging, On-the-fly Packaging
식별기술 (Identification)	콘텐츠에 대한 식별 체계 표현 기술	DOI(Digital Object Identifier) URI(Uniform Resource Identifier)
저작권표현 (Right Expression)	라이선스의 내용 표현 기술	ODRL, XrML/MPGE-21 REL
정책관리 (Policy management)	라이선스 발급 및 사용에 대한 정책 표현 및 관리 기술	XML(Extensible Markup Language), Contents
크랙 방지 (Tamper Resistance)	크랙(데이터 변조 방지)에 의한 콘텐츠 사용방지 기술	Secure DB, Secure Time Management, Encryption
인증 (Authentication)	라이선스 발급 및 사용의 기준이 되는 사용자 인증 기술	SSO,ID/PW, 디지털 인증, 이메일 인증
인터페이스 (Interface)	상이한 DRM 플랫폼 간의 상호 호환성 인터페이스 및 인증 기술	IPMP
이벤트보고 (Event Reporting)	콘텐츠의 사용이 적절하게 이루어지고 있는지 모니터링하는 기술. 불법 유통이 탐지되었을 때 이동 경로 추적에 활용	
사용권한 (Permission)	콘텐츠의 사용에 대한 권한을 관리하는 기술 요소	렌더퍼미션(Render Permission), 트랜스포트 퍼미션(Transport Permi-ssion), 데리버티브 퍼미션(Derivative Permi-ssion)

032 ④

난이도 상중하

소프트웨어 개발 〉 통합 구현 〉 통합 구현 관리 〉 소프트웨어 재공학

- **소프트웨어 재공학:** 기존 소프트웨어를 버리지 않고 기능을 개선시키거나 새로운 요구사항에 대해선 기존 기능을 활용하여 더 나은 시스템을 만들도록 하는 것
- **소프트웨어의 재개발:** 개선 사항이나 추가 요구사항에 대해 기존 소프트웨어를 활용할 수 없어 일부를 다시 개발하는 것

033 ③

난이도 상중하

소프트웨어 개발 〉 제품 소프트웨어 패키징 〉 제품 소프트웨어 매뉴얼 작성 〉 소프트웨어 품질

③ **신뢰성:** 소프트웨어 품질 목표 중 주어진 시간 동안 주어진 기능을 오류 없이 수행하는 정도를 나타내는 것

오답 해설

① **직관성:** 누구나 쉽게 이해하고, 사용할 수 있도록 제작한다.

② **사용 용이성:** 사용이 용이한 정도이다.

④ **이식성:** 하나의 운영 환경(HW와 SW)에서 다른 환경으로 소프트웨어를 옮기는 데 드는 노력이다.

034 ④

난이도 상중하

통합문제

- **소프트웨어 공학의 정의:** 최소의 경비로 품질 높은 소프트웨어 상품의 개발, 유지보수 및 관리를 위한 모든 기법, 도구, 방법론의 총칭으로서, 전산학(기술적 요소), 경영학(관리적 요소), 심리학(융합적 요소)을 토대로 한 종합 학문이다.

035 ④

난이도 상중하

통합문제

④ **AJAX(Asynchronous JavaScript and XML):** 브라우저와 서버 간의 비동기 통신 채널, 자바스크립트, XML의 집합과 같은 기술들이 포함된다. 대화식 웹 애플리케이션을 개발하기 위해 사용되며, AJAX 애플리케이션은 실행을 위한 플랫폼으로 사용되는 기술들을 지원하는 웹 브라우저를 이용한다.

036 ④

난이도 상 중 하

소프트웨어 개발 〉 통합 구현 〉 모듈 구현 〉 블랙박스 테스트

④ 조건 검사, 루프 검사는 화이트박스 테스트 유형이다.

- **블랙박스 테스트**: 동치 분할, 경계값 분석, 원인 결과 그래프, 오류 추측 기법, 비교 검사 기법
- **화이트박스 테스트**: 데이터 흐름 검사, 루프 검사, 기초 경로 검사, 조건 검사

037 ③

난이도 상 중 하

소프트웨어 개발 〉 제품 소프트웨어 패키징 〉 제품 소프트웨어 매뉴얼 작성 〉 국제 표준

③ ISO/IEC 12119(information technology-software packages-quality requirements and testing): 패키지 소프트웨어의 일반적인 제품 품질 요구 사항 및 테스트를 위한 국제 표준 규격이다.

038 ①

난이도 상 중 하

소프트웨어 개발 〉 애플리케이션 테스트 관리 〉 애플리케이션 통합 테스트 〉 하향식 통합

① **하향식 통합 테스트**: 주프로그램으로부터 그 모듈이 호출하는 다음 레벨의 모듈을 테스트하고, 점차적으로 하위 모듈로 이동하는 방법이다. 드라이버는 필요치 않고 통합이 시도되지 않은 곳에 스텁(Stub)이 필요하며, 통합이 진행되면서 스텁은 실제 모듈로 교체된다.

039 ④

난이도 상 중 하

소프트웨어 개발 〉 데이터 입출력 구현 〉 물리 데이터저장소 설계 〉 물리 데이터 저장소

- **파티션 분할 유형**
  - 범위 분할(Range Partitioning)
  - 목록 분할(List Partitioning)
  - 해시 분할(Hash Partitioning)
  - 조합 분할(Composite Partitioning)

040 ③

난이도 상 중 하

소프트웨어 개발 〉 데이터 입출력 구현 〉 논리 데이터저장소 확인 〉 알고리즘 설계 기법

③ Static Block: 자바에서 클래스가 로딩되고, 클래스 변수가 준비된 후 자동으로 실행되는 블록이다.

오답 해설

① Divide and Conquer: 그대로 해결할 수 없는 문제를 작은 문제로 분할하여 문제를 해결하는 방법이다.

② Greedy: 최적해를 구하는 데에 사용되는 근사적인 방법으로, 여러 경우 중 하나를 결정해야 할 때마다 그 순간에 최적이라고 생각되는 것을 선택해 나가는 방식으로 진행하여 최종적인 해답에 도달하는 방법이다.

④ Back tracking: 해답을 찾아가는 도중에 막힌 곳에 이르면 그 경로로 더 이상 가지 않고 되돌아가서 다시 찾는 방법이다.

Part Ⅲ 데이터베이스 구축

041 ④

난이도 상 중 하

데이터베이스 구축 〉 관계 데이터 모델 〉 관계 데이터 연산 〉 디비전

R과 S 두 릴레이션에 대한 Division 연산은 릴레이션 S에 포함되는 [D2, D3]의 값이 포함되는 릴레이션 R의 [D1]을 찾아야 한다. 릴레이션 S의 [D2, D3] 값 (1, A)를 포함하는 릴레이션 R의 [D1] 값은 a와 b이므로 이 값이 실행결과가 된다.

042 ①

난이도 상 중 하

데이터베이스 구축 〉 데이터베이스 설계와 정규화 〉 정규화 체계 〉 제1정규형

- 테이블의 속성 내에 대한민국의 서울, 부산과 미국의 워싱턴, 뉴욕은 원자값을 만족시키지 못한다. '서울'과 '부산' 그리고 '워싱턴'과 '뉴욕'을 각각 따로따로 분리시켜야 원자값을 만족시킬 수 있게 된다.
- **제1정규형(1NF)**: 어떤 릴레이션 R에 속한 모든 도메인이 원자값(Atomic Value)만으로 되어 있다면, 제1정규형(1NF)에 속한다.

043 ④

난이도 상 중 하

데이터베이스 구축 〉 고급 데이터베이스 〉 고급 데이터베이스 〉 투명성

- **분산 데이터베이스 투명성(Transparency)**
  - 위치 투명성(Location Transparency): 액세스하려는 데이터베이스의 실제 위치를 알 필요 없이 단지 데이터베이스의 논리적인 명칭만으로 액세스할 수 있다.
  - 중복 투명성(Replication Transparency): 동일 데이터가 여러 곳에 중복되어 있더라도 사용자는 마치 하나의 데이터만 존재하는 것처럼 사용하고, 시스템은 자동으로 여러 자료에 대한 작업을 수행한다.
  - 병행 투명성(Concurrency Transparency): 분산 데이터베이스와 관련된 다수의 트랜잭션들이 동시에 실현되더라도 그 트랜잭션의 결과는 영향을 받지 않는다.
  - 장애 투명성(Failure Transparency): 트랜잭션, DBMS, 네트워크, 컴퓨터 장애에도 불구하고 트랜잭션을 정확하게 처리한다.

044 ④

난이도 상 중 하

데이터베이스 구축 〉 데이터베이스 설계와 정규화 〉 정규화의 개념 〉 이상현상

④ Anomaly: 릴레이션 조작 시 데이터들이 불필요하게 중복되어 예기치 않게 발생하는 곤란한 현상을 의미한다.

오답 해설

① Normalization: 이상 문제를 해결하기 위해 애트리뷰트 간의 종속 관계를 분석하여 여러 개의 릴레이션으로 분해하는 과정이다.

② Rollback: 트랜잭션의 비정상적 종료가 되었을 때 이전의 상태로 되돌리는 연산을 말한다.

③ Cardinality: 튜플(Tuple)의 개수이다.

045 ④

난이도 상 중 하

데이터베이스 구축 〉 관계 데이터 모델 〉 관계 데이터 모델의 구조 및 제약 〉 관계 데이터 모델

- relation: 테이블의 수(1개)
- attribute: 열의 수(3개)
- tuple: 행의 수(5개)

046 ④

난이도 상 중 하

데이터베이스 구축 〉 관계 데이터베이스 언어 〉 SQL 〉 BETWEEN 연산자

④ BETWEEN 구문은 키워드로 'BETWEEN'과 'AND'를 사용하며, 행값의 범위를 지정한다. BETWEEN A or B라는 문법은 없다.

047 ②

난이도 상 중 하

데이터베이스 구축 〉 데이터베이스 설계와 정규화 〉 정규화 체계 〉 이행 함수 종속

X → Y이고 Y → Z이면 X → Z가 성립하는 함수 종속을 이행적 함수 종속이라고 한다. 이행적 함수 종속은 정규화 2NF → 3NF 과정에서 제거된다.

048 ①

난이도 상 중 하

데이터베이스 구축 〉 관계 데이터 모델 〉 관계 데이터 모델의 구조 및 제약 〉 데이터 무결성 제약

① **개체 무결성**: 릴레이션에서 기본키를 구성하는 속성은 널(NULL) 값이나 중복값을 가질 수 없다.

오답 해설

② **참조 무결성**: 외래키 값은 널(NULL)이거나 참조 릴레이션의 기본키 값과 동일해야 한다.

③ **도메인 무결성**: 특정 속성값이 그 속성이 정의된 도메인에 속한 값이어야 한다는 규정이다.

049 ④

난이도 상 중 하

데이터베이스 구축 〉 관계 데이터베이스 언어 〉 SQL 〉 DCL(GRANT, REVOKE만 기재)

④ SELECT는 DML 명령어이다.

- 제어어(DCL): GRANT, REVOKE
- 정의어(DDL): CREATE, ALTER, DROP
- 조작어(DML): SELECT, INSERT, DELETE, UPDATE

050 ④

난이도 상 중 하

데이터베이스 구축 〉 관계 데이터 모델 〉 관계 데이터 모델의 구조 및 제약 〉 릴레이션

- 릴레이션 특성
  - 릴레이션의 튜플들은 모두 상이하다. (튜플의 유일성)
  - 릴레이션에서 애트리뷰트들 간의 순서는 의미가 없다. (속성의 무순서성)
  - 한 릴레이션에 포함된 튜플 사이에는 순서가 없다. (튜플의 무순서성)
  - 애트리뷰트는 원자값으로서 분해가 불가능하다. (속성의 원자성)

051 ③

난이도 상 중 하

데이터베이스 구축 〉 데이터베이스 설계와 정규화 〉 정규화 체계 〉 보이스/코드 정규형

③ 보이스/코드 정규형(BCNF): 릴레이션 R의 모든 결정자(Determinant)가 후보키(Candidate key)이면 릴레이션 R은 보이스/코드 정규형(BCNF)에 속한다.

052 ②

난이도 상 중 하

데이터베이스 구축 〉 관계 데이터베이스 언어 〉 SQL 〉 DISTINCT

② R1 테이블에서 학년을 검색하는데 DISTINCT 키워드를 사용하여 지정된 컬럼명에 대해서 중복되지 않게 출력하므로, 학년 컬럼 1, 2, 3만 출력된다.

053 ③

난이도 상 중 하

데이터베이스 구축 〉 관계 데이터베이스 언어 〉 SQL 〉 DML

③ ALTER은 DDL 명령어이다.

- 조작어(DML): SELECT, INSERT, DELETE, UPDATE
- 정의어(DDL): CREATE, ALTER, DROP
- 제어어(DCL): GRANT, REVOKE

054 ③

난이도 상 중 하

데이터베이스 구축 〉 데이터베이스 설계와 정규화 〉 정규화의 개념 〉 정규화의 목적

③ 정규화(Normalization)는 중복을 배제하여 삽입, 삭제, 갱신 이상의 발생을 방지하는 것이다.

055 ③

난이도 상 중 하

데이터베이스 구축 〉 고급 데이터베이스 〉 트랜잭션 〉 트랜잭션의 성질

③ **원자성**: 트랜잭션이 성공적으로 완료되면 처리 결과는 영속적으로 반영되어야 한다. Commit과 Rollback 명령어에 의해 보장받으며, 전부나 전무의 실행만이 있다.

056 ④

난이도 상 중 하

데이터베이스 구축 〉 고급 데이터베이스 〉 회복과 병행 제어 〉 로킹

④ 로킹의 단위가 커지면 데이터베이스 공유도가 감소하며, 로킹 오버헤드도 감소한다.

057 ②

난이도 상 중 하

데이터베이스 구축 〉 관계 데이터 모델 〉 관계 데이터 연산 〉 순수 관계 연산자

② Cartesian Product는 일반 집합 연산자이다.

• 순수 관계 연산자: SELECT, PROJECT, JOIN, DIVISION

058 ①

난이도 상 중 하

데이터베이스 구축 〉 관계 데이터베이스 언어 〉 뷰 〉 뷰의 장점

① 뷰는 독자적인 인덱스를 가질 수 없다.

059 ①

난이도 상 중 하

데이터베이스 구축 〉 고급 데이터베이스 〉 회복과 병행 제어 〉 즉시(즉각) 갱신

① 즉시(즉각) 갱신: 오류가 발생하면 우선적으로 오류를 해결하며, 데이터베이스 로그를 필요로 한다. 오류가 발생하면 즉시 처리하므로 REDO와 UNDO를 모두 이용한다.

060 ④

난이도 상 중 하

데이터베이스 구축 〉 관계 데이터베이스 언어 〉 SQL 〉 집계 함수

④ CREATE문은 데이터 정의어(DDL)에 해당된다.

• 집계함수: COUNT, SUM, AVG, MAX, MIN

Part Ⅳ 프로그래밍 언어 활용

061 ①

난이도 상 중 하

프로그래밍 언어 활용 〉 프로그래밍 언어 활용 〉 C 언어 〉 정수 자료형

① int: 정수 자료형

오답 해설

② float: 단정도 실수 자료형

③ char: 문자 자료형

④ double: 배정도 실수 자료형

062 ③

난이도 상 중 하

프로그래밍 언어 활용 〉 프로그래밍 언어 활용 〉 C 언어

for문의 반복문을 살펴보면, 1~10까지 2씩 증가한 값을 모두 더하는 코드이다. 따라서 sum은 1 + 3 + 5 + 7 + 9 = 25가 된다.

063 ③

난이도 상 중 하

프로그래밍 언어 활용 〉 공통 모듈 구현 〉 유닉스 〉 프로세스

③ fork: 새로운 프로세스를 생성하는 명령어

오답 해설

① ls: 자신이 속해 있는 폴더 내에서의 파일 및 폴더들 표시

② cat: 파일 내용 출력

④ chmod: 특정 파일 또는 디렉터리의 퍼미션 수정

064 ①

난이도 상 중 하

프로그래밍 언어 활용 〉 네트워크 기초 활용 〉 ISO의 OSI 표준 모델 〉 OSI 7계층

① Data Link layer(데이터 링크 계층): 통신 경로상의 지점 간(link-to-link)의 오류 없는 데이터 전송에 관한 프로토콜이다. 전송되는 비트의 열을 일정 크기 단위의 프레임으로 잘라 전송하고, 전송 도중 잡음으로 인한 오류 여부를 검사하며, 수신 측 버퍼의 용량 및 양측의 속도 차이로 인한 데이터 손실이 발생하지 않도록 하는 흐름 제어 등을 한다. 인접한 두 시스템을 연결하는 전송 링크 상에서 패킷을 안전하게 전송하는 것이다.

065 ③

난이도 상 중 하

통합문제

• 결합도

1. 내용 결합도(Content Coupling)	결합도가 강함 ↑
2. 공통 결합도(Common Coupling)	
3. 외부 결합도(External Coupling)	
4. 제어 결합도(Control Coupling)	
5. 스탬프 결합도(Stamp Coupling)	
6. 자료 결합도(Data coupling)	↓ 결합도가 약함

066 ①

난이도 상 중 하

통합문제

• 200.1.1.0/24 네트워크를 사용한다는 것은 네트워크 주소로 24비트를 사용하고, 호스트 주소로 8비트를 사용한다는 것이다.

• 호스트 주소 8비트 중에서 서브넷이 10개 필요하므로 최소 4비트를 서브넷으로 사용해야 한다. 4비트를 이용하여 서브넷을 나누면 (200.1.1.0~200.1.1.15), (200.1.1.16~200.1.1.31), (200.1.1.32~200.1.1.47), (200.1.1.48~200.1.1.63), (200.1.1.64~200.1.1.79), (200.1.1.80~200.1.1.95), (200.1.1.96~200.1.1.111), (200.1.1.112~200.1.1.127), (200.1.1.128~200.1.1.143), (200.1.1.144~200.1.1.159), … 등이 된다.

• 10번째의 브로드캐스트 주소 10번째 서브넷의 마지막 주소이므로 200.1.1.159가 된다.

067 ③

난이도 상 중 하

프로그래밍 언어 활용 〉 프로그래밍 언어 활용 〉 C 언어 〉 버퍼 오버플로우

③ **버퍼 오버플로우 공격**: 메모리를 다루는 데 있어서 오류가 발생하여 잘못된 동작을 하는 프로그램 취약점이다. 공격자가 버퍼 공간보다 큰 입력을 발생시켜 버퍼를 넘치게 만들고, 공격자가 원하는 코드를 수행시켜서 공격자의 권한을 상승시키는 공격이다.

068 ②

난이도 상 중 하

② TCP 기본 헤더 크기는 20byte이고, 옵션 40byte를 포함시키면 60byte까지 확장 가능하다.

069 ③

난이도 상 중 하

③ 변수 이름에 공백과 같은 띄어쓰기를 사용할 수 없으므로 카멜 표기법을 이용하거나 '_' 등을 활용하여 작성한다.

070 ④

난이도 상 중 하

프로그래밍 언어 활용 〉 공통 모듈 구현 〉 모듈화 〉 배치 프로그램

④의 설명은 무결성이 아닌 성능에 대한 내용이다.

- **배치 프로그램의 필수 요소**
  - 대용량 데이터: 대용량의 데이터를 처리할 수 있어야 한다.
  - 자동화: 심각한 오류 상황 외에는 사용자의 개입 없이 동작해야 한다.
  - 안정성: 어떤 문제가 생겼는지, 언제 발생했는지 등을 추적할 수 있어야 한다.
  - 견고함: 유효하지 않은 데이터도 처리하여 비정상적인 중단이 없도록 해야 한다.
  - 성능: 주어진 시간 내에 처리를 완료할 수 있어야 하고, 동시에 동작하고 있는 다른 애플리케이션을 방해하지 말아야 한다.

071 ④

난이도 상 중 하

프로그래밍 언어 활용 〉 공통 모듈 구현 〉 모듈화 〉 응집도

④ **절차적 응집도**: 모듈이 다수의 관련 기능을 가질 때 모듈 안의 구성 요소들이 그 기능을 순차적으로 수행할 경우의 응집도이다.

오답 해설

① **기능적 응집도**: 모듈 내의 모든 요소가 한 가지 기능을 수행하기 위해 구성될 때, 이들 요소는 기능적 응집도로 결속되어 있다고 한다.

② **우연적 응집도**: 모듈 내부의 각 요소들이 서로 관계없는 것들이 모인 경우로 응집력이 가장 낮다.

③ **논리적 응집도**: 논리적으로 서로 관련이 있는 요소를 모아 하나의 모듈로 한 경우, 그 모듈의 기능은 이 모듈을 참조할 때 어떤 파라미터를 주느냐에 따라 다르다.

072 ①

난이도 상 중 하

프로그래밍 언어 활용 〉 네트워크 기초 활용 〉 인터넷 〉 IPv6

IPv4는 32비트 주소체계이며, IPv6는 128비트 주소체계이다.

073 ①

난이도 상 중 하

프로그래밍 언어 활용 〉 프로그래밍 언어 활용 〉 JAVA

- **삼항 연산자**: 조건식의 결과가 참이면 '값1'을 할당하고, 거짓이면 '값2'를 할당한다. (조건)?값1:값2

```
❶ int i = 7, j = 9;
❷ int k;
❸ if (i > j)
❹     k = i - j;
❺ else
❻     k = i + j;
```

- ❸: 조건식 i 〉 j가 참이면, ❹ k에 i − j를 할당하고, ❺ i 〉 j가 거짓이면 k에 i + j를 할당한다. 따라서 k = (i 〉 j)?(i − j):(i + j); 가 정답이 된다.

074 ③

난이도 상 중 하

프로그래밍 언어 활용 〉 프로그래밍 언어 활용 〉 파이썬

- 입력값 'Hello World'를 기준으로 문자열에서 맨 왼쪽 처음 3글자 'Hel'를 추출하려면 string[0:3]이 되어야 하고, 끝 글자 3자인 'rld'를 추출하려면 string[−3:]이 되어야 한다. 최종 출력값이 'Helrld'이므로 이 둘을 합치는 식은 string[0:3] + string[−3:]이 된다.
- 파이썬 리스트 슬라이싱(list slicing) 구문

```
리스트명[start:end:step]
```

- start: index 시작 위치
- end: index 마지막 위치
- step: index 증가폭(생략 가능)

075 ③

난이도 상 중 하

프로그래밍 언어 활용 〉 공통 모듈 구현 〉 모듈화 〉 모듈

③ 모듈은 쉽게 예측이 가능해야 하지만, 지나치게 제한적으로 만들어지면 인터페이스가 증가하므로 전체 인터페이스 복잡도가 올라 갈 수 있다.

076 ③

난이도 상 중 하

프로그래밍 언어 활용 〉 공통 모듈 구현 〉 운영체제 기초 활용 〉 HRN

- HRN 우선순위 계산식 = (대기 시간+서비스 시간) / 서비스 시간
  - A: (5+20)/20 = 1.25
  - B: (40+20)/20 = 3
  - C: (15+45)/45 = 1.3
  - D: (20+2)/2 = 11
  - HRN 우선순위 계산식에서 계산된 값이 클수록 우선 순위가 높다.

077 ③

난이도 상 중 하

통합문제

③ 운영체제의 종류로는 UNIX, Windows, Linux, Android, iOS 등이 있다. 매크로 프로세서, 어셈블러, 컴파일러는 언어 번역 프로그램이다.

078 ④

난이도 상 중 하

프로그래밍 언어 활용 〉 공통 모듈 구현 〉 운영체제 기초 활용 〉 최악적합

④ 최악 적합(Worst Fit) 방법은 할당 가능한 영역(FREE) 중 단편화가 가장 많은 영역에 할당한다. NO.3와 NO.4는 사용 중이라 할당하지 못하고, 나머지 영역 중에 가장 큰 영역인 NO.5에 할당된다.

079 ③

난이도 상 중 하

프로그래밍 언어 활용 〉 공통 모듈 구현 〉 모듈화 〉 결합도

③ Control Coupling: 어떤 모듈이 다른 모듈을 호출할 경우, 제어 정보를 파라미터로 넘겨주는 경우, 이들 두 모듈은 제어 결합도를 가졌다고 한다.

오답 해설

① Data Coupling: 모듈 간의 결합도 중 가장 바람직한 결합도는 자료 결합도이다.

② Stamp Coupling: 한 그룹의 모듈들이 동일한 비광역 데이터 구조를 사용한다면 스탬프 결합도가 될 수 있다.

④ Common Coupling: 하나의 기억장소에 공동의 자료 영역을 설정한 후, 한 모듈이 그 기억장소에 자료를 전송하면 다른 모듈은 기억장소를 조회함으로써 정보를 전달받는 방식을 취할 때 발생된다.

080 ③

난이도 상 중 하

프로그래밍 언어 활용 〉 공통 모듈 구현 〉 유닉스 〉 쉘 스크립트

- 쉘 스크립트 제어문 종류
  - 선택 실행문: if문, case문
  - 반복 실행문: while문, do문, for문

Part V 정보시스템 구축관리

081 ②

난이도 상 중 하

정보시스템 구축관리 〉 정보보호 〉 암호화 〉 블록 암호화

② RC4는 블록 암호화 방식이 아닌 스트림 암호화 방식이다.

- 블록 암호화 방식에는 DES, TDES, SEED, AES, ARIA, IDEA 등이 있다.

082 ②

난이도 상 중 하

정보시스템 구축관리 〉 소프트웨어 개발 방법론 활용 〉 프로젝트 개발 비용 산정 〉 Putnam

② Putnam의 생명주기 예측 모형은 Rayleigh-Norden 곡선에 기초하며 소프트웨어 개발비용을 산정하는 공식을 유도하고, SLIM 비용 추정 자동화 모형의 기반이 된다.

083 ③

난이도 상 중 하

정보시스템 구축관리 〉 IT 프로젝트 정보시스템 구축관리 〉 네트워크 구축관리 〉 RIP

③ RIP는 거리 벡터 라우팅 프로토콜이며, 홉(Hop)을 기준으로 하고 최대 15홉까지 지원하므로 큰 망에선 사용할 수 없다.

084 ②

난이도 상 중 하

정보시스템 구축관리 〉 정보보호 〉 정보보호 〉 정보 보안의 3대 요소

- 정보보안의 3대 요소: 기밀성(Confidentiality), 무결성(Integrity), 가용성(Availability)

085 ②

난이도 상 중 하

정보시스템 구축관리 〉 소프트웨어 개발 방법론 활용 〉 소프트웨어의 생명주기 모형 〉 나선형 모형

- 나선형 모델의 4가지 주요 활동
  - 계획 수립(Planning): 요구사항 수집, 시스템의 목표 규명, 제약 조건을 파악한다.
  - 위험 분석(Risk Analysis): 요구사항을 토대로 위험을 규명하며, 기능 선택의 우선순위, 위험 요소의 분석/프로젝트 타당성 평가 및 프로젝트를 계속 진행할 것인지 중단할 것인지를 결정한다.
  - 개발(Engineering): 선택된 기능의 개발/개선된 한 단계 높은 수준의 제품을 개발한다.
  - 평가(Evaluation): 구현된 시스템을 사용자가 평가하여 다음 계획을 세우기 위한 피드백을 받는다.
  - 계획 수립 → 위험 분석 → 개발 → 평가

086 ①

난이도 상 중 하

정보시스템 구축관리 〉 IT 프로젝트 정보시스템 구축관리 〉 IT 신기술 〉 IT 용어

① Data Mining(데이터 마이닝): 빅데이터 분석 기술 중 대량의 데이터를 분석하여 데이터 속에 내재되어 있는 변수 사이의 상호관계를 규명하여 일정한 패턴을 찾아내는 기법이다. 대용량 데이터에서 의미 있는 통계적 패턴이나 규칙, 관계를 찾아내 분석하여 유용하고 활용할 수 있는 정보를 추출하는 활동이다.

087 ④

난이도 상 중 하

정보시스템 구축관리 〉 소프트웨어 개발 방법론 활용 〉 소프트웨어의 생명주기 모형 〉 생명주기 방법론

④ Seven Touchpoints: 실무적으로 검증된 개발 보안 방법론 중 하나로써 SW 보안의 모범 사례를 SDLC에 통합한 소프트웨어 개발 보안 생명주기 방법론이다. 즉, 공통 위험 요소를 파악하고 이해하며, 보안을 설계하고 모든 소프트웨어 산출물에 대해 철저하고 객관적인 위험 분석 및 테스트를 거쳐 안전한 소프트웨어를 만들어 내는 방법을 정의한다.

오답 해설

① CLASP(Comprehensive, Lightweight Application Security Process): 활동 중심 · 역할 기반의 프로세스로 구성된 집합체이다. 소프트웨어 개발 생명주기 초기 단계에 보안 강화를 목적으로 하는 정형화된 프로세스이다.

② CWE(Common Weakness Enumeration): 일반적으로 널리 알려져 있는 소프트웨어의 주요 약점과 보안상의 문제점들을 분류한 목록이다.

③ PIMS(Personal Information Management System): 우리나라의 개인 정보보호 관리체계였다. 고객의 개인정보를 안전하게 관리하는 기업에 주는 인증제도이며, 개인정보를 다루는 기업이 전사 차원에서 개인정보 보호 활동을 체계적으로 지속성 있게 하기위해 필요한 보호 조치 체계를 구축했는지를 점검하여 인증해 주는 인증제이다. 현재는 ISMS-P에 통합되었다.

088 ①

난이도 상 중 하

정보시스템 구축관리 〉 소프트웨어 개발 방법론 활용 〉 소프트웨어의 생명주기 모형 〉 폭포수 모형

① 폭포수 모형: 소프트웨어 생명주기 모형 중 고전적 생명주기 모형으로 선형 순차적 모델이라고도 하며, 타당성 검토, 계획, 요구사항 분석, 구현, 테스트, 유지보수의 단계를 통해 소프트웨어를 개발하는 모형이다. 각 단계의 결과가 확인된 후에 다음 단계로 진행하는 단계적, 순차적, 체계적인 접근 방식이다.

089 ①

난이도 상 중 하

정보시스템 구축관리 〉 소프트웨어 개발 방법론 활용 〉 프로젝트 개발 비용 산정 〉 기능 점수

- 기능 점수(Functional Point) 모형은 소프트웨어의 각 기능에 대하여 가중치를 부여하여 요인별 가중치를 합산해서 소프트웨어의 규모나 복잡도, 난이도를 산출하는 모형이다.
- 기능 점수 모형에서 소프트웨어 기능 증대 요인은 자료 입력(입력 양식), 정보 출력(출력 보고서), 명령어(사용자 질의 수), 데이터 파일, 외부 인터페이스가 있다.

090 ④

난이도 상 중 하

정보시스템 구축관리 〉 IT 프로젝트 정보시스템 구축관리 〉 IT 신기술 〉 IT 용어

④ Mashup: 웹에서 제공하는 정보 및 서비스를 이용하여 새로운 소프트웨어나 서비스, 데이터베이스 등을 만드는 기술이다. 즉, 각종 콘텐츠와 서비스를 융합하여 새로운 웹 서비스를 만들어 내는 것이다.

오답 해설

① Quantum Key Distribution(QKD, 양자 암호 키 분배): 양자 통신을 위해 비밀키를 분배 · 관리하는 기술이며, 광 링크를 통해 광자(빛의 양자 입자)를 전송하여 작동한다.

② Digital Rights Management: 디지털 저작권 관리의 약자로, 디지털 콘텐츠 제공자의 권리와 이익을 안전하게 보호하며 불법 복제를 막고 사용료 부과와 결제 대행 등 콘텐츠의 생성에서 유통 · 관리까지를 일괄적으로 지원하는 기술이다.

③ Grayware: 악성 소프트웨어의 일종으로 정상 소프트웨어와 바이러스 소프트웨어의 중간에 속한다. 스파이웨어, 애드웨어, 트랙웨어, 기타 이상 악성코드나 공유웨어 등이 이에 해당된다.

091 ④

난이도 상 중 하

정보시스템 구축관리 〉 정보보호 〉 암호화 〉 RSA

④ RSA는 비대칭키(공개키) 암호화 알고리즘은 정수의 소인수분해의 복잡성을 이용하는 알고리즘이다.

오답 해설

①~③은 SEED는 대칭키 암호화 알고리즘에 해당된다.

092 ③

난이도 상 중 하

자바에서 하드 코딩된 암호화 키값(문제의 String key = "22df3023sf-2;asn!@#/>as")을 쓰는 것은 공격자에게 암호화 키값이 노출될 위협이 있으므로 바람직하지 않다.

093 ①
난이도 상 중 하

정보시스템 구축관리 〉 IT 프로젝트 정보시스템 구축관리 〉 네트워크 구축관리 〉 네트워크 구성 형태

① 문제의 네트워크 토폴로지는 버스형으로 컴퓨터 또는 주변장치를 연결하기 위한 가장 쉬운 네트워크 토폴로지이다.

094 ②
난이도 상 중 하

정보시스템 구축관리 〉 정보보호 〉 네트워크 보안 〉 DDoS

- DDoS(Distribute Denial of Service) 공격 종류: Trinoo(트리누), Tribe Flood Network(TFN, 트리벌 플러드 네트워크), Stacheldraht(슈타첼드라트)

095 ③
난이도 상 중 하

정보시스템 구축관리 〉 소프트웨어 개발 방법론 활용 〉 프로젝트 개발 비용 산정 〉 CPM

③ CPM 네트워크에서 임계 경로는 최장 경로를 의미하며, 문제의 CPM 네트워크 임계 경로의 소요 기일은 14일(2일+3일+5일+4일)이다.

096 ①
난이도 상 중 하

정보시스템 구축관리 〉 소프트웨어 개발 방법론 활용 〉 테일러링 개발 방법론 〉 소프트웨어 재사용

① **합성 중심(Composition-Based)**: 블록 구성 방법이며, 전자 칩과 같은 소프트웨어 부품, 즉 블록(모듈)을 만들어서 끼워 맞추는 방법으로 소프트웨어를 완성시키는 재사용 방법이다.

오답 해설

② **생성 중심(Generation-Based)**: 패턴 구성 방법이며, 추상화 형태로 써진 명세를 구체화하여 프로그램을 만드는 방법이다.

097 ③
난이도 상 중 하

정보시스템 구축관리 〉 IT 프로젝트 정보시스템 구축관리 〉 IT 신기술 〉 IT 용어

③ **디지털 트윈(Digital Twin)**: 물리적인 사물과 컴퓨터에 동일하게 표현되는 가상 모델로 실제 물리적인 자산 대신 소프트웨어로 가상화함으로써 실제 자산의 특성에 대한 정확한 정보를 얻을 수 있고, 자산 최적화, 돌발사고 최소화, 생산성 증가 등 설계부터 제조, 서비스에 이르는 모든 과정의 효율성을 향상시킬 수 있는 모델이다.

오답 해설

④ **N-Screen**: 여러 개의 단말에서 동일한 콘텐츠를 사용할 수 있는 방법이다. 예를 들어 스마트폰, TV, 태블릿, 데스크톱 등에서 동일 콘텐츠를 사용할 수 있다.

098 ④
난이도 상 중 하

정보시스템 구축관리 〉 IT 프로젝트 정보시스템 구축관리 〉 IT 신기술 〉 IT 용어

④ **Mesh Network(메시 네트워크)**: 네트워크를 이루고 있는 구조 중 하나로 그물 형태를 띠고 있는 네트워크 구조이다. 기존 무선 랜의 한계 극복을 위해 등장하였으며, 대규모 디바이스의 네트워크 생성에 최적화되어 차세대 이동 통신, 홈 네트워킹, 공공 안전 등의 특수 목적을 위한 새로운 방식의 네트워크 기술을 의미한다.

099 ③
난이도 상 중 하

정보시스템 구축관리 〉 소프트웨어 개발 방법론 활용 〉 국제 표준 제품 품질 특성 〉 SPICE

③ **SPICE(ISO/IEC 15504)**: 소프트웨어 개발 표준 중 소프트웨어 품질 및 생산성 향상을 위해 소프트웨어 프로세스를 평가 및 개선하는 국제 표준이다.

오답 해설

① **SCRUM**: 애자일 개발 기법의 한 가지이며, 30일마다 동작 가능한 제품을 제공하는 스플린트를 중심으로 하고 있다. 매일 정해진 시간에 정해진 장소에서 짧은 시간의 개발을 하는 팀을 위한 프로젝트 관리 중심의 방법론이다.

② **ISO/IEC 12509**: OSI 7계층의 관리 기능에 대한 명세화이다.

④ **CASE(Computer Aided Software Engineering)**: 소프트웨어 공학의 자동화를 의미하며, 소프트웨어 공학작업 중 하나의 작업을 자동화한 소프트웨어 패키지를 CASE 도구라 한다. 이러한 도구를 한데 모아놓은 것을 소프트웨어 공학환경(Software Engineering Environment)이라 한다.

100 ④
난이도 상 중 하

정보시스템 구축관리 〉 소프트웨어 개발 방법론 활용 〉 프로젝트 개발 비용 산정 〉 Cocomo Model

- COCOMO의 프로젝트 3가지 모드(제품의 복잡도에 따른 프로젝트 개발 유형)
  - 유기적(Organic Model): 5만 라인 이하로 소규모 팀이 수행할 수 있는 아주 작고 간단한 소프트웨어 프로젝트
  - 중간형(Semi-detached Model): 30만 라인 이하의 프로젝트
  - 내장형(Embedded Model): 30만 라인 이상의 프로젝트

제8회 기출문제 **정답&해설**

제8회 기출문제(2020년 6월 시행 A책형)

문제 ➦ P.116

01	③	02	③	03	②	04	④	05	④
06	①	07	②	08	④	09	③	10	②
11	③	12	④	13	④	14	①	15	②
16	④	17	③	18	③	19	①	20	①
21	④	22	①	23	④	24	②	25	④
26	④	27	②	28	③	29	①	30	①
31	②	32	④	33	③	34	②	35	③
36	③	37	③	38	①	39	③	40	②
41	①	42	②	43	②	44	④	45	④
46	①	47	①	48	①	49	③	50	①
51	④	52	①	53	①	54	②	55	③
56	②	57	②	58	③	59	②	60	④
61	③	62	②	63	④	64	③	65	①
66	④	67	④	68	①	69	③	70	②
71	③	72	①	73	④	74	④	75	②
76	②	77	②	78	①	79	④	80	③
81	①	82	④	83	②	84	④	85	④
86	③	87	②	88	②	89	②	90	①
91	①	92	①	93	①	94	①	95	①
96	①	97	④	98	①	99	④	100	④

기출 총평

난이도 중

이번 시험은 개정 출제기준 적용 이후 처음으로 치러진 시험이었기에 많은 수험생들이 우려를 많이 했으리라 생각되나, 실제 공개된 시험에서는 전반적으로 이전 출제기준 위주로 출제가 되어, 무난히 합격할 수 있는 난이도로 출제되었다고 보여집니다. 아무래도 개정 출제기준 적용 이후 첫 시험이다보니, 실험적인 문제 출제가 어려웠던 것으로 보입니다. 따라서 개념서를 정독하고, 이전 기출을 충분히 풀어보았다면 60점 이상은 쉽게 넘을 수 있다고 생각됩니다. 다만, 너무 이전 기출문제만 반복하는 것은 지양하고, 개정 출제기준에 따른 개념도 확실히 공부해 두어야 하겠습니다.

Part I 소프트웨어 설계

001 ③

난이도 상 중 하

소프트웨어 설계 〉 인터페이스 설계 〉 인터페이스 요구사항 확인 〉 요구사항 검토 방법

③ 워크스루(Walk-through)는 개발에 참여한 요원들이 개발자의 산출물의 품질을 검토하기 위한 목적으로 하는 기술 검토 회의이다. 요구사항 명세서를 미리 배포하여 사전 검토한 후 짧은 검토 회의를 통해 오류를 조기에 검출하는데 목적을 둔다.

002 ③

난이도 상 중 하

소프트웨어 설계 〉 애플리케이션 설계 〉 공통 모듈 설계 〉 코드

③ **순차 코드:** 발생순, 크기순, 가나다순 등에 따라 순차적으로 부여한다.

오답 해설

① **연상 코드:** 대상과 관계있는 문자나 숫자를 조합하여 만든 코드이다. (상품명이나 거래처명에 많이 이용)

② **블록 코드:** 공통성 있는 것끼리 블록으로 묶어서 구분하며 블록 내에서는 순차적으로 부여한다.

④ **표의 숫자 코드:** 대상 항목의 크기, 중량, 거리 등을 그대로 사용하는 코드이다.

003 ②

난이도 상 중 하

소프트웨어 설계 〉 애플리케이션 설계 〉 객체지향 설계 〉 객체지향의 기본 개념

② 클래스라는 개념은 객체 타입으로 구현된 소프트웨어를 의미한다. 클래스는 동일한 타입의 객체들의 메소드와 변수들을 정의하는 템플릿(Templete)이다.

오답 해설

① **메소드:** 메소드는 객체가 어떻게 동작하는지를 규정하고, 속성의 값을 변경시킨다.

③ **상속성:** 새로운 클래스를 정의할 때 기존의 클래스들의 속성을 상속받고 필요한 부분을 추가하는 방법이다.

④ **메시지:** 한 객체가 다른 객체의 메소드를 부르는 과정으로, 외부에서 하나의 객체에 보내지는 메소드의 요구이다.

004 ④

난이도 상 중 하

소프트웨어 설계 〉 요구사항 확인 〉 요구사항 확인 〉 자료 흐름도

- **자료 흐름도의 구성:** 프로세스(Process), 자료 흐름(Data flow), 자료 저장소(Data Store), 단말(Terminator)

005 ④

난이도 상중하

소프트웨어 설계 〉 요구사항 확인 〉 현행 시스템 분석 〉 플랫폼 성능 특성 분석

플랫폼 성능 특성 측정 항목은 경과 시간(Turnaround time), 사용률(Utilization), 응답 시간(Response time), 가용성(Availability)이 있다.

오답 해설

① 응답 시간(Response Time): 애플리케이션에 요청을 전달한 시간부터 응답이 도착할 때까지 걸린 시간

② 가용성(Availability): 일정 시간 내에 애플리케이션이 처리하는 일의 양

③ 사용률(Utilization): 애플리케이션이 의뢰한 작업을 처리하는 동안 CPU, 메모리 등의 자원 사용률

006 ①

난이도 상중하

소프트웨어 설계 〉 요구사항 확인 〉 요구사항 확인 〉 UML 스테레오 타입

① UML 확장 모델에서 스테레오 타입 객체를 표현하는 것은 ≪ ≫이다.

007 ②

난이도 상중하

소프트웨어 설계 〉 애플리케이션 설계 〉 객체지향 설계 〉 디자인 패턴

- 행위 패턴(Behavioral Patterns): 비지터(Visitor), 템플릿 메소드(Template Method), 커맨드(Command), 이터레이터(Iterator), 옵저버(Observer), 스테이트(State), 스트래티지(Strategy), 메멘토(Memento), Chain of Responsibility, 인터프리터(Interpreter), 미디에이터(Mediator) 패턴

008 ④

난이도 상중하

소프트웨어 설계 〉 요구사항 확인 〉 요구사항 확인 〉 자료 사전

자료 사전 기호	기능	의미
=	자료의 정의	~로 구성되어 있음
+	자료의 연결	그리고, 순차(and)
( )	자료의 생략	선택 사양, 생략 가능(Optional)
{ }	자료의 반복	반복(Iteration)
[|]	자료의 선택	여러 대안 중 하나 선택
* *	자료의 설명	주석(Comment)

009 ③

난이도 상중하

소프트웨어 설계 〉 인터페이스 설계 〉 인터페이스 상세 설계 〉 미들웨어

③ TP monitor(Transaction Processing monitor): 통신량이 많은 클라이언트와 서버 사이에 위치하여 서버 애플리케이션 및 자원을 효율적으로 관리한다.

오답 해설

① RPC(Remote Procedure Call): 네트워크상에서 애플리케이션과 애플리케이션 간의 연동을 하기 위한 미들웨어이다. (또는 다른 컴퓨터에 있는 원격 애플리케이션을 연동시키는 경우 많이 이용된다.)

② ORB(Object Request Broker): 객체지향 미들웨어로 분산 컴퓨팅 환경에서 프로그래머에게 다른 컴퓨터의 프로그램을 네트워크를 통해 호출할 수 있다.

010 ②

난이도 상중하

소프트웨어 설계 〉 화면 설계 〉 UI 요구사항 확인 〉 사용자 인터페이스의 기본 원칙

② 직관성(Intuitiveness)은 UI 설계 원칙에서 누구나 쉽게 이해하고 사용할 수 있도록 제작하는 것을 의미한다.

오답 해설

① 유효성: 사용자의 목적을 정확하게 달성해야 한다.

④ 유연성: 사용자의 요구사항을 최대한 수용하며, 오류를 최소화한다.

011 ③

난이도 상중하

소프트웨어 설계 〉 요구사항 확인 〉 요구사항 확인 〉 XP

- XP의 5가지 핵심 가치: 존중(Respect), 단순성(Simplicity), 의사소통(Communication), 피드백(Feedback), 용기(courage)

012 ④

난이도 상중하

소프트웨어 설계 〉 요구사항 확인 〉 요구사항 확인 〉 UML 다이어그램

④ Activity Diagram은 Beharioral Diagram에 속한다.

- Structural Diagram(구조적 다이어그램): Class Diagram, Object Diagram, Component Diagram, Deployment Diagram, Composite Diagram, Package Diagram
- Beharioral Diagram(행위 다이어그램): Use Case Diagram, Sequence Diagram, State Diagram, Activity Diagram, Timing Diagram, Communication Diagram

013 ④

난이도 상중하

소프트웨어 설계 〉 요구사항 확인 〉 요구사항 확인 〉 요구사항 확인 단계

④ 설계 명세서 작성은 분석 단계가 아니라 설계 단계에서 수행한다.

014 ①

난이도 상중하

소프트웨어 설계 〉 요구사항 확인 〉 요구사항 확인 〉 럼바우

- 럼바우의 객체지향 분석(Object Modeling Technique) 절차
  - 객체 모형화(Object Modeling): 객체들을 식별하고 객체들간의 관계를 정의
  - 동적 모형화(Dynamic Modeling): 시스템이 시간 흐름에 따라

변화하는 것을 보여주는 상태 다이어그램(State Diagram)을 작성
– 기능 모형화(Function Modeling: 시스템 내에서 데이터가 변하는 과정을 나타내며, 자료 흐름도(DFD)를 이용

015 ②

난이도 상 중 하

소프트웨어 설계 〉 요구사항 확인 〉 요구사항 확인 〉 요구 명세

• 공통 모듈에 대한 명세 속성

명세 속성	설명
정확성	요구사항은 정확해야 한다.
명확성	단 한가지로 해석되어야 한다.
완전성	모든 것(기능, 비기능)이 표현되어야 한다.
일관성	요구사항 간 충돌이 없어야 한다.
수정 용이성	요구사항의 변경이 가능해야 한다.
추적성	제안서 등을 통해 추적이 가능해야 한다.

016 ④

난이도 상 중 하

소프트웨어 설계 〉 애플리케이션 설계 〉 객체지향 설계 〉 객체지향의 연관성

④ 집단화(Aggregation)는 클래스들 사이의 '부분–전체(part–whole)' 관계 또는 '부분(is–a–part–of)'의 관계로 설명되는 연관성이다.

오답 해설

① 일반화(Generalization): 관계성의 종류는 is–A이며, 객체들에 있어 공통적인 성질들을 상위 객체로 정의한다.
② 추상화: 복잡한 구조(문제)를 해결하기 위하여 설계 대상의 상세 내용은 배제하고 ,유사점을 요약해서 표현하는 기법이다.
③ 캡슐화: 객체를 정의할 때 서로 관련성이 많은 데이터들과 이와 연관된 함수들을 정보처리에 필요한 기능 하나로 묶는 것을 말한다.

017 ③

난이도 상 중 하

소프트웨어 설계 〉 화면 설계 〉 UI 설계 〉 CASE

• CASE의 주요 기능: 다양한 소프트웨어 개발 모형 지원, 그래픽 지원, 소프트웨어 생명주기 전 단계의 연결

018 ③

난이도 상 중 하

소프트웨어 설계 〉 요구사항 확인 〉 현행 시스템 분석 〉 DBMS

• DBMS 분석시 고려사항: 성능, 가용성, 상호 호환성, 구축 비용

019 ①

난이도 상 중 하

소프트웨어 설계 〉 애플리케이션 설계 〉 공통 모듈 설계 〉 HIPO

① HIPO는 하향식 개발 기법(계층적 구조)이며, 문서의 체계화가 가능하다.

020 ①

난이도 상 중 하

소프트웨어 설계 〉 요구사항 확인 〉 요구사항 확인 〉 Coad/Yourdon 방법

① Coad와 Yourdon 방법: E–R 다이어그램을 사용하여 객체의 행위를 모델링하며 객체 식별, 구조 식별, 주체 정의, 속성 및 관계 정의, 서비스 정의 등의 과정으로 구성된다.

오답 해설

② Booch 방법: 여러 가지 다른 방법론을 통합하여 하나의 방법론으로 만들었는데 분석보다는 설계쪽에 더 많은 중점을 두고 있다. 규모가 큰 프로젝트 수행 시 과정이 매우 복잡해지며, 구현 언어(Ada)에 제한된다.

Part Ⅱ 소프트웨어 개발

021 ④

난이도 상 중 하

소프트웨어 개발 〉 데이터 입출력 구현 〉 물리 데이터저장소 설계 〉 합병 정렬

• 정렬의 시간 복잡도

정렬 종류	평균	최악
버블 정렬	$O(n^2)$	$O(n^2)$
선택 정렬	$O(n^2)$	$O(n^2)$
삽입 정렬	$O(n^2)$	$O(n^2)$
퀵 정렬	$O(nLog_2n)$	$O(n^2)$
합병 정렬	$O(nLog_2n)$	$O(nLog_2n)$
힙 정렬	$O(nLlog_2n)$	$O(nLog_2n)$

022 ①

난이도 상 중 하

소프트웨어 개발 〉 통합 구현 〉 모듈 구현 〉 화이트박스 테스트

① Base Path Testing(기본 경로 기법)은 화이트박스 테스트 기법이고, Boundary Value Analysis(경계값 분석 기법)은 블랙박스 테스트 기법이다.

023 ④

난이도 상 중 하

소프트웨어 개발 〉 제품 소프트웨어 패키징 〉 제품 소프트웨어 매뉴얼 작성 〉 소프트웨어 품질

④ 개발자의 관점에서 소프트웨어 품질 측정 시에 소프트웨어가 간결하다고 품질이 좋은 것은 아니므로 간결성이 고려 항목에 포함될 수 없다.

024 ②

난이도 상 중 하

소프트웨어 개발 〉 인터페이스 구현 〉 인터페이스 구현 검증 〉 인터페이스 구현 검증도구

② STAF: 서비스 호출, 컴포넌트 재사용 등 다양한 환경을 지원하는 테스트 프레임워크

오답 해설

① xUnit: Java(Junit), C++(Cppunit), .Net(Nunit) 등 다양한 언어를 지원하는 단위 테스트 프레임워크

③ FitNesse: 웹 기반 테스트 케이스 설계/실행/결과 확인 등을 지원하는 테스트 프레임워크

025 ④

난이도 상 중 하

소프트웨어 개발 〉 인터페이스 구현 〉 인터페이스 설계 확인 〉 EAI 구축 유형

• EAI(Enterprise Application Integration) 유형

구분	설명
Point-to-Point	1:1 방식으로 애플리케이션 통합 수행
Hub & Spoke	• 모든 데이터가 허브를 통해 전송 • 데이터 전송이 보장되며, 유지보수 비용 절감
메시지 버스 (Message Bus)	• 데이터는 전송하는데 버스를 이용함으로 병목 현상 발생 가능 • 대량의 데이터 교환에 적합
하이브리드 (Hybrid)	• Hub & spoke 방식과 메시지 버스 방식의 통합 • 유연한 통합 작업 가능

026 ④

난이도 상 중 하

소프트웨어 개발 〉 데이터 입출력 구현 〉 논리 데이터저장소 확인 〉 트리

전위 순회는 root → left → right 순서로, 문제의 트리는 + → * → * → / → A → B → C → D → E와 같이 방문한다.

027 ②

난이도 상 중 하

소프트웨어 개발 〉 인터페이스 구현 〉 인터페이스 기능 구현 〉 인터페이스 보안

② SMTP(Simple Mail Transfer Protocol): 보안에 관련된 프로토콜이 아니라, 메일 전송 프로토콜이다.

오답 해설

① IPSec(IP Security): 안전하지 않은 네트워크상의 두 컴퓨터 사이에 암호화된 안전한 통신을 제공하는 프로토콜이다.

③ SSL(Secure Socket Layer): 인터넷을 통해 전달되는 정보보안의 안전한 거래를 허용하기 위해 Netscape사에서 개발한 인터넷 통신 규약 프로토콜이다.

④ S-HTTP(Secure HyperText Transfer Protocol): HTTP 프로토콜에 송신자 인증, 메시지 기밀성과 무결성, 부인 방지 기능을 확장한 프로토콜이다.

028 ③

난이도 상 중 하

소프트웨어 개발 〉 통합 구현 〉 모듈 구현 〉 경계값 분석

• 경계값 분석 기법은 입력 조건의 중간값보다는 경계값에서 오류가 발생될 확률이 높다는 점을 이용해서 입력 조건의 경계값에서 테스트 사례를 선정하는 기법이다.

• 90은 경계 부분의 값이 아니므로 테스트 입력값으로 사용될 수 없다.

029 ①

난이도 상 중 하

통합문제

• 반정규화 유형에서 중복 테이블을 추가하는 방법: 집계 테이블의 추가, 진행 테이블의 추가, 특정 부분만을 포함하는 테이블의 추가

030 ①

난이도 상 중 하

소프트웨어 개발 〉 제품 소프트웨어 패키징 〉 제품 소프트웨어 매뉴얼 작성 〉 소프트웨어 품질

• 기능성의 하위 특성: 정확성, 적합성, 상호호환성, 보안성, 유연성이 있다.

031 ②

난이도 상 중 하

소프트웨어 개발 〉 데이터 입출력 구현 〉 논리 데이터저장소 확인 〉 트리

• 트리의 노드 중에서 가장 큰 차수가 트리의 차수(Degree of Tree)가 된다. 문제의 트리에서 노드 A, C, E의 차수가 2이고, 차수가 가장 크므로 트리의 차수는 2이다.

• 단말 노드는 자식 노드가 없는 노드를 말한다. 문제의 트리에서 단말 노드는 D, G, H, F로 모두 4개이다.

032 ④

난이도 상 중 하

소프트웨어 개발 〉 제품 소프트웨어 패키징 〉 제품 소프트웨어 패키징 〉 DRM

• 디지털 저작권 관리(DRM)의 기술 요소: 암호화, 키관리, 크랙 방지, 정책 관리, 인증, 식별 기술, 저작권 표현, 사용 권한 등이 있다.

033 ③

난이도 상 중 하

소프트웨어 개발 〉 애플리케이션 테스트 관리 〉 애플리케이션 테스트 케이스 설계 〉 테스트 관련 법칙

③ Pareto의 법칙: 소프트웨어 테스트에서 오류의 80%는 전체 모듈의 20% 내에서 발견된다.

오답 해설

① Brooks의 법칙: 스케줄 지연 사태는 인력 추가가 오히려 악화시킬 수 있다.

② Boehm의 법칙: 개발 단계 초기에 결함을 발견하면 나중 단계에 발견하는 것보다 시간과 비용을 절약할 수 있다.

034 ②

난이도 상 중 하

소프트웨어 개발 〉 통합 구현 〉 통합 구현 관리 〉 소프트웨어 형상관리

② 소프트웨어 형상관리는 소프트웨어에 대한 변경을 철저히 관리하기 위해 개발된 일련의 활동이다. 소프트웨어를 이루는 부품의 Baseline(변경 통제 시점)을 정하고 변경을 철저히 통제하는 것이다.

035 ③

난이도 상 중 하

소프트웨어 개발 > 데이터 입출력 구현 > 논리 데이터저장소 확인 > 복잡도

③ $O(1)$은 상수 시간을 말하며, 알고리즘 수행 시간이 입력 데이터 수와 관계없이 항상 일정하다는 의미이다.

036 ③

난이도 상 중 하

소프트웨어 개발 > 애플리케이션 테스트 관리 > 애플리케이션 성능 개선 > 정적 분석 도구

- 정적 분석 도구: cppcheck, pmd, checkstyle 등
- 동적 분석 도구: Valgrind, Avalanche 등

037 ③

난이도 상 중 하

소프트웨어 개발 > 애플리케이션 테스트 관리 > 애플리케이션 테스트 케이스 설계 > 인수 테스트

③ 알파 검사: 특정 사용자들에 의해 개발자 위치에서 테스트를 실행한다. 즉, 관리된 환경에서 수행된다.

오답 해설

① 동치 분할 검사: 프로그램의 입력 도메인을 시험 사례가 산출될 수 있는 데이터의 클래스로 분류해서 테스트 사례를 만들어 검사하는 방법이다.

④ 베타 검사: 최종 사용자가 사용자 환경에서 검사를 수행하며, 개발자는 일반적으로 참석하지 않는다.

038 ①

난이도 상 중 하

소프트웨어 개발 > 애플리케이션 테스트 관리 > 애플리케이션 통합 테스트 > 하향식 통합

① Stub: 모듈의 부수적인 인터페이스를 사용하는 가짜 모듈(입출력 흉내만 내는 무기능 모듈)이다.

- 하향식 통합: 주프로그램으로부터 그 모듈이 호출하는 다음 레벨의 모듈을 테스트하고, 점차적으로 하위 모듈로 이동하는 방법이다. 드라이버는 필요치 않고 통합이 시도되지 않은 곳에 스텁이 필요하며, 통합이 진행되면서 스텁은 실제 모듈로 교체된다.

오답 해설

② Driver: 시험 사례를 입력받고, 시험을 위해 받은 자료를 모듈로 넘기고, 관련된 결과를 출력하는 메인 프로그램이다. 상향식 통합 테스트에서 사용된다.

039 ③

난이도 상 중 하

소프트웨어 개발 > 제품 소프트웨어 패키징 > 제품 소프트웨어 패키징 > SW 패키징 도구

③ 패키징은 프로그램 제작자가 최종 사용자가 사용할 프로그램을 다양한 환경에서 쉽게 자동으로 설치(업데이트/삭제 가능)할 수 있게 패키지를 만들어 배포하는 과정을 말한다. 보안을 고려해야 하지만, 단일 기종에서만 사용할 수 있도록 할 수는 없다.

040 ②

난이도 상 중 하

소프트웨어 개발 > 통합 구현 > 통합 구현 관리 > 외계인 코드

- 외계인 코드(Alien Code): 아주 오래되거나 참고문서 또는 개발에 참여했던 개발자를 찾을 수 없어 유지보수 작업이 어려운 프로그램을 의미한다.

Part Ⅲ 데이터베이스 구축

041 ①

난이도 상 중 하

데이터베이스 구축 > 관계 데이터베이스 언어 > SQL > DDL

① UPDATE는 DML에 해당한다.

- 정의어(DDL): CREATE, ALTER, DROP
- 조작어(DML): SELECT, INSERT, DELETE, UPDATE
- 제어어(DCL): GRANT, REVOKE

042 ②

난이도 상 중 하

데이터베이스 구축 > 관계 데이터 모델 > 관계 데이터 모델의 구조 및 제약 > 외래키

외래키는 다른 테이블의 기본키를 참조하는데 사용되는 속성이다. 참조 관계에서 과목 테이블의 과목번호 속성이 기본키이며, 수강 테이블의 과목번호 속성이 외래키가 된다.

043 ②

난이도 상 중 하

데이터베이스 구축 > 관계 데이터 모델 > 관계 데이터 모델의 구조 및 제약 > 개체 무결성

- 개체 무결성: 릴레이션에서 기본키를 구성하는 속성은 널(Null)값이나 중복값을 가질 수 없다.

오답 해설

① 릴레이션 내의 튜플들이 각 속성의 도메인에 지정된 값만을 가져야 한다는 규정은 도메인 무결성 제약이다.

③ 릴레이션은 참조할 수 없는 외래키 값을 가질 수 없는 규정은 참조 무결성 제약이다.

④ 외래키 값은 참조 릴레이션의 기본키 값과 동일해야 한다는 규정은 참조 무결성 제약이다.

044 ④

난이도 상 중 하

데이터베이스 구축 > 관계 데이터베이스 언어 > 뷰 > 뷰의 개요

④ 뷰는 가상(논리) 테이블이므로 물리적으로 존재하지 않는다.

045 ④

난이도 상 중 하

데이터베이스 구축 〉 관계 데이터베이스 언어 〉 SQL 〉 DML

④ 서브쿼리의 WHERE절이 먼저 실행되어 서브쿼리의 리턴값이 222가 된다. 도서가격 테이블에서 책번호가 222인 것의 가격을 검색하므로 최종 결과값은 25,000이 된다.

046 ①

난이도 상 중 하

데이터베이스 구축 〉 데이터베이스 설계와 정규화 〉 데이터베이스 설계 〉 논리적 설계

① 레코드 집중의 분석 및 설계는 물리적 설계(데이터 구조화) 단계에서 수행된다.

047 ①

난이도 상 중 하

데이터베이스 구축 〉 데이터베이스 설계와 정규화 〉 정규화 체계 〉 이행 함수 종속

① A → B이고 B → C이면 A → C가 성립되는 종속성을 이행적 함수 종속(Transitive FD)이라고 하며, 이는 이상 현상의 원인이 된다.

048 ①

난이도 상 중 하

데이터베이스 구축 〉 관계 데이터 모델 〉 관계 데이터 모델의 구조 및 제약 〉 도메인

① **도메인**: 애트리뷰트가 취할 수 있는 값들의 집합이다.

오답 해설

② **튜플**: 테이블이 한 행을 구성하는 속성들의 집합이다.

③ **엔티티(개체)**: 단독으로 존재하며 다른 것과 구분되는 객체이고, 애트리뷰트들의 집합을 가진다.

049 ③

난이도 상 중 하

데이터베이스 구축 〉 관계 데이터베이스 언어 〉 SQL 〉 DML

- ⓐ는 중복 여부와 상관없이 모든 값을 출력하므로 130이 된다.
- ⓑ는 DISTINCT 키워드를 사용하여 지정된 컬럼명에 대하여 중복 없이 출력되므로 3이 된다.

050 ①

난이도 상 중 하

데이터베이스 구축 〉 관계 데이터 모델 〉 관계 데이터 연산 〉 조인

① **조인(JOIN, ⋈)**: 두 관계로부터 관련된 튜플들을 하나의 튜플로 결합하는 연산이다.

오답 해설

③ **프로젝트(PROJECT, π)**: 테이블에서 속성 리스트를 선택하여 검색할 수 있다.

④ **셀렉트(SELECT, σ)**: 테이블에서 조건에 맞는 행을 검색할 수 있다.

051 ④

난이도 상 중 하

데이터베이스 구축 〉 고급 데이터베이스 〉 트랜잭션 〉 트랜잭션의 성질

④ **원자성(Atomicity)**: 트랜잭션의 연산은 데이터베이스에 모두 반영되든지 아니면 전혀 반영되지 않아야 한다.

오답 해설

① **영속성(Durability)**: 트랜잭션의 실행을 성공적으로 끝내면 그 결과를 어떠한 경우에라도 보장받는다.

③ **일관성(Consistency)**: 시스템이 가지고 있는 고정 요소는 트랜잭션 수행 전과 트랜잭션 수행 후에 같아야 한다.

052 ①

난이도 상 중 하

데이터베이스 구축 〉 고급 데이터베이스 〉 고급 데이터베이스 〉 분산 데이터베이스 목표

① **장애 투명성**: 데이터베이스의 분산된 물리적 환경에서 특정 지역의 컴퓨터 시스템이나 네트워크에 장애가 발생해도 데이터 무결성이 보장된다.

오답 해설

③ **위치 투명성**: 사용하려는 데이터가 저장된 사이트를 사용자는 알 필요가 없는 것이며, 위치 정보는 시스템 카탈로그에 유지된다.

④ **중복 투명성**: 한 논리적 데이터 객체가 여러 상이한 사이트에 중복될 수 있으며, 중복 데이터의 일관성 유지는 사용자와 무관하게 시스템이 수행한다.

053 ①

난이도 상 중 하

데이터베이스 구축 〉 고급 데이터베이스 〉 고급 데이터베이스 〉 트리거

① **트리거(Trigger)**: 데이터베이스가 미리 정해 놓은 특정 조건이 만족되거나 어떤 동작이 수행되면 자동으로 실행되도록 정의한 동작이다. 조건이 만족되는 경우에 취해야 하는 조치를 명세한다.

오답 해설

② **무결성(Integrity)**: 데이터베이스에 저장된 데이터 값과 그것이 표현하는 현실 세계의 실제값이 일치하는 정확성을 의미한다.

③ **잠금(Lock)**: Lock된 데이터는 다른 트랜잭션이 접근할 수 없으며, unlock될 때까지 대기하여야 한다.

④ **복귀(Rollback)**: 트랜잭션의 비정상적 종료가 되었을 때 이전의 상태로 되돌리는 연산을 말한다.

054 ②

난이도 상 중 하

데이터베이스 구축 〉 관계 데이터베이스 언어 〉 SQL 〉 DDL

② DROP문에서는 CASCADE 또는 RESTRICTED 옵션을 사용할 수 있다. RESTRICTED는 삭제할 요소가 참조 중이면 삭제되지 않지만, CASCADE는 삭제할 요소가 참조 중이더라도 삭제된다.

055 ③

난이도 상중하

데이터베이스 구축 〉 관계 데이터베이스 언어 〉 SQL 〉 DML

- 조작어(DML): SELECT, INSERT, DELETE, UPDATE
- 정의어(DDL): CREATE, ALTER, DROP
- 제어 (DCL): GRANT, REVOKE

056 ②

난이도 상중하

데이터베이스 구축 〉 데이터베이스 개요 〉 데이터베이스 시스템의 구성 〉 DCL의 기능

- 데이터 제어어(DCL) 기능: 정확성과 안정성 유지, 무결성 유지, 보안(권한) 검사, 병행수행 제어

057 ②

난이도 상중하

데이터베이스 구축 〉 고급 데이터베이스 〉 회복과 병행 제어 〉 로킹

② 로킹 단위가 작아지면 로킹 오버헤드가 증가하며, 로킹 단위가 커지면 로킹 오버헤드가 감소한다.

058 ③

난이도 상중하

데이터베이스 구축 〉 데이터 모델링 〉 개체-관계 모델 〉 E-R 다이어그램

- E-R 다이어그램 표기법

구분	설명
(사각형)	개체 타입
(타원)	속성
(마름모)	관계 타입: 개체 간의 상호작용
(선)	연결

059 ②

난이도 상중하

데이터베이스 구축 〉 관계 데이터 모델 〉 관계 데이터 모델의 구조 및 제약 〉 후보키

② 후보키는 속성 집합으로 구성된 테이블의 각 튜플을 유일하게 식별할 수 있는 속성이나 속성의 조합이며, 유일성과 최소성을 모두 만족시켜야 한다.

060 ④

난이도 상중하

데이터베이스 구축 〉 데이터베이스 설계와 정규화 〉 정규화 체계 〉 정규화 과정

④ 제2정규형(2NF)은 어떤 릴레이션 R이 1NF이고 키(기본)에 속하지 않은 애트리뷰트는 모두 기본키의 완전 함수 종속 관계를 만족해야 한다.

오답 해설

① 모든 도메인이 원자값이어야 하는 조건은 1NF이다.

② 키가 아닌 모든 애트리뷰트들이 기본 키에 이행적으로 함수 종속되지 않아야 하는 조건은 3NF이다.

③ 다치 종속이 제거되어야 하는 조건은 4NF이다.

Part Ⅳ 프로그래밍 언어 활용

061 ③

난이도 상중하

프로그래밍 언어 활용 〉 네트워크 기초 활용 〉 인터넷 〉 IPv6

③은 IPv4에 대한 설명이다.

- IPv6 특징: IP 주소 영역 확장(IP 주소 필드값을 32비트에서 4배 확장된 128비트로 확장), 애니캐스트(AnyCast) 주소 지원(하나의 메시지를 여러 개의 장치에 동시에 전송이 가능하도록 지원), 패킷의 크기는 64kbyte 이상이 가능하다.

062 ②

난이도 상중하

프로그래밍 언어 활용 〉 프로그래밍 언어 활용 〉 C 언어 〉 비트연산자

구분	연산자	기능	예
비트 논리 연산자	&	비트 논리곱(AND)	r = a & b;
	|	비트 논리합(OR)	r = a|b;
	∧	비트 배타적 논리합(XOR)	r = a∧b;
	~	반전(NOT, 1의 보수)	r = ~a;

063 ④

난이도 상중하

프로그래밍 언어 활용 〉 네트워크 기초 활용 〉 ISO의 OSI 표준 모델 〉 TCP/IP 프로토콜

④ 전송(Transport) 계층은 네트워크 양단의 송수신 호스트 사이의 신뢰성 있는 전송 기능을 제공한다. 시스템의 논리 주소와 포트를 가지므로 각 상위 계층의 프로세스를 연결하며, TCP와 UDP가 사용된다.

오답 해설

① HTTP, ② SMTP, ③ FTP는 응용(Application) 계층의 프로토콜이다.

064 ③

난이도 상중하

프로그래밍 언어 활용 〉 공통 모듈 구현 〉 모듈화 〉 결합도

③ 모듈 간의 결합도는 최소화, 응집력은 최대화되어야 독립성이 높아진다.

오답 해설

① 한 모듈 내에 있는 처리 요소들 사이의 기능적인 연관 정도를 나타내는 것은 응집도이다.

② 결합도가 높으면 시스템 구현 및 유지보수 작업이 어렵다.
④ 자료 결합도는 내용 결합도보다 결합도가 낮다.

065 ①

난이도 상 중 하

프로그래밍 언어 활용 〉 공통 모듈 구현 〉 운영체제 기초 활용 〉 교착상태

① 교착상태 회피(Avoidance) 기법은 교착상태가 발생할 가능성은 배제하지 않으며, 교착상태 발생 시 적절히 피해가는 기법이다. 시스템이 안전 상태가 되도록 프로세스의 자원 요구만을 할당하는 기법으로 은행원 알고리즘(Banker's Algorithm)이 대표적이다.

오답 해설

② **교착상태 발견(탐지, Detection)**: 컴퓨터 시스템에 교착상태가 발생했는지 교착상태에 있는 프로세스와 자원을 발견하는 것으로, 교착상태 발견 알고리즘과 자원 할당 그래프를 사용한다.
③ **교착상태 예방(방지, Prevention)**: 사전에 교착상태가 발생되지 않도록 교착상태 필요 조건에서 상호배제를 제외하고, 어느 것 하나를 부정함으로 교착상태를 예방한다. 만약 상호배제를 부정한다면, 공유자원의 동시 사용으로 인하여 하나의 프로세스가 다른 하나의 프로세스에게 영향을 주므로, 다중 프로그래밍에서 프로세스를 병행수행 할 수 없는 결과가 나온다.
④ **교착상태 회복(복구, Recovery)**: 교착상태가 발생한 프로세스를 제거하거나 프로세스에 할당된 자원을 선점하여 교착상태를 회복한다.

066 ④

난이도 상 중 하

프로그래밍 언어 활용 〉 공통 모듈 구현 〉 유닉스 〉 쉘

④ 프로세스, 기억장치, 입출력 관리를 수행하는 것은 커널의 역할이다.

- **쉘(Shell)**: 유닉스 시스템과 사용자 사이의 인터페이스를 제공하는 것을 말한다. 즉, 사용자가 문자열들을 입력하면 그것을 해석하여 그에 따르는 명령어를 찾아서 커널에 알맞은 작업을 요청하게 된다.

067 ④

난이도 상 중 하

프로그래밍 언어 활용 〉 공통 모듈 구현 〉 운영체제 기초 활용 〉 교착상태

- **교착상태 발생 필요 조건**
  - 상호배제(Mutual Exclusion)
  - 점유와 대기(Hold & Wait)
  - 비선점(Non Preemption)
  - 환형대기(Circular Wait, 순환대기)

068 ①

난이도 상 중 하

프로그래밍 언어 활용 〉 네트워크 기초 활용 〉 ISO의 OSI 표준 모델 〉 OSI 7계층

① 전송 계층은 수신 측에 전달되는 데이터에 오류가 없고 데이터의 순서가 수신 측에 그대로 보존되도록 보장하는 연결 서비스의 역할을 하는 종단 간(End-to-End) 서비스 계층이다. 각 패킷은 오류없이 순서에 맞게 중복되거나 유실되는 일 없이 전송되도록 하는데 이러한 전송 계층에는 TCP, UDP 프로토콜 서비스가 있다.

069 ③

난이도 상 중 하

프로그래밍 언어 활용 〉 네트워크 기초 활용 〉 인터넷 〉 IPv6

IPv6은 Unicast, Anycast, Multicast를 사용할 수 있다.

070 ②

난이도 상 중 하

프로그래밍 언어 활용 〉 네트워크 기초 활용 〉 ISO의 OSI 표준 모델 〉 ARP

② IP는 MAC 주소를 알아내야만 통신을 할 수 있으며, ARP(Address Resolution Protocol)는 IP 주소를 MAC 주소로 변환하는 프로토콜이다.

오답 해설

① **UDP(User Datagram Protocol)**: 비연결 지향(Connectionless) 프로토콜이며, TCP와는 달리 패킷이나 흐름 제어, 오류 제어, 순서 제어 등의 기능을 제공하지 않는다.
③ **TCP(Transport Control Protocol)**: 연결형(Connection oriented) 프로토콜이며, 이는 실제로 데이터를 전송하기 전에 먼저 TCP 세션을 맺는 과정이 필요함을 의미한다.
④ **ICMP(Internet Control Message Protocol)**: IP가 패킷을 전달하는 동안에 발생할 수 있는 오류 등의 문제점을 원본 호스트에 보고하는 일을 한다.

071 ③

난이도 상 중 하

프로그래밍 언어 활용 〉 공통 모듈 구현 〉 운영체제 기초 활용 〉 프로세스 상태

- **프로세스 상태 전이 순서**
  - 생성(New) 상태: 작업이 제출되어 스풀 공간에 수록한다.
  - 준비(Ready) 상태: 중앙처리장치가 사용 가능한(할당할 수 있는) 상태이다.
  - 실행(Running) 상태: 프로세스가 중앙처리장치를 차지(프로세스를 실행)하고 있는 상태이다.
  - 대기(Block) 상태: I/O와 같은 사건으로 인해 중앙처리장치를 양도하고, I/O 완료 시까지 대기 큐에서 대기하고 있는 상태이다.
  - 완료(Exit) 상태: 중앙처리장치를 할당받아 주어진 시간 내에 수행을 종료한 상태이다.

072 ①

난이도 상 중 하

프로그래밍 언어 활용 〉 공통 모듈 구현 〉 운영체제 기초 활용 〉 스레드

① 한 개의 프로세스는 여러 개의 스레드를 가질 수 있으며, 하나의 프로세스를 여러 개의 스레드로 생성하여 병행성을 증진시킬 수 있다.

073 ④

난이도 상 중 하

프로그래밍 언어 활용 〉 공통 모듈 구현 〉 운영체제 기초 활용 〉 HRN

④ HRN은 우선 순위를 계산하여 그 수치가 가장 높은 것부터 낮은 순으로 우선 순위가 부여된다.

074 ④

난이도 상 중 하

프로그래밍 언어 활용 〉 네트워크 기초 활용 〉 프로토콜 〉 IEEE 802.11

④ IEEE 802.11e(2005): QoS 보장을 위한 일련의 MAC 기능의 향상

오답 해설

② IEEE 802.11b(WiFi 1, 1999): 802.11의 속도를 2.4 GHz 대역에서 최대 11 Mbps까지 올린 확장 표준

③ IEEE 802.11g(WiFi 3, 2003): 802.11b를 2.4 GHz 대역에서 최대 22 또는 54Mbps 등 고속의 동작을 위한 확장 표준

075 ②

난이도 상 중 하

프로그래밍 언어 활용 〉 프로그래밍 언어 활용 〉 C 언어 〉 명칭

② C 언어는 변수명으로 '–'을 사용할 수 없다.

• C 언어 명칭(Identifier) 작성 규칙

❶ 예약어만을 명칭으로 사용할 수 없다.

❷ 영문자, 숫자, 밑줄(_)을 사용하여 명칭을 구성할 수 있다.

❸ 숫자로 시작해서는 안 된다.

❹ 대문자와 소문자는 구별된다.

076 ②

난이도 상 중 하

프로그래밍 언어 활용 〉 프로그래밍 언어 활용 〉 프로그래밍 언어의 개념 〉 스크립트 언어

② 스크립트 언어는 응용 소프트웨어를 제어하는 언어이다. COBOL은 사무용으로 설계된 절차적, 명령형 프로그래밍 언어로 스크립트 언어로 볼 수 없다.

077 ②

난이도 상 중 하

프로그래밍 언어 활용 〉 공통 모듈 구현 〉 운영체제 기초 활용 〉 페이지 교체

• 선입선출은 FIFO 알고리즘으로 적재된지 가장 오래된 페이지를 교체한다.

순번	1	2	3	4	5	6	7	8	9	10	11	12	13	14	15	16	17	18	19
요구 페이지	7	0	1	2	0	3	0	4	2	3	0	3	2	1	2	0	1	7	0
페이지 프레임	⑦	7	7	②	2	2	2	④	4	4	⓪	0	0	0	0	0	0	⑦	7
		⓪	0	0	0	③	3	3	②	2	2	2	2	①	1	1	1	1	⓪
			①	1	1	1	⓪	0	0	③	3	3	3	3	②	2	2	2	2
페이지 부재	○	○	○	○		○	○	○	○	○	○			○	○			○	○

∴ 페이지 부재 발생 횟수는 14번이다.

078 ①

난이도 상 중 하

프로그래밍 언어 활용 〉 프로그래밍 언어 활용 〉 C 언어

static int b[9]={1, 2, 3};으로 선언되었으므로 b[0]=1, b[1]=2, b[2]=3이 삽입되고, 나머지에는 0이 삽입된다.

079 ④

난이도 상 중 하

프로그래밍 언어 활용 〉 공통 모듈 구현 〉 모듈화 〉 응집도

• 응집도

1. 우연적 응집도(Coincidental Cohesion)	응집도가 낮음 ↑
2. 논리적 응집도(Logical Cohesion)	
3. 시간적 응집도(Temporal Cohesion)	
4. 절차적 응집도(Procedural Cohesion)	
5. 통신적 응집도(Communicational Cohesion)	
6. 순차적 응집도(Sequential Cohesion)	
7. 기능적 응집도(Functional Cohesion)	↓ 응집도가 높음

080 ③

난이도 상 중 하

프로그래밍 언어 활용 〉 프로그래밍 언어 활용 〉 Java 〉 접근자

③ Java 언어의 접근 제한자(Access Modifiers)에는 default(공백)형이 있으며, 이는 package라는 키워드를 쓰지 않고 생략한다.

• 자바에서 사용하는 접근 제어자(Modifiers)

– private: private가 붙은 변수, 메소드는 해당 클래스에서만 접근이 가능하다.

– default: 접근 제어자가 없는 변수, 메소드는 default 접근 제어자가 되어 해당 패키지 내에서만 접근이 가능하다.

– protected: protected가 붙은 변수, 메소드는 동일 패키지의 클래스 또는 해당 클래스를 상속받은 다른 패키지의 클래스에서만 접근이 가능하다.

– public: public 접근 제어자가 붙은 변수, 메소드는 어떤 클래스에서라도 접근이 가능하다.

Part V 정보시스템 구축관리

081 ①

난이도 상 중 하

정보시스템 구축관리 〉 소프트웨어 개발 방법론 활용 〉 프로젝트 개발 비용 산정 〉 Putnam

① Putnam 모형: Rayleigh–Norden 곡선에 기초하며 소프트웨어 개발비용을 산정하는 공식을 유도한다. 동적 모형으로 각 개발 기간마다 소요 인력을 독립적으로 산정할 수 있다. 시간에 대한 함수로 대형 프로젝트의 노력 분포 산정에 이용된다. SLIM 비용 추정 자동화 모형의 기반이 된다.

오답 해설

② 델파이 모형: 조정자를 통해 여러 전문가의 의견 일치를 얻어내는 기법으로 전문가 감정 기법의 문제점을 보완하기 위한 방법이다.

③ COCOMO 모형: 원시 프로그램의 규모에 의한 비용 예측 모형이며, 과거 수많은 프로젝트의 실적을 통계 분석한 공식을 이용하며 지금 진행 예정인 프로젝트의 여러 특성을 고려할 수 있다.

④ 기능 점수 모형: 소프트웨어의 각 기능에 대하여 가중치를 부여하여 요인별 가중치를 합산해서 소프트웨어의 규모나 복잡도, 난이도를 산출하는 모형이다.

082 ④

난이도 상 중 하

정보시스템 구축관리 〉 정보보호 〉 해킹과 정보보호 〉 스택 가드

- 스택 버퍼 오버플로우 대응 방안: 스택가드(Stack Guard), 스택쉴드(Stack Shield), ASLR(Address Space Layout Randomization), NX–bit(Non–executable stack)

083 ②

난이도 상 중 하

정보시스템 구축관리 〉 정보보호 〉 해킹과 정보보호 〉 백도어

- 백도어 탐지 방법: 무결성 검사, 로그 분석, SetUID 파일 검사, 비정상 포트 및 외부 연결 확인

084 ④

난이도 상 중 하

정보시스템 구축관리 〉 정보보호 〉 네트워크 보안 〉 서비스 거부 공격

④ Smurfing: IP 패킷 변조를 통한 스푸핑을 하여 ICMP Request를 받은 네트워크는 ICMP Request 패킷의 위조된 시작 IP 주소로 ICMP Reply를 다시 보낸다. 결국 공격 대상은 수많은 ICMP Reply를 받게 되고, Ping of Death처럼 수많은 패킷이 시스템을 과부하 상태로 만든다.

오답 해설

① TearDrop: IP 패킷 전송이 잘게 나누어졌다가 다시 재조합하는 과정의 약점을 악용한 공격이다.

② Smishing: 문자메시지(SMS)와 피싱(Phishing)의 합성어로 문자메시지를 이용한 휴대폰 해킹 기법이다.

③ Qshing: QR코드와 피싱(Phishing)의 합성어로 QR 코드를 통해 악성 링크로 접속을 유도하거나 직접 악성코드를 심는 방법이다.

085 ④

난이도 상 중 하

정보시스템 구축관리 〉 소프트웨어 개발 방법론 활용 〉 국제 표준 제품 품질 특성 〉 CMM

- CMM(Capability Maturity Model) 모델의 레벨
  - 수준 1(Initial, 초보 단계)
  - 수준 2(Repeatable, 반복 단계)
  - 수준 3(Definition, 정의 단계)
  - 수준 4(Management, 관리 단계)
  - 수준 5(Optimizing, 최적 단계)

086 ③

난이도 상 중 하

정보시스템 구축관리 〉 IT 프로젝트 정보시스템 구축관리 〉 IT 신기술 〉 JSON

- JSON(JavaScript Object Notation)
  - 속성–값 쌍(attribute – value pairs and array data types (or any other serializable value)) 또는 "키–값 쌍"으로 이루어진 데이터 오브젝트를 전달하기 위해 인간이 읽을 수 있는 텍스트를 사용하는 개방형 표준 형식이다.
  - 비동기 브라우저/서버 통신 (AJAX)을 위해, 넓게는 XML(AJAX가 사용)을 대체하는 주요 데이터 포맷이다.
  - JSON은 인터넷에서 자료를 주고받을 때 그 자료를 표현하는 방법으로 알려져 있다.
  - 웹과 컴퓨터 프로그램에서 용량이 적은 데이터를 교환하기 위해 데이터 객체를 속성/값의 쌍 형태로 표현하는 형식으로 자바스크립트를 토대로 개발되어진 형식이다.

오답 해설

① Python: 네덜란드의 귀도 반 로섬(Guido van Rossum)이 개발하였고, 범용 프로그래밍 언어로서 코드 가독성(Readability)과 간결한 코딩을 강조한 언어이다.

② XML: W3C에서 다른 특수 목적의 마크업 언어를 만드는 용도에서 권장되는 다목적 마크업 언어이다. XML은 주로 다른 시스템, 특히 플랫폼과 상관없이 인터넷에 연결된 시스템끼리 데이터를 쉽게 주고받을 수 있게 한다.

087 ②

난이도 상 중 하

정보시스템 구축관리 〉 정보보호 〉 해킹과 정보보호 〉 tripwire

② tripwire: 시스템 내부의 중요한 파일들에 대한 기본 체크썸을 데이터베이스화하여, 나중에 이들의 체크썸을 비교하여 변화 여부를 판단함으로써 공격자에 의해 시스템에 변화가 생겼는지를 확인할 수 있는 도구이다.

088 ②

난이도 상 중 하

정보시스템 구축관리 〉 소프트웨어 개발 방법론 활용 〉 소프트웨어의 생명주기 모형 〉 프레임워크

② 프레임워크를 사용하면 이미 만들어진 코드를 사용하게 되므로 시스템 복잡도가 감소하기 때문에 시간과 비용이 절약되어 생산성이 증가된다.

089 ②

난이도 상 중 하

정보시스템 구축관리 〉 소프트웨어 개발 방법론 활용 〉 프로젝트 개발 비용 산정 〉 Cocomo Model

② 유기적(Organic model): 5만 라인 이하로 소규모 팀이 수행할 수 있는 아주 작고 간단한 소프트웨어 프로젝트

오답 해설

① 내장형(Embeded model): 30만 라인 이상의 프로젝트
③ 중간형(semi-detached model): 30만 라인 이하의 프로젝트

090 ①

난이도 상 중 하

정보시스템 구축관리 〉 IT 프로젝트 정보시스템 구축관리 〉 IT 신기술 〉 IT 용어

① PICONET(피코넷): 여러 개의 독립된 통신장치가 UWB(Ultra Wideband) 통신 기술 또는 블루투스 기술을 사용하여 통신망을 형성하는 무선 네트워크 기술이다.

오답 해설

② SCRUM: 애자일 기법의 하나이며, 소프트웨어 개발 시에 30일마다 동작 가능한 제품을 제공하는 스플린트를 중심으로 하고 있다. 매일 정해진 시간에 정해진 장소에서 짧은 시간의 개발을 하는 팀을 위한, 프로젝트 관리 중심의 방법론이다.
③ NFC: 가까운(10cm 이내) 거리에서 무선 데이터를 주고받는 통신 기술이다.
④ WI-SUN: 스마트 그리드 서비스를 제공하기 위한 와이파이 기반의 저전력 장거리 통신 기술이다.

091 ①

난이도 상 중 하

정보시스템 구축관리 〉 소프트웨어 개발 방법론 활용 〉 소프트웨어의 생명주기 모형 〉 나선형 모형

① 나선형 모형: 폭포수 모델과 프로토타이핑 모델의 장점을 수용하고, 새로운 요소인 위험 분석을 추가한 진화적 개발 모델이다.

오답 해설

② 델파이 모형: 조정자를 통해 여러 전문가의 의견 일치를 얻어내는 기법으로 전문가 감정 기법의 문제점을 보완하기 위한 방법이다.
③ 폭포수 모형: 소프트웨어의 개발 시 프로세스에 체계적인 원리를 도입할 수 있는 첫 방법론이며, 적용 사례가 많고 널리 사용된 방법이다.
④ 기능점수 모형: 소프트웨어의 각 기능에 대하여 가중치를 부여하여 요인별 가중치를 합산해서 소프트웨어의 규모나 복잡도, 난이도를 산출하는 모형이다.

092 ①

난이도 상 중 하

정보시스템 구축관리 〉 IT 프로젝트 정보시스템 구축관리 〉 IT 신기술 〉 하둡

① 하둡(Hadoop): 빅데이터를 처리할 수 있는 큰 컴퓨터 클러스터에서 동작하는 분산 응용 프로그램을 지원하는 프리웨어 자바 소프트웨어 프레임워크이다.

093 ①

난이도 상 중 하

정보시스템 구축관리 〉 정보보호 〉 암호화 〉 공개키 암호화

① RSA(Rivest, Sharmir, Adleman): 소인수분해 문제를 이용한 공개키 암호화 기법에 널리 사용되는 암호 알고리즘 기법이다.

오답 해설

② ECC(Elliptic Curve Cryptosystem): 타원 곡선 암호로 RSA 암호보다 짧은 키 길이로서 같은 정도의 강도를 확보하고, 암호화 · 복호화의 처리에 필요한 시간을 단축할 수 있다.
③ PKI(Public Key Infrastructure): 공개키를 이용하여 송수신 데이터를 암호화하고, 디지털 인증서를 통해 사용자를 인증하는 시스템이다.
④ PEM(Privacy Enhanced Mail): 인터넷 표준안으로 IETF에서 만든 암호화 기법이며, 자동 암호화로 전송 중 유출되더라도 내용 확인이 불가능하다. PGP에 비해 보안 능력이 뛰어나지만, 중앙집중식 키 인증 방식으로 대중적으로 사용되기는 어렵다.

094 ①

난이도 상 중 하

- 노력(인월) = LOC/1인당 월평균 생산 코드 라인 수 = 50,000/200 = 250인월(M/M)
- 개발 기간 = 노력(인월)/투입 인원 = 250/10 = 25개월

095 ①

난이도 상 중 하

정보시스템 구축관리 〉 IT 프로젝트 정보시스템 구축관리 〉 네트워크 구축관리 〉 RIP

① RIP(Routing Information Protocol): 목적지 네트워크까지 도달하는데 몇 개의 라우터를 거치는가를 나타내는 홉(Hop) 카운트를 사용하는데 최대 15홉 이하 규모의 네트워크를 주요 대상으로 한다.

오답 해설

② OSPF(Open Shortest Path First): Link State Routing 기법을 사용하며, 전달 정보는 인접 네트워크 정보를 이용한다.
④ EIGRP(Enhanced Interior Gateway Routing Protocol): IGRP를 기반으로 한 개방형 라우팅 프로토콜이며, 라우터 내 대역폭 및 처리 능력의 이용과 토폴로지가 변경된 뒤에 일어나는 불안정한 라우팅을 최소화하는데 최적화되었다.

096 ①

난이도 상 중 하

정보시스템 구축관리 〉 정보보호 〉 네트워크 보안 〉 해킹 공격

① Key Logger Attack: 컴퓨터 사용자의 키보드 움직임을 탐지해 ID, 패스워드 등 개인의 중요한 정보를 몰래 빼가는 해킹 공격이다.

오답 해설

② Worm: 동일한 웜을 재생산하고 네트워크, 취약 부위, 공유 폴더 등 취약점을 통해 자체적으로 배포하는 기능을 가지고 있으며, 특별한 사용자의 행동이 없어도 실행된다.

③ Rollback: 데이터베이스에서 업데이트의 오류가 발생할 때, 이전 상태로 되돌리는 것을 말한다.

097 ④

난이도 상 중 하

정보시스템 구축관리 〉 소프트웨어 개발 방법론 활용 〉 테일러링 개발 방법론 〉 테일러링

• 테일러링(Tailoring) 개발 방법론 기준 고려사항

– 내부적 기준 고려사항

목표 환경	시스템의 개발 환경과 유형이 서로 다른 경우 테일러링이 필요하다.
요구사항	프로젝트의 생명주기 활동에서 개발, 운영, 유지보수 등 프로젝트에서 우선적으로 고려할 요구사항이 서로 다른 경우 테일러링이 필요하다.
프로젝트 규모	비용, 인력, 기간 등 프로젝트의 규모가 서로 다른 경우 테일러링이 필요하다.
보유 기술	프로세스, 개발 방법론, 산출물, 구성원의 능력 등이 서로 다른 경우 테일러링이 필요하다.

– 외부적 기준 고려사항

법적 제약사항	프로젝트별로 적용될 IT Compliance가 서로 다른 경우 테일러링이 필요하다.
표준 품질 기준	금융, 제도 등 분야별 표준 품질 기준이 서로 다른 경우 테일러링이 필요하다.

098 ①

난이도 상 중 하

정보시스템 구축관리 〉 소프트웨어 개발 방법론 활용 〉 소프트웨어의 생명주기 모형 〉 폭포수 모형

① 폭포수 모형은 개발 중에 발생하는 요구사항의 반영이 어렵다.

099 ④

난이도 상 중 하

정보시스템 구축관리 〉 정보보호 〉 네트워크 보안 〉 해킹 공격

④ **랜섬웨어(Ransomware)**: 몸값을 의미하는 Ransom과 소프트웨어(Software)의 합성어이다. 시스템을 잠그거나 데이터를 암호화해 사용할 수 없도록 만든 뒤, 이를 인질로 금전을 요구하는 악성 프로그램을 일컫는다.

오답 해설

① Smishing: 문자메시지(SMS)와 피싱(Phishing)의 합성어로 문자메시지를 이용한 휴대폰 해킹 기법이다.

③ Trojan Horse: 겉으로는 악성 소프트웨어가 아닌 것처럼 보이나, 실제로는 악의적인 목적을 숨기고 있는 프로그램이다.

100 ④

난이도 상 중 하

정보시스템 구축관리 〉 정보보호 〉 정보보호 〉 정보 보안의 3대 요소

④ **무결성**: 접근 권한이 없는 사용자에 의해 정보가 변경되지 않도록 보호하여 정보의 정확성과 완전성을 확보한다.

오답 해설

① **기밀성**: 정보 자산이 인가된(Authorized) 사용자에게만 접근할 수 있도록 보장하여 접근 권한을 가진 사람만이 실제로 접근 가능하도록 한다.

② **부인 방지**: 행위나 이벤트의 발생을 증명하여 나중에 행위나 이벤트를 부인할 수 없도록 한다.

③ **가용성**: 정보와 정보시스템의 사용을 인가받은 사람이 그를 사용하려고 할 때 언제든지 사용할 수 있도록 보장하는 것이다.

제1회 모의고사 정답&해설

제1회 모의고사

문제 P.128

01	①	02	③	03	④	04	②	05	④
06	②	07	③	08	②	09	③	10	②
11	②	12	②	13	①	14	②	15	④
16	③	17	③	18	③	19	④	20	④
21	③	22	④	23	②	24	③	25	③
26	①	27	④	28	③	29	②	30	③
31	②	32	②	33	①	34	③	35	③
36	①	37	②	38	②	39	②	40	④
41	③	42	③	43	④	44	④	45	③
46	①	47	④	48	②	49	②	50	①
51	④	52	④	53	④	54	③	55	③
56	③	57	②	58	④	59	④	60	②
61	②	62	④	63	③	64	④	65	④
66	②	67	②	68	③	69	③	70	④
71	②	72	③	73	④	74	③	75	①
76	②	77	③	78	③	79	③	80	②
81	③	82	②	83	③	84	④	85	④
86	③	87	②	88	④	89	②	90	③
91	③	92	①	93	②	94	②	95	②
96	②	97	②	98	④	99	①	100	②

Part I 소프트웨어 설계

001 ①

난이도 상중하

소프트웨어 설계 〉 요구사항 확인 〉 요구사항 확인 〉 자료 흐름도

- **자료 흐름도의 구성:** 프로세스(Process), 자료 흐름(Data Flow), 자료 저장소(Data Store), 단말(Terminator)

002 ③

난이도 상중하

소프트웨어 설계 〉 애플리케이션 설계 〉 공통 모듈 설계 〉 코드

③ **연상 코드:** 대상과 관계있는 문자나 숫자를 조합하여 만든 코드이다. (상품명이나 거래처 명에 많이 이용)

오답 해설

① **순차 코드:** 발생순, 크기순, 가나다순 등에 따라 순차적으로 부여한다.

② **블록 코드:** 공통성 있는 것끼리 블록으로 묶어서 구분하며 블록 내에서는 순차적으로 부여한다.

④ **표의 숫자 코드:** 대상 항목의 크기, 중량, 거리 등을 그대로 사용하는 코드이다.

003 ④

난이도 상중하

소프트웨어 설계 〉 요구사항 확인 〉 요구사항 확인 〉 XP

- **XP(eXtreme Programming)의 5가지 핵심 가치**
  - 존중(Respect): 팀 기반의 활동 중 팀원 간의 상호 존중을 강조
  - 단순성(Simplicity): 사용되지 않는 구조와 알고리즘 배제
  - 의사소통(Communication): 개발자, 관리자, 고객 간의 원활한 의사소통
  - 피드백(Feedback): 지속적인 테스트와 통합, 반복적 결함 수정, 빠른 피드백
  - 용기(Courage): 고객의 요구사항 변화에 능동적인 대처

004 ②

난이도 상중하

소프트웨어 설계 〉 요구사항 확인 〉 요구사항 확인 〉 UML 다이어그램

- **UML 다이어그램:** 클래스 다이어그램(Class Diagram), 순차 다이어그램(Sequence Diagram), 상태 다이어그램(State Diagram), 유스케이스 다이어그램(UseCase Diagram) 등

005 ④

난이도 상중하

소프트웨어 설계 〉 애플리케이션 설계 〉 객체지향 설계 〉 객체지향

④ **메시지**: 한 객체가 다른 객체의 메소드를 부르는 과정으로, 외부에서 하나의 객체에 보내지는 메소드의 요구이다.

오답 해설

① **메소드**: 메소드는 객체가 어떻게 동작하는지를 규정하고 속성값을 변경시킨다.

② **클래스**: 동일한 타입의 객체들의 메소드와 변수들을 정의하는 템플릿(Templete)이다.

③ **상속성**: 새로운 클래스를 정의할 때 기존의 클래스들의 속성을 상속받고 필요한 부분을 추가하는 방법이다.

006 ②

난이도 상중하

소프트웨어 설계 〉 요구사항 확인 〉 현행 시스템 분석 〉 플랫폼 성능 특성 분석

• **플랫폼 성능 특성 측정 항목**: 반환 시간(Turnaround Time), 사용률(Utilization), 응답 시간(Response Time), 가용성(Availability)이 있다.

오답 해설

① **응답 시간(Response time)**: 애플리케이션에 요청을 전달한 시간부터 응답이 도착할 때까지 걸린 시간

③ **사용률(Utilization)**: 애플리케이션이 의뢰한 작업을 처리하는 동안 CPU, 메모리 등의 자원 사용률

④ **가용성(Availability)**: 일정 시간 내에 애플리케이션이 처리하는 일의 양

007 ③

난이도 상중하

소프트웨어 설계 〉 요구사항 확인 〉 요구사항 확인 〉 유스케이스 다이어그램

③ **포함(Include) 관계**: 복잡한 시스템에서 중복된 것을 줄이기 위한 방법으로 함수의 호출처럼 포함된 유스케이스를 호출하는 의미를 갖는다.

오답 해설

① **일반화(Generalization) 관계**: 사용 사례의 상속을 의미하며 유사한 유스케이스를 모아 일반적인 사용 사례를 정의한다.

② **확장(Extend) 관계**: 예외 사항을 나타내는 관계로 이벤트를 추가하여 다른 사례로 확장한다.

④ **연관(Association) 관계**: 두 개 이상의 클래스 사이의 의존 관계로서 한 클래스를 사용함을 나타낸다

008 ②

난이도 상중하

소프트웨어 설계 〉 요구사항 확인 〉 요구사항 확인 〉 자료 사전

자료 사전 기호	기능	의미
=	자료의 정의	~로 구성되어 있음
+	자료의 연결	그리고, 순차(and)
( )	자료의 생략	선택 사양, 생략 가능(Optional)
{ }	자료의 반복	반복(Iteration)
[|]	자료의 선택	여러 대안 중 하나 선택
* *	자료의 설명	주석(Comment)

009 ③

난이도 상중하

소프트웨어 설계 〉 애플리케이션 설계 〉 객체지향 설계 〉 객체지향

③ **다형성(Polymorphism)**: 두 개 이상의 클래스에서 똑같은 메시지에 대해 객체가 서로 다르게 반응하는 것이다.

오답 해설

① **메시지(Message)**: 객체에서 어떤 행위를 하도록 지시하는 명령이다. 일반 프로그래밍 과정에서 함수 호출에 해당된다.

② **캡슐화(Encapsulation)**: 객체를 정의할 때 서로 관련성이 많은 데이터들과 이와 연관된 함수들을 정보처리에 필요한 기능 하나로 묶는 것을 말한다. 즉, 데이터, 연산, 다른 객체, 상수 등의 관련된 정보와 그 정보를 처리하는 방법을 하나의 단위로 묶는 것이다.

④ **상속(Inheritance)**: 새로운 클래스를 정의할 때 기존의 클래스들의 속성을 상속받고 필요한 부분을 추가하는 방법이다.

010 ②

난이도 상중하

소프트웨어 설계 〉 요구사항 확인 〉 현행 시스템 분석 〉 DBMS

• **DBMS 분석 시 고려사항**: 성능, 가용성, 상호 호환성, 구축 비용이 있다.

011 ②

난이도 상중하

소프트웨어 설계 〉 애플리케이션 설계 〉 객체지향 설계 〉 디자인 패턴

② **Facade Pattern**: 서브시스템의 내부가 복잡하여 클라이언트 코드가 사용하기 힘들 때 사용한다. 몇 개의 클라이언트 클래스와 서브시스템의 클라이언트 사이에 facade라는 객체를 세워놓음으로써 복잡한 관계를 정리(구조화)한 것이다. 모든 관계가 전면에 세워진 facade 객체를 통해서만 이루어질 수 있게 단순한 인터페이스를 제공(단순한 창구 역할)하는 것이다.

오답 해설

① **MVC(Model-View-Controller)**: 소프트웨어 설계에서 세 가지 구성 요소인 모델(Model), 뷰(View), 컨트롤러(Controller)를 이용한 설계 방식이다.

③ **Mediator Pattern**: 행위 개선을 위한 패턴이며, M:N 객체 관계를 M:1로 단순화한다.

④ **Bridge Pattern**: 구조 개선을 위한 패턴이며, 인터페이스와 구현을 명확하게 분리한다.

012 ②

난이도 상 중 하

소프트웨어 설계 〉 요구사항 확인 〉 요구사항 확인 〉 Booch 방법

② **Booch 방법**: 여러 가지 다른 방법론을 통합하여 하나의 방법론으로 만들었는데 분석보다는 설계 쪽에 더 많은 중점을 두고 있다. 규모가 큰 프로젝트 수행 시 과정이 매우 복잡해지며, 구현 언어(Ada)에 제한된다.

오답 해설

① **Coad와 Yourdon 방법**: E-R 다이어그램을 사용하여 객체의 행위를 모델링하며 객체 식별, 구조 식별, 주체 정의, 속성 및 관계 정의, 서비스 정의 등의 과정으로 구성된다.

013 ①

난이도 상 중 하

소프트웨어 설계 〉 요구사항 확인 〉 요구사항 확인 〉 애자일

① **애자일 개발 방법론**: 애자일 소프트웨어 개발(Agile Software Development) 혹은 애자일 개발 프로세스는 소프트웨어 엔지니어링에 대한 개념으로, 프로젝트의 생명주기 동안 반복적인 개발을 촉진한다. eBusiness 시장 및 SW 개발 환경 등 주위 변화를 수용하고 이에 능동적으로 대응하는 여러 방법론을 통칭한다.

오답 해설

② **구조적 개발 방법론**: 크고 복잡한 문제를 작고 단순한 문제로 나누어 해결하는 하향식 개발 방법으로 구조적 분석, 구조적 설계, 구조적 프로그래밍으로 구성된다.

③ **객체지향 개발 방법론**: 재사용을 가능케 하고, 재사용은 빠른 속도의 소프트웨어 개발과 고품질의 프로그램의 생산을 가능하게 한다. 객체 지향 소프트웨어는 그 구성이 분리되어 있기 때문에 유지 보수가 쉽다.

④ **컴포넌트 기반 개발 방법론**: 시스템 또는 소프트웨어를 구성하는 각각의 컴포넌트를 만들고 조립해 또 다른 컴포넌트나 소프트웨어를 만드는 것을 말한다. 소프트웨어 컴포넌트를 조립해 새로운 애플리케이션을 만들 수가 있어 개발기간을 단축할 수 있으며 기존의 컴포넌트를 재사용할 수 있어 생산성과 경제성을 높일 수 있다.

014 ②

난이도 상 중 하

소프트웨어 설계 〉 요구사항 확인 〉 요구사항 확인 〉 요구사항의 개념

- **기능 요구**: 사용자가 필요로 하는 정보처리 능력에 대한 것으로 절차나 입출력에 대한 요구이다.
- **비기능 요구**: 시스템 SW의 동작에 필요한 특정 요구기능 외에 전체 시스템의 동작을 평가하는 척도를 정의하며, 안정성, 확장성, 보안성, 성능 등이 포함된다.

015 ④

난이도 상 중 하

소프트웨어 설계 〉 요구사항 확인 〉 요구사항 확인 〉 요구사항의 개념

④ **상속성(Inheritance)**: 이미 정의된 상위 클래스(슈퍼 클래스나 부모 클래스)의 모든 속성과 연산을 하위 클래스가 물려받는 것이다. 상속성을 이용하면 하위 클래스는 상위 클래스의 모든 속성과 연산을 자신의 클래스 내에서 다시 정의하지 않고 사용할 수 있다.

016 ③

난이도 상 중 하

소프트웨어 설계 〉 화면 설계 〉 UI 설계 〉 사용자 인터페이스 설계 지침

- UI 설계 지침
  - 사용자 중심: 사용자가 이해하기 쉽고 편하게 사용할 수 있는 환경을 제공하도록 설계되어야 한다.
  - 일관성: 버튼이나 조작 방법을 빠르고 쉽게 습득할 수 있도록 설계해야 한다.
  - 단순성: 조작 방법은 가장 간단하게 작동되도록 하여 인지적 부담을 최소화 하도록 설계해야 한다.
  - 결과 예측 가능: 작동시킬 기능만 보고도 결과 예측이 가능하도록 설계해야 한다.
  - 가시성: 주요 기능을 메인 화면에 노출하여 쉬운 조작이 가능해야 한다.
  - 표준화: 디자인을 표준화하여 기능 구조의 선행 학습 이후 쉽게 사용 가능해야 한다.
  - 접근성: 사용자의 직무, 연령, 성별 등이 고려된 다양한 계층을 수용해야 한다.
  - 명확성: 사용자가 개념적으로 쉽게 인지해야 한다.
  - 오류 발생 해결: 사용자가 오류에 대한 상황을 정확하게 인지할 수 있어야 한다.

017 ③

난이도 상 중 하

③ **상향식 설계**: 가장 기본적인 컴포넌트를 먼저 설계한 다음 이것을 사용하는 상위 수준의 컴포넌트를 설계하는 것을 말한다.

오답 해설

④ **하향식 설계**: 소프트웨어 설계 시 제일 상위에 있는 Main User Function에서 시작하여 기능을 하위 기능들로 분할해 가면서 설계하는 방식이다.

018 ③

난이도 상 중 하

③ 모듈은 적당한 크기를 유지해야 한다. 같은 기능을 하는 모듈의 크기가 크다면 재사용이나 유지보수가 어렵다.

019 ④

난이도 상 중 하

소프트웨어 설계 〉 인터페이스 설계 〉 인터페이스 상세 설계 〉 미들웨어

④ ORB는 객체에 대한 서비스 요청을 중개하는 중개자 미들웨어이다.

오답 해설

① WAS는 애플리케이션 미들웨어이다.

② MOM는 메시지 지향 미들웨어이다.

③ RPC는 네트워크상에서 애플리케이션과 애플리케이션 간의 연동을 하기 위한 미들웨어이다.

020 ④

난이도 상중하

소프트웨어 설계 〉 화면 설계 〉 UI 설계 〉 사용자 인터페이스 설계 도구

④ CASE는 소프트웨어 개발 방법론을 쉽게 구성하도록 하는 것이 아니라, 소프트웨어 공학의 자동화를 의미한다.

Part Ⅱ 소프트웨어 개발

021 ③

난이도 상중하

소프트웨어 개발 〉 데이터 입출력 구현 〉 논리 데이터저장소 확인 〉 알고리즘

- 유한성: 알고리즘의 명령대로 순차적인 실행을 하면 언젠가는 반드시 실행이 종료되어야 한다.

022 ④

난이도 상중하

소프트웨어 개발 〉 데이터 입출력 구현 〉 논리 데이터저장소 확인 〉 전위 표기법

④ 문제의 전위 표기식을 (+(− 5 4) (×4 7))와 같이 묶어서 계산한다. 중위 표기식으로 변환하면 ((5−4)+(4×7))와 같이 표현할 수 있다. 따라서 계산 결과는 29이다.

023 ②

난이도 상중하

소프트웨어 개발 〉 데이터 입출력 구현 〉 논리 데이터저장소 확인 〉 선형 구조

- 선형구조: 스택, 큐, 데크, 배열, 연결 리스트
- 비선형구조: 트리, 그래프

024 ③

난이도 상중하

소프트웨어 개발 〉 데이터 입출력 구현 〉 논리 데이터저장소 확인 〉 버블 정렬

- 정렬의 시간 복잡도

정렬 종류	평균	최악
버블 정렬	$O(n^2)$	$O(n^2)$
선택 정렬	$O(n^2)$	$O(n^2)$
삽입 정렬	$O(n^2)$	$O(n^2)$
퀵 정렬	$O(nLog_2n)$	$O(n^2)$
합병 정렬	$O(nLog_2n)$	$O(nLog_2n)$
힙 정렬	$O(nLog_2n)$	$O(nLog_2n)$

025 ③

난이도 상중하

소프트웨어 개발 〉 통합 구현 〉 모듈 구현 〉 화이트박스 테스트

③ White Box Testing은 내부 명세서를 근거로 내부의 논리적 오류를 테스트하는 것으로 모듈 안의 작동을 직접 관찰할 수 있어야 한다.

026 ①

난이도 상중하

소프트웨어 개발 〉 인터페이스 구현 〉 인터페이스 기능 구현 〉 인터페이스 보안

① SNMP(Simple Network Management Protocol)는 보안에 관련된 프로토콜이 아니라, 네트워크 관리 프로토콜이다.

오답 해설

② SSL(Secure Socket Layer): 인터넷을 통해 전달되는 정보보안의 안전한 거래를 허용하기 위해 Netscape사에서 개발한 인터넷 통신 규약 프로토콜이다.

③ IPSec(IP Security): 안전하지 않은 네트워크상의 두 컴퓨터 사이에 암호화된 안전한 통신을 제공하는 프로토콜이다.

④ S-HTTP(Secure HyperText Transfer Protocol): HTTP 프로토콜에 송신자 인증, 메시지 기밀성과 무결성, 부인 방지 기능을 확장한 프로토콜이다.

027 ④

난이도 상중하

소프트웨어 개발 〉 데이터 입출력 구현 〉 논리 데이터저장소 확인 〉 이진 트리

후위 순회는 트리의 왼쪽 → 오른쪽 → 중간으로 순회한다.

[보기]의 트리에서 후위 순회는 D → B → E → F → C → A순이다.

028 ③

난이도 상중하

소프트웨어 개발 〉 인터페이스 구현 〉 인터페이스 구현 검증 〉 인터페이스 구현 검증도구

③ FitNesse: 웹 기반 테스트 케이스 설계/실행/결과 확인 등을 지원하는 테스트 프레임워크

오답 해설

① xUnit: Java(Junit), C++(Cppunit), .Net(Nunit) 등 다양한 언어를 지원하는 단위 테스트 프레임워크

② STAF: 서비스 호출, 컴포넌트 재사용 등 다양한 환경을 지원하는 테스트 프레임워크

029 ②

난이도 상중하

소프트웨어 개발 〉 데이터 입출력 구현 〉 논리 데이터저장소 확인 〉 큐

- 큐(Queue): 선입선출의 구조이며, head(front)와 tail(rear)의 2개 포인터를 갖고 있다.

오답 해설

①, ③, ④는 스택(Stack)에 대한 설명이다.

030 ③

난이도 상중하

소프트웨어 개발 〉 제품 소프트웨어 패키징 〉 제품 소프트웨어 매뉴얼 작성 〉 ISO/IEC 9126

- 기능성(Functionlity)의 하위 특성: 정확성, 적합성, 상호호환성, 보안성, 유연성이 있다.

031 ②

난이도 상중하

프트웨어 개발 〉 제품 소프트웨어 패키징 〉 제품 소프트웨어 패키징 〉 DRM

② IDS는 DRM에 사용되는 기술 요소가 아니라 네트워크 보안 장비인 침입 탐지 시스템이다.

032 ②

난이도 상중하

소프트웨어 개발 〉 데이터 입출력 구현 〉 논리 데이터저장소 확인 〉 선택 정렬

선택 정렬(Selection Sort)은 n개의 레코드 중에서 최소값(최대값)을 찾아 첫 번째 위치에 놓고, 나머지 (n−1)개 중에서 다시 최소값(최대값)을 찾아 두 번째 위치에 놓는 방식을 반복하여 정렬하는 방식이다.

- 초기상태: 8, 3, 4, 9, 7
- 1회전: 3, 8, 4, 9, 7
- 2회전: 3, 4, 8, 9, 7
- 3회전: 3, 4, 7, 9, 8
- 4회전: 3, 4, 7, 8, 9

033 ①

난이도 상중하

통합문제

① 토글 버튼: 버튼을 클릭하면 상태를 'on', 'off'로 변환시킨다.

오답 해설

② 텍스트 박스: 메시지를 보여주거나 사용자가 데이터를 입력할 곳을 제공한다.

③ 라디오 버튼: 여러 가지 제시된 것 중 하나만을 선택할 때 사용한다.

④ 체크 박스: 그룹 중에 하나 이상의 후보를 선택할 때 사용한다.

034 ③

난이도 상중하

소프트웨어 개발 〉 제품 소프트웨어 패키징 〉 제품 소프트웨어 패키징 〉 DRM

- DRM 시스템 구성 요소: 콘텐츠 제공자(Contents Provider), 콘텐트 분배자(Contents Distributor), 패키저(Packager), 보안 컨테이너, DRM 컨트롤러, 클리어링 하우스(Clearing House)

035 ③

난이도 상중하

소프트웨어 개발 〉 제품 소프트웨어 패키징 〉 제품 소프트웨어 매뉴얼 작성 〉 신뢰성

③ 힙 정렬은 이진 탐색 트리가 아닌 완전 이진 트리(Complete Binary Tree)로 입력 자료의 레코드를 구성한다.

036 ①

난이도 상중하

① 신뢰성: 정확하고 일관된 결과를 얻기 위해 요구된 기능을 오류 없이 수행하는 정도이다.

오답 해설

② 유지보수성: 변경 및 오류 사항 교정을 최소화하는 정도이다.

④ 재사용성: 전체나 일부 기능을 다른 목적으로 사용할 수 있는 정도이다.

037 ②

난이도 상중하

소프트웨어 개발 〉 애플리케이션 테스트 관리 〉 애플리케이션 테스트 케이스 설계 〉 테스트 케이스

- 테스트 케이스 항목: 식별자 번호, 순서 번호, 테스트 조건, 테스트 데이터, 예상 결과

038 ②

난이도 상중하

소프트웨어 개발 〉 애플리케이션 테스트 관리 〉 애플리케이션 테스트 케이스 설계 〉 인수 테스트

② 알파 테스트: 검증 검사 기법 중 개발자의 장소에서 사용자가 개발자 앞에서 행해지며, 오류와 사용상의 문제점을 사용자와 개발자가 함께 확인하면서 검사하는 기법이다.

오답 해설

① 베타 테스트: 최종 사용자가 여러 장소의 고객 위치에서 소프트웨어에 대한 검사를 수행하는 기법이다.

039 ②

난이도 상중하

소프트웨어 개발 〉 데이터 입출력 구현 〉 논리 데이터저장소 확인 〉 자료구조

② 큐는 FIFO(First In First Out, 선입선출) 구조이다.

040 ④

난이도 상중하

소프트웨어 개발 〉 제품 소프트웨어 패키징 〉 제품 소프트웨어 매뉴얼 작성 〉 무결성

④ 무결성(Integrity): 허가되지 않은 사람의 소프트웨어나 데이터에의 접근을 통제할 수 있는 정도

오답 해설

① 정확성(Correctness): 프로그램이 설계 사양을 만족시키며 사용자가 원하는대로 수행되고 있는 정도

② **신뢰성(Reliability)**: 프로그램이 항시 정확하게 동작하고 있는 정도
③ **유용성(Usability)**: 쉽게 배우고 사용할 수 있는 정도

Part Ⅲ 데이터베이스 구축

041 ③ 난이도 상중하

데이터베이스 구축 〉 데이터베이스 개요 〉 데이터베이스 시스템의 구성 〉 외부 스키마

③ **개념 스키마**: 범 기관적 입장의 데이터베이스 전체 관점

오답 해설

① **외부 스키마**: 사용자나 응용 프로그래머 관점
② **내부 스키마**: 내부 물리적 저장 장치 관점

042 ③ 난이도 상중하

데이터베이스 구축 〉 데이터 모델링 〉 개체–관계 모델 〉 E–R 다이어그램

• E–R 다이어그램 표기법

기호	의미
사각형	개체 타입
이중 사각형	약한 개체 타입
타원	속성
이중 타원	다중 속성: 여러 개의 값을 가질 수 있는 속성
점선 타원	유도 속성
마름모	관계: 개체 간의 상호작용
이중 마름모	식별 관계 타입
밑줄 타원	키 속성: 모든 개체들이 모두 다른 값을 갖는 속성(기본키)
점선 밑줄 타원	부분키 애트리뷰트
타원에 연결된 타원들	복합 속성: 하나의 속성을 부분으로 나누어질 수 있는 속성
선	연결

043 ④ 난이도 상중하

데이터베이스 구축 〉 관계 데이터베이스 언어 〉 SQL 〉 DML

GROUP BY절에서 조건식이 들어가면 HAVING을 사용한다.

```
select 과목, count(*) as 학생수, AVG(점수) as 평균점수
from 성적
group by 과목 having count(학번) >= 2;
```

044 ④ 난이도 상중하

데이터베이스 구축 〉 관계 데이터 모델 〉 관계 데이터 연산 〉 셀렉트

④ **셀렉트(SELECT, σ)**: 테이블에서 조건에 맞는 행을 검색할 수 있다.

오답 해설

① **조인(JOIN, ⋈)**: 두 관계로부터 관련된 튜플들을 하나의 튜플로 결합하는 연산이다.
③ **프로젝트(PROJECT, π)**: 테이블에서 속성 리스트를 선택하여 검색할 수 있다.

045 ③ 난이도 상중하

데이터베이스 구축 〉 데이터베이스 설계와 정규화 〉 데이터베이스 설계 〉 논리적 설계

③ **논리적 설계 단계**: 앞 단계의 개념적 설계 단계에서 만들어진 정보 구조로부터 목표 DBMS가 처리할 수 있는 스키마를 생성한다. 이 스키마는 요구 조건 명세를 만족해야 되고, 무결성과 일관성 제약 조건도 만족하여야 한다.

046 ① 난이도 상중하

데이터베이스 구축 〉 관계 데이터베이스 언어 〉 SQL 〉 DML

• 기본 형식

```
DELETE FROM 테이블명
WHERE 조건;
```

① DELETE FROM 사원
WHERE 사번=100;
→ 사원 테이블에서 사번이 100인 사원의 튜플을 삭제한다.

오답 해설

② DELETE IN 사원 WHERE 사번=100;
→ DELETE FROM이 맞는 표현이다.
③ DROP TABLE 사원 WHERE 사번=100;
→ DROP은 전체(구조, 데이터) 삭제를 하는 DDL 명령이다.
④ DROP 사원 COLUMN WHERE 사번=100;
→ DROP은 전체(구조, 데이터) 삭제를 하는 DDL 명령이다.

047 ④ 난이도 상중하

데이터베이스 구축 〉 데이터베이스 설계와 정규화 〉 정규화 체계 〉 이행 함수 종속

④ A → B이고 B → C이면 A → C가 성립하는 종속 관계를 이행적 함수종속(Transitive FD)이라고 한다.

048 ②

난이도 상 중 하

데이터베이스 구축 〉 관계 데이터 모델 〉 관계 데이터 모델의 구조 및 제약 〉 데이터 무결성

② **무결성(Integrity)**: 데이터베이스에 저장된 데이터 값과 그것이 표현하는 현실 세계의 실제값이 일치하는 정확성을 의미한다.

오답 해설

① **트리거(Trigger)**: 데이터베이스가 미리 정해 놓은 특정 조건이 만족되거나 어떤 동작이 수행되면 자동으로 실행되도록 정의한 동작이다. 조건이 만족되는 경우에 취해야 하는 조치를 명세한다.

③ **잠금(Lock)**: Lock된 데이터는 다른 트랜잭션이 접근할 수 없으며, Unlock될 때까지 대기하여야 한다.

④ **복귀(Rollback)**: 트랜잭션의 비정상적 종료가 되었을 때 이전의 상태로 되돌리는 연산을 말한다.

049 ②

난이도 상 중 하

데이터베이스 구축 〉 관계 데이터베이스 언어 〉 SQL 〉 DML

② ALTER은 DDL에 해당한다.

- **조작어(DML)**: SELECT, INSERT, DELETE, UPDATE
- **정의어(DDL)**: CREATE, ALTER, DROP
- **제어어(DCL)**: GRANT, REVOKE

050 ①

난이도 상 중 하

데이터베이스 구축 〉 데이터베이스 개요 〉 데이터베이스 시스템의 구성 〉 DCL의 기능

데이터 제어어(DCL)의 기능은 정확성과 안정성을 유지한다. 무결성 유지, 보안(권한) 검사, 병행수행 제어가 포함된다.

051 ④

난이도 상 중 하

통합문제

④ 정규화는 데이터의 중복을 최소화하고 이상 현상을 방지한다. 정규화를 위해 반드시 속성들 간의 관계를 고려해야 하지만 튜플들 간의 관계는 고려하지 않는다.

052 ④

난이도 상 중 하

데이터베이스 구축 〉 고급 데이터베이스 〉 트랜잭션 〉 트랜잭션의 성질

④ **영속성(Durability)**: 트랜잭션이 성공적으로 완료되면 처리 결과는 영속적으로 반영되어야 한다.

오답 해설

① **원자성(Atomicity)**: 데이터베이스에 트랜잭션은 모두 반영되거나 전혀 반영되지 않아야 한다.

② **일관성(Consistency)**: 트랜잭션 시작 시점에 참조한 데이터는 종료까지 일관성을 유지해야 한다.

③ **격리성(Isolation)**: 동시에 다수의 트랜잭션이 처리되는 경우 서로의 연산에 개입하면 안 된다.

053 ④

난이도 상 중 하

데이터베이스 구축 〉 데이터베이스 설계와 정규화 〉 정규화 체계 〉 정규화 과정

④ **보이스/코드 정규형(BCNF)**: 릴레이션 R의 모든 결정자가 후보키이면 릴레이션 R은 보이스/코드 정규형(BCNF)에 속한다.

오답 해설

① **제1정규형(1NF)**: 어떤 릴레이션 R에 속한 모든 도메인이 원자값(Atomic Value)만으로 되어 있다.

② **제2정규형(2NF)**: 어떤 릴레이션 R이 1NF이고 키(기본키)에 속하지 않은 애트리뷰트는 모두 기본키의 완전 함수 종속이면, 제2정규형(2NF)에 속한다.

③ **제3정규형(3NF)**: 어떤 릴레이션 R이 2NF이고 키(기본키)에 속하지 않은 모든 애트리뷰트들이 기본키에 이행적 함수 종속이 아닐 때 제3정규형(3NF)에 속한다.

054 ③

난이도 상 중 하

데이터베이스 구축 〉 관계 데이터베이스 언어 〉 SQL 〉 ALTER

③ **ALTER문**: 기존 테이블에 대해 새로운 열의 첨가, 기본값의 변경, 기존 열의 삭제 등에 사용한다.

055 ③

난이도 상 중 하

데이터베이스 구축 〉 관계 데이터 모델 〉 관계 데이터 모델의 구조 및 제약 〉 키의 종류

③ 후보키는 유일성과 최소성을 만족하여야 한다. 위의 문제에서 직원 테이블은 나이가 같은 동명이인이 존재할 수 있기 때문에 (이름, 나이)는 유일성을 만족할 수 없으므로 후보키가 될 수 없다.

056 ③

난이도 상 중 하

데이터베이스 구축 〉 관계 데이터베이스 언어 〉 뷰 〉 뷰의 개요

③ **CREATE**: 스키마, 도메인, 테이블, 뷰, 인덱스 생성 시 사용한다.

오답 해설

① **ERASE**: 메모리 관리에서 플래시 메모리를 지울 때 사용하는 명령이다.

② **KILL**: CPU 점유율이 높은 프로세스 식별자를 강제 종료할 때 사용하는 명령이다.

④ **DELETE**: 기존 테이블의 튜플을 삭제할 경우 사용한다.

057 ②

난이도 상 중 하

데이터베이스 구축 〉 데이터베이스 개요 〉 데이터베이스 시스템의 구성 〉 내부 스키마

② **내부 스키마(Internal Schema)**: 물리적 저장 장치의 입장에서 본 데이터베이스 구조로서 실제로 데이터베이스에 저장될 레코드의 형식을 정의하고 저장 데이터 항목의 표현 방법, 내부 레코드의 물리적 순서 등을 나타낸다.

오답 해설

① **개념 스키마(Conceptual Schema)**: 조직이나 기관의 총괄적 입장에서 본 데이터베이스의 전체적인 논리적 구조이다.

③ **외부 스키마(External Schema)**: 일반 사용자나 응용 프로그래머가 각 개인의 입장에서 필요로 하는 데이터베이스의 논리적 구조이다.

058 ④ 난이도 상중하

데이터베이스 구축 〉 데이터베이스 설계와 정규화 〉 정규화의 개념 〉 이상 현상

• **이상 현상의 종류**: 삽입 이상, 삭제 이상, 갱신 이상

059 ④ 난이도 상중하

데이터베이스 구축 〉 고급 데이터베이스 〉 고급 데이터베이스 〉 트리거

④ **트리거(Trigger)**: 데이터베이스가 미리 정해 놓은 특정 조건이 만족되거나 어떤 동작이 수행되면 자동으로 실행되도록 정의한 동작이다.

오답 해설

① **인덱스(Index)**: 데이터베이스에 저장된 자료를 더욱 빠르게 조회하기 위하여 사용되는 것이다.

② **트랜잭션(Transaction)**: 한꺼번에 모두 수행되어야 할 일련의 데이터베이스 연산들이며, 병행 제어 및 회복 작업의 논리적 단위이다.

③ **역정규화(Denormalization)**: 정규화되어 있는 것을 정규화 이전 상태로 만드는 것을 말한다. 많은 조인에 의해 성능이 저하되거나 데이터 조회 시 디스크 I/O량이 많을 때 부분적인 반정규화를 고려한다.

060 ② 난이도 상중하

② 참조하는 릴레이션은 하위(자식) 릴레이션이므로, 튜플이 삭제되는 경우에도 참조 무결성 제약 조건이 위배되지 않는다.

• **참조 무결성(Referential Integrity)**: 외래키 값은 널이거나, 참조 릴레이션에 있는 기본키와 같아야 한다는 규정이다.

Part Ⅳ 프로그래밍 언어 활용

061 ② 난이도 상중하난이도 상중하

프로그래밍 언어 활용 〉 공통 모듈 구현 〉 운영체제 기초 활용 〉 프로세스 상태

② **대기 상태(Wait/Blocked State)**: I/O와 같은 사건으로 인해 중앙처리장치를 양도하고 I/O 완료 시까지 대기 큐에서 대기하고 있는 상태를 말한다.

오답 해설

① 준비 상태에 대한 설명이다.

③ 생성 상태에 대한 설명이다.

④ 종료 상태에 대한 설명이다.

062 ④ 난이도 상중하

프로그래밍 언어 활용 〉 프로그래밍 언어 활용 〉 C 언어

```
❶ #include<stdio.h>
❷ int a=1, b=2, c=3;
❸ int f(void);
❹
❺ int main(void) {
❻     printf("%3d \n", f( ));
❼     printf("%3d%3d%3d \n", a, b, c);
❽     return 0;
❾ }
❿ int f(void) {
⓫     int b, c;
⓬     a=b=c=4;
⓭     return(a+b+c);
⓮ }
```

• ❻: 메인 함수에서 함수 f( )를 호출한다.

• ❿~⓮: 변수 b, c는 함수 f( )가 수행되는 동안만 사용하는 지역 변수이다. 하지만 함수 f( )에서 변수 a는 선언하지 않았으므로 ❷에서 선언한 전역 변수로 사용하게 되며, a=b=c=4;를 수행하게 되면 전역 변수 a에 4가 배정된다. 따라서 return되는 값은 12가 반환된다.

• ❼: main( ) 함수에서 변수를 생성하지 않고 변수 a, b, c를 출력하므로 전역 변수 a, b, c의 값을 출력하게 된다. a는 f( ) 함수에서 배정한 4가 출력되고, b, c는 ❷에서 초기화 한 2, 3이 각각 출력된다.

063 ③ 난이도 상중하

프로그래밍 언어 활용 〉 공통 모듈 구현 〉 운영체제 기초 활용 〉 선입선출

• P1: 0초 도착, 2초 결과 출력, 응답 시간: 2−0 = 2

• P2: 2초 도착, 4초 결과 출력, 응답 시간: 4−2 = 2

• P3: 3초 도착, 7초 결과 출력, 응답 시간: 7−3 = 4

• P4: 4초 도착, 16초 결과 출력, 응답 시간: 16−4 = 12

• **평균 응답 시간**: (2+2+4+12)/4 = 5

064 ④

난이도 상 중 하

프로그래밍 언어 활용 〉 공통 모듈 구현 〉 모듈화 〉 응집도

• 응집도

1. 우연적 응집도(Coincidental Cohesion)
2. 논리적 응집도(Logical Cohesion)
3. 시간적 응집도(Temporal Cohesion)
4. 절차적 응집도(Procedural Cohesion)
5. 통신적 응집도(Communicational Cohesion)
6. 순차적 응집도(Sequential Cohesion)
7. 기능적 응집도(Functional Cohesion)

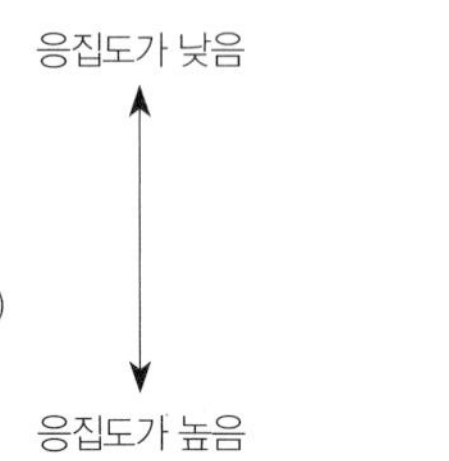

065 ④

난이도 상 중 하

프로그래밍 언어 활용 〉 공통 모듈 구현 〉 운영체제 기초 활용 〉 최악적합

최악적합(Worst-fit) 방법으로 요청한다고 했으므로 25KB는 현재 가장 큰 공간인 35KB에 할당된다. 30KB는 30KB에 할당, 15KB는 20KB에 할당, 10KB는 15KB에 할당된다.

∴ z → w → x → y순이다.

066 ②

난이도 상 중 하

프로그래밍 언어 활용 〉 공통 모듈 구현 〉 운영체제 기초 활용 〉 교착상태

• 비선점(non-preemption) 조건: 프로세스가 사용 중인 공유자원을 강제로 빼앗을 수 없는 의미로, 어느 하나의 프로세스에게 할당된 공유자원의 사용이 끝날 때까지 다른 하나의 프로세스가 강제로 중단시킬 수 없다. 프로세스가 사용 중인 공유자원을 강제로 빼앗을 수 없는 의미로, 어느 하나의 프로세스에게 할당된 공유자원의 사용이 끝날 때까지 다른 하나의 프로세스가 강제로 중단시킬 수 없다.

오답 해설

① 점유와 대기 조건이다.
③ 상호배제 조건이다.
④ 환형대기 조건이다.

067 ②

난이도 상 중 하

프로그래밍 언어 활용 〉 프로그래밍 언어 활용 〉 C 언어

for(i=1; i<=10; i+=2)

→ 변수 i는 1부터 10까지 2씩 증가(1, 3, 5, 7, 9)

if(i%2 && i%3) continue;

→ i%2 && i%3 조건이 &&로 묶여 있으므로 두 개의 조건이 모두 만족할 때만 continue가 수행된다. 따라서 변수 i의 값이 3과 9인 경우에만 sum += i;이 수행되므로 3+9=12가 출력된다.

068 ③

난이도 상 중 하

프로그래밍 언어 활용 〉 프로그래밍 언어 활용 〉 JAVA

• 오버라이딩은 부모 클래스에서 정의된 메소드와 동일한 메소드를 자식 클래스에 정의하는 기법이다.

• Adder 클래스의 add 메소드가 자식 클래스인 Computer 클래스에 정의되어 있지 않으므로 오버라이딩 개념은 사용되지 않았다.

069 ③

난이도 상 중 하

프로그래밍 언어 활용 〉 공통 모듈 구현 〉 운영체제 기초 활용 〉 운영체제 기능

• 언어 번역 프로그램은 운영체제를 기능에 따라 분류할 경우 처리 프로그램에 해당된다.

• 제어 프로그램(Control Program): 컴퓨터 전체의 동작 상태를 감시, 제어하는 기능을 수행하는 프로그램을 말한다. (종류: 감시 프로그램, 데이터 관리 프로그램, 작업 제어 프로그램, 통신 제어)

• 처리 프로그램(Processing Program): 제어 프로그램의 감시 하에 특정 문제를 해결하기 위한 데이터 처리를 담당하는 프로그램을 말한다. (종류: 언어 번역 프로그램, 서비스 프로그램)

070 ④

난이도 상 중 하

프로그래밍 언어 활용 〉 네트워크 기초 활용 〉 인터넷 〉 IPv6

④ IPv6은 128비트 주소체계를 사용한다.

071 ②

난이도 상 중 하

프로그래밍 언어 활용 〉 프로그래밍 언어 활용 〉 파이썬

② while(True)의 조건이 True이므로 무한 루프가 되지만 print('A'), print('B'), print('C')를 수행하고, break문을 만나면 반복문이 종료되므로 A, B, C까지만 출력된다.

072 ③

난이도 상 중 하

프로그래밍 언어 활용 〉 프로그래밍 언어 활용 〉 C 언어

c = (10 〈 a 〈 20);은 위의 문장에서 a=30이므로 c = (10 〈 30 〈 20);가 된다.

연산 과정은 다음과 같다.

c = (10 〈 30 〈 20);

❶ 참(1)

❷ 참(1)

∴ 결과값은 1이다.

073 ④

난이도 상 중 하

프로그래밍 언어 활용 〉 공통 모듈 구현 〉 유닉스 〉 커널

④ 프로세스, 기억장치, 입출력 관리를 수행하는 것은 커널의 역할이다.

• 쉘(Shell): 유닉스 시스템과 사용자 사이의 인터페이스를 제공하는 것을 말한다. 즉, 사용자가 문자열들을 입력하면 그것을 해석하여 그에 따르는 명령어를 찾아서 커널에 알맞은 작업을 요청하게 된다.

074 ③

난이도 상 중 하

프로그래밍 언어 활용 〉 공통 모듈 구현 〉 운영체제 기초 활용 〉 페이징 기법

③ 일반적으로 페이지 크기가 작아지면, 내부 단편화가 감소한다.

075 ①

난이도 상 중 하

프로그래밍 언어 활용 〉 네트워크 기초 활용 〉 ISO의 OSI 표준 모델 〉 TCP/IP

① 전송(Transport) 계층은 네트워크 양단의 송수신 호스트 사이의 신뢰성 있는 전송 기능을 제공한다. 시스템의 논리 주소와 포트를 가지므로 각 상위 계층의 프로세스를 연결하며, TCP와 UDP가 사용된다.

오답 해설

②~④는 응용(Application) 계층의 프로토콜이다.

076 ②

난이도 상 중 하

② Token Bus: IEEE 802.4

오답 해설

① CSMA/CD: IEEE 802.3

③ Token Ring: IEEE 802.5

077 ③

난이도 상 중 하

프로그래밍 언어 활용 〉 프로그래밍 언어 활용 〉 C 언어

```
❶ void main( ) {
❷     int a=10;
❸     int b;
❹     int *c=&b;
❺     b = a++;
❻     b += 10;
❼     printf("a=%d \n", a);
❽     printf("b=%d \n", b);
❾     printf("c=%d \n", *c);
❿ }
```

- ❹: 포인터 변수 c는 변수 b를 가리킨다.
- ❺: 변수 b에 변수 a의 값 10을 배정한 후 변수 a를 1 증가시킨다.
  ∴ b=10, a=11
- ❻: 변수 b값에 10을 더하여 변수 b에 넣는다
  ∴ b=20
- c는 포인터 변수이므로 *c를 출력하면 b의 값이 출력된다.

078 ③

난이도 상 중 하

프로그래밍 언어 활용 〉 공통 모듈 구현 〉 운영체제 기초 활용 〉 최악적합

③ 최악적합(Worst-Fit) 방법으로 요청한다고 했으므로 현재 사용 가능한 크기 중에 가장 큰 공간인 5에 배치된다.

079 ③

난이도 상 중 하

프로그래밍 언어 활용 〉 공통 모듈 구현 〉 운영체제 기초 활용 〉 스케줄링

- 선점(Preemptive) 스케줄링 : SRT, RR, MLQ, MFQ 등
- 비선점(Non-Preemptive) 스케줄링 : FCFS, SJF, HRN 등
- SSTF는 디스크 스케줄링 기법이다.

080 ②

난이도 상 중 하

프로그래밍 언어 활용 〉 공통 모듈 구현 〉 운영체제 기초 활용 〉 HRN

- HRN(Highest Response Next): SJF의 단점인 실행 시간이 긴 프로세스와 짧은 프로세스의 지나친 불평등을 보완한 기법이다. 대기 시간을 고려하여 실행 시간이 짧은 프로세스와 대기 시간이 긴 프로세스에게 우선순위를 높여준다. 우선순위 계산식에서 가장 큰 값을 가진 프로세스를 스케줄링한다.
- 우선순위 = (대기 시간 + 서비스 시간) / 서비스 시간
- 작업 A: (15+8)/8 = 2.875
- 작업 B: (15+5)/5 = 4
- 작업 C: (10+7)/7 = 2.4285, ...
- 작업 D: (5+5)/5 = 2
- 작업 E: (8+6)/6 = 2.3333, ...

Part V 정보시스템 구축관리

081 ③

난이도 상 중 하

통합문제

③ 소프트웨어 프로세스 모형은 실제로 사용 시 조직에 맞게 다듬어지고 혼합되어 사용되는 경우도 있다.

082 ②

난이도 상 중 하

정보시스템 구축관리 〉 정보보호 〉 암호화 〉 DES

② 암호화 키와 복호화 키가 동일한 암호화 알고리즘을 대칭키 암호화 알고리즘이라고 한다. 대칭키 암호화 알고리즘은 대표적으로 DES, AES 등이 있다.

- 대칭키 암호화 알고리즘: DES, TDES, AES, SEED, ARIA, IDEA
- 비대칭키(공개키) 암호화 알고리즘: RSA(소인수분해), EIGAMAI(이산대수), ECC(타원 곡선)

083 ③

난이도 상 중 하

정보시스템 구축관리 〉 소프트웨어 개발 방법론 활용 〉 프로젝트 개발 비용 산정 〉 Cocomo Model

③ 중간형(Semi-Detached Model): 30만 라인 이하의 프로젝트

오답 해설

① 내장형(Embeded Model): 30만 라인 이상의 프로젝트

② 유기적(Organic Model): 5만 라인 이하로 소규모 팀이 수행할 수 있는 아주 작고 간단한 소프트웨어 프로젝트

084 ④

난이도 상 중 하

정보시스템 구축관리 〉 소프트웨어 개발 방법론 활용 〉 프로젝트 개발 비용 산정 〉 폭포수 모형

- 폭포수 모형(Waterfall Model)의 진행 단계: 계획 → 요구 분석 → 설계 → 구현 → 시험 → 운영/유지보수

085 ④

난이도 상 중 하

정보시스템 구축관리 〉 IT 프로젝트 정보시스템 구축관리 〉 IT 신기술 〉 IT 용어

④ WI-SUN: 스마트 그리드 서비스를 제공하기 위한 와이파이 기반의 저전력 장거리 통신 기술이다.

오답 해설

① PICONET(피코넷): 여러 개의 독립된 통신장치가 UWB(Ultra Wideband) 통신 기술 또는 블루투스 기술을 사용하여 통신망을 형성하는 무선 네트워크 기술이다.

② SCRUM: 애자일 기법의 하나이며, 소프트웨어 개발 시에 30일마다 동작 가능한 제품을 제공하는 스플린트를 중심으로 하고 있다. 매일 정해진 시간에 정해진 장소에서 짧은 시간의 개발을 하는 팀을 위한, 프로젝트 관리 중심의 방법론이다.

③ NFC: 가까운(10cm 이내) 거리에서 무선 데이터를 주고받는 통신 기술이다.

086 ③

난이도 상 중 하

정보시스템 구축관리 〉 정보보호 〉 정보보호 〉 정보보호의 목표

③ 무결성은 정보와 정보처리 방법의 완전성과 정확성을 보호하는 것이다. 또한 네트워크를 통하여 송수신되는 정보의 내용이 불법적으로 생성 또는 변경되거나 삭제되지 않도록 보호되어야 하는 것이다.

087 ②

난이도 상 중 하

통합문제

- IKE(Internet Key Exchange)를 이용한 비밀키 교환: ISAKMP (Internet Security Association and Key Management Protocol), SKEME, Oakley 알고리즘의 조합이다. 두 컴퓨터 간의 보안 연결(SA: Security Association)을 설정한다.

오답 해설

③ ESP(Encapsulating Security Payload): 메시지의 암호화를 제공한다. 사용하는 암호화 알고리즘으로는 DES-CBC, 3DES, RC5, IDEA, 3IDEA, CAST, blowfish가 있다.

④ AH(Authentication Header): 데이터가 전송 도중에 변조되었는지를 확인할 수 있도록 데이터의 무결성에 대해 검사한다. 그리고 데이터를 스니핑한 뒤 해당 데이터를 다시 보내는 재생 공격(Replay Attack)을 막을 수 있다.

088 ④

난이도 상 중 하

정보시스템 구축관리 〉 정보보호 〉 암호화 〉 공개키 암호화

④ 공개키 암호화 방식은 비대칭키 방식이며, 메시지를 전송하는 송신측에서 공개키를 이용하여 암호화하고 수신측에서 개인키를 이용하여 복호화한다.

089 ②

난이도 상 중 하

정보시스템 구축관리 〉 소프트웨어 개발 방법론 활용 〉 소프트웨어의 생명주기 모형 〉 프로토타입 모형

ㄴ. 개발이 완료되기 전에 시제품을 미리 만듦으로 발주자가 목표 시스템의 모습을 미리 볼 수 있다.

ㄷ. 시제품을 미리 만들어 피드백을 얻을 수 있으므로 폭포수 모형보다 발주자의 요구사항을 반영하기가 용이하다.

오답 해설

ㄱ. 프로토타입 모형의 마지막 단계는 공학적 제품화 단계이다.

ㄹ. 프로토타입은 시제품이므로 베타 테스트의 대상으로 볼 수 없다.

090 ③

난이도 상 중 하

정보시스템 구축관리 〉 정보보호 〉 해킹과 정보보호 〉 스니핑

③ 스니핑은 정보를 도청하는 것이고, 스푸핑은 IP나 DNS 등을 속이는 것을 말한다. 피싱은 개인정보를 낚는 방식이다. 페이징은 정보보호 분야에서 사용되는 기술이 아니라 가상기억장치에서 사용되는 기술이다.

오답 해설

① DoS 공격은 희생 시스템에 과도한 부하를 일으켜 희생 시스템의 가용성을 떨어뜨리는 공격이다.

② 스머프 공격은 DoS 공격의 일종으로, IP를 속여 다이렉트 브로드캐스트를 수행하여 희생 시스템에 과도한 에코 메시지를 받게 하는 공격이다.

④ 트로이안 목마는 유용한 프로그램인 것처럼 위장하여 사용자의 시스템으로 침투하여 악의적인 기능을 수행하는 프로그램이다.

091 ③

난이도 상 중 하

③ 위험 수용: 현재의 위험을 받아들이고 잠재적 손실 비용을 감수하는 것이다.

오답 해설

① 위험 회피: 위험이 존재하는 프로세스나 사업을 수행하지 않고 포기하는 것이다.

② 위험 감소: 위험을 감소시킬 수 있는 대책을 채택하여 구현하는 것이다.

④ 위험 전가: 보험이나 외주 등으로 잠재적 비용을 제3자에게 이전하거나 할당하는 것이다.

092 ①

난이도 상 중 하

• 노력(인월) = LOC/1인당 월 평균 생산 코드 라인 수 = 20,000/200 = 100인월(M/M)
• 개발 기간 = 노력(인월)/투입 인원 = 100/10 = 10개월

093 ②

난이도 상 중 하

정보시스템 구축관리 〉 정보보호 〉 정보보호 〉 정보보호의 목표

② **부인 방지**: 행위나 이벤트의 발생을 증명하여 나중에 행위나 이벤트를 부인할 수 없도록 한다.

오답 해설

① **기밀성**: 정보 자산이 인가된(Authorized) 사용자에게만 접근할 수 있도록 보장하여 접근 권한을 가진 사람만이 실제로 접근 가능하도록 한다.
③ **가용성**: 정보와 정보시스템의 사용을 인가받은 사람이 그를 사용하려고 할 때 언제든지 사용할 수 있도록 보장하는 것이다.
④ **무결성**: 접근 권한이 없는 사용자에 의해 정보가 변경되지 않도록 보호하여 정보의 정확성과 완전성을 확보한다.

094 ②

난이도 상 중 하

정보시스템 구축관리 〉 정보보호 〉 네트워크 보안 〉 랜섬웨어

② **Ransomware**: 랜섬웨어는 '몸값(Ransom)'과 '소프트웨어(Software)'의 합성어다. 컴퓨터 사용자의 문서를 볼모로 잡고 돈을 요구한다고 해서 '랜섬(ransom)'이란 수식어가 붙었다. 인터넷 사용자의 컴퓨터에 잠입해 내부 문서나 스프레드시트, 그림 파일 등을 제멋대로 암호화해 열지 못하도록 만들거나 첨부된 이메일 주소로 접촉해 돈을 보내 주면 해독용 열쇠 프로그램을 전송해 준다며 금품을 요구하기도 한다.

오답 해설

① **Web Shell**: 웹 서버에 명령을 실행해 관리자 권한을 획득하는 방식의 공급 방법이다. 공격자가 원격에서 대상 웹 서버에 웹 스크립트 파일을 전송, 관리자 권한을 획득한 후 웹 페이지 소스 코드 열람, 악성코드 스크립트 삽입, 서버 내 자료유출 등의 공격을 하는 것이다.
③ **Honeypot**: 컴퓨터 프로그램에 침입한 스팸과 컴퓨터 바이러스, 크래커를 탐지하는 가상 컴퓨터이다. 침입자를 속이는 최신 침입 탐지 기법으로 마치 실제로 공격을 당하는 것처럼 보이게 하여 크래커를 추적하고 정보를 수집하는 역할을 한다.
④ **Stuxnet**: 발전소 등 전력 설비에 쓰이는 지멘스의 산업자동화제어시스템(PCS7)만을 감염시켜 오작동을 일으키거나 시스템을 마비시키는 신종 웜 바이러스다.

095 ②

난이도 상 중 하

정보시스템 구축관리 〉 소프트웨어 개발 방법론 활용 〉 프로젝트 개발 비용 산정 〉 나선형 모형

• **나선형(spiral) 모형의 수행 순서**: 계획 및 정의 → 위험 분석 → 개발 → 고객평가

096 ②

난이도 상 중 하

• **결함 내성(Fault Tolerance)**: 소프트웨어에 결함이 있더라도 정상적인 수행이 이루어지는 성질을 말한다.
• **확실성(Dependability)**: 소프트웨어의 신뢰성, 보안성, 안정성을 포함하는 포괄적인 특성을 말한다.

097 ②

난이도 상 중 하

정보시스템 구축관리 〉 정보보호 〉 접근 통제 〉 접근 통제 정책

② **임의적 접근 통제(DAC: Discretionary Access Control)**: 주체가 속해 있는 그룹의 신원에 근거하여 객체에 대한 접근을 제한하는 방법으로 객체의 소유자가 접근 여부를 결정한다.

오답 해설

① **강제적 접근 통제(MAC: Mandatory Access Control)**: 주체와 객체의 등급을 비교하여 접근 권한을 부여하는 접근 통제이며, 모든 객체는 기밀성을 지니고 있다고 보고 객체에 보안 레벨을 부여한다.
③ **역할기반 접근 통제(RBAC: Role Based Access Control)**: 주체와 객체의 상호 관계를 통제하기 위하여 역할을 설정하고 관리자는 주체를 역할에 할당한 뒤 그 역할에 대한 접근 권한을 부여하는 방식이다.
④ **참조 모니터(Reference Monitor)**: 접근 행렬의 모니터 검사 기구를 추상화한 것으로 보안의 핵심 부분이다. 일반적으로는 흐름 제어도 그 대상으로 한다.

098 ④

난이도 상 중 하

정보시스템 구축관리 〉 소프트웨어 개발 방법론 활용 〉 프로젝트 개발 비용 산정 〉 소프트웨어 개발 팀 구성

④ 계층적인 팀 조직은 혼합형 또는 통제형 팀이다. 초보자와 경험자를 분리하여 경험자는 초보자에게 작업을 지시하고, 초보자는 지시에 따라 작업을 하고 경험자에 보고하는 형식(계층적)으로 대규모 프로젝트에 적합하다. 그리고 모든 구성원은 상하좌우 구성원들과 유기적인 관계를 갖는다.

099 ①

난이도 상 중 하

정보시스템 구축관리 〉 정보보호 〉 암호화 〉 해시함수

① MD4, MD5, SHA-1는 해시 함수 알고리즘이고, RSA는 비대칭키 암호 알고리즘이다.

100 ②

난이도 상 중 하

정보시스템 구축관리 〉 정보보호 〉 네트워크 보안 〉 DoS 공격

- Smurf Attack: 발신지 IP 주소가 공격 대상의 IP 주소로 위조된 ICMP 패킷을 특정 브로드캐스트 주소로 보내어 공격 대상이 다량의 ICMP Reply 패킷을 받도록 하는 공격 기법이다.
- SYN Flooding Attack: 공격자가 송신자 IP 주소를 존재하지 않거나 다른 시스템의 IP 주소로 위장하여 목적 시스템으로 SYN 패킷을 연속해서 보내는 공격 기법이다.
- Land Attack: 송신자 IP 주소와 수신자 IP 주소, 송신자 포트와 수신자 포트가 동일하게 조작된 SYN 패킷을 공격 대상에 전송하는 공격 기법이다.

제2회 모의고사 정답&해설

제2회 모의고사

문제 P.142

01	③	02	②	03	④	04	②	05	①
06	④	07	①	08	②	09	④	10	③
11	③	12	①	13	③	14	④	15	①
16	②	17	③	18	①	19	①	20	③
21	①	22	②	23	③	24	③	25	④
26	②	27	②	28	①	29	②	30	③
31	①	32	②	33	②	34	②	35	④
36	③	37	④	38	④	39	③	40	②
41	④	42	②	43	④	44	④	45	③
46	③	47	③	48	②	49	③	50	①
51	③	52	④	53	①	54	③	55	①
56	③	57	④	58	③	59	③	60	②
61	④	62	③	63	④	64	④	65	①
66	②	67	③	68	④	69	④	70	①
71	④	72	①	73	②	74	①	75	②
76	②	77	①	78	④	79	②	80	①
81	②	82	③	83	④	84	④	85	③
86	①	87	①	88	①	89	④	90	②
91	③	92	②	93	①	94	④	95	④
96	③	97	④	98	①	99	①	100	①

Part I 소프트웨어 설계

001 ③

난이도 상 중 하

소프트웨어 설계 〉 인터페이스 설계 〉 인터페이스 상세 설계 〉 미들웨어

③ **RPC(Remote Procedure Call, 원격 프로시저 호출)**: 네트워크상에서 애플리케이션과 애플리케이션 간의 연동을 하기 위한 미들웨어이다. (또는 다른 컴퓨터에 있는 원격 애플리케이션을 연동시키는 경우 많이 이용된다.)

오답 해설

① **TP monitor(트랜잭션 처리 모니터)**: 통신량이 많은 클라이언트와 서버 사이에 위치하여 서버 애플리케이션 및 자원을 효율적으로 관리한다.

② **ORB(Object Request Broker)**: 객체지향 미들웨어로 분산 컴퓨팅 환경에서 프로그래머에게 다른 컴퓨터의 프로그램을 네트워크를 통해 호출할 수 있다.

002 ②

난이도 상 중 하

소프트웨어 설계 〉 요구사항 확인 〉 요구사항 확인 〉 요구 명세

- 공통 모듈에 대한 명세 속성

명세 속성	설명
정확성	요구사항은 정확해야 한다.
명확성	단 한가지로 해석되어야 한다.
완전성	모든 것(기능, 비기능)이 표현되어야 한다.
일관성	요구사항 간 충돌이 없어야 한다.
수정 용이성	요구사항의 변경이 가능해야 한다.
추적성	제안서 등을 통해 추적이 가능해야 한다.

003 ④

난이도 상 중 하

소프트웨어 설계 〉 애플리케이션 설계 〉 공통 모듈 설계 〉 코드

④ **표의 숫자 코드**: 대상 항목의 크기, 중량, 거리 등을 그대로 사용하는 코드이다.

오답 해설

① **순차 코드**: 발생순, 크기순, 가나다순 등에 따라 순차적으로 부여한다.

② **블록 코드**: 공통성 있는 것끼리 블록으로 묶어서 구분하며 블록 내에서는 순차적으로 부여한다.

③ **연상 코드**: 대상과 관계있는 문자나 숫자를 조합하여 만든 코드이다. (상품명이나 거래처명에 많이 이용)

004 ②

난이도 상 중 하

소프트웨어 설계 〉 요구사항 확인 〉 요구사항 확인 〉 XP

② 익스트림 프로그래밍(eXtreme Programming)에 대한 설명이다.

오답 해설

① **통합 프로세스(UP, RUP)**: 소프트웨어 시스템을 시각화하고 명세화하며 구축하고 문서화하기 위한 산업의 표준 메커니즘이다. 한 사이클이 끝날 때마다 테스트가 완료되어 통합 및 수행 가능한 시스템이 산출되는 점증적인 프로세스 유형의 객체지향 개발 모형이다.

③ **스크럼**: 30일마다 동작 가능한 제품을 제공하는 스플린트를 중심으로 하고 있다. 매일 정해진 시간에 정해진 장소에서 짧은 시간의 개발을 하는 팀을 위한 프로젝트 관리 중심의 방법론이다.

④ **나선형 모형(Spiral Model)**: 폭포수 모델과 프로토타이핑 모델의 장점을 수용하고, 새로운 요소인 위험 분석을 추가한 진화적 개발 모델이다. 프로젝트 수행 시 발생하는 위험을 관리하고 최소화하려는 것을 목적으로 하며 계획 수립, 위험 분석, 개발, 사용자 평가의 과정을 반복적으로 수행한다. 개발 단계를 반복적으로 수행함으로써 점차적으로 완벽한 소프트웨어를 개발하는 진화적(Evolutionary) 모델이며, 대규모 시스템의 소프트웨어 개발에 적합하다.

005 ①

난이도 상 중 하

소프트웨어 설계 〉 화면 설계 〉 UI 설계 〉 CASE

• **CASE의 주요 기능**: 다양한 소프트웨어 개발 모형 지원, 그래픽 지원, 소프트웨어 생명주기 전 단계의 연결

006 ④

난이도 상 중 하

소프트웨어 설계 〉 요구사항 확인 〉 요구사항 확인 〉 자료 사전

• 자료 사전의 기호와 의미

자료 사전 기호	기능	의미
=	자료의 정의	~로 구성되어 있음
+	자료의 연결	그리고, 순차(and)
( )	자료의 생략	선택 사양, 생략 가능(Optional)
{ }	자료의 반복	반복(Iteration)
[|]	자료의 선택	여러 대안 중 하나 선택
**	자료의 설명	주석(Comment)

007 ①

난이도 상 중 하

소프트웨어 설계 〉 애플리케이션 설계 〉 객체지향 설계 〉 객체지향

① **일반화(Generalization)**: 관계성의 종류는 is-A이며, 객체들에 있어 공통적인 성질들을 상위 객체로 정의한다.

오답 해설

② **추상화**: 복잡한 구조(문제)를 해결하기 위하여 설계 대상의 상세 내용은 배제하고 유사점을 요약해서 표현하는 기법이다.

③ **캡슐화**: 객체를 정의할 때 서로 관련성이 많은 데이터들과 이와 연관된 함수들을 정보처리에 필요한 기능을 하나로 묶는 것을 말한다.

④ **집단화(Aggregation)**: 클래스들 사이의 '부분-전체(part-whole)' 관계 또는 '부분(is-a-part-of)'의 관계로 설명되는 연관성이다.

008 ②

난이도 상 중 하

소프트웨어 설계 〉 요구사항 확인 〉 요구사항 확인 〉 객체지향 분석(다이어그램)

요구 사항 정의 및 분석 · 설계의 결과물을 표현하기 위한 모델링 과정에서 사용되는 다이어그램은 Data Flow Diagram, E-R Diagram, UML Diagram 등이 있다.

009 ④

난이도 상 중 하

소프트웨어 설계 〉 애플리케이션 설계 〉 객체지향 설계 〉 디자인 패턴

④ Singleton 패턴은 특정 클래스의 인스턴스가 오직 하나임을 보장하고, 이 인스턴스에 대한 접근 방법을 제공한다.

010 ③

난이도 상 중 하

소프트웨어 설계 〉 요구사항 확인 〉 요구사항 확인 〉 자료 흐름도

• **자료 흐름도의 구성**: 프로세스(Process), 자료 흐름(Data Flow), 자료 저장소(Data Store), 단말(Terminator)

011 ③

난이도 상 중 하

소프트웨어 설계 〉 요구사항 확인 〉 요구사항 확인 〉 럼바우

• Rumbaugh의 OMT(Object Modeling Technique) 기법
  - 객체 모형화(Object Modeling): 객체들을 식별하고 객체들 간의 관계를 정의
  - 동적 모형화(Dynamic Modeling): 시스템이 시간 흐름에 따라 변화하는 것을 보여주는 상태 다이어그램(State Diagram) 작성
  - 기능 모형화(Function Modeling): 시스템 내에서 데이터가 변하는 과정을 나타내며, 자료 흐름도(DFD)를 이용

012 ①

난이도 상 중 하

소프트웨어 설계 〉 인터페이스 설계 〉 인터페이스 상세 설계 〉 내외부 송수신

① **DB 링크 기술**: 수신 시스템에서 DB 링크를 생성하고, 송신 시스템에서 해당 DB 링크를 직접 참조하는 통신 기술이다.

오답 해설

② **소켓 기술**: 통신을 위한 프로그램을 생성하여 포트를 할당하고, 클라이언트의 통신 요청시 클라이언트와 연결하는 내외부 송수신 연계 기술이다

013 ③

난이도 상중하

소프트웨어 설계 > 애플리케이션 설계 > 객체지향 설계 > 디자인 패턴

③ 디자인 패턴을 이용한 소프트웨어 재사용을 통하여 생산성을 높이고 소프트웨어의 품질을 향상시킬 수 있지만, 유지보수를 개발 단계 안으로 넣은 것은 아니다.

014 ④

난이도 상중하

소프트웨어 설계 > 애플리케이션 설계 > 공통 모듈 설계 > HIPO

④ HIPO는 하향식 개발 기법(계층적 구조)이며, 문서의 체계화가 가능하다.

015 ①

난이도 상중하

소프트웨어 설계 > 요구사항 확인 > 요구사항 확인 > 객체지향 분석

① 객체지향은 정적, 동적 모델링 기법을 모두 사용할 수 있다.

016 ②

난이도 상중하

소프트웨어 설계 > 요구사항 확인 > 요구사항 확인 > 럼바우

② **Dynamic(동적) 모델링**: 시간의 흐름에 따른 객체들 사이의 제어 흐름, 상호작용, 동작 순서 등의 동적인 행위를 표현한다.

오답 해설

① **Object(객체) 모델링**: 정보 모델링이라고도 한다. 시스템에서 요구되는 객체를 찾아내어 속성과 연산 식별 및 객체들 간의 관계를 규정한다.

③ **Function(기능 모델링)**: 다수의 프로세스들 간의 자료 흐름을 중심으로 처리 과정을 표현한다.

017 ③

난이도 상중하

소프트웨어 설계 > 요구사항 확인 > 요구사항 확인 > XP

- XP(eXtreme Programming)의 실천 사항
  - 점증적인 계획 수립
  - 소규모 시스템 릴리스(짧은 사이클로 버전 발표)
  - 시험 우선 개발
  - 리팩토링
  - 페어(Pair) 프로그래밍(가장 좋은 구현 방법 고민, 전략적인 방법 고민)
  - 공동 소유권(개발자들 누구나 코드 수정)
  - 지속적 통합
  - 유지할 수 있는 속도(1주에 40시간 작업)
  - 현장의 고객(고객도 한 자리에)
  - 표준에 맞춘 코딩

018 ①

난이도 상중하

소프트웨어 설계 > 요구사항 확인 > 현행 시스템 분석 > 현행 시스템 분석

현행 시스템 분석은 플랫폼 기능 분석, 플랫폼 성능 특성 분석, 운영체제 분석, 네트워크 분석, DBMS 분석, 비즈니스 융합 분석이 있다.

019 ①

난이도 상중하

소프트웨어 설계 > 애플리케이션 설계 > 객체지향 설계 > 디자인 패턴

① **디자인 패턴**: 객체지향 소프트웨어 시스템 디자인 과정에서 자주 접하게 되는 디자인 문제에 대한 기존의 시스템에 적용되어 검증된 해법의 재사용성을 높여 쉽게 적용할 수 있도록 하는 방법론이다. UML과 같은 일종의 설계 기법이며, UML이 전체 설계 도면을 설계한다면, Design Pattern은 설계 방법을 제시한다.

오답 해설

② **요구사항 정의서**: 사용자의 요구사항을 명세한 문서로 소프트웨어자체는 물론이고, 정보처리시스템의 전체 영역, 이용 환경을 전반적으로 명세화한다.

③ **소프트웨어 개발 생명주기**: 소프트웨어가 개발되기 위해 정의되고 사용이 완전히 끝나 폐기될 때까지의 전 과정이다.

④ **소프트웨어 프로세스 모델**: 소프트웨어를 개발하기 위한 절차를 정의하는 모델로 폭포수 모델, 프로토타입 모델, 나선형 모델 등이 있다.

020 ③

난이도 상중하

소프트웨어 설계 > 애플리케이션 설계 > 객체지향 설계 > 객체지향

③ **다형성(Polymorphism)**: 동일한 메시지에 다른 객체가 다르게 동작하는 특성으로 JAVA 언어에서 오버로딩(중복), 오버라이딩(재정의)으로 구현되는 개념이다.

오답 해설

① **캡슐화(Encapsulation)**: 객체를 정의할 때 서로 관련성이 많은 데이터들과 이와 연관된 함수들을 정보처리에 필요한 기능을 하나로 묶는 것을 말한다. 즉, 데이터, 연산, 다른 객체, 상수 등의 관련된 정보와 그 정보를 처리하는 방법을 하나의 단위로 묶는 것이다.

② **인스턴스(Instance)**: 클래스에 속하는 실제 객체를 말하며, 객체는 클래스에 의해 인스턴스화 된다.

④ **상속(Inheritance)**: 새로운 클래스를 정의할 때 기존의 클래스들의 속성을 상속받고 필요한 부분을 추가하는 방법이다. 높은 수준의 개념은 낮은 수준의 개념으로 특정화 된다. 상속은 하위 계층은 상위 계층의 특수화(Specialization) 계층이 되며, 상위 계층은 하위 계층의 일반화(Generalization) 계층이 된다.

021 ①

난이도 상 중 하

소프트웨어 개발 〉 데이터 입출력 구현 〉 논리 데이터저장소 확인 〉 큐

① 큐(Queue): 선형구조로 선입선출(First In First Out)의 형태이다.

022 ②

난이도 상 중 하

소프트웨어 개발 〉 인터페이스 구현 〉 인터페이스 설계 확인 〉 EAI 구축 유형

• EAI 유형

구분	설명
Point-to-Point	1:1 방식으로 애플리케이션 통합 수행
Hub & Spoke	• 모든 데이터가 허브를 통해 전송 • 데이터 전송이 보장되며, 유지보수 비용 절감
메시지 버스 (Message Bus)	• 데이터는 전송하는데 버스를 이용함으로 병목 현상 발생 가능 • 대량의 데이터 교환에 적합
하이브리드 (Hybrid)	• Hub & spoke 방식과 메시지 버스 방식의 통합 • 유연한 통합 작업 가능

023 ③

난이도 상 중 하

소프트웨어 개발 〉 애플리케이션 테스트 관리 〉 애플리케이션 테스트 케이스 설계 〉 시스템 테스트

③ 시스템 테스트(System Test): 모든 모듈들은 하나의 시스템으로 작동하게 된다. 사용자의 모든 요구를 하나의 시스템으로서 완벽하게 수행하기 위한 테스트이다.

오답 해설

① 통합 테스트(Integration Test): 단위 테스트 이후에 모듈들을 통합하면서 시험한다.

② 단위 테스트(Unit Test): 독립 모듈의 완전성을 시험하여, 설계의 최소 단위인 모듈에 초점을 두고 검사하는 단계이다.

④ 인수 테스트(Acceptance Test): 사용자측 관점에서 소프트웨어가 요구를 충족시키는가를 평가하며, 알파 테스트와 베타 테스트가 있다.

024 ③

난이도 상 중 하

소프트웨어 개발 〉 데이터 입출력 구현 〉 논리 데이터저장소 확인 〉 후위 표기법

후위 표기(Postfix) 연산을 위해 먼저 중위 표기(Infix)로 변경한 후에 계산을 해야 한다.

((3 4 *) (5 6 +) *) = ((3 * 4) + (5 + 6)) = 12 * 11 = 132

025 ④

난이도 상 중 하

소프트웨어 개발 〉 애플리케이션 테스트 관리 〉 애플리케이션 테스트 케이스 설계 〉 테스트 케이스

테스트 케이스 자동 생성 도구를 이용하여 테스트 데이터를 찾아내는 방법으로는 입력 도메인 분석, 랜덤(Random) 테스트, 자료 흐름도가 있다.

026 ②

난이도 상 중 하

소프트웨어 개발 〉 데이터 입출력 구현 〉 논리 데이터저장소 확인 〉 스택

• 스택은 보통 제한된 구조로 원소의 삽입과 삭제가 한 쪽(top)에서만 이루어지는 유한 순서 리스트이며, 깊이 우선 탐색에서는 스택이 사용되지만, 너비 우선 탐색에서는 큐를 사용한다.

• 스택의 응용: 수식 계산, 복귀 주소 관리, 순환식, 퀵 정렬, 깊이 우선 탐색, 이진 트리 운행

027 ②

난이도 상 중 하

소프트웨어 개발 〉 제품 소프트웨어 패키징 〉 제품 소프트웨어 매뉴얼 작성 〉 제품 소프트웨어 매뉴얼 작성

설치 매뉴얼에는 목차, 개요, 기본사항, 설치 관련 파일, 프로그램 삭제 등이 기본적으로 포함되어야 한다.

028 ①

난이도 상 중 하

소프트웨어 개발 〉 통합 구현 〉 통합 구현 관리 〉 형상 감사

① 형상 감사(Configuration Audit): 기준선의 무결성을 평가하기 위해 확인, 검증, 검열 과정을 통해 공식적으로 승인하는 작업이다.

오답 해설

② 롤백(Rollback): 데이터베이스에서 업데이트에 오류가 발생할 때, 이전 상태로 되돌리는 것을 말한다.

③ 단위 테스트(Unit Test): 설계의 최소 단위인 모듈에 초점을 두고 검사하는 단계이며, 독립 모듈의 완전성을 시험한다.

④ 체크인(Check-In): 버전 관리 항목 중 저장소에 새로운 버전의 파일로 갱신하는 것을 의미하는 용어이다.

029 ②

난이도 상 중 하

소프트웨어 개발 〉 데이터 입출력 구현 〉 논리 데이터저장소 확인 〉 전위 표기법

② 확인(Validation)은 작업 제품이 사용자의 요구에 적합한지 측정하며, 검증(Verification)은 작업 제품이 개발자의 기대를 충족시키는지를 측정한다.

030 ③

난이도 상 중 하

소프트웨어 개발 〉 데이터 입출력 구현 〉 논리 데이터저장소 확인 〉 전위 표기법

③ 문제의 식은 전위 표기이므로 +(*(A B)/(C D))와 같이 괄호를 이용하여 연산자를 중간에 위치하도록 만든다. 중위 표기식으로

변환하면 ((A * B) + (C / D))와 같이 표현할 수 있다.

031 ①

난이도 상 중 하

소프트웨어 개발 〉 애플리케이션 테스트 관리 〉 애플리케이션 테스트 케이스 설계 〉 테스트 관련 법칙

① **살충제 패러독스**: 동일한 테스트 케이스로는 새 결함을 발견할 수 없으므로 주기적으로 테스트 케이스를 개선해야 한다.

오답 해설

② **파레토 법칙**: 20%에 해당하는 코드에서 80%의 결함이 나타나는 결함이 집중되어 존재한다는 것을 말한다.

③ **오류 부재의 궤변**: 사용자의 요구사항을 만족하지 못한다면 오류를 발견하고 제거해도 품질이 높다고 말할 수 없다.

032 ②

난이도 상 중 하

소프트웨어 개발 〉 데이터 입출력 구현 〉 논리 데이터저장소 확인 〉 퀵 정렬

• 정렬의 시간 복잡도

정렬 종류	평균	최악
버블 정렬	$O(n^2)$	$O(n^2)$
선택 정렬	$O(n^2)$	$O(n^2)$
삽입 정렬	$O(n^2)$	$O(n^2)$
퀵 정렬	$O(nLog_2n)$	$O(n^2)$
합병 정렬	$O(nLog_2n)$	$O(nLog_2n)$
힙 정렬	$O(nLog_2n)$	$O(nLog_2n)$

033 ②

난이도 상 중 하

소프트웨어 개발 〉 제품 소프트웨어 패키징 〉 제품 소프트웨어 매뉴얼 작성 〉 소프트웨어 품질 요인

② **신뢰성(Reliability)**: 프로그램이 항시 정확하게 동작하고 있는 정도

오답 해설

① **정확성(Correctness)**: 프로그램이 설계 사양을 만족시키며 사용자가 원하는대로 수행되고 있는 정도

③ **유용성(Usability)**: 쉽게 배우고 사용할 수 있는 정도

④ **무결성(Integrity)**: 허가되지 않은 사람의 소프트웨어나 데이터에의 접근을 통제할 수 있는 정도

034 ②

난이도 상 중 하

소프트웨어 개발 〉 애플리케이션 테스트 관리 〉 애플리케이션 통합 테스트 〉 상향식 통합

② **Driver**: 검사 자료 입출력 제어 프로그램이며, 상향식 통합 시험에 필요로 한다.

오답 해설

① **Stub**: 임시 제공되는 가짜 하위 모듈이며, 하향식 통합 시험에 사용되는 시험용 모듈이다.

035 ④

난이도 상 중 하

소프트웨어 개발 〉 데이터 입출력 구현 〉 논리 데이터저장소 확인 〉 트리

④ **후위 순회(Post-order Traversal)**: 왼쪽 서브 트리 → 오른쪽 서브 트리 → 루트

036 ③

난이도 상 중 하

소프트웨어 개발 〉 제품 소프트웨어 패키징 〉 제품 소프트웨어 패키징 〉 DRM

③ IDS는 DRM에 사용되는 기술 요소가 아니라 네트워크 보안 장비인 침입 탐지 시스템이다.

037 ④

난이도 상 중 하

소프트웨어 개발 〉 데이터 입출력 구현 〉 논리 데이터저장소 확인 〉 자료구조

④ 스택은 선형구조에 해당한다.

• **선형구조**: 데이터의 전후 항목 사이 관계가 1:1이며, 선후 관계가 명확하게 한 개의 선 형태를 갖는 리스트 구조이다. (배열, 연결 리스트, 스택, 큐, 데크)

• **비선형구조**: 데이터 항목 사이의 관계가 1:n(혹은 n:m)인 그래프적 특성을 갖는 형태이다. (트리, 그래프)

038 ④

난이도 상 중 하

통합문제

④ **체크 박스**: 그룹 중에 하나 이상의 후보를 선택할 때 사용한다.

오답 해설

① **토글 버튼**: 버튼을 클릭하면 상태를 'on', 'off'로 변환시킨다.

② **텍스트 박스**: 메시지를 보여주거나 사용자가 데이터를 입력할 곳을 제공한다.

③ **라디오 버튼**: 여러 가지 제시된 것 중 하나만을 선택할 때 사용한다.

039 ③

난이도 상 중 하

통합문제

• **반정규화 유형에서 중복 테이블을 추가하는 방법**: 집계 테이블의 추가, 진행 테이블의 추가, 특정 부분만을 포함하는 테이블의 추가

040 ②

난이도 상 중 하

소프트웨어 개발 〉 제품 소프트웨어 패키징 〉 제품 소프트웨어 매뉴얼 작성 〉 유지보수성

② **유지보수성(Maintainability)**: 변경 및 오류 사항 교정을 최소화하는 정도이다.

오답 해설

① **신뢰성(Reliability)**: 정확하고 일관된 결과를 얻기 위해 요구된 기능을 오류 없이 수행하는 정도이다.

④ 재사용성(Reusability): 전체나 일부 기능을 다른 목적으로 사용할 수 있는 정도이다.

Part Ⅲ 데이터베이스 구축

041 ④

난이도 상 중 하

데이터베이스 구축 〉 관계 데이터베이스 언어 〉 SQL 〉 검색문(SELECT)

```
SELECT [ALL | DISTINCT 열_리스트(검색 대상)]
FROM 테이블_리스트
[WHERE 조건]
```

오답 해설

① 데이터 조작어(DML)를 이용하여 데이터를 검색한다.

② 데이터 제어어(DCL)를 이용하여 권한을 부여하거나 취소한다.

③ DROP문은 테이블을 삭제하는 데 사용한다.

042 ②

난이도 상 중 하

데이터베이스 구축 〉 관계 데이터베이스 언어 〉 SQL 〉 갱신문(UPDATE)

- 갱신문(UPDATE): 기존 레코드의 열값을 갱신할 경우 사용한다.

```
UPDATE 테이블
SET 열_이름=변경_내용
[WHERE 조건]
```

- BETWEEN x AND y: x에서 y 사이를 말한다.

043 ④

난이도 상 중 하

데이터베이스 구축 〉 데이터 모델링 〉 데이터 모델의 개념 〉 논리적 데이터 모델

④ 계층 데이터 모델, 관계 데이터 모델, 네트워크 데이터 모델은 논리적 데이터 모델이다.

- 개념적 데이터 모델: 개체 관계 모델
- 논리적 데이터 모델: 관계 데이터 모델, 계층 데이터 모델, 네트워크 데이터 모델

044 ④

난이도 상 중 하

데이터베이스 구축 〉 관계 데이터베이스 언어 〉 SQL 〉 CREATE TABLE

④ CHECK절은 조건식이 들어갈 수도 있고, 반드시 UPDATE 키워드와 함께 사용될 필요는 없다.

- CREATE문의 구문

```
CREATE TABLE 테이블_명
( {열_이름 데이터_타입 [NOT NULL][DERAULT 묵시값] }
  [PRIMARY KEY (열_이름)]
  {[UNIQUE(열_이름)]}
  {[FOREIGN KEY(열_이름) REFERENCES 기본테이블]}
   [ON DELETE 옵션]
   [ON UPDATE 옵션]
   [CHECK (조건식)] )
※{ }: 반복을 의미, [ ] : 생략을 의미
```

045 ③

난이도 상 중 하

데이터베이스 구축 〉 데이터베이스 개요 〉 데이터베이스 시스템의 구성 〉 시스템 카탈로그

③ 시스템 카탈로그는 DBMS가 스스로 생성하고 유지하는 데이터베이스 내의 특별한 테이블의 집합체이다.

046 ③

난이도 상 중 하

통합문제

③ 엔티티: 단독으로 존재하며 다른 것과 구분되는 객체이며, 애트리뷰트들의 집합을 가진다.

오답 해설

① 도메인: 애트리뷰트가 취할 수 있는 값들의 집합이다.

② 튜플: 테이블이 한 행을 구성하는 속성들의 집합이다.

047 ③

난이도 상 중 하

데이터베이스 구축 〉 고급 데이터베이스 〉 회복과 병행 제어 〉 회복

③ 회복(Recovery): 여러 가지 장애로 인해 손상된 데이터베이스를 손상되기 이전의 정상적인 상태로 복구시키는 작업이다. (덤프와 로그 이용)

048 ②

난이도 상 중 하

데이터베이스 구축 〉 데이터 모델링 〉 개체-관계 모델 〉 E-R 다이어그램

② E-R 다이어그램에서 마름모 모양은 관계 타입(Relationship Type)을 의미한다.

- E-R 다이어그램 표기법

기호	의미
▭ (사각형)	개체 타입
이중 사각형	약한 개체 타입
타원	속성
이중 타원	다중 속성: 여러 개의 값을 가질 수 있는 속성

기호	의미
	관계: 개체 간의 상호작용
	식별 관계 타입
	키 속성: 모든 개체들이 모두 다른 값을 갖는 속성(기본키)
	부분키 애트리뷰트
	복합 속성: 하나의 속성을 부분으로 나누어질 수 있는 속성
	연결

049 ③

난이도 상중하

데이터베이스 구축 〉 고급 데이터베이스 〉 회복과 병행 제어 〉 로킹

③ 로킹 단위가 작아지면 데이터베이스 공유도가 증가하며, 로킹 오버헤드가 증가한다.

050 ①

난이도 상중하

데이터베이스 구축 〉 관계 데이터베이스 언어 〉 SQL 〉 DDL

- **정의어(DDL)**: CREATE, ALTER, DROP
- **조작어(DML)**: SELECT, INSERT, DELETE, UPDATE
- **제어어(DCL)**: GRANT, REVOKE

051 ③

난이도 상중하

데이터베이스 구축 〉 고급 데이터베이스 〉 고급 데이터베이스 〉 분산 데이터베이스 목표

③ **위치 투명성**: 사용하려는 데이터가 저장된 사이트를 사용자는 알 필요가 없는 것이며, 위치 정보는 시스템 카탈로그에 유지된다.

오답 해설

① **장애 투명성**: 데이터베이스의 분산된 물리적 환경에서 특정 지역의 컴퓨터 시스템이나 네트워크에 장애가 발생해도 데이터 무결성이 보장된다.

④ **중복 투명성**: 한 논리적 데이터 객체가 여러 상이한 사이트에 중복될 수 있으며, 중복 데이터의 일관성 유지는 사용자와 무관하게 시스템이 수행한다.

052 ④

난이도 상중하

데이터베이스 구축 〉 관계 데이터베이스 언어 〉 SQL 〉 DDL

④ DROP문에서는 CASCADE 또는 RESTRICTED 옵션을 사용할 수 있다. RESTRICTED는 삭제할 요소가 참조 중이면 삭제되지 않지만, CASCADE는 삭제할 요소가 참조 중이면 연쇄 삭제된다.

053 ①

난이도 상중하

데이터베이스 구축 〉 데이터베이스 설계와 정규화 〉 정규화 체계 〉 정규화 과정

① 기본키가 복합속성 {A, B}로 구성되어 있는데, 함수적 종속성의 집합에서 A → C 가 존재하므로 부분함수 종속성이 존재한다. 부분함수 종속이 존재하기 때문에 현재 상태는 제1정규형이라 할 수 있다.

054 ③

난이도 상중하

데이터베이스 구축 〉 관계 데이터 모델 〉 관계 데이터 연산 〉 관계대수

- 구매 테이블과 상품 테이블을 자연 조인하고, 가격이 40 이하인 조건에 맞는 튜플을 고른다. 그 테이블에서 고객번호와 상품코드만 검색한다.
- **셀렉트(SELECT, σ)** : 선택 조건을 만족하는 릴레이션의 수평적 부분 집합(Horizontal Subset), 행의 집합
- **프로젝트(PROJECT, π)**: 수직적 부분 집합(Vertical Subset), 열(column)의 집합
- **조인(JOIN, ⋈)**: 두 관계로부터 관련된 튜플 들을 하나의 튜플로 결합하는 연산. 카티션 프로덕트와 셀렉트를 하나로 결합한 이항 연산자로, 일반적으로 조인이라 하면 자연 조인을 말한다.

055 ①

난이도 상중하

데이터베이스 구축 〉 고급 데이터베이스 〉 트랜잭션 〉 트랜잭션의 성질

오답 해설

② **일관성(Consistency)**: 트랜잭션 시작 시점에 참조한 데이터는 종료가지 일관성을 유지해야 한다.

③ **격리성(Isolation)**: 동시에 다수의 트랜잭션이 처리되는 서로의 연산에 개입하면 안 된다.

④ **영속성(Durability)**: 트랜잭션이 성공적으로 완료되면 처리 결과는 영속적으로 반영되어야 한다.

056 ③

난이도 상중하

데이터베이스 구축 〉 데이터베이스 설계와 정규화 〉 데이터베이스 설계 〉 데이터베이스 설계

③ **논리적 설계 단계**: 논리적 데이터 모델로 변환, 트랜잭션 인터페이스 설계(응용 프로그램의 인터페이스 설계), 스키마의 평가 및 정제

057 ④

난이도 상중하

데이터베이스 구축 〉 데이터베이스 설계와 정규화 〉 정규화 체계 〉 정규화 과정

- 정규형은 릴레이션에 존재하는 이상 현상을 해결하기 위하여 릴레이션을 분해한다.
- **제1정규형**: 속성을 원자값만 갖도록 분해한다.

- **제2정규형**: 부분 함수 종속성을 제거하여 완전 함수 종속성을 갖도록 한다.
- **제3정규형** : 이행적 함수 종속성을 제거한다.
- BCNF: 결정자가 후보키가 아닌 함수 종속성을 제거한다.

058 ③

난이도 상 중 하

데이터베이스 구축 〉 관계 데이터베이스 언어 〉 뷰 〉 뷰의 장점

③ 뷰에 대한 연산은 검색은 제약이 없지만, 삽입, 삭제, 갱신에는 제약이 있다.

059 ③

난이도 상 중 하

데이터베이스 구축 〉 관계 데이터베이스 언어 〉 SQL 〉 집계함수

- **SQL의 내장 집계함수**: COUNT, SUM, MAX, MIN, AVG

060 ②

난이도 상 중 하

데이터베이스 구축 〉 관계 데이터베이스 언어 〉 SQL 〉 DML(SELECT)

② 정상적인 문법이며, 입사년도가 널(NULL)인 직원들의 레코드를 검색한다.

오답 해설

① 부서별로 처리하기 위해서는 GROUP 부서;가 아니라, GROUP BY 부서;로 써야 한다.

③ 부분매치 질의문은 WHERE 이름 = '최%'; 에서 = 을 LIKE 로 수정해야 한다. WHERE 이름 LIKE '최%';

④ 입사년도와 비교되는 항목이 여러 개이므로 = 이 아니라 IN 으로 써야 한다.

Part Ⅳ 프로그래밍 언어 활용

061 ④

난이도 상 중 하

프로그래밍 언어 활용 〉 공통 모듈 구현 〉 운영체제 기초 활용 〉 교착상태

④ **데이터 링크 계층**: 물리적 연결을 이용해 신뢰성 있는 정보를 전송하려고 동기화, 오류 제어, 흐름 제어 등의 전송 에러를 제어하는 계층이며, 필요한 장비는 브릿지와 스위치가 있다.

062 ③

난이도 상 중 하

프로그래밍 언어 활용 〉 공통 모듈 구현 〉 운영체제 기초 활용 〉 FIFO

- **FIFO**: 각 페이지가 주기억장치에 가장 먼저 들어와서 가장 오래 있었던 페이지를 교체하는 알고리즘이다.
- **페이지 부재**: 프로그램 실행 시 주기억장치에 참조할 페이지가 없을 때 발생한다.

순번	1	2	3	4	5	6	7	8	9	10	11
요구 페이지	1	2	3	4	5	2	1	1	6	7	5
페이지 프레임	①	1	1	1	⑤	5	5	5	5	5	5
		②	2	2	2	2	①	1	1	1	1
			③	3	3	3	3	3	⑥	6	6
				④	4	4	4	4	4	⑦	7
페이지 부재	○	○	○	○	○		○		○	○	

063 ④

난이도 상 중 하

프로그래밍 언어 활용 〉 프로그래밍 언어 활용 〉 C 언어

int *p = a;

→ 포인터 변수 p가 배열 a를 가리킨다.

즉, a[1]과 p[1], a[2]와 p[2]는 각각 같은 곳을 가리킨다.

따라서 a[1]과 p[1]은 각각 4, a[2]와 p[2]는 각각 5가 기억되어 있다.

064 ④

난이도 상 중 하

프로그래밍 언어 활용 〉 공통 모듈 구현 〉 운영체제 기초 활용 〉 운영체제

④ 언어 번역 프로그램은 운영체제를 기능에 따라 분류할 경우 처리 프로그램에 해당된다.

- **제어 프로그램(Control Program)**: 컴퓨터 전체의 동작 상태를 감시, 제어하는 기능을 수행하는 프로그램을 말한다. (감시 프로그램, 데이터 관리 프로그램, 작업 제어 프로그램, 통신제어)
- **처리 프로그램(Processing Program)**: 제어프로그램의 감시 하에 특정 문제를 해결하기 위한 데이터 처리를 담당하는 프로그램을 말한다. (언번역 프로그램, 서비스 프로그램)

065 ①

난이도 상 중 하

프로그래밍 언어 활용 〉 프로그래밍 언어 활용 〉 JAVA

① Java 코드에서 answer( ) 메소드가 오버로딩이 되고 있지만, 오버라이딩 되고 있는 메소드는 존재하지 않는다.

066 ②

난이도 상 중 하

프로그래밍 언어 활용 〉 프로그래밍 언어 활용 〉 C 언어 〉 명칭

② C 언어의 변수명으로 문자, 숫자, _를 사용할 수 있지만, 숫자가 맨 앞에 위치할 수는 없다.

067 ③

난이도 상 중 하

프로그래밍 언어 활용 〉 공통 모듈 구현 〉 모듈화 〉 응집도

• **응집도**

1. 우연적 응집도(Coincidental Cohesion)
2. 논리적 응집도(Logical Cohesion)
3. 시간적 응집도(Temporal Cohesion)
4. 절차적 응집도(Procedural Cohesion)
5. 통신적 응집도(Communicational Cohesion)
6. 순차적 응집도(Sequential Cohesion)
7. 기능적 응집도(Functional Cohesion)

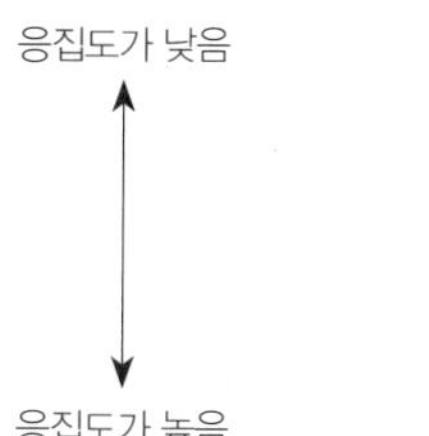

068 ④

난이도 상 중 하

프로그래밍 언어 활용 〉 프로그래밍 언어 활용 〉 프로그래밍 언어의 개념 〉 스크립트 언어

④ COBOL 언어는 컴파일 언어이다.

• **스크립트 프로그래밍 언어 유형**: JavaScript(자바스크립트), jQuery, JSP(JavaServer Pages), PHP(Hypertext Preprocessor), ASP(Active Server Pages), Python, VBScript

069 ④

난이도 상 중 하

프로그래밍 언어 활용 〉 공통 모듈 구현 〉 운영체제 기초 활용 〉 교착상태

④ 교착상태는 상호배제 조건, 점유와 대기 조건, 비선점 조건, 순환 대기의 조건이 모두 만족하여야 발생한다.

070 ①

난이도 상 중 하

프로그래밍 언어 활용 〉 프로그래밍 언어 활용 〉 C 언어

코드 순서는 ㄷ → ㅁ → ㄱ → ㄴ → ㄹ순이다.

ㄷ. int age1, age2, result;
  → 변수 선언

ㅁ. printf("철수와 영희의 나이를 입력하세요 :");
  → 입력받을 내용 안내로 " "안의 내용 그대로 출력

ㄱ. scanf("%d%d", &age1, &age2);
  → scanf를 통해 2개의 변수로 숫자에 입력

ㄴ. result = age1 + age2;
  → 나이의 합 계산

ㄹ. printf("나이의 합은 %d살입니다.\n", result);
  → 결과 출력

071 ④

난이도 상 중 하

프로그래밍 언어 활용 〉 공통 모듈 구현 〉 운영체제 기초 활용 〉 교착상태

④ 한 노드에서 다른 노드로 프레임을 전송하는 책임을 갖는 계층(Layer)은 데이터 링크 계층이다.

072 ①

난이도 상 중 하

프로그래밍 언어 활용 〉 공통 모듈 구현 〉 운영체제 기초 활용 〉 프로세스 상태

① **Block(실행 상태 → 대기 상태)**: 실행 중인 프로세스가 입출력 명령을 만나면 입출력 전용 프로세서에게 중앙처리장치를 스스로 양도하고 자신은 대기 상태로 전환

오답 해설

② **Deadlock(교착 상태)**: 둘 이상의 프로세스가 자원을 공유한 상태에서 서로 상대방의 작업이 끝나기 만을 무한정 기다리는 현상

③ **Interrupt(인터럽트)**: 컴퓨터가 프로그램을 수행하는 동안 컴퓨터의 내부 또는 외부에서 예기치 않은 사건이 발생했을 때 현재 실행 중인 프로그램을 중지하고 응급조치를 수행한 후 다시 원래의 프로그램을 처리를 수행하는 운영체제의 기능

④ **Wake Up(대기 상태 → 준비 상태)**: 입출력 완료를 기다리다가 입출력 완료 신호가 들어오면 대기 중인 프로세스는 준비 상태로 전환

073 ②

난이도 상 중 하

프로그래밍 언어 활용 〉 프로그래밍 언어 활용 〉 C 언어

ㄱ. a && b → 1(True)
  → a와 b가 0이 아닌 값을 갖고 있으므로 AND 연산 결과는 True

ㄴ. a & b → 5: 비트연산

ㄷ. a == b → 1(True)
  → a와 b의 값이 같으므로 결과는 True

ㄹ. a − b → 0

074 ①

난이도 상 중 하

프로그래밍 언어 활용 〉 네트워크 기초 활용 〉 인터넷 〉 IPv6

① IPv4는 체크썸을 사용하지만, IPv6은 체크썸을 사용하지 않는다.

075 ②

난이도 상 중 하

프로그래밍 언어 활용 〉 프로그래밍 언어 활용 〉 C 언어

• 변수 var1은 지역 변수로 선언되었으므로 foo( ) 함수를 호출 시에 생성되고 반환 시에 소멸된다. 하지만 변수 var2는 정적 변수이므로 정적 영역에 저장된 값은 함수 호출, 반환과 관계없이 프로그램 종료 시까지 존재한다.

• 반복문에 의하여 i가 0부터 2까지 3회 반복되는 동안 foo( ) 함수가 3회 호출되는데, foo( ) 함수에서 지역 변수 var1은 매번 초기화되고 소멸되지만 정적 변수 var2는 1로 초기화된 상태에서 'var2++' 명령에 의해 1씩 누적된다.

• foo( ) 함수 1회 호출: var1 = 1, var2 = 1
  2회 호출: var1 = 1, var2 = 2
  3회 호출: var1 = 1, var2 = 3

∴ sum=2+3+4=9

076 ②

난이도 상 중 하

프로그래밍 언어 활용 〉 공통 모듈 구현 〉 운영체제 기초 활용 〉 스케줄링 기법

② 각 프로세스에게 할당된 일정한 시간(Time Slice) 동안만 CPU를 사용하도록 하는 스케줄링 기법 중 범용 시분할 시스템에 가장 적합한 스케줄링 기법은 RR(Round-Robin)이다.

077 ①

난이도 상 중 하

프로그래밍 언어 활용 〉 공통 모듈 구현 〉 운영체제 기초 활용 〉 스레드

① 하나의 스레드는 여러 프로세스에 포함될 수 없으며, 하나의 프로세스에는 한 개 또는 여러 개의 스레드가 포함될 수 있다.

078 ④

난이도 상 중 하

프로그래밍 언어 활용 〉 프로그래밍 언어 활용 〉 C 언어

함수가 재귀 호출을 사용하고 있으며, 변수 n의 값이 0이나 1이 될 때 반환한다.

sub(4)
→ (sub(3) + sub(2))
→ (sub(2) + sub(1)) + (sub(1) + sub(0))
→ ((sub(1) + sub(0)) + 1) + (1 + 0)
→ ((1 + 0) + 1) + (1 + 0)
→ 3

079 ②

난이도 상 중 하

프로그래밍 언어 활용 〉 공통 모듈 구현 〉 운영체제 기초 활용 〉 SJF

- SJF(Shortest Job First): FCFS를 개선한 기법으로, 대기 리스트의 프로세스들 중 작업이 끝나기까지의 실행 시간 추정치가 가장 작은 프로세스에 CPU를 할당한다.
- 프로세스 1이 0초에 도착하여 6초를 실행하고, 대기 시간은 0초이다.
- 프로세스 1의 완료 시간 6초에서 실행 시간이 가장 작은 프로세스는 3이고, 프로세스 3은 1초 실행하고, 대기 시간은 4초이다.
- 프로세스 3의 완료 시간 7초에서 실행 시간이 가장 작은 프로세스는 4이고, 프로세스 4는 2초 실행하고, 대기 시간은 4초이다.
- 프로세스 4의 완료시간 9초에서 실행 시간이 남아있는 프로세스는 2이고, 프로세스 2는 4초 실행하고, 대기 시간은 8초이다.

∴ 평균 대기 시간은 (0+4+4+8)/4 = 4초이다.

080 ①

난이도 상 중 하

프로그래밍 언어 활용 〉 프로그래밍 언어 활용 〉 JAVA

- func1, func3는 오버라이딩이 되고, func2는 오버라이딩이 되지 않는다.
- 오버라이딩이 되기 위해서는 시그니처(반환형, 메소드명, 인자의 개수와 형)가 같아야 되는데 func2는 반환형이 int와 double로 일치하지 않기 때문에 오버라이딩이 되지 않는다.
- ClassP P = new ClassA( ); 와 같이 객체가 생성되었기 때문에 오버라이딩이 된 메소드는 하위 클래스(ClassA)의 메소드가 수행되지만, 오버라이딩이 되지 않은 메소드는 상위 클래스(ClassP)의 메소드가 수행된다.

Part V 정보시스템 구축관리

081 ②

난이도 상 중 하

정보시스템 구축관리 〉 소프트웨어 개발 방법론 활용 〉 소프트웨어의 생명주기 모형 〉 프로토타입 모형

ㄴ. 개발이 완료되기 전에 시제품을 미리 만듦으로 발주자가 목표 시스템의 모습을 미리 볼 수 있다.

ㄷ. 시제품을 미리 만들어 피드백을 얻을 수 있으므로 폭포수 모형보다 발주자의 요구사항을 반영하기가 용이하다.

오답 해설

ㄱ. 프로토타입 모형의 마지막 단계는 공학적 제품화 단계이다.

ㄹ. 프로토타입은 시제품이므로 베타 테스트의 대상으로 볼 수 없다.

082 ③

난이도 상 중 하

정보시스템 구축관리 〉 정보보호 〉 네트워크 보안 〉 NAC

③ NAC(Network Access Control): 관리자가 정의한 보안 환경이 운영되는 시스템만 네트워크에 연결이 가능하도록 한다. Clear Network에 악성 Worm이 감염된 Host가 연결되면 순식간에 네트워크는 악성 Worm이 퍼지게 되므로 이러한 상황을 막고자하는 시스템이다.

오답 해설

① SAN(Storage Area Network): DAS와 NAS의 단점을 해결한 발전된 스토리지 형태이다. 네트워크 상에 광채널 스위치의 이점인 고속 전송과 장거리 연결 및 멀티 프로토콜 기능을 활용한다.

083 ④

난이도 상 중 하

정보시스템 구축관리 〉 소프트웨어 개발 방법론 활용 〉 소프트웨어의 생명주기 모형 〉 프로세스 모형

④ 나선형 모델은 폭포수 모델과 프로토타이핑 모델의 장점을 수용하고, 새로운 요소인 위험 분석을 추가한 진화적 개발 모델이다.

오답 해설

① 폭포수 모델은 분석 단계에서 사용자들이 요구한 사항들이 잘 반영되었는지를 개발이 완료 전까지는 사용자가 볼 수 없으며, 그 이후에 사용자의 의견을 반영할 수 있다.

② 프로토타입 모델은 개발 초기 단계에 시범 소프트웨어를 만들어 사용자에게 경험하게 함으로써 사용자 피드백을 신속하게 제공할 수 있다.

③ 익스트림 프로그래밍은 비즈니스 상의 요구가 시시각각 변동이

심한 경우에 적합한 개발 방법이며, 1999년 켄트 백의 저서인 'Extreme Programming Explained – Embrace Change'에서 발표되었다. Agile Process의 대표적 개발 기법이다.

084 ④

난이도 상 중 하

통합문제

COCOMO 모델에서 사용되는 노력 승수값을 구하기 위해서 사용되는 요소는 제품의 특성, 컴퓨터의 특성, 개발 요원의 특성, 프로젝트의 특성이다.

085 ③

난이도 상 중 하

③ ftp: 파일 전송 프로토콜이다.

오답 해설

② mkdir: 운영체제에서 mkdir 명령어는 디렉터리를 새로 만드는데 사용된다.

④ nmap(network mapper): 서버에 열린 포트 정보를 스캐닝해서 보안 취약점을 찾는 데 사용하는 도구이다.

086 ①

난이도 상 중 하

정보시스템 구축관리 〉 소프트웨어 개발 방법론 활용 〉 국제 표준 제품 품질 특성 〉 CMM

• CMM(Capability Maturity Model) 모델의 레벨: 수준 1(Initial, 초기 단계), 수준 2(Repeatable, 반복 단계), 수준 3(Definition, 정의 단계), 수준 4(Management, 관리 단계), 수준 5(Optimizing, 최적화 단계)

087 ①

난이도 상 중 하

정보시스템 구축관리 〉 소프트웨어 개발 방법론 활용 〉 프로젝트 개발 비용 산정 〉 비용 추정 모형

① CPM은 일정 산정 모형이다.

• 소프트웨어 비용 추정 모형: COCOMO, Putnam, Function-Poin, 전문가의 감정, 델파이식 산정, LOC(원시 코드 라인 수) 기법, 개발 단계별 인월수(MM: Man Month) 기법

088 ①

난이도 상 중 하

통합문제

① ARIA: 대한민국의 국가보안기술연구소에서 개발한 블록 암호 체계이다. ARIA라는 이름은 학계(Academy), 연구소(Research Institute), 정부 기관(Agency)이 공동으로 개발한 특징을 함축적으로 표현한 것이다. ARIA의 블록 크기는 128비트이고, 키 길이는 128/192/256비트이며, 라운드 수는 12/14/16이다.

오답 해설

② HMAC: 속도 향상과 보안성을 높이기 위해 MAC과 MDC를 합쳐 놓은 새로운 해시이다. 해시 함수의 입력에 사용자의 비밀키와 메시지를 동시에 포함하여 해시 코드를 구하는 방법이다.

③ 3DES: DES보다 강력하도록 DES를 3단 겹치게 한 암호 알고리즘이다.

④ IDEA: 블록 암호 알고리즘으로써 64비트의 평문에 대하여 동작하며, 키의 길이는 128비트이고, 8라운드의 암호 방식을 적용한다.

089 ④

난이도 상 중 하

정보시스템 구축관리 〉 소프트웨어 개발 방법론 활용 〉 소프트웨어의 생명주기 모형 〉 ISO 12007

• ISO 12207 표준
  – 기본 생명주기 프로세스: 획득, 공급, 개발, 운영, 유지보수 프로세스
  – 지원 생명주기 프로세스: 품질 보증, 검증, 확인, 활동 검토, 문제 해결 프로세스
  – 조직 생명주기 프로세스: 관리, 기반 구조, 훈련, 개선 프로세스

090 ②

난이도 상 중 하

정보시스템 구축관리 〉 IT 프로젝트 정보시스템 구축관리 〉 네트워크 구축관리 〉 OSPF

② OSPF(Open Shortest Path First): Link State Routing 기법을 사용하며, 전달 정보는 인접 네트워크 정보를 이용한다.

오답 해설

① RIP(Routing Information Protocol): 거리 벡터(Distance-Vector) 방식을 사용하는 라우팅 프로토콜이다. 목적지 네트워크까지 도달하는데 몇 개의 라우터를 거치는가를 나타내는 홉(Hop) 카운트를 사용하는데 최대 15홉 이하 규모의 네트워크를 주요 대상으로 한다.

④ EIGRP(Enhanced Interior Gateway Routing Protocol): IGRP를 기반으로 한 개방형 라우팅 프로토콜이며, 라우터 내 대역폭 및 처리 능력의 이용과 토폴로지가 변경된 뒤에 일어나는 불안정한 라우팅을 최소화하는데 최적화되었다.

091 ③

난이도 상 중 하

정보시스템 구축관리 〉 정보보호 〉 네트워크 보안 〉 SSH

③ SSH의 기본 네트워크 포트는 22번을 사용한다.

092 ②

난이도 상 중 하

정보시스템 구축관리 〉 정보보호 〉 해킹과 정보보호 〉 Buffer overflow

② Buffer Overflow: 입력값을 확인하지 않는 입력 함수에 정상보다 큰 값을 입력하여 ret값을 덮어쓰기 함으로써, 임의의 코드를 실행시키기 위한 공격이다.

오답 해설

① Spoofing: 속임을 이용한 공격에 해당되며, 네트워크에서 스푸핑 대상은 MAC 주소, IP 주소, 포트 등 네트워크 통신과 관련된 모든 것이 될 수 있다

③ Sniffing: 네트워크상의 데이터를 도청하는 행위라고 할 수 있으며, 스니핑(Sniffing) 공격을 수동적(Passive) 공격이라 한다.

④ Scanning: 시스템의 취약점을 파악하는 것이며, 공격 전에 취약 정보를 확인할 수 있다.

093 ① 난이도 상중하

정보시스템 구축관리 > 정보보호 > 네트워크 보안 > 서비스 거부 공격

- DoS(Denial of Service, 서비스 거부) 공격의 종류: Ping of death, TearDrop 공격, SYN Flooding 공격, Land 공격, Smurf 공격

오답 해설

ㄷ. Session Hijacking 공격: TCP가 가지는 고유한 취약점을 이용해 정상적인 접속을 빼앗는 방법이다. TCP는 클라이언트와 서버 간 통신을 할 때 패킷의 연속성을 보장하기 위해 클라이언트와 서버는 각각 시퀀스 넘버를 사용한다. 이 시퀀스 넘버가 잘못되면 이를 바로 잡기 위한 작업을 하는 데, TCP 세션 하이재킹은 서버와 클라이언트에 각각 잘못된 시퀀스 넘버를 위조해서 연결된 세션에 잠시 혼란을 준 뒤 자신이 끼어 들어가는 방식이다.

ㄹ. ARP Redirect 공격: 공격자가 자신의 MAC 주소가 라우터 또는 게이트웨이인 것으로 속여서 수행하는 공격이다.

094 ④ 난이도 상중하

정보시스템 구축관리 > 정보보호 > 네트워크 보안 > IPSec

④ AH는 발신지 인증, 데이터 무결성은 보장하지만 기밀성은 보장하지 못한다.

- IPSec(IP Security): 안전하지 않은 네트워크상의 두 컴퓨터 사이에 암호화된 안전한 통신을 제공하는 프로토콜이다.

095 ④ 난이도 상중하

정보시스템 구축관리 > 소프트웨어 개발 방법론 활용 > 프로젝트 개발 비용 산정 > 기능 점수

- 기능 점수(function point) 산정 시 고려 요소: 외부 입력(EI: External Input), 외부 출력(EO: External Output), 외부 조회(EQ: External inQuiry), 내부 논리 파일(ILF: Internal Logical File), 외부 연계 파일(EIFL: External Interface File)

096 ③ 난이도 상중하

정보시스템 구축관리 > 정보보호 > 네트워크 보안 > 개인정보 추출

③ 페이징은 정보보호 분야에서 사용되는 기술이 아니라 가상기억장치에서 사용되는 기술이다.

- 스니핑은 정보를 도청하는 것이고, 스푸핑은 IP나 DNS 등을 속이는 것을 말한다. 피싱은 개인정보를 낚는 방식이다.

097 ④ 난이도 상중하

정보시스템 구축관리 > 소프트웨어 개발 방법론 활용 > 소프트웨어의 생명주기 모형 > 나선형 모형

- 나선형 모형(Spiral Model): 폭포수 모델과 프로토타이핑 모델의 장점을 수용하고, 새로운 요소인 위험 분석을 추가한 진화적 개발 모델이다. 프로젝트 수행 시 발생하는 위험을 관리하고 최소화하려는 것을 목적으로 하며 계획 수립, 위험 분석, 개발, 사용자 평가의 과정을 반복적으로 수행한다. 개발 단계를 반복적으로 수행함으로써 점차적으로 완벽한 소프트웨어를 개발하는 진화적(Evolutionary) 모델이며, 대규모 시스템의 소프트웨어 개발에 적합하다.

098 ① 난이도 상중하

통합문제

① 소프트웨어는 편리성이나 유지보수성에 점차 비중을 많이 두고 있다.

099 ① 난이도 상중하

정보시스템 구축관리 > 정보보호 > 네트워크 보안 > 서비스 거부 공격

① TearDrop: IP 패킷 전송이 잘게 나누어졌다가 다시 재조합하는 과정의 약점을 악용한 공격이다.

오답 해설

② Smishing: 문자메시지(SMS)와 피싱(Phishing)의 합성어로 문자메시지를 이용한 휴대폰 해킹 기법이다.

③ Qshing: QR 코드와 피싱(Phishing)의 합성어로 QR 코드를 통해 악성 링크로 접속을 유도하거나 직접 악성코드를 심는 방법이다.

④ Smurfing 공격: IP 패킷 변조를 통한 스푸핑을 하여 ICMP Request를 받은 네트워크는 ICMP Request 패킷의 위조된 시작 IP 주소로 ICMP Reply를 다시 보낸다. 결국 공격 대상은 수많은 ICMP Reply를 받게 되고 Ping of Death처럼 수많은 패킷이 시스템을 과부하 상태로 만든다.

100 ① 난이도 상중하

정보시스템 구축관리 > 소프트웨어 개발 방법론 활용 > 소프트웨어의 생명주기 모형 > V-모형

- V 모형의 작업 순서: 요구 분석→ 시스템 설계 → 상세 설계 → 코딩 → 단위 테스트 → 통합 테스트 → 시스템 테스트→ 인수/설치

제3회 모의고사 **정답&해설**

제3회 모의고사

문제 ➦ P.158

01	④	02	①	03	③	04	②	05	③
06	③	07	①	08	①	09	①	10	④
11	②	12	③	13	②	14	①	15	④
16	③	17	①	18	①	19	②	20	③
21	②	22	④	23	①	24	①	25	②
26	②	27	①	28	③	29	④	30	③
31	①	32	④	33	②	34	④	35	④
36	③	37	①	38	①	39	③	40	④
41	③	42	③	43	④	44	③	45	③
46	③	47	④	48	②	49	①	50	②
51	④	52	②	53	③	54	②	55	①
56	④	57	①	58	②	59	③	60	②
61	①	62	②	63	③	64	②	65	④
66	②	67	③	68	①	69	③	70	②
71	③	72	②	73	②	74	③	75	①
76	④	77	③	78	④	79	①	80	④
81	④	82	③	83	①	84	②	85	①
86	④	87	④	88	①	89	②	90	④
91	①	92	②	93	③	94	①	95	③
96	②	97	③	98	③	99	①	100	①

Part I 소프트웨어 설계

001 ④

난이도 상 중 하

소프트웨어 설계 〉 인터페이스 설계 〉 인터페이스 대상 식별 〉 수신 시스템

오답 해설

② **중계 서버**: 송수신 시스템 사이에서 데이터를 송수신하고, 연계 데이터의 송수신 현황을 모니터링한다.

③ **송신 시스템**: 연계할 데이터를 DB와 애플리케이션으로부터 연계 테이블 또는 파일 형태로 생성하여 송신한다.

002 ①

난이도 상 중 하

소프트웨어 설계 〉 애플리케이션 설계 〉 객체지향 설계 〉 객체지향

① **정보은닉(Information Hiding)**: 캡슐화 정보들을 밖에서 접근 불가능하도록 하는 것을 말한다.

오답 해설

② **캡슐화(Encapsulation)**: 객체를 정의할 때 서로 관련성이 많은 데이터들과 이와 연관된 함수들을 정보처리에 필요한 기능 하나로 묶는 것을 말한다.

003 ③

난이도 상 중 하

소프트웨어 설계 〉 애플리케이션 설계 〉 객체지향 설계 〉 객체지향

③ **Object**: 속성과 메소드로 정의된다.

오답 해설

① **Class**: 객체를 정의해 놓은 것이다.

② **Package**: 클래스들의 모음이다.

④ **Message**: 객체에게 어떤 행위를 하도록 지시하는 명령이다.

004 ②

난이도 상 중 하

통합문제

② 모듈 간의 접속 관계를 분석하여 복잡도와 중복을 줄인다.

005 ③

난이도 상 중 하

소프트웨어 설계 〉 애플리케이션 설계 〉 객체지향 설계 〉 디자인 패턴

• **생성 패턴(Creational Pattern) 종류**: 빌더(Builder), 프로토타입(Prototype), 싱글턴(Singleton), 추상 팩토리(Abstract Factory), 팩토리 메소드(Factory Method) 패턴 등

오답 해설

① Adapter Pattern과 ② Decorator Pattern은 구조화 패턴(Structural Patterns)에 속한다.

④ State Pattern은 행위 패턴(Behavioral Patterns)에 속한다.

006 ③ 난이도 상중하

소프트웨어 설계 > 요구사항 확인 > 요구사항 확인 > UML

- UML의 기본 구성 요소
  - 사물(Things): 모델을 구성하는 가장 중요한 요소로 다이어그램 안에서 관계가 형성될 수 있는 대상들을 말한다.
  - 관계(Relationships): 사물과 사물 사이의 연관성을 표현하는 것이다. (연관 관계, 집합 관계, 포함 관계, 일반화 관계, 의존 관계, 실체화 관계)
  - 다이어그램(Diagram): 사물과 관계를 도형으로 표현한 것이다.

007 ① 난이도 상중하

소프트웨어 설계 > 요구사항 확인 > 요구사항 확인 > 클래스 다이어그램 (의존 관계)

① 의존(Dependency) 관계: 연관 관계와 같이 한 클래스가 다른 클래스를 사용할 때 나타난다. 두 클래스 관계가 한 메소드의 실행 동안과 같이 매우 짧은 시간 동안만 존재한다.

오답 해설

② 실체화(Realization) 관계: 한 객체가 다른 객체에게 오퍼레이션을 수행하도록 지정하는 의미적 관계이다.

③ 일반화(Generalization) 관계: 상속 관계라고도 하며, 한 클래스가 다른 클래스를 포함하는 상위 개념일 때 이를 is-A 관계라고 한다.

④ 연관(Association) 관계: 두 사물 간의 구조적 관계로, 어느 한 사물 객체가 다른 사물 객체와 연결되어 있음을 말한다.

008 ① 난이도 상중하

소프트웨어 설계 > 화면 설계 > UI 요구사항 확인 > 사용자 인터페이스 개발 시스템의 기능

- 사용자 인터페이스 개발 시스템의 기능
  - 사용자의 입력을 검증할 수 있어야 한다.
  - 오류 처리와 관련된 오류 메시지를 표시할 수 있어야 한다.
  - 도움과 프롬프트(Prompt) 제공를 제공해야 한다.

009 ① 난이도 상중하

소프트웨어 설계 > 애플리케이션 설계 > 공통 모듈 설계 > 하위 설계

① 아키텍처 설계는 상위 설계에 속한다.

- 상위 설계: 아키텍처 설계, 기본 설계 데이터 설계, 인터페이스 정의, 인터페이스 설계
- 하위 설계: 모듈 설계, 상세 설계, 자료구조 설계, 알고리즘 설계

010 ④ 난이도 상중하

통합문제

④ 모듈(Module): 독립적으로 특정 기능을 수행할 수 있게 만든 객체들의 묶음이다.

오답 해설

① 인스턴스(Instance): 객체지향 기법에서 같은 클래스에 속한 각각의 객체를 의미하는 것이다.

② 메시지(Message): 객체들 간에 상호작용을 하는데 사용되는 수단이다.

③ 메소드(Method): 객체가 메시지를 받아 실행해야 할 객체의 구체적인 연산이다.

011 ② 난이도 상중하

소프트웨어 설계 > 요구사항 확인 > 요구사항 확인 > 요구사항 확인 단계

② 사용자의 요구사항 분석은 열거가 어렵고, 예외적인 부분이 많아서 전체적으로 어려운 작업이다.

012 ③ 난이도 상중하

소프트웨어 설계 > 요구사항 확인 > 요구사항 확인 > UML 다이어그램

③ Class Diagram은 구조적 다이어그램이다.

- UML 다이어그램의 종류
  - 구조적 다이어그램: Class Diagram, Object Diagram, Component Diagram, Deployment Diagram, Composite Diagram, Package Diagram
  - 행위 다이어그램: Use Case Diagram, Sequence Diagram, State Diagram, Activity Diagram, Timing Diagram, Communication Diagram

013 ② 난이도 상중하

소프트웨어 설계 > 요구사항 확인 > 요구사항 확인 > 애자일

② COCOMO(Constructive Cost Model)는 Boehm(1981)이 제안한 비용 산정 기법으로 원시 프로그램의 규모에 의한 예측 모형이다.

- 애자일 개발 방법론 종류: 익스트림 프로그래밍(Extreme Programming, XP), 테스트 주도 개발(Test Driven Development, TDD), 기능 주도 개발(Feature Driven Development, FDD), 스크럼(Scrum)

014 ① 난이도 상중하

소프트웨어 설계 > 인터페이스 설계 > 인터페이스 요구사항 확인 > 요구공학 프로세스

- 요구사항 개발 프로세스 순서: ㉠ 도출(Elicitation) → ㉡ 분석(Analysis) → ㉢ 명세(Specification) → ㉣ 확인(Validation)

015 ④ 난이도 상중하

소프트웨어 설계 > 요구사항 확인 > 요구사항 확인 > 럼바우

- 럼바우(Rumbaugh) 분석 기법: 객체 모델링(정보 모델링), 동적 모델링(상태 다이어그램(상태도)), 기능 모델링(자료 흐름도(DFD))

016 ③

난이도 상 중 하

소프트웨어 설계 〉 요구사항 확인 〉 요구사항 확인 〉 요구사항 명세 기법

③ 정형 명세 기법은 사용자의 요구를 표현할 때 수학적인 원리와 표기법을 이용한다.

017 ①

난이도 상 중 하

소프트웨어 설계 〉 요구사항 확인 〉 현행 시스템 분석 〉 컴퓨터 시스템의 구성 요소

① Maintenance는 유지보수를 말한다. 유지보수란 구축된 시스템을 운영 관리하는 것이다.

- **시스템의 구성 요소:** Input(입력), Output(출력), Process(처리), Feedback(피드백), Control(제어)

018 ①

난이도 상 중 하

소프트웨어 설계 〉 요구사항 확인 〉 요구사항 확인 〉 자료 사전

- 자료 사전의 기호와 의미

자료 사전 기호	기능	의미
=	자료의 정의	~로 구성되어 있음
+	자료의 연결	그리고, 순차(and)
( )	자료의 생략	선택 사양, 생략 가능(Optional)
{ }	자료의 반복	반복(Iteration)
[|]	자료의 선택	여러 대안 중 하나 선택
**	자료의 설명	주석(Comment)

019 ②

난이도 상 중 하

소프트웨어 설계 〉 애플리케이션 설계 〉 공통 모듈 설계 〉 아키텍처 스타일

② **계층 구조:** 모듈들로 응집된 계층 단위로 SW를 구성하며 계층 간에 사용가능의 관계로 표현된다.

오답 해설

① **클라이언트 서버 구조:** 컴포넌트가 다른 컴포넌트에게 서비스를 요청하며 데이터가 여러 컴포넌트를 거치며 처리된다.

③ **MVC 구조:** 모델-뷰-컨트롤러로 구성되며 기능을 분리한 아키텍처이다.

④ **파이프 필터 구조:** 서브시스템이 입력 데이터를 받아 처리하고, 결과를 다른 시스템에 보내는 작업이 반복되는 아키텍처 스타일이다.

020 ③

난이도 상 중 하

소프트웨어 설계 〉 요구사항 확인 〉 요구사항 확인 〉 유스케이스

③ 사용자 액터는 본 시스템과 연동되는 시스템이 아니라 역할 사용자이다.

오답 해설

① 유스케이스 다이어그램은 개발자의 입장이 아니라 사용자의 입장에서 요구를 추출하고 분석해야 한다.

② 액터는 대상 시스템과 상호작용하는 사람에 해당될 뿐만 아니라 다른 시스템에 의한 역할도 해당된다.

④ 연동은 일방적 소통이 아닌 상호작용의 형태로 나타내야 한다.

Part Ⅱ 소프트웨어 개발

021 ②

난이도 상 중 하

소프트웨어 개발 〉 애플리케이션 테스트 관리 〉 애플리케이션 테스트 케이스 설계 〉 단위 테스트

② **단위 테스트(Unit Test):** 설계의 최소 단위인 모듈에 초점을 두고 검사하는 단계이며, 독립 모듈의 완전성을 시험한다.

오답 해설

① **통합 테스트(Integration Test):** 단위 테스트 이후에 모듈을 상향식이나 하향식으로 통합하면서 하는 테스트이다.

③ **시스템 테스트(System Test):** 모든 모듈들은 하나의 시스템으로 작동하게 된다. 사용자의 모든 요구를 하나의 시스템으로서 완벽하게 수행하기 위해서는 아래와 같은 다양한 시험들이 필요하다.

④ **인수 테스트(Acceptance Test):** 사용자측 관점에서 소프트웨어가 요구를 충족시키는가를 평가하며, 알파 테스트와 베타 테스트가 있다.

022 ④

난이도 상 중 하

소프트웨어 개발 〉 애플리케이션 테스트 관리 〉 애플리케이션 성능 개선 〉 정적 분석 도구

④ Avalanche는 동적 분석 도구이다.

- **정적 분석 도구:** cppcheck, pmd, checkstyle 등
- **동적 분석 도구:** Valgrind, Avalanche 등

023 ①

난이도 상 중 하

소프트웨어 개발 〉 소프트웨어 패키징 〉 제품 소프트웨어 매뉴얼 작성 〉 국제 표준 제품 품질 특성

① 소프트웨어는 편리성이나 유지보수에 점차 비중이 증가하고 있다. 소프트웨어의 실제로 최종 사용자가 사용하는 것이므로 최종 사용자의 요구사항을 최대한 반영하여 소프트웨어를 개발해야하고, 소프트웨어의 인터페이스는 최종 사용자의 수준에 맞게 직관적이고 사용하기 쉽게 설계 및 개발되어야 한다.

024 ①

난이도 상 중 하

소프트웨어 개발 〉 데이터 입출력 구현 〉 논리 데이터저장소 확인 〉 외부 스키마

① **외부 스키마(External Schema)**: 일반 사용자나 응용 프로그래머가 각 개인의 입장에서 필요로 하는 데이터베이스의 논리적 구조이다.

오답 해설

② **내부 스키마(Internal Schema)**: 물리적 저장 장치의 입장에서 본 데이터베이스 구조로서 실제로 데이터베이스에 저장될 레코드의 형식을 정의하고 저장 데이터 항목의 표현 방법, 내부 레코드의 물리적 순서 등을 나타낸다.

③ **개념 스키마(Conceptual Schema)**: 조직이나 기관의 총괄적 입장에서 본 데이터베이스의 전체적인 논리적 구조이다.

025 ②

난이도 상 중 하

소프트웨어 개발 〉 데이터 입출력 구현 〉 논리 데이터저장소 확인 〉 스택

②의 경우에서는 D를 가장 먼저 출력하기 위해서는 A, B, C, D를 모두 차례대로 삽입해야 한다. 이 상태에서 D를 출력하고 C가 출력되기 전에 A를 먼저 출력할 수는 없다.

026 ②

난이도 상 중 하

소프트웨어 개발 〉 데이터 입출력 구현 〉 논리 데이터저장소 확인 〉 버블 정렬

• 정렬의 종류와 시간 복잡도

정렬 종류	평균	최악
버블 정렬	$O(n^2)$	$O(n^2)$
선택 정렬	$O(n^2)$	$O(n^2)$
삽입 정렬	$O(n^2)$	$O(n^2)$
퀵 정렬	$O(nLog_2n)$	$O(n^2)$
합병 정렬	$O(nLog_2n)$	$O(nLog_2n)$
힙 정렬	$O(nLog_2n)$	$O(nLog_2n)$

027 ①

난이도 상 중 하

• 클린 코드 작성 원칙
  - 중복성 최소화: 중복된 코드는 삭제한다. 공통된 코드를 사용한다.
  - 가독성: 누구나 코드를 쉽게 읽을 수 있도록 작성한다.
  - 단순성: 한 번에 한 가지를 처리하도록 코드를 간단하게 작성한다.
  - 의존성 배제: 코드가 다른 모듈에 미치는 영향을 최소화해야 한다.

028 ③

난이도 상 중 하

소프트웨어 개발 〉 데이터 입출력 구현 〉 논리 데이터저장소 확인 〉 트리의 순회

③ 후위 순회(left → right → root)는 왼쪽, 오른쪽, 중간 순서로 방문하며, 문제의 트리를 중위 순회한 결과는 D → B → E → F → C → A가 된다.

• 전위 순회(root → left → right): A → B → D → C → E → F
• 중위 순회(left → root → right): D → B → A → E → C → F

029 ④

난이도 상 중 하

소프트웨어 개발 〉 데이터 입출력 구현 〉 논리 데이터저장소 확인 〉 방향 그래프

• 방향 그래프 최대 간선 수: $n(n-1)$
• 무방향 그래프 최대 간선 수: $n(n-1)/2$

030 ③

난이도 상 중 하

소프트웨어 개발 〉 애플리케이션 테스트 관리 〉 애플리케이션 테스트 케이스 설계 〉 테스트와 디버그

③ 테스트는 오류를 찾는 작업이고, 디버깅은 테스트에서 발견된 오류를 수정 및 제거하는 작업이다.

031 ①

난이도 상 중 하

소프트웨어 개발 〉 제품 소프트웨어 패키징 〉 제품 소프트웨어 버전 관리 〉 체크인

① **체크인(Check-In)**: 버전 관리 항목 중 저장소에 새로운 버전의 파일로 갱신하는 것을 의미하는 용어이다.

오답 해설

② **롤백(Rollback)**: 데이터베이스에서 업데이트에 오류가 발생할 때, 이전 상태로 되돌리는 것을 말한다.

③ **형상 감사(Configuration Audit)**: 기준선의 무결성을 평가하기 위해 확인, 검증, 검열 과정을 통해 공식적으로 승인하는 작업이다.

④ **단위 테스트(Unit Test)**: 설계의 최소 단위인 모듈에 초점을 두고 검사하는 단계이며, 독립 모듈의 완전성을 시험한다.

032 ④

난이도 상 중 하

소프트웨어 개발 〉 제품 소프트웨어 패키징 〉 제품 소프트웨어 매뉴얼 작성 〉 정확성

④ **정확성(Correctness)**: 프로그램이 설계 사양을 만족시키며 사용자가 원하는대로 수행되고 있는 정도이다.

오답 해설

① **이식성(Portability)**: 소프트웨어 품질 목표 중 하나 이상의 하드웨어 환경에서 운용되기 위해 쉽게 수정될 수 있는 시스템 능력이다.

② **효율성(Efficiency)**: 최소한의 처리 시간과 기억공간을 사용하여 요구된 기능을 수행하는 것이다.

③ **유용성 (Usability)**: 쉽게 배우고 사용할 수 있는 정도이다.

033 ②

난이도 상중하

소프트웨어 개발 〉 인터페이스 구현 〉 인터페이스 설계 확인 〉 EAI 구축 유형

• EAI 유형

구분	설명
Point-to-Point	1:1 방식으로 애플리케이션 통합 수행
Hub & Spoke	• 모든 데이터가 허브를 통해 전송 • 데이터 전송이 보장되며, 유지보수 비용 절감
메시지 버스 (Message Bus)	• 데이터를 전송하는데 버스를 이용함으로 병목 현상 발생 가능 • 대량의 데이터 교환에 적합
하이브리드 (Hybrid)	• Hub & spoke 방식과 메시지 버스 방식의 통합 • 유연한 통합 작업 가능

034 ④

난이도 상중하

소프트웨어 개발 〉 데이터 입출력 구현 〉 논리 데이터저장소 확인 〉 큐

④ 깊이 우선 탐색은 스택을 이용한 연산이다.

• **큐의 응용**: 작업 스케줄링, 너비 우선 탐색, 트리의 Level 순회
• **스택의 응용**: 수식 계산, 복귀 주소 관리, 순환식, 퀵 정렬, 깊이 우선 탐색, 이진 트리 운행

035 ④

난이도 상중하

소프트웨어 개발 〉 제품 소프트웨어 패키징 〉 제품 소프트웨어 패키징 〉 소프트웨어 패키징

④ 패키징은 프로그램 제작자가 최종 사용자가 사용할 프로그램을 다양한 환경에서 쉽게 자동으로 설치(업데이트/삭제 가능)할 수 있게 패키지를 만들어 배포하는 과정을 말한다. 범용 환경에서 사용이 가능하도록 일반적인 배포 형태로 패키징이 진행된다.

036 ③

난이도 상중하

소프트웨어 개발 〉 제품 소프트웨어 패키징 〉 제품 소프트웨어 패키징 〉 DRM

• DRM 시스템 구성 요소

구분	설명
콘텐츠 제공자 (Contents Provider)	콘텐츠를 제공하는 저작권자
콘텐츠 분배자 (Contents Distributor)	쇼핑몰 등으로써 암호화된 콘텐츠 제공
패키저 (Packager)	콘텐츠를 메타데이터와 함께 배포 가능한 단위로 묶는 기능
보안 컨테이너	원본을 안전하게 유통하기 위한 전자적 보안장치
DRM 컨트롤러	배포된 콘텐츠의 이용 권한을 통제
클리어링 하우스 (Clearing House)	키 관리 및 라이선스 발급 관리

037 ①

난이도 상중하

소프트웨어 개발 〉 통합 구현 〉 모듈 구현 〉 블랙박스 테스트

① 내부의 논리적인 구조를 시험할 수 있는 시험은 화이트박스 테스트이다.

• 블랙박스 테스트는 외부 명세서에 근거를 두고 있는 데이터/입출력 위주의 시험이므로 논리 구조를 고려하지 않는다.

038 ①

난이도 상중하

소프트웨어 개발 〉 데이터 입출력 구현 〉 논리 데이터저장소 확인 〉 버블 정렬

• **버블 정렬(Bubble Sort)**: 인접한 데이터를 비교하면서 그 크기에 따라 데이터의 위치를 바꾸면서 정렬하는 방식이다.
  – PASS 1: 6, 7, 2, 5, 8
  – PASS 2: 6, 2, 5, 7, 8
  – PASS 3: 2, 5, 6, 7, 8
  – PASS 4: 2, 5, 6, 7, 8

039 ③

난이도 상중하

소프트웨어 개발 〉 제품 소프트웨어 패키징 〉 제품 소프트웨어 버전 관리 〉 소프트웨어 버전 관리도구

• 소프트웨어 버전 관리도구 방식
  – 분산 저장소 방식: 버전 관리 자료가 원격 저장소와 로컬 저장소에 함께 저장되어 관리된다.
  – 공유 폴더 방식: 로컬 컴퓨터의 공유 폴더에 저장되어 관리된다. 공유 폴더의 파일을 자기 PC로 복사한 후 이상 유무를 확인한다.
  – 클라이언트/서버 방식: 중앙 시스템(서버)에 저장되어 관리하는 방식이다.

040 ④

난이도 상중하

소프트웨어 개발 〉 인터페이스 구현 〉 인터페이스 구현 검증 〉 인터페이스 구현 검증 도구

④ Firewall은 침입 차단 시스템으로 네트워크 보안장비이다.

• 인터페이스 구현 검증 도구

제품명	세부정보
xUnit	java(Junit), C++(Cppunit), .Net(Nunit) 등 다양한 언어를 지원하는 단위 테스트 프레임워크
STAF	서비스 호출, 컴포넌트 재사용 등 다양한 환경을 지원하는 테스트 프레임워크
FitNesse	웹 기반 테스트 케이스 설계/실행/결과 확인 등을 지원하는 테스트 프레임워크
NTAF	NHN 테스트 자동화 프레임워크이며, STAF와 FitNesse를 통합
Selenium	다양한 브라우저 지원 및 개발 언어를 지원하는 웹 애플리케이션 테스트 프레임워크
watir	Ruby 기반 웹 애플리케이션 테스트 프레임워크

Part Ⅲ 데이터베이스 구축

041 ③

난이도 하

데이터베이스 구축 〉 관계 데이터 모델 〉 관계 데이터 모델의 구조 및 제약 〉 데이터 무결성

③ **도메인 무결성 제약 조건**: 특정 속성의 값이 그 속성이 정의된 도메인에 속한 값이어야 한다는 규정이다.

오답 해설

① **개체 무결성 제약 조건**: 릴레이션에서 기본키를 구성하는 속성은 널(Null)값이나 중복값을 가질 수 없다.

② **참조 무결성 제약 조건**: 외래키 값은 NULL이거나 참조 릴레이션의 기본키 값과 동일해야 한다.

042 ③

난이도 중

데이터베이스 구축 〉 데이터베이스 설계와 정규화 〉 정규화 체계 〉 정규화 과정

③ **제5정규형(5NF)**: 후보키를 통하지 않는 조인 종속(JD: Join Dependency)을 제거해야 만족하는 정규형이다.

오답 해설

① **제3정규형(3NF)**: 어떤 릴레이션 R이 2NF이고 키(기본)에 속하지 않은 모든 애트리뷰트들이 기본키에 이행적 함수종속이 아닐 때 제3정규형(3NF)에 속한다.

② **제4정규형(4NF)**: 함수종속이 아닌 다치종속을 제거하는 정규형이다.

④ 제6정규형은 존재하지 않는다.

043 ④

난이도 중

데이터베이스 구축 〉 데이터베이스 설계와 정규화 〉 정규화 체계 〉 함수 종속

④ 어떤 릴레이션에서 속성들의 부분 집합을 X, Y라 할 때, 임의의 튜플에서 X의 값이 Y의 값을 함수적으로 결정한다면, Y가 X에 함수적으로 종속되었다고 하고, 기호로는 X → Y로 표기한다.

044 ③

난이도 상

데이터베이스 구축 〉 관계 데이터베이스 언어 〉 SQL 〉 DML(SELECT)

③ HAVING 절은 GROUP BY 절과 함께 사용되며, 그룹에 대한 조건을 지정한다.

045 ③

난이도 하

데이터베이스 구축 〉 관계 데이터베이스 언어 〉 SQL 〉 SQL의 개요

- **데이터 정의어(DDL: Data Definition Language)**: CREATE, DROP, RENAME, ALTER, TRUNCATE 등
- **데이터 조작어(DML: Data Manipulation Language)**: INSERT, UPDATE, DELETE, SELECT 등

046 ③

난이도 상

데이터베이스 구축 〉 관계 데이터 모델 〉 관계 데이터 연산 〉 카티션 프로덕트

- 카티션 프로덕트에서의 릴레이션의 차수는 R의 차수와 S의 차수를 합한 것과 같고, 카디널리티(튜플)는 R의 카디널리티와 S의 카디널리티를 곱한 것과 같다.
- **차수**: 3+5=8
- **카디널리티**: 7*3=21

047 ④

난이도 중

데이터베이스 구축 〉 고급 데이터베이스 〉 회복과 병행 제어 〉 병행 제어 기법의 종류

- **병행 제어 기법 종류**: 로킹 기법, 타임스탬프 기법, 다중 버전 기법

048 ②

난이도 중

데이터베이스 구축 〉 관계 데이터 모델 〉 관계 데이터 연산 〉 순수 관계 연산자

- **순수 관계 연산자**
  - Select: 수평 단절, 행을 다 가져옴
  - Project: 수직 단절, 열을 다 가져옴
  - Join: 공통 속성을 이용해 두 개의 릴레이션 튜플을 연결 → 만들어진 튜플로 반환
  - Division: 릴레이션 S의 모든 튜플과 관련 있는 릴레이션 R의 튜플 반환
- **일반 집합 연산자**
  - Union: 합집합
  - Intersection: 교집합
  - Difference: 차집합
  - Cartesian Product: 카티션 프로덕트

049 ①

난이도 중

데이터베이스 구축 〉 관계 데이터베이스 언어 〉 SQL 〉 갱신문(UPDATE)

- **갱신문(UPDATE)**: 기존 레코드 열값을 갱신할 경우 사용한다.
- **구문**

```
UPDATE 테이블
SET 열_이름=변경_내용
[WHERE 조건];
```

- 인사급여 테이블에서 홍길동이라는 이름을 가진 사람을 찾아 그 사람의 호봉을 15로 갱신시킨다는 의미이다.

050 ②

난이도 중

데이터베이스 구축 〉 데이터베이스 설계와 정규화 〉 정규화의 개념 〉 삽입 이상

② **삽입 이상(Insertion Anomaly)**: 불필요한 정보를 함께 저장하지 않고서는 어떤 정보를 저장하는 것이 불가능

오답 해설

③ 삭제 이상(Deletion Anomaly): 필요한 정보를 함께 삭제하지 않고서는 어떤 정보를 삭제하는 것이 불가능

④ 갱신 이상(Modification Anomaly): 반복된 데이터 중에 일부를 갱신할 시 데이터의 불일치가 발생

051 ④

난이도 상 중 하

데이터베이스 구축 〉 관계 데이터베이스 언어 〉 SQL 〉 DML

- GROUP BY 열_이름 [HAVING 조건]
- HAVING: 그룹에 대한 조건 (GROUP BY 사용 시)

052 ②

난이도 상 중 하

통합문제

② BACKUP: 변경 및 삭제 작업의 오류를 대비하여 변경 대상의 레코드는 별도의 테이블에 백업 후 작업을 수행한다.

오답 해설

① COMMIT: 트랜잭션을 완료하여 데이터 변경사항을 최종 반영되는 것이다.

③ LOG: 트랜잭션의 기록이다.

④ ROLLBACK: 하나의 트랜잭션이 비정상적으로 종료되어 트랜잭션 원자성이 깨질 경우 처음부터 다시 시작하거나, 부분적으로 연산을 취소하는 연산이다.

053 ③

난이도 상 중 하

데이터베이스 구축 〉 데이터베이스 설계와 정규화 〉 정규화 체계 〉 정규화 과정

- 정규화 과정

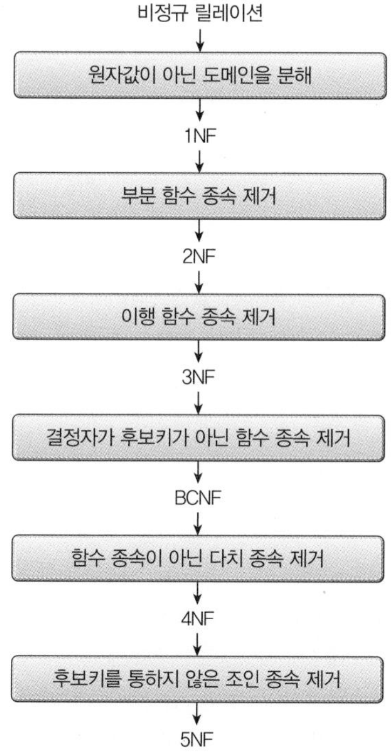

054 ②

난이도 상 중 하

데이터베이스 구축 〉 관계 데이터베이스 언어 〉 뷰 〉 뷰의 개념

② 뷰: 하나 이상의 테이블로부터 유도되어 만들어진 가상 테이블이다.

오답 해설

① 트랜잭션: 한꺼번에 모두 수행되어야 할 일련의 데이터베이스 연산들

③ 튜플: 테이블의 한 행을 구성하는 속성들의 집합이다.

④ 카디널리티: 릴레이션에 존재하는 튜플의 개수이다.

055 ①

난이도 상 중 하

데이터베이스 구축 〉 고급 데이터베이스 〉 회복과 병행 제어 〉 회복

① 회복(Recovery): 여러 가지 장애로 인해 손상된 데이터베이스를 손상되기 이전의 정상적인 상태로 복구시키는 작업이다. (덤프와 로그 이용)

056 ④

난이도 상 중 하

데이터베이스 구축 〉 관계 데이터베이스 언어 〉 SQL 〉 DML(NULL)

널(NULL) 값 비교 시는 '=' (또는 〈 〉) 대신 IS (또는 IS NOT)을 사용한다.

057 ①

난이도 상 중 하

데이터베이스 구축 〉 데이터 모델링 〉 개체-관계 모델 〉 E-R 다이어그램

- E-R 다이어그램 표기법

구분	설명
(사각형)	개체 타입
(타원)	속성
(마름모)	관계 타입: 개체 간의 상호작용
(선)	연결

058 ②

난이도 상 중 하

데이터베이스 구축 〉 관계 데이터 모델 〉 관계 데이터 연산 〉 관계대수

- 관계대수
  - 릴레이션 조작을 위한 연산의 집합으로 피연산자와 결과가 모두 릴레이션이다.
  - 관계대수는 릴레이션 조작을 위한 연산의 집합으로 연산자를 이용하여 표현된다. (절차적 언어)

059 ③

난이도 상 중 하

데이터베이스 구축 〉 고급 데이터베이스 〉 회복과 병행 제어 〉 로킹

③ 로킹 단위가 작으면 로크(Lock)의 수가 많아진다.

오답 해설

① 로킹 단위가 크면 병행성 수준이 낮아진다.
② 로킹 단위가 크면 병행 제어 기법이 간단해진다.
④ 로킹은 파일, 레코드 등의 단위로 이루어진다.

060 ②

난이도 상 중 하

데이터베이스 구축 〉 관계 데이터 모델 〉 관계 데이터 모델의 구조 및 제약 〉 키의 종류

② **대체키**: 기본키를 제외한 후보키들을 말한다.

오답 해설

① **후보키**: 속성 집합으로 구성된 테이블의 각 튜플을 유일하게 식별할 수 있는 속성이나 속성의 조합들을 말한다.
③ **슈퍼키**: 유일성만 만족시키는 속성의 조합을 말한다.
④ **외래키**: 다른 테이블을 참조하는 데 사용되는 속성을 말한다.

Part Ⅳ 프로그래밍 언어 활용

061 ①

난이도 상 중 하

프로그래밍 언어 활용 〉 프로그래밍 언어 활용 〉 파이썬

if문의 조건식 'a % 2 == 0'은 a를 2로 나눴을 때 나머지 값이 0인 경우로 짝수를 의미한다. continue는 아래의 문장을 실행하지 않고 다음 반복 작업을 조건식으로 건너가라는 의미이므로 짝수는 출력되지 않는다. 즉, 홀수의 값을 출력하는 코드이다.

062 ②

난이도 상 중 하

• Java 연산자의 우선 순위

우선 순위	명칭	연산자	비고
1	1차 연산자	. [ ] ( )	→
2	증감 연산자	++ -- ! ~	←
3	승법 연산자	* / %	→
4	가법 연산자	+ -	
5	Shift 연산자	<< >>	
6	관계 연산자	< > <= >=	
7	등가 연산자	== !=	
8	bit곱 연산자	&	
9	bit차 연산자	^	
10	bit합 연산자	|	
11	논리곱 연산자	&&	→
12	논리합 연산자	||	
13	조건 연산자	? :	←
14	대입연산자	= += -= *= /= %= &= ^= |= >>= <<=	

063 ③

난이도 상 중 하

프로그래밍 언어 활용 〉 공통 모듈 구현 〉 운영체제 기초 활용 〉 디스크 스케줄링

• C-LOOK: C-SCAN 기법을 개선한 기법이다. 디스크 헤드가 바깥쪽에서 안쪽으로 이동하는 것을 기본 헤드의 이동 방향이라고 한다면, 트랙의 바깥쪽에서 안쪽 방향의 마지막 입출력 요청을 처리한 다음, 디스크의 끝까지 이동하는 것이 아니라 다시 가장 바깥쪽 트랙으로 이동한다.

오답 해설

① FCFS(First-Come First-Service)
  - 입출력 요청 대기 큐에 들어온 순서대로 서비스를 하는 방법이다.
  - 가장 간단한 스케줄링으로, 디스크 대기 큐를 재배열하지 않고, 먼저 들어온 트랙에 대한 요청을 순서대로 디스크 헤드를 이동시켜 처리한다.

② N-step SCAN
  - SCAN 기법을 개선한 기법이다.
  - SCAN의 무한 대기 발생 가능성을 제거한 것으로 SCAN보다 응답 시간의 편차가 적고, SCAN과 같이 진행 방향상의 요청을 서비스 하지만, 진행 중에 새로이 추가된 요청은 서비스하지 않고 다음 진행시에 서비스하는 기법이다.

④ SSTF (Shortest Seek Time First)
  - FCFS보다 처리량이 많고 평균 응답 시간이 짧다.
  - 탐색 거리가 가장 짧은 트랙에 대한 요청을 먼저 서비스하는 기법이다.
  - 디스크 헤드는 현재 요청만을 먼저 처리하므로, 가운데를 집중적으로 서비스 한다.

064 ②

난이도 상 중 하

프로그래밍 언어 활용 〉 프로그래밍 언어 활용 〉 C 언어 〉 변수

② char는 C 언어의 자료형으로 C 언어에 기본적으로 들어있는 예약어이므로 변수명으로 사용할 수 없다.

065 ④

난이도 상 중 하

프로그래밍 언어 활용 〉 프로그래밍 언어 활용 〉 C 언어

pt=&n ;
→ 포인터 변수 pt에 변수 n의 주소를 저장하여 pt가 n을 가리킨다.
printf("%d", &n+*pt-*&pt+n) ;
→ &n+*pt-*&pt+n의 식은 주소와 값을 연산하고 있지만, &n(변수 n의 주소)는 *&pt에서 같은 주소를 빼고 있으므로 결

과적으로 *pt와 n을 더한 12가 출력된다.

066 ②

난이도 상 중 하

- 203.241.132.82/25 네트워크를 사용한다는 것은 네트워크 주소로 25비트를 사용하고, 호스트 주소로 7비트를 사용한다는 것이다.
- 서브넷 마스크는 아래와 같다.

11111111.	11111111.	11111111.	10000000
255	255	255	128

067 ③

난이도 상 중 하

프로그래밍 언어 활용 〉 공통 모듈 구현 〉 운영체제 기초 활용 〉 교착상태

- 교착상태 발생 필요 조건
  - 상호배제(Mutual Exclusion)
  - 점유와 대기(Hold & Wait)
  - 비선점(Non Preemption)
  - 환형대기(Circular Wait, 순환대기)

068 ①

난이도 상 중 하

프로그래밍 언어 활용 〉 공통 모듈 구현 〉 운영체제 기초 활용 〉 페이지 교체

순번	1	2	3	4	5	6	7	8	9	10	11	12
요구 페이지	1	0	2	2	2	1	7	6	7	0	1	2
프레임 페이지	①	1	1	1	1	1	1	1	1	1	1	1
		⓪	0	0	0	0	0	⑥	6	6	6	②
			②	2	2	2	2	2	2	0	⓪	0
							⑦	7	7	7	7	7
페이지 부재	○	○	○				○	○		○		○

- 적중률(hit rate)는 12번의 페이지 요청에 5번 적중하였으므로 $\frac{5}{12}$가 된다.

069 ③

난이도 상 중 하

프로그래밍 언어 활용 〉 공통 모듈 구현 〉 운영체제 기초 활용 〉 교착상태

③ Recovery(복구): 교착상태 발견 후 환형대기를 배제시키거나 자원을 중단하는 메모리 할당 기법(예 선점, 프로세스 중지(희생자 선택)

오답 해설

① Detection(탐지): 교착상태 발생을 허용하고 발생 시 원인을 규명하여 해결(예 자원 할당 그래프)

② Avoidance(회피): 교착상태 가능성을 배제하지 않고 적절하게 피해나가는 방법(예 은행원 알고리즘)

④ Prevention(예방): 교착상태의 필요 조건을 부정함으로써 교착상태가 발생하지 않도록 미리 예방하는 방법(예 환형대기, 비선점, 점유와 대기, 상호배제 4가지 중 한가지 이상 부정)

070 ②

난이도 상 중 하

프로그래밍 언어 활용 〉 공통 모듈 구현 〉 모듈화 〉 결합도

- 결합도

1. 내용 결합도(Content Coupling)	결합도가 높음
2. 공통 결합도(Common Coupling)	↑
3. 외부 결합도(External Coupling)	
4. 제어 결합도(Control Coupling)	
5. 스탬프 결합도(Stamp Coupling)	↓
6. 자료 결합도(Data coupling)	결합도가 낮음

071 ③

난이도 상 중 하

프로그래밍 언어 활용 〉 공통 모듈 구현 〉 운영체제 기초 활용 〉 교착상태

- 교착상태 발생의 필요 조건: 상호배제 조건, 점유와 대기 조건, 비선점 조건, 환형대기의 조건

072 ②

난이도 상 중 하

프로그래밍 언어 활용 〉 프로그래밍 언어 활용 〉 웹 제작 언어 〉 프레임워크

- 프레임워크의 특성

항목	설명
모듈화 (Modularity)	프레임워크는 인터페이스에 의한 캡슐화를 통해서 모듈화를 강화하고 설계와 구현의 변경에 따르는 영향을 극소화하여 소프트웨어의 품질을 향상시킨다.
재사용성 (Reusability)	• 프레임워크가 제공하는 인터페이스는 반복적으로 사용할 수 있는 컴포넌트를 정의할 수 있게 하여 재사용성을 높여 준다. • 프레임워크 컴포넌트를 재사용하는 것은 소프트웨어의 품질을 향상시킬 뿐만 아니라 개발자의 생산성도 높여 준다.
확장성 (Extensibility)	• 프레임워크는 다형성(Polymorphism)을 통해 애플리케이션이 프레임워크의 인터페이스를 확장할 수 있게 한다. • 프레임워크 확장성은 애플리케이션 서비스와 특성을 변경하고 프레임워크를 애플리케이션의 가변성으로부터 분리함으로써 재사용성의 이점을 얻게 한다.
제어의 역흐름 (Inversion of Control)	프레임워크 코드가 전체 애플리케이션의 처리 흐름을 제어하여 특정한 이벤트가 발생할 때 다형성(Polymorphism)을 통해 애플리케이션이 확장한 메소드를 호출함으로써 제어가 프레임워크로부터 애플리케이션으로 거꾸로 흐르게 한다.

073 ②

난이도 상 중 하

프로그래밍 언어 활용 〉 공통 모듈 구현 〉 운영체제 기초 활용 〉 페이징 기법

② 일반적으로 페이지 크기가 작아지면, 페이지의 개수가 많아지므로 페이지 맵 테이블의 크기가 증가한다.

074 ③

난이도 상 중 하

프로그래밍 언어 활용 〉 프로그래밍 언어 활용 〉 C 언어 〉 구조체

③ 구조체를 정의하면서 동시에 구조체 변수를 선언하여 사용할 수 있다.

075 ①

난이도 상 중 하

프로그래밍 언어 활용 〉 프로그래밍 언어 활용 〉 파이썬

- list(range(5,10)): 5~9까지의 list 목록을 만든다. [5, 6, 7, 8, 9]
- list(range(0, 10, 3)): 3번째 인자인 '3' step에 맞춰 list를 만든다. [0, 3, 6, 9]
- list(range(−10, −100, −30)): 음수 표현으로 출력 결과는 [−10, −40, −70]이다.

076 ④

난이도 상 중 하

프로그래밍 언어 활용 〉 공통 모듈 구현 〉 모듈화 〉 응집도

- 응집도

1. 우연적 응집도(Coincidental Cohesion) 응집도가 약함
2. 논리적 응집도(Logical Cohesion)
3. 시간적 응집도(Temporal Cohesion)
4. 절차적 응집도(Procedural Cohesion)
5. 통신적 응집도(Communicational Cohesion)
6. 순차적 응집도(Sequential Cohesion)
7. 기능적 응집도(Functional Cohesion) 응집도가 강함

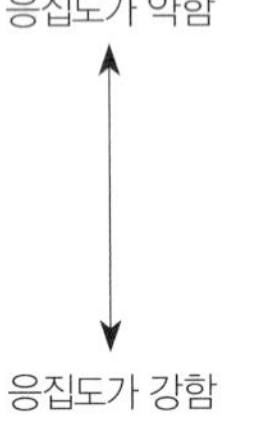

077 ③

난이도 상 중 하

프로그래밍 언어 활용 〉 공통 모듈 구현 〉 운영체제 기초 활용 〉 페이지 교체

순번	1	2	3	4	5	6	7	8	9	10	11
요구 페이지	1	2	3	4	5	2	1	1	6	7	5
페이지 프레임	①	1	1	1	5	5	5	5	5	5	5
		②	2	2	2	2	①	1	1	1	1
			③	3	3	3	3	3	⑥	6	6
				④	④	4	4	4	4	⑦	7
페이지 부재	○	○	○	○	○		○		○	○	

∴ 페이지 부재는 총 8개이다.

078 ④

난이도 상 중 하

프로그래밍 언어 활용 〉 공통 모듈 구현 〉 운영체제 기초 활용 〉 페이지 교체

- **페이지 교체 알고리즘**: FIFO, LRU, OPT

079 ①

난이도 상 중 하

통합문제

- 출발지 IP주소와 목적지 IP주소는 IP에 포함되며, 이는 네트워크 계층이다.
- **데이터 링크 계층**: 물리적 연결을 이용해 신뢰성 있는 정보를 전송하려고 동기화, 오류 제어, 흐름 제어 등의 전송 오류를 제어, 인접한 노드 사이의 프레임 전송 및 오류를 제어한다.

080 ④

난이도 상 중 하

프로그래밍 언어 활용 〉 네트워크 기초 활용 〉 인터넷 〉 IP 주소 클래스

- **클래스별 주소 범위와 연결 가능한 호스트 수**

구분	주소 범위	연결 가능한 호스트 수
A 클래스	0.0.0.0 ~ 127.255.255.255	16,777,214개
B 클래스	128.0.0.0 ~ 191.255.255.255	65,534개
C 클래스	192.0.0.0 ~ 223.255.255.255	254개

Part V 정보시스템 구축관리

081 ④

난이도 상 중 하

정보시스템 구축관리 〉 소프트웨어 개발 방법론 활용 〉 프로젝트 개발 비용 산정 〉 비용 추정 모형

④ PERT는 일정 산정 모형이다.

- **소프트웨어 비용 추정 모형**: COCOMO, Putnam, Function-Poin, 전문가의 감정, 델파이식 산정, LOC(원시 코드 라인 수)기법, 개발 단계별 인월수(MM: Man Month)기법

082 ③

난이도 상 중 하

정보시스템 구축관리 〉 정보보호 〉 접근 통제 〉 접근 통제 보안 모델

③ Bell-Lapadula Model: 기밀성을 강조하는 모델이며, 군대의 보안 레벨처럼 정보의 기밀성에 따라 상하 관계가 구분된 정보를 보호하기 위해 사용한다.

오답 해설

① Clark-Wilson Integrity Model: 비밀 노출 방지보다 자료의 변조 방지(무결성)를 더 중요시하는 모델이다. 금융, 회계 관련 데이터, 기업 재무제표 등에 사용된다.

② PDCA Model: 데밍 사이클이라고 하며, Plan, Do, Check, Act로 구성된다.

④ Chinese Wall Model: 충돌을 야기시키는 어떠한 정보의 흐름도 차단해야 한다는 모델로 이익 충돌 회피를 위한 모델이다.

083 ①

난이도 상 중 하

정보시스템 구축관리 〉 정보보호 〉 네트워크 보안 〉 nmap

① nmap(network mapper): 서버에 열린 포트 정보를 스캐닝해서 보안 취약점을 찾는 데 사용하는 도구이다.

오답 해설

② mkdir: 운영체제에서 mkdir 명령어는 디렉터리를 새로 만드는 데 사용된다.

③ ftp: 파일 전송 프로토콜이다.

084 ②

난이도 상 중 하

정보시스템 구축관리 〉 정보보호 〉 암호화 〉 공개키 암호화

공개키 암호화 방식은 비밀키(또는 대칭키) 암호화 방식에 비해 암호화 강도는 높다고 할 수 있지만, 암호화 속도는 느리다.

085 ①

난이도 상 중 하

정보시스템 구축관리 〉 정보보호 〉 암호화 〉 해시 기법

정보보호에서 해시(Hash) 기법은 임의의 길이의 입력 데이터를 받아 고정된 길이의 해시 값으로 변환한다.

086 ④

난이도 상 중 하

정보시스템 구축관리 〉 IT 프로젝트 정보시스템 구축관리 〉 서버 장비 운영 〉 보안 운영체제

- Secure OS: 컴퓨터 운영체제의 커널에 보안 기능을 추가한 것으로 운영체제의 보안상 결함으로 인하여 발생 가능한 각종 해킹으로부터 시스템을 보호하기 위하여 사용되는 것이다.
- Secure OS 보안 운영체제의 기능: 식별 및 인증, 계정 관리, 강제적 접근 통제, 임의적 접근 통제, 객체 재사용 방지, 완전한 중재 및 조정, 감사 및 감사 기록 축소, 안전한 경로, 보안 커널 변경 방지, 해킹 방지, 통합 관리

087 ④

난이도 상 중 하

정보시스템 구축관리 〉 소프트웨어 개발 방법론 활용 〉 프로젝트 개발 비용 산정 〉 CBD

④ CBD 방법론: 시스템 또는 소프트웨어를 구성하는 각각의 컴포넌트를 만들고 조립해 또 다른 컴포넌트나 소프트웨어를 만드는 것을 말한다.

오답 해설

① 구조적 개발 방법론: 정형화된 분석 절차에 따라 사용자 요구사항을 파악하고 문서화하는 체계적 분석 방법으로 자료 흐름도, 자료 사전, 소단위 명세서의 특징을 갖는다.

② 객체지향 개발 방법론: 재사용을 가능케 하고, 재사용은 빠른 속도의 소프트웨어 개발과 고품질의 프로그램 생산을 가능하게 한다. 객체 지향 소프트웨어는 그 구성이 분리되어 있기 때문에 유지보수가 쉽다

③ 정보공학 방법론: 계획, 분석, 설계 및 구축에 정형화된 기법들을 상호 연관성 있게 통합, 적용하는 데이터 중심 방법론이다.

088 ①

난이도 상 중 하

정보시스템 구축관리 〉 소프트웨어 개발 방법론 활용 〉 소프트웨어의 생명 주기 모형 〉 ISO 12007

- ISO 12207 표준
  - 기본 생명주기 프로세스: 획득, 공급, 개발, 운영, 유지보수 프로세스
  - 지원 생명주기 프로세스: 품질 보증, 검증, 확인, 활동 검토, 문제 해결 프로세스
  - 조직 생명주기 프로세스: 관리, 기반 구조, 훈련, 개선 프로세스

089 ②

난이도 상 중 하

정보시스템 구축관리 〉 정보보호 〉 네트워크 보안 〉 네트워크 보안 공격

- SYN 플러딩 공격: 대상 시스템에 연속적인 SYN 패킷을 보내서 넘치게 만들어 버리는 공격이다.
- TCP 세션 하이재킹: TCP가 가지는 고유한 취약점을 이용하여 정상적인 접속을 빼앗는 방법이다.

090 ④

난이도 상 중 하

④ Transcription Error: 입력 시 임의의 한 자리를 잘못 기록한 경우이다. (12536 → 72536)

오답 해설

① Addition Error: 입력 시 한 자리 추가로 기록한 경우이다. (예 1234 → 12347)

② Omission Error: 입력 시 한 자리를 빼놓고 기록한 경우이다. (예 1234 → 234)

091 ①

난이도 상 중 하

정보시스템 구축관리 〉 소프트웨어 개발 방법론 활용 〉 국제 표준 제품 품질 특성 〉 SPICE

- SPICE 모델
  - 0단계: 불안정 단계(미완성 단계, 프로젝트 대부분 실패)
  - 1단계: 수행 단계(목적이 전반적으로 이루어진다.)
  - 2단계: 관리 단계(작업 산출물 인도)
  - 3단계: 확립 단계(정형화된 프로세스 존재)
  - 4단계: 예측 단계(산출물의 양적 측정이 가능해져, 일관된 수행 가능)
  - 5단계: 최적화 단계(프로세스의 지속적인 개선)

092 ②

난이도 상 중 하

② TELNET: 원격지 호스트 서버에 접근하기 위해 사용하는 프로토콜이다.

오답 해설

① GRID: 기존의 인터넷과 차세대 인터넷을 하나의 네트워크로 묶어 마치 하나의 신경 조직처럼 작동할 수 있게 제어하는 가상 슈퍼컴퓨터이다.

④ MQTT(Message Queuing Telemetry Transport): 사물 통신, 사물 인터넷과 같이 대역폭이 제한된 통신 환경에 최적화하여 개발된 푸시 기술 기반의 경량 메시지 전송 프로토콜이다.

093 ③

난이도 상중하

정보시스템 구축관리 〉 소프트웨어 개발 방법론 활용 〉 소프트웨어의 생명주기 모형 〉 나선형 모형

③ 나선형 모형(spiral model): 폭포수 모델과 프로토타이핑 모델의 장점을 수용하고, 새로운 요소인 위험 분석을 추가한 진화적 개발 모델이다. 계획 수립, 위험 분석, 개발, 사용자 평가의 과정을 반복적으로 수행한다. 비교적 대규모 시스템에 적합하다.

094 ①

난이도 상중하

① 타조(Tajo): 오픈 소스를 기반으로 하는 분산 컴퓨팅 플랫폼인 아파치(Apache) 하둡(Hadoop) 기반의 프로젝트이다.

오답 해설

② 원 세그(One Seg): 일본 디지털 휴대 이동 방송 서비스 명칭이다.

③ 포스퀘어(Foursquare): 위치 기반의 지역 검색 및 추천 서비스이며, 사용자의 위치를 지속적으로 갱신하면서 공유할 수 있는 서비스이다.

④ 텐서플로(TensorFlow): 구글의 구글 브레인 팀이 제작하여 공개한 기계 학습(Machine Learning)을 위한 오픈 소스 소프트웨어 라이브러리이다. 구글 검색, 광고, 유튜브 등 실제 서비스에 적용된다.

095 ③

난이도 상중하

③ 메일 봄(Mail Bomb): 특정한 사람이나 특정한 시스템에 피해를 줄 목적으로 한꺼번에 또는 지속적으로 대용량의 전자우편을 보내는 것이다.

- 스위칭 환경에서 스니핑(Sniffing)을 수행하기 위한 공격: ARP 스푸핑(Spoofing), ICMP 리다이렉트(Redirect), 스위치 재밍(Switch Jamming)

096 ②

난이도 상중하

HIDS(Host-Based Intrusion Detection)는 운영체제에 설정된 사용자 계정에 따라 어떤 사용자가 어떤 접근을 시도하고 어떤 작업을 했는지에 대한 기록을 남기고 추적한다.

097 ③

난이도 상중하

통합문제

③ 정보공학 방법론: 계획, 분석, 설계 및 구축에 정형화된 기법들을 상호 연관성있게 통합, 적용하는 데이터 중심 방법론이다.

오답 해설

① 객체지향 개발 방법론: 재사용을 가능케 하고, 재사용은 빠른 속도의 소프트웨어 개발과 고품질의 프로그램의 생산을 가능하게 한다. 객체 지향 소프트웨어는 그 구성이 분리되어 있기 때문에 유지보수가 쉽다.

② CBD 방법론: 시스템 또는 소프트웨어를 구성하는 각각의 컴포넌트를 만들고 조립해 또 다른 컴포넌트나 소프트웨어를 만드는 것을 말한다.

④ 구조적 개발 방법론 : 정형화된 분석 절차에 따라 사용자 요구사항을 파악, 문서화하는 체계적 분석 방법으로 자료 흐름도, 자료 사전, 소단위 명세서의 특징을 갖는다.

098 ③

난이도 상중하

정보시스템 구축관리 〉 IT 프로젝트 정보시스템 구축관리 〉 IT 신기술 〉 IT 용어

③ Zigbee: IEEE 802.15.4를 기반으로 하며, 저속/저전력의 무선망을 위한 기술이다.

오답 해설

① MLFQ(Multi-level Feedback Queue): 다단계 피드백 큐이며, MFQ라고도 한다.

② MQTT(Message Queuing Telemetry Transport): TCP/IP 기반 네트워크에서 동작하는 발행-구독 기반의 메시징 프로토콜로 최근 IoT 환경에서 자주 사용되고 있는 프로토콜이다.

④ SDS(Software Defined Storage): 가상화를 적용하여 필요한 공간만큼 나눠 사용할 수 있도록 하며 서버 가상화와 유사하다.

099 ①

난이도 상중하

정보시스템 구축관리 〉 정보보호 〉 암호화 〉 공개키 암호

- 대칭키(비공개키) 암호화 알고리즘: DES, 3DES, AES, SEED, IDEA, ARIA, Blowfish, RC5, RC6 등
- 비대칭키(공개키) 암호화 알고리즘: RSA, ElGamal, ECC, RABIN 등

100 ①

난이도 상중하

① Effort Per TASK 기법(개발 단계별 인원수 기법): 생명주기의 각 단계별로 노력을 산정하여 전체 비용을 예측하는 방식이다.

오답 해설

② 전문가 감정 기법: 경험이 많은 2인 이상의 전문가에게 프로젝트 비용 산정의 의뢰한다.

③ 델파이 기법: 전문가 감정 기법의 편견을 줄일 수 있는 방법으로 한명의 조정자와 여러 명의 전문가가 비용을 산정한다.

④ **LOC(원시 코드 라인 수) 기법**: WBS상에서 분해된 각각의 시스템 기능들에 필요한 원시 코드 라인 수를 산정함에 있어 PERT의 예측 공식을 이용한다.

eduwill

최종 실력점검
기출 & 모의고사

정답 & 해설

2024

에듀윌 EXIT
정보처리기사
필기 기본서

고객의 꿈, 직원의 꿈, 지역사회의 꿈을 실현한다

EXIT 합격 서비스
exit.eduwill.net

- 부가학습자료 및 정오표: EXIT 합격 서비스 > 자료실/정오표 게시판
- 교재문의: EXIT 합격 서비스 > 실시간 질문답변 게시판(내용)/Q&A 게시판(내용 외)